平成21年度

不慮の事故死亡統計

人口動態統計特殊報告

MORTALITY STATISTICS FROM ACCIDENTS AND ADVERSE EFFECTS

SPECIFIED REPORT OF VITAL STATISTICS IN FY 2009

厚生労働省大臣官房統計情報部編

STATISTICS AND INFORMATION DEPARTMENT,
MINISTER'S SECRETARIAT,
MINISTRY OF HEALTH, LABOUR AND WELFARE

財団法人　厚生統計協会

HEALTH AND WELFARE STATISTICS ASSOCIATION

まえがき

本報告書は、毎年公表している人口動態統計をもとに、日本において発生した日本人の不慮の事故による死亡の動向について、時系列分析や多面的な分析を行い、人口動態統計特殊報告としてとりまとめたものです。

この平成21年度「不慮の事故死亡統計」は、昭和59年度「不慮の事故及び有害作用死亡統計」に続く２回目の刊行となります。

死因は、大別して、いわゆる病死と外因死に分けることができます。この外因死は、半数強を不慮の事故によって占められています。

この不慮の事故には交通事故の防止、環境の改善等、その方面の安全対策を講ずることや、日頃から安全意識を持つことにより未然に防ぐことのできる事故もあります。

本報告書を刊行するにあたり、常日頃から人口動態調査の実施にご尽力いただいている都道府県、保健所及び市区町村の方々をはじめとした関係者の方々に厚く御礼を申し上げるとともに、不慮の事故の対策として、関係各方面に広く活用されることを願っております。

平成22年７月

厚生労働省大臣官房統計情報部長

髙　原　正　之

担　当　係

人口動態・保健統計課計析第一係

電話　０３（５２５３）１１１１

内線　７４７０

目　　　次

CONTENTS

Each prefecture is denoted by the serial number given here. Prefecture is an administrative area over cities, towns and villages.

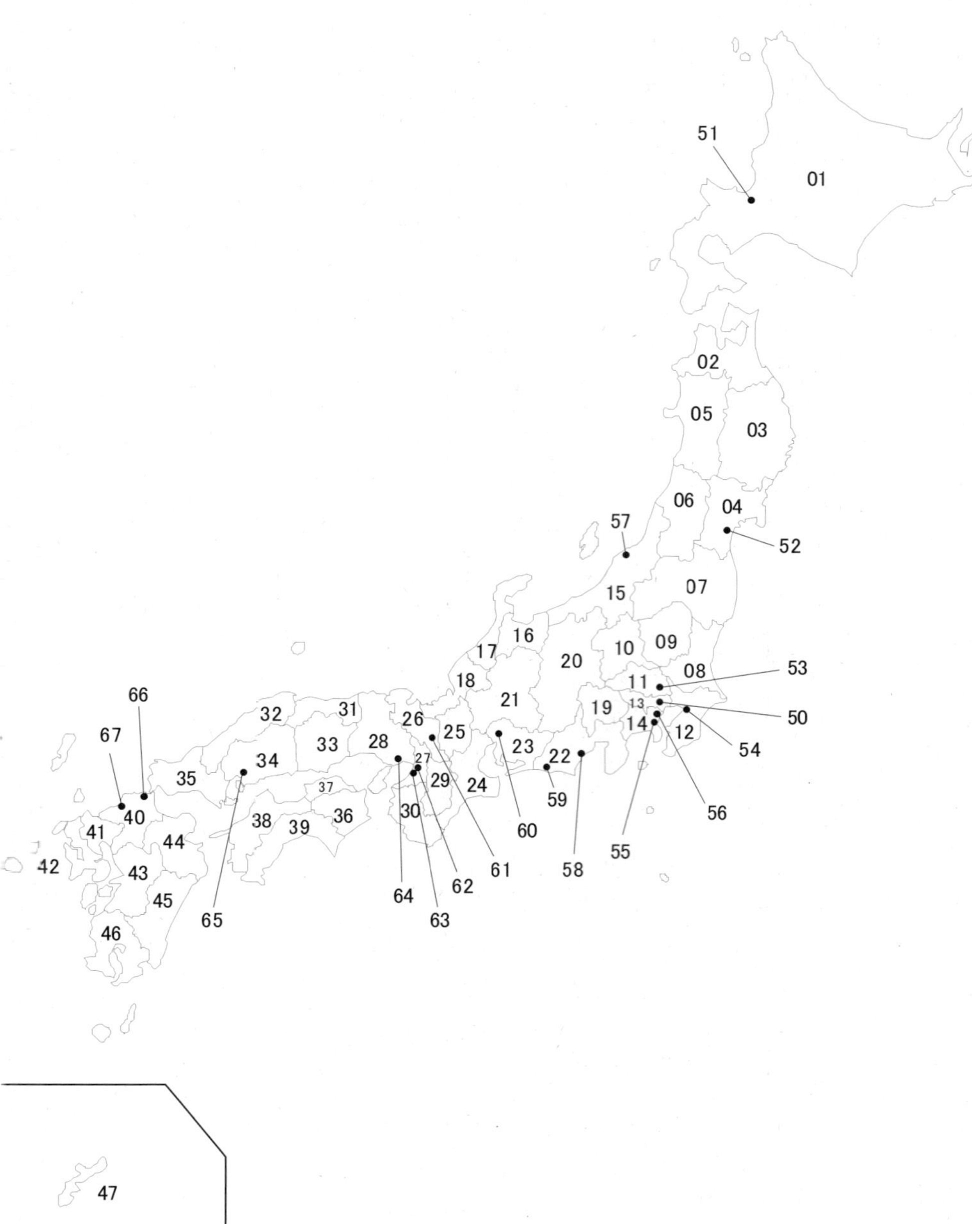

01 Hokkaido
02 Aomori
03 Iwate
04 Miyagi
05 Akita

06 Yamagata
07 Fukushima
08 Ibaraki
09 Tochigi
10 Gunma

11 Saitama
12 Chiba
13 Tokyo
14 Kanagawa
15 Niigata

16 Toyama
17 Ishikawa
18 Fukui
19 Yamanashi
20 Nagano

21 Gifu
22 Shizuoka
23 Aichi
24 Mie
25 Shiga

26 Kyoto
27 Osaka
28 Hyogo
29 Nara
30 Wakayama

31 Tottori
32 Shimane
33 Okayama
34 Hiroshima
35 Yamaguchi

36 Tokushima
37 Kagawa
38 Ehime
39 Kochi
40 Fukuoka

41 Saga
42 Nagasaki
43 Kumamoto
44 Oita
45 Miyazaki

46 Kagoshima
47 Okinawa

18 major cities (Regrouped)
50 Area of wards in Tokyo - to
51 Sapporo
52 Sendai
53 Saitama
54 Chiba
55 Yokohama
56 Kawasaki
57 Niigata
58 Shizuoka
59 Hamamatsu
60 Nagoya
61 Kyoto
62 Osaka
63 Sakai
64 Kobe
65 Hiroshima
66 Kitakyusyu
67 Fukuoka

I　記　　述

「不慮の事故死亡統計」について

「不慮の事故死亡統計」は、毎年公表している人口動態統計をもとに、日本において発生した日本人の不慮の事故による死亡の動向について時系列分析や新たに多面的な分析を行い、人口動態統計特殊報告として取りまとめたものである。

なお、この「不慮の事故死亡統計」は、昭和59（1984）年度「不慮の事故及び有害作用死亡統計」に続いて今回で２回目である。

利用上の注意

（１）表章記号の規約

－	計数のない場合
0.0	比率が微小(0.05未満)の場合

（２）掲載の数値は四捨五入しているため、内訳の合計が「総数」に合わない場合がある。

1　不慮の事故による死亡の年次推移

(1) 不慮の事故による死亡数の年次推移

不慮の事故による死亡数の年次推移をみると、第２次世界大戦前は、関東大震災があった大正12年を除くと増加傾向で推移している。第２次世界大戦後もしばらくは増加傾向が続いていたが、昭和44年から47年の４万２千人台から４万３千人台をピークに急激に減少に転じ、52年から63年は２万８千人台から３万人台で推移している。その後、増加傾向で推移した後、平成８年から20年は３万７千人台から４万人台で推移している。（図１）

図１　不慮の事故による死亡数の年次推移　—明治32～平成20年—

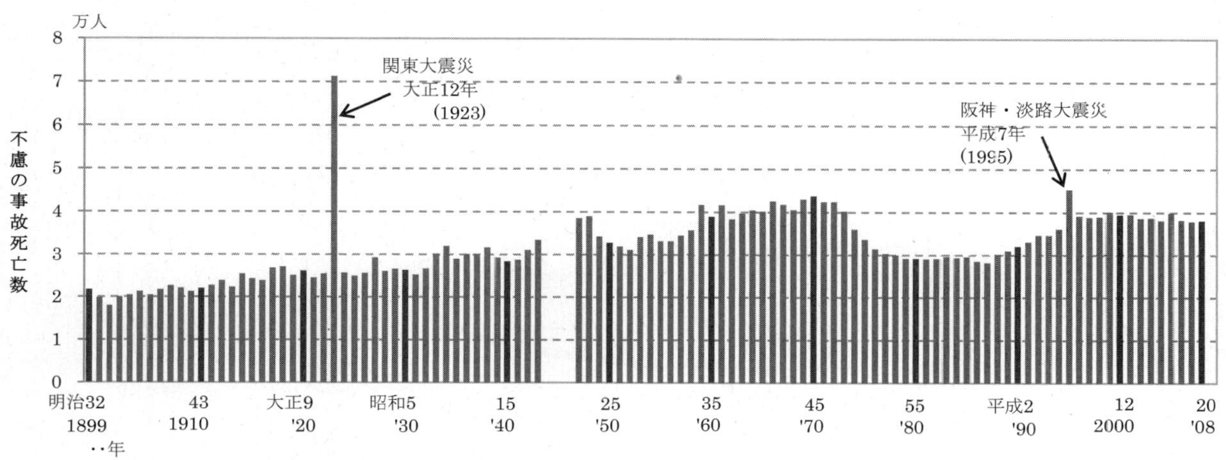

注：昭和19～21年は資料不備のため省略した。

(2) 主な不慮の事故の種類別にみた死亡数の年次推移

主な不慮の事故の種類別に平成７年以降の死亡数の年次推移をみると、交通事故は７年の15,147人から20年の7,499人まで一貫して減少している。一方、窒息は平成７年の7,104人から20年の9,419人まで、転倒・転落は７年の5,911人から20年の7,170人まで、溺死は７年の5,588人から20年の6,464人まで、それぞれ増減を繰り返しながら増加傾向にある。（図２）

図２　主な不慮の事故の種類別にみた死亡数の年次推移　—平成7～20年—

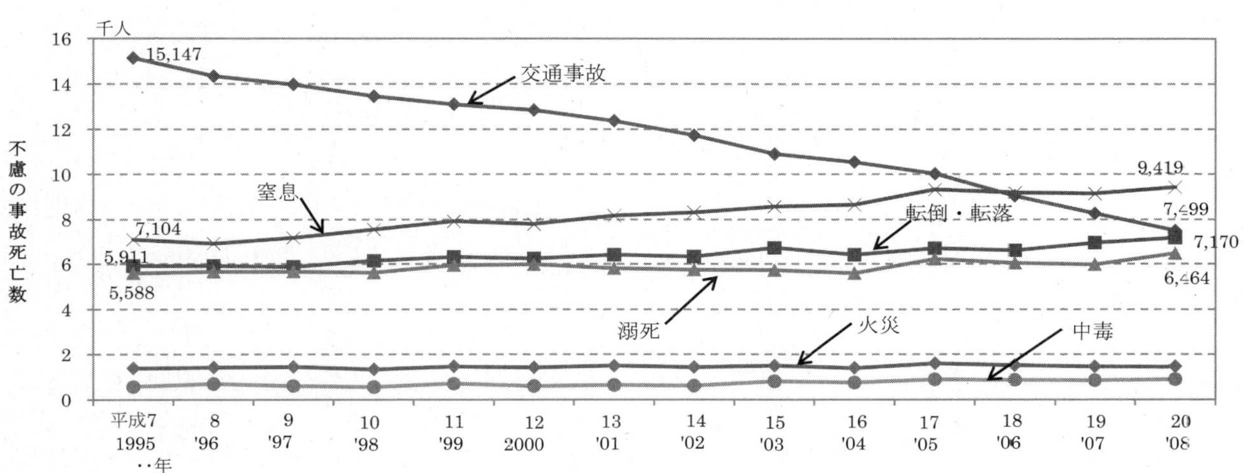

(3) 主な不慮の事故の種類別にみた年齢階級別死亡率の年次比較

平成７年以降の主な不慮の事故の種類別に年齢（５歳階級）別死亡率（人口10万対）をみると、総数、交通事故、転倒・転落、溺死及び窒息は全体として低下している。特に交通事故では、ほとんどの年齢階級で半減している。（図３）

したがって、転倒・転落、溺死及び窒息で死亡数が増加傾向にあるのは、死亡率が上昇したためではなく、死亡率の高い高齢者が増加しているためである。

図３　主な不慮の事故の種類別にみた年齢（５歳階級）別死亡率（人口10万対）の年次比較
—平成７・12・17・20年—

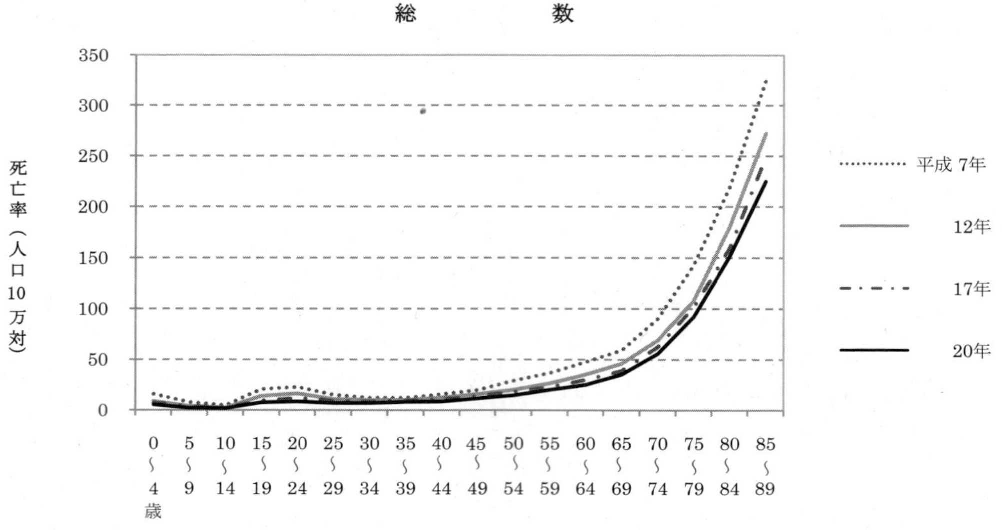

（参考）　男女別　－平成20年－

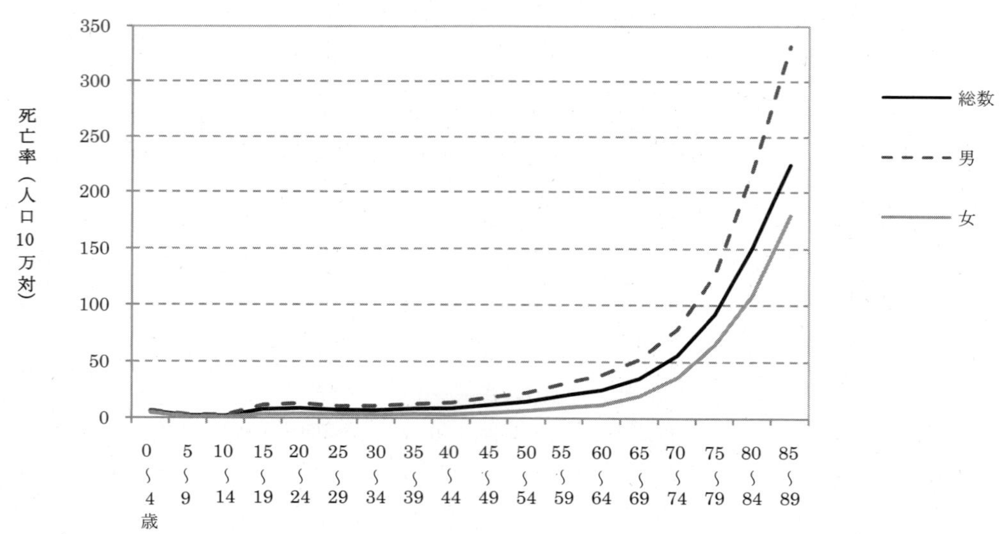

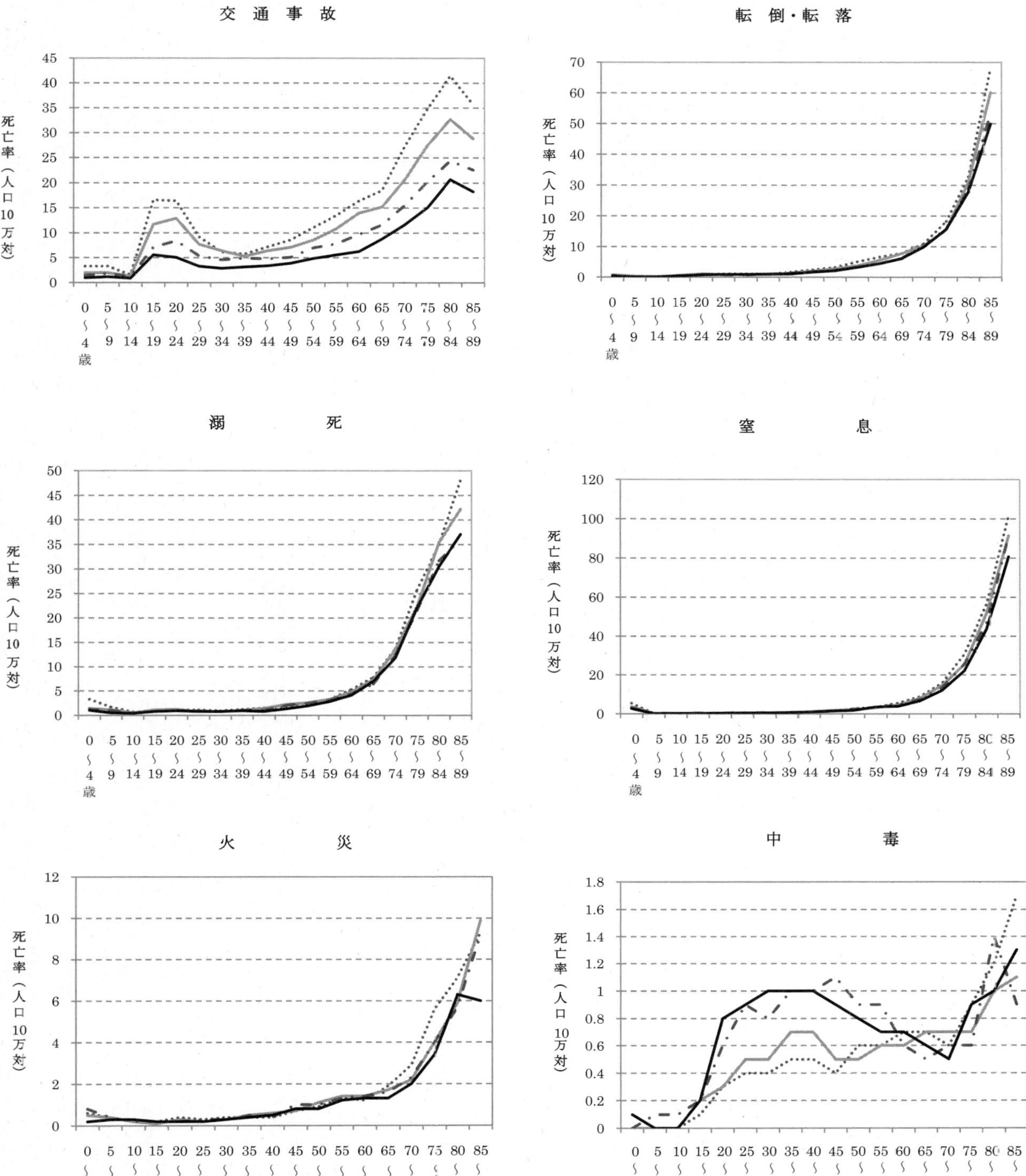
交通事故
転倒・転落
溺死
窒息
火災
中毒
死亡率（人口10万対）
0〜4歳
5〜9
10〜14
15〜19
20〜24
25〜29
30〜34
35〜39
40〜44
45〜49
50〜54
55〜59
60〜64
65〜69
70〜74
75〜79
80〜84
85〜89
平成7年
12年
17年
20年

(4) 交通事故の種類別にみた死亡数の年次推移

交通事故の種類別に平成７年以降の交通事故死亡数の年次推移をみると、歩行者は７年の4,335人から20年の2,446人（７年を100%とした場合の割合は56.4%）まで一貫して減少しており、自転車乗員は７年の1,998人から20年の1,116人（同55.9%）まで、オートバイ乗員は７年の2,551人から20年の1,148人（同45.0%）まで、乗用車乗員は７年の4,281人から20年の1,739人（同40.6%）まで、それぞれ増減を繰り返しながら減少傾向にある。特に乗用車乗員の減少が大きい。（図４）

図４　交通事故の種類別にみた死亡数の年次推移　―平成７～20年―

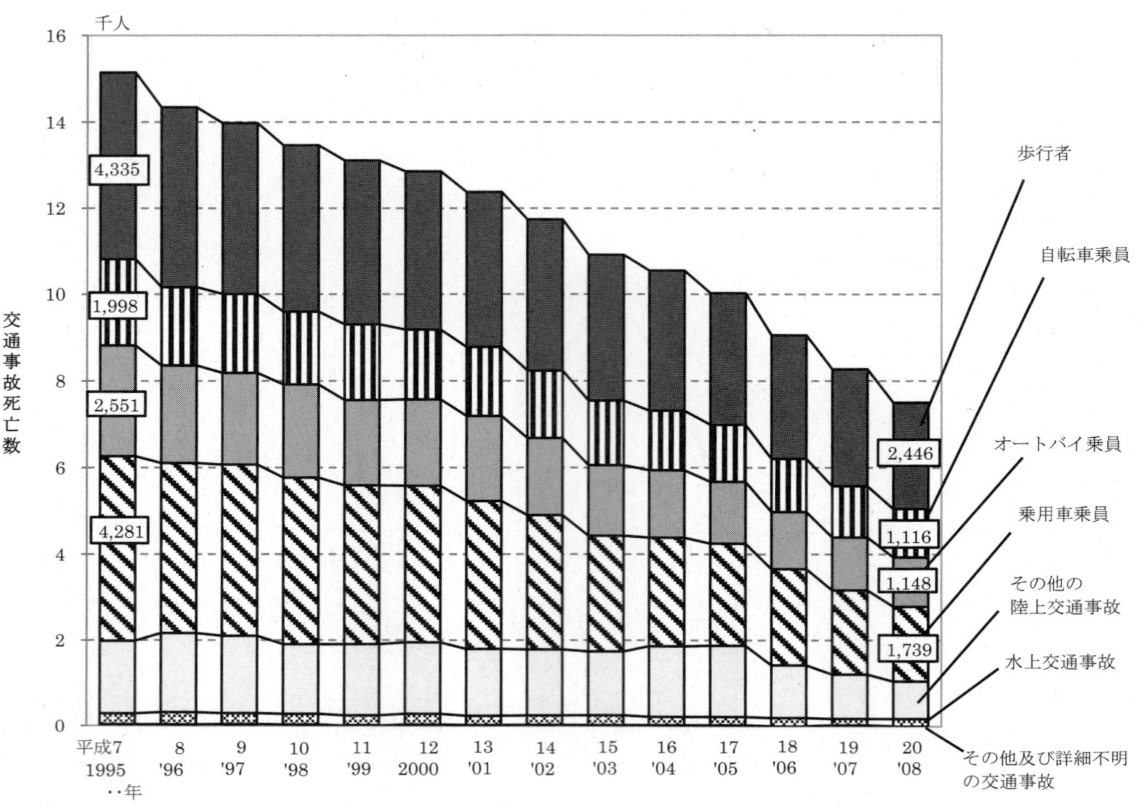

注：その他の陸上交通事故には、オート三輪車乗員、軽トラック乗員又はバン乗員、大型輸送車両乗員、バス乗員を含む。
　　その他及び詳細不明の交通事故には、航空及び宇宙交通事故を含む。

(5) 発生場所別にみた交通事故以外の不慮の事故による死亡数の年次推移

交通事故以外の不慮の事故について傷害の発生場所別に平成７年以降の死亡数の年次推移をみると、総数では阪神・淡路大震災があった７年を除くと増加傾向にあるが、居住施設は７年の544人から20年の1, 452人まで一貫して増加しており、家庭は８年の10, 500人から20年の13, 240人まで、増減を繰り返しながら増加傾向にある。一方、公共の地域は平成７年の1, 639人から20年の1, 295人まで、工業用地域は７年の1, 304人から20年の668人まで、その他は７年の3, 588人から20年の2, 966人まで、それぞれ増減を繰り返しながら減少傾向にある。(図５)

図５　発生場所別にみた交通事故以外の不慮の事故による死亡数の年次推移　―平成７～20年―

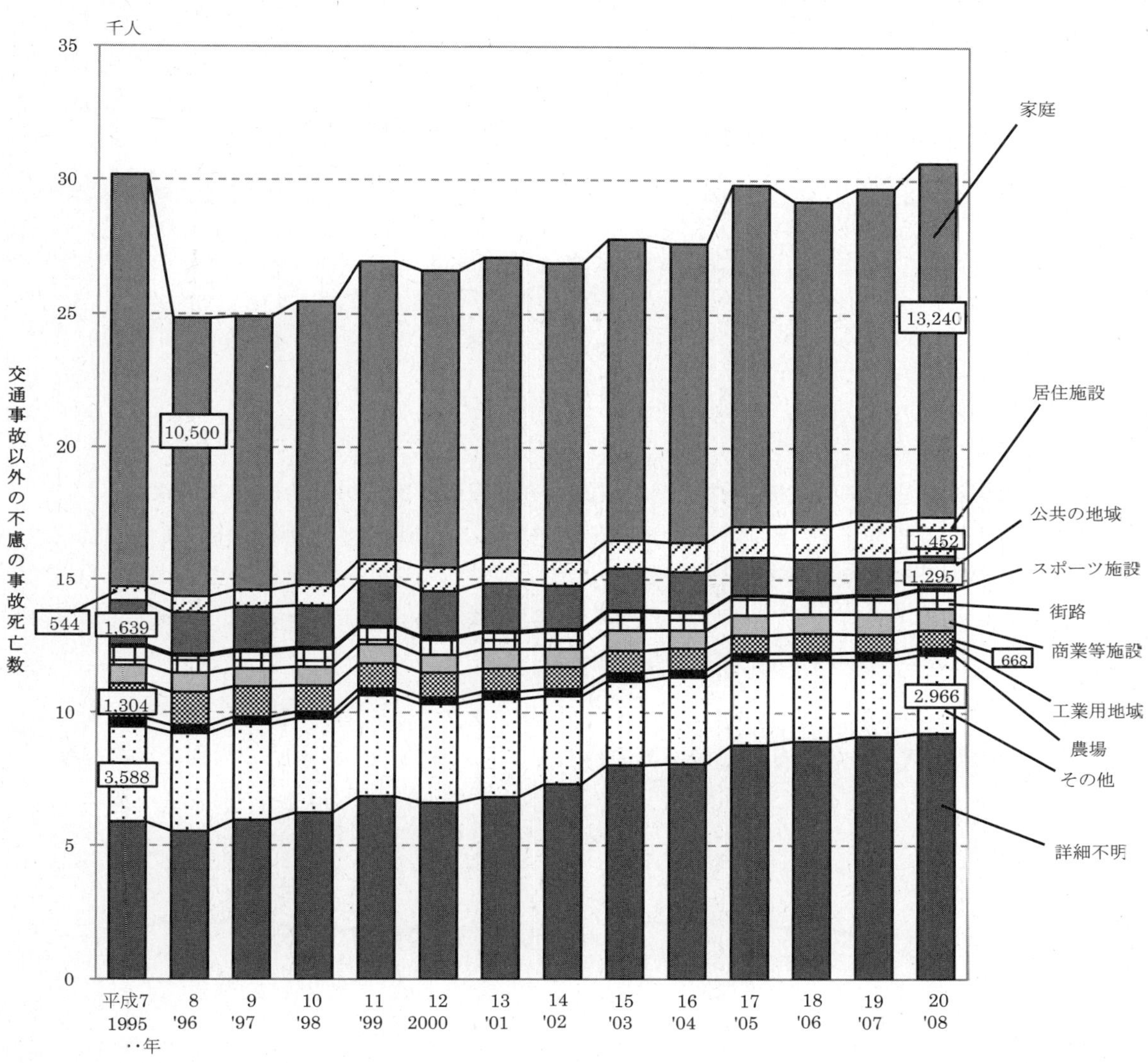

(6) 家庭における主な不慮の事故の種類別にみた死亡数の年次推移

家庭における主な不慮の事故の種類別に平成７年以降の死亡数の年次推移をみると、窒息は７年の3, 393人から20年の3, 995人まで、溺死は７年の2, 966人から20年の4, 079人まで、転倒・転落は７年の2, 115人から20年の2, 560人まで、それぞれ増減を繰り返しながら増加傾向にある。一方、火災は平成７年の1, 174人から20年の1, 238人にほぼ横ばいで推移している。（図６）

図６　家庭における主な不慮の事故の種類別にみた死亡数の年次推移　―平成７～20年―

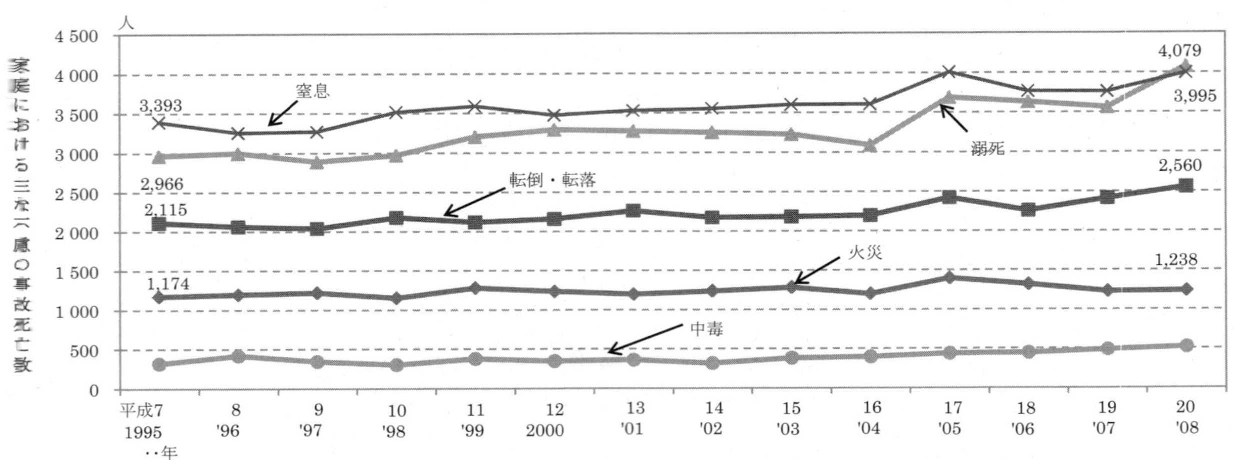

(7) 交通事故以外の主な不慮の事故の種類別にみた発生場所が家庭の割合の年次推移

交通事故以外の主な不慮の事故による死亡について、不慮の事故の種類別に平成７年以降の発生場所が家庭の割合の年次推移をみると、総数では平成７年を除くと40%台となっており、家庭の割合が最も高いのは火災となっている。次に高いのは溺死と中毒となっており、最も低いのは転倒・転落となっている。（図７）

図７　交通事故以外の主な不慮の事故の種類別にみた発生場所が家庭の割合の年次推移
―平成７～20年―

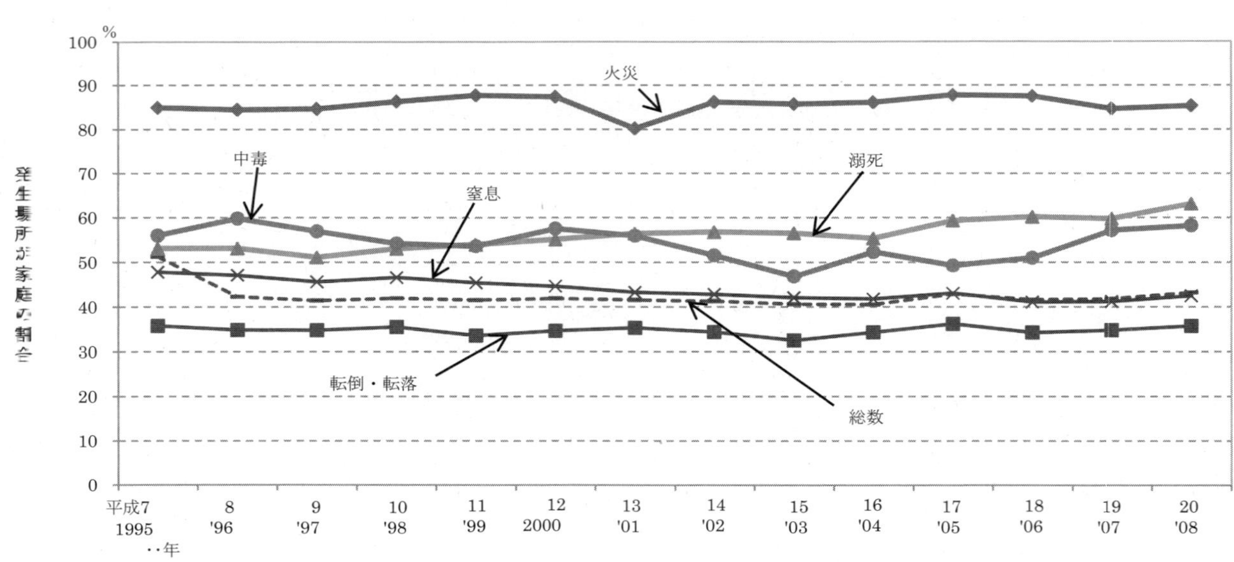

2　平成20年の詳細分析

(1)　月別にみた不慮の事故による死亡

平成20年の不慮の事故の種類別死亡数を月別にみると、総数では死亡数が多いのは１月、12月の順、死亡数が少ないのは９月、６月の順となっている。月別にみて差が大きいものをみると、溺死では１月に多く９月に少ない。窒息では１月に多く６月に少ない。また火災では１月に多く９月に少ない。一方、交通事故と転倒・転落は月別の差が小さい。(図８)

図８　月別にみた不慮の事故の種類別死亡数　―平成20年―

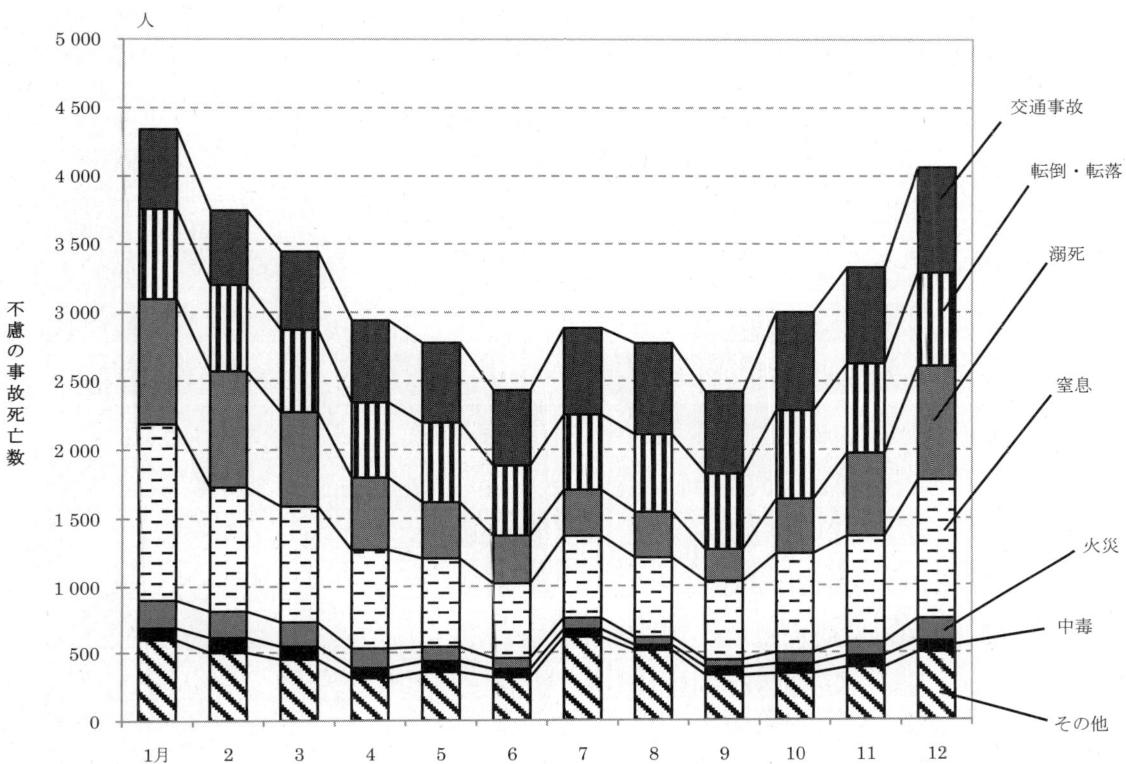

(2) 年齢階級別にみた不慮の事故による死亡

平成20年の不慮の事故による死亡数を不慮の事故の種類別に構成割合でみると、窒息が24.7%で最も多い。年齢（５歳階級）別にみると、５～９歳から65～69歳までは交通事故が最も多くなっている。また、年齢が高くなるにつれて、転倒・転落や窒息が多くなっている。（図９）

図９　年齢階級別にみた不慮の事故の種類別死亡数構成割合　—平成20年—

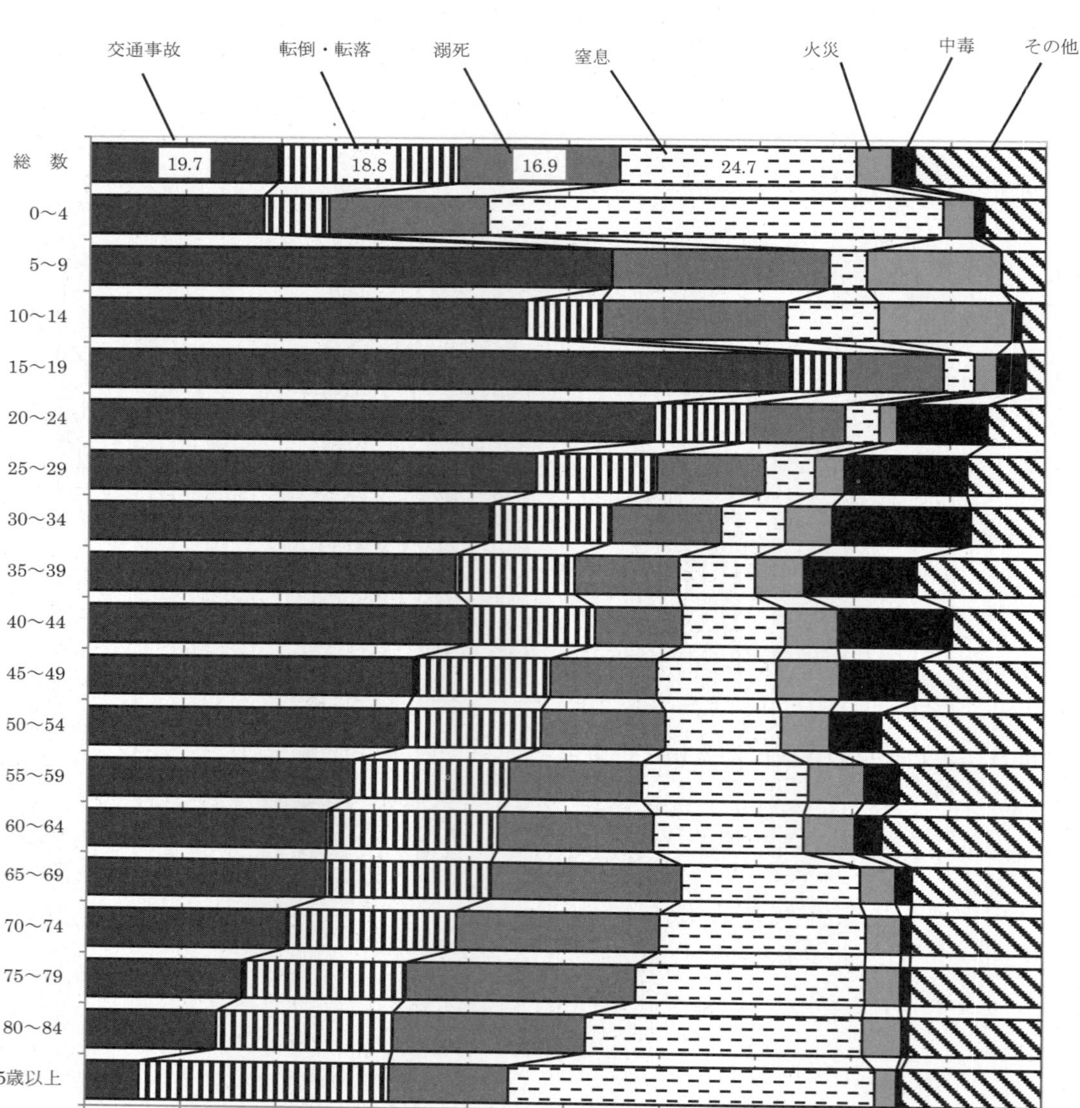

注：総数には年齢不詳を含む。

(3) 死亡の場所別にみた不慮の事故による死亡

平成20年の死亡の場所別死亡数構成割合を不慮の事故の種類別にみると、病院・診療所の割合が多いのは、窒息が84.4%、転倒・転落が83.8%、交通事故が80.0%となっており、自宅の割合が多いのは、火災が61.6%で、病院・診療所の割合と自宅の割合との差が小さいのは、溺死、中毒となっている（図10）。

図10　不慮の事故の種類別にみた死亡の場所別死亡数構成割合　―平成20年―

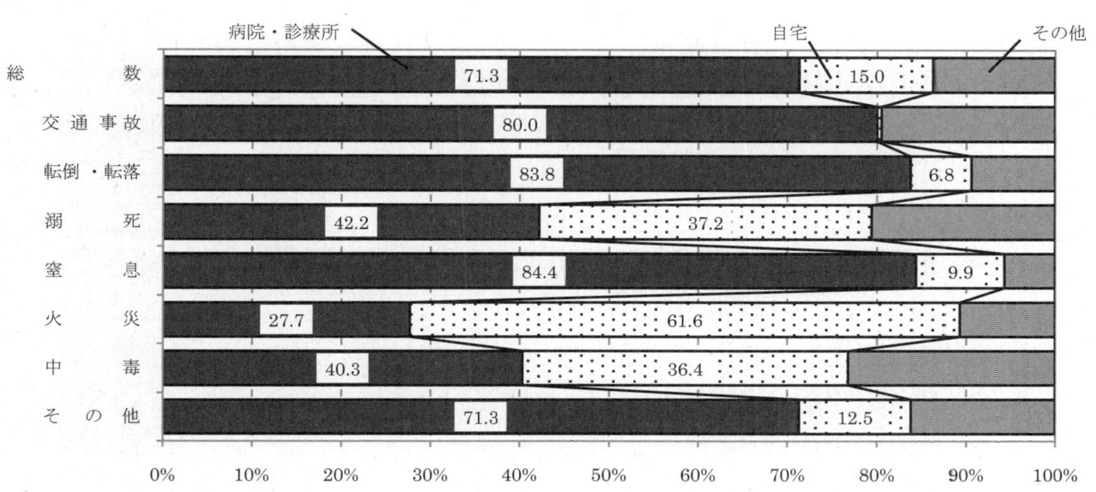

注：死亡場所のその他には介護老人保健施設、助産所、老人ホームを含む。

(4) 時間別にみた不慮の事故による死亡

平成20年の不慮の事故による死亡数を死亡した時間別にみると、総数では18時～20時台が多くなっており、不慮の事故の種類別では、交通事故と溺死が18時～23時台、窒息が12時～14時台と18時～20時台が多くなっている（図11）。

図11　死亡した時間別にみた不慮の事故の種類別死亡数　―平成20年―

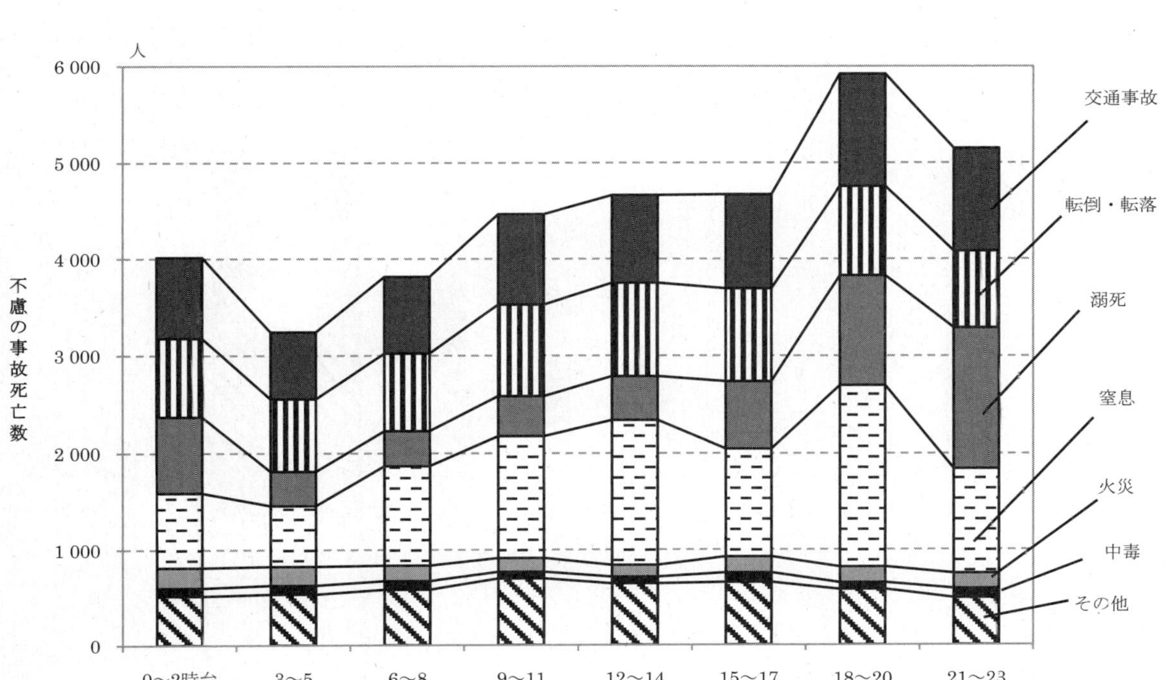

(5) 発生場所別にみた交通事故以外の不慮の事故による死亡

平成20年の交通事故以外の主な不慮の事故の種類別死亡数構成割合を発生場所別にみると、構成割合が高いのは、家庭では溺死と窒息、居住施設では窒息、公共の地域では転倒・転落と窒息となっている。(図12)

図12　発生場所別にみた不慮の事故の種類別交通事故以外の不慮の事故死亡数構成割合

—平成20年—

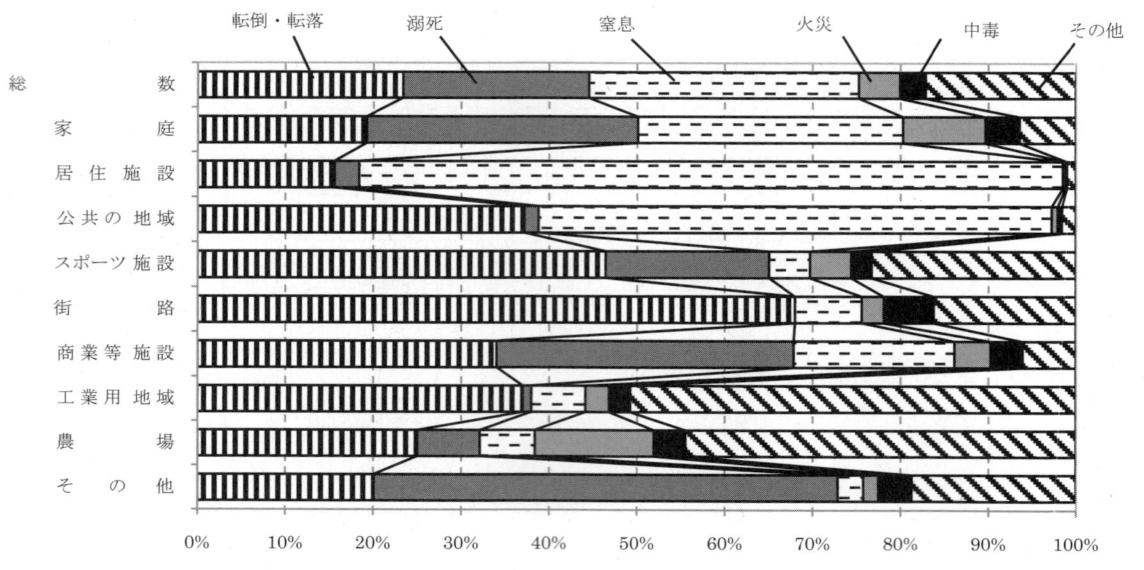

注：発生場所の総数には詳細不明を含む。

(6) 時間別にみた家庭における不慮の事故による死亡

平成20年の年齢階級別の家庭における不慮の事故による死亡数を死亡した時間別にみると、死亡数の多い65歳以上の階級では、18時～23時台が多くなっている（図13)。

図13　死亡した時間別にみた年齢階級別家庭における不慮の事故死亡数

—平成20年—

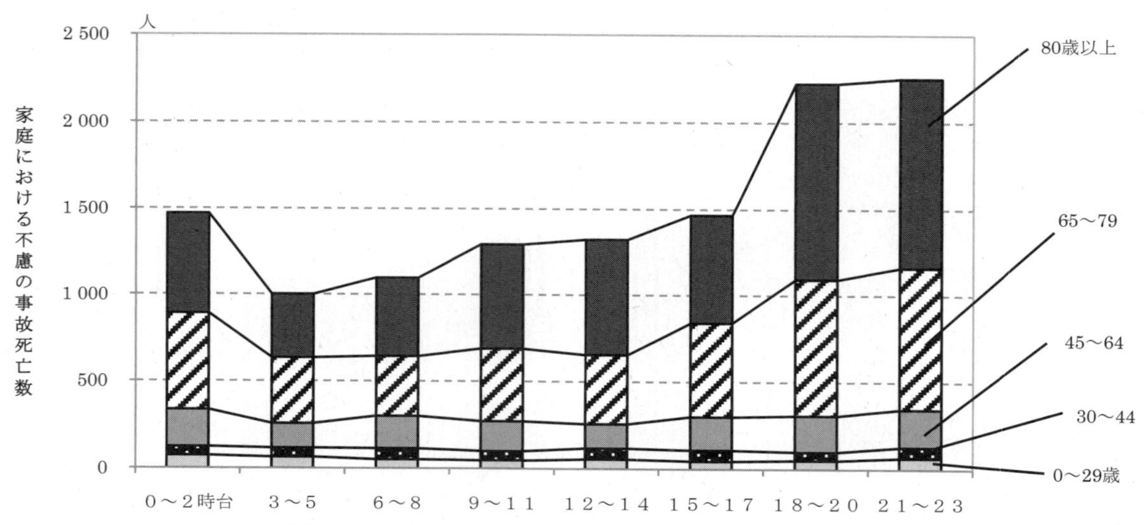

Part I Description

"Mortality Statistics from Accidents"

"Mortality Statistics from Accidents" was prepared as a specified report of Vital Statistics, by performing a time-series analysis and a new multi-faceted analysis on the accidental deaths of Japanese persons which occurred in Japan, based on the Vital Statistics published each year.

This is the second issuance of "Mortality Statistics from Accidents," and follows the first "Mortality Statistics from Accidents and Adverse Effects," published in 1984.

Notes for Use

(1) Symbols used in tables

-	Not applicable
0.0	Percentage not zero, but minute (below 0.05)

(2) Figures indicated in tables are rounded; therefore, the sums of sub-totals may not agree with the overall total.

1 Trends in accidental deaths

(1) Trends in the number of accidental deaths

Regarding the trends in the number of accidental deaths, prior to World War II, the number of accidental deaths exhibited a steady increase, except when the Great Kanto Earthquake occurred in 1923. This number continued to increase for a period after the World War II, but rapidly declined after peaking at around 42,000 - 43,000 in the period from 1969 - 1972, and remained stable around 28,000 - 30,000 during the period from 1977 - 1988. Afterwards, it again increased, and fluctuated between around 37,000 and 40,000 during the period from 1996 - 2008 (Figure 1).

Figure 1 Trends in the number of accidental deaths, 1899 - 2008

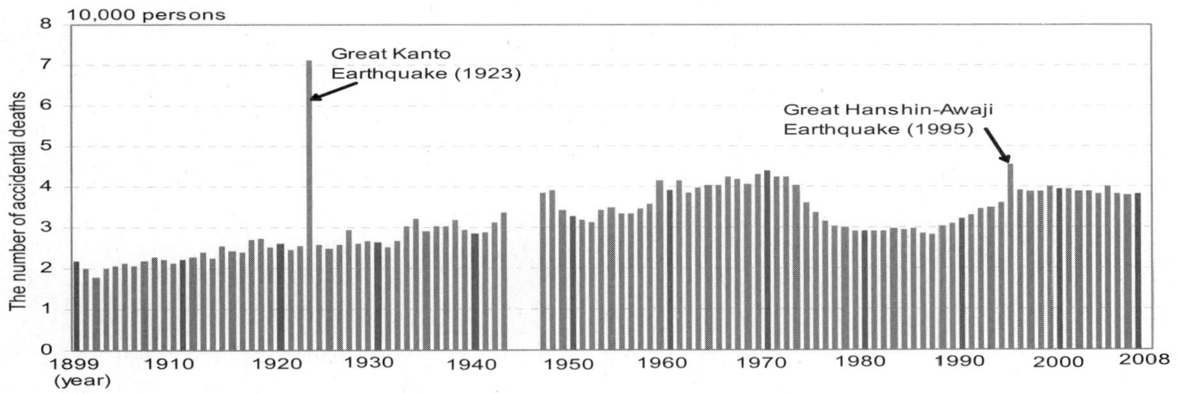

Note: The period from 1944 - 1946 has been omitted due to lack of data.

(2) Trends in the number of accidental deaths by type of major accident

Regarding the trends in the number of accidental deaths by type of major traffic accident since 1995, the number of deaths has decreased consistently, from 15,147 in 1995 to 7,499 in 2008. In contrast, the number of deaths by suffocation has increased from 7,104 in 1995 to 9,419 in 2008, the number of deaths due to a fall from 5,911 in 1995 to 7,170 in 2008, and the number of deaths by drowning from 5,588 in 1995 to 6,464 in 2008. Although the numbers of deaths from these three causes have fluctuated, they are on the rise as a whole (Figure 2).

Figure 2 Trends in the number of accidental deaths by type of major accident, 1995 - 2008

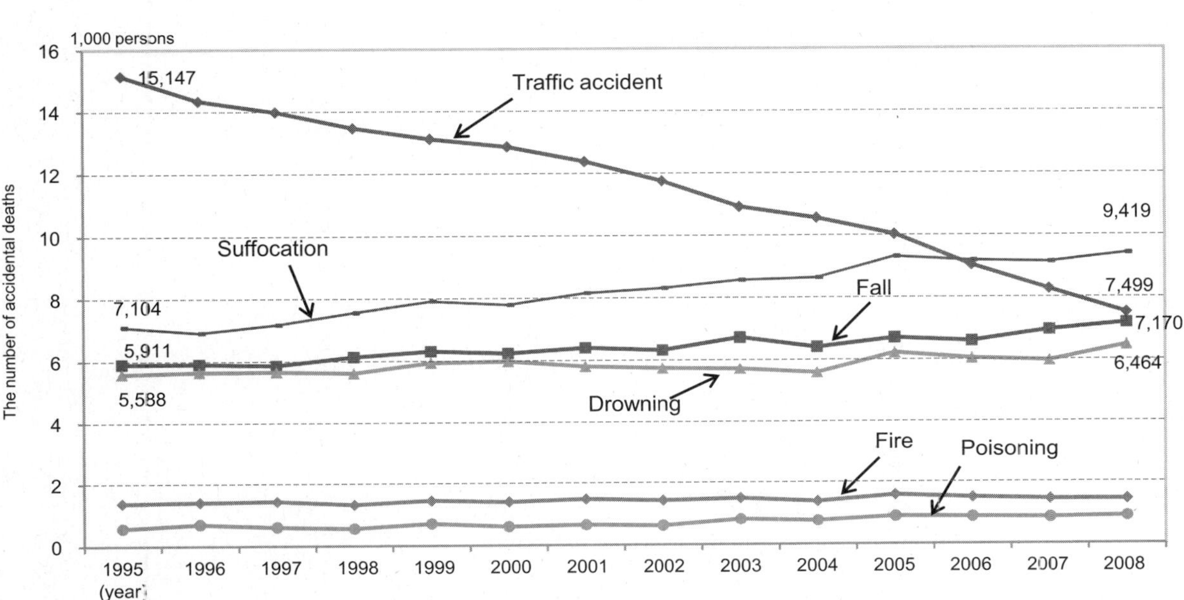

(3) Yearly comparison of accidental death rates by type of accident and by age group

Regarding the accidental death rates (per 100,000 population) by type of accident and by age (five-year age group) in and after 1995, these rates are declining as a whole, including rates of deaths due to a traffic accident, fall, drowning, and suffocation. Most notably, the rate of deaths by traffic accident decreased to half in almost all age groups (Figure 3).

Consequently, the increase in the number of deaths by fall, drowning, and suffocation is not due to an increase in these death rates, but rather to an increase in the number of aged persons, who exhibit a high death rate.

Figure 3 Yearly comparison of accidental death rates by type of major accident and by age (five-year age group) (per 100,000 population), 1995, 2000, 2005, and 2008

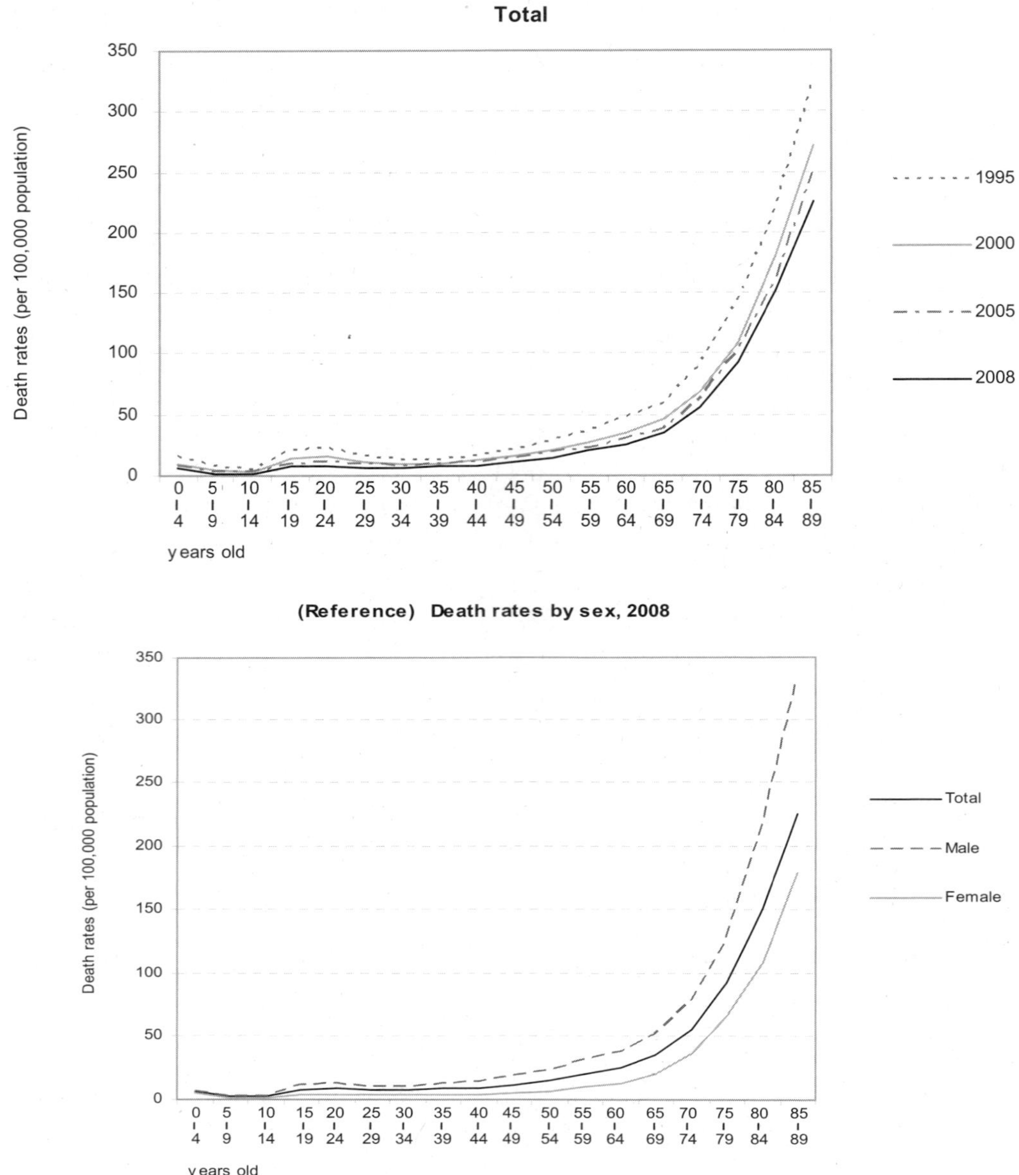

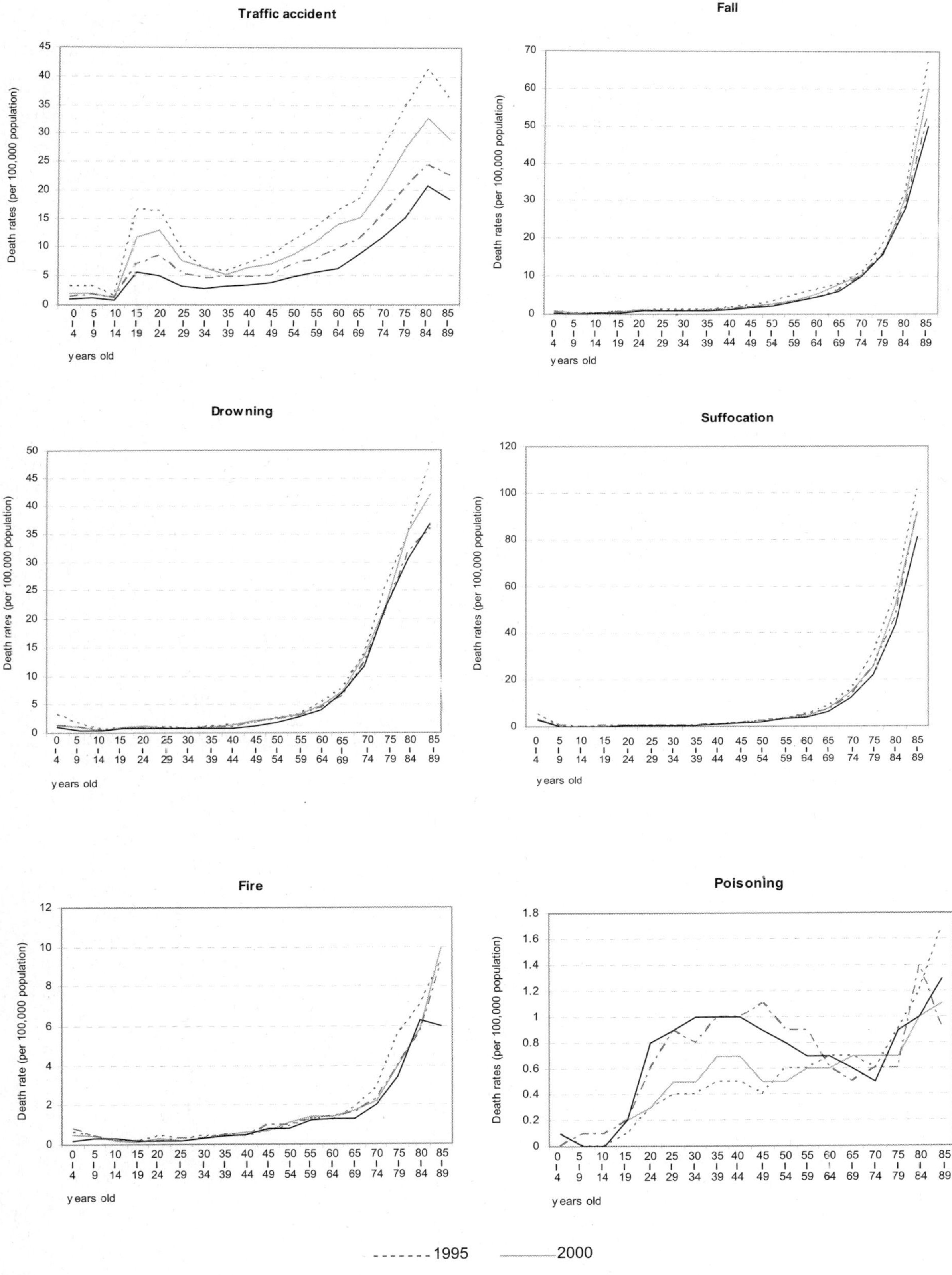
Traffic accident
Death rates (per 100,000 population)
years old
Fall
Death rates (per 100,000 population)
years old
Drowning
Death rates (per 100,000 population)
years old
Suffocation
Death rates (per 100,000 population)
years old
Fire
Death rate (per 100,000 population)
years old
Poisoning
Death rates (per 100,000 population)
years old
1995
2000
2005
2008

(一) Trends in the number of deaths by type of traffic accident

Regarding the trends in the number of deaths by type of traffic accident since 1995, the number of pedestrian fatalities has decreased consistently, from 4,335 in 1995 to 2,446 (56.4% of those of 1995) in 2008. Cyclist fatalities decreased from 1,998 in 1995 to 1,116 (55.9% of those of 1995) in 2008, motorcyclist fatalities decreased from 2,551 in 1995 to 1,148 (45.0% of those of 1995) in 2008, and vehicle occupant fatalities decreased from 4,281 in 1995 to 1,739 (40.6% of those of 1995) in 2008. Although the number of deaths has fluctuated, these three types of fatalities have been on the decline. Most notably, vehicle occupant fatalities have decreased significantly (Figure 4).

Figure 4 Trends in the number of deaths by type of traffic accident, 1995 - 2008

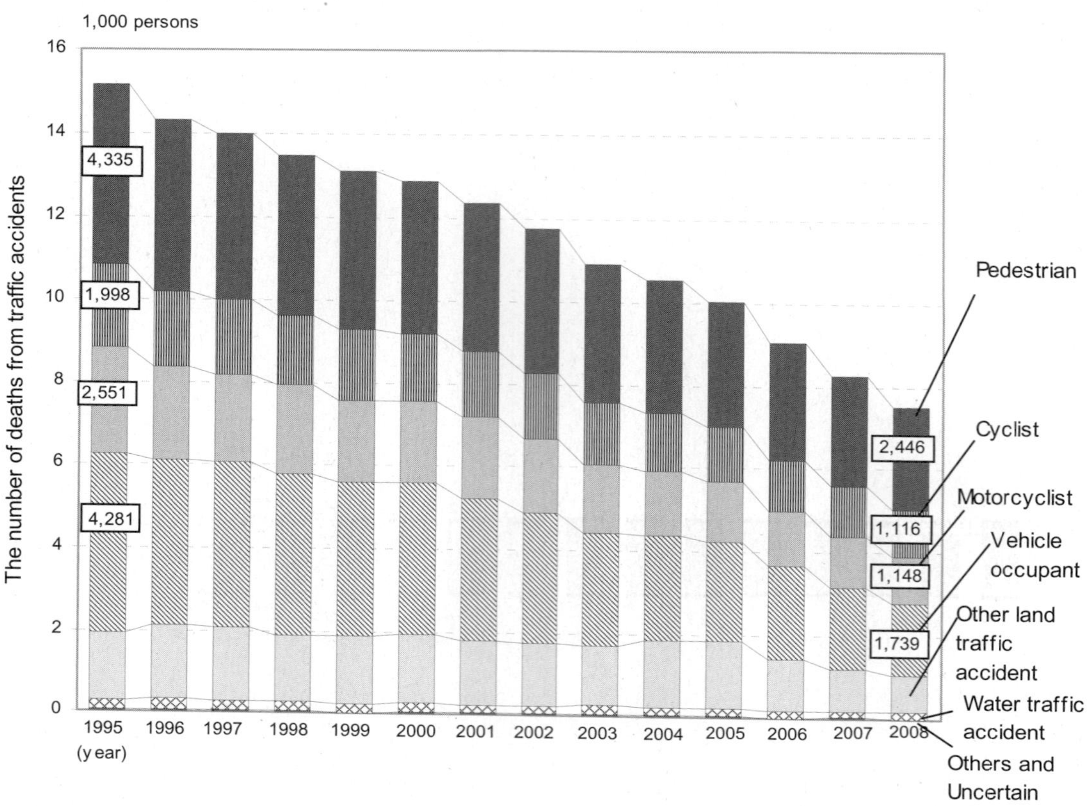

Note: Other land traffic accidents include those of tricyclists, occupants of light trucks or vans, heavy goods vehicle occupants and bus occupants.
Others and unknown traffic accidents include aircraft accidents and space traffic accidents.

(5) Trends in the number of accidental deaths due to causes other than traffic accidents by site of occurrence

Regarding the trends in the number of accidental deaths due to causes other than traffic accidents by site of occurrence since 1995, the total number of accidental deaths has been on the rise except for the 1995 Great Hanshin-Awaji Earthquake. The number of deaths at housing facilities has been on the rise from 544 in 1995 to 1,452 in 2008, and the number of deaths at home has risen from 10,500 in 1996 to 13,240 in 2008 although this number has fluctuated. In contrast, the number of deaths in public areas has declined from 1,639 in 1995 to 1,295 in 2008, the number of deaths in industrial areas from 1,304 in 1995 to 668 in 2008, and the number of deaths in other areas from 3,588 in 1995 to 2,966 in 2008, although these numbers have fluctuated (Figure 5).

Figure 5 Trends in the number of accidental deaths due to causes other than traffic accidents by site of occurrence, 1995 - 2008

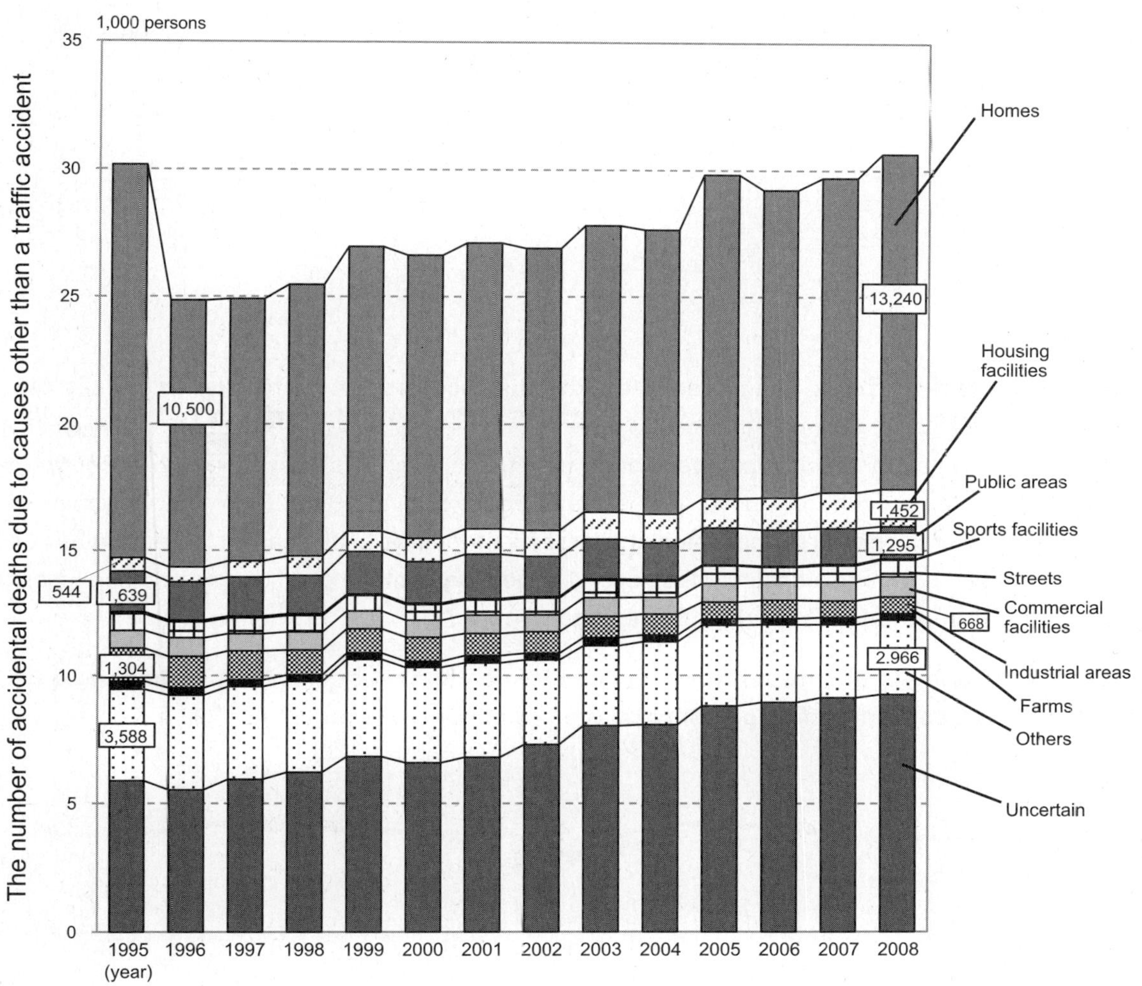

(6) Trends in the number of accidental deaths at home by type of major accident

Regarding accidental deaths in the home by type of major accident since 1995, the number of deaths by suffocation has been on the rise from 3,393 in 1995 to 3,995 in 2008, the number of deaths by drowning from 2,966 in 1995 to 4,079 in 2008, and the number of deaths by fall from 2,115 in 1995 to 2,560 in 2008. The numbers of deaths due to these three causes are each on the rise, although they have fluctuated. In contrast, the number of deaths by fire remains at the same level, increasing slightly from 1,174 in 1995 to 1,238 in 2008 (Figure 6).

Figure 6 Trends in the number of accidental deaths at home by type of major accident, 1995 - 2008

Persons
The number of accidental deaths at home
4 500
4 000
3 500
3 000
2 500
2 000
1 500
1 000
500
0
3,393
Suffocation
4,079
3,995
Drowning
2,966
Fall
2,560
2,115
Fire
1,174
1,238
Poisoning
1995 (year) 1996 1997 1998 1999 2000 2001 2002 2003 2004 2005 2006 2007 2008

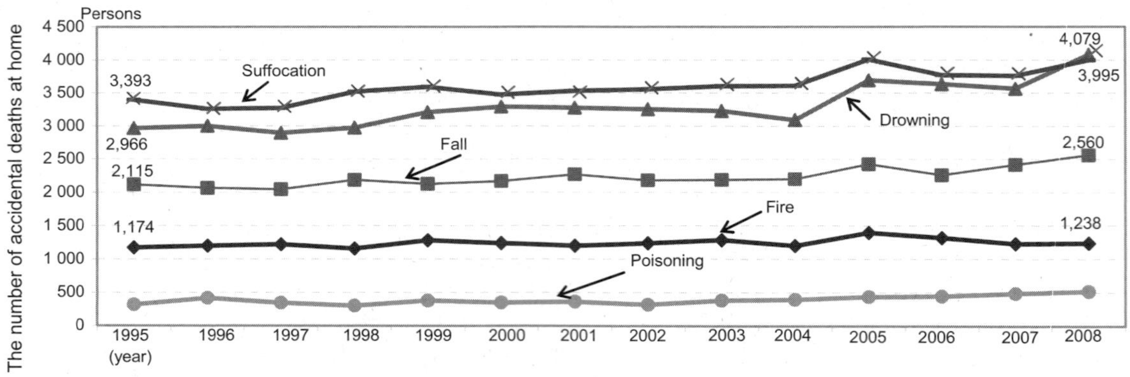

(7) Trends in the proortions of accidental deaths that occurred at home due to causes other than traffic accidents by type of accident

Of all the accidental deaths due to causes other than traffic accidents, those that have occurred at home have continued to account for above 40% since 1995 (excluding 1995). From the viewpoint of type of accident, deaths at home by fire constitute the largest percentage of all deaths by fire. Deaths at home by drowning and by poisoning constitute the second largest percentage of all deaths of these types. Deaths at home by fall constitute the smallest percentage (Figure 7).

Figure 7 Trends in the proportion of accidental deaths that occurred at home due to causes other than traffic accidents by type of major accident, 1995 - 2008

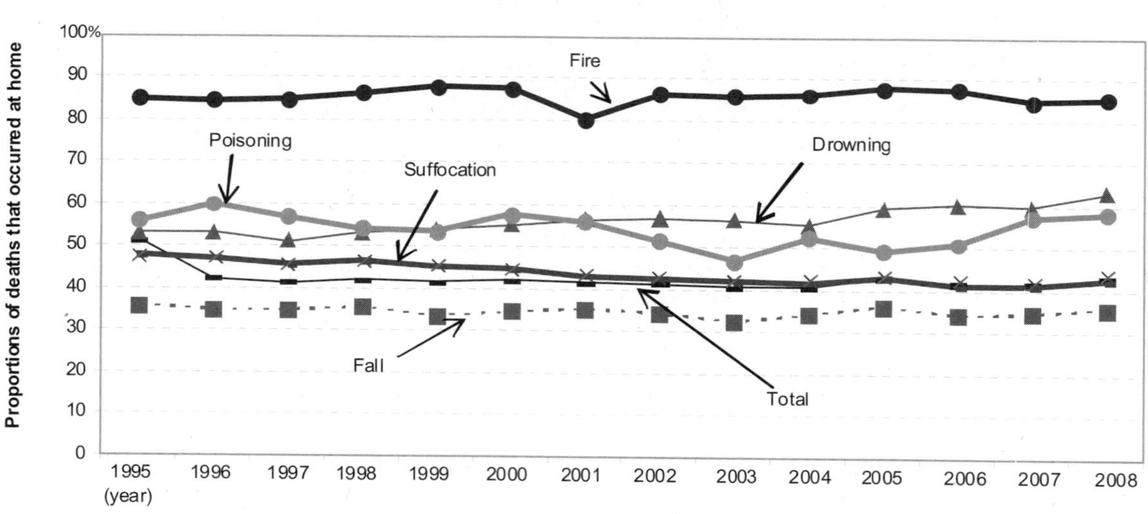

2 Detailed analysis of accidental deaths in 2008

(1) Monthly number of accidental deaths

Regarding the monthly number of accidental deaths in 2008, the total number of deaths was highest in January, second highest in December, lowest in September, and second lowest in June. The type of accident for which the largest gap was observed between the numbers for different months, the number of deaths by drowning was high in January but low in September. In addition, many persons died of suffocation in January, but few in June. Likewise, many persons were killed in fires in January, but few in September. In contrast, small variations were observed in the monthly numbers of deaths by traffic accident and fall (Figure 8).

Figure 8 Monthly numbers of accidental deaths by type of accident, 2008

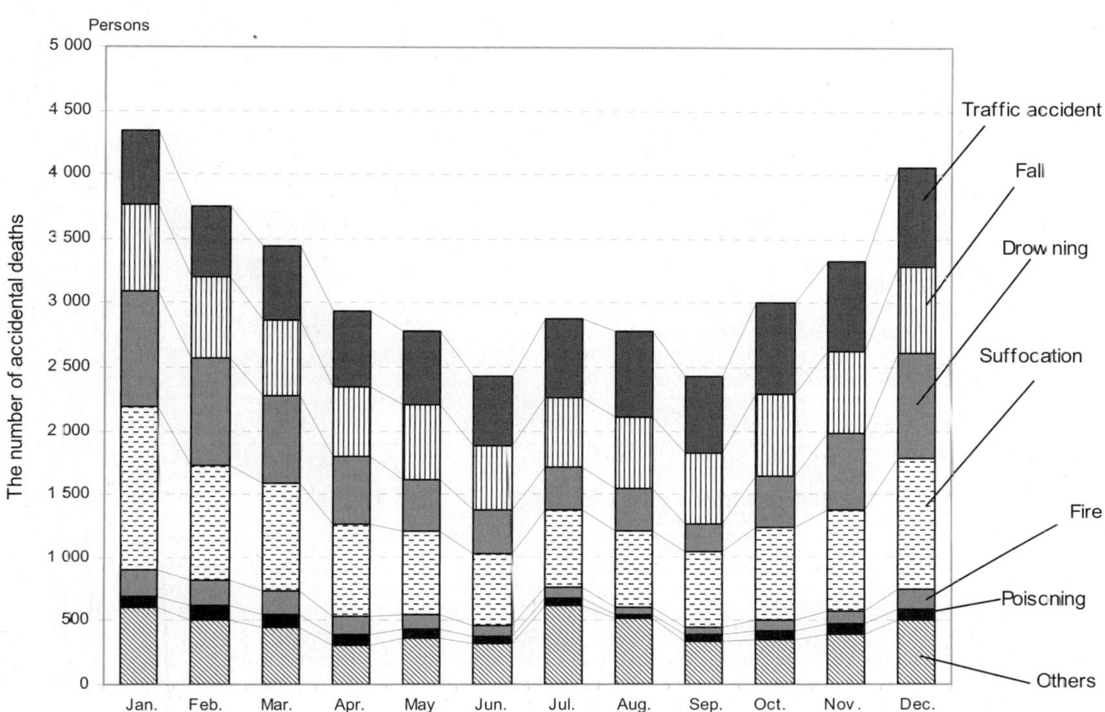

(2) Accidental deaths by age group

The percent distribution of the number of accidental deaths in 2008 by type of accident shows that deaths by suffocation accounted for the largest portion, at 24.7%. An analysis of the number of accidental deaths by age (five-year age group) shows that a traffic accident is the most frequent cause of death for persons between the ages of 5 and 9 and of 65 and 69. The number of persons who died by fall or suffocation increased with age (Figure 9).

Figure 9 Percent distribution of accidental deaths by type of accident and by age group, 2008

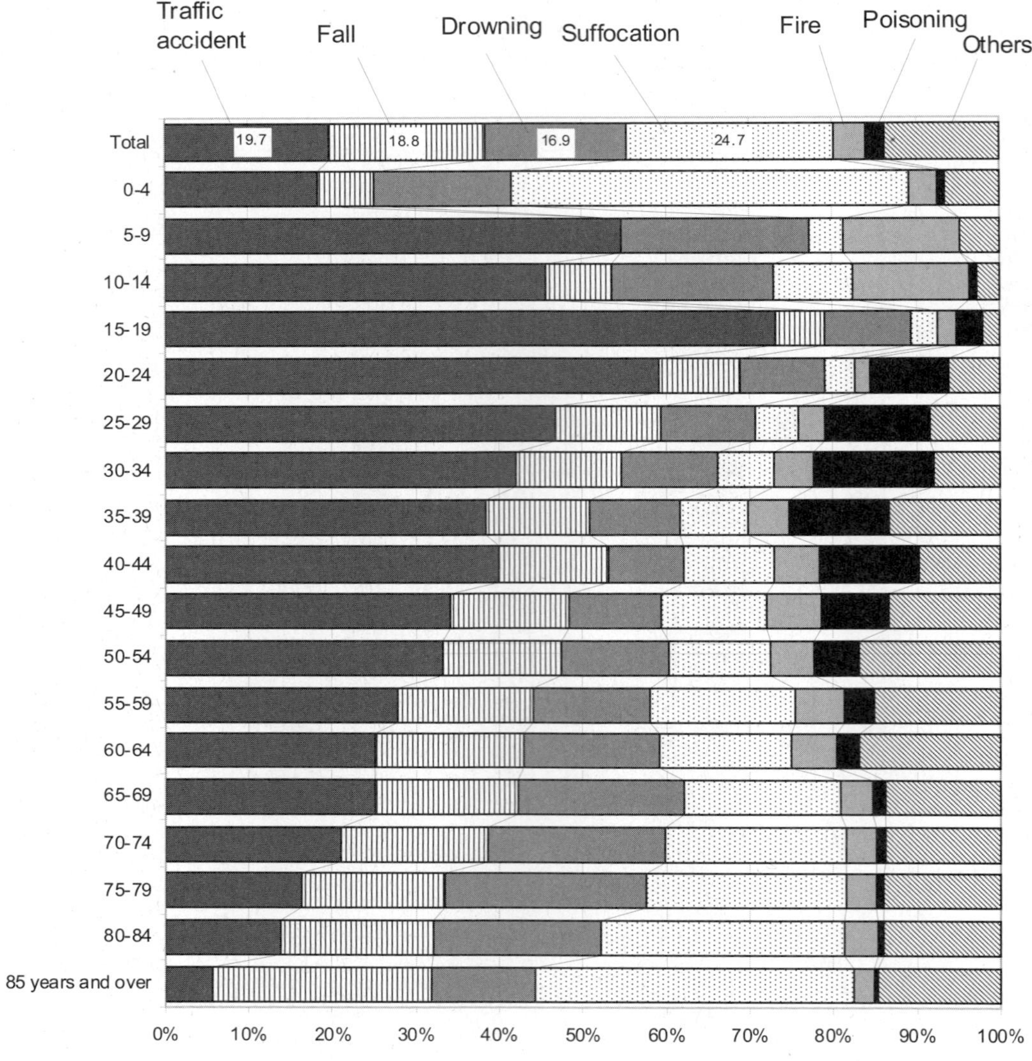

Note: Total number includes persons of "Age Unknown".

(3) Accidental deaths by place of death

Regarding the percent distribution of accidental deaths by place of death and by type of accident, "hospital and clinic" was large for deaths by suffocation (84.4%), deaths by fall (83.8%), and deaths by traffic accident (80.0%), while "home" was large for deaths by fire (61.6%) in 2008. A small gap was observed between "hospital and clinic" and "home" for deaths by drowning and poisoning (Figure 10).

Figure 10 Percent distribution of accidental deaths by place of death and by type of accident, 2008

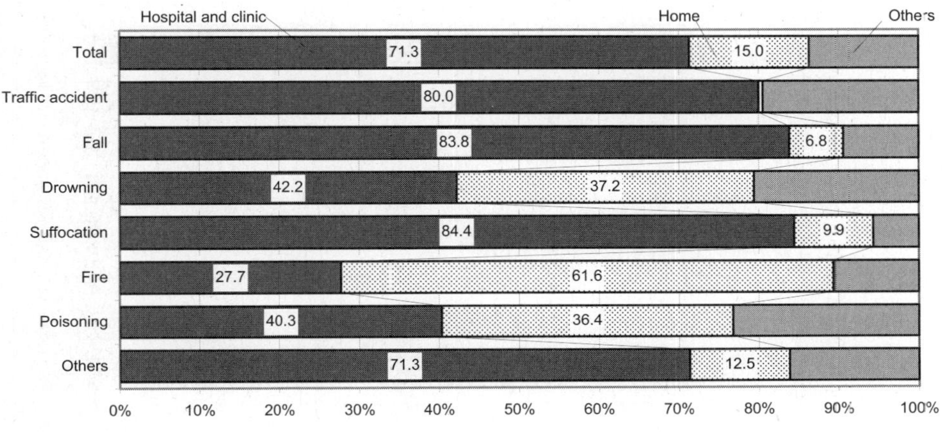

Note: "Others" includes health care facilities for the aged who need long-term care, midwifery clinics, and nursing homes for the aged.

(4) Accidental deaths by time of death

Regarding the number of accidental deaths by time of death, many people died between the hours of 18 - 20 in 2008. As for the type of accident, many of the deaths by traffic accident and by drowning occurred between the hours of 18 - 23, and many of the deaths by suffocation occurred between the hours of 12 - 14 and 18 - 20 (Figure 11).

Figure 11 The number of accidental deaths by type of accident and by time of death, 2008

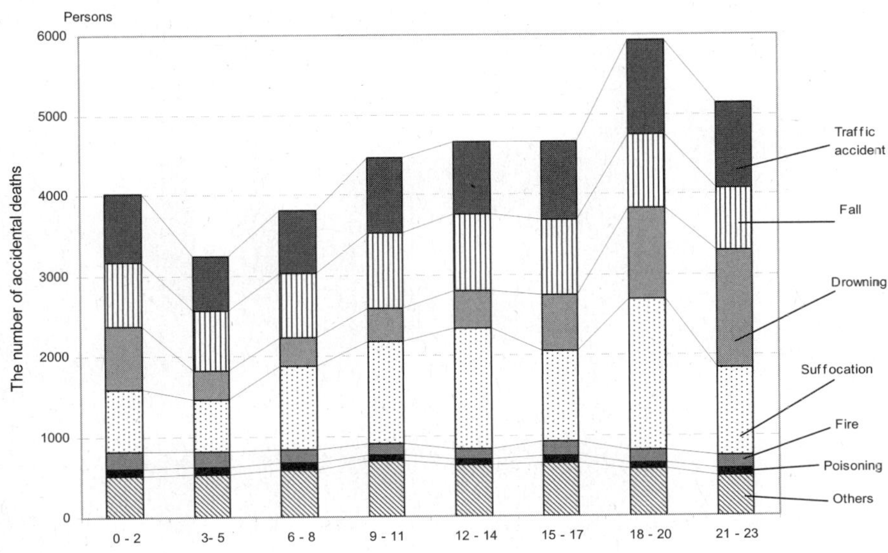

(5) Accidental deaths due to causes other than traffic accidents by site of occurrence

Regarding the percent distribution of accidental deaths other than traffic accidents by site of occurrence, many of those deaths which occurred at home were caused by drowning and suffocation, at housing facilities by suffocation, and in public areas by fall and suffocation in 2008 (Figure 12).

Figure 12 Percent distribution of accidental deaths due to causes other than traffic accidents by type of accident and by site of occurrence, 2008

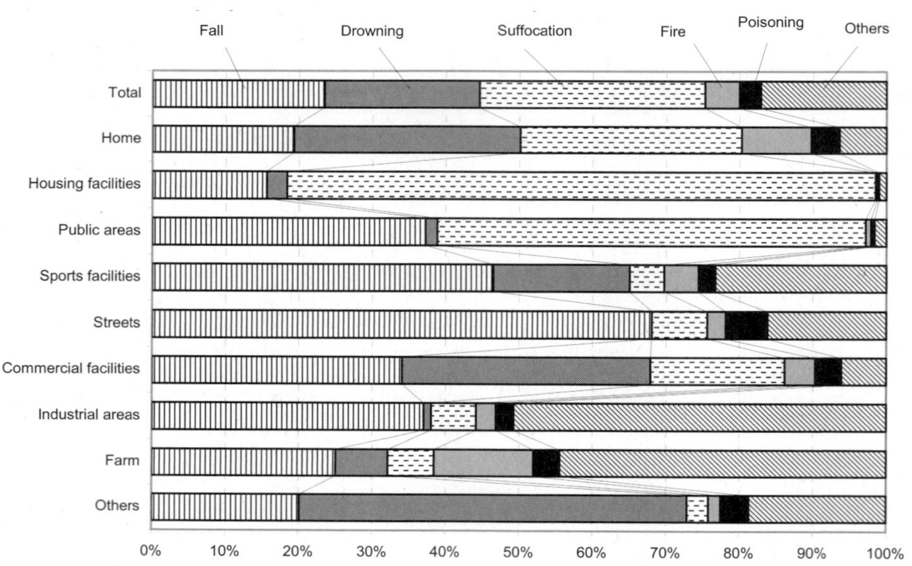

Note: The total includes deaths at site "Uncertain".

(6) Accidental deaths at home by time of death

Regarding the number of accidental deaths at home by time of death and by age group, more persons died in the age groups for persons aged 65 and over than other younger groups, and many persons aged 65 and over died between the hours of 18 - 23 in 2008, (Figure 13).

Figure 13 The number of accidental deaths at home by time of death and by age group, 2008

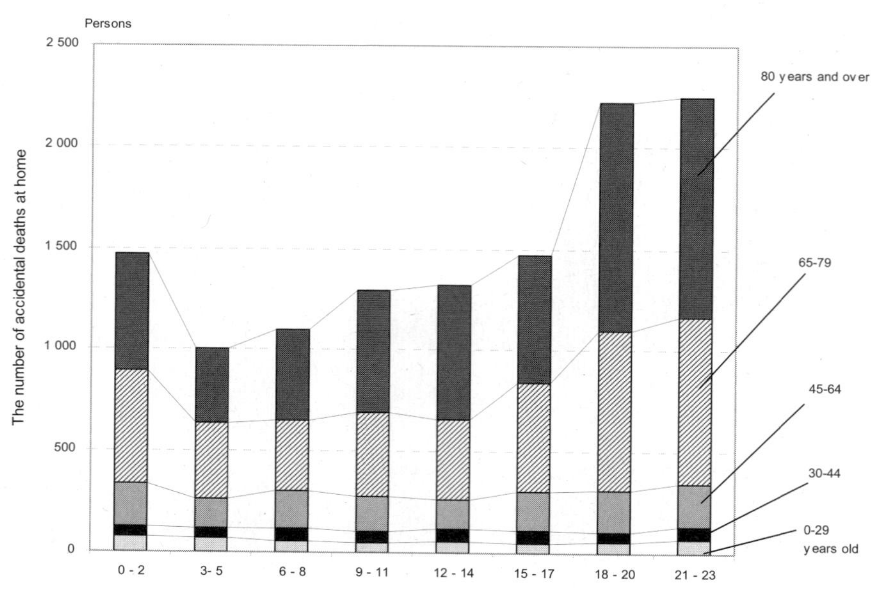

Ⅱ　統　計　表

Part Ⅱ　Statistical tables

第１表　年次・性別死亡数・率（人口10万対）（死亡総数・
Table 1. Trends in deaths and death rates (per 100,000 population) by sex (total of deaths,

総数[3)]
Total

年次[1)] Year		死亡総数 Total of deaths		不慮の事故[2)] Accidents		（再掲）交通事故 (Regrouped) Traffic accidents	
		死亡数 Deaths	死亡率 Death rates	死亡数 Deaths	死亡率 Death rates	死亡数 Deaths	死亡率 Death rates
1899	明治32年	932 087	2 147.5	21 767	50.1	…	…
1900	33	910 744	2 077.1	19 874	45.3	…	…
01	34	925 810	2 087.1	17 993	40.6	…	…
02	35	959 126	2 133.1	20 035	44.6	…	…
03	36	931 008	2 044.1	20 472	44.9	…	…
04	37	955 400	2 070.9	21 327	46.2	…	…
05	38	1 004 661	2 155.0	20 469	43.9	…	…
06	39	955 256	2 030.8	21 720	46.2	…	…
07	40	1 016 798	2 144.4	22 713	47.9	…	…
08	41	1 029 447	2 146.2	22 084	46.0	…	…
09	42	1 091 264	2 247.5	21 328	43.9	…	…
1910	43	1 064 234	2 163.8	22 009	44.7	…	…
11	44	1 043 906	2 094.0	22 781	45.7	…	…
12	大正元	1 037 016	2 050.4	23 877	47.2	…	…
13	2	1 027 257	2 002.3	22 333	43.5	…	…
14	3	1 101 815	2 117.3	25 524	49.0	…	…
15	4	1 093 793	2 073.5	24 321	46.1	…	…
16	5	1 187 832	2 220.4	23 914	44.7	…	…
17	6	1 199 669	2 216.1	26 892	49.7	…	…
18	7	1 493 162	2 727.8	27 160	49.6	…	…
19	8	1 281 965	2 329.4	25 165	45.7	…	…
1920	9	1 422 096	2 541.1	26 198	46.8	…	…
21	10	1 288 570	2 274.0	24 558	43.3	…	…
22	11	1 286 941	2 242.4	25 500	44.4	…	…
23	12	1 332 485	2 292.7	71 322	122.7	…	…
24	13	1 254 946	2 131.5	25 739	43.7	…	…
25	14	1 210 706	2 026.7	24 982	41.8	…	…
26	昭和元	1 160 734	1 911.0	25 627	42.2	…	…
27	2	1 214 323	1 969.4	29 327	47.6	…	…
28	3	1 236 711	1 975.7	26 040	41.6	…	…
29	4	1 261 228	1 987.4	26 634	42.0	…	…
1930	5	1 170 867	1 816.7	26 295	40.8	…	…
31	6	1 240 891	1 895.7	25 270	38.6	…	…
32	7	1 175 344	1 769.2	26 734	40.2	…	…
33	8	1 193 987	1 770.7	30 220	44.8	…	…
34	9	1 234 684	1 807.5	32 029	46.9	…	…
35	10	1 161 936	1 677.8	29 023	41.9	…	…
36	11	1 230 278	1 754.7	30 193	43.1	…	…
37	12	1 207 899	1 710.2	30 205	42.8	…	…
38	13	1 259 805	1 774.1	31 700	44.6	…	…
39	14	1 268 760	1 777.5	29 328	41.1	…	…
1940	15	1 186 595	1 649.6	28 408	39.5	…	…
41	16	1 149 559	1 603.7	28 808	40.2	…	…
42	17	1 166 630	1 611.7	31 134	43.0	…	…
43	18	1 219 073	1 672.6	33 519	46.0	…	…
47	22	1 138 238	1 457.4	38 533	49.3	4 922	6.3
48	23	950 610	1 188.2	38 975	48.7	6 197	7.7
49	24	945 444	1 156.2	34 277	41.9	5 861	7.2
1950	25	904 876	1 087.6	32 850	39.5	7 542	9.1
51	26	838 998	992.0	31 968	37.8	7 861	9.3
52	27	765 068	891.1	31 215	36.4	8 158	9.5
53	28	772 547	887.6	34 236	39.3	9 238	10.6
54	29	721 491	817.2	34 812	39.4	11 731	13.3

注：1）昭和18年のみは樺太を含む数値である。
昭和19～21年は資料不備のため省略した。
昭和22～47年は沖縄県を含まない。
2）平成７年以降は、「その他の不慮の事故の続発・後遺症」を含まない。
3）昭和34年以前は男女不詳を含む。

不慮の事故及び交通事故（再掲）） －明治32～平成20年－
accidental deaths and deaths by traffic accidents (regrouped)), 1899-2008

年次[1] Year		死亡総数 Total of deaths		不慮の事故[2] Accidents		（再掲）交通事故 (Regrouped) Traffic accidents	
		死亡数 Deaths	死亡率 Death rates	死亡数 Deaths	死亡率 Death rates	死亡数 Deaths	死亡率 Death rates
1955	昭和30年	693 523	776. 8	33 265	37. 3	10 500	11. 8
56	31	724 460	802. 6	33 258	36. 8	11 032	12. 2
57	32	752 445	826. 1	34 528	37. 9	12 256	13. 5
58	33	684 189	743. 6	35 785	38. 9	13 440	14. 6
59	34	689 959	742. 1	41 662	44. 8	15 442	16. 6
1960	35	706 599	756. 4	38 964	41. 7	17 757	19. 0
61	36	695 644	737. 8	41 614	44. 1	19 056	20. 2
62	37	710 265	746. 2	38 393	40. 3	17 796	18. 7
63	38	670 770	697. 6	39 698	41. 3	19 071	19. 8
64	39	673 067	692. 6	40 437	41. 6	20 257	20. 8
65	40	700 438	712. 7	40 188	40. 9	19 516	19. 9
66	41	670 342	676. 7	42 547	43. 0	21 385	21. 6
67	42	675 006	677. 5	41 769	41. 9	20 535	20. 6
68	43	686 555	681. 1	40 564	40. 2	21 193	21. 0
69	44	693 787	680. 0	43 011	42. 2	23 336	22. 9
1970	45	712 962	691. 4	43 802	42. 5	24 096	23. 4
71	46	684 521	656. 0	42 433	40. 7	23 763	22. 8
72	47	683 751	646. 6	42 431	40. 1	22 975	21. 7
73	48	709 416	656. 4	40 244	37. 2	21 283	19. 7
74	49	710 510	649. 4	36 085	33. 0	17 576	16. 1
75	50	702 275	631. 2	33 710	30. 3	16 191	14. 6
76	51	703 270	625. 6	31 489	28. 0	14 787	13. 2
77	52	690 074	608. 0	30 352	26. 7	13 859	12. 2
78	53	695 821	607. 6	30 017	26. 2	13 686	12. 0
79	54	689 664	597. 3	29 227	25. 3	13 362	11. 6
1980	55	722 801	621. 4	29 217	25. 1	13 302	11. 4
81	56	720 262	614. 5	29 089	24. 8	13 416	11. 4
82	57	711 883	603. 2	29 197	24. 7	13 749	11. 7
83	58	740 038	623. 0	29 668	25. 0	14 253	12. 0
84	59	740 247	619. 3	29 344	24. 6	13 622	11. 4
85	60	752 283	625. 5	29 597	24. 6	14 401	12. 0
86	61	750 620	620. 6	28 610	23. 7	13 588	11. 2
87	62	751 172	618. 1	28 255	23. 2	13 762	11. 3
88	63	793 014	649. 9	30 212	24. 8	14 758	12. 1
89	平成元	788 594	644. 0	31 049	25. 4	15 629	12. 8
1990	2	820 305	668. 4	32 122	26. 2	15 828	12. 9
91	3	829 797	674. 1	33 155	26. 9	15 754	12. 8
92	4	856 643	693. 8	34 677	28. 1	15 828	12. 8
93	5	878 532	709. 7	34 717	28. 0	15 193	12. 3
94	6	875 933	706. 0	36 115	29. 1	14 869	12. 0
95	7	922 139	741. 9	45 323	36. 5	15 147	12. 2
96	8	896 211	718. 6	39 184	31. 4	14 343	11. 5
97	9	913 402	730. 9	38 886	31. 1	13 981	11. 2
98	10	936 484	747. 7	38 925	31. 1	13 464	10. 7
99	11	982 031	782. 9	40 079	32. 0	13 111	10. 5
2000	12	961 653	765. 6	39 484	31. 4	12 857	10. 2
01	13	970 331	770. 7	39 496	31. 4	12 378	9. 8
02	14	982 379	779. 6	38 643	30. 7	11 743	9. 3
03	15	1 014 951	804. 6	38 714	30. 7	10 913	8. 7
04	16	1 028 602	815. 2	38 193	30. 3	10 551	8. 4
05	17	1 083 796	858. 8	39 863	31. 6	10 028	7. 9
06	18	1 084 450	859. 6	38 270	30. 3	9 048	7. 2
07	19	1 108 334	879. 0	37 966	30. 1	8 268	6. 6
08	20	1 142 407	907. 1	38 153	30. 3	7 499	6. 0

Notes: 1) The number in 1943 includes that of Sakhalin.
The numbers in the period 1944-1946 are omitted due to the lack of data.
Numbers between 1947 and 1972 do not include those of Okinawa.
2) The numbers in 1995 and subsequent years do not include those of sequelae and after effects of accidents.
3) The numbers in and before 1959 include people whose sex is unknown.

第１表　年次・性別死亡数・率（人口10万対）（死亡総数・
Table 1. Trends in deaths and death rates (per 100,000 population) by sex (total of deaths,

男
Male

年次[1) Year		死亡総数 Total of deaths		不慮の事故[2) Accidents		（再掲）交通事故 (Regrouped) Traffic accidents	
		死亡数 Deaths	死亡率 Death rates	死亡数 Deaths	死亡率 Death rates	死亡数 Deaths	死亡率 Death rates
1899	明治32年	476 249	2 181.0	13 947	63.9	…	…
1900	33	464 072	2 104.5	12 919	58.6	…	…
01	34	468 524	2 101.2	11 734	52.6	…	…
02	35	486 410	2 151.7	13 109	58.0	…	…
03	36	472 249	2 062.1	13 339	58.2	…	…
04	37	481 445	2 075.6	13 985	60.3	…	…
05	38	505 290	2 157.4	13 424	57.3	…	…
06	39	480 077	2 034.3	14 606	61.9	…	…
07	40	512 110	2 153.0	14 819	62.3	…	…
08	41	517 755	2 153.6	14 571	60.6	…	…
09	42	550 267	2 262.1	13 642	56.1	…	…
1910	43	535 076	2 170.7	14 018	56.9	…	…
11	44	526 141	2 105.2	14 947	59.8	…	…
12	大正元	523 604	2 064.3	15 757	62.1	…	…
13	2	521 210	2 025.1	14 519	56.4	…	…
14	3	559 337	2 142.6	17 001	65.1	…	…
15	4	556 179	2 101.6	15 850	59.9	…	…
16	5	604 156	2 250.9	15 740	58.6	…	…
17	6	609 310	2 243.6	17 688	65.1	…	…
18	7	753 392	2 744.3	18 214	66.3	…	…
19	8	648 984	2 351.2	17 106	62.0	…	…
1920	9	720 655	2 569.7	17 605	62.8	…	…
21	10	659 328	2 320.6	16 339	57.5	…	…
22	11	655 740	2 276.9	17 210	59.8	…	…
23	12	679 072	2 327.4	38 353	131.4	…	…
24	13	642 969	2 174.5	17 417	58.9	…	…
25	14	621 357	2 070.3	16 638	55.4	…	…
26	昭和元	597 292	1 957.0	17 349	56.8	…	…
27	2	624 311	2 015.1	19 038	61.4	…	…
28	3	639 214	2 032.5	17 826	56.7	…	…
29	4	645 994	2 025.7	18 249	57.2	…	…
1930	5	603 995	1 864.7	17 969	55.5	…	…
31	6	642 146	1 951.9	17 091	52.0	…	…
32	7	607 267	1 820.6	18 144	54.4	…	…
33	8	618 496	1 827.5	20 618	60.9	…	…
34	9	639 098	1 863.6	21 755	63.4	…	…
35	10	603 566	1 737.7	20 641	59.4	…	…
36	11	637 854	1 817.1	21 506	61.3	…	…
37	12	625 625	1 781.0	21 640	61.6	…	…
38	13	652 936	1 858.9	22 659	64.5	…	…
39	14	658 589	1 869.6	21 393	60.7	…	…
1940	15	615 311	1 738.8	20 429	57.7	…	…
41	16	597 373	1 721.2	20 666	59.5	…	…
42	17	609 038	1 746.4	21 936	62.9	…	…
43	18	638 135	1 835.5	23 079	66.4	…	…
47	22	595 670	1 562.2	26 538	69.6	3 569	9.4
48	23	493 573	1 261.4	26 272	67.1	4 537	11.6
49	24	489 817	1 222.6	24 500	61.2	4 413	11.0
1950	25	467 073	1 144.5	23 783	58.3	5 795	14.2
51	26	432 540	1 042.4	23 199	55.9	6 074	14.6
52	27	395 205	937.7	22 902	54.3	6 375	15.1
53	28	399 859	935.4	24 862	58.2	7 237	16.9
54	29	379 658	875.2	26 144	60.3	9 234	21.3

注：1）昭和18年のみは樺太を含む数値である。
　　昭和19～21年は資料不備のため省略した。
　　昭和22～47年は沖縄県を含まない。
　2）平成７年以降は、「その他の不慮の事故の続発・後遺症」を含まない。
　3）昭和34年以前は男女不詳を含む。

不慮の事故及び交通事故（再掲)） －明治32～平成20年－
accidental deaths and deaths by traffic accidents (regrouped)), 1899-2008

年次[1] Year		死亡総数 Total of deaths		不慮の事故[2] Accidents		（再掲）交通事故 (Regrouped) Traffic accidents	
		死亡数 Deaths	死亡率 Death rates	死亡数 Deaths	死亡率 Death rates	死亡数 Deaths	死亡率 Death rates
1955	昭和30年	365 246	832.7	24 908	56.8	8 244	18.8
56	31	381 395	859.9	25 107	56.6	8 821	19.9
57	32	397 502	887.9	25 988	58.0	9 702	21.7
58	33	363 647	804.0	26 751	59.1	10 734	23.7
59	34	367 562	804.2	30 203	66.1	12 320	27.0
1960	35	377 526	822.9	29 787	64.9	14 170	30.9
61	36	371 858	803.1	32 089	69.3	15 251	32.9
62	37	380 826	814.7	29 520	63.2	14 358	30.7
63	38	361 469	765.3	30 700	65.0	15 306	32.4
64	39	363 531	761.4	31 286	65.5	16 280	34.1
65	40	378 716	785.0	30 674	63.6	15 499	32.1
66	41	363 356	747.2	32 530	66.9	17 074	35.1
67	42	366 076	748.6	31 742	64.9	16 206	33.1
68	43	372 931	753.7	30 795	62.2	16 437	33.2
69	44	379 506	757.5	32 620	65.1	18 198	36.3
1970	45	387 880	766.6	33 112	65.4	18 629	36.8
71	46	372 942	728.0	31 757	62.0	18 234	35.6
72	47	372 833	719.1	31 689	61.1	17 728	34.2
73	48	383 592	723.7	29 998	56.6	16 345	30.8
74	49	381 869	711.4	26 824	50.0	13 593	25.3
75	50	377 827	690.4	24 865	45.4	12 466	22.8
76	51	378 630	684.3	23 236	42.0	11 389	20.6
77	52	372 175	666.3	22 407	40.1	10 675	19.1
78	53	375 625	666.5	22 049	39.1	10 478	18.6
79	54	373 183	656.6	21 337	37.5	10 132	17.8
1980	55	390 644	682.9	21 153	37.0	10 111	17.7
81	56	388 575	674.0	21 147	36.7	10 166	17.6
82	57	385 494	664.0	21 046	36.3	10 444	18.0
83	58	401 232	686.6	21 261	36.4	10 699	18.3
84	59	402 220	684.1	21 223	36.1	10 329	17.6
85	60	407 769	690.6	21 318	36.1	10 832	18.3
86	61	406 918	684.6	20 480	34.5	10 196	17.2
87	62	408 094	683.3	20 124	33.7	10 225	17.1
88	63	428 094	713.9	21 358	35.6	10 927	18.2
89	平成元	427 114	709.8	21 848	36.3	11 464	19.1
1990	2	443 718	736.5	22 199	36.8	11 481	19.1
91	3	450 344	745.3	22 879	37.9	11 409	18.9
92	4	465 544	768.3	23 606	39.0	11 435	18.9
93	5	476 462	784.6	23 397	38.5	10 920	18.0
94	6	476 080	782.5	24 082	39.6	10 593	17.4
95	7	501 276	822.9	28 229	46.3	10 772	17.7
96	8	488 605	799.5	25 485	41.7	10 170	16.6
97	9	497 796	813.3	25 157	41.1	9 824	16.0
98	10	512 128	835.3	24 984	40.7	9 552	15.6
99	11	534 778	871.6	25 551	41.6	9 189	15.0
2000	12	525 903	855.3	25 162	40.9	9 072	14.8
01	13	528 768	858.5	24 993	40.6	8 698	14.1
02	14	535 305	869.1	24 283	39.4	8 171	13.3
03	15	551 746	895.4	23 969	38.9	7 565	12.3
04	16	557 097	904.4	23 667	38.4	7 355	11.9
05	17	584 970	949.4	24 591	39.9	7 015	11.4
06	18	581 370	944.3	23 329	37.9	6 258	10.2
07	19	592 784	963.7	22 666	36.8	5 559	9.0
08	20	608 711	991.0	22 801	37.1	5 191	8.5

Notes:1) The number in 1943 includes that of Sakhalin.
The numbers in the period 1944-1946 are omitted due to the lack of data.
Numbers between 1947 and 1972 do not include those of Okinawa.
2) The numbers in 1995 and subsequent years do not include those of sequelae and after effects of accidents.
3) The numbers in and before 1959 include people whose sex is unknown.

第1表　年次・性別死亡数・率（人口10万対）（死亡総数・

Table 1. Trends in deaths and death rates (per 100,000 population) by sex (total of deaths,

女

Female

年次[1] Year		死亡総数 Total of deaths		不慮の事故[2] Accidents		(再掲) 交通事故 (Regrouped) Traffic accidents	
		死亡数 Deaths	死亡率 Death rates	死亡数 Deaths	死亡率 Death rates	死亡数 Deaths	死亡率 Death rates
1899	明治32年	455 828	2 113.4	7 815	36.2	…	…
1900	33	446 664	2 049.3	6 952	31.9	…	…
01	34	457 278	2 072.8	6 257	28.4	…	…
02	35	472 710	2 114.3	6 922	31.0	…	…
03	36	458 755	2 025.9	7 130	31.5	…	…
04	37	473 950	2 066.0	7 340	32.0	…	…
05	38	499 365	2 152.5	7 042	30.4	…	…
06	39	475 176	2 027.3	7 114	30.4	…	…
07	40	504 681	2 135.8	7 890	33.4	…	…
08	41	511 687	2 138.8	7 509	31.4	…	…
09	42	540 992	2 232.9	7 685	31.7	…	…
1910	43	529 156	2 156.8	7 991	32.6	…	…
11	44	517 762	2 082.8	7 834	31.5	…	…
12	大正元	513 410	2 036.4	8 120	32.2	…	…
13	2	506 042	1 979.2	7 812	30.6	…	…
14	3	542 473	2 091.7	8 520	32.9	…	…
15	4	537 610	2 045.2	8 467	32.2	…	…
16	5	583 674	2 189.7	8 173	30.7	…	…
17	6	590 359	2 188.5	9 204	34.1	…	…
18	7	739 770	2 711.2	8 946	32.8	…	…
19	8	632 981	2 307.5	8 059	29.4	…	…
1920	9	701 441	2 512.4	8 593	30.8	…	…
21	10	629 242	2 227.1	8 219	29.1	…	…
22	11	631 201	2 207.7	8 290	29.0	…	…
23	12	653 405	2 257.6	32 969	113.9	…	…
24	13	611 977	2 088.2	8 322	28.4	…	…
25	14	589 349	1 982.8	8 344	28.1	…	…
26	昭和元	563 435	1 864.5	8 277	27.4	…	…
27	2	590 012	1 923.3	10 289	33.5	…	…
28	3	597 497	1 918.4	8 214	26.4	…	…
29	4	615 234	1 948.8	8 385	26.6	…	…
1930	5	566 871	1 768.2	8 326	26.0	…	…
31	6	598 745	1 839.0	8 179	25.1	…	…
32	7	568 077	1 717.3	8 590	26.0	…	…
33	8	575 491	1 713.4	9 602	28.6	…	…
34	9	595 507	1 750.7	10 197	30.0	…	…
35	10	558 367	1 617.5	8 381	24.3	…	…
36	11	592 421	1 692.1	8 685	24.8	…	…
37	12	582 274	1 640.1	8 565	24.1	…	…
38	13	606 869	1 691.0	9 041	25.2	…	…
39	14	610 171	1 687.7	7 935	21.9	…	…
1940	15	571 284	1 563.2	7 979	21.8	…	…
41	16	552 186	1 493.4	8 142	22.0	…	…
42	17	557 592	1 486.5	9 198	24.5	…	…
43	18	580 938	1 524.1	10 440	27.4	…	…
47	22	542 568	1 357.4	11 995	30.0	1 353	3.4
48	23	457 037	1 118.2	12 703	31.1	1 660	4.1
49	24	455 627	1 092.4	9 777	23.4	1 448	3.5
1950	25	437 803	1 032.8	9 067	21.4	1 747	4.1
51	26	406 458	943.5	8 769	20.4	1 787	4.1
52	27	369 863	846.3	8 313	19.0	1 783	4.1
53	28	372 688	841.6	9 374	21.2	2 001	4.5
54	29	341 833	761.1	8 668	19.3	2 497	5.6

注：1）昭和18年のみは樺太を含む数値である。
　　　昭和19～21年は資料不備のため省略した。
　　　昭和22～47年は沖縄県を含まない。
　　2）平成７年以降は、「その他の不慮の事故の続発・後遺症」を含まない。
　　3）昭和34年以前は男女不詳を含む。

不慮の事故及び交通事故（再掲）） －明治32～平成20年－
accidental deaths and deaths by traffic accidents (regrouped)), 1899-2008

年次[1] Year		死亡総数 Total of deaths 死亡数 Deaths	死亡総数 Total of deaths 死亡率 Death rates	不慮の事故[2] Accidents 死亡数 Deaths	不慮の事故[2] Accidents 死亡率 Death rates	(再掲) 交通事故 (Regrouped) Traffic accidents 死亡数 Deaths	(再掲) 交通事故 (Regrouped) Traffic accidents 死亡率 Death rates
1955	昭和30年	328 277	722. 8	8 357	18. 4	2 256	5. 0
56	31	343 065	747. 4	8 151	17. 8	2 211	4. 8
57	32	354 943	766. 3	8 540	18. 4	2 554	5. 5
58	33	320 542	685. 2	9 034	19. 3	2 706	5. 8
59	34	322 370	682. 1	11 432	24. 2	3 122	6. 6
1960	35	329 073	692. 2	9 177	19. 3	3 587	7. 5
61	36	323 786	674. 8	9 525	19. 9	3 805	7. 9
62	37	329 439	680. 2	8 873	18. 3	3 438	7. 1
63	38	309 301	632. 2	8 998	18. 4	3 765	7. 7
64	39	309 536	626. 0	9 151	18. 5	3 977	8. 0
65	40	321 722	643. 1	9 514	19. 0	4 017	8. 0
66	41	306 986	608. 7	10 017	19. 9	4 311	8. 5
67	42	308 930	608. 9	10 027	19. 8	4 329	8. 5
68	43	313 624	611. 2	9 769	19. 0	4 756	9. 3
69	44	314 281	605. 3	10 391	20. 0	5 138	9. 9
1970	45	325 082	619. 0	10 690	20. 4	5 467	10. 4
71	46	311 579	586. 6	10 676	20. 1	5 529	10. 4
72	47	310 918	576. 9	10 742	19. 9	5 247	9. 7
73	48	325 824	591. 6	10 246	18. 6	4 938	9. 0
74	49	328 641	589. 7	9 261	16. 6	3 983	7. 1
75	50	324 448	574. 0	8 845	15. 6	3 725	6. 6
76	51	324 640	568. 7	8 253	14. 5	3 398	6. 0
77	52	317 899	551. 5	7 945	13. 8	3 184	5. 5
78	53	320 196	550. 6	7 968	13. 7	3 208	5. 5
79	54	316 481	539. 8	7 890	13. 5	3 230	5. 5
1980	55	332 157	561. 8	8 064	13. 6	3 191	5. 4
81	56	331 687	557. 0	7 942	13. 3	3 250	5. 5
82	57	326 389	544. 4	8 151	13. 6	3 305	5. 5
83	58	338 806	561. 4	8 407	13. 9	3 554	5. 9
84	59	338 027	556. 6	8 121	13. 4	3 293	5. 4
85	60	344 514	562. 7	8 279	13. 5	3 569	5. 8
86	61	343 702	558. 8	8 130	13. 2	3 392	5. 5
87	62	343 078	555. 0	8 131	13. 2	3 537	5. 7
88	63	364 920	588. 0	8 854	14. 3	3 831	6. 2
89	平成元	361 480	580. 3	9 201	14. 8	4 165	6. 7
1990	2	376 587	602. 8	9 923	15. 9	4 347	7. 0
91	3	379 453	605. 4	10 276	16. 4	4 345	6. 9
92	4	391 099	622. 0	11 071	17. 6	4 393	7. 0
93	5	402 070	637. 6	11 320	18. 0	4 273	6. 8
94	6	399 853	632. 4	12 033	19. 0	4 276	6. 8
95	7	420 863	664. 0	17 094	27. 0	4 375	6. 9
96	8	407 606	641. 0	13 699	21. 5	4 173	6. 6
97	9	415 606	651. 9	13 729	21. 5	4 157	6. 5
98	10	424 356	663. 7	13 941	21. 8	3 912	6. 1
99	11	447 253	698. 0	14 528	22. 7	3 922	6. 1
2000	12	435 750	679. 5	14 322	22. 3	3 785	5. 9
01	13	441 563	686. 6	14 503	22. 6	3 680	5. 7
02	14	447 074	694. 0	14 360	22. 3	3 572	5. 5
03	15	463 205	717. 9	14 745	22. 9	3 348	5. 2
04	16	471 505	730. 1	14 526	22. 5	3 196	4. 9
05	17	498 826	772. 3	15 272	23. 6	3 013	4. 7
06	18	503 080	778. 9	14 941	23. 1	2 790	4. 3
07	19	515 550	798. 4	15 300	23. 7	2 709	4. 2
08	20	533 696	827. 1	15 352	23. 8	2 308	3. 6

Notes: 1) The number in 1943 includes that of Sakhalin.
The numbers in the period 1944-1946 are omitted due to the lack of data.
Numbers between 1947 and 1972 do not include those of Okinawa.
2) The numbers in 1995 and subsequent years do not include those of sequelae and after effects of accidents.
3) The numbers in and before 1959 include people whose sex is unknown.

第2表　年次別死因順位・率
Table 2. Trends in ranking of causes of death

年次 Year		第1位 The 1st		第2位 The 2nd		第3位 The 3rd	
		死因 Cause of death	死亡率 Death rates	死因 Cause of death	死亡率 Death rates	死因 Cause of death	死亡率 Death rates
1950	昭和25年	全結核	146.4	脳血管疾患	127.1	肺炎及び気管支炎	93.2
51	26	脳血管疾患	125.2	全結核	110.3	肺炎及び気管支炎	82.2
52	27	脳血管疾患	128.5	全結核	82.2	悪性新生物	80.9
53	28	脳血管疾患	133.7	悪性新生物	82.2	老衰	77.6
54	29	脳血管疾患	132.4	悪性新生物	85.3	老衰	69.5
55	30	脳血管疾患	136.1	悪性新生物	87.1	老衰	67.1
56	31	脳血管疾患	148.4	悪性新生物	90.7	老衰	75.8
57	32	脳血管疾患	151.7	悪性新生物	91.3	老衰	80.5
58	33	脳血管疾患	148.6	悪性新生物	95.5	心疾患	64.8
59	34	脳血管疾患	153.7	悪性新生物	98.2	心疾患	67.7
1960	35	脳血管疾患	160.7	悪性新生物	100.4	心疾患	73.2
61	36	脳血管疾患	165.4	悪性新生物	102.3	心疾患	72.1
62	37	脳血管疾患	169.4	悪性新生物	103.2	心疾患	76.2
63	38	脳血管疾患	171.4	悪性新生物	105.5	心疾患	70.4
64	39	脳血管疾患	171.7	悪性新生物	107.3	心疾患	70.3
65	40	脳血管疾患	175.8	悪性新生物	108.4	心疾患	77.0
66	41	脳血管疾患	173.8	悪性新生物	110.9	心疾患	71.9
67	42	脳血管疾患	173.1	悪性新生物	113.0	心疾患	75.7
68	43	脳血管疾患	173.5	悪性新生物	114.6	心疾患	80.2
69	44	脳血管疾患	174.4	悪性新生物	116.2	心疾患	81.7
1970	45	脳血管疾患	175.8	悪性新生物	116.3	心疾患	86.7
71	46	脳血管疾患	169.6	悪性新生物	117.7	心疾患	82.0
72	47	脳血管疾患	166.7	悪性新生物	120.4	心疾患	81.2
73	48	脳血管疾患	166.9	悪性新生物	121.2	心疾患	87.3
74	49	脳血管疾患	163.0	悪性新生物	122.2	心疾患	89.8
75	50	脳血管疾患	156.7	悪性新生物	122.6	心疾患	89.2
76	51	脳血管疾患	154.5	悪性新生物	125.3	心疾患	92.2
77	52	脳血管疾患	149.8	悪性新生物	128.4	心疾患	91.2
78	53	脳血管疾患	146.2	悪性新生物	131.3	心疾患	93.3
79	54	脳血管疾患	137.7	悪性新生物	135.7	心疾患	96.9
1980	55	脳血管疾患	139.5	悪性新生物	139.1	心疾患	106.2
81	56	悪性新生物	142.0	脳血管疾患	134.3	心疾患	107.5
82	57	悪性新生物	144.2	脳血管疾患	125.0	心疾患	106.7
83	58	悪性新生物	148.3	脳血管疾患	112.8	心疾患	111.3
84	59	悪性新生物	152.5	脳血管疾患	117.2	心疾患	113.9
85	60	悪性新生物	156.1	心疾患	117.3	脳血管疾患	112.2
86	61	悪性新生物	158.5	心疾患	117.9	脳血管疾患	106.9
87	62	悪性新生物	164.2	心疾患	118.4	脳血管疾患	101.7
88	63	悪性新生物	168.4	心疾患	129.4	脳血管疾患	105.5
89	平成元	悪性新生物	173.6	心疾患	128.1	脳血管疾患	98.5
1990	2	悪性新生物	177.2	心疾患	134.8	脳血管疾患	99.4
91	3	悪性新生物	181.7	心疾患	137.2	脳血管疾患	96.2
92	4	悪性新生物	187.8	心疾患	142.2	脳血管疾患	95.6
93	5	悪性新生物	190.4	心疾患	145.6	脳血管疾患	96.0
94	6	悪性新生物	196.4	心疾患	128.6	脳血管疾患	96.9
95	7	悪性新生物	211.6	脳血管疾患	117.9	心疾患	112.0
96	8	悪性新生物	217.5	脳血管疾患	112.6	心疾患	110.8
97	9	悪性新生物	220.4	心疾患	112.2	脳血管疾患	111.0
98	10	悪性新生物	226.7	心疾患	114.3	脳血管疾患	110.0
99	11	悪性新生物	231.6	心疾患	120.4	脳血管疾患	110.8
2000	12	悪性新生物	235.2	心疾患	116.8	脳血管疾患	105.5
01	13	悪性新生物	238.8	心疾患	117.8	脳血管疾患	104.7
02	14	悪性新生物	241.7	心疾患	121.0	脳血管疾患	103.4
03	15	悪性新生物	245.4	心疾患	126.5	脳血管疾患	104.7
04	16	悪性新生物	253.9	心疾患	126.5	脳血管疾患	102.3
05	17	悪性新生物	258.3	心疾患	137.2	脳血管疾患	105.3
06	18	悪性新生物	261.0	心疾患	137.2	脳血管疾患	101.7
07	19	悪性新生物	266.9	心疾患	139.2	脳血管疾患	100.8
08	20	悪性新生物	272.3	心疾患	144.4	脳血管疾患	100.9

注：1）死因順位の選び方は、ＩＣＤ分類の適用状況により決定している。
2）昭和25年～47年は沖縄県を含まない。
3）平成６年までの「老衰」は、「精神病の記載のない老衰」である。
4）平成７年以降の「心疾患」は、「心疾患（高血圧性を除く）」である。

（人口10万対） －昭和25～平成20年－

and death rates (per 100,000 population), 1950-2008

第４位 The 4th		第５位 The 5th		第６位以降の 不慮の事故 Ranking of accidental death when ranked sixth or lower	
死　　因 Cause of death	死亡率 Death rates	死　　因 Cause of death	死亡率 Death rates	順位 Ranking	死亡率 Death rates
胃腸炎	82. 4	悪性新生物	77. 4	9	39. 5
悪性新生物	78. 5	老衰	70. 7	9	37. 8
老衰	69. 3	肺炎及び気管支炎	67. 1	9	36. 4
肺炎及び気管支炎	71. 3	全結核	66. 5	9	39. 3
全結核	62. 4	心疾患	60. 2	7	39. 4
心疾患	60. 9	全結核	52. 3	7	37. 3
心疾患	66. 0	全結核	48. 6	7	36. 8
心疾患	73. 1	肺炎及び気管支炎	59. 2	7	37. 9
老衰	55. 5	肺炎及び気管支炎	47. 6	7	38. 9
老衰	56. 7	肺炎及び気管支炎	45. 2	6	44. 8
老衰	58. 0	肺炎及び気管支炎	49. 3	6	41. 7
老衰	58. 2	不慮の事故	44. 1		
老衰	57. 5	肺炎及び気管支炎	45. 0	6	40. 3
老衰	50. 4	不慮の事故	41. 3		
老衰	48. 4	不慮の事故	41. 6		
老衰	50. 0	不慮の事故	40. 9		
老衰	44. 6	不慮の事故	43. 0		
老衰	43. 3	不慮の事故	41. 9		
不慮の事故	40. 2	老衰	39. 4		
不慮の事故	42. 2	老衰	37. 1		
不慮の事故	42. 5	老衰	38. 1		
不慮の事故	40. 7	老衰	34. 0		
不慮の事故	40. 1	老衰	30. 8		
不慮の事故	37. 2	肺炎及び気管支炎	31. 3		
不慮の事故	33. 0	肺炎及び気管支炎	32. 6		
肺炎及び気管支炎	33. 7	不慮の事故	30. 3		
肺炎及び気管支炎	32. 6	不慮の事故	28. 0		
肺炎及び気管支炎	28. 6	不慮の事故	26. 7		
肺炎及び気管支炎	30. 3	不慮の事故	26. 2		
肺炎及び気管支炎	28. 5	老衰	25. 5	6	25. 3
肺炎及び気管支炎	33. 7	老衰	27. 6	6	25. 1
肺炎及び気管支炎	33. 7	老衰	25. 5	6	24. 8
肺炎及び気管支炎	35. 0	不慮の事故及び有害作用	24. 7		
肺炎及び気管支炎	39. 3	不慮の事故及び有害作用	25. 0		
肺炎及び気管支炎	37. 6	不慮の事故及び有害作用	24. 6		
肺炎及び気管支炎	42. 7	不慮の事故及び有害作用	24. 6		
肺炎及び気管支炎	43. 9	不慮の事故及び有害作用	23. 7		
肺炎及び気管支炎	44. 9	不慮の事故及び有害作用	23. 2		
肺炎及び気管支炎	51. 6	不慮の事故及び有害作用	24. 8		
肺炎及び気管支炎	52. 7	不慮の事故及び有害作用	25. 4		
肺炎及び気管支炎	60. 7	不慮の事故及び有害作用	26. 2		
肺炎及び気管支炎	62. 0	不慮の事故及び有害作用	26. 9		
肺炎及び気管支炎	65. 0	不慮の事故及び有害作用	28. 1		
肺炎及び気管支炎	70. 6	不慮の事故及び有害作用	28. 0		
肺炎及び気管支炎	72. 4	不慮の事故及び有害作用	29. 1		
肺炎	64. 1	不慮の事故	36. 5		
肺炎	56. 9	不慮の事故	31. 4		
肺炎	63. 1	不慮の事故	31. 1		
肺炎	63. 8	不慮の事故	31. 1		
肺炎	74. 9	不慮の事故	32. 0		
肺炎	69. 2	不慮の事故	31. 4		
肺炎	67. 8	不慮の事故	31. 4		
肺炎	69. 4	不慮の事故	30. 7		
肺炎	75. 3	不慮の事故	30. 7		
肺炎	75. 7	不慮の事故	30. 3		
肺炎	85. 0	不慮の事故	31. 6		
肺炎	85. 0	不慮の事故	30. 3		
肺炎	87. 4	不慮の事故	30. 1		
肺炎	91. 6	不慮の事故	30. 3		

Notes: 1) Causes of death are ranked by applying the ICD classification.
2) Data between 1950 and 1972 do not include those of Okinawa.
3) Senility in and before 1994 means senility which has no record of mental disease.
4) Heart disease in and after 1995 means heart disease excluding hypertension.

第3表　年次・性・年齢階級（5歳階級）・不慮の事故

Table 3. Trends in accidental deaths and death rates (per 100,000

死亡数

Deaths

死因基本分類コード Detailed list of ICD-10 code	死因・性 Causes of death and sex		総数 Total	0歳 Years	1	2	3	4	0～4	5～9	10～14	15～19	20～24
(V01-X59)	不慮の事故	総数 T.	45 323	329	261	120	147	102	959	525	370	1 769	2 258
		男 M.	28 229	185	162	81	94	63	585	351	239	1 367	1 740
		女 F.	17 094	144	99	39	53	39	374	174	131	402	518
(V01-V98)	交通事故	総数 T.	15 147	18	43	43	51	39	194	216	117	1 406	1 600
		男 M.	10 772	11	25	31	35	29	131	151	81	1 151	1 296
		女 F.	4 375	7	18	12	16	10	63	65	36	255	304
(W00-W17)	転倒・転落	総数 T.	5 911	8	14	7	9	3	41	13	15	50	97
		男 M.	3 663	4	5	3	5	2	19	7	12	38	82
		女 F.	2 248	4	9	4	4	1	22	6	3	12	15
W01	スリップ，つまづき及びよろめきによる同一平面上での転倒	総数 T.	2 692	4	1	1	2	－	8	2	3	3	6
		男 M.	1 274	3	－	1	1	－	5	1	2	2	6
		女 F.	1 418	1	1	－	1	－	3	1	1	1	－
W10	階段及びステップからの転落及びその上での転倒	総数 T.	720	－	1	－	2	－	3	1	1	1	11
		男 M.	472	－	－	－	1	－	1	1	1	1	8
		女 F.	248	－	1	－	1	－	2	－	－	－	3
W13	建物又は建造物からの転落	総数 T.	940	－	10	6	5	2	23	5	8	33	53
		男 M.	744	－	5	2	3	2	12	2	7	24	46
		女 F.	196	－	5	4	2	－	11	3	1	9	7
W17	その他の転落	総数 T.	766	－	－	－	－	－	－	3	2	6	13
		男 M.	589	－	－	－	－	－	－	2	2	5	11
		女 F.	177	－	－	－	－	－	－	1	－	1	2
(W20-W49)	生物によらない機械的な力への曝露	総数 T.	998	－	2	2	2	2	8	11	8	23	42
		男 M.	911	－	2	2	2	1	7	5	7	21	42
		女 F.	87	－	－	－	－	1	1	6	1	2	－
W20	投げられ，投げ出され又は落下する物体による打撲	総数 T.	337	－	1	1	1	1	4	7	2	3	9
		男 M.	314	－	1	1	1	1	4	3	2	3	9
		女 F.	23	－	－	－	－	－	－	4	－	－	－
(W50-W64)	生物による機械的な力への曝露	総数 T.	25	1	－	－	1	－	2	1	－	1	1
		男 M.	17	1	－	－	－	－	1	－	－	－	1
		女 F.	8	－	－	－	1	－	1	1	－	1	－
(W65-W74)	不慮の溺死及び溺水	総数 T.	5 588	22	105	20	30	21	198	112	52	69	108
		男 M.	3 170	12	69	14	21	16	132	93	46	54	86
		女 F.	2 418	10	36	6	9	5	66	19	6	15	22
(W65-W66)	浴槽内での及び浴槽への転落による溺死及び溺水	総数 T.	3 190	21	81	8	5	2	117	10	8	11	13
		男 M.	1 520	12	51	5	2	1	71	7	6	4	5
		女 F.	1 670	9	30	3	3	1	46	3	2	7	8
(W69-W70)	自然の水域内での及び自然の水域への転落による溺死及び溺水	総数 T.	1 413	－	7	4	11	10	32	67	31	47	80
		男 M.	1 056	－	7	4	8	7	26	57	30	40	70
		女 F.	357	－	－	－	3	3	6	10	1	7	10
(W75-W84)	その他の不慮の窒息	総数 T.	7 104	231	46	15	21	8	321	13	17	11	25
		男 M.	4 198	131	34	9	9	3	186	10	14	9	16
		女 F.	2 906	100	12	6	12	5	135	3	3	2	9
W78	胃内容物の誤えん	総数 T.	1 206	64	11	7	7	3	92	3	6	1	13
		男 M.	672	30	9	6	2	－	47	2	6	1	10
		女 F.	534	34	2	1	5	3	45	1	－	－	3
W79	気道閉塞を生じた食物の誤えん	総数 T.	3 846	39	18	5	4	1	67	2	5	6	5
		男 M.	2 359	27	10	3	3	1	44	2	3	5	1
		女 F.	1 487	12	8	2	1	－	23	－	2	1	4
W80	気道閉塞を生じたその他の物体の誤えん	総数 T.	651	4	7	－	2	－	13	－	1	－	2
		男 M.	358	1	7	－	1	－	9	－	1	－	－
		女 F.	293	3	－	－	1	－	4	－	－	－	2
W84	詳細不明の窒息	総数 T.	1 041	19	3	－	3	－	25	2	1	2	2
		男 M.	558	13	2	－	2	－	17	1	－	1	2
		女 F.	483	6	1	－	1	－	8	1	1	1	－
(W85-W99)	電流，放射線並びに極端な気温及び気圧への曝露	総数 T.	65	3	－	1	－	－	4	－	－	2	9
		男 M.	59	1	－	1	－	－	2	－	－	2	9
		女 F.	6	2	－	－	－	－	2	－	－	－	－
(X00-X09)	煙，火及び火炎への曝露	総数 T.	1 383	5	8	5	11	7	36	28	16	17	37
		男 M.	849	－	4	4	8	3	19	15	11	7	25
		女 F.	534	5	4	1	3	4	17	13	5	10	12
X00	建物又は建造物内の管理されていない火への曝露	総数 T.	959	5	6	5	10	6	32	24	15	12	26
		男 M.	579	－	3	4	8	2	17	13	11	5	15
		女 F.	380	5	3	1	2	4	15	11	4	7	11
(X10-X19)	熱及び高温物質との接触	総数 T.	238	3	5	4	－	1	13	2	－	－	1
		男 M.	136	2	4	3	－	－	9	1	－	－	1
		女 F.	102	1	1	1	－	1	4	1	－	－	－
(X20-X29)	有毒動植物との接触	総数 T.	45	－	－	－	－	－	－	－	－	－	－
		男 M.	31	－	－	－	－	－	－	－	－	－	－
		女 F.	14	－	－	－	－	－	－	－	－	－	－
(X30-X39)	自然の力への曝露	総数 T.	6 429	33	35	17	20	21	126	122	144	174	299
		男 M.	2 894	20	18	11	13	9	71	63	67	73	157
		女 F.	3 535	13	17	6	7	12	55	59	77	101	142
X30	自然の過度の高温への曝露	総数 T.	318	5	2	－	－	1	8	1	2	3	3
		男 M.	193	3	2	－	－	1	6	1	1	3	2
		女 F.	125	2	－	－	－	－	2	－	1	－	1
X31	自然の過度の低温への曝露	総数 T.	761	1	2	1	－	－	4	－	1	3	8
		男 M.	538	－	－	1	－	－	1	－	1	1	7
		女 F.	223	1	2	－	－	－	3	－	－	2	1
X34	地震による受傷者	総数 T.	5 326	27	31	16	20	20	114	121	141	166	285
		男 M.	2 146	17	16	10	13	8	64	62	65	67	145
		女 F.	3 180	10	15	6	7	12	50	59	76	99	140
(X40-X49)	有害物質による不慮の中毒及び有害物質への曝露	総数 T.	568	1	3	3	1	－	8	3	1	11	31
		男 M.	396	1	1	2	1	－	5	2	1	7	21
		女 F.	172	－	2	1	－	－	3	1	－	4	10
(X50-X57)	無理ながんばり，旅行及び欠乏状態	総数 T.	66	－	－	－	－	－	－	－	－	1	－
		男 M.	53	－	－	－	－	－	－	－	－	1	－
		女 F.	13	－	－	－	－	－	－	－	－	－	－
(X58-X59)	その他及び詳細不明の要因への不慮の曝露	総数 T.	1 756	4	－	3	1	－	8	4	－	4	8
		男 M.	1 080	2	－	1	－	－	3	4	－	4	4
		女 F.	676	2	－	2	1	－	5	－	－	－	4

の種類別不慮の事故死亡数・率（人口10万対） －平成７～20年－
population) by sex, age (five-year age group) and type of accident, 1995-2008

平成７年
1995

25～29	30～34	35～39	40～44	45～49	50～54	55～59	60～64	65～69	70～74	75～79	80～84	85～89	90～94	95～99	100～	不詳 Not stated
1 319	977	946	1 428	2 122	2 578	2 904	3 542	3 770	4 219	4 686	5 026	3 682	1 693	393	41	116
1 025	749	749	1 082	1 558	1 891	2 057	2 480	2 431	2 355	2 388	2 511	1 752	687	127	8	97
294	228	197	346	564	687	847	1 062	1 339	1 864	2 298	2 515	1 930	1 006	266	33	19
789	498	447	643	905	980	1 066	1 221	1 179	1 274	1 142	949	405	87	9	-	20
656	407	382	505	681	738	765	854	775	756	630	514	228	48	4	-	19
133	91	65	138	224	242	301	367	404	518	512	435	177	39	5	-	1
97	89	85	152	258	296	407	502	502	512	599	751	774	496	143	20	12
80	81	72	134	228	256	354	414	385	338	322	347	306	147	28	1	12
17	8	13	18	30	40	53	88	117	174	277	404	468	349	115	19	-
7	15	5	21	54	75	103	166	155	194	329	481	529	396	122	16	2
3	13	3	18	49	65	82	124	115	113	147	203	192	106	22	1	2
4	2	2	3	5	10	21	42	40	81	182	278	337	290	100	15	-
6	8	11	27	41	52	75	65	74	78	78	68	83	26	9	1	1
5	6	7	25	34	47	66	54	49	48	38	36	32	9	3	-	1
1	2	4	2	7	5	9	11	25	30	40	32	51	17	6	1	-
49	41	36	50	68	73	84	100	86	71	54	40	41	17	4	-	4
40	38	29	42	62	64	76	87	72	49	37	18	21	13	1	-	4
9	3	7	8	6	9	8	13	14	22	17	22	20	4	3	-	-
21	15	21	34	68	62	80	82	89	73	65	67	46	16	2	-	1
19	14	21	30	57	52	72	72	67	49	52	35	24	3	1	-	1
2	1	-	4	11	10	8	10	22	24	13	32	22	13	1	-	-
38	39	39	75	94	132	148	134	107	45	26	13	11	4	1	-	-
35	38	37	67	90	118	136	125	96	39	22	12	10	3	1	-	-
3	1	2	8	4	14	12	9	11	6	4	1	1	1	-	-	-
11	8	14	20	32	49	55	54	45	13	6	2	2	1	-	-	-
11	8	13	18	31	47	52	51	41	11	6	2	2	-	-	-	-
-	-	1	2	1	2	3	3	4	2	-	-	-	1	-	-	-
3	-	1	-	2	2	1	4	1	1	1	2	1	1	-	-	-
3	-	1	-	2	2	1	3	-	-	1	1	1	-	-	-	-
-	-	-	-	-	-	-	1	1	1	-	1	-	1	-	-	-
99	73	93	132	191	228	261	398	495	640	842	803	546	177	36	1	34
76	56	73	104	140	174	183	281	319	303	349	341	255	66	15	-	24
23	17	20	28	51	54	78	117	176	337	493	462	291	111	21	1	10
17	16	22	32	43	60	94	185	289	453	631	607	419	135	27	-	1
10	6	13	20	24	38	60	113	175	195	242	263	203	53	11	-	1
7	10	9	12	19	22	34	72	114	258	389	344	216	82	16	-	-
67	42	58	80	109	114	113	126	111	90	87	80	46	11	3	1	18
55	38	49	68	87	92	89	103	84	55	45	34	19	4	-	-	11
12	4	9	12	22	22	24	23	27	35	42	46	27	7	3	1	7
30	34	56	86	157	228	266	408	565	735	1 010	1 296	1 152	545	133	11	5
22	28	42	63	106	164	180	291	388	464	604	729	587	237	50	3	5
8	6	14	23	51	64	86	117	177	271	406	567	565	308	83	8	-
10	16	22	25	37	35	47	62	102	109	146	191	185	80	21	1	2
5	15	15	22	30	26	34	43	61	67	76	87	74	43	5	1	2
5	1	7	3	7	9	13	19	41	42	70	104	111	37	16	-	-
6	12	13	34	71	124	161	240	326	411	592	739	658	302	67	4	1
3	9	8	21	43	84	103	170	233	276	373	463	356	131	28	2	1
3	3	5	13	28	40	58	70	93	135	219	276	302	171	39	2	-
-	3	4	7	9	12	13	41	54	76	95	137	108	55	17	3	1
-	2	4	4	5	7	11	28	38	45	53	70	57	17	6	-	1
-	1	-	3	4	5	2	13	16	31	42	67	51	38	11	3	-
3	1	7	7	16	22	27	41	63	115	162	213	193	107	28	3	1
3	-	5	4	7	13	18	28	41	64	95	104	97	46	11	-	1
-	1	2	3	9	9	9	13	22	51	67	109	96	61	17	3	-
5	4	3	4	10	6	6	6	2	2	-	1	-	1	-	-	-
4	4	3	4	9	6	6	5	2	1	-	1	-	1	-	-	-
1	-	-	-	1	-	-	1	-	1	-	-	-	-	-	-	-
27	33	34	37	79	79	99	90	123	136	184	162	106	49	9	-	2
16	22	21	26	61	55	74	69	85	73	100	82	53	29	5	-	1
11	11	13	11	18	24	25	21	38	63	84	80	53	20	4	-	1
20	28	26	27	59	61	79	63	80	97	102	103	69	31	4	-	1
12	18	16	18	45	42	59	46	54	50	56	50	34	16	2	-	-
8	10	10	9	14	19	20	17	26	47	46	53	35	15	2	-	1
2	1	1	2	6	9	14	9	14	34	40	47	28	11	3	1	-
1	1	1	2	3	5	7	8	8	24	17	26	12	7	2	1	-
1	-	-	-	3	4	7	1	6	10	23	21	16	4	1	-	-
-	-	-	1	1	6	5	3	6	5	8	6	3	1	-	-	-
-	-	-	1	1	4	3	3	5	3	5	3	2	1	-	-	-
-	-	-	-	-	2	2	-	1	2	3	3	1	-	-	-	-
184	156	138	236	338	484	513	609	610	625	564	582	342	120	21	5	37
96	73	79	128	174	258	267	316	249	225	189	212	124	37	3	3	30
88	83	59	108	164	226	246	293	361	400	375	370	218	83	18	2	7
2	10	10	14	19	24	19	20	12	18	28	37	54	22	6	2	4
2	9	9	12	14	24	13	15	7	8	15	16	19	12	1	-	4
-	1	1	2	5	-	6	5	5	10	13	21	35	10	5	2	-
18	16	12	34	57	84	77	97	52	62	71	75	48	22	2	-	18
14	11	9	27	51	75	63	84	44	32	37	33	22	8	-	-	18
4	5	3	7	6	9	14	13	8	30	34	42	26	14	2	-	-
164	129	115	186	258	375	415	491	543	543	463	470	240	76	13	3	15
80	53	61	88	106	158	189	216	196	184	136	163	83	17	2	3	8
84	76	54	98	152	217	226	275	347	359	327	307	157	59	11	-	7
38	35	40	44	45	53	49	52	46	28	29	28	19	7	1	-	-
31	26	30	36	35	43	35	32	33	14	15	16	11	2	1	-	-
7	9	10	8	10	10	14	20	13	14	14	12	8	5	-	-	-
1	1	4	7	7	7	7	8	6	7	5	2	1	-	-	-	2
-	1	4	7	5	7	7	6	5	5	2	1	-	-	-	-	2
1	-	-	-	2	-	-	2	1	2	3	1	1	-	-	-	-
6	14	5	9	29	68	62	98	114	175	236	384	294	194	37	3	4
5	12	4	5	23	61	39	73	81	110	132	226	163	109	18	-	4
1	2	1	4	6	7	23	25	33	65	104	158	131	85	19	3	-

第３表　年次・性・年齢階級（５歳階級）・不慮の事故

Table 3. Trends in accidental deaths and death rates (per 100,000

死亡数

Deaths

死因基本分類コード Detailed list of ICD-10 code	死因・性 Causes of death and sex		総数 Total	0歳 Years	1	2	3	4	0〜4	5〜9	10〜14	15〜19	20〜24
(V01-X59)	不慮の事故	総数 T.	39 184	269	200	113	84	80	746	326	228	1 476	1 812
		男 M.	25 485	158	126	70	57	55	466	237	160	1 195	1 462
		女 F.	13 699	111	74	43	27	25	280	89	68	281	350
(V01-V98)	交通事故	総数 T.	14 343	14	50	31	28	33	156	179	125	1 260	1 432
		男 M.	10 170	11	30	14	17	23	95	117	85	1 029	1 160
		女 F.	4 173	3	20	17	11	10	61	62	40	231	272
(W00-W17)	転倒・転落	総数 T.	5 918	18	17	20	7	2	64	13	21	45	93
		男 M.	3 768	11	11	14	5	–	41	7	14	33	68
		女 F.	2 150	7	6	6	2	2	23	6	7	12	25
W01	スリップ，つまづき及びよろめきによる同一平面上での転倒	総数 T.	2 680	2	2	2	–	–	6	4	4	1	9
		男 M.	1 265	1	1	1	–	–	3	2	4	–	5
		女 F.	1 415	1	1	1	–	–	3	2	–	1	4
W10	階段及びステップからの転落及びその上での転倒	総数 T.	734	2	3	2	2	–	9	1	1	2	5
		男 M.	525	1	2	1	–	–	4	1	1	2	4
		女 F.	209	1	1	1	2	–	5	–	–	–	1
W13	建物又は建造物からの転落	総数 T.	897	2	7	12	4	2	27	4	8	24	47
		男 M.	681	–	4	10	4	–	18	1	3	16	30
		女 F.	216	2	3	2	–	2	9	3	5	8	17
W17	その他の転落	総数 T.	817	–	–	2	–	–	2	4	4	8	25
		男 M.	670	–	–	2	–	–	2	3	2	6	24
		女 F.	147	–	–	–	–	–	–	1	2	2	1
(W20-W49)	生物によらない機械的な力への曝露	総数 T.	957	1	1	–	–	2	4	5	5	13	57
		男 M.	880	1	1	–	–	1	3	5	5	13	56
		女 F.	77	–	–	–	–	1	1	–	–	–	1
W20	投げられ，投げ出され又は落下する物体による打撲	総数 T.	343	–	–	–	–	–	–	1	–	4	13
		男 M.	325	–	–	–	–	–	–	1	–	4	13
		女 F.	18	–	–	–	–	–	–	–	–	–	–
(W50-W64)	生物による機械的な力への曝露	総数 T.	20	2	1	1	–	–	4	1	–	1	3
		男 M.	17	2	1	–	–	–	3	1	–	1	3
		女 F.	3	–	–	1	–	–	1	–	–	–	–
(W65-W74)	不慮の溺死及び溺水	総数 T.	5 648	17	73	25	19	23	157	84	38	74	98
		男 M.	3 162	10	46	19	16	18	109	75	29	58	80
		女 F.	2 486	7	27	6	3	5	48	9	9	16	18
(W65-W66)	浴槽内での及び浴槽への転落による溺死及び溺水	総数 T.	3 170	16	55	7	4	4	86	4	6	13	15
		男 M.	1 493	10	32	5	3	3	53	4	2	5	9
		女 F.	1 677	6	23	2	1	1	33	–	4	8	6
(W69-W70)	自然の水域内での及び自然の水域への転落による溺死及び溺水	総数 T.	1 395	–	3	4	5	4	16	47	24	41	70
		男 M.	1 043	–	3	4	4	3	14	42	22	36	60
		女 F.	352	–	–	–	1	1	2	5	2	5	10
(W75-W84)	その他の不慮の窒息	総数 T.	6 921	198	41	17	11	5	272	14	14	14	36
		男 M.	4 015	109	29	9	9	2	158	10	13	13	27
		女 F.	2 906	89	12	8	2	3	114	4	1	1	9
W78	胃内容物の誤えん	総数 T.	1 008	38	8	4	1	1	52	3	4	4	10
		男 M.	535	23	4	1	–	1	29	2	4	4	9
		女 F.	473	15	4	3	1	–	23	1	–	–	1
W79	気道閉塞を生じた食物の誤えん	総数 T.	3 669	43	8	4	3	1	59	5	3	1	12
		男 M.	2 168	22	6	3	2	1	34	4	3	1	6
		女 F.	1 501	21	2	1	1	–	25	1	–	–	6
W80	気道閉塞を生じたその他の物体の誤えん	総数 T.	605	8	6	2	1	–	17	–	1	–	2
		男 M.	363	6	5	2	1	–	14	–	1	–	2
		女 F.	242	2	1	–	–	–	3	–	–	–	–
W84	詳細不明の窒息	総数 T.	1 287	20	4	2	1	1	28	1	1	4	6
		男 M.	700	9	3	–	1	–	13	–	–	3	5
		女 F.	587	11	1	2	–	1	15	1	1	1	1
(W85-W99)	電流，放射線並びに極端な気温及び気圧への曝露	総数 T.	70	3	–	1	–	–	4	–	–	2	4
		男 M.	66	3	–	1	–	–	4	–	–	2	4
		女 F.	4	–	–	–	–	–	–	–	–	–	–
(X00-X09)	煙，火及び火炎への曝露	総数 T.	1 420	6	8	13	15	13	55	18	16	24	19
		男 M.	878	5	3	10	8	9	35	13	10	13	14
		女 F.	542	1	5	3	7	4	20	5	6	11	5
X00	建物又は建造物内の管理されていない火への曝露	総数 T.	987	5	8	13	13	13	52	18	14	15	12
		男 M.	608	4	3	10	7	9	33	13	8	7	8
		女 F.	379	1	5	3	6	4	19	5	6	8	4
(X10-X19)	熱及び高温物質との接触	総数 T.	234	1	3	2	2	–	8	1	–	3	3
		男 M.	137	–	1	1	2	–	4	1	–	2	3
		女 F.	97	1	2	1	–	–	4	–	–	1	–
(X20-X29)	有毒動植物との接触	総数 T.	48	–	–	–	–	–	–	–	–	–	1
		男 M.	37	–	–	–	–	–	–	–	–	–	1
		女 F.	11	–	–	–	–	–	–	–	–	–	–
(X30-X39)	自然の力への曝露	総数 T.	961	2	2	–	1	–	5	2	7	12	15
		男 M.	688	2	2	–	–	–	4	2	3	9	11
		女 F.	273	–	–	–	1	–	1	–	4	3	4
X30	自然の過度の高温への曝露	総数 T.	152	1	1	–	1	–	3	–	3	4	2
		男 M.	105	1	1	–	–	–	2	–	3	4	1
		女 F.	47	–	–	–	1	–	1	–	–	–	1
X31	自然の過度の低温への曝露	総数 T.	740	1	1	–	–	–	2	2	–	2	11
		男 M.	535	1	1	–	–	–	2	2	–	2	8
		女 F.	205	–	–	–	–	–	–	–	–	–	3
X34	地震による受傷者	総数 T.	–	–	–	–	–	–	–	–	–	–	–
		男 M.	–	–	–	–	–	–	–	–	–	–	–
		女 F.	–	–	–	–	–	–	–	–	–	–	–
(X40-X49)	有害物質による不慮の中毒及び有害物質への曝露	総数 T.	699	–	–	1	–	–	1	8	1	24	45
		男 M.	459	–	–	1	–	–	1	6	–	19	30
		女 F.	240	–	–	–	–	–	–	2	1	5	15
(X50-X57)	無理ながんばり，旅行及び欠乏状態	総数 T.	86	1	–	–	–	–	1	–	–	–	–
		男 M.	73	1	–	–	–	–	1	–	–	–	–
		女 F.	13	–	–	–	–	–	–	–	–	–	–
(X58-X59)	その他及び詳細不明の要因への不慮の曝露	総数 T.	1 859	6	4	2	1	2	15	1	1	4	6
		男 M.	1 135	3	2	1	–	2	8	–	1	3	5
		女 F.	724	3	2	1	1	–	7	1	–	1	1

の種類別不慮の事故死亡数・率（人口10万対） －平成７～20年－

population) by sex, age (five-year age group) and type of accident, 1995-2008

平成８年
1996

25～29	30～34	35～39	40～44	45～49	50～54	55～59	60～64	65～69	70～74	75～79	80～84	85～89	90～94	95～99	100～	不詳 Not stated
1 127	896	853	1 186	1 955	2 032	2 340	2 975	3 305	3 543	4 087	4 554	3 570	1 597	435	58	83
910	715	688	957	1 508	1 577	1 797	2 213	2 317	2 204	2 205	2 313	1 694	640	143	13	71
217	181	165	229	447	455	543	762	988	1 339	1 882	2 241	1 876	957	292	45	12
734	509	461	591	903	916	1 000	1 169	1 218	1 165	1 101	885	435	78	14	-	12
603	414	380	486	679	700	731	824	801	719	582	468	240	40	7	-	10
131	95	81	105	224	216	269	345	417	446	519	417	195	38	7	-	2
107	97	84	155	255	303	368	513	476	531	583	760	767	473	171	29	10
86	72	67	133	221	262	334	440	385	380	354	367	298	153	38	6	9
21	25	17	22	34	41	34	73	91	151	229	393	469	320	133	23	1
6	10	8	18	55	59	84	144	148	236	303	463	554	387	152	25	4
5	7	5	14	49	47	70	119	106	148	155	190	187	112	29	4	4
1	3	3	4	6	12	14	25	42	88	148	273	367	275	123	21	-
9	8	13	30	42	60	63	79	80	64	83	89	65	22	6	1	2
7	6	11	25	33	52	56	60	61	43	58	53	33	10	2	1	2
2	2	2	5	9	8	7	19	19	21	25	36	32	12	4	-	-
63	44	29	46	61	67	80	99	70	57	57	55	35	20	2	-	2
47	30	22	37	50	56	72	84	58	48	43	34	19	9	2	-	2
16	14	7	9	11	11	8	15	12	9	14	21	16	11	-	-	-
17	24	21	38	64	72	83	95	79	81	52	75	55	13	2	1	2
16	19	18	35	58	65	81	87	71	67	35	44	30	5	1	-	1
1	5	3	3	6	7	2	8	8	14	17	31	25	8	1	1	1
41	43	37	50	105	115	109	129	115	58	33	22	10	4	1	-	1
38	40	33	47	98	109	98	122	105	53	28	17	7	2	-	-	1
3	3	4	3	7	6	11	7	10	5	5	5	3	2	1	-	-
12	8	9	13	35	44	55	50	59	22	11	2	2	1	1	-	1
11	8	8	13	34	44	53	46	56	20	8	2	2	1	-	-	1
1	-	1	-	1	-	2	4	3	2	3	-	-	-	1	-	-
1	-	-	1	-	2	-	4	1	-	-	1	1	-	-	-	-
1	-	-	1	-	2	-	4	-	-	-	-	1	-	-	-	-
-	-	-	-	-	-	-	-	1	-	-	1	-	-	-	-	-
99	93	83	147	244	225	297	367	494	644	824	879	532	195	29	7	38
78	71	65	121	173	163	219	248	308	315	347	361	223	75	9	3	32
21	22	18	26	71	62	78	119	186	329	477	518	309	120	20	4	6
17	19	18	29	51	55	108	169	279	437	624	652	421	141	19	6	1
8	15	11	18	32	33	72	101	154	195	254	279	182	55	7	3	1
9	4	7	11	19	22	36	68	125	242	370	373	239	86	12	3	-
67	52	49	91	128	130	120	110	122	99	61	75	48	18	1	1	25
58	42	42	81	102	99	96	90	92	60	31	30	19	5	-	-	22
9	10	7	10	26	31	24	20	30	39	30	45	29	13	1	1	3
37	35	48	66	146	180	233	403	553	700	965	1 293	1 194	534	168	14	2
28	25	38	44	94	116	159	274	385	458	578	725	590	216	60	3	1
9	10	10	22	52	64	74	129	168	242	387	568	604	318	108	11	1
13	11	12	12	28	36	39	57	62	94	139	166	164	75	25	2	-
11	8	10	10	22	23	27	37	40	59	68	79	57	29	7	-	-
2	3	2	2	6	13	12	20	22	35	71	87	107	46	18	2	-
10	11	17	35	73	91	126	236	343	387	530	717	638	296	70	7	2
4	9	12	23	42	57	77	159	241	261	341	415	330	116	30	2	1
6	2	5	12	31	34	49	77	102	126	189	302	308	180	40	5	1
3	3	-	4	12	10	13	34	38	63	96	114	125	46	22	2	-
2	1	-	2	6	6	8	26	27	43	56	71	71	20	7	-	-
1	2	-	2	6	4	5	8	11	20	40	43	54	26	15	2	-
2	3	10	4	13	22	36	51	81	143	181	280	258	111	49	3	-
2	-	7	2	7	12	29	33	53	86	104	154	125	48	16	1	-
-	3	3	2	6	10	7	18	28	57	77	126	133	63	33	2	-
11	4	6	6	7	5	8	6	2	1	2	2	-	-	-	-	-
11	4	6	6	7	5	7	4	2	1	1	2	-	-	-	-	-
-	-	-	-	-	-	1	2	-	-	1	-	-	-	-	-	-
25	27	38	41	81	84	75	109	127	130	153	193	133	55	12	1	4
17	18	23	22	59	61	55	80	90	74	82	104	73	23	9	-	3
8	9	15	19	22	23	20	29	37	56	71	89	60	32	3	1	1
13	20	32	30	59	62	55	78	95	81	101	123	82	34	7	-	4
8	14	18	15	42	45	38	56	67	43	56	67	44	17	6	-	3
5	6	14	15	17	17	17	22	28	38	45	56	38	17	1	-	1
4	5	1	4	11	5	15	16	25	18	27	39	33	13	2	-	1
2	3	1	3	9	5	9	9	17	13	13	15	21	6	-	-	1
2	2	-	1	2	-	6	7	8	5	14	24	12	7	2	-	-
-	1	-	1	2	4	5	5	10	5	8	1	4	1	-	-	-
-	1	-	1	1	3	5	4	10	4	4	-	3	-	-	-	-
-	-	-	-	1	1	-	1	-	1	4	1	1	1	-	-	-
18	14	42	55	79	90	112	95	78	69	77	74	62	35	5	2	13
13	13	34	45	73	75	96	84	63	49	30	32	20	17	2	1	12
5	1	8	10	6	15	16	11	15	20	47	42	42	18	3	1	1
5	-	7	14	7	9	11	11	9	7	8	18	17	14	1	2	-
5	-	5	12	5	7	9	10	6	5	2	10	9	9	-	1	-
-	-	2	2	2	2	2	1	3	2	6	8	8	5	1	1	-
7	12	31	36	68	71	90	77	64	59	69	56	45	21	4	-	13
5	11	25	31	64	59	80	68	53	42	28	22	11	8	2	-	12
2	1	6	5	4	12	10	9	11	17	41	34	34	13	2	-	1
-	-	-	-	-	-	-	-	-	-	-	-	-	-	-	-	-
-	-	-	-	-	-	-	-	-	-	-	-	-	-	-	-	-
-	-	-	-	-	-	-	-	-	-	-	-	-	-	-	-	-
41	56	45	53	71	52	40	39	55	37	45	51	23	11	1	-	-
27	44	36	37	54	38	26	26	39	21	18	22	13	2	-	-	-
14	12	9	16	17	14	14	13	16	16	27	29	10	9	1	-	-
-	3	2	5	11	10	11	14	9	6	7	4	1	-	1	-	1
-	3	2	5	10	9	11	12	9	3	4	2	-	-	1	-	1
-	-	-	-	1	1	-	2	-	3	3	2	1	-	-	-	-
9	9	6	11	40	41	67	106	142	179	262	350	375	198	31	5	1
6	7	3	6	30	29	47	82	103	114	164	198	205	106	17	-	1
3	2	3	5	10	12	20	24	39	65	98	152	170	92	14	5	-

第3表　年次・性・年齢階級（5歳階級）・不慮の事故

Table 3. Trends in accidental deaths and death rates (per 100,000

死亡数

Deaths

死因基本分類コード Detailed list of ICD-10 code	死因・性 Causes of death and sex		総数 Total	0歳 Years	1	2	3	4	0～4	5～9	10～14	15～19	20～24
(V01-X59)	不慮の事故	総数 T.	38 886	278	158	112	77	75	700	314	185	1 404	1 675
		男 M.	25 157	165	86	65	43	47	406	200	134	1 128	1 354
		女 F.	13 729	113	72	47	34	28	294	114	51	276	321
(V01-V98)	交通事故	総数 T.	13 981	24	29	49	37	31	170	163	98	1 208	1 311
		男 M.	9 824	12	14	31	21	19	97	111	68	981	1 054
		女 F.	4 157	12	15	18	16	12	73	52	30	227	257
(W00-W17)	転倒・転落	総数 T.	5 872	15	11	12	7	6	51	13	12	37	122
		男 M.	3 761	13	6	8	5	2	34	7	9	28	100
		女 F.	2 111	2	5	4	2	4	17	6	3	9	22
W01	スリップ，つまづき及びよろめきによる同一平面上での転倒	総数 T.	2 697	3	1	2	1	3	10	2	−	4	9
		男 M.	1 348	3	1	2	1	1	8	−	−	4	8
		女 F.	1 349	−	−	−	−	2	2	2	−	−	1
W10	階段及びステップからの転落及びその上での転倒	総数 T.	684	1	3	1	−	−	5	−	1	1	7
		男 M.	464	1	1	−	−	−	2	−	1	−	2
		女 F.	220	−	2	1	−	−	3	−	−	1	5
W13	建物又は建造物からの転落	総数 T.	918	2	7	6	5	2	22	5	9	19	57
		男 M.	697	1	4	4	3	−	12	3	6	11	45
		女 F.	221	1	3	2	2	2	10	2	3	8	12
W17	その他の転落	総数 T.	837	1	−	2	−	−	3	5	1	10	29
		男 M.	669	1	−	1	−	−	2	3	1	10	28
		女 F.	168	−	−	1	−	−	1	2	−	−	1
(W20-W49)	生物によらない機械的な力への曝露	総数 T.	869	2	−	−	−	2	4	10	3	16	39
		男 M.	790	1	−	−	−	1	2	5	3	14	34
		女 F.	79	1	−	−	−	1	2	5	−	2	5
W20	投げられ，投げ出され又は落下する物体による打撲	総数 T.	304	1	−	−	−	−	1	6	1	2	9
		男 M.	278	1	−	−	−	−	1	3	1	2	8
		女 F.	26	−	−	−	−	−	−	3	−	−	1
(W50-W64)	生物による機械的な力への曝露	総数 T.	26	1	−	−	−	−	1	−	−	3	3
		男 M.	22	−	−	−	−	−	−	−	−	2	3
		女 F.	4	1	−	−	−	−	1	−	−	1	−
(W65-W74)	不慮の溺死及び溺水	総数 T.	5 659	25	73	18	8	22	146	81	45	78	100
		男 M.	3 218	16	41	12	6	14	89	55	37	62	90
		女 F.	2 441	9	32	6	2	8	57	26	8	16	10
(W65-W66)	浴槽内での及び浴槽への転落による溺死及び溺水	総数 T.	3 095	23	57	7	3	5	95	7	9	11	11
		男 M.	1 460	15	31	6	2	2	56	2	6	7	6
		女 F.	1 635	8	26	1	1	3	39	5	3	4	5
(W69-W70)	自然の水域内での及び自然の水域への転落による溺死及び溺水	総数 T.	1 469	−	1	3	1	11	16	48	30	49	74
		男 M.	1 093	−	1	3	−	8	12	37	25	41	69
		女 F.	376	−	−	−	1	3	4	11	5	8	5
(W75-W84)	その他の不慮の窒息	総数 T.	7 179	185	33	13	11	3	245	17	9	17	21
		男 M.	4 065	104	18	5	4	2	133	9	8	10	16
		女 F.	3 114	81	15	8	7	1	112	8	1	7	5
W78	胃内容物の誤えん	総数 T.	1 133	44	8	4	4	−	60	4	1	7	5
		男 M.	607	21	5	1	−	−	27	1	1	3	5
		女 F.	526	23	3	3	4	−	33	3	−	4	−
W79	気道閉塞を生じた食物の誤えん	総数 T.	3 669	35	9	2	3	1	50	6	1	4	9
		男 M.	2 153	24	6	2	2	−	34	4	1	3	7
		女 F.	1 516	11	3	−	1	1	16	2	−	1	2
W80	気道閉塞を生じたその他の物体の誤えん	総数 T.	621	2	2	3	1	1	9	1	2	2	1
		男 M.	358	1	1	1	1	1	5	1	1	2	−
		女 F.	263	1	1	2	−	−	4	−	1	−	1
W84	詳細不明の窒息	総数 T.	1 463	14	5	4	−	−	23	3	−	3	3
		男 M.	745	6	4	1	−	−	11	1	−	1	1
		女 F.	718	8	1	3	−	−	12	2	−	2	2
(W85-W99)	電流，放射線並びに極端な気温及び気圧への曝露	総数 T.	67	−	−	1	−	−	1	−	−	1	9
		男 M.	64	−	−	−	−	−	−	−	−	1	9
		女 F.	3	−	−	1	−	−	1	−	−	−	−
(X00-X09)	煙，火及び火炎への曝露	総数 T.	1 444	8	5	10	13	9	45	25	13	20	22
		男 M.	914	5	4	5	7	9	30	12	6	13	16
		女 F.	530	3	1	5	6	−	15	13	7	7	6
X00	建物又は建造物内の管理されていない火への曝露	総数 T.	1 043	8	5	8	13	9	43	24	12	16	16
		男 M.	659	5	4	4	7	9	29	11	5	11	12
		女 F.	384	3	1	4	6	−	14	13	7	5	4
(X10-X19)	熱及び高温物質との接触	総数 T.	184	2	2	3	1	−	8	1	−	1	−
		男 M.	108	2	−	1	−	−	3	−	−	1	−
		女 F.	76	−	2	2	1	−	5	1	−	−	−
(X20-X29)	有毒動植物との接触	総数 T.	42	−	−	−	−	−	−	1	−	−	−
		男 M.	32	−	−	−	−	−	−	−	−	−	−
		女 F.	10	−	−	−	−	−	−	1	−	−	−
(X30-X39)	自然の力への曝露	総数 T.	855	5	3	3	−	2	13	1	2	9	9
		男 M.	582	3	2	2	−	−	7	−	1	7	6
		女 F.	273	2	1	1	−	2	6	1	1	2	3
X30	自然の過度の高温への曝露	総数 T.	145	4	3	1	−	−	8	−	1	3	2
		男 M.	97	2	2	1	−	−	5	−	1	3	1
		女 F.	48	2	1	−	−	−	3	−	−	−	1
X31	自然の過度の低温への曝露	総数 T.	657	−	−	1	−	−	1	−	−	4	7
		男 M.	459	−	−	1	−	−	1	−	−	3	5
		女 F.	198	−	−	−	−	−	−	−	−	1	2
X34	地震による受傷者	総数 T.	−	−	−	−	−	−	−	−	−	−	−
		男 M.	−	−	−	−	−	−	−	−	−	−	−
		女 F.	−	−	−	−	−	−	−	−	−	−	−
(X40-X49)	有害物質による不慮の中毒及び有害物質への曝露	総数 T.	608	−	1	−	−	−	1	1	1	10	34
		男 M.	389	−	−	−	−	−	−	1	1	6	22
		女 F.	219	−	1	−	−	−	1	−	−	4	12
(X50-X57)	無理ながんばり，旅行及び欠乏状態	総数 T.	74	−	−	−	−	−	−	−	−	−	−
		男 M.	60	−	−	−	−	−	−	−	−	−	−
		女 F.	14	−	−	−	−	−	−	−	−	−	−
(X58-X59)	その他及び詳細不明の要因への不慮の曝露	総数 T.	2 026	11	1	3	−	−	15	1	2	4	5
		男 M.	1 328	9	1	1	−	−	11	−	1	3	4
		女 F.	698	2	−	2	−	−	4	1	1	1	1

の種類別不慮の事故死亡数・率（人口10万対） －平成７～20年－
population) by sex, age (five-year age group) and type of accident, 1995-2008

平成９年
1997

25～29	30～34	35～39	40～44	45～49	50～54	55～59	60～64	65～69	70～74	75～79	80～84	85～89	90～94	95～99	100～	不詳 Not stated
1 144	870	832	1 061	1 784	1 991	2 455	2 874	3 209	3 685	4 125	4 638	3 655	1 688	445	55	97
929	703	662	830	1 395	1 528	1 872	2 131	2 255	2 283	2 268	2 440	1 749	667	130	9	84
215	167	170	231	389	463	583	743	954	1 402	1 857	2 198	1 906	1 021	315	46	13
763	510	431	508	801	893	1 066	1 170	1 130	1 196	1 087	925	427	106	6	1	11
632	423	353	393	612	663	760	811	746	720	602	518	221	44	5	-	10
131	87	78	115	189	230	306	359	384	476	485	407	206	62	1	1	1
93	74	97	117	223	263	400	504	534	505	605	749	772	509	162	24	6
73	58	80	102	192	231	360	415	437	352	361	366	337	177	35	3	4
20	16	17	15	31	32	40	89	97	153	244	383	435	332	127	21	2
7	8	11	21	56	55	81	160	163	207	307	461	558	421	135	20	1
4	7	7	19	45	47	72	124	119	136	158	204	222	136	24	3	1
3	1	4	2	11	8	9	36	44	71	149	257	336	285	111	17	-
5	6	12	16	34	42	62	89	72	80	82	89	50	23	8	-	-
5	3	11	15	31	36	52	74	54	49	50	43	25	8	3	-	-
-	3	1	1	3	6	10	15	18	31	32	46	25	15	5	-	-
50	39	42	39	58	78	94	83	88	65	61	52	37	10	7	-	3
36	29	31	29	46	66	82	77	78	46	43	25	22	3	5	-	2
14	10	11	10	12	12	12	6	10	19	18	27	15	7	2	-	1
17	14	20	24	52	54	108	105	109	75	74	62	47	23	4	-	1
16	12	19	23	48	51	103	84	94	52	49	37	22	14	-	-	1
1	2	1	1	4	3	5	21	15	23	25	25	25	9	4	-	-
35	41	43	55	95	75	124	100	99	73	23	25	3	4	-	-	2
35	37	41	51	90	69	113	94	94	65	19	19	1	2	-	-	2
-	4	2	4	5	6	11	6	5	8	4	6	2	2	-	-	-
7	7	15	16	37	24	44	51	40	31	6	5	-	-	-	-	2
7	7	14	15	35	20	40	48	39	28	4	4	-	-	-	-	2
-	-	1	1	2	4	4	3	1	3	2	1	-	-	-	-	-
2	-	-	3	1	1	1	5	4	-	-	-	2	-	-	-	-
2	-	-	3	1	1	1	4	4	-	-	-	1	-	-	-	-
-	-	-	-	-	-	-	1	-	-	-	-	1	-	-	-	-
106	85	85	139	231	260	286	367	482	665	821	852	558	135	44	3	40
85	71	64	108	172	196	203	270	296	342	346	374	237	67	21	1	32
21	14	21	31	59	64	83	97	186	323	475	478	321	118	23	2	8
20	11	15	24	56	59	94	152	270	453	583	629	417	139	35	3	2
9	8	10	13	30	34	63	100	141	216	238	273	175	53	17	1	2
11	3	5	11	26	25	31	52	129	237	345	356	242	86	18	2	-
67	56	53	81	129	144	116	130	115	101	94	73	51	13	2	-	27
61	49	42	67	110	119	92	101	84	61	47	34	18	3	1	-	20
6	7	11	14	19	25	24	29	31	40	47	39	33	10	1	-	7
40	47	51	78	160	185	247	383	523	741	973	1 356	1 295	608	158	22	3
29	30	30	54	110	121	175	275	360	470	571	759	617	240	40	5	3
11	17	21	24	50	64	72	108	163	271	402	597	678	368	118	17	-
18	18	17	22	41	40	47	59	76	100	145	158	198	95	16	6	-
12	15	10	18	30	27	42	42	54	57	82	76	76	27	1	1	-
6	3	7	4	11	13	5	17	22	43	63	82	122	68	15	5	-
10	14	21	27	74	89	136	211	290	411	527	733	636	313	94	10	3
8	4	13	14	47	52	85	152	193	277	328	435	326	136	29	2	3
2	10	8	13	27	37	51	59	97	134	199	298	310	177	65	8	-
2	4	4	6	9	16	15	20	41	54	96	133	134	57	14	1	-
1	2	3	6	6	10	11	15	29	38	46	76	76	26	4	-	-
1	2	1	-	3	6	4	5	12	16	50	57	58	31	10	1	-
4	6	4	12	17	22	32	68	90	157	197	323	320	140	34	5	-
2	4	1	7	11	18	22	46	60	91	111	166	134	50	6	2	-
2	2	3	5	6	4	10	22	30	66	86	157	186	90	28	3	-
2	6	5	7	10	9	10	1	1	3	1	1	-	-	-	-	-
2	6	5	7	10	9	10	-	1	2	1	1	-	-	-	-	-
-	-	-	-	-	-	-	1	-	1	-	-	-	-	-	-	-
31	37	33	61	83	91	90	90	119	134	171	186	125	37	17	-	14
19	28	25	39	61	65	72	72	81	87	86	90	68	26	6	-	12
12	9	8	22	22	26	18	18	38	47	85	96	57	11	11	-	2
24	28	20	45	62	77	65	70	86	91	111	125	83	26	9	-	10
16	21	13	29	43	56	50	57	60	56	51	65	44	18	4	-	8
8	7	7	16	19	21	15	13	26	35	60	60	39	8	5	-	2
1	1	2	3	7	2	10	11	13	14	33	33	27	12	4	1	-
-	1	2	1	4	2	8	7	11	6	18	16	18	7	3	-	-
1	-	-	2	3	-	2	4	2	8	15	17	9	5	1	1	-
-	-	1	-	1	3	7	1	11	5	4	4	3	1	-	-	-
-	-	1	-	1	3	5	1	10	4	3	1	2	1	-	-	-
-	-	-	-	-	-	2	-	1	1	1	3	1	-	-	-	-
20	17	24	27	69	87	93	85	76	78	70	72	58	30	3	-	12
13	13	18	20	55	75	77	72	55	47	38	30	23	12	1	-	12
7	4	6	7	14	12	16	13	21	31	32	42	35	18	2	-	-
1	4	4	6	8	13	9	11	11	11	12	18	11	10	1	-	1
1	4	4	6	7	12	7	11	7	8	3	9	3	4	-	-	1
-	-	-	-	1	1	2	-	4	3	9	9	8	6	1	-	-
16	12	18	19	53	66	80	68	62	63	55	53	47	20	2	-	11
11	8	13	12	42	58	68	58	47	38	34	21	20	8	1	-	11
5	4	5	7	11	8	12	10	15	25	21	32	27	12	1	-	-
-	-	-	-	-	-	-	-	-	-	-	-	-	-	-	-	-
-	-	-	-	-	-	-	-	-	-	-	-	-	-	-	-	-
43	43	48	32	53	56	49	40	48	45	46	28	19	10	-	-	1
33	28	33	22	38	42	33	22	37	24	24	8	9	5	-	-	1
10	15	15	10	15	14	16	18	11	21	22	20	10	5	-	-	-
-	3	4	7	10	12	7	7	5	5	6	2	2	-	-	-	4
-	2	3	7	10	8	5	7	5	4	3	1	1	-	-	-	4
-	1	1	-	-	4	2	-	-	1	3	1	1	-	-	-	-
8	6	8	24	40	54	65	110	164	221	285	405	364	186	51	4	4
6	6	7	23	39	43	50	81	118	160	196	257	214	86	19	-	4
2	-	1	1	1	11	15	29	46	61	89	148	150	100	32	4	-

第3表　年次・性・年齢階級（5歳階級）・不慮の事故

Table 3. Trends in accidental deaths and death rates (per 100,000

死亡数

Deaths

死因基本分類コード Detailed list of ICD-10 code	死因・性 Causes of death and sex			総数 Total	0歳 Years	1	2	3	4	0～4	5～9	10～14	15～19	20～24
(V01-X59)	不慮の事故	総数	T.	38 925	269	172	92	104	73	710	353	210	1 269	1 551
		男	M.	24 984	161	109	53	67	40	430	249	158	1 017	1 238
		女	F.	13 941	108	63	39	37	33	280	104	52	252	313
(V01-V98)	交通事故	総数	T.	13 464	15	38	42	38	42	175	181	108	1 058	1 222
		男	M.	9 552	13	25	22	26	24	110	126	79	851	980
		女	F.	3 912	2	13	20	12	18	65	55	29	207	242
(W00-W17)	転倒・転落	総数	T.	6 143	11	8	13	8	4	44	15	15	61	94
		男	M.	3 776	6	4	7	3	−	20	10	12	44	72
		女	F.	2 367	5	4	6	5	4	24	5	3	17	22
W01	スリップ，つまづき及びよろめきによる同一平面上での転倒	総数	T.	3 053	3	3	2	−	−	8	2	1	6	5
		男	M.	1 466	2	2	−	−	−	4	1	1	5	3
		女	F.	1 587	1	1	2	−	−	4	1	−	1	2
W10	階段及びステップからの転落及びその上での転倒	総数	T.	687	1	1	−	1	−	3	2	1	2	4
		男	M.	468	1	−	−	−	−	1	2	−	2	2
		女	F.	219	−	1	−	1	−	2	−	1	−	2
W13	建物又は建造物からの転落	総数	T.	893	1	2	9	7	3	22	8	12	38	53
		男	M.	676	−	1	5	3	−	9	6	10	23	41
		女	F.	217	1	1	4	4	3	13	2	2	15	12
W17	その他の転落	総数	T.	775	1	−	−	−	−	1	1	−	13	15
		男	M.	622	1	−	−	−	−	1	−	−	12	14
		女	F.	153	−	−	−	−	−	−	1	−	1	1
(W20-W49)	生物によらない機械的な力への曝露	総数	T.	820	3	4	1	4	−	12	7	6	13	35
		男	M.	752	1	2	−	3	−	6	6	3	13	35
		女	F.	68	2	2	1	1	−	6	1	3	−	−
W20	投げられ，投げ出され又は落下する物体による打撲	総数	T.	280	1	−	−	2	−	3	2	1	4	8
		男	M.	268	1	−	−	1	−	2	2	−	4	8
		女	F.	12	−	−	−	1	−	1	−	1	−	−
(W50-W64)	生物による機械的な力への曝露	総数	T.	17	2	−	−	−	−	2	−	1	1	1
		男	M.	7	−	−	−	−	−	−	−	1	1	−
		女	F.	10	2	−	−	−	−	2	−	−	−	1
(W65-W74)	不慮の溺死及び溺水	総数	T.	5 607	17	78	12	20	9	136	100	46	80	89
		男	M.	3 172	10	50	6	14	5	85	74	40	71	71
		女	F.	2 435	7	28	6	6	4	51	26	6	9	18
(W65-W66)	浴槽内での及び浴槽への転落による溺死及び溺水	総数	T.	3 178	16	63	3	4	2	88	12	4	12	12
		男	M.	1 550	9	39	1	2	−	51	9	1	4	6
		女	F.	1 628	7	24	2	2	2	37	3	3	8	6
(W69-W70)	自然の水域内での及び自然の水域への転落による溺死及び溺水	総数	T.	1 464	−	2	3	10	1	16	53	37	63	67
		男	M.	1 080	−	2	1	8	1	12	41	34	62	57
		女	F.	384	−	−	2	2	−	4	12	3	1	10
(W75-W84)	その他の不慮の窒息	総数	T.	7 557	197	31	10	11	7	256	18	18	18	32
		男	M.	4 280	119	18	7	5	4	153	11	11	12	25
		女	F.	3 277	78	13	3	6	3	103	7	7	6	7
W78	胃内容物の誤えん	総数	T.	1 158	55	11	1	2	4	73	3	3	2	8
		男	M.	616	30	7	−	1	4	42	1	2	1	6
		女	F.	542	25	4	1	1	−	31	2	1	1	2
W79	気道閉塞を生じた食物の誤えん	総数	T.	3 956	40	3	1	5	1	50	6	3	4	9
		男	M.	2 333	25	2	1	3	−	31	4	1	2	7
		女	F.	1 623	15	1	−	2	1	19	2	2	2	2
W80	気道閉塞を生じたその他の物体の誤えん	総数	T.	677	7	3	−	1	−	11	1	2	3	4
		男	M.	403	5	2	−	1	−	8	−	1	2	3
		女	F.	274	2	1	−	−	−	3	1	1	1	1
W84	詳細不明の窒息	総数	T.	1 475	13	3	4	2	−	22	3	5	4	5
		男	M.	738	8	1	2	−	−	11	3	3	3	4
		女	F.	737	5	2	2	2	−	11	−	2	1	1
(W85-W99)	電流，放射線並びに極端な気温及び気圧への曝露	総数	T.	70	1	−	−	1	−	2	−	−	−	6
		男	M.	65	−	−	−	−	−	−	−	−	−	6
		女	F.	5	1	−	−	1	−	2	−	−	−	−
(X00-X09)	煙，火及び火炎への曝露	総数	T.	1 339	4	9	11	17	9	50	26	8	14	14
		男	M.	854	1	7	8	13	6	35	18	6	8	6
		女	F.	485	3	2	3	4	3	15	8	2	6	8
X00	建物又は建造物内の管理されていない火への曝露	総数	T.	991	4	8	11	15	9	47	25	8	12	13
		男	M.	631	1	6	8	11	6	32	17	6	7	6
		女	F.	360	3	2	3	4	3	15	8	2	5	7
(X10-X19)	熱及び高温物質との接触	総数	T.	165	−	−	−	−	−	−	1	−	−	2
		男	M.	97	−	−	−	−	−	−	−	−	−	2
		女	F.	68	−	−	−	−	−	−	1	−	−	−
(X20-X29)	有毒動植物との接触	総数	T.	47	−	−	−	1	−	1	−	−	−	−
		男	M.	32	−	−	−	−	−	−	−	−	−	−
		女	F.	15	−	−	−	1	−	1	−	−	−	−
(X30-X39)	自然の力への曝露	総数	T.	982	4	2	1	1	−	8	2	3	9	15
		男	M.	675	4	1	1	1	−	7	2	3	7	10
		女	F.	307	−	1	−	−	−	1	−	−	2	5
X30	自然の過度の高温への曝露	総数	T.	185	3	2	−	1	−	6	−	1	7	3
		男	M.	119	3	1	−	1	−	5	−	1	6	3
		女	F.	66	−	1	−	−	−	1	−	−	1	−
X31	自然の過度の低温への曝露	総数	T.	748	1	−	1	−	−	2	−	1	1	10
		男	M.	526	1	−	1	−	−	2	−	1	−	6
		女	F.	222	−	−	−	−	−	−	−	−	1	4
X34	地震による受傷者	総数	T.	−	−	−	−	−	−	−	−	−	−	−
		男	M.	−	−	−	−	−	−	−	−	−	−	−
		女	F.	−	−	−	−	−	−	−	−	−	−	−
(X40-X49)	有害物質による不慮の中毒及び有害物質への曝露	総数	T.	559	1	−	−	1	−	2	1	2	13	34
		男	M.	378	1	−	−	1	−	2	−	2	8	25
		女	F.	181	−	−	−	−	−	−	1	−	5	9
(X50-X57)	無理ながんばり，旅行及び欠乏状態	総数	T.	83	−	−	−	−	−	−	−	−	−	−
		男	M.	70	−	−	−	−	−	−	−	−	−	−
		女	F.	13	−	−	−	−	−	−	−	−	−	−
(X58-X59)	その他及び詳細不明の要因への不慮の曝露	総数	T.	2 072	14	2	2	2	2	22	2	3	2	7
		男	M.	1 274	6	2	2	1	1	12	2	1	2	6
		女	F.	798	8	−	−	1	1	10	−	2	−	1

平成10年
1998

25～29	30～34	35～39	40～44	45～49	50～54	55～59	60～64	65～69	70～74	75～79	80～84	85～89	90～94	95～99	100～	不詳 Not stated
1 123	828	790	952	1 701	1 923	2 265	2 853	3 297	3 749	4 169	4 637	3 935	1 874	570	72	94
930	681	630	733	1 333	1 477	1 720	2 124	2 321	2 375	2 303	2 395	1 852	747	168	20	83
193	147	160	219	368	446	545	729	976	1 374	1 866	2 242	2 083	1 127	402	52	11
778	495	404	425	763	815	931	1 119	1 212	1 226	1 093	869	456	116	7	1	10
652	420	339	324	600	629	671	774	808	755	634	475	253	59	2	1	10
126	75	65	101	163	186	260	345	404	471	459	394	203	57	5	–	–
97	82	101	109	244	295	338	479	506	553	607	806	870	560	221	36	10
73	66	80	89	203	249	291	405	423	393	348	394	351	187	53	6	7
24	16	21	20	41	46	47	74	83	160	259	412	519	373	168	30	3
5	17	10	17	62	74	81	150	179	240	317	537	655	458	192	35	2
3	13	7	13	50	64	68	123	134	154	154	241	233	142	45	6	2
2	4	3	4	12	10	13	27	45	86	163	296	422	316	147	29	–
6	3	5	14	41	54	63	72	75	99	78	76	54	26	8	1	–
4	2	5	11	29	47	52	55	65	70	46	35	27	12	1	–	–
2	1	–	3	12	7	11	17	10	29	32	41	27	14	7	1	–
61	37	42	40	60	61	61	90	92	52	52	54	32	17	5	–	4
44	28	31	31	51	49	49	79	83	43	34	32	21	7	1	–	4
17	9	11	9	9	12	12	11	9	9	18	22	11	10	4	–	–
17	19	29	24	42	67	78	102	75	82	75	53	55	21	3	–	3
15	17	24	21	38	62	69	89	68	61	50	31	37	11	1	–	1
2	2	5	3	4	5	9	13	7	21	25	22	18	10	2	–	2
37	27	39	39	87	78	110	108	89	59	44	20	5	3	2	–	–
36	26	37	37	84	74	101	98	82	55	36	16	4	2	1	–	–
1	1	2	2	3	4	9	10	7	4	8	4	1	1	1	–	–
12	7	12	11	30	29	37	49	38	21	14	2	–	–	–	–	–
11	7	12	11	29	28	37	46	36	21	13	1	–	–	–	–	–
1	–	–	–	1	1	–	3	2	–	1	1	–	–	–	–	–
–	–	1	–	–	1	1	1	2	–	1	2	2	1	–	–	–
–	–	1	–	–	–	1	1	1	–	1	–	–	–	–	–	–
–	–	–	–	–	1	–	–	1	–	–	2	2	1	–	–	–
80	75	71	114	212	261	280	366	494	666	819	873	567	183	52	2	41
62	56	56	86	152	183	204	267	322	362	355	362	234	72	23	1	34
18	19	15	28	60	78	76	99	172	304	464	511	333	111	29	1	7
21	20	12	24	44	61	89	148	285	453	612	664	420	153	40	2	2
13	15	8	12	26	33	59	98	172	233	260	287	181	61	18	1	2
8	5	4	12	18	28	30	50	113	220	352	377	239	92	22	1	–
46	42	49	65	126	140	133	135	111	111	97	75	53	14	3	–	28
39	33	41	56	100	109	101	109	85	74	49	27	21	7	2	–	21
7	9	8	9	26	31	32	26	26	37	48	48	32	7	1	–	7
27	31	67	86	145	183	267	384	556	763	1 040	1 341	1 395	701	204	25	–
21	23	43	52	101	117	184	269	380	495	609	760	662	282	60	10	–
6	8	24	34	44	66	83	115	176	268	431	581	733	419	144	15	–
10	10	18	23	29	42	51	61	79	101	133	188	201	95	27	1	–
8	8	11	16	19	29	37	42	54	59	65	90	82	35	8	1	–
2	2	7	7	10	13	14	19	25	42	68	98	119	60	19	–	–
5	6	22	40	77	94	147	219	311	442	579	729	738	364	97	14	–
3	4	13	22	54	56	98	149	219	300	364	449	370	155	28	4	–
2	2	9	18	23	38	49	70	92	142	215	280	368	209	69	10	–
3	2	6	7	11	16	19	24	43	63	104	133	142	59	23	1	–
1	2	5	5	10	11	13	16	26	47	63	79	72	29	9	1	–
2	–	1	2	1	5	6	8	17	16	41	54	70	30	14	–	–
4	6	9	10	17	16	30	60	105	144	212	278	303	177	56	9	–
4	3	6	4	9	9	21	45	71	82	112	136	134	59	15	4	–
–	3	3	6	8	7	9	15	34	62	100	142	169	118	41	5	–
10	5	4	7	11	7	7	6	1	–	1	1	1	–	–	–	1
10	5	4	6	11	6	7	6	1	–	1	1	–	–	–	–	1
–	–	–	1	–	1	–	–	–	–	–	–	1	–	–	–	–
20	44	27	55	77	60	101	117	118	136	147	155	112	42	6	1	9
14	25	16	44	59	43	81	83	78	91	73	86	55	22	2	–	9
6	19	11	11	18	17	20	34	40	45	74	69	57	20	4	1	–
14	39	19	42	58	39	82	92	95	89	101	101	76	28	6	–	5
9	23	12	35	47	29	67	64	58	56	48	55	40	13	2	–	5
5	16	7	7	11	10	15	28	37	33	53	46	36	15	4	–	–
–	–	1	4	4	5	12	12	19	16	23	25	21	15	4	1	–
–	–	1	3	2	3	7	8	10	12	12	10	17	9	1	–	–
–	–	–	1	2	2	5	4	9	4	11	15	4	6	3	1	–
–	–	–	4	1	7	9	3	5	11	3	1	–	1	1	–	–
–	–	–	4	1	7	7	3	3	6	1	–	–	–	–	–	–
–	–	–	–	–	–	2	–	2	5	2	1	–	1	1	–	–
17	22	27	44	66	104	94	91	86	99	72	90	79	30	7	1	16
16	22	22	38	52	85	83	72	68	67	36	35	26	7	2	–	15
1	–	5	6	14	19	11	19	18	32	36	55	53	23	5	1	1
5	8	5	4	9	11	9	14	6	19	16	19	27	13	3	–	–
5	8	5	2	7	11	7	13	5	15	7	6	9	3	1	–	–
–	–	–	2	2	–	2	1	1	4	9	13	18	10	2	–	–
11	13	19	36	52	89	81	71	75	76	54	69	50	17	4	1	16
10	13	14	33	44	71	74	56	59	50	28	28	17	4	1	–	15
1	–	5	3	8	18	7	15	16	26	26	41	33	13	3	1	1
–	–	–	–	–	–	–	–	–	–	–	–	–	–	–	–	–
–	–	–	–	–	–	–	–	–	–	–	–	–	–	–	–	–
–	–	–	–	–	–	–	–	–	–	–	–	–	–	–	–	–
50	40	36	39	46	49	47	39	40	27	24	35	28	6	1	–	–
40	32	22	28	37	33	31	30	21	20	10	14	21	2	–	–	–
10	8	14	11	9	16	16	9	19	7	14	21	7	4	1	–	–
–	–	3	8	7	13	11	11	14	3	5	2	1	–	–	–	5
–	–	3	7	7	12	10	11	10	1	3	1	–	–	–	–	5
–	–	–	1	–	1	1	–	4	2	2	1	1	–	–	–	–
7	7	9	18	38	45	57	117	155	190	290	417	398	216	65	5	2
6	6	6	15	24	36	42	97	114	118	184	241	229	105	24	2	2
1	1	3	3	14	9	15	20	41	72	106	176	169	111	41	3	–

第3表　年次・性・年齢階級（5歳階級）・不慮の事故

Table 3. Trends in accidental deaths and death rates (per 100,000

死亡数

Deaths

死因基本分類コード Detailed list of ICD-10 code	死因・性 Causes of death and sex		総数 Total	0歳 Years	1	2	3	4	0～4	5～9	10～14	15～19	20～24
(V01-X59)	不慮の事故	総数 T.	40 079	215	146	89	59	57	566	275	215	1 157	1 436
		男 M.	25 551	132	76	51	44	40	343	179	156	924	1 136
		女 F.	14 528	83	70	38	15	17	223	96	59	233	300
(V01-V98)	交通事故	総数 T.	13 111	16	31	33	22	25	127	142	100	955	1 096
		男 M.	9 189	14	13	17	16	19	79	87	72	767	870
		女 F.	3 922	2	18	16	6	6	48	55	28	188	226
(W00-W17)	転倒・転落	総数 T.	6 318	13	11	15	7	7	53	18	13	38	84
		男 M.	3 914	10	9	9	5	4	37	11	8	27	69
		女 F.	2 404	3	2	6	2	3	16	7	5	11	15
W01	スリップ，つまづき及びよろめきによる同一平面上での転倒	総数 T.	3 232	5	5	2	1	1	14	2	－	3	11
		男 M.	1 597	5	4	2	－	1	12	1	－	3	8
		女 F.	1 635	－	1	－	1	－	2	1	－	－	3
W10	階段及びステップからの転落及びその上での転倒	総数 T.	703	3	－	1	1	1	6	2	－	5	9
		男 M.	469	2	－	1	－	1	4	2	－	1	8
		女 F.	234	1	－	－	1	－	2	－	－	4	1
W13	建物又は建造物からの転落	総数 T.	841	1	1	5	4	3	14	10	11	24	40
		男 M.	662	－	1	4	4	2	11	6	7	19	31
		女 F.	179	1	－	1	－	1	3	4	4	5	9
W17	その他の転落	総数 T.	785	－	1	1	1	2	5	1	－	5	18
		男 M.	634	－	1	1	1	－	3	1	－	4	17
		女 F.	151	－	－	－	－	2	2	－	－	1	1
(W20-W49)	生物によらない機械的な力への曝露	総数 T.	749	－	1	3	－	－	4	5	6	11	31
		男 M.	686	－	1	1	－	－	2	5	6	11	30
		女 F.	63	－	－	2	－	－	2	－	－	－	1
W20	投げられ，投げ出され又は落下する物体による打撲	総数 T.	250	－	－	2	－	－	2	4	1	4	7
		男 M.	236	－	－	－	－	－	－	4	1	4	7
		女 F.	14	－	－	2	－	－	2	－	－	－	－
(W50-W64)	生物による機械的な力への曝露	総数 T.	16	－	－	－	－	－	－	1	1	2	3
		男 M.	13	－	－	－	－	－	－	1	1	2	2
		女 F.	3	－	－	－	－	－	－	－	－	－	1
(W65-W74)	不慮の溺死及び溺水	総数 T.	5 943	19	58	18	12	13	120	62	52	79	105
		男 M.	3 362	10	35	11	8	8	72	51	42	67	91
		女 F.	2 581	9	23	7	4	5	48	11	10	12	14
(W65-W66)	浴槽内での及び浴槽への転落による溺死及び溺水	総数 T.	3 434	16	39	3	4	6	68	10	9	12	13
		男 M.	1 659	9	23	－	1	3	36	7	5	3	6
		女 F.	1 775	7	16	3	3	3	32	3	4	9	7
(W69-W70)	自然の水域内での及び自然の水域への転落による溺死及び溺水	総数 T.	1 591	1	5	9	1	5	21	34	33	59	80
		男 M.	1 190	－	3	7	1	4	15	29	30	56	75
		女 F.	401	1	2	2	－	1	6	5	3	3	5
(W75-W84)	その他の不慮の窒息	総数 T.	7 919	144	31	9	7	3	194	21	22	26	24
		男 M.	4 473	85	16	5	6	2	114	8	11	17	14
		女 F.	3 446	59	15	4	1	1	80	13	11	9	10
W78	胃内容物の誤えん	総数 T.	1 178	46	8	3	2	1	60	6	6	10	9
		男 M.	631	28	2	1	1	－	32	2	1	7	4
		女 F.	547	18	6	2	1	1	28	4	5	3	5
W79	気道閉塞を生じた食物の誤えん	総数 T.	4 081	29	2	2	3	－	36	3	4	5	7
		男 M.	2 359	21	2	2	3	－	28	2	1	3	3
		女 F.	1 722	8	－	－	－	－	8	1	3	2	4
W80	気道閉塞を生じたその他の物体の誤えん	総数 T.	729	3	7	1	1	－	12	3	3	3	4
		男 M.	426	2	2	－	1	－	5	2	2	2	3
		女 F.	303	1	5	1	－	－	7	1	1	1	1
W84	詳細不明の窒息	総数 T.	1 635	9	5	－	－	－	14	5	3	5	2
		男 M.	856	3	4	－	－	－	7	1	2	3	2
		女 F.	779	6	1	－	－	－	7	4	1	2	－
(W85-W99)	電流，放射線並びに極端な気温及び気圧への曝露	総数 T.	71	1	－	－	－	－	1	－	－	－	5
		男 M.	61	1	－	－	－	－	1	－	－	－	5
		女 F.	10	－	－	－	－	－	－	－	－	－	－
(X00-X09)	煙，火及び火炎への曝露	総数 T.	1 463	6	5	5	10	8	34	15	14	17	24
		男 M.	880	2	1	4	9	6	22	10	9	6	15
		女 F.	583	4	4	1	1	2	12	5	5	11	9
X00	建物又は建造物内の管理されていない火への曝露	総数 T.	1 128	6	5	5	10	7	33	13	14	16	21
		男 M.	669	2	1	4	9	5	21	9	9	5	12
		女 F.	459	4	4	1	1	2	12	4	5	11	9
(X10-X19)	熱及び高温物質との接触	総数 T.	180	－	1	2	－	1	4	3	1	－	1
		男 M.	98	－	－	2	－	1	3	3	1	－	1
		女 F.	82	－	1	－	－	－	1	－	－	－	－
(X20-X29)	有毒動植物との接触	総数 T.	47	－	－	－	－	－	－	－	－	－	－
		男 M.	27	－	－	－	－	－	－	－	－	－	－
		女 F.	20	－	－	－	－	－	－	－	－	－	－
(X30-X39)	自然の力への曝露	総数 T.	1 174	4	6	2	－	－	12	5	3	7	21
		男 M.	788	3	1	1	－	－	5	3	3	7	15
		女 F.	386	1	5	1	－	－	7	2	－	－	6
X30	自然の過度の高温への曝露	総数 T.	206	3	4	2	－	－	9	－	1	3	4
		男 M.	118	2	1	1	－	－	4	－	1	3	4
		女 F.	88	1	3	1	－	－	5	－	－	－	－
X31	自然の過度の低温への曝露	総数 T.	879	－	1	－	－	－	1	－	－	2	16
		男 M.	617	－	－	－	－	－	－	－	－	2	10
		女 F.	262	－	1	－	－	－	1	－	－	－	6
X34	地震による受傷者	総数 T.	－	－	－	－	－	－	－	－	－	－	－
		男 M.	－	－	－	－	－	－	－	－	－	－	－
		女 F.	－	－	－	－	－	－	－	－	－	－	－
(X40-X49)	有害物質による不慮の中毒及び有害物質への曝露	総数 T.	707	－	1	1	－	－	2	－	2	19	36
		男 M.	499	－	－	－	－	－	－	－	2	18	23
		女 F.	208	－	1	1	－	－	2	－	－	1	13
(X50-X57)	無理ながんばり，旅行及び欠乏状態	総数 T.	87	－	－	－	－	－	－	－	－	－	1
		男 M.	74	－	－	－	－	－	－	－	－	－	1
		女 F.	13	－	－	－	－	－	－	－	－	－	－
(X58-X59)	その他及び詳細不明の要因への不慮の曝露	総数 T.	2 294	12	1	1	1	－	15	3	1	3	5
		男 M.	1 487	7	－	1	－	－	8	－	1	2	1
		女 F.	807	5	1	－	1	－	7	3	－	1	4

の種類別不慮の事故死亡数・率（人口10万対） －平成７～20年－

population) by sex, age (five-year age group) and type of accident, 1995-2008

平成11年
1999

25～29	30～34	35～39	40～44	45～49	50～54	55～59	60～64	65～69	70～74	75～79	80～84	85～89	90～94	95～99	100～	不詳 Not stated
1 155	889	773	1 028	1 598	2 059	2 506	2 685	3 416	4 054	4 417	4 726	4 144	2 192	612	66	105
935	736	638	805	1 254	1 589	1 874	1 990	2 398	2 598	2 388	2 440	1 985	866	205	16	96
220	153	140	223	344	470	632	695	1 018	1 456	2 029	2 286	2 159	1 326	407	50	9
788	518	395	477	684	844	1 013	1 036	1 138	1 248	1 096	827	454	134	20	-	19
666	446	325	383	524	631	719	710	753	757	597	472	235	66	11	-	19
122	72	70	94	160	213	294	326	385	491	499	355	219	68	9	-	-
92	81	81	113	213	281	361	452	583	618	607	849	887	637	212	33	12
73	68	67	91	192	235	307	382	465	437	361	415	385	207	55	10	12
19	13	14	22	21	46	54	70	118	181	246	434	502	430	157	23	-
2	8	18	22	39	58	115	142	208	256	345	560	679	535	181	30	4
2	7	16	16	36	46	90	112	147	165	185	250	280	161	47	9	4
-	1	2	6	3	12	25	30	61	91	160	310	399	374	134	21	-
4	-	6	22	43	46	63	74	80	93	71	90	52	30	5	-	2
1	-	4	17	36	41	48	63	61	59	37	49	23	12	1	-	2
3	-	2	5	7	5	15	11	19	34	34	41	29	18	4	-	-
50	37	27	34	59	76	71	81	91	60	45	50	38	14	7	-	2
37	28	20	27	52	56	68	71	79	46	36	29	28	8	1	-	2
13	9	7	7	7	20	3	10	12	14	9	21	10	6	6	-	-
20	29	20	32	47	69	73	84	92	106	60	61	40	18	1	-	4
18	26	17	29	44	62	66	76	78	85	41	36	17	9	1	-	4
2	3	3	3	3	7	7	8	14	21	19	25	23	9	-	-	-
32	24	28	37	74	88	116	82	86	66	23	21	10	4	1	-	-
32	24	27	34	69	84	111	75	78	56	18	16	6	2	-	-	-
-	-	1	3	5	4	5	7	8	10	5	5	4	2	1	-	-
7	9	6	5	23	27	40	33	37	32	8	4	-	1	-	-	-
7	9	6	5	23	26	39	31	34	29	6	4	-	1	-	-	-
-	-	-	-	-	1	1	2	3	3	2	-	-	-	-	-	-
1	-	1	-	1	-	-	1	1	1	1	1	1	-	-	-	-
1	-	1	-	1	-	-	1	1	1	-	-	1	-	-	-	-
-	-	-	-	-	-	-	-	-	-	1	1	-	-	-	-	-
72	91	81	136	186	269	318	379	533	726	914	871	626	247	41	3	32
53	70	66	100	139	201	228	282	363	391	375	350	273	102	19	1	26
19	21	15	36	47	68	90	97	170	335	539	521	353	145	22	2	6
15	16	14	28	40	74	101	177	315	476	676	672	496	191	28	2	1
7	8	7	15	25	49	66	117	202	230	279	275	222	84	15	-	1
8	8	7	13	15	25	35	60	113	246	397	397	274	107	13	2	-
44	59	56	91	126	147	148	137	150	135	96	91	39	13	7	-	25
36	47	48	73	101	112	118	116	115	94	45	35	19	2	4	-	20
8	12	8	18	25	35	30	21	35	41	51	56	20	11	3	-	5
39	43	52	86	156	205	311	348	597	816	1 111	1 435	1 409	769	230	23	2
25	34	40	62	109	142	208	240	406	575	635	783	679	294	72	3	2
14	9	12	24	47	63	103	108	191	241	476	652	730	475	158	20	-
22	11	14	30	30	26	48	57	73	112	147	195	171	116	29	6	-
12	7	12	22	25	21	38	42	50	74	81	82	73	38	6	2	-
10	4	2	8	5	5	10	15	23	38	66	113	98	78	23	4	-
3	12	22	33	71	119	181	188	353	459	605	731	721	390	127	10	1
3	11	16	24	43	78	115	121	240	331	354	425	364	151	45	-	1
-	1	6	9	28	41	66	67	113	128	251	306	357	239	82	10	-
1	6	5	6	15	14	26	28	48	85	102	144	136	68	15	4	1
1	4	4	4	12	10	14	22	35	59	62	80	67	30	7	-	1
-	2	1	2	3	4	12	6	13	26	40	64	69	38	8	4	-
6	7	6	9	23	23	31	49	105	138	238	351	368	192	57	3	-
4	6	3	4	14	15	21	32	70	97	128	188	169	75	14	1	-
2	1	3	5	9	8	10	17	35	41	110	163	199	117	43	2	-
7	3	6	5	9	6	11	4	6	3	2	2	-	-	1	-	-
6	3	6	5	9	5	9	4	3	3	1	1	-	-	-	-	-
1	-	-	-	-	1	2	-	3	-	1	1	-	-	1	-	-
27	29	35	48	87	111	108	89	133	162	158	164	137	53	13	-	5
14	18	23	33	57	82	78	72	86	95	83	78	66	26	2	-	5
13	11	12	15	30	29	30	17	47	67	75	86	71	27	11	-	-
22	24	30	39	72	92	87	72	98	119	118	120	97	32	8	-	1
11	15	20	25	45	69	64	56	60	66	62	54	47	16	2	-	1
11	9	10	14	27	23	23	16	38	53	56	66	50	16	6	-	-
1	2	1	3	3	4	6	10	10	24	29	36	26	11	4	1	-
1	1	1	1	1	2	4	7	3	14	17	16	13	7	2	-	-
-	1	-	2	2	2	2	3	7	10	12	20	13	4	2	1	-
-	1	-	1	1	5	4	4	4	14	6	5	1	1	-	-	-
-	1	-	1	1	4	2	-	4	10	2	2	-	-	-	-	-
-	-	-	-	-	1	2	4	-	4	4	3	1	1	-	-	-
35	25	19	55	82	108	116	104	97	106	106	87	104	46	14	-	22
25	20	14	46	69	90	99	79	71	67	52	38	43	17	6	-	19
10	5	5	9	13	18	17	25	26	39	54	49	61	29	8	-	3
6	4	4	7	14	12	9	7	11	12	27	21	34	13	5	-	3
5	3	4	7	12	8	8	3	5	9	14	7	10	6	2	-	3
1	1	-	-	2	4	1	4	6	3	13	14	24	7	3	-	-
20	15	14	47	63	92	104	87	79	84	73	61	61	32	9	-	19
16	12	10	38	52	79	89	70	62	54	36	30	27	10	4	-	16
4	3	4	9	11	13	15	17	17	30	37	31	34	22	5	-	3
-	-	-	-	-	-	-	-	-	-	-	-	-	-	-	-	-
-	-	-	-	-	-	-	-	-	-	-	-	-	-	-	-	-
-	-	-	-	-	-	-	-	-	-	-	-	-	-	-	-	-
49	63	66	52	55	68	61	49	50	49	32	27	16	7	4	-	-
31	43	56	37	42	52	45	36	32	35	24	14	7	1	1	-	-
18	20	10	15	13	16	16	13	18	14	8	13	9	6	3	-	-
-	1	3	1	9	12	17	8	8	8	7	-	3	-	1	-	8
-	1	3	1	7	11	15	8	7	7	4	-	2	-	-	-	8
-	-	-	-	2	1	2	-	1	1	3	-	1	-	1	-	-
12	8	10	14	38	58	64	119	170	213	325	401	470	283	71	6	5
8	7	9	11	34	50	49	94	126	150	219	255	275	144	37	2	5
4	1	1	3	4	8	15	25	44	63	106	146	195	139	34	4	-

第3表　年次・性・年齢階級（5歳階級）・不慮の事故

Table 3. Trends in accidental deaths and death rates (per 100,000

死亡数

Deaths

死因基本分類コード Detailed list of ICD-10 code	死因・性 Causes of death and sex		総数 Total	0歳 Years	1	2	3	4	0～4	5～9	10～14	15～19	20～24
(V01-X59)	不慮の事故	総数 T.	39 484	217	118	65	65	60	525	242	166	1 052	1 386
		男 M.	25 162	138	81	38	47	45	349	158	128	855	1 128
		女 F.	14 322	79	37	27	18	15	176	84	38	197	258
(V01-V98)	交通事故	総数 T.	12 857	16	29	22	25	28	120	119	86	869	1 074
		男 M.	9 072	10	18	17	17	21	83	78	66	711	880
		女 F.	3 785	6	11	5	8	7	37	41	20	158	194
(W00-W17)	転倒・転落	総数 T.	6 245	8	15	9	11	5	48	17	12	44	92
		男 M.	3 798	4	13	6	10	4	37	13	12	32	77
		女 F.	2 447	4	2	3	1	1	11	4	－	12	15
W01	スリップ，つまづき及びよろめきによる同一平面上での転倒	総数 T.	3 269	3	3	2	1	1	10	1	1	3	8
		男 M.	1 578	2	2	1	1	1	7	1	1	3	4
		女 F.	1 691	1	1	1	－	－	3	－	－	－	4
W10	階段及びステップからの転落及びその上での転倒	総数 T.	653	－	1	1	2	－	4	1	－	1	10
		男 M.	447	－	1	1	2	－	4	1	－	1	8
		女 F.	206	－	－	－	－	－	－	－	－	－	2
W13	建物又は建造物からの転落	総数 T.	819	1	6	4	8	4	23	8	9	27	33
		男 M.	622	1	5	3	7	3	19	6	9	16	29
		女 F.	197	－	1	1	1	1	4	2	－	11	4
W17	その他の転落	総数 T.	785	－	2	1	－	－	3	5	2	9	23
		男 M.	634	－	2	－	－	－	2	3	2	8	20
		女 F.	151	－	－	1	－	－	1	2	－	1	3
(W20-W49)	生物によらない機械的な力への曝露	総数 T.	804	2	1	－	2	1	6	2	1	13	22
		男 M.	757	1	－	－	2	1	4	－	1	12	20
		女 F.	47	1	1	－	－	－	2	2	－	1	2
W20	投げられ，投げ出され又は落下する物体による打撲	総数 T.	264	1	－	－	1	－	2	1	1	2	6
		男 M.	253	－	－	－	1	－	1	－	1	2	6
		女 F.	11	1	－	－	－	－	1	1	－	－	－
(W50-W64)	生物による機械的な力への曝露	総数 T.	27	1	－	－	－	－	1	1	－	1	1
		男 M.	22	1	－	－	－	－	1	1	－	1	1
		女 F.	5	－	－	－	－	－	－	－	－	－	－
(W65-W74)	不慮の溺死及び溺水	総数 T.	5 978	7	41	8	14	14	84	63	33	82	102
		男 M.	3 332	5	27	3	8	10	53	45	29	69	85
		女 F.	2 646	2	14	5	6	4	31	18	4	13	17
(W65-W66)	浴槽内での及び浴槽への転落による溺死及び溺水	総数 T.	3 518	5	29	1	3	2	40	11	11	10	20
		男 M.	1 681	3	18	1	1	1	24	9	8	3	12
		女 F.	1 837	2	11	－	2	1	16	2	3	7	8
(W69-W70)	自然の水域内での及び自然の水域への転落による溺死及び溺水	総数 T.	1 492	－	3	3	7	5	18	35	16	63	70
		男 M.	1 092	－	3	－	5	4	12	25	16	58	62
		女 F.	400	－	－	3	2	1	6	10	－	5	8
(W75-W84)	その他の不慮の窒息	総数 T.	7 794	160	27	10	8	4	209	14	12	8	27
		男 M.	4 375	102	18	3	7	3	133	6	7	6	23
		女 F.	3 419	58	9	7	1	1	76	8	5	2	4
W78	胃内容物の誤えん	総数 T.	1 207	35	7	5	3	－	50	1	3	2	12
		男 M.	652	19	6	1	3	－	29	1	3	1	9
		女 F.	555	16	1	4	－	－	21	－	－	1	3
W79	気道閉塞を生じた食物の誤えん	総数 T.	3 985	31	11	1	1	1	45	6	4	3	3
		男 M.	2 275	15	6	－	1	－	22	3	2	2	3
		女 F.	1 710	16	5	1	－	1	23	3	2	1	－
W80	気道閉塞を生じたその他の物体の誤えん	総数 T.	631	5	1	2	2	－	10	2	－	－	1
		男 M.	386	4	－	1	2	－	7	1	－	－	1
		女 F.	245	1	1	1	－	－	3	1	－	－	－
W84	詳細不明の窒息	総数 T.	1 664	17	3	1	2	3	26	－	2	2	5
		男 M.	839	10	3	－	1	3	17	－	1	2	5
		女 F.	825	7	－	1	1	－	9	－	1	－	－
(W85-W99)	電流，放射線並びに極端な気温及び気圧への曝露	総数 T.	60	1	－	－	－	－	1	－	－	1	1
		男 M.	55	1	－	－	－	－	1	－	－	1	－
		女 F.	5	－	－	－	－	－	－	－	－	－	1
(X00-X09)	煙，火及び火炎への曝露	総数 T.	1 416	6	3	10	5	7	31	22	16	11	23
		男 M.	883	6	3	7	3	5	24	14	7	4	10
		女 F.	533	－	－	3	2	2	7	8	9	7	13
X00	建物又は建造物内の管理されていない火への曝露	総数 T.	1 074	6	3	10	5	7	31	22	13	9	21
		男 M.	656	6	3	7	3	5	24	14	5	3	9
		女 F.	418	－	－	3	2	2	7	8	8	6	12
(X10-X19)	熱及び高温物質との接触	総数 T.	180	1	1	1	－	－	3	1	－	－	－
		男 M.	110	－	1	－	－	－	1	－	－	－	－
		女 F.	70	1	－	1	－	－	2	1	－	－	－
(X20-X29)	有毒動植物との接触	総数 T.	43	－	－	－	－	－	－	－	－	－	－
		男 M.	34	－	－	－	－	－	－	－	－	－	－
		女 F.	9	－	－	－	－	－	－	－	－	－	－
(X30-X39)	自然の力への曝露	総数 T.	1 042	2	－	4	－	－	6	－	2	8	12
		男 M.	726	2	－	2	－	－	4	－	2	8	9
		女 F.	316	－	－	2	－	－	2	－	－	－	3
X30	自然の過度の高温への曝露	総数 T.	207	2	－	2	－	－	4	－	2	2	2
		男 M.	144	2	－	1	－	－	3	－	2	2	1
		女 F.	63	－	－	1	－	－	1	－	－	－	1
X31	自然の過度の低温への曝露	総数 T.	810	－	－	2	－	－	2	－	－	4	7
		男 M.	560	－	－	1	－	－	1	－	－	4	5
		女 F.	250	－	－	1	－	－	1	－	－	－	2
X34	地震による受傷者	総数 T.	1	－	－	－	－	－	－	－	－	－	－
		男 M.	1	－	－	－	－	－	－	－	－	－	－
		女 F.	－	－	－	－	－	－	－	－	－	－	－
(X40-X49)	有害物質による不慮の中毒及び有害物質への曝露	総数 T.	605	－	－	－	－	－	－	2	2	14	28
		男 M.	415	－	－	－	－	－	－	1	2	10	20
		女 F.	190	－	－	－	－	－	－	1	－	4	8
(X50-X57)	無理ながんばり，旅行及び欠乏状態	総数 T.	90	－	－	－	－	－	－	－	－	－	2
		男 M.	68	－	－	－	－	－	－	－	－	－	1
		女 F.	22	－	－	－	－	－	－	－	－	－	1
(X58-X59)	その他及び詳細不明の要因への不慮の曝露	総数 T.	2 343	13	1	1	－	1	16	1	2	1	2
		男 M.	1 515	6	1	－	－	1	8	－	2	1	2
		女 F.	828	7	－	1	－	－	8	1	－	－	－

平成12年
2000

25～29	30～34	35～39	40～44	45～49	50～54	55～59	60～64	65～69	70～74	75～79	80～84	85～89	90～94	95～99	100～	不詳 Not stated
1 072	891	823	984	1 433	2 113	2 337	2 713	3 269	4 087	4 469	4 708	4 167	2 233	624	96	94
896	741	635	764	1 134	1 638	1 768	2 026	2 288	2 635	2 432	2 456	1 933	905	191	27	75
176	150	188	220	299	475	569	687	981	1 452	2 037	2 252	2 234	1 328	433	69	19
737	549	424	491	628	892	936	1 076	1 076	1 215	1 137	853	440	110	14	–	11
631	477	342	384	501	677	669	752	708	729	599	484	221	61	8	–	11
106	72	82	107	127	215	267	324	368	486	538	369	219	49	6	–	–
84	75	85	102	180	290	326	429	555	607	641	812	922	660	221	40	3
67	57	64	83	161	251	288	366	455	439	372	376	359	229	46	11	3
17	18	21	19	19	39	38	63	100	168	269	436	563	431	175	29	–
3	11	17	20	46	83	83	130	190	286	344	541	700	560	194	37	1
1	7	10	13	37	72	74	108	150	193	175	230	261	182	38	10	1
2	4	7	7	9	11	9	22	40	93	169	311	439	378	156	27	–
3	5	8	12	27	46	48	77	94	75	80	74	63	21	4	–	–
2	3	7	11	26	38	39	60	62	58	48	38	27	13	1	–	–
1	2	1	1	1	8	9	17	32	17	32	36	36	8	3	–	–
43	31	28	34	57	63	63	91	81	65	61	40	38	21	2	–	1
33	22	19	28	50	48	55	82	68	43	39	27	19	8	1	–	1
10	9	9	6	7	15	8	9	13	22	22	13	19	13	1	–	–
21	19	23	27	34	57	83	77	110	92	67	65	48	18	2	–	–
17	16	21	24	32	55	78	68	103	68	46	33	27	10	1	–	–
4	3	2	3	2	2	5	9	7	24	21	32	21	8	1	–	–
47	36	34	46	60	77	110	92	96	75	48	21	13	3	1	–	1
46	35	33	45	60	75	105	85	92	70	43	19	11	–	–	–	1
1	1	1	1	–	2	5	7	4	5	5	2	2	3	1	–	–
13	7	12	14	21	24	35	34	44	29	14	2	2	1	–	–	–
13	7	12	14	21	24	34	33	42	26	13	2	2	–	–	–	–
–	–	–	–	–	–	1	1	2	3	1	–	–	1	–	–	–
4	–	–	1	1	2	1	3	3	4	2	–	1	1	–	–	–
4	–	–	1	1	2	1	2	3	3	1	–	–	–	–	–	–
–	–	–	–	–	–	–	1	–	1	1	–	1	1	–	–	–
80	72	76	111	198	275	283	368	517	797	925	923	646	257	43	3	40
65	49	53	80	145	207	205	267	327	424	383	421	279	99	20	1	26
15	23	23	31	53	68	78	101	190	373	542	502	367	158	23	2	14
8	16	12	31	42	67	86	169	289	553	712	689	501	213	34	3	1
3	8	7	12	27	46	56	114	172	266	280	308	220	86	18	1	1
5	8	5	19	15	21	30	55	117	287	432	381	281	127	16	2	–
61	45	54	67	123	153	142	128	135	118	81	88	44	18	2	–	31
54	31	40	57	96	122	116	104	99	79	36	43	17	4	1	–	20
7	14	14	10	27	31	26	24	36	39	45	45	27	14	1	–	11
30	48	56	75	153	221	280	346	566	853	1 057	1 350	1 398	821	231	38	1
24	34	40	52	103	156	180	227	382	588	642	728	649	323	64	7	1
6	14	16	23	50	65	100	119	184	265	415	622	749	498	167	31	–
8	21	21	19	34	39	57	41	78	109	160	201	185	125	33	8	–
5	15	15	10	24	28	36	26	48	70	82	102	92	47	8	1	–
3	6	6	9	10	11	21	15	30	39	78	99	93	78	25	7	–
10	13	16	30	70	119	141	204	327	462	564	715	704	423	114	11	1
7	9	14	20	45	82	96	129	214	324	358	399	333	174	35	3	1
3	4	2	10	25	37	45	75	113	138	206	316	371	249	79	8	–
3	5	4	5	11	11	19	22	45	76	71	124	125	77	15	5	–
3	3	2	5	7	8	10	17	40	53	51	76	64	33	4	1	–
–	2	2	–	4	3	9	5	5	23	20	48	61	44	11	4	–
6	4	9	14	15	28	43	58	98	173	245	293	369	193	67	14	–
6	3	5	10	9	16	23	38	65	117	139	144	154	67	16	2	–
–	1	4	4	6	12	20	20	33	56	106	149	215	126	51	12	–
7	5	5	6	7	6	7	7	2	2	1	1	1	–	–	–	–
7	5	4	6	6	6	5	7	2	2	1	1	1	–	–	–	–
–	–	1	–	1	–	2	–	–	–	–	–	–	–	–	–	–
17	27	37	46	62	112	123	110	121	128	165	155	151	45	9	2	3
10	17	19	29	43	80	90	88	78	84	90	79	87	23	2	2	3
7	10	18	17	19	32	33	22	43	44	75	76	64	22	7	–	–
13	23	31	38	48	90	98	79	97	86	120	114	103	30	5	2	1
7	13	15	24	34	62	70	62	60	55	65	54	60	16	1	2	1
6	10	16	14	14	28	28	17	37	31	55	60	43	14	4	–	–
1	2	1	–	3	4	7	10	11	21	30	28	33	18	7	–	–
–	1	1	–	2	2	5	7	10	14	18	15	21	8	5	–	–
1	1	–	–	1	2	2	3	1	7	12	13	12	10	2	–	–
1	–	1	–	1	2	8	5	7	6	6	6	–	–	–	–	–
1	–	1	–	–	2	8	5	6	5	4	2	–	–	–	–	–
–	–	–	–	1	–	–	–	1	1	2	4	–	–	–	–	–
12	22	36	39	57	106	115	102	102	96	92	95	71	34	12	–	23
6	20	30	30	48	89	98	86	68	65	47	42	35	16	3	–	20
6	2	6	9	9	17	17	16	34	31	45	53	36	18	9	–	3
6	6	10	7	12	21	16	14	10	16	20	25	19	9	5	–	1
5	6	9	6	10	20	14	13	6	8	10	10	12	4	2	–	1
1	–	1	1	2	1	2	1	4	8	10	15	7	5	3	–	–
6	14	25	31	43	80	97	87	91	78	70	69	52	25	7	–	22
1	12	20	23	36	65	83	72	61	56	35	31	23	12	1	–	19
5	2	5	8	7	15	14	15	30	22	35	38	29	13	6	–	3
–	1	–	–	–	–	–	–	–	–	–	–	–	–	–	–	–
–	1	–	–	–	–	–	–	–	–	–	–	–	–	–	–	–
–	–	–	–	–	–	–	–	–	–	–	–	–	–	–	–	–
45	41	54	53	46	57	48	49	48	42	31	25	17	3	–	–	–
32	35	37	42	33	42	38	39	30	27	9	10	7	1	–	–	–
13	6	17	11	13	15	10	10	18	15	22	15	10	2	–	–	–
3	2	3	4	6	17	8	12	11	8	2	3	1	1	–	–	7
1	2	3	3	6	14	6	12	9	2	2	–	1	–	–	–	6
2	–	–	1	–	3	2	–	2	6	–	3	–	1	–	–	1
4	12	11	10	31	52	85	104	154	233	332	436	473	280	86	13	5
2	9	8	9	25	35	70	83	118	183	221	279	262	145	43	6	4
2	3	3	1	6	17	15	21	36	50	111	157	211	135	43	7	1

第３表　年次・性・年齢階級（５歳階級）・不慮の事故

Table 3. Trends in accidental deaths and death rates (per 100,000

死亡数

Deaths

死因基本分類コード Detailed list of ICD-10 code	死因・性 Causes of death and sex		総数 Total	0歳 Years	1	2	3	4	0～4	5～9	10～14	15～19	20～24
(V01-X59)	不慮の事故	総数 T.	39 496	212	117	91	71	52	543	248	143	1 000	1 277
		男 M.	24 993	113	69	47	45	35	309	162	95	808	992
		女 F.	14 503	99	48	44	26	17	234	86	48	192	285
(V01-V98)	交通事故	総数 T.	12 378	25	36	40	25	23	149	140	82	804	958
		男 M.	8 698	13	18	22	13	15	81	87	52	654	759
		女 F.	3 680	12	18	18	12	8	68	53	30	150	199
(W00-W17)	転倒・転落	総数 T.	6 409	13	8	9	5	3	38	5	7	42	76
		男 M.	3 848	10	7	3	2	1	23	3	2	33	55
		女 F.	2 561	3	1	6	3	2	15	2	5	9	21
W01	スリップ，つまづき及びよろめきによる同一平面上での転倒	総数 T.	3 431	5	2	1	1	1	10	－	－	－	8
		男 M.	1 629	4	2	1	－	1	8	－	－	－	5
		女 F.	1 802	1	－	－	1	－	2	－	－	－	3
W10	階段及びステップからの転落及びその上での転倒	総数 T.	654	－	1	1	1	－	3	1	－	3	4
		男 M.	425	－	1	－	－	－	1	－	－	3	3
		女 F.	229	－	－	1	1	－	2	1	－	－	1
W13	建物又は建造物からの転落	総数 T.	825	2	3	4	2	2	13	3	6	26	40
		男 M.	626	2	2	－	2	－	6	3	2	19	26
		女 F.	199	－	1	4	－	2	7	－	4	7	14
W17	その他の転落	総数 T.	779	－	1	1	1	－	3	1	1	12	10
		男 M.	635	－	1	1	－	－	2	－	－	11	9
		女 F.	144	－	－	－	1	－	1	1	1	1	1
(W20-W49)	生物によらない機械的な力への曝露	総数 T.	766	1	－	－	3	1	5	3	1	12	35
		男 M.	702	－	－	－	1	1	2	2	1	10	33
		女 F.	64	1	－	－	2	－	3	1	－	2	2
W20	投げられ，投げ出され又は落下する物体による打撲	総数 T.	271	－	－	－	1	－	1	2	－	3	6
		男 M.	254	－	－	－	－	－	－	2	－	2	6
		女 F.	17	－	－	－	1	－	1	－	－	1	－
(W50-W64)	生物による機械的な力への曝露	総数 T.	30	1	－	1	1	－	3	6	－	1	2
		男 M.	20	－	－	1	1	－	2	3	－	1	2
		女 F.	10	1	－	－	－	－	1	3	－	－	－
(W65-W74)	不慮の溺死及び溺水	総数 T.	5 802	11	44	17	14	11	97	56	30	83	87
		男 M.	3 265	4	23	12	13	8	60	40	24	70	66
		女 F.	2 537	7	21	5	1	3	37	16	6	13	21
(W65-W66)	浴槽内での及び浴槽への転落による溺死及び溺水	総数 T.	3 461	9	34	7	－	3	53	12	7	9	16
		男 M.	1 687	4	18	5	－	2	29	6	5	3	3
		女 F.	1 774	5	16	2	－	1	24	6	2	6	13
(W69-W70)	自然の水域内での及び自然の水域への転落による溺死及び溺水	総数 T.	1 409	1	1	3	5	4	14	29	17	65	56
		男 M.	1 036	－	1	3	4	3	11	20	13	59	51
		女 F.	373	1	－	－	1	1	3	9	4	6	5
(W75-W84)	その他の不慮の窒息	総数 T.	8 164	150	19	11	8	7	195	11	8	16	32
		男 M.	4 501	81	13	4	6	5	109	10	6	13	25
		女 F.	3 663	69	6	7	2	2	86	1	2	3	7
W78	胃内容物の誤えん	総数 T.	1 272	42	5	6	2	1	56	3	1	5	11
		男 M.	648	23	3	2	2	－	30	3	－	5	9
		女 F.	624	19	2	4	－	1	26	－	1	－	2
W79	気道閉塞を生じた食物の誤えん	総数 T.	4 223	26	6	－	1	1	34	－	2	4	4
		男 M.	2 429	12	4	－	－	1	17	－	2	3	2
		女 F.	1 794	14	2	－	1	－	17	－	－	1	2
W80	気道閉塞を生じたその他の物体の誤えん	総数 T.	690	8	4	1	2	－	15	－	－	2	5
		男 M.	379	5	4	1	2	－	12	－	－	1	5
		女 F.	311	3	－	－	－	－	3	－	－	1	－
W84	詳細不明の窒息	総数 T.	1 678	13	1	1	2	2	19	3	1	2	6
		男 M.	844	6	1	－	1	2	10	2	1	1	4
		女 F.	834	7	－	1	1	－	9	1	－	1	2
(W85-W99)	電流，放射線並びに極端な気温及び気圧への曝露	総数 T.	68	－	－	－	－	－	－	－	－	3	3
		男 M.	57	－	－	－	－	－	－	－	－	3	2
		女 F.	11	－	－	－	－	－	－	－	－	－	1
(X00-X09)	煙，火及び火炎への曝露	総数 T.	1 495	4	5	5	13	6	33	24	10	18	31
		男 M.	959	－	4	1	9	4	18	14	6	9	13
		女 F.	536	4	1	4	4	2	15	10	4	9	18
X00	建物又は建造物内の管理されていない火への曝露	総数 T.	1 060	3	5	4	13	5	30	24	10	15	25
		男 M.	663	－	4	1	9	3	17	14	6	7	10
		女 F.	397	3	1	3	4	2	13	10	4	8	15
(X10-X19)	熱及び高温物質との接触	総数 T.	159	1	－	2	2	－	5	－	－	－	－
		男 M.	82	1	－	－	－	－	1	－	－	－	－
		女 F.	77	－	－	2	2	－	4	－	－	－	－
(X20-X29)	有毒動植物との接触	総数 T.	35	－	－	－	－	－	－	－	－	－	－
		男 M.	23	－	－	－	－	－	－	－	－	－	－
		女 F.	12	－	－	－	－	－	－	－	－	－	－
(X30-X39)	自然の力への曝露	総数 T.	1 208	－	3	3	－	－	6	1	4	2	22
		男 M.	811	－	2	2	－	－	4	1	3	2	17
		女 F.	397	－	1	1	－	－	2	－	1	－	5
X30	自然の過度の高温への曝露	総数 T.	404	－	3	3	－	－	6	1	2	1	4
		男 M.	234	－	2	2	－	－	4	1	2	1	3
		女 F.	170	－	1	1	－	－	2	－	－	－	1
X31	自然の過度の低温への曝露	総数 T.	777	－	－	－	－	－	－	－	1	1	13
		男 M.	559	－	－	－	－	－	－	－	1	1	10
		女 F.	218	－	－	－	－	－	－	－	－	－	3
X34	地震による受傷者	総数 T.	2	－	－	－	－	－	－	－	－	－	－
		男 M.	－	－	－	－	－	－	－	－	－	－	－
		女 F.	2	－	－	－	－	－	－	－	－	－	－
(X40-X49)	有害物質による不慮の中毒及び有害物質への曝露	総数 T.	647	1	1	1	－	1	4	－	1	12	29
		男 M.	461	1	1	1	－	1	4	－	1	6	18
		女 F.	186	－	－	－	－	－	－	－	－	6	11
(X50-X57)	無理ながんばり，旅行及び欠乏状態	総数 T.	69	－	－	－	－	－	－	－	－	1	－
		男 M.	57	－	－	－	－	－	－	－	－	1	－
		女 F.	12	－	－	－	－	－	－	－	－	－	－
(X58-X59)	その他及び詳細不明の要因への不慮の曝露	総数 T.	2 266	5	1	2	－	－	8	2	－	6	2
		男 M.	1 509	3	1	1	－	－	5	2	－	6	2
		女 F.	757	2	－	1	－	－	3	－	－	－	－

平成13年
2001

25～29	30～34	35～39	40～44	45～49	50～54	55～59	60～64	65～69	70～74	75～79	80～84	85～89	90～94	95～99	100～	不詳 Not stated
1 085	936	849	878	1 300	2 228	2 233	2 539	3 246	4 105	4 636	4 641	4 365	2 372	720	83	69
897	769	689	694	1 053	1 740	1 674	1 877	2 301	2 645	2 610	2 376	2 082	926	214	25	55
188	167	160	184	247	488	559	662	945	1 460	2 026	2 265	2 283	1 446	506	58	14
718	539	474	408	563	896	863	909	1 058	1 228	1 099	844	459	161	12	-	14
615	462	404	336	466	689	627	632	699	753	604	436	248	77	4	-	13
103	77	70	72	97	207	236	277	359	475	495	408	211	84	8	-	1
94	83	86	102	159	330	362	396	529	603	724	815	931	699	281	43	4
73	64	69	83	140	269	294	336	426	444	446	407	369	226	72	10	4
21	19	17	19	19	61	68	60	103	159	278	408	562	473	209	33	-
9	7	15	18	36	85	99	122	209	269	404	543	712	599	248	38	-
6	5	8	15	31	64	79	96	153	178	231	247	257	180	59	7	-
3	2	7	3	5	21	20	26	56	91	173	296	455	419	189	31	-
2	7	9	9	23	54	56	54	76	94	81	84	56	28	9	1	-
1	4	8	6	21	41	40	47	61	64	39	38	27	17	4	-	-
1	3	1	3	2	13	16	7	15	30	42	46	29	11	5	1	-
51	35	40	41	40	85	87	69	74	61	51	41	41	11	5	1	4
39	24	33	31	35	71	71	60	59	49	37	26	23	5	2	1	4
12	11	7	10	5	14	16	9	15	12	14	15	18	6	3	-	-
18	26	15	24	33	79	76	88	84	91	88	60	47	20	2	1	-
15	25	13	22	31	70	65	77	77	73	62	42	28	10	2	1	-
3	1	2	2	2	9	11	11	7	18	26	18	19	10	-	-	-
34	32	30	32	42	90	125	97	88	66	39	24	6	3	2	-	-
32	31	30	30	42	84	118	91	84	54	33	20	2	3	-	-	-
2	1	-	2	-	6	7	6	4	12	6	4	4	-	2	-	-
9	5	11	13	19	33	46	35	38	30	13	5	2	-	-	-	-
8	5	11	11	19	33	45	33	36	26	10	5	2	-	-	-	-
1	-	-	2	-	-	1	2	2	4	3	-	-	-	-	-	-
1	-	-	1	-	2	-	-	3	5	2	2	2	-	-	-	-
1	-	-	-	-	2	-	-	3	3	1	1	1	-	-	-	-
-	-	-	1	-	-	-	-	-	2	1	1	1	-	-	-	-
84	84	73	103	171	242	269	363	524	786	899	850	679	243	50	4	25
68	67	56	71	128	190	191	261	343	442	411	343	308	90	18	3	15
16	17	17	32	43	52	78	102	181	344	488	507	371	153	32	1	10
14	19	23	17	44	58	101	153	286	535	671	670	539	189	40	4	1
7	12	14	8	32	41	64	103	173	287	293	267	253	68	15	3	1
7	7	9	9	12	17	37	50	113	248	378	403	286	121	25	1	-
67	55	34	67	99	137	122	142	152	125	89	65	35	17	2	-	20
58	46	27	51	73	112	92	114	113	80	55	29	12	7	1	-	12
9	9	7	16	26	25	30	28	39	45	34	36	23	10	1	-	8
35	42	51	61	135	283	253	424	568	871	1 173	1 345	1 517	845	273	25	1
25	29	31	42	97	200	155	273	380	571	680	731	721	318	76	8	1
10	13	20	19	38	83	98	151	188	300	493	614	796	527	197	17	-
11	16	6	18	35	61	30	59	76	118	172	185	204	156	44	5	-
9	12	3	12	24	45	19	39	47	70	87	86	81	56	9	2	-
2	4	3	6	11	16	11	20	29	48	85	99	123	100	35	3	-
10	9	23	26	66	161	131	263	335	505	614	698	790	402	136	9	1
4	5	12	18	46	107	79	168	235	345	367	389	413	171	43	2	1
6	4	11	8	20	54	52	95	100	160	247	309	377	231	93	7	-
4	4	4	5	10	19	23	31	61	77	100	129	116	64	19	2	-
4	3	2	3	8	14	17	19	39	44	62	78	48	17	3	-	-
-	1	2	2	2	5	6	12	22	33	38	51	68	47	16	2	-
3	5	7	5	10	29	48	52	74	149	259	312	394	217	74	9	-
1	4	5	2	8	23	23	33	44	96	150	165	174	73	21	4	-
2	1	2	3	2	6	25	19	30	53	109	147	220	144	53	5	-
9	11	3	7	2	9	3	3	5	3	3	2	2	-	-	-	-
9	10	3	7	2	9	3	2	1	3	2	1	-	-	-	-	-
-	1	-	-	-	-	-	1	4	-	1	1	2	-	-	-	-
37	36	48	51	69	106	115	111	133	143	176	138	141	56	13	1	5
22	26	35	36	49	74	95	89	97	91	102	70	75	29	4	-	5
15	10	13	15	20	32	20	22	36	52	74	68	66	27	9	1	-
28	27	36	40	54	82	80	81	89	106	114	92	85	30	9	1	2
14	19	25	28	35	56	67	67	64	67	60	45	43	13	4	-	2
14	8	11	12	19	26	13	14	25	39	54	47	42	17	5	1	-
-	1	2	1	3	3	6	7	10	20	28	29	27	12	4	1	-
-	1	-	1	3	1	-	7	7	13	16	13	13	4	2	-	-
-	-	2	-	-	2	6	-	3	7	12	16	14	8	2	1	-
-	-	-	1	-	1	1	2	5	7	11	5	1	-	-	-	1
-	-	-	1	-	1	1	2	4	5	5	3	-	-	-	-	1
-	-	-	-	-	-	-	-	1	2	6	2	1	-	-	-	-
19	21	27	42	67	119	119	99	111	110	119	132	96	62	11	3	16
12	20	20	35	56	99	98	79	88	78	59	62	38	23	3	-	14
7	1	7	7	11	20	21	20	23	32	60	70	58	39	8	3	2
5	11	11	12	19	25	21	20	28	30	51	61	46	39	6	3	2
4	10	8	10	17	20	16	13	20	20	22	29	17	13	2	-	2
1	1	3	2	2	5	5	7	8	10	29	32	29	26	4	3	-
11	10	14	30	46	93	96	77	79	77	67	70	50	23	5	-	14
6	10	10	25	38	79	81	64	65	56	36	33	21	10	1	-	12
5	-	4	5	8	14	15	13	14	21	31	37	29	13	4	-	2
-	-	-	-	-	1	-	-	-	-	-	1	-	-	-	-	-
-	-	-	-	-	-	-	-	-	-	-	-	-	-	-	-	-
-	-	-	-	-	1	-	-	-	-	-	1	-	-	-	-	-
43	77	42	54	60	77	47	43	42	32	28	22	22	10	2	-	-
31	50	33	38	50	64	37	37	32	19	18	9	11	3	-	-	-
12	27	9	16	10	13	10	6	10	13	10	13	11	7	2	-	-
-	1	3	4	8	11	13	6	9	5	3	3	-	-	1	-	1
-	1	3	4	7	10	11	6	7	4	1	2	-	-	-	-	-
-	-	-	-	1	1	2	-	2	1	2	1	-	-	1	-	1
11	9	10	11	21	59	57	79	161	226	332	430	482	281	71	6	2
9	8	5	10	13	48	44	62	130	165	232	278	296	153	35	4	2
2	1	5	1	8	11	13	17	31	61	100	152	186	128	36	2	-

第3表　年次・性・年齢階級（5歳階級）・不慮の事故

Table 3. Trends in accidental deaths and death rates (per 100,000

死亡数

Deaths

死因基本分類コード Detailed list of ICD-10 code	死因・性 Causes of death and sex			総数 Total	0歳 Years	1	2	3	4	0～4	5～9	10～14	15～19	20～24
(V01-X59)	不慮の事故	総数	T.	38 643	167	127	70	51	45	460	277	174	907	1 107
		男	M.	24 283	98	69	53	33	31	284	173	117	715	876
		女	F.	14 360	69	58	17	18	14	176	104	57	192	231
(V01-V98)	交通事故	総数	T.	11 743	16	37	28	17	19	117	158	91	764	818
		男	M.	8 171	5	19	19	10	11	64	95	60	606	642
		女	F.	3 572	11	18	9	7	8	53	63	31	158	176
(W00-W17)	転倒・転落	総数	T.	6 328	9	7	8	12	5	41	9	10	30	68
		男	M.	3 885	7	4	6	9	4	30	4	7	23	57
		女	F.	2 443	2	3	2	3	1	11	5	3	7	11
W01	スリップ，つまづき及びよろめきによる同一平面上での転倒	総数	T.	3 397	2	－	2	2	－	6	－	1	2	4
		男	M.	1 684	2	－	2	2	－	6	－	－	2	2
		女	F.	1 713	－	－	－	－	－	－	－	1	－	2
W10	階段及びステップからの転落及びその上での転倒	総数	T.	647	1	1	－	－	－	2	－	－	－	1
		男	M.	407	1	1	－	－	－	2	－	－	－	1
		女	F.	240	－	－	－	－	－	－	－	－	－	－
W13	建物又は建造物からの転落	総数	T.	774	1	3	5	9	4	22	9	7	21	32
		男	M.	600	1	2	4	7	3	17	4	5	14	25
		女	F.	174	－	1	1	2	1	5	5	2	7	7
W17	その他の転落	総数	T.	820	1	－	－	1	－	2	－	－	5	18
		男	M.	651	1	－	－	－	－	1	－	－	5	17
		女	F.	169	－	－	－	1	－	1	－	－	－	1
(W20-W49)	生物によらない機械的な力への曝露	総数	T.	701	－	－	－	2	－	2	7	3	6	24
		男	M.	644	－	－	－	1	－	1	3	1	6	24
		女	F.	57	－	－	－	1	－	1	4	2	－	－
W20	投げられ，投げ出され又は落下する物体による打撲	総数	T.	237	－	－	－	－	－	－	1	1	2	6
		男	M.	224	－	－	－	－	－	－	－	－	2	6
		女	F.	13	－	－	－	－	－	－	1	1	－	－
(W50-W64)	生物による機械的な力への曝露	総数	T.	27	－	－	－	－	－	－	－	－	1	3
		男	M.	23	－	－	－	－	－	－	－	－	1	3
		女	F.	4	－	－	－	－	－	－	－	－	－	－
(W65-W74)	不慮の溺死及び溺水	総数	T.	5 736	10	54	16	4	16	100	46	31	47	98
		男	M.	3 197	7	33	14	4	14	72	35	26	40	84
		女	F.	2 539	3	21	2	－	2	28	11	5	7	14
(W65-W66)	浴槽内での及び浴槽への転落による溺死及び溺水	総数	T.	3 447	10	37	6	1	4	58	6	7	13	16
		男	M.	1 655	7	19	5	1	3	35	1	5	8	9
		女	F.	1 792	3	18	1	－	1	23	5	2	5	7
(W69-W70)	自然の水域内での及び自然の水域への転落による溺死及び溺水	総数	T.	1 365	－	2	3	－	4	9	25	24	29	73
		男	M.	1 006	－	1	3	－	3	7	20	21	27	67
		女	F.	359	－	1	－	－	1	2	5	3	2	6
(W75-W84)	その他の不慮の窒息	総数	T.	8 313	119	22	12	7	1	161	20	17	19	26
		男	M.	4 567	73	9	9	4	1	96	10	12	12	19
		女	F.	3 746	46	13	3	3	－	65	10	5	7	7
W78	胃内容物の誤えん	総数	T.	1 278	28	6	2	1	－	37	3	4	6	10
		男	M.	664	20	2	－	1	－	23	2	2	4	9
		女	F.	614	8	4	2	－	－	14	1	2	2	1
W79	気道閉塞を生じた食物の誤えん	総数	T.	4 187	27	5	4	2	－	38	3	2	5	8
		男	M.	2 362	14	4	4	1	－	23	1	2	3	4
		女	F.	1 825	13	1	－	1	－	15	2	－	2	4
W80	気道閉塞を生じたその他の物体の誤えん	総数	T.	676	3	1	1	2	1	8	3	2	5	1
		男	M.	392	1	－	1	1	1	4	1	－	3	－
		女	F.	284	2	1	－	1	－	4	2	2	2	1
W84	詳細不明の窒息	総数	T.	1 848	8	3	2	－	－	13	3	1	3	1
		男	M.	937	5	1	2	－	－	8	1	－	2	1
		女	F.	911	3	2	－	－	－	5	2	1	1	－
(W85-W99)	電流，放射線並びに極端な気温及び気圧への曝露	総数	T.	50	1	－	－	－	－	1	1	－	2	3
		男	M.	46	－	－	－	－	－	－	1	－	2	3
		女	F.	4	1	－	－	－	－	1	－	－	－	－
(X00-X09)	煙，火及び火炎への曝露	総数	T.	1 438	3	5	4	8	4	24	32	17	17	17
		男	M.	928	2	3	4	5	1	15	21	8	10	10
		女	F.	510	1	2	－	3	3	9	11	9	7	7
X00	建物又は建造物内の管理されていない火への曝露	総数	T.	1 086	3	5	4	8	4	24	31	17	14	12
		男	M.	693	2	3	4	5	1	15	21	8	8	7
		女	F.	393	1	2	－	3	3	9	10	9	6	5
(X10-X19)	熱及び高温物質との接触	総数	T.	154	1	1	－	－	－	2	1	－	－	1
		男	M.	98	1	－	－	－	－	1	1	－	－	1
		女	F.	56	－	1	－	－	－	1	－	－	－	－
(X20-X29)	有毒動植物との接触	総数	T.	30	－	－	－	－	－	－	－	－	－	－
		男	M.	17	－	－	－	－	－	－	－	－	－	－
		女	F.	13	－	－	－	－	－	－	－	－	－	－
(X30-X39)	自然の力への曝露	総数	T.	1 055	3	1	1	－	－	5	－	2	8	12
		男	M.	695	2	1	－	－	－	3	－	2	5	10
		女	F.	360	1	－	1	－	－	2	－	－	3	2
X30	自然の過度の高温への曝露	総数	T.	310	2	1	1	－	－	4	－	2	3	5
		男	M.	183	1	1	－	－	－	2	－	2	3	5
		女	F.	127	1	－	1	－	－	2	－	－	－	－
X31	自然の過度の低温への曝露	総数	T.	720	1	－	－	－	－	1	－	－	5	6
		男	M.	490	1	－	－	－	－	1	－	－	2	5
		女	F.	230	－	－	－	－	－	－	－	－	3	1
X34	地震による受傷者	総数	T.	－	－	－	－	－	－	－	－	－	－	－
		男	M.	－	－	－	－	－	－	－	－	－	－	－
		女	F.	－	－	－	－	－	－	－	－	－	－	－
(X40-X49)	有害物質による不慮の中毒及び有害物質への曝露	総数	T.	617	1	－	－	1	－	2	3	1	8	35
		男	M.	406	－	－	－	－	－	－	3	－	6	21
		女	F.	211	1	－	－	1	－	2	－	1	2	14
(X50-X57)	無理ながんばり，旅行及び欠乏状態	総数	T.	73	－	－	－	－	－	－	－	－	1	－
		男	M.	60	－	－	－	－	－	－	－	－	1	－
		女	F.	13	－	－	－	－	－	－	－	－	－	－
(X58-X59)	その他及び詳細不明の要因への不慮の曝露	総数	T.	2 378	4	－	1	－	－	5	－	2	4	2
		男	M.	1 546	1	－	1	－	－	2	－	1	3	2
		女	F.	832	3	－	－	－	－	3	－	1	1	－

の種類別不慮の事故死亡数・率（人口10万対）　－平成７～20年－
population) by sex, age (five-year age group) and type of accident, 1995-2008

平成14年
2002

25～29	30～34	35～39	40～44	45～49	50～54	55～59	60～64	65～69	70～74	75～79	80～84	85～89	90～94	95～99	100～	不詳 Not stated
986	898	774	849	1 194	2 076	2 137	2 537	3 096	3 937	4 809	4 705	4 298	2 518	715	117	72
810	735	616	671	948	1 589	1 617	1 884	2 170	2 575	2 819	2 440	1 957	1 006	199	22	60
176	163	158	178	246	487	520	653	926	1 362	1 990	2 265	2 341	1 512	516	95	12
659	532	410	408	521	826	790	889	1 011	1 164	1 138	828	458	127	18	2	14
560	458	337	339	422	632	553	630	636	714	646	445	244	65	9	–	14
99	74	73	69	99	194	237	259	375	450	492	383	214	62	9	2	–
87	90	79	78	141	300	328	426	495	625	769	830	920	727	232	37	6
68	70	62	62	120	257	279	352	413	469	503	447	380	229	42	6	5
19	20	17	16	21	43	49	74	82	156	266	383	540	498	190	31	1
8	18	14	15	30	79	94	140	187	280	398	562	712	602	208	34	3
5	12	11	11	25	65	80	113	147	194	242	278	272	176	35	5	3
3	6	3	4	5	14	14	27	40	86	156	284	440	426	173	29	–
7	5	7	13	22	54	53	74	71	68	94	73	68	30	4	1	–
7	3	4	11	20	43	37	56	53	46	47	38	28	9	2	–	–
–	2	3	2	2	11	16	18	18	22	47	35	40	21	2	1	–
37	41	29	28	34	64	75	81	70	65	69	36	24	24	5	–	1
27	32	19	21	27	53	67	70	62	52	57	18	14	15	–	–	1
10	9	10	7	7	11	8	11	8	13	12	18	10	9	5	–	–
19	18	22	14	40	75	64	80	91	110	110	80	42	25	3	–	2
16	15	21	11	34	68	56	65	80	93	80	52	26	10	–	–	1
3	3	1	3	6	7	8	15	11	17	30	28	16	15	3	–	1
36	25	26	36	50	89	107	83	74	64	41	13	10	3	2	–	–
36	23	26	35	48	82	102	76	70	58	36	8	6	2	1	–	–
–	2	–	1	2	7	5	7	4	6	5	5	4	1	1	–	–
11	6	9	10	18	35	38	32	20	29	18	–	1	–	–	–	–
11	6	9	10	17	33	37	30	20	27	16	–	–	–	–	–	–
–	–	–	–	1	2	1	2	–	2	2	–	1	–	–	–	–
2	–	3	1	–	2	1	3	4	4	3	–	–	–	–	–	–
2	–	3	–	–	2	–	3	3	3	3	–	–	–	–	–	–
–	–	–	1	–	–	1	–	1	1	–	–	–	–	–	–	–
69	78	77	120	160	261	313	371	470	692	972	839	662	259	34	5	32
55	59	63	84	119	188	230	257	312	393	440	332	266	106	13	2	21
14	19	14	36	41	73	83	114	158	299	532	507	396	153	21	3	11
16	14	20	34	40	70	97	166	276	490	719	665	528	187	23	2	–
8	8	14	20	24	46	66	102	176	248	316	256	229	75	7	2	–
8	6	6	14	16	24	31	64	100	242	403	409	299	112	16	–	–
45	54	44	74	96	142	158	129	108	98	104	62	44	18	3	–	26
39	44	36	56	74	106	124	103	78	71	65	28	14	5	2	–	19
6	10	8	18	22	36	34	26	30	27	39	34	30	13	1	–	7
34	48	64	57	105	252	252	376	614	818	1 124	1 423	1 546	975	322	59	1
21	40	41	35	74	174	179	266	401	535	709	781	694	362	95	10	1
13	8	23	22	31	78	73	110	213	283	415	642	852	613	227	49	–
10	12	24	13	25	51	35	62	92	128	161	203	211	147	42	2	–
7	11	16	7	17	39	25	43	62	77	92	88	75	51	14	–	–
3	1	8	6	8	12	10	19	30	51	69	115	136	96	28	2	–
10	12	21	27	45	126	147	207	366	458	582	714	770	488	130	27	1
7	7	15	16	31	79	98	148	243	300	386	406	363	185	40	4	1
3	5	6	11	14	47	49	59	123	158	196	308	407	303	90	23	–
1	3	5	1	10	16	20	23	34	61	92	150	143	67	26	5	–
1	2	1	1	6	10	16	14	23	39	58	103	70	33	7	–	–
–	1	4	–	4	6	4	9	11	22	34	47	73	34	19	5	–
5	9	10	6	16	34	29	58	91	138	269	337	410	268	123	24	–
3	9	5	3	13	25	24	37	55	95	164	178	183	92	33	6	–
2	–	5	3	3	9	5	21	36	43	105	159	227	176	90	18	–
7	6	3	3	7	5	2	4	2	1	–	1	2	–	–	–	–
6	6	3	3	7	5	2	3	2	1	–	1	1	–	–	–	–
1	–	–	–	–	–	–	1	–	–	–	–	1	–	–	–	–
25	30	31	44	73	122	110	118	106	134	189	158	122	51	16	1	1
18	17	22	31	55	81	92	86	78	95	111	87	53	28	9	–	1
7	13	9	13	18	41	18	32	28	39	78	71	69	23	7	1	–
20	26	20	38	51	101	82	93	80	99	139	108	85	34	12	–	–
14	14	13	26	39	67	68	68	55	69	79	58	37	21	6	–	–
6	12	7	12	12	34	14	25	25	30	60	50	48	13	6	–	–
–	–	3	1	1	5	11	5	9	13	28	29	28	14	2	1	–
–	–	3	1	1	4	7	4	5	7	19	19	15	9	1	–	–
–	–	–	–	–	1	4	1	4	6	9	10	13	5	1	1	–
–	–	–	–	1	3	1	3	2	4	4	7	3	2	–	–	–
–	–	–	–	1	3	1	3	1	2	1	4	1	–	–	–	–
–	–	–	–	–	–	–	–	1	2	3	3	2	2	–	–	–
18	23	19	33	57	92	91	90	94	104	115	118	98	50	10	2	14
11	16	16	28	42	73	77	70	78	66	75	48	45	15	1	–	14
7	7	3	5	15	19	14	20	16	38	40	70	53	35	9	2	–
5	9	7	10	14	24	25	16	16	25	40	39	42	13	7	1	3
4	8	7	8	11	19	18	12	12	14	18	18	15	3	1	–	3
1	1	–	2	3	5	7	4	4	11	22	21	27	10	6	1	–
13	14	12	21	42	65	63	71	73	76	74	77	56	37	2	1	11
7	8	9	18	30	51	56	55	61	50	56	28	30	12	–	–	11
6	6	3	3	12	14	7	16	12	26	18	49	26	25	2	1	–
–	–	–	–	–	–	–	–	–	–	–	–	–	–	–	–	–
–	–	–	–	–	–	–	–	–	–	–	–	–	–	–	–	–
–	–	–	–	–	–	–	–	–	–	–	–	–	–	–	–	–
45	51	45	47	46	65	53	50	42	40	31	22	18	11	1	–	1
29	34	28	36	34	47	39	40	33	22	15	8	6	4	–	–	1
16	17	17	11	12	18	14	10	9	18	16	14	12	7	1	–	–
–	2	4	5	8	9	9	12	8	5	3	4	1	–	–	–	2
–	1	4	4	7	7	8	11	6	3	3	2	1	–	–	–	2
–	1	–	1	1	2	1	1	2	2	–	2	–	–	–	–	–
4	13	10	16	24	45	69	107	165	269	392	433	430	299	78	10	1
4	11	8	13	18	34	48	83	132	207	258	258	245	186	28	4	1
–	2	2	3	6	11	21	24	33	62	134	175	185	113	50	6	–

第3表　年次・性・年齢階級（5歳階級）・不慮の事故

Table 3. Trends in accidental deaths and death rates (per 100,000

死亡数

Deaths

死因基本分類コード Detailed list of ICD-10 code	死因・性 Causes of death and sex		総数 Total	0歳 Years	1	2	3	4	0～4	5～9	10～14	15～19	20～24
(V01-X59)	不慮の事故	総数 T.	38 714	152	74	61	49	46	382	221	148	807	919
		男 M.	23 969	90	37	38	33	36	234	137	91	635	730
		女 F.	14 745	62	37	23	16	10	148	84	57	172	189
(V01-V98)	交通事故	総数 T.	10 913	15	18	26	23	22	104	116	76	650	669
		男 M.	7 565	8	10	18	15	18	69	72	48	514	544
		女 F.	3 348	7	8	8	8	4	35	44	28	136	125
(W00-W17)	転倒・転落	総数 T.	6 722	6	7	6	5	3	27	11	10	31	64
		男 M.	4 019	4	5	3	4	3	19	6	7	24	52
		女 F.	2 703	2	2	3	1	－	8	5	3	7	12
W01	スリップ，つまづき及びよろめきによる同一平面上での転倒	総数 T.	3 684	1	2	－	－	－	3	－	－	1	3
		男 M.	1 738	1	－	－	－	－	1	－	－	－	3
		女 F.	1 946	－	2	－	－	－	2	－	－	1	－
W10	階段及びステップからの転落及びその上での転倒	総数 T.	672	－	1	1	－	－	2	2	1	1	1
		男 M.	467	－	1	－	－	－	1	－	1	1	1
		女 F.	205	－	－	1	－	－	1	2	－	－	－
W13	建物又は建造物からの転落	総数 T.	838	－	4	3	5	3	15	9	7	20	36
		男 M.	646	－	4	2	4	3	13	6	5	15	26
		女 F.	192	－	－	1	1	－	2	3	2	5	10
W17	その他の転落	総数 T.	783	1	－	1	－	－	2	－	1	5	13
		男 M.	601	1	－	1	－	－	2	－	1	5	12
		女 F.	182	－	－	－	－	－	－	－	－	－	1
(W20-W49)	生物によらない機械的な力への曝露	総数 T.	747	－	1	－	2	－	3	4	4	11	13
		男 M.	695	－	－	－	1	－	1	3	3	10	13
		女 F.	52	－	1	－	1	－	2	1	1	1	－
W20	投げられ，投げ出され又は落下する物体による打撲	総数 T.	201	－	－	－	1	－	1	－	－	3	1
		男 M.	189	－	－	－	－	－	－	－	－	3	1
		女 F.	12	－	－	－	1	－	1	－	－	－	－
(W50-W64)	生物による機械的な力への曝露	総数 T.	22	1	－	－	－	－	1	－	－	1	－
		男 M.	14	1	－	－	－	－	1	－	－	1	－
		女 F.	8	－	－	－	－	－	－	－	－	－	－
(W65-W74)	不慮の溺死及び溺水	総数 T.	5 716	7	19	5	7	7	45	52	35	54	60
		男 M.	3 104	3	9	5	4	6	27	37	19	42	44
		女 F.	2 612	4	10	－	3	1	18	15	16	12	16
(W65-W66)	浴槽内での及び浴槽への転落による溺死及び溺水	総数 T.	3 429	4	17	2	1	1	25	4	9	12	17
		男 M.	1 632	1	9	2	－	－	12	2	2	6	9
		女 F.	1 797	3	8	－	1	1	13	2	7	6	8
(W69-W70)	自然の水域内での及び自然の水域への転落による溺死及び溺水	総数 T.	1 267	1	－	1	3	5	10	34	23	38	32
		男 M.	903	－	－	1	3	5	9	24	15	34	26
		女 F.	364	1	－	－	－	－	1	10	8	4	6
(W75-W84)	その他の不慮の窒息	総数 T.	8 570	110	18	18	4	6	156	16	10	20	29
		男 M.	4 634	65	11	10	3	4	93	9	4	18	23
		女 F.	3 936	45	7	8	1	2	63	7	6	2	6
W78	胃内容物の誤えん	総数 T.	1 312	28	4	4	1	2	39	3	－	4	13
		男 M.	660	16	2	2	1	1	22	1	－	3	9
		女 F.	652	12	2	2	－	1	17	2	－	1	4
W79	気道閉塞を生じた食物の誤えん	総数 T.	4 207	16	5	6	2	1	30	2	4	5	5
		男 M.	2 306	10	3	6	2	－	21	－	1	4	4
		女 F.	1 901	6	2	－	－	1	9	2	3	1	1
W80	気道閉塞を生じたその他の物体の誤えん	総数 T.	735	4	3	－	－	1	8	4	2	1	1
		男 M.	432	2	1	－	－	1	4	4	1	1	1
		女 F.	303	2	2	－	－	－	4	－	1	－	－
W84	詳細不明の窒息	総数 T.	2 056	11	3	5	1	1	21	3	2	4	2
		男 M.	1 055	8	2	－	－	1	11	2	1	4	1
		女 F.	1 001	3	1	5	1	－	10	1	1	－	1
(W85-W99)	電流，放射線並びに極端な気温及び気圧への曝露	総数 T.	51	1	1	－	－	－	2	－	－	－	1
		男 M.	46	1	－	－	－	－	1	－	－	－	1
		女 F.	5	－	1	－	－	－	1	－	－	－	－
(X00-X09)	煙，火及び火炎への曝露	総数 T.	1 498	4	5	4	6	7	26	17	9	19	22
		男 M.	973	2	2	2	4	4	14	9	6	11	16
		女 F.	525	2	3	2	2	3	12	8	3	8	6
X00	建物又は建造物内の管理されていない火への曝露	総数 T.	1 142	3	5	4	6	7	25	17	9	19	15
		男 M.	718	1	2	2	4	4	13	9	6	11	9
		女 F.	424	2	3	2	2	3	12	8	3	8	6
(X10-X19)	熱及び高温物質との接触	総数 T.	143	－	2	1	－	－	3	1	－	－	2
		男 M.	69	－	－	－	－	－	－	－	－	－	－
		女 F.	74	－	2	1	－	－	3	1	－	－	2
(X20-X29)	有毒動植物との接触	総数 T.	35	－	－	－	－	－	－	－	－	－	1
		男 M.	27	－	－	－	－	－	－	－	－	－	1
		女 F.	8	－	－	－	－	－	－	－	－	－	－
(X30-X39)	自然の力への曝露	総数 T.	1 088	4	3	1	2	1	11	3	4	5	10
		男 M.	703	3	－	－	2	1	6	1	4	5	6
		女 F.	385	1	3	1	－	－	5	2	－	－	4
X30	自然の過度の高温への曝露	総数 T.	201	3	3	1	1	－	8	－	3	3	3
		男 M.	130	2	－	－	1	－	3	－	3	3	3
		女 F.	71	1	3	1	－	－	5	－	－	－	－
X31	自然の過度の低温への曝露	総数 T.	850	－	－	－	－	1	1	2	－	1	7
		男 M.	548	－	－	－	－	1	1	－	－	1	3
		女 F.	302	－	－	－	－	－	－	2	－	－	4
X34	地震による受傷者	総数 T.	－	－	－	－	－	－	－	－	－	－	－
		男 M.	－	－	－	－	－	－	－	－	－	－	－
		女 F.	－	－	－	－	－	－	－	－	－	－	－
(X40-X49)	有害物質による不慮の中毒及び有害物質への曝露	総数 T.	814	1	－	－	－	－	1	－	－	13	43
		男 M.	562	1	－	－	－	－	1	－	－	7	26
		女 F.	252	－	－	－	－	－	－	－	－	6	17
(X50-X57)	無理ながんばり，旅行及び欠乏状態	総数 T.	102	－	－	－	－	－	－	－	－	－	3
		男 M.	81	－	－	－	－	－	－	－	－	－	3
		女 F.	21	－	－	－	－	－	－	－	－	－	－
(X58-X59)	その他及び詳細不明の要因への不慮の曝露	総数 T.	2 293	3	－	－	－	－	3	1	－	3	2
		男 M.	1 477	2	－	－	－	－	2	－	－	3	1
		女 F.	816	1	－	－	－	－	1	1	－	－	1

平成15年
2003

25～29	30～34	35～39	40～44	45～49	50～54	55～59	60～64	65～69	70～74	75～79	80～84	85～89	90～94	95～99	100～	不詳 Not stated
926	904	762	879	1 119	1 905	2 151	2 457	3 142	4 140	4 885	4 856	4 292	2 742	858	131	88
758	733	605	698	872	1 464	1 652	1 809	2 190	2 680	2 862	2 416	1 954	1 080	265	28	76
168	171	157	181	247	441	499	648	952	1 460	2 023	2 440	2 338	1 662	593	103	12
606	486	362	408	459	703	779	862	1 002	1 097	1 038	837	471	154	18	3	13
507	419	306	332	376	551	568	598	651	636	593	425	236	96	12	1	11
99	67	56	76	83	152	211	264	351	461	445	412	235	58	6	2	2
91	87	93	96	142	276	331	381	524	720	802	917	939	826	299	50	5
74	66	71	76	116	217	284	332	432	541	510	437	387	275	78	11	4
17	21	22	20	26	59	47	49	92	179	292	480	552	551	221	39	1
8	6	15	23	42	69	87	120	207	303	433	634	723	697	265	44	1
6	6	13	16	28	50	75	97	157	202	250	264	274	218	67	10	1
2	–	2	7	14	19	12	23	50	101	183	370	449	479	198	34	–
4	5	5	8	17	48	53	59	76	99	104	80	71	27	8	1	–
3	5	4	7	15	41	42	51	60	74	66	46	35	11	3	–	–
1	–	1	1	2	7	11	8	16	25	38	34	36	16	5	1	–
51	50	48	35	34	66	82	61	65	89	63	49	30	20	6	1	1
41	34	32	26	29	50	72	53	57	75	46	35	17	10	2	1	1
10	16	16	9	5	16	10	8	8	14	17	14	13	10	4	–	–
18	17	19	24	39	60	66	77	74	117	91	77	42	31	6	1	3
16	12	17	22	35	50	53	74	67	93	57	43	21	17	2	–	2
2	5	2	2	4	10	13	3	7	24	34	34	21	14	4	1	1
29	40	39	33	55	90	91	92	91	64	54	19	11	3	1	–	–
27	38	38	31	53	86	88	86	81	59	49	18	8	2	1	–	–
2	2	1	2	2	4	3	6	10	5	5	1	3	1	–	–	–
5	9	12	11	18	21	27	31	29	16	13	3	1	–	–	–	–
5	8	11	11	17	20	25	31	27	15	12	3	–	–	–	–	–
–	1	1	–	1	1	2	–	2	1	1	–	1	–	–	–	–
–	2	–	–	1	3	1	3	2	4	1	1	1	–	1	–	–
–	2	–	–	1	2	1	1	1	3	–	1	–	–	–	–	–
–	–	–	–	–	1	–	2	1	1	1	–	1	–	1	–	–
59	72	66	100	133	249	297	355	523	809	990	847	616	262	49	4	39
46	53	43	70	97	175	222	242	332	451	469	326	252	106	17	2	32
13	19	23	30	36	74	75	113	191	358	521	521	364	156	32	2	7
9	15	16	27	28	77	97	154	294	549	729	646	483	198	34	3	3
7	7	8	14	15	49	63	98	170	283	337	248	209	79	9	2	3
2	8	8	13	13	28	34	56	124	266	392	398	274	119	25	1	–
41	42	40	55	85	122	137	124	144	110	88	56	39	17	1	1	28
33	35	28	45	71	85	109	93	104	78	48	25	12	6	–	–	23
8	7	12	10	14	37	28	31	40	32	40	31	27	11	1	1	5
33	37	67	66	118	204	255	365	552	878	1 237	1 515	1 519	1 077	359	57	–
23	26	46	43	78	136	172	240	364	592	784	818	675	391	92	7	–
10	11	21	23	40	68	83	125	188	286	453	697	844	686	267	50	–
15	8	20	16	27	40	43	59	85	124	155	219	215	168	53	6	–
11	7	13	10	22	23	32	37	53	75	92	102	88	52	7	1	–
4	1	7	6	5	17	11	22	32	49	63	117	127	116	46	5	–
6	12	20	32	58	110	144	192	300	497	637	754	706	501	164	28	–
4	7	14	20	35	75	84	122	194	338	398	433	319	182	47	4	–
2	5	6	12	23	35	60	70	106	159	239	321	387	319	117	24	–
2	5	9	3	7	10	28	36	47	72	111	138	133	75	36	7	–
1	4	5	3	4	9	23	28	31	55	83	66	66	31	11	1	–
1	1	4	–	3	1	5	8	16	17	28	72	67	44	25	6	–
3	4	6	6	14	32	23	60	97	163	315	396	458	327	105	15	–
1	2	4	2	7	20	18	38	69	109	200	216	200	122	27	1	–
2	2	2	4	7	12	5	22	28	54	115	180	258	205	78	14	–
3	3	2	3	3	10	5	6	3	3	4	–	2	1	–	–	–
3	3	2	3	3	10	4	5	3	2	4	–	2	–	–	–	–
–	–	–	–	–	–	1	1	–	1	–	–	–	1	–	–	–
25	36	30	44	59	132	118	105	119	142	212	161	144	55	16	3	4
18	28	21	36	42	94	92	83	88	84	127	90	70	30	9	1	4
7	8	9	8	17	38	26	22	31	58	85	71	74	25	7	2	–
20	32	24	32	45	98	94	82	94	111	153	115	107	35	11	3	1
13	25	16	26	31	66	69	63	71	65	88	58	50	19	8	1	1
7	7	8	6	14	32	25	19	23	46	65	57	57	16	3	2	–
–	2	1	1	4	4	2	12	10	10	28	26	22	10	4	1	–
–	1	–	1	2	4	1	7	5	8	11	12	10	5	2	–	–
–	1	1	–	2	–	1	5	5	2	17	14	12	5	2	1	–
–	–	–	2	1	1	6	3	4	3	6	3	5	–	–	–	–
–	–	–	2	1	1	5	3	4	3	3	3	1	–	–	–	–
–	–	–	–	–	–	1	–	–	–	3	–	4	–	–	–	–
12	28	28	36	54	87	108	99	95	111	117	112	86	47	12	–	23
12	23	21	27	40	71	90	77	72	75	58	35	38	17	4	–	21
–	5	7	9	14	16	18	22	23	36	59	77	48	30	8	–	2
1	9	4	4	8	11	14	12	15	17	32	28	19	7	3	–	–
1	8	4	3	8	8	12	9	13	9	17	8	12	5	1	–	–
–	1	–	1	–	3	2	3	2	8	15	20	7	2	2	–	–
10	17	20	27	43	74	92	82	78	93	80	84	67	40	9	–	23
10	14	15	19	31	61	77	65	58	65	39	27	26	12	3	–	21
–	3	5	8	12	13	15	17	20	28	41	57	41	28	6	–	2
–	–	–	–	–	–	–	–	–	–	–	–	–	–	–	–	–
–	–	–	–	–	–	–	–	–	–	–	–	–	–	–	–	–
–	–	–	–	–	–	–	–	–	–	–	–	–	–	–	–	–
58	94	59	72	60	78	83	61	49	45	45	24	19	9	1	–	–
40	62	45	63	42	61	66	46	29	30	19	9	10	5	1	–	–
18	32	14	9	18	17	17	15	20	15	26	15	9	4	–	–	–
1	1	7	6	10	15	15	14	11	3	8	4	1	–	–	–	3
1	–	5	5	7	14	12	12	9	1	6	2	1	–	–	–	3
–	1	2	1	3	1	3	2	2	2	2	2	–	–	–	–	–
9	16	8	12	20	53	60	99	157	251	343	390	456	298	98	13	1
7	12	7	9	14	42	47	77	119	195	229	240	264	153	49	6	1
2	4	1	3	6	11	13	22	38	56	114	150	192	145	49	7	–

第３表　年次・性・年齢階級（５歳階級）・不慮の事故

Table 3. Trends in accidental deaths and death rates (per 100,000

死亡数

Deaths

死因基本分類コード Detailed list of ICD-10 code	死因・性 Causes of death and sex			総数 Total	0歳 Years	1	2	3	4	0～4	5～9	10～14	15～19	20～24
(V01-X59)	不慮の事故	総数	T.	38 193	149	109	79	44	46	427	207	149	707	875
		男	M.	23 667	85	69	53	28	29	264	148	98	538	678
		女	F.	14 526	64	40	26	16	17	163	59	51	169	197
(V01-V98)	交通事故	総数	T.	10 551	12	25	38	23	22	120	110	73	568	626
		男	M.	7 355	7	18	21	14	14	74	79	47	440	492
		女	F.	3 196	5	7	17	9	8	46	31	26	128	134
(W00-W17)	転倒・転落	総数	T.	6 412	8	10	7	3	3	31	5	7	27	56
		男	M.	3 854	6	7	6	3	2	24	4	4	17	45
		女	F.	2 558	2	3	1	－	1	7	1	3	10	11
W01	スリップ，つまづき及びよろめきによる同一平面上での転倒	総数	T.	3 530	3	3	1	－	1	8	－	1	1	4
		男	M.	1 677	3	2	1	－	－	6	－	－	1	3
		女	F.	1 853	－	1	－	－	1	2	－	1	－	1
W10	階段及びステップからの転落及びその上での転倒	総数	T.	671	－	－	1	－	－	1	－	－	－	5
		男	M.	439	－	－	1	－	－	1	－	－	－	3
		女	F.	232	－	－	－	－	－	－	－	－	－	2
W13	建物又は建造物からの転落	総数	T.	772	－	4	4	3	1	12	4	5	15	35
		男	M.	611	－	4	3	3	1	11	3	3	8	27
		女	F.	161	－	－	1	－	－	1	1	2	7	8
W17	その他の転落	総数	T.	725	1	－	－	－	1	2	－	1	7	6
		男	M.	580	－	－	－	－	1	1	－	1	5	6
		女	F.	145	1	－	－	－	－	1	－	－	2	－
(W20-W49)	生物によらない機械的な力への曝露	総数	T.	682	－	2	－	－	－	2	6	2	8	26
		男	M.	633	－	1	－	－	－	1	5	2	8	26
		女	F.	49	－	1	－	－	－	1	1	－	－	－
W20	投げられ，投げ出され又は落下する物体による打撲	総数	T.	256	－	－	－	－	－	－	2	－	1	6
		男	M.	245	－	－	－	－	－	－	2	－	1	6
		女	F.	11	－	－	－	－	－	－	－	－	－	－
(W50-W64)	生物による機械的な力への曝露	総数	T.	19	－	－	－	－	－	－	1	－	3	2
		男	M.	16	－	－	－	－	－	－	1	－	3	2
		女	F.	3	－	－	－	－	－	－	－	－	－	－
(W65-W74)	不慮の溺死及び溺水	総数	T.	5 584	17	34	12	7	6	76	48	31	55	66
		男	M.	3 102	11	22	10	5	3	51	38	26	44	53
		女	F.	2 482	6	12	2	2	3	25	10	5	11	13
(W65-W66)	浴槽内での及び浴槽への転落による溺死及び溺水	総数	T.	3 216	16	24	4	－	－	44	2	9	12	16
		男	M.	1 556	10	16	3	－	－	29	2	5	3	10
		女	F.	1 660	6	8	1	－	－	15	－	4	9	6
(W69-W70)	自然の水域内での及び自然の水域への転落による溺死及び溺水	総数	T.	1 348	1	3	4	2	4	14	28	17	34	45
		男	M.	973	1	2	4	1	2	10	23	16	34	40
		女	F.	375	－	1	－	1	2	4	5	1	－	5
(W75-W84)	その他の不慮の窒息	総数	T.	8 645	106	29	13	3	4	155	12	12	18	27
		男	M.	4 631	58	17	9	3	3	90	8	11	11	17
		女	F.	4 014	48	12	4	－	1	65	4	1	7	10
W78	胃内容物の誤えん	総数	T.	1 276	30	3	3	2	－	38	3	4	7	9
		男	M.	620	18	1	2	2	－	23	3	4	6	6
		女	F.	656	12	2	1	－	－	15	－	－	1	3
W79	気道閉塞を生じた食物の誤えん	総数	T.	4 206	18	10	3	1	1	33	2	3	4	4
		男	M.	2 389	13	6	2	1	1	23	1	2	－	1
		女	F.	1 817	5	4	1	－	－	10	1	1	4	3
W80	気道閉塞を生じたその他の物体の誤えん	総数	T.	737	6	6	1	－	1	14	2	－	3	4
		男	M.	403	3	3	1	－	1	8	－	－	1	4
		女	F.	334	3	3	－	－	－	6	2	－	2	－
W84	詳細不明の窒息	総数	T.	2 164	12	2	3	－	－	17	1	2	4	4
		男	M.	1 051	3	2	2	－	－	7	1	2	4	1
		女	F.	1 113	9	－	1	－	－	10	－	－	－	3
(W85-W99)	電流，放射線並びに極端な気温及び気圧への曝露	総数	T.	39	－	－	－	－	－	－	－	－	1	－
		男	M.	37	－	－	－	－	－	－	－	－	1	－
		女	F.	2	－	－	－	－	－	－	－	－	－	－
(X00-X09)	煙，火及び火炎への曝露	総数	T.	1 396	－	5	8	7	11	31	22	13	6	11
		男	M.	842	－	1	6	3	7	17	12	4	1	3
		女	F.	554	－	4	2	4	4	14	10	9	5	8
X00	建物又は建造物内の管理されていない火への曝露	総数	T.	1 088	－	5	8	7	11	31	21	13	6	10
		男	M.	640	－	1	6	3	7	17	11	4	1	2
		女	F.	448	－	4	2	4	4	14	10	9	5	8
(X10-X19)	熱及び高温物質との接触	総数	T.	122	－	－	－	－	－	－	1	1	1	－
		男	M.	80	－	－	－	－	－	－	－	－	1	－
		女	F.	42	－	－	－	－	－	－	1	1	－	－
(X20-X29)	有毒動植物との接触	総数	T.	31	－	－	－	－	－	－	－	－	－	－
		男	M.	24	－	－	－	－	－	－	－	－	－	－
		女	F.	7	－	－	－	－	－	－	－	－	－	－
(X30-X39)	自然の力への曝露	総数	T.	1 390	3	3	1	1	－	8	2	7	7	14
		男	M.	875	2	2	1	－	－	5	1	3	5	12
		女	F.	515	1	1	－	1	－	3	1	4	2	2
X30	自然の過度の高温への曝露	総数	T.	432	3	3	1	－	－	7	1	1	3	4
		男	M.	246	2	2	1	－	－	5	1	1	3	4
		女	F.	186	1	1	－	－	－	2	－	－	－	－
X31	自然の過度の低温への曝露	総数	T.	774	－	－	－	－	－	－	－	－	2	7
		男	M.	512	－	－	－	－	－	－	－	－	2	6
		女	F.	262	－	－	－	－	－	－	－	－	－	1
X34	地震による受傷者	総数	T.	17	－	－	－	1	－	1	－	4	－	－
		男	M.	9	－	－	－	－	－	－	－	2	－	－
		女	F.	8	－	－	－	1	－	1	－	2	－	－
(X40-X49)	有害物質による不慮の中毒及び有害物質への曝露	総数	T.	759	－	－	－	－	－	－	－	1	11	42
		男	M.	521	－	－	－	－	－	－	－	1	5	24
		女	F.	238	－	－	－	－	－	－	－	－	6	18
(X50-X57)	無理ながんばり，旅行及び欠乏状態	総数	T.	74	－	－	－	－	－	－	－	－	1	1
		男	M.	57	－	－	－	－	－	－	－	－	1	1
		女	F.	17	－	－	－	－	－	－	－	－	－	－
(X58-X59)	その他及び詳細不明の要因への不慮の曝露	総数	T.	2 489	3	1	－	－	－	4	－	2	1	4
		男	M.	1 640	1	1	－	－	－	2	－	－	1	3
		女	F.	849	2	－	－	－	－	2	－	2	－	1

の種類別不慮の事故死亡数・率（人口10万対） －平成７～20年－

population) by sex, age (five-year age group) and type of accident, 1995-2008

平成16年
2004

25～29	30～34	35～39	40～44	45～49	50～54	55～59	60～64	65～69	70～74	75～79	80～84	85～89	90～94	95～99	100～	不詳 Not stated
797	897	841	818	1 064	1 662	2 204	2 502	2 927	3 988	5 000	4 971	4 287	2 793	871	141	65
636	728	649	660	817	1 314	1 678	1 870	2 050	2 646	3 035	2 506	1 963	1 044	258	39	48
161	169	192	158	247	348	526	632	877	1 342	1 965	2 465	2 324	1 749	613	102	17
517	497	404	339	432	631	777	841	898	1 133	1 143	852	428	132	20	-	10
431	430	327	289	336	494	581	622	584	697	649	474	227	61	11	-	10
86	67	77	50	96	137	196	219	314	436	494	378	201	71	9	-	-
75	86	80	96	139	243	360	418	448	618	817	871	938	756	277	56	8
54	67	64	82	116	203	307	338	365	486	534	465	366	220	73	14	6
21	19	16	14	23	40	53	80	83	132	283	406	572	536	204	42	2
4	14	12	16	32	66	103	116	168	290	430	576	748	649	244	48	-
1	11	9	12	22	51	75	86	124	223	261	277	268	178	58	11	-
3	3	3	4	10	15	28	30	44	67	169	299	480	471	186	37	-
8	6	5	13	21	30	68	92	67	68	104	84	50	35	11	2	1
4	6	4	11	19	20	60	62	49	52	62	44	26	12	4	-	-
4	-	1	2	2	10	8	30	18	16	42	40	24	23	7	2	1
39	44	32	45	43	55	77	58	69	77	59	47	34	11	5	1	5
30	31	25	38	35	46	64	55	64	61	47	34	16	5	3	1	4
9	13	7	7	8	9	13	3	5	16	12	13	18	6	2	-	1
19	14	23	16	28	56	69	88	71	87	94	70	40	21	10	2	1
16	13	19	16	27	53	66	80	61	66	66	49	21	7	5	1	1
3	1	4	-	1	3	3	8	10	21	28	21	19	14	5	1	-
23	39	44	26	41	65	96	83	79	67	41	21	9	3	1	-	-
22	39	42	26	39	62	87	80	70	61	36	16	8	2	1	-	-
1	-	2	-	2	3	9	3	9	6	5	5	1	1	-	-	-
6	13	13	7	10	30	37	45	34	29	17	4	2	-	-	-	-
6	13	12	7	9	29	36	44	30	29	15	4	2	-	-	-	-
-	-	1	-	1	1	1	1	4	-	2	-	-	-	-	-	-
1	-	-	1	-	2	-	3	1	2	2	1	-	-	-	-	-
1	-	-	1	-	2	-	3	-	1	2	-	-	-	-	-	-
-	-	-	-	-	-	-	-	1	1	-	1	-	-	-	-	-
55	88	78	104	126	200	307	371	490	694	950	900	590	282	43	6	24
42	62	54	84	86	144	219	256	318	390	482	346	264	116	12	1	14
13	26	24	20	40	56	88	115	172	304	468	554	326	166	31	5	10
8	18	13	23	32	51	98	160	274	446	665	665	441	198	36	4	1
4	12	6	15	12	28	60	96	163	237	322	248	206	86	11	1	-
4	6	7	8	20	23	38	64	111	209	343	417	235	112	25	3	1
34	45	51	64	77	111	157	148	128	110	118	73	44	29	1	-	20
31	37	41	54	59	86	120	114	90	76	73	35	13	9	-	-	12
3	8	10	10	18	25	37	34	38	34	45	38	31	20	1	-	8
28	32	60	67	114	192	270	384	553	843	1 247	1 487	1 549	1 133	395	66	1
20	22	42	37	79	140	179	240	372	571	816	747	687	419	107	15	1
8	10	18	30	35	52	91	144	181	272	431	740	862	714	288	51	-
6	15	13	23	19	34	44	58	68	113	176	184	220	170	64	7	1
3	10	10	15	12	28	29	35	41	76	102	67	88	43	17	1	1
3	5	3	8	7	6	15	23	27	37	74	117	132	127	47	6	-
9	7	31	19	59	105	138	224	305	468	651	731	719	512	156	26	-
8	5	21	11	39	71	89	139	210	307	435	422	340	206	51	8	-
1	2	10	8	20	34	49	85	95	161	216	309	379	306	105	18	-
1	3	2	5	9	16	20	33	52	78	109	123	135	93	30	5	-
-	1	2	1	7	12	16	19	32	60	70	66	54	43	5	2	-
1	2	-	4	2	4	4	14	20	18	39	57	81	50	25	3	-
5	3	9	12	17	25	48	56	105	161	286	429	463	347	142	28	-
3	2	5	3	11	19	30	35	74	117	192	184	200	123	34	4	-
2	1	4	9	6	6	18	21	31	44	94	245	263	224	108	24	-
1	8	2	2	6	5	2	2	2	5	-	1	1	1	-	-	-
1	8	2	2	6	5	2	2	2	4	-	1	1	-	-	-	-
-	-	-	-	-	-	-	-	-	1	-	-	-	1	-	-	-
24	27	37	45	64	80	99	131	111	158	184	161	126	51	12	-	3
10	19	20	35	42	63	70	100	76	107	113	74	48	21	5	-	2
14	8	17	10	22	17	29	31	35	51	71	87	78	30	7	-	1
19	25	31	34	50	66	80	105	87	121	135	120	92	34	6	-	2
7	17	15	25	31	52	55	83	58	78	79	55	34	13	2	-	1
12	8	16	9	19	14	25	22	29	43	56	65	58	21	4	-	1
1	3	2	2	1	5	6	8	6	13	14	23	19	16	-	-	-
1	3	1	2	1	4	5	8	6	7	7	15	10	9	-	-	-
-	-	1	-	-	1	1	-	-	6	7	8	9	7	-	-	-
-	-	1	1	-	2	4	2	2	5	8	2	3	1	-	-	-
-	-	1	1	-	2	4	1	2	5	5	2	1	-	-	-	-
-	-	-	-	-	-	-	1	-	-	3	-	2	1	-	-	-
9	23	37	34	51	95	127	103	127	150	167	179	130	81	23	1	15
8	18	30	27	42	81	105	87	88	102	87	75	50	29	7	-	13
1	5	7	7	9	14	22	16	39	48	80	104	80	52	16	1	2
4	9	8	12	17	22	23	18	29	43	50	74	62	32	10	1	2
4	7	7	12	15	20	17	14	17	27	23	29	25	10	3	-	2
-	2	1	-	2	2	6	4	12	16	27	45	37	22	7	1	-
4	10	18	18	31	62	86	66	83	81	86	88	59	47	13	-	13
3	7	14	14	25	52	75	58	58	59	46	36	23	19	4	-	11
1	3	4	4	6	10	11	8	25	22	40	52	36	28	9	-	2
-	1	1	1	-	1	1	1	-	-	5	1	-	-	-	-	-
-	1	-	1	-	1	1	1	-	-	2	-	-	-	-	-	-
-	-	1	-	-	-	-	-	-	-	3	1	-	-	-	-	-
59	83	78	80	67	79	70	41	38	30	32	23	17	6	2	-	-
42	55	52	57	56	61	50	33	29	17	15	11	9	2	2	-	-
17	28	26	23	11	18	20	8	9	13	17	12	8	4	-	-	-
-	-	3	5	8	14	15	5	5	8	3	3	-	1	1	-	1
-	-	2	4	5	13	13	5	4	7	1	-	-	-	-	-	1
-	-	1	1	3	1	2	-	1	1	2	3	-	1	1	-	-
4	11	15	16	15	49	71	110	167	262	392	447	477	330	97	12	3
4	5	12	13	9	40	56	95	134	191	288	280	292	165	40	9	1
-	6	3	3	6	9	15	15	33	71	104	167	185	165	57	3	2

第３表　年次・性・年齢階級（５歳階級）・不慮の事故

Table 3. Trends in accidental deaths and death rates (per 100,000

死亡数

Deaths

死因基本分類コード Detailed list of ICD-10 code	死因・性 Causes of death and sex		総数 Total	0歳 Years	1	2	3	4	0～4	5～9	10～14	15～19	20～24
(V01-X59)	不慮の事故	総数 T.	39 863	174	85	59	51	41	410	230	150	615	859
		男 M.	24 591	102	52	32	33	23	242	165	106	473	678
		女 F.	15 272	72	33	27	18	18	168	65	44	142	181
(V01-V98)	交通事故	総数 T.	10 028	11	18	27	18	8	82	109	71	461	602
		男 M.	7 015	8	12	11	9	3	43	80	47	362	484
		女 F.	3 013	3	6	16	9	5	39	29	24	99	118
(W00-W17)	転倒・転落	総数 T.	6 702	7	8	6	6	1	28	8	14	33	63
		男 M.	3 989	4	3	2	3	－	12	8	14	25	49
		女 F.	2 713	3	5	4	3	1	16	－	－	8	14
W01	スリップ，つまづき及びよろめきによる同一平面上での転倒	総数 T.	3 879	－	－	1	1	－	2	1	2	4	2
		男 M.	1 899	－	－	－	－	－	－	1	2	2	2
		女 F.	1 980	－	－	1	1	－	2	－	－	2	－
W10	階段及びステップからの転落及びその上での転倒	総数 T.	687	1	－	－	－	－	1	－	1	－	2
		男 M.	458	1	－	－	－	－	1	－	1	－	2
		女 F.	229	－	－	－	－	－	－	－	－	－	－
W13	建物又は建造物からの転落	総数 T.	747	－	4	2	5	1	12	4	9	23	43
		男 M.	580	－	1	1	3	－	5	4	9	17	34
		女 F.	167	－	3	1	2	1	7	－	－	6	9
W17	その他の転落	総数 T.	724	2	－	1	－	－	3	1	1	2	11
		男 M.	555	1	－	－	－	－	1	1	1	2	7
		女 F.	169	1	－	1	－	－	2	－	－	－	4
(W20-W49)	生物によらない機械的な力への曝露	総数 T.	576	1	1	－	－	－	2	5	5	12	20
		男 M.	532	1	1	－	－	－	2	3	5	12	20
		女 F.	44	－	－	－	－	－	－	2	－	－	－
W20	投げられ，投げ出され又は落下する物体による打撲	総数 T.	228	－	－	－	－	－	－	2	2	5	5
		男 M.	212	－	－	－	－	－	－	1	2	5	5
		女 F.	16	－	－	－	－	－	－	1	－	－	－
(W50-W64)	生物による機械的な力への曝露	総数 T.	30	1	－	－	－	－	1	－	2	2	1
		男 M.	26	1	－	－	－	－	1	－	2	2	1
		女 F.	4	－	－	－	－	－	－	－	－	－	－
(W65-W74)	不慮の溺死及び溺水	総数 T.	6 222	9	24	8	10	14	65	61	25	49	63
		男 M.	3 404	5	20	8	9	9	51	44	16	41	50
		女 F.	2 818	4	4	－	1	5	14	17	9	8	13
(W65-W66)	浴槽内での及び浴槽への転落による溺死及び溺水	総数 T.	3 756	7	20	1	3	2	33	6	12	11	8
		男 M.	1 811	3	16	1	2	1	23	3	5	4	3
		女 F.	1 945	4	4	－	1	1	10	3	7	7	5
(W69-W70)	自然の水域内での及び自然の水域への転落による溺死及び溺水	総数 T.	1 268	2	－	2	4	6	14	31	10	31	43
		男 M.	943	2	－	2	4	5	13	23	8	30	38
		女 F.	325	－	－	－	－	1	1	8	2	1	5
(W75-W84)	その他の不慮の窒息	総数 T.	9 319	133	22	6	7	4	172	15	11	23	26
		男 M.	5 058	76	10	3	4	3	96	12	8	13	17
		女 F.	4 261	57	12	3	3	1	76	3	3	10	9
W78	胃内容物の誤えん	総数 T.	1 433	33	10	－	3	2	48	3	1	7	9
		男 M.	739	21	5	－	1	2	29	3	－	3	6
		女 F.	694	12	5	－	2	－	19	－	1	4	3
W79	気道閉塞を生じた食物の誤えん	総数 T.	4 485	24	2	3	1	1	31	3	6	4	3
		男 M.	2 527	16	1	2	－	1	20	1	4	4	1
		女 F.	1 958	8	1	1	1	－	11	2	2	－	2
W80	気道閉塞を生じたその他の物体の誤えん	総数 T.	772	5	1	1	－	1	8	2	－	3	4
		男 M.	437	3	1	－	－	－	4	2	－	－	3
		女 F.	335	2	－	1	－	1	4	－	－	3	1
W84	詳細不明の窒息	総数 T.	2 340	21	3	－	－	－	24	2	1	3	6
		男 M.	1 165	9	2	－	－	－	11	2	1	1	3
		女 F.	1 175	12	1	－	－	－	13	－	－	2	3
(W85-W99)	電流，放射線並びに極端な気温及び気圧への曝露	総数 T.	59	－	－	－	－	－	－	－	－	2	5
		男 M.	51	－	－	－	－	－	－	－	－	2	5
		女 F.	8	－	－	－	－	－	－	－	－	－	－
(X00-X09)	煙，火及び火炎への曝露	総数 T.	1 593	6	5	12	9	11	43	22	14	15	14
		男 M.	972	3	3	8	7	6	27	12	6	6	11
		女 F.	621	3	2	4	2	5	16	10	8	9	3
X00	建物又は建造物内の管理されていない火への曝露	総数 T.	1 234	6	5	11	9	11	42	21	14	12	12
		男 M.	735	3	3	7	7	6	26	12	6	5	9
		女 F.	499	3	2	4	2	5	16	9	8	7	3
(X10-X19)	熱及び高温物質との接触	総数 T.	167	－	1	－	－	－	1	2	－	－	－
		男 M.	104	－	－	－	－	－	－	1	－	－	－
		女 F.	63	－	1	－	－	－	1	1	－	－	－
(X20-X29)	有毒動植物との接触	総数 T.	32	－	－	－	－	－	－	－	－	－	－
		男 M.	25	－	－	－	－	－	－	－	－	－	－
		女 F.	7	－	－	－	－	－	－	－	－	－	－
(X30-X39)	自然の力への曝露	総数 T.	1 380	3	2	－	－	1	6	2	2	5	10
		男 M.	899	1	1	－	－	1	3	2	2	4	10
		女 F.	481	2	1	－	－	－	3	－	－	1	－
X30	自然の過度の高温への曝露	総数 T.	328	3	1	－	－	1	5	1	1	2	1
		男 M.	179	1	1	－	－	1	3	1	1	1	1
		女 F.	149	2	－	－	－	－	2	－	－	1	－
X31	自然の過度の低温への曝露	総数 T.	997	－	1	－	－	－	1	1	1	1	5
		男 M.	682	－	－	－	－	－	－	1	1	1	5
		女 F.	315	－	1	－	－	－	1	－	－	－	－
X34	地震による受傷者	総数 T.	1	－	－	－	－	－	－	－	－	－	－
		男 M.	－	－	－	－	－	－	－	－	－	－	－
		女 F.	1	－	－	－	－	－	－	－	－	－	－
(X40-X49)	有害物質による不慮の中毒及び有害物質への曝露	総数 T.	891	－	－	－	－	1	1	4	6	11	46
		男 M.	609	－	－	－	－	－	－	3	6	4	25
		女 F.	282	－	－	－	－	1	1	1	－	7	21
(X50-X57)	無理ながんばり，旅行及び欠乏状態	総数 T.	83	－	－	－	－	－	－	－	－	－	－
		男 M.	67	－	－	－	－	－	－	－	－	－	－
		女 F.	16	－	－	－	－	－	－	－	－	－	－
(X58-X59)	その他及び詳細不明の要因への不慮の曝露	総数 T.	2 781	3	4	－	1	1	9	2	－	2	9
		男 M.	1 840	3	2	－	1	1	7	－	－	2	6
		女 F.	941	－	2	－	－	－	2	2	－	－	3

の種類別不慮の事故死亡数・率（人口10万対） －平成７～20年－

population) by sex, age (five-year age group) and type of accident, 1995-2008

平成17年
2005

25～29	30～34	35～39	40～44	45～49	50～54	55～59	60～64	65～69	70～74	75～79	80～84	85～89	90～94	95～99	100～	不詳 Not stated
775	825	844	860	1 058	1 614	2 350	2 549	2 883	4 138	5 353	5 437	4 607	3 066	1 035	135	70
609	667	684	683	812	1 247	1 779	1 887	1 998	2 713	3 350	2 800	2 059	1 207	345	28	59
166	158	160	177	246	367	571	662	885	1 425	2 003	2 637	2 548	1 859	690	107	11
441	444	418	382	393	608	801	826	864	1 030	1 070	833	417	142	23	1	10
371	380	360	321	311	474	593	589	541	639	681	455	198	69	8	-	9
70	64	58	61	82	134	208	237	323	391	389	378	219	73	15	1	1
63	72	77	108	134	199	340	387	469	679	835	983	986	856	319	47	2
53	55	61	91	110	167	270	314	375	517	561	499	435	273	90	8	2
10	17	16	17	24	32	70	73	94	162	274	484	551	583	229	39	-
5	8	15	20	39	52	109	140	171	321	473	663	785	741	282	43	1
5	7	11	16	29	42	82	118	132	226	288	298	319	231	81	6	1
-	1	4	4	10	10	27	22	39	95	185	365	466	510	201	37	-
1	7	8	11	19	37	52	72	77	90	105	102	59	31	11	1	-
1	5	7	9	16	33	42	46	57	69	71	57	29	10	2	-	-
-	2	1	2	3	4	10	26	20	21	34	45	30	21	9	1	-
42	36	29	41	38	51	54	66	73	72	48	48	34	19	4	1	-
33	24	23	34	28	42	39	57	65	60	41	32	22	9	1	1	-
9	12	6	7	10	9	15	9	8	12	7	16	12	10	3	-	-
9	11	19	27	25	43	90	61	84	95	79	81	49	24	8	-	1
8	10	14	25	24	37	79	49	67	76	61	50	30	9	3	-	1
1	1	5	2	1	6	11	12	17	19	18	31	19	15	5	-	-
23	33	25	23	28	53	71	74	51	62	45	29	8	7	-	-	-
22	32	25	22	28	52	68	68	49	48	39	24	8	5	-	-	-
1	1	-	1	-	1	3	6	2	14	6	5	-	2	-	-	-
7	6	6	4	14	27	35	36	22	28	15	8	1	5	-	-	-
7	6	6	4	14	27	34	34	22	21	11	7	1	5	-	-	-
-	-	-	-	-	-	1	2	-	7	4	1	-	-	-	-	-
2	1	-	1	-	1	3	2	1	4	5	2	2	-	-	-	-
2	1	-	1	-	1	3	2	1	3	3	1	2	-	-	-	-
-	-	-	-	-	-	-	-	-	1	2	1	-	-	-	-	-
72	76	83	80	150	218	320	378	475	823	1 130	1 079	665	310	65	6	29
50	54	69	59	107	156	237	273	302	460	554	444	262	121	29	4	21
22	22	14	21	43	62	83	105	173	363	576	635	403	189	36	2	8
12	22	16	25	33	64	108	168	277	571	811	797	487	236	52	5	2
4	11	14	15	20	39	71	115	162	298	393	324	187	89	26	3	2
8	11	2	10	13	25	37	53	115	273	418	473	300	147	26	2	-
54	45	50	40	87	109	147	133	103	110	108	71	33	23	5	-	21
40	36	42	34	66	87	118	102	78	86	67	35	11	12	1	-	16
14	9	8	6	21	22	29	31	25	24	41	36	22	11	4	-	5
43	48	55	78	103	210	325	404	553	882	1 354	1 588	1 690	1 202	467	68	2
23	32	38	53	67	141	212	271	381	581	906	870	725	460	141	10	1
20	16	17	25	36	69	113	133	172	301	448	718	965	742	326	58	1
16	15	24	20	23	29	55	56	78	128	177	225	252	177	74	15	1
8	10	14	15	16	22	32	35	55	75	120	114	100	62	20	-	-
8	5	10	5	7	7	23	21	23	53	57	111	152	115	54	15	1
12	11	15	37	53	113	175	225	315	470	682	765	789	558	189	28	1
7	6	12	22	29	65	117	154	209	312	478	432	359	234	54	6	1
5	5	3	15	24	48	58	71	106	158	204	333	430	324	135	22	-
3	3	3	6	8	16	28	36	35	70	131	137	130	106	38	5	-
1	1	2	4	8	11	16	25	24	52	86	80	53	48	17	-	-
2	2	1	2	-	5	12	11	11	18	45	57	77	58	21	5	-
7	10	8	9	14	34	50	65	96	186	337	442	508	352	166	20	-
4	7	5	7	9	26	35	42	72	123	206	234	211	112	50	4	-
3	3	3	2	5	8	15	23	24	63	131	208	297	240	116	16	-
1	7	9	3	3	2	8	2	3	6	2	2	3	1	-	-	-
1	7	9	3	3	1	8	2	2	3	1	1	2	1	-	-	-
-	-	-	-	-	1	-	-	1	3	1	1	1	-	-	-	-
28	26	44	35	79	87	129	123	118	151	210	194	170	62	14	3	12
18	13	26	21	55	63	101	94	84	94	126	92	77	29	6	-	11
10	13	18	14	24	24	28	29	34	57	84	102	93	33	8	3	1
23	23	39	27	68	69	108	102	93	115	149	134	123	39	10	2	9
14	10	22	15	47	48	83	75	67	72	84	55	55	19	3	-	8
9	13	17	12	21	21	25	27	26	43	65	79	68	20	7	2	1
2	-	-	4	3	4	7	4	13	16	23	33	35	17	3	-	-
1	-	-	4	3	2	5	3	10	9	13	20	22	10	1	-	-
1	-	-	-	-	2	2	1	3	7	10	13	13	7	2	-	-
-	-	-	1	1	3	3	5	2	2	9	3	2	1	-	-	-
-	-	-	1	1	3	3	5	2	1	6	1	2	-	-	-	-
-	-	-	-	-	-	-	-	-	1	3	2	-	1	-	-	-
17	28	31	34	47	85	139	147	132	159	164	135	124	78	22	2	11
13	27	27	28	38	70	108	113	106	110	96	54	42	27	6	2	11
4	1	4	6	9	15	31	34	26	49	68	81	82	51	16	-	-
4	9	13	8	8	20	28	20	21	31	31	43	43	24	14	1	-
4	9	11	7	7	16	20	13	17	17	12	15	11	10	2	1	-
-	-	2	1	1	4	8	7	4	14	19	28	32	14	12	-	-
10	17	16	25	36	60	104	121	109	124	125	88	80	53	8	1	11
6	16	15	21	28	50	82	96	88	90	82	37	30	17	4	1	11
4	1	1	4	8	10	22	25	21	34	43	51	50	36	4	-	-
-	-	-	-	-	-	-	-	-	-	1	-	-	-	-	-	-
-	-	-	-	-	-	-	-	-	-	-	-	-	-	-	-	-
-	-	-	-	-	-	-	-	-	-	1	-	-	-	-	-	-
75	74	86	82	85	82	97	53	35	43	32	47	16	12	2	-	2
50	52	60	59	64	69	76	36	23	30	18	22	3	6	1	-	2
25	22	26	23	21	13	21	17	12	13	14	25	13	6	1	-	-
-	1	4	8	9	13	16	12	4	6	4	2	3	-	-	-	1
-	1	2	4	7	12	15	11	4	6	2	2	-	-	-	-	1
-	-	2	4	2	1	1	1	-	-	2	-	3	-	-	-	-
8	15	12	21	23	49	91	132	163	275	470	507	486	378	120	8	1
5	13	7	16	18	36	80	106	118	212	344	315	281	206	63	4	1
3	2	5	5	5	13	11	26	45	63	126	192	205	172	57	4	-

第３表　年次・性・年齢階級（５歳階級）・不慮の事故

Table 3. Trends in accidental deaths and death rates (per 100,000

死亡数
Deaths

死因基本分類コード Detailed list of ICD-10 code	死因・性 Causes of death and sex		総数 Total	0歳 Years	1	2	3	4	0～4	5～9	10～14	15～19	20～24
(V01-X59)	不慮の事故	総数 T.	38 270	149	68	56	40	43	356	169	106	607	741
		男 M.	23 329	90	34	31	27	27	209	109	71	470	603
		女 F.	14 941	59	34	25	13	16	147	60	35	137	138
(V01-V98)	交通事故	総数 T.	9 048	10	15	21	17	17	80	85	41	468	484
		男 M.	6 258	6	7	16	13	10	52	56	29	368	405
		女 F.	2 790	4	8	5	4	7	28	29	12	100	79
(W00-W17)	転倒・転落	総数 T.	6 601	3	6	5	3	1	18	8	11	37	59
		男 M.	3 931	1	3	2	1	－	7	5	5	23	44
		女 F.	2 670	2	3	3	2	1	11	3	6	14	15
W01	スリップ，つまづき及びよろめきによる同一平面上での転倒	総数 T.	3 790	1	3	1	－	－	5	－	－	3	5
		男 M.	1 829	1	1	1	－	－	3	－	－	3	5
		女 F.	1 961	－	2	－	－	－	2	－	－	－	－
W10	階段及びステップからの転落及びその上での転倒	総数 T.	666	－	2	－	－	－	2	－	－	1	2
		男 M.	464	－	2	－	－	－	2	－	－	－	1
		女 F.	202	－	－	－	－	－	－	－	－	1	1
W13	建物又は建造物からの転落	総数 T.	728	－	1	3	2	1	7	6	9	22	32
		男 M.	537	－	－	1	1	－	2	4	5	13	22
		女 F.	191	－	1	2	1	1	5	2	4	9	10
W17	その他の転落	総数 T.	754	1	－	－	－	－	1	－	2	5	11
		男 M.	579	－	－	－	－	－	－	－	－	2	9
		女 F.	175	1	－	－	－	－	1	－	2	3	2
(W20-W49)	生物によらない機械的な力への曝露	総数 T.	600	－	－	1	－	1	2	3	2	7	23
		男 M.	552	－	－	－	－	1	1	1	2	7	23
		女 F.	48	－	－	1	－	－	1	2	－	－	－
W20	投げられ，投げ出され又は落下する物体による打撲	総数 T.	234	－	－	－	－	－	－	－	－	4	9
		男 M.	221	－	－	－	－	－	－	－	－	4	9
		女 F.	13	－	－	－	－	－	－	－	－	－	－
(W50-W64)	生物による機械的な力への曝露	総数 T.	31	－	－	－	－	－	－	－	－	－	1
		男 M.	25	－	－	－	－	－	－	－	－	－	1
		女 F.	6	－	－	－	－	－	－	－	－	－	－
(W65-W74)	不慮の溺死及び溺水	総数 T.	6 038	9	22	7	9	13	60	44	24	55	67
		男 M.	3 226	4	12	5	6	11	38	32	19	49	57
		女 F.	2 812	5	10	2	3	2	22	12	5	6	10
(W65-W66)	浴槽内での及び浴槽への転落による溺死及び溺水	総数 T.	3 756	8	19	2	2	1	32	6	10	10	7
		男 M.	1 776	4	10	1	－	1	16	5	5	6	4
		女 F.	1 980	4	9	1	2	－	16	1	5	4	3
(W69-W70)	自然の水域内での及び自然の水域への転落による溺死及び溺水	総数 T.	1 221	－	1	2	3	5	11	26	13	39	47
		男 M.	864	－	－	1	2	5	8	16	13	37	41
		女 F.	357	－	1	1	1	－	3	10	－	2	6
(W75-W84)	その他の不慮の窒息	総数 T.	9 187	110	18	11	4	5	148	7	8	12	26
		男 M.	4 887	63	9	4	3	3	82	4	5	5	19
		女 F.	4 300	47	9	7	1	2	66	3	3	7	7
W78	胃内容物の誤えん	総数 T.	1 500	23	2	3	1	1	30	1	－	4	10
		男 M.	743	17	1	2	1	1	22	1	－	1	7
		女 F.	757	6	1	1	－	－	8	－	－	3	3
W79	気道閉塞を生じた食物の誤えん	総数 T.	4 407	18	5	6	2	3	34	2	1	－	2
		男 M.	2 428	8	3	1	1	2	15	1	1	－	1
		女 F.	1 979	10	2	5	1	1	19	1	－	－	1
W80	気道閉塞を生じたその他の物体の誤えん	総数 T.	757	4	3	－	－	－	7	1	3	4	1
		男 M.	432	2	1	－	－	－	3	1	3	2	－
		女 F.	325	2	2	－	－	－	4	－	－	2	1
W84	詳細不明の窒息	総数 T.	2 242	19	3	－	－	1	23	－	－	3	4
		男 M.	1 106	10	1	－	－	－	11	－	－	2	3
		女 F.	1 136	9	2	－	－	1	12	－	－	1	1
(W85-W99)	電流，放射線並びに極端な気温及び気圧への曝露	総数 T.	40	1	－	－	－	－	1	－	－	1	4
		男 M.	35	1	－	－	－	－	1	－	－	1	4
		女 F.	5	－	－	－	－	－	－	－	－	－	－
(X00-X09)	煙，火及び火炎への曝露	総数 T.	1 509	2	5	6	5	5	23	17	15	6	19
		男 M.	959	2	3	2	3	2	12	9	8	3	14
		女 F.	550	－	2	4	2	3	11	8	7	3	5
X00	建物又は建造物内の管理されていない火への曝露	総数 T.	1 194	2	5	6	5	5	23	17	14	6	15
		男 M.	744	2	3	2	3	2	12	9	7	3	10
		女 F.	450	－	2	4	2	3	11	8	7	3	5
(X10-X19)	熱及び高温物質との接触	総数 T.	151	－	－	1	－	－	1	－	－	－	－
		男 M.	95	－	－	－	－	－	－	－	－	－	－
		女 F.	56	－	－	1	－	－	1	－	－	－	－
(X20-X29)	有毒動植物との接触	総数 T.	28	－	－	－	－	－	－	－	－	－	－
		男 M.	18	－	－	－	－	－	－	－	－	－	－
		女 F.	10	－	－	－	－	－	－	－	－	－	－
(X30-X39)	自然の力への曝露	総数 T.	1 281	5	1	1	－	－	7	3	2	6	12
		男 M.	797	4	－	1	－	－	5	2	1	4	8
		女 F.	484	1	1	－	－	－	2	1	1	2	4
X30	自然の過度の高温への曝露	総数 T.	393	3	1	1	－	－	5	－	1	－	4
		男 M.	212	3	－	1	－	－	4	－	1	－	3
		女 F.	181	－	1	－	－	－	1	－	－	－	1
X31	自然の過度の低温への曝露	総数 T.	831	2	－	－	－	－	2	1	－	5	7
		男 M.	540	1	－	－	－	－	1	1	－	3	4
		女 F.	291	1	－	－	－	－	1	－	－	2	3
X34	地震による受傷者	総数 T.	－	－	－	－	－	－	－	－	－	－	－
		男 M.	－	－	－	－	－	－	－	－	－	－	－
		女 F.	－	－	－	－	－	－	－	－	－	－	－
(X40-X49)	有害物質による不慮の中毒及び有害物質への曝露	総数 T.	873	1	－	－	2	－	3	1	2	9	41
		男 M.	596	1	－	－	1	－	2	－	1	4	24
		女 F.	277	－	－	－	1	－	1	1	1	5	17
(X50-X57)	無理ながんばり，旅行及び欠乏状態	総数 T.	62	－	－	－	－	－	－	－	－	－	－
		男 M.	52	－	－	－	－	－	－	－	－	－	－
		女 F.	10	－	－	－	－	－	－	－	－	－	－
(X58-X59)	その他及び詳細不明の要因への不慮の曝露	総数 T.	2 821	8	1	3	－	1	13	1	1	6	5
		男 M.	1 898	8	－	1	－	－	9	－	1	6	4
		女 F.	923	－	1	2	－	1	4	1	－	－	1

の種類別不慮の事故死亡数・率（人口10万対） －平成７～20年－

population) by sex, age (five-year age group) and type of accident, 1995-2008

平成18年
2006

25～29	30～34	35～39	40～44	45～49	50～54	55～59	60～64	65～69	70～74	75～79	80～84	85～89	90～94	95～99	100～	不詳 Not stated
663	727	780	815	938	1 328	2 358	2 316	2 856	3 922	5 255	5 606	4 446	2 999	1 074	156	52
509	585	623	647	736	1 013	1 759	1 688	1 958	2 557	3 216	2 964	2 024	1 194	310	42	42
154	142	157	168	202	315	599	628	898	1 365	2 039	2 642	2 422	1 805	764	114	10
377	372	339	333	352	460	768	719	825	955	1 003	825	405	130	16	2	9
304	326	299	280	288	357	567	516	543	572	598	407	211	64	7	1	8
73	46	40	53	64	103	201	203	282	383	405	418	194	66	9	1	1
66	62	84	93	126	204	390	368	443	631	843	993	965	779	355	61	5
50	46	59	72	103	168	319	314	361	471	583	516	421	263	84	12	5
16	16	25	21	23	36	71	54	82	160	260	477	544	516	271	49	－
4	5	14	28	37	58	110	120	163	277	487	682	756	661	316	58	1
2	2	13	20	28	46	86	98	124	174	315	314	301	212	71	11	1
2	3	1	8	9	12	24	22	39	103	172	368	455	449	245	47	－
4	4	4	9	13	31	68	64	72	105	96	91	53	34	12	1	－
4	3	3	8	10	24	55	54	57	81	63	53	25	16	5	－	－
－	1	1	1	3	7	13	10	15	24	33	38	28	18	7	1	－
33	34	35	37	34	50	86	51	55	71	64	48	35	14	4	－	1
25	25	17	26	26	42	66	45	47	61	49	30	22	7	2	－	1
8	9	18	11	8	8	20	6	8	10	15	18	13	7	2	－	－
19	14	22	15	27	46	84	78	94	80	85	83	59	21	6	－	2
13	11	18	14	24	39	73	67	80	69	65	48	38	6	1	－	2
6	3	4	1	3	7	11	11	14	11	20	35	21	15	5	－	－
20	23	36	36	31	52	98	70	56	51	43	30	10	4	3	－	－
19	21	36	36	30	49	92	62	52	51	35	27	5	3	－	－	－
1	2	－	－	1	3	6	8	4	－	8	3	5	1	3	－	－
6	10	8	12	10	24	43	34	26	25	14	7	2	－	－	－	－
6	9	8	12	10	22	41	32	24	25	12	7	－	－	－	－	－
－	1	－	－	－	2	2	2	2	－	2	－	2	－	－	－	－
－	－	－	－	1	2	3	4	2	7	4	3	2	1	1	－	－
－	－	－	－	1	2	3	4	2	6	2	3	1	－	－	－	－
－	－	－	－	－	－	－	－	－	1	2	－	1	1	1	－	－
60	63	80	103	108	150	290	359	515	789	1 162	1 048	680	299	57	2	23
45	44	58	80	78	102	202	242	322	442	582	432	244	123	20	－	15
15	19	22	23	30	48	88	117	193	347	580	616	436	176	37	2	8
10	19	14	25	23	49	109	162	300	530	854	797	526	231	41	1	－
5	9	9	14	10	31	74	100	164	284	406	335	189	96	14	－	－
5	10	5	11	13	18	35	62	136	246	448	462	337	135	27	1	－
38	33	48	62	65	73	136	128	130	111	117	66	41	10	6	－	21
33	28	34	51	55	54	102	89	96	72	76	26	14	5	1	－	13
5	5	14	11	10	19	34	39	34	39	41	40	27	5	5	－	8
41	49	68	85	95	158	357	409	535	839	1 273	1 696	1 592	1 245	468	76	－
27	37	43	59	63	110	226	256	319	557	803	946	717	464	124	21	－
14	12	25	26	32	48	131	153	216	282	470	750	875	781	344	55	－
25	18	24	18	18	18	53	68	71	135	192	248	268	191	90	18	－
17	13	15	14	12	15	35	40	41	83	110	129	109	56	20	3	－
8	5	9	4	6	3	18	28	30	52	82	119	159	135	70	15	－
6	14	21	45	48	83	202	220	282	438	651	843	747	552	186	30	－
5	11	9	28	30	55	118	137	165	308	435	462	361	221	55	10	－
1	3	12	17	18	28	84	83	117	130	216	381	386	331	131	20	－
2	1	1	5	6	15	32	33	52	68	107	132	123	110	44	10	－
－	1	－	4	3	10	22	24	33	48	60	87	56	59	12	4	－
2	－	1	1	3	5	10	9	19	20	47	45	67	51	32	6	－
4	8	13	9	11	28	42	54	104	176	300	459	447	383	146	18	－
2	5	13	7	9	18	28	37	64	108	182	261	189	127	36	4	－
2	3	－	2	2	10	14	27	40	68	118	198	258	256	110	14	－
1	3	5	1	1	4	3	3	3	5	1	3	－	－	1	－	－
－	3	5	1	1	4	3	2	3	4	1	1	－	－	1	－	－
1	－	－	－	－	－	－	1	－	1	－	2	－	－	－	－	－
25	30	42	43	54	85	110	120	138	162	197	208	120	80	10	1	4
19	16	28	32	40	58	78	90	103	113	124	110	54	38	5	1	4
6	14	14	11	14	27	32	30	35	49	73	98	66	42	5	－	－
21	20	34	41	46	72	89	102	116	120	145	156	89	58	6	－	4
16	9	22	30	36	46	61	74	87	82	85	80	36	31	4	－	4
5	11	12	11	10	26	28	28	29	38	60	76	53	27	2	－	－
2	1	1	2	2	6	7	4	7	23	21	35	21	13	5	－	－
1	1	1	2	1	3	5	4	5	18	12	22	10	8	2	－	－
1	－	－	－	1	3	2	－	2	5	9	13	11	5	3	－	－
－	－	－	－	－	1	2	－	3	6	8	5	3	－	－	－	－
－	－	－	－	－	1	2	－	3	3	4	4	1	－	－	－	－
－	－	－	－	－	－	－	－	－	3	4	1	2	－	－	－	－
13	25	31	25	60	76	130	94	104	134	170	167	126	65	18	2	11
10	22	27	20	47	60	105	68	76	89	88	72	53	24	5	1	10
3	3	4	5	13	16	25	26	28	45	82	95	73	41	13	1	1
4	5	10	6	18	14	34	19	21	43	54	64	50	33	7	1	－
4	5	7	3	18	11	23	15	9	20	26	30	23	9	1	－	－
－	－	3	3	－	3	11	4	12	23	28	34	27	24	6	1	－
6	15	12	15	39	56	94	71	80	89	108	101	76	31	11	1	11
3	12	11	13	27	44	80	50	65	68	56	42	30	15	4	1	10
3	3	1	2	12	12	14	21	15	21	52	59	46	16	7	－	1
－	－	－	－	－	－	－	－	－	－	－	－	－	－	－	－	－
－	－	－	－	－	－	－	－	－	－	－	－	－	－	－	－	－
－	－	－	－	－	－	－	－	－	－	－	－	－	－	－	－	－
48	85	80	79	88	71	85	53	62	55	35	36	21	10	8	1	－
26	59	59	54	69	52	63	42	47	38	22	22	4	5	3	－	－
22	26	21	25	19	19	22	11	15	17	13	14	17	5	5	1	－
1	2	3	3	4	13	15	5	6	4	4	2	－	－	－	－	－
1	2	2	3	2	11	15	4	6	2	4	－	－	－	－	－	－
－	－	1	－	2	2	－	1	－	2	－	2	－	－	－	－	－
9	12	11	12	16	46	100	108	157	261	491	555	501	373	132	11	－
7	8	6	8	13	36	79	84	116	191	358	402	303	202	59	6	－
2	4	5	4	3	10	21	24	41	70	133	153	198	171	73	5	－

第3表　年次・性・年齢階級（5歳階級）・不慮の事故

Table 3. Trends in accidental deaths and death rates (per 100,000

死亡数

Deaths

死因基本分類コード Detailed list of ICD-10 code	死因・性 Causes of death and sex		総数 Total	0歳 Years	1	2	3	4	0〜4	5〜9	10〜14	15〜19	20〜24
(V01-X59)	不慮の事故	総数 T.	37 966	127	52	49	36	40	304	150	124	538	662
		男 M.	22 666	77	32	32	22	26	189	93	84	419	500
		女 F.	15 300	50	20	17	14	14	115	57	40	119	162
(V01-V98)	交通事故	総数 T.	8 268	7	16	18	11	17	69	61	54	406	433
		男 M.	5 559	5	9	13	6	9	42	40	35	319	341
		女 F.	2 709	2	7	5	5	8	27	21	19	87	92
(W00-W17)	転倒・転落	総数 T.	6 951	4	2	5	4	4	19	7	13	19	54
		男 M.	4 041	4	1	4	3	3	15	4	9	15	40
		女 F.	2 910	−	1	1	1	1	4	3	4	4	14
W01	スリップ，つまづき及びよろめきによる同一平面上での転倒	総数 T.	4 114	−	−	2	1	−	3	−	1	1	3
		男 M.	1 959	−	−	2	1	−	3	−	1	1	2
		女 F.	2 155	−	−	−	−	−	−	−	−	−	1
W10	階段及びステップからの転落及びその上での転倒	総数 T.	652	1	1	−	−	−	2	1	−	1	1
		男 M.	438	1	−	−	−	−	1	−	−	1	−
		女 F.	214	−	1	−	−	−	1	1	−	−	1
W13	建物又は建造物からの転落	総数 T.	747	−	−	3	3	4	10	1	10	12	33
		男 M.	532	−	−	2	2	3	7	1	6	8	25
		女 F.	215	−	−	1	1	1	3	−	4	4	8
W17	その他の転落	総数 T.	762	1	−	−	−	−	1	1	1	4	9
		男 M.	608	1	−	−	−	−	1	1	1	4	7
		女 F.	154	−	−	−	−	−	−	−	−	−	2
(W20-W49)	生物によらない機械的な力への曝露	総数 T.	612	1	1	−	−	−	2	−	2	10	26
		男 M.	570	1	−	−	−	−	1	−	2	9	24
		女 F.	42	−	1	−	−	−	1	−	−	1	2
W20	投げられ，投げ出され又は落下する物体による打撲	総数 T.	222	1	−	−	−	−	1	−	−	5	8
		男 M.	214	1	−	−	−	−	1	−	−	5	8
		女 F.	8	−	−	−	−	−	−	−	−	−	−
(W50-W64)	生物による機械的な力への曝露	総数 T.	21	−	−	−	1	−	1	−	1	1	1
		男 M.	18	−	−	−	1	−	1	−	1	1	1
		女 F.	3	−	−	−	−	−	−	−	−	−	−
(W65-W74)	不慮の溺死及び溺水	総数 T.	5 966	9	14	10	7	9	49	51	23	59	62
		男 M.	3 251	4	9	7	5	5	30	32	15	45	41
		女 F.	2 715	5	5	3	2	4	19	19	8	14	21
(W65-W66)	浴槽内での及び浴槽への転落による溺死及び溺水	総数 T.	3 701	9	11	4	1	1	26	4	3	16	16
		男 M.	1 780	4	7	3	1	−	15	1	−	8	5
		女 F.	1 921	5	4	1	−	1	11	3	3	8	11
(W69-W70)	自然の水域内での及び自然の水域への転落による溺死及び溺水	総数 T.	1 263	−	−	3	1	5	9	35	16	39	40
		男 M.	912	−	−	2	1	3	6	23	11	35	32
		女 F.	351	−	−	1	−	2	3	12	5	4	8
(W75-W84)	その他の不慮の窒息	総数 T.	9 142	96	15	8	6	5	130	11	8	8	23
		男 M.	4 762	57	11	4	4	4	80	7	4	7	16
		女 F.	4 380	39	4	4	2	1	50	4	4	1	7
W78	胃内容物の誤えん	総数 T.	1 431	21	4	1	−	2	28	3	4	3	10
		男 M.	722	13	2	1	−	1	17	1	2	2	6
		女 F.	709	8	2	−	−	1	11	2	2	1	4
W79	気道閉塞を生じた食物の誤えん	総数 T.	4 372	13	2	7	3	−	25	8	1	2	1
		男 M.	2 363	5	2	3	1	−	11	6	1	2	1
		女 F.	2 009	8	−	4	2	−	14	2	−	−	−
W80	気道閉塞を生じたその他の物体の誤えん	総数 T.	844	4	4	−	1	1	10	−	1	2	5
		男 M.	486	2	4	−	1	1	8	−	1	2	5
		女 F.	358	2	−	−	−	−	2	−	−	−	−
W84	詳細不明の窒息	総数 T.	2 287	14	3	−	2	1	20	−	2	−	3
		男 M.	1 050	8	2	−	2	1	13	−	−	−	1
		女 F.	1 237	6	1	−	−	−	7	−	2	−	2
(W85-W99)	電流，放射線並びに極端な気温及び気圧への曝露	総数 T.	37	−	−	−	−	−	−	−	1	−	2
		男 M.	33	−	−	−	−	−	−	−	1	−	2
		女 F.	4	−	−	−	−	−	−	−	−	−	−
(X00-X09)	煙，火及び火炎への曝露	総数 T.	1 455	7	1	4	6	4	22	16	19	15	12
		男 M.	922	3	−	2	3	4	12	9	15	10	8
		女 F.	533	4	1	2	3	−	10	7	4	5	4
X00	建物又は建造物内の管理されていない火への曝露	総数 T.	1 136	7	1	4	5	4	21	15	18	14	8
		男 M.	701	3	−	2	3	4	12	8	14	10	5
		女 F.	435	4	1	2	2	−	9	7	4	4	3
(X10-X19)	熱及び高温物質との接触	総数 T.	132	−	−	1	−	−	1	−	−	−	1
		男 M.	78	−	−	−	−	−	−	−	−	−	1
		女 F.	54	−	−	1	−	−	1	−	−	−	−
(X20-X29)	有毒動植物との接触	総数 T.	27	−	−	−	−	−	−	−	−	−	−
		男 M.	22	−	−	−	−	−	−	−	−	−	−
		女 F.	5	−	−	−	−	−	−	−	−	−	−
(X30-X39)	自然の力への曝露	総数 T.	1 641	−	2	1	−	−	3	2	−	5	7
		男 M.	919	−	2	1	−	−	3	1	−	4	4
		女 F.	722	−	−	−	−	−	−	1	−	1	3
X30	自然の過度の高温への曝露	総数 T.	904	−	2	1	−	−	3	1	−	4	2
		男 M.	442	−	2	1	−	−	3	−	−	3	1
		女 F.	462	−	−	−	−	−	−	1	−	1	1
X31	自然の過度の低温への曝露	総数 T.	693	−	−	−	−	−	−	−	−	1	4
		男 M.	444	−	−	−	−	−	−	−	−	1	2
		女 F.	249	−	−	−	−	−	−	−	−	−	2
X34	地震による受傷者	総数 T.	12	−	−	−	−	−	−	−	−	−	−
		男 M.	5	−	−	−	−	−	−	−	−	−	−
		女 F.	7	−	−	−	−	−	−	−	−	−	−
(X40-X49)	有害物質による不慮の中毒及び有害物質への曝露	総数 T.	855	−	−	−	−	−	−	1	1	13	34
		男 M.	584	−	−	−	−	−	−	−	1	9	17
		女 F.	271	−	−	−	−	−	−	1	−	4	17
(X50-X57)	無理ながんばり，旅行及び欠乏状態	総数 T.	47	−	−	−	−	−	−	−	−	−	−
		男 M.	42	−	−	−	−	−	−	−	−	−	−
		女 F.	5	−	−	−	−	−	−	−	−	−	−
(X58-X59)	その他及び詳細不明の要因への不慮の曝露	総数 T.	2 812	3	1	2	1	1	8	1	2	2	7
		男 M.	1 865	3	−	1	−	1	5	−	1	−	5
		女 F.	947	−	1	1	1	−	3	1	1	2	2

の種類別不慮の事故死亡数・率（人口10万対） －平成７～20年－

population) by sex, age (five-year age group) and type of accident, 1995-2008

平成19年
2007

25～29	30～34	35～39	40～44	45～49	50～54	55～59	60～64	65～69	70～74	75～79	80～84	85～89	90～94	95～99	100～	不詳 Not stated
596	642	753	768	933	1 174	2 114	2 171	2 847	3 919	5 179	5 792	4 661	3 266	1 146	184	43
457	506	581	589	724	904	1 586	1 581	1 971	2 532	3 166	3 163	2 010	1 216	317	42	36
139	136	172	179	209	270	528	590	876	1 387	2 013	2 629	2 651	2 050	829	142	7
331	307	319	290	335	386	647	571	771	899	996	825	394	145	17	3	9
277	266	269	227	269	307	460	389	502	529	571	446	185	69	6	2	8
54	41	50	63	66	79	187	182	269	370	425	379	209	76	11	1	1
55	79	110	109	122	176	341	403	486	664	874	1 021	1 041	923	372	61	2
38	58	83	81	97	147	280	321	391	500	575	574	427	291	83	10	2
17	21	27	28	25	29	61	82	95	164	299	447	614	632	289	51	–
2	4	16	21	39	54	104	149	199	299	478	724	826	790	341	59	1
2	4	12	12	27	44	81	106	156	208	291	379	312	235	72	10	1
–	–	4	9	12	10	23	43	43	91	187	345	514	555	269	49	–
5	8	7	9	17	22	46	65	81	96	108	76	63	37	6	1	–
4	6	4	7	13	20	36	49	64	71	65	45	35	14	3	–	–
1	2	3	2	4	2	10	16	17	25	43	31	28	23	3	1	–
31	41	49	48	31	46	61	68	61	56	68	56	37	24	3	–	1
18	25	35	34	24	34	45	58	50	43	46	36	23	13	–	–	1
13	16	14	14	7	12	16	10	11	13	22	20	14	11	3	–	–
10	19	31	22	21	42	75	61	85	114	112	70	57	24	2	1	–
9	16	25	20	20	38	67	53	71	98	89	50	26	11	1	–	–
1	3	6	2	1	4	8	8	14	16	23	20	31	13	1	1	–
17	22	27	22	33	48	90	66	70	70	51	34	14	6	2	–	–
17	22	26	22	33	45	88	62	63	65	48	27	11	5	–	–	–
–	–	1	–	–	3	2	4	7	5	3	7	3	1	2	–	–
6	6	9	4	9	14	34	27	40	25	19	12	3	–	–	–	–
6	6	9	4	9	14	33	26	37	24	19	11	2	–	–	–	–
–	–	–	–	–	–	1	1	3	1	–	1	1	–	–	–	–
–	–	–	1	2	1	–	3	4	2	1	2	–	1	–	–	–
–	–	–	1	2	1	–	2	3	1	1	2	–	1	–	–	–
–	–	–	–	–	–	–	1	1	1	–	–	–	–	–	–	–
55	56	72	82	127	157	292	361	522	799	1 059	1 101	681	285	52	3	18
41	39	54	66	93	113	218	261	338	457	512	489	256	113	26	–	12
14	17	18	16	34	44	74	100	184	342	547	612	425	172	26	3	6
13	14	17	21	41	40	85	153	322	549	773	848	508	218	31	3	–
3	7	9	15	24	24	57	102	195	294	355	369	190	92	15	–	–
10	7	8	6	17	16	28	51	127	255	418	479	318	126	16	3	–
32	36	45	48	68	85	155	137	119	111	111	90	55	14	2	–	16
30	28	39	40	55	66	121	107	91	76	67	44	23	6	2	–	10
2	8	6	8	13	19	34	30	28	35	44	46	32	8	–	–	6
36	52	56	86	86	143	320	344	523	785	1 203	1 739	1 653	1 320	523	93	–
20	35	36	60	60	96	209	214	335	501	803	1 002	679	450	129	19	–
16	17	20	26	26	47	111	130	188	284	400	737	974	870	394	74	–
17	16	14	28	24	28	44	54	52	110	177	222	265	233	84	15	–
7	10	7	19	16	21	34	34	40	69	112	125	97	80	21	2	–
10	6	7	9	8	7	10	20	12	41	65	97	168	153	63	13	–
8	13	21	35	44	63	165	193	316	433	595	867	745	561	239	37	–
6	8	14	22	31	39	99	122	204	281	399	522	329	200	58	8	–
2	5	7	13	13	24	66	71	112	152	196	345	416	361	181	29	–
5	7	6	8	3	14	30	30	45	76	127	159	161	109	41	5	–
4	6	4	6	3	9	19	21	29	48	96	95	77	40	10	3	–
1	1	2	2	–	5	11	9	16	28	31	64	84	69	31	2	–
2	9	5	8	10	28	56	54	91	146	294	478	474	413	158	36	–
1	5	3	7	6	19	38	29	52	88	189	252	174	127	40	6	–
1	4	2	1	4	9	18	25	39	58	105	226	300	286	118	30	–
4	2	3	2	1	3	5	3	2	2	1	2	4	–	–	–	–
4	2	3	2	1	3	5	3	2	1	1	2	1	–	–	–	–
–	–	–	–	–	–	–	–	–	1	–	–	3	–	–	–	–
21	21	31	47	69	68	124	128	111	164	178	196	132	58	14	3	6
13	12	20	33	48	44	94	93	77	103	106	102	74	36	5	2	6
8	9	11	14	21	24	30	35	34	61	72	94	58	22	9	1	–
17	18	26	38	54	56	103	104	96	114	132	158	87	41	7	3	6
10	9	18	27	38	37	77	75	64	70	73	76	45	22	3	2	6
7	9	8	11	16	19	26	29	32	44	59	82	42	19	4	1	–
–	1	–	1	3	2	3	6	12	16	28	23	20	9	6	–	–
–	–	–	–	3	2	3	2	10	10	14	12	9	6	6	–	–
–	1	–	1	–	–	–	4	2	6	14	11	11	3	–	–	–
–	–	–	–	1	–	6	2	–	6	6	2	4	–	–	–	–
–	–	–	–	–	–	6	1	–	6	4	1	4	–	–	–	–
–	–	–	–	1	–	–	1	–	–	2	1	–	–	–	–	–
5	18	40	35	51	85	124	124	125	172	254	261	177	109	34	3	7
3	13	31	28	37	67	97	99	81	103	140	102	60	31	7	1	7
2	5	9	7	14	18	27	25	44	69	114	159	117	78	27	2	–
5	6	21	12	28	32	55	54	58	100	140	168	108	83	21	2	1
3	5	15	12	22	25	42	42	32	55	64	57	35	22	3	–	1
2	1	6	–	6	7	13	12	26	45	76	111	73	61	18	2	–
–	9	18	20	21	50	64	64	65	68	104	90	69	26	13	1	6
–	5	15	13	13	41	51	51	48	46	70	43	25	9	4	1	6
–	4	3	7	8	9	13	13	17	22	34	47	44	17	9	–	–
–	–	–	–	1	1	–	–	–	2	5	3	–	–	–	–	–
–	–	–	–	1	–	–	–	–	–	2	2	–	–	–	–	–
–	–	–	–	–	1	–	–	–	2	3	1	–	–	–	–	–
67	79	78	81	77	64	69	55	62	49	54	39	21	11	–	–	–
41	55	47	58	60	49	52	46	44	33	36	27	6	3	–	–	–
26	24	31	23	17	15	17	9	18	16	18	12	15	8	–	–	–
–	–	–	2	3	6	9	3	5	7	7	2	2	1	–	–	–
–	–	–	2	3	5	7	3	5	7	6	2	1	1	–	–	–
–	–	–	–	–	1	2	–	–	–	1	–	1	–	–	–	–
5	5	17	10	23	35	84	102	154	284	467	545	518	398	126	18	1
3	4	12	9	18	25	67	85	120	216	349	375	297	210	55	8	1
2	1	5	1	5	10	17	17	34	68	118	170	221	188	71	10	–

第３表　年次・性・年齢階級（５歳階級）・不慮の事故

Table 3. Trends in accidental deaths and death rates (per 100,000

死亡数

Deaths

死因基本分類コード Detailed list of ICD-10 code	死因・性 Causes of death and sex		総数 Total	0歳 Years	1	2	3	4	0～4	5～9	10～14	15～19	20～24
(V01-X59)	不慮の事故	総数 T.	38 153	144	71	39	28	25	307	128	114	468	588
		男 M.	22 801	80	48	20	19	13	180	91	84	361	460
		女 F.	15 352	64	23	19	9	12	127	37	30	107	128
(V01-V98)	交通事故	総数 T.	7 499	10	16	14	9	7	56	70	52	343	348
		男 M.	5 191	5	11	9	6	4	35	50	39	264	288
		女 F.	2 308	5	5	5	3	3	21	20	13	79	60
(W00-W17)	転倒・転落	総数 T.	7 170	5	6	4	2	4	21	－	9	27	57
		男 M.	4 230	3	3	2	1	2	11	－	8	22	44
		女 F.	2 940	2	3	2	1	2	10	－	1	5	13
W01	スリップ，つまづき及びよろめきによる同一平面上での転倒	総数 T.	4 332	2	2	－	－	－	4	－	1	－	2
		男 M.	2 107	2	1	－	－	－	3	－	1	－	2
		女 F.	2 225	－	1	－	－	－	1	－	－	－	－
W10	階段及びステップからの転落及びその上での転倒	総数 T.	738	－	－	－	－	2	2	－	1	1	6
		男 M.	515	－	－	－	－	1	1	－	1	1	5
		女 F.	223	－	－	－	－	1	1	－	－	－	1
W13	建物又は建造物からの転落	総数 T.	724	－	3	2	1	2	8	－	7	19	30
		男 M.	531	－	1	－	－	1	2	－	6	14	24
		女 F.	193	－	2	2	1	1	6	－	1	5	6
W17	その他の転落	総数 T.	729	－	1	1	－	－	2	－	－	4	12
		男 M.	578	－	1	1	－	－	2	－	－	4	7
		女 F.	151	－	－	－	－	－	－	－	－	－	5
(W20-W49)	生物によらない機械的な力への曝露	総数 T.	615	2	1	1	－	1	5	3	1	3	15
		男 M.	568	－	－	1	－	1	2	2	1	3	15
		女 F.	47	2	1	－	－	－	3	1	－	－	－
W20	投げられ，投げ出され又は落下する物体による打撲	総数 T.	223	2	－	1	－	1	4	－	1	－	4
		男 M.	213	－	－	1	－	1	2	－	1	－	4
		女 F.	10	2	－	－	－	－	2	－	－	－	－
(W50-W64)	生物による機械的な力への曝露	総数 T.	26	－	－	－	－	－	－	－	－	－	1
		男 M.	22	－	－	－	－	－	－	－	－	－	1
		女 F.	4	－	－	－	－	－	－	－	－	－	－
(W65-W74)	不慮の溺死及び溺水	総数 T.	6 464	11	22	8	5	5	51	29	22	48	60
		男 M.	3 431	3	16	2	4	3	28	25	18	38	46
		女 F.	3 033	8	6	6	1	2	23	4	4	10	14
(W65-W66)	浴槽内での及び浴槽への転落による溺死及び溺水	総数 T.	4 180	9	21	4	3	1	38	4	7	11	21
		男 M.	1 987	3	15	－	2	1	21	3	5	3	12
		女 F.	2 193	6	6	4	1	－	17	1	2	8	9
(W69-W70)	自然の水域内での及び自然の水域への転落による溺死及び溺水	総数 T.	1 147	－	－	1	－	1	2	21	12	34	32
		男 M.	831	－	－	－	－	1	1	19	11	33	28
		女 F.	316	－	－	1	－	－	1	2	1	1	4
(W75-W84)	その他の不慮の窒息	総数 T.	9 419	109	20	6	7	4	146	5	11	15	21
		男 M.	4 889	65	13	3	5	2	88	3	8	12	17
		女 F.	4 530	44	7	3	2	2	58	2	3	3	4
W78	胃内容物の誤えん	総数 T.	1 361	29	3	1	3	1	37	1	1	4	8
		男 M.	670	18	2	1	3	1	25	1	1	3	7
		女 F.	691	11	1	－	－	－	12	－	－	1	1
W79	気道閉塞を生じた食物の誤えん	総数 T.	4 727	19	7	1	1	2	30	1	2	1	4
		男 M.	2 485	12	4	－	－	1	17	－	2	1	4
		女 F.	2 242	7	3	1	1	1	13	1	－	－	－
W80	気道閉塞を生じたその他の物体の誤えん	総数 T.	742	6	1	1	－	－	8	1	3	3	1
		男 M.	433	4	1	1	－	－	6	1	2	2	－
		女 F.	309	2	－	－	－	－	2	－	1	1	1
W84	詳細不明の窒息	総数 T.	2 328	14	6	1	1	1	23	2	4	2	7
		男 M.	1 138	9	4	－	1	－	14	1	2	1	5
		女 F.	1 190	5	2	1	－	1	9	1	2	1	2
(W85-W99)	電流，放射線並びに極端な気温及び気圧への曝露	総数 T.	44	－	－	－	－	－	－	－	－	－	2
		男 M.	37	－	－	－	－	－	－	－	－	－	2
		女 F.	7	－	－	－	－	－	－	－	－	－	－
(X00-X09)	煙，火及び火炎への曝露	総数 T.	1 452	2	2	3	1	2	10	18	16	11	11
		男 M.	894	－	2	2	1	－	5	10	9	6	7
		女 F.	558	2	－	1	－	2	5	8	7	5	4
X00	建物又は建造物内の管理されていない火への曝露	総数 T.	1 130	2	2	3	1	2	10	18	16	10	9
		男 M.	683	－	2	2	1	－	5	10	9	5	5
		女 F.	447	2	－	1	－	2	5	8	7	5	4
(X10-X19)	熱及び高温物質との接触	総数 T.	126	－	1	1	1	－	3	－	－	－	1
		男 M.	76	－	1	－	1	－	2	－	－	－	1
		女 F.	50	－	－	1	－	－	1	－	－	－	－
(X20-X29)	有毒動植物との接触	総数 T.	20	－	－	－	－	－	－	－	－	－	－
		男 M.	17	－	－	－	－	－	－	－	－	－	－
		女 F.	3	－	－	－	－	－	－	－	－	－	－
(X30-X39)	自然の力への曝露	総数 T.	1 453	4	1	－	－	－	5	2	2	5	10
		男 M.	909	3	1	－	－	－	4	1	1	5	5
		女 F.	544	1	－	－	－	－	1	1	1	－	5
X30	自然の過度の高温への曝露	総数 T.	569	2	1	－	－	－	3	1	－	2	2
		男 M.	323	1	1	－	－	－	2	1	－	2	2
		女 F.	246	1	－	－	－	－	1	－	－	－	－
X31	自然の過度の低温への曝露	総数 T.	842	2	－	－	－	－	2	－	－	2	5
		男 M.	559	2	－	－	－	－	2	－	－	2	3
		女 F.	283	－	－	－	－	－	－	－	－	－	2
X34	地震による受傷者	総数 T.	15	－	－	－	－	－	－	－	－	－	－
		男 M.	11	－	－	－	－	－	－	－	－	－	－
		女 F.	4	－	－	－	－	－	－	－	－	－	－
(X40-X49)	有害物質による不慮の中毒及び有害物質への曝露	総数 T.	895	1	－	－	2	－	3	－	1	14	55
		男 M.	591	1	－	－	－	－	1	－	－	10	31
		女 F.	304	－	－	－	2	－	2	－	1	4	24
(X50-X57)	無理ながんばり，旅行及び欠乏状態	総数 T.	66	－	－	－	－	－	－	－	－	－	1
		男 M.	50	－	－	－	－	－	－	－	－	－	－
		女 F.	16	－	－	－	－	－	－	－	－	－	1
(X58-X59)	その他及び詳細不明の要因への不慮の曝露	総数 T.	2 904	－	2	2	1	2	7	1	－	2	6
		男 M.	1 896	－	1	1	1	1	4	－	－	1	3
		女 F.	1 008	－	1	1	－	1	3	1	－	1	3

の種類別不慮の事故死亡数・率（人口10万対） －平成７～20年－

population) by sex, age (five-year age group) and type of accident, 1995-2008

平成20年
2008

25～29	30～34	35～39	40～44	45～49	50～54	55～59	60～64	65～69	70～74	75～79	80～84	85～89	90～94	95～99	100～	不詳 Not stated
522	615	777	712	888	1 139	1 967	2 223	2 820	3 864	5 230	6 116	4 866	3 303	1 245	220	41
399	476	600	571	705	872	1 490	1 665	1 993	2 516	3 134	3 419	2 137	1 209	368	39	32
123	139	177	141	183	267	477	558	827	1 348	2 096	2 697	2 729	2 094	877	181	9
244	258	298	284	302	379	546	557	705	812	856	838	396	131	18	1	5
211	227	254	253	248	280	424	402	486	495	503	461	191	68	7	–	5
33	31	44	31	54	99	122	155	219	317	353	377	205	63	11	1	–
66	78	96	93	127	161	321	399	488	685	893	1 128	1 081	899	448	90	3
46	56	71	72	109	125	271	348	396	504	601	670	451	300	107	15	3
20	22	25	21	18	36	50	51	92	181	292	458	630	599	341	75	–
9	6	20	19	41	48	92	134	186	311	517	791	874	780	409	87	1
8	3	14	16	37	36	77	111	149	211	306	441	339	243	95	14	1
1	3	6	3	4	12	15	23	37	100	211	350	535	537	314	73	–
3	1	7	12	16	32	67	81	84	98	104	112	69	35	6	1	–
2	–	6	8	14	24	55	69	54	66	76	73	39	18	2	1	–
1	1	1	4	2	8	12	12	30	32	28	39	30	17	4	–	–
32	41	50	31	40	33	61	62	66	78	59	46	31	20	9	–	1
20	26	36	23	31	28	49	51	56	59	43	37	15	8	2	–	1
12	15	14	8	9	5	12	11	10	19	16	9	16	12	7	–	–
14	23	15	23	22	35	69	70	87	112	93	72	40	26	8	1	1
11	21	12	20	20	26	63	67	74	95	73	42	22	16	2	–	1
3	2	3	3	2	9	6	3	13	17	20	30	18	10	6	1	–
18	22	47	21	40	48	87	92	61	54	39	40	11	7	1	–	–
18	22	44	20	37	47	85	85	58	48	32	35	9	4	1	–	–
–	–	3	1	3	1	2	7	3	6	7	5	2	3	–	–	–
1	6	17	6	15	20	31	34	34	21	15	11	1	2	–	–	–
1	6	17	6	14	20	30	33	34	21	11	11	1	1	–	–	–
–	–	–	–	1	–	1	1	–	–	4	–	–	1	–	–	–
1	–	–	1	2	2	3	2	2	3	3	6	–	–	–	–	–
1	–	–	1	2	2	3	2	1	3	2	4	–	–	–	–	–
–	–	–	–	–	–	–	–	1	–	1	2	–	–	–	–	–
59	71	85	65	99	148	274	362	562	818	1 258	1 232	803	335	65	4	14
41	52	66	49	67	111	194	259	373	450	589	553	313	120	28	2	9
18	19	19	16	32	37	80	103	189	368	669	679	490	215	37	2	5
17	20	21	18	31	47	107	165	326	559	925	942	626	242	48	3	2
8	17	12	13	13	29	73	110	199	273	420	414	251	87	20	2	2
9	3	9	5	18	18	34	55	127	286	505	528	375	155	28	1	–
33	44	51	40	50	74	112	127	132	116	105	80	43	27	2	–	10
27	29	42	31	43	63	82	95	102	84	64	48	15	6	2	–	6
6	15	9	9	7	11	30	32	30	32	41	32	28	21	–	–	4
27	41	62	77	111	138	342	349	528	835	1 254	1 767	1 747	1 351	500	90	2
13	26	34	55	82	95	212	212	333	550	811	1 015	739	446	126	10	2
14	15	28	22	29	43	130	137	195	285	443	752	1 008	905	374	80	–
4	9	13	30	26	24	45	39	57	92	174	237	256	201	85	17	1
1	6	6	25	18	18	36	24	30	60	98	126	103	62	16	3	1
3	3	7	5	8	6	9	15	27	32	76	111	153	139	69	14	–
5	19	19	28	58	78	196	203	313	469	636	910	852	632	236	34	1
1	13	12	14	42	51	110	119	198	292	417	546	365	211	67	2	1
4	6	7	14	16	27	86	84	115	177	219	364	487	421	169	32	–
2	4	10	5	6	6	22	29	42	70	117	130	135	104	38	6	–
2	2	6	5	4	4	13	20	29	52	86	76	64	45	14	–	–
–	2	4	–	2	2	9	9	13	18	31	54	71	59	24	6	–
11	4	11	6	14	17	54	62	91	171	305	479	487	406	139	33	–
6	3	5	4	12	14	32	37	60	123	195	263	202	125	29	5	–
5	1	6	2	2	3	22	25	31	48	110	216	285	281	110	28	–
2	2	2	4	3	2	5	2	5	6	4	4	1	–	–	–	–
2	2	2	4	3	2	4	2	3	4	3	3	1	–	–	–	–
–	–	–	–	–	–	1	–	2	2	1	1	–	–	–	–	–
16	30	40	39	59	58	116	119	103	142	191	253	130	65	17	5	3
9	20	21	22	41	43	84	94	78	97	113	146	52	27	7	1	2
7	10	19	17	18	15	32	25	25	45	78	107	78	38	10	4	1
14	24	35	31	52	47	95	95	78	106	142	187	101	43	12	2	3
9	17	18	16	35	34	71	75	58	69	81	105	37	17	5	–	2
5	7	17	15	17	13	24	20	20	37	61	82	64	26	7	2	1
–	3	–	–	2	2	2	6	6	17	21	31	13	10	7	2	–
–	2	–	–	1	1	2	3	2	11	15	15	9	7	4	1	–
–	1	–	–	1	1	–	3	4	6	6	16	4	3	3	1	–
–	–	–	1	–	2	1	1	6	2	2	4	1	–	–	–	–
–	–	–	1	–	2	1	1	6	–	2	4	–	–	–	–	–
–	–	–	–	–	–	–	–	–	2	–	–	1	–	–	–	–
14	16	34	29	46	88	111	134	134	162	199	192	136	90	25	5	14
10	11	32	26	37	78	88	108	101	108	98	95	46	30	11	3	11
4	5	2	3	9	10	23	26	33	54	101	97	90	60	14	2	3
5	8	9	14	20	26	35	35	50	63	77	88	70	43	13	3	2
4	7	7	12	17	24	26	29	37	37	29	45	19	13	6	2	2
1	1	2	2	3	2	9	6	13	26	48	43	51	30	7	1	–
8	7	20	13	24	56	72	95	79	98	120	102	66	47	12	2	12
6	3	20	12	19	48	58	76	61	71	69	50	27	17	5	1	9
2	4	–	1	5	8	14	19	18	27	51	52	39	30	7	1	3
–	1	1	1	2	4	3	1	–	–	1	1	–	–	–	–	–
–	1	1	1	1	4	3	–	–	–	–	–	–	–	–	–	–
–	–	–	–	1	–	–	1	–	–	1	1	–	–	–	–	–
67	89	92	85	72	61	70	62	49	38	52	41	28	15	1	–	–
42	54	61	59	56	49	54	44	33	24	30	25	15	3	–	–	–
25	35	31	26	16	12	16	18	16	14	22	16	13	12	1	–	–
–	–	4	3	3	8	15	13	4	3	8	4	–	–	–	–	–
–	–	4	2	3	7	12	11	4	1	3	3	–	–	–	–	–
–	–	–	1	–	1	3	2	–	2	5	1	–	–	–	–	–
8	5	17	10	22	42	74	125	167	287	450	576	519	400	163	23	–
6	4	11	7	19	30	56	94	119	221	332	390	311	204	77	7	–
2	1	6	3	3	12	18	31	48	66	118	186	208	196	86	16	–

第3表　年次・性・年齢階級（5歳階級）・不慮の事故

Table 3. Trends in accidental deaths and death rates (per 100,000

死亡数
Deaths

死因基本分類コード Detailed list of ICD-10 code	死因・性 Causes of death and sex		総数[1] Total	0歳 Years	1	2	3	4	0～4	5～9	10～14	15～19	20～24
(V01-X59)	不慮の事故	総数 T.	36.5	27.8	21.9	10.2	12.3	8.5	16.1	8.1	5.0	20.8	23.1
		男 M.	46.3	30.6	26.5	13.4	15.3	10.2	19.2	10.6	6.3	31.4	34.9
		女 F.	27.0	24.9	17.0	6.8	9.1	6.7	12.9	5.5	3.6	9.7	10.8
(V01-V98)	交通事故	総数 T.	12.2	1.5	3.6	3.7	4.3	3.2	3.3	3.3	1.6	16.6	16.4
		男 M.	17.7	1.8	4.1	5.1	5.7	4.7	4.3	4.5	2.1	26.4	26.0
		女 F.	6.9	1.2	3.1	2.1	2.7	1.7	2.2	2.1	1.0	6.2	6.4
(W00-W17)	転倒・転落	総数 T.	4.8	0.7	1.2	0.6	0.8	0.2	0.7	0.2	0.2	0.6	1.0
		男 M.	6.0	0.7	0.8	0.5	0.8	0.3	0.6	0.2	0.3	0.9	1.6
		女 F.	3.5	0.7	1.5	0.7	0.7	0.2	0.8	0.2	0.1	0.3	0.3
W01	スリップ，つまづき及びよろめきによる同一平面上での転倒	総数 T.	2.2	0.3	0.1	0.1	0.2	－	0.1	0.0	0.0	0.0	0.1
		男 M.	2.1	0.5	－	0.2	0.2	－	0.2	0.0	0.1	0.0	0.1
		女 F.	2.2	0.2	0.2	－	0.2	－	0.1	0.0	0.0	0.0	－
W10	階段及びステップからの転落及びその上での転倒	総数 T.	0.6	－	0.1	－	0.2	－	0.1	0.0	0.0	0.0	0.1
		男 M.	0.8	－	－	－	0.2	－	0.0	0.0	0.0	0.0	0.2
		女 F.	0.4	－	0.2	－	0.2	－	0.1	－	－	－	0.1
W13	建物又は建造物からの転落	総数 T.	0.8	－	0.8	0.5	0.4	0.2	0.4	0.1	0.1	0.4	0.5
		男 M.	1.2	－	0.8	0.3	0.5	0.3	0.4	0.1	0.2	0.6	0.9
		女 F.	0.3	－	0.9	0.7	0.3	－	0.4	0.1	0.0	0.2	0.1
W17	その他の転落	総数 T.	0.6	－	－	－	－	－	－	0.0	0.0	0.1	0.1
		男 M.	1.0	－	－	－	－	－	－	0.1	0.1	0.1	0.2
		女 F.	0.3	－	－	－	－	－	－	0.0	－	0.0	0.0
(W20-W49)	生物によらない機械的な力への曝露	総数 T.	0.8	－	0.2	0.2	0.2	0.2	0.1	0.2	0.1	0.3	0.4
		男 M.	1.5	－	0.3	0.3	0.3	0.2	0.2	0.2	0.2	0.5	0.8
		女 F.	0.1	－	－	－	－	0.2	0.0	0.2	0.0	0.0	－
W20	投げられ，投げ出され又は落下する物体による打撲	総数 T.	0.3	－	0.1	0.1	0.1	0.1	0.1	0.1	0.0	0.0	0.1
		男 M.	0.5	－	0.2	0.2	0.2	0.2	0.1	0.1	0.1	0.1	0.2
		女 F.	0.0	－	－	－	－	－	－	0.1	－	－	－
(W50-W64)	生物による機械的な力への曝露	総数 T.	0.0	0.1	－	－	0.1	－	0.0	0.0	－	0.0	0.0
		男 M.	0.0	0.2	－	－	－	－	0.0	－	－	－	0.0
		女 F.	0.0	－	－	－	0.2	－	0.0	0.0	－	0.0	－
(W65-W74)	不慮の溺死及び溺水	総数 T.	4.5	1.9	8.8	1.7	2.5	1.7	3.3	1.7	0.7	0.8	1.1
		男 M.	5.2	2.0	11.3	2.3	3.4	2.6	4.3	2.8	1.2	1.2	1.7
		女 F.	3.8	1.7	6.2	1.0	1.5	0.9	2.3	0.6	0.2	0.4	0.5
(W65-W66)	浴槽内での及び浴槽への転落による溺死及び溺水	総数 T.	2.6	1.8	6.8	0.7	0.4	0.2	2.0	0.2	0.1	0.1	0.1
		男 M.	2.5	2.0	8.4	0.8	0.3	0.2	2.3	0.2	0.2	0.1	0.1
		女 F.	2.6	1.6	5.2	0.5	0.5	0.2	1.6	0.1	0.1	0.2	0.2
(W69-W70)	自然の水域内での及び自然の水域への転落による溺死及び溺水	総数 T.	1.1	－	0.6	0.3	0.9	0.8	0.5	1.0	0.4	0.6	0.8
		男 M.	1.7	－	1.1	0.7	1.3	1.1	0.9	1.7	0.8	0.9	1.4
		女 F.	0.6	－	－	－	0.5	0.5	0.2	0.3	0.0	0.2	0.2
(W75-W84)	その他の不慮の窒息	総数 T.	5.7	19.5	3.9	1.3	1.8	0.7	5.4	0.2	0.2	0.1	0.3
		男 M.	6.9	21.7	5.6	1.5	1.5	0.5	6.1	0.3	0.4	0.2	0.3
		女 F.	4.6	17.3	2.1	1.0	2.1	0.9	4.7	0.1	0.1	0.0	0.2
W78	胃内容物の誤えん	総数 T.	1.0	5.4	0.9	0.6	0.6	0.2	1.5	0.0	0.1	0.0	0.1
		男 M.	1.1	5.0	1.5	1.0	0.3	－	1.5	0.1	0.2	0.0	0.2
		女 F.	0.8	5.9	0.3	0.2	0.9	0.5	1.6	0.0	－	－	0.1
W79	気道閉塞を生じた食物の誤えん	総数 T.	3.1	3.3	1.5	0.4	0.3	0.1	1.1	0.0	0.1	0.1	0.1
		男 M.	3.9	4.5	1.6	0.5	0.5	0.2	1.4	0.1	0.1	0.1	0.0
		女 F.	2.3	2.1	1.4	0.3	0.2	－	0.8	－	0.1	0.0	0.1
W80	気道閉塞を生じたその他の物体の誤えん	総数 T.	0.5	0.3	0.6	－	0.2	－	0.2	－	0.0	－	0.0
		男 M.	0.6	0.2	1.1	－	0.2	－	0.3	－	0.0	－	－
		女 F.	0.5	0.5	－	－	0.2	－	0.1	－	－	－	0.0
W84	詳細不明の窒息	総数 T.	0.8	1.6	0.3	－	0.3	－	0.4	0.0	0.0	0.0	0.0
		男 M.	0.9	2.2	0.3	－	0.3	－	0.6	0.0	－	0.0	0.0
		女 F.	0.8	1.0	0.2	－	0.2	－	0.3	0.0	0.0	0.0	－
(W85-W99)	電流，放射線並びに極端な気温及び気圧への曝露	総数 T.	0.1	0.3	－	0.1	－	－	0.1	－	－	0.0	0.1
		男 M.	0.1	0.2	－	0.2	－	－	0.1	－	－	0.0	0.2
		女 F.	0.0	0.3	－	－	－	－	0.1	－	－	－	－
(X00-X09)	煙，火及び火炎への曝露	総数 T.	1.1	0.4	0.7	0.4	0.9	0.6	0.6	0.4	0.2	0.2	0.4
		男 M.	1.4	－	0.7	0.7	1.3	0.5	0.6	0.5	0.3	0.2	0.5
		女 F.	0.8	0.9	0.7	0.2	0.5	0.7	0.6	0.4	0.1	0.2	0.3
X00	建物又は建造物内の管理されていない火への曝露	総数 T.	0.8	0.4	0.5	0.4	0.8	0.5	0.5	0.4	0.2	0.1	0.3
		男 M.	1.0	－	0.5	0.7	1.3	0.3	0.6	0.4	0.3	0.1	0.3
		女 F.	0.6	0.9	0.5	0.2	0.3	0.7	0.5	0.3	0.1	0.2	0.2
(X10-X19)	熱及び高温物質との接触	総数 T.	0.2	0.3	0.4	0.3	－	0.1	0.2	0.0	－	－	0.0
		男 M.	0.2	0.3	0.7	0.5	－	－	0.3	0.0	－	－	0.0
		女 F.	0.2	0.2	0.2	0.2	－	0.2	0.1	0.0	－	－	－
(X20-X29)	有毒動植物との接触	総数 T.	0.0	－	－	－	－	－	－	－	－	－	－
		男 M.	0.1	－	－	－	－	－	－	－	－	－	－
		女 F.	0.0	－	－	－	－	－	－	－	－	－	－
(X30-X39)	自然の力への曝露	総数 T.	5.2	2.8	2.9	1.4	1.7	1.7	2.1	1.9	1.9	2.0	3.1
		男 M.	4.8	3.3	2.9	1.8	2.1	1.5	2.3	1.9	1.8	1.7	3.2
		女 F.	5.6	2.3	2.9	1.0	1.2	2.0	1.9	1.9	2.1	2.4	3.0
X30	自然の過度の高温への曝露	総数 T.	0.3	0.4	0.2	－	－	0.1	0.1	0.0	0.0	0.0	0.0
		男 M.	0.3	0.5	0.3	－	－	0.2	0.2	0.0	0.0	0.1	0.0
		女 F.	0.2	0.3	－	－	－	－	0.1	－	0.0	－	0.0
X31	自然の過度の低温への曝露	総数 T.	0.6	0.1	0.2	0.1	－	－	0.1	－	0.0	0.0	0.1
		男 M.	0.9	－	－	0.2	－	－	0.0	－	0.0	0.0	0.1
		女 F.	0.4	0.2	0.3	－	－	－	0.1	－	－	0.0	0.0
X34	地震による受傷者	総数 T.	4.3	2.3	2.6	1.4	1.7	1.7	1.9	1.9	1.9	2.0	2.9
		男 M.	3.5	2.8	2.6	1.7	2.1	1.3	2.1	1.9	1.7	1.5	2.9
		女 F.	5.0	1.7	2.6	1.0	1.2	2.0	1.7	1.9	2.1	2.4	2.9
(X40-X49)	有害物質による不慮の中毒及び有害物質への曝露	総数 T.	0.5	0.1	0.3	0.3	0.1	－	0.1	0.0	0.0	0.1	0.3
		男 M.	0.7	0.2	0.2	0.3	0.2	－	0.2	0.1	0.0	0.2	0.4
		女 F.	0.3	－	0.3	0.2	－	－	0.1	0.0	－	0.1	0.2
(X50-X57)	無理ながんばり，旅行及び欠乏状態	総数 T.	0.1	－	－	－	－	－	－	－	－	0.0	－
		男 M.	0.1	－	－	－	－	－	－	－	－	0.0	－
		女 F.	0.0	－	－	－	－	－	－	－	－	－	－
(X58-X59)	その他及び詳細不明の要因への不慮の曝露	総数 T.	1.4	0.3	－	0.3	0.1	－	0.1	0.1	－	0.0	0.1
		男 M.	1.8	0.3	－	0.2	－	－	0.1	0.1	－	0.1	0.1
		女 F.	1.1	0.3	－	0.3	0.2	－	0.2	－	－	－	0.1

注：1）総数には年齢不詳を含む。

の種類別不慮の事故死亡数・率（人口10万対）　－平成７～20年－

population) by sex, age (five-year age group) and type of accident, 1995-2008

平成７年
1995

25～29	30～34	35～39	40～44	45～49	50～54	55～59	60～64	65～69	70～74	75～79	80～84	85～89	90～
15.3	12.3	12.3	16.0	20.1	29.1	36.7	47.6	59.2	90.3	143.0	219.1	324.7	481.1
23.5	18.6	19.3	24.1	29.5	43.0	52.9	68.9	81.4	121.9	190.4	305.6	485.3	703.1
6.9	5.8	5.2	7.8	10.7	15.4	21.0	27.6	39.5	67.9	113.6	170.8	249.7	401.3
9.2	6.2	5.8	7.2	8.6	11.1	13.5	16.4	18.5	27.3	34.9	41.4	35.7	21.7
15.0	10.1	9.8	11.3	12.9	16.8	19.7	23.7	25.9	39.1	50.2	62.6	63.2	44.5
3.1	2.3	1.7	3.1	4.3	5.4	7.5	9.5	11.9	18.9	25.3	29.5	22.9	13.5
1.1	1.1	1.1	1.7	2.4	3.3	5.1	6.7	7.9	11.0	18.3	32.7	68.2	149.1
1.8	2.0	1.9	3.0	4.3	5.8	9.1	11.5	12.9	17.5	25.7	42.2	84.8	150.5
0.4	0.2	0.3	0.4	0.6	0.9	1.3	2.3	3.5	6.3	13.7	27.4	60.5	148.5
0.1	0.2	0.1	0.2	0.5	0.8	1.3	2.2	2.4	4.2	10.0	21.0	46.6	120.8
0.1	0.3	0.1	0.4	0.9	1.5	2.1	3.4	3.8	5.9	11.7	24.7	53.2	110.3
0.1	0.1	0.1	0.1	0.1	0.2	0.5	1.1	1.2	3.0	9.0	18.9	43.6	124.6
0.1	0.1	0.1	0.3	0.4	0.6	0.9	0.9	1.2	1.7	2.4	3.0	7.3	8.1
0.1	0.1	0.2	0.6	0.6	1.1	1.7	1.5	1.6	2.5	3.0	4.4	8.9	10.3
0.0	0.1	0.1	0.0	0.1	0.1	0.2	0.3	0.7	1.1	2.0	2.2	6.6	7.4
0.6	0.5	0.5	0.6	0.6	0.8	1.1	1.3	1.3	1.5	1.6	1.7	3.6	4.8
0.9	0.9	0.7	0.9	1.2	1.5	2.0	2.4	2.4	2.5	2.9	2.2	5.8	12.0
0.2	0.1	0.2	0.2	0.1	0.2	0.2	0.3	0.4	0.8	0.8	1.5	2.6	2.2
0.2	0.2	0.3	0.4	0.6	0.7	1.0	1.1	1.4	1.6	2.0	2.9	4.1	4.1
0.4	0.3	0.5	0.7	1.1	1.2	1.9	2.0	2.2	2.5	4.1	4.3	6.6	3.4
0.0	0.0	-	0.1	0.2	0.2	0.2	0.3	0.6	0.9	0.6	2.2	2.8	4.3
0.4	0.5	0.5	0.8	0.9	1.5	1.9	1.8	1.7	1.0	0.8	0.6	1.0	1.1
0.8	0.9	1.0	1.5	1.7	2.7	3.5	3.5	3.2	2.0	1.8	1.5	2.8	3.4
0.1	0.0	0.1	0.2	0.1	0.3	0.3	0.2	0.3	0.2	0.2	0.1	0.1	0.3
0.1	0.1	0.2	0.2	0.3	0.6	0.7	0.7	0.7	0.3	0.2	0.1	0.2	0.2
0.3	0.2	0.3	0.4	0.6	1.1	1.3	1.4	1.4	0.6	0.5	0.2	0.6	-
-	-	0.0	0.0	0.0	0.0	0.1	0.1	0.1	0.1	-	-	-	0.3
0.0	-	0.0	-	0.0	0.0	0.0	0.1	0.0	0.0	0.0	0.1	0.1	0.2
0.1	-	0.0	-	0.0	0.0	0.0	0.1	-	-	0.1	0.1	0.3	-
-	-	-	-	-	-	-	0.0	0.0	0.0	-	0.1	-	0.3
1.1	0.9	1.2	1.5	1.8	2.6	3.3	5.3	7.8	13.7	25.7	35.0	48.1	48.4
1.7	1.4	1.9	2.3	2.6	4.0	4.7	7.8	10.7	15.7	27.8	41.5	70.6	69.3
0.5	0.4	0.5	0.6	1.0	1.2	1.9	3.0	5.2	12.3	24.4	31.4	37.6	40.9
0.2	0.2	0.3	0.4	0.4	0.7	1.2	2.5	4.5	9.7	19.3	26.5	36.9	36.6
0.2	0.1	0.3	0.4	0.5	0.9	1.5	3.1	5.9	10.1	19.3	32.0	56.2	54.7
0.2	0.3	0.2	0.3	0.4	0.5	0.8	1.9	3.4	9.4	19.2	23.4	27.9	30.1
0.8	0.5	0.8	0.9	1.0	1.3	1.4	1.7	1.7	1.9	2.7	3.5	4.1	3.4
1.3	0.9	1.3	1.5	1.6	2.1	2.3	2.9	2.8	2.8	3.6	4.1	5.3	3.4
0.3	0.1	0.2	0.3	0.4	0.5	0.6	0.6	0.8	1.3	2.1	3.1	3.5	3.4
0.3	0.4	0.7	1.0	1.5	2.6	3.4	5.5	8.9	15.7	30.8	56.5	101.6	155.9
0.5	0.7	1.1	1.4	2.0	3.7	4.6	8.1	13.0	24.0	48.2	88.7	162.6	248.1
0.2	0.2	0.4	0.5	1.0	1.4	2.1	3.0	5.2	9.9	20.1	38.5	73.1	122.7
0.1	0.2	0.3	0.3	0.4	0.4	0.6	0.8	1.6	2.3	4.5	8.3	16.3	23.1
0.1	0.4	0.4	0.5	0.6	0.6	0.9	1.2	2.0	3.5	6.1	10.6	20.5	41.9
0.1	0.0	0.2	0.1	0.1	0.2	0.3	0.5	1.2	1.5	3.5	7.1	14.4	16.3
0.1	0.2	0.2	0.4	0.7	1.4	2.0	3.2	5.1	8.8	18.1	32.2	58.0	84.4
0.1	0.2	0.2	0.5	0.8	1.9	2.7	4.7	7.8	14.3	29.7	56.4	98.6	137.7
0.1	0.1	0.1	0.3	0.5	0.9	1.4	1.8	2.7	4.9	10.8	18.7	39.1	65.2
-	0.0	0.1	0.1	0.1	0.1	0.2	0.6	0.8	1.6	2.9	6.0	9.5	17.0
-	0.0	0.1	0.1	0.1	0.2	0.3	0.8	1.3	2.3	4.2	8.5	15.8	19.7
-	0.0	-	0.1	0.1	0.1	0.0	0.3	0.5	1.1	2.1	4.6	6.6	16.0
0.0	0.0	0.1	0.1	0.2	0.2	0.3	0.6	1.0	2.5	4.9	9.3	17.0	31.2
0.1	-	0.1	0.1	0.1	0.3	0.5	0.8	1.4	3.3	7.6	12.7	26.9	48.8
-	0.0	0.1	0.1	0.2	0.2	0.2	0.3	0.6	1.9	3.3	7.4	12.4	24.9
0.1	0.1	0.0	0.0	0.1	0.1	0.1	0.1	0.0	0.0	-	0.0	-	0.2
0.1	0.1	0.1	0.1	0.2	0.1	0.2	0.1	0.1	0.1	-	0.1	-	0.9
0.0	-	-	-	0.0	-	-	0.0	-	0.0	-	-	-	-
0.3	0.4	0.4	0.4	0.7	0.9	1.3	1.2	1.9	2.9	5.6	7.1	9.3	13.1
0.4	0.5	0.5	0.6	1.2	1.3	1.9	1.9	2.8	3.8	8.0	10.0	14.7	29.1
0.3	0.3	0.3	0.2	0.3	0.5	0.6	0.5	1.1	2.3	4.2	5.4	6.9	7.4
0.2	0.4	0.3	0.3	0.6	0.7	1.0	0.8	1.3	2.1	3.1	4.5	6.1	7.9
0.3	0.4	0.4	0.4	0.9	1.0	1.5	1.3	1.8	2.6	4.5	6.1	9.4	15.4
0.2	0.3	0.3	0.2	0.3	0.4	0.5	0.4	0.8	1.7	2.3	3.6	4.5	5.2
0.0	0.0	0.0	0.0	0.1	0.1	0.2	0.1	0.2	0.7	1.2	2.0	2.5	3.4
0.0	0.0	0.0	0.0	0.1	0.1	0.2	0.2	0.3	1.2	1.4	3.2	3.3	8.6
0.0	-	-	-	0.1	0.1	0.2	0.0	0.2	0.4	1.1	1.4	2.1	1.5
-	-	-	0.0	0.0	0.1	0.1	0.0	0.1	0.1	0.2	0.3	0.3	0.2
-	-	-	0.0	0.0	0.1	0.1	0.1	0.2	0.2	0.4	0.4	0.6	0.9
-	-	-	-	-	0.0	0.0	-	0.0	0.1	0.1	0.2	0.1	-
2.1	2.0	1.8	2.6	3.2	5.5	6.5	8.2	9.6	13.4	17.2	25.4	30.2	33.0
2.2	1.8	2.0	2.9	3.3	5.9	6.9	8.8	8.3	11.7	15.1	25.8	34.3	36.8
2.1	2.1	1.5	2.4	3.1	5.1	6.1	7.6	10.7	14.6	18.5	25.1	28.2	31.7
0.0	0.1	0.1	0.2	0.2	0.3	0.2	0.3	0.2	0.4	0.9	1.6	4.8	6.8
0.0	0.2	0.2	0.3	0.3	0.5	0.3	0.4	0.2	0.4	1.2	1.9	5.3	11.1
-	0.0	0.0	0.0	0.1	-	0.1	0.1	0.1	0.4	0.6	1.4	4.5	5.2
0.2	0.2	0.2	0.4	0.5	0.9	1.0	1.3	0.8	1.3	2.2	3.3	4.2	5.4
0.3	0.3	0.2	0.6	1.0	1.7	1.6	2.3	1.5	1.7	2.9	4.0	6.1	6.8
0.1	0.1	0.1	0.2	0.1	0.2	0.3	0.3	0.2	1.1	1.7	2.9	3.4	4.9
1.9	1.6	1.5	2.1	2.4	4.2	5.2	6.6	8.5	11.6	14.1	20.5	21.2	20.8
1.8	1.3	1.6	2.0	2.0	3.6	4.9	6.0	6.6	9.5	10.8	19.8	23.0	18.8
2.0	1.9	1.4	2.2	2.9	4.9	5.6	7.1	10.2	13.1	16.2	20.9	20.3	21.5
0.4	0.4	0.5	0.5	0.4	0.6	0.6	0.7	0.7	0.6	0.9	1.2	1.7	1.8
0.7	0.6	0.8	0.8	0.7	1.0	0.9	0.9	1.1	0.7	1.2	1.9	3.0	2.6
0.2	0.2	0.3	0.2	0.2	0.2	0.3	0.5	0.4	0.5	0.7	0.8	1.0	1.5
0.0	0.0	0.1	0.1	0.1	0.1	0.1	0.1	0.1	0.1	0.2	0.1	0.1	-
-	0.0	0.1	0.2	0.1	0.2	0.2	0.2	0.2	0.3	0.2	0.1	-	-
0.0	-	-	-	0.0	-	-	0.1	0.0	0.1	0.1	0.1	0.1	-
0.1	0.2	0.1	0.1	0.3	0.8	0.8	1.3	1.8	3.7	7.2	16.7	25.9	52.9
0.1	0.3	0.1	0.1	0.4	1.4	1.0	2.0	2.7	5.7	10.5	27.5	45.1	108.6
0.0	0.1	0.0	0.1	0.1	0.2	0.6	0.6	1.0	2.4	5.1	10.7	16.9	32.9

Note: 1) Total includes persons of unknown age.

第3表　年次・性・年齢階級（5歳階級）・不慮の事故

Table 3. Trends in accidental deaths and death rates (per 100,000

死亡数
Deaths

死因基本分類コード Detailed list of ICD-10 code	死因・性 Causes of death and sex		総数[1) Total	0歳 Years	1	2	3	4	0～4	5～9	10～14	15～19	20～24
(V01-X59)	不慮の事故	総数 T.	31.4	22.7	17.0	9.5	7.1	6.7	12.6	5.2	3.1	18.0	18.7
		男 M.	41.7	26.0	21.0	11.5	9.5	8.9	15.3	7.3	4.3	28.5	29.5
		女 F.	21.5	19.3	12.9	7.4	4.7	4.3	9.7	2.9	1.9	7.0	7.4
(V01-V98)	交通事故	総数 T.	11.5	1.2	4.3	2.6	2.4	2.8	2.6	2.8	1.7	15.4	14.8
		男 M.	16.6	1.8	5.0	2.3	2.8	3.7	3.1	3.6	2.3	24.5	23.4
		女 F.	6.6	0.5	3.5	2.9	1.9	1.7	2.1	2.0	1.1	5.8	5.7
(W00-W17)	転倒・転落	総数 T.	4.7	1.5	1.4	1.7	0.6	0.2	1.1	0.2	0.3	0.6	1.0
		男 M.	6.2	1.8	1.8	2.3	0.8	－	1.4	0.2	0.4	0.8	1.4
		女 F.	3.4	1.2	1.0	1.0	0.3	0.3	0.8	0.2	0.2	0.3	0.5
W01	スリップ，つまづき及びよろめきによる同一平面上での転倒	総数 T.	2.1	0.2	0.2	0.2	－	－	0.1	0.1	0.1	0.0	0.1
		男 M.	2.1	0.2	0.2	0.2	－	－	0.1	0.1	0.1	－	0.1
		女 F.	2.2	0.2	0.2	0.2	－	－	0.1	0.1	－	0.0	0.1
W10	階段及びステップからの転落及びその上での転倒	総数 T.	0.6	0.2	0.3	0.2	0.2	－	0.2	0.0	0.0	0.0	0.1
		男 M.	0.9	0.2	0.3	0.2	－	－	0.1	0.0	0.0	0.0	0.1
		女 F.	0.3	0.2	0.2	0.2	0.3	－	0.2	－	－	－	0.0
W13	建物又は建造物からの転落	総数 T.	0.7	0.2	0.6	1.0	0.3	0.2	0.5	0.1	0.1	0.3	0.5
		男 M.	1.1	－	0.7	1.6	0.7	－	0.6	0.0	0.1	0.4	0.6
		女 F.	0.3	0.3	0.5	0.3	－	0.3	0.3	0.1	0.1	0.2	0.4
W17	その他の転落	総数 T.	0.7	－	－	0.2	－	－	0.0	0.1	0.1	0.1	0.3
		男 M.	1.1	－	－	0.3	－	－	0.1	0.1	0.1	0.1	0.5
		女 F.	0.2	－	－	－	－	－	－	0.0	0.1	0.1	0.0
(W20-W49)	生物によらない機械的な力への曝露	総数 T.	0.8	0.1	0.1	－	－	0.2	0.1	0.1	0.1	0.2	0.6
		男 M.	1.4	0.2	0.2	－	－	0.2	0.1	0.2	0.1	0.3	1.1
		女 F.	0.1	－	－	－	－	0.2	0.0	－	－	－	0.0
W20	投げられ，投げ出され又は落下する物体による打撲	総数 T.	0.3	－	－	－	－	－	－	0.0	－	0.0	0.1
		男 M.	0.5	－	－	－	－	－	－	0.0	－	0.1	0.3
		女 F.	0.0	－	－	－	－	－	－	－	－	－	－
(W50-W64)	生物による機械的な力への曝露	総数 T.	0.0	0.2	0.1	0.1	－	－	0.1	0.0	－	0.0	0.0
		男 M.	0.0	0.3	0.2	－	－	－	0.1	0.0	－	0.0	0.1
		女 F.	0.0	－	－	0.2	－	－	0.0	－	－	－	－
(W65-W74)	不慮の溺死及び溺水	総数 T.	4.5	1.4	6.2	2.1	1.6	1.9	2.6	1.3	0.5	0.9	1.0
		男 M.	5.2	1.6	7.7	3.1	2.7	2.9	3.6	2.3	0.8	1.4	1.6
		女 F.	3.9	1.2	4.7	1.0	0.5	0.9	1.7	0.3	0.3	0.4	0.4
(W65-W66)	浴槽内での及び浴槽への転落による溺死及び溺水	総数 T.	2.5	1.4	4.7	0.6	0.3	0.3	1.5	0.1	0.1	0.2	0.2
		男 M.	2.4	1.6	5.3	0.8	0.5	0.5	1.7	0.1	0.1	0.1	0.2
		女 F.	2.6	1.0	4.0	0.3	0.2	0.2	1.1	－	0.1	0.2	0.1
(W69-W70)	自然の水域内での及び自然の水域への転落による溺死及び溺水	総数 T.	1.1	－	0.3	0.3	0.4	0.3	0.3	0.7	0.3	0.5	0.7
		男 M.	1.7	－	0.5	0.7	0.7	0.5	0.5	1.3	0.6	0.9	1.2
		女 F.	0.6	－	－	－	0.2	0.2	0.1	0.2	0.1	0.1	0.2
(W75-W84)	その他の不慮の窒息	総数 T.	5.5	16.7	3.5	1.4	0.9	0.4	4.6	0.2	0.2	0.2	0.4
		男 M.	6.6	17.9	4.8	1.5	1.5	0.3	5.2	0.3	0.3	0.3	0.5
		女 F.	4.6	15.5	2.1	1.4	0.3	0.5	3.9	0.1	0.0	0.0	0.2
W78	胃内容物の誤えん	総数 T.	0.8	3.2	0.7	0.3	0.1	0.1	0.9	0.0	0.1	0.0	0.1
		男 M.	0.9	3.8	0.7	0.2	－	0.2	1.0	0.1	0.1	0.1	0.2
		女 F.	0.7	2.6	0.7	0.5	0.2	－	0.8	0.0	－	－	0.0
W79	気道閉塞を生じた食物の誤えん	総数 T.	2.9	3.6	0.7	0.3	0.3	0.1	1.0	0.1	0.0	0.0	0.1
		男 M.	3.5	3.6	1.0	0.5	0.3	0.2	1.1	0.1	0.1	0.0	0.1
		女 F.	2.4	3.6	0.3	0.2	0.2	－	0.9	0.0	－	－	0.1
W80	気道閉塞を生じたその他の物体の誤えん	総数 T.	0.5	0.7	0.5	0.2	0.1	－	0.3	－	0.0	－	0.0
		男 M.	0.6	1.0	0.8	0.3	0.2	－	0.5	－	0.0	－	0.0
		女 F.	0.4	0.3	0.2	－	－	－	0.1	－	－	－	－
W84	詳細不明の窒息	総数 T.	1.0	1.7	0.3	0.2	0.1	0.1	0.5	0.0	0.0	0.0	0.1
		男 M.	1.1	1.5	0.5	－	0.2	－	0.4	－	－	0.1	0.1
		女 F.	0.9	1.9	0.2	0.3	－	0.2	0.5	0.0	0.0	0.0	0.0
(W85-W99)	電流，放射線並びに極端な気温及び気圧への曝露	総数 T.	0.1	0.3	－	0.1	－	－	0.1	－	－	0.0	0.0
		男 M.	0.1	0.5	－	0.2	－	－	0.1	－	－	0.0	0.1
		女 F.	0.0	－	－	－	－	－	－	－	－	－	－
(X00-X09)	煙，火及び火炎への曝露	総数 T.	1.1	0.5	0.7	1.1	1.3	1.1	0.9	0.3	0.2	0.3	0.2
		男 M.	1.4	0.8	0.5	1.6	1.3	1.5	1.2	0.4	0.3	0.3	0.3
		女 F.	0.9	0.2	0.9	0.5	1.2	0.7	0.7	0.2	0.2	0.3	0.1
X00	建物又は建造物内の管理されていない火への曝露	総数 T.	0.8	0.4	0.7	1.1	1.1	1.1	0.9	0.3	0.2	0.2	0.1
		男 M.	1.0	0.7	0.5	1.6	1.2	1.5	1.1	0.4	0.2	0.2	0.2
		女 F.	0.6	0.2	0.9	0.5	1.0	0.7	0.7	0.2	0.2	0.2	0.1
(X10-X19)	熱及び高温物質との接触	総数 T.	0.2	0.1	0.3	0.2	0.2	－	0.1	0.0	－	0.0	0.0
		男 M.	0.2	－	0.2	0.2	0.3	－	0.1	0.0	－	0.0	0.1
		女 F.	0.2	0.2	0.3	0.2	－	－	0.1	－	－	0.0	－
(X20-X29)	有毒動植物との接触	総数 T.	0.0	－	－	－	－	－	－	－	－	－	0.0
		男 M.	0.1	－	－	－	－	－	－	－	－	－	0.0
		女 F.	0.0	－	－	－	－	－	－	－	－	－	－
(X30-X39)	自然の力への曝露	総数 T.	0.8	0.2	0.2	－	0.1	－	0.1	0.0	0.1	0.1	0.2
		男 M.	1.1	0.3	0.3	－	－	－	0.1	0.1	0.1	0.2	0.2
		女 F.	0.4	－	－	－	0.2	－	0.0	－	0.1	0.1	0.1
X30	自然の過度の高温への曝露	総数 T.	0.1	0.1	0.1	－	0.1	－	0.1	－	0.0	0.0	0.0
		男 M.	0.2	0.2	0.2	－	－	－	0.1	－	0.1	0.1	0.0
		女 F.	0.1	－	－	－	0.2	－	0.0	－	－	－	0.0
X31	自然の過度の低温への曝露	総数 T.	0.6	0.1	0.1	－	－	－	0.0	0.0	－	0.0	0.1
		男 M.	0.9	0.2	0.2	－	－	－	0.1	0.1	－	0.0	0.2
		女 F.	0.3	－	－	－	－	－	－	－	－	－	0.1
X34	地震による受傷者	総数 T.	－	－	－	－	－	－	－	－	－	－	－
		男 M.	－	－	－	－	－	－	－	－	－	－	－
		女 F.	－	－	－	－	－	－	－	－	－	－	－
(X40-X49)	有害物質による不慮の中毒及び有害物質への曝露	総数 T.	0.6	－	－	0.1	－	－	0.0	0.1	0.0	0.3	0.5
		男 M.	0.8	－	－	0.2	－	－	0.0	0.2	－	0.5	0.6
		女 F.	0.4	－	－	－	－	－	－	0.1	0.0	0.1	0.3
(X50-X57)	無理ながんばり，旅行及び欠乏状態	総数 T.	0.1	0.1	－	－	－	－	0.0	－	－	－	－
		男 M.	0.1	0.2	－	－	－	－	0.0	－	－	－	－
		女 F.	0.0	－	－	－	－	－	－	－	－	－	－
(X58-X59)	その他及び詳細不明の要因への不慮の曝露	総数 T.	1.5	0.5	0.3	0.2	0.1	0.2	0.3	0.0	0.0	0.0	0.1
		男 M.	1.9	0.5	0.3	0.2	－	0.3	0.3	－	0.0	0.1	0.1
		女 F.	1.1	0.5	0.3	0.2	0.2	－	0.2	0.0	－	0.0	0.0

注：1）総数には年齢不詳を含む。

の種類別不慮の事故死亡数・率（人口10万対）－平成７～20年－

population) by sex, age (five-year age group) and type of accident, 1995-2008

平成８年
1996

25～29	30～34	35～39	40～44	45～49	50～54	55～59	60～64	65～69	70～74	75～79	80～84	85～89	90～
12.3	11.4	11.2	13.9	17.6	24.1	29.0	39.2	50.6	71.2	121.3	191.9	290.7	441.9
19.6	18.0	17.8	22.4	27.0	37.7	45.3	60.3	75.3	104.5	172.8	272.8	438.9	647.2
4.8	4.7	4.4	5.4	8.1	10.7	13.2	19.4	28.6	46.8	89.8	146.9	223.1	369.7
8.0	6.5	6.0	6.9	8.1	10.9	12.4	15.4	18.6	23.4	32.7	37.3	35.4	19.5
13.0	10.4	9.8	11.4	12.2	16.7	18.4	22.5	26.0	34.1	45.6	55.2	62.2	38.2
2.9	2.5	2.1	2.5	4.0	5.1	6.5	8.8	12.1	15.6	24.8	27.3	23.2	12.9
1.2	1.2	1.1	1.8	2.3	3.6	4.6	6.8	7.3	10.7	17.3	32.0	62.5	142.3
1.9	1.8	1.7	3.1	4.0	6.3	8.4	12.0	12.5	18.0	27.7	43.3	77.2	160.2
0.5	0.6	0.4	0.5	0.6	1.0	0.8	1.9	2.6	5.3	10.9	25.8	55.8	136.0
0.1	0.1	0.1	0.2	0.5	0.7	1.0	1.9	2.3	4.7	9.0	19.5	45.1	119.2
0.1	0.2	0.1	0.3	0.9	1.1	1.8	3.2	3.4	7.0	12.1	22.4	48.4	117.9
0.0	0.1	0.1	0.1	0.1	0.3	0.3	0.6	1.2	3.1	7.1	17.9	43.6	119.7
0.1	0.1	0.2	0.4	0.4	0.7	0.8	1.0	1.2	1.3	2.5	3.8	5.3	6.1
0.2	0.2	0.3	0.6	0.6	1.2	1.4	1.6	2.0	2.0	4.5	6.3	8.5	10.6
0.0	0.1	0.1	0.1	0.2	0.2	0.2	0.5	0.5	0.7	1.2	2.4	3.8	4.6
0.7	0.6	0.4	0.5	0.5	0.8	1.0	1.3	1.1	1.1	1.7	2.3	2.9	4.7
1.0	0.8	0.6	0.9	0.9	1.3	1.8	2.3	1.9	2.3	3.4	4.0	4.9	8.9
0.4	0.4	0.2	0.2	0.2	0.3	0.2	0.4	0.3	0.3	0.7	1.4	1.9	3.1
0.2	0.3	0.3	0.4	0.6	0.9	1.0	1.3	1.2	1.6	1.5	3.2	4.5	3.4
0.3	0.5	0.5	0.8	1.0	1.6	2.0	2.4	2.3	3.2	2.7	5.2	7.8	4.9
0.0	0.1	0.1	0.1	0.1	0.2	0.0	0.2	0.2	0.5	0.8	2.0	3.0	2.9
0.4	0.5	0.5	0.6	0.9	1.4	1.4	1.7	1.8	1.2	1.0	0.9	0.8	1.1
0.8	1.0	0.9	1.1	1.8	2.6	2.5	3.3	3.4	2.5	2.2	2.0	1.8	1.6
0.1	0.1	0.1	0.1	0.1	0.1	0.3	0.2	0.3	0.2	0.2	0.3	0.4	0.9
0.1	0.1	0.1	0.2	0.3	0.5	0.7	0.7	0.9	0.4	0.3	0.1	0.2	0.4
0.2	0.2	0.2	0.3	0.6	1.1	1.3	1.3	1.8	0.9	0.6	0.2	0.5	0.8
0.0	-	0.0	-	0.0	-	0.0	0.1	0.1	0.1	0.1	-	-	0.3
0.0	-	-	0.0	-	0.0	-	0.1	0.0	-	-	0.0	0.1	-
0.0	-	-	0.0	-	0.0	-	0.1	-	-	-	-	0.3	-
-	-	-	-	-	-	-	-	0.0	-	-	0.1	-	-
1.1	1.2	1.1	1.7	2.2	2.7	3.7	4.8	7.6	12.9	24.5	37.0	43.3	48.8
1.7	1.8	1.7	2.8	3.1	3.9	5.5	6.8	10.0	14.9	27.2	42.6	57.8	70.7
0.5	0.6	0.5	0.6	1.3	1.5	1.9	3.0	5.4	11.5	22.8	33.9	36.7	41.1
0.2	0.2	0.2	0.3	0.5	0.7	1.3	2.2	4.3	8.8	18.5	27.5	34.3	35.1
0.2	0.4	0.3	0.4	0.6	0.8	1.8	2.8	5.0	9.2	19.9	32.9	47.2	52.8
0.2	0.1	0.2	0.3	0.3	0.5	0.9	1.7	3.6	8.4	17.7	24.4	28.4	28.9
0.7	0.7	0.6	1.1	1.2	1.5	1.5	1.5	1.9	2.0	1.8	3.2	3.9	4.2
1.3	1.1	1.1	1.9	1.8	2.4	2.4	2.5	3.0	2.8	2.4	3.5	4.9	4.1
0.2	0.3	0.2	0.2	0.5	0.7	0.6	0.5	0.9	1.4	1.4	2.9	3.4	4.3
0.4	0.4	0.6	0.8	1.3	2.1	2.9	5.3	8.5	14.1	28.6	54.5	97.2	151.4
0.6	0.6	1.0	1.0	1.7	2.8	4.0	7.5	12.5	21.7	45.3	85.5	152.8	226.8
0.2	0.3	0.3	0.5	0.9	1.5	1.8	3.3	4.9	8.4	18.5	37.2	71.8	124.9
0.1	0.1	0.2	0.1	0.3	0.4	0.5	0.8	0.9	1.9	4.1	7.0	13.4	21.6
0.2	0.2	0.3	0.2	0.4	0.5	0.7	1.0	1.3	2.8	5.3	9.3	14.8	29.3
0.0	0.1	0.1	0.0	0.1	0.3	0.3	0.5	0.6	1.2	3.4	5.7	12.7	18.9
0.1	0.1	0.2	0.4	0.7	1.1	1.6	3.1	5.3	7.8	15.7	30.2	52.0	78.9
0.1	0.2	0.3	0.5	0.8	1.4	1.9	4.3	7.8	12.4	26.7	48.9	85.5	120.3
0.1	0.1	0.1	0.3	0.6	0.8	1.2	2.0	2.9	4.4	9.0	19.8	36.6	64.3
0.0	0.0	-	0.0	0.1	0.1	0.2	0.4	0.6	1.3	2.8	4.8	10.2	14.8
0.0	0.0	-	0.0	0.1	0.1	0.2	0.7	0.9	2.0	4.4	8.4	18.4	22.0
0.0	0.1	-	0.0	0.1	0.1	0.1	0.2	0.3	0.7	1.9	2.8	6.4	12.3
0.0	0.0	0.1	0.0	0.1	0.3	0.4	0.7	1.2	2.9	5.4	11.8	21.0	34.5
0.0	-	0.2	0.0	0.1	0.3	0.7	0.9	1.7	4.1	8.2	18.2	32.4	52.8
-	0.1	0.1	0.0	0.1	0.2	0.2	0.5	0.8	2.0	3.7	8.3	15.8	28.0
0.1	0.1	0.1	0.1	0.1	0.1	0.1	0.1	0.0	0.0	0.1	0.1	-	-
0.2	0.1	0.2	0.1	0.1	0.1	0.2	0.1	0.1	0.0	0.1	0.2	-	-
-	-	-	-	-	-	0.0	0.1	-	-	0.0	-	-	-
0.3	0.3	0.5	0.5	0.7	1.0	0.9	1.4	1.9	2.6	4.5	8.1	10.8	14.4
0.4	0.5	0.6	0.5	1.1	1.5	1.4	2.2	2.9	3.5	6.4	12.3	18.9	26.0
0.2	0.2	0.4	0.4	0.4	0.5	0.5	0.7	1.1	2.0	3.4	5.8	7.1	10.3
0.1	0.3	0.4	0.4	0.5	0.7	0.7	1.0	1.5	1.6	3.0	5.2	6.7	8.7
0.2	0.4	0.5	0.4	0.8	1.1	1.0	1.5	2.2	2.0	4.4	7.9	11.4	18.7
0.1	0.2	0.4	0.4	0.3	0.4	0.4	0.6	0.8	1.3	2.1	3.7	4.5	5.1
0.0	0.1	0.0	0.0	0.1	0.1	0.2	0.2	0.4	0.4	0.8	1.6	2.7	3.2
0.0	0.1	0.0	0.1	0.2	0.1	0.2	0.2	0.6	0.6	1.0	1.8	5.4	4.9
0.0	0.1	-	0.0	0.0	-	0.1	0.2	0.2	0.2	0.7	1.6	1.4	2.6
-	0.0	-	0.0	0.0	0.0	0.1	0.1	0.2	0.1	0.2	0.0	0.3	0.2
-	0.0	-	0.0	0.0	0.1	0.1	0.1	0.3	0.2	0.3	-	0.8	-
-	-	-	-	0.0	0.0	-	0.0	-	0.0	0.2	0.1	0.1	0.3
0.2	0.2	0.5	0.6	0.7	1.1	1.4	1.3	1.2	1.4	2.3	3.1	5.0	8.9
0.3	0.3	0.9	1.1	1.3	1.8	2.4	2.3	2.0	2.3	2.4	3.8	5.2	16.3
0.1	0.0	0.2	0.2	0.1	0.4	0.4	0.3	0.4	0.7	2.2	2.8	5.0	6.3
0.1	-	0.1	0.2	0.1	0.1	0.1	0.1	0.1	0.1	0.2	0.8	1.4	3.6
0.1	-	0.1	0.3	0.1	0.2	0.2	0.3	0.2	0.2	0.2	1.2	2.3	8.1
-	-	0.1	0.0	0.0	0.0	0.0	0.0	0.1	0.1	0.3	0.5	1.0	2.0
0.1	0.2	0.4	0.4	0.6	0.8	1.1	1.0	1.0	1.2	2.0	2.4	3.7	5.3
0.1	0.3	0.6	0.7	1.1	1.4	2.0	1.9	1.7	2.0	2.2	2.6	2.8	8.1
0.0	0.0	0.2	0.1	0.1	0.3	0.2	0.2	0.3	0.6	2.0	2.2	4.0	4.3
-	-	-	-	-	-	-	-	-	-	-	-	-	-
-	-	-	-	-	-	-	-	-	-	-	-	-	-
-	-	-	-	-	-	-	-	-	-	-	-	-	-
0.4	0.7	0.6	0.6	0.6	0.6	0.5	0.5	0.8	0.7	1.3	2.1	1.9	2.5
0.6	1.1	0.9	0.9	1.0	0.9	0.7	0.7	1.3	1.0	1.4	2.6	3.4	1.6
0.3	0.3	0.2	0.4	0.3	0.3	0.3	0.3	0.5	0.6	1.3	1.9	1.2	2.9
-	0.0	0.0	0.1	0.1	0.1	0.1	0.2	0.1	0.1	0.2	0.2	0.1	0.2
-	0.1	0.1	0.1	0.2	0.2	0.3	0.3	0.3	0.1	0.3	0.2	-	0.8
-	-	-	-	0.0	0.0	-	0.1	-	0.1	0.1	0.1	0.1	-
0.1	0.1	0.1	0.1	0.4	0.5	0.8	1.4	2.2	3.6	7.8	14.7	30.5	49.5
0.1	0.2	0.1	0.1	0.5	0.7	1.2	2.2	3.3	5.4	12.9	23.3	53.1	100.0
0.1	0.1	0.1	0.1	0.2	0.3	0.5	0.6	1.1	2.3	4.7	10.0	20.2	31.7

Note: 1) Total includes persons of unknown age.

第3表　年次・性・年齢階級（5歳階級）・不慮の事故

Table 3. Trends in accidental deaths and death rates (per 100,000

死亡数
Deaths

死因基本分類コード Detailed list of ICD-10 code	死因・性 Causes of death and sex		総数[1] Total	0歳 Years	1	2	3	4	0〜4	5〜9	10〜14	15〜19	20〜24
(V01-X59)	不慮の事故	総数 T.	31.1	23.4	13.4	9.5	6.5	6.4	11.9	5.1	2.6	17.7	17.7
		男 M.	41.1	27.1	14.2	10.8	7.1	7.8	13.4	6.3	3.7	27.7	28.0
		女 F.	21.5	19.5	12.6	8.2	5.9	4.9	10.2	3.8	1.5	7.1	6.9
(V01-V98)	交通事故	総数 T.	11.2	2.0	2.5	4.2	3.1	2.6	2.9	2.6	1.4	15.2	13.9
		男 M.	16.0	2.0	2.3	5.2	3.4	3.2	3.2	3.5	1.9	24.1	21.8
		女 F.	6.5	2.1	2.6	3.1	2.8	2.1	2.5	1.7	0.9	5.9	5.6
(W00-W17)	転倒・転落	総数 T.	4.7	1.3	0.9	1.0	0.6	0.5	0.9	0.2	0.2	0.5	1.3
		男 M.	6.1	2.1	1.0	1.3	0.8	0.3	1.1	0.2	0.2	0.7	2.1
		女 F.	3.3	0.3	0.9	0.7	0.3	0.7	0.6	0.2	0.1	0.2	0.5
W01	スリップ，つまづき及びよろめきによる同一平面上での転倒	総数 T.	2.2	0.3	0.1	0.2	0.1	0.3	0.2	0.0	−	0.1	0.1
		男 M.	2.2	0.5	0.2	0.3	0.2	0.2	0.3	−	−	0.1	0.2
		女 F.	2.1	−	−	−	−	0.3	0.1	0.1	−	−	0.0
W10	階段及びステップからの転落及びその上での転倒	総数 T.	0.5	0.1	0.3	0.1	−	−	0.1	−	0.0	0.0	0.1
		男 M.	0.8	0.2	0.2	−	−	−	0.1	−	0.0	−	0.0
		女 F.	0.3	−	0.3	0.2	−	−	0.1	−	−	0.0	0.1
W13	建物又は建造物からの転落	総数 T.	0.7	0.2	0.6	0.5	0.4	0.2	0.4	0.1	0.1	0.2	0.6
		男 M.	1.1	0.2	0.7	0.7	0.5	−	0.4	0.1	0.2	0.3	0.9
		女 F.	0.3	0.2	0.5	0.3	0.3	0.3	0.3	0.1	0.1	0.2	0.3
W17	その他の転落	総数 T.	0.7	0.1	−	0.2	−	−	0.1	0.1	0.0	0.1	0.3
		男 M.	1.1	0.2	−	0.2	−	−	0.1	0.1	0.0	0.2	0.6
		女 F.	0.3	−	−	0.2	−	−	0.0	0.1	−	−	0.0
(W20-W49)	生物によらない機械的な力への曝露	総数 T.	0.7	0.2	−	−	−	0.2	0.1	0.2	0.0	0.2	0.4
		男 M.	1.3	0.2	−	−	−	0.2	0.1	0.2	0.1	0.3	0.7
		女 F.	0.1	0.2	−	−	−	0.2	0.1	0.2	−	0.1	0.1
W20	投げられ，投げ出され又は落下する物体による打撲	総数 T.	0.2	0.1	−	−	−	−	0.0	0.1	0.0	0.0	0.1
		男 M.	0.5	0.2	−	−	−	−	0.0	0.1	0.0	0.0	0.2
		女 F.	0.0	−	−	−	−	−	−	0.1	−	−	0.0
(W50-W64)	生物による機械的な力への曝露	総数 T.	0.0	0.1	−	−	−	−	0.0	−	−	0.0	0.0
		男 M.	0.0	−	−	−	−	−	−	−	−	0.0	0.1
		女 F.	0.0	0.2	−	−	−	−	0.0	−	−	0.0	−
(W65-W74)	不慮の溺死及び溺水	総数 T.	4.5	2.1	6.2	1.5	0.7	1.9	2.5	1.3	0.6	1.0	1.1
		男 M.	5.3	2.6	6.8	2.0	1.0	2.3	2.9	1.7	1.0	1.5	1.9
		女 F.	3.8	1.6	5.6	1.0	0.3	1.4	2.0	0.9	0.2	0.4	0.2
(W65-W66)	浴槽内での及び浴槽への転落による溺死及び溺水	総数 T.	2.5	1.9	4.8	0.6	0.3	0.4	1.6	0.1	0.1	0.1	0.1
		男 M.	2.4	2.5	5.1	1.0	0.3	0.3	1.9	0.1	0.2	0.2	0.1
		女 F.	2.6	1.4	4.5	0.2	0.2	0.5	1.4	0.2	0.1	0.1	0.1
(W69-W70)	自然の水域内での及び自然の水域への転落による溺死及び溺水	総数 T.	1.2	−	0.1	0.3	0.1	0.9	0.3	0.8	0.4	0.6	0.8
		男 M.	1.8	−	0.2	0.5	−	1.3	0.4	1.2	0.7	1.0	1.4
		女 F.	0.6	−	−	−	0.2	0.5	0.1	0.4	0.1	0.2	0.1
(W75-W84)	その他の不慮の窒息	総数 T.	5.7	15.6	2.8	1.1	0.9	0.3	4.2	0.3	0.1	0.2	0.2
		男 M.	6.6	17.1	3.0	0.8	0.7	0.3	4.4	0.3	0.2	0.2	0.3
		女 F.	4.9	14.0	2.6	1.4	1.2	0.2	3.9	0.3	0.0	0.2	0.1
W78	胃内容物の誤えん	総数 T.	0.9	3.7	0.7	0.3	0.3	−	1.0	0.1	0.0	0.1	0.1
		男 M.	1.0	3.4	0.8	0.2	−	−	0.9	0.0	0.0	0.1	0.1
		女 F.	0.8	4.0	0.5	0.5	0.7	−	1.1	0.1	−	0.1	−
W79	気道閉塞を生じた食物の誤えん	総数 T.	2.9	2.9	0.8	0.2	0.3	0.1	0.8	0.1	0.0	0.1	0.1
		男 M.	3.5	3.9	1.0	0.3	0.3	−	1.1	0.1	0.0	0.1	0.1
		女 F.	2.4	1.9	0.5	−	0.2	0.2	0.6	0.1	−	0.0	0.0
W80	気道閉塞を生じたその他の物体の誤えん	総数 T.	0.5	0.2	0.2	0.3	0.1	0.1	0.2	0.0	0.0	0.0	0.0
		男 M.	0.6	0.2	0.2	0.2	0.2	0.2	0.2	0.0	0.0	0.0	−
		女 F.	0.4	0.2	0.2	0.3	−	−	0.1	−	0.0	−	0.0
W84	詳細不明の窒息	総数 T.	1.2	1.2	0.4	0.3	−	−	0.4	0.0	−	0.0	0.0
		男 M.	1.2	1.0	0.7	0.2	−	−	0.4	0.0	−	0.0	0.0
		女 F.	1.1	1.4	0.2	0.5	−	−	0.4	0.1	−	0.1	0.0
(W85-W99)	電流，放射線並びに極端な気温及び気圧への曝露	総数 T.	0.1	−	−	0.1	−	−	0.0	−	−	0.0	0.1
		男 M.	0.1	−	−	−	−	−	−	−	−	0.0	0.2
		女 F.	0.0	−	−	0.2	−	−	0.0	−	−	−	−
(X00-X09)	煙，火及び火炎への曝露	総数 T.	1.2	0.7	0.4	0.9	1.1	0.8	0.8	0.4	0.2	0.3	0.2
		男 M.	1.5	0.8	0.7	0.8	1.1	1.5	1.0	0.4	0.2	0.3	0.3
		女 F.	0.8	0.5	0.2	0.9	1.0	−	0.5	0.4	0.2	0.2	0.1
X00	建物又は建造物内の管理されていない火への曝露	総数 T.	0.8	0.7	0.4	0.7	1.1	0.8	0.7	0.4	0.2	0.2	0.2
		男 M.	1.1	0.8	0.7	0.7	1.1	1.5	1.0	0.3	0.1	0.3	0.2
		女 F.	0.6	0.5	0.2	0.7	1.0	−	0.5	0.4	0.2	0.1	0.1
(X10-X19)	熱及び高温物質との接触	総数 T.	0.1	0.2	0.2	0.3	0.1	−	0.1	0.0	−	0.0	−
		男 M.	0.2	0.3	−	0.2	−	−	0.1	−	−	0.0	−
		女 F.	0.1	−	0.3	0.3	0.2	−	0.2	0.0	−	−	−
(X20-X29)	有毒動植物との接触	総数 T.	0.0	−	−	−	−	−	−	0.0	−	−	−
		男 M.	0.1	−	−	−	−	−	−	−	−	−	−
		女 F.	0.0	−	−	−	−	−	−	0.0	−	−	−
(X30-X39)	自然の力への曝露	総数 T.	0.7	0.4	0.3	0.3	−	0.2	0.2	0.0	0.0	0.1	0.1
		男 M.	1.0	0.5	0.3	0.3	−	−	0.2	−	0.0	0.2	0.1
		女 F.	0.4	0.3	0.2	0.2	−	0.3	0.2	0.0	0.0	0.1	0.1
X30	自然の過度の高温への曝露	総数 T.	0.1	0.3	0.3	0.1	−	−	0.1	−	0.0	0.0	0.0
		男 M.	0.2	0.3	0.3	0.2	−	−	0.2	−	0.0	0.1	0.0
		女 F.	0.1	0.3	0.2	−	−	−	0.1	−	−	−	0.0
X31	自然の過度の低温への曝露	総数 T.	0.5	−	−	0.1	−	−	0.0	−	−	0.1	0.1
		男 M.	0.7	−	−	0.2	−	−	0.0	−	−	0.1	0.1
		女 F.	0.3	−	−	−	−	−	−	−	−	0.0	0.0
X34	地震による受傷者	総数 T.	−	−	−	−	−	−	−	−	−	−	−
		男 M.	−	−	−	−	−	−	−	−	−	−	−
		女 F.	−	−	−	−	−	−	−	−	−	−	−
(X40-X49)	有害物質による不慮の中毒及び有害物質への曝露	総数 T.	0.5	−	0.1	−	−	−	0.0	0.0	0.0	0.1	0.4
		男 M.	0.6	−	−	−	−	−	−	0.0	0.0	0.1	0.5
		女 F.	0.3	−	0.2	−	−	−	0.0	−	−	0.1	0.3
(X50-X57)	無理ながんばり，旅行及び欠乏状態	総数 T.	0.1	−	−	−	−	−	−	−	−	−	−
		男 M.	0.1	−	−	−	−	−	−	−	−	−	−
		女 F.	0.0	−	−	−	−	−	−	−	−	−	−
(X58-X59)	その他及び詳細不明の要因への不慮の曝露	総数 T.	1.6	0.9	0.1	0.3	−	−	0.3	0.0	0.0	0.1	0.1
		男 M.	2.2	1.5	0.2	0.2	−	−	0.4	−	0.0	0.1	0.1
		女 F.	1.1	0.3	−	0.3	−	−	0.1	0.0	0.0	0.0	0.0

注：1）総数には年齢不詳を含む。

の種類別不慮の事故死亡数・率（人口10万対） －平成７～20年－

population) by sex, age (five-year age group) and type of accident, 1995-2008

平成９年
1997

25～29	30～34	35～39	40～44	45～49	50～54	55～59	60～64	65～69	70～74	75～79	80～84	85～89	90～
12.3	10.8	10.8	13.1	16.7	22.7	29.6	37.5	48.0	70.3	117.6	191.8	279.4	416.8
19.6	17.2	17.1	20.3	26.0	35.0	46.0	57.5	71.5	100.2	172.5	283.7	428.7	601.5
4.7	4.2	4.5	5.7	7.3	10.5	13.8	18.8	27.0	47.3	84.7	141.1	211.8	353.5
8.2	6.3	5.6	6.3	7.5	10.2	12.9	15.3	16.9	22.8	31.0	38.3	32.6	21.5
13.4	10.3	9.1	9.6	11.4	15.2	18.7	21.9	23.7	31.6	45.8	60.2	54.2	36.6
2.9	2.2	2.1	2.8	3.5	5.2	7.3	9.1	10.9	16.1	22.1	26.1	22.9	16.4
1.0	0.9	1.3	1.4	2.1	3.0	4.8	6.6	8.0	9.6	17.3	31.0	59.0	132.4
1.5	1.4	2.1	2.5	3.6	5.3	8.8	11.2	13.9	15.4	27.5	42.6	82.6	160.4
0.4	0.4	0.4	0.4	0.6	0.7	0.9	2.2	2.7	5.2	11.1	24.6	48.3	122.8
0.1	0.1	0.1	0.3	0.5	0.6	1.0	2.1	2.4	3.9	8.8	19.1	42.7	109.7
0.1	0.2	0.2	0.5	0.8	1.1	1.8	3.3	3.8	6.0	12.0	23.7	54.4	121.6
0.1	0.0	0.1	0.0	0.2	0.2	0.2	0.9	1.2	2.4	6.8	16.5	37.3	105.6
0.1	0.1	0.2	0.2	0.3	0.5	0.7	1.2	1.1	1.5	2.3	3.7	3.8	5.9
0.1	0.1	0.3	0.4	0.6	0.8	1.3	2.0	1.7	2.2	3.8	5.0	6.1	8.2
-	0.1	0.0	0.0	0.1	0.1	0.2	0.4	0.5	1.0	1.5	3.0	2.8	5.1
0.5	0.5	0.5	0.5	0.5	0.9	1.1	1.1	1.3	1.2	1.7	2.2	2.8	3.2
0.8	0.7	0.8	0.7	0.9	1.5	2.0	2.1	2.5	2.0	3.3	2.9	5.4	6.0
0.3	0.3	0.3	0.2	0.2	0.3	0.3	0.2	0.3	0.6	0.8	1.7	1.7	2.3
0.2	0.2	0.3	0.3	0.5	0.6	1.3	1.4	1.6	1.4	2.1	2.6	3.6	5.1
0.3	0.3	0.5	0.6	0.9	1.2	2.5	2.3	3.0	2.3	3.7	4.3	5.4	10.4
0.0	0.1	0.0	0.0	0.1	0.1	0.1	0.5	0.4	0.8	1.1	1.6	2.8	3.3
0.4	0.5	0.6	0.7	0.9	0.9	1.5	1.3	1.5	1.4	0.7	1.0	0.2	0.8
0.7	0.9	1.1	1.2	1.7	1.6	2.8	2.5	3.0	2.9	1.4	2.2	0.2	1.5
-	0.1	0.1	0.1	0.1	0.1	0.3	0.2	0.1	0.3	0.2	0.4	0.2	0.5
0.1	0.1	0.2	0.2	0.3	0.3	0.5	0.7	0.6	0.6	0.2	0.2	-	-
0.1	0.2	0.4	0.4	0.7	0.5	1.0	1.3	1.2	1.2	0.3	0.5	-	-
-	-	0.0	0.0	0.0	0.1	0.1	0.1	0.0	0.1	0.1	0.1	-	-
0.0	-	-	0.0	0.0	0.0	0.0	0.1	0.1	-	-	-	0.2	-
0.0	-	-	0.1	0.0	0.0	0.0	0.1	0.1	-	-	-	0.2	-
-	-	-	-	-	-	-	0.0	-	-	-	-	0.1	-
1.1	1.1	1.1	1.7	2.2	3.0	3.5	4.8	7.2	12.7	23.4	35.2	42.7	44.2
1.8	1.7	1.6	2.6	3.2	4.5	5.0	7.3	9.4	15.0	26.3	43.5	58.1	66.4
0.5	0.4	0.6	0.8	1.1	1.4	2.0	2.4	5.3	10.9	21.7	30.7	35.7	36.6
0.2	0.1	0.2	0.3	0.5	0.7	1.1	2.0	4.0	8.6	16.6	26.0	31.9	33.7
0.2	0.2	0.3	0.3	0.6	0.8	1.5	2.7	4.5	9.5	18.1	31.7	42.9	53.0
0.2	0.1	0.1	0.3	0.5	0.6	0.7	1.3	3.6	8.0	15.7	22.8	26.9	27.1
0.7	0.7	0.7	1.0	1.2	1.6	1.4	1.7	1.7	1.9	2.7	3.0	3.9	2.9
1.3	1.2	1.1	1.6	2.0	2.7	2.3	2.7	2.7	2.7	3.6	4.0	4.4	3.0
0.1	0.2	0.3	0.3	0.4	0.6	0.6	0.7	0.9	1.4	2.1	2.5	3.7	2.8
0.4	0.6	0.7	1.0	1.5	2.1	3.0	5.0	7.8	14.1	27.7	56.1	99.0	150.1
0.6	0.7	0.8	1.3	2.0	2.8	4.3	7.4	11.4	20.6	43.4	88.3	151.2	212.7
0.2	0.4	0.6	0.6	0.9	1.4	1.7	2.7	4.6	9.1	18.3	38.3	75.3	128.6
0.2	0.2	0.2	0.3	0.4	0.5	0.6	0.8	1.1	1.9	4.1	6.5	15.1	22.3
0.3	0.4	0.3	0.4	0.6	0.6	1.0	1.1	1.7	2.5	6.2	8.8	18.6	21.6
0.1	0.1	0.2	0.1	0.2	0.3	0.1	0.4	0.6	1.5	2.9	5.3	13.6	22.5
0.1	0.2	0.3	0.3	0.7	1.0	1.6	2.8	4.3	7.8	15.0	30.3	48.6	79.4
0.2	0.1	0.3	0.3	0.9	1.2	2.1	4.1	6.1	12.2	24.9	50.6	79.9	124.6
0.0	0.3	0.2	0.3	0.5	0.8	1.2	1.5	2.7	4.5	9.1	19.1	34.4	63.9
0.0	0.0	0.1	0.1	0.1	0.2	0.2	0.3	0.6	1.0	2.7	5.5	10.2	13.7
0.0	0.0	0.1	0.1	0.1	0.2	0.3	0.4	0.9	1.7	3.5	8.8	18.6	22.4
0.0	0.1	0.0	-	0.1	0.1	0.1	0.1	0.3	0.5	2.3	3.7	6.4	10.7
0.0	0.1	0.1	0.1	0.2	0.3	0.4	0.9	1.3	3.0	5.6	13.4	24.5	34.1
0.0	0.1	0.0	0.2	0.2	0.4	0.5	1.2	1.9	4.0	8.4	19.3	32.8	43.3
0.0	0.1	0.1	0.1	0.1	0.1	0.2	0.6	0.8	2.2	3.9	10.1	20.7	30.9
0.0	0.1	0.1	0.1	0.1	0.1	0.1	0.0	0.0	0.1	0.0	0.0	-	-
0.0	0.1	0.1	0.2	0.2	0.2	0.2	-	0.0	0.1	0.1	0.1	-	-
-	-	-	-	-	-	-	0.0	-	0.0	-	-	-	-
0.3	0.5	0.4	0.8	0.8	1.0	1.1	1.2	1.8	2.6	4.9	7.7	9.6	10.3
0.4	0.7	0.6	1.0	1.1	1.5	1.8	1.9	2.6	3.8	6.5	10.5	16.7	23.9
0.3	0.2	0.2	0.5	0.4	0.6	0.4	0.5	1.1	1.6	3.9	6.2	6.3	5.6
0.3	0.3	0.3	0.6	0.6	0.9	0.8	0.9	1.3	1.7	3.2	5.2	6.3	6.7
0.3	0.5	0.3	0.7	0.8	1.3	1.2	1.5	1.9	2.5	3.9	7.6	10.8	16.4
0.2	0.2	0.2	0.4	0.4	0.5	0.4	0.3	0.7	1.2	2.7	3.9	4.3	3.3
0.0	0.0	0.0	0.0	0.1	0.0	0.1	0.1	0.2	0.3	0.9	1.4	2.1	3.2
-	0.0	0.1	0.0	0.1	0.0	0.2	0.2	0.3	0.3	1.4	1.9	4.4	7.5
0.0	-	-	0.0	0.1	-	0.0	0.1	0.1	0.3	0.7	1.1	1.0	1.8
-	-	0.0	-	0.0	0.0	0.1	0.0	0.2	0.1	0.1	0.2	0.2	0.2
-	-	0.0	-	0.0	0.1	0.1	0.0	0.3	0.2	0.2	0.1	0.5	0.7
-	-	-	-	-	-	0.0	-	0.0	0.0	0.0	0.2	0.1	-
0.2	0.2	0.3	0.3	0.6	1.0	1.1	1.1	1.1	1.5	2.0	3.0	4.4	6.3
0.3	0.3	0.5	0.5	1.0	1.7	1.9	1.9	1.7	2.1	2.9	3.5	5.6	9.7
0.2	0.1	0.2	0.2	0.3	0.3	0.4	0.3	0.6	1.0	1.5	2.7	3.9	5.1
0.0	0.0	0.1	0.1	0.1	0.1	0.1	0.1	0.2	0.2	0.3	0.7	0.8	2.1
0.0	0.1	0.1	0.1	0.1	0.3	0.2	0.3	0.2	0.4	0.2	1.0	0.7	3.0
-	-	-	-	0.0	0.0	0.0	-	0.1	0.1	0.4	0.6	0.9	1.8
0.2	0.1	0.2	0.2	0.5	0.8	1.0	0.9	0.9	1.2	1.6	2.2	3.6	4.2
0.2	0.2	0.3	0.3	0.8	1.3	1.7	1.6	1.5	1.7	2.6	2.4	4.9	6.7
0.1	0.1	0.1	0.2	0.2	0.2	0.3	0.3	0.4	0.8	1.0	2.1	3.0	3.3
-	-	-	-	-	-	-	-	-	-	-	-	-	-
-	-	-	-	-	-	-	-	-	-	-	-	-	-
-	-	-	-	-	-	-	-	-	-	-	-	-	-
0.5	0.5	0.6	0.4	0.5	0.6	0.6	0.5	0.7	0.9	1.3	1.2	1.5	1.9
0.7	0.7	0.9	0.5	0.7	1.0	0.8	0.6	1.2	1.1	1.8	0.9	2.2	3.7
0.2	0.4	0.4	0.2	0.3	0.3	0.4	0.5	0.3	0.7	1.0	1.3	1.1	1.3
-	0.0	0.1	0.1	0.1	0.1	0.1	0.1	0.1	0.1	0.2	0.1	0.2	-
-	0.0	0.1	0.2	0.2	0.2	0.1	0.2	0.2	0.2	0.2	0.1	0.2	-
-	0.0	0.0	-	-	0.1	0.0	-	-	0.0	0.1	0.1	0.1	-
0.1	0.1	0.1	0.3	0.4	0.6	0.8	1.4	2.5	4.2	8.1	16.7	27.8	45.9
0.1	0.1	0.2	0.6	0.7	1.0	1.2	2.2	3.7	7.0	14.9	29.9	52.5	78.4
0.0	-	0.0	0.0	0.0	0.2	0.4	0.7	1.3	2.1	4.1	9.5	16.7	34.8

Note: 1) Total includes persons of unknown age.

第3表　年次・性・年齢階級（5歳階級）・不慮の事故

Table 3. Trends in accidental deaths and death rates (per 100,000

死亡数
Deaths

死因基本分類コード Detailed list of ICD-10 code	死因・性 Causes of death and sex		総数[1)] Total	0歳 Years	1	2	3	4	0～4	5～9	10～14	15～19	20～24
(V01-X59)	不慮の事故	総数 T.	31.1	22.5	14.6	7.8	8.9	6.1	12.0	5.8	3.0	16.4	17.0
		男 M.	40.7	26.3	18.0	8.8	11.2	6.6	14.2	8.0	4.4	25.6	26.5
		女 F.	21.8	18.6	10.9	6.8	6.5	5.7	9.7	3.5	1.5	6.7	7.0
(V01-V98)	交通事故	総数 T.	10.7	1.3	3.2	3.6	3.2	3.5	3.0	3.0	1.6	13.7	13.4
		男 M.	15.6	2.1	4.1	3.6	4.3	3.9	3.6	4.1	2.2	21.4	20.9
		女 F.	6.1	0.3	2.3	3.5	2.1	3.1	2.3	1.9	0.9	5.5	5.4
(W00-W17)	転倒・転落	総数 T.	4.9	0.9	0.7	1.1	0.7	0.3	0.7	0.2	0.2	0.8	1.0
		男 M.	6.2	1.0	0.7	1.2	0.5	–	0.7	0.3	0.3	1.1	1.5
		女 F.	3.7	0.9	0.7	1.0	0.9	0.7	0.8	0.2	0.1	0.5	0.5
W01	スリップ，つまづき及びよろめきによる同一平面上での転倒	総数 T.	2.4	0.3	0.3	0.2	–	–	0.1	0.0	0.0	0.1	0.1
		男 M.	2.4	0.3	0.3	–	–	–	0.1	0.0	0.0	0.1	0.1
		女 F.	2.5	0.2	0.2	0.3	–	–	0.1	0.0	–	0.0	0.0
W10	階段及びステップからの転落及びその上での転倒	総数 T.	0.5	0.1	0.1	–	0.1	–	0.1	0.0	0.0	0.0	0.0
		男 M.	0.8	0.2	–	–	–	–	0.0	0.1	–	0.1	0.0
		女 F.	0.3	–	0.2	–	0.2	–	0.1	–	0.0	–	0.0
W13	建物又は建造物からの転落	総数 T.	0.7	0.1	0.2	0.8	0.6	0.3	0.4	0.1	0.2	0.5	0.6
		男 M.	1.1	–	0.2	0.8	0.5	–	0.3	0.2	0.3	0.6	0.9
		女 F.	0.3	0.2	0.2	0.7	0.7	0.5	0.5	0.1	0.1	0.4	0.3
W17	その他の転落	総数 T.	0.6	0.1	–	–	–	–	0.0	0.0	–	0.2	0.2
		男 M.	1.0	0.2	–	–	–	–	0.0	–	–	0.3	0.3
		女 F.	0.2	–	–	–	–	–	–	0.0	–	0.0	0.0
(W20-W49)	生物によらない機械的な力への曝露	総数 T.	0.7	0.3	0.3	0.1	0.3	–	0.2	0.1	0.1	0.2	0.4
		男 M.	1.2	0.2	0.3	–	0.5	–	0.2	0.2	0.1	0.3	0.7
		女 F.	0.1	0.3	0.3	0.2	0.2	–	0.2	0.0	0.1	–	–
W20	投げられ，投げ出され又は落下する物体による打撲	総数 T.	0.2	0.1	–	–	0.2	–	0.1	0.0	0.0	0.1	0.1
		男 M.	0.4	0.2	–	–	0.2	–	0.1	0.1	–	0.1	0.2
		女 F.	0.0	–	–	–	0.2	–	0.0	–	0.0	–	–
(W50-W64)	生物による機械的な力への曝露	総数 T.	0.0	0.2	–	–	–	–	0.0	–	0.0	0.0	0.0
		男 M.	0.0	–	–	–	–	–	–	–	0.0	0.0	–
		女 F.	0.0	0.3	–	–	–	–	0.1	–	–	–	0.0
(W65-W74)	不慮の溺死及び溺水	総数 T.	4.5	1.4	6.6	1.0	1.7	0.8	2.3	1.7	0.7	1.0	1.0
		男 M.	5.2	1.6	8.3	1.0	2.3	0.8	2.8	2.4	1.1	1.8	1.5
		女 F.	3.8	1.2	4.9	1.0	1.0	0.7	1.8	0.9	0.2	0.2	0.4
(W65-W66)	浴槽内での及び浴槽への転落による溺死及び溺水	総数 T.	2.5	1.3	5.3	0.3	0.3	0.2	1.5	0.2	0.1	0.2	0.1
		男 M.	2.5	1.5	6.4	0.2	0.3	–	1.7	0.3	0.0	0.1	0.1
		女 F.	2.5	1.2	4.2	0.3	0.3	0.3	1.3	0.1	0.1	0.2	0.1
(W69-W70)	自然の水域内での及び自然の水域への転落による溺死及び溺水	総数 T.	1.2	–	0.2	0.3	0.9	0.1	0.3	0.9	0.5	0.8	0.7
		男 M.	1.8	–	0.3	0.2	1.3	0.2	0.4	1.3	1.0	1.6	1.2
		女 F.	0.6	–	–	0.3	0.3	–	0.1	0.4	0.1	0.0	0.2
(W75-W84)	その他の不慮の窒息	総数 T.	6.0	16.5	2.6	0.9	0.9	0.6	4.3	0.3	0.3	0.2	0.4
		男 M.	7.0	19.4	3.0	1.2	0.8	0.7	5.0	0.4	0.3	0.3	0.5
		女 F.	5.1	13.4	2.3	0.5	1.0	0.5	3.6	0.2	0.2	0.2	0.2
W78	胃内容物の誤えん	総数 T.	0.9	4.6	0.9	0.1	0.2	0.3	1.2	0.0	0.0	0.0	0.1
		男 M.	1.0	4.9	1.2	–	0.2	0.7	1.4	0.0	0.1	0.0	0.1
		女 F.	0.8	4.3	0.7	0.2	0.2	–	1.1	0.1	0.0	0.0	0.0
W79	気道閉塞を生じた食物の誤えん	総数 T.	3.2	3.3	0.3	0.1	0.4	0.1	0.8	0.1	0.0	0.1	0.1
		男 M.	3.8	4.1	0.3	0.2	0.5	–	1.0	0.1	0.0	0.1	0.1
		女 F.	2.5	2.6	0.2	–	0.3	0.2	0.7	0.1	0.1	0.1	0.0
W80	気道閉塞を生じたその他の物体の誤えん	総数 T.	0.5	0.6	0.3	–	0.1	–	0.2	0.0	0.0	0.0	0.0
		男 M.	0.7	0.8	0.3	–	0.2	–	0.3	–	0.0	0.1	0.1
		女 F.	0.4	0.3	0.2	–	–	–	0.1	0.0	0.0	0.0	0.0
W84	詳細不明の窒息	総数 T.	1.2	1.1	0.3	0.3	0.2	–	0.4	0.0	0.1	0.1	0.1
		男 M.	1.2	1.3	0.2	0.3	–	–	0.4	0.1	0.1	0.1	0.1
		女 F.	1.2	0.9	0.3	0.3	0.3	–	0.4	–	0.1	0.0	0.0
(W85-W99)	電流，放射線並びに極端な気温及び気圧への曝露	総数 T.	0.1	0.1	–	–	0.1	–	0.0	–	–	–	0.1
		男 M.	0.1	–	–	–	–	–	–	–	–	–	0.1
		女 F.	0.0	0.2	–	–	0.2	–	0.1	–	–	–	–
(X00-X09)	煙，火及び火炎への曝露	総数 T.	1.1	0.3	0.8	0.9	1.4	0.8	0.8	0.4	0.1	0.2	0.2
		男 M.	1.4	0.2	1.2	1.3	2.2	1.0	1.2	0.6	0.2	0.2	0.1
		女 F.	0.8	0.5	0.3	0.5	0.7	0.5	0.5	0.3	0.1	0.2	0.2
X00	建物又は建造物内の管理されていない火への曝露	総数 T.	0.8	0.3	0.7	0.9	1.3	0.8	0.8	0.4	0.1	0.2	0.1
		男 M.	1.0	0.2	1.0	1.3	1.8	1.0	1.1	0.5	0.2	0.2	0.1
		女 F.	0.6	0.5	0.3	0.5	0.7	0.5	0.5	0.3	0.1	0.1	0.2
(X10-X19)	熱及び高温物質との接触	総数 T.	0.1	–	–	–	–	–	–	0.0	–	–	0.0
		男 M.	0.2	–	–	–	–	–	–	–	–	–	0.0
		女 F.	0.1	–	–	–	–	–	–	0.0	–	–	–
(X20-X29)	有毒動植物との接触	総数 T.	0.0	–	–	–	0.1	–	0.0	–	–	–	–
		男 M.	0.1	–	–	–	–	–	–	–	–	–	–
		女 F.	0.0	–	–	–	0.2	–	0.0	–	–	–	–
(X30-X39)	自然の力への曝露	総数 T.	0.8	0.3	0.2	0.1	0.1	–	0.1	0.0	0.0	0.1	0.2
		男 M.	1.1	0.7	0.2	0.2	0.2	–	0.2	0.1	0.1	0.2	0.2
		女 F.	0.5	–	0.2	–	–	–	0.0	–	–	0.1	0.1
X30	自然の過度の高温への曝露	総数 T.	0.1	0.3	0.2	–	0.1	–	0.1	–	0.0	0.1	0.0
		男 M.	0.2	0.5	0.2	–	0.2	–	0.2	–	0.0	0.2	0.1
		女 F.	0.1	–	0.2	–	–	–	0.0	–	–	0.0	–
X31	自然の過度の低温への曝露	総数 T.	0.6	0.1	–	0.1	–	–	0.0	–	0.0	0.0	0.1
		男 M.	0.9	0.2	–	0.2	–	–	0.1	–	0.0	–	0.1
		女 F.	0.3	–	–	–	–	–	–	–	–	0.0	0.1
X34	地震による受傷者	総数 T.	–	–	–	–	–	–	–	–	–	–	–
		男 M.	–	–	–	–	–	–	–	–	–	–	–
		女 F.	–	–	–	–	–	–	–	–	–	–	–
(X40-X49)	有害物質による不慮の中毒及び有害物質への曝露	総数 T.	0.4	0.1	–	–	0.1	–	0.0	0.0	0.0	0.2	0.4
		男 M.	0.6	0.2	–	–	0.2	–	0.1	–	0.1	0.2	0.5
		女 F.	0.3	–	–	–	–	–	–	0.0	–	0.1	0.2
(X50-X57)	無理ながんばり，旅行及び欠乏状態	総数 T.	0.1	–	–	–	–	–	–	–	–	–	–
		男 M.	0.1	–	–	–	–	–	–	–	–	–	–
		女 F.	0.0	–	–	–	–	–	–	–	–	–	–
(X58-X59)	その他及び詳細不明の要因への不慮の曝露	総数 T.	1.7	1.2	0.2	0.2	0.2	0.2	0.4	0.0	0.0	0.0	0.1
		男 M.	2.1	1.0	0.3	0.3	0.2	0.2	0.4	0.1	0.0	0.1	0.1
		女 F.	1.2	1.4	–	–	0.2	0.2	0.3	–	0.1	–	0.0

注：1）総数には年齢不詳を含む。

の種類別不慮の事故死亡数・率（人口10万対）　－平成７～20年－
population) by sex, age (five-year age group) and type of accident, 1995-2008

平成10年 1998													
25～29	30～34	35～39	40～44	45～49	50～54	55～59	60～64	65～69	70～74	75～79	80～84	85～89	90～
11.8	10.0	10.2	12.1	16.8	20.7	26.7	37.2	48.2	68.2	113.4	188.3	283.5	432.3
19.2	16.2	16.1	18.5	26.3	31.9	41.2	57.2	72.1	97.3	167.4	275.3	430.7	636.1
4.1	3.6	4.2	5.6	7.3	9.5	12.6	18.4	27.0	45.0	81.1	140.8	217.4	363.4
8.2	6.0	5.2	5.4	7.6	8.8	11.0	14.6	17.7	22.3	29.7	35.3	32.9	21.3
13.4	10.0	8.7	8.2	11.9	13.6	16.1	20.8	25.1	30.9	46.1	54.6	58.8	42.2
2.7	1.8	1.7	2.6	3.2	4.0	6.0	8.7	11.2	15.4	20.0	24.7	21.2	14.3
1.0	1.0	1.3	1.4	2.4	3.2	4.0	6.2	7.4	10.1	16.5	32.7	62.7	140.4
1.5	1.6	2.0	2.2	4.0	5.4	7.0	10.9	13.1	16.1	25.3	45.3	81.6	167.3
0.5	0.4	0.5	0.5	0.8	1.0	1.1	1.9	2.3	5.2	11.3	25.9	54.2	131.3
0.1	0.2	0.1	0.2	0.6	0.8	1.0	2.0	2.6	4.4	8.6	21.8	47.2	117.7
0.1	0.3	0.2	0.3	1.0	1.4	1.6	3.3	4.2	6.3	11.2	27.7	54.2	131.3
0.0	0.1	0.1	0.1	0.2	0.2	0.3	0.7	1.2	2.8	7.1	18.6	44.1	113.1
0.1	0.0	0.1	0.2	0.4	0.6	0.7	0.9	1.1	1.8	2.1	3.1	3.9	6.0
0.1	0.0	0.1	0.3	0.6	1.0	1.2	1.5	2.0	2.9	3.3	4.0	6.3	8.8
0.0	0.0	–	0.1	0.2	0.1	0.3	0.4	0.3	0.9	1.4	2.6	2.8	5.1
0.6	0.4	0.5	0.5	0.6	0.7	0.7	1.2	1.3	0.9	1.4	2.2	2.3	3.8
0.9	0.7	0.8	0.8	1.0	1.1	1.2	2.1	2.6	1.8	2.5	3.7	4.9	5.4
0.4	0.2	0.3	0.2	0.2	0.3	0.3	0.3	0.2	0.3	0.8	1.4	1.1	3.2
0.2	0.2	0.4	0.3	0.4	0.7	0.9	1.3	1.1	1.5	2.0	2.2	4.0	4.1
0.3	0.4	0.6	0.5	0.8	1.3	1.7	2.4	2.1	2.5	3.6	3.6	8.6	8.2
0.0	0.0	0.1	0.1	0.1	0.1	0.2	0.3	0.2	0.7	1.1	1.4	1.9	2.8
0.4	0.3	0.5	0.5	0.9	0.8	1.3	1.4	1.3	1.1	1.2	0.8	0.4	0.9
0.7	0.6	0.9	0.9	1.7	1.6	2.4	2.6	2.5	2.3	2.6	1.8	0.9	2.0
0.0	0.0	0.1	0.1	0.1	0.1	0.2	0.3	0.2	0.1	0.3	0.3	0.1	0.5
0.1	0.1	0.2	0.1	0.3	0.3	0.4	0.6	0.6	0.4	0.4	0.1	–	–
0.2	0.2	0.3	0.3	0.6	0.6	0.9	1.2	1.1	0.9	0.9	0.1	–	–
0.0	–	–	–	0.0	0.0	–	0.1	0.1	–	0.0	0.1	–	–
–	–	0.0	–	–	0.0	0.0	0.0	0.0	–	0.0	0.1	0.1	0.2
–	–	0.0	–	–	–	0.0	0.0	0.0	–	0.1	–	–	–
–	–	–	–	–	0.0	–	–	0.0	–	–	0.1	0.2	0.2
0.8	0.9	0.9	1.4	2.1	2.8	3.3	4.8	7.2	12.1	22.3	35.5	40.9	40.7
1.3	1.3	1.4	2.2	3.0	4.0	4.9	7.2	10.0	14.8	25.8	41.6	54.4	65.3
0.4	0.5	0.4	0.7	1.2	1.7	1.8	2.5	4.8	9.9	20.2	32.1	34.8	32.4
0.2	0.2	0.2	0.3	0.4	0.7	1.0	1.9	4.2	8.2	16.6	27.0	30.3	33.5
0.3	0.4	0.2	0.3	0.5	0.7	1.4	2.6	5.3	9.5	18.9	33.0	42.1	54.4
0.2	0.1	0.1	0.3	0.4	0.6	0.7	1.3	3.1	7.2	15.3	23.7	24.9	26.4
0.5	0.5	0.6	0.8	1.2	1.5	1.6	1.8	1.6	2.0	2.6	3.0	3.8	2.9
0.8	0.8	1.1	1.4	2.0	2.4	2.4	2.9	2.6	3.0	3.6	3.1	4.9	6.1
0.1	0.2	0.2	0.2	0.5	0.7	0.7	0.7	0.7	1.2	2.1	3.0	3.3	1.8
0.3	0.4	0.9	1.1	1.4	2.0	3.1	5.0	8.1	13.9	28.3	54.5	100.5	159.8
0.4	0.5	1.1	1.3	2.0	2.5	4.4	7.2	11.8	20.3	44.3	87.4	154.0	239.5
0.1	0.2	0.6	0.9	0.9	1.4	1.9	2.9	4.9	8.8	18.7	36.5	76.5	132.9
0.1	0.1	0.2	0.3	0.3	0.5	0.6	0.8	1.2	1.8	3.6	7.6	14.5	21.1
0.2	0.2	0.3	0.4	0.4	0.6	0.9	1.1	1.7	2.4	4.7	10.3	19.1	29.9
0.0	0.0	0.2	0.2	0.2	0.3	0.3	0.5	0.7	1.4	3.0	6.2	12.4	18.2
0.1	0.1	0.3	0.5	0.8	1.0	1.7	2.9	4.6	8.0	15.8	29.6	53.2	81.6
0.1	0.1	0.3	0.6	1.1	1.2	2.3	4.0	6.8	12.3	26.5	51.6	86.0	127.2
0.0	0.0	0.2	0.5	0.5	0.8	1.1	1.8	2.5	4.6	9.3	17.6	38.4	66.2
0.0	0.0	0.1	0.1	0.1	0.2	0.2	0.3	0.6	1.1	2.8	5.4	10.2	14.3
0.0	0.0	0.1	0.1	0.2	0.2	0.3	0.4	0.8	1.9	4.6	9.1	16.7	26.5
0.0	–	0.0	0.1	0.0	0.1	0.1	0.2	0.5	0.5	1.8	3.4	7.3	10.1
0.0	0.1	0.1	0.1	0.2	0.2	0.4	0.8	1.5	2.6	5.8	11.3	21.8	41.6
0.1	0.1	0.2	0.1	0.2	0.2	0.5	1.2	2.2	3.4	8.1	15.6	31.2	53.1
–	0.1	0.1	0.2	0.2	0.1	0.2	0.4	0.9	2.0	4.3	8.9	17.6	37.7
0.1	0.1	0.1	0.1	0.1	0.1	0.1	0.1	0.0	–	0.0	0.0	0.1	–
0.2	0.1	0.1	0.2	0.2	0.1	0.2	0.2	0.0	–	0.1	0.1	–	–
–	–	–	0.0	–	0.0	–	–	–	–	–	–	0.1	–
0.2	0.5	0.3	0.7	0.8	0.6	1.2	1.5	1.7	2.5	4.0	6.3	8.1	8.4
0.3	0.6	0.4	1.1	1.2	0.9	1.9	2.2	2.4	3.7	5.3	9.9	12.8	16.3
0.1	0.5	0.3	0.3	0.4	0.4	0.5	0.9	1.1	1.5	3.2	4.3	5.9	5.7
0.1	0.5	0.2	0.5	0.6	0.4	1.0	1.2	1.4	1.6	2.7	4.1	5.5	5.8
0.2	0.5	0.3	0.9	0.9	0.6	1.6	1.7	1.8	2.3	3.5	6.3	9.3	10.2
0.1	0.4	0.2	0.2	0.2	0.2	0.3	0.7	1.0	1.1	2.3	2.9	3.8	4.4
–	–	0.0	0.1	0.0	0.1	0.1	0.2	0.3	0.3	0.6	1.0	1.5	3.4
–	–	0.0	0.1	0.0	0.1	0.2	0.2	0.3	0.5	0.9	1.1	4.0	6.8
–	–	–	0.0	0.0	0.0	0.1	0.1	0.2	0.1	0.5	0.9	0.4	2.3
–	–	–	0.1	0.0	0.1	0.1	0.0	0.1	0.2	0.1	0.0	–	0.3
–	–	–	0.1	0.0	0.2	0.2	0.1	0.1	0.2	0.1	–	–	–
–	–	–	–	–	–	0.0	–	0.1	0.2	0.1	0.1	–	0.5
0.2	0.3	0.3	0.6	0.7	1.1	1.1	1.2	1.3	1.8	2.0	3.7	5.7	6.5
0.3	0.5	0.6	1.0	1.0	1.8	2.0	1.9	2.1	2.7	2.6	4.0	6.0	6.1
0.0	–	0.1	0.2	0.3	0.4	0.3	0.5	0.5	1.0	1.6	3.5	5.5	6.7
0.1	0.1	0.1	0.1	0.1	0.1	0.1	0.2	0.1	0.3	0.4	0.8	1.9	2.7
0.1	0.2	0.1	0.1	0.1	0.2	0.2	0.4	0.2	0.6	0.5	0.7	2.1	2.7
–	–	–	0.1	0.0	–	0.0	0.0	0.0	0.1	0.4	0.8	1.9	2.8
0.1	0.2	0.2	0.5	0.5	1.0	1.0	0.9	1.1	1.4	1.5	2.8	3.6	3.8
0.2	0.3	0.4	0.8	0.9	1.5	1.8	1.5	1.8	2.0	2.0	3.2	4.0	3.4
0.0	–	0.1	0.1	0.2	0.4	0.2	0.4	0.4	0.9	1.1	2.6	3.4	3.9
–	–	–	–	–	–	–	–	–	–	–	–	–	–
–	–	–	–	–	–	–	–	–	–	–	–	–	–
–	–	–	–	–	–	–	–	–	–	–	–	–	–
0.5	0.5	0.5	0.5	0.5	0.5	0.6	0.5	0.6	0.5	0.7	1.4	2.0	1.2
0.8	0.8	0.6	0.7	0.7	0.7	0.7	0.8	0.7	0.8	0.7	1.6	4.9	1.4
0.2	0.2	0.4	0.3	0.2	0.3	0.4	0.2	0.5	0.2	0.6	1.3	0.7	1.1
–	–	0.0	0.1	0.1	0.1	0.1	0.1	0.2	0.1	0.1	0.1	0.1	–
–	–	0.1	0.2	0.1	0.3	0.2	0.3	0.3	0.0	0.2	0.1	–	–
–	–	–	0.0	–	0.0	0.0	–	0.1	0.1	0.1	0.1	0.1	–
0.1	0.1	0.1	0.2	0.4	0.5	0.7	1.5	2.3	3.5	7.9	16.9	28.7	49.1
0.1	0.1	0.2	0.4	0.5	0.8	1.0	2.6	3.5	4.8	13.4	27.7	53.3	89.1
0.0	0.0	0.1	0.1	0.3	0.2	0.3	0.5	1.1	2.4	4.6	11.1	17.6	35.6

Note: 1) Total includes persons of unknown age.

第3表　年次・性・年齢階級（5歳階級）・不慮の事故

Table 3. Trends in accidental deaths and death rates (per 100,000

死亡数
Deaths

死因基本分類コード Detailed list of ICD-10 code	死因・性 Causes of death and sex		総数[1] Total	0歳 Years	1	2	3	4	0～4	5～9	10～14	15～19	20～24
(V01-X59)	不慮の事故	総数 T.	32.0	18.3	12.3	7.5	5.0	4.9	9.6	4.6	3.2	15.2	16.4
		男 M.	41.6	21.9	12.5	8.4	7.3	6.7	11.4	5.8	4.5	23.8	25.3
		女 F.	22.7	14.5	12.1	6.6	2.6	3.0	7.8	3.3	1.8	6.3	7.0
(V01-V98)	交通事故	総数 T.	10.5	1.4	2.6	2.8	1.9	2.1	2.2	2.4	1.5	12.6	12.5
		男 M.	15.0	2.3	2.1	2.8	2.7	3.2	2.6	2.8	2.1	19.7	19.4
		女 F.	6.1	0.3	3.1	2.8	1.1	1.0	1.7	1.9	0.9	5.1	5.3
(W00-W17)	転倒・転落	総数 T.	5.0	1.1	0.9	1.3	0.6	0.6	0.9	0.3	0.2	0.5	1.0
		男 M.	6.4	1.7	1.5	1.5	0.8	0.7	1.2	0.4	0.2	0.7	1.5
		女 F.	3.8	0.5	0.3	1.0	0.4	0.5	0.6	0.2	0.2	0.3	0.4
W01	スリップ，つまづき及びよろめきによる同一平面上での転倒	総数 T.	2.6	0.4	0.4	0.2	0.1	0.1	0.2	0.0	－	0.0	0.1
		男 M.	2.6	0.8	0.7	0.3	－	0.2	0.4	0.0	－	0.1	0.2
		女 F.	2.6	－	0.2	－	0.2	－	0.1	0.0	－	－	0.1
W10	階段及びステップからの転落及びその上での転倒	総数 T.	0.6	0.3	－	0.1	0.1	0.1	0.1	0.0	－	0.1	0.1
		男 M.	0.8	0.3	－	0.2	－	0.2	0.1	0.1	－	0.0	0.2
		女 F.	0.4	0.2	－	－	0.2	－	0.1	－	－	0.1	0.0
W13	建物又は建造物からの転落	総数 T.	0.7	0.1	0.1	0.4	0.3	0.3	0.2	0.2	0.2	0.3	0.5
		男 M.	1.1	－	0.2	0.7	0.7	0.3	0.4	0.2	0.2	0.5	0.7
		女 F.	0.3	0.2	－	0.2	－	0.2	0.1	0.1	0.1	0.1	0.2
W17	その他の転落	総数 T.	0.6	－	0.1	0.1	0.1	0.2	0.1	0.0	－	0.1	0.2
		男 M.	1.0	－	0.2	0.2	0.2	－	0.1	0.0	－	0.1	0.4
		女 F.	0.2	－	－	－	－	0.3	0.1	－	－	0.0	0.0
(W20-W49)	生物によらない機械的な力への曝露	総数 T.	0.6	－	0.1	0.3	－	－	0.1	0.1	0.1	0.1	0.4
		男 M.	1.1	－	0.2	0.2	－	－	0.1	0.2	0.2	0.3	0.7
		女 F.	0.1	－	－	0.3	－	－	0.1	－	－	－	0.0
W20	投げられ，投げ出され又は落下する物体による打撲	総数 T.	0.2	－	－	0.2	－	－	0.0	0.1	0.0	0.1	0.1
		男 M.	0.4	－	－	－	－	－	－	0.1	0.0	0.1	0.2
		女 F.	0.0	－	－	0.3	－	－	0.1	－	－	－	－
(W50-W64)	生物による機械的な力への曝露	総数 T.	0.0	－	－	－	－	－	－	0.0	0.0	0.0	0.0
		男 M.	0.0	－	－	－	－	－	－	0.0	0.0	0.1	0.0
		女 F.	0.0	－	－	－	－	－	－	－	－	－	0.0
(W65-W74)	不慮の溺死及び溺水	総数 T.	4.7	1.6	4.9	1.5	1.0	1.1	2.0	1.0	0.8	1.0	1.2
		男 M.	5.5	1.7	5.7	1.8	1.3	1.3	2.4	1.7	1.2	1.7	2.0
		女 F.	4.0	1.6	4.0	1.2	0.7	0.9	1.7	0.4	0.3	0.3	0.3
(W65-W66)	浴槽内での及び浴槽への転落による溺死及び溺水	総数 T.	2.7	1.4	3.3	0.3	0.3	0.5	1.2	0.2	0.1	0.2	0.1
		男 M.	2.7	1.5	3.8	－	0.2	0.5	1.2	0.2	0.1	0.1	0.1
		女 F.	2.8	1.2	2.8	0.5	0.5	0.5	1.1	0.1	0.1	0.2	0.2
(W69-W70)	自然の水域内での及び自然の水域への転落による溺死及び溺水	総数 T.	1.3	0.1	0.4	0.8	0.1	0.4	0.4	0.6	0.5	0.8	0.9
		男 M.	1.9	－	0.5	1.2	0.2	0.7	0.5	0.9	0.9	1.4	1.7
		女 F.	0.6	0.2	0.3	0.3	－	0.2	0.2	0.2	0.1	0.1	0.1
(W75-W84)	その他の不慮の窒息	総数 T.	6.3	12.2	2.6	0.8	0.6	0.3	3.3	0.4	0.3	0.3	0.3
		男 M.	7.3	14.1	2.6	0.8	1.0	0.3	3.8	0.3	0.3	0.4	0.3
		女 F.	5.4	10.3	2.6	0.7	0.2	0.2	2.8	0.4	0.3	0.2	0.2
W78	胃内容物の誤えん	総数 T.	0.9	3.9	0.7	0.3	0.2	0.1	1.0	0.1	0.1	0.1	0.1
		男 M.	1.0	4.6	0.3	0.2	0.2	－	1.1	0.1	0.0	0.2	0.1
		女 F.	0.9	3.1	1.0	0.3	0.2	0.2	1.0	0.1	0.2	0.1	0.1
W79	気道閉塞を生じた食物の誤えん	総数 T.	3.3	2.5	0.2	0.2	0.3	－	0.6	0.1	0.1	0.1	0.1
		男 M.	3.8	3.5	0.3	0.3	0.5	－	0.9	0.1	0.0	0.1	0.1
		女 F.	2.7	1.4	－	－	－	－	0.3	0.0	0.1	0.1	0.1
W80	気道閉塞を生じたその他の物体の誤えん	総数 T.	0.6	0.3	0.6	0.1	0.1	－	0.2	0.1	0.0	0.0	0.0
		男 M.	0.7	0.3	0.3	－	0.2	－	0.2	0.1	0.1	0.1	0.1
		女 F.	0.5	0.2	0.9	0.2	－	－	0.2	0.0	0.0	0.0	0.0
W84	詳細不明の窒息	総数 T.	1.3	0.8	0.4	－	－	－	0.2	0.1	0.0	0.1	0.0
		男 M.	1.4	0.5	0.7	－	－	－	0.2	0.0	0.1	0.1	0.0
		女 F.	1.2	1.0	0.2	－	－	－	0.2	0.1	0.0	0.1	－
(W85-W99)	電流，放射線並びに極端な気温及び気圧への曝露	総数 T.	0.1	0.1	－	－	－	－	0.0	－	－	－	0.1
		男 M.	0.1	0.2	－	－	－	－	0.0	－	－	－	0.1
		女 F.	0.0	－	－	－	－	－	－	－	－	－	－
(X00-X09)	煙，火及び火炎への曝露	総数 T.	1.2	0.5	0.4	0.4	0.9	0.7	0.6	0.3	0.2	0.2	0.3
		男 M.	1.4	0.3	0.2	0.7	1.5	1.0	0.7	0.3	0.3	0.2	0.3
		女 F.	0.9	0.7	0.7	0.2	0.2	0.3	0.4	0.2	0.2	0.3	0.2
X00	建物又は建造物内の管理されていない火への曝露	総数 T.	0.9	0.5	0.4	0.4	0.9	0.6	0.6	0.2	0.2	0.2	0.2
		男 M.	1.1	0.3	0.2	0.7	1.5	0.8	0.7	0.3	0.3	0.1	0.3
		女 F.	0.7	0.7	0.7	0.2	0.2	0.3	0.4	0.1	0.2	0.3	0.2
(X10-X19)	熱及び高温物質との接触	総数 T.	0.1	－	0.1	0.2	－	0.1	0.1	0.1	0.0	－	0.0
		男 M.	0.2	－	－	0.3	－	0.2	0.1	0.1	0.0	－	0.0
		女 F.	0.1	－	0.2	－	－	－	0.0	－	－	－	－
(X20-X29)	有毒動植物との接触	総数 T.	0.0	－	－	－	－	－	－	－	－	－	－
		男 M.	0.0	－	－	－	－	－	－	－	－	－	－
		女 F.	0.0	－	－	－	－	－	－	－	－	－	－
(X30-X39)	自然の力への曝露	総数 T.	0.9	0.3	0.5	0.2	－	－	0.2	0.1	0.0	0.1	0.2
		男 M.	1.3	0.5	0.2	0.2	－	－	0.2	0.1	0.1	0.2	0.3
		女 F.	0.6	0.2	0.9	0.2	－	－	0.2	0.1	－	－	0.1
X30	自然の過度の高温への曝露	総数 T.	0.2	0.3	0.3	0.2	－	－	0.2	－	0.0	0.0	0.0
		男 M.	0.2	0.3	0.2	0.2	－	－	0.1	－	0.0	0.1	0.1
		女 F.	0.1	0.2	0.5	0.2	－	－	0.2	－	－	－	－
X31	自然の過度の低温への曝露	総数 T.	0.7	－	0.1	－	－	－	0.0	－	－	0.0	0.2
		男 M.	1.0	－	－	－	－	－	－	－	－	0.1	0.2
		女 F.	0.4	－	0.2	－	－	－	0.0	－	－	－	0.1
X34	地震による受傷者	総数 T.	－	－	－	－	－	－	－	－	－	－	－
		男 M.	－	－	－	－	－	－	－	－	－	－	－
		女 F.	－	－	－	－	－	－	－	－	－	－	－
(X40-X49)	有害物質による不慮の中毒及び有害物質への曝露	総数 T.	0.6	－	0.1	0.1	－	－	0.0	－	0.0	0.3	0.4
		男 M.	0.8	－	－	－	－	－	－	－	0.1	0.5	0.5
		女 F.	0.3	－	0.2	0.2	－	－	0.1	－	－	0.0	0.3
(X50-X57)	無理ながんばり，旅行及び欠乏状態	総数 T.	0.1	－	－	－	－	－	－	－	－	－	0.0
		男 M.	0.1	－	－	－	－	－	－	－	－	－	－
		女 F.	0.0	－	－	－	－	－	－	－	－	－	0.0
(X58-X59)	その他及び詳細不明の要因への不慮の曝露	総数 T.	1.8	1.0	0.1	0.1	0.1	－	0.3	0.1	0.0	0.0	0.1
		男 M.	2.4	1.2	－	0.2	－	－	0.3	－	0.0	0.1	0.0
		女 F.	1.3	0.9	0.2	－	0.2	－	0.2	0.1	－	0.0	0.1

注：1）総数には年齢不詳を含む。

の種類別不慮の事故死亡数・率（人口10万対） －平成７～20年－

population) by sex, age (five-year age group) and type of accident, 1995-2008

平成11年
1999

25～29	30～34	35～39	40～44	45～49	50～54	55～59	60～64	65～69	70～74	75～79	80～84	85～89	90～
11.9	10.5	10.0	13.2	17.1	21.0	28.3	35.3	49.3	70.9	112.9	192.1	283.4	450.5
18.9	17.1	16.3	20.5	26.8	32.6	43.1	54.2	73.4	101.3	160.9	283.1	440.1	692.4
4.6	3.6	3.6	5.8	7.4	9.6	14.0	17.7	27.8	46.2	83.6	143.1	213.6	371.5
8.1	6.1	5.1	6.1	7.3	8.6	11.4	13.6	16.4	21.8	28.0	33.6	31.1	24.2
13.5	10.4	8.3	9.8	11.2	12.9	16.5	19.3	23.1	29.5	40.2	54.8	52.1	49.0
2.6	1.7	1.8	2.4	3.4	4.3	6.5	8.3	10.5	15.6	20.6	22.2	21.7	16.0
0.9	1.0	1.0	1.4	2.3	2.9	4.1	5.9	8.4	10.8	15.5	34.5	60.7	138.5
1.5	1.6	1.7	2.3	4.1	4.8	7.1	10.4	14.2	17.0	24.3	48.1	85.4	173.2
0.4	0.3	0.4	0.6	0.4	0.9	1.2	1.8	3.2	5.7	10.1	27.2	49.7	127.1
0.0	0.1	0.2	0.3	0.4	0.6	1.3	1.9	3.0	4.5	8.8	22.8	46.4	117.1
0.0	0.2	0.4	0.4	0.8	0.9	2.1	3.0	4.5	6.4	12.5	29.0	62.1	138.2
–	0.0	0.1	0.2	0.1	0.2	0.6	0.8	1.7	2.9	6.6	19.4	39.5	110.2
0.0	–	0.1	0.3	0.5	0.5	0.7	1.0	1.2	1.6	1.8	3.7	3.6	5.5
0.0	–	0.1	0.4	0.8	0.8	1.1	1.7	1.9	2.3	2.5	5.7	5.1	8.3
0.1	–	0.1	0.1	0.1	0.1	0.3	0.3	0.5	1.1	1.4	2.6	2.9	4.6
0.5	0.4	0.3	0.4	0.6	0.8	0.8	1.1	1.3	1.0	1.2	2.0	2.6	3.3
0.7	0.7	0.5	0.7	1.1	1.1	1.6	1.9	2.4	1.8	2.4	3.4	6.2	5.7
0.3	0.2	0.2	0.2	0.1	0.4	0.1	0.3	0.3	0.4	0.4	1.3	1.0	2.5
0.2	0.3	0.3	0.4	0.5	0.7	0.8	1.1	1.3	1.9	1.5	2.5	2.7	3.0
0.4	0.6	0.4	0.7	0.9	1.3	1.5	2.1	2.4	3.3	2.8	4.2	3.8	6.4
0.0	0.1	0.1	0.1	0.1	0.1	0.2	0.2	0.4	0.7	0.8	1.6	2.3	1.9
0.3	0.3	0.4	0.5	0.8	0.9	1.3	1.1	1.2	1.2	0.6	0.9	0.7	0.8
0.6	0.6	0.7	0.9	1.5	1.7	2.6	2.0	2.4	2.2	1.2	1.9	1.3	1.3
–	–	0.0	0.1	0.1	0.1	0.1	0.2	0.2	0.3	0.2	0.3	0.4	0.6
0.1	0.1	0.1	0.1	0.2	0.3	0.5	0.4	0.5	0.6	0.2	0.2	–	0.2
0.1	0.2	0.2	0.1	0.5	0.5	0.9	0.8	1.0	1.1	0.4	0.5	–	0.6
–	–	–	–	–	0.0	0.0	0.1	0.1	0.1	0.1	–	–	–
0.0	–	0.0	–	0.0	–	–	0.0	0.0	0.0	0.0	0.0	0.1	–
0.0	–	0.0	–	0.0	–	–	0.0	0.0	0.0	–	–	0.2	–
–	–	–	–	–	–	–	–	–	–	0.0	0.1	–	–
0.7	1.1	1.0	1.7	2.0	2.7	3.6	5.0	7.7	12.7	23.4	35.4	42.8	45.7
1.1	1.6	1.7	2.6	3.0	4.1	5.2	7.7	11.1	15.2	25.3	40.6	60.5	77.7
0.4	0.5	0.4	0.9	1.0	1.4	2.0	2.5	4.6	10.6	22.2	32.6	34.9	35.2
0.2	0.2	0.2	0.4	0.4	0.8	1.1	2.3	4.5	8.3	17.3	27.3	33.9	34.7
0.1	0.2	0.2	0.4	0.5	1.0	1.5	3.2	6.2	9.0	18.8	31.9	49.2	63.1
0.2	0.2	0.2	0.3	0.3	0.5	0.8	1.5	3.1	7.8	16.4	24.8	27.1	25.4
0.5	0.7	0.7	1.2	1.3	1.5	1.7	1.8	2.2	2.4	2.5	3.7	2.7	3.1
0.7	1.1	1.2	1.9	2.2	2.3	2.7	3.2	3.5	3.7	3.0	4.1	4.2	3.8
0.2	0.3	0.2	0.5	0.5	0.7	0.7	0.5	1.0	1.3	2.1	3.5	2.0	2.9
0.4	0.5	0.7	1.1	1.7	2.1	3.5	4.6	8.6	14.3	28.4	58.3	96.4	160.4
0.5	0.8	1.0	1.6	2.3	2.9	4.8	6.5	12.4	22.4	42.8	90.8	150.6	235.0
0.3	0.2	0.3	0.6	1.0	1.3	2.3	2.8	5.2	7.6	19.6	40.8	72.2	136.0
0.2	0.1	0.2	0.4	0.3	0.3	0.5	0.8	1.1	2.0	3.8	7.9	11.7	23.7
0.2	0.2	0.3	0.6	0.5	0.4	0.9	1.1	1.5	2.9	5.5	9.5	16.2	29.3
0.2	0.1	0.1	0.2	0.1	0.1	0.2	0.4	0.6	1.2	2.7	7.1	9.7	21.9
0.0	0.1	0.3	0.4	0.8	1.2	2.0	2.5	5.1	8.0	15.5	29.7	49.3	82.7
0.1	0.3	0.4	0.6	0.9	1.6	2.6	3.3	7.3	12.9	23.9	49.3	80.7	124.8
–	0.0	0.2	0.2	0.6	0.8	1.5	1.7	3.1	4.1	10.3	19.1	35.3	69.0
0.0	0.1	0.1	0.1	0.2	0.1	0.3	0.4	0.7	1.5	2.6	5.9	9.3	13.7
0.0	0.1	0.1	0.1	0.3	0.2	0.3	0.6	1.1	2.3	4.2	9.3	14.9	23.6
–	0.0	0.0	0.1	0.1	0.1	0.3	0.2	0.4	0.8	1.6	4.0	6.8	10.4
0.1	0.1	0.1	0.1	0.2	0.2	0.4	0.6	1.5	2.4	6.1	14.3	25.2	39.6
0.1	0.1	0.1	0.1	0.3	0.3	0.5	0.9	2.1	3.8	8.6	21.8	37.5	57.3
0.0	0.0	0.1	0.1	0.2	0.2	0.2	0.4	1.0	1.3	4.5	10.2	19.7	33.8
0.1	0.0	0.1	0.1	0.1	0.1	0.1	0.1	0.1	0.1	0.1	0.1	–	0.2
0.1	0.1	0.2	0.1	0.2	0.1	0.2	0.1	0.1	0.1	0.1	0.1	–	–
0.0	–	–	–	–	0.0	0.0	–	0.1	–	0.0	0.1	–	0.2
0.3	0.3	0.5	0.6	0.9	1.1	1.2	1.2	1.9	2.8	4.0	6.7	9.4	10.4
0.3	0.4	0.6	0.8	1.2	1.7	1.8	2.0	2.6	3.7	5.6	9.0	14.6	17.8
0.3	0.3	0.3	0.4	0.6	0.6	0.7	0.4	1.3	2.1	3.1	5.4	7.0	7.9
0.2	0.3	0.4	0.5	0.8	0.9	1.0	0.9	1.4	2.1	3.0	4.9	6.6	6.3
0.2	0.3	0.5	0.6	1.0	1.4	1.5	1.5	1.8	2.6	4.2	6.3	10.4	11.5
0.2	0.2	0.3	0.4	0.6	0.5	0.5	0.4	1.0	1.7	2.3	4.1	4.9	4.6
0.0	0.0	0.0	0.0	0.0	0.0	0.1	0.1	0.1	0.4	0.7	1.5	1.8	2.5
0.0	0.0	0.0	0.0	0.0	0.0	0.1	0.2	0.1	0.5	1.1	1.9	2.9	5.7
–	0.0	–	0.1	0.0	0.0	0.0	0.1	0.2	0.3	0.5	1.3	1.3	1.5
–	0.0	–	0.0	0.0	0.1	0.0	0.1	0.1	0.2	0.2	0.2	0.1	0.2
–	0.0	–	0.0	0.0	0.1	0.0	–	0.1	0.4	0.1	0.2	–	–
–	–	–	–	–	0.0	0.0	0.1	–	0.1	0.2	0.2	0.1	0.2
0.4	0.3	0.2	0.7	0.9	1.1	1.3	1.4	1.4	1.9	2.7	3.5	7.1	9.4
0.5	0.5	0.4	1.2	1.5	1.8	2.3	2.2	2.2	2.6	3.5	4.4	9.5	14.6
0.2	0.1	0.1	0.2	0.3	0.4	0.4	0.6	0.7	1.2	2.2	3.1	6.0	7.7
0.1	0.0	0.1	0.1	0.1	0.1	0.1	0.1	0.2	0.2	0.7	0.9	2.3	2.8
0.1	0.1	0.1	0.2	0.3	0.2	0.2	0.1	0.2	0.4	0.9	0.8	2.2	5.1
0.0	0.0	–	–	0.0	0.1	0.0	0.1	0.2	0.1	0.5	0.9	2.4	2.1
0.2	0.2	0.2	0.6	0.7	0.9	1.2	1.1	1.1	1.5	1.9	2.5	4.2	6.4
0.3	0.3	0.3	1.0	1.1	1.6	2.0	1.9	1.9	2.1	2.4	3.5	6.0	8.9
0.1	0.1	0.1	0.2	0.2	0.3	0.3	0.4	0.5	1.0	1.5	1.9	3.4	5.6
–	–	–	–	–	–	–	–	–	–	–	–	–	–
–	–	–	–	–	–	–	–	–	–	–	–	–	–
–	–	–	–	–	–	–	–	–	–	–	–	–	–
0.5	0.7	0.8	0.7	0.6	0.7	0.7	0.6	0.7	0.9	0.8	1.1	1.1	1.7
0.6	1.0	1.4	0.9	0.9	1.1	1.0	1.0	1.0	1.4	1.6	1.6	1.6	1.3
0.4	0.5	0.3	0.4	0.3	0.3	0.4	0.3	0.5	0.4	0.3	0.8	0.9	1.9
–	0.0	0.0	0.0	0.1	0.1	0.2	0.1	0.1	0.1	0.2	–	0.2	0.2
–	0.0	0.1	0.0	0.1	0.2	0.3	0.2	0.2	0.3	0.3	–	0.4	–
–	–	–	–	0.0	0.0	0.0	–	0.0	0.0	0.1	–	0.1	0.2
0.1	0.1	0.1	0.2	0.4	0.6	0.7	1.6	2.5	3.7	8.3	16.3	32.1	56.5
0.2	0.2	0.2	0.3	0.7	1.0	1.1	2.6	3.9	5.8	14.8	29.6	61.0	116.6
0.1	0.0	0.0	0.1	0.1	0.2	0.3	0.6	1.2	2.0	4.4	9.1	19.3	36.9

Note: 1) Total includes persons of unknown age.

第３表　年次・性・年齢階級（５歳階級）・不慮の事故

Table 3. Trends in accidental deaths and death rates (per 100,000

死亡数
Deaths

死因基本分類コード Detailed list of ICD-10 code	死因・性 Causes of death and sex		総数[1] Total	0歳 Years	1	2	3	4	0～4	5～9	10～14	15～19	20～24
(V01-X59)	不慮の事故	総数 T.	31.4	18.7	10.2	5.5	5.5	5.1	9.0	4.0	2.6	14.2	16.7
		男 M.	40.9	23.1	13.7	6.3	7.8	7.5	11.6	5.2	3.8	22.4	26.5
		女 F.	22.3	13.9	6.6	4.7	3.1	2.6	6.2	2.9	1.2	5.4	6.4
(V01-V98)	交通事故	総数 T.	10.2	1.4	2.5	1.9	2.1	2.4	2.0	2.0	1.3	11.7	12.9
		男 M.	14.8	1.7	3.0	2.8	2.8	3.5	2.8	2.5	2.0	18.7	20.7
		女 F.	5.9	1.1	1.9	0.9	1.4	1.2	1.3	1.4	0.6	4.4	4.8
(W00-W17)	転倒・転落	総数 T.	5.0	0.7	1.3	0.8	0.9	0.4	0.8	0.3	0.2	0.6	1.1
		男 M.	6.2	0.7	2.2	1.0	1.7	0.7	1.2	0.4	0.4	0.8	1.8
		女 F.	3.8	0.7	0.4	0.5	0.2	0.2	0.4	0.1	−	0.3	0.4
W01	スリップ，つまづき及びよろめきによる同一平面上での転倒	総数 T.	2.6	0.3	0.3	0.2	0.1	0.1	0.2	0.0	0.0	0.0	0.1
		男 M.	2.6	0.3	0.3	0.2	0.2	0.2	0.2	0.0	0.0	0.1	0.1
		女 F.	2.6	0.2	0.2	0.2	−	−	0.1	−	−	−	0.1
W10	階段及びステップからの転落及びその上での転倒	総数 T.	0.5	−	0.1	0.1	0.2	−	0.1	0.0	−	0.0	0.1
		男 M.	0.7	−	0.2	0.2	0.3	−	0.1	0.0	−	0.0	0.2
		女 F.	0.3	−	−	−	−	−	−	−	−	−	0.0
W13	建物又は建造物からの転落	総数 T.	0.7	0.1	0.5	0.3	0.7	0.3	0.4	0.1	0.1	0.4	0.4
		男 M.	1.0	0.2	0.8	0.5	1.2	0.5	0.6	0.2	0.3	0.4	0.7
		女 F.	0.3	−	0.2	0.2	0.2	0.2	0.1	0.1	−	0.3	0.1
W17	その他の転落	総数 T.	0.6	−	0.2	0.1	−	−	0.1	0.1	0.0	0.1	0.3
		男 M.	1.0	−	0.3	−	−	−	0.1	0.1	0.1	0.2	0.5
		女 F.	0.2	−	−	0.2	−	−	0.0	0.1	−	0.0	0.1
(W20-W49)	生物によらない機械的な力への曝露	総数 T.	0.6	0.2	0.1	−	0.2	0.1	0.1	0.0	0.0	0.2	0.3
		男 M.	1.2	0.2	−	−	0.3	0.2	0.1	−	0.0	0.3	0.5
		女 F.	0.1	0.2	0.2	−	−	−	0.1	0.1	−	0.0	0.0
W20	投げられ，投げ出され又は落下する物体による打撲	総数 T.	0.2	0.1	−	−	0.1	−	0.0	0.0	0.0	0.0	0.1
		男 M.	0.4	−	−	−	0.2	−	0.0	−	0.0	0.1	0.1
		女 F.	0.0	0.2	−	−	−	−	0.0	0.0	−	−	−
(W50-W64)	生物による機械的な力への曝露	総数 T.	0.0	0.1	−	−	−	−	0.0	0.0	−	0.0	0.0
		男 M.	0.0	0.2	−	−	−	−	0.0	0.0	−	0.0	0.0
		女 F.	0.0	−	−	−	−	−	−	−	−	−	−
(W65-W74)	不慮の溺死及び溺水	総数 T.	4.8	0.6	3.5	0.7	1.2	1.2	1.4	1.1	0.5	1.1	1.2
		男 M.	5.4	0.8	4.6	0.5	1.3	1.7	1.8	1.5	0.9	1.8	2.0
		女 F.	4.1	0.4	2.5	0.9	1.0	0.7	1.1	0.6	0.1	0.4	0.4
(W65-W66)	浴槽内での及び浴槽への転落による溺死及び溺水	総数 T.	2.8	0.4	2.5	0.1	0.3	0.2	0.7	0.2	0.2	0.1	0.2
		男 M.	2.7	0.5	3.0	0.2	0.2	0.2	0.8	0.3	0.2	0.1	0.3
		女 F.	2.9	0.4	1.9	−	0.3	0.2	0.6	0.1	0.1	0.2	0.2
(W69-W70)	自然の水域内での及び自然の水域への転落による溺死及び溺水	総数 T.	1.2	−	0.3	0.3	0.6	0.4	0.3	0.6	0.2	0.8	0.8
		男 M.	1.8	−	0.5	−	0.8	0.7	0.4	0.8	0.5	1.5	1.5
		女 F.	0.6	−	−	0.5	0.3	0.2	0.2	0.3	−	0.1	0.2
(W75-W84)	その他の不慮の窒息	総数 T.	6.2	13.8	2.3	0.8	0.7	0.3	3.6	0.2	0.2	0.1	0.3
		男 M.	7.1	17.1	3.0	0.5	1.2	0.5	4.4	0.2	0.2	0.2	0.5
		女 F.	5.3	10.2	1.6	1.2	0.2	0.2	2.7	0.3	0.2	0.1	0.1
W78	胃内容物の誤えん	総数 T.	1.0	3.0	0.6	0.4	0.3	−	0.9	0.0	0.0	0.0	0.1
		男 M.	1.1	3.2	1.0	0.2	0.5	−	1.0	0.0	0.1	0.0	0.2
		女 F.	0.9	2.8	0.2	0.7	−	−	0.7	−	−	0.0	0.1
W79	気道閉塞を生じた食物の誤えん	総数 T.	3.2	2.7	1.0	0.1	0.1	0.1	0.8	0.1	0.1	0.0	0.0
		男 M.	3.7	2.5	1.0	−	0.2	−	0.7	0.1	0.1	0.1	0.1
		女 F.	2.7	2.8	0.9	0.2	−	0.2	0.8	0.1	0.1	0.0	−
W80	気道閉塞を生じたその他の物体の誤えん	総数 T.	0.5	0.4	0.1	0.2	0.2	−	0.2	0.0	−	−	0.0
		男 M.	0.6	0.7	−	0.2	0.3	−	0.2	0.0	−	−	0.0
		女 F.	0.4	0.2	0.2	0.2	−	−	0.1	0.0	−	−	−
W84	詳細不明の窒息	総数 T.	1.3	1.5	0.3	0.1	0.2	0.3	0.4	−	0.0	0.0	0.1
		男 M.	1.4	1.7	0.5	−	0.2	0.5	0.6	−	0.0	0.1	0.1
		女 F.	1.3	1.2	−	0.2	0.2	−	0.3	−	0.0	−	−
(W85-W99)	電流，放射線並びに極端な気温及び気圧への曝露	総数 T.	0.0	0.1	−	−	−	−	0.0	−	−	0.0	0.0
		男 M.	0.1	0.2	−	−	−	−	0.0	−	−	0.0	−
		女 F.	0.0	−	−	−	−	−	−	−	−	−	0.0
(X00-X09)	煙，火及び火炎への曝露	総数 T.	1.1	0.5	0.3	0.8	0.4	0.6	0.5	0.4	0.2	0.1	0.3
		男 M.	1.4	1.0	0.5	1.2	0.5	0.8	0.8	0.5	0.2	0.1	0.2
		女 F.	0.8	−	−	0.5	0.3	0.3	0.2	0.3	0.3	0.2	0.3
X00	建物又は建造物内の管理されていない火への曝露	総数 T.	0.9	0.5	0.3	0.8	0.4	0.6	0.5	0.4	0.2	0.1	0.3
		男 M.	1.1	1.0	0.5	1.2	0.5	0.8	0.8	0.5	0.1	0.1	0.2
		女 F.	0.7	−	−	0.5	0.3	0.3	0.2	0.3	0.3	0.2	0.3
(X10-X19)	熱及び高温物質との接触	総数 T.	0.1	0.1	0.1	0.1	−	−	0.1	0.0	−	−	−
		男 M.	0.2	−	0.2	−	−	−	0.0	−	−	−	−
		女 F.	0.1	0.2	−	0.2	−	−	0.1	0.0	−	−	−
(X20-X29)	有毒動植物との接触	総数 T.	0.0	−	−	−	−	−	−	−	−	−	−
		男 M.	0.1	−	−	−	−	−	−	−	−	−	−
		女 F.	0.0	−	−	−	−	−	−	−	−	−	−
(X30-X39)	自然の力への曝露	総数 T.	0.8	0.2	−	0.3	−	−	0.1	−	0.0	0.1	0.1
		男 M.	1.2	0.3	−	0.3	−	−	0.1	−	0.1	0.2	0.2
		女 F.	0.5	−	−	0.3	−	−	0.1	−	−	−	0.1
X30	自然の過度の高温への曝露	総数 T.	0.2	0.2	−	0.2	−	−	0.1	−	0.0	0.0	0.0
		男 M.	0.2	0.3	−	0.2	−	−	0.1	−	0.1	0.1	0.0
		女 F.	0.1	−	−	0.2	−	−	0.0	−	−	−	0.0
X31	自然の過度の低温への曝露	総数 T.	0.6	−	−	0.2	−	−	0.0	−	−	0.1	0.1
		男 M.	0.9	−	−	0.2	−	−	0.0	−	−	0.1	0.1
		女 F.	0.4	−	−	0.2	−	−	0.0	−	−	−	0.0
X34	地震による受傷者	総数 T.	0.0	−	−	−	−	−	−	−	−	−	−
		男 M.	0.0	−	−	−	−	−	−	−	−	−	−
		女 F.	−	−	−	−	−	−	−	−	−	−	−
(X40-X49)	有害物質による不慮の中毒及び有害物質への曝露	総数 T.	0.5	−	−	−	−	−	−	0.0	0.0	0.2	0.3
		男 M.	0.7	−	−	−	−	−	−	0.0	0.1	0.3	0.5
		女 F.	0.3	−	−	−	−	−	−	0.0	−	0.1	0.2
(X50-X57)	無理ながんばり，旅行及び欠乏状態	総数 T.	0.1	−	−	−	−	−	−	−	−	−	0.0
		男 M.	0.1	−	−	−	−	−	−	−	−	−	0.0
		女 F.	0.0	−	−	−	−	−	−	−	−	−	0.0
(X58-X59)	その他及び詳細不明の要因への不慮の曝露	総数 T.	1.9	1.1	0.1	0.1	−	0.1	0.3	0.0	0.0	0.0	0.0
		男 M.	2.5	1.0	0.2	−	−	0.2	0.3	−	0.1	0.0	0.0
		女 F.	1.3	1.2	−	0.2	−	−	0.3	0.0	−	−	−

注：1）総数には年齢不詳を含む。

の種類別不慮の事故死亡数・率（人口10万対） －平成７～20年－

population) by sex, age (five-year age group) and type of accident, 1995-2008

平成12年 2000													
25～29	30～34	35～39	40～44	45～49	50～54	55～59	60～64	65～69	70～74	75～79	80～84	85～89	90～
11.1	10.3	10.3	12.8	16.2	20.3	26.9	35.2	46.1	69.4	108.0	180.4	272.3	421.6
18.3	17.0	15.7	19.7	25.6	31.6	41.4	54.2	68.2	98.8	150.0	268.9	405.6	636.9
3.7	3.5	4.8	5.8	6.8	9.1	12.9	17.3	26.2	45.0	80.9	132.8	212.0	349.2
7.7	6.4	5.3	6.4	7.1	8.6	10.8	14.0	15.2	20.6	27.5	32.7	28.8	17.7
12.9	10.9	8.5	9.9	11.3	13.1	15.7	20.1	21.1	27.3	36.9	53.0	46.4	39.1
2.2	1.7	2.1	2.8	2.9	4.1	6.0	8.2	9.8	15.1	21.4	21.8	20.8	10.5
0.9	0.9	1.1	1.3	2.0	2.8	3.7	5.6	7.8	10.3	15.5	31.1	60.2	131.5
1.4	1.3	1.6	2.1	3.6	4.8	6.7	9.8	13.6	16.5	22.9	41.2	75.3	162.2
0.4	0.4	0.5	0.5	0.4	0.7	0.9	1.6	2.7	5.2	10.7	25.7	53.4	121.2
0.0	0.1	0.2	0.3	0.5	0.8	1.0	1.7	2.7	4.9	8.3	20.7	45.7	112.9
0.0	0.2	0.2	0.3	0.8	1.4	1.7	2.9	4.5	7.2	10.8	25.2	54.8	130.5
0.0	0.1	0.2	0.2	0.2	0.2	0.2	0.6	1.1	2.9	6.7	18.3	41.7	107.0
0.0	0.1	0.1	0.2	0.3	0.4	0.6	1.0	1.3	1.3	1.9	2.8	4.1	3.6
0.0	0.1	0.2	0.3	0.6	0.7	0.9	1.6	1.8	2.2	3.0	4.2	5.7	7.9
0.0	0.0	0.0	0.0	0.0	0.2	0.2	0.4	0.9	0.5	1.3	2.1	3.4	2.1
0.4	0.4	0.4	0.4	0.6	0.6	0.7	1.2	1.1	1.1	1.5	1.5	2.5	3.3
0.7	0.5	0.5	0.7	1.1	0.9	1.3	2.2	2.0	1.6	2.4	3.0	4.0	5.1
0.2	0.2	0.2	0.2	0.2	0.3	0.2	0.2	0.3	0.7	0.9	0.8	1.8	2.7
0.2	0.2	0.3	0.4	0.4	0.5	1.0	1.0	1.6	1.6	1.6	2.5	3.1	2.9
0.3	0.4	0.5	0.6	0.7	1.1	1.8	1.8	3.1	2.5	2.8	3.6	5.7	6.2
0.1	0.1	0.1	0.1	0.0	0.0	0.1	0.2	0.2	0.7	0.8	1.9	2.0	1.7
0.5	0.4	0.4	0.6	0.7	0.7	1.3	1.2	1.4	1.3	1.2	0.8	0.8	0.6
0.9	0.8	0.8	1.2	1.4	1.4	2.5	2.3	2.7	2.6	2.7	2.1	2.3	－
0.0	0.0	0.0	0.0	－	0.0	0.1	0.2	0.1	0.2	0.2	0.1	0.2	0.8
0.1	0.1	0.2	0.2	0.2	0.2	0.4	0.4	0.6	0.5	0.3	0.1	0.1	0.1
0.3	0.2	0.3	0.4	0.5	0.5	0.8	0.9	1.3	1.0	0.8	0.2	0.4	－
－	－	－	－	－	－	0.0	0.0	0.1	0.1	0.0	－	－	0.2
0.0	－	－	0.0	0.0	0.0	0.0	0.0	0.0	0.1	0.0	－	0.1	0.1
0.1	－	－	0.0	0.0	0.0	0.0	0.1	0.1	0.1	0.1	－	－	－
－	－	－	－	－	－	－	0.0	－	0.0	0.0	－	0.1	0.2
0.8	0.8	1.0	1.4	2.2	2.6	3.3	4.8	7.3	13.5	22.3	35.4	42.2	43.3
1.3	1.1	1.3	2.1	3.3	4.0	4.8	7.1	9.8	15.9	23.6	46.1	58.5	68.1
0.3	0.5	0.6	0.8	1.2	1.3	1.8	2.5	5.1	11.6	21.5	29.6	34.8	34.9
0.1	0.2	0.2	0.4	0.5	0.6	1.0	2.2	4.1	9.4	17.2	26.4	32.7	35.7
0.1	0.2	0.2	0.3	0.6	0.9	1.3	3.0	5.1	10.0	17.3	33.7	46.2	59.6
0.1	0.2	0.1	0.5	0.3	0.4	0.7	1.4	3.1	8.9	17.2	22.5	26.7	27.7
0.6	0.5	0.7	0.9	1.4	1.5	1.6	1.7	1.9	2.0	2.0	3.4	2.9	2.9
1.1	0.7	1.0	1.5	2.2	2.4	2.7	2.8	3.0	3.0	2.2	4.7	3.6	2.8
0.1	0.3	0.4	0.3	0.6	0.6	0.6	0.6	1.0	1.2	1.8	2.7	2.6	2.9
0.3	0.6	0.7	1.0	1.7	2.1	3.2	4.5	8.0	14.5	25.5	51.7	91.4	155.6
0.5	0.8	1.0	1.3	2.3	3.0	4.2	6.1	11.4	22.0	39.6	79.7	136.2	223.5
0.1	0.3	0.4	0.6	1.1	1.2	2.3	3.0	4.9	8.2	16.5	36.7	71.1	132.8
0.1	0.2	0.3	0.2	0.4	0.4	0.7	0.5	1.1	1.9	3.9	7.7	12.1	23.7
0.1	0.3	0.4	0.3	0.5	0.5	0.8	0.7	1.4	2.6	5.1	11.2	19.3	31.8
0.1	0.1	0.2	0.2	0.2	0.2	0.5	0.4	0.8	1.2	3.1	5.8	8.8	21.0
0.1	0.2	0.2	0.4	0.8	1.1	1.6	2.6	4.6	7.8	13.6	27.4	46.0	78.2
0.1	0.2	0.3	0.5	1.0	1.6	2.2	3.4	6.4	12.1	22.1	43.7	69.9	120.2
0.1	0.1	0.1	0.3	0.6	0.7	1.0	1.9	3.0	4.3	8.2	18.6	35.2	64.1
0.0	0.1	0.1	0.1	0.1	0.1	0.2	0.3	0.6	1.3	1.7	4.8	8.2	13.8
0.1	0.1	0.0	0.1	0.2	0.2	0.2	0.5	1.2	2.0	3.1	8.3	13.4	21.6
－	0.0	0.1	－	0.1	0.1	0.2	0.1	0.1	0.7	0.8	2.8	5.8	11.3
0.1	0.0	0.1	0.2	0.2	0.3	0.5	0.8	1.4	2.9	5.9	11.2	24.1	39.1
0.1	0.1	0.1	0.3	0.2	0.3	0.5	1.0	1.9	4.4	8.6	15.8	32.3	48.2
－	0.0	0.1	0.1	0.1	0.2	0.5	0.5	0.9	1.7	4.2	8.8	20.4	36.1
0.1	0.1	0.1	0.1	0.1	0.1	0.1	0.1	0.0	0.0	0.0	0.0	0.1	－
0.1	0.1	0.1	0.2	0.1	0.1	0.1	0.2	0.1	0.1	0.1	0.1	0.2	－
－	－	0.0	－	0.0	－	0.0	－	－	－	－	－	－	－
0.2	0.3	0.5	0.6	0.7	1.1	1.4	1.4	1.7	2.2	4.0	5.9	9.9	8.0
0.2	0.4	0.5	0.7	1.0	1.5	2.1	2.4	2.3	3.1	5.6	8.7	18.3	15.3
0.1	0.2	0.5	0.4	0.4	0.6	0.7	0.6	1.2	1.4	3.0	4.5	6.1	5.5
0.1	0.3	0.4	0.5	0.5	0.9	1.1	1.0	1.4	1.5	2.9	4.4	6.7	5.3
0.1	0.3	0.4	0.6	0.8	1.2	1.6	1.7	1.8	2.1	4.0	5.9	12.6	10.8
0.1	0.2	0.4	0.4	0.3	0.5	0.6	0.4	1.0	1.0	2.2	3.5	4.1	3.4
0.0	0.0	0.0	－	0.0	0.0	0.1	0.1	0.2	0.4	0.7	1.1	2.2	3.6
－	0.0	0.0	－	0.0	0.0	0.1	0.2	0.3	0.5	1.1	1.6	4.4	7.4
0.0	0.0	－	－	0.0	0.0	0.0	0.1	0.0	0.2	0.5	0.8	1.1	2.3
0.0	－	0.0	－	0.0	0.0	0.1	0.1	0.1	0.1	0.1	0.2	－	－
0.0	－	0.0	－	－	0.0	0.2	0.1	0.2	0.2	0.2	0.2	－	－
－	－	－	－	0.0	－	－	－	0.0	0.0	0.1	0.2	－	－
0.1	0.3	0.5	0.5	0.6	1.0	1.3	1.3	1.4	1.6	2.2	3.6	4.6	6.6
0.1	0.5	0.7	0.8	1.1	1.7	2.3	2.3	2.0	2.4	2.9	4.6	7.3	10.8
0.1	0.0	0.2	0.2	0.2	0.3	0.4	0.4	0.9	1.0	1.8	3.1	3.4	5.2
0.1	0.1	0.1	0.1	0.1	0.2	0.2	0.2	0.1	0.3	0.5	1.0	1.2	2.0
0.1	0.1	0.2	0.2	0.2	0.4	0.3	0.3	0.2	0.3	0.6	1.1	2.5	3.4
0.0	－	0.0	0.0	0.0	0.0	0.0	0.0	0.1	0.2	0.4	0.9	0.7	1.5
0.1	0.2	0.3	0.4	0.5	0.8	1.1	1.1	1.3	1.3	1.7	2.6	3.4	4.6
0.0	0.3	0.5	0.6	0.8	1.3	1.9	1.9	1.8	2.1	2.2	3.4	4.8	7.4
0.1	0.0	0.1	0.2	0.2	0.3	0.3	0.4	0.8	0.7	1.4	2.2	2.8	3.6
－	0.0	－	－	－	－	－	－	－	－	－	－	－	－
－	0.0	－	－	－	－	－	－	－	－	－	－	－	－
－	－	－	－	－	－	－	－	－	－	－	－	－	－
0.5	0.5	0.7	0.7	0.5	0.5	0.6	0.6	0.7	0.7	0.7	1.0	1.1	0.4
0.7	0.8	0.9	1.1	0.7	0.8	0.9	1.0	0.9	1.0	0.6	1.1	1.5	0.6
0.3	0.1	0.4	0.3	0.3	0.3	0.2	0.3	0.5	0.5	0.9	0.9	0.9	0.4
0.0	0.0	0.0	0.1	0.1	0.2	0.1	0.2	0.2	0.1	0.0	0.1	0.1	0.1
0.0	0.0	0.1	0.1	0.1	0.3	0.1	0.3	0.3	0.1	0.1	－	0.2	－
0.0	－	－	0.0	－	0.1	0.0	－	0.1	0.2	－	0.2	－	0.2
0.0	0.1	0.1	0.1	0.4	0.5	1.0	1.3	2.2	4.0	8.0	16.7	30.9	54.1
0.0	0.2	0.2	0.2	0.6	0.7	1.6	2.2	3.5	6.9	13.6	30.6	55.0	110.0
0.0	0.1	0.1	0.0	0.1	0.3	0.3	0.5	1.0	1.6	4.4	9.3	20.0	35.3

Note: 1) Total includes persons of unknown age.

第３表　年次・性・年齢階級（５歳階級）・不慮の事故

Table 3. Trends in accidental deaths and death rates (per 100,000

死亡数
Deaths

死因基本分類コード Detailed list of ICD-10 code	死因・性 Causes of death and sex			総数[1) Total	0歳 Years	1	2	3	4	0～4	5～9	10～14	15～19	20～24
(V01-X59)	不慮の事故	総数	T.	31.4	18.2	10.1	7.9	6.0	4.4	9.3	4.2	2.3	13.7	15.9
		男	M.	40.6	18.9	11.6	7.9	7.4	5.8	10.3	5.3	2.9	21.7	24.0
		女	F.	22.6	17.5	8.5	7.8	4.5	2.9	8.2	3.0	1.6	5.4	7.3
(V01-V98)	交通事故	総数	T.	9.8	2.1	3.1	3.5	2.1	1.9	2.5	2.4	1.3	11.1	11.9
		男	M.	14.1	2.2	3.0	3.7	2.1	2.5	2.7	2.9	1.6	17.5	18.4
		女	F.	5.7	2.1	3.2	3.2	2.1	1.4	2.4	1.8	1.0	4.2	5.1
(W00-W17)	転倒・転落	総数	T.	5.1	1.1	0.7	0.8	0.4	0.3	0.7	0.1	0.1	0.6	0.9
		男	M.	6.2	1.7	1.2	0.5	0.3	0.2	0.8	0.1	0.1	0.9	1.3
		女	F.	4.0	0.5	0.2	1.1	0.5	0.3	0.5	0.1	0.2	0.3	0.5
W01	スリップ，つまづき及びよろめきによる同一平面上での転倒	総数	T.	2.7	0.4	0.2	0.1	0.1	0.1	0.2	－	－	－	0.1
		男	M.	2.6	0.7	0.3	0.2	－	0.2	0.3	－	－	－	0.1
		女	F.	2.8	0.2	－	－	0.2	－	0.1	－	－	－	0.1
W10	階段及びステップからの転落及びその上での転倒	総数	T.	0.5	－	0.1	0.1	0.1	－	0.1	0.0	－	0.0	0.0
		男	M.	0.7	－	0.2	－	－	－	0.0	－	－	0.1	0.1
		女	F.	0.4	－	－	0.2	0.2	－	0.1	0.0	－	－	0.0
W13	建物又は建造物からの転落	総数	T.	0.7	0.2	0.3	0.3	0.2	0.2	0.2	0.1	0.1	0.4	0.5
		男	M.	1.0	0.3	0.3	－	0.3	－	0.2	0.1	0.1	0.5	0.6
		女	F.	0.3	－	0.2	0.7	－	0.3	0.2	－	0.1	0.2	0.4
W17	その他の転落	総数	T.	0.6	－	0.1	0.1	0.1	－	0.1	0.0	0.0	0.2	0.1
		男	M.	1.0	－	0.2	0.2	－	－	0.1	－	－	0.3	0.2
		女	F.	0.2	－	－	－	0.2	－	0.0	0.0	0.0	0.0	0.0
(W20-W49)	生物によらない機械的な力への曝露	総数	T.	0.6	0.1	－	－	0.3	0.1	0.1	0.1	0.0	0.2	0.4
		男	M.	1.1	－	－	－	0.2	0.2	0.1	0.1	0.0	0.3	0.8
		女	F.	0.1	0.2	－	－	0.3	－	0.1	0.0	－	0.1	0.1
W20	投げられ，投げ出され又は落下する物体による打撲	総数	T.	0.2	－	－	－	0.1	－	0.0	0.0	－	0.0	0.1
		男	M.	0.4	－	－	－	－	－	－	0.1	－	0.1	0.1
		女	F.	0.0	－	－	－	0.2	－	0.0	－	－	0.0	－
(W50-W64)	生物による機械的な力への曝露	総数	T.	0.0	0.1	－	0.1	0.1	－	0.1	0.1	－	0.0	0.0
		男	M.	0.0	－	－	0.2	0.2	－	0.1	0.1	－	0.0	0.0
		女	F.	0.0	0.2	－	－	－	－	0.0	0.1	－	－	－
(W65-W74)	不慮の溺死及び溺水	総数	T.	4.6	0.9	3.8	1.5	1.2	0.9	1.7	0.9	0.5	1.1	1.1
		男	M.	5.3	0.7	3.9	2.0	2.1	1.3	2.0	1.3	0.7	1.9	1.6
		女	F.	3.9	1.2	3.7	0.9	0.2	0.5	1.3	0.6	0.2	0.4	0.5
(W65-W66)	浴槽内での及び浴槽への転落による溺死及び溺水	総数	T.	2.7	0.8	2.9	0.6	－	0.3	0.9	0.2	0.1	0.1	0.2
		男	M.	2.7	0.7	3.0	0.8	－	0.3	1.0	0.2	0.2	0.1	0.1
		女	F.	2.8	0.9	2.8	0.4	－	0.2	0.8	0.2	0.1	0.2	0.3
(W69-W70)	自然の水域内での及び自然の水域への転落による溺死及び溺水	総数	T.	1.1	0.1	0.1	0.3	0.4	0.3	0.2	0.5	0.3	0.9	0.7
		男	M.	1.7	－	0.2	0.5	0.7	0.5	0.4	0.7	0.4	1.6	1.2
		女	F.	0.6	0.2	－	－	0.2	0.2	0.1	0.3	0.1	0.2	0.1
(W75-W84)	その他の不慮の窒息	総数	T.	6.5	12.9	1.6	1.0	0.7	0.6	3.3	0.2	0.1	0.2	0.4
		男	M.	7.3	13.5	2.2	0.7	1.0	0.8	3.6	0.3	0.2	0.3	0.6
		女	F.	5.7	12.2	1.1	1.2	0.3	0.3	3.0	0.0	0.1	0.1	0.2
W78	胃内容物の誤えん	総数	T.	1.0	3.6	0.4	0.5	0.2	0.1	1.0	0.1	0.0	0.1	0.1
		男	M.	1.1	3.8	0.5	0.3	0.3	－	1.0	0.1	－	0.1	0.2
		女	F.	1.0	3.4	0.4	0.7	－	0.2	0.9	－	0.0	－	0.1
W79	気道閉塞を生じた食物の誤えん	総数	T.	3.4	2.2	0.5	－	0.1	0.1	0.6	－	0.0	0.1	0.0
		男	M.	3.9	2.0	0.7	－	－	0.2	0.6	－	0.1	0.1	0.0
		女	F.	2.8	2.5	0.4	－	0.2	－	0.6	－	－	0.0	0.1
W80	気道閉塞を生じたその他の物体の誤えん	総数	T.	0.5	0.7	0.3	0.1	0.2	－	0.3	－	－	0.0	0.1
		男	M.	0.6	0.8	0.7	0.2	0.3	－	0.4	－	－	0.0	0.1
		女	F.	0.5	0.5	－	－	－	－	0.1	－	－	0.0	－
W84	詳細不明の窒息	総数	T.	1.3	1.1	0.1	0.1	0.2	0.2	0.3	0.1	0.0	0.0	0.1
		男	M.	1.4	1.0	0.2	－	0.2	0.3	0.3	0.1	0.0	0.0	0.1
		女	F.	1.3	1.2	－	0.2	0.2	－	0.3	0.0	－	0.0	0.1
(W85-W99)	電流，放射線並びに極端な気温及び気圧への曝露	総数	T.	0.1	－	－	－	－	－	－	－	－	0.0	0.0
		男	M.	0.1	－	－	－	－	－	－	－	－	0.1	0.0
		女	F.	0.0	－	－	－	－	－	－	－	－	－	0.0
(X00-X09)	煙，火及び火炎への曝露	総数	T.	1.2	0.3	0.4	0.4	1.1	0.5	0.6	0.4	0.2	0.2	0.4
		男	M.	1.6	－	0.7	0.2	1.5	0.7	0.6	0.5	0.2	0.2	0.3
		女	F.	0.8	0.7	0.2	0.7	0.7	0.3	0.5	0.3	0.1	0.3	0.5
X00	建物又は建造物内の管理されていない火への曝露	総数	T.	0.8	0.3	0.4	0.3	1.1	0.4	0.5	0.4	0.2	0.2	0.3
		男	M.	1.1	－	0.7	0.2	1.5	0.5	0.6	0.5	0.2	0.2	0.2
		女	F.	0.6	0.5	0.2	0.5	0.7	0.3	0.5	0.3	0.1	0.2	0.4
(X10-X19)	熱及び高温物質との接触	総数	T.	0.1	0.1	－	0.2	0.2	－	0.1	－	－	－	－
		男	M.	0.1	0.2	－	－	－	－	0.0	－	－	－	－
		女	F.	0.1	－	－	0.4	0.3	－	0.1	－	－	－	－
(X20-X29)	有毒動植物との接触	総数	T.	0.0	－	－	－	－	－	－	－	－	－	－
		男	M.	0.0	－	－	－	－	－	－	－	－	－	－
		女	F.	0.0	－	－	－	－	－	－	－	－	－	－
(X30-X39)	自然の力への曝露	総数	T.	1.0	－	0.3	0.3	－	－	0.1	0.0	0.1	0.0	0.3
		男	M.	1.3	－	0.3	0.3	－	－	0.1	0.0	0.1	0.1	0.4
		女	F.	0.6	－	0.2	0.2	－	－	0.1	－	0.0	－	0.1
X30	自然の過度の高温への曝露	総数	T.	0.3	－	0.3	0.3	－	－	0.1	0.0	0.0	0.0	0.0
		男	M.	0.4	－	0.3	0.3	－	－	0.1	0.0	0.1	0.0	0.1
		女	F.	0.3	－	0.2	0.2	－	－	0.1	－	－	－	0.0
X31	自然の過度の低温への曝露	総数	T.	0.6	－	－	－	－	－	－	－	0.0	0.0	0.2
		男	M.	0.9	－	－	－	－	－	－	－	0.0	0.0	0.2
		女	F.	0.3	－	－	－	－	－	－	－	－	－	0.1
X34	地震による受傷者	総数	T.	0.0	－	－	－	－	－	－	－	－	－	－
		男	M.	－	－	－	－	－	－	－	－	－	－	－
		女	F.	0.0	－	－	－	－	－	－	－	－	－	－
(X40-X49)	有害物質による不慮の中毒及び有害物質への曝露	総数	T.	0.5	0.1	0.1	0.1	－	0.1	0.1	－	0.0	0.2	0.4
		男	M.	0.7	0.2	0.2	0.2	－	0.2	0.1	－	0.0	0.2	0.4
		女	F.	0.3	－	－	－	－	－	－	－	－	0.2	0.3
(X50-X57)	無理ながんばり，旅行及び欠乏状態	総数	T.	0.1	－	－	－	－	－	－	－	－	0.0	－
		男	M.	0.1	－	－	－	－	－	－	－	－	0.0	－
		女	F.	0.0	－	－	－	－	－	－	－	－	－	－
(X58-X59)	その他及び詳細不明の要因への不慮の曝露	総数	T.	1.8	0.4	0.1	0.2	－	－	0.1	0.0	－	0.1	0.0
		男	M.	2.4	0.5	0.2	0.2	－	－	0.2	0.1	－	0.2	0.0
		女	F.	1.2	0.4	－	0.2	－	－	0.1	－	－	－	－

注：1）総数には年齢不詳を含む。

の種類別不慮の事故死亡数・率（人口10万対） －平成７～20年－

population) by sex, age (five-year age group) and type of accident, 1995-2008

平成13年 2001													
25～29	30～34	35～39	40～44	45～49	50～54	55～59	60～64	65～69	70～74	75～79	80～84	85～89	90～
11.4	10.3	10.8	11.5	15.4	20.4	27.0	32.2	44.8	68.0	105.0	171.2	272.5	411.3
18.5	16.6	17.4	18.0	24.9	31.9	41.2	49.1	67.0	96.4	147.0	253.0	418.1	609.9
4.0	3.7	4.1	4.9	5.9	8.9	13.3	16.3	24.8	44.3	76.8	127.8	206.8	346.0
7.5	5.9	6.0	5.3	6.7	8.2	10.4	11.5	14.6	20.3	24.9	31.1	28.7	22.4
12.7	10.0	10.2	8.7	11.0	12.6	15.4	16.5	20.4	27.4	34.0	46.4	49.8	42.4
2.2	1.7	1.8	1.9	2.3	3.8	5.6	6.8	9.4	14.4	18.8	23.0	19.1	15.8
1.0	0.9	1.1	1.3	1.9	3.0	4.4	5.0	7.3	10.0	16.4	30.1	58.1	132.5
1.5	1.4	1.7	2.2	3.3	4.9	7.2	8.8	12.4	16.2	25.1	43.3	74.1	161.3
0.4	0.4	0.4	0.5	0.5	1.1	1.6	1.5	2.7	4.8	10.5	23.0	50.9	123.1
0.1	0.1	0.2	0.2	0.4	0.8	1.2	1.5	2.9	4.5	9.2	20.0	44.4	114.6
0.1	0.1	0.2	0.4	0.7	1.2	1.9	2.5	4.5	6.5	13.0	26.3	51.6	128.8
0.1	0.0	0.2	0.1	0.1	0.4	0.5	0.6	1.5	2.8	6.6	16.7	41.2	110.0
0.0	0.1	0.1	0.1	0.3	0.5	0.7	0.7	1.0	1.6	1.8	3.1	3.5	4.9
0.0	0.1	0.2	0.2	0.5	0.8	1.0	1.2	1.8	2.3	2.2	4.0	5.4	11.0
0.0	0.1	0.0	0.1	0.0	0.2	0.4	0.2	0.4	0.9	1.6	2.6	2.6	2.9
0.5	0.4	0.5	0.5	0.5	0.8	1.1	0.9	1.0	1.0	1.2	1.5	2.6	2.2
0.8	0.5	0.8	0.8	0.8	1.3	1.7	1.6	1.7	1.8	2.1	2.8	4.6	4.2
0.3	0.2	0.2	0.3	0.1	0.3	0.4	0.2	0.4	0.4	0.5	0.8	1.6	1.5
0.2	0.3	0.2	0.3	0.4	0.7	0.9	1.1	1.2	1.5	2.0	2.2	2.9	3.0
0.3	0.5	0.3	0.6	0.7	1.3	1.6	2.0	2.2	2.7	3.5	4.5	5.6	6.8
0.1	0.0	0.1	0.1	0.0	0.2	0.3	0.3	0.2	0.5	1.0	1.0	1.7	1.7
0.4	0.4	0.4	0.4	0.5	0.8	1.5	1.2	1.2	1.1	0.9	0.9	0.4	0.6
0.7	0.7	0.8	0.8	1.0	1.5	2.9	2.4	2.4	2.0	1.9	2.1	0.4	1.6
0.0	0.0	－	0.1	－	0.1	0.2	0.1	0.1	0.4	0.2	0.2	0.4	0.3
0.1	0.1	0.1	0.2	0.2	0.3	0.6	0.4	0.5	0.5	0.3	0.2	0.1	－
0.2	0.1	0.3	0.3	0.4	0.6	1.1	0.9	1.0	0.9	0.6	0.5	0.4	－
0.0	－	－	0.1	－	－	0.0	0.0	0.1	0.1	0.1	－	－	－
0.0	－	－	0.0	－	0.0	－	－	0.0	0.1	0.0	0.1	0.1	－
0.0	－	－	－	－	0.0	－	－	0.1	0.1	0.1	0.1	0.2	－
－	－	－	0.0	－	－	－	－	－	0.1	0.0	0.1	0.1	－
0.9	0.9	0.9	1.3	2.0	2.2	3.3	4.6	7.2	13.0	20.4	31.4	42.4	38.5
1.4	1.4	1.4	1.8	3.0	3.5	4.7	6.8	10.0	16.1	23.1	36.5	61.8	58.1
0.3	0.4	0.4	0.8	1.0	0.9	1.9	2.5	4.7	10.4	18.5	28.6	33.6	32.0
0.1	0.2	0.3	0.2	0.5	0.5	1.2	1.9	3.9	8.9	15.2	24.7	33.6	30.2
0.1	0.3	0.4	0.2	0.8	0.8	1.6	2.7	5.0	10.5	16.5	28.4	50.8	45.0
0.1	0.2	0.2	0.2	0.3	0.3	0.9	1.2	3.0	7.5	14.3	22.7	25.9	25.3
0.7	0.6	0.4	0.9	1.2	1.3	1.5	1.8	2.1	2.1	2.0	2.4	2.2	2.5
1.2	1.0	0.7	1.3	1.7	2.1	2.3	3.0	3.3	2.9	3.1	3.1	2.4	4.2
0.2	0.2	0.2	0.4	0.6	0.5	0.7	0.7	1.0	1.4	1.3	2.0	2.1	1.9
0.4	0.5	0.6	0.8	1.6	2.6	3.1	5.4	7.8	14.4	26.6	49.6	94.7	148.1
0.5	0.6	0.8	1.1	2.3	3.7	3.8	7.1	11.1	20.8	38.3	77.8	144.8	210.5
0.2	0.3	0.5	0.5	0.9	1.5	2.3	3.7	4.9	9.1	18.7	34.7	72.1	127.5
0.1	0.2	0.1	0.2	0.4	0.6	0.4	0.7	1.0	2.0	3.9	6.8	12.7	26.6
0.2	0.3	0.1	0.3	0.6	0.8	0.5	1.0	1.4	2.6	4.9	9.2	16.3	35.1
0.0	0.1	0.1	0.2	0.3	0.3	0.3	0.5	0.8	1.5	3.2	5.6	11.1	23.8
0.1	0.1	0.3	0.3	0.8	1.5	1.6	3.3	4.6	8.4	13.9	25.7	49.3	70.9
0.1	0.1	0.3	0.5	1.1	2.0	1.9	4.4	6.8	12.6	20.7	41.4	82.9	113.1
0.1	0.1	0.3	0.2	0.5	1.0	1.2	2.3	2.6	4.9	9.4	17.4	34.1	57.0
0.0	0.0	0.1	0.1	0.1	0.2	0.3	0.4	0.8	1.3	2.3	4.8	7.2	11.0
0.1	0.1	0.1	0.1	0.2	0.3	0.4	0.5	1.1	1.6	3.5	8.3	9.6	10.5
－	0.0	0.1	0.1	0.0	0.1	0.1	0.3	0.6	1.0	1.4	2.9	6.2	11.2
0.0	0.1	0.1	0.1	0.1	0.3	0.6	0.7	1.0	2.5	5.9	11.5	24.6	38.9
0.0	0.1	0.1	0.1	0.2	0.4	0.6	0.9	1.3	3.5	8.4	17.6	34.9	51.3
0.0	0.0	0.1	0.1	0.0	0.1	0.6	0.5	0.8	1.6	4.1	8.3	19.9	34.8
0.1	0.1	0.0	0.1	0.0	0.1	0.0	0.0	0.1	0.0	0.1	0.1	0.1	－
0.2	0.2	0.1	0.2	0.0	0.2	0.1	0.1	0.0	0.1	0.1	0.1	－	－
－	0.0	－	－	－	－	－	0.0	0.1	－	0.0	0.1	0.2	－
0.4	0.4	0.6	0.7	0.8	1.0	1.4	1.4	1.8	2.4	4.0	5.1	8.8	9.1
0.5	0.6	0.9	0.9	1.2	1.4	2.3	2.3	2.8	3.3	5.7	7.5	15.1	17.3
0.3	0.2	0.3	0.4	0.5	0.6	0.5	0.5	0.9	1.6	2.8	3.8	6.0	6.4
0.3	0.3	0.5	0.5	0.6	0.7	1.0	1.0	1.2	1.8	2.6	3.4	5.3	5.2
0.3	0.4	0.6	0.7	0.8	1.0	1.6	1.8	1.9	2.4	3.4	4.8	8.6	8.9
0.3	0.2	0.3	0.3	0.5	0.5	0.3	0.3	0.7	1.2	2.0	2.7	3.8	4.0
－	0.0	0.0	0.0	0.0	0.0	0.1	0.1	0.1	0.3	0.6	1.1	1.7	2.2
－	0.0	－	0.0	0.1	0.0	－	0.2	0.2	0.5	0.9	1.4	2.6	3.1
－	－	0.1	－	－	0.0	0.1	－	0.1	0.2	0.5	0.9	1.3	1.9
－	－	－	0.0	－	0.0	0.0	0.0	0.1	0.1	0.2	0.2	0.1	－
－	－	－	0.0	－	0.0	0.0	0.1	0.1	0.2	0.3	0.3	－	－
－	－	－	－	－	－	－	－	0.0	0.1	0.2	0.1	0.1	－
0.2	0.2	0.3	0.5	0.8	1.1	1.4	1.3	1.5	1.8	2.7	4.9	6.0	9.8
0.2	0.4	0.5	0.9	1.3	1.8	2.4	2.1	2.6	2.8	3.3	6.6	7.6	13.6
0.1	0.0	0.2	0.2	0.3	0.4	0.5	0.5	0.6	1.0	2.3	4.0	5.3	8.6
0.1	0.1	0.1	0.2	0.2	0.2	0.3	0.3	0.4	0.5	1.2	2.3	2.9	6.2
0.1	0.2	0.2	0.3	0.4	0.4	0.4	0.3	0.6	0.7	1.2	3.1	3.4	7.9
0.0	0.0	0.1	0.1	0.0	0.1	0.1	0.2	0.2	0.3	1.1	1.8	2.6	5.7
0.1	0.1	0.2	0.4	0.5	0.8	1.2	1.0	1.1	1.3	1.5	2.6	3.1	3.6
0.1	0.2	0.3	0.6	0.9	1.4	2.0	1.7	1.9	2.0	2.0	3.5	4.2	5.8
0.1	－	0.1	0.1	0.2	0.3	0.4	0.3	0.4	0.6	1.2	2.1	2.6	2.9
－	－	－	－	－	0.0	－	－	－	－	－	0.0	－	－
－	－	－	－	－	－	－	－	－	－	－	－	－	－
－	－	－	－	－	0.0	－	－	－	－	－	0.1	－	－
0.5	0.8	0.5	0.7	0.7	0.7	0.6	0.5	0.6	0.5	0.6	0.8	1.4	1.6
0.6	1.1	0.8	1.0	1.2	1.2	0.9	1.0	0.9	0.7	1.0	1.0	2.2	1.6
0.3	0.6	0.2	0.4	0.2	0.2	0.2	0.1	0.3	0.4	0.4	0.7	1.0	1.5
－	0.0	0.0	0.1	0.1	0.1	0.2	0.1	0.1	0.1	0.1	0.1	－	0.1
－	0.0	0.1	0.1	0.2	0.2	0.3	0.2	0.2	0.1	0.1	0.2	－	－
－	－	－	－	0.0	0.0	0.0	－	0.1	0.0	0.1	0.1	－	0.2
0.1	0.1	0.1	0.1	0.2	0.5	0.7	1.0	2.2	3.7	7.5	15.9	30.1	46.4
0.2	0.2	0.1	0.3	0.3	0.9	1.1	1.6	3.8	6.0	13.1	29.6	59.4	100.5
0.0	0.0	0.1	0.0	0.2	0.2	0.3	0.4	0.8	1.9	3.8	8.6	16.8	28.6

Note: 1) Total includes persons of unknown age.

第３表　年次・性・年齢階級（５歳階級）・不慮の事故

Table 3. Trends in accidental deaths and death rates (per 100,000

死亡数
Deaths

死因基本分類コード Detailed list of ICD-10 code	死因・性 Causes of death and sex		総数[1] Total	0歳 Years	1	2	3	4	0～4	5～9	10～14	15～19	20～24
(V01-X59)	不慮の事故	総数 T.	30.7	14.4	11.0	6.1	4.4	3.8	7.9	4.7	2.8	12.7	14.1
		男 M.	39.4	16.5	11.6	8.9	5.6	5.1	9.5	5.7	3.7	19.6	21.8
		女 F.	22.3	12.3	10.3	3.0	3.2	2.4	6.2	3.6	1.9	5.5	6.1
(V01-V98)	交通事故	総数 T.	9.3	1.4	3.2	2.4	1.5	1.6	2.0	2.7	1.5	10.7	10.4
		男 M.	13.3	0.8	3.2	3.2	1.7	1.8	2.1	3.1	1.9	16.6	16.0
		女 F.	5.5	2.0	3.2	1.6	1.2	1.4	1.9	2.2	1.0	4.6	4.6
(W00-W17)	転倒・転落	総数 T.	5.0	0.8	0.6	0.7	1.0	0.4	0.7	0.2	0.2	0.4	0.9
		男 M.	6.3	1.2	0.7	1.0	1.5	0.7	1.0	0.1	0.2	0.6	1.4
		女 F.	3.8	0.4	0.5	0.4	0.5	0.2	0.4	0.2	0.1	0.2	0.3
W01	スリップ，つまづき及びよろめきによる同一平面上での転倒	総数 T.	2.7	0.2	–	0.2	0.2	–	0.1	–	0.0	0.0	0.1
		男 M.	2.7	0.3	–	0.3	0.3	–	0.2	–	–	0.1	0.0
		女 F.	2.7	–	–	–	–	–	–	–	0.0	–	0.1
W10	階段及びステップからの転落及びその上での転倒	総数 T.	0.5	0.1	0.1	–	–	–	0.0	–	–	–	0.0
		男 M.	0.7	0.2	0.2	–	–	–	0.1	–	–	–	0.0
		女 F.	0.4	–	–	–	–	–	–	–	–	–	–
W13	建物又は建造物からの転落	総数 T.	0.6	0.1	0.3	0.4	0.8	0.3	0.4	0.2	0.1	0.3	0.4
		男 M.	1.0	0.2	0.3	0.7	1.2	0.5	0.6	0.1	0.2	0.4	0.6
		女 F.	0.3	–	0.2	0.2	0.4	0.2	0.2	0.2	0.1	0.2	0.2
W17	その他の転落	総数 T.	0.7	0.1	–	–	0.1	–	0.0	–	–	0.1	0.2
		男 M.	1.1	0.2	–	–	–	–	0.0	–	–	0.1	0.4
		女 F.	0.3	–	–	–	0.2	–	0.0	–	–	–	0.0
(W20-W49)	生物によらない機械的な力への曝露	総数 T.	0.6	–	–	–	0.2	–	0.0	0.1	0.0	0.1	0.3
		男 M.	1.0	–	–	–	0.2	–	0.0	0.1	0.0	0.2	0.6
		女 F.	0.1	–	–	–	0.2	–	0.0	0.1	0.1	–	–
W20	投げられ，投げ出され又は落下する物体による打撲	総数 T.	0.2	–	–	–	–	–	–	0.0	0.0	0.0	0.1
		男 M.	0.4	–	–	–	–	–	–	–	–	0.1	0.1
		女 F.	0.0	–	–	–	–	–	–	0.0	0.0	–	–
(W50-W64)	生物による機械的な力への曝露	総数 T.	0.0	–	–	–	–	–	–	–	–	0.0	0.0
		男 M.	0.0	–	–	–	–	–	–	–	–	0.0	0.1
		女 F.	0.0	–	–	–	–	–	–	–	–	–	–
(W65-W74)	不慮の溺死及び溺水	総数 T.	4.6	0.9	4.7	1.4	0.3	1.3	1.7	0.8	0.5	0.7	1.3
		男 M.	5.2	1.2	5.5	2.4	0.7	2.3	2.4	1.2	0.8	1.1	2.1
		女 F.	3.9	0.5	3.7	0.4	–	0.3	1.0	0.4	0.2	0.2	0.4
(W65-W66)	浴槽内での及び浴槽への転落による溺死及び溺水	総数 T.	2.7	0.9	3.2	0.5	0.1	0.3	1.0	0.1	0.1	0.2	0.2
		男 M.	2.7	1.2	3.2	0.8	0.2	0.5	1.2	0.0	0.2	0.2	0.2
		女 F.	2.8	0.5	3.2	0.2	–	0.2	0.8	0.2	0.1	0.1	0.2
(W69-W70)	自然の水域内での及び自然の水域への転落による溺死及び溺水	総数 T.	1.1	–	0.2	0.3	–	0.3	0.2	0.4	0.4	0.4	0.9
		男 M.	1.6	–	0.2	0.5	–	0.5	0.2	0.7	0.7	0.7	1.7
		女 F.	0.6	–	0.2	–	–	0.2	0.1	0.2	0.1	0.1	0.2
(W75-W84)	その他の不慮の窒息	総数 T.	6.6	10.3	1.9	1.0	0.6	0.1	2.8	0.3	0.3	0.3	0.3
		男 M.	7.4	12.3	1.5	1.5	0.7	0.2	3.2	0.3	0.4	0.3	0.5
		女 F.	5.8	8.2	2.3	0.5	0.5	–	2.3	0.3	0.2	0.2	0.2
W78	胃内容物の誤えん	総数 T.	1.0	2.4	0.5	0.2	0.1	–	0.6	0.1	0.1	0.1	0.1
		男 M.	1.1	3.4	0.3	–	0.2	–	0.8	0.1	0.1	0.1	0.2
		女 F.	1.0	1.4	0.7	0.4	–	–	0.5	0.0	0.1	0.1	0.0
W79	気道閉塞を生じた食物の誤えん	総数 T.	3.3	2.3	0.4	0.3	0.2	–	0.7	0.1	0.0	0.1	0.1
		男 M.	3.8	2.4	0.7	0.7	0.2	–	0.8	0.0	0.1	0.1	0.1
		女 F.	2.8	2.3	0.2	–	0.2	–	0.5	0.1	–	0.1	0.1
W80	気道閉塞を生じたその他の物体の誤えん	総数 T.	0.5	0.3	0.1	0.1	0.2	0.1	0.1	0.1	0.0	0.1	0.0
		男 M.	0.6	0.2	–	0.2	0.2	0.2	0.1	0.0	–	0.1	–
		女 F.	0.4	0.4	0.2	–	0.2	–	0.1	0.1	0.1	0.1	0.0
W84	詳細不明の窒息	総数 T.	1.5	0.7	0.3	0.2	–	–	0.2	0.1	0.0	0.0	0.0
		男 M.	1.5	0.8	0.2	0.3	–	–	0.3	0.0	–	0.1	0.0
		女 F.	1.4	0.5	0.4	–	–	–	0.2	0.1	0.0	0.0	–
(W85-W99)	電流，放射線並びに極端な気温及び気圧への曝露	総数 T.	0.0	0.1	–	–	–	–	0.0	0.0	–	0.0	0.0
		男 M.	0.1	–	–	–	–	–	–	0.0	–	0.1	0.1
		女 F.	0.0	0.2	–	–	–	–	0.0	–	–	–	–
(X00-X09)	煙，火及び火炎への曝露	総数 T.	1.1	0.3	0.4	0.3	0.7	0.3	0.4	0.5	0.3	0.2	0.2
		男 M.	1.5	0.3	0.5	0.7	0.8	0.2	0.5	0.7	0.3	0.3	0.2
		女 F.	0.8	0.2	0.4	–	0.5	0.5	0.3	0.4	0.3	0.2	0.2
X00	建物又は建造物内の管理されていない火への曝露	総数 T.	0.9	0.3	0.4	0.3	0.7	0.3	0.4	0.5	0.3	0.2	0.2
		男 M.	1.1	0.3	0.5	0.7	0.8	0.2	0.5	0.7	0.3	0.2	0.2
		女 F.	0.6	0.2	0.4	–	0.5	0.5	0.3	0.3	0.3	0.2	0.1
(X10-X19)	熱及び高温物質との接触	総数 T.	0.1	0.1	0.1	–	–	–	0.0	0.0	–	–	0.0
		男 M.	0.2	0.2	–	–	–	–	0.0	0.0	–	–	0.0
		女 F.	0.1	–	0.2	–	–	–	0.0	–	–	–	–
(X20-X29)	有毒動植物との接触	総数 T.	0.0	–	–	–	–	–	–	–	–	–	–
		男 M.	0.0	–	–	–	–	–	–	–	–	–	–
		女 F.	0.0	–	–	–	–	–	–	–	–	–	–
(X30-X39)	自然の力への曝露	総数 T.	0.8	0.3	0.1	0.1	–	–	0.1	–	0.0	0.1	0.2
		男 M.	1.1	0.3	0.2	–	–	–	0.1	–	0.1	0.1	0.2
		女 F.	0.6	0.2	–	0.2	–	–	0.1	–	–	0.1	0.1
X30	自然の過度の高温への曝露	総数 T.	0.2	0.2	0.1	0.1	–	–	0.1	–	0.0	0.0	0.1
		男 M.	0.3	0.2	0.2	–	–	–	0.1	–	0.1	0.1	0.1
		女 F.	0.2	0.2	–	0.2	–	–	0.1	–	–	–	–
X31	自然の過度の低温への曝露	総数 T.	0.6	0.1	–	–	–	–	0.0	–	–	0.1	0.1
		男 M.	0.8	0.2	–	–	–	–	0.0	–	–	0.1	0.1
		女 F.	0.4	–	–	–	–	–	–	–	–	0.1	0.0
X34	地震による受傷者	総数 T.	–	–	–	–	–	–	–	–	–	–	–
		男 M.	–	–	–	–	–	–	–	–	–	–	–
		女 F.	–	–	–	–	–	–	–	–	–	–	–
(X40-X49)	有害物質による不慮の中毒及び有害物質への曝露	総数 T.	0.5	0.1	–	–	0.1	–	0.0	0.1	0.0	0.1	0.4
		男 M.	0.7	–	–	–	–	–	–	0.1	–	0.2	0.5
		女 F.	0.3	0.2	–	–	0.2	–	0.1	–	0.0	0.1	0.4
(X50-X57)	無理ながんばり，旅行及び欠乏状態	総数 T.	0.1	–	–	–	–	–	–	–	–	0.0	–
		男 M.	0.1	–	–	–	–	–	–	–	–	0.0	–
		女 F.	0.0	–	–	–	–	–	–	–	–	–	–
(X58-X59)	その他及び詳細不明の要因への不慮の曝露	総数 T.	1.9	0.3	–	0.1	–	–	0.1	–	0.0	0.1	0.0
		男 M.	2.5	0.2	–	0.2	–	–	0.1	–	0.0	0.1	0.0
		女 F.	1.3	0.5	–	–	–	–	0.1	–	0.0	0.0	–

注：1）総数には年齢不詳を含む。

の種類別不慮の事故死亡数・率（人口10万対） －平成７～20年－

population) by sex, age (five-year age group) and type of accident, 1995-2008

平成14年
2002

25～29	30～34	35～39	40～44	45～49	50～54	55～59	60～64	65～69	70～74	75～79	80～84	85～89	90～
10.7	9.7	9.6	11.1	14.8	19.7	24.8	31.5	42.2	63.6	103.3	165.4	259.9	392.3
17.2	15.6	15.1	17.4	23.4	30.3	38.2	48.2	62.4	91.3	146.7	249.5	382.2	584.3
3.9	3.6	3.9	4.7	6.1	9.2	11.9	15.7	24.0	40.4	72.8	121.3	205.0	330.2
7.1	5.7	5.1	5.3	6.5	7.8	9.2	11.0	13.8	18.8	24.4	29.1	27.7	17.2
11.9	9.7	8.2	8.8	10.4	12.0	13.1	16.1	18.3	25.3	33.6	45.5	47.7	35.2
2.2	1.6	1.8	1.8	2.5	3.7	5.4	6.2	9.7	13.3	18.0	20.5	18.7	11.4
0.9	1.0	1.0	1.0	1.7	2.8	3.8	5.3	6.7	10.1	16.5	29.2	55.6	116.6
1.4	1.5	1.5	1.6	3.0	4.9	6.6	9.0	11.9	16.6	26.2	45.7	74.2	131.9
0.4	0.4	0.4	0.4	0.5	0.8	1.1	1.8	2.1	4.6	9.7	20.5	47.3	111.8
0.1	0.2	0.2	0.2	0.4	0.7	1.1	1.7	2.5	4.5	8.5	19.8	43.0	98.8
0.1	0.3	0.3	0.3	0.6	1.2	1.9	2.9	4.2	6.9	12.6	28.4	53.1	102.9
0.1	0.1	0.1	0.1	0.1	0.3	0.3	0.7	1.0	2.6	5.7	15.2	38.5	97.7
0.1	0.1	0.1	0.2	0.3	0.5	0.6	0.9	1.0	1.1	2.0	2.6	4.1	4.1
0.1	0.1	0.1	0.3	0.5	0.8	0.9	1.4	1.5	1.6	2.4	3.9	5.5	5.2
–	0.0	0.1	0.1	0.0	0.2	0.4	0.4	0.5	0.7	1.7	1.9	3.5	3.7
0.4	0.4	0.4	0.4	0.4	0.6	0.9	1.0	1.0	1.0	1.5	1.3	1.5	3.4
0.6	0.7	0.5	0.5	0.7	1.0	1.6	1.8	1.8	1.8	3.0	1.8	2.7	7.1
0.2	0.2	0.2	0.2	0.2	0.2	0.2	0.3	0.2	0.4	0.4	1.0	0.9	2.2
0.2	0.2	0.3	0.2	0.5	0.7	0.7	1.0	1.2	1.8	2.4	2.8	2.5	3.3
0.3	0.3	0.5	0.3	0.8	1.3	1.3	1.7	2.3	3.3	4.2	5.3	5.1	4.8
0.1	0.1	0.0	0.1	0.1	0.1	0.2	0.4	0.3	0.5	1.1	1.5	1.4	2.8
0.4	0.3	0.3	0.5	0.6	0.8	1.2	1.0	1.0	1.0	0.9	0.5	0.6	0.6
0.8	0.5	0.6	0.9	1.2	1.6	2.4	1.9	2.0	2.1	1.9	0.8	1.2	1.4
–	0.0	–	0.0	0.0	0.1	0.1	0.2	0.1	0.2	0.2	0.3	0.4	0.3
0.1	0.1	0.1	0.1	0.2	0.3	0.4	0.4	0.3	0.5	0.4	–	0.1	–
0.2	0.1	0.2	0.3	0.4	0.6	0.9	0.8	0.6	1.0	0.8	–	–	–
–	–	–	–	0.0	0.0	0.0	0.0	–	0.1	0.1	–	0.1	–
0.0	–	0.0	0.0	–	0.0	0.0	0.0	0.1	0.1	0.1	–	–	–
0.0	–	0.1	–	–	0.0	–	0.1	0.1	0.1	0.2	–	–	–
–	–	–	0.0	–	–	0.0	–	0.0	0.0	–	–	–	–
0.7	0.8	1.0	1.6	2.0	2.5	3.6	4.6	6.4	11.2	20.9	29.5	40.0	34.9
1.2	1.3	1.5	2.2	2.9	3.6	5.4	6.6	9.0	13.9	22.9	33.9	52.0	57.6
0.3	0.4	0.3	0.9	1.0	1.4	1.9	2.7	4.1	8.9	19.5	27.2	34.7	27.5
0.2	0.2	0.2	0.4	0.5	0.7	1.1	2.1	3.8	7.9	15.4	23.4	31.9	24.8
0.2	0.2	0.3	0.5	0.6	0.9	1.6	2.6	5.1	8.8	16.4	26.2	44.7	40.0
0.2	0.1	0.1	0.4	0.4	0.5	0.7	1.5	2.6	7.2	14.7	21.9	26.2	19.9
0.5	0.6	0.5	1.0	1.2	1.3	1.8	1.6	1.5	1.6	2.2	2.2	2.7	2.5
0.8	0.9	0.9	1.4	1.8	2.0	2.9	2.6	2.2	2.5	3.4	2.9	2.7	3.3
0.1	0.2	0.2	0.5	0.5	0.7	0.8	0.6	0.8	0.8	1.4	1.8	2.6	2.2
0.4	0.5	0.8	0.7	1.3	2.4	2.9	4.7	8.4	13.2	24.1	50.0	93.5	158.8
0.4	0.8	1.0	0.9	1.8	3.3	4.2	6.8	11.5	19.0	36.9	79.9	135.5	222.4
0.3	0.2	0.6	0.6	0.8	1.5	1.7	2.7	5.5	8.4	15.2	34.4	74.6	138.3
0.1	0.1	0.3	0.2	0.3	0.5	0.4	0.8	1.3	2.1	3.5	7.1	12.8	22.4
0.1	0.2	0.4	0.2	0.4	0.7	0.6	1.1	1.8	2.7	4.8	9.0	14.6	31.0
0.1	0.0	0.2	0.2	0.2	0.2	0.2	0.5	0.8	1.5	2.5	6.2	11.9	19.6
0.1	0.1	0.3	0.4	0.6	1.2	1.7	2.6	5.0	7.4	12.5	25.1	46.6	75.5
0.1	0.1	0.4	0.4	0.8	1.5	2.3	3.8	7.0	10.6	20.1	41.5	70.9	109.0
0.1	0.1	0.1	0.3	0.3	0.9	1.1	1.4	3.2	4.7	7.2	16.5	35.6	64.7
0.0	0.0	0.1	0.0	0.1	0.2	0.2	0.3	0.5	1.0	2.0	5.3	8.6	11.5
0.0	0.0	0.0	0.0	0.1	0.2	0.4	0.4	0.7	1.4	3.0	10.5	13.7	19.0
–	0.0	0.1	–	0.1	0.1	0.1	0.2	0.3	0.7	1.2	2.5	6.4	9.0
0.1	0.1	0.1	0.1	0.2	0.3	0.3	0.7	1.2	2.2	5.8	11.8	24.8	48.6
0.1	0.2	0.1	0.1	0.3	0.5	0.6	0.9	1.6	3.4	8.5	18.2	35.7	62.4
0.0	–	0.1	0.1	0.1	0.2	0.1	0.5	0.9	1.3	3.8	8.5	19.9	44.2
0.1	0.1	0.0	0.0	0.1	0.0	0.0	0.0	0.0	0.0	–	0.0	0.1	–
0.1	0.1	0.1	0.1	0.2	0.1	0.0	0.1	0.1	0.0	–	0.1	0.2	–
0.0	–	–	–	–	–	–	0.0	–	–	–	–	0.1	–
0.3	0.3	0.4	0.6	0.9	1.2	1.3	1.5	1.4	2.2	4.1	5.6	7.4	8.0
0.4	0.4	0.5	0.8	1.4	1.5	2.2	2.2	2.2	3.4	5.8	8.9	10.4	17.6
0.2	0.3	0.2	0.3	0.4	0.8	0.4	0.8	0.7	1.2	2.9	3.8	6.0	4.8
0.2	0.3	0.2	0.5	0.6	1.0	1.0	1.2	1.1	1.6	3.0	3.8	5.1	5.4
0.3	0.3	0.3	0.7	1.0	1.3	1.6	1.7	1.6	2.4	4.1	5.9	7.2	12.9
0.1	0.3	0.2	0.3	0.3	0.6	0.3	0.6	0.6	0.9	2.2	2.7	4.2	3.0
–	–	0.0	0.0	0.0	0.0	0.1	0.1	0.1	0.2	0.6	1.0	1.7	2.0
–	–	0.1	0.0	0.0	0.1	0.2	0.1	0.1	0.2	1.0	1.9	2.9	4.8
–	–	–	–	–	0.0	0.1	0.0	0.1	0.2	0.3	0.5	1.1	1.1
–	–	–	–	0.0	0.0	0.0	0.0	0.0	0.1	0.1	0.2	0.2	0.2
–	–	–	–	0.0	0.1	0.0	0.1	0.0	0.1	0.1	0.4	0.2	–
–	–	–	–	–	–	–	–	0.0	0.1	0.1	0.2	0.2	0.3
0.2	0.2	0.2	0.4	0.7	0.9	1.1	1.1	1.3	1.7	2.5	4.1	5.9	7.3
0.2	0.3	0.4	0.7	1.0	1.4	1.8	1.8	2.2	2.3	3.9	4.9	8.8	7.6
0.2	0.2	0.1	0.1	0.4	0.4	0.3	0.5	0.4	1.1	1.5	3.7	4.6	7.2
0.1	0.1	0.1	0.1	0.2	0.2	0.3	0.2	0.2	0.4	0.9	1.4	2.5	2.5
0.1	0.2	0.2	0.2	0.3	0.4	0.4	0.3	0.3	0.5	0.9	1.8	2.9	1.9
0.0	0.0	–	0.1	0.1	0.1	0.2	0.1	0.1	0.3	0.8	1.1	2.4	2.6
0.1	0.2	0.1	0.3	0.5	0.6	0.7	0.9	1.0	1.2	1.6	2.7	3.4	4.7
0.1	0.2	0.2	0.5	0.7	1.0	1.3	1.4	1.8	1.8	2.9	2.9	5.9	5.7
0.1	0.1	0.1	0.1	0.3	0.3	0.2	0.4	0.3	0.8	0.7	2.6	2.3	4.4
–	–	–	–	–	–	–	–	–	–	–	–	–	–
–	–	–	–	–	–	–	–	–	–	–	–	–	–
–	–	–	–	–	–	–	–	–	–	–	–	–	–
0.5	0.5	0.6	0.6	0.6	0.6	0.6	0.6	0.6	0.6	0.7	0.8	1.1	1.4
0.6	0.7	0.7	0.9	0.8	0.9	0.9	1.0	0.9	0.8	0.8	0.8	1.2	1.9
0.4	0.4	0.4	0.3	0.3	0.3	0.3	0.2	0.2	0.5	0.6	0.7	1.1	1.2
–	0.0	0.0	0.1	0.1	0.1	0.1	0.1	0.1	0.1	0.1	0.1	0.1	–
–	0.0	0.1	0.1	0.2	0.1	0.2	0.3	0.2	0.1	0.2	0.2	0.2	–
–	0.0	–	0.0	0.0	0.0	0.0	0.0	0.1	0.1	–	0.1	–	–
0.0	0.1	0.1	0.2	0.3	0.4	0.8	1.3	2.2	4.3	8.4	15.2	26.0	45.3
0.1	0.2	0.2	0.3	0.4	0.6	1.1	2.1	3.8	7.3	13.4	26.4	47.9	103.8
–	0.0	0.0	0.1	0.1	0.2	0.5	0.6	0.9	1.8	4.9	9.4	16.2	26.3

Note: 1) Total includes persons of unknown age.

第3表　年次・性・年齢階級（5歳階級）・不慮の事故

Table 3. Trends in accidental deaths and death rates (per 100,000

死亡数
Deaths

死因基本分類コード Detailed list of ICD-10 code	死因・性 Causes of death and sex		総数[1] Total	0歳 Years	1	2	3	4	0～4	5～9	10～14	15～19	20～24
(V01-X59)	不慮の事故	総数 T.	30.7	13.6	6.4	5.3	4.2	4.0	6.7	3.7	2.4	11.7	12.0
		男 M.	38.9	15.7	6.3	6.4	5.6	6.1	7.9	4.5	2.9	17.9	18.6
		女 F.	22.9	11.4	6.6	4.1	2.8	1.8	5.3	2.9	1.9	5.1	5.1
(V01-V98)	交通事故	総数 T.	8.7	1.3	1.6	2.2	2.0	1.9	1.8	2.0	1.3	9.4	8.7
		男 M.	12.3	1.4	1.7	3.0	2.5	3.0	2.3	2.4	1.5	14.5	13.8
		女 F.	5.2	1.3	1.4	1.4	1.4	0.7	1.3	1.5	0.9	4.0	3.4
(W00-W17)	転倒・転落	総数 T.	5.3	0.5	0.6	0.5	0.4	0.3	0.5	0.2	0.2	0.4	0.8
		男 M.	6.5	0.7	0.8	0.5	0.7	0.5	0.6	0.2	0.2	0.7	1.3
		女 F.	4.2	0.4	0.4	0.5	0.2	－	0.3	0.2	0.1	0.2	0.3
W01	スリップ，つまづき及びよろめきによる同一平面上での転倒	総数 T.	2.9	0.1	0.2	－	－	－	0.1	－	－	0.0	0.0
		男 M.	2.8	0.2	－	－	－	－	0.0	－	－	－	0.1
		女 F.	3.0	－	0.4	－	－	－	0.1	－	－	0.0	－
W10	階段及びステップからの転落及びその上での転倒	総数 T.	0.5	－	0.1	0.1	－	－	0.0	0.0	0.0	0.0	0.0
		男 M.	0.8	－	0.2	－	－	－	0.0	－	0.0	0.0	0.0
		女 F.	0.3	－	－	0.2	－	－	0.0	0.1	－	－	－
W13	建物又は建造物からの転落	総数 T.	0.7	－	0.3	0.3	0.4	0.3	0.3	0.2	0.1	0.3	0.5
		男 M.	1.0	－	0.7	0.3	0.7	0.5	0.4	0.2	0.2	0.4	0.7
		女 F.	0.3	－	－	0.2	0.2	－	0.1	0.1	0.1	0.1	0.3
W17	その他の転落	総数 T.	0.6	0.1	－	0.1	－	－	0.0	－	0.0	0.1	0.2
		男 M.	1.0	0.2	－	0.2	－	－	0.1	－	0.0	0.1	0.3
		女 F.	0.3	－	－	－	－	－	－	－	－	－	0.0
(W20-W49)	生物によらない機械的な力への曝露	総数 T.	0.6	－	0.1	－	0.2	－	0.1	0.1	0.1	0.2	0.2
		男 M.	1.1	－	－	－	0.2	－	0.0	0.1	0.1	0.3	0.3
		女 F.	0.1	－	0.2	－	0.2	－	0.1	0.0	0.0	0.0	－
W20	投げられ，投げ出され又は落下する物体による打撲	総数 T.	0.2	－	－	－	0.1	－	0.0	－	－	0.0	0.0
		男 M.	0.3	－	－	－	－	－	－	－	－	0.1	0.0
		女 F.	0.0	－	－	－	0.2	－	0.0	－	－	－	－
(W50-W64)	生物による機械的な力への曝露	総数 T.	0.0	0.1	－	－	－	－	0.0	－	－	0.0	－
		男 M.	0.0	0.2	－	－	－	－	0.0	－	－	0.0	－
		女 F.	0.0	－	－	－	－	－	－	－	－	－	－
(W65-W74)	不慮の溺死及び溺水	総数 T.	4.5	0.6	1.7	0.4	0.6	0.6	0.8	0.9	0.6	0.8	0.8
		男 M.	5.0	0.5	1.5	0.8	0.7	1.0	0.9	1.2	0.6	1.2	1.1
		女 F.	4.0	0.7	1.8	－	0.5	0.2	0.6	0.5	0.5	0.4	0.4
(W65-W66)	浴槽内での及び浴槽への転落による溺死及び溺水	総数 T.	2.7	0.4	1.5	0.2	0.1	0.1	0.4	0.1	0.1	0.2	0.2
		男 M.	2.6	0.2	1.5	0.3	－	－	0.4	0.1	0.1	0.2	0.2
		女 F.	2.8	0.6	1.4	－	0.2	0.2	0.5	0.1	0.2	0.2	0.2
(W69-W70)	自然の水域内での及び自然の水域への転落による溺死及び溺水	総数 T.	1.0	0.1	－	0.1	0.3	0.4	0.2	0.6	0.4	0.5	0.4
		男 M.	1.5	－	－	0.2	0.5	0.8	0.3	0.8	0.5	1.0	0.7
		女 F.	0.6	0.2	－	－	－	－	0.0	0.3	0.3	0.1	0.2
(W75-W84)	その他の不慮の窒息	総数 T.	6.8	9.8	1.6	1.6	0.3	0.5	2.7	0.3	0.2	0.3	0.4
		男 M.	7.5	11.3	1.9	1.7	0.5	0.7	3.2	0.3	0.1	0.5	0.6
		女 F.	6.1	8.3	1.3	1.4	0.2	0.4	2.3	0.2	0.2	0.1	0.2
W78	胃内容物の誤えん	総数 T.	1.0	2.5	0.3	0.3	0.1	0.2	0.7	0.1	－	0.1	0.2
		男 M.	1.1	2.8	0.3	0.3	0.2	0.2	0.7	0.0	－	0.1	0.2
		女 F.	1.0	2.2	0.4	0.4	－	0.2	0.6	0.1	－	0.0	0.1
W79	気道閉塞を生じた食物の誤えん	総数 T.	3.3	1.4	0.4	0.5	0.2	0.1	0.5	0.0	0.1	0.1	0.1
		男 M.	3.7	1.7	0.5	1.0	0.3	－	0.7	－	0.0	0.1	0.1
		女 F.	2.9	1.1	0.4	－	－	0.2	0.3	0.1	0.1	0.0	0.0
W80	気道閉塞を生じたその他の物体の誤えん	総数 T.	0.6	0.4	0.3	－	－	0.1	0.1	0.1	0.0	0.0	0.0
		男 M.	0.7	0.3	0.2	－	－	0.2	0.1	0.1	0.0	0.0	0.0
		女 F.	0.5	0.4	0.4	－	－	－	0.1	－	0.0	－	－
W84	詳細不明の窒息	総数 T.	1.6	1.0	0.3	0.4	0.1	0.1	0.4	0.1	0.0	0.1	0.0
		男 M.	1.7	1.4	0.3	－	－	0.2	0.4	0.1	0.0	0.1	0.0
		女 F.	1.6	0.6	0.2	0.9	0.2	－	0.4	0.0	0.0	－	0.0
(W85-W99)	電流，放射線並びに極端な気温及び気圧への曝露	総数 T.	0.0	0.1	0.1	－	－	－	0.0	－	－	－	0.0
		男 M.	0.1	0.2	－	－	－	－	0.0	－	－	－	0.0
		女 F.	0.0	－	0.2	－	－	－	0.0	－	－	－	－
(X00-X09)	煙，火及び火炎への曝露	総数 T.	1.2	0.4	0.4	0.3	0.5	0.6	0.5	0.3	0.1	0.3	0.3
		男 M.	1.6	0.3	0.3	0.3	0.7	0.7	0.5	0.3	0.2	0.3	0.4
		女 F.	0.8	0.4	0.5	0.4	0.4	0.5	0.4	0.3	0.1	0.2	0.2
X00	建物又は建造物内の管理されていない火への曝露	総数 T.	0.9	0.3	0.4	0.3	0.5	0.6	0.4	0.3	0.1	0.3	0.2
		男 M.	1.2	0.2	0.3	0.3	0.7	0.7	0.4	0.3	0.2	0.3	0.2
		女 F.	0.7	0.4	0.5	0.4	0.4	0.5	0.4	0.3	0.1	0.2	0.2
(X10-X19)	熱及び高温物質との接触	総数 T.	0.1	－	0.2	0.1	－	－	0.1	0.0	－	－	0.0
		男 M.	0.1	－	－	－	－	－	－	－	－	－	－
		女 F.	0.1	－	0.4	0.2	－	－	0.1	0.0	－	－	0.1
(X20-X29)	有毒動植物との接触	総数 T.	0.0	－	－	－	－	－	－	－	－	－	0.0
		男 M.	0.0	－	－	－	－	－	－	－	－	－	0.0
		女 F.	0.0	－	－	－	－	－	－	－	－	－	－
(X30-X39)	自然の力への曝露	総数 T.	0.9	0.4	0.3	0.1	0.2	0.1	0.2	0.1	0.1	0.1	0.1
		男 M.	1.1	0.5	－	－	0.3	0.2	0.2	0.0	0.1	0.1	0.2
		女 F.	0.6	0.2	0.5	0.2	－	－	0.2	0.1	－	－	0.1
X30	自然の過度の高温への曝露	総数 T.	0.2	0.3	0.3	0.1	0.1	－	0.1	－	0.0	0.0	0.0
		男 M.	0.2	0.3	－	－	0.2	－	0.1	－	0.1	0.1	0.1
		女 F.	0.1	0.2	0.5	0.2	－	－	0.2	－	－	－	－
X31	自然の過度の低温への曝露	総数 T.	0.7	－	－	－	－	0.1	0.0	0.0	－	0.0	0.1
		男 M.	0.9	－	－	－	－	0.2	0.0	－	－	0.0	0.1
		女 F.	0.5	－	－	－	－	－	－	0.1	－	－	0.1
X34	地震による受傷者	総数 T.	－	－	－	－	－	－	－	－	－	－	－
		男 M.	－	－	－	－	－	－	－	－	－	－	－
		女 F.	－	－	－	－	－	－	－	－	－	－	－
(X40-X49)	有害物質による不慮の中毒及び有害物質への曝露	総数 T.	0.6	0.1	－	－	－	－	0.0	－	－	0.2	0.6
		男 M.	0.9	0.2	－	－	－	－	0.0	－	－	0.2	0.7
		女 F.	0.4	－	－	－	－	－	－	－	－	0.2	0.5
(X50-X57)	無理ながんばり，旅行及び欠乏状態	総数 T.	0.1	－	－	－	－	－	－	－	－	－	0.0
		男 M.	0.1	－	－	－	－	－	－	－	－	－	0.1
		女 F.	0.0	－	－	－	－	－	－	－	－	－	－
(X58-X59)	その他及び詳細不明の要因への不慮の曝露	総数 T.	1.8	0.3	－	－	－	－	0.1	0.0	－	0.0	0.0
		男 M.	2.4	0.3	－	－	－	－	0.1	－	－	0.1	0.0
		女 F.	1.3	0.2	－	－	－	－	0.0	0.0	－	－	0.0

注：1）総数には年齢不詳を含む。

の種類別不慮の事故死亡数・率（人口10万対） －平成７～20年－

population) by sex, age (five-year age group) and type of accident, 1995-2008

平成15年 2003													
25～29	30～34	35～39	40～44	45～49	50～54	55～59	60～64	65～69	70～74	75～79	80～84	85～89	90～
10.4	9.5	9.2	11.4	14.3	19.2	23.6	29.7	42.6	65.3	100.1	161.4	253.4	401.6
16.7	15.2	14.4	17.9	22.2	29.6	36.8	45.1	62.6	92.8	139.3	233.7	375.0	607.5
3.8	3.6	3.8	4.7	6.3	8.8	10.8	15.2	24.5	42.3	71.6	123.5	199.3	335.9
6.8	5.1	4.4	5.3	5.9	7.1	8.5	10.4	13.6	17.3	21.3	27.8	27.8	18.8
11.2	8.7	7.3	8.5	9.6	11.1	12.6	14.9	18.6	22.0	28.9	41.1	45.3	48.2
2.3	1.4	1.4	2.0	2.1	3.0	4.6	6.2	9.1	13.4	15.7	20.9	20.0	9.4
1.0	0.9	1.1	1.2	1.8	2.8	3.6	4.6	7.1	11.4	16.4	30.5	55.4	126.5
1.6	1.4	1.7	2.0	3.0	4.4	6.3	8.3	12.4	18.7	24.8	42.3	74.3	161.1
0.4	0.4	0.5	0.5	0.7	1.2	1.0	1.2	2.4	5.2	10.3	24.3	47.1	115.5
0.1	0.1	0.2	0.3	0.5	0.7	1.0	1.5	2.8	4.8	8.9	21.1	42.7	108.3
0.1	0.1	0.3	0.4	0.7	1.0	1.7	2.4	4.5	7.0	12.2	25.5	52.6	130.5
0.0	-	0.0	0.2	0.4	0.4	0.3	0.5	1.3	2.9	6.5	18.7	38.3	101.3
0.0	0.1	0.1	0.1	0.2	0.5	0.6	0.7	1.0	1.6	2.1	2.7	4.2	3.9
0.1	0.1	0.1	0.2	0.4	0.8	0.9	1.3	1.7	2.6	3.2	4.4	6.7	6.2
0.0	-	0.0	0.0	0.1	0.1	0.2	0.2	0.4	0.7	1.3	1.7	3.1	3.1
0.6	0.5	0.6	0.5	0.4	0.7	0.9	0.7	0.9	1.4	1.3	1.6	1.8	2.9
0.9	0.7	0.8	0.7	0.7	1.0	1.6	1.3	1.6	2.6	2.2	3.4	3.3	5.8
0.2	0.3	0.4	0.2	0.1	0.3	0.2	0.2	0.2	0.4	0.6	0.7	1.1	2.0
0.2	0.2	0.2	0.3	0.5	0.6	0.7	0.9	1.0	1.8	1.9	2.6	2.5	4.1
0.4	0.2	0.4	0.6	0.9	1.0	1.2	1.8	1.9	3.2	2.8	4.2	4.0	8.4
0.0	0.1	0.0	0.1	0.1	0.2	0.3	0.1	0.2	0.7	1.2	1.7	1.8	2.7
0.3	0.4	0.5	0.4	0.7	0.9	1.0	1.1	1.2	1.0	1.1	0.6	0.6	0.4
0.6	0.8	0.9	0.8	1.3	1.7	2.0	2.1	2.3	2.0	2.4	1.7	1.5	1.3
0.0	0.0	0.0	0.1	0.1	0.1	0.1	0.1	0.3	0.1	0.2	0.1	0.3	0.1
0.1	0.1	0.1	0.1	0.2	0.2	0.3	0.4	0.4	0.3	0.3	0.1	0.1	-
0.1	0.2	0.3	0.3	0.4	0.4	0.6	0.8	0.8	0.5	0.6	0.3	-	-
-	0.0	0.0	-	0.0	0.0	0.0	-	0.1	0.0	0.0	-	0.1	-
-	0.0	-	-	0.0	0.0	0.0	0.0	0.0	0.1	0.0	0.0	0.1	0.1
-	0.0	-	-	0.0	0.0	0.0	0.0	0.0	0.1	-	0.1	-	-
-	-	-	-	-	0.0	-	0.0	0.0	0.0	0.0	-	0.1	0.1
0.7	0.8	0.8	1.3	1.7	2.5	3.3	4.3	7.1	12.8	20.3	28.1	36.4	33.9
1.0	1.1	1.0	1.8	2.5	3.5	4.9	6.0	9.5	15.6	22.8	31.5	48.4	55.3
0.3	0.4	0.6	0.8	0.9	1.5	1.6	2.7	4.9	10.4	18.4	26.4	31.0	27.1
0.1	0.2	0.2	0.3	0.4	0.8	1.1	1.9	4.0	8.7	14.9	21.5	28.5	25.3
0.2	0.1	0.2	0.4	0.4	1.0	1.4	2.4	4.9	9.8	16.4	24.0	40.1	39.8
0.0	0.2	0.2	0.3	0.3	0.6	0.7	1.3	3.2	7.7	13.9	20.2	23.4	20.7
0.5	0.4	0.5	0.7	1.1	1.2	1.5	1.5	2.0	1.7	1.8	1.9	2.3	2.0
0.7	0.7	0.7	1.2	1.8	1.7	2.4	2.3	3.0	2.7	2.3	2.4	2.3	2.7
0.2	0.1	0.3	0.3	0.4	0.7	0.6	0.7	1.0	0.9	1.4	1.6	2.3	1.9
0.4	0.4	0.8	0.9	1.5	2.1	2.8	4.4	7.5	13.9	25.3	50.3	89.7	160.7
0.5	0.5	1.1	1.1	2.0	2.7	3.8	6.0	10.4	20.5	38.2	79.1	129.6	216.8
0.2	0.2	0.5	0.6	1.0	1.4	1.8	2.9	4.8	8.3	16.0	35.3	72.0	142.9
0.2	0.1	0.2	0.2	0.3	0.4	0.5	0.7	1.2	2.0	3.2	7.3	12.7	24.4
0.2	0.1	0.3	0.3	0.6	0.5	0.7	0.9	1.5	2.6	4.5	9.9	16.9	26.5
0.1	0.0	0.2	0.2	0.1	0.3	0.2	0.5	0.8	1.4	2.2	5.9	10.8	23.8
0.1	0.1	0.2	0.4	0.7	1.1	1.6	2.3	4.1	7.8	13.1	25.1	41.7	74.6
0.1	0.1	0.3	0.5	0.9	1.5	1.9	3.0	5.5	11.7	19.4	41.9	61.2	103.1
0.0	0.1	0.1	0.3	0.6	0.7	1.3	1.6	2.7	4.6	8.5	16.3	33.0	65.5
0.0	0.1	0.1	0.0	0.1	0.1	0.3	0.4	0.6	1.1	2.3	4.6	7.9	12.7
0.0	0.1	0.1	0.1	0.1	0.2	0.5	0.7	0.9	1.9	4.0	6.4	12.7	19.0
0.0	0.0	0.1	-	0.1	0.0	0.1	0.2	0.4	0.5	1.0	3.6	5.7	10.7
0.0	0.0	0.1	0.1	0.2	0.3	0.3	0.7	1.3	2.6	6.5	13.2	27.0	48.1
0.0	0.0	0.1	0.1	0.2	0.4	0.4	0.9	2.0	3.8	9.7	20.9	38.4	66.4
0.0	0.0	0.0	0.1	0.2	0.2	0.1	0.5	0.7	1.6	4.1	9.1	22.0	42.3
0.0	0.0	0.0	0.0	0.0	0.1	0.1	0.1	0.0	0.0	0.1	-	0.1	0.1
0.1	0.1	0.0	0.1	0.1	0.2	0.1	0.1	0.1	0.1	0.2	-	0.4	-
-	-	-	-	-	-	0.0	0.0	-	0.0	-	-	-	0.1
0.3	0.4	0.4	0.6	0.8	1.3	1.3	1.3	1.6	2.2	4.3	5.4	8.5	8.0
0.4	0.6	0.5	0.9	1.1	1.9	2.0	2.1	2.5	2.9	6.2	8.7	13.4	17.7
0.2	0.2	0.2	0.2	0.4	0.8	0.6	0.5	0.8	1.7	3.0	3.6	6.3	4.8
0.2	0.3	0.3	0.4	0.6	1.0	1.0	1.0	1.3	1.8	3.1	3.8	6.3	5.3
0.3	0.5	0.4	0.7	0.8	1.3	1.5	1.6	2.0	2.2	4.3	5.6	9.6	12.4
0.2	0.1	0.2	0.2	0.4	0.6	0.5	0.4	0.6	1.3	2.3	2.9	4.9	3.0
-	0.0	0.0	0.0	0.1	0.0	0.0	0.1	0.1	0.2	0.6	0.9	1.3	1.6
-	0.0	-	0.0	0.1	0.1	0.0	0.2	0.1	0.3	0.5	1.2	1.9	3.1
-	0.0	0.0	-	0.1	-	0.0	0.1	0.1	0.1	0.6	0.7	1.0	1.1
-	-	-	0.0	0.0	0.0	0.1	0.0	0.1	0.0	0.1	0.1	0.3	-
-	-	-	0.1	0.0	0.0	0.1	0.1	0.1	0.1	0.1	0.3	0.2	-
-	-	-	-	-	-	0.0	-	-	-	0.1	-	0.3	-
0.1	0.3	0.3	0.5	0.7	0.9	1.2	1.2	1.3	1.8	2.4	3.7	5.1	6.4
0.3	0.5	0.5	0.7	1.0	1.4	2.0	1.9	2.1	2.6	2.8	3.4	7.3	9.3
-	0.1	0.2	0.2	0.4	0.3	0.4	0.5	0.6	1.0	2.1	3.9	4.1	5.4
0.0	0.1	0.0	0.1	0.1	0.1	0.2	0.1	0.2	0.3	0.7	0.9	1.1	1.1
0.0	0.2	0.1	0.1	0.2	0.2	0.3	0.2	0.4	0.3	0.8	0.8	2.3	2.7
-	0.0	-	0.0	-	0.1	0.0	0.1	0.1	0.2	0.5	1.0	0.6	0.6
0.1	0.2	0.2	0.3	0.5	0.7	1.0	1.0	1.1	1.5	1.6	2.8	4.0	5.3
0.2	0.3	0.4	0.5	0.8	1.2	1.7	1.6	1.7	2.2	1.9	2.6	5.0	6.6
-	0.1	0.1	0.2	0.3	0.3	0.3	0.4	0.5	0.8	1.5	2.9	3.5	4.8
-	-	-	-	-	-	-	-	-	-	-	-	-	-
-	-	-	-	-	-	-	-	-	-	-	-	-	-
-	-	-	-	-	-	-	-	-	-	-	-	-	-
0.7	1.0	0.7	0.9	0.8	0.8	0.9	0.7	0.7	0.7	0.9	0.8	1.1	1.1
0.9	1.3	1.1	1.6	1.1	1.2	1.5	1.1	0.8	1.0	0.9	0.9	1.9	2.7
0.4	0.7	0.3	0.2	0.5	0.3	0.4	0.4	0.5	0.4	0.9	0.8	0.8	0.6
0.0	0.0	0.1	0.1	0.1	0.2	0.2	0.2	0.1	0.0	0.2	0.1	0.1	-
0.0	-	0.1	0.1	0.2	0.3	0.3	0.3	0.3	0.0	0.3	0.2	0.2	-
-	0.0	0.0	0.0	0.1	0.0	0.1	0.0	0.1	0.1	0.1	0.1	-	-
0.1	0.2	0.1	0.2	0.3	0.5	0.7	1.2	2.1	4.0	7.0	13.0	26.9	44.0
0.2	0.2	0.2	0.2	0.4	0.8	1.0	1.9	3.4	6.7	11.1	23.2	50.7	92.0
0.0	0.1	0.0	0.1	0.2	0.2	0.3	0.5	1.0	1.6	4.0	7.6	16.4	28.6

Note: 1) Total includes persons of unknown age.

第３表　年次・性・年齢階級（５歳階級）・不慮の事故

Table 3. Trends in accidental deaths and death rates (per 100,000

死亡数
Deaths

死因基本分類コード Detailed list of ICD-10 code	死因・性 Causes of death and sex		総数[1] Total	0歳 Years	1	2	3	4	0～4	5～9	10～14	15～19	20～24
(V01-X59)	不慮の事故	総数 T.	30.3	13.5	9.8	6.9	3.8	4.0	7.5	3.5	2.5	10.6	11.7
		男 M.	38.4	15.0	12.1	9.0	4.7	4.9	9.1	4.9	3.2	15.7	17.6
		女 F.	22.5	11.9	7.4	4.7	2.8	3.0	5.9	2.1	1.7	5.2	5.4
(V01-V98)	交通事故	総数 T.	8.4	1.1	2.2	3.3	2.0	1.9	2.1	1.9	1.2	8.5	8.3
		男 M.	11.9	1.2	3.2	3.6	2.4	2.4	2.5	2.6	1.5	12.8	12.8
		女 F.	4.9	0.9	1.3	3.0	1.6	1.4	1.7	1.1	0.9	3.9	3.7
(W00-W17)	転倒・転落	総数 T.	5.1	0.7	0.9	0.6	0.3	0.3	0.5	0.1	0.1	0.4	0.7
		男 M.	6.3	1.1	1.2	1.0	0.5	0.3	0.8	0.1	0.1	0.5	1.2
		女 F.	4.0	0.4	0.6	0.2	－	0.2	0.3	0.0	0.1	0.3	0.3
W01	スリップ，つまづき及びよろめきによる同一平面上での転倒	総数 T.	2.8	0.3	0.3	0.1	－	0.1	0.1	－	0.0	0.0	0.1
		男 M.	2.7	0.5	0.4	0.2	－	－	0.2	－	－	0.0	0.1
		女 F.	2.9	－	0.2	－	－	0.2	0.1	－	0.0	－	0.0
W10	階段及びステップからの転落及びその上での転倒	総数 T.	0.5	－	－	0.1	－	－	0.0	－	－	－	0.1
		男 M.	0.7	－	－	0.2	－	－	0.0	－	－	－	0.1
		女 F.	0.4	－	－	－	－	－	－	－	－	－	0.1
W13	建物又は建造物からの転落	総数 T.	0.6	－	0.4	0.3	0.3	0.1	0.2	0.1	0.1	0.2	0.5
		男 M.	1.0	－	0.7	0.5	0.5	0.2	0.4	0.1	0.1	0.2	0.7
		女 F.	0.2	－	－	0.2	－	－	0.0	0.0	0.1	0.2	0.2
W17	その他の転落	総数 T.	0.6	0.1	－	－	－	0.1	0.0	－	0.0	0.1	0.1
		男 M.	0.9	－	－	－	－	0.2	0.0	－	0.0	0.1	0.2
		女 F.	0.2	0.2	－	－	－	－	0.0	－	－	0.1	－
(W20-W49)	生物によらない機械的な力への曝露	総数 T.	0.5	－	0.2	－	－	－	0.0	0.1	0.0	0.1	0.3
		男 M.	1.0	－	0.2	－	－	－	0.0	0.2	0.1	0.2	0.7
		女 F.	0.1	－	0.2	－	－	－	0.0	0.0	－	－	－
W20	投げられ，投げ出され又は落下する物体による打撲	総数 T.	0.2	－	－	－	－	－	－	0.0	－	0.0	0.1
		男 M.	0.4	－	－	－	－	－	－	0.1	－	0.0	0.2
		女 F.	0.0	－	－	－	－	－	－	－	－	－	－
(W50-W64)	生物による機械的な力への曝露	総数 T.	0.0	－	－	－	－	－	－	0.0	－	0.0	0.0
		男 M.	0.0	－	－	－	－	－	－	0.0	－	0.1	0.1
		女 F.	0.0	－	－	－	－	－	－	－	－	－	－
(W65-W74)	不慮の溺死及び溺水	総数 T.	4.4	1.5	3.1	1.0	0.6	0.5	1.3	0.8	0.5	0.8	0.9
		男 M.	5.0	1.9	3.9	1.7	0.8	0.5	1.8	1.3	0.8	1.3	1.4
		女 F.	3.8	1.1	2.2	0.4	0.4	0.5	0.9	0.3	0.2	0.3	0.4
(W65-W66)	浴槽内での及び浴槽への転落による溺死及び溺水	総数 T.	2.5	1.4	2.2	0.3	－	－	0.8	0.0	0.1	0.2	0.2
		男 M.	2.5	1.8	2.8	0.5	－	－	1.0	0.1	0.2	0.1	0.3
		女 F.	2.6	1.1	1.5	0.2	－	－	0.5	－	0.1	0.3	0.2
(W69-W70)	自然の水域内での及び自然の水域への転落による溺死及び溺水	総数 T.	1.1	0.1	0.3	0.3	0.2	0.3	0.2	0.5	0.3	0.5	0.6
		男 M.	1.6	0.2	0.4	0.7	0.2	0.3	0.3	0.8	0.5	1.0	1.0
		女 F.	0.6	－	0.2	－	0.2	0.4	0.1	0.2	0.0	－	0.1
(W75-W84)	その他の不慮の窒息	総数 T.	6.9	9.6	2.6	1.1	0.3	0.3	2.7	0.2	0.2	0.3	0.4
		男 M.	7.5	10.2	3.0	1.5	0.5	0.5	3.1	0.3	0.4	0.3	0.4
		女 F.	6.2	8.9	2.2	0.7	－	0.2	2.4	0.1	0.0	0.2	0.3
W78	胃内容物の誤えん	総数 T.	1.0	2.7	0.3	0.3	0.2	－	0.7	0.1	0.1	0.1	0.1
		男 M.	1.0	3.2	0.2	0.3	0.3	－	0.8	0.1	0.1	0.2	0.2
		女 F.	1.0	2.2	0.4	0.2	－	－	0.5	－	－	0.0	0.1
W79	気道閉塞を生じた食物の誤えん	総数 T.	3.3	1.6	0.9	0.3	0.1	0.1	0.6	0.0	0.0	0.1	0.1
		男 M.	3.9	2.3	1.1	0.3	0.2	0.2	0.8	0.0	0.1	－	0.0
		女 F.	2.8	0.9	0.7	0.2	－	－	0.4	0.0	0.0	0.1	0.1
W80	気道閉塞を生じたその他の物体の誤えん	総数 T.	0.6	0.5	0.5	0.1	－	0.1	0.2	0.0	－	0.0	0.1
		男 M.	0.7	0.5	0.5	0.2	－	0.2	0.3	－	－	0.0	0.1
		女 F.	0.5	0.6	0.6	－	－	－	0.2	0.1	－	0.1	－
W84	詳細不明の窒息	総数 T.	1.7	1.1	0.2	0.3	－	－	0.3	0.0	0.0	0.1	0.1
		男 M.	1.7	0.5	0.4	0.3	－	－	0.2	0.0	0.1	0.1	0.0
		女 F.	1.7	1.7	－	0.2	－	－	0.4	－	－	－	0.1
(W85-W99)	電流，放射線並びに極端な気温及び気圧への曝露	総数 T.	0.0	－	－	－	－	－	－	－	－	0.0	－
		男 M.	0.1	－	－	－	－	－	－	－	－	0.0	－
		女 F.	0.0	－	－	－	－	－	－	－	－	－	－
(X00-X09)	煙，火及び火炎への曝露	総数 T.	1.1	－	0.4	0.7	0.6	1.0	0.5	0.4	0.2	0.1	0.1
		男 M.	1.4	－	0.2	1.0	0.5	1.2	0.6	0.4	0.1	0.0	0.1
		女 F.	0.9	－	0.7	0.4	0.7	0.7	0.5	0.3	0.3	0.2	0.2
X00	建物又は建造物内の管理されていない火への曝露	総数 T.	0.9	－	0.4	0.7	0.6	1.0	0.5	0.4	0.2	0.1	0.1
		男 M.	1.0	－	0.2	1.0	0.5	1.2	0.6	0.4	0.1	0.0	0.1
		女 F.	0.7	－	0.7	0.4	0.7	0.7	0.5	0.3	0.3	0.2	0.2
(X10-X19)	熱及び高温物質との接触	総数 T.	0.1	－	－	－	－	－	－	0.0	0.0	0.0	－
		男 M.	0.1	－	－	－	－	－	－	－	－	0.0	－
		女 F.	0.1	－	－	－	－	－	－	0.0	0.0	－	－
(X20-X29)	有毒動植物との接触	総数 T.	0.0	－	－	－	－	－	－	－	－	－	－
		男 M.	0.0	－	－	－	－	－	－	－	－	－	－
		女 F.	0.0	－	－	－	－	－	－	－	－	－	－
(X30-X39)	自然の力への曝露	総数 T.	1.1	0.3	0.3	0.1	0.1	－	0.1	0.0	0.1	0.1	0.2
		男 M.	1.4	0.4	0.4	0.2	－	－	0.2	0.0	0.1	0.1	0.3
		女 F.	0.8	0.2	0.2	－	0.2	－	0.1	0.0	0.1	0.1	0.1
X30	自然の過度の高温への曝露	総数 T.	0.3	0.3	0.3	0.1	－	－	0.1	0.0	0.0	0.0	0.1
		男 M.	0.4	0.4	0.4	0.2	－	－	0.2	0.0	0.0	0.1	0.1
		女 F.	0.3	0.2	0.2	－	－	－	0.1	－	－	－	－
X31	自然の過度の低温への曝露	総数 T.	0.6	－	－	－	－	－	－	－	－	0.0	0.1
		男 M.	0.8	－	－	－	－	－	－	－	－	0.1	0.2
		女 F.	0.4	－	－	－	－	－	－	－	－	－	0.0
X34	地震による受傷者	総数 T.	0.0	－	－	－	0.1	－	0.0	－	0.1	－	－
		男 M.	0.0	－	－	－	－	－	－	－	0.1	－	－
		女 F.	0.0	－	－	－	0.2	－	0.0	－	0.1	－	－
(X40-X49)	有害物質による不慮の中毒及び有害物質への曝露	総数 T.	0.6	－	－	－	－	－	－	－	0.0	0.2	0.6
		男 M.	0.8	－	－	－	－	－	－	－	0.0	0.1	0.6
		女 F.	0.4	－	－	－	－	－	－	－	－	0.2	0.5
(X50-X57)	無理ながんばり，旅行及び欠乏状態	総数 T.	0.1	－	－	－	－	－	－	－	－	0.0	0.0
		男 M.	0.1	－	－	－	－	－	－	－	－	0.0	0.0
		女 F.	0.0	－	－	－	－	－	－	－	－	－	－
(X58-X59)	その他及び詳細不明の要因への不慮の曝露	総数 T.	2.0	0.3	0.1	－	－	－	0.1	－	0.0	0.0	0.1
		男 M.	2.7	0.2	0.2	－	－	－	0.1	－	－	0.0	0.1
		女 F.	1.3	0.4	－	－	－	－	0.1	－	0.1	－	0.0

注：1）総数には年齢不詳を含む。

平成16年
2004

25～29	30～34	35～39	40～44	45～49	50～54	55～59	60～64	65～69	70～74	75～79	80～84	85～89	90～
9.3	9.3	9.9	10.5	13.7	18.0	23.0	29.1	40.0	61.9	98.4	154.3	250.3	375.6
14.6	14.9	15.1	16.9	21.0	28.6	35.5	44.8	59.1	90.0	140.4	222.8	374.6	545.1
3.9	3.6	4.6	4.1	6.4	7.5	10.8	14.2	22.8	38.3	67.3	117.5	195.3	320.8
6.0	5.2	4.8	4.4	5.6	6.8	8.1	9.8	12.3	17.6	22.5	26.4	25.0	15.0
9.9	8.8	7.6	7.4	8.6	10.7	12.3	14.9	16.8	23.7	30.0	42.1	43.3	29.3
2.1	1.4	1.8	1.3	2.5	3.0	4.0	4.9	8.2	12.4	16.9	18.0	16.9	10.4
0.9	0.9	0.9	1.2	1.8	2.6	3.8	4.9	6.1	9.6	16.1	27.0	54.8	107.5
1.2	1.4	1.5	2.1	3.0	4.4	6.5	8.1	10.5	16.5	24.7	41.3	69.8	124.8
0.5	0.4	0.4	0.4	0.6	0.9	1.1	1.8	2.2	3.8	9.7	19.4	48.1	101.8
0.0	0.1	0.1	0.2	0.4	0.7	1.1	1.3	2.3	4.5	8.5	17.9	43.7	92.9
0.0	0.2	0.2	0.3	0.6	1.1	1.6	2.1	3.6	7.6	12.1	24.6	51.1	100.4
0.1	0.1	0.1	0.1	0.3	0.3	0.6	0.7	1.1	1.9	5.8	14.3	40.3	90.4
0.1	0.1	0.1	0.2	0.3	0.3	0.7	1.1	0.9	1.1	2.0	2.6	2.9	4.7
0.1	0.1	0.1	0.3	0.5	0.4	1.3	1.5	1.4	1.8	2.9	3.9	5.0	6.5
0.1	－	0.0	0.1	0.1	0.2	0.2	0.7	0.5	0.5	1.4	1.9	2.0	4.2
0.5	0.5	0.4	0.6	0.6	0.6	0.8	0.7	0.9	1.2	1.2	1.5	2.0	1.7
0.7	0.6	0.5	1.0	0.9	1.0	1.4	1.3	1.8	2.1	2.2	3.0	3.1	3.7
0.2	0.3	0.2	0.2	0.2	0.2	0.3	0.1	0.1	0.5	0.4	0.6	1.5	1.0
0.2	0.1	0.3	0.2	0.4	0.6	0.7	1.0	1.0	1.4	1.8	2.2	2.3	3.3
0.4	0.3	0.4	0.4	0.7	1.2	1.4	1.9	1.8	2.2	3.1	4.4	4.0	5.3
0.1	0.0	0.1	－	0.0	0.1	0.1	0.2	0.3	0.6	1.0	1.0	1.6	2.6
0.3	0.4	0.5	0.3	0.5	0.7	1.0	1.0	1.1	1.0	0.8	0.7	0.5	0.4
0.5	0.8	1.0	0.7	1.0	1.3	1.8	1.9	2.0	2.1	1.7	1.4	1.5	1.2
0.0	－	0.0	－	0.1	0.1	0.2	0.1	0.2	0.2	0.2	0.2	0.1	0.1
0.1	0.1	0.2	0.1	0.1	0.3	0.4	0.5	0.5	0.5	0.3	0.1	0.1	－
0.1	0.3	0.3	0.2	0.2	0.6	0.8	1.1	0.9	1.0	0.7	0.4	0.4	－
－	－	0.0	－	0.0	0.0	0.0	0.0	0.1	－	0.1	－	－	－
0.0	－	－	0.0	－	0.0	－	0.0	0.0	0.0	0.0	0.0	－	－
0.0	－	－	0.0	－	0.0	－	0.1	－	0.0	0.1	－	－	－
－	－	－	－	－	－	－	－	0.0	0.0	－	0.0	－	－
0.6	0.9	0.9	1.3	1.6	2.2	3.2	4.3	6.7	10.8	18.7	27.9	34.4	32.7
1.0	1.3	1.3	2.1	2.2	3.1	4.6	6.1	9.2	13.3	22.3	30.8	50.4	52.4
0.3	0.5	0.6	0.5	1.0	1.2	1.8	2.6	4.5	8.7	16.0	26.4	27.4	26.3
0.1	0.2	0.2	0.3	0.4	0.6	1.0	1.9	3.7	6.9	13.1	20.6	25.7	23.5
0.1	0.2	0.1	0.4	0.3	0.6	1.3	2.3	4.7	8.1	14.9	22.0	39.3	39.8
0.1	0.1	0.2	0.2	0.5	0.5	0.8	1.4	2.9	6.0	11.7	19.9	19.7	18.2
0.4	0.5	0.6	0.8	1.0	1.2	1.6	1.7	1.8	1.7	2.3	2.3	2.6	3.0
0.7	0.8	1.0	1.4	1.5	1.9	2.5	2.7	2.6	2.6	3.4	3.1	2.5	3.7
0.1	0.2	0.2	0.3	0.5	0.5	0.8	0.8	1.0	1.0	1.5	1.8	2.6	2.7
0.3	0.3	0.7	0.9	1.5	2.1	2.8	4.5	7.6	13.1	24.5	46.2	90.4	157.4
0.5	0.5	1.0	0.9	2.0	3.0	3.8	5.8	10.7	19.4	37.8	66.4	131.1	219.9
0.2	0.2	0.4	0.8	0.9	1.1	1.9	3.2	4.7	7.8	14.8	35.3	72.4	137.1
0.1	0.2	0.2	0.3	0.2	0.4	0.5	0.7	0.9	1.8	3.5	5.7	12.8	23.8
0.1	0.2	0.2	0.4	0.3	0.6	0.6	0.8	1.2	2.6	4.7	6.0	16.8	24.8
0.1	0.1	0.1	0.2	0.2	0.1	0.3	0.5	0.7	1.1	2.5	5.6	11.1	23.4
0.1	0.1	0.4	0.2	0.8	1.1	1.4	2.6	4.2	7.3	12.8	22.7	42.0	68.5
0.2	0.1	0.5	0.3	1.0	1.5	1.9	3.3	6.1	10.4	20.1	37.5	64.9	107.7
0.0	0.0	0.2	0.2	0.5	0.7	1.0	1.9	2.5	4.6	7.4	14.7	31.8	55.9
0.0	0.0	0.0	0.1	0.1	0.2	0.2	0.4	0.7	1.2	2.1	3.8	7.9	12.6
－	0.0	0.0	0.0	0.2	0.3	0.3	0.5	0.9	2.0	3.2	5.9	10.3	20.3
0.0	0.0	－	0.1	0.1	0.1	0.1	0.3	0.5	0.5	1.3	2.7	6.8	10.2
0.1	0.0	0.1	0.2	0.2	0.3	0.5	0.7	1.4	2.5	5.6	13.3	27.0	51.0
0.1	0.0	0.1	0.1	0.3	0.4	0.6	0.8	2.1	4.0	8.9	16.4	38.2	65.4
0.0	0.0	0.1	0.2	0.2	0.1	0.4	0.5	0.8	1.3	3.2	11.7	22.1	46.4
0.0	0.1	0.0	0.0	0.1	0.1	0.0	0.0	0.0	0.1	－	0.0	0.1	0.1
0.0	0.2	0.0	0.1	0.2	0.1	0.0	0.0	0.1	0.1	－	0.1	0.2	－
－	－	－	－	－	－	－	－	－	0.0	－	－	－	0.1
0.3	0.3	0.4	0.6	0.8	0.9	1.0	1.5	1.5	2.5	3.6	5.0	7.4	6.2
0.2	0.4	0.5	0.9	1.1	1.4	1.5	2.4	2.2	3.6	5.2	6.6	9.2	10.6
0.3	0.2	0.4	0.3	0.6	0.4	0.6	0.7	0.9	1.5	2.4	4.1	6.6	4.8
0.2	0.3	0.4	0.4	0.6	0.7	0.8	1.2	1.2	1.9	2.7	3.7	5.4	3.9
0.2	0.3	0.4	0.6	0.8	1.1	1.2	2.0	1.7	2.7	3.7	4.9	6.5	6.1
0.3	0.2	0.4	0.2	0.5	0.3	0.5	0.5	0.8	1.2	1.9	3.1	4.9	3.3
0.0	0.0	0.0	0.0	0.0	0.1	0.1	0.1	0.1	0.2	0.3	0.7	1.1	1.6
0.0	0.1	0.0	0.1	0.0	0.1	0.1	0.2	0.2	0.2	0.3	1.3	1.9	3.7
－	－	0.0	－	－	0.0	0.0	－	－	0.2	0.2	0.4	0.8	0.9
－	－	0.0	0.0	－	0.0	0.0	0.0	0.0	0.1	0.2	0.1	0.2	0.1
－	－	0.0	0.0	－	0.0	0.1	0.0	0.1	0.2	0.2	0.2	0.2	－
－	－	－	－	－	－	－	0.0	－	－	0.1	－	0.2	0.1
0.1	0.2	0.4	0.4	0.7	1.0	1.3	1.2	1.7	2.3	3.3	5.6	7.6	10.4
0.2	0.4	0.7	0.7	1.1	1.8	2.2	2.1	2.5	3.5	4.0	6.7	9.5	14.6
0.0	0.1	0.2	0.2	0.2	0.3	0.5	0.4	1.0	1.4	2.7	5.0	6.7	9.0
0.0	0.1	0.1	0.2	0.2	0.2	0.2	0.2	0.4	0.7	1.0	2.3	3.6	4.2
0.1	0.1	0.2	0.3	0.4	0.4	0.4	0.3	0.5	0.9	1.1	2.6	4.8	5.3
－	0.0	0.0	－	0.1	0.0	0.1	0.1	0.3	0.5	0.9	2.1	3.1	3.9
0.0	0.1	0.2	0.2	0.4	0.7	0.9	0.8	1.1	1.3	1.7	2.7	3.4	5.9
0.1	0.1	0.3	0.4	0.6	1.1	1.6	1.4	1.7	2.0	2.1	3.2	4.4	9.3
0.0	0.1	0.1	0.1	0.2	0.2	0.2	0.2	0.7	0.6	1.4	2.5	3.0	4.8
－	0.0	0.0	0.0	－	0.0	0.0	0.0	－	－	0.1	0.0	－	－
－	0.0	－	0.0	－	0.0	0.0	0.0	－	－	0.1	－	－	－
－	－	0.0	－	－	－	－	－	－	－	0.1	0.0	－	－
0.7	0.9	0.9	1.0	0.9	0.9	0.7	0.5	0.5	0.5	0.6	0.7	1.0	0.8
1.0	1.1	1.2	1.5	1.4	1.3	1.1	0.8	0.8	0.6	0.7	1.0	1.7	1.6
0.4	0.6	0.6	0.6	0.3	0.4	0.4	0.2	0.2	0.4	0.6	0.6	0.7	0.5
－	－	0.0	0.1	0.1	0.2	0.2	0.1	0.1	0.1	0.1	0.1	－	0.2
－	－	0.0	0.1	0.1	0.3	0.3	0.1	0.1	0.2	0.0	－	－	－
－	－	0.0	0.0	0.1	0.0	0.0	－	0.0	0.0	0.1	0.1	－	0.3
0.0	0.1	0.2	0.2	0.2	0.5	0.7	1.3	2.3	4.1	7.7	13.9	27.8	43.3
0.1	0.1	0.3	0.3	0.2	0.9	1.2	2.3	3.9	6.5	13.3	24.9	55.7	87.0
－	0.1	0.1	0.1	0.2	0.2	0.3	0.3	0.9	2.0	3.6	8.0	15.5	29.3

Note: 1) Total includes persons of unknown age.

第３表　年次・性・年齢階級（５歳階級）・不慮の事故

Table 3. Trends in accidental deaths and death rates (per 100,000

死亡数

Deaths

死因基本分類コード Detailed list of ICD-10 code	死因・性 Causes of death and sex		総数[1] Total	0歳 Years	1	2	3	4	0～4	5～9	10～14	15～19	20～24
(V01-X59)	不慮の事故	総数 T.	31.6	16.6	7.8	5.3	4.5	3.5	7.4	3.9	2.5	9.4	11.9
		男 M.	39.9	19.0	9.4	5.6	5.6	3.9	8.5	5.5	3.5	14.1	18.4
		女 F.	23.6	14.0	6.2	5.0	3.2	3.2	6.2	2.3	1.5	4.5	5.2
(V01-V98)	交通事故	総数 T.	7.9	1.0	1.7	2.4	1.6	0.7	1.5	1.8	1.2	7.1	8.4
		男 M.	11.4	1.5	2.2	1.9	1.5	0.5	1.5	2.6	1.5	10.8	13.1
		女 F.	4.7	0.6	1.1	3.0	1.6	0.9	1.4	1.0	0.8	3.1	3.4
(W00-W17)	転倒・転落	総数 T.	5.3	0.7	0.7	0.5	0.5	0.1	0.5	0.1	0.2	0.5	0.9
		男 M.	6.5	0.7	0.5	0.4	0.5	－	0.4	0.3	0.5	0.7	1.3
		女 F.	4.2	0.6	0.9	0.7	0.5	0.2	0.6	－	－	0.3	0.4
W01	スリップ，つまづき及びよろめきによる同一平面上での転倒	総数 T.	3.1	－	－	0.1	0.1	－	0.0	0.0	0.0	0.1	0.0
		男 M.	3.1	－	－	－	－	－	－	0.0	0.1	0.1	0.1
		女 F.	3.1	－	－	0.2	0.2	－	0.1	－	－	0.1	－
W10	階段及びステップからの転落及びその上での転倒	総数 T.	0.5	0.1	－	－	－	－	0.0	－	0.0	－	0.0
		男 M.	0.7	0.2	－	－	－	－	0.0	－	0.0	－	0.1
		女 F.	0.4	－	－	－	－	－	－	－	－	－	－
W13	建物又は建造物からの転落	総数 T.	0.6	－	0.4	0.2	0.4	0.1	0.2	0.1	0.2	0.4	0.6
		男 M.	0.9	－	0.2	0.2	0.5	－	0.2	0.1	0.3	0.5	0.9
		女 F.	0.3	－	0.6	0.2	0.4	0.2	0.3	－	－	0.2	0.3
W17	その他の転落	総数 T.	0.6	0.2	－	0.1	－	－	0.1	0.0	0.0	0.0	0.2
		男 M.	0.9	0.2	－	－	－	－	0.0	0.0	0.0	0.1	0.2
		女 F.	0.3	0.2	－	0.2	－	－	0.1	－	－	－	0.1
(W20-W49)	生物によらない機械的な力への曝露	総数 T.	0.5	0.1	0.1	－	－	－	0.0	0.1	0.1	0.2	0.3
		男 M.	0.9	0.2	0.2	－	－	－	0.1	0.1	0.2	0.4	0.5
		女 F.	0.1	－	－	－	－	－	－	0.1	－	－	－
W20	投げられ，投げ出され又は落下する物体による打撲	総数 T.	0.2	－	－	－	－	－	－	0.0	0.0	0.1	0.1
		男 M.	0.3	－	－	－	－	－	－	0.0	0.1	0.1	0.1
		女 F.	0.0	－	－	－	－	－	－	0.0	－	－	－
(W50-W64)	生物による機械的な力への曝露	総数 T.	0.0	0.1	－	－	－	－	0.0	－	0.0	0.0	0.0
		男 M.	0.0	0.2	－	－	－	－	0.0	－	0.1	0.1	0.0
		女 F.	0.0	－	－	－	－	－	－	－	－	－	－
(W65-W74)	不慮の溺死及び溺水	総数 T.	4.9	0.9	2.2	0.7	0.9	1.2	1.2	1.0	0.4	0.8	0.9
		男 M.	5.5	0.9	3.6	1.4	1.5	1.5	1.8	1.5	0.5	1.2	1.4
		女 F.	4.4	0.8	0.8	－	0.2	0.9	0.5	0.6	0.3	0.3	0.4
(W65-W66)	浴槽内での及び浴槽への転落による溺死及び溺水	総数 T.	3.0	0.7	1.8	0.1	0.3	0.2	0.6	0.1	0.2	0.2	0.1
		男 M.	2.9	0.6	2.9	0.2	0.3	0.2	0.8	0.1	0.2	0.1	0.1
		女 F.	3.0	0.8	0.8	－	0.2	0.2	0.4	0.1	0.2	0.2	0.1
(W69-W70)	自然の水域内での及び自然の水域への転落による溺死及び溺水	総数 T.	1.0	0.2	－	0.2	0.3	0.5	0.3	0.5	0.2	0.5	0.6
		男 M.	1.5	0.4	－	0.4	0.7	0.8	0.5	0.8	0.3	0.9	1.0
		女 F.	0.5	－	－	－	－	0.2	0.0	0.3	0.1	0.0	0.1
(W75-W84)	その他の不慮の窒息	総数 T.	7.4	12.7	2.0	0.5	0.6	0.3	3.1	0.3	0.2	0.4	0.4
		男 M.	8.2	14.2	1.8	0.5	0.7	0.5	3.4	0.4	0.3	0.4	0.5
		女 F.	6.6	11.1	2.3	0.6	0.5	0.2	2.8	0.1	0.1	0.3	0.3
W78	胃内容物の誤えん	総数 T.	1.1	3.1	0.9	－	0.3	0.2	0.9	0.1	0.0	0.1	0.1
		男 M.	1.2	3.9	0.9	－	0.2	0.3	1.0	0.1	－	0.1	0.2
		女 F.	1.1	2.3	0.9	－	0.4	－	0.7	－	0.0	0.1	0.1
W79	気道閉塞を生じた食物の誤えん	総数 T.	3.6	2.3	0.2	0.3	0.1	0.1	0.6	0.1	0.1	0.1	0.0
		男 M.	4.1	3.0	0.2	0.4	－	0.2	0.7	0.0	0.1	0.1	0.0
		女 F.	3.0	1.6	0.2	0.2	0.2	－	0.4	0.1	0.1	－	0.1
W80	気道閉塞を生じたその他の物体の誤えん	総数 T.	0.6	0.5	0.1	0.1	－	0.1	0.1	0.0	－	0.0	0.1
		男 M.	0.7	0.6	0.2	－	－	－	0.1	0.1	－	－	0.1
		女 F.	0.5	0.4	－	0.2	－	0.2	0.1	－	－	0.1	0.0
W84	詳細不明の窒息	総数 T.	1.9	2.0	0.3	－	－	－	0.4	0.0	0.0	0.0	0.1
		男 M.	1.9	1.7	0.4	－	－	－	0.4	0.1	0.0	0.0	0.1
		女 F.	1.8	2.3	0.2	－	－	－	0.5	－	－	0.1	0.1
(W85-W99)	電流，放射線並びに極端な気温及び気圧への曝露	総数 T.	0.0	－	－	－	－	－	－	－	－	0.0	0.1
		男 M.	0.1	－	－	－	－	－	－	－	－	0.1	0.1
		女 F.	0.0	－	－	－	－	－	－	－	－	－	－
(X00-X09)	煙，火及び火炎への曝露	総数 T.	1.3	0.6	0.5	1.1	0.8	0.9	0.8	0.4	0.2	0.2	0.2
		男 M.	1.6	0.6	0.5	1.4	1.2	1.0	1.0	0.4	0.2	0.2	0.3
		女 F.	1.0	0.6	0.4	0.7	0.4	0.9	0.6	0.3	0.3	0.3	0.1
X00	建物又は建造物内の管理されていない火への曝露	総数 T.	1.0	0.6	0.5	1.0	0.8	0.9	0.8	0.4	0.2	0.2	0.2
		男 M.	1.2	0.6	0.5	1.2	1.2	1.0	0.9	0.4	0.2	0.1	0.2
		女 F.	0.8	0.6	0.4	0.7	0.4	0.9	0.6	0.3	0.3	0.2	0.1
(X10-X19)	熱及び高温物質との接触	総数 T.	0.1	－	0.1	－	－	－	0.0	0.0	－	－	－
		男 M.	0.2	－	－	－	－	－	－	0.0	－	－	－
		女 F.	0.1	－	0.2	－	－	－	0.0	0.0	－	－	－
(X20-X29)	有毒動植物との接触	総数 T.	0.0	－	－	－	－	－	－	－	－	－	－
		男 M.	0.0	－	－	－	－	－	－	－	－	－	－
		女 F.	0.0	－	－	－	－	－	－	－	－	－	－
(X30-X39)	自然の力への曝露	総数 T.	1.1	0.3	0.2	－	－	0.1	0.1	0.0	0.0	0.1	0.1
		男 M.	1.5	0.2	0.2	－	－	0.2	0.1	0.1	0.1	0.1	0.3
		女 F.	0.7	0.4	0.2	－	－	－	0.1	－	－	0.0	－
X30	自然の過度の高温への曝露	総数 T.	0.3	0.3	0.1	－	－	0.1	0.1	0.0	0.0	0.0	0.0
		男 M.	0.3	0.2	0.2	－	－	0.2	0.1	0.0	0.0	0.0	0.0
		女 F.	0.2	0.4	－	－	－	－	0.1	－	－	0.0	－
X31	自然の過度の低温への曝露	総数 T.	0.8	－	0.1	－	－	－	0.0	0.0	0.0	0.0	0.1
		男 M.	1.1	－	－	－	－	－	－	0.0	0.0	0.0	0.1
		女 F.	0.5	－	0.2	－	－	－	0.0	－	－	－	－
X34	地震による受傷者	総数 T.	0.0	－	－	－	－	－	－	－	－	－	－
		男 M.	－	－	－	－	－	－	－	－	－	－	－
		女 F.	0.0	－	－	－	－	－	－	－	－	－	－
(X40-X49)	有害物質による不慮の中毒及び有害物質への曝露	総数 T.	0.7	－	－	－	－	0.1	0.0	0.1	0.1	0.2	0.6
		男 M.	1.0	－	－	－	－	－	－	0.1	0.2	0.1	0.7
		女 F.	0.4	－	－	－	－	0.2	0.0	0.0	－	0.2	0.6
(X50-X57)	無理ながんばり，旅行及び欠乏状態	総数 T.	0.1	－	－	－	－	－	－	－	－	－	－
		男 M.	0.1	－	－	－	－	－	－	－	－	－	－
		女 F.	0.0	－	－	－	－	－	－	－	－	－	－
(X58-X59)	その他及び詳細不明の要因への不慮の曝露	総数 T.	2.2	0.3	0.4	－	0.1	0.1	0.2	0.0	－	0.0	0.1
		男 M.	3.0	0.6	0.4	－	0.2	0.2	0.2	－	－	0.1	0.2
		女 F.	1.5	－	0.4	－	－	－	0.1	0.1	－	－	0.1

注：1）総数には年齢不詳を含む。

の種類別不慮の事故死亡数・率（人口10万対） －平成７～20年－

population) by sex, age (five-year age group) and type of accident, 1995-2008

平成17年
2005

25～29	30～34	35～39	40～44	45～49	50～54	55～59	60～64	65～69	70～74	75～79	80～84	85～89	90～94	95～99	100～
9.6	8.6	9.8	10.8	13.8	18.5	23.0	29.9	38.8	62.4	101.7	159.5	249.2	364.5	489.7	532.4
14.8	13.7	15.7	17.0	21.2	28.6	35.1	45.5	56.4	89.2	148.4	229.3	371.2	573.0	832.2	744.5
4.2	3.3	3.8	4.5	6.5	8.4	11.1	15.1	22.8	39.7	66.7	120.5	196.9	294.9	406.1	495.4
5.4	4.6	4.9	4.8	5.1	7.0	7.8	9.7	11.6	15.5	20.3	24.4	22.6	16.9	10.9	3.9
9.0	7.8	8.3	8.0	8.1	10.9	11.7	14.2	15.3	21.0	30.2	37.3	35.7	32.8	19.3	-
1.8	1.4	1.4	1.5	2.2	3.1	4.0	5.4	8.3	10.9	12.9	17.3	16.9	11.6	8.8	4.6
0.8	0.8	0.9	1.4	1.8	2.3	3.3	4.5	6.3	10.2	15.9	28.8	53.3	101.8	150.9	185.3
1.3	1.1	1.4	2.3	2.9	3.8	5.3	7.6	10.6	17.0	24.9	40.9	78.4	129.6	217.1	212.7
0.3	0.4	0.4	0.4	0.6	0.7	1.4	1.7	2.4	4.5	9.1	22.1	42.6	92.5	134.8	180.6
0.1	0.1	0.2	0.3	0.5	0.6	1.1	1.6	2.3	4.8	9.0	19.4	42.5	88.1	133.4	169.6
0.1	0.1	0.3	0.4	0.8	1.0	1.6	2.8	3.7	7.4	12.8	24.4	57.5	109.7	195.4	159.5
-	0.0	0.1	0.1	0.3	0.2	0.5	0.5	1.0	2.6	6.2	16.7	36.0	80.9	118.3	171.3
0.0	0.1	0.1	0.1	0.2	0.4	0.5	0.8	1.0	1.4	2.0	3.0	3.2	3.7	5.2	3.9
0.0	0.1	0.2	0.2	0.4	0.8	0.8	1.1	1.6	2.3	3.1	4.7	5.2	4.7	4.8	-
-	0.0	0.0	0.1	0.1	0.1	0.2	0.6	0.5	0.6	1.1	2.1	2.3	3.3	5.3	4.6
0.5	0.4	0.3	0.5	0.5	0.6	0.5	0.8	1.0	1.1	0.9	1.4	1.8	2.3	1.9	3.9
0.8	0.5	0.5	0.8	0.7	1.0	0.8	1.4	1.8	2.0	1.8	2.6	4.0	4.3	2.4	26.6
0.2	0.3	0.1	0.2	0.3	0.2	0.3	0.2	0.2	0.3	0.2	0.7	0.9	1.6	1.8	-
0.1	0.1	0.2	0.3	0.3	0.5	0.9	0.7	1.1	1.4	1.5	2.4	2.7	2.9	3.8	-
0.2	0.2	0.3	0.6	0.6	0.8	1.6	1.2	1.9	2.5	2.7	4.1	5.4	4.3	7.2	-
0.0	0.0	0.1	0.1	0.0	0.1	0.2	0.3	0.4	0.5	0.6	1.4	1.5	2.4	2.9	-
0.3	0.3	0.3	0.3	0.4	0.6	0.7	0.9	0.7	0.9	0.9	0.9	0.4	0.8	-	-
0.5	0.7	0.6	0.5	0.7	1.2	1.3	1.6	1.4	1.6	1.7	2.0	1.4	2.4	-	-
0.0	0.0	-	0.0	-	0.0	0.1	0.1	0.1	0.4	0.2	0.2	-	0.3	-	-
0.1	0.1	0.1	0.1	0.2	0.3	0.3	0.4	0.3	0.4	0.3	0.2	0.1	0.6	-	-
0.2	0.1	0.1	0.1	0.4	0.6	0.7	0.8	0.6	0.7	0.5	0.6	0.2	2.4	-	-
-	-	-	-	-	-	0.0	0.0	-	0.2	0.1	0.0	-	-	-	-
0.0	0.0	-	0.0	-	0.0	0.0	0.0	0.0	0.1	0.1	0.1	0.1	-	-	-
0.0	0.0	-	0.0	-	0.0	0.1	0.0	0.0	0.1	0.1	0.1	0.4	-	-	-
-	-	-	-	-	-	-	-	-	0.0	0.1	0.0	-	-	-	-
0.9	0.8	1.0	1.0	2.0	2.5	3.1	4.4	6.4	12.4	21.5	31.7	36.0	36.9	30.8	23.7
1.2	1.1	1.6	1.5	2.8	3.6	4.7	6.6	8.5	15.1	24.5	36.4	47.2	57.4	70.0	106.4
0.6	0.5	0.3	0.5	1.1	1.4	1.6	2.4	4.5	10.1	19.2	29.0	31.1	30.0	21.2	9.3
0.1	0.2	0.2	0.3	0.4	0.7	1.1	2.0	3.7	8.6	15.4	23.4	26.3	28.1	24.6	19.7
0.1	0.2	0.3	0.4	0.5	0.9	1.4	2.8	4.6	9.8	17.4	26.5	33.7	42.2	62.7	79.8
0.2	0.2	0.0	0.3	0.3	0.6	0.7	1.2	3.0	7.6	13.9	21.6	23.2	23.3	15.3	9.3
0.7	0.5	0.6	0.5	1.1	1.2	1.4	1.6	1.4	1.7	2.1	2.1	1.8	2.7	2.4	-
1.0	0.7	1.0	0.8	1.7	2.0	2.3	2.5	2.2	2.8	3.0	2.9	2.0	5.7	2.4	-
0.4	0.2	0.2	0.2	0.6	0.5	0.6	0.7	0.6	0.7	1.4	1.6	1.7	1.7	2.4	-
0.5	0.5	0.6	1.0	1.3	2.4	3.2	4.7	7.4	13.3	25.7	46.6	91.4	142.9	221.0	268.2
0.6	0.7	0.9	1.3	1.7	3.2	4.2	6.5	10.8	19.1	40.1	71.2	130.7	218.4	340.1	265.9
0.5	0.3	0.4	0.6	0.9	1.6	2.2	3.0	4.4	8.4	14.9	32.8	74.6	117.7	191.9	268.6
0.2	0.2	0.3	0.3	0.3	0.3	0.5	0.7	1.1	1.9	3.4	6.6	13.6	21.0	35.0	59.2
0.2	0.2	0.3	0.4	0.4	0.5	0.6	0.8	1.6	2.5	5.3	9.3	18.0	29.4	48.2	-
0.2	0.1	0.2	0.1	0.2	0.2	0.4	0.5	0.6	1.5	1.9	5.1	11.7	18.2	31.8	69.5
0.1	0.1	0.2	0.5	0.7	1.3	1.7	2.6	4.2	7.1	13.0	22.4	42.7	66.3	89.4	110.4
0.2	0.1	0.3	0.5	0.8	1.5	2.3	3.7	5.9	10.3	21.2	35.4	64.7	111.1	130.3	159.5
0.1	0.1	0.1	0.4	0.6	1.1	1.1	1.6	2.7	4.4	6.8	15.2	33.2	51.4	79.5	101.9
0.0	0.0	0.0	0.1	0.1	0.2	0.3	0.4	0.5	1.1	2.5	4.0	7.0	12.6	18.0	19.7
0.0	0.0	0.0	0.1	0.2	0.3	0.3	0.6	0.7	1.7	3.8	6.6	9.6	22.8	41.0	-
0.1	0.0	0.0	0.1	-	0.1	0.2	0.3	0.3	0.5	1.5	2.6	6.0	9.2	12.4	23.2
0.1	0.1	0.1	0.1	0.2	0.4	0.5	0.8	1.3	2.8	6.4	13.0	27.5	41.9	78.5	78.9
0.1	0.1	0.1	0.2	0.2	0.6	0.7	1.0	2.0	4.0	9.1	19.2	38.0	53.2	120.6	106.4
0.1	0.1	0.1	0.1	0.1	0.2	0.3	0.5	0.6	1.8	4.4	9.5	23.0	38.1	68.3	74.1
0.0	0.1	0.1	0.0	0.0	0.0	0.1	0.0	0.0	0.1	0.0	0.1	0.2	0.1	-	-
0.0	0.1	0.2	0.1	0.1	0.0	0.2	0.0	0.1	0.1	0.0	0.1	0.4	0.5	-	-
-	-	-	-	-	0.0	-	-	0.0	0.1	0.0	0.0	0.1	-	-	-
0.3	0.3	0.5	0.4	1.0	1.0	1.3	1.4	1.6	2.3	4.0	5.7	9.2	7.4	6.6	11.8
0.4	0.3	0.6	0.5	1.4	1.4	2.0	2.3	2.4	3.1	5.6	7.5	13.9	13.8	14.5	-
0.3	0.3	0.4	0.4	0.6	0.5	0.5	0.7	0.9	1.6	2.8	4.7	7.2	5.2	4.7	13.9
0.3	0.2	0.5	0.3	0.9	0.8	1.1	1.2	1.3	1.7	2.8	3.9	6.7	4.6	4.7	7.9
0.3	0.2	0.5	0.4	1.2	1.1	1.6	1.8	1.9	2.4	3.7	4.5	9.9	9.0	7.2	-
0.2	0.3	0.4	0.3	0.6	0.5	0.5	0.6	0.7	1.2	2.2	3.6	5.3	3.2	4.1	9.3
0.0	-	-	0.1	0.0	0.0	0.1	0.0	0.2	0.2	0.4	1.0	1.9	2.0	1.4	-
0.0	-	-	0.1	0.1	0.0	0.1	0.1	0.3	0.3	0.6	1.6	4.0	4.7	2.4	-
0.0	-	-	-	-	0.0	0.0	0.0	0.1	0.2	0.3	0.6	1.0	1.1	1.2	-
-	-	-	0.0	0.0	0.0	0.0	0.1	0.0	0.0	0.2	0.1	0.1	0.1	-	-
-	-	-	0.0	0.0	0.1	0.1	0.1	0.1	0.0	0.3	0.1	0.4	-	-	-
-	-	-	-	-	-	-	-	-	0.0	0.1	0.1	-	0.2	-	-
0.2	0.3	0.4	0.4	0.6	1.0	1.4	1.7	1.8	2.4	3.1	4.0	6.7	9.3	10.4	7.9
0.3	0.6	0.6	0.7	1.0	1.6	2.1	2.7	3.0	3.6	4.3	4.4	7.6	12.8	14.5	53.2
0.1	0.0	0.1	0.2	0.2	0.3	0.6	0.8	0.7	1.4	2.3	3.7	6.3	8.1	9.4	-
0.0	0.1	0.2	0.1	0.1	0.2	0.3	0.2	0.3	0.5	0.6	1.3	2.3	2.9	6.6	3.9
0.1	0.2	0.3	0.2	0.2	0.4	0.4	0.3	0.5	0.6	0.5	1.2	2.0	4.7	4.8	26.6
-	-	0.0	0.0	0.0	0.1	0.2	0.2	0.1	0.4	0.6	1.3	2.5	2.2	7.1	-
0.1	0.2	0.2	0.3	0.5	0.7	1.0	1.4	1.5	1.9	2.4	2.6	4.3	6.3	3.8	3.9
0.1	0.3	0.3	0.5	0.7	1.1	1.6	2.3	2.5	3.0	3.6	3.0	5.4	8.1	9.6	26.6
0.1	0.0	0.0	0.1	0.2	0.2	0.4	0.6	0.5	0.9	1.4	2.3	3.9	5.7	2.4	-
-	-	-	-	-	-	-	-	-	-	0.0	-	-	-	-	-
-	-	-	-	-	-	-	-	-	-	-	-	-	-	-	-
-	-	-	-	-	-	-	-	-	-	0.0	-	-	-	-	-
0.9	0.8	1.0	1.0	1.1	0.9	0.9	0.6	0.5	0.6	0.6	1.4	0.9	1.4	0.9	-
1.2	1.1	1.4	1.5	1.7	1.6	1.5	0.9	0.6	1.0	0.8	1.8	0.5	2.8	2.4	-
0.6	0.5	0.6	0.6	0.6	0.3	0.4	0.4	0.3	0.4	0.5	1.1	1.0	1.0	0.6	-
-	0.0	0.0	0.1	0.1	0.1	0.2	0.1	0.1	0.1	0.1	0.1	0.2	-	-	-
-	0.0	0.0	0.1	0.2	0.3	0.3	0.3	0.1	0.2	0.1	0.2	-	-	-	-
-	-	0.0	0.1	0.1	0.0	0.0	0.0	-	-	0.1	-	0.2	-	-	-
0.1	0.2	0.1	0.3	0.3	0.6	0.9	1.5	2.2	4.1	8.9	14.9	26.3	44.9	56.8	31.5
0.1	0.3	0.2	0.4	0.5	0.8	1.6	2.6	3.3	7.0	15.2	25.8	50.7	97.8	152.0	106.4
0.1	0.0	0.1	0.1	0.1	0.3	0.2	0.6	1.2	1.8	4.2	8.8	15.8	27.3	33.5	18.5

Note: 1) Total includes persons of unknown age.

第３表　年次・性・年齢階級（５歳階級）・不慮の事故

Table 3. Trends in accidental deaths and death rates (per 100,000

死亡数
Deaths

死因基本分類コード Detailed list of ICD-10 code	死因・性 Causes of death and sex		総数[1] Total	0歳 Years	1	2	3	4	0～4	5～9	10～14	15～19	20～24
(V01-X59)	不慮の事故	総数 T.	30.3	13.9	6.5	5.2	3.6	3.8	6.5	2.9	1.8	9.6	10.4
		男 M.	37.9	16.4	6.4	5.6	4.8	4.6	7.5	3.6	2.3	14.4	16.5
		女 F.	23.1	11.3	6.7	4.7	2.4	2.9	5.5	2.1	1.2	4.4	4.0
(V01-V98)	交通事故	総数 T.	7.2	0.9	1.4	1.9	1.5	1.5	1.5	1.4	0.7	7.4	6.8
		男 M.	10.2	1.1	1.3	2.9	2.3	1.7	1.9	1.9	0.9	11.3	11.1
		女 F.	4.3	0.8	1.6	0.9	0.7	1.3	1.1	1.0	0.4	3.2	2.3
(W00-W17)	転倒・転落	総数 T.	5.2	0.3	0.6	0.5	0.3	0.1	0.3	0.1	0.2	0.6	0.8
		男 M.	6.4	0.2	0.6	0.4	0.2	–	0.3	0.2	0.2	0.7	1.2
		女 F.	4.1	0.4	0.6	0.6	0.4	0.2	0.4	0.1	0.2	0.5	0.4
W01	スリップ，つまづき及びよろめきによる同一平面上での転倒	総数 T.	3.0	0.1	0.3	0.1	–	–	0.1	–	–	0.0	0.1
		男 M.	3.0	0.2	0.2	0.2	–	–	0.1	–	–	0.1	0.1
		女 F.	3.0	–	0.4	–	–	–	0.1	–	–	–	–
W10	階段及びステップからの転落及びその上での転倒	総数 T.	0.5	–	0.2	–	–	–	0.0	–	–	0.0	0.0
		男 M.	0.8	–	0.4	–	–	–	0.1	–	–	–	0.0
		女 F.	0.3	–	–	–	–	–	–	–	–	0.0	0.0
W13	建物又は建造物からの転落	総数 T.	0.6	–	0.1	0.3	0.2	0.1	0.1	0.1	0.2	0.3	0.4
		男 M.	0.9	–	–	0.2	0.2	–	0.1	0.1	0.2	0.4	0.6
		女 F.	0.3	–	0.2	0.4	0.2	0.2	0.2	0.1	0.1	0.3	0.3
W17	その他の転落	総数 T.	0.6	0.1	–	–	–	–	0.0	–	0.0	0.1	0.2
		男 M.	0.9	–	–	–	–	–	–	–	–	0.1	0.2
		女 F.	0.3	0.2	–	–	–	–	0.0	–	0.1	0.1	0.1
(W20-W49)	生物によらない機械的な力への曝露	総数 T.	0.5	–	–	0.1	–	0.1	0.0	0.1	0.0	0.1	0.3
		男 M.	0.9	–	–	–	–	0.2	0.0	0.0	0.1	0.2	0.6
		女 F.	0.1	–	–	0.2	–	–	0.0	0.1	–	–	–
W20	投げられ，投げ出され又は落下する物体による打撲	総数 T.	0.2	–	–	–	–	–	–	–	–	0.1	0.1
		男 M.	0.4	–	–	–	–	–	–	–	–	0.1	0.2
		女 F.	0.0	–	–	–	–	–	–	–	–	–	–
(W50-W64)	生物による機械的な力への曝露	総数 T.	0.0	–	–	–	–	–	–	–	–	–	0.0
		男 M.	0.0	–	–	–	–	–	–	–	–	–	0.0
		女 F.	0.0	–	–	–	–	–	–	–	–	–	–
(W65-W74)	不慮の溺死及び溺水	総数 T.	4.8	0.8	2.1	0.6	0.8	1.1	1.1	0.7	0.4	0.9	0.9
		男 M.	5.2	0.7	2.3	0.9	1.1	1.9	1.4	1.1	0.6	1.5	1.6
		女 F.	4.4	1.0	2.0	0.4	0.6	0.4	0.8	0.4	0.2	0.2	0.3
(W65-W66)	浴槽内での及び浴槽への転落による溺死及び溺水	総数 T.	3.0	0.7	1.8	0.2	0.2	0.1	0.6	0.1	0.2	0.2	0.1
		男 M.	2.9	0.7	1.9	0.2	–	0.2	0.6	0.2	0.2	0.2	0.1
		女 F.	3.1	0.8	1.8	0.2	0.4	–	0.6	0.0	0.2	0.1	0.1
(W69-W70)	自然の水域内での及び自然の水域への転落による溺死及び溺水	総数 T.	1.0	–	0.1	0.2	0.3	0.4	0.2	0.4	0.2	0.6	0.7
		男 M.	1.4	–	–	0.2	0.4	0.9	0.3	0.5	0.4	1.1	1.1
		女 F.	0.6	–	0.2	0.2	0.2	–	0.1	0.3	–	0.1	0.2
(W75-W84)	その他の不慮の窒息	総数 T.	7.3	10.3	1.7	1.0	0.4	0.4	2.7	0.1	0.1	0.2	0.4
		男 M.	7.9	11.5	1.7	0.7	0.5	0.5	2.9	0.1	0.2	0.2	0.5
		女 F.	6.7	9.0	1.8	1.3	0.2	0.4	2.5	0.1	0.1	0.2	0.2
W78	胃内容物の誤えん	総数 T.	1.2	2.1	0.2	0.3	0.1	0.1	0.6	0.0	–	0.1	0.1
		男 M.	1.2	3.1	0.2	0.4	0.2	0.2	0.8	0.0	–	0.0	0.2
		女 F.	1.2	1.1	0.2	0.2	–	–	0.3	–	–	0.1	0.1
W79	気道閉塞を生じた食物の誤えん	総数 T.	3.5	1.7	0.5	0.6	0.2	0.3	0.6	0.0	0.0	–	0.0
		男 M.	3.9	1.5	0.6	0.2	0.2	0.3	0.5	0.0	0.0	–	0.0
		女 F.	3.1	1.9	0.4	0.9	0.2	0.2	0.7	0.0	–	–	0.0
W80	気道閉塞を生じたその他の物体の誤えん	総数 T.	0.6	0.4	0.3	–	–	–	0.1	0.0	0.1	0.1	0.0
		男 M.	0.7	0.4	0.2	–	–	–	0.1	0.0	0.1	0.1	–
		女 F.	0.5	0.4	0.4	–	–	–	0.2	–	–	0.1	0.0
W84	詳細不明の窒息	総数 T.	1.8	1.8	0.3	–	–	0.1	0.4	–	–	0.0	0.1
		男 M.	1.8	1.8	0.2	–	–	–	0.4	–	–	0.1	0.1
		女 F.	1.8	1.7	0.4	–	–	0.2	0.5	–	–	0.0	0.0
(W85-W99)	電流，放射線並びに極端な気温及び気圧への曝露	総数 T.	0.0	0.1	–	–	–	–	0.0	–	–	0.0	0.1
		男 M.	0.1	0.2	–	–	–	–	0.0	–	–	0.0	0.1
		女 F.	0.0	–	–	–	–	–	–	–	–	–	–
(X00-X09)	煙，火及び火炎への曝露	総数 T.	1.2	0.2	0.5	0.6	0.5	0.4	0.4	0.3	0.3	0.1	0.3
		男 M.	1.6	0.4	0.6	0.4	0.5	0.3	0.4	0.3	0.3	0.1	0.4
		女 F.	0.9	–	0.4	0.8	0.4	0.5	0.4	0.3	0.2	0.1	0.1
X00	建物又は建造物内の管理されていない火への曝露	総数 T.	0.9	0.2	0.5	0.6	0.5	0.4	0.4	0.3	0.2	0.1	0.2
		男 M.	1.2	0.4	0.6	0.4	0.5	0.3	0.4	0.3	0.2	0.1	0.3
		女 F.	0.7	–	0.4	0.8	0.4	0.5	0.4	0.3	0.2	0.1	0.1
(X10-X19)	熱及び高温物質との接触	総数 T.	0.1	–	–	0.1	–	–	0.0	–	–	–	–
		男 M.	0.2	–	–	–	–	–	–	–	–	–	–
		女 F.	0.1	–	–	0.2	–	–	0.0	–	–	–	–
(X20-X29)	有毒動植物との接触	総数 T.	0.0	–	–	–	–	–	–	–	–	–	–
		男 M.	0.0	–	–	–	–	–	–	–	–	–	–
		女 F.	0.0	–	–	–	–	–	–	–	–	–	–
(X30-X39)	自然の力への曝露	総数 T.	1.0	0.5	0.1	0.1	–	–	0.1	0.1	0.0	0.1	0.2
		男 M.	1.3	0.7	–	0.2	–	–	0.2	0.1	0.0	0.1	0.2
		女 F.	0.7	0.2	0.2	–	–	–	0.1	0.0	0.0	0.1	0.1
X30	自然の過度の高温への曝露	総数 T.	0.3	0.3	0.1	0.1	–	–	0.1	–	0.0	–	0.1
		男 M.	0.3	0.5	–	0.2	–	–	0.1	–	0.0	–	0.1
		女 F.	0.3	–	0.2	–	–	–	0.0	–	–	–	0.0
X31	自然の過度の低温への曝露	総数 T.	0.7	0.2	–	–	–	–	0.0	0.0	–	0.1	0.1
		男 M.	0.9	0.2	–	–	–	–	0.0	0.0	–	0.1	0.1
		女 F.	0.5	0.2	–	–	–	–	0.0	–	–	0.1	0.1
X34	地震による受傷者	総数 T.	–	–	–	–	–	–	–	–	–	–	–
		男 M.	–	–	–	–	–	–	–	–	–	–	–
		女 F.	–	–	–	–	–	–	–	–	–	–	–
(X40-X49)	有害物質による不慮の中毒及び有害物質への曝露	総数 T.	0.7	0.1	–	–	0.2	–	0.1	0.0	0.0	0.1	0.6
		男 M.	1.0	0.2	–	–	0.2	–	0.1	–	0.0	0.1	0.7
		女 F.	0.4	–	–	–	0.2	–	0.0	0.0	0.0	0.2	0.5
(X50-X57)	無理ながんばり，旅行及び欠乏状態	総数 T.	0.0	–	–	–	–	–	–	–	–	–	–
		男 M.	0.1	–	–	–	–	–	–	–	–	–	–
		女 F.	0.0	–	–	–	–	–	–	–	–	–	–
(X58-X59)	その他及び詳細不明の要因への不慮の曝露	総数 T.	2.2	0.7	0.1	0.3	–	0.1	0.2	0.0	0.0	0.1	0.1
		男 M.	3.1	1.5	–	0.2	–	–	0.3	–	0.0	0.2	0.1
		女 F.	1.4	–	0.2	0.4	–	0.2	0.2	0.0	–	–	0.0

注：1）総数には年齢不詳を含む。

の種類別不慮の事故死亡数・率（人口10万対）　－平成７～20年－

population) by sex, age (five-year age group) and type of accident, 1995-2008

平成18年
2006

25～29	30～34	35～39	40～44	45～49	50～54	55～59	60～64	65～69	70～74	75～79	80～84	85～89	90～94	95～99	100～
8.5	7.7	8.6	10.4	12.4	15.9	21.9	28.6	37.7	57.8	97.4	153.8	230.0	337.7	457.0	537.9
12.8	12.2	13.5	16.4	19.3	24.4	33.0	42.9	54.0	82.0	138.4	220.7	352.0	540.3	688.9	1050.0
4.0	3.1	3.5	4.3	5.3	7.5	11.0	15.1	22.7	37.2	66.4	114.9	178.4	270.6	402.1	475.0
4.8	3.9	3.7	4.3	4.6	5.5	7.1	8.9	10.9	14.1	18.6	22.6	21.0	14.6	6.8	6.9
7.7	6.8	6.5	7.1	7.6	8.6	10.7	13.1	15.0	18.3	25.7	30.3	36.7	29.0	15.6	25.0
1.9	1.0	0.9	1.4	1.7	2.5	3.7	4.9	7.1	10.4	13.2	18.2	14.3	9.9	4.7	4.2
0.8	0.7	0.9	1.2	1.7	2.4	3.6	4.5	5.8	9.3	15.6	27.3	49.9	87.7	151.1	210.3
1.3	1.0	1.3	1.8	2.7	4.0	6.0	8.0	10.0	15.1	25.1	38.4	73.2	119.0	186.7	300.0
0.4	0.3	0.6	0.5	0.6	0.9	1.3	1.3	2.1	4.4	8.5	20.7	40.1	77.4	142.6	204.2
0.1	0.1	0.2	0.4	0.5	0.7	1.0	1.5	2.1	4.1	9.0	18.7	39.1	74.4	134.5	200.0
0.1	0.0	0.3	0.5	0.7	1.1	1.6	2.5	3.4	5.6	13.6	23.4	52.3	95.9	157.8	275.0
0.1	0.1	0.0	0.2	0.2	0.3	0.4	0.5	1.0	2.8	5.6	16.0	33.5	67.3	128.9	195.8
0.1	0.0	0.0	0.1	0.2	0.4	0.6	0.8	0.9	1.5	1.8	2.5	2.7	3.8	5.1	3.4
0.1	0.1	0.1	0.2	0.3	0.6	1.0	1.4	1.6	2.6	2.7	3.9	4.3	7.2	11.1	-
-	0.0	0.0	0.0	0.1	0.2	0.2	0.2	0.4	0.7	1.1	1.7	2.1	2.7	3.7	4.2
0.4	0.4	0.4	0.5	0.4	0.6	0.8	0.6	0.7	1.0	1.2	1.3	1.8	1.6	1.7	-
0.6	0.5	0.4	0.7	0.7	1.0	1.2	1.1	1.3	2.0	2.1	2.2	3.8	3.2	4.4	-
0.2	0.2	0.4	0.3	0.2	0.2	0.4	0.1	0.2	0.3	0.5	0.8	1.0	1.0	1.1	-
0.2	0.1	0.2	0.2	0.4	0.6	0.8	1.0	1.2	1.2	1.6	2.3	3.1	2.4	2.6	-
0.3	0.2	0.4	0.4	0.6	0.9	1.4	1.7	2.2	2.2	2.8	3.6	6.6	2.7	2.2	-
0.2	0.1	0.1	0.0	0.1	0.2	0.2	0.3	0.4	0.3	0.7	1.5	1.5	2.2	2.6	-
0.3	0.2	0.4	0.5	0.4	0.6	0.9	0.9	0.7	0.8	0.8	0.8	0.5	0.5	1.3	-
0.5	0.4	0.8	0.9	0.8	1.2	1.7	1.6	1.4	1.6	1.5	2.0	0.9	1.4	-	-
0.0	0.0	-	-	0.0	0.1	0.1	0.2	0.1	-	0.3	0.1	0.4	0.1	1.6	-
0.1	0.1	0.1	0.2	0.1	0.3	0.4	0.4	0.3	0.4	0.3	0.2	0.1	-	-	-
0.2	0.2	0.2	0.3	0.3	0.5	0.8	0.8	0.7	0.8	0.5	0.5	-	-	-	-
-	0.0	-	-	-	0.0	0.0	0.0	0.1	-	0.1	-	0.1	-	-	-
-	-	-	-	0.0	0.0	0.0	0.0	0.0	0.1	0.1	0.1	0.1	0.1	0.4	-
-	-	-	-	0.0	0.0	0.1	0.1	0.1	0.2	0.1	0.2	0.2	-	-	-
-	-	-	-	-	-	-	-	-	0.0	0.1	-	0.1	0.1	0.5	-
0.8	0.7	0.9	1.3	1.4	1.8	2.7	4.4	6.8	11.6	21.5	28.8	35.2	33.7	24.3	6.9
1.1	0.9	1.3	2.0	2.0	2.5	3.8	6.1	8.9	14.2	25.0	32.2	42.4	55.7	44.4	-
0.4	0.4	0.5	0.6	0.8	1.1	1.6	2.8	4.9	9.5	18.9	26.8	32.1	26.4	19.5	8.3
0.1	0.2	0.2	0.3	0.3	0.6	1.0	2.0	4.0	7.8	15.8	21.9	27.2	26.0	17.4	3.4
0.1	0.2	0.2	0.4	0.3	0.7	1.4	2.5	4.5	9.1	17.5	24.9	32.9	43.4	31.1	-
0.1	0.2	0.1	0.3	0.3	0.4	0.6	1.5	3.4	6.7	14.6	20.1	24.8	20.2	14.2	4.2
0.5	0.3	0.5	0.8	0.9	0.9	1.3	1.6	1.7	1.6	2.2	1.8	2.1	1.1	2.6	-
0.8	0.6	0.7	1.3	1.4	1.3	1.9	2.3	2.6	2.3	3.3	1.9	2.4	2.3	2.2	-
0.1	0.1	0.3	0.3	0.3	0.5	0.6	0.9	0.9	1.1	1.3	1.7	2.0	0.7	2.6	-
0.5	0.5	0.7	1.1	1.3	1.9	3.3	5.1	7.1	12.4	23.6	46.5	82.4	140.2	199.1	262.1
0.7	0.8	0.9	1.5	1.7	2.6	4.2	6.5	8.8	17.9	34.6	70.4	124.7	210.0	275.6	525.0
0.4	0.3	0.6	0.7	0.8	1.1	2.4	3.7	5.5	7.7	15.3	32.6	64.4	117.1	181.1	229.2
0.3	0.2	0.3	0.2	0.2	0.2	0.5	0.8	0.9	2.0	3.6	6.8	13.9	21.5	38.3	62.1
0.4	0.3	0.3	0.4	0.3	0.4	0.7	1.0	1.1	2.7	4.7	9.6	19.0	25.3	44.4	75.0
0.2	0.1	0.2	0.1	0.2	0.1	0.3	0.7	0.8	1.4	2.7	5.2	11.7	20.2	36.8	62.5
0.1	0.1	0.2	0.6	0.6	1.0	1.9	2.7	3.7	6.5	12.1	23.1	38.6	62.2	79.1	103.4
0.1	0.2	0.2	0.7	0.8	1.3	2.2	3.5	4.6	9.9	18.7	34.4	62.8	100.0	122.2	250.0
0.0	0.1	0.3	0.4	0.5	0.7	1.5	2.0	3.0	3.5	7.0	16.6	28.4	49.6	68.9	83.3
0.0	0.0	0.0	0.1	0.1	0.2	0.3	0.4	0.7	1.0	2.0	3.6	6.4	12.4	18.7	34.5
-	0.0	-	0.1	0.1	0.2	0.4	0.6	0.9	1.5	2.6	6.5	9.7	26.7	26.7	100.0
0.1	-	0.0	0.0	0.1	0.1	0.2	0.2	0.5	0.5	1.5	2.0	4.9	7.6	16.8	25.0
0.1	0.1	0.1	0.1	0.1	0.3	0.4	0.8	1.4	2.6	5.6	12.6	23.1	43.1	62.1	62.1
0.1	0.1	0.3	0.2	0.2	0.4	0.5	0.9	1.8	3.5	7.8	19.4	32.9	57.5	80.0	100.0
0.1	0.1	-	0.1	0.1	0.2	0.3	0.6	1.0	1.9	3.8	8.6	19.0	38.4	57.9	58.3
0.0	0.0	0.1	0.0	0.0	0.0	0.0	0.0	0.0	0.1	0.0	0.1	-	-	0.4	-
-	0.1	0.1	0.0	0.0	0.1	0.1	0.1	0.1	0.1	0.0	0.1	-	-	2.2	-
0.0	-	-	-	-	-	-	0.0	-	0.0	-	0.1	-	-	-	-
0.3	0.3	0.5	0.5	0.7	1.0	1.0	1.5	1.8	2.4	3.7	5.7	6.2	9.0	4.3	3.4
0.5	0.3	0.6	0.8	1.1	1.4	1.5	2.3	2.8	3.6	5.3	8.2	9.4	17.2	11.1	25.0
0.2	0.3	0.3	0.3	0.4	0.6	0.6	0.7	0.9	1.3	2.4	4.3	4.9	6.3	2.6	-
0.3	0.2	0.4	0.5	0.6	0.9	0.8	1.3	1.5	1.8	2.7	4.3	4.6	6.5	2.6	-
0.4	0.2	0.5	0.8	0.9	1.1	1.1	1.9	2.4	2.6	3.7	6.0	6.3	14.0	8.9	-
0.1	0.2	0.3	0.3	0.3	0.6	0.5	0.7	0.7	1.0	2.0	3.3	3.9	4.0	1.1	-
0.0	0.0	0.0	0.0	0.0	0.1	0.1	0.0	0.1	0.3	0.4	1.0	1.1	1.5	2.1	-
0.0	0.0	0.0	0.1	0.0	0.1	0.1	0.1	0.1	0.6	0.5	1.6	1.7	3.6	4.4	-
0.0	-	-	-	0.0	0.1	0.0	-	0.1	0.1	0.3	0.6	0.8	0.7	1.6	-
-	-	-	-	-	0.0	0.0	-	0.0	0.1	0.1	0.1	0.2	-	-	-
-	-	-	-	-	0.0	0.0	-	0.1	0.1	0.2	0.3	0.2	-	-	-
-	-	-	-	-	-	-	-	-	0.1	0.1	0.0	0.1	-	-	-
0.2	0.3	0.3	0.3	0.8	0.9	1.2	1.2	1.4	2.0	3.2	4.6	6.5	7.3	7.7	6.9
0.3	0.5	0.6	0.5	1.2	1.4	2.0	1.7	2.1	2.9	3.8	5.4	9.2	10.9	11.1	25.0
0.1	0.1	0.1	0.1	0.3	0.4	0.5	0.6	0.7	1.2	2.7	4.1	5.4	6.1	6.8	4.2
0.1	0.1	0.1	0.1	0.2	0.2	0.3	0.2	0.3	0.6	1.0	1.8	2.6	3.7	3.0	3.4
0.1	0.1	0.2	0.1	0.5	0.3	0.4	0.4	0.2	0.6	1.1	2.2	4.0	4.1	2.2	-
-	-	0.1	0.1	-	0.1	0.2	0.1	0.3	0.6	0.9	1.5	2.0	3.6	3.2	4.2
0.1	0.2	0.1	0.2	0.5	0.7	0.9	0.9	1.1	1.3	2.0	2.8	3.9	3.5	4.7	3.4
0.1	0.3	0.2	0.3	0.7	1.1	1.5	1.3	1.8	2.2	2.4	3.1	5.2	6.8	8.9	25.0
0.1	0.1	0.0	0.1	0.3	0.3	0.3	0.5	0.4	0.6	1.7	2.6	3.4	2.4	3.7	-
-	-	-	-	-	-	-	-	-	-	-	-	-	-	-	-
-	-	-	-	-	-	-	-	-	-	-	-	-	-	-	-
-	-	-	-	-	-	-	-	-	-	-	-	-	-	-	-
0.6	0.9	0.9	1.0	1.2	0.9	0.8	0.7	0.8	0.8	0.6	1.0	1.1	1.1	3.4	3.4
0.7	1.2	1.3	1.4	1.8	1.3	1.2	1.1	1.3	1.2	0.9	1.6	0.7	2.3	6.7	-
0.6	0.6	0.5	0.6	0.5	0.5	0.4	0.3	0.4	0.5	0.4	0.6	1.3	0.7	2.6	4.2
0.0	0.0	0.0	0.0	0.1	0.2	0.1	0.1	0.1	0.1	0.1	0.1	-	-	-	-
0.0	0.0	0.0	0.1	0.1	0.3	0.3	0.1	0.2	0.1	0.2	-	-	-	-	-
-	-	0.0	-	0.1	0.0	-	0.0	-	0.1	-	0.1	-	-	-	-
0.1	0.1	0.1	0.2	0.2	0.6	0.9	1.3	2.1	3.8	9.1	15.2	25.9	42.0	56.2	37.9
0.2	0.2	0.1	0.2	0.3	0.9	1.5	2.1	3.2	6.1	15.4	29.9	52.7	91.4	131.1	150.0
0.1	0.1	0.1	0.1	0.1	0.2	0.4	0.6	1.0	1.9	4.3	6.7	14.6	25.6	38.4	20.8

Note: 1) Total includes persons of unknown age.

第3表　年次・性・年齢階級（5歳階級）・不慮の事故

Table 3. Trends in accidental deaths and death rates (per 100,000

死亡数

Deaths

死因基本分類コード Detailed list of ICD-10 code	死因・性 Causes of death and sex		総数[1)] Total	0歳 Years	1	2	3	4	0〜4	5〜9	10〜14	15〜19	20〜24
(V01-X59)	不慮の事故	総数 T.	30.1	11.7	4.9	4.7	3.3	3.6	5.7	2.6	2.1	8.7	9.4
		男 M.	36.8	13.9	5.9	6.0	4.0	4.6	6.9	3.1	2.8	13.2	13.8
		女 F.	23.7	9.5	3.9	3.3	2.6	2.6	4.4	2.0	1.4	3.9	4.7
(V01-V98)	交通事故	総数 T.	6.6	0.6	1.5	1.7	1.0	1.5	1.3	1.0	0.9	6.5	6.2
		男 M.	9.0	0.9	1.6	2.4	1.1	1.6	1.5	1.3	1.2	10.0	9.4
		女 F.	4.2	0.4	1.3	1.0	0.9	1.5	1.0	0.7	0.7	2.9	2.7
(W00-W17)	転倒・転落	総数 T.	5.5	0.4	0.2	0.5	0.4	0.4	0.4	0.1	0.2	0.3	0.8
		男 M.	6.6	0.7	0.2	0.8	0.5	0.5	0.5	0.1	0.3	0.5	1.1
		女 F.	4.5	−	0.2	0.2	0.2	0.2	0.2	0.1	0.1	0.1	0.4
W01	スリップ，つまづき及びよろめきによる同一平面上での転倒	総数 T.	3.3	−	−	0.2	0.1	−	0.1	−	0.0	0.0	0.0
		男 M.	3.2	−	−	0.4	0.2	−	0.1	−	0.0	0.0	0.1
		女 F.	3.3	−	−	−	−	−	−	−	−	−	0.0
W10	階段及びステップからの転落及びその上での転倒	総数 T.	0.5	0.1	0.1	−	−	−	0.0	0.0	−	0.0	0.0
		男 M.	0.7	0.2	−	−	−	−	0.0	−	−	0.0	−
		女 F.	0.3	−	0.2	−	−	−	0.0	0.0	−	−	0.0
W13	建物又は建造物からの転落	総数 T.	0.6	−	−	0.3	0.3	0.4	0.2	0.0	0.2	0.2	0.5
		男 M.	0.9	−	−	0.4	0.4	0.5	0.3	0.0	0.2	0.3	0.7
		女 F.	0.3	−	−	0.2	0.2	0.2	0.1	−	0.1	0.1	0.2
W17	その他の転落	総数 T.	0.6	0.1	−	−	−	−	0.0	0.0	0.0	0.1	0.1
		男 M.	1.0	0.2	−	−	−	−	0.0	0.0	0.0	0.1	0.2
		女 F.	0.2	−	−	−	−	−	−	−	−	−	0.1
(W20-W49)	生物によらない機械的な力への曝露	総数 T.	0.5	0.1	0.1	−	−	−	0.0	−	0.0	0.2	0.4
		男 M.	0.9	0.2	−	−	−	−	0.0	−	0.1	0.3	0.7
		女 F.	0.1	−	0.2	−	−	−	0.0	−	−	0.0	0.1
W20	投げられ，投げ出され又は落下する物体による打撲	総数 T.	0.2	0.1	−	−	−	−	0.0	−	−	0.1	0.1
		男 M.	0.3	0.2	−	−	−	−	0.0	−	−	0.2	0.2
		女 F.	0.0	−	−	−	−	−	−	−	−	−	−
(W50-W64)	生物による機械的な力への曝露	総数 T.	0.0	−	−	−	0.1	−	0.0	−	0.0	0.0	0.0
		男 M.	0.0	−	−	−	0.2	−	0.0	−	0.0	0.0	0.0
		女 F.	0.0	−	−	−	−	−	−	−	−	−	−
(W65-W74)	不慮の溺死及び溺水	総数 T.	4.7	0.8	1.3	1.0	0.6	0.8	0.9	0.9	0.4	1.0	0.9
		男 M.	5.3	0.7	1.6	1.3	0.9	0.9	1.1	1.1	0.5	1.4	1.1
		女 F.	4.2	0.9	1.0	0.6	0.4	0.7	0.7	0.7	0.3	0.5	0.6
(W65-W66)	浴槽内での及び浴槽への転落による溺死及び溺水	総数 T.	2.9	0.8	1.0	0.4	0.1	0.1	0.5	0.1	0.1	0.3	0.2
		男 M.	2.9	0.7	1.3	0.6	0.2	−	0.5	0.0	−	0.3	0.1
		女 F.	3.0	0.9	0.8	0.2	−	0.2	0.4	0.1	0.1	0.3	0.3
(W69-W70)	自然の水域内での及び自然の水域への転落による溺死及び溺水	総数 T.	1.0	−	−	0.3	0.1	0.5	0.2	0.6	0.3	0.6	0.6
		男 M.	1.5	−	−	0.4	0.2	0.5	0.2	0.8	0.4	1.1	0.9
		女 F.	0.5	−	−	0.2	−	0.4	0.1	0.4	0.2	0.1	0.2
(W75-W84)	その他の不慮の窒息	総数 T.	7.3	8.9	1.4	0.8	0.6	0.5	2.4	0.2	0.1	0.1	0.3
		男 M.	7.7	10.3	2.0	0.8	0.7	0.7	2.9	0.2	0.1	0.2	0.4
		女 F.	6.8	7.4	0.8	0.8	0.4	0.2	1.9	0.1	0.1	0.0	0.2
W78	胃内容物の誤えん	総数 T.	1.1	1.9	0.4	0.1	−	0.2	0.5	0.1	0.1	0.0	0.1
		男 M.	1.2	2.3	0.4	0.2	−	0.2	0.6	0.0	0.1	0.1	0.2
		女 F.	1.1	1.5	0.4	−	−	0.2	0.4	0.1	0.1	0.0	0.1
W79	気道閉塞を生じた食物の誤えん	総数 T.	3.5	1.2	0.2	0.7	0.3	−	0.5	0.1	0.0	0.0	0.0
		男 M.	3.8	0.9	0.4	0.6	0.2	−	0.4	0.2	0.0	0.1	0.0
		女 F.	3.1	1.5	−	0.8	0.4	−	0.5	0.1	−	−	−
W80	気道閉塞を生じたその他の物体の誤えん	総数 T.	0.7	0.4	0.4	−	0.1	0.1	0.2	−	0.0	0.0	0.1
		男 M.	0.8	0.4	0.7	−	0.2	0.2	0.3	−	0.0	0.1	0.1
		女 F.	0.6	0.4	−	−	−	−	0.1	−	−	−	−
W84	詳細不明の窒息	総数 T.	1.8	1.3	0.3	−	0.2	0.1	0.4	−	0.0	−	0.0
		男 M.	1.7	1.4	0.4	−	0.4	0.2	0.5	−	−	−	0.0
		女 F.	1.9	1.1	0.2	−	−	−	0.3	−	0.1	−	0.1
(W85-W99)	電流，放射線並びに極端な気温及び気圧への曝露	総数 T.	0.0	−	−	−	−	−	−	−	0.0	−	0.0
		男 M.	0.1	−	−	−	−	−	−	−	0.0	−	0.1
		女 F.	0.0	−	−	−	−	−	−	−	−	−	−
(X00-X09)	煙，火及び火炎への曝露	総数 T.	1.2	0.6	0.1	0.4	0.6	0.4	0.4	0.3	0.3	0.2	0.2
		男 M.	1.5	0.5	−	0.4	0.5	0.7	0.4	0.3	0.5	0.3	0.2
		女 F.	0.8	0.8	0.2	0.4	0.6	−	0.4	0.2	0.1	0.2	0.1
X00	建物又は建造物内の管理されていない火への曝露	総数 T.	0.9	0.6	0.1	0.4	0.5	0.4	0.4	0.3	0.3	0.2	0.1
		男 M.	1.1	0.5	−	0.4	0.5	0.7	0.4	0.3	0.5	0.3	0.1
		女 F.	0.7	0.8	0.2	0.4	0.4	−	0.3	0.2	0.1	0.1	0.1
(X10-X19)	熱及び高温物質との接触	総数 T.	0.1	−	−	0.1	−	−	0.0	−	−	−	0.0
		男 M.	0.1	−	−	−	−	−	−	−	−	−	0.0
		女 F.	0.1	−	−	0.2	−	−	0.0	−	−	−	−
(X20-X29)	有毒動植物との接触	総数 T.	0.0	−	−	−	−	−	−	−	−	−	−
		男 M.	0.0	−	−	−	−	−	−	−	−	−	−
		女 F.	0.0	−	−	−	−	−	−	−	−	−	−
(X30-X39)	自然の力への曝露	総数 T.	1.3	−	0.2	0.1	−	−	0.1	0.0	−	0.1	0.1
		男 M.	1.5	−	0.4	0.2	−	−	0.1	0.0	−	0.1	0.1
		女 F.	1.1	−	−	−	−	−	−	0.0	−	0.0	0.1
X30	自然の過度の高温への曝露	総数 T.	0.7	−	0.2	0.1	−	−	0.1	0.0	−	0.1	0.0
		男 M.	0.7	−	0.4	0.2	−	−	0.1	−	−	0.1	0.0
		女 F.	0.7	−	−	−	−	−	−	0.0	−	0.0	0.0
X31	自然の過度の低温への曝露	総数 T.	0.5	−	−	−	−	−	−	−	−	0.0	0.1
		男 M.	0.7	−	−	−	−	−	−	−	−	0.0	0.1
		女 F.	0.4	−	−	−	−	−	−	−	−	−	0.1
X34	地震による受傷者	総数 T.	0.0	−	−	−	−	−	−	−	−	−	−
		男 M.	0.0	−	−	−	−	−	−	−	−	−	−
		女 F.	0.0	−	−	−	−	−	−	−	−	−	−
(X40-X49)	有害物質による不慮の中毒及び有害物質への曝露	総数 T.	0.7	−	−	−	−	−	−	0.0	0.0	0.2	0.5
		男 M.	0.9	−	−	−	−	−	−	−	0.0	0.3	0.5
		女 F.	0.4	−	−	−	−	−	−	0.0	−	0.1	0.5
(X50-X57)	無理ながんばり，旅行及び欠乏状態	総数 T.	0.0	−	−	−	−	−	−	−	−	−	−
		男 M.	0.1	−	−	−	−	−	−	−	−	−	−
		女 F.	0.0	−	−	−	−	−	−	−	−	−	−
(X58-X59)	その他及び詳細不明の要因への不慮の曝露	総数 T.	2.2	0.3	0.1	0.2	0.1	0.1	0.1	0.0	0.0	0.0	0.1
		男 M.	3.0	0.5	−	0.2	−	0.2	0.2	−	0.0	−	0.1
		女 F.	1.5	−	0.2	0.2	0.2	−	0.1	0.0	0.0	0.1	0.1

注：1）総数には年齢不詳を含む。

の種類別不慮の事故死亡数・率（人口10万対） －平成７～20年－
population) by sex, age (five-year age group) and type of accident, 1995-2008

平成19年
2007

25～29	30～34	35～39	40～44	45～49	50～54	55～59	60～64	65～69	70～74	75～79	80～84	85～89	90～94	95～99	100～
7.9	7.0	8.2	9.5	12.2	14.7	20.4	25.8	36.5	56.9	93.4	150.4	228.1	353.5	440.8	525.7
11.9	10.9	12.4	14.5	18.9	22.7	31.0	38.5	52.9	79.7	132.0	217.1	332.2	531.0	634.0	840.0
3.8	3.0	3.8	4.5	5.5	6.8	10.1	13.7	21.5	37.3	64.0	109.8	184.4	295.4	394.8	473.3
4.4	3.4	3.5	3.6	4.4	4.8	6.2	6.8	9.9	13.0	18.0	21.4	19.3	15.7	6.5	8.6
7.2	5.7	5.7	5.6	7.0	7.7	9.0	9.5	13.5	16.7	23.8	30.6	30.6	30.1	12.0	40.0
1.5	0.9	1.1	1.6	1.7	2.0	3.6	4.2	6.6	10.0	13.5	15.8	14.5	11.0	5.2	3.3
0.7	0.9	1.2	1.4	1.6	2.2	3.3	4.8	6.2	9.6	15.8	26.5	51.0	99.9	143.1	174.3
1.0	1.2	1.8	2.0	2.5	3.7	5.5	7.8	10.5	15.7	24.0	39.4	70.6	127.1	166.0	200.0
0.5	0.5	0.6	0.7	0.7	0.7	1.2	1.9	2.3	4.4	9.5	18.7	42.7	91.1	137.6	170.0
0.0	0.0	0.2	0.3	0.5	0.7	1.0	1.8	2.6	4.3	8.6	18.8	40.4	85.5	131.2	168.6
0.1	0.1	0.3	0.3	0.7	1.1	1.6	2.6	4.2	6.5	12.1	26.0	51.6	102.6	144.0	200.0
-	-	0.1	0.2	0.3	0.3	0.4	1.0	1.1	2.4	5.9	14.4	35.7	80.0	128.1	163.3
0.1	0.1	0.1	0.1	0.2	0.3	0.4	0.8	1.0	1.4	1.9	2.0	3.1	4.0	2.3	2.9
0.1	0.1	0.1	0.2	0.3	0.5	0.7	1.2	1.7	2.2	2.7	3.1	5.8	6.1	6.0	-
0.0	0.0	0.1	0.1	0.1	0.1	0.2	0.4	0.4	0.7	1.4	1.3	1.9	3.3	1.4	3.3
0.4	0.4	0.5	0.6	0.4	0.6	0.6	0.8	0.8	0.8	1.2	1.5	1.8	2.6	1.2	-
0.5	0.5	0.7	0.8	0.6	0.9	0.9	1.4	1.3	1.4	1.9	2.5	3.8	5.7	-	-
0.4	0.4	0.3	0.4	0.2	0.3	0.3	0.2	0.3	0.3	0.7	0.8	1.0	1.6	1.4	-
0.1	0.2	0.3	0.3	0.3	0.5	0.7	0.7	1.1	1.7	2.0	1.8	2.8	2.6	0.8	2.9
0.2	0.3	0.5	0.5	0.5	1.0	1.3	1.3	1.9	3.1	3.7	3.4	4.3	4.8	2.0	-
0.0	0.1	0.1	0.1	0.0	0.1	0.2	0.2	0.3	0.4	0.7	0.8	2.2	1.9	0.5	3.3
0.2	0.2	0.3	0.3	0.4	0.6	0.9	0.8	0.9	1.0	0.9	0.9	0.7	0.6	0.8	-
0.4	0.5	0.6	0.5	0.9	1.1	1.7	1.5	1.7	2.0	2.0	1.9	1.8	2.2	-	-
-	-	0.0	-	-	0.1	0.0	0.1	0.2	0.1	0.1	0.3	0.2	0.1	1.0	-
0.1	0.1	0.1	0.0	0.1	0.2	0.3	0.3	0.5	0.4	0.3	0.3	0.1	-	-	-
0.2	0.1	0.2	0.1	0.2	0.4	0.6	0.6	1.0	0.8	0.8	0.8	0.3	-	-	-
-	-	-	-	-	-	0.0	0.0	0.1	0.0	-	0.0	0.1	-	-	-
-	-	-	0.0	0.0	0.0	-	0.0	0.1	0.0	0.0	0.1	-	0.1	-	-
-	-	-	0.0	0.1	0.0	-	0.0	0.1	0.0	0.0	0.1	-	0.4	-	-
-	-	-	-	-	-	-	0.0	0.0	0.0	-	-	-	-	-	-
0.7	0.6	0.8	1.0	1.7	2.0	2.8	4.3	6.7	11.6	19.1	28.6	33.3	30.8	20.0	8.6
1.1	0.8	1.2	1.6	2.4	2.8	4.3	6.4	9.1	14.4	21.4	33.6	42.3	49.3	52.0	-
0.4	0.4	0.4	0.4	0.9	1.1	1.4	2.3	4.5	9.2	17.4	25.6	29.6	24.8	12.4	10.0
0.2	0.2	0.2	0.3	0.5	0.5	0.8	1.8	4.1	8.0	13.9	22.0	24.9	23.6	11.9	8.6
0.1	0.2	0.2	0.4	0.6	0.6	1.1	2.5	5.2	9.3	14.8	25.3	31.4	40.2	30.0	-
0.3	0.2	0.2	0.2	0.4	0.4	0.5	1.2	3.1	6.9	13.3	20.0	22.1	18.2	7.6	10.0
0.4	0.4	0.5	0.6	0.9	1.1	1.5	1.6	1.5	1.6	2.0	2.3	2.7	1.5	0.8	-
0.8	0.6	0.8	1.0	1.4	1.7	2.4	2.6	2.4	2.4	2.8	3.0	3.8	2.6	4.0	-
0.1	0.2	0.1	0.2	0.3	0.5	0.6	0.7	0.7	0.9	1.4	1.9	2.2	1.2	-	-
0.5	0.6	0.6	1.1	1.1	1.8	3.1	4.1	6.7	11.4	21.7	45.2	80.9	142.9	201.2	265.7
0.5	0.8	0.8	1.5	1.6	2.4	4.1	5.2	9.0	15.8	33.5	68.8	112.2	196.5	258.0	380.0
0.4	0.4	0.4	0.7	0.7	1.2	2.1	3.0	4.6	7.6	12.7	30.8	67.7	125.4	187.6	246.7
0.2	0.2	0.2	0.3	0.3	0.4	0.4	0.6	0.7	1.6	3.2	5.8	13.0	25.2	32.3	42.9
0.2	0.2	0.1	0.5	0.4	0.5	0.7	0.8	1.1	2.2	4.7	8.6	16.0	34.9	42.0	40.0
0.3	0.1	0.2	0.2	0.2	0.2	0.2	0.5	0.3	1.1	2.1	4.1	11.7	22.0	30.0	43.3
0.1	0.1	0.2	0.4	0.6	0.8	1.6	2.3	4.1	6.3	10.7	22.5	36.5	60.7	91.9	105.7
0.2	0.2	0.3	0.5	0.8	1.0	1.9	3.0	5.5	8.8	16.6	35.8	54.4	87.3	116.0	160.0
0.1	0.1	0.2	0.3	0.3	0.6	1.3	1.6	2.8	4.1	6.2	14.4	28.9	52.0	86.2	96.7
0.1	0.1	0.1	0.1	0.0	0.2	0.3	0.4	0.6	1.1	2.3	4.1	7.9	11.8	15.8	14.3
0.1	0.1	0.1	0.1	0.1	0.2	0.4	0.5	0.8	1.5	4.0	6.5	12.7	17.5	20.0	60.0
0.0	0.0	0.0	0.1	-	0.1	0.2	0.2	0.4	0.8	1.0	2.7	5.8	9.9	14.8	6.7
0.0	0.1	0.1	0.1	0.1	0.4	0.5	0.6	1.2	2.1	5.3	12.4	23.2	44.7	60.8	102.9
0.0	0.1	0.1	0.2	0.2	0.5	0.7	0.7	1.4	2.8	7.9	17.3	28.8	55.5	80.0	120.0
0.0	0.1	0.0	0.0	0.1	0.2	0.3	0.6	1.0	1.6	3.3	9.4	20.9	41.2	56.2	100.0
0.1	0.0	0.0	0.0	0.0	0.0	0.0	0.0	0.0	0.0	0.0	0.1	0.2	-	-	-
0.1	0.0	0.1	0.0	0.0	0.1	0.1	0.1	0.1	0.0	0.0	0.1	0.2	-	-	-
-	-	-	-	-	-	-	-	-	0.0	-	-	0.2	-	-	-
0.3	0.2	0.3	0.6	0.9	0.9	1.2	1.5	1.4	2.4	3.2	5.1	6.5	6.3	5.4	8.6
0.3	0.3	0.4	0.8	1.3	1.1	1.8	2.3	2.1	3.2	4.4	7.0	12.2	15.7	10.0	40.0
0.2	0.2	0.2	0.4	0.6	0.6	0.6	0.8	0.8	1.6	2.3	3.9	4.0	3.2	4.3	3.3
0.2	0.2	0.3	0.5	0.7	0.7	1.0	1.2	1.2	1.7	2.4	4.1	4.3	4.4	2.7	8.6
0.3	0.2	0.4	0.7	1.0	0.9	1.5	1.8	1.7	2.2	3.0	5.2	7.4	9.6	6.0	40.0
0.2	0.2	0.2	0.3	0.4	0.5	0.5	0.7	0.8	1.2	1.9	3.4	2.9	2.7	1.9	3.3
-	0.0	-	0.0	0.0	0.0	0.0	0.1	0.2	0.2	0.5	0.6	1.0	1.0	2.3	-
-	-	-	-	0.1	0.1	0.1	0.0	0.3	0.3	0.6	0.8	1.5	2.6	12.0	-
-	0.0	-	0.0	-	-	-	0.1	0.0	0.2	0.4	0.5	0.8	0.4	-	-
-	-	-	-	0.0	-	0.1	0.0	-	0.1	0.1	0.1	0.2	-	-	-
-	-	-	-	-	-	0.1	0.0	-	0.2	0.2	0.1	0.7	-	-	-
-	-	-	-	0.0	-	-	0.0	-	-	0.1	0.0	-	-	-	-
0.1	0.2	0.4	0.4	0.7	1.1	1.2	1.5	1.6	2.5	4.6	6.8	8.7	11.8	13.1	8.6
0.1	0.3	0.7	0.7	1.0	1.7	1.9	2.4	2.2	3.2	5.8	7.0	9.9	13.5	14.0	20.0
0.1	0.1	0.2	0.2	0.4	0.5	0.5	0.6	1.1	1.9	3.6	6.6	8.1	11.2	12.9	6.7
0.1	0.1	0.2	0.1	0.4	0.4	0.5	0.6	0.7	1.5	2.5	4.4	5.3	9.0	8.1	5.7
0.1	0.1	0.3	0.3	0.6	0.6	0.8	1.0	0.9	1.7	2.7	3.9	5.8	9.6	6.0	-
0.1	0.0	0.1	-	0.2	0.2	0.2	0.3	0.6	1.2	2.4	4.6	5.1	8.8	8.6	6.7
-	0.1	0.2	0.2	0.3	0.6	0.6	0.8	0.8	1.0	1.9	2.3	3.4	2.8	5.0	2.9
-	0.1	0.3	0.3	0.3	1.0	1.0	1.2	1.3	1.4	2.9	3.0	4.1	3.9	8.0	20.0
-	0.1	0.1	0.2	0.2	0.2	0.2	0.3	0.4	0.6	1.1	2.0	3.1	2.4	4.3	-
-	-	-	-	0.0	0.0	-	-	-	0.0	0.1	0.1	-	-	-	-
-	-	-	-	0.0	-	-	-	-	-	0.1	0.1	-	-	-	-
-	-	-	-	-	0.0	-	-	-	0.1	0.1	0.0	-	-	-	-
0.9	0.9	0.8	1.0	1.0	0.8	0.7	0.7	0.8	0.7	1.0	1.0	1.0	1.2	-	-
1.1	1.2	1.0	1.4	1.6	1.2	1.0	1.1	1.2	1.0	1.5	1.9	1.0	1.3	-	-
0.7	0.5	0.7	0.6	0.4	0.4	0.3	0.2	0.4	0.4	0.6	0.5	1.0	1.2	-	-
-	-	-	0.0	0.0	0.1	0.1	0.0	0.1	0.1	0.1	0.1	0.0	0.1	-	-
-	-	-	0.0	0.1	0.1	0.1	0.1	0.1	0.2	0.3	0.1	0.2	0.4	-	-
-	-	-	-	-	0.0	0.0	-	-	-	0.0	-	0.1	-	-	-
0.1	0.1	0.2	0.1	0.3	0.4	0.8	1.2	2.0	4.1	8.4	14.2	25.4	43.1	48.5	51.4
0.1	0.1	0.3	0.2	0.5	0.6	1.3	2.1	3.2	6.8	14.6	25.7	49.1	91.7	110.0	160.0
0.1	0.0	0.1	0.0	0.1	0.3	0.3	0.4	0.8	1.8	3.7	7.1	15.4	27.1	33.8	33.3

Note: 1) Total includes persons of unknown age.

第3表　年次・性・年齢階級（5歳階級）・不慮の事故

Table 3. Trends in accidental deaths and death rates (per 100,000

死亡数
Deaths

死因基本分類コード Detailed list of ICD-10 code	死因・性 Causes of death and sex		総数[1)] Total	0歳 Years	1	2	3	4	0～4	5～9	10～14	15～19	20～24
(V01-X59)	不慮の事故	総数 T.	30.3	13.2	6.6	3.7	2.7	2.3	5.7	2.2	1.9	7.7	8.6
		男 M.	37.1	14.3	8.7	3.7	3.6	2.4	6.6	3.1	2.8	11.6	13.0
		女 F.	23.8	12.1	4.4	3.7	1.8	2.3	4.9	1.3	1.0	3.6	3.8
(V01-V98)	交通事故	総数 T.	6.0	0.9	1.5	1.3	0.9	0.6	1.0	1.2	0.9	5.6	5.1
		男 M.	8.5	0.9	2.0	1.7	1.1	0.7	1.3	1.7	1.3	8.5	8.1
		女 F.	3.6	0.9	1.0	1.0	0.6	0.6	0.8	0.7	0.4	2.7	1.8
(W00-W17)	転倒・転落	総数 T.	5.7	0.5	0.6	0.4	0.2	0.4	0.4	-	0.2	0.4	0.8
		男 M.	6.9	0.5	0.5	0.4	0.2	0.4	0.4	-	0.3	0.7	1.2
		女 F.	4.6	0.4	0.6	0.4	0.2	0.4	0.4	-	0.0	0.2	0.4
W01	スリップ，つまづき及びよろめきによる同一平面上での転倒	総数 T.	3.4	0.2	0.2	-	-	-	0.1	-	0.0	-	0.0
		男 M.	3.4	0.4	0.2	-	-	-	0.1	-	0.0	-	0.1
		女 F.	3.4	-	0.2	-	-	-	0.0	-	-	-	-
W10	階段及びステップからの転落及びその上での転倒	総数 T.	0.6	-	-	-	-	0.2	0.0	-	0.0	0.0	0.1
		男 M.	0.8	-	-	-	-	0.2	0.0	-	0.0	0.0	0.1
		女 F.	0.3	-	-	-	-	0.2	0.0	-	-	-	0.0
W13	建物又は建造物からの転落	総数 T.	0.6	-	0.3	0.2	0.1	0.2	0.1	-	0.1	0.3	0.4
		男 M.	0.9	-	0.2	-	-	0.2	0.1	-	0.2	0.4	0.7
		女 F.	0.3	-	0.4	0.4	0.2	0.2	0.2	-	0.0	0.2	0.2
W17	その他の転落	総数 T.	0.6	-	0.1	0.1	-	-	0.0	-	-	0.1	0.2
		男 M.	0.9	-	0.2	0.2	-	-	0.1	-	-	0.1	0.2
		女 F.	0.2	-	-	-	-	-	-	-	-	-	0.1
(W20-W49)	生物によらない機械的な力への曝露	総数 T.	0.5	0.2	0.1	0.1	-	0.1	0.1	0.1	0.0	0.0	0.2
		男 M.	0.9	-	-	0.2	-	0.2	0.1	0.1	0.0	0.1	0.4
		女 F.	0.1	0.4	0.2	-	-	-	0.1	0.0	-	-	-
W20	投げられ，投げ出され又は落下する物体による打撲	総数 T.	0.2	0.2	-	0.1	-	0.1	0.1	-	0.0	-	0.1
		男 M.	0.3	-	-	0.2	-	0.2	0.1	-	0.0	-	0.1
		女 F.	0.0	0.4	-	-	-	-	0.1	-	-	-	-
(W50-W64)	生物による機械的な力への曝露	総数 T.	0.0	-	-	-	-	-	-	-	-	-	0.0
		男 M.	0.0	-	-	-	-	-	-	-	-	-	0.0
		女 F.	0.0	-	-	-	-	-	-	-	-	-	-
(W65-W74)	不慮の溺死及び溺水	総数 T.	5.1	1.0	2.0	0.8	0.5	0.5	1.0	0.5	0.4	0.8	0.9
		男 M.	5.6	0.5	2.9	0.4	0.8	0.5	1.0	0.8	0.6	1.2	1.3
		女 F.	4.7	1.5	1.1	1.2	0.2	0.4	0.9	0.1	0.1	0.3	0.4
(W65-W66)	浴槽内での及び浴槽への転落による溺死及び溺水	総数 T.	3.3	0.8	2.0	0.4	0.3	0.1	0.7	0.1	0.1	0.2	0.3
		男 M.	3.2	0.5	2.7	-	0.4	0.2	0.8	0.1	0.2	0.1	0.3
		女 F.	3.4	1.1	1.1	0.8	0.2	-	0.7	0.0	0.1	0.3	0.3
(W69-W70)	自然の水域内での及び自然の水域への転落による溺死及び溺水	総数 T.	0.9	-	-	0.1	-	0.1	0.0	0.4	0.2	0.6	0.5
		男 M.	1.4	-	-	-	-	0.2	0.0	0.6	0.4	1.1	0.8
		女 F.	0.5	-	-	0.2	-	-	0.0	0.1	0.0	0.0	0.1
(W75-W84)	その他の不慮の窒息	総数 T.	7.5	10.0	1.9	0.6	0.7	0.4	2.7	0.1	0.2	0.2	0.3
		男 M.	8.0	11.6	2.4	0.6	0.9	0.4	3.2	0.1	0.3	0.4	0.5
		女 F.	7.0	8.3	1.3	0.6	0.4	0.4	2.2	0.1	0.1	0.1	0.1
W78	胃内容物の誤えん	総数 T.	1.1	2.7	0.3	0.1	0.3	0.1	0.7	0.0	0.0	0.1	0.1
		男 M.	1.1	3.2	0.4	0.2	0.6	0.2	0.9	0.0	0.0	0.1	0.2
		女 F.	1.1	2.1	0.2	-	-	-	0.5	-	-	0.0	0.0
W79	気道閉塞を生じた食物の誤えん	総数 T.	3.8	1.7	0.7	0.1	0.1	0.2	0.6	0.0	0.0	0.0	0.1
		男 M.	4.0	2.2	0.7	-	-	0.2	0.6	-	0.1	0.0	0.1
		女 F.	3.5	1.3	0.6	0.2	0.2	0.2	0.5	0.0	-	-	-
W80	気道閉塞を生じたその他の物体の誤えん	総数 T.	0.6	0.6	0.1	0.1	-	-	0.1	0.0	0.1	0.0	0.0
		男 M.	0.7	0.7	0.2	0.2	-	-	0.2	0.0	0.1	0.1	-
		女 F.	0.5	0.4	-	-	-	-	0.1	-	0.0	0.0	0.0
W84	詳細不明の窒息	総数 T.	1.8	1.3	0.6	0.1	0.1	0.1	0.4	0.0	0.1	0.0	0.1
		男 M.	1.9	1.6	0.7	-	0.2	-	0.5	0.0	0.1	0.0	0.1
		女 F.	1.8	0.9	0.4	0.2	-	0.2	0.3	0.0	0.1	0.0	0.1
(W85-W99)	電流，放射線並びに極端な気温及び気圧への曝露	総数 T.	0.0	-	-	-	-	-	-	-	-	-	0.0
		男 M.	0.1	-	-	-	-	-	-	-	-	-	0.1
		女 F.	0.0	-	-	-	-	-	-	-	-	-	-
(X00-X09)	煙，火及び火炎への曝露	総数 T.	1.2	0.2	0.2	0.3	0.1	0.2	0.2	0.3	0.3	0.2	0.2
		男 M.	1.5	-	0.4	0.4	0.2	-	0.2	0.3	0.3	0.2	0.2
		女 F.	0.9	0.4	-	0.2	-	0.4	0.2	0.3	0.2	0.2	0.1
X00	建物又は建造物内の管理されていない火への曝露	総数 T.	0.9	0.2	0.2	0.3	0.1	0.2	0.2	0.3	0.3	0.2	0.1
		男 M.	1.1	-	0.4	0.4	0.2	-	0.2	0.3	0.3	0.2	0.1
		女 F.	0.7	0.4	-	0.2	-	0.4	0.2	0.3	0.2	0.2	0.1
(X10-X19)	熱及び高温物質との接触	総数 T.	0.1	-	0.1	0.1	0.1	-	0.1	-	-	-	0.0
		男 M.	0.1	-	0.2	-	0.2	-	0.1	-	-	-	0.0
		女 F.	0.1	-	-	0.2	-	-	0.0	-	-	-	-
(X20-X29)	有毒動植物との接触	総数 T.	0.0	-	-	-	-	-	-	-	-	-	-
		男 M.	0.0	-	-	-	-	-	-	-	-	-	-
		女 F.	0.0	-	-	-	-	-	-	-	-	-	-
(X30-X39)	自然の力への曝露	総数 T.	1.2	0.4	0.1	-	-	-	0.1	0.0	0.0	0.1	0.1
		男 M.	1.5	0.5	0.2	-	-	-	0.1	0.0	0.0	0.2	0.1
		女 F.	0.8	0.2	-	-	-	-	0.0	0.0	0.0	-	0.1
X30	自然の過度の高温への曝露	総数 T.	0.5	0.2	0.1	-	-	-	0.1	0.0	-	0.0	0.0
		男 M.	0.5	0.2	0.2	-	-	-	0.1	0.0	-	0.1	0.1
		女 F.	0.4	0.2	-	-	-	-	0.0	-	-	-	-
X31	自然の過度の低温への曝露	総数 T.	0.7	0.2	-	-	-	-	0.0	-	-	0.0	0.1
		男 M.	0.9	0.4	-	-	-	-	0.1	-	-	0.1	0.1
		女 F.	0.4	-	-	-	-	-	-	-	-	-	0.1
X34	地震による受傷者	総数 T.	0.0	-	-	-	-	-	-	-	-	-	-
		男 M.	0.0	-	-	-	-	-	-	-	-	-	-
		女 F.	0.0	-	-	-	-	-	-	-	-	-	-
(X40-X49)	有害物質による不慮の中毒及び有害物質への曝露	総数 T.	0.7	0.1	-	-	0.2	-	0.1	-	0.0	0.2	0.8
		男 M.	1.0	0.2	-	-	-	-	0.0	-	-	0.3	0.9
		女 F.	0.5	-	-	-	0.4	-	0.1	-	0.0	0.1	0.7
(X50-X57)	無理ながんばり，旅行及び欠乏状態	総数 T.	0.1	-	-	-	-	-	-	-	-	-	0.0
		男 M.	0.1	-	-	-	-	-	-	-	-	-	-
		女 F.	0.0	-	-	-	-	-	-	-	-	-	0.0
(X58-X59)	その他及び詳細不明の要因への不慮の曝露	総数 T.	2.3	-	0.2	0.2	0.1	0.2	0.1	0.0	-	0.0	0.1
		男 M.	3.1	-	0.2	0.2	0.2	0.2	0.1	-	-	0.0	0.1
		女 F.	1.6	-	0.2	0.2	-	0.2	0.1	0.0	-	0.0	0.1

注：1）総数には年齢不詳を含む。

の種類別不慮の事故死亡数・率（人口10万対） －平成７～20年－

population) by sex, age (five-year age group) and type of accident, 1995-2008

平成20年
2008

25～29	30～34	35～39	40～44	45～49	50～54	55～59	60～64	65～69	70～74	75～79	80～84	85～89	90～94	95～99	100～
7.1	7.0	8.2	8.6	11.6	14.7	20.1	25.0	35.3	55.8	92.0	151.2	224.8	347.3	436.8	536.6
10.6	10.7	12.6	13.7	18.3	22.6	30.9	38.3	52.1	78.6	127.2	218.9	332.3	514.5	669.1	650.0
3.4	3.2	3.8	3.5	4.8	6.9	9.7	12.2	19.8	36.2	65.1	108.7	179.3	292.5	379.7	517.1
3.3	2.9	3.2	3.4	3.9	4.9	5.6	6.3	8.8	11.7	15.1	20.7	18.3	13.8	6.3	2.4
5.6	5.1	5.3	6.1	6.4	7.3	8.8	9.3	12.7	15.5	20.4	29.5	29.7	28.9	12.7	-
0.9	0.7	0.9	0.8	1.4	2.6	2.5	3.4	5.2	8.5	11.0	15.2	13.5	8.8	4.8	2.9
0.9	0.9	1.0	1.1	1.7	2.1	3.3	4.5	6.1	9.9	15.7	27.9	49.9	94.5	157.2	219.5
1.2	1.3	1.5	1.7	2.8	3.2	5.6	8.0	10.4	15.8	24.4	42.9	70.1	127.7	194.5	250.0
0.6	0.5	0.5	0.5	0.5	0.9	1.0	1.1	2.2	4.9	9.1	18.5	41.4	83.7	147.6	214.3
0.1	0.1	0.2	0.2	0.5	0.6	0.9	1.5	2.3	4.5	9.1	19.6	40.4	82.0	143.5	212.2
0.2	0.1	0.3	0.4	1.0	0.9	1.6	2.6	3.9	6.6	12.4	28.2	52.7	103.4	172.7	233.3
0.0	0.1	0.1	0.1	0.1	0.3	0.3	0.5	0.9	2.7	6.6	14.1	35.2	75.0	135.9	208.6
0.0	0.0	0.1	0.1	0.2	0.4	0.7	0.9	1.1	1.4	1.8	2.8	3.2	3.7	2.1	2.4
0.1	-	0.1	0.2	0.4	0.6	1.1	1.6	1.4	2.1	3.1	4.7	6.1	7.7	3.6	16.7
0.0	0.0	0.0	0.1	0.1	0.2	0.2	0.3	0.7	0.9	0.9	1.6	2.0	2.4	1.7	-
0.4	0.5	0.5	0.4	0.5	0.4	0.6	0.7	0.8	1.1	1.0	1.1	1.4	2.1	3.2	-
0.5	0.6	0.8	0.6	0.8	0.7	1.0	1.2	1.5	1.8	1.7	2.4	2.3	3.4	3.6	-
0.3	0.3	0.3	0.2	0.2	0.1	0.2	0.2	0.2	0.5	0.5	0.4	1.1	1.7	3.0	-
0.2	0.3	0.2	0.3	0.3	0.5	0.7	0.8	1.1	1.6	1.6	1.8	1.8	2.7	2.8	2.4
0.3	0.5	0.3	0.5	0.5	0.7	1.3	1.5	1.9	3.0	3.0	2.7	3.4	6.8	3.6	-
0.1	0.0	0.1	0.1	0.1	0.2	0.1	0.1	0.3	0.5	0.6	1.2	1.2	1.4	2.6	2.9
0.2	0.3	0.5	0.3	0.5	0.6	0.9	1.0	0.8	0.8	0.7	1.0	0.5	0.7	0.4	-
0.5	0.5	0.9	0.5	1.0	1.2	1.8	2.0	1.5	1.5	1.3	2.2	1.4	1.7	1.8	-
-	-	0.1	0.0	0.1	0.0	0.0	0.2	0.1	0.2	0.2	0.2	0.1	0.4	-	-
0.0	0.1	0.2	0.1	0.2	0.3	0.3	0.4	0.4	0.3	0.3	0.3	0.0	0.2	-	-
0.0	0.1	0.4	0.1	0.4	0.5	0.6	0.8	0.9	0.7	0.4	0.7	0.2	0.4	-	-
-	-	-	-	0.0	-	0.0	0.0	-	-	0.1	-	-	0.1	-	-
0.0	-	-	0.0	0.0	0.0	0.0	0.0	0.0	0.0	0.1	0.1	-	-	-	-
0.0	-	-	0.0	0.1	0.1	0.1	0.0	0.0	0.1	0.1	0.3	-	-	-	-
-	-	-	-	-	-	-	-	0.0	-	0.0	0.1	-	-	-	-
0.8	0.8	0.9	0.8	1.3	1.9	2.8	4.1	7.0	11.8	22.1	30.5	37.1	35.2	22.8	9.8
1.1	1.2	1.4	1.2	1.7	2.9	4.0	6.0	9.8	14.1	23.9	35.4	48.7	51.1	50.9	33.3
0.5	0.4	0.4	0.4	0.8	1.0	1.6	2.3	4.5	9.9	20.8	27.4	32.2	30.0	16.0	5.7
0.2	0.2	0.2	0.2	0.4	0.6	1.1	1.9	4.1	8.1	16.3	23.3	28.9	25.4	16.8	7.3
0.2	0.4	0.3	0.3	0.3	0.8	1.5	2.5	5.2	8.5	17.0	26.5	39.0	37.0	36.4	33.3
0.2	0.1	0.2	0.1	0.5	0.5	0.7	1.2	3.0	7.7	15.7	21.3	24.6	21.6	12.1	2.9
0.4	0.5	0.5	0.5	0.7	1.0	1.1	1.4	1.7	1.7	1.8	2.0	2.0	2.8	0.7	-
0.7	0.6	0.9	0.7	1.1	1.6	1.7	2.2	2.7	2.6	2.6	3.1	2.3	2.6	3.6	-
0.2	0.3	0.2	0.2	0.2	0.3	0.6	0.7	0.7	0.9	1.3	1.3	1.8	2.9	-	-
0.4	0.5	0.7	0.9	1.4	1.8	3.5	3.9	6.6	12.1	22.1	43.7	80.7	142.1	175.4	219.5
0.3	0.6	0.7	1.3	2.1	2.5	4.4	4.9	8.7	17.2	32.9	65.0	114.9	189.8	229.1	166.7
0.4	0.3	0.6	0.5	0.8	1.1	2.6	3.0	4.7	7.6	13.8	30.3	66.2	126.4	161.9	228.6
0.1	0.1	0.1	0.4	0.3	0.3	0.5	0.4	0.7	1.3	3.1	5.9	11.8	21.1	29.8	41.5
0.0	0.1	0.1	0.6	0.5	0.5	0.7	0.6	0.8	1.9	4.0	8.1	16.0	26.4	29.1	50.0
0.1	0.1	0.2	0.1	0.2	0.2	0.2	0.3	0.6	0.9	2.4	4.5	10.1	19.4	29.9	40.0
0.1	0.2	0.2	0.3	0.8	1.0	2.0	2.3	3.9	6.8	11.2	22.5	39.4	66.5	82.8	82.9
0.0	0.3	0.3	0.3	1.1	1.3	2.3	2.7	5.2	9.1	16.9	35.0	56.8	89.8	121.8	33.3
0.1	0.1	0.2	0.3	0.4	0.7	1.7	1.8	2.8	4.7	6.8	14.7	32.0	58.8	73.2	91.4
0.0	0.0	0.1	0.1	0.1	0.1	0.2	0.3	0.5	1.0	2.1	3.2	6.2	10.9	13.3	14.6
0.1	0.0	0.1	0.1	0.1	0.1	0.3	0.5	0.8	1.6	3.5	4.9	10.0	19.1	25.5	-
-	0.0	0.1	-	0.1	0.1	0.2	0.2	0.3	0.5	1.0	2.2	4.7	8.2	10.4	17.1
0.1	0.0	0.1	0.1	0.2	0.2	0.6	0.7	1.1	2.5	5.4	11.8	22.5	42.7	48.8	80.5
0.2	0.1	0.1	0.1	0.3	0.4	0.7	0.9	1.6	3.8	7.9	16.8	31.4	53.2	52.7	83.3
0.1	0.0	0.1	0.0	0.1	0.1	0.4	0.5	0.7	1.3	3.4	8.7	18.7	39.2	47.6	80.0
0.0	0.0	0.0	0.0	0.0	0.0	0.1	0.0	0.1	0.1	0.1	0.1	0.0	-	-	-
0.1	0.0	0.0	0.1	0.1	0.1	0.1	0.0	0.1	0.1	0.1	0.2	0.2	-	-	-
-	-	-	-	-	-	0.0	-	0.0	0.1	0.0	0.0	-	-	-	-
0.2	0.3	0.4	0.5	0.8	0.8	1.2	1.3	1.3	2.0	3.4	6.3	6.0	6.8	6.0	12.2
0.2	0.4	0.4	0.5	1.1	1.1	1.7	2.2	2.0	3.0	4.6	9.3	8.1	11.5	12.7	16.7
0.2	0.2	0.4	0.4	0.5	0.4	0.6	0.5	0.6	1.2	2.4	4.3	5.1	5.3	4.3	11.4
0.2	0.3	0.4	0.4	0.7	0.6	1.0	1.1	1.0	1.5	2.5	4.6	4.7	4.5	4.2	4.9
0.2	0.4	0.4	0.4	0.9	0.9	1.5	1.7	1.5	2.2	3.3	6.7	5.8	7.2	9.1	-
0.1	0.2	0.4	0.4	0.4	0.3	0.5	0.4	0.5	1.0	1.9	3.3	4.2	3.6	3.0	5.7
-	0.0	-	-	0.0	0.0	0.0	0.1	0.1	0.2	0.4	0.8	0.6	1.1	2.5	4.9
-	0.0	-	-	0.0	0.0	0.0	0.1	0.1	0.3	0.6	1.0	1.4	3.0	7.3	16.7
-	0.0	-	-	0.0	0.0	-	0.1	0.1	0.2	0.2	0.6	0.3	0.4	1.3	2.9
-	-	-	0.0	-	0.0	0.0	0.0	0.1	0.0	0.0	0.1	0.0	-	-	-
-	-	-	0.0	-	0.1	0.0	0.0	0.2	-	0.1	0.3	-	-		-
-	-	-	-	-	-	-	-	-	0.1	-	-	0.1	-	-	-
0.2	0.2	0.4	0.4	0.6	1.1	1.1	1.5	1.7	2.3	3.5	4.7	6.3	9.5	8.8	12.2
0.3	0.2	0.7	0.6	1.0	2.0	1.8	2.5	2.6	3.4	4.0	6.1	7.2	12.8	20.0	50.0
0.1	0.1	0.0	0.1	0.2	0.3	0.5	0.6	0.8	1.4	3.1	3.9	5.9	8.4	6.1	5.7
0.1	0.1	0.1	0.2	0.3	0.3	0.4	0.4	0.6	0.9	1.4	2.2	3.2	4.5	4.6	7.3
0.1	0.2	0.1	0.3	0.4	0.6	0.5	0.7	1.0	1.2	1.2	2.9	3.0	5.5	10.9	33.3
0.0	0.0	0.0	0.0	0.1	0.1	0.2	0.1	0.3	0.7	1.5	1.7	3.4	4.2	3.0	2.9
0.1	0.1	0.2	0.2	0.3	0.7	0.7	1.1	1.0	1.4	2.1	2.5	3.0	4.9	4.2	4.9
0.2	0.1	0.4	0.3	0.5	1.2	1.2	1.7	1.6	2.2	2.8	3.2	4.2	7.2	9.1	16.7
0.1	0.1	-	0.0	0.1	0.2	0.3	0.4	0.4	0.7	1.6	2.1	2.6	4.2	3.0	2.9
-	0.0	0.0	0.0	0.0	0.1	0.0	0.0	-	-	0.0	0.0	-	-	-	-
-	0.0	0.0	0.0	0.0	0.1	0.1	-	-	-	-	-	-	-	-	-
-	-	-	-	0.0	-	-	0.0	-	-	0.0	0.0	-	-	-	-
0.9	1.0	1.0	1.0	0.9	0.8	0.7	0.7	0.6	0.5	0.9	1.0	1.3	1.6	0.4	-
1.1	1.2	1.3	1.4	1.5	1.3	1.1	1.0	0.9	0.8	1.2	1.6	2.3	1.3	-	-
0.7	0.8	0.7	0.6	0.4	0.3	0.3	0.4	0.4	0.4	0.7	0.6	0.9	1.7	0.4	-
-	-	0.0	0.0	0.0	0.1	0.2	0.1	0.1	0.0	0.1	0.1	-	-	-	-
-	-	0.1	0.0	0.1	0.2	0.2	0.3	0.1	0.0	0.1	0.2	-	-	-	-
-	-	-	0.0	-	0.0	0.1	0.0	-	0.1	0.2	0.0	-	-	-	-
0.1	0.1	0.2	0.1	0.3	0.5	0.8	1.4	2.1	4.1	7.9	14.2	24.0	42.1	57.2	56.1
0.2	0.1	0.2	0.2	0.5	0.8	1.2	2.2	3.1	6.9	13.5	25.0	48.4	86.8	140.0	116.7
0.1	0.0	0.1	0.1	0.1	0.3	0.4	0.7	1.1	1.8	3.7	7.5	13.7	27.4	37.2	45.7

Note: 1) Total includes persons of unknown age.

第4表　年次・性・年齢階級（5歳階級）・
Table 4. Trends in traffic deaths and percentage by sex, age

死亡数
Deaths

死因基本分類コード Detailed list of ICD-10 code	交通事故の種類・性 Type of traffic accident, sex	総数 Total	0歳 Years	1	2	3	4	0～4	5～9	10～14	15～19	20～24
	総数 Total											
V01-V98	交通事故	15 147	18	43	43	51	39	194	216	117	1 406	1 600
V01-V09	交通事故により受傷した歩行者	4 335	1	31	36	38	29	135	127	31	58	79
V10-V19	交通事故により受傷した自転車乗員	1 998	-	3	2	3	4	12	50	51	101	36
V20-V29	交通事故により受傷したオートバイ乗員	2 551	-	-	-	-	1	1	-	9	689	421
V30-V39	交通事故により受傷したオート三輪車乗員	4	-	-	-	-	-	-	-	-	-	-
V40-V49	交通事故により受傷した乗用車乗員	4 281	15	6	2	8	3	34	28	17	491	884
V50-V59	交通事故により受傷した軽トラック乗員又はバン乗員	470	1	-	-	-	-	1	1	2	7	29
V60-V69	交通事故により受傷した大型輸送車両乗員	284	-	-	-	-	-	-	2	-	9	36
V70-V79	交通事故により受傷したバス乗員	12	-	-	-	-	-	-	3	-	-	-
V80-V89	その他の陸上交通事故	918	1	3	3	2	1	10	2	4	42	101
V90-V94	水上交通事故	260	-	-	-	-	1	1	3	3	9	13
V95-V97	航空及び宇宙交通事故	32	-	-	-	-	-	-	-	-	-	1
V98	その他及び詳細不明の交通事故	2	-	-	-	-	-	-	-	-	-	-
	男 Male											
V01-V98	交通事故	10 772	11	25	31	35	29	131	151	81	1 151	1 296
V01-V09	交通事故により受傷した歩行者	2 307	1	16	28	29	23	97	88	20	34	54
V10-V19	交通事故により受傷した自転車乗員	1 357	-	2	-	3	3	8	40	38	71	21
V20-V29	交通事故により受傷したオートバイ乗員	2 209	-	-	-	-	-	-	-	9	634	391
V30-V39	交通事故により受傷したオート三輪車乗員	4	-	-	-	-	-	-	-	-	-	-
V40-V49	交通事故により受傷した乗用車乗員	3 195	8	4	2	3	1	18	17	8	362	671
V50-V59	交通事故により受傷した軽トラック乗員又はバン乗員	387	1	-	-	-	-	1	-	-	2	26
V60-V69	交通事故により受傷した大型輸送車両乗員	265	-	-	-	-	-	-	1	-	8	32
V70-V79	交通事故により受傷したバス乗員	6	-	-	-	-	-	-	-	-	-	-
V80-V89	その他の陸上交通事故	765	1	3	1	-	1	6	2	3	32	88
V90-V94	水上交通事故	244	-	-	-	-	1	1	3	3	8	12
V95-V97	航空及び宇宙交通事故	32	-	-	-	-	-	-	-	-	-	1
V98	その他及び詳細不明の交通事故	1	-	-	-	-	-	-	-	-	-	-
	女 Female											
V01-V98	交通事故	4 375	7	18	12	16	10	63	65	36	255	304
V01-V09	交通事故により受傷した歩行者	2 028	-	15	8	9	6	38	39	11	24	25
V10-V19	交通事故により受傷した自転車乗員	641	-	1	2	-	1	4	10	13	30	15
V20-V29	交通事故により受傷したオートバイ乗員	342	-	-	-	-	1	1	-	-	55	30
V30-V39	交通事故により受傷したオート三輪車乗員	-	-	-	-	-	-	-	-	-	-	-
V40-V49	交通事故により受傷した乗用車乗員	1 086	7	2	-	5	2	16	11	9	129	213
V50-V59	交通事故により受傷した軽トラック乗員又はバン乗員	83	-	-	-	-	-	-	1	2	5	3
V60-V69	交通事故により受傷した大型輸送車両乗員	19	-	-	-	-	-	-	1	-	1	4
V70-V79	交通事故により受傷したバス乗員	6	-	-	-	-	-	-	3	-	-	-
V80-V89	その他の陸上交通事故	153	-	-	2	2	-	4	-	1	10	13
V90-V94	水上交通事故	16	-	-	-	-	-	-	-	-	1	1
V95-V97	航空及び宇宙交通事故	-	-	-	-	-	-	-	-	-	-	-
V98	その他及び詳細不明の交通事故	1	-	-	-	-	-	-	-	-	-	-

百分率
Percentage

死因基本分類コード Detailed list of ICD-10 code	交通事故の種類・性 Type of traffic accident, sex	総数 Total	0歳 Years	1	2	3	4	0～4	5～9	10～14	15～19	20～24
	総数 Total											
V01-V98	交通事故	100.0	100.0	100.0	100.0	100.0	100.0	100.0	100.0	100.0	100.0	100.0
V01-V09	交通事故により受傷した歩行者	28.6	5.6	72.1	83.7	74.5	74.4	69.6	58.8	26.5	4.1	4.9
V10-V19	交通事故により受傷した自転車乗員	13.2	-	7.0	4.7	5.9	10.3	6.2	23.1	43.6	7.2	2.3
V20-V29	交通事故により受傷したオートバイ乗員	16.8	-	-	-	-	2.6	0.5	-	7.7	49.0	26.3
V30-V39	交通事故により受傷したオート三輪車乗員	0.0	-	-	-	-	-	-	-	-	-	-
V40-V49	交通事故により受傷した乗用車乗員	28.3	83.3	14.0	4.7	15.7	7.7	17.5	13.0	14.5	34.9	55.3
V50-V59	交通事故により受傷した軽トラック乗員又はバン乗員	3.1	5.6	-	-	-	-	0.5	0.5	1.7	0.5	1.8
V60-V69	交通事故により受傷した大型輸送車両乗員	1.9	-	-	-	-	-	-	0.9	-	0.6	2.3
V70-V79	交通事故により受傷したバス乗員	0.1	-	-	-	-	-	-	1.4	-	-	-
V80-V89	その他の陸上交通事故	6.1	5.6	7.0	7.0	3.9	2.6	5.2	0.9	3.4	3.0	6.3
V90-V94	水上交通事故	1.7	-	-	-	-	2.6	0.5	1.4	2.6	0.6	0.8
V95-V97	航空及び宇宙交通事故	0.2	-	-	-	-	-	-	-	-	-	0.1
V98	その他及び詳細不明の交通事故	0.0	-	-	-	-	-	-	-	-	-	-
	男 Male											
V01-V98	交通事故	100.0	100.0	100.0	100.0	100.0	100.0	100.0	100.0	100.0	100.0	100.0
V01-V09	交通事故により受傷した歩行者	21.4	9.1	64.0	90.3	82.9	79.3	74.0	58.3	24.7	3.0	4.2
V10-V19	交通事故により受傷した自転車乗員	12.6	-	8.0	-	8.6	10.3	6.1	26.5	46.9	6.2	1.6
V20-V29	交通事故により受傷したオートバイ乗員	20.5	-	-	-	-	-	-	-	11.1	55.1	30.2
V30-V39	交通事故により受傷したオート三輪車乗員	0.0	-	-	-	-	-	-	-	-	-	-
V40-V49	交通事故により受傷した乗用車乗員	29.7	72.7	16.0	6.5	8.6	3.4	13.7	11.3	9.9	31.5	51.8
V50-V59	交通事故により受傷した軽トラック乗員又はバン乗員	3.6	9.1	-	-	-	-	0.8	-	-	0.2	2.0
V60-V69	交通事故により受傷した大型輸送車両乗員	2.5	-	-	-	-	-	-	0.7	-	0.7	2.5
V70-V79	交通事故により受傷したバス乗員	0.1	-	-	-	-	-	-	-	-	-	-
V80-V89	その他の陸上交通事故	7.1	9.1	12.0	3.2	-	3.4	4.6	1.3	3.7	2.8	6.8
V90-V94	水上交通事故	2.3	-	-	-	-	3.4	0.8	2.0	3.7	0.7	0.9
V95-V97	航空及び宇宙交通事故	0.3	-	-	-	-	-	-	-	-	-	0.1
V98	その他及び詳細不明の交通事故	0.0	-	-	-	-	-	-	-	-	-	-
	女 Female											
V01-V98	交通事故	100.0	100.0	100.0	100.0	100.0	100.0	100.0	100.0	100.0	100.0	100.0
V01-V09	交通事故により受傷した歩行者	46.4	-	83.3	66.7	56.3	60.0	60.3	60.0	30.6	9.4	8.2
V10-V19	交通事故により受傷した自転車乗員	14.7	-	5.6	16.7	-	10.0	6.3	15.4	36.1	11.8	4.9
V20-V29	交通事故により受傷したオートバイ乗員	7.8	-	-	-	-	10.0	1.6	-	-	21.6	9.9
V30-V39	交通事故により受傷したオート三輪車乗員	-	-	-	-	-	-	-	-	-	-	-
V40-V49	交通事故により受傷した乗用車乗員	24.8	100.0	11.1	-	31.3	20.0	25.4	16.9	25.0	50.6	70.1
V50-V59	交通事故により受傷した軽トラック乗員又はバン乗員	1.9	-	-	-	-	-	-	1.5	5.6	2.0	1.0
V60-V69	交通事故により受傷した大型輸送車両乗員	0.4	-	-	-	-	-	-	1.5	-	0.4	1.3
V70-V79	交通事故により受傷したバス乗員	0.1	-	-	-	-	-	-	4.6	-	-	-
V80-V89	その他の陸上交通事故	3.5	-	-	16.7	12.5	-	6.3	-	2.8	3.9	4.3
V90-V94	水上交通事故	0.4	-	-	-	-	-	-	-	-	0.4	0.3
V95-V97	航空及び宇宙交通事故	-	-	-	-	-	-	-	-	-	-	-
V98	その他及び詳細不明の交通事故	0.0	-	-	-	-	-	-	-	-	-	-

交通事故の種類別交通事故死亡数・百分率 －平成７～20年－

(five-year age group) and type of traffic accident, 1995-2008

平成７年 1995

25～29	30～34	35～39	40～44	45～49	50～54	55～59	60～64	65～69	70～74	75～79	80～84	85～89	90～94	95～99	100～	不詳 Not stated
789	498	447	643	905	980	1 066	1 221	1 179	1 274	1 142	949	405	87	9	-	20
68	72	82	154	228	262	297	409	418	488	564	526	255	59	7	-	16
23	21	26	51	73	123	170	192	212	288	250	209	87	20	1	-	2
179	80	50	75	86	98	121	146	151	187	136	91	27	4	-	-	-
-	-	-	-	-	-	-	-	-	-	1	2	1	-	-	-	-
377	249	187	214	319	302	306	270	232	180	102	66	17	4	1	-	1
26	16	28	38	43	49	49	66	46	41	15	12	1	-	-	-	-
40	18	16	37	38	22	24	15	12	10	2	3	-	-	-	-	-
1	-	2	-	-	-	-	1	2	1	-	1	1	-	-	-	-
61	27	29	53	90	86	68	78	81	70	63	36	16	-	-	-	1
11	8	18	14	26	36	29	44	25	9	9	2	-	-	-	-	-
3	7	9	7	2	1	2	-	-	-	-	-	-	-	-	-	-
-	-	-	-	-	1	-	-	-	-	-	1	-	-	-	-	-
656	407	382	505	681	738	765	854	775	756	630	514	228	48	4	-	19
50	55	74	125	169	191	207	266	219	190	171	164	93	22	2	-	16
12	14	21	34	51	73	99	111	124	165	183	184	85	20	1	-	2
171	76	46	61	61	58	79	102	119	153	131	87	27	4	-	-	-
-	-	-	-	-	-	-	-	-	-	1	2	1	-	-	-	-
296	193	145	155	223	243	230	204	170	132	70	41	13	2	1	-	1
22	12	26	25	36	43	38	53	41	38	14	9	1	-	-	-	-
35	18	16	37	37	21	21	15	11	9	1	3	-	-	-	-	-
-	-	2	-	-	-	-	1	2	1	-	-	-	-	-	-	-
56	24	25	47	77	77	62	61	65	60	50	22	8	-	-	-	-
11	8	18	14	25	31	27	41	24	8	9	1	-	-	-	-	-
3	7	9	7	2	1	2	-	-	-	-	-	-	-	-	-	-
-	-	-	-	-	-	-	-	-	-	-	1	-	-	-	-	-
133	91	65	138	224	242	301	367	404	518	512	435	177	39	5	-	1
18	17	8	29	59	71	90	143	199	298	393	362	162	37	5	-	-
11	7	5	17	22	50	71	81	88	123	67	25	2	-	-	-	-
8	4	4	14	25	40	42	44	32	34	5	4	-	-	-	-	-
-	-	-	-	-	-	-	-	-	-	-	-	-	-	-	-	-
81	56	42	59	96	59	76	66	62	48	32	25	4	2	-	-	-
4	4	2	13	7	6	11	13	5	3	1	3	-	-	-	-	-
5	-	-	-	1	1	3	-	1	1	1	-	-	-	-	-	-
1	-	-	-	-	-	-	-	-	-	-	1	1	-	-	-	-
5	3	4	6	13	9	6	17	16	10	13	14	8	-	-	-	1
-	-	-	-	1	5	2	3	1	1	-	1	-	-	-	-	-
-	-	-	-	-	-	-	-	-	-	-	-	-	-	-	-	-
-	-	-	-	-	1	-	-	-	-	-	-	-	-	-	-	-

平成７年 1995

25～29	30～34	35～39	40～44	45～49	50～54	55～59	60～64	65～69	70～74	75～79	80～84	85～89	90～94	95～99	100～	不詳 Not stated
100.0	100.0	100.0	100.0	100.0	100.0	100.0	100.0	100.0	100.0	100.0	100.0	100.0	100.0	100.0	-	100.0
8.6	14.5	18.3	24.0	25.2	26.7	27.9	33.5	35.5	38.3	49.4	55.4	63.0	67.8	77.8	-	80.0
2.9	4.2	5.8	7.9	8.1	12.6	15.9	15.7	18.0	22.6	21.9	22.0	21.5	23.0	11.1	-	10.0
22.7	16.1	11.2	11.7	9.5	10.0	11.4	12.0	12.8	14.7	11.9	9.6	6.7	4.6	-	-	-
-	-	-	-	-	-	-	-	-	-	0.1	0.2	0.2	-	-	-	-
47.8	50.0	41.8	33.3	35.2	30.8	28.7	22.1	19.7	14.1	8.9	7.0	4.2	4.6	11.1	-	5.0
3.3	3.2	6.3	5.9	4.8	5.0	4.6	5.4	3.9	3.2	1.3	1.3	0.2	-	-	-	-
5.1	3.6	3.6	5.8	4.2	2.2	2.3	1.2	1.0	0.8	0.2	0.3	-	-	-	-	-
0.1	-	0.4	-	-	-	-	0.1	0.2	0.1	-	0.1	0.2	-	-	-	-
7.7	5.4	6.5	8.2	9.9	8.8	6.4	6.4	6.9	5.5	5.5	3.8	4.0	-	-	-	5.0
1.4	1.6	4.0	2.2	2.9	3.7	2.7	3.6	2.1	0.7	0.8	0.2	-	-	-	-	-
0.4	1.4	2.0	1.1	0.2	0.1	0.2	-	-	-	-	-	-	-	-	-	-
-	-	-	-	-	0.1	-	-	-	-	-	0.1	-	-	-	-	-
100.0	100.0	100.0	100.0	100.0	100.0	100.0	100.0	100.0	100.0	100.0	100.0	100.0	100.0	100.0	-	100.0
7.6	13.5	19.4	24.8	24.8	25.9	27.1	31.1	28.3	25.1	27.1	31.9	40.8	45.8	50.0	-	84.2
1.8	3.4	5.5	6.7	7.5	9.9	12.9	13.0	16.0	21.8	29.0	35.8	37.3	41.7	25.0	-	10.5
26.1	18.7	12.0	12.1	9.0	7.9	10.3	11.9	15.4	20.2	20.8	16.9	11.8	8.3	-	-	-
-	-	-	-	-	-	-	-	-	-	0.2	0.4	0.4	-	-	-	-
45.1	47.4	38.0	30.7	32.7	32.9	30.1	23.9	21.9	17.5	11.1	8.0	5.7	4.2	25.0	-	5.3
3.4	2.9	6.8	5.0	5.3	5.8	5.0	6.2	5.3	5.0	2.2	1.8	0.4	-	-	-	-
5.3	4.4	4.2	7.3	5.4	2.8	2.7	1.8	1.4	1.2	0.2	0.6	-	-	-	-	-
-	-	0.5	-	-	-	-	0.1	0.3	0.1	-	-	-	-	-	-	-
8.5	5.9	6.5	9.3	11.3	10.4	8.1	7.1	8.4	7.9	7.9	4.3	3.5	-	-	-	-
1.7	2.0	4.7	2.8	3.7	4.2	3.5	4.8	3.1	1.1	1.4	0.2	-	-	-	-	-
0.5	1.7	2.4	1.4	0.3	0.1	0.3	-	-	-	-	-	-	-	-	-	-
-	-	-	-	-	-	-	-	-	-	-	0.2	-	-	-	-	-
100.0	100.0	100.0	100.0	100.0	100.0	100.0	100.0	100.0	100.0	100.0	100.0	100.0	100.0	100.0	-	100.0
13.5	18.7	12.3	21.0	26.3	29.3	29.9	39.0	49.3	57.5	76.8	83.2	91.5	94.9	100.0	-	-
8.3	7.7	7.7	12.3	9.8	20.7	23.6	22.1	21.8	23.7	13.1	5.7	1.1	-	-	-	-
6.0	4.4	6.2	10.1	11.2	16.5	14.0	12.0	7.9	6.6	1.0	0.9	-	-	-	-	-
-	-	-	-	-	-	-	-	-	-	-	-	-	-	-	-	-
60.9	61.5	64.6	42.8	42.9	24.4	25.2	18.0	15.3	9.3	6.3	5.7	2.3	5.1	-	-	-
3.0	4.4	3.1	9.4	3.1	2.5	3.7	3.5	1.2	0.6	0.2	0.7	-	-	-	-	-
3.8	-	-	-	0.4	0.4	1.0	-	0.2	0.2	0.2	-	-	-	-	-	-
0.8	-	-	-	-	-	-	-	-	-	-	0.2	0.6	-	-	-	-
3.8	3.3	6.2	4.3	5.8	3.7	2.0	4.6	4.0	1.9	2.5	3.2	4.5	-	-	-	100.0
-	-	-	-	0.4	2.1	0.7	0.8	0.2	0.2	-	0.2	-	-	-	-	-
-	-	-	-	-	-	-	-	-	-	-	-	-	-	-	-	-
-	-	-	-	-	0.4	-	-	-	-	-	-	-	-	-	-	-

第４表　年次・性・年齢階級（５歳階級）・

Table 4. Trends in traffic deaths and percentage by sex, age

死亡数
Deaths

死因基本分類コード Detailed list of ICD-10 code	交通事故の種類・性 Type of traffic accident, sex	総数 Total	0歳 Years	1	2	3	4	0～4	5～9	10～14	15～19	20～24
	総数 Total											
V01-V98	交通事故	14 343	14	50	31	28	33	156	179	125	1 260	1 432
V01-V09	交通事故により受傷した歩行者	4 183	2	34	22	21	24	103	100	31	62	90
V10-V19	交通事故により受傷した自転車乗員	1 805	–	1	1	1	3	6	38	56	82	33
V20-V29	交通事故により受傷したオートバイ乗員	2 248	–	–	–	–	–	–	2	5	627	362
V30-V39	交通事故により受傷したオート三輪車乗員	7	–	–	–	–	–	–	–	–	–	–
V40-V49	交通事故により受傷した乗用車乗員	3 945	9	12	6	4	3	34	25	23	392	761
V50-V59	交通事故により受傷した軽トラック乗員又はバン乗員	449	1	1	1	1	1	5	–	1	18	28
V60-V69	交通事故により受傷した大型輸送車両乗員	255	–	1	–	–	–	1	1	–	7	25
V70-V79	交通事故により受傷したバス乗員	13	–	–	–	–	–	–	1	–	–	1
V80-V89	その他の陸上交通事故	1 119	2	1	1	1	–	5	7	7	69	123
V90-V94	水上交通事故	287	–	–	–	–	2	2	5	2	3	8
V95-V97	航空及び宇宙交通事故	31	–	–	–	–	–	–	–	–	–	1
V98	その他及び詳細不明の交通事故	1	–	–	–	–	–	–	–	–	–	–
	男 Male											
V01-V98	交通事故	10 170	11	30	14	17	23	95	117	85	1 029	1 160
V01-V09	交通事故により受傷した歩行者	2 194	1	19	10	14	17	61	65	17	30	62
V10-V19	交通事故により受傷した自転車乗員	1 213	–	1	–	1	2	4	32	41	52	22
V20-V29	交通事故により受傷したオートバイ乗員	1 968	–	–	–	–	–	–	–	4	573	338
V30-V39	交通事故により受傷したオート三輪車乗員	5	–	–	–	–	–	–	–	–	–	–
V40-V49	交通事故により受傷した乗用車乗員	2 940	9	9	3	1	2	24	13	15	294	583
V50-V59	交通事故により受傷した軽トラック乗員又はバン乗員	377	1	1	1	–	1	4	–	1	15	22
V60-V69	交通事故により受傷した大型輸送車両乗員	245	–	–	–	–	–	–	1	–	7	23
V70-V79	交通事故により受傷したバス乗員	8	–	–	–	–	–	–	–	–	–	–
V80-V89	その他の陸上交通事故	919	–	–	–	1	–	1	3	5	56	101
V90-V94	水上交通事故	270	–	–	–	–	1	1	3	2	2	8
V95-V97	航空及び宇宙交通事故	30	–	–	–	–	–	–	–	–	–	1
V98	その他及び詳細不明の交通事故	1	–	–	–	–	–	–	–	–	–	–
	女 Female											
V01-V98	交通事故	4 173	3	20	17	11	10	61	62	40	231	272
V01-V09	交通事故により受傷した歩行者	1 989	1	15	12	7	7	42	35	14	32	28
V10-V19	交通事故により受傷した自転車乗員	592	–	–	1	–	1	2	6	15	30	11
V20-V29	交通事故により受傷したオートバイ乗員	280	–	–	–	–	–	–	2	1	54	24
V30-V39	交通事故により受傷したオート三輪車乗員	2	–	–	–	–	–	–	–	–	–	–
V40-V49	交通事故により受傷した乗用車乗員	1 005	–	3	3	3	1	10	12	8	98	178
V50-V59	交通事故により受傷した軽トラック乗員又はバン乗員	72	–	–	–	1	–	1	–	–	3	6
V60-V69	交通事故により受傷した大型輸送車両乗員	10	–	1	–	–	–	1	–	–	–	2
V70-V79	交通事故により受傷したバス乗員	5	–	–	–	–	–	–	1	–	–	1
V80-V89	その他の陸上交通事故	200	2	1	1	–	–	4	4	2	13	22
V90-V94	水上交通事故	17	–	–	–	–	1	1	2	–	1	–
V95-V97	航空及び宇宙交通事故	1	–	–	–	–	–	–	–	–	–	–
V98	その他及び詳細不明の交通事故	–	–	–	–	–	–	–	–	–	–	–

百分率
Percentage

死因基本分類コード Detailed list of ICD-10 code	交通事故の種類・性 Type of traffic accident, sex	総数 Total	0歳 Years	1	2	3	4	0～4	5～9	10～14	15～19	20～24
	総数 Total											
V01-V98	交通事故	100. 0	100. 0	100. 0	100. 0	100. 0	100. 0	100. 0	100. 0	100. 0	100. 0	100. 0
V01-V09	交通事故により受傷した歩行者	29. 2	14. 3	68. 0	71. 0	75. 0	72. 7	66. 0	55. 9	24. 8	4. 9	6. 3
V10-V19	交通事故により受傷した自転車乗員	12. 6	–	2. 0	3. 2	3. 6	9. 1	3. 8	21. 2	44. 8	6. 5	2. 3
V20-V29	交通事故により受傷したオートバイ乗員	15. 7	–	–	–	–	–	–	1. 1	4. 0	49. 8	25. 3
V30-V39	交通事故により受傷したオート三輪車乗員	0. 0	–	–	–	–	–	–	–	–	–	–
V40-V49	交通事故により受傷した乗用車乗員	27. 5	64. 3	24. 0	19. 4	14. 3	9. 1	21. 8	14. 0	18. 4	31. 1	53. 1
V50-V59	交通事故により受傷した軽トラック乗員又はバン乗員	3. 1	7. 1	2. 0	3. 2	3. 6	3. 0	3. 2	–	0. 8	1. 4	2. 0
V60-V69	交通事故により受傷した大型輸送車両乗員	1. 8	–	2. 0	–	–	–	0. 6	0. 6	–	0. 6	1. 7
V70-V79	交通事故により受傷したバス乗員	0. 1	–	–	–	–	–	–	0. 6	–	–	0. 1
V80-V89	その他の陸上交通事故	7. 8	14. 3	2. 0	3. 2	3. 6	–	3. 2	3. 9	5. 6	5. 5	8. 6
V90-V94	水上交通事故	2. 0	–	–	–	–	6. 1	1. 3	2. 8	1. 6	0. 2	0. 6
V95-V97	航空及び宇宙交通事故	0. 2	–	–	–	–	–	–	–	–	–	0. 1
V98	その他及び詳細不明の交通事故	0. 0	–	–	–	–	–	–	–	–	–	–
	男 Male											
V01-V98	交通事故	100. 0	100. 0	100. 0	100. 0	100. 0	100. 0	100. 0	100. 0	100. 0	100. 0	100. 0
V01-V09	交通事故により受傷した歩行者	21. 6	9. 1	63. 3	71. 4	82. 4	73. 9	64. 2	55. 6	20. 0	2. 9	5. 3
V10-V19	交通事故により受傷した自転車乗員	11. 9	–	3. 3	–	5. 9	8. 7	4. 2	27. 4	48. 2	5. 1	1. 9
V20-V29	交通事故により受傷したオートバイ乗員	19. 4	–	–	–	–	–	–	–	4. 7	55. 7	29. 1
V30-V39	交通事故により受傷したオート三輪車乗員	0. 0	–	–	–	–	–	–	–	–	–	–
V40-V49	交通事故により受傷した乗用車乗員	28. 9	81. 8	30. 0	21. 4	5. 9	8. 7	25. 3	11. 1	17. 6	28. 6	50. 3
V50-V59	交通事故により受傷した軽トラック乗員又はバン乗員	3. 7	9. 1	3. 3	7. 1	–	4. 3	4. 2	–	1. 2	1. 5	1. 9
V60-V69	交通事故により受傷した大型輸送車両乗員	2. 4	–	–	–	–	–	–	0. 9	–	0. 7	2. 0
V70-V79	交通事故により受傷したバス乗員	0. 1	–	–	–	–	–	–	–	–	–	–
V80-V89	その他の陸上交通事故	9. 0	–	–	–	5. 9	–	1. 1	2. 6	5. 9	5. 4	8. 7
V90-V94	水上交通事故	2. 7	–	–	–	–	4. 3	1. 1	2. 6	2. 4	0. 2	0. 7
V95-V97	航空及び宇宙交通事故	0. 3	–	–	–	–	–	–	–	–	–	0. 1
V98	その他及び詳細不明の交通事故	0. 0	–	–	–	–	–	–	–	–	–	–
	女 Female											
V01-V98	交通事故	100. 0	100. 0	100. 0	100. 0	100. 0	100. 0	100. 0	100. 0	100. 0	100. 0	100. 0
V01-V09	交通事故により受傷した歩行者	47. 7	33. 3	75. 0	70. 6	63. 6	70. 0	68. 9	56. 5	35. 0	13. 9	10. 3
V10-V19	交通事故により受傷した自転車乗員	14. 2	–	–	5. 9	–	10. 0	3. 3	9. 7	37. 5	13. 0	4. 0
V20-V29	交通事故により受傷したオートバイ乗員	6. 7	–	–	–	–	–	–	3. 2	2. 5	23. 4	8. 8
V30-V39	交通事故により受傷したオート三輪車乗員	0. 0	–	–	–	–	–	–	–	–	–	–
V40-V49	交通事故により受傷した乗用車乗員	24. 1	–	15. 0	17. 6	27. 3	10. 0	16. 4	19. 4	20. 0	42. 4	65. 4
V50-V59	交通事故により受傷した軽トラック乗員又はバン乗員	1. 7	–	–	–	9. 1	–	1. 6	–	–	1. 3	2. 2
V60-V69	交通事故により受傷した大型輸送車両乗員	0. 2	–	5. 0	–	–	–	1. 6	–	–	–	0. 7
V70-V79	交通事故により受傷したバス乗員	0. 1	–	–	–	–	–	–	1. 6	–	–	0. 4
V80-V89	その他の陸上交通事故	4. 8	66. 7	5. 0	5. 9	–	–	6. 6	6. 5	5. 0	5. 6	8. 1
V90-V94	水上交通事故	0. 4	–	–	–	–	10. 0	1. 6	3. 2	–	0. 4	–
V95-V97	航空及び宇宙交通事故	0. 0	–	–	–	–	–	–	–	–	–	–
V98	その他及び詳細不明の交通事故	–	–	–	–	–	–	–	–	–	–	–

交通事故の種類別交通事故死亡数・百分率　－平成７～20年－

(five-year age group) and type of traffic accident, 1995-2008

平成８年
1996

25～29	30～34	35～39	40～44	45～49	50～54	55～59	60～64	65～69	70～74	75～79	80～84	85～89	90～94	95～99	100～	不詳 Not stated
734	509	461	591	903	916	1 000	1 169	1 218	1 165	1 101	885	435	78	14	-	12
100	86	79	138	207	283	306	394	389	423	546	516	257	53	13	-	7
11	22	14	33	93	100	151	183	238	245	223	170	90	13	-	-	4
158	76	76	45	78	88	94	104	135	162	126	80	28	2	-	-	-
-	-	-	-	1	-	-	-	2	-	1	1	2	-	-	-	-
340	220	196	245	311	256	260	256	232	194	112	50	33	5	-	-	-
21	20	15	21	37	38	51	63	58	29	26	13	4	1	-	-	-
27	20	22	25	40	31	25	19	7	3	1	1	-	-	-	-	-
1	-	1	-	1	-	-	2	1	-	2	2	1	-	-	-	-
62	52	42	60	98	82	73	108	109	95	58	47	19	3	-	-	-
10	10	11	17	33	36	40	38	44	14	6	4	1	1	1	-	1
4	3	5	7	4	2	-	2	3	-	-	-	-	-	-	-	-
-	-	-	-	-	-	-	-	-	-	-	1	-	-	-	-	-
603	414	380	486	679	700	731	824	801	719	582	468	240	40	7	-	10
72	62	67	116	156	214	203	249	202	176	168	155	87	21	6	-	5
7	15	11	24	51	69	86	115	134	149	149	150	86	12	-	-	4
147	74	69	36	57	61	60	75	105	141	119	79	28	2	-	-	-
-	-	-	-	1	-	-	-	1	-	-	1	2	-	-	-	-
264	167	148	193	227	193	212	181	165	136	74	31	19	1	-	-	-
16	17	14	16	35	31	42	53	50	23	24	10	3	1	-	-	-
26	20	22	25	38	30	25	19	6	3	-	-	-	-	-	-	-
1	-	1	-	1	-	-	-	1	-	1	2	1	-	-	-	-
57	46	32	52	78	70	64	93	93	77	41	35	13	2	-	-	-
9	10	11	17	32	30	39	37	41	14	6	4	1	1	1	-	1
4	3	5	7	3	2	-	2	3	-	-	-	-	-	-	-	-
-	-	-	-	-	-	-	-	-	-	-	1	-	-	-	-	-
131	95	81	105	224	216	269	345	417	446	519	417	195	38	7	-	2
28	24	12	22	51	69	103	145	187	247	378	361	170	32	7	-	2
4	7	3	9	42	31	65	68	104	96	74	20	4	1	-	-	-
11	2	7	9	21	27	34	29	30	21	7	1	-	-	-	-	-
-	-	-	-	-	-	-	-	1	-	1	-	-	-	-	-	-
76	53	48	52	84	63	48	75	67	58	38	19	14	4	-	-	-
5	3	1	5	2	7	9	10	8	6	2	3	1	-	-	-	-
1	-	-	-	2	1	-	-	1	-	1	1	-	-	-	-	-
-	-	-	-	-	-	-	2	-	-	1	-	-	-	-	-	-
5	6	10	8	20	12	9	15	16	18	17	12	6	1	-	-	-
1	-	-	-	1	6	1	1	3	-	-	-	-	-	-	-	-
-	-	-	-	1	-	-	-	-	-	-	-	-	-	-	-	-
-	-	-	-	-	-	-	-	-	-	-	-	-	-	-	-	-

平成８年
1996

25～29	30～34	35～39	40～44	45～49	50～54	55～59	60～64	65～69	70～74	75～79	80～84	85～89	90～94	95～99	100～	不詳 Not stated
100.0	100.0	100.0	100.0	100.0	100.0	100.0	100.0	100.0	100.0	100.0	100.0	100.0	100.0	100.0	-	100.0
13.6	16.9	17.1	23.4	22.9	30.9	30.6	33.7	31.9	36.3	49.6	58.3	59.1	67.9	92.9	-	58.3
1.5	4.3	3.0	5.6	10.3	10.9	15.1	15.7	19.5	21.0	20.3	19.2	20.7	16.7	-	-	33.3
21.5	14.9	16.5	7.6	8.6	9.6	9.4	8.9	11.1	13.9	11.4	9.0	6.4	2.6	-	-	-
-	-	-	-	0.1	-	-	-	0.2	-	0.1	0.1	0.5	-	-	-	-
46.3	43.2	42.5	41.5	34.4	27.9	26.0	21.9	19.0	16.7	10.2	5.6	7.6	6.4	-	-	-
2.9	3.9	3.3	3.6	4.1	4.1	5.1	5.4	4.8	2.5	2.4	1.5	0.9	1.3	-	-	-
3.7	3.9	4.8	4.2	4.4	3.4	2.5	1.6	0.6	0.3	0.1	0.1	-	-	-	-	-
0.1	-	0.2	-	0.1	-	-	0.2	0.1	-	0.2	0.2	0.2	-	-	-	-
8.4	10.2	9.1	10.2	10.9	9.0	7.3	9.2	8.9	8.2	5.3	5.3	4.4	3.8	-	-	-
1.4	2.0	2.4	2.9	3.7	3.9	4.0	3.3	3.6	1.2	0.5	0.5	0.2	1.3	7.1	-	8.3
0.5	0.6	1.1	1.2	0.4	0.2	-	0.2	0.2	-	-	-	-	-	-	-	-
-	-	-	-	-	-	-	-	-	-	-	0.1	-	-	-	-	-
100.0	100.0	100.0	100.0	100.0	100.0	100.0	100.0	100.0	100.0	100.0	100.0	100.0	100.0	100.0	-	100.0
11.9	15.0	17.6	23.9	23.0	30.6	27.8	30.2	25.2	24.5	28.9	33.1	36.3	52.5	85.7	-	50.0
1.2	3.6	2.9	4.9	7.5	9.9	11.8	14.0	16.7	20.7	25.6	32.1	35.8	30.0	-	-	40.0
24.4	17.9	18.2	7.4	8.4	8.7	8.2	9.1	13.1	19.6	20.4	16.9	11.7	5.0	-	-	-
-	-	-	-	0.1	-	-	-	0.1	-	-	0.2	0.8	-	-	-	-
43.8	40.3	38.9	39.7	33.4	27.6	29.0	22.0	20.6	18.9	12.7	6.6	7.9	2.5	-	-	-
2.7	4.1	3.7	3.3	5.2	4.4	5.7	6.4	6.2	3.2	4.1	2.1	1.3	2.5	-	-	-
4.3	4.8	5.8	5.1	5.6	4.3	3.4	2.3	0.7	0.4	-	-	-	-	-	-	-
0.2	-	0.3	-	0.1	-	-	-	0.1	-	0.2	0.4	0.4	-	-	-	-
9.5	11.1	8.4	10.7	11.5	10.0	8.8	11.3	11.6	10.7	7.0	7.5	5.4	5.0	-	-	-
1.5	2.4	2.9	3.5	4.7	4.3	5.3	4.5	5.1	1.9	1.0	0.9	0.4	2.5	14.3	-	10.0
0.7	0.7	1.3	1.4	0.4	0.3	-	0.2	0.4	-	-	-	-	-	-	-	-
-	-	-	-	-	-	-	-	-	-	-	0.2	-	-	-	-	-
100.0	100.0	100.0	100.0	100.0	100.0	100.0	100.0	100.0	100.0	100.0	100.0	100.0	100.0	100.0	-	100.0
21.4	25.3	14.8	21.0	22.8	31.9	38.3	42.0	44.8	55.4	72.8	86.6	87.2	84.2	100.0	-	100.0
3.1	7.4	3.7	8.6	18.8	14.4	24.2	19.7	24.9	21.5	14.3	4.8	2.1	2.6	-	-	-
8.4	2.1	8.6	8.6	9.4	12.5	12.6	8.4	7.2	4.7	1.3	0.2	-	-	-	-	-
-	-	-	-	-	-	-	-	0.2	-	0.2	-	-	-	-	-	-
58.0	55.8	59.3	49.5	37.5	29.2	17.8	21.7	16.1	13.0	7.3	4.6	7.2	10.5	-	-	-
3.8	3.2	1.2	4.8	0.9	3.2	3.3	2.9	1.9	1.3	0.4	0.7	0.5	-	-	-	-
0.8	-	-	-	0.9	0.5	-	-	0.2	-	0.2	0.2	-	-	-	-	-
-	-	-	-	-	-	-	0.6	-	-	0.2	-	-	-	-	-	-
3.8	6.3	12.3	7.6	8.9	5.6	3.3	4.3	3.8	4.0	3.3	2.9	3.1	2.6	-	-	-
0.8	-	-	-	0.4	2.8	0.4	0.3	0.7	-	-	-	-	-	-	-	-
-	-	-	-	0.4	-	-	-	-	-	-	-	-	-	-	-	-
-	-	-	-	-	-	-	-	-	-	-	-	-	-	-	-	-

第4表　年次・性・年齢階級（5歳階級）・

Table 4. Trends in traffic deaths and percentage by sex, age

死亡数
Deaths

死因基本分類コード Detailed list of ICD-10 code	交通事故の種類・性 Type of traffic accident, sex	総数 Total	0歳 Years	1	2	3	4	0～4	5～9	10～14	15～19	20～24
	総数 Total											
V01-V98	交通事故	13 981	24	29	49	37	31	170	163	98	1 208	1 311
V01-V09	交通事故により受傷した歩行者	3 977	1	19	33	24	25	102	97	24	66	78
V10-V19	交通事故により受傷した自転車乗員	1 820	–	2	1	2	1	6	41	38	100	34
V20-V29	交通事故により受傷したオートバイ乗員	2 107	–	–	–	–	1	1	–	11	540	313
V30-V39	交通事故により受傷したオート三輪車乗員	8	–	–	–	–	–	–	–	–	–	–
V40-V49	交通事故により受傷した乗用車乗員	3 977	22	5	10	8	3	48	17	18	405	707
V50-V59	交通事故により受傷した軽トラック乗員又はバン乗員	429	–	–	–	1	–	1	2	1	13	27
V60-V69	交通事故により受傷した大型輸送車両乗員	240	–	1	1	1	–	3	–	–	5	25
V70-V79	交通事故により受傷したバス乗員	6	–	–	–	–	–	–	–	–	–	–
V80-V89	その他の陸上交通事故	1 116	1	2	4	1	1	9	4	3	73	112
V90-V94	水上交通事故	258	–	–	–	–	–	–	2	3	6	11
V95-V97	航空及び宇宙交通事故	40	–	–	–	–	–	–	–	–	–	4
V98	その他及び詳細不明の交通事故	3	–	–	–	–	–	–	–	–	–	–
	男 Male											
V01-V98	交通事故	9 824	12	14	31	21	19	97	111	68	981	1 054
V01-V09	交通事故により受傷した歩行者	2 055	1	10	23	15	17	66	64	12	38	62
V10-V19	交通事故により受傷した自転車乗員	1 181	–	–	–	1	–	1	34	29	55	19
V20-V29	交通事故により受傷したオートバイ乗員	1 842	–	–	–	–	–	–	–	10	504	289
V30-V39	交通事故により受傷したオート三輪車乗員	8	–	–	–	–	–	–	–	–	–	–
V40-V49	交通事故により受傷した乗用車乗員	2 949	11	2	5	2	1	21	10	12	300	542
V50-V59	交通事故により受傷した軽トラック乗員又はバン乗員	368	–	–	–	1	–	1	1	1	11	20
V60-V69	交通事故により受傷した大型輸送車両乗員	234	–	1	1	1	–	3	–	–	5	25
V70-V79	交通事故により受傷したバス乗員	5	–	–	–	–	–	–	–	–	–	–
V80-V89	その他の陸上交通事故	906	–	1	2	1	1	5	1	2	62	84
V90-V94	水上交通事故	241	–	–	–	–	–	–	1	2	6	11
V95-V97	航空及び宇宙交通事故	32	–	–	–	–	–	–	–	–	–	2
V98	その他及び詳細不明の交通事故	3	–	–	–	–	–	–	–	–	–	–
	女 Female											
V01-V98	交通事故	4 157	12	15	18	16	12	73	52	30	227	257
V01-V09	交通事故により受傷した歩行者	1 922	–	9	10	9	8	36	33	12	28	16
V10-V19	交通事故により受傷した自転車乗員	639	–	2	1	1	1	5	7	9	45	15
V20-V29	交通事故により受傷したオートバイ乗員	265	–	–	–	–	1	1	–	1	36	24
V30-V39	交通事故により受傷したオート三輪車乗員	–	–	–	–	–	–	–	–	–	–	–
V40-V49	交通事故により受傷した乗用車乗員	1 028	11	3	5	6	2	27	7	6	105	165
V50-V59	交通事故により受傷した軽トラック乗員又はバン乗員	61	–	–	–	–	–	–	1	–	2	7
V60-V69	交通事故により受傷した大型輸送車両乗員	6	–	–	–	–	–	–	–	–	–	–
V70-V79	交通事故により受傷したバス乗員	1	–	–	–	–	–	–	–	–	–	–
V80-V89	その他の陸上交通事故	210	1	1	2	–	–	4	3	1	11	28
V90-V94	水上交通事故	17	–	–	–	–	–	–	1	1	–	–
V95-V97	航空及び宇宙交通事故	8	–	–	–	–	–	–	–	–	–	2
V98	その他及び詳細不明の交通事故	–	–	–	–	–	–	–	–	–	–	–

百分率
Percentage

死因基本分類コード Detailed list of ICD-10 code	交通事故の種類・性 Type of traffic accident, sex	総数 Total	0歳 Years	1	2	3	4	0～4	5～9	10～14	15～19	20～24
	総数 Total											
V01-V98	交通事故	100.0	100.0	100.0	100.0	100.0	100.0	100.0	100.0	100.0	100.0	100.0
V01-V09	交通事故により受傷した歩行者	28.4	4.2	65.5	67.3	64.9	80.6	60.0	59.5	24.5	5.5	5.9
V10-V19	交通事故により受傷した自転車乗員	13.0	–	6.9	2.0	5.4	3.2	3.5	25.2	38.8	8.3	2.6
V20-V29	交通事故により受傷したオートバイ乗員	15.1	–	–	–	–	3.2	0.6	–	11.2	44.7	23.9
V30-V39	交通事故により受傷したオート三輪車乗員	0.1	–	–	–	–	–	–	–	–	–	–
V40-V49	交通事故により受傷した乗用車乗員	28.4	91.7	17.2	20.4	21.6	9.7	28.2	10.4	18.4	33.5	53.9
V50-V59	交通事故により受傷した軽トラック乗員又はバン乗員	3.1	–	–	–	2.7	–	0.6	1.2	1.0	1.1	2.1
V60-V69	交通事故により受傷した大型輸送車両乗員	1.7	–	3.4	2.0	2.7	–	1.8	–	–	0.4	1.9
V70-V79	交通事故により受傷したバス乗員	0.0	–	–	–	–	–	–	–	–	–	–
V80-V89	その他の陸上交通事故	8.0	4.2	6.9	8.2	2.7	3.2	5.3	2.5	3.1	6.0	8.5
V90-V94	水上交通事故	1.8	–	–	–	–	–	–	1.2	3.1	0.5	0.8
V95-V97	航空及び宇宙交通事故	0.3	–	–	–	–	–	–	–	–	–	0.3
V98	その他及び詳細不明の交通事故	0.0	–	–	–	–	–	–	–	–	–	–
	男 Male											
V01-V98	交通事故	100.0	100.0	100.0	100.0	100.0	100.0	100.0	100.0	100.0	100.0	100.0
V01-V09	交通事故により受傷した歩行者	20.9	8.3	71.4	74.2	71.4	89.5	68.0	57.7	17.6	3.9	5.9
V10-V19	交通事故により受傷した自転車乗員	12.0	–	–	–	4.8	–	1.0	30.6	42.6	5.6	1.8
V20-V29	交通事故により受傷したオートバイ乗員	18.8	–	–	–	–	–	–	–	14.7	51.4	27.4
V30-V39	交通事故により受傷したオート三輪車乗員	0.1	–	–	–	–	–	–	–	–	–	–
V40-V49	交通事故により受傷した乗用車乗員	30.0	91.7	14.3	16.1	9.5	5.3	21.6	9.0	17.6	30.6	51.4
V50-V59	交通事故により受傷した軽トラック乗員又はバン乗員	3.7	–	–	–	4.8	–	1.0	0.9	1.5	1.1	1.9
V60-V69	交通事故により受傷した大型輸送車両乗員	2.4	–	7.1	3.2	4.8	–	3.1	–	–	0.5	2.4
V70-V79	交通事故により受傷したバス乗員	0.1	–	–	–	–	–	–	–	–	–	–
V80-V89	その他の陸上交通事故	9.2	–	7.1	6.5	4.8	5.3	5.2	0.9	2.9	6.3	8.0
V90-V94	水上交通事故	2.5	–	–	–	–	–	–	0.9	2.9	0.6	1.0
V95-V97	航空及び宇宙交通事故	0.3	–	–	–	–	–	–	–	–	–	0.2
V98	その他及び詳細不明の交通事故	0.0	–	–	–	–	–	–	–	–	–	–
	女 Female											
V01-V98	交通事故	100.0	100.0	100.0	100.0	100.0	100.0	100.0	100.0	100.0	100.0	100.0
V01-V09	交通事故により受傷した歩行者	46.2	–	60.0	55.6	56.3	66.7	49.3	63.5	40.0	12.3	6.2
V10-V19	交通事故により受傷した自転車乗員	15.4	–	13.3	5.6	6.3	8.3	6.8	13.5	30.0	19.8	5.8
V20-V29	交通事故により受傷したオートバイ乗員	6.4	–	–	–	–	8.3	1.4	–	3.3	15.9	9.3
V30-V39	交通事故により受傷したオート三輪車乗員	–	–	–	–	–	–	–	–	–	–	–
V40-V49	交通事故により受傷した乗用車乗員	24.7	91.7	20.0	27.8	37.5	16.7	37.0	13.5	20.0	46.3	64.2
V50-V59	交通事故により受傷した軽トラック乗員又はバン乗員	1.5	–	–	–	–	–	–	1.9	–	0.9	2.7
V60-V69	交通事故により受傷した大型輸送車両乗員	0.1	–	–	–	–	–	–	–	–	–	–
V70-V79	交通事故により受傷したバス乗員	0.0	–	–	–	–	–	–	–	–	–	–
V80-V89	その他の陸上交通事故	5.1	8.3	6.7	11.1	–	–	5.5	5.8	3.3	4.8	10.9
V90-V94	水上交通事故	0.4	–	–	–	–	–	–	1.9	3.3	–	–
V95-V97	航空及び宇宙交通事故	0.2	–	–	–	–	–	–	–	–	–	0.8
V98	その他及び詳細不明の交通事故	–	–	–	–	–	–	–	–	–	–	–

平成９年
1997

25～29	30～34	35～39	40～44	45～49	50～54	55～59	60～64	65～69	70～74	75～79	80～84	85～89	90～94	95～99	100～	不詳 Not stated
763	510	431	508	801	893	1 066	1 170	1 130	1 196	1 087	925	427	106	6	1	11
63	71	73	95	195	216	315	388	363	439	501	521	275	79	5	1	10
15	12	19	38	74	103	162	192	202	272	230	188	78	15	-	-	1
160	89	44	46	64	88	92	120	124	144	132	103	34	1	1	-	-
-	-	-	-	-	-	-	1	-	2	-	3	2	-	-	-	-
395	229	206	200	269	292	292	263	240	195	115	63	16	7	-	-	-
17	22	17	24	45	50	44	52	53	30	24	6	1	-	-	-	-
18	27	14	22	37	31	23	16	13	4	2	-	-	-	-	-	-
-	-	-	-	1	-	-	3	-	2	-	-	-	-	-	-	-
78	44	42	65	84	81	93	99	106	93	71	37	19	3	-	-	-
12	9	9	13	25	29	41	36	29	15	11	4	2	1	-	-	-
4	7	7	4	7	3	3	-	-	-	1	-	-	-	-	-	-
1	-	-	1	-	-	1	-	-	-	-	-	-	-	-	-	-
632	423	353	393	612	663	760	811	746	720	602	518	221	44	5	-	10
50	53	57	77	147	155	220	244	185	178	155	170	88	21	4	-	9
9	10	12	17	47	67	91	116	115	152	148	165	78	15	-	-	1
151	86	41	43	44	58	48	83	95	128	125	101	34	1	1	-	-
-	-	-	-	-	-	-	1	-	2	-	3	2	-	-	-	-
310	178	162	141	202	213	218	190	178	138	82	41	7	4	-	-	-
16	20	15	21	41	41	41	45	43	25	20	5	1	-	-	-	-
17	27	14	22	36	31	22	15	13	3	1	-	-	-	-	-	-
-	-	-	-	1	-	-	2	-	2	-	-	-	-	-	-	-
65	35	38	55	64	69	81	80	88	78	59	29	9	2	-	-	-
11	9	7	12	24	26	36	35	29	14	11	4	2	1	-	-	-
2	5	7	4	6	3	2	-	-	-	1	-	-	-	-	-	-
1	-	-	1	-	-	1	-	-	-	-	-	-	-	-	-	-
131	87	78	115	189	230	306	359	384	476	485	407	206	62	1	1	1
13	18	16	18	48	61	95	144	178	261	346	351	187	58	1	1	1
6	2	7	21	27	36	71	76	87	120	82	23	-	-	-	-	-
9	3	3	3	20	30	44	37	29	16	7	2	-	-	-	-	-
-	-	-	-	-	-	-	-	-	-	-	-	-	-	-	-	-
85	51	44	59	67	79	74	73	62	57	33	22	9	3	-	-	-
1	2	2	3	4	9	3	7	10	5	4	1	-	-	-	-	-
1	-	-	-	1	-	1	1	-	1	1	-	-	-	-	-	-
-	-	-	-	-	-	-	1	-	-	-	-	-	-	-	-	-
13	9	4	10	20	12	12	19	18	15	12	8	10	1	-	-	-
1	-	2	1	1	3	5	1	-	1	-	-	-	-	-	-	-
2	2	-	-	1	-	1	-	-	-	-	-	-	-	-	-	-
-	-	-	-	-	-	-	-	-	-	-	-	-	-	-	-	-

平成９年
1997

25～29	30～34	35～39	40～44	45～49	50～54	55～59	60～64	65～69	70～74	75～79	80～84	85～89	90～94	95～99	100～	不詳 Not stated
100.0	100.0	100.0	100.0	100.0	100.0	100.0	100.0	100.0	100.0	100.0	100.0	100.0	100.0	100.0	100.0	100.0
8.3	13.9	16.9	18.7	24.3	24.2	29.5	33.2	32.1	36.7	46.1	56.3	64.4	74.5	83.3	100.0	90.9
2.0	2.4	4.4	7.5	9.2	11.5	15.2	16.4	17.9	22.7	21.2	20.3	18.3	14.2	-	-	9.1
21.0	17.5	10.2	9.1	8.0	9.9	8.6	10.3	11.0	12.0	12.1	11.1	8.0	0.9	16.7	-	-
-	-	-	-	-	-	-	0.1	-	0.2	-	0.3	0.5	-	-	-	-
51.8	44.9	47.8	39.4	33.6	32.7	27.4	22.5	21.2	16.3	10.6	6.8	3.7	6.6	-	-	-
2.2	4.3	3.9	4.7	5.6	5.6	4.1	4.4	4.7	2.5	2.2	0.6	0.2	-	-	-	-
2.4	5.3	3.2	4.3	4.6	3.5	2.2	1.4	1.2	0.3	0.2	-	-	-	-	-	-
-	-	-	-	0.1	-	-	0.3	-	0.2	-	-	-	-	-	-	-
10.2	8.6	9.7	12.8	10.5	9.1	8.7	8.5	9.4	7.8	6.5	4.0	4.4	2.8	-	-	-
1.6	1.8	2.1	2.6	3.1	3.2	3.8	3.1	2.6	1.3	1.0	0.4	0.5	0.9	-	-	-
0.5	1.4	1.6	0.8	0.9	0.3	0.3	-	-	-	0.1	-	-	-	-	-	-
0.1	-	-	0.2	-	-	0.1	-	-	-	-	-	-	-	-	-	-
100.0	100.0	100.0	100.0	100.0	100.0	100.0	100.0	100.0	100.0	100.0	100.0	100.0	100.0	100.0	-	100.0
7.9	12.5	16.1	19.6	24.0	23.4	28.9	30.1	24.8	24.7	25.7	32.8	39.8	47.7	80.0	-	90.0
1.4	2.4	3.4	4.3	7.7	10.1	12.0	14.3	15.4	21.1	24.6	31.9	35.3	34.1	-	-	10.0
23.9	20.3	11.6	10.9	7.2	8.7	6.3	10.2	12.7	17.8	20.8	19.5	15.4	2.3	20.0	-	-
-	-	-	-	-	-	-	0.1	-	0.3	-	0.6	0.9	-	-	-	-
49.1	42.1	45.9	35.9	33.0	32.1	28.7	23.4	23.9	19.2	13.6	7.9	3.2	9.1	-	-	-
2.5	4.7	4.2	5.3	6.7	6.2	5.4	5.5	5.8	3.5	3.3	1.0	0.5	-	-	-	-
2.7	6.4	4.0	5.6	5.9	4.7	2.9	1.8	1.7	0.4	0.2	-	-	-	-	-	-
-	-	-	-	0.2	-	-	0.2	-	0.3	-	-	-	-	-	-	-
10.3	8.3	10.8	14.0	10.5	10.4	10.7	9.9	11.8	10.8	9.8	5.6	4.1	4.5	-	-	-
1.7	2.1	2.0	3.1	3.9	3.9	4.7	4.3	3.9	1.9	1.8	0.8	0.9	2.3	-	-	-
0.3	1.2	2.0	1.0	1.0	0.5	0.3	-	-	-	0.2	-	-	-	-	-	-
0.2	-	-	0.3	-	-	0.1	-	-	-	-	-	-	-	-	-	-
100.0	100.0	100.0	100.0	100.0	100.0	100.0	100.0	100.0	100.0	100.0	100.0	100.0	100.0	100.0	100.0	100.0
9.9	20.7	20.5	15.7	25.4	26.5	31.0	40.1	46.4	54.8	71.3	86.2	90.8	93.5	100.0	100.0	100.0
4.6	2.3	9.0	18.3	14.3	15.7	23.2	21.2	22.7	25.2	16.9	5.7	-	-	-	-	-
6.9	3.4	3.8	2.6	10.6	13.0	14.4	10.3	7.6	3.4	1.4	0.5	-	-	-	-	-
-	-	-	-	-	-	-	-	-	-	-	-	-	-	-	-	-
64.9	58.6	56.4	51.3	35.4	34.3	24.2	20.3	16.1	12.0	6.8	5.4	4.4	4.8	-	-	-
0.8	2.3	2.6	2.6	2.1	3.9	1.0	1.9	2.6	1.1	0.8	0.2	-	-	-	-	-
0.8	-	-	-	0.5	-	0.3	0.3	-	0.2	0.2	-	-	-	-	-	-
-	-	-	-	-	-	-	0.3	-	-	-	-	-	-	-	-	-
9.9	10.3	5.1	8.7	10.6	5.2	3.9	5.3	4.7	3.2	2.5	2.0	4.9	1.6	-	-	-
0.8	-	2.6	0.9	0.5	1.3	1.6	0.3	-	0.2	-	-	-	-	-	-	-
1.5	2.3	-	-	0.5	-	0.3	-	-	-	-	-	-	-	-	-	-
-	-	-	-	-	-	-	-	-	-	-	-	-	-	-	-	-

第4表　年次・性・年齢階級（5歳階級）・

Table 4. Trends in traffic deaths and percentage by sex, age

死亡数
Deaths

死因基本分類コード Detailed list of ICD-10 code	交通事故の種類・性 Type of traffic accident, sex	総数 Total	0歳 Years	1	2	3	4	0～4	5～9	10～14	15～19	20～24
	総数 Total											
V01-V98	交通事故	13 464	15	38	42	38	42	175	181	108	1 058	1 222
V01-V09	交通事故により受傷した歩行者	3 870	2	23	29	31	29	114	99	34	59	74
V10-V19	交通事故により受傷した自転車乗員	1 676	–	–	–	1	2	3	48	39	76	19
V20-V29	交通事故により受傷したオートバイ乗員	2 145	–	–	–	–	1	1	1	11	486	319
V30-V39	交通事故により受傷したオート三輪車乗員	6	–	–	–	–	–	–	–	–	–	–
V40-V49	交通事故により受傷した乗用車乗員	3 870	13	14	13	6	10	56	26	21	366	667
V50-V59	交通事故により受傷した軽トラック乗員又はバン乗員	395	–	–	–	–	–	–	–	1	11	18
V60-V69	交通事故により受傷した大型輸送車両乗員	188	–	1	–	–	–	1	–	–	6	20
V70-V79	交通事故により受傷したバス乗員	7	–	–	–	–	–	–	–	–	1	–
V80-V89	その他の陸上交通事故	1 024	–	–	–	–	–	–	7	2	46	90
V90-V94	水上交通事故	250	–	–	–	–	–	–	–	–	7	14
V95-V97	航空及び宇宙交通事故	32	–	–	–	–	–	–	–	–	–	1
V98	その他及び詳細不明の交通事故	1	–	–	–	–	–	–	–	–	–	–
	男 Male											
V01-V98	交通事故	9 552	13	25	22	26	24	110	126	79	851	980
V01-V09	交通事故により受傷した歩行者	2 058	2	15	16	19	18	70	70	24	37	49
V10-V19	交通事故により受傷した自転車乗員	1 104	–	–	–	1	–	1	40	31	44	13
V20-V29	交通事故により受傷したオートバイ乗員	1 845	–	–	–	–	1	1	–	11	441	291
V30-V39	交通事故により受傷したオート三輪車乗員	4	–	–	–	–	–	–	–	–	–	–
V40-V49	交通事故により受傷した乗用車乗員	2 896	11	9	6	6	5	37	12	11	267	499
V50-V59	交通事故により受傷した軽トラック乗員又はバン乗員	336	–	–	–	–	–	–	–	–	11	17
V60-V69	交通事故により受傷した大型輸送車両乗員	179	–	1	–	–	–	1	–	–	6	19
V70-V79	交通事故により受傷したバス乗員	3	–	–	–	–	–	–	–	–	–	–
V80-V89	その他の陸上交通事故	856	–	–	–	–	–	–	4	2	39	78
V90-V94	水上交通事故	242	–	–	–	–	–	–	–	–	6	13
V95-V97	航空及び宇宙交通事故	28	–	–	–	–	–	–	–	–	–	1
V98	その他及び詳細不明の交通事故	1	–	–	–	–	–	–	–	–	–	–
	女 Female											
V01-V98	交通事故	3 912	2	13	20	12	18	65	55	29	207	242
V01-V09	交通事故により受傷した歩行者	1 812	–	8	13	12	11	44	29	10	22	25
V10-V19	交通事故により受傷した自転車乗員	572	–	–	–	–	2	2	8	8	32	6
V20-V29	交通事故により受傷したオートバイ乗員	300	–	–	–	–	–	–	1	–	45	28
V30-V39	交通事故により受傷したオート三輪車乗員	2	–	–	–	–	–	–	–	–	–	–
V40-V49	交通事故により受傷した乗用車乗員	974	2	5	7	–	5	19	14	10	99	168
V50-V59	交通事故により受傷した軽トラック乗員又はバン乗員	59	–	–	–	–	–	–	–	1	–	1
V60-V69	交通事故により受傷した大型輸送車両乗員	9	–	–	–	–	–	–	–	–	–	1
V70-V79	交通事故により受傷したバス乗員	4	–	–	–	–	–	–	–	–	1	–
V80-V89	その他の陸上交通事故	168	–	–	–	–	–	–	3	–	7	12
V90-V94	水上交通事故	8	–	–	–	–	–	–	–	–	1	1
V95-V97	航空及び宇宙交通事故	4	–	–	–	–	–	–	–	–	–	–
V98	その他及び詳細不明の交通事故	–	–	–	–	–	–	–	–	–	–	–

百分率
Percentage

死因基本分類コード Detailed list of ICD-10 code	交通事故の種類・性 Type of traffic accident, sex	総数 Total	0歳 Years	1	2	3	4	0～4	5～9	10～14	15～19	20～24
	総数 Total											
V01-V98	交通事故	100.0	100.0	100.0	100.0	100.0	100.0	100.0	100.0	100.0	100.0	100.0
V01-V09	交通事故により受傷した歩行者	28.7	13.3	60.5	69.0	81.6	69.0	65.1	54.7	31.5	5.6	6.1
V10-V19	交通事故により受傷した自転車乗員	12.4	–	–	–	2.6	4.8	1.7	26.5	36.1	7.2	1.6
V20-V29	交通事故により受傷したオートバイ乗員	15.9	–	–	–	–	2.4	0.6	0.6	10.2	45.9	26.1
V30-V39	交通事故により受傷したオート三輪車乗員	0.0	–	–	–	–	–	–	–	–	–	–
V40-V49	交通事故により受傷した乗用車乗員	28.7	86.7	36.8	31.0	15.8	23.8	32.0	14.4	19.4	34.6	54.6
V50-V59	交通事故により受傷した軽トラック乗員又はバン乗員	2.9	–	–	–	–	–	–	–	0.9	1.0	1.5
V60-V69	交通事故により受傷した大型輸送車両乗員	1.4	–	2.6	–	–	–	0.6	–	–	0.6	1.6
V70-V79	交通事故により受傷したバス乗員	0.1	–	–	–	–	–	–	–	–	0.1	–
V80-V89	その他の陸上交通事故	7.6	–	–	–	–	–	–	3.9	1.9	4.3	7.4
V90-V94	水上交通事故	1.9	–	–	–	–	–	–	–	–	0.7	1.1
V95-V97	航空及び宇宙交通事故	0.2	–	–	–	–	–	–	–	–	–	0.1
V98	その他及び詳細不明の交通事故	0.0	–	–	–	–	–	–	–	–	–	–
	男 Male											
V01-V98	交通事故	100.0	100.0	100.0	100.0	100.0	100.0	100.0	100.0	100.0	100.0	100.0
V01-V09	交通事故により受傷した歩行者	21.5	15.4	60.0	72.7	73.1	75.0	63.6	55.6	30.4	4.3	5.0
V10-V19	交通事故により受傷した自転車乗員	11.6	–	–	–	3.8	–	0.9	31.7	39.2	5.2	1.3
V20-V29	交通事故により受傷したオートバイ乗員	19.3	–	–	–	–	4.2	0.9	–	13.9	51.8	29.7
V30-V39	交通事故により受傷したオート三輪車乗員	0.0	–	–	–	–	–	–	–	–	–	–
V40-V49	交通事故により受傷した乗用車乗員	30.3	84.6	36.0	27.3	23.1	20.8	33.6	9.5	13.9	31.4	50.9
V50-V59	交通事故により受傷した軽トラック乗員又はバン乗員	3.5	–	–	–	–	–	–	–	–	1.3	1.7
V60-V69	交通事故により受傷した大型輸送車両乗員	1.9	–	4.0	–	–	–	0.9	–	–	0.7	1.9
V70-V79	交通事故により受傷したバス乗員	0.0	–	–	–	–	–	–	–	–	–	–
V80-V89	その他の陸上交通事故	9.0	–	–	–	–	–	–	3.2	2.5	4.6	8.0
V90-V94	水上交通事故	2.5	–	–	–	–	–	–	–	–	0.7	1.3
V95-V97	航空及び宇宙交通事故	0.3	–	–	–	–	–	–	–	–	–	0.1
V98	その他及び詳細不明の交通事故	0.0	–	–	–	–	–	–	–	–	–	–
	女 Female											
V01-V98	交通事故	100.0	100.0	100.0	100.0	100.0	100.0	100.0	100.0	100.0	100.0	100.0
V01-V09	交通事故により受傷した歩行者	46.3	–	61.5	65.0	100.0	61.1	67.7	52.7	34.5	10.6	10.3
V10-V19	交通事故により受傷した自転車乗員	14.6	–	–	–	–	11.1	3.1	14.5	27.6	15.5	2.5
V20-V29	交通事故により受傷したオートバイ乗員	7.7	–	–	–	–	–	–	1.8	–	21.7	11.6
V30-V39	交通事故により受傷したオート三輪車乗員	0.1	–	–	–	–	–	–	–	–	–	–
V40-V49	交通事故により受傷した乗用車乗員	24.9	100.0	38.5	35.0	–	27.8	29.2	25.5	34.5	47.8	69.4
V50-V59	交通事故により受傷した軽トラック乗員又はバン乗員	1.5	–	–	–	–	–	–	–	3.4	–	0.4
V60-V69	交通事故により受傷した大型輸送車両乗員	0.2	–	–	–	–	–	–	–	–	–	0.4
V70-V79	交通事故により受傷したバス乗員	0.1	–	–	–	–	–	–	–	–	0.5	–
V80-V89	その他の陸上交通事故	4.3	–	–	–	–	–	–	5.5	–	3.4	5.0
V90-V94	水上交通事故	0.2	–	–	–	–	–	–	–	–	0.5	0.4
V95-V97	航空及び宇宙交通事故	0.1	–	–	–	–	–	–	–	–	–	–
V98	その他及び詳細不明の交通事故	–	–	–	–	–	–	–	–	–	–	–

交通事故の種類別交通事故死亡数・百分率 －平成７～20年－

(five-year age group) and type of traffic accident, 1995-2008

平成10年 1998

25～29	30～34	35～39	40～44	45～49	50～54	55～59	60～64	65～69	70～74	75～79	80～84	85～89	90～94	95～99	100～	不詳 Not stated
778	495	404	425	763	815	931	1 119	1 212	1 226	1 093	869	456	116	7	1	10
77	67	72	90	181	191	264	347	391	461	489	463	299	85	4	1	8
17	10	28	28	58	86	141	176	216	224	229	182	79	14	2	–	1
179	94	57	45	67	76	84	141	142	173	138	98	28	5	–	–	–
–	–	–	–	–	–	–	–	1	1	–	2	1	1	–	–	–
380	235	153	175	284	305	264	264	259	207	129	57	17	4	1	–	–
19	14	19	11	40	40	43	46	54	32	28	11	7	1	–	–	–
20	22	18	12	20	15	19	20	6	6	3	–	–	–	–	–	–
–	1	1	–	1	1	–	–	–	–	1	–	1	–	–	–	–
68	42	46	44	83	76	80	91	105	97	67	52	24	4	–	–	–
12	7	8	15	23	22	33	34	36	25	9	3	–	1	–	–	1
6	3	2	4	6	3	3	–	2	–	–	1	–	1	–	–	–
–	–	–	1	–	–	–	–	–	–	–	–	–	–	–	–	–
652	420	339	324	600	629	671	774	808	755	634	475	253	59	2	1	10
60	58	56	62	134	144	190	214	221	198	167	145	117	33	–	1	8
11	6	20	20	42	55	83	105	125	125	149	142	75	14	2	–	1
171	92	52	39	53	56	47	95	98	138	130	97	28	5	–	–	–
–	–	–	–	–	–	–	–	1	–	–	2	1	–	–	–	–
301	183	125	127	213	239	195	198	190	155	92	39	11	2	–	–	–
15	14	15	10	37	30	35	36	45	29	26	10	5	1	–	–	–
19	20	18	12	20	13	19	18	6	5	3	–	–	–	–	–	–
–	1	1	–	–	–	–	–	–	–	–	–	1	–	–	–	–
59	37	42	35	73	67	68	74	85	81	58	36	15	3	–	–	–
10	7	8	15	23	22	31	34	35	24	9	3	–	1	–	–	1
6	2	2	3	5	3	3	–	2	–	–	1	–	–	–	–	–
–	–	–	1	–	–	–	–	–	–	–	–	–	–	–	–	–
126	75	65	101	163	186	260	345	404	471	459	394	203	57	5	–	–
17	9	16	28	47	47	74	133	170	263	322	318	182	52	4	–	–
6	4	8	8	16	31	58	71	91	99	80	40	4	–	–	–	–
8	2	5	6	14	20	37	46	44	35	8	1	–	–	–	–	–
–	–	–	–	–	–	–	–	–	1	–	–	–	1	–	–	–
79	52	28	48	71	66	69	66	69	52	37	18	6	2	1	–	–
4	–	4	1	3	10	8	10	9	3	2	1	2	–	–	–	–
1	2	–	–	–	2	–	2	–	1	–	–	–	–	–	–	–
–	–	–	–	1	1	–	–	–	–	1	–	–	–	–	–	–
9	5	4	9	10	9	12	17	20	16	9	16	9	1	–	–	–
2	–	–	–	–	–	2	–	1	1	–	–	–	–	–	–	–
–	1	–	1	1	–	–	–	–	–	–	–	–	1	–	–	–
–	–	–	–	–	–	–	–	–	–	–	–	–	–	–	–	–

平成10年 1998

25～29	30～34	35～39	40～44	45～49	50～54	55～59	60～64	65～69	70～74	75～79	80～84	85～89	90～94	95～99	100～	不詳 Not stated
100.0	100.0	100.0	100.0	100.0	100.0	100.0	100.0	100.0	100.0	100.0	100.0	100.0	100.0	100.0	100.0	100.0
9.9	13.5	17.8	21.2	23.7	23.4	28.4	31.0	32.3	37.6	44.7	53.3	65.6	73.3	57.1	100.0	80.0
2.2	2.0	6.9	6.6	7.6	10.6	15.1	15.7	17.8	18.3	21.0	20.9	17.3	12.1	28.6	–	10.0
23.0	19.0	14.1	10.6	8.8	9.3	9.0	12.6	11.7	14.1	12.6	11.3	6.1	4.3	–	–	–
–	–	–	–	–	–	–	–	0.1	0.1	–	0.2	0.2	0.9	–	–	–
48.8	47.5	37.9	41.2	37.2	37.4	28.4	23.6	21.4	16.9	11.8	6.6	3.7	3.4	14.3	–	–
2.4	2.8	4.7	2.6	5.2	4.9	4.6	4.1	4.5	2.6	2.6	1.3	1.5	0.9	–	–	–
2.6	4.4	4.5	2.8	2.6	1.8	2.0	1.8	0.5	0.5	0.3	–	–	–	–	–	–
–	0.2	0.2	–	0.1	0.1	–	–	–	–	0.1	–	0.2	–	–	–	–
8.7	8.5	11.4	10.4	10.9	9.3	8.6	8.1	8.7	7.9	6.1	6.0	5.3	3.4	–	–	–
1.5	1.4	2.0	3.5	3.0	2.7	3.5	3.0	3.0	2.0	0.8	0.3	–	0.9	–	–	10.0
0.8	0.6	0.5	0.9	0.8	0.4	0.3	–	0.2	–	–	0.1	–	0.9	–	–	–
–	–	–	0.2	–	–	–	–	–	–	–	–	–	–	–	–	–
100.0	100.0	100.0	100.0	100.0	100.0	100.0	100.0	100.0	100.0	100.0	100.0	100.0	100.0	100.0	100.0	100.0
9.2	13.8	16.5	19.1	22.3	22.9	28.3	27.6	27.4	26.2	26.3	30.5	46.2	55.9	–	100.0	80.0
1.7	1.4	5.9	6.2	7.0	8.7	12.4	13.6	15.5	16.6	23.5	29.9	29.6	23.7	100.0	–	10.0
26.2	21.9	15.3	12.0	8.8	8.9	7.0	12.3	12.1	18.3	20.5	20.4	11.1	8.5	–	–	–
–	–	–	–	–	–	–	–	0.1	–	–	0.4	0.4	–	–	–	–
46.2	43.6	36.9	39.2	35.5	38.0	29.1	25.6	23.5	20.5	14.5	8.2	4.3	3.4	–	–	–
2.3	3.3	4.4	3.1	6.2	4.8	5.2	4.7	5.6	3.8	4.1	2.1	2.0	1.7	–	–	–
2.9	4.8	5.3	3.7	3.3	2.1	2.8	2.3	0.7	0.7	0.5	–	–	–	–	–	–
–	0.2	0.3	–	–	–	–	–	–	–	–	–	0.4	–	–	–	–
9.0	8.8	12.4	10.8	12.2	10.7	10.1	9.6	10.5	10.7	9.1	7.6	5.9	5.1	–	–	–
1.5	1.7	2.4	4.6	3.8	3.5	4.6	4.4	4.3	3.2	1.4	0.6	–	1.7	–	–	10.0
0.9	0.5	0.6	0.9	0.8	0.5	0.4	–	0.2	–	–	0.2	–	–	–	–	–
–	–	–	0.3	–	–	–	–	–	–	–	–	–	–	–	–	–
100.0	100.0	100.0	100.0	100.0	100.0	100.0	100.0	100.0	100.0	100.0	100.0	100.0	100.0	100.0	–	–
13.5	12.0	24.6	27.7	28.8	25.3	28.5	38.6	42.1	55.8	70.2	80.7	89.7	91.2	80.0	–	–
4.8	5.3	12.3	7.9	9.8	16.7	22.3	20.6	22.5	21.0	17.4	10.2	2.0	–	–	–	–
6.3	2.7	7.7	5.9	8.6	10.8	14.2	13.3	10.9	7.4	1.7	0.3	–	–	–	–	–
–	–	–	–	–	–	–	–	–	0.2	–	–	–	1.8	–	–	–
62.7	69.3	43.1	47.5	43.6	35.5	26.5	19.1	17.1	11.0	8.1	4.6	3.0	3.5	20.0	–	–
3.2	–	6.2	1.0	1.8	5.4	3.1	2.9	2.2	0.6	0.4	0.3	1.0	–	–	–	–
0.8	2.7	–	–	–	1.1	–	0.6	–	0.2	–	–	–	–	–	–	–
–	–	–	–	0.6	0.5	–	–	–	–	0.2	–	–	–	–	–	–
7.1	6.7	6.2	8.9	6.1	4.8	4.6	4.9	5.0	3.4	2.0	4.1	4.4	1.8	–	–	–
1.6	–	–	–	–	–	0.8	–	0.2	0.2	–	–	–	–	–	–	–
–	1.3	–	1.0	0.6	–	–	–	–	–	–	–	–	1.8	–	–	–
–	–	–	–	–	–	–	–	–	–	–	–	–	–	–	–	–

第4表　年次・性・年齢階級（5歳階級）・

Table 4. Trends in traffic deaths and percentage by sex, age

死亡数
Deaths

死因基本分類コード Detailed list of ICD-10 code	交通事故の種類・性 Type of traffic accident, sex	総数 Total	0歳 Years	1	2	3	4	0～4	5～9	10～14	15～19	20～24
	総数 Total											
V01-V98	交通事故	13 111	16	31	33	22	25	127	142	100	955	1 096
V01-V09	交通事故により受傷した歩行者	3 808	1	19	25	14	14	73	86	22	59	58
V10-V19	交通事故により受傷した自転車乗員	1 744	-	-	3	1	4	8	25	37	63	30
V20-V29	交通事故により受傷したオートバイ乗員	1 966	-	1	-	-	-	1	-	10	492	268
V30-V39	交通事故により受傷したオート三輪車乗員	6	-	-	-	-	-	-	-	-	-	-
V40-V49	交通事故により受傷した乗用車乗員	3 685	13	11	5	6	6	41	24	27	288	586
V50-V59	交通事故により受傷した軽トラック乗員又はバン乗員	402	-	-	-	-	-	-	2	-	8	18
V60-V69	交通事故により受傷した大型輸送車両乗員	247	-	-	-	-	-	-	-	-	1	17
V70-V79	交通事故により受傷したバス乗員	3	-	-	-	-	-	-	-	-	-	-
V80-V89	その他の陸上交通事故	1 003	2	-	-	1	1	4	5	4	40	102
V90-V94	水上交通事故	228	-	-	-	-	-	-	-	-	4	15
V95-V97	航空及び宇宙交通事故	19	-	-	-	-	-	-	-	-	-	2
V98	その他及び詳細不明の交通事故	-	-	-	-	-	-	-	-	-	-	-
	男 Male											
V01-V98	交通事故	9 189	14	13	17	16	19	79	87	72	767	870
V01-V09	交通事故により受傷した歩行者	1 965	1	10	13	10	10	44	50	15	38	38
V10-V19	交通事故により受傷した自転車乗員	1 130	-	-	3	1	3	7	21	30	40	18
V20-V29	交通事故により受傷したオートバイ乗員	1 702	-	1	-	-	-	1	-	8	441	247
V30-V39	交通事故により受傷したオート三輪車乗員	6	-	-	-	-	-	-	-	-	-	-
V40-V49	交通事故により受傷した乗用車乗員	2 736	11	2	1	4	6	24	13	15	206	437
V50-V59	交通事故により受傷した軽トラック乗員又はバン乗員	353	-	-	-	-	-	-	2	-	8	17
V60-V69	交通事故により受傷した大型輸送車両乗員	241	-	-	-	-	-	-	-	-	1	15
V70-V79	交通事故により受傷したバス乗員	1	-	-	-	-	-	-	-	-	-	-
V80-V89	その他の陸上交通事故	827	2	-	-	1	-	3	1	4	31	84
V90-V94	水上交通事故	209	-	-	-	-	-	-	-	-	2	12
V95-V97	航空及び宇宙交通事故	19	-	-	-	-	-	-	-	-	-	2
V98	その他及び詳細不明の交通事故	-	-	-	-	-	-	-	-	-	-	-
	女 Female											
V01-V98	交通事故	3 922	2	18	16	6	6	48	55	28	188	226
V01-V09	交通事故により受傷した歩行者	1 843	-	9	12	4	4	29	36	7	21	20
V10-V19	交通事故により受傷した自転車乗員	614	-	-	-	-	1	1	4	7	23	12
V20-V29	交通事故により受傷したオートバイ乗員	264	-	-	-	-	-	-	-	2	51	21
V30-V39	交通事故により受傷したオート三輪車乗員	-	-	-	-	-	-	-	-	-	-	-
V40-V49	交通事故により受傷した乗用車乗員	949	2	9	4	2	-	17	11	12	82	149
V50-V59	交通事故により受傷した軽トラック乗員又はバン乗員	49	-	-	-	-	-	-	-	-	-	1
V60-V69	交通事故により受傷した大型輸送車両乗員	6	-	-	-	-	-	-	-	-	-	2
V70-V79	交通事故により受傷したバス乗員	2	-	-	-	-	-	-	-	-	-	-
V80-V89	その他の陸上交通事故	176	-	-	-	-	1	1	4	-	9	18
V90-V94	水上交通事故	19	-	-	-	-	-	-	-	-	2	3
V95-V97	航空及び宇宙交通事故	-	-	-	-	-	-	-	-	-	-	-
V98	その他及び詳細不明の交通事故	-	-	-	-	-	-	-	-	-	-	-

百分率
Percentage

死因基本分類コード Detailed list of ICD-10 code	交通事故の種類・性 Type of traffic accident, sex	総数 Total	0歳 Years	1	2	3	4	0～4	5～9	10～14	15～19	20～24
	総数 Total											
V01-V98	交通事故	100.0	100.0	100.0	100.0	100.0	100.0	100.0	100.0	100.0	100.0	100.0
V01-V09	交通事故により受傷した歩行者	29.0	6.3	61.3	75.8	63.6	56.0	57.5	60.6	22.0	6.2	5.3
V10-V19	交通事故により受傷した自転車乗員	13.3	-	-	9.1	4.5	16.0	6.3	17.6	37.0	6.6	2.7
V20-V29	交通事故により受傷したオートバイ乗員	15.0	-	3.2	-	-	-	0.8	-	10.0	51.5	24.5
V30-V39	交通事故により受傷したオート三輪車乗員	0.0	-	-	-	-	-	-	-	-	-	-
V40-V49	交通事故により受傷した乗用車乗員	28.1	81.3	35.5	15.2	27.3	24.0	32.3	16.9	27.0	30.2	53.5
V50-V59	交通事故により受傷した軽トラック乗員又はバン乗員	3.1	-	-	-	-	-	-	1.4	-	0.8	1.6
V60-V69	交通事故により受傷した大型輸送車両乗員	1.9	-	-	-	-	-	-	-	-	0.1	1.6
V70-V79	交通事故により受傷したバス乗員	0.0	-	-	-	-	-	-	-	-	-	-
V80-V89	その他の陸上交通事故	7.7	12.5	-	-	4.5	4.0	3.1	3.5	4.0	4.2	9.3
V90-V94	水上交通事故	1.7	-	-	-	-	-	-	-	-	0.4	1.4
V95-V97	航空及び宇宙交通事故	0.1	-	-	-	-	-	-	-	-	-	0.2
V98	その他及び詳細不明の交通事故	-	-	-	-	-	-	-	-	-	-	-
	男 Male											
V01-V98	交通事故	100.0	100.0	100.0	100.0	100.0	100.0	100.0	100.0	100.0	100.0	100.0
V01-V09	交通事故により受傷した歩行者	21.4	7.1	76.9	76.5	62.5	52.6	55.7	57.5	20.8	5.0	4.4
V10-V19	交通事故により受傷した自転車乗員	12.3	-	-	17.6	6.3	15.8	8.9	24.1	41.7	5.2	2.1
V20-V29	交通事故により受傷したオートバイ乗員	18.5	-	7.7	-	-	-	1.3	-	11.1	57.5	28.4
V30-V39	交通事故により受傷したオート三輪車乗員	0.1	-	-	-	-	-	-	-	-	-	-
V40-V49	交通事故により受傷した乗用車乗員	29.8	78.6	15.4	5.9	25.0	31.6	30.4	14.9	20.8	26.9	50.2
V50-V59	交通事故により受傷した軽トラック乗員又はバン乗員	3.8	-	-	-	-	-	-	2.3	-	1.0	2.0
V60-V69	交通事故により受傷した大型輸送車両乗員	2.6	-	-	-	-	-	-	-	-	0.1	1.7
V70-V79	交通事故により受傷したバス乗員	0.0	-	-	-	-	-	-	-	-	-	-
V80-V89	その他の陸上交通事故	9.0	14.3	-	-	6.3	-	3.8	1.1	5.6	4.0	9.7
V90-V94	水上交通事故	2.3	-	-	-	-	-	-	-	-	0.3	1.4
V95-V97	航空及び宇宙交通事故	0.2	-	-	-	-	-	-	-	-	-	0.2
V98	その他及び詳細不明の交通事故	-	-	-	-	-	-	-	-	-	-	-
	女 Female											
V01-V98	交通事故	100.0	100.0	100.0	100.0	100.0	100.0	100.0	100.0	100.0	100.0	100.0
V01-V09	交通事故により受傷した歩行者	47.0	-	50.0	75.0	66.7	66.7	60.4	65.5	25.0	11.2	8.8
V10-V19	交通事故により受傷した自転車乗員	15.7	-	-	-	-	16.7	2.1	7.3	25.0	12.2	5.3
V20-V29	交通事故により受傷したオートバイ乗員	6.7	-	-	-	-	-	-	-	7.1	27.1	9.3
V30-V39	交通事故により受傷したオート三輪車乗員	-	-	-	-	-	-	-	-	-	-	-
V40-V49	交通事故により受傷した乗用車乗員	24.2	100.0	50.0	25.0	33.3	-	35.4	20.0	42.9	43.6	65.9
V50-V59	交通事故により受傷した軽トラック乗員又はバン乗員	1.2	-	-	-	-	-	-	-	-	-	0.4
V60-V69	交通事故により受傷した大型輸送車両乗員	0.2	-	-	-	-	-	-	-	-	-	0.9
V70-V79	交通事故により受傷したバス乗員	0.1	-	-	-	-	-	-	-	-	-	-
V80-V89	その他の陸上交通事故	4.5	-	-	-	-	16.7	2.1	7.3	-	4.8	8.0
V90-V94	水上交通事故	0.5	-	-	-	-	-	-	-	-	1.1	1.3
V95-V97	航空及び宇宙交通事故	-	-	-	-	-	-	-	-	-	-	-
V98	その他及び詳細不明の交通事故	-	-	-	-	-	-	-	-	-	-	-

交通事故の種類別交通事故死亡数・百分率　－平成７～20年－

(five-year age group) and type of traffic accident, 1995-2008

平成11年
1999

25～29	30～34	35～39	40～44	45～49	50～54	55～59	60～64	65～69	70～74	75～79	80～84	85～89	90～94	95～99	100～	不詳 Not stated
788	518	395	477	684	844	1 013	1 036	1 138	1 248	1 096	827	454	134	20	-	19
74	62	68	109	147	211	309	327	396	466	524	427	274	90	13	-	13
24	26	23	36	59	99	139	181	196	256	213	191	105	27	2	-	4
164	97	49	38	62	64	93	98	127	159	115	95	29	5	-	-	-
-	-	-	-	-	-	-	-	1	1	-	2	1	1	-	-	-
390	237	170	184	263	282	284	254	231	212	125	56	24	3	4	-	-
19	17	14	16	36	27	49	44	43	62	29	11	6	1	-	-	-
34	21	28	33	24	34	20	20	9	2	3	1	-	-	-	-	-
-	-	-	-	-	1	1	-	-	1	-	-	-	-	-	-	-
70	45	34	50	68	97	90	77	101	77	74	40	15	7	1	-	2
12	9	8	9	20	26	27	35	34	12	13	4	-	-	-	-	-
1	4	1	2	5	3	1	-	-	-	-	-	-	-	-	-	-
-	-	-	-	-	-	-	-	-	-	-	-	-	-	-	-	-
666	446	325	383	524	631	719	710	753	757	597	472	235	66	11	-	19
61	52	51	86	106	153	209	212	205	193	183	143	79	28	6	-	13
17	19	11	27	39	61	68	103	112	141	127	158	98	27	2	-	4
155	90	47	31	47	47	63	60	94	134	111	92	29	5	-	-	-
-	-	-	-	-	-	-	-	1	1	-	2	1	1	-	-	-
309	196	136	140	196	204	214	180	175	157	81	40	10	1	2	-	-
19	15	13	14	31	22	45	37	39	53	21	10	6	1	-	-	-
34	21	28	32	24	34	19	20	9	2	2	-	-	-	-	-	-
-	-	-	-	-	1	-	-	-	-	-	-	-	-	-	-	-
61	41	30	42	59	80	75	64	86	65	60	23	12	3	1	-	2
9	8	8	9	17	26	25	34	32	11	12	4	-	-	-	-	-
1	4	1	2	5	3	1	-	-	-	-	-	-	-	-	-	-
-	-	-	-	-	-	-	-	-	-	-	-	-	-	-	-	-
122	72	70	94	160	213	294	326	385	491	499	355	219	68	9	-	-
13	10	17	23	41	58	100	115	191	273	341	284	195	62	7	-	-
7	7	12	9	20	38	71	78	84	115	86	33	7	-	-	-	-
9	7	2	7	15	17	30	38	33	25	4	3	-	-	-	-	-
-	-	-	-	-	-	-	-	-	-	-	-	-	-	-	-	-
81	41	34	44	67	78	70	74	56	55	44	16	14	2	2	-	-
-	2	1	2	5	5	4	7	4	9	8	1	-	-	-	-	-
-	-	-	1	-	-	1	-	-	-	1	1	-	-	-	-	-
-	-	-	-	-	-	1	-	-	1	-	-	-	-	-	-	-
9	4	4	8	9	17	15	13	15	12	14	17	3	4	-	-	-
3	1	-	-	3	-	2	1	2	1	1	-	-	-	-	-	-
-	-	-	-	-	-	-	-	-	-	-	-	-	-	-	-	-
-	-	-	-	-	-	-	-	-	-	-	-	-	-	-	-	-

平成11年
1999

25～29	30～34	35～39	40～44	45～49	50～54	55～59	60～64	65～69	70～74	75～79	80～84	85～89	90～94	95～99	100～	不詳 Not stated
100.0	100.0	100.0	100.0	100.0	100.0	100.0	100.0	100.0	100.0	100.0	100.0	100.0	100.0	100.0	-	100.0
9.4	12.0	17.2	22.9	21.5	25.0	30.5	31.6	34.8	37.3	47.8	51.6	60.4	67.2	65.0	-	68.4
3.0	5.0	5.8	7.5	8.6	11.7	13.7	17.5	17.2	20.5	19.4	23.1	23.1	20.1	10.0	-	21.1
20.8	18.7	12.4	8.0	9.1	7.6	9.2	9.5	11.2	12.7	10.5	11.5	6.4	3.7	-	-	-
-	-	-	-	-	-	-	-	0.1	0.1	-	0.2	0.2	0.7	-	-	-
49.5	45.8	43.0	38.6	38.5	33.4	28.0	24.5	20.3	17.0	11.4	6.8	5.3	2.2	20.0	-	-
2.4	3.3	3.5	3.4	5.3	3.2	4.8	4.2	3.8	5.0	2.6	1.3	1.3	0.7	-	-	-
4.3	4.1	7.1	6.9	3.5	4.0	2.0	1.9	0.8	0.2	0.3	0.1	-	-	-	-	-
-	-	-	-	-	0.1	0.1	-	-	0.1	-	-	-	-	-	-	-
8.9	8.7	8.6	10.5	9.9	11.5	8.9	7.4	8.9	6.2	6.8	4.8	3.3	5.2	5.0	-	10.5
1.5	1.7	2.0	1.9	2.9	3.1	2.7	3.4	3.0	1.0	1.2	0.5	-	-	-	-	-
0.1	0.8	0.3	0.4	0.7	0.4	0.1	-	-	-	-	-	-	-	-	-	-
-	-	-	-	-	-	-	-	-	-	-	-	-	-	-	-	-
100.0	100.0	100.0	100.0	100.0	100.0	100.0	100.0	100.0	100.0	100.0	100.0	100.0	100.0	100.0	-	100.0
9.2	11.7	15.7	22.5	20.2	24.2	29.1	29.9	27.2	25.5	30.7	30.3	33.6	42.4	54.5	-	68.4
2.6	4.3	3.4	7.0	7.4	9.7	9.5	14.5	14.9	18.6	21.3	33.5	41.7	40.9	18.2	-	21.1
23.3	20.2	14.5	8.1	9.0	7.4	8.8	8.5	12.5	17.7	18.6	19.5	12.3	7.6	-	-	-
-	-	-	-	-	-	-	-	0.1	0.1	-	0.4	0.4	1.5	-	-	-
46.4	43.9	41.8	36.6	37.4	32.3	29.8	25.4	23.2	20.7	13.6	8.5	4.3	1.5	18.2	-	-
2.9	3.4	4.0	3.7	5.9	3.5	6.3	5.2	5.2	7.0	3.5	2.1	2.6	1.5	-	-	-
5.1	4.7	8.6	8.4	4.6	5.4	2.6	2.8	1.2	0.3	0.3	-	-	-	-	-	-
-	-	-	-	-	0.2	-	-	-	-	-	-	-	-	-	-	-
9.2	9.2	9.2	11.0	11.3	12.7	10.4	9.0	11.4	8.6	10.1	4.9	5.1	4.5	9.1	-	10.5
1.4	1.8	2.5	2.3	3.2	4.1	3.5	4.8	4.2	1.5	2.0	0.8	-	-	-	-	-
0.2	0.9	0.3	0.5	1.0	0.5	0.1	-	-	-	-	-	-	-	-	-	-
-	-	-	-	-	-	-	-	-	-	-	-	-	-	-	-	-
100.0	100.0	100.0	100.0	100.0	100.0	100.0	100.0	100.0	100.0	100.0	100.0	100.0	100.0	100.0	-	-
10.7	13.9	24.3	24.5	25.6	27.2	34.0	35.3	49.6	55.6	68.3	80.0	89.0	91.2	77.8	-	-
5.7	9.7	17.1	9.6	12.5	17.8	24.1	23.9	21.8	23.4	17.2	9.3	3.2	-	-	-	-
7.4	9.7	2.9	7.4	9.4	8.0	10.2	11.7	8.6	5.1	0.8	0.8	-	-	-	-	-
-	-	-	-	-	-	-	-	-	-	-	-	-	-	-	-	-
66.4	56.9	48.6	46.8	41.9	36.6	23.8	22.7	14.5	11.2	8.8	4.5	6.4	2.9	22.2	-	-
-	2.8	1.4	2.1	3.1	2.3	1.4	2.1	1.0	1.8	1.6	0.3	-	-	-	-	-
-	-	-	1.1	-	-	0.3	-	-	-	0.2	0.3	-	-	-	-	-
-	-	-	-	-	-	0.3	-	-	0.2	-	-	-	-	-	-	-
7.4	5.6	5.7	8.5	5.6	8.0	5.1	4.0	3.9	2.4	2.8	4.8	1.4	5.9	-	-	-
2.5	1.4	-	-	1.9	-	0.7	0.3	0.5	0.2	0.2	-	-	-	-	-	-
-	-	-	-	-	-	-	-	-	-	-	-	-	-	-	-	-
-	-	-	-	-	-	-	-	-	-	-	-	-	-	-	-	-

第４表　年次・性・年齢階級（５歳階級）・

Table 4. Trends in traffic deaths and percentage by sex, age

死亡数
Deaths

死因基本分類コード Detailed list of ICD-10 code	交通事故の種類・性 Type of traffic accident, sex	総数 Total	0歳 Years	1	2	3	4	0～4	5～9	10～14	15～19	20～24
	総数 Total											
V01-V98	交通事故	12 857	16	29	22	25	28	120	119	86	869	1 074
V01-V09	交通事故により受傷した歩行者	3 680	3	22	16	19	18	78	59	23	50	55
V10-V19	交通事故により受傷した自転車乗員	1 605	-	1	-	-	4	5	28	33	65	28
V20-V29	交通事故により受傷したオートバイ乗員	1 984	-	-	-	-	1	1	-	13	406	290
V30-V39	交通事故により受傷したオート三輪車乗員	4	-	-	-	-	-	-	-	-	-	-
V40-V49	交通事故により受傷した乗用車乗員	3 638	11	4	4	5	4	28	25	14	290	576
V50-V59	交通事故により受傷した軽トラック乗員又はバン乗員	374	-	-	-	-	-	-	1	-	10	16
V60-V69	交通事故により受傷した大型輸送車両乗員	217	-	-	-	-	-	-	-	-	2	12
V70-V79	交通事故により受傷したバス乗員	5	-	-	-	-	-	-	-	-	-	-
V80-V89	その他の陸上交通事故	1 067	2	2	2	1	1	8	3	2	44	86
V90-V94	水上交通事故	252	-	-	-	-	-	-	3	1	2	10
V95-V97	航空及び宇宙交通事故	30	-	-	-	-	-	-	-	-	-	1
V98	その他及び詳細不明の交通事故	1	-	-	-	-	-	-	-	-	-	-
	男 Male											
V01-V98	交通事故	9 072	10	18	17	17	21	83	78	66	711	880
V01-V09	交通事故により受傷した歩行者	1 878	1	14	13	15	14	57	39	14	35	44
V10-V19	交通事故により受傷した自転車乗員	1 029	-	1	-	-	3	4	23	28	31	19
V20-V29	交通事故により受傷したオートバイ乗員	1 725	-	-	-	-	1	1	-	12	377	261
V30-V39	交通事故により受傷したオート三輪車乗員	2	-	-	-	-	-	-	-	-	-	-
V40-V49	交通事故により受傷した乗用車乗員	2 747	7	1	2	1	3	14	12	9	222	450
V50-V59	交通事故により受傷した軽トラック乗員又はバン乗員	321	-	-	-	-	-	-	-	-	8	14
V60-V69	交通事故により受傷した大型輸送車両乗員	209	-	-	-	-	-	-	-	-	1	11
V70-V79	交通事故により受傷したバス乗員	4	-	-	-	-	-	-	-	-	-	-
V80-V89	その他の陸上交通事故	890	2	2	2	1	-	7	2	2	36	73
V90-V94	水上交通事故	238	-	-	-	-	-	-	2	1	1	7
V95-V97	航空及び宇宙交通事故	28	-	-	-	-	-	-	-	-	-	1
V98	その他及び詳細不明の交通事故	1	-	-	-	-	-	-	-	-	-	-
	女 Female											
V01-V98	交通事故	3 785	6	11	5	8	7	37	41	20	158	194
V01-V09	交通事故により受傷した歩行者	1 802	2	8	3	4	4	21	20	9	15	11
V10-V19	交通事故により受傷した自転車乗員	576	-	-	-	-	1	1	5	5	34	9
V20-V29	交通事故により受傷したオートバイ乗員	259	-	-	-	-	-	-	-	1	29	29
V30-V39	交通事故により受傷したオート三輪車乗員	2	-	-	-	-	-	-	-	-	-	-
V40-V49	交通事故により受傷した乗用車乗員	891	4	3	2	4	1	14	13	5	68	126
V50-V59	交通事故により受傷した軽トラック乗員又はバン乗員	53	-	-	-	-	-	-	1	-	2	2
V60-V69	交通事故により受傷した大型輸送車両乗員	8	-	-	-	-	-	-	-	-	1	1
V70-V79	交通事故により受傷したバス乗員	1	-	-	-	-	-	-	-	-	-	-
V80-V89	その他の陸上交通事故	177	-	-	-	-	1	1	1	-	8	13
V90-V94	水上交通事故	14	-	-	-	-	-	-	1	-	1	3
V95-V97	航空及び宇宙交通事故	2	-	-	-	-	-	-	-	-	-	-
V98	その他及び詳細不明の交通事故	-	-	-	-	-	-	-	-	-	-	-

百分率
Percentage

死因基本分類コード Detailed list of ICD-10 code	交通事故の種類・性 Type of traffic accident, sex	総数 Total	0歳 Years	1	2	3	4	0～4	5～9	10～14	15～19	20～24
	総数 Total											
V01-V98	交通事故	100.0	100.0	100.0	100.0	100.0	100.0	100.0	100.0	100.0	100.0	100.0
V01-V09	交通事故により受傷した歩行者	28.6	18.8	75.9	72.7	76.0	64.3	65.0	49.6	26.7	5.8	5.1
V10-V19	交通事故により受傷した自転車乗員	12.5	-	3.4	-	-	14.3	4.2	23.5	38.4	7.5	2.6
V20-V29	交通事故により受傷したオートバイ乗員	15.4	-	-	-	-	3.6	0.8	-	15.1	46.7	27.0
V30-V39	交通事故により受傷したオート三輪車乗員	0.0	-	-	-	-	-	-	-	-	-	-
V40-V49	交通事故により受傷した乗用車乗員	28.3	68.8	13.8	18.2	20.0	14.3	23.3	21.0	16.3	33.4	53.6
V50-V59	交通事故により受傷した軽トラック乗員又はバン乗員	2.9	-	-	-	-	-	-	0.8	-	1.2	1.5
V60-V69	交通事故により受傷した大型輸送車両乗員	1.7	-	-	-	-	-	-	-	-	0.2	1.1
V70-V79	交通事故により受傷したバス乗員	0.0	-	-	-	-	-	-	-	-	-	-
V80-V89	その他の陸上交通事故	8.3	12.5	6.9	9.1	4.0	3.6	6.7	2.5	2.3	5.1	8.0
V90-V94	水上交通事故	2.0	-	-	-	-	-	-	2.5	1.2	0.2	0.9
V95-V97	航空及び宇宙交通事故	0.2	-	-	-	-	-	-	-	-	-	0.1
V98	その他及び詳細不明の交通事故	0.0	-	-	-	-	-	-	-	-	-	-
	男 Male											
V01-V98	交通事故	100.0	100.0	100.0	100.0	100.0	100.0	100.0	100.0	100.0	100.0	100.0
V01-V09	交通事故により受傷した歩行者	20.7	10.0	77.8	76.5	88.2	66.7	68.7	50.0	21.2	4.9	5.0
V10-V19	交通事故により受傷した自転車乗員	11.3	-	5.6	-	-	14.3	4.8	29.5	42.4	4.4	2.2
V20-V29	交通事故により受傷したオートバイ乗員	19.0	-	-	-	-	4.8	1.2	-	18.2	53.0	29.7
V30-V39	交通事故により受傷したオート三輪車乗員	0.0	-	-	-	-	-	-	-	-	-	-
V40-V49	交通事故により受傷した乗用車乗員	30.3	70.0	5.6	11.8	5.9	14.3	16.9	15.4	13.6	31.2	51.1
V50-V59	交通事故により受傷した軽トラック乗員又はバン乗員	3.5	-	-	-	-	-	-	-	-	1.1	1.6
V60-V69	交通事故により受傷した大型輸送車両乗員	2.3	-	-	-	-	-	-	-	-	0.1	1.3
V70-V79	交通事故により受傷したバス乗員	0.0	-	-	-	-	-	-	-	-	-	-
V80-V89	その他の陸上交通事故	9.8	20.0	11.1	11.8	5.9	-	8.4	2.6	3.0	5.1	8.3
V90-V94	水上交通事故	2.6	-	-	-	-	-	-	2.6	1.5	0.1	0.8
V95-V97	航空及び宇宙交通事故	0.3	-	-	-	-	-	-	-	-	-	0.1
V98	その他及び詳細不明の交通事故	0.0	-	-	-	-	-	-	-	-	-	-
	女 Female											
V01-V98	交通事故	100.0	100.0	100.0	100.0	100.0	100.0	100.0	100.0	100.0	100.0	100.0
V01-V09	交通事故により受傷した歩行者	47.6	33.3	72.7	60.0	50.0	57.1	56.8	48.8	45.0	9.5	5.7
V10-V19	交通事故により受傷した自転車乗員	15.2	-	-	-	-	14.3	2.7	12.2	25.0	21.5	4.6
V20-V29	交通事故により受傷したオートバイ乗員	6.8	-	-	-	-	-	-	-	5.0	18.4	14.9
V30-V39	交通事故により受傷したオート三輪車乗員	0.1	-	-	-	-	-	-	-	-	-	-
V40-V49	交通事故により受傷した乗用車乗員	23.5	66.7	27.3	40.0	50.0	14.3	37.8	31.7	25.0	43.0	64.9
V50-V59	交通事故により受傷した軽トラック乗員又はバン乗員	1.4	-	-	-	-	-	-	2.4	-	1.3	1.0
V60-V69	交通事故により受傷した大型輸送車両乗員	0.2	-	-	-	-	-	-	-	-	0.6	0.5
V70-V79	交通事故により受傷したバス乗員	0.0	-	-	-	-	-	-	-	-	-	-
V80-V89	その他の陸上交通事故	4.7	-	-	-	-	14.3	2.7	2.4	-	5.1	6.7
V90-V94	水上交通事故	0.4	-	-	-	-	-	-	2.4	-	0.6	1.5
V95-V97	航空及び宇宙交通事故	0.1	-	-	-	-	-	-	-	-	-	-
V98	その他及び詳細不明の交通事故	-	-	-	-	-	-	-	-	-	-	-

交通事故の種類別交通事故死亡数・百分率　－平成７～20年－
(five-year age group) and type of traffic accident, 1995-2008

平成12年
2000

25～29	30～34	35～39	40～44	45～49	50～54	55～59	60～64	65～69	70～74	75～79	80～84	85～89	90～94	95～99	100～	不詳 Not stated
737	549	424	491	628	892	936	1 076	1 076	1 215	1 137	853	440	110	14	－	11
61	67	57	96	149	229	251	358	362	467	506	458	273	66	8	－	7
16	17	24	45	61	99	137	154	170	211	241	173	70	23	3	－	2
168	127	67	57	47	78	80	103	120	156	136	94	38	3	－	－	－
－	－	－	－	－	－	－	－	－	1	2	－	1	－	－	－	－
369	229	175	179	229	298	266	274	216	205	149	73	31	10	2	－	－
13	7	14	17	26	43	46	52	48	53	20	5	2	1	－	－	－
28	30	21	16	26	30	20	13	9	7	1	1	1	－	－	－	－
－	－	－	－	－	－	－	－	－	2	－	1	2	－	－	－	－
70	61	43	59	70	84	107	92	101	93	70	43	21	7	1	－	2
8	8	18	18	13	29	26	30	48	20	12	5	1	－	－	－	－
4	3	5	4	7	2	2	－	2	－	－	－	－	－	－	－	－
－	－	－	－	－	－	1	－	－	－	－	－	－	－	－	－	－
631	477	342	384	501	677	669	752	708	729	599	484	221	61	8	－	11
45	49	43	73	116	175	168	223	195	183	146	152	80	31	3	－	7
10	9	11	31	43	63	74	93	96	116	143	143	65	22	3	－	2
161	124	59	49	41	60	55	65	81	126	118	94	38	3	－	－	－
－	－	－	－	－	－	－	－	－	1	1	－	－	－	－	－	－
304	192	137	131	173	215	187	210	158	150	108	53	19	2	1	－	－
13	6	13	14	21	36	40	44	40	47	18	5	2	－	－	－	－
27	30	21	16	25	28	20	13	9	6	1	1	－	－	－	－	－
－	－	－	－	－	－	－	－	－	1	－	1	2	－	－	－	－
60	57	36	49	62	70	96	75	80	82	53	30	14	3	1	－	2
8	8	17	17	13	28	26	29	47	17	11	5	1	－	－	－	－
3	2	5	4	7	2	2	－	2	－	－	－	－	－	－	－	－
－	－	－	－	－	－	1	－	－	－	－	－	－	－	－	－	－
106	72	82	107	127	215	267	324	368	486	538	369	219	49	6	－	－
16	18	14	23	33	54	83	135	167	284	360	306	193	35	5	－	－
6	8	13	14	18	36	63	61	74	95	98	30	5	1	－	－	－
7	3	8	8	6	18	25	38	39	30	18	－	－	－	－	－	－
－	－	－	－	－	－	－	－	－	－	1	－	1	－	－	－	－
65	37	38	48	56	83	79	64	58	55	41	20	12	8	1	－	－
－	1	1	3	5	7	6	8	8	6	2	－	－	1	－	－	－
1	－	－	－	1	2	－	－	－	1	－	－	1	－	－	－	－
－	－	－	－	－	－	－	－	－	1	－	－	－	－	－	－	－
10	4	7	10	8	14	11	17	21	11	17	13	7	4	－	－	－
－	－	1	1	－	1	－	1	1	3	1	－	－	－	－	－	－
1	1	－	－	－	－	－	－	－	－	－	－	－	－	－	－	－
－	－	－	－	－	－	－	－	－	－	－	－	－	－	－	－	－

平成12年
2000

25～29	30～34	35～39	40～44	45～49	50～54	55～59	60～64	65～69	70～74	75～79	80～84	85～89	90～94	95～99	100～	不詳 Not stated
100.0	100.0	100.0	100.0	100.0	100.0	100.0	100.0	100.0	100.0	100.0	100.0	100.0	100.0	100.0	－	100.0
8.3	12.2	13.4	19.6	23.7	25.7	26.8	33.3	33.6	38.4	44.5	53.7	62.0	60.0	57.1	－	63.6
2.2	3.1	5.7	9.2	9.7	11.1	14.6	14.3	15.8	17.4	21.2	20.3	15.9	20.9	21.4	－	18.2
22.8	23.1	15.8	11.6	7.5	8.7	8.5	9.6	11.2	12.8	12.0	11.0	8.6	2.7	－	－	－
－	－	－	－	－	－	－	－	－	0.1	0.2	－	0.2	－	－	－	－
50.1	41.7	41.3	36.5	36.5	33.4	28.4	25.5	20.1	16.9	13.1	8.6	7.0	9.1	14.3	－	－
1.8	1.3	3.3	3.5	4.1	4.8	4.9	4.8	4.5	4.4	1.8	0.6	0.5	0.9	－	－	－
3.8	5.5	5.0	3.3	4.1	3.4	2.1	1.2	0.8	0.6	0.1	0.1	0.2	－	－	－	－
－	－	－	－	－	－	－	－	－	0.2	－	0.1	0.5	－	－	－	－
9.5	11.1	10.1	12.0	11.1	9.4	11.4	8.6	9.4	7.7	6.2	5.0	4.8	6.4	7.1	－	18.2
1.1	1.5	4.2	3.7	2.1	3.3	2.8	2.8	4.5	1.6	1.1	0.6	0.2	－	－	－	－
0.5	0.5	1.2	0.8	1.1	0.2	0.2	－	0.2	－	－	－	－	－	－	－	－
－	－	－	－	－	－	0.1	－	－	－	－	－	－	－	－	－	－
100.0	100.0	100.0	100.0	100.0	100.0	100.0	100.0	100.0	100.0	100.0	100.0	100.0	100.0	100.0	－	100.0
7.1	10.3	12.6	19.0	23.2	25.8	25.1	29.7	27.5	25.1	24.4	31.4	36.2	50.8	37.5	－	63.6
1.6	1.9	3.2	8.1	8.6	9.3	11.1	12.4	13.6	15.9	23.9	29.5	29.4	36.1	37.5	－	18.2
25.5	26.0	17.3	12.8	8.2	8.9	8.2	8.6	11.4	17.3	19.7	19.4	17.2	4.9	－	－	－
－	－	－	－	－	－	－	－	－	0.1	0.2	－	－	－	－	－	－
48.2	40.3	40.1	34.1	34.5	31.8	28.0	27.9	22.3	20.6	18.0	11.0	8.6	3.3	12.5	－	－
2.1	1.3	3.8	3.6	4.2	5.3	6.0	5.9	5.6	6.4	3.0	1.0	0.9	－	－	－	－
4.3	6.3	6.1	4.2	5.0	4.1	3.0	1.7	1.3	0.8	0.2	0.2	－	－	－	－	－
－	－	－	－	－	－	－	－	－	0.1	－	0.2	0.9	－	－	－	－
9.5	11.9	10.5	12.8	12.4	10.3	14.3	10.0	11.3	11.2	8.8	6.2	6.3	4.9	12.5	－	18.2
1.3	1.7	5.0	4.4	2.6	4.1	3.9	3.9	6.6	2.3	1.8	1.0	0.5	－	－	－	－
0.5	0.4	1.5	1.0	1.4	0.3	0.3	－	0.3	－	－	－	－	－	－	－	－
－	－	－	－	－	－	0.1	－	－	－	－	－	－	－	－	－	－
100.0	100.0	100.0	100.0	100.0	100.0	100.0	100.0	100.0	100.0	100.0	100.0	100.0	100.0	100.0	－	－
15.1	25.0	17.1	21.5	26.0	25.1	31.1	41.7	45.4	58.4	66.9	82.9	88.1	71.4	83.3	－	－
5.7	11.1	15.9	13.1	14.2	16.7	23.6	18.8	20.1	19.5	18.2	8.1	2.3	2.0	－	－	－
6.6	4.2	9.8	7.5	4.7	8.4	9.4	11.7	10.6	6.2	3.3	－	－	－	－	－	－
－	－	－	－	－	－	－	－	－	－	0.2	－	0.5	－	－	－	－
61.3	51.4	46.3	44.9	44.1	38.6	29.6	19.8	15.8	11.3	7.6	5.4	5.5	16.3	16.7	－	－
－	1.4	1.2	2.8	3.9	3.3	2.2	2.5	2.2	1.2	0.4	－	－	2.0	－	－	－
0.9	－	－	－	0.8	0.9	－	－	－	0.2	－	－	0.5	－	－	－	－
－	－	－	－	－	－	－	－	－	0.2	－	－	－	－	－	－	－
9.4	5.6	8.5	9.3	6.3	6.5	4.1	5.2	5.7	2.3	3.2	3.5	3.2	8.2	－	－	－
－	－	1.2	0.9	－	0.5	－	0.3	0.3	0.6	0.2	－	－	－	－	－	－
0.9	1.4	－	－	－	－	－	－	－	－	－	－	－	－	－	－	－
－	－	－	－	－	－	－	－	－	－	－	－	－	－	－	－	－

第4表　年次・性・年齢階級（5歳階級）・

Table 4. Trends in traffic deaths and percentage by sex, age

死亡数
Deaths

死因基本分類コード Detailed list of ICD-10 code	交通事故の種類・性 Type of traffic accident, sex	総数 Total	0歳 Years	1	2	3	4	0～4	5～9	10～14	15～19	20～24
	総数 Total											
V01-V98	交通事故	12 378	25	36	40	25	23	149	140	82	804	958
V01-V09	交通事故により受傷した歩行者	3 600	2	27	26	22	15	92	82	25	39	74
V10-V19	交通事故により受傷した自転車乗員	1 589	1	1	2	1	2	7	29	37	71	21
V20-V29	交通事故により受傷したオートバイ乗員	1 957	－	－	－	－	－	－	－	7	377	259
V30-V39	交通事故により受傷したオート三輪車乗員	4	－	－	－	－	－	－	－	－	－	－
V40-V49	交通事故により受傷した乗用車乗員	3 435	21	6	10	1	6	44	23	12	256	477
V50-V59	交通事故により受傷した軽トラック乗員又はバン乗員	367	－	－	－	－	－	－	1	－	6	20
V60-V69	交通事故により受傷した大型輸送車両乗員	197	－	－	－	－	－	－	－	－	2	19
V70-V79	交通事故により受傷したバス乗員	8	－	－	－	－	－	－	1	－	－	－
V80-V89	その他の陸上交通事故	981	1	1	2	1	－	5	3	－	46	76
V90-V94	水上交通事故	215	－	1	－	－	－	1	1	1	6	11
V95-V97	航空及び宇宙交通事故	25	－	－	－	－	－	－	－	－	1	1
V98	その他及び詳細不明の交通事故	－	－	－	－	－	－	－	－	－	－	－
	男 Male											
V01-V98	交通事故	8 698	13	18	22	13	15	81	87	52	654	759
V01-V09	交通事故により受傷した歩行者	1 859	－	14	15	12	10	51	52	15	23	50
V10-V19	交通事故により受傷した自転車乗員	1 031	－	1	－	－	2	3	23	23	41	11
V20-V29	交通事故により受傷したオートバイ乗員	1 682	－	－	－	－	－	－	－	5	346	228
V30-V39	交通事故により受傷したオート三輪車乗員	2	－	－	－	－	－	－	－	－	－	－
V40-V49	交通事故により受傷した乗用車乗員	2 569	12	3	7	1	3	26	9	9	193	363
V50-V59	交通事故により受傷した軽トラック乗員又はバン乗員	318	－	－	－	－	－	－	－	－	5	19
V60-V69	交通事故により受傷した大型輸送車両乗員	187	－	－	－	－	－	－	－	－	2	18
V70-V79	交通事故により受傷したバス乗員	7	－	－	－	－	－	－	1	－	－	－
V80-V89	その他の陸上交通事故	816	1	－	－	－	－	1	2	－	38	59
V90-V94	水上交通事故	202	－	－	－	－	－	－	－	－	5	10
V95-V97	航空及び宇宙交通事故	25	－	－	－	－	－	－	－	－	1	1
V98	その他及び詳細不明の交通事故	－	－	－	－	－	－	－	－	－	－	－
	女 Female											
V01-V98	交通事故	3 680	12	18	18	12	8	68	53	30	150	199
V01-V09	交通事故により受傷した歩行者	1 741	2	13	11	10	5	41	30	10	16	24
V10-V19	交通事故により受傷した自転車乗員	558	1	－	2	1	－	4	6	14	30	10
V20-V29	交通事故により受傷したオートバイ乗員	275	－	－	－	－	－	－	－	2	31	31
V30-V39	交通事故により受傷したオート三輪車乗員	2	－	－	－	－	－	－	－	－	－	－
V40-V49	交通事故により受傷した乗用車乗員	866	9	3	3	－	3	18	14	3	63	114
V50-V59	交通事故により受傷した軽トラック乗員又はバン乗員	49	－	－	－	－	－	－	1	－	1	1
V60-V69	交通事故により受傷した大型輸送車両乗員	10	－	－	－	－	－	－	－	－	－	1
V70-V79	交通事故により受傷したバス乗員	1	－	－	－	－	－	－	－	－	－	－
V80-V89	その他の陸上交通事故	165	－	1	2	1	－	4	1	－	8	17
V90-V94	水上交通事故	13	－	1	－	－	－	1	1	1	1	1
V95-V97	航空及び宇宙交通事故	－	－	－	－	－	－	－	－	－	－	－
V98	その他及び詳細不明の交通事故	－	－	－	－	－	－	－	－	－	－	－

百分率
Percentage

死因基本分類コード Detailed list of ICD-10 code	交通事故の種類・性 Type of traffic accident, sex	総数 Total	0歳 Years	1	2	3	4	0～4	5～9	10～14	15～19	20～24
	総数 Total											
V01-V98	交通事故	100.0	100.0	100.0	100.0	100.0	100.0	100.0	100.0	100.0	100.0	100.0
V01-V09	交通事故により受傷した歩行者	29.1	8.0	75.0	65.0	88.0	65.2	61.7	58.6	30.5	4.9	7.7
V10-V19	交通事故により受傷した自転車乗員	12.8	4.0	2.8	5.0	4.0	8.7	4.7	20.7	45.1	8.8	2.2
V20-V29	交通事故により受傷したオートバイ乗員	15.8	－	－	－	－	－	－	－	8.5	46.9	27.0
V30-V39	交通事故により受傷したオート三輪車乗員	0.0	－	－	－	－	－	－	－	－	－	－
V40-V49	交通事故により受傷した乗用車乗員	27.8	84.0	16.7	25.0	4.0	26.1	29.5	16.4	14.6	31.8	49.8
V50-V59	交通事故により受傷した軽トラック乗員又はバン乗員	3.0	－	－	－	－	－	－	0.7	－	0.7	2.1
V60-V69	交通事故により受傷した大型輸送車両乗員	1.6	－	－	－	－	－	－	－	－	0.2	2.0
V70-V79	交通事故により受傷したバス乗員	0.1	－	－	－	－	－	－	0.7	－	－	－
V80-V89	その他の陸上交通事故	7.9	4.0	2.8	5.0	4.0	－	3.4	2.1	－	5.7	7.9
V90-V94	水上交通事故	1.7	－	2.8	－	－	－	0.7	0.7	1.2	0.7	1.1
V95-V97	航空及び宇宙交通事故	0.2	－	－	－	－	－	－	－	－	0.1	0.1
V98	その他及び詳細不明の交通事故	－	－	－	－	－	－	－	－	－	－	－
	男 Male											
V01-V98	交通事故	100.0	100.0	100.0	100.0	100.0	100.0	100.0	100.0	100.0	100.0	100.0
V01-V09	交通事故により受傷した歩行者	21.4	－	77.8	68.2	92.3	66.7	63.0	59.8	28.8	3.5	6.6
V10-V19	交通事故により受傷した自転車乗員	11.9	－	5.6	－	－	13.3	3.7	26.4	44.2	6.3	1.4
V20-V29	交通事故により受傷したオートバイ乗員	19.3	－	－	－	－	－	－	－	9.6	52.9	30.0
V30-V39	交通事故により受傷したオート三輪車乗員	0.0	－	－	－	－	－	－	－	－	－	－
V40-V49	交通事故により受傷した乗用車乗員	29.5	92.3	16.7	31.8	7.7	20.0	32.1	10.3	17.3	29.5	47.8
V50-V59	交通事故により受傷した軽トラック乗員又はバン乗員	3.7	－	－	－	－	－	－	－	－	0.8	2.5
V60-V69	交通事故により受傷した大型輸送車両乗員	2.1	－	－	－	－	－	－	－	－	0.3	2.4
V70-V79	交通事故により受傷したバス乗員	0.1	－	－	－	－	－	－	1.1	－	－	－
V80-V89	その他の陸上交通事故	9.4	7.7	－	－	－	－	1.2	2.3	－	5.8	7.8
V90-V94	水上交通事故	2.3	－	－	－	－	－	－	－	－	0.8	1.3
V95-V97	航空及び宇宙交通事故	0.3	－	－	－	－	－	－	－	－	0.2	0.1
V98	その他及び詳細不明の交通事故	－	－	－	－	－	－	－	－	－	－	－
	女 Female											
V01-V98	交通事故	100.0	100.0	100.0	100.0	100.0	100.0	100.0	100.0	100.0	100.0	100.0
V01-V09	交通事故により受傷した歩行者	47.3	16.7	72.2	61.1	83.3	62.5	60.3	56.6	33.3	10.7	12.1
V10-V19	交通事故により受傷した自転車乗員	15.2	8.3	－	11.1	8.3	－	5.9	11.3	46.7	20.0	5.0
V20-V29	交通事故により受傷したオートバイ乗員	7.5	－	－	－	－	－	－	－	6.7	20.7	15.6
V30-V39	交通事故により受傷したオート三輪車乗員	0.1	－	－	－	－	－	－	－	－	－	－
V40-V49	交通事故により受傷した乗用車乗員	23.5	75.0	16.7	16.7	－	37.5	26.5	26.4	10.0	42.0	57.3
V50-V59	交通事故により受傷した軽トラック乗員又はバン乗員	1.3	－	－	－	－	－	－	1.9	－	0.7	0.5
V60-V69	交通事故により受傷した大型輸送車両乗員	0.3	－	－	－	－	－	－	－	－	－	0.5
V70-V79	交通事故により受傷したバス乗員	0.0	－	－	－	－	－	－	－	－	－	－
V80-V89	その他の陸上交通事故	4.5	－	5.6	11.1	8.3	－	5.9	1.9	－	5.3	8.5
V90-V94	水上交通事故	0.4	－	5.6	－	－	－	1.5	1.9	3.3	0.7	0.5
V95-V97	航空及び宇宙交通事故	－	－	－	－	－	－	－	－	－	－	－
V98	その他及び詳細不明の交通事故	－	－	－	－	－	－	－	－	－	－	－

交通事故の種類別交通事故死亡数・百分率　－平成７～20年－
(five-year age group) and type of traffic accident, 1995-2008

平成13年
2001

25～29	30～34	35～39	40～44	45～49	50～54	55～59	60～64	65～69	70～74	75～79	80～84	85～89	90～94	95～99	100～	不詳 Not stated
718	539	474	408	563	896	863	909	1 058	1 228	1 099	844	459	161	12	-	14
70	71	78	63	115	230	265	285	355	438	464	459	279	104	6	-	6
17	18	21	32	42	88	120	143	171	241	225	173	89	37	2	-	5
198	124	80	58	71	99	66	89	119	151	140	79	36	4	-	-	-
-	-	-	-	-	-	1	-	1	-	1	1	-	-	-	-	-
328	223	198	168	195	301	250	230	253	213	152	71	26	12	2	-	1
13	13	18	15	24	36	43	40	39	52	25	14	5	1	1	-	1
19	16	17	22	25	31	18	10	9	6	1	1	-	-	1	-	-
-	-	-	-	1	-	-	1	1	-	-	2	2	-	-	-	-
61	61	47	38	69	77	79	79	86	108	79	41	22	3	-	-	1
10	11	13	11	17	28	20	29	23	19	12	2	-	-	-	-	-
2	2	2	1	4	6	1	3	1	-	-	1	-	-	-	-	-
-	-	-	-	-	-	-	-	-	-	-	-	-	-	-	-	-
615	462	404	336	466	689	627	632	699	753	604	436	248	77	4	-	13
56	59	66	49	91	169	183	171	203	206	151	131	95	32	1	-	5
12	13	17	20	29	50	68	93	99	145	131	129	81	36	2	-	5
188	118	73	51	59	80	46	56	81	108	125	78	36	4	-	-	-
-	-	-	-	-	-	-	-	-	-	1	1	-	-	-	-	-
270	180	160	141	157	229	185	171	182	129	99	48	14	3	-	-	1
12	11	16	12	22	31	38	35	31	44	23	13	4	1	-	-	1
15	15	17	20	25	29	18	10	9	6	1	1	-	-	1	-	-
-	-	-	-	1	-	-	1	1	-	-	2	1	-	-	-	-
50	54	40	31	61	68	69	65	70	97	62	30	17	1	-	-	1
10	10	13	11	17	27	19	27	22	18	11	2	-	-	-	-	-
2	2	2	1	4	6	1	3	1	-	-	1	-	-	-	-	-
-	-	-	-	-	-	-	-	-	-	-	-	-	-	-	-	-
103	77	70	72	97	207	236	277	359	475	495	408	211	84	8	-	1
14	12	12	14	24	61	82	114	152	232	313	328	184	72	5	-	1
5	5	4	12	13	38	52	50	72	96	94	44	8	1	-	-	-
10	6	7	7	12	19	20	33	38	43	15	1	-	-	-	-	-
-	-	-	-	-	-	1	-	1	-	-	-	-	-	-	-	-
58	43	38	27	38	72	65	59	71	84	53	23	12	9	2	-	-
1	2	2	3	2	5	5	5	8	8	2	1	1	-	1	-	-
4	1	-	2	-	2	-	-	-	-	-	-	-	-	-	-	-
-	-	-	-	-	-	-	-	-	-	-	-	1	-	-	-	-
11	7	7	7	8	9	10	14	16	11	17	11	5	2	-	-	-
-	1	-	-	-	1	1	2	1	1	1	-	-	-	-	-	-
-	-	-	-	-	-	-	-	-	-	-	-	-	-	-	-	-
-	-	-	-	-	-	-	-	-	-	-	-	-	-	-	-	-

平成13年
2001

25～29	30～34	35～39	40～44	45～49	50～54	55～59	60～64	65～69	70～74	75～79	80～84	85～89	90～94	95～99	100～	不詳 Not stated
100.0	100.0	100.0	100.0	100.0	100.0	100.0	100.0	100.0	100.0	100.0	100.0	100.0	100.0	100.0	-	100.0
9.7	13.2	16.5	15.4	20.4	25.7	30.7	31.4	33.6	35.7	42.2	54.4	60.8	64.6	50.0	-	42.9
2.4	3.3	4.4	7.8	7.5	9.8	13.9	15.7	16.2	19.6	20.5	20.5	19.4	23.0	16.7	-	35.7
27.6	23.0	16.9	14.2	12.6	11.0	7.6	9.8	11.2	12.3	12.7	9.4	7.8	2.5	-	-	-
-	-	-	-	-	-	0.1	-	0.1	-	0.1	0.1	-	-	-	-	-
45.7	41.4	41.8	41.2	34.6	33.6	29.0	25.3	23.9	17.3	13.8	8.4	5.7	7.5	16.7	-	7.1
1.8	2.4	3.8	3.7	4.3	4.0	5.0	4.4	3.7	4.2	2.3	1.7	1.1	0.6	8.3	-	7.1
2.6	3.0	3.6	5.4	4.4	3.5	2.1	1.1	0.9	0.5	0.1	0.1	-	-	8.3	-	-
-	-	-	-	0.2	-	-	0.1	0.1	-	-	0.2	0.4	-	-	-	-
8.5	11.3	9.9	9.3	12.3	8.6	9.2	8.7	8.1	8.8	7.2	4.9	4.8	1.9	-	-	7.1
1.4	2.0	2.7	2.7	3.0	3.1	2.3	3.2	2.2	1.5	1.1	0.2	-	-	-	-	-
0.3	0.4	0.4	0.2	0.7	0.7	0.1	0.3	0.1	-	-	0.1	-	-	-	-	-
-	-	-	-	-	-	-	-	-	-	-	-	-	-	-	-	-
100.0	100.0	100.0	100.0	100.0	100.0	100.0	100.0	100.0	100.0	100.0	100.0	100.0	100.0	100.0	-	100.0
9.1	12.8	16.3	14.6	19.5	24.5	29.2	27.1	29.0	27.4	25.0	30.0	38.3	41.6	25.0	-	38.5
2.0	2.8	4.2	6.0	6.2	7.3	10.8	14.7	14.2	19.3	21.7	29.6	32.7	46.8	50.0	-	38.5
30.6	25.5	18.1	15.2	12.7	11.6	7.3	8.9	11.6	14.3	20.7	17.9	14.5	5.2	-	-	-
-	-	-	-	-	-	-	-	-	-	0.2	0.2	-	-	-	-	-
43.9	39.0	39.6	42.0	33.7	33.2	29.5	27.1	26.0	17.1	16.4	11.0	5.6	3.9	-	-	7.7
2.0	2.4	4.0	3.6	4.7	4.5	6.1	5.5	4.4	5.8	3.8	3.0	1.6	1.3	-	-	7.7
2.4	3.2	4.2	6.0	5.4	4.2	2.9	1.6	1.3	0.8	0.2	0.2	-	-	25.0	-	-
-	-	-	-	0.2	-	-	0.2	0.1	-	-	0.5	0.4	-	-	-	-
8.1	11.7	9.9	9.2	13.1	9.9	11.0	10.3	10.0	12.9	10.3	6.9	6.9	1.3	-	-	7.7
1.6	2.2	3.2	3.3	3.6	3.9	3.0	4.3	3.1	2.4	1.8	0.5	-	-	-	-	-
0.3	0.4	0.5	0.3	0.9	0.9	0.2	0.5	0.1	-	-	0.2	-	-	-	-	-
-	-	-	-	-	-	-	-	-	-	-	-	-	-	-	-	-
100.0	100.0	100.0	100.0	100.0	100.0	100.0	100.0	100.0	100.0	100.0	100.0	100.0	100.0	100.0	-	100.0
13.6	15.6	17.1	19.4	24.7	29.5	34.7	41.2	42.3	48.8	63.2	80.4	87.2	85.7	62.5	-	100.0
4.9	6.5	5.7	16.7	13.4	18.4	22.0	18.1	20.1	20.2	19.0	10.8	3.8	1.2	-	-	-
9.7	7.8	10.0	9.7	12.4	9.2	8.5	11.9	10.6	9.1	3.0	0.2	-	-	-	-	-
-	-	-	-	-	-	0.4	-	0.3	-	-	-	-	-	-	-	-
56.3	55.8	54.3	37.5	39.2	34.8	27.5	21.3	19.8	17.7	10.7	5.6	5.7	10.7	25.0	-	-
1.0	2.6	2.9	4.2	2.1	2.4	2.1	1.8	2.2	1.7	0.4	0.2	0.5	-	12.5	-	-
3.9	1.3	-	2.8	-	1.0	-	-	-	-	-	-	-	-	-	-	-
-	-	-	-	-	-	-	-	-	-	-	-	0.5	-	-	-	-
10.7	9.1	10.0	9.7	8.2	4.3	4.2	5.1	4.5	2.3	3.4	2.7	2.4	2.4	-	-	-
-	1.3	-	-	-	0.5	0.4	0.7	0.3	0.2	0.2	-	-	-	-	-	-
-	-	-	-	-	-	-	-	-	-	-	-	-	-	-	-	-
-	-	-	-	-	-	-	-	-	-	-	-	-	-	-	-	-

第４表　年次・性・年齢階級（５歳階級）・

Table 4. Trends in traffic deaths and percentage by sex, age

死亡数
Deaths

死因基本分類コード Detailed list of ICD-10 code	交通事故の種類・性 Type of traffic accident, sex	総数 Total	0歳 Years	1	2	3	4	0～4	5～9	10～14	15～19	20～24
	総数 Total											
V01-V98	交通事故	11 743	16	37	28	17	19	117	158	91	764	818
V01-V09	交通事故により受傷した歩行者	3 507	2	28	20	11	12	73	99	25	38	54
V10-V19	交通事故により受傷した自転車乗員	1 554	−	−	−	2	−	2	30	43	63	23
V20-V29	交通事故により受傷したオートバイ乗員	1 781	−	−	−	−	−	−	−	6	345	205
V30-V39	交通事故により受傷したオート三輪車乗員	4	−	−	−	−	−	−	−	−	−	1
V40-V49	交通事故により受傷した乗用車乗員	3 116	14	7	7	2	5	35	23	13	240	444
V50-V59	交通事故により受傷した軽トラック乗員又はバン乗員	370	−	−	−	−	−	−	−	1	10	11
V60-V69	交通事故により受傷した大型輸送車両乗員	191	−	1	−	−	−	1	−	−	4	13
V70-V79	交通事故により受傷したバス乗員	4	−	−	−	−	−	−	−	−	−	−
V80-V89	その他の陸上交通事故	966	−	1	1	2	2	6	4	2	58	62
V90-V94	水上交通事故	224	−	−	−	−	−	−	2	1	6	5
V95-V97	航空及び宇宙交通事故	26	−	−	−	−	−	−	−	−	−	−
V98	その他及び詳細不明の交通事故	−	−	−	−	−	−	−	−	−	−	−
	男 Male											
V01-V98	交通事故	8 171	5	19	19	10	11	64	95	60	606	642
V01-V09	交通事故により受傷した歩行者	1 816	−	15	14	7	8	44	55	16	21	40
V10-V19	交通事故により受傷した自転車乗員	998	−	−	−	2	−	2	22	30	34	12
V20-V29	交通事故により受傷したオートバイ乗員	1 504	−	−	−	−	−	−	−	3	310	185
V30-V39	交通事故により受傷したオート三輪車乗員	4	−	−	−	−	−	−	−	−	−	1
V40-V49	交通事故により受傷した乗用車乗員	2 328	5	3	4	1	3	16	12	9	180	330
V50-V59	交通事故により受傷した軽トラック乗員又はバン乗員	325	−	−	−	−	−	−	−	−	9	7
V60-V69	交通事故により受傷した大型輸送車両乗員	184	−	1	−	−	−	1	−	−	4	12
V70-V79	交通事故により受傷したバス乗員	2	−	−	−	−	−	−	−	−	−	−
V80-V89	その他の陸上交通事故	769	−	−	1	−	−	1	4	1	42	51
V90-V94	水上交通事故	215	−	−	−	−	−	−	2	1	6	4
V95-V97	航空及び宇宙交通事故	26	−	−	−	−	−	−	−	−	−	−
V98	その他及び詳細不明の交通事故	−	−	−	−	−	−	−	−	−	−	−
	女 Female											
V01-V98	交通事故	3 572	11	18	9	7	8	53	63	31	158	176
V01-V09	交通事故により受傷した歩行者	1 691	2	13	6	4	4	29	44	9	17	14
V10-V19	交通事故により受傷した自転車乗員	556	−	−	−	−	−	−	8	13	29	11
V20-V29	交通事故により受傷したオートバイ乗員	277	−	−	−	−	−	−	−	3	35	20
V30-V39	交通事故により受傷したオート三輪車乗員	−	−	−	−	−	−	−	−	−	−	−
V40-V49	交通事故により受傷した乗用車乗員	788	9	4	3	1	2	19	11	4	60	114
V50-V59	交通事故により受傷した軽トラック乗員又はバン乗員	45	−	−	−	−	−	−	−	1	1	4
V60-V69	交通事故により受傷した大型輸送車両乗員	7	−	−	−	−	−	−	−	−	−	1
V70-V79	交通事故により受傷したバス乗員	2	−	−	−	−	−	−	−	−	−	−
V80-V89	その他の陸上交通事故	197	−	1	−	2	2	5	−	1	16	11
V90-V94	水上交通事故	9	−	−	−	−	−	−	−	−	−	1
V95-V97	航空及び宇宙交通事故	−	−	−	−	−	−	−	−	−	−	−
V98	その他及び詳細不明の交通事故	−	−	−	−	−	−	−	−	−	−	−

百分率
Percentage

死因基本分類コード Detailed list of ICD-10 code	交通事故の種類・性 Type of traffic accident, sex	総数 Total	0歳 Years	1	2	3	4	0～4	5～9	10～14	15～19	20～24
	総数 Total											
V01-V98	交通事故	100.0	100.0	100.0	100.0	100.0	100.0	100.0	100.0	100.0	100.0	100.0
V01-V09	交通事故により受傷した歩行者	29.9	12.5	75.7	71.4	64.7	63.2	62.4	62.7	27.5	5.0	6.6
V10-V19	交通事故により受傷した自転車乗員	13.2	−	−	−	11.8	−	1.7	19.0	47.3	8.2	2.8
V20-V29	交通事故により受傷したオートバイ乗員	15.2	−	−	−	−	−	−	−	6.6	45.2	25.1
V30-V39	交通事故により受傷したオート三輪車乗員	0.0	−	−	−	−	−	−	−	−	−	0.1
V40-V49	交通事故により受傷した乗用車乗員	26.5	87.5	18.9	25.0	11.8	26.3	29.9	14.6	14.3	31.4	54.3
V50-V59	交通事故により受傷した軽トラック乗員又はバン乗員	3.2	−	−	−	−	−	−	−	1.1	1.3	1.3
V60-V69	交通事故により受傷した大型輸送車両乗員	1.6	−	2.7	−	−	−	0.9	−	−	0.5	1.6
V70-V79	交通事故により受傷したバス乗員	0.0	−	−	−	−	−	−	−	−	−	−
V80-V89	その他の陸上交通事故	8.2	−	2.7	3.6	11.8	10.5	5.1	2.5	2.2	7.6	7.6
V90-V94	水上交通事故	1.9	−	−	−	−	−	−	1.3	1.1	0.8	0.6
V95-V97	航空及び宇宙交通事故	0.2	−	−	−	−	−	−	−	−	−	−
V98	その他及び詳細不明の交通事故	−	−	−	−	−	−	−	−	−	−	−
	男 Male											
V01-V98	交通事故	100.0	100.0	100.0	100.0	100.0	100.0	100.0	100.0	100.0	100.0	100.0
V01-V09	交通事故により受傷した歩行者	22.2	−	78.9	73.7	70.0	72.7	68.8	57.9	26.7	3.5	6.2
V10-V19	交通事故により受傷した自転車乗員	12.2	−	−	−	20.0	−	3.1	23.2	50.0	5.6	1.9
V20-V29	交通事故により受傷したオートバイ乗員	18.4	−	−	−	−	−	−	−	5.0	51.2	28.8
V30-V39	交通事故により受傷したオート三輪車乗員	0.0	−	−	−	−	−	−	−	−	−	0.2
V40-V49	交通事故により受傷した乗用車乗員	28.5	100.0	15.8	21.1	10.0	27.3	25.0	12.6	15.0	29.7	51.4
V50-V59	交通事故により受傷した軽トラック乗員又はバン乗員	4.0	−	−	−	−	−	−	−	−	1.5	1.1
V60-V69	交通事故により受傷した大型輸送車両乗員	2.3	−	5.3	−	−	−	1.6	−	−	0.7	1.9
V70-V79	交通事故により受傷したバス乗員	0.0	−	−	−	−	−	−	−	−	−	−
V80-V89	その他の陸上交通事故	9.4	−	−	5.3	−	−	1.6	4.2	1.7	6.9	7.9
V90-V94	水上交通事故	2.6	−	−	−	−	−	−	2.1	1.7	1.0	0.6
V95-V97	航空及び宇宙交通事故	0.3	−	−	−	−	−	−	−	−	−	−
V98	その他及び詳細不明の交通事故	−	−	−	−	−	−	−	−	−	−	−
	女 Female											
V01-V98	交通事故	100.0	100.0	100.0	100.0	100.0	100.0	100.0	100.0	100.0	100.0	100.0
V01-V09	交通事故により受傷した歩行者	47.3	18.2	72.2	66.7	57.1	50.0	54.7	69.8	29.0	10.8	8.0
V10-V19	交通事故により受傷した自転車乗員	15.6	−	−	−	−	−	−	12.7	41.9	18.4	6.3
V20-V29	交通事故により受傷したオートバイ乗員	7.8	−	−	−	−	−	−	−	9.7	22.2	11.4
V30-V39	交通事故により受傷したオート三輪車乗員	−	−	−	−	−	−	−	−	−	−	−
V40-V49	交通事故により受傷した乗用車乗員	22.1	81.8	22.2	33.3	14.3	25.0	35.8	17.5	12.9	38.0	64.8
V50-V59	交通事故により受傷した軽トラック乗員又はバン乗員	1.3	−	−	−	−	−	−	−	3.2	0.6	2.3
V60-V69	交通事故により受傷した大型輸送車両乗員	0.2	−	−	−	−	−	−	−	−	−	0.6
V70-V79	交通事故により受傷したバス乗員	0.1	−	−	−	−	−	−	−	−	−	−
V80-V89	その他の陸上交通事故	5.5	−	5.6	−	28.6	25.0	9.4	−	3.2	10.1	6.3
V90-V94	水上交通事故	0.3	−	−	−	−	−	−	−	−	−	0.6
V95-V97	航空及び宇宙交通事故	−	−	−	−	−	−	−	−	−	−	−
V98	その他及び詳細不明の交通事故	−	−	−	−	−	−	−	−	−	−	−

交通事故の種類別交通事故死亡数・百分率 －平成７～20年－

(five-year age group) and type of traffic accident, 1995-2008

平成14年
2002

25～29	30～34	35～39	40～44	45～49	50～54	55～59	60～64	65～69	70～74	75～79	80～84	85～89	90～94	95～99	100～	不詳 Not stated
659	532	410	408	521	826	790	889	1 011	1 164	1 138	828	458	127	18	2	14
75	59	56	84	109	216	217	298	319	431	498	462	291	82	12	2	7
21	19	22	23	57	91	118	142	204	198	226	150	83	30	2	–	7
170	144	76	68	60	83	67	82	116	123	118	82	30	6	–	–	–
–	–	–	–	–	–	1	–	–	2	–	–	–	–	–	–	–
281	216	181	141	174	279	238	211	189	203	143	76	24	3	2	–	–
15	10	13	15	22	31	31	33	48	59	47	19	4	–	1	–	–
24	17	17	20	23	30	23	9	7	1	–	1	1	–	–	–	–
–	–	–	1	1	–	–	–	–	1	1	–	–	–	–	–	–
64	57	33	40	55	69	65	82	101	109	90	37	25	6	1	–	–
9	9	10	12	12	24	26	30	25	37	15	1	–	–	–	–	–
–	1	2	4	8	3	4	2	2	–	–	–	–	–	–	–	–
–	–	–	–	–	–	–	–	–	–	–	–	–	–	–	–	–
560	458	337	339	422	632	553	630	636	714	646	445	244	65	9	–	14
54	51	42	63	91	163	143	194	168	185	175	161	109	27	7	–	7
15	16	14	16	34	53	66	89	112	112	145	113	76	28	2	–	7
160	135	70	59	51	62	35	51	70	95	105	78	30	5	–	–	–
–	–	–	–	–	–	1	–	–	2	–	–	–	–	–	–	–
233	172	141	116	135	209	181	160	137	145	97	44	11	–	–	–	–
14	8	13	14	20	27	29	31	40	50	40	19	4	–	–	–	–
23	17	17	19	23	30	22	7	7	1	–	–	1	–	–	–	–
–	–	–	1	1	–	–	–	–	–	–	–	–	–	–	–	–
52	49	29	35	47	62	48	68	76	87	70	29	13	5	–	–	–
9	9	9	12	12	23	24	28	24	37	14	1	–	–	–	–	–
–	1	2	4	8	3	4	2	2	–	–	–	–	–	–	–	–
–	–	–	–	–	–	–	–	–	–	–	–	–	–	–	–	–
99	74	73	69	99	194	237	259	375	450	492	383	214	62	9	2	–
21	8	14	21	18	53	74	104	151	246	323	301	182	55	5	2	–
6	3	8	7	23	38	52	53	92	86	81	37	7	2	–	–	–
10	9	6	9	9	21	32	31	46	28	13	4	–	1	–	–	–
–	–	–	–	–	–	–	–	–	–	–	–	–	–	–	–	–
48	44	40	25	39	70	57	51	52	58	46	32	13	3	2	–	–
1	2	–	1	2	4	2	2	8	9	7	–	–	–	1	–	–
1	–	–	1	–	–	1	2	–	–	–	1	–	–	–	–	–
–	–	–	–	–	–	–	–	–	1	1	–	–	–	–	–	–
12	8	4	5	8	7	17	14	25	22	20	8	12	1	1	–	–
–	–	1	–	–	1	2	2	1	–	1	–	–	–	–	–	–
–	–	–	–	–	–	–	–	–	–	–	–	–	–	–	–	–
–	–	–	–	–	–	–	–	–	–	–	–	–	–	–	–	–

平成14年
2002

25～29	30～34	35～39	40～44	45～49	50～54	55～59	60～64	65～69	70～74	75～79	80～84	85～89	90～94	95～99	100～	不詳 Not stated
100.0	100.0	100.0	100.0	100.0	100.0	100.0	100.0	100.0	100.0	100.0	100.0	100.0	100.0	100.0	100.0	100.0
11.4	11.1	13.7	20.6	20.9	26.2	27.5	33.5	31.6	37.0	43.8	55.8	63.5	64.6	66.7	100.0	50.0
3.2	3.6	5.4	5.6	10.9	11.0	14.9	16.0	20.2	17.0	19.9	18.1	18.1	23.6	11.1	–	50.0
25.8	27.1	18.5	16.7	11.5	10.0	8.5	9.2	11.5	10.6	10.4	9.9	6.6	4.7	–	–	–
–	–	–	–	–	–	0.1	–	–	0.2	–	–	–	–	–	–	–
42.6	40.6	44.1	34.6	33.4	33.8	30.1	23.7	18.7	17.4	12.6	9.2	5.2	2.4	11.1	–	–
2.3	1.9	3.2	3.7	4.2	3.8	3.9	3.7	4.7	5.1	4.1	2.3	0.9	–	5.6	–	–
3.6	3.2	4.1	4.9	4.4	3.6	2.9	1.0	0.7	0.1	–	0.1	0.2	–	–	–	–
–	–	–	0.2	0.2	–	–	–	–	0.1	0.1	–	–	–	–	–	–
9.7	10.7	8.0	9.8	10.6	8.4	8.2	9.2	10.0	9.4	7.9	4.5	5.5	4.7	5.6	–	–
1.4	1.7	2.4	2.9	2.3	2.9	3.3	3.4	2.5	3.2	1.3	0.1	–	–	–	–	–
–	0.2	0.5	1.0	1.5	0.4	0.5	0.2	0.2	–	–	–	–	–	–	–	–
–	–	–	–	–	–	–	–	–	–	–	–	–	–	–	–	–
100.0	100.0	100.0	100.0	100.0	100.0	100.0	100.0	100.0	100.0	100.0	100.0	100.0	100.0	100.0	–	100.0
9.6	11.1	12.5	18.6	21.6	25.8	25.9	30.8	26.4	25.9	27.1	36.2	44.7	41.5	77.8	–	50.0
2.7	3.5	4.2	4.7	8.1	8.4	11.9	14.1	17.6	15.7	22.4	25.4	31.1	43.1	22.2	–	50.0
28.6	29.5	20.8	17.4	12.1	9.8	6.3	8.1	11.0	13.3	16.3	17.5	12.3	7.7	–	–	–
–	–	–	–	–	–	0.2	–	–	0.3	–	–	–	–	–	–	–
41.6	37.6	41.8	34.2	32.0	33.1	32.7	25.4	21.5	20.3	15.0	9.9	4.5	–	–	–	–
2.5	1.7	3.9	4.1	4.7	4.3	5.2	4.9	6.3	7.0	6.2	4.3	1.6	–	–	–	–
4.1	3.7	5.0	5.6	5.5	4.7	4.0	1.1	1.1	0.1	–	–	0.4	–	–	–	–
–	–	–	0.3	0.2	–	–	–	–	–	–	–	–	–	–	–	–
9.3	10.7	8.6	10.3	11.1	9.8	8.7	10.8	11.9	12.2	10.8	6.5	5.3	7.7	–	–	–
1.6	2.0	2.7	3.5	2.8	3.6	4.3	4.4	3.8	5.2	2.2	0.2	–	–	–	–	–
–	0.2	0.6	1.2	1.9	0.5	0.7	0.3	0.3	–	–	–	–	–	–	–	–
–	–	–	–	–	–	–	–	–	–	–	–	–	–	–	–	–
100.0	100.0	100.0	100.0	100.0	100.0	100.0	100.0	100.0	100.0	100.0	100.0	100.0	100.0	100.0	100.0	–
21.2	10.8	19.2	30.4	18.2	27.3	31.2	40.2	40.3	54.7	65.7	78.6	85.0	88.7	55.6	100.0	–
6.1	4.1	11.0	10.1	23.2	19.6	21.9	20.5	24.5	19.1	16.5	9.7	3.3	3.2	–	–	–
10.1	12.2	8.2	13.0	9.1	10.8	13.5	12.0	12.3	6.2	2.6	1.0	–	1.6	–	–	–
–	–	–	–	–	–	–	–	–	–	–	–	–	–	–	–	–
48.5	59.5	54.8	36.2	39.4	36.1	24.1	19.7	13.9	12.9	9.3	8.4	6.1	4.8	22.2	–	–
1.0	2.7	–	1.4	2.0	2.1	0.8	0.8	2.1	2.0	1.4	–	–	–	11.1	–	–
1.0	–	–	1.4	–	–	0.4	0.8	–	–	–	0.3	–	–	–	–	–
–	–	–	–	–	–	–	–	–	0.2	0.2	–	–	–	–	–	–
12.1	10.8	5.5	7.2	8.1	3.6	7.2	5.4	6.7	4.9	4.1	2.1	5.6	1.6	11.1	–	–
–	–	1.4	–	–	0.5	0.8	0.8	0.3	–	0.2	–	–	–	–	–	–
–	–	–	–	–	–	–	–	–	–	–	–	–	–	–	–	–
–	–	–	–	–	–	–	–	–	–	–	–	–	–	–	–	–

第4表　年次・性・年齢階級（5歳階級）・

Table 4. Trends in traffic deaths and percentage by sex, age

死亡数
Deaths

死因基本分類コード Detailed list of ICD-10 code	交通事故の種類・性 Type of traffic accident, sex	総数 Total	0歳 Years	1	2	3	4	0～4	5～9	10～14	15～19	20～24
	総数 Total											
V01-V98	交通事故	10 913	15	18	26	23	22	104	116	76	650	669
V01-V09	交通事故により受傷した歩行者	3 366	1	11	15	13	15	55	71	30	34	44
V10-V19	交通事故により受傷した自転車乗員	1 491	1	1	2	2	1	7	24	24	61	17
V20-V29	交通事故により受傷したオートバイ乗員	1 627	－	－	－	－	－	－	－	6	324	193
V30-V39	交通事故により受傷したオート三輪車乗員	4	－	－	－	－	－	－	－	－	－	－
V40-V49	交通事故により受傷した乗用車乗員	2 686	11	4	8	6	2	31	16	13	184	319
V50-V59	交通事故により受傷した軽トラック乗員又はバン乗員	315	－	－	－	－	－	－	1	1	5	10
V60-V69	交通事故により受傷した大型輸送車両乗員	176	－	－	－	－	－	－	－	－	－	9
V70-V79	交通事故により受傷したバス乗員	3	－	－	－	－	－	－	－	－	－	－
V80-V89	その他の陸上交通事故	988	1	2	－	1	4	8	1	1	40	65
V90-V94	水上交通事故	228	1	－	1	1	－	3	3	1	2	9
V95-V97	航空及び宇宙交通事故	26	－	－	－	－	－	－	－	－	－	3
V98	その他及び詳細不明の交通事故	3	－	－	－	－	－	－	－	－	－	－
	男 Male											
V01-V98	交通事故	7 565	8	10	18	15	18	69	72	48	514	544
V01-V09	交通事故により受傷した歩行者	1 791	1	6	14	8	14	43	46	17	20	31
V10-V19	交通事故により受傷した自転車乗員	942	－	1	－	2	1	4	14	16	35	11
V20-V29	交通事故により受傷したオートバイ乗員	1 373	－	－	－	－	－	－	－	5	290	171
V30-V39	交通事故により受傷したオート三輪車乗員	3	－	－	－	－	－	－	－	－	－	－
V40-V49	交通事故により受傷した乗用車乗員	1 970	7	2	3	3	1	16	7	8	128	247
V50-V59	交通事故により受傷した軽トラック乗員又はバン乗員	276	－	－	－	－	－	－	1	1	5	10
V60-V69	交通事故により受傷した大型輸送車両乗員	170	－	－	－	－	－	－	－	－	－	9
V70-V79	交通事故により受傷したバス乗員	2	－	－	－	－	－	－	－	－	－	－
V80-V89	その他の陸上交通事故	795	－	1	－	1	2	4	1	1	34	53
V90-V94	水上交通事故	216	－	－	1	1	－	2	3	－	2	9
V95-V97	航空及び宇宙交通事故	25	－	－	－	－	－	－	－	－	－	3
V98	その他及び詳細不明の交通事故	2	－	－	－	－	－	－	－	－	－	－
	女 Female											
V01-V98	交通事故	3 348	7	8	8	8	4	35	44	28	136	125
V01-V09	交通事故により受傷した歩行者	1 575	－	5	1	5	1	12	25	13	14	13
V10-V19	交通事故により受傷した自転車乗員	549	1	－	2	－	－	3	10	8	26	6
V20-V29	交通事故により受傷したオートバイ乗員	254	－	－	－	－	－	－	－	1	34	22
V30-V39	交通事故により受傷したオート三輪車乗員	1	－	－	－	－	－	－	－	－	－	－
V40-V49	交通事故により受傷した乗用車乗員	716	4	2	5	3	1	15	9	5	56	72
V50-V59	交通事故により受傷した軽トラック乗員又はバン乗員	39	－	－	－	－	－	－	－	－	－	－
V60-V69	交通事故により受傷した大型輸送車両乗員	6	－	－	－	－	－	－	－	－	－	－
V70-V79	交通事故により受傷したバス乗員	1	－	－	－	－	－	－	－	－	－	－
V80-V89	その他の陸上交通事故	193	1	1	－	－	2	4	－	－	6	12
V90-V94	水上交通事故	12	1	－	－	－	－	1	－	1	－	－
V95-V97	航空及び宇宙交通事故	1	－	－	－	－	－	－	－	－	－	－
V98	その他及び詳細不明の交通事故	1	－	－	－	－	－	－	－	－	－	－

百分率
Percentage

死因基本分類コード Detailed list of ICD-10 code	交通事故の種類・性 Type of traffic accident, sex	総数 Total	0歳 Years	1	2	3	4	0～4	5～9	10～14	15～19	20～24
	総数 Total											
V01-V98	交通事故	100. 0	100. 0	100. 0	100. 0	100. 0	100. 0	100. 0	100. 0	100. 0	100. 0	100. 0
V01-V09	交通事故により受傷した歩行者	30. 8	6. 7	61. 1	57. 7	56. 5	68. 2	52. 9	61. 2	39. 5	5. 2	6. 6
V10-V19	交通事故により受傷した自転車乗員	13. 7	6. 7	5. 6	7. 7	8. 7	4. 5	6. 7	20. 7	31. 6	9. 4	2. 5
V20-V29	交通事故により受傷したオートバイ乗員	14. 9	－	－	－	－	－	－	－	7. 9	49. 8	28. 8
V30-V39	交通事故により受傷したオート三輪車乗員	0. 0	－	－	－	－	－	－	－	－	－	－
V40-V49	交通事故により受傷した乗用車乗員	24. 6	73. 3	22. 2	30. 8	26. 1	9. 1	29. 8	13. 8	17. 1	28. 3	47. 7
V50-V59	交通事故により受傷した軽トラック乗員又はバン乗員	2. 9	－	－	－	－	－	－	0. 9	1. 3	0. 8	1. 5
V60-V69	交通事故により受傷した大型輸送車両乗員	1. 6	－	－	－	－	－	－	－	－	－	1. 3
V70-V79	交通事故により受傷したバス乗員	0. 0	－	－	－	－	－	－	－	－	－	－
V80-V89	その他の陸上交通事故	9. 1	6. 7	11. 1	－	4. 3	18. 2	7. 7	0. 9	1. 3	6. 2	9. 7
V90-V94	水上交通事故	2. 1	6. 7	－	3. 8	4. 3	－	2. 9	2. 6	1. 3	0. 3	1. 3
V95-V97	航空及び宇宙交通事故	0. 2	－	－	－	－	－	－	－	－	－	0. 4
V98	その他及び詳細不明の交通事故	0. 0	－	－	－	－	－	－	－	－	－	－
	男 Male											
V01-V98	交通事故	100. 0	100. 0	100. 0	100. 0	100. 0	100. 0	100. 0	100. 0	100. 0	100. 0	100. 0
V01-V09	交通事故により受傷した歩行者	23. 7	12. 5	60. 0	77. 8	53. 3	77. 8	62. 3	63. 9	35. 4	3. 9	5. 7
V10-V19	交通事故により受傷した自転車乗員	12. 5	－	10. 0	－	13. 3	5. 6	5. 8	19. 4	33. 3	6. 8	2. 0
V20-V29	交通事故により受傷したオートバイ乗員	18. 1	－	－	－	－	－	－	－	10. 4	56. 4	31. 4
V30-V39	交通事故により受傷したオート三輪車乗員	0. 0	－	－	－	－	－	－	－	－	－	－
V40-V49	交通事故により受傷した乗用車乗員	26. 0	87. 5	20. 0	16. 7	20. 0	5. 6	23. 2	9. 7	16. 7	24. 9	45. 4
V50-V59	交通事故により受傷した軽トラック乗員又はバン乗員	3. 6	－	－	－	－	－	－	1. 4	2. 1	1. 0	1. 8
V60-V69	交通事故により受傷した大型輸送車両乗員	2. 2	－	－	－	－	－	－	－	－	－	1. 7
V70-V79	交通事故により受傷したバス乗員	0. 0	－	－	－	－	－	－	－	－	－	－
V80-V89	その他の陸上交通事故	10. 5	－	10. 0	－	6. 7	11. 1	5. 8	1. 4	2. 1	6. 6	9. 7
V90-V94	水上交通事故	2. 9	－	－	5. 6	6. 7	－	2. 9	4. 2	－	0. 4	1. 7
V95-V97	航空及び宇宙交通事故	0. 3	－	－	－	－	－	－	－	－	－	0. 6
V98	その他及び詳細不明の交通事故	0. 0	－	－	－	－	－	－	－	－	－	－
	女 Female											
V01-V98	交通事故	100. 0	100. 0	100. 0	100. 0	100. 0	100. 0	100. 0	100. 0	100. 0	100. 0	100. 0
V01-V09	交通事故により受傷した歩行者	47. 0	－	62. 5	12. 5	62. 5	25. 0	34. 3	56. 8	46. 4	10. 3	10. 4
V10-V19	交通事故により受傷した自転車乗員	16. 4	14. 3	－	25. 0	－	－	8. 6	22. 7	28. 6	19. 1	4. 8
V20-V29	交通事故により受傷したオートバイ乗員	7. 6	－	－	－	－	－	－	－	3. 6	25. 0	17. 6
V30-V39	交通事故により受傷したオート三輪車乗員	0. 0	－	－	－	－	－	－	－	－	－	－
V40-V49	交通事故により受傷した乗用車乗員	21. 4	57. 1	25. 0	62. 5	37. 5	25. 0	42. 9	20. 5	17. 9	41. 2	57. 6
V50-V59	交通事故により受傷した軽トラック乗員又はバン乗員	1. 2	－	－	－	－	－	－	－	－	－	－
V60-V69	交通事故により受傷した大型輸送車両乗員	0. 2	－	－	－	－	－	－	－	－	－	－
V70-V79	交通事故により受傷したバス乗員	0. 0	－	－	－	－	－	－	－	－	－	－
V80-V89	その他の陸上交通事故	5. 8	14. 3	12. 5	－	－	50. 0	11. 4	－	－	4. 4	9. 6
V90-V94	水上交通事故	0. 4	14. 3	－	－	－	－	2. 9	－	3. 6	－	－
V95-V97	航空及び宇宙交通事故	0. 0	－	－	－	－	－	－	－	－	－	－
V98	その他及び詳細不明の交通事故	0. 0	－	－	－	－	－	－	－	－	－	－

交通事故の種類別交通事故死亡数・百分率　－平成７～20年－

(five-year age group) and type of traffic accident, 1995-2008

平成15年
2003

25～29	30～34	35～39	40～44	45～49	50～54	55～59	60～64	65～69	70～74	75～79	80～84	85～89	90～94	95～99	100～	不詳 Not stated
606	486	362	408	459	703	779	862	1 002	1 097	1 038	837	471	154	18	3	13
74	69	62	82	105	201	223	283	343	413	451	440	268	93	14	1	10
21	18	23	27	35	69	114	140	195	219	212	156	86	38	4	-	1
165	120	88	69	46	54	64	80	83	111	105	76	38	5	-	-	-
-	-	-	-	-	-	1	-	-	1	1	1	-	-	-	-	-
238	193	117	134	148	202	208	202	208	186	142	90	42	12	-	-	1
17	15	11	10	26	30	27	32	40	36	41	10	3	-	-	-	-
17	14	11	13	25	30	25	18	8	4	2	-	-	-	-	-	-
-	-	-	-	1	1	-	-	-	-	-	1	-	-	-	-	-
65	43	44	55	56	83	83	84	95	95	68	60	34	5	-	2	1
7	12	6	15	12	27	31	19	30	31	16	3	-	1	-	-	-
2	1	-	3	5	6	3	3	-	-	-	-	-	-	-	-	-
-	1	-	-	-	-	-	1	-	1	-	-	-	-	-	-	-
507	419	306	332	376	551	568	598	651	636	593	425	236	96	12	1	11
57	56	50	63	85	151	163	186	187	182	167	140	84	45	8	1	9
11	13	16	19	21	47	69	86	114	123	124	104	72	38	4	-	1
151	113	81	59	36	38	43	51	55	79	90	70	36	5	-	-	-
-	-	-	-	-	-	1	-	-	-	1	1	-	-	-	-	-
189	156	97	106	118	155	149	147	146	115	101	56	23	5	-	-	1
15	15	11	8	24	25	21	27	34	27	40	10	2	-	-	-	-
17	12	10	13	25	30	24	18	8	2	2	-	-	-	-	-	-
-	-	-	-	1	1	-	-	-	-	-	-	-	-	-	-	-
60	41	36	47	50	71	65	61	77	80	52	41	19	2	-	-	-
5	11	5	14	12	27	30	19	30	27	16	3	-	1	-	-	-
2	1	-	3	4	6	3	3	-	-	-	-	-	-	-	-	-
-	1	-	-	-	-	-	-	-	1	-	-	-	-	-	-	-
99	67	56	76	83	152	211	264	351	461	445	412	235	58	6	2	2
17	13	12	19	20	50	60	97	156	231	284	300	184	48	6	-	1
10	5	7	8	14	22	45	54	81	96	88	52	14	-	-	-	-
14	7	7	10	10	16	21	29	28	32	15	6	2	-	-	-	-
-	-	-	-	-	-	-	-	-	1	-	-	-	-	-	-	-
49	37	20	28	30	47	59	55	62	71	41	34	19	7	-	-	-
2	-	-	2	2	5	6	5	6	9	1	-	1	-	-	-	-
-	2	1	-	-	-	1	-	-	2	-	-	-	-	-	-	-
-	-	-	-	-	-	-	-	-	-	-	1	-	-	-	-	-
5	2	8	8	6	12	18	23	18	15	16	19	15	3	-	2	1
2	1	1	1	-	-	1	-	-	4	-	-	-	-	-	-	-
-	-	-	-	1	-	-	-	-	-	-	-	-	-	-	-	-
-	-	-	-	-	-	-	1	-	-	-	-	-	-	-	-	-

平成15年
2003

25～29	30～34	35～39	40～44	45～49	50～54	55～59	60～64	65～69	70～74	75～79	80～84	85～89	90～94	95～99	100～	不詳 Not stated
100.0	100.0	100.0	100.0	100.0	100.0	100.0	100.0	100.0	100.0	100.0	100.0	100.0	100.0	100.0	100.0	100.0
12.2	14.2	17.1	20.1	22.9	28.6	28.6	32.8	34.2	37.6	43.4	52.6	56.9	60.4	77.8	33.3	76.9
3.5	3.7	6.4	6.6	7.6	9.8	14.6	16.2	19.5	20.0	20.4	18.6	18.3	24.7	22.2	-	7.7
27.2	24.7	24.3	16.9	10.0	7.7	8.2	9.3	8.3	10.1	10.1	9.1	8.1	3.2	-	-	-
-	-	-	-	-	-	0.1	-	-	0.1	0.1	0.1	-	-	-	-	-
39.3	39.7	32.3	32.8	32.2	28.7	26.7	23.4	20.8	17.0	13.7	10.8	8.9	7.8	-	-	7.7
2.8	3.1	3.0	2.5	5.7	4.3	3.5	3.7	4.0	3.3	3.9	1.2	0.6	-	-	-	-
2.8	2.9	3.0	3.2	5.4	4.3	3.2	2.1	0.8	0.4	0.2	-	-	-	-	-	-
-	-	-	-	0.2	0.1	-	-	-	-	-	0.1	-	-	-	-	-
10.7	8.8	12.2	13.5	12.2	11.8	10.7	9.7	9.5	8.7	6.6	7.2	7.2	3.2	-	66.7	7.7
1.2	2.5	1.7	3.7	2.6	3.8	4.0	2.2	3.0	2.8	1.5	0.4	-	0.6	-	-	-
0.3	0.2	-	0.7	1.1	0.9	0.4	0.3	-	-	-	-	-	-	-	-	-
-	0.2	-	-	-	-	-	0.1	-	0.1	-	-	-	-	-	-	-
100.0	100.0	100.0	100.0	100.0	100.0	100.0	100.0	100.0	100.0	100.0	100.0	100.0	100.0	100.0	100.0	100.0
11.2	13.4	16.3	19.0	22.6	27.4	28.7	31.1	28.7	28.6	28.2	32.9	35.6	46.9	66.7	100.0	81.8
2.2	3.1	5.2	5.7	5.6	8.5	12.1	14.4	17.5	19.3	20.9	24.5	30.5	39.6	33.3	-	9.1
29.8	27.0	26.5	17.8	9.6	6.9	7.6	8.5	8.4	12.4	15.2	16.5	15.3	5.2	-	-	-
-	-	-	-	-	-	0.2	-	-	-	0.2	0.2	-	-	-	-	-
37.3	37.2	31.7	31.9	31.4	28.1	26.2	24.6	22.4	18.1	17.0	13.2	9.7	5.2	-	-	9.1
3.0	3.6	3.6	2.4	6.4	4.5	3.7	4.5	5.2	4.2	6.7	2.4	0.8	-	-	-	-
3.4	2.9	3.3	3.9	6.6	5.4	4.2	3.0	1.2	0.3	0.3	-	-	-	-	-	-
-	-	-	-	0.3	0.2	-	-	-	-	-	-	-	-	-	-	-
11.8	9.8	11.8	14.2	13.3	12.9	11.4	10.2	11.8	12.6	8.8	9.6	8.1	2.1	-	-	-
1.0	2.6	1.6	4.2	3.2	4.9	5.3	3.2	4.6	4.2	2.7	0.7	-	1.0	-	-	-
0.4	0.2	-	0.9	1.1	1.1	0.5	0.5	-	-	-	-	-	-	-	-	-
-	0.2	-	-	-	-	-	-	-	0.2	-	-	-	-	-	-	-
100.0	100.0	100.0	100.0	100.0	100.0	100.0	100.0	100.0	100.0	100.0	100.0	100.0	100.0	100.0	100.0	100.0
17.2	19.4	21.4	25.0	24.1	32.9	28.4	36.7	44.4	50.1	63.8	72.8	78.3	82.8	100.0	-	50.0
10.1	7.5	12.5	10.5	16.9	14.5	21.3	20.5	23.1	20.8	19.8	12.6	6.0	-	-	-	-
14.1	10.4	12.5	13.2	12.0	10.5	10.0	11.0	8.0	6.9	3.4	1.5	0.9	-	-	-	-
-	-	-	-	-	-	-	-	-	0.2	-	-	-	-	-	-	-
49.5	55.2	35.7	36.8	36.1	30.9	28.0	20.8	17.7	15.4	9.2	8.3	8.1	12.1	-	-	-
2.0	-	-	2.6	2.4	3.3	2.8	1.9	1.7	2.0	0.2	-	0.4	-	-	-	-
-	3.0	1.8	-	-	-	0.5	-	-	0.4	-	-	-	-	-	-	-
-	-	-	-	-	-	-	-	-	-	-	0.2	-	-	-	-	-
5.1	3.0	14.3	10.5	7.2	7.9	8.5	8.7	5.1	3.3	3.6	4.6	6.4	5.2	-	100.0	50.0
2.0	1.5	1.8	1.3	-	-	0.5	-	-	0.9	-	-	-	-	-	-	-
-	-	-	-	1.2	-	-	-	-	-	-	-	-	-	-	-	-
-	-	-	-	-	-	-	0.4	-	-	-	-	-	-	-	-	-

第４表　年次・性・年齢階級（５歳階級）・

Table 4. Trends in traffic deaths and percentage by sex, age

死亡数
Deaths

死因基本分類コード Detailed list of ICD-10 code	交通事故の種類・性 Type of traffic accident, sex	総数 Total	0歳 Years	1	2	3	4	0～4	5～9	10～14	15～19	20～24
	総数 Total											
V01-V98	交通事故	10 551	12	25	38	23	22	120	110	73	568	626
V01-V09	交通事故により受傷した歩行者	3 240	1	18	26	15	14	74	49	16	40	39
V10-V19	交通事故により受傷した自転車乗員	1 370	−	−	3	2	1	6	28	33	50	20
V20-V29	交通事故により受傷したオートバイ乗員	1 550	−	−	−	−	−	−	−	7	245	181
V30-V39	交通事故により受傷したオート三輪車乗員	5	−	−	−	−	−	−	−	−	−	−
V40-V49	交通事故により受傷した乗用車乗員	2 527	7	6	8	4	5	30	24	13	177	298
V50-V59	交通事故により受傷した軽トラック乗員又はバン乗員	331	−	1	−	−	−	1	1	−	3	5
V60-V69	交通事故により受傷した大型輸送車両乗員	167	−	−	−	−	−	−	−	−	4	7
V70-V79	交通事故により受傷したバス乗員	7	−	−	−	−	−	−	−	−	−	−
V80-V89	その他の陸上交通事故	1 134	4	−	1	1	2	8	7	4	46	69
V90-V94	水上交通事故	192	−	−	−	1	−	1	1	−	3	6
V95-V97	航空及び宇宙交通事故	28	−	−	−	−	−	−	−	−	−	1
V98	その他及び詳細不明の交通事故	−	−	−	−	−	−	−	−	−	−	−
	男 Male											
V01-V98	交通事故	7 355	7	18	21	14	14	74	79	47	440	492
V01-V09	交通事故により受傷した歩行者	1 706	−	12	17	8	11	48	37	6	25	30
V10-V19	交通事故により受傷した自転車乗員	916	−	−	−	1	1	2	20	26	27	10
V20-V29	交通事故により受傷したオートバイ乗員	1 309	−	−	−	−	−	−	−	6	214	163
V30-V39	交通事故により受傷したオート三輪車乗員	4	−	−	−	−	−	−	−	−	−	−
V40-V49	交通事故により受傷した乗用車乗員	1 850	6	6	3	3	1	19	14	6	132	216
V50-V59	交通事故により受傷した軽トラック乗員又はバン乗員	294	−	−	−	−	−	−	1	−	2	5
V60-V69	交通事故により受傷した大型輸送車両乗員	162	−	−	−	−	−	−	−	−	4	6
V70-V79	交通事故により受傷したバス乗員	5	−	−	−	−	−	−	−	−	−	−
V80-V89	その他の陸上交通事故	905	1	−	1	1	1	4	6	3	34	55
V90-V94	水上交通事故	184	−	−	−	1	−	1	1	−	2	6
V95-V97	航空及び宇宙交通事故	20	−	−	−	−	−	−	−	−	−	1
V98	その他及び詳細不明の交通事故	−	−	−	−	−	−	−	−	−	−	−
	女 Female											
V01-V98	交通事故	3 196	5	7	17	9	8	46	31	26	128	134
V01-V09	交通事故により受傷した歩行者	1 534	1	6	9	7	3	26	12	10	15	9
V10-V19	交通事故により受傷した自転車乗員	454	−	−	3	1	−	4	8	7	23	10
V20-V29	交通事故により受傷したオートバイ乗員	241	−	−	−	−	−	−	−	1	31	18
V30-V39	交通事故により受傷したオート三輪車乗員	1	−	−	−	−	−	−	−	−	−	−
V40-V49	交通事故により受傷した乗用車乗員	677	1	−	5	1	4	11	10	7	45	82
V50-V59	交通事故により受傷した軽トラック乗員又はバン乗員	37	−	1	−	−	−	1	−	−	1	−
V60-V69	交通事故により受傷した大型輸送車両乗員	5	−	−	−	−	−	−	−	−	−	1
V70-V79	交通事故により受傷したバス乗員	2	−	−	−	−	−	−	−	−	−	−
V80-V89	その他の陸上交通事故	229	3	−	−	−	1	4	1	1	12	14
V90-V94	水上交通事故	8	−	−	−	−	−	−	−	−	1	−
V95-V97	航空及び宇宙交通事故	8	−	−	−	−	−	−	−	−	−	−
V98	その他及び詳細不明の交通事故	−	−	−	−	−	−	−	−	−	−	−

百分率
Percentage

死因基本分類コード Detailed list of ICD-10 code	交通事故の種類・性 Type of traffic accident, sex	総数 Total	0歳 Years	1	2	3	4	0～4	5～9	10～14	15～19	20～24
	総数 Total											
V01-V98	交通事故	100.0	100.0	100.0	100.0	100.0	100.0	100.0	100.0	100.0	100.0	100.0
V01-V09	交通事故により受傷した歩行者	30.7	8.3	72.0	68.4	65.2	63.6	61.7	44.5	21.9	7.0	6.2
V10-V19	交通事故により受傷した自転車乗員	13.0	−	−	7.9	8.7	4.5	5.0	25.5	45.2	8.8	3.2
V20-V29	交通事故により受傷したオートバイ乗員	14.7	−	−	−	−	−	−	−	9.6	43.1	28.9
V30-V39	交通事故により受傷したオート三輪車乗員	0.0	−	−	−	−	−	−	−	−	−	−
V40-V49	交通事故により受傷した乗用車乗員	24.0	58.3	24.0	21.1	17.4	22.7	25.0	21.8	17.8	31.2	47.6
V50-V59	交通事故により受傷した軽トラック乗員又はバン乗員	3.1	−	4.0	−	−	−	0.8	0.9	−	0.5	0.8
V60-V69	交通事故により受傷した大型輸送車両乗員	1.6	−	−	−	−	−	−	−	−	0.7	1.1
V70-V79	交通事故により受傷したバス乗員	0.1	−	−	−	−	−	−	−	−	−	−
V80-V89	その他の陸上交通事故	10.7	33.3	−	2.6	4.3	9.1	6.7	6.4	5.5	8.1	11.0
V90-V94	水上交通事故	1.8	−	−	−	4.3	−	0.8	0.9	−	0.5	1.0
V95-V97	航空及び宇宙交通事故	0.3	−	−	−	−	−	−	−	−	−	0.2
V98	その他及び詳細不明の交通事故	−	−	−	−	−	−	−	−	−	−	−
	男 Male											
V01-V98	交通事故	100.0	100.0	100.0	100.0	100.0	100.0	100.0	100.0	100.0	100.0	100.0
V01-V09	交通事故により受傷した歩行者	23.2	−	66.7	81.0	57.1	78.6	64.9	46.8	12.8	5.7	6.1
V10-V19	交通事故により受傷した自転車乗員	12.5	−	−	−	7.1	7.1	2.7	25.3	55.3	6.1	2.0
V20-V29	交通事故により受傷したオートバイ乗員	17.8	−	−	−	−	−	−	−	12.8	48.6	33.1
V30-V39	交通事故により受傷したオート三輪車乗員	0.1	−	−	−	−	−	−	−	−	−	−
V40-V49	交通事故により受傷した乗用車乗員	25.2	85.7	33.3	14.3	21.4	7.1	25.7	17.7	12.8	30.0	43.9
V50-V59	交通事故により受傷した軽トラック乗員又はバン乗員	4.0	−	−	−	−	−	−	1.3	−	0.5	1.0
V60-V69	交通事故により受傷した大型輸送車両乗員	2.2	−	−	−	−	−	−	−	−	0.9	1.2
V70-V79	交通事故により受傷したバス乗員	0.1	−	−	−	−	−	−	−	−	−	−
V80-V89	その他の陸上交通事故	12.3	14.3	−	4.8	7.1	7.1	5.4	7.6	6.4	7.7	11.2
V90-V94	水上交通事故	2.5	−	−	−	7.1	−	1.4	1.3	−	0.5	1.2
V95-V97	航空及び宇宙交通事故	0.3	−	−	−	−	−	−	−	−	−	0.2
V98	その他及び詳細不明の交通事故	−	−	−	−	−	−	−	−	−	−	−
	女 Female											
V01-V98	交通事故	100.0	100.0	100.0	100.0	100.0	100.0	100.0	100.0	100.0	100.0	100.0
V01-V09	交通事故により受傷した歩行者	48.0	20.0	85.7	52.9	77.8	37.5	56.5	38.7	38.5	11.7	6.7
V10-V19	交通事故により受傷した自転車乗員	14.2	−	−	17.6	11.1	−	8.7	25.8	26.9	18.0	7.5
V20-V29	交通事故により受傷したオートバイ乗員	7.5	−	−	−	−	−	−	−	3.8	24.2	13.4
V30-V39	交通事故により受傷したオート三輪車乗員	0.0	−	−	−	−	−	−	−	−	−	−
V40-V49	交通事故により受傷した乗用車乗員	21.2	20.0	−	29.4	11.1	50.0	23.9	32.3	26.9	35.2	61.2
V50-V59	交通事故により受傷した軽トラック乗員又はバン乗員	1.2	−	14.3	−	−	−	2.2	−	−	0.8	−
V60-V69	交通事故により受傷した大型輸送車両乗員	0.2	−	−	−	−	−	−	−	−	−	0.7
V70-V79	交通事故により受傷したバス乗員	0.1	−	−	−	−	−	−	−	−	−	−
V80-V89	その他の陸上交通事故	7.2	60.0	−	−	−	12.5	8.7	3.2	3.8	9.4	10.4
V90-V94	水上交通事故	0.3	−	−	−	−	−	−	−	−	0.8	−
V95-V97	航空及び宇宙交通事故	0.3	−	−	−	−	−	−	−	−	−	−
V98	その他及び詳細不明の交通事故	−	−	−	−	−	−	−	−	−	−	−

交通事故の種類別交通事故死亡数・百分率 －平成７～20年－
(five-year age group) and type of traffic accident, 1995-2008

平成16年 2004

25～29	30～34	35～39	40～44	45～49	50～54	55～59	60～64	65～69	70～74	75～79	80～84	85～89	90～94	95～99	100～	不詳 Not stated
517	497	404	339	432	631	777	841	898	1 133	1 143	852	428	132	20	-	10
62	63	67	56	101	156	224	270	312	451	491	420	246	87	10	-	6
17	16	16	30	37	67	111	117	169	201	214	144	72	14	7	-	1
131	149	103	59	41	66	62	79	91	112	109	76	32	6	1	-	-
-	1	-	-	-	-	1	-	1	1	1	-	-	-	-	-	-
220	166	139	108	137	181	202	204	150	169	148	102	42	15	2	-	-
13	19	7	18	24	30	25	37	29	48	40	27	3	1	-	-	-
16	22	19	13	7	17	25	16	6	7	6	2	-	-	-	-	-
1	-	-	-	1	-	-	2	-	-	1	1	1	-	-	-	-
48	45	43	45	68	97	91	88	115	128	117	74	30	8	-	-	3
7	10	7	6	12	15	33	25	25	16	16	6	2	1	-	-	-
2	6	3	4	4	2	3	3	-	-	-	-	-	-	-	-	-
-	-	-	-	-	-	-	-	-	-	-	-	-	-	-	-	-
431	430	327	289	336	494	581	622	584	697	649	474	227	61	11	-	10
45	52	54	47	78	118	155	184	179	212	178	138	83	28	3	-	6
10	11	8	19	25	49	71	78	102	124	141	108	63	14	7	-	1
121	143	95	56	37	51	45	50	60	76	82	72	31	6	1	-	-
-	1	-	-	-	-	1	-	1	1	-	-	-	-	-	-	-
176	133	108	84	94	136	153	166	101	115	94	70	25	8	-	-	-
12	18	6	18	21	25	24	29	23	46	37	23	3	1	-	-	-
14	22	17	13	7	17	25	16	6	7	6	2	-	-	-	-	-
1	-	-	-	1	-	-	2	-	-	1	-	-	-	-	-	-
44	39	29	42	59	81	72	70	90	100	94	55	21	4	-	-	3
7	9	7	6	11	15	33	25	22	16	16	6	1	-	-	-	-
1	2	3	4	3	2	2	2	-	-	-	-	-	-	-	-	-
-	-	-	-	-	-	-	-	-	-	-	-	-	-	-	-	-
86	67	77	50	96	137	196	219	314	436	494	378	201	71	9	-	-
17	11	13	9	23	38	69	86	133	239	313	282	163	59	7	-	-
7	5	8	11	12	18	40	39	67	77	73	36	9	-	-	-	-
10	6	8	3	4	15	17	29	31	36	27	4	1	-	-	-	-
-	-	-	-	-	-	-	-	-	-	1	-	-	-	-	-	-
44	33	31	24	43	45	49	38	49	54	54	32	17	7	2	-	-
1	1	1	-	3	5	1	8	6	2	3	4	-	-	-	-	-
2	-	2	-	-	-	-	-	-	-	-	-	-	-	-	-	-
-	-	-	-	-	-	-	-	-	-	-	1	1	-	-	-	-
4	6	14	3	9	16	19	18	25	28	23	19	9	4	-	-	-
-	1	-	-	1	-	-	-	3	-	-	-	1	1	-	-	-
1	4	-	-	1	-	1	1	-	-	-	-	-	-	-	-	-
-	-	-	-	-	-	-	-	-	-	-	-	-	-	-	-	-

平成16年 2004

25～29	30～34	35～39	40～44	45～49	50～54	55～59	60～64	65～69	70～74	75～79	80～84	85～89	90～94	95～99	100～	不詳 Not stated
100.0	100.0	100.0	100.0	100.0	100.0	100.0	100.0	100.0	100.0	100.0	100.0	100.0	100.0	100.0	-	100.0
12.0	12.7	16.6	16.5	23.4	24.7	28.8	32.1	34.7	39.8	43.0	49.3	57.5	65.9	50.0	-	60.0
3.3	3.2	4.0	8.8	8.6	10.6	14.3	13.9	18.8	17.7	18.7	16.9	16.8	10.6	35.0	-	10.0
25.3	30.0	25.5	17.4	9.5	10.5	8.0	9.4	10.1	9.9	9.5	8.9	7.5	4.5	5.0	-	-
-	0.2	-	-	-	-	0.1	-	0.1	0.1	0.1	-	-	-	-	-	-
42.6	33.4	34.4	31.9	31.7	28.7	26.0	24.3	16.7	14.9	12.9	12.0	9.8	11.4	10.0	-	-
2.5	3.8	1.7	5.3	5.6	4.8	3.2	4.4	3.2	4.2	3.5	3.2	0.7	0.8	-	-	-
3.1	4.4	4.7	3.8	1.6	2.7	3.2	1.9	0.7	0.6	0.5	0.2	-	-	-	-	-
0.2	-	-	-	0.2	-	-	0.2	-	-	0.1	0.1	0.2	-	-	-	-
9.3	9.1	10.6	13.3	15.7	15.4	11.7	10.5	12.8	11.3	10.2	8.7	7.0	6.1	-	-	30.0
1.4	2.0	1.7	1.8	2.8	2.4	4.2	3.0	2.8	1.4	1.4	0.7	0.5	0.8	-	-	-
0.4	1.2	0.7	1.2	0.9	0.3	0.4	0.4	-	-	-	-	-	-	-	-	-
-	-	-	-	-	-	-	-	-	-	-	-	-	-	-	-	-
100.0	100.0	100.0	100.0	100.0	100.0	100.0	100.0	100.0	100.0	100.0	100.0	100.0	100.0	100.0	-	100.0
10.4	12.1	16.5	16.3	23.2	23.9	26.7	29.6	30.7	30.4	27.4	29.1	36.6	45.9	27.3	-	60.0
2.3	2.6	2.4	6.6	7.4	9.9	12.2	12.5	17.5	17.8	21.7	22.8	27.8	23.0	63.6	-	10.0
28.1	33.3	29.1	19.4	11.0	10.3	7.7	8.0	10.3	10.9	12.6	15.2	13.7	9.8	9.1	-	-
-	0.2	-	-	-	-	0.2	-	0.2	0.1	-	-	-	-	-	-	-
40.8	30.9	33.0	29.1	28.0	27.5	26.3	26.7	17.3	16.5	14.5	14.8	11.0	13.1	-	-	-
2.8	4.2	1.8	6.2	6.3	5.1	4.1	4.7	3.9	6.6	5.7	4.9	1.3	1.6	-	-	-
3.2	5.1	5.2	4.5	2.1	3.4	4.3	2.6	1.0	1.0	0.9	0.4	-	-	-	-	-
0.2	-	-	-	0.3	-	-	0.3	-	-	0.2	-	-	-	-	-	-
10.2	9.1	8.9	14.5	17.6	16.4	12.4	11.3	15.4	14.3	14.5	11.6	9.3	6.6	-	-	30.0
1.6	2.1	2.1	2.1	3.3	3.0	5.7	4.0	3.8	2.3	2.5	1.3	0.4	-	-	-	-
0.2	0.5	0.9	1.4	0.9	0.4	0.3	0.3	-	-	-	-	-	-	-	-	-
-	-	-	-	-	-	-	-	-	-	-	-	-	-	-	-	-
100.0	100.0	100.0	100.0	100.0	100.0	100.0	100.0	100.0	100.0	100.0	100.0	100.0	100.0	100.0	-	-
19.8	16.4	16.9	18.0	24.0	27.7	35.2	39.3	42.4	54.8	63.4	74.6	81.1	83.1	77.8	-	-
8.1	7.5	10.4	22.0	12.5	13.1	20.4	17.8	21.3	17.7	14.8	9.5	4.5	-	-	-	-
11.6	9.0	10.4	6.0	4.2	10.9	8.7	13.2	9.9	8.3	5.5	1.1	0.5	-	-	-	-
-	-	-	-	-	-	-	-	-	-	0.2	-	-	-	-	-	-
51.2	49.3	40.3	48.0	44.8	32.8	25.0	17.4	15.6	12.4	10.9	8.5	8.5	9.9	22.2	-	-
1.2	1.5	1.3	-	3.1	3.6	0.5	3.7	1.9	0.5	0.6	1.1	-	-	-	-	-
2.3	-	2.6	-	-	-	-	-	-	-	-	-	-	-	-	-	-
-	-	-	-	-	-	-	-	-	-	-	0.3	0.5	-	-	-	-
4.7	9.0	18.2	6.0	9.4	11.7	9.7	8.2	8.0	6.4	4.7	5.0	4.5	5.6	-	-	-
-	1.5	-	-	1.0	-	-	-	1.0	-	-	-	0.5	1.4	-	-	-
1.2	6.0	-	-	1.0	-	0.5	0.5	-	-	-	-	-	-	-	-	-
-	-	-	-	-	-	-	-	-	-	-	-	-	-	-	-	-

第4表　年次・性・年齢階級（5歳階級）・

Table 4. Trends in traffic deaths and percentage by sex, age

死亡数
Deaths

死因基本分類コード Detailed list of ICD-10 code	交通事故の種類・性 Type of traffic accident, sex	総数 Total	0歳 Years	1	2	3	4	0〜4	5〜9	10〜14	15〜19	20〜24
	総数 Total											
V01-V98	交通事故	10 028	11	18	27	18	8	82	109	71	461	602
V01-V09	交通事故により受傷した歩行者	3 033	−	13	18	13	5	49	63	22	41	43
V10-V19	交通事故により受傷した自転車乗員	1 318	1	1	−	1	2	5	26	25	36	27
V20-V29	交通事故により受傷したオートバイ乗員	1 422	−	−	−	−	−	−	−	5	173	166
V30-V39	交通事故により受傷したオート三輪車乗員	3	−	−	−	−	−	−	−	−	−	−
V40-V49	交通事故により受傷した乗用車乗員	2 376	9	3	8	3	1	24	13	13	157	276
V50-V59	交通事故により受傷した軽トラック乗員又はバン乗員	318	−	−	−	−	−	−	2	−	2	16
V60-V69	交通事故により受傷した大型輸送車両乗員	165	−	−	−	−	−	−	−	−	1	6
V70-V79	交通事故により受傷したバス乗員	6	−	−	−	−	−	−	−	1	1	−
V80-V89	その他の陸上交通事故	1 170	1	1	1	1	−	4	4	3	43	64
V90-V94	水上交通事故	192	−	−	−	−	−	−	1	2	6	2
V95-V97	航空及び宇宙交通事故	25	−	−	−	−	−	−	−	−	1	2
V98	その他及び詳細不明の交通事故	−	−	−	−	−	−	−	−	−	−	−
	男 Male											
V01-V98	交通事故	7 015	8	12	11	9	3	43	80	47	362	484
V01-V09	交通事故により受傷した歩行者	1 615	−	9	6	7	3	25	46	12	33	36
V10-V19	交通事故により受傷した自転車乗員	872	1	−	−	1	−	2	19	19	24	13
V20-V29	交通事故により受傷したオートバイ乗員	1 185	−	−	−	−	−	−	−	4	152	148
V30-V39	交通事故により受傷したオート三輪車乗員	1	−	−	−	−	−	−	−	−	−	−
V40-V49	交通事故により受傷した乗用車乗員	1 750	7	2	5	1	−	15	9	9	117	210
V50-V59	交通事故により受傷した軽トラック乗員又はバン乗員	291	−	−	−	−	−	−	2	−	2	16
V60-V69	交通事故により受傷した大型輸送車両乗員	161	−	−	−	−	−	−	−	−	1	6
V70-V79	交通事故により受傷したバス乗員	4	−	−	−	−	−	−	−	−	1	−
V80-V89	その他の陸上交通事故	936	−	1	−	−	−	1	3	2	28	52
V90-V94	水上交通事故	176	−	−	−	−	−	−	1	1	3	2
V95-V97	航空及び宇宙交通事故	24	−	−	−	−	−	−	−	−	1	1
V98	その他及び詳細不明の交通事故	−	−	−	−	−	−	−	−	−	−	−
	女 Female											
V01-V98	交通事故	3 013	3	6	16	9	5	39	29	24	99	118
V01-V09	交通事故により受傷した歩行者	1 418	−	4	12	6	2	24	17	10	8	7
V10-V19	交通事故により受傷した自転車乗員	446	−	1	−	−	2	3	7	6	12	14
V20-V29	交通事故により受傷したオートバイ乗員	237	−	−	−	−	−	−	−	1	21	18
V30-V39	交通事故により受傷したオート三輪車乗員	2	−	−	−	−	−	−	−	−	−	−
V40-V49	交通事故により受傷した乗用車乗員	626	2	1	3	2	1	9	4	4	40	66
V50-V59	交通事故により受傷した軽トラック乗員又はバン乗員	27	−	−	−	−	−	−	−	−	−	−
V60-V69	交通事故により受傷した大型輸送車両乗員	4	−	−	−	−	−	−	−	−	−	−
V70-V79	交通事故により受傷したバス乗員	2	−	−	−	−	−	−	−	1	−	−
V80-V89	その他の陸上交通事故	234	1	−	1	1	−	3	1	1	15	12
V90-V94	水上交通事故	16	−	−	−	−	−	−	−	1	3	−
V95-V97	航空及び宇宙交通事故	1	−	−	−	−	−	−	−	−	−	1
V98	その他及び詳細不明の交通事故	−	−	−	−	−	−	−	−	−	−	−

百分率
Percentage

死因基本分類コード Detailed list of ICD-10 code	交通事故の種類・性 Type of traffic accident, sex	総数 Total	0歳 Years	1	2	3	4	0〜4	5〜9	10〜14	15〜19	20〜24
	総数 Total											
V01-V98	交通事故	100.0	100.0	100.0	100.0	100.0	100.0	100.0	100.0	100.0	100.0	100.0
V01-V09	交通事故により受傷した歩行者	30.2	−	72.2	66.7	72.2	62.5	59.8	57.8	31.0	8.9	7.1
V10-V19	交通事故により受傷した自転車乗員	13.1	9.1	5.6	−	5.6	25.0	6.1	23.9	35.2	7.8	4.5
V20-V29	交通事故により受傷したオートバイ乗員	14.2	−	−	−	−	−	−	−	7.0	37.5	27.6
V30-V39	交通事故により受傷したオート三輪車乗員	0.0	−	−	−	−	−	−	−	−	−	−
V40-V49	交通事故により受傷した乗用車乗員	23.7	81.8	16.7	29.6	16.7	12.5	29.3	11.9	18.3	34.1	45.8
V50-V59	交通事故により受傷した軽トラック乗員又はバン乗員	3.2	−	−	−	−	−	−	1.8	−	0.4	2.7
V60-V69	交通事故により受傷した大型輸送車両乗員	1.6	−	−	−	−	−	−	−	−	0.2	1.0
V70-V79	交通事故により受傷したバス乗員	0.1	−	−	−	−	−	−	−	1.4	0.2	−
V80-V89	その他の陸上交通事故	11.7	9.1	5.6	3.7	5.6	−	4.9	3.7	4.2	9.3	10.6
V90-V94	水上交通事故	1.9	−	−	−	−	−	−	0.9	2.8	1.3	0.3
V95-V97	航空及び宇宙交通事故	0.2	−	−	−	−	−	−	−	−	0.2	0.3
V98	その他及び詳細不明の交通事故	−	−	−	−	−	−	−	−	−	−	−
	男 Male											
V01-V98	交通事故	100.0	100.0	100.0	100.0	100.0	100.0	100.0	100.0	100.0	100.0	100.0
V01-V09	交通事故により受傷した歩行者	23.0	−	75.0	54.5	77.8	100.0	58.1	57.5	25.5	9.1	7.4
V10-V19	交通事故により受傷した自転車乗員	12.4	12.5	−	−	11.1	−	4.7	23.8	40.4	6.6	2.7
V20-V29	交通事故により受傷したオートバイ乗員	16.9	−	−	−	−	−	−	−	8.5	42.0	30.6
V30-V39	交通事故により受傷したオート三輪車乗員	0.0	−	−	−	−	−	−	−	−	−	−
V40-V49	交通事故により受傷した乗用車乗員	24.9	87.5	16.7	45.5	11.1	−	34.9	11.3	19.1	32.3	43.4
V50-V59	交通事故により受傷した軽トラック乗員又はバン乗員	4.1	−	−	−	−	−	−	2.5	−	0.6	3.3
V60-V69	交通事故により受傷した大型輸送車両乗員	2.3	−	−	−	−	−	−	−	−	0.3	1.2
V70-V79	交通事故により受傷したバス乗員	0.1	−	−	−	−	−	−	−	−	0.3	−
V80-V89	その他の陸上交通事故	13.3	−	8.3	−	−	−	2.3	3.8	4.3	7.7	10.7
V90-V94	水上交通事故	2.5	−	−	−	−	−	−	1.3	2.1	0.8	0.4
V95-V97	航空及び宇宙交通事故	0.3	−	−	−	−	−	−	−	−	0.3	0.2
V98	その他及び詳細不明の交通事故	−	−	−	−	−	−	−	−	−	−	−
	女 Female											
V01-V98	交通事故	100.0	100.0	100.0	100.0	100.0	100.0	100.0	100.0	100.0	100.0	100.0
V01-V09	交通事故により受傷した歩行者	47.1	−	66.7	75.0	66.7	40.0	61.5	58.6	41.7	8.1	5.9
V10-V19	交通事故により受傷した自転車乗員	14.8	−	16.7	−	−	40.0	7.7	24.1	25.0	12.1	11.9
V20-V29	交通事故により受傷したオートバイ乗員	7.9	−	−	−	−	−	−	−	4.2	21.2	15.3
V30-V39	交通事故により受傷したオート三輪車乗員	0.1	−	−	−	−	−	−	−	−	−	−
V40-V49	交通事故により受傷した乗用車乗員	20.8	66.7	16.7	18.8	22.2	20.0	23.1	13.8	16.7	40.4	55.9
V50-V59	交通事故により受傷した軽トラック乗員又はバン乗員	0.9	−	−	−	−	−	−	−	−	−	−
V60-V69	交通事故により受傷した大型輸送車両乗員	0.1	−	−	−	−	−	−	−	−	−	−
V70-V79	交通事故により受傷したバス乗員	0.1	−	−	−	−	−	−	−	4.2	−	−
V80-V89	その他の陸上交通事故	7.8	33.3	−	6.3	11.1	−	7.7	3.4	4.2	15.2	10.2
V90-V94	水上交通事故	0.5	−	−	−	−	−	−	−	4.2	3.0	−
V95-V97	航空及び宇宙交通事故	0.0	−	−	−	−	−	−	−	−	−	0.8
V98	その他及び詳細不明の交通事故	−	−	−	−	−	−	−	−	−	−	−

平成17年
2005

25～29	30～34	35～39	40～44	45～49	50～54	55～59	60～64	65～69	70～74	75～79	80～84	85～89	90～94	95～99	100～	不詳 Not stated
441	444	418	382	393	608	801	826	864	1 030	1 070	833	417	142	23	1	10
40	69	61	92	80	151	234	254	306	390	392	406	241	77	15	-	7
16	23	21	17	34	70	103	132	147	185	206	146	68	25	3	-	3
131	108	89	71	45	54	73	73	100	107	109	75	32	10	1	-	-
1	-	-	-	-	-	-	-	-	-	1	1	-	-	-	-	-
167	136	137	127	127	167	197	181	159	162	168	98	42	21	3	1	-
10	9	14	8	16	29	37	33	37	38	37	20	8	2	-	-	-
14	13	28	13	19	17	26	11	6	5	4	1	1	-	-	-	-
-	-	-	-	-	-	1	2	-	-	1	-	-	-	-	-	-
52	73	54	50	59	97	100	109	85	119	143	79	24	7	1	-	-
9	11	11	2	10	20	26	29	23	23	9	7	1	-	-	-	-
1	2	3	2	3	3	4	2	1	1	-	-	-	-	-	-	-
-	-	-	-	-	-	-	-	-	-	-	-	-	-	-	-	-
371	380	360	321	311	474	593	589	541	639	681	455	198	69	8	-	9
32	56	54	71	59	115	165	172	168	194	165	126	57	19	4	-	6
11	19	15	11	26	46	64	76	85	104	137	108	62	25	3	-	3
128	103	86	65	42	48	46	42	54	67	91	66	32	10	1	-	-
-	-	-	-	-	-	-	-	-	-	-	1	-	-	-	-	-
127	110	105	107	92	120	147	134	105	115	124	71	23	10	-	-	-
10	9	14	7	15	27	34	28	33	34	34	18	6	2	-	-	-
14	12	28	13	18	16	25	11	6	5	4	1	1	-	-	-	-
-	-	-	-	-	-	1	1	-	-	1	-	-	-	-	-	-
40	59	46	43	47	79	82	95	69	96	118	57	16	3	-	-	-
8	10	9	2	9	20	25	28	20	23	7	7	1	-	-	-	-
1	2	3	2	3	3	4	2	1	1	-	-	-	-	-	-	-
-	-	-	-	-	-	-	-	-	-	-	-	-	-	-	-	-
70	64	58	61	82	134	208	237	323	391	389	378	219	73	15	1	1
8	13	7	21	21	36	69	82	138	196	227	280	184	58	11	-	1
5	4	6	6	8	24	39	56	62	81	69	38	6	-	-	-	-
3	5	3	6	3	6	27	31	46	40	18	9	-	-	-	-	-
1	-	-	-	-	-	-	-	-	-	1	-	-	-	-	-	-
40	26	32	20	35	47	50	47	54	47	44	27	19	11	3	1	-
-	-	-	1	1	2	3	5	4	4	3	2	2	-	-	-	-
-	1	-	-	1	1	1	-	-	-	-	-	-	-	-	-	-
-	-	-	-	-	-	-	1	-	-	-	-	-	-	-	-	-
12	14	8	7	12	18	18	14	16	23	25	22	8	4	1	-	-
1	1	2	-	1	-	1	1	3	-	2	-	-	-	-	-	-
-	-	-	-	-	-	-	-	-	-	-	-	-	-	-	-	-
-	-	-	-	-	-	-	-	-	-	-	-	-	-	-	-	-

平成17年
2005

25～29	30～34	35～39	40～44	45～49	50～54	55～59	60～64	65～69	70～74	75～79	80～84	85～89	90～94	95～99	100～	不詳 Not stated
100.0	100.0	100.0	100.0	100.0	100.0	100.0	100.0	100.0	100.0	100.0	100.0	100.0	100.0	100.0	100.0	100.0
9.1	15.5	14.6	24.1	20.4	24.8	29.2	30.8	35.4	37.9	36.6	48.7	57.8	54.2	65.2	-	70.0
3.6	5.2	5.0	4.5	8.7	11.5	12.9	16.0	17.0	18.0	19.3	17.5	16.3	17.6	13.0	-	30.0
29.7	24.3	21.3	18.6	11.5	8.9	9.1	8.8	11.6	10.4	10.2	9.0	7.7	7.0	4.3	-	-
0.2	-	-	-	-	-	-	-	-	-	0.1	0.1	-	-	-	-	-
37.9	30.6	32.8	33.2	32.3	27.5	24.6	21.9	18.4	15.7	15.7	11.8	10.1	14.8	13.0	100.0	-
2.3	2.0	3.3	2.1	4.1	4.8	4.6	4.0	4.3	3.7	3.5	2.4	1.9	1.4	-	-	-
3.2	2.9	6.7	3.4	4.8	2.8	3.2	1.3	0.7	0.5	0.4	0.1	0.2	-	-	-	-
-	-	-	-	-	-	0.1	0.2	-	-	0.1	-	-	-	-	-	-
11.8	16.4	12.9	13.1	15.0	16.0	12.5	13.2	9.8	11.6	13.4	9.5	5.8	4.9	4.3	-	-
2.0	2.5	2.6	0.5	2.5	3.3	3.2	3.5	2.7	2.2	0.8	0.8	0.2	-	-	-	-
0.2	0.5	0.7	0.5	0.8	0.5	0.5	0.2	0.1	0.1	-	-	-	-	-	-	-
-	-	-	-	-	-	-	-	-	-	-	-	-	-	-	-	-
100.0	100.0	100.0	100.0	100.0	100.0	100.0	100.0	100.0	100.0	100.0	100.0	100.0	100.0	100.0	-	100.0
8.6	14.7	15.0	22.1	19.0	24.3	27.8	29.2	31.1	30.4	24.2	27.7	28.8	27.5	50.0	-	66.7
3.0	5.0	4.2	3.4	8.4	9.7	10.8	12.9	15.7	16.3	20.1	23.7	31.3	36.2	37.5	-	33.3
34.5	27.1	23.9	20.2	13.5	10.1	7.8	7.1	10.0	10.5	13.4	14.5	16.2	14.5	12.5	-	-
-	-	-	-	-	-	-	-	-	-	-	0.2	-	-	-	-	-
34.2	28.9	29.2	33.3	29.6	25.3	24.8	22.8	19.4	18.0	18.2	15.6	11.6	14.5	-	-	-
2.7	2.4	3.9	2.2	4.8	5.7	5.7	4.8	6.1	5.3	5.0	4.0	3.0	2.9	-	-	-
3.8	3.2	7.8	4.0	5.8	3.4	4.2	1.9	1.1	0.8	0.6	0.2	0.5	-	-	-	-
-	-	-	-	-	-	0.2	0.2	-	-	0.1	-	-	-	-	-	-
10.8	15.5	12.8	13.4	15.1	16.7	13.8	16.1	12.8	15.0	17.3	12.5	8.1	4.3	-	-	-
2.2	2.6	2.5	0.6	2.9	4.2	4.2	4.8	3.7	3.6	1.0	1.5	0.5	-	-	-	-
0.3	0.5	0.8	0.6	1.0	0.6	0.7	0.3	0.2	0.2	-	-	-	-	-	-	-
-	-	-	-	-	-	-	-	-	-	-	-	-	-	-	-	-
100.0	100.0	100.0	100.0	100.0	100.0	100.0	100.0	100.0	100.0	100.0	100.0	100.0	100.0	100.0	100.0	100.0
11.4	20.3	12.1	34.4	25.6	26.9	33.2	34.6	42.7	50.1	58.4	74.1	84.0	79.5	73.3	-	100.0
7.1	6.3	10.3	9.8	9.8	17.9	18.8	23.6	19.2	20.7	17.7	10.1	2.7	-	-	-	-
4.3	7.8	5.2	9.8	3.7	4.5	13.0	13.1	14.2	10.2	4.6	2.4	-	-	-	-	-
1.4	-	-	-	-	-	-	-	-	-	0.3	-	-	-	-	-	-
57.1	40.6	55.2	32.8	42.7	35.1	24.0	19.8	16.7	12.0	11.3	7.1	8.7	15.1	20.0	100.0	-
-	-	-	1.6	1.2	1.5	1.4	2.1	1.2	1.0	0.8	0.5	0.9	-	-	-	-
-	1.6	-	-	1.2	0.7	0.5	-	-	-	-	-	-	-	-	-	-
-	-	-	-	-	-	-	0.4	-	-	-	-	-	-	-	-	-
17.1	21.9	13.8	11.5	14.6	13.4	8.7	5.9	5.0	5.9	6.4	5.8	3.7	5.5	6.7	-	-
1.4	1.6	3.4	-	1.2	-	0.5	0.4	0.9	-	0.5	-	-	-	-	-	-
-	-	-	-	-	-	-	-	-	-	-	-	-	-	-	-	-
-	-	-	-	-	-	-	-	-	-	-	-	-	-	-	-	-

第４表　年次・性・年齢階級（５歳階級）・

Table 4. Trends in traffic deaths and percentage by sex, age

死亡数
Deaths

死因基本分類コード Detailed list of ICD-10 code	交通事故の種類・性 Type of traffic accident, sex	総数 Total	0歳 Years	1	2	3	4	0～4	5～9	10～14	15～19	20～24
	総数 Total											
V01-V98	交通事故	9 048	10	15	21	17	17	80	85	41	468	484
V01-V09	交通事故により受傷した歩行者	2 837	3	11	15	12	13	54	48	11	36	48
V10-V19	交通事故により受傷した自転車乗員	1 229	-	-	2	-	-	2	20	24	68	18
V20-V29	交通事故により受傷したオートバイ乗員	1 317	-	-	-	-	-	-	-	4	195	143
V30-V39	交通事故により受傷したオート三輪車乗員	2	-	-	-	-	-	-	-	-	-	-
V40-V49	交通事故により受傷した乗用車乗員	2 241	7	4	4	4	4	23	13	1	141	215
V50-V59	交通事故により受傷した軽トラック乗員又はバン乗員	240	-	-	-	-	-	-	1	-	3	6
V60-V69	交通事故により受傷した大型輸送車両乗員	134	-	-	-	-	-	-	-	1	-	8
V70-V79	交通事故により受傷したバス乗員	2	-	-	-	-	-	-	-	-	-	-
V80-V89	その他の陸上交通事故	847	-	-	-	1	-	1	2	-	23	40
V90-V94	水上交通事故	191	-	-	-	-	-	-	1	-	2	6
V95-V97	航空及び宇宙交通事故	8	-	-	-	-	-	-	-	-	-	-
V98	その他及び詳細不明の交通事故	-	-	-	-	-	-	-	-	-	-	-
	男 Male											
V01-V98	交通事故	6 258	6	7	16	13	10	52	56	29	368	405
V01-V09	交通事故により受傷した歩行者	1 457	1	5	13	9	8	36	29	7	20	39
V10-V19	交通事故により受傷した自転車乗員	790	-	-	-	-	-	-	17	18	40	14
V20-V29	交通事故により受傷したオートバイ乗員	1 107	-	-	-	-	-	-	-	2	177	131
V30-V39	交通事故により受傷したオート三輪車乗員	1	-	-	-	-	-	-	-	-	-	-
V40-V49	交通事故により受傷した乗用車乗員	1 656	5	2	3	3	2	15	7	1	106	172
V50-V59	交通事故により受傷した軽トラック乗員又はバン乗員	210	-	-	-	-	-	-	1	-	3	6
V60-V69	交通事故により受傷した大型輸送車両乗員	132	-	-	-	-	-	-	-	1	-	8
V70-V79	交通事故により受傷したバス乗員	1	-	-	-	-	-	-	-	-	-	-
V80-V89	その他の陸上交通事故	714	-	-	-	1	-	1	2	-	20	30
V90-V94	水上交通事故	183	-	-	-	-	-	-	-	-	2	5
V95-V97	航空及び宇宙交通事故	7	-	-	-	-	-	-	-	-	-	-
V98	その他及び詳細不明の交通事故	-	-	-	-	-	-	-	-	-	-	-
	女 Female											
V01-V98	交通事故	2 790	4	8	5	4	7	28	29	12	100	79
V01-V09	交通事故により受傷した歩行者	1 380	2	6	2	3	5	18	19	4	16	9
V10-V19	交通事故により受傷した自転車乗員	439	-	-	2	-	-	2	3	6	28	4
V20-V29	交通事故により受傷したオートバイ乗員	210	-	-	-	-	-	-	-	2	18	12
V30-V39	交通事故により受傷したオート三輪車乗員	1	-	-	-	-	-	-	-	-	-	-
V40-V49	交通事故により受傷した乗用車乗員	585	2	2	1	1	2	8	6	-	35	43
V50-V59	交通事故により受傷した軽トラック乗員又はバン乗員	30	-	-	-	-	-	-	-	-	-	-
V60-V69	交通事故により受傷した大型輸送車両乗員	2	-	-	-	-	-	-	-	-	-	-
V70-V79	交通事故により受傷したバス乗員	1	-	-	-	-	-	-	-	-	-	-
V80-V89	その他の陸上交通事故	133	-	-	-	-	-	-	-	-	3	10
V90-V94	水上交通事故	8	-	-	-	-	-	-	1	-	-	1
V95-V97	航空及び宇宙交通事故	1	-	-	-	-	-	-	-	-	-	-
V98	その他及び詳細不明の交通事故	-	-	-	-	-	-	-	-	-	-	-

百分率
Percentage

死因基本分類コード Detailed list of ICD-10 code	交通事故の種類・性 Type of traffic accident, sex	総数 Total	0歳 Years	1	2	3	4	0～4	5～9	10～14	15～19	20～24
	総数 Total											
V01-V98	交通事故	100.0	100.0	100.0	100.0	100.0	100.0	100.0	100.0	100.0	100.0	100.0
V01-V09	交通事故により受傷した歩行者	31.4	30.0	73.3	71.4	70.6	76.5	67.5	56.5	26.8	7.7	9.9
V10-V19	交通事故により受傷した自転車乗員	13.6	-	-	9.5	-	-	2.5	23.5	58.5	14.5	3.7
V20-V29	交通事故により受傷したオートバイ乗員	14.6	-	-	-	-	-	-	-	9.8	41.7	29.5
V30-V39	交通事故により受傷したオート三輪車乗員	0.0	-	-	-	-	-	-	-	-	-	-
V40-V49	交通事故により受傷した乗用車乗員	24.8	70.0	26.7	19.0	23.5	23.5	28.8	15.3	2.4	30.1	44.4
V50-V59	交通事故により受傷した軽トラック乗員又はバン乗員	2.7	-	-	-	-	-	-	1.2	-	0.6	1.2
V60-V69	交通事故により受傷した大型輸送車両乗員	1.5	-	-	-	-	-	-	-	2.4	-	1.7
V70-V79	交通事故により受傷したバス乗員	0.0	-	-	-	-	-	-	-	-	-	-
V80-V89	その他の陸上交通事故	9.4	-	-	-	5.9	-	1.3	2.4	-	4.9	8.3
V90-V94	水上交通事故	2.1	-	-	-	-	-	-	1.2	-	0.4	1.2
V95-V97	航空及び宇宙交通事故	0.1	-	-	-	-	-	-	-	-	-	-
V98	その他及び詳細不明の交通事故	-	-	-	-	-	-	-	-	-	-	-
	男 Male											
V01-V98	交通事故	100.0	100.0	100.0	100.0	100.0	100.0	100.0	100.0	100.0	100.0	100.0
V01-V09	交通事故により受傷した歩行者	23.3	16.7	71.4	81.3	69.2	80.0	69.2	51.8	24.1	5.4	9.6
V10-V19	交通事故により受傷した自転車乗員	12.6	-	-	-	-	-	-	30.4	62.1	10.9	3.5
V20-V29	交通事故により受傷したオートバイ乗員	17.7	-	-	-	-	-	-	-	6.9	48.1	32.3
V30-V39	交通事故により受傷したオート三輪車乗員	0.0	-	-	-	-	-	-	-	-	-	-
V40-V49	交通事故により受傷した乗用車乗員	26.5	83.3	28.6	18.8	23.1	20.0	28.8	12.5	3.4	28.8	42.5
V50-V59	交通事故により受傷した軽トラック乗員又はバン乗員	3.4	-	-	-	-	-	-	1.8	-	0.8	1.5
V60-V69	交通事故により受傷した大型輸送車両乗員	2.1	-	-	-	-	-	-	-	3.4	-	2.0
V70-V79	交通事故により受傷したバス乗員	0.0	-	-	-	-	-	-	-	-	-	-
V80-V89	その他の陸上交通事故	11.4	-	-	-	7.7	-	1.9	3.6	-	5.4	7.4
V90-V94	水上交通事故	2.9	-	-	-	-	-	-	-	-	0.5	1.2
V95-V97	航空及び宇宙交通事故	0.1	-	-	-	-	-	-	-	-	-	-
V98	その他及び詳細不明の交通事故	-	-	-	-	-	-	-	-	-	-	-
	女 Female											
V01-V98	交通事故	100.0	100.0	100.0	100.0	100.0	100.0	100.0	100.0	100.0	100.0	100.0
V01-V09	交通事故により受傷した歩行者	49.5	50.0	75.0	40.0	75.0	71.4	64.3	65.5	33.3	16.0	11.4
V10-V19	交通事故により受傷した自転車乗員	15.7	-	-	40.0	-	-	7.1	10.3	50.0	28.0	5.1
V20-V29	交通事故により受傷したオートバイ乗員	7.5	-	-	-	-	-	-	-	16.7	18.0	15.2
V30-V39	交通事故により受傷したオート三輪車乗員	0.0	-	-	-	-	-	-	-	-	-	-
V40-V49	交通事故により受傷した乗用車乗員	21.0	50.0	25.0	20.0	25.0	28.6	28.6	20.7	-	35.0	54.4
V50-V59	交通事故により受傷した軽トラック乗員又はバン乗員	1.1	-	-	-	-	-	-	-	-	-	-
V60-V69	交通事故により受傷した大型輸送車両乗員	0.1	-	-	-	-	-	-	-	-	-	-
V70-V79	交通事故により受傷したバス乗員	0.0	-	-	-	-	-	-	-	-	-	-
V80-V89	その他の陸上交通事故	4.8	-	-	-	-	-	-	-	-	3.0	12.7
V90-V94	水上交通事故	0.3	-	-	-	-	-	-	3.4	-	-	1.3
V95-V97	航空及び宇宙交通事故	0.0	-	-	-	-	-	-	-	-	-	-
V98	その他及び詳細不明の交通事故	-	-	-	-	-	-	-	-	-	-	-

交通事故の種類別交通事故死亡数・百分率　－平成７～20年－
(five-year age group) and type of traffic accident, 1995-2008

平成18年 2006

25～29	30～34	35～39	40～44	45～49	50～54	55～59	60～64	65～69	70～74	75～79	80～84	85～89	90～94	95～99	100～	不詳 Not stated
377	372	339	333	352	460	768	719	825	955	1 003	825	405	130	16	2	9
54	51	50	62	81	120	230	222	274	356	423	389	229	79	10	2	8
10	19	18	26	27	45	92	102	156	174	171	163	69	23	2	－	－
95	92	76	72	46	57	67	77	88	92	86	83	38	5	1	－	－
－	－	－	－	－	－	－	－	－	－	1	－	1	－	－	－	－
165	143	116	105	110	143	216	175	168	170	178	112	36	9	2	－	－
6	11	12	7	10	15	31	23	30	30	35	15	3	2	－	－	－
7	14	16	11	17	15	15	9	12	5	4	－	－	－	－	－	－
－	－	－	－	－	－	1	－	－	－	－	－	－	1	－	－	－
36	31	44	41	46	51	81	89	79	95	92	58	26	10	1	－	1
4	9	7	9	15	14	33	20	17	32	13	5	3	1	－	－	－
－	2	－	－	－	－	2	2	1	1	－	－	－	－	－	－	－
－	－	－	－	－	－	－	－	－	－	－	－	－	－	－	－	－
304	326	299	280	288	357	567	516	543	572	598	407	211	64	7	1	8
37	42	42	47	56	86	162	142	152	171	172	107	75	24	3	1	7
8	13	12	19	18	31	61	72	88	90	112	100	54	21	2	－	－
89	90	76	70	42	48	48	41	50	62	68	71	36	5	1	－	－
－	－	－	－	－	－	－	－	－	－	1	－	－	－	－	－	－
124	117	94	80	90	107	150	137	131	114	119	68	20	4	－	－	－
5	9	11	7	9	13	28	19	24	24	32	15	2	2	－	－	－
7	14	16	11	17	15	14	8	12	5	4	－	－	－	－	－	－
－	－	－	－	－	－	1	－	－	－	－	－	－	－	－	－	－
31	30	41	37	41	43	70	76	69	73	78	42	21	7	1	－	1
3	9	7	9	15	14	31	20	16	32	12	4	3	1	－	－	－
－	2	－	－	－	－	2	1	1	1	－	－	－	－	－	－	－
－	－	－	－	－	－	－	－	－	－	－	－	－	－	－	－	－
73	46	40	53	64	103	201	203	282	383	405	418	194	66	9	1	1
17	9	8	15	25	34	68	80	122	185	251	282	154	55	7	1	1
2	6	6	7	9	14	31	30	68	84	59	63	15	2	－	－	－
6	2	－	2	4	9	19	36	38	30	18	12	2	－	－	－	－
－	－	－	－	－	－	－	－	－	－	－	－	1	－	－	－	－
41	26	22	25	20	36	66	38	37	56	59	44	16	5	2	－	－
1	2	1	－	1	2	3	4	6	6	3	－	1	－	－	－	－
－	－	－	－	－	－	1	1	－	－	－	－	－	－	－	－	－
－	－	－	－	－	－	－	－	－	－	－	－	－	1	－	－	－
5	1	3	4	5	8	11	13	10	22	14	16	5	3	－	－	－
1	－	－	－	－	－	2	－	1	－	1	1	－	－	－	－	－
－	－	－	－	－	－	－	1	－	－	－	－	－	－	－	－	－
－	－	－	－	－	－	－	－	－	－	－	－	－	－	－	－	－

平成18年 2006

25～29	30～34	35～39	40～44	45～49	50～54	55～59	60～64	65～69	70～74	75～79	80～84	85～89	90～94	95～99	100～	不詳 Not stated
100.0	100.0	100.0	100.0	100.0	100.0	100.0	100.0	100.0	100.0	100.0	100.0	100.0	100.0	100.0	100.0	100.0
14.3	13.7	14.7	18.6	23.0	26.1	29.9	30.9	33.2	37.3	42.2	47.2	56.5	60.8	62.5	100.0	88.9
2.7	5.1	5.3	7.8	7.7	9.8	12.0	14.2	18.9	18.2	17.0	19.8	17.0	17.7	12.5	－	－
25.2	24.7	22.4	21.6	13.1	12.4	8.7	10.7	10.7	9.6	8.6	10.1	9.4	3.8	6.3	－	－
－	－	－	－	－	－	－	－	－	－	0.1	－	0.2	－	－	－	－
43.8	38.4	34.2	31.5	31.3	31.1	28.1	24.3	20.4	17.8	17.7	13.6	8.9	6.9	12.5	－	－
1.6	3.0	3.5	2.1	2.8	3.3	4.0	3.2	3.6	3.1	3.5	1.8	0.7	1.5	－	－	－
1.9	3.8	4.7	3.3	4.8	3.3	2.0	1.3	1.5	0.5	0.4	－	－	－	－	－	－
－	－	－	－	－	－	0.1	－	－	－	－	－	－	0.8	－	－	－
9.5	8.3	13.0	12.3	13.1	11.1	10.5	12.4	9.6	9.9	9.2	7.0	6.4	7.7	6.3	－	11.1
1.1	2.4	2.1	2.7	4.3	3.0	4.3	2.8	2.1	3.4	1.3	0.6	0.7	0.8	－	－	－
－	0.5	－	－	－	－	0.3	0.3	0.1	0.1	－	－	－	－	－	－	－
－	－	－	－	－	－	－	－	－	－	－	－	－	－	－	－	－
100.0	100.0	100.0	100.0	100.0	100.0	100.0	100.0	100.0	100.0	100.0	100.0	100.0	100.0	100.0	100.0	100.0
12.2	12.9	14.0	16.8	19.4	24.1	28.6	27.5	28.0	29.9	28.8	26.3	35.5	37.5	42.9	100.0	87.5
2.6	4.0	4.0	6.8	6.3	8.7	10.8	14.0	16.2	15.7	18.7	24.6	25.6	32.8	28.6	－	－
29.3	27.6	25.4	25.0	14.6	13.4	8.5	7.9	9.2	10.8	11.4	17.4	17.1	7.8	14.3	－	－
－	－	－	－	－	－	－	－	－	－	0.2	－	－	－	－	－	－
40.8	35.9	31.4	28.6	31.3	30.0	26.5	26.6	24.1	19.9	19.9	16.7	9.5	6.3	－	－	－
1.6	2.8	3.7	2.5	3.1	3.6	4.9	3.7	4.4	4.2	5.4	3.7	0.9	3.1	－	－	－
2.3	4.3	5.4	3.9	5.9	4.2	2.5	1.6	2.2	0.9	0.7	－	－	－	－	－	－
－	－	－	－	－	－	0.2	－	－	－	－	－	－	－	－	－	－
10.2	9.2	13.7	13.2	14.2	12.0	12.3	14.7	12.7	12.8	13.0	10.3	10.0	10.9	14.3	－	12.5
1.0	2.8	2.3	3.2	5.2	3.9	5.5	3.9	2.9	5.6	2.0	1.0	1.4	1.6	－	－	－
－	0.6	－	－	－	－	0.4	0.2	0.2	0.2	－	－	－	－	－	－	－
－	－	－	－	－	－	－	－	－	－	－	－	－	－	－	－	－
100.0	100.0	100.0	100.0	100.0	100.0	100.0	100.0	100.0	100.0	100.0	100.0	100.0	100.0	100.0	100.0	100.0
23.3	19.6	20.0	28.3	39.1	33.0	33.8	39.4	43.3	48.3	62.0	67.5	79.4	83.3	77.8	100.0	100.0
2.7	13.0	15.0	13.2	14.1	13.6	15.4	14.8	24.1	21.9	14.6	15.1	7.7	3.0	－	－	－
8.2	4.3	－	3.8	6.3	8.7	9.5	17.7	13.5	7.8	4.4	2.9	1.0	－	－	－	－
－	－	－	－	－	－	－	－	－	－	－	－	0.5	－	－	－	－
56.2	56.5	55.0	47.2	31.3	35.0	32.8	18.7	13.1	14.6	14.6	10.5	8.2	7.6	22.2	－	－
1.4	4.3	2.5	－	1.6	1.9	1.5	2.0	2.1	1.6	0.7	－	0.5	－	－	－	－
－	－	－	－	－	－	0.5	0.5	－	－	－	－	－	－	－	－	－
－	－	－	－	－	－	－	－	－	－	－	－	－	1.5	－	－	－
6.8	2.2	7.5	7.5	7.8	7.8	5.5	6.4	3.5	5.7	3.5	3.8	2.6	4.5	－	－	－
1.4	－	－	－	－	－	1.0	－	0.4	－	0.2	0.2	－	－	－	－	－
－	－	－	－	－	－	－	0.5	－	－	－	－	－	－	－	－	－
－	－	－	－	－	－	－	－	－	－	－	－	－	－	－	－	－

第4表　年次・性・年齢階級（5歳階級）・

Table 4. Trends in traffic deaths and percentage by sex, age

死亡数
Deaths

死因基本分類コード Detailed list of ICD-10 code	交通事故の種類・性 Type of traffic accident, sex	総数 Total	0歳 Years	1	2	3	4	0～4	5～9	10～14	15～19	20～24
	総数 Total											
V01-V98	交通事故	8 268	7	16	18	11	17	69	61	54	406	433
V01-V09	交通事故により受傷した歩行者	2 691	–	11	14	10	9	44	28	21	35	35
V10-V19	交通事故により受傷した自転車乗員	1 180	–	1	1	–	1	3	14	23	50	14
V20-V29	交通事故により受傷したオートバイ乗員	1 226	–	–	–	–	–	–	1	2	182	131
V30-V39	交通事故により受傷したオート三輪車乗員	–	–	–	–	–	–	–	–	–	–	–
V40-V49	交通事故により受傷した乗用車乗員	1 959	7	4	3	1	6	21	13	6	121	203
V50-V59	交通事故により受傷した軽トラック乗員又はバン乗員	294	–	–	–	–	–	–	–	–	4	10
V60-V69	交通事故により受傷した大型輸送車両乗員	147	–	–	–	–	–	–	1	–	1	4
V70-V79	交通事故により受傷したバス乗員	9	–	–	–	–	–	–	–	–	–	–
V80-V89	その他の陸上交通事故	586	–	–	–	–	1	1	1	2	13	33
V90-V94	水上交通事故	151	–	–	–	–	–	–	3	–	–	2
V95-V97	航空及び宇宙交通事故	25	–	–	–	–	–	–	–	–	–	1
V98	その他及び詳細不明の交通事故	–	–	–	–	–	–	–	–	–	–	–
	男 Male											
V01-V98	交通事故	5 559	5	9	13	6	9	42	40	35	319	341
V01-V09	交通事故により受傷した歩行者	1 365	–	8	11	5	6	30	20	13	17	23
V10-V19	交通事故により受傷した自転車乗員	736	–	–	1	–	–	1	11	18	33	6
V20-V29	交通事故により受傷したオートバイ乗員	1 042	–	–	–	–	–	–	–	–	159	123
V30-V39	交通事故により受傷したオート三輪車乗員	–	–	–	–	–	–	–	–	–	–	–
V40-V49	交通事故により受傷した乗用車乗員	1 375	5	1	1	1	2	10	7	2	92	149
V50-V59	交通事故により受傷した軽トラック乗員又はバン乗員	250	–	–	–	–	–	–	–	–	4	8
V60-V69	交通事故により受傷した大型輸送車両乗員	141	–	–	–	–	–	–	–	–	1	4
V70-V79	交通事故により受傷したバス乗員	6	–	–	–	–	–	–	–	–	–	–
V80-V89	その他の陸上交通事故	476	–	–	–	–	1	1	1	2	13	25
V90-V94	水上交通事故	143	–	–	–	–	–	–	1	–	–	2
V95-V97	航空及び宇宙交通事故	25	–	–	–	–	–	–	–	–	–	1
V98	その他及び詳細不明の交通事故	–	–	–	–	–	–	–	–	–	–	–
	女 Female											
V01-V98	交通事故	2 709	2	7	5	5	8	27	21	19	87	92
V01-V09	交通事故により受傷した歩行者	1 326	–	3	3	5	3	14	8	8	18	12
V10-V19	交通事故により受傷した自転車乗員	444	–	1	–	–	1	2	3	5	17	8
V20-V29	交通事故により受傷したオートバイ乗員	184	–	–	–	–	–	–	1	2	23	8
V30-V39	交通事故により受傷したオート三輪車乗員	–	–	–	–	–	–	–	–	–	–	–
V40-V49	交通事故により受傷した乗用車乗員	584	2	3	2	–	4	11	6	4	29	54
V50-V59	交通事故により受傷した軽トラック乗員又はバン乗員	44	–	–	–	–	–	–	–	–	–	2
V60-V69	交通事故により受傷した大型輸送車両乗員	6	–	–	–	–	–	–	1	–	–	–
V70-V79	交通事故により受傷したバス乗員	3	–	–	–	–	–	–	–	–	–	–
V80-V89	その他の陸上交通事故	110	–	–	–	–	–	–	–	–	–	8
V90-V94	水上交通事故	8	–	–	–	–	–	–	2	–	–	–
V95-V97	航空及び宇宙交通事故	–	–	–	–	–	–	–	–	–	–	–
V98	その他及び詳細不明の交通事故	–	–	–	–	–	–	–	–	–	–	–

百分率
Percentage

死因基本分類コード Detailed list of ICD-10 code	交通事故の種類・性 Type of traffic accident, sex	総数 Total	0歳 Years	1	2	3	4	0～4	5～9	10～14	15～19	20～24
	総数 Total											
V01-V98	交通事故	100.0	100.0	100.0	100.0	100.0	100.0	100.0	100.0	100.0	100.0	100.0
V01-V09	交通事故により受傷した歩行者	32.5	–	68.8	77.8	90.9	52.9	63.8	45.9	38.9	8.6	8.1
V10-V19	交通事故により受傷した自転車乗員	14.3	–	6.3	5.6	–	5.9	4.3	23.0	42.6	12.3	3.2
V20-V29	交通事故により受傷したオートバイ乗員	14.8	–	–	–	–	–	–	1.6	3.7	44.8	30.3
V30-V39	交通事故により受傷したオート三輪車乗員	–	–	–	–	–	–	–	–	–	–	–
V40-V49	交通事故により受傷した乗用車乗員	23.7	100.0	25.0	16.7	9.1	35.3	30.4	21.3	11.1	29.8	46.9
V50-V59	交通事故により受傷した軽トラック乗員又はバン乗員	3.6	–	–	–	–	–	–	–	–	1.0	2.3
V60-V69	交通事故により受傷した大型輸送車両乗員	1.8	–	–	–	–	–	–	1.6	–	0.2	0.9
V70-V79	交通事故により受傷したバス乗員	0.1	–	–	–	–	–	–	–	–	–	–
V80-V89	その他の陸上交通事故	7.1	–	–	–	–	5.9	1.4	1.6	3.7	3.2	7.6
V90-V94	水上交通事故	1.8	–	–	–	–	–	–	4.9	–	–	0.5
V95-V97	航空及び宇宙交通事故	0.3	–	–	–	–	–	–	–	–	–	0.2
V98	その他及び詳細不明の交通事故	–	–	–	–	–	–	–	–	–	–	–
	男 Male											
V01-V98	交通事故	100.0	100.0	100.0	100.0	100.0	100.0	100.0	100.0	100.0	100.0	100.0
V01-V09	交通事故により受傷した歩行者	24.6	–	88.9	84.6	83.3	66.7	71.4	50.0	37.1	5.3	6.7
V10-V19	交通事故により受傷した自転車乗員	13.2	–	–	7.7	–	–	2.4	27.5	51.4	10.3	1.8
V20-V29	交通事故により受傷したオートバイ乗員	18.7	–	–	–	–	–	–	–	–	49.8	36.1
V30-V39	交通事故により受傷したオート三輪車乗員	–	–	–	–	–	–	–	–	–	–	–
V40-V49	交通事故により受傷した乗用車乗員	24.7	100.0	11.1	7.7	16.7	22.2	23.8	17.5	5.7	28.8	43.7
V50-V59	交通事故により受傷した軽トラック乗員又はバン乗員	4.5	–	–	–	–	–	–	–	–	1.3	2.3
V60-V69	交通事故により受傷した大型輸送車両乗員	2.5	–	–	–	–	–	–	–	–	0.3	1.2
V70-V79	交通事故により受傷したバス乗員	0.1	–	–	–	–	–	–	–	–	–	–
V80-V89	その他の陸上交通事故	8.6	–	–	–	–	11.1	2.4	2.5	5.7	4.1	7.3
V90-V94	水上交通事故	2.6	–	–	–	–	–	–	2.5	–	–	0.6
V95-V97	航空及び宇宙交通事故	0.4	–	–	–	–	–	–	–	–	–	0.3
V98	その他及び詳細不明の交通事故	–	–	–	–	–	–	–	–	–	–	–
	女 Female											
V01-V98	交通事故	100.0	100.0	100.0	100.0	100.0	100.0	100.0	100.0	100.0	100.0	100.0
V01-V09	交通事故により受傷した歩行者	48.9	–	42.9	60.0	100.0	37.5	51.9	38.1	42.1	20.7	13.0
V10-V19	交通事故により受傷した自転車乗員	16.4	–	14.3	–	–	12.5	7.4	14.3	26.3	19.5	8.7
V20-V29	交通事故により受傷したオートバイ乗員	6.8	–	–	–	–	–	–	4.8	10.5	26.4	8.7
V30-V39	交通事故により受傷したオート三輪車乗員	–	–	–	–	–	–	–	–	–	–	–
V40-V49	交通事故により受傷した乗用車乗員	21.6	100.0	42.9	40.0	–	50.0	40.7	28.6	21.1	33.3	58.7
V50-V59	交通事故により受傷した軽トラック乗員又はバン乗員	1.6	–	–	–	–	–	–	–	–	–	2.2
V60-V69	交通事故により受傷した大型輸送車両乗員	0.2	–	–	–	–	–	–	4.8	–	–	–
V70-V79	交通事故により受傷したバス乗員	0.1	–	–	–	–	–	–	–	–	–	–
V80-V89	その他の陸上交通事故	4.1	–	–	–	–	–	–	–	–	–	8.7
V90-V94	水上交通事故	0.3	–	–	–	–	–	–	9.5	–	–	–
V95-V97	航空及び宇宙交通事故	–	–	–	–	–	–	–	–	–	–	–
V98	その他及び詳細不明の交通事故	–	–	–	–	–	–	–	–	–	–	–

交通事故の種類別交通事故死亡数・百分率　－平成７～20年－

(five-year age group) and type of traffic accident, 1995-2008

平成19年 2007

25～29	30～34	35～39	40～44	45～49	50～54	55～59	60～64	65～69	70～74	75～79	80～84	85～89	90～94	95～99	100～	不詳 Not stated
331	307	319	290	335	386	647	571	771	899	996	825	394	145	17	3	9
45	65	61	63	78	99	174	183	284	338	421	381	237	83	9	3	4
15	13	15	19	29	40	75	89	153	180	198	158	63	25	2	-	2
86	78	94	66	55	44	74	49	62	92	107	68	25	10	-	-	-
-	-	-	-	-	-	-	-	-	-	-	-	-	-	-	-	-
132	102	79	95	107	116	187	145	155	156	140	121	37	17	4	-	2
15	12	11	6	15	21	23	23	34	36	44	32	7	1	-	-	-
10	13	24	13	13	14	19	13	9	6	4	3	-	-	-	-	-
1	-	-	-	1	-	-	1	1	2	1	2	-	-	-	-	-
20	16	26	18	27	35	73	44	52	66	73	54	21	9	2	-	-
7	6	7	5	8	13	17	24	18	22	8	6	4	-	-	-	1
-	2	2	5	2	4	5	-	3	1	-	-	-	-	-	-	-
-	-	-	-	-	-	-	-	-	-	-	-	-	-	-	-	-
277	266	269	227	269	307	460	389	502	529	571	446	185	69	6	2	8
34	51	47	44	58	75	116	119	169	154	170	120	69	28	2	2	4
8	9	7	12	21	28	46	51	84	104	116	109	48	20	2	-	2
81	77	89	58	52	37	52	30	41	61	85	64	23	10	-	-	-
-	-	-	-	-	-	-	-	-	-	-	-	-	-	-	-	-
105	85	60	71	78	86	124	101	110	102	90	74	21	6	1	-	1
15	12	10	3	15	18	18	16	29	29	38	28	6	1	-	-	-
10	13	24	12	11	14	19	13	8	5	4	3	-	-	-	-	-
1	-	-	-	1	-	-	1	1	1	-	1	-	-	-	-	-
18	12	23	17	24	32	63	35	40	50	60	41	14	4	1	-	-
5	5	7	5	7	13	17	23	17	22	8	6	4	-	-	-	1
-	2	2	5	2	4	5	-	3	1	-	-	-	-	-	-	-
-	-	-	-	-	-	-	-	-	-	-	-	-	-	-	-	-
54	41	50	63	66	79	187	182	269	370	425	379	209	76	11	1	1
11	14	14	19	20	24	58	64	115	184	251	261	168	55	7	1	-
7	4	8	7	8	12	29	38	69	76	82	49	15	5	-	-	-
5	1	5	8	3	7	22	19	21	31	22	4	2	-	-	-	-
-	-	-	-	-	-	-	-	-	-	-	-	-	-	-	-	-
27	17	19	24	29	30	63	44	45	54	50	47	16	11	3	-	1
-	-	1	3	-	3	5	7	5	7	6	4	1	-	-	-	-
-	-	-	1	2	-	-	-	1	1	-	-	-	-	-	-	-
-	-	-	-	-	-	-	-	-	1	1	1	-	-	-	-	-
2	4	3	1	3	3	10	9	12	16	13	13	7	5	1	-	-
2	1	-	-	1	-	-	1	1	-	-	-	-	-	-	-	-
-	-	-	-	-	-	-	-	-	-	-	-	-	-	-	-	-
-	-	-	-	-	-	-	-	-	-	-	-	-	-	-	-	-

平成19年 2007

25～29	30～34	35～39	40～44	45～49	50～54	55～59	60～64	65～69	70～74	75～79	80～84	85～89	90～94	95～99	100～	不詳 Not stated
100.0	100.0	100.0	100.0	100.0	100.0	100.0	100.0	100.0	100.0	100.0	100.0	100.0	100.0	100.0	100.0	100.0
13.6	21.2	19.1	21.7	23.3	25.6	26.9	32.0	36.8	37.6	42.3	46.2	60.2	57.2	52.9	100.0	44.4
4.5	4.2	4.7	6.6	8.7	10.4	11.6	15.6	19.8	20.0	19.9	19.2	16.0	17.2	11.8	-	22.2
26.0	25.4	29.5	22.8	16.4	11.4	11.4	8.6	8.0	10.2	10.7	8.2	6.3	6.9	-	-	-
-	-	-	-	-	-	-	-	-	-	-	-	-	-	-	-	-
39.9	33.2	24.8	32.8	31.9	30.1	28.9	25.4	20.1	17.4	14.1	14.7	9.4	11.7	23.5	-	22.2
4.5	3.9	3.4	2.1	4.5	5.4	3.6	4.0	4.4	4.0	4.4	3.9	1.8	0.7	-	-	-
3.0	4.2	7.5	4.5	3.9	3.6	2.9	2.3	1.2	0.7	0.4	0.4	-	-	-	-	-
0.3	-	-	-	0.3	-	-	0.2	0.1	0.2	0.1	0.2	-	-	-	-	-
6.0	5.2	8.2	6.2	8.1	9.1	11.3	7.7	6.7	7.3	7.3	6.5	5.3	6.2	11.8	-	-
2.1	2.0	2.2	1.7	2.4	3.4	2.6	4.2	2.3	2.4	0.8	0.7	1.0	-	-	-	11.1
-	0.7	0.6	1.7	0.6	1.0	0.8	-	0.4	0.1	-	-	-	-	-	-	-
-	-	-	-	-	-	-	-	-	-	-	-	-	-	-	-	-
100.0	100.0	100.0	100.0	100.0	100.0	100.0	100.0	100.0	100.0	100.0	100.0	100.0	100.0	100.0	100.0	100.0
12.3	19.2	17.5	19.4	21.6	24.4	25.2	30.6	33.7	29.1	29.8	26.9	37.3	40.6	33.3	100.0	50.0
2.9	3.4	2.6	5.3	7.8	9.1	10.0	13.1	16.7	19.7	20.3	24.4	25.9	29.0	33.3	-	25.0
29.2	28.9	33.1	25.6	19.3	12.1	11.3	7.7	8.2	11.5	14.9	14.3	12.4	14.5	-	-	-
-	-	-	-	-	-	-	-	-	-	-	-	-	-	-	-	-
37.9	32.0	22.3	31.3	29.0	28.0	27.0	26.0	21.9	19.3	15.8	16.6	11.4	8.7	16.7	-	12.5
5.4	4.5	3.7	1.3	5.6	5.9	3.9	4.1	5.8	5.5	6.7	6.3	3.2	1.4	-	-	-
3.6	4.9	8.9	5.3	4.1	4.6	4.1	3.3	1.6	0.9	0.7	0.7	-	-	-	-	-
0.4	-	-	-	0.4	-	-	0.3	0.2	0.2	-	0.2	-	-	-	-	-
6.5	4.5	8.6	7.5	8.9	10.4	13.7	9.0	8.0	9.5	10.5	9.2	7.6	5.8	16.7	-	-
1.8	1.9	2.6	2.2	2.6	4.2	3.7	5.9	3.4	4.2	1.4	1.3	2.2	-	-	-	12.5
-	0.8	0.7	2.2	0.7	1.3	1.1	-	0.6	0.2	-	-	-	-	-	-	-
-	-	-	-	-	-	-	-	-	-	-	-	-	-	-	-	-
100.0	100.0	100.0	100.0	100.0	100.0	100.0	100.0	100.0	100.0	100.0	100.0	100.0	100.0	100.0	100.0	100.0
20.4	34.1	28.0	30.2	30.3	30.4	31.0	35.2	42.8	49.7	59.1	68.9	80.4	72.4	63.6	100.0	-
13.0	9.8	16.0	11.1	12.1	15.2	15.5	20.9	25.7	20.5	19.3	12.9	7.2	6.6	-	-	-
9.3	2.4	10.0	12.7	4.5	8.9	11.8	10.4	7.8	8.4	5.2	1.1	1.0	-	-	-	-
-	-	-	-	-	-	-	-	-	-	-	-	-	-	-	-	-
50.0	41.5	38.0	38.1	43.9	38.0	33.7	24.2	16.7	14.6	11.8	12.4	7.7	14.5	27.3	-	100.0
-	-	2.0	4.8	-	3.8	2.7	3.8	1.9	1.9	1.4	1.1	0.5	-	-	-	-
-	-	-	1.6	3.0	-	-	-	0.4	0.3	-	-	-	-	-	-	-
-	-	-	-	-	-	-	-	-	0.3	0.2	0.3	-	-	-	-	-
3.7	9.8	6.0	1.6	4.5	3.8	5.3	4.9	4.5	4.3	3.1	3.4	3.3	6.6	9.1	-	-
3.7	2.4	-	-	1.5	-	-	0.5	0.4	-	-	-	-	-	-	-	-
-	-	-	-	-	-	-	-	-	-	-	-	-	-	-	-	-
-	-	-	-	-	-	-	-	-	-	-	-	-	-	-	-	-

第４表　年次・性・年齢階級（５歳階級）・

Table 4. Trends in traffic deaths and percentage by sex, age

死亡数
Deaths

死因基本分類コード Detailed list of ICD-10 code	交通事故の種類・性 Type of traffic accident, sex	総数 Total	0歳 Years	1	2	3	4	0～4	5～9	10～14	15～19	20～24
	総数 Total											
V01-V98	交通事故	7 499	10	16	14	9	7	56	70	52	343	348
V01-V09	交通事故により受傷した歩行者	2 446	－	13	8	7	6	34	43	13	29	27
V10-V19	交通事故により受傷した自転車乗員	1 116	－	－	－	－	－	－	8	25	52	17
V20-V29	交通事故により受傷したオートバイ乗員	1 148	－	－	－	－	－	－	－	4	158	140
V30-V39	交通事故により受傷したオート三輪車乗員	1	－	－	－	－	－	－	－	－	1	－
V40-V49	交通事故により受傷した乗用車乗員	1 739	9	3	4	2	1	19	15	8	89	136
V50-V59	交通事故により受傷した軽トラック乗員又はバン乗員	221	－	－	－	－	－	－	1	1	1	7
V60-V69	交通事故により受傷した大型輸送車両乗員	99	－	－	1	－	－	1	－	－	1	1
V70-V79	交通事故により受傷したバス乗員	12	－	－	－	－	－	－	－	－	－	－
V80-V89	その他の陸上交通事故	537	1	－	1	－	－	2	3	－	11	16
V90-V94	水上交通事故	170	－	－	－	－	－	－	－	1	1	4
V95-V97	航空及び宇宙交通事故	10	－	－	－	－	－	－	－	－	－	－
V98	その他及び詳細不明の交通事故	－	－	－	－	－	－	－	－	－	－	－
	男 Male											
V01-V98	交通事故	5 191	5	11	9	6	4	35	50	39	264	288
V01-V09	交通事故により受傷した歩行者	1 315	－	9	6	5	3	23	33	12	15	22
V10-V19	交通事故により受傷した自転車乗員	729	－	－	－	－	－	－	7	19	36	8
V20-V29	交通事故により受傷したオートバイ乗員	970	－	－	－	－	－	－	－	3	136	132
V30-V39	交通事故により受傷したオート三輪車乗員	1	－	－	－	－	－	－	－	－	1	－
V40-V49	交通事故により受傷した乗用車乗員	1 242	5	2	2	1	1	11	8	3	64	99
V50-V59	交通事故により受傷した軽トラック乗員又はバン乗員	194	－	－	－	－	－	－	1	1	1	7
V60-V69	交通事故により受傷した大型輸送車両乗員	97	－	－	－	－	－	－	－	－	1	1
V70-V79	交通事故により受傷したバス乗員	5	－	－	－	－	－	－	－	－	－	－
V80-V89	その他の陸上交通事故	462	－	－	1	－	－	1	1	－	9	15
V90-V94	水上交通事故	166	－	－	－	－	－	－	－	1	1	4
V95-V97	航空及び宇宙交通事故	10	－	－	－	－	－	－	－	－	－	－
V98	その他及び詳細不明の交通事故	－	－	－	－	－	－	－	－	－	－	－
	女 Female											
V01-V98	交通事故	2 308	5	5	5	3	3	21	20	13	79	60
V01-V09	交通事故により受傷した歩行者	1 131	－	4	2	2	3	11	10	1	14	5
V10-V19	交通事故により受傷した自転車乗員	387	－	－	－	－	－	－	1	6	16	9
V20-V29	交通事故により受傷したオートバイ乗員	178	－	－	－	－	－	－	－	1	22	8
V30-V39	交通事故により受傷したオート三輪車乗員	－	－	－	－	－	－	－	－	－	－	－
V40-V49	交通事故により受傷した乗用車乗員	497	4	1	2	1	－	8	7	5	25	37
V50-V59	交通事故により受傷した軽トラック乗員又はバン乗員	27	－	－	－	－	－	－	－	－	－	－
V60-V69	交通事故により受傷した大型輸送車両乗員	2	－	－	1	－	－	1	－	－	－	－
V70-V79	交通事故により受傷したバス乗員	7	－	－	－	－	－	－	－	－	－	－
V80-V89	その他の陸上交通事故	75	1	－	－	－	－	1	2	－	2	1
V90-V94	水上交通事故	4	－	－	－	－	－	－	－	－	－	－
V95-V97	航空及び宇宙交通事故	－	－	－	－	－	－	－	－	－	－	－
V98	その他及び詳細不明の交通事故	－	－	－	－	－	－	－	－	－	－	－

百分率
Percentage

死因基本分類コード Detailed list of ICD-10 code	交通事故の種類・性 Type of traffic accident, sex	総数 Total	0歳 Years	1	2	3	4	0～4	5～9	10～14	15～19	20～24
	総数 Total											
V01-V98	交通事故	100.0	100.0	100.0	100.0	100.0	100.0	100.0	100.0	100.0	100.0	100.0
V01-V09	交通事故により受傷した歩行者	32.6	－	81.3	57.1	77.8	85.7	60.7	61.4	25.0	8.5	7.8
V10-V19	交通事故により受傷した自転車乗員	14.9	－	－	－	－	－	－	11.4	48.1	15.2	4.9
V20-V29	交通事故により受傷したオートバイ乗員	15.3	－	－	－	－	－	－	－	7.7	46.1	40.2
V30-V39	交通事故により受傷したオート三輪車乗員	0.0	－	－	－	－	－	－	－	－	0.3	－
V40-V49	交通事故により受傷した乗用車乗員	23.2	90.0	18.8	28.6	22.2	14.3	33.9	21.4	15.4	25.9	39.1
V50-V59	交通事故により受傷した軽トラック乗員又はバン乗員	2.9	－	－	－	－	－	－	1.4	1.9	0.3	2.0
V60-V69	交通事故により受傷した大型輸送車両乗員	1.3	－	－	7.1	－	－	1.8	－	－	0.3	0.3
V70-V79	交通事故により受傷したバス乗員	0.2	－	－	－	－	－	－	－	－	－	－
V80-V89	その他の陸上交通事故	7.2	10.0	－	7.1	－	－	3.6	4.3	－	3.2	4.6
V90-V94	水上交通事故	2.3	－	－	－	－	－	－	－	1.9	0.3	1.1
V95-V97	航空及び宇宙交通事故	0.1	－	－	－	－	－	－	－	－	－	－
V98	その他及び詳細不明の交通事故	－	－	－	－	－	－	－	－	－	－	－
	男 Male											
V01-V98	交通事故	100.0	100.0	100.0	100.0	100.0	100.0	100.0	100.0	100.0	100.0	100.0
V01-V09	交通事故により受傷した歩行者	25.3	－	81.8	66.7	83.3	75.0	65.7	66.0	30.8	5.7	7.6
V10-V19	交通事故により受傷した自転車乗員	14.0	－	－	－	－	－	－	14.0	48.7	13.6	2.8
V20-V29	交通事故により受傷したオートバイ乗員	18.7	－	－	－	－	－	－	－	7.7	51.5	45.8
V30-V39	交通事故により受傷したオート三輪車乗員	0.0	－	－	－	－	－	－	－	－	0.4	－
V40-V49	交通事故により受傷した乗用車乗員	23.9	100.0	18.2	22.2	16.7	25.0	31.4	16.0	7.7	24.2	34.4
V50-V59	交通事故により受傷した軽トラック乗員又はバン乗員	3.7	－	－	－	－	－	－	2.0	2.6	0.4	2.4
V60-V69	交通事故により受傷した大型輸送車両乗員	1.9	－	－	－	－	－	－	－	－	0.4	0.3
V70-V79	交通事故により受傷したバス乗員	0.1	－	－	－	－	－	－	－	－	－	－
V80-V89	その他の陸上交通事故	8.9	－	－	11.1	－	－	2.9	2.0	－	3.4	5.2
V90-V94	水上交通事故	3.2	－	－	－	－	－	－	－	2.6	0.4	1.4
V95-V97	航空及び宇宙交通事故	0.2	－	－	－	－	－	－	－	－	－	－
V98	その他及び詳細不明の交通事故	－	－	－	－	－	－	－	－	－	－	－
	女 Female											
V01-V98	交通事故	100.0	100.0	100.0	100.0	100.0	100.0	100.0	100.0	100.0	100.0	100.0
V01-V09	交通事故により受傷した歩行者	49.0	－	80.0	40.0	66.7	100.0	52.4	50.0	7.7	17.7	8.3
V10-V19	交通事故により受傷した自転車乗員	16.8	－	－	－	－	－	－	5.0	46.2	20.3	15.0
V20-V29	交通事故により受傷したオートバイ乗員	7.7	－	－	－	－	－	－	－	7.7	27.8	13.3
V30-V39	交通事故により受傷したオート三輪車乗員	－	－	－	－	－	－	－	－	－	－	－
V40-V49	交通事故により受傷した乗用車乗員	21.5	80.0	20.0	40.0	33.3	－	38.1	35.0	38.5	31.6	61.7
V50-V59	交通事故により受傷した軽トラック乗員又はバン乗員	1.2	－	－	－	－	－	－	－	－	－	－
V60-V69	交通事故により受傷した大型輸送車両乗員	0.1	－	－	20.0	－	－	4.8	－	－	－	－
V70-V79	交通事故により受傷したバス乗員	0.3	－	－	－	－	－	－	－	－	－	－
V80-V89	その他の陸上交通事故	3.2	20.0	－	－	－	－	4.8	10.0	－	2.5	1.7
V90-V94	水上交通事故	0.2	－	－	－	－	－	－	－	－	－	－
V95-V97	航空及び宇宙交通事故	－	－	－	－	－	－	－	－	－	－	－
V98	その他及び詳細不明の交通事故	－	－	－	－	－	－	－	－	－	－	－

交通事故の種類別交通事故死亡数・百分率　－平成７～20年－
(five-year age group) and type of traffic accident, 1995-2008

平成20年
2008

25～29	30～34	35～39	40～44	45～49	50～54	55～59	60～64	65～69	70～74	75～79	80～84	85～89	90～94	95～99	100～	不詳 Not stated
244	258	298	284	302	379	546	557	705	812	856	838	396	131	18	1	5
37	47	46	63	70	92	165	189	225	297	362	411	212	69	9	1	5
11	5	21	23	39	49	73	75	149	161	158	147	77	22	4	–	–
80	84	87	66	58	55	57	51	63	71	69	80	21	4	–	–	–
–	–	–	–	–	–	–	–	–	–	–	–	–	–	–	–	–
89	89	95	82	81	105	148	138	157	151	138	119	53	24	3	–	–
7	3	7	6	10	11	21	20	25	28	39	22	10	2	–	–	–
4	6	10	10	12	12	13	9	8	8	1	2	1	–	–	–	–
–	–	1	–	1	–	1	–	1	–	–	6	–	1	1	–	–
14	17	22	23	24	34	42	50	57	73	74	45	20	9	1	–	–
2	7	9	9	7	17	24	24	19	23	15	6	2	–	–	–	–
–	–	–	2	–	4	2	1	1	–	–	–	–	–	–	–	–
–	–	–	–	–	–	–	–	–	–	–	–	–	–	–	–	–
211	227	254	253	248	280	424	402	486	495	503	461	191	68	7	–	5
31	39	36	54	60	63	124	129	141	143	161	138	60	23	3	–	5
9	5	16	20	33	28	48	49	90	87	96	98	56	21	3	–	–
71	79	82	64	50	48	39	36	44	45	45	74	18	4	–	–	–
–	–	–	–	–	–	–	–	–	–	–	–	–	–	–	–	–
74	73	76	67	56	70	115	93	113	101	92	86	30	11	–	–	–
7	3	6	4	9	11	20	17	18	23	34	21	10	1	–	–	–
4	6	10	10	12	12	13	9	8	7	1	2	1	–	–	–	–
–	–	–	–	1	–	1	–	–	–	–	2	–	1	–	–	–
13	15	19	23	20	30	38	44	52	66	59	35	14	7	1	–	–
2	7	9	9	7	14	24	24	19	23	15	5	2	–	–	–	–
–	–	–	2	–	4	2	1	1	–	–	–	–	–	–	–	–
–	–	–	–	–	–	–	–	–	–	–	–	–	–	–	–	–
33	31	44	31	54	99	122	155	219	317	353	377	205	63	11	1	–
6	8	10	9	10	29	41	60	84	154	201	273	152	46	6	1	–
2	–	5	3	6	21	25	26	59	74	62	49	21	1	1	–	–
9	5	5	2	8	7	18	15	19	26	24	6	3	–	–	–	–
–	–	–	–	–	–	–	–	–	–	–	–	–	–	–	–	–
15	16	19	15	25	35	33	45	44	50	46	33	23	13	3	–	–
–	–	1	2	1	–	1	3	7	5	5	1	–	1	–	–	–
–	–	–	–	–	–	–	–	–	1	–	–	–	–	–	–	–
–	–	1	–	–	–	–	–	1	–	–	4	–	–	1	–	–
1	2	3	–	4	4	4	6	5	7	15	10	6	2	–	–	–
–	–	–	–	–	3	–	–	–	–	–	1	–	–	–	–	–
–	–	–	–	–	–	–	–	–	–	–	–	–	–	–	–	–
–	–	–	–	–	–	–	–	–	–	–	–	–	–	–	–	–

平成20年
2008

25～29	30～34	35～39	40～44	45～49	50～54	55～59	60～64	65～69	70～74	75～79	80～84	85～89	90～94	95～99	100～	不詳 Not stated
100.0	100.0	100.0	100.0	100.0	100.0	100.0	100.0	100.0	100.0	100.0	100.0	100.0	100.0	100.0	100.0	100.0
15.2	18.2	15.4	22.2	23.2	24.3	30.2	33.9	31.9	36.6	42.3	49.0	53.5	52.7	50.0	100.0	100.0
4.5	1.9	7.0	8.1	12.9	12.9	13.4	13.5	21.1	19.8	18.5	17.5	19.4	16.8	22.2	–	–
32.8	32.6	29.2	23.2	19.2	14.5	10.4	9.2	8.9	8.7	8.1	9.5	5.3	3.1	–	–	–
–	–	–	–	–	–	–	–	–	–	–	–	–	–	–	–	–
36.5	34.5	31.9	28.9	26.8	27.7	27.1	24.8	22.3	18.6	16.1	14.2	13.4	18.3	16.7	–	–
2.9	1.2	2.3	2.1	3.3	2.9	3.8	3.6	3.5	3.4	4.6	2.6	2.5	1.5	–	–	–
1.6	2.3	3.4	3.5	4.0	3.2	2.4	1.6	1.1	1.0	0.1	0.2	0.3	–	–	–	–
–	–	0.3	–	0.3	–	0.2	–	0.1	–	–	0.7	–	0.8	5.6	–	–
5.7	6.6	7.4	8.1	7.9	9.0	7.7	9.0	8.1	9.0	8.6	5.4	5.1	6.9	5.6	–	–
0.8	2.7	3.0	3.2	2.3	4.5	4.4	4.3	2.7	2.8	1.8	0.7	0.5	–	–	–	–
–	–	–	0.7	–	1.1	0.4	0.2	0.1	–	–	–	–	–	–	–	–
–	–	–	–	–	–	–	–	–	–	–	–	–	–	–	–	–
100.0	100.0	100.0	100.0	100.0	100.0	100.0	100.0	100.0	100.0	100.0	100.0	100.0	100.0	100.0	–	100.0
14.7	17.2	14.2	21.3	24.2	22.5	29.2	32.1	29.0	28.9	32.0	29.9	31.4	33.8	42.9	–	100.0
4.3	2.2	6.3	7.9	13.3	10.0	11.3	12.2	18.5	17.6	19.1	21.3	29.3	30.9	42.9	–	–
33.6	34.8	32.3	25.3	20.2	17.1	9.2	9.0	9.1	9.1	8.9	16.1	9.4	5.9	–	–	–
–	–	–	–	–	–	–	–	–	–	–	–	–	–	–	–	–
35.1	32.2	29.9	26.5	22.6	25.0	27.1	23.1	23.3	20.4	18.3	18.7	15.7	16.2	–	–	–
3.3	1.3	2.4	1.6	3.6	3.9	4.7	4.2	3.7	4.6	6.8	4.6	5.2	1.5	–	–	–
1.9	2.6	3.9	4.0	4.8	4.3	3.1	2.2	1.6	1.4	0.2	0.4	0.5	–	–	–	–
–	–	–	–	0.4	–	0.2	–	–	–	–	0.4	–	1.5	–	–	–
6.2	6.6	7.5	9.1	8.1	10.7	9.0	10.9	10.7	13.3	11.7	7.6	7.3	10.3	14.3	–	–
0.9	3.1	3.5	3.6	2.8	5.0	5.7	6.0	3.9	4.6	3.0	1.1	1.0	–	–	–	–
–	–	–	0.8	–	1.4	0.5	0.2	0.2	–	–	–	–	–	–	–	–
–	–	–	–	–	–	–	–	–	–	–	–	–	–	–	–	–
100.0	100.0	100.0	100.0	100.0	100.0	100.0	100.0	100.0	100.0	100.0	100.0	100.0	100.0	100.0	100.0	–
18.2	25.8	22.7	29.0	18.5	29.3	33.6	38.7	38.4	48.6	56.9	72.4	74.1	73.0	54.5	100.0	–
6.1	–	11.4	9.7	11.1	21.2	20.5	16.8	26.9	23.3	17.6	13.0	10.2	1.6	9.1	–	–
27.3	16.1	11.4	6.5	14.8	7.1	14.8	9.7	8.7	8.2	6.8	1.6	1.5	–	–	–	–
–	–	–	–	–	–	–	–	–	–	–	–	–	–	–	–	–
45.5	51.6	43.2	48.4	46.3	35.4	27.0	29.0	20.1	15.8	13.0	8.8	11.2	20.6	27.3	–	–
–	–	2.3	6.5	1.9	–	0.8	1.9	3.2	1.6	1.4	0.3	–	1.6	–	–	–
–	–	–	–	–	–	–	–	–	0.3	–	–	–	–	–	–	–
–	–	2.3	–	–	–	–	–	0.5	–	–	1.1	–	–	9.1	–	–
3.0	6.5	6.8	–	7.4	4.0	3.3	3.9	2.3	2.2	4.2	2.7	2.9	3.2	–	–	–
–	–	–	–	–	3.0	–	–	–	–	–	0.3	–	–	–	–	–
–	–	–	–	–	–	–	–	–	–	–	–	–	–	–	–	–
–	–	–	–	–	–	–	–	–	–	–	–	–	–	–	–	–

第5表　年次・性・年齢階級（5歳階級）・傷害の発生場所別

Table 5. Trends in accidental deaths due to causes other than traffic accidents

死亡数
Deaths

死因基本分類コード Detailed list of ICD-10 code	性・傷害の発生場所 Sex and site of injury occurrence	総数 Total	0歳 Years	1	2	3	4	0～4	5～9	10～14	15～19	20～24
	総数 Total											
(W00-X59)	総数	30 176	311	218	77	96	63	765	309	253	363	658
.0	家（庭）	15 461	271	182	61	62	37	613	173	174	218	365
.1	居住施設	544	1	1	－	－	－	2	－	－	2	1
.2	学校、施設及び公共の地域	1 639	5	1	1	2	1	10	4	10	10	9
.3	スポーツ施設及び競技施設	77	－	－	－	3	3	6	12	3	8	7
.4	街路及びハイウェイ	662	－	－	1	－	－	1	2	2	4	14
.5	商業及びサービス施設	707	－	2	－	－	－	2	4	1	13	20
.6	工業用地域及び建築現場	1 304	－	－	－	－	－	－	2	－	18	64
.7	農場	314	－	1	－	2	1	4	－	－	－	1
.8	その他の明示された場所	3 588	14	20	10	19	17	80	91	40	64	128
.9	詳細不明の場所	5 880	20	11	4	8	4	47	21	23	26	49
	男 Male											
(W00-X59)	総数	17 457	174	137	50	59	34	454	200	158	216	444
.0	家（庭）	7 800	151	110	37	36	17	351	96	91	103	201
.1	居住施設	237	1	－	－	－	－	1	－	－	－	1
.2	学校、施設及び公共の地域	972	2	－	1	1	1	5	4	8	4	8
.3	スポーツ施設及び競技施設	61	－	－	－	1	2	3	9	3	6	5
.4	街路及びハイウェイ	528	－	－	1	－	－	1	2	2	4	11
.5	商業及びサービス施設	597	－	－	－	－	－	－	1	1	12	14
.6	工業用地域及び建築現場	1 243	－	－	－	－	－	－	1	－	18	64
.7	農場	223	－	1	－	1	1	3	－	－	－	1
.8	その他の明示された場所	2 670	8	17	9	15	13	62	74	37	56	112
.9	詳細不明の場所	3 126	12	9	2	5	－	28	13	16	13	27
	女 Female											
(W00-X59)	総数	12 719	137	81	27	37	29	311	109	95	147	214
.0	家（庭）	7 661	120	72	24	26	20	262	77	83	115	164
.1	居住施設	307	－	1	－	－	－	1	－	－	2	－
.2	学校、施設及び公共の地域	667	3	1	－	1	－	5	－	2	6	1
.3	スポーツ施設及び競技施設	16	－	－	－	2	1	3	3	－	2	2
.4	街路及びハイウェイ	134	－	－	－	－	－	－	－	－	－	3
.5	商業及びサービス施設	110	－	2	－	－	－	2	3	－	1	6
.6	工業用地域及び建築現場	61	－	－	－	－	－	－	1	－	－	－
.7	農場	91	－	－	－	1	－	1	－	－	－	－
.8	その他の明示された場所	918	6	3	1	4	4	18	17	3	8	16
.9	詳細不明の場所	2 754	8	2	2	3	4	19	8	7	13	22

百分率
Percentage

死因基本分類コード Detailed list of ICD-10 code	性・傷害の発生場所 Sex and site of injury occurrence	総数 Total	0歳 Years	1	2	3	4	0～4	5～9	10～14	15～19	20～24
	総数 Total											
(W00-X59)	総数	100.0	100.0	100.0	100.0	100.0	100.0	100.0	100.0	100.0	100.0	100.0
.0	家（庭）	51.2	87.1	83.5	79.2	64.6	58.7	80.1	56.0	68.8	60.1	55.5
.1	居住施設	1.8	0.3	0.5	－	－	－	0.3	－	－	0.6	0.2
.2	学校、施設及び公共の地域	5.4	1.6	0.5	1.3	2.1	1.6	1.3	1.3	4.0	2.8	1.4
.3	スポーツ施設及び競技施設	0.3	－	－	－	3.1	4.8	0.8	3.9	1.2	2.2	1.1
.4	街路及びハイウェイ	2.2	－	－	1.3	－	－	0.1	0.6	0.8	1.1	2.1
.5	商業及びサービス施設	2.3	－	0.9	－	－	－	0.3	1.3	0.4	3.6	3.0
.6	工業用地域及び建築現場	4.3	－	－	－	－	－	－	0.6	－	5.0	9.7
.7	農場	1.0	－	0.5	－	2.1	1.6	0.5	－	－	－	0.2
.8	その他の明示された場所	11.9	4.5	9.2	13.0	19.8	27.0	10.5	29.4	15.8	17.6	19.5
.9	詳細不明の場所	19.5	6.4	5.0	5.2	8.3	6.3	6.1	6.8	9.1	7.2	7.4
	男 Male											
(W00-X59)	総数	100.0	100.0	100.0	100.0	100.0	100.0	100.0	100.0	100.0	100.0	100.0
.0	家（庭）	44.7	86.8	80.3	74.0	61.0	50.0	77.3	48.0	57.6	47.7	45.3
.1	居住施設	1.4	0.6	－	－	－	－	0.2	－	－	－	0.2
.2	学校、施設及び公共の地域	5.6	1.1	－	2.0	1.7	2.9	1.1	2.0	5.1	1.9	1.8
.3	スポーツ施設及び競技施設	0.3	－	－	－	1.7	5.9	0.7	4.5	1.9	2.8	1.1
.4	街路及びハイウェイ	3.0	－	－	2.0	－	－	0.2	1.0	1.3	1.9	2.5
.5	商業及びサービス施設	3.4	－	－	－	－	－	－	0.5	0.6	5.6	3.2
.6	工業用地域及び建築現場	7.1	－	－	－	－	－	－	0.5	－	8.3	14.4
.7	農場	1.3	－	0.7	－	1.7	2.9	0.7	－	－	－	0.2
.8	その他の明示された場所	15.3	4.6	12.4	18.0	25.4	38.2	13.7	37.0	23.4	25.9	25.2
.9	詳細不明の場所	17.9	6.9	6.6	4.0	8.5	－	6.2	6.5	10.1	6.0	6.1
	女 Female											
(W00-X59)	総数	100.0	100.0	100.0	100.0	100.0	100.0	100.0	100.0	100.0	100.0	100.0
.0	家（庭）	60.2	87.6	88.9	88.9	70.3	69.0	84.2	70.6	87.4	78.2	76.6
.1	居住施設	2.4	－	1.2	－	－	－	0.3	－	－	1.4	－
.2	学校、施設及び公共の地域	5.2	2.2	1.2	－	2.7	－	1.6	－	2.1	4.1	0.5
.3	スポーツ施設及び競技施設	0.1	－	－	－	5.4	3.4	1.0	2.8	－	1.4	0.9
.4	街路及びハイウェイ	1.1	－	－	－	－	－	－	－	－	－	1.4
.5	商業及びサービス施設	0.9	－	2.5	－	－	－	0.6	2.8	－	0.7	2.8
.6	工業用地域及び建築現場	0.5	－	－	－	－	－	－	0.9	－	－	－
.7	農場	0.7	－	－	－	2.7	－	0.3	－	－	－	－
.8	その他の明示された場所	7.2	4.4	3.7	3.7	10.8	13.8	5.8	15.6	3.2	5.4	7.5
.9	詳細不明の場所	21.7	5.8	2.5	7.4	8.1	13.8	6.1	7.3	7.4	8.8	10.3

交通事故以外の不慮の事故死亡数・百分率　－平成７～20年－
and percentage by sex, age (five-year age group) and site of injury occurrence, 1995-2008

平成７年
1995

25～29	30～34	35～39	40～44	45～49	50～54	55～59	60～64	65～69	70～74	75～79	80～84	85～89	90～94	95～99	100～	不詳 Not stated
530	479	499	785	1 217	1 598	1 838	2 321	2 591	2 945	3 544	4 077	3 277	1 606	384	41	96
256	239	204	346	500	661	839	1 074	1 414	1 715	1 974	2 203	1 630	670	160	16	17
2	2	1	5	7	8	12	20	26	49	97	108	106	80	14	2	－
7	12	22	40	75	100	115	147	152	161	228	232	202	85	17	1	－
9	3	1	2	5	2	4	4	3	3	1	2	1	1	－	－	－
10	17	12	20	52	66	75	75	62	58	72	55	37	21	1	－	6
25	16	22	24	45	70	68	77	68	75	71	59	29	12	1	－	5
62	51	61	105	156	193	219	197	102	37	21	11	3	－	－	－	2
2	3	－	9	9	12	20	42	45	40	40	36	34	15	2	－	－
116	96	116	178	256	293	281	359	345	286	286	268	180	63	10	1	51
41	40	60	56	112	193	205	326	374	521	754	1 103	1 055	659	179	21	15
369	342	367	577	877	1 153	1 292	1 626	1 656	1 599	1 758	1 997	1 524	639	123	8	78
137	131	118	206	281	359	485	630	786	823	881	1 036	747	268	54	6	10
2	1	－	3	4	5	9	17	17	27	34	49	43	22	2	－	－
6	10	13	29	50	71	82	99	94	95	120	121	107	36	9	1	－
7	3	1	1	4	2	4	4	3	2	－	2	1	1	－	－	－
10	14	11	15	48	63	68	66	51	48	41	34	22	10	1	－	6
22	15	22	23	43	62	60	66	58	61	55	47	23	7	1	－	4
61	51	59	103	151	182	205	186	98	33	18	10	1	－	－	－	2
2	3	－	5	8	12	15	35	32	28	27	20	21	9	2	－	－
95	84	101	151	212	243	228	295	276	181	169	132	90	30	1	－	41
27	30	42	41	76	154	136	228	241	301	413	546	469	256	53	1	15
161	137	132	208	340	445	546	695	935	1 346	1 786	2 080	1 753	967	261	33	18
119	108	86	140	219	302	354	444	628	892	1 093	1 167	883	402	106	10	7
－	1	1	2	3	3	3	3	9	22	63	59	63	58	12	2	－
1	2	9	11	25	29	33	48	58	66	108	111	95	49	8	－	－
2	－	－	1	1	－	－	－	－	1	1	－	－	－	－	－	－
－	3	1	5	4	3	7	9	11	10	31	21	15	11	－	－	－
3	1	－	1	2	8	8	11	10	14	16	12	6	5	－	－	1
1	－	2	2	5	11	14	11	4	4	3	1	2	－	－	－	－
－	－	－	4	1	－	5	7	13	12	13	16	13	6	－	－	－
21	12	15	27	44	50	53	64	69	105	117	136	90	33	9	1	10
14	10	18	15	36	39	69	98	133	220	341	557	586	403	126	20	－

平成７年
1995

25～29	30～34	35～39	40～44	45～49	50～54	55～59	60～64	65～69	70～74	75～79	80～84	85～89	90～94	95～99	100～	不詳 Not stated
100.0	100.0	100.0	100.0	100.0	100.0	100.0	100.0	100.0	100.0	100.0	100.0	100.0	100.0	100.0	100.0	100.0
48.3	49.9	40.9	44.1	41.1	41.4	45.6	46.3	54.6	58.2	55.7	54.0	49.7	41.7	41.7	39.0	17.7
0.4	0.4	0.2	0.6	0.6	0.5	0.7	0.9	1.0	1.7	2.7	2.6	3.2	5.0	3.6	4.9	－
1.3	2.5	4.4	5.1	6.2	6.3	6.3	6.3	5.9	5.5	6.4	5.7	6.2	5.3	4.4	2.4	－
1.7	0.6	0.2	0.3	0.4	0.1	0.2	0.2	0.1	0.1	0.0	0.0	0.0	0.1	－	－	－
1.9	3.5	2.4	2.5	4.3	4.1	4.1	3.2	2.4	2.0	2.0	1.3	1.1	1.3	0.3	－	6.3
4.7	3.3	4.4	3.1	3.7	4.4	3.7	3.3	2.6	2.5	2.0	1.4	0.9	0.7	0.3	－	5.2
11.7	10.6	12.2	13.4	12.8	12.1	11.9	8.5	3.9	1.3	0.6	0.3	0.1	－	－	－	2.1
0.4	0.6	－	1.1	0.7	0.8	1.1	1.8	1.7	1.4	1.1	0.9	1.0	0.9	0.5	－	－
21.9	20.0	23.2	22.7	21.0	18.3	15.3	15.5	13.3	9.7	8.1	6.6	5.5	3.9	2.6	2.4	53.1
7.7	8.4	12.0	7.1	9.2	12.1	11.2	14.0	14.4	17.7	21.3	27.1	32.2	41.0	46.6	51.2	15.6
100.0	100.0	100.0	100.0	100.0	100.0	100.0	100.0	100.0	100.0	100.0	100.0	100.0	100.0	100.0	100.0	100.0
37.1	38.3	32.2	35.7	32.0	31.1	37.5	38.7	47.5	51.5	50.1	51.9	49.0	41.9	43.9	75.0	12.8
0.5	0.3	－	0.5	0.5	0.4	0.7	1.0	1.0	1.7	1.9	2.5	2.8	3.4	1.6	－	－
1.6	2.9	3.5	5.0	5.7	6.2	6.3	6.1	5.7	5.9	6.8	6.1	7.0	5.6	7.3	12.5	－
1.9	0.9	0.3	0.2	0.5	0.2	0.3	0.2	0.2	0.1	－	0.1	0.1	0.2	－	－	－
2.7	4.1	3.0	2.6	5.5	5.5	5.3	4.1	3.1	3.0	2.3	1.7	1.4	1.6	0.8	－	7.7
6.0	4.4	6.0	4.0	4.9	5.4	4.6	4.1	3.5	3.8	3.1	2.4	1.5	1.1	0.8	－	5.1
16.5	14.9	16.1	17.9	17.2	15.8	15.9	11.4	5.9	2.1	1.0	0.5	0.1	－	－	－	2.6
0.5	0.9	－	0.9	0.9	1.0	1.2	2.2	1.9	1.8	1.5	1.0	1.4	1.4	1.6	－	－
25.7	24.6	27.5	26.2	24.2	21.1	17.6	18.1	16.7	11.3	9.6	6.6	5.9	4.7	0.8	－	52.6
7.3	8.8	11.4	7.1	8.7	13.4	10.5	14.0	14.6	18.8	23.5	27.3	30.8	40.1	43.1	12.5	19.2
100.0	100.0	100.0	100.0	100.0	100.0	100.0	100.0	100.0	100.0	100.0	100.0	100.0	100.0	100.0	100.0	100.0
73.9	78.8	65.2	67.3	64.4	67.9	64.8	63.9	67.2	66.3	61.2	56.1	50.4	41.6	40.6	30.3	38.9
－	0.7	0.8	1.0	0.9	0.7	0.5	0.4	1.0	1.6	3.5	2.8	3.6	6.0	4.6	6.1	－
0.6	1.5	6.8	5.3	7.4	6.5	6.0	6.9	6.2	4.9	6.0	5.3	5.4	5.1	3.1	－	－
1.2	－	－	0.5	0.3	－	－	－	－	0.1	0.1	－	－	－	－	－	－
－	2.2	0.8	2.4	1.2	0.7	1.3	1.3	1.2	0.7	1.7	1.0	0.9	1.1	－	－	－
1.9	0.7	－	0.5	0.6	1.8	1.5	1.6	1.1	1.0	0.9	0.6	0.3	0.5	－	－	5.6
0.6	－	1.5	1.0	1.5	2.5	2.6	1.6	0.4	0.3	0.2	0.0	0.1	－	－	－	－
－	－	－	1.9	0.3	－	0.9	1.0	1.4	0.9	0.7	0.8	0.7	0.6	－	－	－
13.0	8.8	11.4	13.0	12.9	11.2	9.7	9.2	7.4	7.8	6.6	6.5	5.1	3.4	3.4	3.0	55.6
8.7	7.3	13.6	7.2	10.6	8.8	12.6	14.1	14.2	16.3	19.1	26.8	33.4	41.7	48.3	60.6	－

第5表　年次・性・年齢階級（5歳階級）・傷害の発生場所別

Table 5. Trends in accidental deaths due to causes other than traffic accidents

死亡数
Deaths

死因基本分類コード Detailed list of ICD-10 code	性・傷害の発生場所 Sex and site of injury occurrence	総数 Total	0歳 Years	1	2	3	4	0～4	5～9	10～14	15～19	20～24
	総数 Total											
(W00-X59)	総数	24 841	255	150	82	56	47	590	147	103	216	380
.0	家(庭)	10 500	209	124	60	35	24	452	48	42	66	109
.1	居住施設	594	-	-	-	-	1	1	-	2	2	2
.2	学校、施設及び公共の地域	1 540	6	1	2	2	1	12	3	7	16	11
.3	スポーツ施設及び競技施設	72	-	-	-	-	2	2	9	4	7	11
.4	街路及びハイウェイ	638	1	-	-	-	-	1	1	4	8	14
.5	商業及びサービス施設	733	5	1	4	3	1	14	3	1	9	15
.6	工業用地域及び建築現場	1 248	-	-	-	-	1	1	1	1	20	73
.7	農場	289	-	-	1	-	-	1	2	-	1	2
.8	その他の明示された場所	3 695	6	14	13	14	11	58	76	37	65	113
.9	詳細不明の場所	5 532	28	10	2	2	6	48	4	5	22	30
	男 Male											
(W00-X59)	総数	15 315	147	96	56	40	32	371	120	75	166	302
.0	家(庭)	5 779	120	75	37	24	16	272	35	28	40	70
.1	居住施設	275	-	-	-	-	-	-	-	2	-	2
.2	学校、施設及び公共の地域	924	4	1	1	1	1	8	3	5	13	7
.3	スポーツ施設及び競技施設	62	-	-	-	-	2	2	9	4	6	9
.4	街路及びハイウェイ	498	-	-	-	-	-	-	1	1	4	13
.5	商業及びサービス施設	628	3	1	4	3	1	12	2	1	6	9
.6	工業用地域及び建築現場	1 199	-	-	-	-	1	1	1	1	20	71
.7	農場	217	-	-	-	-	-	-	2	-	1	2
.8	その他の明示された場所	2 734	4	11	12	12	7	46	65	28	57	97
.9	詳細不明の場所	2 999	16	8	2	-	4	30	2	5	19	22
	女 Female											
(W00-X59)	総数	9 526	108	54	26	16	15	219	27	28	50	78
.0	家(庭)	4 721	89	49	23	11	8	180	13	14	26	39
.1	居住施設	319	-	-	-	-	1	1	-	-	2	-
.2	学校、施設及び公共の地域	616	2	-	1	1	-	4	-	2	3	4
.3	スポーツ施設及び競技施設	10	-	-	-	-	-	-	-	-	1	2
.4	街路及びハイウェイ	140	1	-	-	-	-	1	-	3	4	1
.5	商業及びサービス施設	105	2	-	-	-	-	2	1	-	3	6
.6	工業用地域及び建築現場	49	-	-	-	-	-	-	-	-	-	2
.7	農場	72	-	-	1	-	-	1	-	-	-	-
.8	その他の明示された場所	961	2	3	1	2	4	12	11	9	8	16
.9	詳細不明の場所	2 533	12	2	-	2	2	18	2	-	3	8

百分率
Percentage

死因基本分類コード Detailed list of ICD-10 code	性・傷害の発生場所 Sex and site of injury occurrence	総数 Total	0歳 Years	1	2	3	4	0～4	5～9	10～14	15～19	20～24
	総数 Total											
(W00-X59)	総数	100.0	100.0	100.0	100.0	100.0	100.0	100.0	100.0	100.0	100.0	100.0
.0	家(庭)	42.3	82.0	82.7	73.2	62.5	51.1	76.6	32.7	40.8	30.6	28.7
.1	居住施設	2.4	-	-	-	-	2.1	0.2	-	1.9	0.9	0.5
.2	学校、施設及び公共の地域	6.2	2.4	0.7	2.4	3.6	2.1	2.0	2.0	6.8	7.4	2.9
.3	スポーツ施設及び競技施設	0.3	-	-	-	-	4.3	0.3	6.1	3.9	3.2	2.9
.4	街路及びハイウェイ	2.6	0.4	-	-	-	-	0.2	0.7	3.9	3.7	3.7
.5	商業及びサービス施設	3.0	2.0	0.7	4.9	5.4	2.1	2.4	2.0	1.0	4.2	3.9
.6	工業用地域及び建築現場	5.0	-	-	-	-	2.1	0.2	0.7	1.0	9.3	19.2
.7	農場	1.2	-	-	1.2	-	-	0.2	1.4	-	0.5	0.5
.8	その他の明示された場所	14.9	2.4	9.3	15.9	25.0	23.4	9.8	51.7	35.9	30.1	29.7
.9	詳細不明の場所	22.3	11.0	6.7	2.4	3.6	12.8	8.1	2.7	4.9	10.2	7.9
	男 Male											
(W00-X59)	総数	100.0	100.0	100.0	100.0	100.0	100.0	100.0	100.0	100.0	100.0	100.0
.0	家(庭)	37.7	81.6	78.1	66.1	60.0	50.0	73.3	29.2	37.3	24.1	23.2
.1	居住施設	1.8	-	-	-	-	-	-	-	2.7	-	0.7
.2	学校、施設及び公共の地域	6.0	2.7	1.0	1.8	2.5	3.1	2.2	2.5	6.7	7.8	2.3
.3	スポーツ施設及び競技施設	0.4	-	-	-	-	6.3	0.5	7.5	5.3	3.6	3.0
.4	街路及びハイウェイ	3.3	-	-	-	-	-	-	0.8	1.3	2.4	4.3
.5	商業及びサービス施設	4.1	2.0	1.0	7.1	7.5	3.1	3.2	1.7	1.3	3.6	3.0
.6	工業用地域及び建築現場	7.8	-	-	-	-	3.1	0.3	0.8	1.3	12.0	23.5
.7	農場	1.4	-	-	-	-	-	-	1.7	-	0.6	0.7
.8	その他の明示された場所	17.9	2.7	11.5	21.4	30.0	21.9	12.4	54.2	37.3	34.3	32.1
.9	詳細不明の場所	19.6	10.9	8.3	3.6	-	12.5	8.1	1.7	6.7	11.4	7.3
	女 Female											
(W00-X59)	総数	100.0	100.0	100.0	100.0	100.0	100.0	100.0	100.0	100.0	100.0	100.0
.0	家(庭)	49.6	82.4	90.7	88.5	68.8	53.3	82.2	48.1	50.0	52.0	50.0
.1	居住施設	3.3	-	-	-	-	6.7	0.5	-	-	4.0	-
.2	学校、施設及び公共の地域	6.5	1.9	-	3.8	6.3	-	1.8	-	7.1	6.0	5.1
.3	スポーツ施設及び競技施設	0.1	-	-	-	-	-	-	-	-	2.0	2.6
.4	街路及びハイウェイ	1.5	0.9	-	-	-	-	0.5	-	10.7	8.0	1.3
.5	商業及びサービス施設	1.1	1.9	-	-	-	-	0.9	3.7	-	6.0	7.7
.6	工業用地域及び建築現場	0.5	-	-	-	-	-	-	-	-	-	2.6
.7	農場	0.8	-	-	3.8	-	-	0.5	-	-	-	-
.8	その他の明示された場所	10.1	1.9	5.6	3.8	12.5	26.7	5.5	40.7	32.1	16.0	20.5
.9	詳細不明の場所	26.6	11.1	3.7	-	12.5	13.3	8.2	7.4	-	6.0	10.3

交通事故以外の不慮の事故死亡数・百分率　－平成７～20年－

and percentage by sex, age (five-year age group) and site of injury occurrence, 1995-2008

平成８年
1996

25～29	30～34	35～39	40～44	45～49	50～54	55～59	60～64	65～69	70～74	75～79	80～84	85～89	90～94	95～99	100～	不詳 Not stated
393	387	392	595	1 052	1 116	1 340	1 806	2 087	2 378	2 986	3 669	3 135	1 519	421	58	71
113	107	128	177	305	303	407	653	917	1 133	1 546	1 810	1 403	618	140	18	5
4	3	2	7	4	7	12	23	14	54	92	109	149	76	25	5	1
15	21	17	34	45	82	93	144	149	146	178	253	195	93	25	-	1
8	5	3	4	4	-	6	2	2	4	-	1	-	-	-	-	-
15	13	8	25	49	51	62	71	60	71	52	68	42	14	2	-	7
29	25	25	24	57	63	68	92	71	73	71	47	34	10	-	-	2
50	62	62	83	151	181	191	191	112	43	19	3	4	-	-	-	-
2	2	2	5	10	9	15	29	43	46	32	46	26	12	3	1	-
136	115	115	188	313	299	320	345	357	314	253	297	163	68	13	1	49
21	34	30	48	114	121	166	256	362	494	743	1 035	1 119	628	213	33	6
307	301	308	471	829	877	1 066	1 389	1 516	1 485	1 623	1 845	1 454	600	136	13	61
71	73	89	111	204	205	271	435	603	633	796	903	645	226	58	7	4
3	3	1	5	4	5	10	18	10	33	39	44	54	34	8	-	-
10	16	12	24	32	58	67	102	107	87	105	130	92	38	8	-	-
7	5	2	2	3	-	5	2	2	3	-	1	-	-	-	-	-
13	12	6	18	43	49	58	64	51	54	28	41	26	9	-	-	7
26	21	20	22	53	54	63	84	60	64	57	37	27	8	-	-	2
48	60	61	82	145	174	185	178	109	41	15	3	4	-	-	-	-
2	2	2	4	7	9	14	26	36	35	23	24	17	8	3	-	-
113	90	97	166	256	234	270	285	287	215	134	141	78	29	4	-	42
14	19	18	37	82	89	123	195	251	320	426	521	511	248	55	6	6
86	86	84	124	223	239	274	417	571	893	1 363	1 824	1 681	919	285	45	10
42	34	39	66	101	98	136	218	314	500	750	907	758	392	82	11	1
1	-	1	2	-	2	2	5	4	21	53	65	95	42	17	5	1
5	5	5	10	13	24	26	42	42	59	73	123	103	55	17	-	1
1	-	1	2	1	-	1	-	-	1	-	-	-	-	-	-	-
2	1	2	7	6	2	4	7	9	17	24	27	16	5	2	-	-
3	4	5	2	4	9	5	8	11	9	14	10	7	2	-	-	-
2	2	1	1	6	7	6	13	3	2	4	-	-	-	-	-	-
-	-	-	1	3	-	1	3	7	11	9	22	9	4	-	1	-
23	25	18	22	57	65	50	60	70	99	119	156	85	39	9	1	7
7	15	12	11	32	32	43	61	111	174	317	514	608	380	158	27	-

平成８年
1996

25～29	30～34	35～39	40～44	45～49	50～54	55～59	60～64	65～69	70～74	75～79	80～84	85～89	90～94	95～99	100～	不詳 Not stated
100.0	100.0	100.0	100.0	100.0	100.0	100.0	100.0	100.0	100.0	100.0	100.0	100.0	100.0	100.0	100.0	100.0
28.8	27.6	32.7	29.7	29.0	27.2	30.4	36.2	43.9	47.6	51.8	49.3	44.8	40.7	33.3	31.0	7.0
1.0	0.8	0.5	1.2	0.4	0.6	0.9	1.3	0.7	2.3	3.1	3.0	4.8	5.0	5.9	8.6	1.4
3.8	5.4	4.3	5.7	4.3	7.3	6.9	8.0	7.1	6.1	6.0	6.9	6.2	6.1	5.9	-	1.4
2.0	1.3	0.8	0.7	0.4	-	0.4	0.1	0.1	0.2	-	0.0	-	-	-	-	-
3.8	3.4	2.0	4.2	4.7	4.6	4.6	3.9	2.9	3.0	1.7	1.9	1.3	0.9	0.5	-	9.9
7.4	6.5	6.4	4.0	5.4	5.6	5.1	5.1	3.4	3.1	2.4	1.3	1.1	0.7	-	-	2.8
12.7	16.0	15.8	13.9	14.4	16.2	14.3	10.6	5.4	1.8	0.6	0.1	0.1	-	-	-	-
0.5	0.5	0.5	0.8	1.0	0.8	1.1	1.6	2.1	1.9	1.1	1.3	0.8	0.8	0.7	1.7	-
34.6	29.7	29.3	31.6	29.8	26.8	23.9	19.1	17.1	13.2	8.5	8.1	5.2	4.5	3.1	1.7	69.0
5.3	8.8	7.7	8.1	10.8	10.8	12.4	14.2	17.3	20.8	24.9	28.2	35.7	41.3	50.6	56.9	8.5
100.0	100.0	100.0	100.0	100.0	100.0	100.0	100.0	100.0	100.0	100.0	100.0	100.0	100.0	100.0	100.0	100.0
23.1	24.3	28.9	23.6	24.6	23.4	25.4	31.3	39.8	42.6	49.0	48.9	44.4	37.7	42.6	53.8	6.6
1.0	1.0	0.3	1.1	0.5	0.6	0.9	1.3	0.7	2.2	2.4	2.4	3.7	5.7	5.9	-	-
3.3	5.3	3.9	5.1	3.9	6.6	6.3	7.3	7.1	5.9	6.5	7.0	6.3	6.3	5.9	-	-
2.3	1.7	0.6	0.4	0.4	-	0.5	0.1	0.1	0.2	-	0.1	-	-	-	-	-
4.2	4.0	1.9	3.8	5.2	5.6	5.4	4.6	3.4	3.6	1.7	2.2	1.8	1.5	-	-	11.5
8.5	7.0	6.5	4.7	6.4	6.2	5.9	6.0	4.0	4.3	3.5	2.0	1.9	1.3	-	-	3.3
15.6	19.9	19.8	17.4	17.5	19.8	17.4	12.8	7.2	2.8	0.9	0.2	0.3	-	-	-	-
0.7	0.7	0.6	0.8	0.8	1.0	1.3	1.9	2.4	2.4	1.4	1.3	1.2	1.3	2.2	-	-
36.8	29.9	31.5	35.2	30.9	26.7	25.3	20.5	18.9	14.5	8.3	7.6	5.4	4.8	2.9	-	68.9
4.6	6.3	5.8	7.9	9.9	10.1	11.5	14.0	16.6	21.5	26.2	28.2	35.1	41.3	40.4	46.2	9.8
100.0	100.0	100.0	100.0	100.0	100.0	100.0	100.0	100.0	100.0	100.0	100.0	100.0	100.0	100.0	100.0	100.0
48.8	39.5	46.4	53.2	45.3	41.0	49.6	52.3	55.0	56.0	55.0	49.7	45.1	42.7	28.8	24.4	10.0
1.2	-	1.2	1.6	-	0.8	0.7	1.2	0.7	2.4	3.9	3.6	5.7	4.6	6.0	11.1	10.0
5.8	5.8	6.0	8.1	5.8	10.0	9.5	10.1	7.4	6.6	5.4	6.7	6.1	6.0	6.0	-	10.0
1.2	-	1.2	1.6	0.4	-	0.4	-	-	0.1	-	-	-	-	-	-	-
2.3	1.2	2.4	5.6	2.7	0.8	1.5	1.7	1.6	1.9	1.8	1.5	1.0	0.5	0.7	-	-
3.5	4.7	6.0	1.6	1.8	3.8	1.8	1.9	1.9	1.0	1.0	0.5	0.4	0.2	-	-	-
2.3	2.3	1.2	0.8	2.7	2.9	2.2	3.1	0.5	0.2	0.3	-	-	-	-	-	-
-	-	-	0.8	1.3	-	0.4	0.7	1.2	1.2	0.7	1.2	0.5	0.4	-	2.2	-
26.7	29.1	21.4	17.7	25.6	27.2	18.2	14.4	12.3	11.1	8.7	8.6	5.1	4.2	3.2	2.2	70.0
8.1	17.4	14.3	8.9	14.3	13.4	15.7	14.6	19.4	19.5	23.3	28.2	36.2	41.3	55.4	60.0	-

第５表　年次・性・年齢階級（５歳階級）・傷害の発生場所別

Table 5. Trends in accidental deaths due to causes other than traffic accidents

死亡数
Deaths

死因基本分類コード Detailed list of ICD-10 code	性・傷害の発生場所 Sex and site of injury occurrence	総数 Total	0歳 Years	1	2	3	4	0～4	5～9	10～14	15～19	20～24
	総数 Total											
(W00-X59)	総数	24 905	254	129	63	40	44	530	151	87	196	364
.0	家(庭)	10 314	212	107	38	34	23	414	54	30	62	96
.1	居住施設	644	-	-	-	-	-	-	-	-	3	2
.2	学校、施設及び公共の地域	1 583	7	5	-	1	2	15	6	6	12	12
.3	スポーツ施設及び競技施設	66	-	-	-	-	1	1	7	3	4	14
.4	街路及びハイウェイ	630	-	-	1	-	-	1	-	-	3	11
.5	商業及びサービス施設	688	2	2	2	-	-	6	5	2	2	20
.6	工業用地域及び建築現場	1 146	-	-	1	1	-	2	2	-	18	62
.7	農場	272	-	-	-	-	-	-	-	-	-	-
.8	その他の明示された場所	3 620	6	4	10	2	18	40	70	38	75	119
.9	詳細不明の場所	5 942	27	11	11	2	-	51	7	8	17	28
	男 Male											
(W00-X59)	総数	15 333	153	72	34	22	28	309	89	66	147	300
.0	家(庭)	5 700	131	57	22	19	12	241	27	18	36	64
.1	居住施設	294	-	-	-	-	-	-	-	-	1	2
.2	学校、施設及び公共の地域	939	3	1	-	-	2	6	3	4	8	9
.3	スポーツ施設及び競技施設	52	-	-	-	-	1	1	2	3	3	13
.4	街路及びハイウェイ	498	-	-	1	-	-	1	-	-	3	7
.5	商業及びサービス施設	572	1	2	2	-	-	5	2	1	1	16
.6	工業用地域及び建築現場	1 104	-	-	1	1	-	2	1	-	17	61
.7	農場	190	-	-	-	-	-	-	-	-	-	-
.8	その他の明示された場所	2 684	3	3	4	1	13	24	52	33	64	107
.9	詳細不明の場所	3 300	15	9	4	1	-	29	2	7	14	21
	女 Female											
(W00-X59)	総数	9 572	101	57	29	18	16	221	62	21	49	64
.0	家(庭)	4 614	81	50	16	15	11	173	27	12	26	32
.1	居住施設	350	-	-	-	-	-	-	-	-	2	-
.2	学校、施設及び公共の地域	644	4	4	-	1	-	9	3	2	4	3
.3	スポーツ施設及び競技施設	14	-	-	-	-	-	-	5	-	1	1
.4	街路及びハイウェイ	132	-	-	-	-	-	-	-	-	-	4
.5	商業及びサービス施設	116	1	-	-	-	-	1	3	1	1	4
.6	工業用地域及び建築現場	42	-	-	-	-	-	-	1	-	1	1
.7	農場	82	-	-	-	-	-	-	-	-	-	-
.8	その他の明示された場所	936	3	1	6	1	5	16	18	5	11	12
.9	詳細不明の場所	2 642	12	2	7	1	-	22	5	1	3	7

百分率
Percentage

死因基本分類コード Detailed list of ICD-10 code	性・傷害の発生場所 Sex and site of injury occurrence	総数 Total	0歳 Years	1	2	3	4	0～4	5～9	10～14	15～19	20～24
	総数 Total											
(W00-X59)	総数	100.0	100.0	100.0	100.0	100.0	100.0	100.0	100.0	100.0	100.0	100.0
.0	家(庭)	41.4	83.5	82.9	60.3	85.0	52.3	78.1	35.8	34.5	31.6	26.4
.1	居住施設	2.6	-	-	-	-	-	-	-	-	1.5	0.5
.2	学校、施設及び公共の地域	6.4	2.8	3.9	-	2.5	4.5	2.8	4.0	6.9	6.1	3.3
.3	スポーツ施設及び競技施設	0.3	-	-	-	-	2.3	0.2	4.6	3.4	2.0	3.8
.4	街路及びハイウェイ	2.5	-	-	1.6	-	-	0.2	-	-	1.5	3.0
.5	商業及びサービス施設	2.8	0.8	1.6	3.2	-	-	1.1	3.3	2.3	1.0	5.5
.6	工業用地域及び建築現場	4.6	-	-	1.6	2.5	-	0.4	1.3	-	9.2	17.0
.7	農場	1.1	-	-	-	-	-	-	-	-	-	-
.8	その他の明示された場所	14.5	2.4	3.1	15.9	5.0	40.9	7.5	46.4	43.7	38.3	32.7
.9	詳細不明の場所	23.9	10.6	8.5	17.5	5.0	-	9.6	4.6	9.2	8.7	7.7
	男 Male											
(W00-X59)	総数	100.0	100.0	100.0	100.0	100.0	100.0	100.0	100.0	100.0	100.0	100.0
.0	家(庭)	37.2	85.6	79.2	64.7	86.4	42.9	78.0	30.3	27.3	24.5	21.3
.1	居住施設	1.9	-	-	-	-	-	-	-	-	0.7	0.7
.2	学校、施設及び公共の地域	6.1	2.0	1.4	-	-	7.1	1.9	3.4	6.1	5.4	3.0
.3	スポーツ施設及び競技施設	0.3	-	-	-	-	3.6	0.3	2.2	4.5	2.0	4.3
.4	街路及びハイウェイ	3.2	-	-	2.9	-	-	0.3	-	-	2.0	2.3
.5	商業及びサービス施設	3.7	0.7	2.8	5.9	-	-	1.6	2.2	1.5	0.7	5.3
.6	工業用地域及び建築現場	7.2	-	-	2.9	4.5	-	0.6	1.1	-	11.6	20.3
.7	農場	1.2	-	-	-	-	-	-	-	-	-	-
.8	その他の明示された場所	17.5	2.0	4.2	11.8	4.5	46.4	7.8	58.4	50.0	43.5	35.7
.9	詳細不明の場所	21.5	9.8	12.5	11.8	4.5	-	9.4	2.2	10.6	9.5	7.0
	女 Female											
(W00-X59)	総数	100.0	100.0	100.0	100.0	100.0	100.0	100.0	100.0	100.0	100.0	100.0
.0	家(庭)	48.2	80.2	87.7	55.2	83.3	68.8	78.3	43.5	57.1	53.1	50.0
.1	居住施設	3.7	-	-	-	-	-	-	-	-	4.1	-
.2	学校、施設及び公共の地域	6.7	4.0	7.0	-	5.6	-	4.1	4.8	9.5	8.2	4.7
.3	スポーツ施設及び競技施設	0.1	-	-	-	-	-	-	8.1	-	2.0	1.6
.4	街路及びハイウェイ	1.4	-	-	-	-	-	-	-	-	-	6.3
.5	商業及びサービス施設	1.2	1.0	-	-	-	-	0.5	4.8	4.8	2.0	6.3
.6	工業用地域及び建築現場	0.4	-	-	-	-	-	-	1.6	-	2.0	1.6
.7	農場	0.9	-	-	-	-	-	-	-	-	-	-
.8	その他の明示された場所	9.8	3.0	1.8	20.7	5.6	31.3	7.2	29.0	23.8	22.4	18.8
.9	詳細不明の場所	27.6	11.9	3.5	24.1	5.6	-	10.0	8.1	4.8	6.1	10.9

交通事故以外の不慮の事故死亡数・百分率　－平成７～20年－
and percentage by sex, age (five-year age group) and site of injury occurrence, 1995-2008

平成９年
1997

25～29	30～34	35～39	40～44	45～49	50～54	55～59	60～64	65～69	70～74	75～79	80～84	85～89	90～94	95～99	100～	不詳 Not stated
381	360	401	553	983	1 098	1 389	1 704	2 079	2 489	3 038	3 713	3 228	1 582	439	54	86
126	114	122	173	312	309	405	606	894	1 155	1 500	1 753	1 372	615	171	23	8
2	1	3	3	6	4	10	13	16	57	72	142	178	98	29	4	1
11	14	18	27	61	81	121	133	145	152	193	223	224	99	25	2	3
8	6	3	2	2	2	5	3	4	1	－	－	1	－	－	－	－
12	12	15	19	41	53	60	64	62	61	78	58	49	22	6	－	3
23	19	18	31	41	55	72	70	61	80	78	55	30	14	2	－	4
44	51	63	94	124	131	189	162	129	47	15	6	3	2	－	－	2
3	4	2	6	11	10	20	21	40	42	36	39	28	8	2	－	－
126	103	124	150	264	311	323	354	338	331	295	269	166	55	11	－	58
26	36	33	48	121	142	184	278	390	563	771	1 168	1 177	669	193	25	7
297	280	309	437	783	865	1 112	1 320	1 509	1 563	1 666	1 922	1 528	623	125	9	74
80	75	76	113	211	200	292	423	577	665	756	880	639	261	56	4	6
2	1	3	2	4	3	9	9	12	27	40	63	77	33	4	1	1
8	8	12	17	42	52	84	102	97	90	110	121	115	39	9	－	3
5	6	3	2	2	1	2	3	4	1	－	－	1	－	－	－	－
12	10	13	16	34	47	57	55	52	45	51	44	34	11	3	－	3
16	12	16	29	39	48	66	60	54	67	58	44	22	11	2	－	3
43	50	61	90	121	126	182	155	124	44	14	6	3	2	－	－	2
3	3	2	4	9	9	18	16	27	28	23	25	17	5	1	－	－
110	88	99	126	225	262	257	289	268	228	155	136	80	27	4	－	50
18	27	24	38	96	117	145	208	294	368	459	603	540	234	46	4	6
84	80	92	116	200	233	277	384	570	926	1 372	1 791	1 700	959	314	45	12
46	39	46	60	101	109	113	183	317	490	744	873	733	354	115	19	2
－	－	－	1	2	1	1	4	4	30	32	79	101	65	25	3	－
3	6	6	10	19	29	37	31	48	62	83	102	109	60	16	2	－
3	－	－	－	－	1	3	－	－	－	－	－	－	－	－	－	－
－	2	2	3	7	6	3	9	10	16	27	14	15	11	3	－	－
7	7	2	2	2	7	6	10	7	13	20	11	8	3	－	－	1
1	1	2	4	3	5	7	7	5	3	1	－	－	－	－	－	－
－	1	－	2	2	1	2	5	13	14	13	14	11	3	1	－	－
16	15	25	24	39	49	66	65	70	103	140	133	86	28	7	－	8
8	9	9	10	25	25	39	70	96	195	312	565	637	435	147	21	1

平成９年
1997

25～29	30～34	35～39	40～44	45～49	50～54	55～59	60～64	65～69	70～74	75～79	80～84	85～89	90～94	95～99	100～	不詳 Not stated
100.0	100.0	100.0	100.0	100.0	100.0	100.0	100.0	100.0	100.0	100.0	100.0	100.0	100.0	100.0	100.0	100.0
33.1	31.7	30.4	31.3	31.7	28.1	29.2	35.6	43.0	46.4	49.4	47.2	42.5	38.9	39.0	42.6	9.3
0.5	0.3	0.7	0.5	0.6	0.4	0.7	0.8	0.8	2.3	2.4	3.8	5.5	6.2	6.6	7.4	1.2
2.9	3.9	4.5	4.9	6.2	7.4	8.7	7.8	7.0	6.1	6.4	6.0	6.9	6.3	5.7	3.7	3.5
2.1	1.7	0.7	0.4	0.2	0.2	0.4	0.2	0.2	0.0	－	－	0.0	－	－	－	－
3.1	3.3	3.7	3.4	4.2	4.8	4.3	3.8	3.0	2.5	2.6	1.6	1.5	1.4	1.4	－	3.5
6.0	5.3	4.5	5.6	4.2	5.0	5.2	4.1	2.9	3.2	2.6	1.5	0.9	0.9	0.5	－	4.7
11.5	14.2	15.7	17.0	12.6	11.9	13.6	9.5	6.2	1.9	0.5	0.2	0.1	0.1	－	－	2.3
0.8	1.1	0.5	1.1	1.1	0.9	1.4	1.2	1.9	1.7	1.2	1.1	0.9	0.5	0.5	－	－
33.1	28.6	30.9	27.1	26.9	28.3	23.3	20.8	16.3	13.3	9.7	7.2	5.1	3.5	2.5	－	67.4
6.8	10.0	8.2	8.7	12.3	12.9	13.2	16.3	18.8	22.6	25.4	31.5	36.5	42.3	44.0	46.3	8.1
100.0	100.0	100.0	100.0	100.0	100.0	100.0	100.0	100.0	100.0	100.0	100.0	100.0	100.0	100.0	100.0	100.0
26.9	26.8	24.6	25.9	26.9	23.1	26.3	32.0	38.2	42.5	45.4	45.8	41.8	41.9	44.8	44.4	8.1
0.7	0.4	1.0	0.5	0.5	0.3	0.8	0.7	0.8	1.7	2.4	3.3	5.0	5.3	3.2	11.1	1.4
2.7	2.9	3.9	3.9	5.4	6.0	7.6	7.7	6.4	5.8	6.6	6.3	7.5	6.3	7.2	－	4.1
1.7	2.1	1.0	0.5	0.3	0.1	0.2	0.2	0.3	0.1	－	－	0.1	－	－	－	－
4.0	3.6	4.2	3.7	4.3	5.4	5.1	4.2	3.4	2.9	3.1	2.3	2.2	1.8	2.4	－	4.1
5.4	4.3	5.2	6.6	5.0	5.5	5.9	4.5	3.6	4.3	3.5	2.3	1.4	1.8	1.6	－	4.1
14.5	17.9	19.7	20.6	15.5	14.6	16.4	11.7	8.2	2.8	0.8	0.3	0.2	0.3	－	－	2.7
1.0	1.1	0.6	0.9	1.1	1.0	1.6	1.2	1.8	1.8	1.4	1.3	1.1	0.8	0.8	－	－
37.0	31.4	32.0	28.8	28.7	30.3	23.1	21.9	17.8	14.6	9.3	7.1	5.2	4.3	3.2	－	67.6
6.1	9.6	7.8	8.7	12.3	13.5	13.0	15.8	19.5	23.5	27.6	31.4	35.3	37.6	36.8	44.4	8.1
100.0	100.0	100.0	100.0	100.0	100.0	100.0	100.0	100.0	100.0	100.0	100.0	100.0	100.0	100.0	100.0	100.0
54.8	48.8	50.0	51.7	50.5	46.8	40.8	47.7	55.6	52.9	54.2	48.7	43.1	36.9	36.6	42.2	16.7
－	－	－	0.9	1.0	0.4	0.4	1.0	0.7	3.2	2.3	4.4	5.9	6.8	8.0	6.7	－
3.6	7.5	6.5	8.6	9.5	12.4	13.4	8.1	8.4	6.7	6.0	5.7	6.4	6.3	5.1	4.4	－
3.6	－	－	－	－	0.4	1.1	－	－	－	－	－	－	－	－	－	－
－	2.5	2.2	2.6	3.5	2.6	1.1	2.3	1.8	1.7	2.0	0.8	0.9	1.1	1.0	－	－
8.3	8.8	2.2	1.7	1.0	3.0	2.2	2.6	1.2	1.4	1.5	0.6	0.5	0.3	－	－	8.3
1.2	1.3	2.2	3.4	1.5	2.1	2.5	1.8	0.9	0.3	0.1	－	－	－	－	－	－
－	1.3	－	1.7	1.0	0.4	0.7	1.3	2.3	1.5	0.9	0.8	0.6	0.3	0.3	－	－
19.0	18.8	27.2	20.7	19.5	21.0	23.8	16.9	12.3	11.1	10.2	7.4	5.1	2.9	2.2	－	66.7
9.5	11.3	9.8	8.6	12.5	10.7	14.1	18.2	16.8	21.1	22.7	31.5	37.5	45.4	46.8	46.7	8.3

第５表　年次・性・年齢階級（５歳階級）・傷害の発生場所別

Table 5. Trends in accidental deaths due to causes other than traffic accidents

死亡数
Deaths

死因基本分類コード Detailed list of ICD-10 code	性・傷害の発生場所 Sex and site of injury occurrence	総数 Total	0歳 Years	1	2	3	4	0～4	5～9	10～14	15～19	20～24
	総数 Total											
(W00-X59)	総数	25 461	254	134	50	66	31	535	172	102	211	329
.0	家（庭）	10 675	201	113	38	42	19	413	62	34	67	98
.1	居住施設	790	-	1	-	-	-	1	-	-	4	-
.2	学校、施設及び公共の地域	1 538	10	2	-	3	3	18	10	9	10	13
.3	スポーツ施設及び競技施設	71	-	-	1	1	1	3	13	1	1	11
.4	街路及びハイウェイ	660	1	2	1	-	-	4	-	2	2	6
.5	商業及びサービス施設	707	3	1	-	-	1	5	1	1	7	13
.6	工業用地域及び建築現場	987	-	-	-	-	-	-	4	2	15	44
.7	農場	258	-	-	1	-	-	1	2	-	-	-
.8	その他の明示された場所	3 558	4	6	5	18	5	38	74	46	88	118
.9	詳細不明の場所	6 217	35	9	4	2	2	52	6	7	17	26
	男 Male											
(W00-X59)	総数	15 432	148	84	31	41	16	320	123	79	166	258
.0	家（庭）	5 928	113	68	25	24	8	238	42	22	37	67
.1	居住施設	353	-	1	-	-	-	1	-	-	3	-
.2	学校、施設及び公共の地域	897	8	2	-	2	1	13	9	7	8	8
.3	スポーツ施設及び競技施設	52	-	-	1	1	1	3	7	1	1	6
.4	街路及びハイウェイ	524	-	1	-	-	-	1	-	2	2	5
.5	商業及びサービス施設	603	3	-	-	-	-	3	1	1	5	8
.6	工業用地域及び建築現場	957	-	-	-	-	-	-	4	2	15	43
.7	農場	181	-	-	-	-	-	-	1	-	-	-
.8	その他の明示された場所	2 626	3	6	2	12	4	27	53	41	81	100
.9	詳細不明の場所	3 311	21	6	3	2	2	34	6	3	14	21
	女 Female											
(W00-X59)	総数	10 029	106	50	19	25	15	215	49	23	45	71
.0	家（庭）	4 747	88	45	13	18	11	175	20	12	30	31
.1	居住施設	437	-	-	-	-	-	-	-	-	1	-
.2	学校、施設及び公共の地域	641	2	-	-	1	2	5	1	2	2	5
.3	スポーツ施設及び競技施設	19	-	-	-	-	-	-	6	-	-	5
.4	街路及びハイウェイ	136	1	1	1	-	-	3	-	-	-	1
.5	商業及びサービス施設	104	-	1	-	-	1	2	-	-	2	5
.6	工業用地域及び建築現場	30	-	-	-	-	-	-	-	-	-	1
.7	農場	77	-	-	1	-	-	1	1	-	-	-
.8	その他の明示された場所	932	1	-	3	6	1	11	21	5	7	18
.9	詳細不明の場所	2 906	14	3	1	-	-	18	-	4	3	5

百分率
Percentage

死因基本分類コード Detailed list of ICD-10 code	性・傷害の発生場所 Sex and site of injury occurrence	総数 Total	0歳 Years	1	2	3	4	0～4	5～9	10～14	15～19	20～24
	総数 Total											
(W00-X59)	総数	100.0	100.0	100.0	100.0	100.0	100.0	100.0	100.0	100.0	100.0	100.0
.0	家（庭）	41.9	79.1	84.3	76.0	63.6	61.3	77.2	36.0	33.3	31.8	29.8
.1	居住施設	3.1	-	0.7	-	-	-	0.2	-	-	1.9	-
.2	学校、施設及び公共の地域	6.0	3.9	1.5	-	4.5	9.7	3.4	5.8	8.8	4.7	4.0
.3	スポーツ施設及び競技施設	0.3	-	-	2.0	1.5	3.2	0.6	7.6	1.0	0.5	3.3
.4	街路及びハイウェイ	2.6	0.4	1.5	2.0	-	-	0.7	-	2.0	0.9	1.8
.5	商業及びサービス施設	2.8	1.2	0.7	-	-	3.2	0.9	0.6	1.0	3.3	4.0
.6	工業用地域及び建築現場	3.9	-	-	-	-	-	-	2.3	2.0	7.1	13.4
.7	農場	1.0	-	-	2.0	-	-	0.2	1.2	-	-	-
.8	その他の明示された場所	14.0	1.6	4.5	10.0	27.3	16.1	7.1	43.0	45.1	41.7	35.9
.9	詳細不明の場所	24.4	13.8	6.7	8.0	3.0	6.5	9.7	3.5	6.9	8.1	7.9
	男 Male											
(W00-X59)	総数	100.0	100.0	100.0	100.0	100.0	100.0	100.0	100.0	100.0	100.0	100.0
.0	家（庭）	38.4	76.4	81.0	80.6	58.5	50.0	74.4	34.1	27.8	22.3	26.0
.1	居住施設	2.3	-	1.2	-	-	-	0.3	-	-	1.8	-
.2	学校、施設及び公共の地域	5.8	5.4	2.4	-	4.9	6.3	4.1	7.3	8.9	4.8	3.1
.3	スポーツ施設及び競技施設	0.3	-	-	3.2	2.4	6.3	0.9	5.7	1.3	0.6	2.3
.4	街路及びハイウェイ	3.4	-	1.2	-	-	-	0.3	-	2.5	1.2	1.9
.5	商業及びサービス施設	3.9	2.0	-	-	-	-	0.9	0.8	1.3	3.0	3.1
.6	工業用地域及び建築現場	6.2	-	-	-	-	-	-	3.3	2.5	9.0	16.7
.7	農場	1.2	-	-	-	-	-	-	0.8	-	-	-
.8	その他の明示された場所	17.0	2.0	7.1	6.5	29.3	25.0	8.4	43.1	51.9	48.8	38.8
.9	詳細不明の場所	21.5	14.2	7.1	9.7	4.9	12.5	10.6	4.9	3.8	8.4	8.1
	女 Female											
(W00-X59)	総数	100.0	100.0	100.0	100.0	100.0	100.0	100.0	100.0	100.0	100.0	100.0
.0	家（庭）	47.3	83.0	90.0	68.4	72.0	73.3	81.4	40.8	52.2	66.7	43.7
.1	居住施設	4.4	-	-	-	-	-	-	-	-	2.2	-
.2	学校、施設及び公共の地域	6.4	1.9	-	-	4.0	13.3	2.3	2.0	8.7	4.4	7.0
.3	スポーツ施設及び競技施設	0.2	-	-	-	-	-	-	12.2	-	-	7.0
.4	街路及びハイウェイ	1.4	0.9	2.0	5.3	-	-	1.4	-	-	-	1.4
.5	商業及びサービス施設	1.0	-	2.0	-	-	6.7	0.9	-	-	4.4	7.0
.6	工業用地域及び建築現場	0.3	-	-	-	-	-	-	-	-	-	1.4
.7	農場	0.8	-	-	5.3	-	-	0.5	2.0	-	-	-
.8	その他の明示された場所	9.3	0.9	-	15.8	24.0	6.7	5.1	42.9	21.7	15.6	25.4
.9	詳細不明の場所	29.0	13.2	6.0	5.3	-	-	8.4	-	17.4	6.7	7.0

交通事故以外の不慮の事故死亡数・百分率　－平成７～20年－

and percentage by sex, age (five-year age group) and site of injury occurrence, 1995-2008

平成10年
1998

25～29	30～34	35～39	40～44	45～49	50～54	55～59	60～64	65～69	70～74	75～79	80～84	85～89	90～94	95～99	100～	不詳 Not stated
345	333	386	527	938	1 108	1 334	1 734	2 085	2 523	3 076	3 768	3 479	1 758	563	71	84
114	117	123	165	282	323	449	621	903	1 230	1 509	1 766	1 463	719	188	23	6
2	5	3	4	7	9	4	15	20	50	116	172	209	119	45	5	－
9	12	20	34	56	81	101	124	139	151	187	222	226	87	26	2	1
4	3	2	2	1	6	9	3	2	2	5	1	1	1	－	－	－
4	15	14	22	39	47	62	85	75	67	58	73	53	19	6	1	6
31	19	19	26	59	53	61	77	88	73	60	61	34	15	1	－	3
48	48	45	53	122	125	165	161	99	27	21	4	3	－	－	－	1
4	－	－	6	10	17	15	18	27	42	41	39	25	11	－	－	－
99	83	120	157	264	318	291	343	330	335	287	256	202	39	14	－	56
30	31	40	141	213	251	240	289	264	231	175	115	84	16	8	－	45
278	261	291	409	733	848	1 049	1 350	1 513	1 620	1 669	1 920	1 599	688	166	19	73
73	81	73	102	199	214	315	424	589	745	764	889	686	300	58	4	6
2	4	2	1	2	5	2	11	17	25	56	93	74	40	13	2	－
7	8	13	24	37	52	71	82	89	102	93	119	108	35	10	1	1
4	3	1	2	－	4	9	3	1	1	5	－	－	1	－	－	－
3	12	13	21	36	43	54	74	66	53	36	46	35	12	3	1	6
27	15	16	21	53	47	55	67	84	64	48	50	24	11	－	－	3
48	47	45	51	120	123	155	155	95	27	20	4	2	－	－	－	1
4	－	－	5	6	12	13	16	21	36	22	24	15	6	－	－	－
86	68	98	16	51	67	51	54	66	104	112	141	118	23	6	－	11
24	23	30	41	67	97	135	229	287	336	450	580	571	267	74	11	11
67	72	95	118	205	260	285	384	572	903	1 407	1 848	1 880	1 070	397	52	11
41	36	50	63	83	109	134	197	314	485	745	877	777	419	130	19	－
－	1	1	3	5	4	2	4	3	25	60	79	135	79	32	3	－
2	4	7	10	19	29	30	42	50	49	94	103	118	52	16	1	－
－	－	1	－	1	2	－	－	1	1	－	1	1	－	－	－	－
1	3	1	1	3	4	8	11	9	14	22	27	18	7	3	－	－
4	4	3	5	6	6	6	10	4	9	12	11	10	4	1	－	－
－	1	－	2	2	2	10	6	4	－	1	－	1	－	－	－	－
－	－	－	1	4	5	2	2	6	6	19	15	10	5	－	－	－
13	15	22	58	98	129	177	287	402	546	792	1 174	1 263	748	283	40	11
6	8	10	17	31	32	42	58	115	210	342	594	692	481	209	29	－

平成10年
1998

25～29	30～34	35～39	40～44	45～49	50～54	55～59	60～64	65～69	70～74	75～79	80～84	85～89	90～94	95～99	100～	不詳 Not stated
100.0	100.0	100.0	100.0	100.0	100.0	100.0	100.0	100.0	100.0	100.0	100.0	100.0	100.0	100.0	100.0	100.0
33.0	35.1	31.9	31.3	30.1	29.2	33.7	35.8	43.3	48.8	49.1	46.9	42.1	40.9	33.4	32.4	7.1
0.6	1.5	0.8	0.8	0.7	0.8	0.3	0.9	1.0	2.0	3.8	4.6	6.0	6.8	8.0	7.0	－
2.6	3.6	5.2	6.5	6.0	7.3	7.6	7.2	6.7	6.0	6.1	5.9	6.5	4.9	4.6	2.8	1.2
1.2	0.9	0.5	0.4	0.1	0.5	0.7	0.2	0.1	0.1	0.2	0.0	0.0	0.1	－	－	－
1.2	4.5	3.6	4.2	4.2	4.2	4.6	4.9	3.6	2.7	1.9	1.9	1.5	1.1	1.1	1.4	7.1
9.0	5.7	4.9	4.9	6.3	4.8	4.6	4.4	4.2	2.9	2.0	1.6	1.0	0.9	0.2	－	3.6
13.9	14.4	11.7	10.1	13.0	11.3	12.4	9.3	4.7	1.1	0.7	0.1	0.1	－	－	－	1.2
1.2	－	－	1.1	1.1	1.5	1.1	1.0	1.3	1.7	1.3	1.0	0.7	0.6	－	－	－
28.7	24.9	31.1	29.8	28.1	28.7	21.8	19.8	15.8	13.3	9.3	6.8	5.8	2.2	2.5	－	66.7
8.7	9.3	10.4	26.8	22.7	22.7	18.0	16.7	12.7	9.2	5.7	3.1	2.4	0.9	1.4	－	53.6
100.0	100.0	100.0	100.0	100.0	100.0	100.0	100.0	100.0	100.0	100.0	100.0	100.0	100.0	100.0	100.0	100.0
26.3	31.0	25.1	24.9	27.1	25.2	30.0	31.4	38.9	46.0	45.8	46.3	42.9	43.6	34.9	21.1	8.2
0.7	1.5	0.7	0.2	0.3	0.6	0.2	0.8	1.1	1.5	3.4	4.8	4.6	5.8	7.8	10.5	－
2.5	3.1	4.5	5.9	5.0	6.1	6.8	6.1	5.9	6.3	5.6	6.2	6.8	5.1	6.0	5.3	1.4
1.4	1.1	0.3	0.5	－	0.5	0.9	0.2	0.1	0.1	0.3	－	－	0.1	－	－	－
1.1	4.6	4.5	5.1	4.9	5.1	5.1	5.5	4.4	3.3	2.2	2.4	2.2	1.7	1.8	5.3	8.2
9.7	5.7	5.5	5.1	7.2	5.5	5.2	5.0	5.6	4.0	2.9	2.6	1.5	1.6	－	－	4.1
17.3	18.0	15.5	12.5	16.4	14.5	14.8	11.5	6.3	1.7	1.2	0.2	0.1	－	－	－	1.4
1.4	－	－	1.2	0.8	1.4	1.2	1.2	1.4	2.2	1.3	1.3	0.9	0.9	－	－	－
30.9	26.1	33.7	3.9	7.0	7.9	4.9	4.0	4.4	6.4	6.7	7.3	7.4	3.3	3.6	－	15.1
8.6	8.8	10.3	10.0	9.1	11.4	12.9	17.0	19.0	20.7	27.0	30.2	35.7	38.8	44.6	57.9	15.1
100.0	100.0	100.0	100.0	100.0	100.0	100.0	100.0	100.0	100.0	100.0	100.0	100.0	100.0	100.0	100.0	100.0
61.2	50.0	52.6	53.4	40.5	41.9	47.0	51.3	54.9	53.7	52.9	47.5	41.3	39.2	32.7	36.5	－
－	1.4	1.1	2.5	2.4	1.5	0.7	1.0	0.5	2.8	4.3	4.3	7.2	7.4	8.1	5.8	－
3.0	5.6	7.4	8.5	9.3	11.2	10.5	10.9	8.7	5.4	6.7	5.6	6.3	4.9	4.0	1.9	－
－	－	1.1	－	0.5	0.8	－	－	0.2	0.1	－	0.1	0.1	－	－	－	－
1.5	4.2	1.1	0.8	1.5	1.5	2.8	2.9	1.6	1.6	1.6	1.5	1.0	0.7	0.8	－	－
6.0	5.6	3.2	4.2	2.9	2.3	2.1	2.6	0.7	1.0	0.9	0.6	0.5	0.4	0.3	－	－
－	1.4	－	1.7	1.0	0.8	3.5	1.6	0.7	－	0.1	－	0.1	－	－	－	－
－	－	－	0.8	2.0	1.9	0.7	0.5	1.0	0.7	1.4	0.8	0.5	0.5	－	－	－
19.4	20.8	23.2	49.2	47.8	49.6	62.1	74.7	70.3	60.5	56.3	63.5	67.2	69.9	71.3	76.9	100.0
9.0	11.1	10.5	14.4	15.1	12.3	14.7	15.1	20.1	23.3	24.3	32.1	36.8	45.0	52.6	55.8	－

第5表　年次・性・年齢階級（5歳階級）・傷害の発生場所別

Table 5. Trends in accidental deaths due to causes other than traffic accidents

死亡数
Deaths

死因基本分類コード Detailed list of ICD-10 code	性・傷害の発生場所 Sex and site of injury occurrence	総数 Total	0歳 Years	1	2	3	4	0～4	5～9	10～14	15～19	20～24
	総数 Total											
(W00-X59)	総数	26 968	199	115	56	37	32	439	133	115	202	340
.0	家（庭）	11 202	168	88	31	24	23	334	55	55	64	98
.1	居住施設	806	–	–	–	–	–	–	–	1	1	3
.2	学校、施設及び公共の地域	1 713	–	–	–	1	1	2	8	10	13	12
.3	スポーツ施設及び競技施設	57	–	–	–	–	–	–	5	1	5	4
.4	街路及びハイウェイ	623	–	–	–	1	–	1	1	–	6	12
.5	商業及びサービス施設	704	2	1	–	1	–	4	6	2	5	12
.6	工業用地域及び建築現場	956	–	–	–	1	–	1	1	1	10	49
.7	農場	255	–	–	–	–	–	–	1	–	1	–
.8	その他の明示された場所	3 822	4	17	18	7	6	52	51	40	83	128
.9	詳細不明の場所	6 830	25	9	7	2	2	45	5	5	14	22
	男 Male											
(W00-X59)	総数	16 362	118	63	34	28	21	264	92	84	157	266
.0	家（庭）	6 206	99	50	18	17	15	199	31	33	36	58
.1	居住施設	368	–	–	–	–	–	–	–	1	1	2
.2	学校、施設及び公共の地域	999	–	–	–	1	1	2	5	5	9	10
.3	スポーツ施設及び競技施設	45	–	–	–	–	–	–	5	1	4	2
.4	街路及びハイウェイ	507	–	–	–	1	–	1	–	–	6	10
.5	商業及びサービス施設	582	1	1	–	1	–	3	6	2	3	9
.6	工業用地域及び建築現場	925	–	–	–	1	–	1	1	1	10	47
.7	農場	178	–	–	–	–	–	–	–	–	1	–
.8	その他の明示された場所	2 851	2	9	11	6	4	32	41	37	76	114
.9	詳細不明の場所	3 701	16	3	5	1	1	26	3	4	11	14
	女 Female											
(W00-X59)	総数	10 606	81	52	22	9	11	175	41	31	45	74
.0	家（庭）	4 996	69	38	13	7	8	135	24	22	28	40
.1	居住施設	438	–	–	–	–	–	–	–	–	–	1
.2	学校、施設及び公共の地域	714	–	–	–	–	–	–	3	5	4	2
.3	スポーツ施設及び競技施設	12	–	–	–	–	–	–	–	–	1	2
.4	街路及びハイウェイ	116	–	–	–	–	–	–	1	–	–	2
.5	商業及びサービス施設	122	1	–	–	–	–	1	–	–	2	3
.6	工業用地域及び建築現場	31	–	–	–	–	–	–	–	–	–	2
.7	農場	77	–	–	–	–	–	–	1	–	–	–
.8	その他の明示された場所	971	2	8	7	1	2	20	10	3	7	14
.9	詳細不明の場所	3 129	9	6	2	1	1	19	2	1	3	8

百分率
Percentage

死因基本分類コード Detailed list of ICD-10 code	性・傷害の発生場所 Sex and site of injury occurrence	総数 Total	0歳 Years	1	2	3	4	0～4	5～9	10～14	15～19	20～24
	総数 Total											
(W00-X59)	総数	100.0	100.0	100.0	100.0	100.0	100.0	100.0	100.0	100.0	100.0	100.0
.0	家（庭）	41.5	84.4	76.5	55.4	64.9	71.9	76.1	41.4	47.8	31.7	28.8
.1	居住施設	3.0	–	–	–	–	–	–	–	0.9	0.5	0.9
.2	学校、施設及び公共の地域	6.4	–	–	–	2.7	3.1	0.5	6.0	8.7	6.4	3.5
.3	スポーツ施設及び競技施設	0.2	–	–	–	–	–	–	3.8	0.9	2.5	1.2
.4	街路及びハイウェイ	2.3	–	–	–	2.7	–	0.2	0.8	–	3.0	3.5
.5	商業及びサービス施設	2.6	1.0	0.9	–	2.7	–	0.9	4.5	1.7	2.5	3.5
.6	工業用地域及び建築現場	3.5	–	–	–	2.7	–	0.2	0.8	0.9	5.0	14.4
.7	農場	0.9	–	–	–	–	–	–	0.8	–	0.5	–
.8	その他の明示された場所	14.2	2.0	14.8	32.1	18.9	18.8	11.8	38.3	34.8	41.1	37.6
.9	詳細不明の場所	25.3	12.6	7.8	12.5	5.4	6.3	10.3	3.8	4.3	6.9	6.5
	男 Male											
(W00-X59)	総数	100.0	100.0	100.0	100.0	100.0	100.0	100.0	100.0	100.0	100.0	100.0
.0	家（庭）	37.9	83.9	79.4	52.9	60.7	71.4	75.4	33.7	39.3	22.9	21.8
.1	居住施設	2.2	–	–	–	–	–	–	–	1.2	0.6	0.8
.2	学校、施設及び公共の地域	6.1	–	–	–	3.6	4.8	0.8	5.4	6.0	5.7	3.8
.3	スポーツ施設及び競技施設	0.3	–	–	–	–	–	–	5.4	1.2	2.5	0.8
.4	街路及びハイウェイ	3.1	–	–	–	3.6	–	0.4	–	–	3.8	3.8
.5	商業及びサービス施設	3.6	0.8	1.6	–	3.6	–	1.1	6.5	2.4	1.9	3.4
.6	工業用地域及び建築現場	5.7	–	–	–	3.6	–	0.4	1.1	1.2	6.4	17.7
.7	農場	1.1	–	–	–	–	–	–	–	–	0.6	–
.8	その他の明示された場所	17.4	1.7	14.3	32.4	21.4	19.0	12.1	44.6	44.0	48.4	42.9
.9	詳細不明の場所	22.6	13.6	4.8	14.7	3.6	4.8	9.8	3.3	4.8	7.0	5.3
	女 Female											
(W00-X59)	総数	100.0	100.0	100.0	100.0	100.0	100.0	100.0	100.0	100.0	100.0	100.0
.0	家（庭）	47.1	85.2	73.1	59.1	77.8	72.7	77.1	58.5	71.0	62.2	54.1
.1	居住施設	4.1	–	–	–	–	–	–	–	–	–	1.4
.2	学校、施設及び公共の地域	6.7	–	–	–	–	–	–	7.3	16.1	8.9	2.7
.3	スポーツ施設及び競技施設	0.1	–	–	–	–	–	–	–	–	2.2	2.7
.4	街路及びハイウェイ	1.1	–	–	–	–	–	–	2.4	–	–	2.7
.5	商業及びサービス施設	1.2	1.2	–	–	–	–	0.6	–	–	4.4	4.1
.6	工業用地域及び建築現場	0.3	–	–	–	–	–	–	–	–	–	2.7
.7	農場	0.7	–	–	–	–	–	–	2.4	–	–	–
.8	その他の明示された場所	9.2	2.5	15.4	31.8	11.1	18.2	11.4	24.4	9.7	15.6	18.9
.9	詳細不明の場所	29.5	11.1	11.5	9.1	11.1	9.1	10.9	4.9	3.2	6.7	10.8

交通事故以外の不慮の事故死亡数・百分率　－平成７～20年－

and percentage by sex, age (five-year age group) and site of injury occurrence, 1995-2008

平成11年
1999

25～29	30～34	35～39	40～44	45～49	50～54	55～59	60～64	65～69	70～74	75～79	80～84	85～89	90～94	95～99	100～	不詳 Not stated
367	371	383	551	914	1 215	1 493	1 649	2 278	2 806	3 321	3 899	3 690	2 058	592	66	86
122	123	132	179	279	383	498	610	964	1 348	1 623	1 836	1 530	749	193	25	2
3	1	1	3	10	6	12	10	29	68	115	151	195	146	46	5	-
4	7	28	32	60	94	121	143	185	197	194	241	213	111	34	3	1
9	3	5	-	6	6	3	3	3	-	1	2	1	-	-	-	-
9	12	15	15	29	40	62	61	74	68	71	60	53	21	4	-	9
29	22	13	20	53	67	70	77	68	76	81	50	37	8	-	-	4
54	44	37	63	124	137	162	126	88	40	12	4	2	1	-	-	-
2	2	1	6	6	17	18	15	29	38	37	44	27	10	1	-	-
105	120	108	178	257	338	355	353	413	384	291	244	181	75	15	-	51
30	37	43	55	90	127	192	251	425	587	896	1 267	1 451	937	299	33	19
269	290	313	422	730	958	1 155	1 280	1 645	1 841	1 791	1 968	1 750	800	194	16	77
60	72	97	110	188	261	338	431	651	815	817	905	723	304	69	6	2
2	1	1	2	8	5	10	8	16	47	60	68	74	44	17	1	-
3	6	23	27	41	64	78	99	124	128	99	114	102	49	9	1	1
7	3	4	-	5	3	3	3	3	-	-	1	1	-	-	-	-
8	10	11	14	26	35	56	54	65	54	55	41	37	13	2	-	9
24	21	10	17	49	61	61	72	55	59	61	36	28	1	-	-	4
54	43	36	61	120	135	157	122	86	38	9	2	1	1	-	-	-
2	2	1	4	5	16	17	13	23	26	22	27	12	6	1	-	-
86	104	96	145	216	279	288	295	323	282	154	118	86	29	6	-	44
23	28	34	42	72	99	147	183	299	392	514	656	686	353	90	8	17
98	81	70	129	184	257	338	369	633	965	1 530	1 931	1 940	1 258	398	50	9
62	51	35	69	91	122	160	179	313	533	806	931	807	445	124	19	-
1	-	-	1	2	1	2	2	13	21	55	83	121	102	29	4	-
1	1	5	5	19	30	43	44	61	69	95	127	111	62	25	2	-
2	-	1	-	1	3	-	-	-	-	1	1	-	-	-	-	-
1	2	4	1	3	5	6	7	9	14	16	19	16	8	2	-	-
5	1	3	3	4	6	9	5	13	17	20	14	9	7	-	-	-
-	1	1	2	4	2	5	4	2	2	3	2	1	-	-	-	-
-	-	-	2	1	1	1	2	6	12	15	17	15	4	-	-	-
19	16	12	33	41	59	67	58	90	102	137	126	95	46	9	-	7
7	9	9	13	18	28	45	68	126	195	382	611	765	584	209	25	2

平成11年
1999

25～29	30～34	35～39	40～44	45～49	50～54	55～59	60～64	65～69	70～74	75～79	80～84	85～89	90～94	95～99	100～	不詳 Not stated
100.0	100.0	100.0	100.0	100.0	100.0	100.0	100.0	100.0	100.0	100.0	100.0	100.0	100.0	100.0	100.0	100.0
33.2	33.2	34.5	32.5	30.5	31.5	33.4	37.0	42.3	48.0	48.9	47.1	41.5	36.4	32.6	37.9	2.3
0.8	0.3	0.3	0.5	1.1	0.5	0.8	0.6	1.3	2.4	3.5	3.9	5.3	7.1	7.8	7.6	-
1.1	1.9	7.3	5.8	6.6	7.7	8.1	8.7	8.1	7.0	5.8	6.2	5.8	5.4	5.7	4.5	1.2
2.5	0.8	1.3	-	0.7	0.5	0.2	0.2	0.1	-	0.0	0.1	0.0	-	-	-	-
2.5	3.2	3.9	2.7	3.2	3.3	4.2	3.7	3.2	2.4	2.1	1.5	1.4	1.0	0.7	-	10.5
7.9	5.9	3.4	3.6	5.8	5.5	4.7	4.7	3.0	2.7	2.4	1.3	1.0	0.4	-	-	4.7
14.7	11.9	9.7	11.4	13.6	11.3	10.9	7.6	3.9	1.4	0.4	0.1	0.1	0.0	-	-	-
0.5	0.5	0.3	1.1	0.7	1.4	1.2	0.9	1.3	1.4	1.1	1.1	0.7	0.5	0.2	-	-
28.6	32.3	28.2	32.3	28.1	27.8	23.8	21.4	18.1	13.7	8.8	6.3	4.9	3.6	2.5	-	59.3
8.2	10.0	11.2	10.0	9.8	10.5	12.9	15.2	18.7	20.9	27.0	32.5	39.3	45.5	50.5	50.0	22.1
100.0	100.0	100.0	100.0	100.0	100.0	100.0	100.0	100.0	100.0	100.0	100.0	100.0	100.0	100.0	100.0	100.0
22.3	24.8	31.0	26.1	25.8	27.2	29.3	33.7	39.6	44.3	45.6	46.0	41.3	38.0	35.6	37.5	2.6
0.7	0.3	0.3	0.5	1.1	0.5	0.9	0.6	1.0	2.6	3.4	3.5	4.2	5.5	8.8	6.3	-
1.1	2.1	7.3	6.4	5.6	6.7	6.8	7.7	7.5	7.0	5.5	5.8	5.8	6.1	4.6	6.3	1.3
2.6	1.0	1.3	-	0.7	0.3	0.3	0.2	0.2	-	-	0.1	0.1	-	-	-	-
3.0	3.4	3.5	3.3	3.6	3.7	4.8	4.2	4.0	2.9	3.1	2.1	2.1	1.6	1.0	-	11.7
8.9	7.2	3.2	4.0	6.7	6.4	5.3	5.6	3.3	3.2	3.4	1.8	1.6	0.1	-	-	5.2
20.1	14.8	11.5	14.5	16.4	14.1	13.6	9.5	5.2	2.1	0.5	0.1	0.1	0.1	-	-	-
0.7	0.7	0.3	0.9	0.7	1.7	1.5	1.0	1.4	1.4	1.2	1.4	0.7	0.8	0.5	-	-
32.0	35.9	30.7	34.4	29.6	29.1	24.9	23.0	19.6	15.3	8.6	6.0	4.9	3.6	3.1	-	57.1
8.6	9.7	10.9	10.0	9.9	10.3	12.7	14.3	18.2	21.3	28.7	33.3	39.2	44.1	46.4	50.0	22.1
100.0	100.0	100.0	100.0	100.0	100.0	100.0	100.0	100.0	100.0	100.0	100.0	100.0	100.0	100.0	100.0	100.0
63.3	63.0	50.0	53.5	49.5	47.5	47.3	48.5	49.4	55.2	52.7	48.2	41.6	35.4	31.2	38.0	-
1.0	-	-	0.8	1.1	0.4	0.6	0.5	2.1	2.2	3.6	4.3	6.2	8.1	7.3	8.0	-
1.0	1.2	7.1	3.9	10.3	11.7	12.7	11.9	9.6	7.2	6.2	6.6	5.7	4.9	6.3	4.0	-
2.0	-	1.4	-	0.5	1.2	-	-	-	-	0.1	0.1	-	-	-	-	-
1.0	2.5	5.7	0.8	1.6	1.9	1.8	1.9	1.4	1.5	1.0	1.0	0.8	0.6	0.5	-	-
5.1	1.2	4.3	2.3	2.2	2.3	2.7	1.4	2.1	1.8	1.3	0.7	0.5	0.6	-	-	-
-	1.2	1.4	1.6	2.2	0.8	1.5	1.1	0.3	0.2	0.2	0.1	0.1	-	-	-	-
-	-	-	1.6	0.5	0.4	0.3	0.5	0.9	1.2	1.0	0.9	0.8	0.3	-	-	-
19.4	19.8	17.1	25.6	22.3	23.0	19.8	15.7	14.2	10.6	9.0	6.5	4.9	3.7	2.3	-	77.8
7.1	11.1	12.9	10.1	9.8	10.9	13.3	18.4	19.9	20.2	25.0	31.6	39.4	46.4	52.5	50.0	22.2

第5表　年次・性・年齢階級（5歳階級）・傷害の発生場所別

Table 5. Trends in accidental deaths due to causes other than traffic accidents

死亡数
Deaths

死因基本分類コード Detailed list of ICD-10 code	性・傷害の発生場所 Sex and site of injury occurrence	総数 Total	0歳 Years	1	2	3	4	0～4	5～9	10～14	15～19	20～24
	総数 Total											
(W00-X59)	総数	26 627	201	89	43	40	32	405	123	80	183	312
.0	家（庭）	11 155	171	72	27	23	17	310	50	38	53	108
.1	居住施設	915	-	-	-	-	-	-	-	-	-	1
.2	学校、施設及び公共の地域	1 675	5	3	1	-	-	9	9	5	14	9
.3	スポーツ施設及び競技施設	56	-	-	-	-	-	-	3	-	6	11
.4	街路及びハイウェイ	632	-	-	-	-	-	-	1	3	4	9
.5	商業及びサービス施設	675	-	1	2	1	1	5	3	-	4	14
.6	工業用地域及び建築現場	952	1	-	-	-	-	1	-	-	12	35
.7	農場	238	-	-	-	-	-	-	-	-	-	3
.8	その他の明示された場所	3 743	4	9	6	12	11	42	51	27	84	109
.9	詳細不明の場所	6 586	20	4	7	4	3	38	6	7	6	13
	男 Male											
(W00-X59)	総数	16 090	128	63	21	30	24	266	80	62	144	248
.0	家（庭）	6 189	110	50	15	19	12	206	33	22	30	70
.1	居住施設	393	-	-	-	-	-	-	-	-	-	1
.2	学校、施設及び公共の地域	980	4	2	1	-	-	7	2	4	10	6
.3	スポーツ施設及び競技施設	47	-	-	-	-	-	-	2	-	6	9
.4	街路及びハイウェイ	516	-	-	-	-	-	-	1	3	3	7
.5	商業及びサービス施設	570	-	1	1	1	1	4	3	-	3	12
.6	工業用地域及び建築現場	917	-	-	-	-	-	-	-	-	11	34
.7	農場	185	-	-	-	-	-	-	-	-	-	3
.8	その他の明示された場所	2 767	2	6	1	7	8	24	35	26	76	96
.9	詳細不明の場所	3 526	12	4	3	3	3	25	4	7	5	10
	女 Female											
(W00-X59)	総数	10 537	73	26	22	10	8	139	43	18	39	64
.0	家（庭）	4 966	61	22	12	4	5	104	17	16	23	38
.1	居住施設	522	-	-	-	-	-	-	-	-	-	-
.2	学校、施設及び公共の地域	695	1	1	-	-	-	2	7	1	4	3
.3	スポーツ施設及び競技施設	9	-	-	-	-	-	-	1	-	-	2
.4	街路及びハイウェイ	116	-	-	-	-	-	-	-	-	1	2
.5	商業及びサービス施設	105	-	-	1	-	-	1	-	-	1	2
.6	工業用地域及び建築現場	35	1	-	-	-	-	1	-	-	1	1
.7	農場	53	-	-	-	-	-	-	-	-	-	-
.8	その他の明示された場所	976	2	3	5	5	3	18	16	1	8	13
.9	詳細不明の場所	3 060	8	-	4	1	-	13	2	-	1	3

百分率
Percentage

死因基本分類コード Detailed list of ICD-10 code	性・傷害の発生場所 Sex and site of injury occurrence	総数 Total	0歳 Years	1	2	3	4	0～4	5～9	10～14	15～19	20～24
	総数 Total											
(W00-X59)	総数	100.0	100.0	100.0	100.0	100.0	100.0	100.0	100.0	100.0	100.0	100.0
.0	家（庭）	41.9	85.1	80.9	62.8	57.5	53.1	76.5	40.7	47.5	29.0	34.6
.1	居住施設	3.4	-	-	-	-	-	-	-	-	-	0.3
.2	学校、施設及び公共の地域	6.3	2.5	3.4	2.3	-	-	2.2	7.3	6.3	7.7	2.9
.3	スポーツ施設及び競技施設	0.2	-	-	-	-	-	-	2.4	-	3.3	3.5
.4	街路及びハイウェイ	2.4	-	-	-	-	-	-	0.8	3.8	2.2	2.9
.5	商業及びサービス施設	2.5	-	1.1	4.7	2.5	3.1	1.2	2.4	-	2.2	4.5
.6	工業用地域及び建築現場	3.6	0.5	-	-	-	-	0.2	-	-	6.6	11.2
.7	農場	0.9	-	-	-	-	-	-	-	-	-	1.0
.8	その他の明示された場所	14.1	2.0	10.1	14.0	30.0	34.4	10.4	41.5	33.8	45.9	34.9
.9	詳細不明の場所	24.7	10.0	4.5	16.3	10.0	9.4	9.4	4.9	8.8	3.3	4.2
	男 Male											
(W00-X59)	総数	100.0	100.0	100.0	100.0	100.0	100.0	100.0	100.0	100.0	100.0	100.0
.0	家（庭）	38.5	85.9	79.4	71.4	63.3	50.0	77.4	41.3	35.5	20.8	28.2
.1	居住施設	2.4	-	-	-	-	-	-	-	-	-	0.4
.2	学校、施設及び公共の地域	6.1	3.1	3.2	4.8	-	-	2.6	2.5	6.5	6.9	2.4
.3	スポーツ施設及び競技施設	0.3	-	-	-	-	-	-	2.5	-	4.2	3.6
.4	街路及びハイウェイ	3.2	-	-	-	-	-	-	1.3	4.8	2.1	2.8
.5	商業及びサービス施設	3.5	-	1.6	4.8	3.3	4.2	1.5	3.8	-	2.1	4.8
.6	工業用地域及び建築現場	5.7	-	-	-	-	-	-	-	-	7.6	13.7
.7	農場	1.1	-	-	-	-	-	-	-	-	-	1.2
.8	その他の明示された場所	17.2	1.6	9.5	4.8	23.3	33.3	9.0	43.8	41.9	52.8	38.7
.9	詳細不明の場所	21.9	9.4	6.3	14.3	10.0	12.5	9.4	5.0	11.3	3.5	4.0
	女 Female											
(W00-X59)	総数	100.0	100.0	100.0	100.0	100.0	100.0	100.0	100.0	100.0	100.0	100.0
.0	家（庭）	47.1	83.6	84.6	54.5	40.0	62.5	74.8	39.5	88.9	59.0	59.4
.1	居住施設	5.0	-	-	-	-	-	-	-	-	-	-
.2	学校、施設及び公共の地域	6.6	1.4	3.8	-	-	-	1.4	16.3	5.6	10.3	4.7
.3	スポーツ施設及び競技施設	0.1	-	-	-	-	-	-	2.3	-	-	3.1
.4	街路及びハイウェイ	1.1	-	-	-	-	-	-	-	-	2.6	3.1
.5	商業及びサービス施設	1.0	-	-	4.5	-	-	0.7	-	-	2.6	3.1
.6	工業用地域及び建築現場	0.3	1.4	-	-	-	-	0.7	-	-	2.6	1.6
.7	農場	0.5	-	-	-	-	-	-	-	-	-	-
.8	その他の明示された場所	9.3	2.7	11.5	22.7	50.0	37.5	12.9	37.2	5.6	20.5	20.3
.9	詳細不明の場所	29.0	11.0	-	18.2	10.0	-	9.4	4.7	-	2.6	4.7

平成12年
2000

25～29	30～34	35～39	40～44	45～49	50～54	55～59	60～64	65～69	70～74	75～79	80～84	85～89	90～94	95～99	100～	不詳 Not stated
335	342	399	493	805	1 221	1 401	1 637	2 193	2 872	3 332	3 855	3 727	2 123	610	96	83
86	112	143	169	251	405	443	607	931	1 359	1 650	1 827	1 579	811	199	22	2
2	2	2	3	3	7	14	12	36	73	132	176	234	159	48	11	–
15	19	20	30	66	91	88	113	155	193	204	267	228	108	26	3	3
8	4	–	3	1	2	5	8	3	1	1	–	–	–	–	–	–
11	11	17	23	33	52	53	75	75	86	59	58	37	18	1	–	6
15	23	12	26	35	61	72	65	73	92	75	54	35	6	2	1	2
54	43	45	62	104	126	180	130	101	38	13	3	–	2	2	–	1
–	–	2	7	6	9	14	32	24	42	43	25	24	7	–	–	–
113	99	126	127	230	349	338	360	404	394	289	274	181	72	13	3	58
31	29	32	43	76	119	194	235	391	594	866	1 171	1 409	940	319	56	11
265	264	293	380	633	961	1 099	1 274	1 580	1 906	1 833	1 972	1 712	844	183	27	64
49	75	82	101	174	282	298	427	615	811	847	915	744	334	67	5	2
1	1	2	2	3	6	9	10	23	37	57	81	85	59	13	3	–
10	11	14	21	43	62	62	79	105	133	121	143	96	43	6	–	2
8	4	–	2	–	2	5	5	3	–	1	–	–	–	–	–	–
10	11	16	21	30	46	48	64	67	67	42	33	29	11	1	–	6
13	19	10	25	32	55	61	60	65	77	53	44	26	4	1	1	2
54	43	45	60	102	122	176	125	95	36	9	3	–	1	–	–	1
–	–	2	7	6	8	12	28	21	31	37	12	14	4	–	–	–
96	78	100	109	186	288	281	297	316	295	172	140	82	22	4	1	43
24	22	22	32	57	90	147	179	270	419	494	601	636	366	91	17	8
70	78	106	113	172	260	302	363	613	966	1 499	1 883	2 015	1 279	427	69	19
37	37	61	68	77	123	145	180	316	548	803	912	835	477	132	17	–
1	1	–	1	–	1	5	2	13	36	75	95	149	100	35	8	–
5	8	6	9	23	29	26	34	50	60	83	124	132	65	20	3	1
–	–	–	1	1	–	–	3	–	1	–	–	–	–	–	–	–
1	–	1	2	3	6	5	11	8	19	17	25	8	7	–	–	–
2	4	2	1	3	6	11	5	8	15	22	10	9	2	1	–	–
–	–	–	2	2	4	4	5	6	2	4	–	–	1	2	–	–
–	–	–	–	–	1	2	4	3	11	6	13	10	3	–	–	–
17	21	26	18	44	61	57	63	88	99	117	134	99	50	9	2	15
7	7	10	11	19	29	47	56	121	175	372	570	773	574	228	39	3

平成12年
2000

25～29	30～34	35～39	40～44	45～49	50～54	55～59	60～64	65～69	70～74	75～79	80～84	85～89	90～94	95～99	100～	不詳 Not stated
100.0	100.0	100.0	100.0	100.0	100.0	100.0	100.0	100.0	100.0	100.0	100.0	100.0	100.0	100.0	100.0	100.0
25.7	32.7	35.8	34.3	31.2	33.2	31.6	37.1	42.5	47.3	49.5	47.4	42.4	38.2	32.6	22.9	2.4
0.6	0.6	0.5	0.6	0.4	0.6	1.0	0.7	1.6	2.5	4.0	4.6	6.3	7.5	7.9	11.5	–
4.5	5.6	5.0	6.1	8.2	7.5	6.3	6.9	7.1	6.7	6.1	6.9	6.1	5.1	4.3	3.1	3.6
2.4	1.2	–	0.6	0.1	0.2	0.4	0.5	0.1	0.0	0.0	–	–	–	–	–	–
3.3	3.2	4.3	4.7	4.1	4.3	3.8	4.6	3.4	3.0	1.8	1.5	1.0	0.8	0.2	–	7.2
4.5	6.7	3.0	5.3	4.3	5.0	5.1	4.0	3.3	3.2	2.3	1.4	0.9	0.3	0.3	1.0	2.4
16.1	12.6	11.3	12.6	12.9	10.3	12.8	7.9	4.6	1.3	0.4	0.1	–	0.1	0.3	–	1.2
–	–	0.5	1.4	0.7	0.7	1.0	2.0	1.1	1.5	1.3	0.6	0.6	0.3	–	–	–
33.7	28.9	31.6	25.8	28.6	28.6	24.1	22.0	18.4	13.7	8.7	7.1	4.9	3.4	2.1	3.1	69.9
9.3	8.5	8.0	8.7	9.4	9.7	13.8	14.4	17.8	20.7	26.0	30.4	37.8	44.3	52.3	58.3	13.3
100.0	100.0	100.0	100.0	100.0	100.0	100.0	100.0	100.0	100.0	100.0	100.0	100.0	100.0	100.0	100.0	100.0
18.5	28.4	28.0	26.6	27.5	29.3	27.1	33.5	38.9	42.5	46.2	46.4	43.5	39.6	36.6	18.5	3.1
0.4	0.4	0.7	0.5	0.5	0.6	0.8	0.8	1.5	1.9	3.1	4.1	5.0	7.0	7.1	11.1	–
3.8	4.2	4.8	5.5	6.8	6.5	5.6	6.2	6.6	7.0	6.6	7.3	5.6	5.1	3.3	–	3.1
3.0	1.5	–	0.5	–	0.2	0.5	0.4	0.2	–	0.1	–	–	–	–	–	–
3.8	4.2	5.5	5.5	4.7	4.8	4.4	5.0	4.2	3.5	2.3	1.7	1.7	1.3	0.5	–	9.4
4.9	7.2	3.4	6.6	5.1	5.7	5.6	4.7	4.1	4.0	2.9	2.2	1.5	0.5	0.5	3.7	3.1
20.4	16.3	15.4	15.8	16.1	12.7	16.0	9.8	6.0	1.9	0.5	0.2	–	0.1	–	–	1.6
–	–	0.7	1.8	0.9	0.8	1.1	2.2	1.3	1.6	2.0	0.6	0.8	0.5	–	–	–
36.2	29.5	34.1	28.7	29.4	30.0	25.6	23.3	20.0	15.5	9.4	7.1	4.8	2.6	2.2	3.7	67.2
9.1	8.3	7.5	8.4	9.0	9.4	13.4	14.1	17.1	22.0	27.0	30.5	37.1	43.4	49.7	63.0	12.5
100.0	100.0	100.0	100.0	100.0	100.0	100.0	100.0	100.0	100.0	100.0	100.0	100.0	100.0	100.0	100.0	100.0
52.9	47.4	57.5	60.2	44.8	47.3	48.0	49.6	51.5	56.7	53.6	48.4	41.4	37.3	30.9	24.6	–
1.4	1.3	–	0.9	–	0.4	1.7	0.6	2.1	3.7	5.0	5.0	7.4	7.8	8.2	11.6	–
7.1	10.3	5.7	8.0	13.4	11.2	8.6	9.4	8.2	6.2	5.5	6.6	6.6	5.1	4.7	4.3	5.3
–	–	–	0.9	0.6	–	–	0.8	–	0.1	–	–	–	–	–	–	–
1.4	–	0.9	1.8	1.7	2.3	1.7	3.0	1.3	2.0	1.1	1.3	0.4	0.5	–	–	–
2.9	5.1	1.9	0.9	1.7	2.3	3.6	1.4	1.3	1.6	1.5	0.5	0.4	0.2	0.2	–	–
–	–	–	1.8	1.2	1.5	1.3	1.4	1.0	0.2	0.3	–	–	0.1	0.5	–	–
–	–	–	–	–	0.4	0.7	1.1	0.5	1.1	0.4	0.7	0.5	0.2	–	–	–
24.3	26.9	24.5	15.9	25.6	23.5	18.9	17.4	14.4	10.2	7.8	7.1	4.9	3.9	2.1	2.9	78.9
10.0	9.0	9.4	9.7	11.0	11.2	15.6	15.4	19.7	18.1	24.8	30.3	38.4	44.9	53.4	56.5	15.8

第5表　年次・性・年齢階級（5歳階級）・傷害の発生場所別

Table 5. Trends in accidental deaths due to causes other than traffic accidents

死亡数
Deaths

死因基本分類コード Detailed list of ICD-10 code	性・傷害の発生場所 Sex and site of injury occurrence	総数 Total	0歳 Years	1	2	3	4	0～4	5～9	10～14	15～19	20～24
	総数 Total											
(W00-X59)	総数	27 118	187	81	51	46	29	394	108	61	196	319
.0	家（庭）	11 268	155	62	38	29	17	301	42	26	70	104
.1	居住施設	993	1	-	-	-	-	1	-	-	1	2
.2	学校、施設及び公共の地域	1 793	7	1	-	-	2	10	4	6	8	10
.3	スポーツ施設及び競技施設	56	-	-	-	-	-	-	3	1	-	11
.4	街路及びハイウェイ	608	3	1	1	1	-	6	6	-	2	10
.5	商業及びサービス施設	723	1	3	-	1	-	5	2	-	12	28
.6	工業用地域及び建築現場	881	-	-	-	-	-	-	2	1	14	37
.7	農場	289	-	-	-	-	-	-	-	-	-	3
.8	その他の明示された場所	3 708	8	7	8	13	10	46	40	25	78	97
.9	詳細不明の場所	6 799	12	7	4	2	-	25	9	2	11	17
	男 Male											
(W00-X59)	総数	16 295	100	51	25	32	20	228	75	43	154	233
.0	家（庭）	6 268	85	38	17	18	11	169	26	17	42	62
.1	居住施設	464	1	-	-	-	-	1	-	-	-	1
.2	学校、施設及び公共の地域	1 037	3	-	-	-	2	5	3	4	7	7
.3	スポーツ施設及び競技施設	50	-	-	-	-	-	-	3	1	-	9
.4	街路及びハイウェイ	474	1	1	1	1	-	4	3	-	2	7
.5	商業及びサービス施設	607	-	1	-	1	-	2	2	-	11	18
.6	工業用地域及び建築現場	858	-	-	-	-	-	-	1	1	14	37
.7	農場	201	-	-	-	-	-	-	-	-	-	2
.8	その他の明示された場所	2 748	3	5	5	11	7	31	30	19	68	80
.9	詳細不明の場所	3 588	7	6	2	1	-	16	7	1	10	10
	女 Female											
(W00-X59)	総数	10 823	87	30	26	14	9	166	33	18	42	86
.0	家（庭）	5 000	70	24	21	11	6	132	16	9	28	42
.1	居住施設	529	-	-	-	-	-	-	-	-	1	1
.2	学校、施設及び公共の地域	756	4	1	-	-	-	5	1	2	1	3
.3	スポーツ施設及び競技施設	6	-	-	-	-	-	-	-	-	-	2
.4	街路及びハイウェイ	134	2	-	-	-	-	2	3	-	-	3
.5	商業及びサービス施設	116	1	2	-	-	-	3	-	-	1	10
.6	工業用地域及び建築現場	23	-	-	-	-	-	-	1	-	-	-
.7	農場	88	-	-	-	-	-	-	-	-	-	1
.8	その他の明示された場所	960	5	2	3	2	3	15	10	6	10	17
.9	詳細不明の場所	3 211	5	1	2	1	-	9	2	1	1	7

百分率
Percentage

死因基本分類コード Detailed list of ICD-10 code	性・傷害の発生場所 Sex and site of injury occurrence	総数 Total	0歳 Years	1	2	3	4	0～4	5～9	10～14	15～19	20～24
	総数 Total											
(W00-X59)	総数	100.0	100.0	100.0	100.0	100.0	100.0	100.0	100.0	100.0	100.0	100.0
.0	家（庭）	41.6	82.9	76.5	74.5	63.0	58.6	76.4	38.9	42.6	35.7	32.6
.1	居住施設	3.7	0.5	-	-	-	-	0.3	-	-	0.5	0.6
.2	学校、施設及び公共の地域	6.6	3.7	1.2	-	-	6.9	2.5	3.7	9.8	4.1	3.1
.3	スポーツ施設及び競技施設	0.2	-	-	-	-	-	-	2.8	1.6	-	3.4
.4	街路及びハイウェイ	2.2	1.6	1.2	2.0	2.2	-	1.5	5.6	-	1.0	3.1
.5	商業及びサービス施設	2.7	0.5	3.7	-	2.2	-	1.3	1.9	-	6.1	8.8
.6	工業用地域及び建築現場	3.2	-	-	-	-	-	-	1.9	1.6	7.1	11.6
.7	農場	1.1	-	-	-	-	-	-	-	-	-	0.9
.8	その他の明示された場所	13.7	4.3	8.6	15.7	28.3	34.5	11.7	37.0	41.0	39.8	30.4
.9	詳細不明の場所	25.1	6.4	8.6	7.8	4.3	-	6.3	8.3	3.3	5.6	5.3
	男 Male											
(W00-X59)	総数	100.0	100.0	100.0	100.0	100.0	100.0	100.0	100.0	100.0	100.0	100.0
.0	家（庭）	38.5	85.0	74.5	68.0	56.3	55.0	74.1	34.7	39.5	27.3	26.6
.1	居住施設	2.8	1.0	-	-	-	-	0.4	-	-	-	0.4
.2	学校、施設及び公共の地域	6.4	3.0	-	-	-	10.0	2.2	4.0	9.3	4.5	3.0
.3	スポーツ施設及び競技施設	0.3	-	-	-	-	-	-	4.0	2.3	-	3.9
.4	街路及びハイウェイ	2.9	1.0	2.0	4.0	3.1	-	1.8	4.0	-	1.3	3.0
.5	商業及びサービス施設	3.7	-	2.0	-	3.1	-	0.9	2.7	-	7.1	7.7
.6	工業用地域及び建築現場	5.3	-	-	-	-	-	-	1.3	2.3	9.1	15.9
.7	農場	1.2	-	-	-	-	-	-	-	-	-	0.9
.8	その他の明示された場所	16.9	3.0	9.8	20.0	34.4	35.0	13.6	40.0	44.2	44.2	34.3
.9	詳細不明の場所	22.0	7.0	11.8	8.0	3.1	-	7.0	9.3	2.3	6.5	4.3
	女 Female											
(W00-X59)	総数	100.0	100.0	100.0	100.0	100.0	100.0	100.0	100.0	100.0	100.0	100.0
.0	家（庭）	46.2	80.5	80.0	80.8	78.6	66.7	79.5	48.5	50.0	66.7	48.8
.1	居住施設	4.9	-	-	-	-	-	-	-	-	2.4	1.2
.2	学校、施設及び公共の地域	7.0	4.6	3.3	-	-	-	3.0	3.0	11.1	2.4	3.5
.3	スポーツ施設及び競技施設	0.1	-	-	-	-	-	-	-	-	-	2.3
.4	街路及びハイウェイ	1.2	2.3	-	-	-	-	1.2	9.1	-	-	3.5
.5	商業及びサービス施設	1.1	1.1	6.7	-	-	-	1.8	-	-	2.4	11.6
.6	工業用地域及び建築現場	0.2	-	-	-	-	-	-	3.0	-	-	-
.7	農場	0.8	-	-	-	-	-	-	-	-	-	1.2
.8	その他の明示された場所	8.9	5.7	6.7	11.5	14.3	33.3	9.0	30.3	33.3	23.8	19.8
.9	詳細不明の場所	29.7	5.7	3.3	7.7	7.1	-	5.4	6.1	5.6	2.4	8.1

交通事故以外の不慮の事故死亡数・百分率　－平成７～20年－
and percentage by sex, age (five-year age group) and site of injury occurrence, 1995-2008

平成13年
2001

25～29	30～34	35～39	40～44	45～49	50～54	55～59	60～64	65～69	70～74	75～79	80～84	85～89	90～94	95～99	100～	不詳 Not stated
367	397	375	470	737	1 332	1 370	1 630	2 188	2 877	3 537	3 797	3 906	2 211	708	83	55
122	157	133	175	235	421	457	595	922	1 387	1 738	1 759	1 604	762	229	24	5
4	3	6	5	9	12	10	17	33	88	145	178	247	168	60	4	-
5	10	17	18	52	113	95	163	190	203	254	243	237	121	31	3	-
8	2	3	2	5	1	5	4	5	3	1	1	1	-	-	-	-
5	13	11	19	22	50	65	54	78	74	67	60	41	21	2	-	2
33	34	24	23	36	71	62	55	78	90	70	49	30	15	3	-	3
57	53	45	54	64	121	164	123	90	31	16	6	3	-	-	-	-
-	1	2	5	12	13	27	16	28	44	50	43	28	12	4	1	-
109	100	101	138	219	376	329	389	392	385	335	241	185	74	10	-	39
24	24	33	31	83	154	156	214	372	572	861	1 217	1 530	1 038	369	51	6
282	307	285	358	587	1 051	1 047	1 245	1 602	1 892	2 006	1 940	1 834	849	210	25	42
74	94	85	112	171	282	321	439	623	846	904	861	767	294	68	7	4
2	2	5	5	7	9	5	13	27	60	72	75	110	53	16	1	-
4	7	7	10	38	85	56	111	130	129	141	115	117	53	7	1	-
8	2	3	2	5	1	5	3	4	2	1	-	1	-	-	-	-
3	12	11	17	21	46	57	47	68	56	38	42	25	11	2	-	2
26	32	23	22	31	63	54	45	68	77	56	37	25	9	3	-	3
57	52	44	52	64	119	163	117	83	30	15	6	3	-	-	-	-
-	1	2	3	11	7	15	14	23	32	37	25	18	8	2	1	-
88	85	83	110	178	319	268	315	308	272	212	139	79	33	2	-	29
20	20	22	25	61	120	103	141	268	388	530	640	689	388	110	15	4
85	90	90	112	150	281	323	385	586	985	1 531	1 857	2 072	1 362	498	58	13
48	63	48	63	64	139	136	156	299	541	834	898	837	468	161	17	1
2	1	1	-	2	3	5	4	6	28	73	103	137	115	44	3	-
1	3	10	8	14	28	39	52	60	74	113	128	120	68	24	2	-
-	-	-	-	-	-	-	1	1	1	-	1	-	-	-	-	-
2	1	-	2	1	4	8	7	10	18	29	18	16	10	-	-	-
7	2	1	1	5	8	8	10	10	13	14	12	5	6	-	-	-
-	1	1	2	-	2	1	6	7	1	1	-	-	-	-	-	-
-	-	-	2	1	6	12	2	5	12	13	18	10	4	2	-	-
21	15	18	28	41	57	61	74	84	113	123	102	106	41	8	-	10
4	4	11	6	22	34	53	73	104	184	331	577	841	650	259	36	2

平成13年
2001

25～29	30～34	35～39	40～44	45～49	50～54	55～59	60～64	65～69	70～74	75～79	80～84	85～89	90～94	95～99	100～	不詳 Not stated
100.0	100.0	100.0	100.0	100.0	100.0	100.0	100.0	100.0	100.0	100.0	100.0	100.0	100.0	100.0	100.0	100.0
33.2	39.5	35.5	37.2	31.9	31.6	33.4	36.5	42.1	48.2	49.1	46.3	41.1	34.5	32.3	28.9	9.1
1.1	0.8	1.6	1.1	1.2	0.9	0.7	1.0	1.5	3.1	4.1	4.7	6.3	7.6	8.5	4.8	-
1.4	2.5	4.5	3.8	7.1	8.5	6.9	10.0	8.7	7.1	7.2	6.4	6.1	5.5	4.4	3.6	-
2.2	0.5	0.8	0.4	0.7	0.1	0.4	0.2	0.2	0.1	0.0	0.0	0.0	-	-	-	-
1.4	3.3	2.9	4.0	3.0	3.8	4.7	3.3	3.6	2.6	1.9	1.6	1.0	0.9	0.3	-	3.6
9.0	8.6	6.4	4.9	4.9	5.3	4.5	3.4	3.6	3.1	2.0	1.3	0.8	0.7	0.4	-	5.5
15.5	13.4	12.0	11.5	8.7	9.1	12.0	7.5	4.1	1.1	0.5	0.2	0.1	-	-	-	-
-	0.3	0.5	1.1	1.6	1.0	2.0	1.0	1.3	1.5	1.4	1.1	0.7	0.5	0.6	1.2	-
29.7	25.2	26.9	29.4	29.7	28.2	24.0	23.9	17.9	13.4	9.5	6.3	4.7	3.3	1.4	-	70.9
6.5	6.0	8.8	6.6	11.3	11.6	11.4	13.1	17.0	19.9	24.3	32.1	39.2	46.9	52.1	61.4	10.9
100.0	100.0	100.0	100.0	100.0	100.0	100.0	100.0	100.0	100.0	100.0	100.0	100.0	100.0	100.0	100.0	100.0
26.2	30.6	29.8	31.3	29.1	26.8	30.7	35.3	38.9	44.7	45.1	44.4	41.8	34.6	32.4	28.0	9.5
0.7	0.7	1.8	1.4	1.2	0.9	0.5	1.0	1.7	3.2	3.6	3.9	6.0	6.2	7.6	4.0	-
1.4	2.3	2.5	2.8	6.5	8.1	5.3	8.9	8.1	6.8	7.0	5.9	6.4	6.2	3.3	4.0	-
2.8	0.7	1.1	0.6	0.9	0.1	0.5	0.2	0.2	0.1	0.0	-	0.1	-	-	-	-
1.1	3.9	3.9	4.7	3.6	4.4	5.4	3.8	4.2	3.0	1.9	2.2	1.4	1.3	1.0	-	4.8
9.2	10.4	8.1	6.1	5.3	6.0	5.2	3.6	4.2	4.1	2.8	1.9	1.4	1.1	1.4	-	7.1
20.2	16.9	15.4	14.5	10.9	11.3	15.6	9.4	5.2	1.6	0.7	0.3	0.2	-	-	-	-
-	0.3	0.7	0.8	1.9	0.7	1.4	1.1	1.4	1.7	1.8	1.3	1.0	0.9	1.0	4.0	-
31.2	27.7	29.1	30.7	30.3	30.4	25.6	25.3	19.2	14.4	10.6	7.2	4.3	3.9	1.0	-	69.0
7.1	6.5	7.7	7.0	10.4	11.4	9.8	11.3	16.7	20.5	26.4	33.0	37.6	45.7	52.4	60.0	9.5
100.0	100.0	100.0	100.0	100.0	100.0	100.0	100.0	100.0	100.0	100.0	100.0	100.0	100.0	100.0	100.0	100.0
56.5	70.0	53.3	56.3	42.7	49.5	42.1	40.5	51.0	54.9	54.5	48.4	40.4	34.4	32.3	29.3	7.7
2.4	1.1	1.1	-	1.3	1.1	1.5	1.0	1.0	2.8	4.8	5.5	6.6	8.4	8.8	5.2	-
1.2	3.3	11.1	7.1	9.3	10.0	12.1	13.5	10.2	7.5	7.4	6.9	5.8	5.0	4.8	3.4	-
-	-	-	-	-	-	-	0.3	0.2	0.1	-	0.1	-	-	-	-	-
2.4	1.1	-	1.8	0.7	1.4	2.5	1.8	1.7	1.8	1.9	1.0	0.8	0.7	-	-	-
8.2	2.2	1.1	0.9	3.3	2.8	2.5	2.6	1.7	1.3	0.9	0.6	0.2	0.4	-	-	-
-	1.1	1.1	1.8	-	0.7	0.3	1.6	1.2	0.1	0.1	-	-	-	-	-	-
-	-	-	1.8	0.7	2.1	3.7	0.5	0.9	1.2	0.8	1.0	0.5	0.3	0.4	-	-
24.7	16.7	20.0	25.0	27.3	20.3	18.9	19.2	14.3	11.5	8.0	5.5	5.1	3.0	1.6	-	76.9
4.7	4.4	12.2	5.4	14.7	12.1	16.4	19.0	17.7	18.7	21.6	31.1	40.6	47.7	52.0	62.1	15.4

第５表　年次・性・年齢階級（５歳階級）・傷害の発生場所別

Table 5. Trends in accidental deaths due to causes other than traffic accidents

死亡数
Deaths

死因基本分類コード Detailed list of ICD-10 code	性・傷害の発生場所 Sex and site of injury occurrence	総数 Total	0歳 Years	1	2	3	4	0～4	5～9	10～14	15～19	20～24
	総数 Total											
(W00-X59)	総数	26 900	151	90	42	34	26	343	119	83	143	289
.0	家（庭）	11 109	134	74	29	24	13	274	54	39	54	86
.1	居住施設	1 033	-	-	-	-	-	-	-	1	2	2
.2	学校、施設及び公共の地域	1 608	4	3	1	1	-	9	6	7	5	9
.3	スポーツ施設及び競技施設	60	-	-	-	-	1	1	3	2	4	8
.4	街路及びハイウェイ	674	-	-	-	1	-	1	2	-	4	8
.5	商業及びサービス施設	677	-	-	-	1	2	3	2	-	7	5
.6	工業用地域及び建築現場	851	-	-	-	-	1	1	2	3	9	45
.7	農場	266	-	-	-	1	-	1	-	-	-	3
.8	その他の明示された場所	3 321	5	7	11	4	8	35	43	27	44	102
.9	詳細不明の場所	7 301	8	6	1	2	1	18	7	4	14	21
	男 Male											
(W00-X59)	総数	16 112	93	50	34	23	20	220	78	57	109	234
.0	家（庭）	6 167	85	40	24	15	8	172	28	21	33	54
.1	居住施設	474	-	-	-	-	-	-	-	1	1	1
.2	学校、施設及び公共の地域	958	1	2	-	1	-	4	3	6	5	7
.3	スポーツ施設及び競技施設	53	-	-	-	-	1	1	3	1	3	7
.4	街路及びハイウェイ	543	-	-	-	1	-	1	2	-	4	7
.5	商業及びサービス施設	556	-	-	-	1	2	3	1	-	7	4
.6	工業用地域及び建築現場	824	-	-	-	-	1	1	2	2	8	44
.7	農場	208	-	-	-	1	-	1	-	-	-	2
.8	その他の明示された場所	2 457	3	6	9	3	7	28	35	24	37	92
.9	詳細不明の場所	3 872	4	2	1	1	1	9	4	2	11	16
	女 Female											
(W00-X59)	総数	10 788	58	40	8	11	6	123	41	26	34	55
.0	家（庭）	4 942	49	34	5	9	5	102	26	18	21	32
.1	居住施設	559	-	-	-	-	-	-	-	-	1	1
.2	学校、施設及び公共の地域	650	3	1	1	-	-	5	3	1	-	2
.3	スポーツ施設及び競技施設	7	-	-	-	-	-	-	-	1	1	1
.4	街路及びハイウェイ	131	-	-	-	-	-	-	-	-	-	1
.5	商業及びサービス施設	121	-	-	-	-	-	-	1	-	-	1
.6	工業用地域及び建築現場	27	-	-	-	-	-	-	-	1	1	1
.7	農場	58	-	-	-	-	-	-	-	-	-	1
.8	その他の明示された場所	864	2	1	2	1	1	7	8	3	7	10
.9	詳細不明の場所	3 429	4	4	-	1	-	9	3	2	3	5

百分率
Percentage

死因基本分類コード Detailed list of ICD-10 code	性・傷害の発生場所 Sex and site of injury occurrence	総数 Total	0歳 Years	1	2	3	4	0～4	5～9	10～14	15～19	20～24
	総数 Total											
(W00-X59)	総数	100.0	100.0	100.0	100.0	100.0	100.0	100.0	100.0	100.0	100.0	100.0
.0	家（庭）	41.3	88.7	82.2	69.0	70.6	50.0	79.9	45.4	47.0	37.8	29.8
.1	居住施設	3.8	-	-	-	-	-	-	-	1.2	1.4	0.7
.2	学校、施設及び公共の地域	6.0	2.6	3.3	2.4	2.9	-	2.6	5.0	8.4	3.5	3.1
.3	スポーツ施設及び競技施設	0.2	-	-	-	-	3.8	0.3	2.5	2.4	2.8	2.8
.4	街路及びハイウェイ	2.5	-	-	-	2.9	-	0.3	1.7	-	2.8	2.8
.5	商業及びサービス施設	2.5	-	-	-	2.9	7.7	0.9	1.7	-	4.9	1.7
.6	工業用地域及び建築現場	3.2	-	-	-	-	3.8	0.3	1.7	3.6	6.3	15.6
.7	農場	1.0	-	-	-	2.9	-	0.3	-	-	-	1.0
.8	その他の明示された場所	12.3	3.3	7.8	26.2	11.8	30.8	10.2	36.1	32.5	30.8	35.3
.9	詳細不明の場所	27.1	5.3	6.7	2.4	5.9	3.8	5.2	5.9	4.8	9.8	7.3
	男 Male											
(W00-X59)	総数	100.0	100.0	100.0	100.0	100.0	100.0	100.0	100.0	100.0	100.0	100.0
.0	家（庭）	38.3	91.4	80.0	70.6	65.2	40.0	78.2	35.9	36.8	30.3	23.1
.1	居住施設	2.9	-	-	-	-	-	-	-	1.8	0.9	0.4
.2	学校、施設及び公共の地域	5.9	1.1	4.0	-	4.3	-	1.8	3.8	10.5	4.6	3.0
.3	スポーツ施設及び競技施設	0.3	-	-	-	-	5.0	0.5	3.8	1.8	2.8	3.0
.4	街路及びハイウェイ	3.4	-	-	-	4.3	-	0.5	2.6	-	3.7	3.0
.5	商業及びサービス施設	3.5	-	-	-	4.3	10.0	1.4	1.3	-	6.4	1.7
.6	工業用地域及び建築現場	5.1	-	-	-	-	5.0	0.5	2.6	3.5	7.3	18.8
.7	農場	1.3	-	-	-	4.3	-	0.5	-	-	-	0.9
.8	その他の明示された場所	15.2	3.2	12.0	26.5	13.0	35.0	12.7	44.9	42.1	33.9	39.3
.9	詳細不明の場所	24.0	4.3	4.0	2.9	4.3	5.0	4.1	5.1	3.5	10.1	6.8
	女 Female											
(W00-X59)	総数	100.0	100.0	100.0	100.0	100.0	100.0	100.0	100.0	100.0	100.0	100.0
.0	家（庭）	45.8	84.5	85.0	62.5	81.8	83.3	82.9	63.4	69.2	61.8	58.2
.1	居住施設	5.2	-	-	-	-	-	-	-	-	2.9	1.8
.2	学校、施設及び公共の地域	6.0	5.2	2.5	12.5	-	-	4.1	7.3	3.8	-	3.6
.3	スポーツ施設及び競技施設	0.1	-	-	-	-	-	-	-	3.8	2.9	1.8
.4	街路及びハイウェイ	1.2	-	-	-	-	-	-	-	-	-	1.8
.5	商業及びサービス施設	1.1	-	-	-	-	-	-	2.4	-	-	1.8
.6	工業用地域及び建築現場	0.3	-	-	-	-	-	-	-	3.8	2.9	1.8
.7	農場	0.5	-	-	-	-	-	-	-	-	-	1.8
.8	その他の明示された場所	8.0	3.4	2.5	25.0	9.1	16.7	5.7	19.5	11.5	20.6	18.2
.9	詳細不明の場所	31.8	6.9	10.0	-	9.1	-	7.3	7.3	7.7	8.8	9.1

平成14年
2002

	25～29	30～34	35～39	40～44	45～49	50～54	55～59	60～64	65～69	70～74	75～79	80～84	85～89	90～94	95～99	100～	不詳 Not stated
	327	366	364	441	673	1 250	1 347	1 648	2 085	2 773	3 671	3 877	3 840	2 391	697	115	58
	117	125	131	165	221	411	446	617	908	1 278	1 793	1 763	1 600	822	184	20	1
	6	6	5	4	5	7	10	31	36	87	134	174	243	187	78	15	–
	8	15	21	18	42	87	103	125	165	162	213	234	223	122	30	4	–
	9	3	4	3	6	4	3	5	1	1	3	–	–	–	–	–	–
	10	17	9	9	26	53	70	67	84	96	75	62	54	25	1	–	1
	21	15	17	19	34	51	51	86	85	93	80	55	38	12	3	–	–
	47	44	39	46	70	154	147	108	80	35	16	4	1	–	–	–	–
	2	1	5	2	5	14	14	22	32	47	41	39	24	14	–	–	–
	83	100	90	125	190	305	336	347	313	361	313	231	144	75	8	3	46
	24	40	43	50	74	164	167	240	381	613	1 003	1 315	1 513	1 134	393	73	10
	250	277	279	332	526	957	1 064	1 254	1 534	1 861	2 173	1 995	1 713	941	190	22	46
	69	75	86	107	151	287	323	421	602	765	990	863	711	334	70	4	1
	6	5	3	4	3	5	7	21	28	57	87	85	90	56	13	1	–
	7	10	14	11	31	54	71	96	114	104	120	134	106	51	9	1	–
	8	3	4	3	6	4	2	4	1	1	2	–	–	–	–	–	–
	10	17	9	7	22	45	63	59	78	81	54	41	36	6	–	–	1
	18	13	14	13	30	46	44	78	80	72	58	35	28	10	2	–	–
	47	42	39	46	68	145	145	105	76	35	14	4	1	–	–	–	–
	1	–	5	2	5	12	12	18	27	38	35	26	16	8	–	–	–
	66	80	76	98	157	243	270	279	251	284	205	107	60	26	3	–	36
	18	32	29	41	53	116	127	173	277	424	608	700	665	450	93	16	8
	77	89	85	109	147	293	283	394	551	912	1 498	1 882	2 127	1 450	507	93	12
	48	50	45	58	70	124	123	196	306	513	803	900	889	488	114	16	–
	–	1	2	–	2	2	3	10	8	30	47	89	153	131	65	14	–
	1	5	7	7	11	33	32	29	51	58	93	100	117	71	21	3	–
	1	–	–	–	–	–	1	1	–	–	1	–	–	–	–	–	–
	–	–	–	2	4	8	7	8	6	15	21	21	18	19	1	–	–
	3	2	3	6	4	5	7	8	5	21	22	20	10	2	1	–	–
	–	2	–	–	2	9	2	3	4	–	2	–	–	–	–	–	–
	1	1	–	–	–	2	2	4	5	9	6	13	8	6	–	–	–
	17	20	14	27	33	62	66	68	62	77	108	124	84	49	5	3	10
	6	8	14	9	21	48	40	67	104	189	395	615	848	684	300	57	2

平成14年
2002

	25～29	30～34	35～39	40～44	45～49	50～54	55～59	60～64	65～69	70～74	75～79	80～84	85～89	90～94	95～99	100～	不詳 Not stated
	100.0	100.0	100.0	100.0	100.0	100.0	100.0	100.0	100.0	100.0	100.0	100.0	100.0	100.0	100.0	100.0	100.0
	35.8	34.2	36.0	37.4	32.8	32.9	33.1	37.4	43.5	46.1	48.8	45.5	41.7	34.4	26.4	17.4	1.7
	1.8	1.6	1.4	0.9	0.7	0.6	0.7	1.9	1.7	3.1	3.7	4.5	6.3	7.8	11.2	13.0	–
	2.4	4.1	5.8	4.1	6.2	7.0	7.6	7.6	7.9	5.8	5.8	6.0	5.8	5.1	4.3	3.5	–
	2.8	0.8	1.1	0.7	0.9	0.3	0.2	0.3	0.0	0.0	0.1	–	–	–	–	–	–
	3.1	4.6	2.5	2.0	3.9	4.2	5.2	4.1	4.0	3.5	2.0	1.6	1.4	1.0	0.1	–	1.7
	6.4	4.1	4.7	4.3	5.1	4.1	3.8	5.2	4.1	3.4	2.2	1.4	1.0	0.5	0.4	–	–
	14.4	12.0	10.7	10.4	10.4	12.3	10.9	6.6	3.8	1.3	0.4	0.1	0.0	–	–	–	–
	0.6	0.3	1.4	0.5	0.7	1.1	1.0	1.3	1.5	1.7	1.1	1.0	0.6	0.6	–	–	–
	25.4	27.3	24.7	28.3	28.2	24.4	24.9	21.1	15.0	13.0	8.5	6.0	3.8	3.1	1.1	2.6	79.3
	7.3	10.9	11.8	11.3	11.0	13.1	12.4	14.6	18.3	22.1	27.3	33.9	39.4	47.4	56.4	63.5	17.2
	100.0	100.0	100.0	100.0	100.0	100.0	100.0	100.0	100.0	100.0	100.0	100.0	100.0	100.0	100.0	100.0	100.0
	27.6	27.1	30.8	32.2	28.7	30.0	30.4	33.6	39.2	41.1	45.6	43.3	41.5	35.5	36.8	18.2	2.2
	2.4	1.8	1.1	1.2	0.6	0.5	0.7	1.7	1.8	3.1	4.0	4.3	5.3	6.0	6.8	4.5	–
	2.8	3.6	5.0	3.3	5.9	5.6	6.7	7.7	7.4	5.6	5.5	6.7	6.2	5.4	4.7	4.5	–
	3.2	1.1	1.4	0.9	1.1	0.4	0.2	0.3	0.1	0.1	0.1	–	–	–	–	–	–
	4.0	6.1	3.2	2.1	4.2	4.7	5.9	4.7	5.1	4.4	2.5	2.1	2.1	0.6	–	–	2.2
	7.2	4.7	5.0	3.9	5.7	4.8	4.1	6.2	5.2	3.9	2.7	1.8	1.6	1.1	1.1	–	–
	18.8	15.2	14.0	13.9	12.9	15.2	13.6	8.4	5.0	1.9	0.6	0.2	0.1	–	–	–	–
	0.4	–	1.8	0.6	1.0	1.3	1.1	1.4	1.8	2.0	1.6	1.3	0.9	0.9	–	–	–
	26.4	28.9	27.2	29.5	29.8	25.4	25.4	22.2	16.4	15.3	9.4	5.4	3.5	2.8	1.6	–	78.3
	7.2	11.6	10.4	12.3	10.1	12.1	11.9	13.8	18.1	22.8	28.0	35.1	38.8	47.8	48.9	72.7	17.4
	100.0	100.0	100.0	100.0	100.0	100.0	100.0	100.0	100.0	100.0	100.0	100.0	100.0	100.0	100.0	100.0	100.0
	62.3	56.2	52.9	53.2	47.6	42.3	43.5	49.7	55.5	56.3	53.6	47.8	41.8	33.7	22.5	17.2	–
	–	1.1	2.4	–	1.4	0.7	1.1	2.5	1.5	3.3	3.1	4.7	7.2	9.0	12.8	15.1	–
	1.3	5.6	8.2	6.4	7.5	11.3	11.3	7.4	9.3	6.4	6.2	5.3	5.5	4.9	4.1	3.2	–
	1.3	–	–	–	–	–	0.4	0.3	–	–	0.1	–	–	–	–	–	–
	–	–	–	1.8	2.7	2.7	2.5	2.0	1.1	1.6	1.4	1.1	0.8	1.3	0.2	–	–
	3.9	2.2	3.5	5.5	2.7	1.7	2.5	2.0	0.9	2.3	1.5	1.1	0.5	0.1	0.2	–	–
	–	2.2	–	–	1.4	3.1	0.7	0.8	0.7	–	0.1	–	–	–	–	–	–
	1.3	1.1	–	–	–	0.7	0.7	1.0	0.9	1.0	0.4	0.7	0.4	0.4	–	–	–
	22.1	22.5	16.5	24.8	22.4	21.2	23.3	17.3	11.3	8.4	7.2	6.6	3.9	3.4	1.0	3.2	83.3
	7.8	9.0	16.5	8.3	14.3	16.4	14.1	17.0	18.9	20.7	26.4	32.7	39.9	47.2	59.2	61.3	16.7

第5表　年次・性・年齢階級（5歳階級）・傷害の発生場所別

Table 5. Trends in accidental deaths due to causes other than traffic accidents

死亡数
Deaths

死因基本分類コード Detailed list of ICD-10 code	性・傷害の発生場所 Sex and site of injury occurrence	総数 Total	0歳 Years	1	2	3	4	0～4	5～9	10～14	15～19	20～24
	総数 Total											
(W00-X59)	総数	27 801	137	56	35	26	24	278	105	72	157	250
.0	家(庭)	11 290	111	46	24	17	15	213	44	31	59	103
.1	居住施設	1 075	-	-	-	-	-	-	2	1	1	4
.2	学校、施設及び公共の地域	1 588	3	1	1	-	-	5	-	3	8	2
.3	スポーツ施設及び競技施設	52	-	-	-	-	-	-	3	3	4	7
.4	街路及びハイウェイ	695	-	-	-	-	-	-	1	1	4	10
.5	商業及びサービス施設	746	2	2	1	2	-	7	-	2	5	13
.6	工業用地域及び建築現場	846	-	-	-	-	-	-	2	-	13	30
.7	農場	320	-	-	-	-	-	-	2	-	2	3
.8	その他の明示された場所	3 167	4	1	4	6	7	22	46	27	46	53
.9	詳細不明の場所	8 022	17	6	5	1	2	31	5	4	15	25
	男 Male											
(W00-X59)	総数	16 404	82	27	20	18	18	165	65	43	121	186
.0	家(庭)	6 249	60	24	14	12	9	119	23	13	36	59
.1	居住施設	466	-	-	-	-	-	-	2	1	1	2
.2	学校、施設及び公共の地域	898	2	-	1	-	-	3	-	2	6	2
.3	スポーツ施設及び競技施設	44	-	-	-	-	-	-	1	3	2	6
.4	街路及びハイウェイ	549	-	-	-	-	-	-	1	1	4	9
.5	商業及びサービス施設	611	2	1	1	-	-	4	-	2	4	11
.6	工業用地域及び建築現場	813	-	-	-	-	-	-	1	-	13	30
.7	農場	238	-	-	-	-	-	-	2	-	1	3
.8	その他の明示された場所	2 293	2	-	3	5	7	17	33	18	40	43
.9	詳細不明の場所	4 243	16	2	1	1	2	22	2	3	14	21
	女 Female											
(W00-X59)	総数	11 397	55	29	15	8	6	113	40	29	36	64
.0	家(庭)	5 041	51	22	10	5	6	94	21	18	23	44
.1	居住施設	609	-	-	-	-	-	-	-	-	-	2
.2	学校、施設及び公共の地域	690	1	1	-	-	-	2	-	1	2	-
.3	スポーツ施設及び競技施設	8	-	-	-	-	-	-	2	-	2	1
.4	街路及びハイウェイ	146	-	-	-	-	-	-	-	-	-	1
.5	商業及びサービス施設	135	-	1	-	2	-	3	-	-	1	2
.6	工業用地域及び建築現場	33	-	-	-	-	-	-	1	-	-	-
.7	農場	82	-	-	-	-	-	-	-	-	1	-
.8	その他の明示された場所	874	2	1	1	1	-	5	13	9	6	10
.9	詳細不明の場所	3 779	1	4	4	-	-	9	3	1	1	4

百分率
Percentage

死因基本分類コード Detailed list of ICD-10 code	性・傷害の発生場所 Sex and site of injury occurrence	総数 Total	0歳 Years	1	2	3	4	0～4	5～9	10～14	15～19	20～24
	総数 Total											
(W00-X59)	総数	100.0	100.0	100.0	100.0	100.0	100.0	100.0	100.0	100.0	100.0	100.0
.0	家(庭)	40.6	81.0	82.1	68.6	65.4	62.5	76.6	41.9	43.1	37.6	41.2
.1	居住施設	3.9	-	-	-	-	-	-	1.9	1.4	0.6	1.6
.2	学校、施設及び公共の地域	5.7	2.2	1.8	2.9	-	-	1.8	-	4.2	5.1	0.8
.3	スポーツ施設及び競技施設	0.2	-	-	-	-	-	-	2.9	4.2	2.5	2.8
.4	街路及びハイウェイ	2.5	-	-	-	-	-	-	1.0	1.4	2.5	4.0
.5	商業及びサービス施設	2.7	1.5	3.6	2.9	7.7	-	2.5	-	2.8	3.2	5.2
.6	工業用地域及び建築現場	3.0	-	-	-	-	-	-	1.9	-	8.3	12.0
.7	農場	1.2	-	-	-	-	-	-	1.9	-	1.3	1.2
.8	その他の明示された場所	11.4	2.9	1.8	11.4	23.1	29.2	7.9	43.8	37.5	29.3	21.2
.9	詳細不明の場所	28.9	12.4	10.7	14.3	3.8	8.3	11.2	4.8	5.6	9.6	10.0
	男 Male											
(W00-X59)	総数	100.0	100.0	100.0	100.0	100.0	100.0	100.0	100.0	100.0	100.0	100.0
.0	家(庭)	38.1	73.2	88.9	70.0	66.7	50.0	72.1	35.4	30.2	29.8	31.7
.1	居住施設	2.8	-	-	-	-	-	-	3.1	2.3	0.8	1.1
.2	学校、施設及び公共の地域	5.5	2.4	-	5.0	-	-	1.8	-	4.7	5.0	1.1
.3	スポーツ施設及び競技施設	0.3	-	-	-	-	-	-	1.5	7.0	1.7	3.2
.4	街路及びハイウェイ	3.3	-	-	-	-	-	-	1.5	2.3	3.3	4.8
.5	商業及びサービス施設	3.7	2.4	3.7	5.0	-	-	2.4	-	4.7	3.3	5.9
.6	工業用地域及び建築現場	5.0	-	-	-	-	-	-	1.5	-	10.7	16.1
.7	農場	1.5	-	-	-	-	-	-	3.1	-	0.8	1.6
.8	その他の明示された場所	14.0	2.4	-	15.0	27.8	38.9	10.3	50.8	41.9	33.1	23.1
.9	詳細不明の場所	25.9	19.5	7.4	5.0	5.6	11.1	13.3	3.1	7.0	11.6	11.3
	女 Female											
(W00-X59)	総数	100.0	100.0	100.0	100.0	100.0	100.0	100.0	100.0	100.0	100.0	100.0
.0	家(庭)	44.2	92.7	75.9	66.7	62.5	100.0	83.2	52.5	62.1	63.9	68.8
.1	居住施設	5.3	-	-	-	-	-	-	-	-	-	3.1
.2	学校、施設及び公共の地域	6.1	1.8	3.4	-	-	-	1.8	-	3.4	5.6	-
.3	スポーツ施設及び競技施設	0.1	-	-	-	-	-	-	5.0	-	5.6	1.6
.4	街路及びハイウェイ	1.3	-	-	-	-	-	-	-	-	-	1.6
.5	商業及びサービス施設	1.2	-	3.4	-	25.0	-	2.7	-	-	2.8	3.1
.6	工業用地域及び建築現場	0.3	-	-	-	-	-	-	2.5	-	-	-
.7	農場	0.7	-	-	-	-	-	-	-	-	2.8	-
.8	その他の明示された場所	7.7	3.6	3.4	6.7	12.5	-	4.4	32.5	31.0	16.7	15.6
.9	詳細不明の場所	33.2	1.8	13.8	26.7	-	-	8.0	7.5	3.4	2.8	6.3

交通事故以外の不慮の事故死亡数・百分率 －平成７～20年－

and percentage by sex, age (five-year age group) and site of injury occurrence, 1995-2008

平成15年
2003

25～29	30～34	35～39	40～44	45～49	50～54	55～59	60～64	65～69	70～74	75～79	80～84	85～89	90～94	95～99	100～	不詳 Not stated
320	418	400	471	660	1 202	1 372	1 595	2 140	3 043	3 847	4 019	3 821	2 588	840	128	75
104	156	142	156	209	402	450	564	899	1 444	1 881	1 821	1 513	842	225	29	3
4	5	6	5	9	9	12	12	31	83	132	178	267	218	80	15	1
9	14	25	13	38	94	86	128	146	171	213	251	199	128	46	7	2
2	2	2	4	3	5	3	5	3	2	2	2	–	–	–	–	–
17	7	16	28	38	45	69	58	81	89	87	63	48	26	4	–	3
22	30	27	34	26	44	71	68	93	104	85	68	28	15	–	–	4
48	58	44	38	68	130	132	118	87	52	16	3	3	1	–	–	3
1	5	4	3	6	15	19	17	41	50	69	44	26	12	1	–	–
86	102	92	135	170	292	332	321	343	321	303	217	138	57	12	2	50
27	39	42	55	93	166	198	304	416	727	1 059	1 372	1 599	1 289	472	75	9
251	314	299	366	496	913	1 084	1 211	1 539	2 044	2 269	1 991	1 718	984	253	27	65
70	98	88	105	134	264	312	395	601	911	1 030	885	689	342	65	7	3
4	3	6	3	5	8	8	11	19	48	75	80	103	65	18	3	1
6	11	16	8	27	67	59	85	93	112	133	117	91	45	12	1	2
2	2	2	4	3	5	3	3	3	2	2	1	–	–	–	–	–
15	7	15	26	32	42	61	53	73	63	59	35	33	14	3	–	3
17	26	21	29	21	34	66	57	72	86	69	54	23	11	–	–	4
45	57	43	38	66	126	126	114	84	49	13	3	1	1	–	–	3
1	4	4	3	6	12	17	15	33	39	50	24	16	7	1	–	–
71	79	71	113	140	229	269	249	265	238	187	110	52	22	4	–	43
20	27	33	37	62	126	163	229	296	496	651	682	710	477	150	16	6
69	104	101	105	164	289	288	384	601	999	1 578	2 028	2 103	1 604	587	101	10
34	58	54	51	75	138	138	169	298	533	851	936	824	500	160	22	–
–	2	–	2	4	1	4	1	12	35	57	98	164	153	62	12	–
3	3	9	5	11	27	27	43	53	59	80	134	108	83	34	6	–
–	–	–	–	–	–	–	2	–	–	–	1	–	–	–	–	–
2	–	1	2	6	3	8	5	8	26	28	28	15	12	1	–	–
5	4	6	5	5	10	5	11	21	18	16	14	5	4	–	–	–
3	1	1	–	2	4	6	4	3	3	3	–	2	–	–	–	–
–	1	–	–	–	3	2	2	8	11	19	20	10	5	–	–	–
15	23	21	22	30	63	63	72	78	83	116	107	86	35	8	2	7
7	12	9	18	31	40	35	75	120	231	408	690	889	812	322	59	3

平成15年
2003

25～29	30～34	35～39	40～44	45～49	50～54	55～59	60～64	65～69	70～74	75～79	80～84	85～89	90～94	95～99	100～	不詳 Not stated
100.0	100.0	100.0	100.0	100.0	100.0	100.0	100.0	100.0	100.0	100.0	100.0	100.0	100.0	100.0	100.0	100.0
32.5	37.3	35.5	33.1	31.7	33.4	32.8	35.4	42.0	47.5	48.9	45.3	39.6	32.5	26.8	22.7	4.0
1.3	1.2	1.5	1.1	1.4	0.7	0.9	0.8	1.4	2.7	3.4	4.4	7.0	8.4	9.5	11.7	1.3
2.8	3.3	6.3	2.8	5.8	7.8	6.3	8.0	6.8	5.6	5.5	6.2	5.2	4.9	5.5	5.5	2.7
0.6	0.5	0.5	0.8	0.5	0.4	0.2	0.3	0.1	0.1	0.1	0.0	–	–	–	–	–
5.3	1.7	4.0	5.9	5.8	3.7	5.0	3.6	3.8	2.9	2.3	1.6	1.3	1.0	0.5	–	4.0
6.9	7.2	6.8	7.2	3.9	3.7	5.2	4.3	4.3	3.4	2.2	1.7	0.7	0.6	–	–	5.3
15.0	13.9	11.0	8.1	10.3	10.8	9.6	7.4	4.1	1.7	0.4	0.1	0.1	0.0	–	–	4.0
0.3	1.2	1.0	0.6	0.9	1.2	1.4	1.1	1.9	1.6	1.8	1.1	0.7	0.5	0.1	–	–
26.9	24.4	23.0	28.7	25.8	24.3	24.2	20.1	16.0	10.5	7.9	5.4	3.6	2.2	1.4	1.6	66.7
8.4	9.3	10.5	11.7	14.1	13.8	14.4	19.1	19.4	23.9	27.5	34.1	41.8	49.8	56.2	58.6	12.0
100.0	100.0	100.0	100.0	100.0	100.0	100.0	100.0	100.0	100.0	100.0	100.0	100.0	100.0	100.0	100.0	100.0
27.9	31.2	29.4	28.7	27.0	28.9	28.8	32.6	39.1	44.6	45.4	44.5	40.1	34.8	25.7	25.9	4.6
1.6	1.0	2.0	0.8	1.0	0.9	0.7	0.9	1.2	2.3	3.3	4.0	6.0	6.6	7.1	11.1	1.5
2.4	3.5	5.4	2.2	5.4	7.3	5.4	7.0	6.0	5.5	5.9	5.9	5.3	4.6	4.7	3.7	3.1
0.8	0.6	0.7	1.1	0.6	0.5	0.3	0.2	0.2	0.1	0.1	0.1	–	–	–	–	–
6.0	2.2	5.0	7.1	6.5	4.6	5.6	4.4	4.7	3.1	2.6	1.8	1.9	1.4	1.2	–	4.6
6.8	8.3	7.0	7.9	4.2	3.7	6.1	4.7	4.7	4.2	3.0	2.7	1.3	1.1	–	–	6.2
17.9	18.2	14.4	10.4	13.3	13.8	11.6	9.4	5.5	2.4	0.6	0.2	0.1	0.1	–	–	4.6
0.4	1.3	1.3	0.8	1.2	1.3	1.6	1.2	2.1	1.9	2.2	1.2	0.9	0.7	0.4	–	–
28.3	25.2	23.7	30.9	28.2	25.1	24.8	20.6	17.2	11.6	8.2	5.5	3.0	2.2	1.6	–	66.2
8.0	8.6	11.0	10.1	12.5	13.8	15.0	18.9	19.2	24.3	28.7	34.3	41.3	48.5	59.3	59.3	9.2
100.0	100.0	100.0	100.0	100.0	100.0	100.0	100.0	100.0	100.0	100.0	100.0	100.0	100.0	100.0	100.0	100.0
49.3	55.8	53.5	48.6	45.7	47.8	47.9	44.0	49.6	53.4	53.9	46.2	39.2	31.2	27.3	21.8	–
–	1.9	–	1.9	2.4	0.3	1.4	0.3	2.0	3.5	3.6	4.8	7.8	9.5	10.6	11.9	–
4.3	2.9	8.9	4.8	6.7	9.3	9.4	11.2	8.8	5.9	5.1	6.6	5.1	5.2	5.8	5.9	–
–	–	–	–	–	–	–	0.5	–	–	–	0.0	–	–	–	–	–
2.9	–	1.0	1.9	3.7	1.0	2.8	1.3	1.3	2.6	1.8	1.4	0.7	0.7	0.2	–	–
7.2	3.8	5.9	4.8	3.0	3.5	1.7	2.9	3.5	1.8	1.0	0.7	0.2	0.2	–	–	–
4.3	1.0	1.0	–	1.2	1.4	2.1	1.0	0.5	0.3	0.2	–	0.1	–	–	–	–
–	1.0	–	–	–	1.0	0.7	0.5	1.3	1.1	1.2	1.0	0.5	0.3	–	–	–
21.7	22.1	20.8	21.0	18.3	21.8	21.9	18.8	13.0	8.3	7.4	5.3	4.1	2.2	1.4	2.0	70.0
10.1	11.5	8.9	17.1	18.9	13.8	12.2	19.5	20.0	23.1	25.9	34.0	42.3	50.6	54.9	58.4	30.0

第5表　年次・性・年齢階級（5歳階級）・傷害の発生場所別

Table 5. Trends in accidental deaths due to causes other than traffic accidents

死亡数
Deaths

死因基本分類コード Detailed list of ICD-10 code	性・傷害の発生場所 Sex and site of injury occurrence	総数 Total	0歳 Years	1	2	3	4	0～4	5～9	10～14	15～19	20～24
	総数 Total											
(W00-X59)	総数	27 642	137	84	41	21	24	307	97	76	139	249
.0	家(庭)	11 205	112	64	29	11	16	232	39	41	44	92
.1	居住施設	1 140	–	–	–	–	–	–	–	–	1	–
.2	学校、施設及び公共の地域	1 475	2	–	–	1	1	4	5	7	7	5
.3	スポーツ施設及び競技施設	52	–	–	–	1	1	2	7	–	5	6
.4	街路及びハイウェイ	660	1	1	–	1	–	3	1	–	6	10
.5	商業及びサービス施設	664	2	1	1	–	1	5	1	–	8	13
.6	工業用地域及び建築現場	824	–	–	–	–	–	–	1	–	9	31
.7	農場	275	–	–	–	–	–	–	–	–	–	1
.8	その他の明示された場所	3 281	6	9	9	5	3	32	39	22	47	68
.9	詳細不明の場所	8 066	14	9	2	2	2	29	4	6	12	23
	男 Male											
(W00-X59)	総数	16 312	78	51	32	14	15	190	69	51	98	186
.0	家(庭)	6 265	67	38	23	7	10	145	22	21	19	51
.1	居住施設	462	–	–	–	–	–	–	–	–	1	–
.2	学校、施設及び公共の地域	880	1	–	–	1	1	3	4	6	6	4
.3	スポーツ施設及び競技施設	41	–	–	–	–	1	1	6	–	3	6
.4	街路及びハイウェイ	523	–	–	–	–	–	–	1	–	1	10
.5	商業及びサービス施設	557	–	1	1	–	–	2	1	–	5	10
.6	工業用地域及び建築現場	807	–	–	–	–	–	–	1	–	9	31
.7	農場	203	–	–	–	–	–	–	–	–	–	1
.8	その他の明示された場所	2 387	5	5	7	4	1	22	30	20	43	58
.9	詳細不明の場所	4 187	5	7	1	2	2	17	4	4	11	15
	女 Female											
(W00-X59)	総数	11 330	59	33	9	7	9	117	28	25	41	63
.0	家(庭)	4 940	45	26	6	4	6	87	17	20	25	41
.1	居住施設	678	–	–	–	–	–	–	–	–	–	–
.2	学校、施設及び公共の地域	595	1	–	–	–	–	1	1	1	1	1
.3	スポーツ施設及び競技施設	11	–	–	–	1	–	1	1	–	2	–
.4	街路及びハイウェイ	137	1	1	–	1	–	3	–	–	5	–
.5	商業及びサービス施設	107	2	–	–	–	1	3	–	–	3	3
.6	工業用地域及び建築現場	17	–	–	–	–	–	–	–	–	–	–
.7	農場	72	–	–	–	–	–	–	–	–	–	–
.8	その他の明示された場所	894	1	4	2	1	2	10	9	2	4	10
.9	詳細不明の場所	3 879	9	2	1	–	–	12	–	2	1	8

百分率
Percentage

死因基本分類コード Detailed list of ICD-10 code	性・傷害の発生場所 Sex and site of injury occurrence	総数 Total	0歳 Years	1	2	3	4	0～4	5～9	10～14	15～19	20～24
	総数 Total											
(W00-X59)	総数	100.0	100.0	100.0	100.0	100.0	100.0	100.0	100.0	100.0	100.0	100.0
.0	家(庭)	40.5	81.8	76.2	70.7	52.4	66.7	75.6	40.2	53.9	31.7	36.9
.1	居住施設	4.1	–	–	–	–	–	–	–	–	0.7	–
.2	学校、施設及び公共の地域	5.3	1.5	–	–	4.8	4.2	1.3	5.2	9.2	5.0	2.0
.3	スポーツ施設及び競技施設	0.2	–	–	–	4.8	4.2	0.7	7.2	–	3.6	2.4
.4	街路及びハイウェイ	2.4	0.7	1.2	–	4.8	–	1.0	1.0	–	4.3	4.0
.5	商業及びサービス施設	2.4	1.5	1.2	2.4	–	4.2	1.6	1.0	–	5.8	5.2
.6	工業用地域及び建築現場	3.0	–	–	–	–	–	–	1.0	–	6.5	12.4
.7	農場	1.0	–	–	–	–	–	–	–	–	–	0.4
.8	その他の明示された場所	11.9	4.4	10.7	22.0	23.8	12.5	10.4	40.2	28.9	33.8	27.3
.9	詳細不明の場所	29.2	10.2	10.7	4.9	9.5	8.3	9.4	4.1	7.9	8.6	9.2
	男 Male											
(W00-X59)	総数	100.0	100.0	100.0	100.0	100.0	100.0	100.0	100.0	100.0	100.0	100.0
.0	家(庭)	38.4	85.9	74.5	71.9	50.0	66.7	76.3	31.9	41.2	19.4	27.4
.1	居住施設	2.8	–	–	–	–	–	–	–	–	1.0	–
.2	学校、施設及び公共の地域	5.4	1.3	–	–	7.1	6.7	1.6	5.8	11.8	6.1	2.2
.3	スポーツ施設及び競技施設	0.3	–	–	–	–	6.7	0.5	8.7	–	3.1	3.2
.4	街路及びハイウェイ	3.2	–	–	–	–	–	–	1.4	–	1.0	5.4
.5	商業及びサービス施設	3.4	–	2.0	3.1	–	–	1.1	1.4	–	5.1	5.4
.6	工業用地域及び建築現場	4.9	–	–	–	–	–	–	1.4	–	9.2	16.7
.7	農場	1.2	–	–	–	–	–	–	–	–	–	0.5
.8	その他の明示された場所	14.6	6.4	9.8	21.9	28.6	6.7	11.6	43.5	39.2	43.9	31.2
.9	詳細不明の場所	25.7	6.4	13.7	3.1	14.3	13.3	8.9	5.8	7.8	11.2	8.1
	女 Female											
(W00-X59)	総数	100.0	100.0	100.0	100.0	100.0	100.0	100.0	100.0	100.0	100.0	100.0
.0	家(庭)	43.6	76.3	78.8	66.7	57.1	66.7	74.4	60.7	80.0	61.0	65.1
.1	居住施設	6.0	–	–	–	–	–	–	–	–	–	–
.2	学校、施設及び公共の地域	5.3	1.7	–	–	–	–	0.9	3.6	4.0	2.4	1.6
.3	スポーツ施設及び競技施設	0.1	–	–	–	14.3	–	0.9	3.6	–	4.9	–
.4	街路及びハイウェイ	1.2	1.7	3.0	–	14.3	–	2.6	–	–	12.2	–
.5	商業及びサービス施設	0.9	3.4	–	–	–	11.1	2.6	–	–	7.3	4.8
.6	工業用地域及び建築現場	0.2	–	–	–	–	–	–	–	–	–	–
.7	農場	0.6	–	–	–	–	–	–	–	–	–	–
.8	その他の明示された場所	7.9	1.7	12.1	22.2	14.3	22.2	8.5	32.1	8.0	9.8	15.9
.9	詳細不明の場所	34.2	15.3	6.1	11.1	–	–	10.3	–	8.0	2.4	12.7

交通事故以外の不慮の事故死亡数・百分率 －平成７～20年－

and percentage by sex, age (five-year age group) and site of injury occurrence, 1995-2008

平成16年
2004

25～29	30～34	35～39	40～44	45～49	50～54	55～59	60～64	65～69	70～74	75～79	80～84	85～89	90～94	95～99	100～	不詳 Not stated
280	400	437	479	632	1 031	1 427	1 661	2 029	2 855	3 857	4 119	3 859	2 661	851	141	55
110	152	158	174	223	310	503	628	847	1 360	1 873	1 832	1 463	861	222	33	8
2	4	4	4	7	8	11	20	31	76	152	206	284	223	90	17	−
3	5	19	29	33	86	79	135	139	194	178	212	180	121	30	4	−
4	5	2	2	5	1	2	5	1	2	2	1	−	−	−	−	−
9	16	16	19	29	43	60	55	69	90	91	64	55	19	4	−	1
13	22	26	23	32	51	56	67	73	92	75	52	39	12	−	−	4
37	56	54	44	57	110	152	123	81	49	14	2	2	1	−	−	1
3	2	3	6	4	10	13	28	29	38	57	47	22	12	−	−	−
72	101	120	123	155	275	358	327	331	315	351	253	157	83	17	1	34
27	37	35	55	87	137	193	273	428	639	1 064	1 450	1 657	1 329	488	86	7
205	298	322	371	481	820	1 097	1 248	1 466	1 949	2 386	2 032	1 736	983	247	39	38
62	96	94	121	142	220	349	420	560	871	1 093	862	669	356	75	11	6
2	3	4	3	5	5	9	14	23	40	80	89	102	62	18	2	−
2	2	12	17	27	64	53	89	99	126	116	114	77	50	8	1	−
1	4	2	2	5	−	2	4	−	2	2	1	−	−	−	−	−
8	14	14	18	27	34	48	47	55	77	68	46	40	12	2	−	1
11	19	23	20	28	46	49	60	66	77	60	39	33	6	−	−	2
37	56	53	44	56	107	148	122	79	47	12	2	2	1	−	−	−
2	2	3	6	4	8	12	24	26	29	38	29	11	8	−	−	−
60	79	97	104	125	231	292	264	249	235	218	133	64	30	7	1	25
20	23	20	36	62	105	135	204	309	445	699	717	738	458	137	24	4
75	102	115	108	151	211	330	413	563	906	1 471	2 087	2 123	1 678	604	102	17
48	56	64	53	81	90	154	208	287	489	780	970	794	505	147	22	2
−	1	−	1	2	3	2	6	8	36	72	117	182	161	72	15	−
1	3	7	12	6	22	26	46	40	68	62	98	103	71	22	3	−
3	1	−	−	−	1	−	1	1	−	−	−	−	−	−	−	−
1	2	2	1	2	9	12	8	14	13	23	18	15	7	2	−	−
2	3	3	3	4	5	7	7	7	15	15	13	6	6	−	−	2
−	−	1	−	1	3	4	1	2	2	2	−	−	−	−	−	1
1	−	−	−	−	2	1	4	3	9	19	18	11	4	−	−	−
12	22	23	19	30	44	66	63	82	80	133	120	93	53	10	−	9
7	14	15	19	25	32	58	69	119	194	365	733	919	871	351	62	3

平成16年
2004

25～29	30～34	35～39	40～44	45～49	50～54	55～59	60～64	65～69	70～74	75～79	80～84	85～89	90～94	95～99	100～	不詳 Not stated
100.0	100.0	100.0	100.0	100.0	100.0	100.0	100.0	100.0	100.0	100.0	100.0	100.0	100.0	100.0	100.0	100.0
39.3	38.0	36.2	36.3	35.3	30.1	35.2	37.8	41.7	47.6	48.6	44.5	37.9	32.4	26.1	23.4	14.5
0.7	1.0	0.9	0.8	1.1	0.8	0.8	1.2	1.5	2.7	3.9	5.0	7.4	8.4	10.6	12.1	−
1.1	1.3	4.3	6.1	5.2	8.3	5.5	8.1	6.9	6.8	4.6	5.1	4.7	4.5	3.5	2.8	−
1.4	1.3	0.5	0.4	0.8	0.1	0.1	0.3	0.0	0.1	0.1	0.0	−	−	−	−	−
3.2	4.0	3.7	4.0	4.6	4.2	4.2	3.3	3.4	3.2	2.4	1.6	1.4	0.7	0.5	−	1.8
4.6	5.5	5.9	4.8	5.1	4.9	3.9	4.0	3.6	3.2	1.9	1.3	1.0	0.5	−	−	7.3
13.2	14.0	12.4	9.2	9.0	10.7	10.7	7.4	4.0	1.7	0.4	0.0	0.1	0.0	−	−	1.8
1.1	0.5	0.7	1.3	0.6	1.0	0.9	1.7	1.4	1.3	1.5	1.1	0.6	0.5	−	−	−
25.7	25.3	27.5	25.7	24.5	26.7	25.1	19.7	16.3	11.0	9.1	6.1	4.1	3.1	2.0	0.7	61.8
9.6	9.3	8.0	11.5	13.8	13.3	13.5	16.4	21.1	22.4	27.6	35.2	42.9	49.9	57.3	61.0	12.7
100.0	100.0	100.0	100.0	100.0	100.0	100.0	100.0	100.0	100.0	100.0	100.0	100.0	100.0	100.0	100.0	100.0
30.2	32.2	29.2	32.6	29.5	26.8	31.8	33.7	38.2	44.7	45.8	42.4	38.5	36.2	30.4	28.2	15.8
1.0	1.0	1.2	0.8	1.0	0.6	0.8	1.1	1.6	2.1	3.4	4.4	5.9	6.3	7.3	5.1	−
1.0	0.7	3.7	4.6	5.6	7.8	4.8	7.1	6.8	6.5	4.9	5.6	4.4	5.1	3.2	2.6	−
0.5	1.3	0.6	0.5	1.0	−	0.2	0.3	−	0.1	0.1	0.0	−	−	−	−	−
3.9	4.7	4.3	4.9	5.6	4.1	4.4	3.8	3.8	4.0	2.8	2.3	2.3	1.2	0.8	−	2.6
5.4	6.4	7.1	5.4	5.8	5.6	4.5	4.8	4.5	4.0	2.5	1.9	1.9	0.6	−	−	5.3
18.0	18.8	16.5	11.9	11.6	13.0	13.5	9.8	5.4	2.4	0.5	0.1	0.1	0.1	−	−	−
1.0	0.7	0.9	1.6	0.8	1.0	1.1	1.9	1.8	1.5	1.6	1.4	0.6	0.8	−	−	−
29.3	26.5	30.1	28.0	26.0	28.2	26.6	21.2	17.0	12.1	9.1	6.5	3.7	3.1	2.8	2.6	65.8
9.8	7.7	6.2	9.7	12.9	12.8	12.3	16.3	21.1	22.8	29.3	35.3	42.5	46.6	55.5	61.5	10.5
100.0	100.0	100.0	100.0	100.0	100.0	100.0	100.0	100.0	100.0	100.0	100.0	100.0	100.0	100.0	100.0	100.0
64.0	54.9	55.7	49.1	53.6	42.7	46.7	50.4	51.0	54.0	53.0	46.5	37.4	30.1	24.3	21.6	11.8
−	1.0	−	0.9	1.3	1.4	0.6	1.5	1.4	4.0	4.9	5.6	8.6	9.6	11.9	14.7	−
1.3	2.9	6.1	11.1	4.0	10.4	7.9	11.1	7.1	7.5	4.2	4.7	4.9	4.2	3.6	2.9	−
4.0	1.0	−	−	−	0.5	−	0.2	0.2	−	−	−	−	−	−	−	−
1.3	2.0	1.7	0.9	1.3	4.3	3.6	1.9	2.5	1.4	1.6	0.9	0.7	0.4	0.3	−	−
2.7	2.9	2.6	2.8	2.6	2.4	2.1	1.7	1.2	1.7	1.0	0.6	0.3	0.4	−	−	11.8
−	−	0.9	−	0.7	1.4	1.2	0.2	0.4	0.2	0.1	−	−	−	−	−	5.9
1.3	−	−	−	−	0.9	0.3	1.0	0.5	1.0	1.3	0.9	0.5	0.2	−	−	−
16.0	21.6	20.0	17.6	19.9	20.9	20.0	15.3	14.6	8.8	9.0	5.7	4.4	3.2	1.7	−	52.9
9.3	13.7	13.0	17.6	16.6	15.2	17.6	16.7	21.1	21.4	24.8	35.1	43.3	51.9	58.1	60.8	17.6

第５表　年次・性・年齢階級（５歳階級）・傷害の発生場所別

Table 5. Trends in accidental deaths due to causes other than traffic accidents

死亡数
Deaths

死因基本分類コード Detailed list of ICD-10 code	性・傷害の発生場所 Sex and site of injury occurrence	総数 Total	0歳 Years	1	2	3	4	0～4	5～9	10～14	15～19	20～24
	総数 Total											
(W00-X59)	総数	29 835	163	67	32	33	33	328	121	79	154	257
.0	家(庭)	12 781	138	55	23	20	20	256	46	40	60	87
.1	居住施設	1 171	－	－	－	－	－	－	1	1	－	1
.2	学校、施設及び公共の地域	1 459	3	3	1	－	－	7	2	8	8	3
.3	スポーツ施設及び競技施設	36	－	－	－	1	2	3	1	1	6	4
.4	街路及びハイウェイ	712	－	－	－	2	1	3	2	3	4	6
.5	商業及びサービス施設	747	2	1	－	2	－	5	6	3	3	17
.6	工業用地域及び建築現場	669	－	－	－	－	－	－	2	－	14	33
.7	農場	252	－	－	－	－	－	－	1	－	2	－
.8	その他の明示された場所	3 214	3	4	5	6	8	26	56	19	45	77
.9	詳細不明の場所	8 794	17	4	3	2	2	28	4	4	12	29
	男 Male											
(W00-X59)	総数	17 576	94	40	21	24	20	199	85	59	111	194
.0	家(庭)	7 069	77	33	13	13	11	147	30	23	32	50
.1	居住施設	498	－	－	－	－	－	－	－	1	－	1
.2	学校、施設及び公共の地域	877	2	2	1	－	－	5	1	8	7	3
.3	スポーツ施設及び競技施設	32	－	－	－	1	1	2	－	1	6	4
.4	街路及びハイウェイ	582	－	－	－	－	－	－	1	2	1	4
.5	商業及びサービス施設	628	1	1	－	2	－	4	3	3	2	14
.6	工業用地域及び建築現場	647	－	－	－	－	－	－	2	－	14	33
.7	農場	177	－	－	－	－	－	－	－	－	2	－
.8	その他の明示された場所	2 393	3	2	5	6	7	23	45	17	39	67
.9	詳細不明の場所	4 673	11	2	2	2	1	18	3	4	8	18
	女 Female											
(W00-X59)	総数	12 259	69	27	11	9	13	129	36	20	43	63
.0	家(庭)	5 712	61	22	10	7	9	109	16	17	28	37
.1	居住施設	673	－	－	－	－	－	－	1	－	－	－
.2	学校、施設及び公共の地域	582	1	1	－	－	－	2	1	－	1	－
.3	スポーツ施設及び競技施設	4	－	－	－	－	1	1	1	－	－	－
.4	街路及びハイウェイ	130	－	－	－	2	1	3	1	1	3	2
.5	商業及びサービス施設	119	1	－	－	－	－	1	3	－	1	3
.6	工業用地域及び建築現場	22	－	－	－	－	－	－	－	－	－	－
.7	農場	75	－	－	－	－	－	－	1	－	－	－
.8	その他の明示された場所	821	－	2	－	－	1	3	11	2	6	10
.9	詳細不明の場所	4 121	6	2	1	－	1	10	1	－	4	11

百分率
Percentage

死因基本分類コード Detailed list of ICD-10 code	性・傷害の発生場所 Sex and site of injury occurrence	総数 Total	0歳 Years	1	2	3	4	0～4	5～9	10～14	15～19	20～24
	総数 Total											
(W00-X59)	総数	100.0	100.0	100.0	100.0	100.0	100.0	100.0	100.0	100.0	100.0	100.0
.0	家(庭)	42.8	84.7	82.1	71.9	60.6	60.6	78.0	38.0	50.6	39.0	33.9
.1	居住施設	3.9	－	－	－	－	－	－	0.8	1.3	－	0.4
.2	学校、施設及び公共の地域	4.9	1.8	4.5	3.1	－	－	2.1	1.7	10.1	5.2	1.2
.3	スポーツ施設及び競技施設	0.1	－	－	－	3.0	6.1	0.9	0.8	1.3	3.9	1.6
.4	街路及びハイウェイ	2.4	－	－	－	6.1	3.0	0.9	1.7	3.8	2.6	2.3
.5	商業及びサービス施設	2.5	1.2	1.5	－	6.1	－	1.5	5.0	3.8	1.9	6.6
.6	工業用地域及び建築現場	2.2	－	－	－	－	－	－	1.7	－	9.1	12.8
.7	農場	0.8	－	－	－	－	－	－	0.8	－	1.3	－
.8	その他の明示された場所	10.8	1.8	6.0	15.6	18.2	24.2	7.9	46.3	24.1	29.2	30.0
.9	詳細不明の場所	29.5	10.4	6.0	9.4	6.1	6.1	8.5	3.3	5.1	7.8	11.3
	男 Male											
(W00-X59)	総数	100.0	100.0	100.0	100.0	100.0	100.0	100.0	100.0	100.0	100.0	100.0
.0	家(庭)	40.2	81.9	82.5	61.9	54.2	55.0	73.9	35.3	39.0	28.8	25.8
.1	居住施設	2.8	－	－	－	－	－	－	－	1.7	－	0.5
.2	学校、施設及び公共の地域	5.0	2.1	5.0	4.8	－	－	2.5	1.2	13.6	6.3	1.5
.3	スポーツ施設及び競技施設	0.2	－	－	－	4.2	5.0	1.0	－	1.7	5.4	2.1
.4	街路及びハイウェイ	3.3	－	－	－	－	－	－	1.2	3.4	0.9	2.1
.5	商業及びサービス施設	3.6	1.1	2.5	－	8.3	－	2.0	3.5	5.1	1.8	7.2
.6	工業用地域及び建築現場	3.7	－	－	－	－	－	－	2.4	－	12.6	17.0
.7	農場	1.0	－	－	－	－	－	－	－	－	1.8	－
.8	その他の明示された場所	13.6	3.2	5.0	23.8	25.0	35.0	11.6	52.9	28.8	35.1	34.5
.9	詳細不明の場所	26.6	11.7	5.0	9.5	8.3	5.0	9.0	3.5	6.8	7.2	9.3
	女 Female											
(W00-X59)	総数	100.0	100.0	100.0	100.0	100.0	100.0	100.0	100.0	100.0	100.0	100.0
.0	家(庭)	46.6	88.4	81.5	90.9	77.8	69.2	84.5	44.4	85.0	65.1	58.7
.1	居住施設	5.5	－	－	－	－	－	－	2.8	－	－	－
.2	学校、施設及び公共の地域	4.7	1.4	3.7	－	－	－	1.6	2.8	－	2.3	－
.3	スポーツ施設及び競技施設	0.0	－	－	－	－	7.7	0.8	2.8	－	－	－
.4	街路及びハイウェイ	1.1	－	－	－	22.2	7.7	2.3	2.8	5.0	7.0	3.2
.5	商業及びサービス施設	1.0	1.4	－	－	－	－	0.8	8.3	－	2.3	4.8
.6	工業用地域及び建築現場	0.2	－	－	－	－	－	－	－	－	－	－
.7	農場	0.6	－	－	－	－	－	－	2.8	－	－	－
.8	その他の明示された場所	6.7	－	7.4	－	－	7.7	2.3	30.6	10.0	14.0	15.9
.9	詳細不明の場所	33.6	8.7	7.4	9.1	－	7.7	7.8	2.8	－	9.3	17.5

交通事故以外の不慮の事故死亡数・百分率　－平成７～20年－

and percentage by sex, age (five-year age group) and site of injury occurrence, 1995-2008

平成17年
2005

25～29	30～34	35～39	40～44	45～49	50～54	55～59	60～64	65～69	70～74	75～79	80～84	85～89	90～94	95～99	100～	不詳 Not stated
334	381	426	478	665	1 006	1 549	1 723	2 019	3 108	4 283	4 604	4 190	2 924	1 012	134	60
125	156	161	193	241	375	591	714	927	1 533	2 131	2 104	1 693	999	295	46	8
6	7	6	2	6	9	12	24	25	68	147	220	290	217	117	12	–
8	5	13	22	32	67	111	105	127	176	195	225	198	106	34	6	1
3	1	–	3	–	1	2	2	4	1	3	1	–	–	–	–	–
10	12	24	16	24	40	59	67	68	89	88	95	64	27	6	1	4
15	20	25	30	38	50	62	77	79	96	104	64	29	20	2	–	2
37	42	38	40	42	81	125	93	72	34	9	6	1	–	–	–	–
4	3	2	6	4	4	12	13	27	37	52	42	31	10	2	–	–
89	97	107	109	192	251	328	321	276	340	339	265	154	76	13	1	33
37	38	50	57	86	128	247	307	414	734	1 215	1 582	1 730	1 469	543	68	12
238	287	324	362	501	773	1 186	1 298	1 457	2 074	2 669	2 345	1 861	1 138	337	28	50
67	90	102	125	151	264	412	490	610	947	1 245	992	749	419	105	12	7
6	5	4	2	4	7	7	18	15	34	90	94	106	73	30	1	–
5	2	12	14	26	43	75	70	83	110	132	128	97	37	17	1	1
3	1	–	2	–	1	2	2	4	–	3	1	–	–	–	–	–
9	12	24	15	22	34	47	61	59	75	72	77	43	18	2	–	4
11	15	22	23	34	43	51	71	71	83	88	51	24	13	–	–	2
37	42	38	40	42	79	118	88	69	31	9	4	1	–	–	–	–
3	3	2	6	3	3	10	11	21	28	36	26	15	8	–	–	–
73	84	90	91	158	209	275	256	215	255	216	139	75	32	5	1	28
24	33	30	44	61	90	189	231	310	511	778	833	751	538	178	13	8
96	94	102	116	164	233	363	425	562	1 034	1 614	2 259	2 329	1 786	675	106	10
58	66	59	68	90	111	179	224	317	586	886	1 112	944	580	190	34	1
–	2	2	–	2	2	5	6	10	34	57	126	184	144	87	11	–
3	3	1	8	6	24	36	35	44	66	63	97	101	69	17	5	–
–	–	–	1	–	–	–	–	–	1	–	–	–	–	–	–	–
1	–	–	1	2	6	12	6	9	14	16	18	21	9	4	1	–
4	5	3	7	4	7	11	6	8	13	16	13	5	7	2	–	–
–	–	–	–	–	2	7	5	3	3	–	2	–	–	–	–	–
1	–	–	–	1	1	2	2	6	9	16	16	16	2	2	–	–
16	13	17	18	34	42	53	65	61	85	123	126	79	44	8	–	5
13	5	20	13	25	38	58	76	104	223	437	749	979	931	365	55	4

平成17年
2005

25～29	30～34	35～39	40～44	45～49	50～54	55～59	60～64	65～69	70～74	75～79	80～84	85～89	90～94	95～99	100～	不詳 Not stated
100.0	100.0	100.0	100.0	100.0	100.0	100.0	100.0	100.0	100.0	100.0	100.0	100.0	100.0	100.0	100.0	100.0
37.4	40.9	37.8	40.4	36.2	37.3	38.2	41.4	45.9	49.3	49.8	45.7	40.4	34.2	29.2	34.3	13.3
1.8	1.8	1.4	0.4	0.9	0.9	0.8	1.4	1.2	2.2	3.4	4.8	6.9	7.4	11.6	9.0	–
2.4	1.3	3.1	4.6	4.8	6.7	7.2	6.1	6.3	5.7	4.6	4.9	4.7	3.6	3.4	4.5	1.7
0.9	0.3	–	0.6	–	0.1	0.1	0.1	0.2	0.0	0.1	0.0	–	–	–	–	–
3.0	3.1	5.6	3.3	3.6	4.0	3.8	3.9	3.4	2.9	2.1	2.1	1.5	0.9	0.6	0.7	6.7
4.5	5.2	5.9	6.3	5.7	5.0	4.0	4.5	3.9	3.1	2.4	1.4	0.7	0.7	0.2	–	3.3
11.1	11.0	8.9	8.4	6.3	8.1	8.1	5.4	3.6	1.1	0.2	0.1	0.0	–	–	–	–
1.2	0.8	0.5	1.3	0.6	0.4	0.8	0.8	1.3	1.2	1.2	0.9	0.7	0.3	0.2	–	–
26.6	25.5	25.1	22.8	28.9	25.0	21.2	18.6	13.7	10.9	7.9	5.8	3.7	2.6	1.3	0.7	55.0
11.1	10.0	11.7	11.9	12.9	12.7	15.9	17.8	20.5	23.6	28.4	34.4	41.3	50.2	53.7	50.7	20.0
100.0	100.0	100.0	100.0	100.0	100.0	100.0	100.0	100.0	100.0	100.0	100.0	100.0	100.0	100.0	100.0	100.0
28.2	31.4	31.5	34.5	30.1	34.2	34.7	37.8	41.9	45.7	46.6	42.3	40.2	36.8	31.2	42.9	14.0
2.5	1.7	1.2	0.6	0.8	0.9	0.6	1.4	1.0	1.6	3.4	4.0	5.7	6.4	8.9	3.6	–
2.1	0.7	3.7	3.9	5.2	5.6	6.3	5.4	5.7	5.3	4.9	5.5	5.2	3.3	5.0	3.6	2.0
1.3	0.3	–	0.6	–	0.1	0.2	0.2	0.3	–	0.1	0.0	–	–	–	–	–
3.8	4.2	7.4	4.1	4.4	4.4	4.0	4.7	4.0	3.6	2.7	3.3	2.3	1.6	0.6	–	8.0
4.6	5.2	6.8	6.4	6.8	5.6	4.3	5.5	4.9	4.0	3.3	2.2	1.3	1.1	–	–	4.0
15.5	14.6	11.7	11.0	8.4	10.2	9.9	6.8	4.7	1.5	0.3	0.2	0.1	–	–	–	–
1.3	1.0	0.6	1.7	0.6	0.4	0.8	0.8	1.4	1.4	1.3	1.1	0.8	0.7	–	–	–
30.7	29.3	27.8	25.1	31.5	27.0	23.2	19.7	14.8	12.3	8.1	5.9	4.0	2.8	1.5	3.6	56.0
10.1	11.5	9.3	12.2	12.2	11.6	15.9	17.8	21.3	24.6	29.1	35.5	40.4	47.3	52.8	46.4	16.0
100.0	100.0	100.0	100.0	100.0	100.0	100.0	100.0	100.0	100.0	100.0	100.0	100.0	100.0	100.0	100.0	100.0
60.4	70.2	57.8	58.6	54.9	47.6	49.3	52.7	56.4	56.7	54.9	49.2	40.5	32.5	28.1	32.1	10.0
–	2.1	2.0	–	1.2	0.9	1.4	1.4	1.8	3.3	3.5	5.6	7.9	8.1	12.9	10.4	–
3.1	3.2	1.0	6.9	3.7	10.3	9.9	8.2	7.8	6.4	3.9	4.3	4.3	3.9	2.5	4.7	–
–	–	–	0.9	–	–	–	–	–	0.1	–	–	–	–	–	–	–
1.0	–	–	0.9	1.2	2.6	3.3	1.4	1.6	1.4	1.0	0.8	0.9	0.5	0.6	0.9	–
4.2	5.3	2.9	6.0	2.4	3.0	3.0	1.4	1.4	1.3	1.0	0.6	0.2	0.4	0.3	–	–
–	–	–	–	–	0.9	1.9	1.2	0.5	0.3	–	0.1	–	–	–	–	–
1.0	–	–	–	0.6	0.4	0.6	0.5	1.1	0.9	1.0	0.7	0.7	0.1	0.3	–	–
16.7	13.8	16.7	15.5	20.7	18.0	14.6	15.3	10.9	8.2	7.6	5.6	3.4	2.5	1.2	–	50.0
13.5	5.3	19.6	11.2	15.2	16.3	16.0	17.9	18.5	21.6	27.1	33.2	42.0	52.1	54.1	51.9	40.0

第５表　年次・性・年齢階級（５歳階級）・傷害の発生場所別

Table 5. Trends in accidental deaths due to causes other than traffic accidents

死亡数
Deaths

死因基本分類コード Detailed list of ICD-10 code	性・傷害の発生場所 Sex and site of injury occurrence	総数 Total	0歳 Years	1	2	3	4	0～4	5～9	10～14	15～19	20～24
	総数 Total											
(W00-X59)	総数	29 222	139	53	35	23	26	276	84	65	139	257
.0	家(庭)	12 152	116	46	26	15	12	215	34	33	47	83
.1	居住施設	1 254	−	−	−	−	−	−	1	−	1	3
.2	学校、施設及び公共の地域	1 441	4	1	2	−	−	7	2	7	3	3
.3	スポーツ施設及び競技施設	37	−	−	−	1	−	1	4	1	5	6
.4	街路及びハイウェイ	618	−	−	−	−	−	−	−	−	2	10
.5	商業及びサービス施設	725	−	−	−	−	−	−	1	−	2	13
.6	工業用地域及び建築現場	717	−	−	−	−	−	−	1	−	6	33
.7	農場	244	−	−	−	−	−	−	−	−	−	1
.8	その他の明示された場所	3 101	2	2	5	7	12	28	39	15	62	82
.9	詳細不明の場所	8 933	17	4	2	−	2	25	2	9	11	23
	男 Male											
(W00-X59)	総数	17 071	84	27	15	14	17	157	53	42	102	198
.0	家(庭)	6 707	66	27	7	7	6	113	18	17	26	49
.1	居住施設	510	−	−	−	−	−	−	1	−	−	1
.2	学校、施設及び公共の地域	848	3	−	2	−	−	5	2	4	1	2
.3	スポーツ施設及び競技施設	32	−	−	−	1	−	1	3	1	5	5
.4	街路及びハイウェイ	491	−	−	−	−	−	−	−	−	2	10
.5	商業及びサービス施設	598	−	−	−	−	−	−	1	−	−	11
.6	工業用地域及び建築現場	699	−	−	−	−	−	−	1	−	6	33
.7	農場	169	−	−	−	−	−	−	−	−	−	1
.8	その他の明示された場所	2 242	1	−	4	6	10	21	26	14	56	69
.9	詳細不明の場所	4 775	14	−	2	−	1	17	1	6	6	17
	女 Female											
(W00-X59)	総数	12 151	55	26	20	9	9	119	31	23	37	59
.0	家(庭)	5 445	50	19	19	8	6	102	16	16	21	34
.1	居住施設	744	−	−	−	−	−	−	−	−	1	2
.2	学校、施設及び公共の地域	593	1	1	−	−	−	2	−	3	2	1
.3	スポーツ施設及び競技施設	5	−	−	−	−	−	−	1	−	−	1
.4	街路及びハイウェイ	127	−	−	−	−	−	−	−	−	−	−
.5	商業及びサービス施設	127	−	−	−	−	−	−	−	−	2	2
.6	工業用地域及び建築現場	18	−	−	−	−	−	−	−	−	−	−
.7	農場	75	−	−	−	−	−	−	−	−	−	−
.8	その他の明示された場所	859	1	2	1	1	2	7	13	1	6	13
.9	詳細不明の場所	4 158	3	4	−	−	1	8	1	3	5	6

百分率
Percentage

死因基本分類コード Detailed list of ICD-10 code	性・傷害の発生場所 Sex and site of injury occurrence	総数 Total	0歳 Years	1	2	3	4	0～4	5～9	10～14	15～19	20～24
	総数 Total											
(W00-X59)	総数	100.0	100.0	100.0	100.0	100.0	100.0	100.0	100.0	100.0	100.0	100.0
.0	家(庭)	41.6	83.5	86.8	74.3	65.2	46.2	77.9	40.5	50.8	33.8	32.3
.1	居住施設	4.3	−	−	−	−	−	−	1.2	−	0.7	1.2
.2	学校、施設及び公共の地域	4.9	2.9	1.9	5.7	−	−	2.5	2.4	10.8	2.2	1.2
.3	スポーツ施設及び競技施設	0.1	−	−	−	4.3	−	0.4	4.8	1.5	3.6	2.3
.4	街路及びハイウェイ	2.1	−	−	−	−	−	−	−	−	1.4	3.9
.5	商業及びサービス施設	2.5	−	−	−	−	−	−	1.2	−	1.4	5.1
.6	工業用地域及び建築現場	2.5	−	−	−	−	−	−	1.2	−	4.3	12.8
.7	農場	0.8	−	−	−	−	−	−	−	−	−	0.4
.8	その他の明示された場所	10.6	1.4	3.8	14.3	30.4	46.2	10.1	46.4	23.1	44.6	31.9
.9	詳細不明の場所	30.6	12.2	7.5	5.7	−	7.7	9.1	2.4	13.8	7.9	8.9
	男 Male											
(W00-X59)	総数	100.0	100.0	100.0	100.0	100.0	100.0	100.0	100.0	100.0	100.0	100.0
.0	家(庭)	39.3	78.6	100.0	46.7	50.0	35.3	72.0	34.0	40.5	25.5	24.7
.1	居住施設	3.0	−	−	−	−	−	−	1.9	−	−	0.5
.2	学校、施設及び公共の地域	5.0	3.6	−	13.3	−	−	3.2	3.8	9.5	1.0	1.0
.3	スポーツ施設及び競技施設	0.2	−	−	−	7.1	−	0.6	5.7	2.4	4.9	2.5
.4	街路及びハイウェイ	2.9	−	−	−	−	−	−	−	−	2.0	5.1
.5	商業及びサービス施設	3.5	−	−	−	−	−	−	1.9	−	−	5.6
.6	工業用地域及び建築現場	4.1	−	−	−	−	−	−	1.9	−	5.9	16.7
.7	農場	1.0	−	−	−	−	−	−	−	−	−	0.5
.8	その他の明示された場所	13.1	1.2	−	26.7	42.9	58.8	13.4	49.1	33.3	54.9	34.8
.9	詳細不明の場所	28.0	16.7	−	13.3	−	5.9	10.8	1.9	14.3	5.9	8.6
	女 Female											
(W00-X59)	総数	100.0	100.0	100.0	100.0	100.0	100.0	100.0	100.0	100.0	100.0	100.0
.0	家(庭)	44.8	90.9	73.1	95.0	88.9	66.7	85.7	51.6	69.6	56.8	57.6
.1	居住施設	6.1	−	−	−	−	−	−	−	−	2.7	3.4
.2	学校、施設及び公共の地域	4.9	1.8	3.8	−	−	−	1.7	−	13.0	5.4	1.7
.3	スポーツ施設及び競技施設	0.0	−	−	−	−	−	−	3.2	−	−	1.7
.4	街路及びハイウェイ	1.0	−	−	−	−	−	−	−	−	−	−
.5	商業及びサービス施設	1.0	−	−	−	−	−	−	−	−	5.4	3.4
.6	工業用地域及び建築現場	0.1	−	−	−	−	−	−	−	−	−	−
.7	農場	0.6	−	−	−	−	−	−	−	−	−	−
.8	その他の明示された場所	7.1	1.8	7.7	5.0	11.1	22.2	5.9	41.9	4.3	16.2	22.0
.9	詳細不明の場所	34.2	5.5	15.4	−	−	11.1	6.7	3.2	13.0	13.5	10.2

交通事故以外の不慮の事故死亡数・百分率　－平成７～20年－

and percentage by sex, age (five-year age group) and site of injury occurrence, 1995-2008

平成18年
2006

25～29	30～34	35～39	40～44	45～49	50～54	55～59	60～64	65～69	70～74	75～79	80～84	85～89	90～94	95～99	100～	不詳 Not stated
286	355	441	482	586	868	1 590	1 597	2 031	2 967	4 252	4 781	4 041	2 869	1 058	154	43
117	131	158	191	207	326	558	629	910	1 430	2 090	2 169	1 570	958	258	36	2
6	4	6	9	6	11	13	26	27	66	150	236	302	255	116	15	1
8	7	13	31	28	49	118	112	134	162	191	210	181	120	46	9	-
4	1	4	-	-	1	1	-	3	4	1	-	1	-	-	-	-
6	12	10	9	29	31	66	54	44	83	109	75	54	17	7	-	-
13	21	30	29	28	45	80	65	74	102	101	75	30	10	5	-	1
29	42	52	35	52	87	144	103	75	28	17	6	3	1	-	-	3
-	1	1	1	3	5	15	18	15	42	54	44	29	10	4	-	1
68	82	107	116	145	189	338	315	319	324	332	255	174	62	18	1	30
35	54	60	61	88	124	257	275	430	726	1 207	1 711	1 697	1 436	604	93	5
205	259	324	367	448	656	1 192	1 172	1 415	1 985	2 618	2 557	1 813	1 130	303	41	34
66	73	95	125	139	218	370	418	563	907	1 202	1 090	707	413	85	11	2
6	3	4	6	4	9	10	19	16	45	79	101	101	72	26	6	1
5	6	9	21	17	36	72	71	93	106	126	122	85	50	15	-	-
3	1	4	-	-	1	-	-	2	4	1	-	1	-	-	-	-
6	10	10	8	23	27	57	48	40	65	85	46	37	12	5	-	-
12	17	25	25	23	39	71	53	65	85	81	55	21	9	4	-	1
28	41	52	34	52	85	137	103	74	27	14	6	2	1	-	-	3
-	1	1	1	3	4	12	14	10	35	37	29	15	5	-	-	1
57	68	84	99	119	145	270	244	257	241	221	124	77	23	5	-	22
22	39	40	48	68	92	193	202	295	470	772	984	767	545	163	24	4
81	96	117	115	138	212	398	425	616	982	1 634	2 224	2 228	1 739	755	113	9
51	58	63	66	68	108	188	211	347	523	888	1 079	863	545	173	25	-
-	1	2	3	2	2	3	7	11	21	71	135	201	183	90	9	-
3	1	4	10	11	13	46	41	41	56	65	88	96	70	31	9	-
1	-	-	-	-	-	1	-	1	-	-	-	-	-	-	-	-
-	2	-	1	6	4	9	6	4	18	24	29	17	5	2	-	-
1	4	5	4	5	6	9	12	9	17	20	20	9	1	1	-	-
1	1	-	1	-	2	7	-	1	1	3	-	1	-	-	-	-
-	-	-	-	-	1	3	4	5	7	17	15	14	5	4	-	-
11	14	23	17	26	44	68	71	62	83	111	131	97	39	13	1	8
13	15	20	13	20	32	64	73	135	256	435	727	930	891	441	69	1

平成18年
2006

25～29	30～34	35～39	40～44	45～49	50～54	55～59	60～64	65～69	70～74	75～79	80～84	85～89	90～94	95～99	100～	不詳 Not stated
100.0	100.0	100.0	100.0	100.0	100.0	100.0	100.0	100.0	100.0	100.0	100.0	100.0	100.0	100.0	100.0	100.0
40.9	36.9	35.8	39.6	35.3	37.6	35.1	39.4	44.8	48.2	49.2	45.4	38.9	33.4	24.4	23.4	4.7
2.1	1.1	1.4	1.9	1.0	1.3	0.8	1.6	1.3	2.2	3.5	4.9	7.5	8.9	11.0	9.7	2.3
2.8	2.0	2.9	6.4	4.8	5.6	7.4	7.0	6.6	5.5	4.5	4.4	4.5	4.2	4.3	5.8	-
1.4	0.3	0.9	-	-	0.1	0.1	-	0.1	0.1	0.0	-	0.0	-	-	-	-
2.1	3.4	2.3	1.9	4.9	3.6	4.2	3.4	2.2	2.8	2.6	1.6	1.3	0.6	0.7	-	-
4.5	5.9	6.8	6.0	4.8	5.2	5.0	4.1	3.6	3.4	2.4	1.6	0.7	0.3	0.5	-	2.3
10.1	11.8	11.8	7.3	8.9	10.0	9.1	6.4	3.7	0.9	0.4	0.1	0.1	0.0	-	-	7.0
-	0.3	0.2	0.2	0.5	0.6	0.9	1.1	0.7	1.4	1.3	0.9	0.7	0.3	0.4	-	2.3
23.8	23.1	24.3	24.1	24.7	21.8	21.3	19.7	15.7	10.9	7.8	5.3	4.3	2.2	1.7	0.6	69.8
12.2	15.2	13.6	12.7	15.0	14.3	16.2	17.2	21.2	24.5	28.4	35.8	42.0	50.1	57.1	60.4	11.6
100.0	100.0	100.0	100.0	100.0	100.0	100.0	100.0	100.0	100.0	100.0	100.0	100.0	100.0	100.0	100.0	100.0
32.2	28.2	29.3	34.1	31.0	33.2	31.0	35.7	39.8	45.7	45.9	42.6	39.0	36.5	28.1	26.8	5.9
2.9	1.2	1.2	1.6	0.9	1.4	0.8	1.6	1.1	2.3	3.0	3.9	5.6	6.4	8.6	14.6	2.9
2.4	2.3	2.8	5.7	3.8	5.5	6.0	6.1	6.6	5.3	4.8	4.8	4.7	4.4	5.0	-	-
1.5	0.4	1.2	-	-	0.2	-	-	0.1	0.2	0.0	-	0.1	-	-	-	-
2.9	3.9	3.1	2.2	5.1	4.1	4.8	4.1	2.8	3.3	3.2	1.8	2.0	1.1	1.7	-	-
5.9	6.6	7.7	6.8	5.1	5.9	6.0	4.5	4.6	4.3	3.1	2.2	1.2	0.8	1.3	-	2.9
13.7	15.8	16.0	9.3	11.6	13.0	11.5	8.8	5.2	1.4	0.5	0.2	0.1	0.1	-	-	8.8
-	0.4	0.3	0.3	0.7	0.6	1.0	1.2	0.7	1.8	1.4	1.1	0.8	0.4	-	-	2.9
27.8	26.3	25.9	27.0	26.6	22.1	22.7	20.8	18.2	12.1	8.4	4.8	4.2	2.0	1.7	-	64.7
10.7	15.1	12.3	13.1	15.2	14.0	16.2	17.2	20.8	23.7	29.5	38.5	42.3	48.2	53.8	58.5	11.8
100.0	100.0	100.0	100.0	100.0	100.0	100.0	100.0	100.0	100.0	100.0	100.0	100.0	100.0	100.0	100.0	100.0
63.0	60.4	53.8	57.4	49.3	50.9	47.2	49.6	56.3	53.3	54.3	48.5	38.7	31.3	22.9	22.1	-
-	1.0	1.7	2.6	1.4	0.9	0.8	1.6	1.8	2.1	4.3	6.1	9.0	10.5	11.9	8.0	-
3.7	1.0	3.4	8.7	8.0	6.1	11.6	9.6	6.7	5.7	4.0	4.0	4.3	4.0	4.1	8.0	-
1.2	-	-	-	-	-	0.3	-	0.2	-	-	-	-	-	-	-	-
-	2.1	-	0.9	4.3	1.9	2.3	1.4	0.6	1.8	1.5	1.3	0.8	0.3	0.3	-	-
1.2	4.2	4.3	3.5	3.6	2.8	2.3	2.8	1.5	1.7	1.2	0.9	0.4	0.1	0.1	-	-
1.2	1.0	-	0.9	-	0.9	1.8	-	0.2	0.1	0.2	-	0.0	-	-	-	-
-	-	-	-	-	0.5	0.8	0.9	0.8	0.7	1.0	0.7	0.6	0.3	0.5	-	-
13.6	14.6	19.7	14.8	18.8	20.8	17.1	16.7	10.1	8.5	6.8	5.9	4.4	2.2	1.7	0.9	88.9
16.0	15.6	17.1	11.3	14.5	15.1	16.1	17.2	21.9	26.1	26.6	32.7	41.7	51.2	58.4	61.1	11.1

第5表　年次・性・年齢階級（5歳階級）・傷害の発生場所別

Table 5. Trends in accidental deaths due to causes other than traffic accidents

死亡数
Deaths

死因基本分類コード Detailed list of ICD-10 code	性・傷害の発生場所 Sex and site of injury occurrence	総数 Total	0歳 Years	1	2	3	4	0〜4	5〜9	10〜14	15〜19	20〜24
	総数 Total											
(W00-X59)	総数	29 698	120	36	31	25	23	235	89	70	132	229
.0	家（庭）	12 415	106	29	22	17	12	186	30	37	46	91
.1	居住施設	1 419	−	−	−	−	−	−	−	−	1	5
.2	学校、施設及び公共の地域	1 420	−	1	−	−	−	1	3	4	9	3
.3	スポーツ施設及び競技施設	54	−	−	1	−	1	2	3	3	4	5
.4	街路及びハイウェイ	667	−	−	−	−	−	−	−	1	1	6
.5	商業及びサービス施設	743	1	1	2	−	−	4	2	1	12	12
.6	工業用地域及び建築現場	674	−	−	−	−	−	−	−	1	7	30
.7	農場	275	−	1	−	−	−	1	−	1	−	−
.8	その他の明示された場所	2 911	1	−	4	4	7	16	47	19	41	59
.9	詳細不明の場所	9 120	12	4	2	4	3	25	4	3	11	18
	男 Male											
(W00-X59)	総数	17 107	72	23	19	16	17	147	53	49	100	159
.0	家（庭）	6 726	63	18	14	11	10	116	15	24	29	47
.1	居住施設	596	−	−	−	−	−	−	−	−	1	4
.2	学校、施設及び公共の地域	882	−	1	−	−	−	1	3	3	8	1
.3	スポーツ施設及び競技施設	49	−	−	1	−	1	2	3	3	4	4
.4	街路及びハイウェイ	521	−	−	−	−	−	−	−	1	1	3
.5	商業及びサービス施設	595	1	1	−	−	−	2	1	1	8	9
.6	工業用地域及び建築現場	651	−	−	−	−	−	−	−	1	7	30
.7	農場	204	−	−	−	−	−	−	−	1	−	−
.8	その他の明示された場所	2 145	1	−	3	3	4	11	30	14	37	48
.9	詳細不明の場所	4 738	7	3	1	2	2	15	1	1	5	13
	女 Female											
(W00-X59)	総数	12 591	48	13	12	9	6	88	36	21	32	70
.0	家（庭）	5 689	43	11	8	6	2	70	15	13	17	44
.1	居住施設	823	−	−	−	−	−	−	−	−	−	1
.2	学校、施設及び公共の地域	538	−	−	−	−	−	−	−	1	1	2
.3	スポーツ施設及び競技施設	5	−	−	−	−	−	−	−	−	−	1
.4	街路及びハイウェイ	146	−	−	−	−	−	−	−	−	−	3
.5	商業及びサービス施設	148	−	−	2	−	−	2	1	−	4	3
.6	工業用地域及び建築現場	23	−	−	−	−	−	−	−	−	−	−
.7	農場	71	−	1	−	−	−	1	−	−	−	−
.8	その他の明示された場所	766	−	−	1	1	3	5	17	5	4	11
.9	詳細不明の場所	4 382	5	1	1	2	1	10	3	2	6	5

百分率
Percentage

死因基本分類コード Detailed list of ICD-10 code	性・傷害の発生場所 Sex and site of injury occurrence	総数 Total	0歳 Years	1	2	3	4	0〜4	5〜9	10〜14	15〜19	20〜24
	総数 Total											
(W00-X59)	総数	100.0	100.0	100.0	100.0	100.0	100.0	100.0	100.0	100.0	100.0	100.0
.0	家（庭）	41.8	88.3	80.6	71.0	68.0	52.2	79.1	33.7	52.9	34.8	39.7
.1	居住施設	4.8	−	−	−	−	−	−	−	−	0.8	2.2
.2	学校、施設及び公共の地域	4.8	−	2.8	−	−	−	0.4	3.4	5.7	6.8	1.3
.3	スポーツ施設及び競技施設	0.2	−	−	3.2	−	4.3	0.9	3.4	4.3	3.0	2.2
.4	街路及びハイウェイ	2.2	−	−	−	−	−	−	−	1.4	0.8	2.6
.5	商業及びサービス施設	2.5	0.8	2.8	6.5	−	−	1.7	2.2	1.4	9.1	5.2
.6	工業用地域及び建築現場	2.3	−	−	−	−	−	−	−	1.4	5.3	13.1
.7	農場	0.9	−	2.8	−	−	−	0.4	−	1.4	−	−
.8	その他の明示された場所	9.8	0.8	−	12.9	16.0	30.4	6.8	52.8	27.1	31.1	25.8
.9	詳細不明の場所	30.7	10.0	11.1	6.5	16.0	13.0	10.6	4.5	4.3	8.3	7.9
	男 Male											
(W00-X59)	総数	100.0	100.0	100.0	100.0	100.0	100.0	100.0	100.0	100.0	100.0	100.0
.0	家（庭）	39.3	87.5	78.3	73.7	68.8	58.8	78.9	28.3	49.0	29.0	29.6
.1	居住施設	3.5	−	−	−	−	−	−	−	−	1.0	2.5
.2	学校、施設及び公共の地域	5.2	−	4.3	−	−	−	0.7	5.7	6.1	8.0	0.6
.3	スポーツ施設及び競技施設	0.3	−	−	5.3	−	5.9	1.4	5.7	6.1	4.0	2.5
.4	街路及びハイウェイ	3.0	−	−	−	−	−	−	−	2.0	1.0	1.9
.5	商業及びサービス施設	3.5	1.4	4.3	−	−	−	1.4	1.9	2.0	8.0	5.7
.6	工業用地域及び建築現場	3.8	−	−	−	−	−	−	−	2.0	7.0	18.9
.7	農場	1.2	−	−	−	−	−	−	−	2.0	−	−
.8	その他の明示された場所	12.5	1.4	−	15.8	18.8	23.5	7.5	56.6	28.6	37.0	30.2
.9	詳細不明の場所	27.7	9.7	13.0	5.3	12.5	11.8	10.2	1.9	2.0	5.0	8.2
	女 Female											
(W00-X59)	総数	100.0	100.0	100.0	100.0	100.0	100.0	100.0	100.0	100.0	100.0	100.0
.0	家（庭）	45.2	89.6	84.6	66.7	66.7	33.3	79.5	41.7	61.9	53.1	62.9
.1	居住施設	6.5	−	−	−	−	−	−	−	−	−	1.4
.2	学校、施設及び公共の地域	4.3	−	−	−	−	−	−	−	4.8	3.1	2.9
.3	スポーツ施設及び競技施設	0.0	−	−	−	−	−	−	−	−	−	1.4
.4	街路及びハイウェイ	1.2	−	−	−	−	−	−	−	−	−	4.3
.5	商業及びサービス施設	1.2	−	−	16.7	−	−	2.3	2.8	−	12.5	4.3
.6	工業用地域及び建築現場	0.2	−	−	−	−	−	−	−	−	−	−
.7	農場	0.6	−	7.7	−	−	−	1.1	−	−	−	−
.8	その他の明示された場所	6.1	−	−	8.3	11.1	50.0	5.7	47.2	23.8	12.5	15.7
.9	詳細不明の場所	34.8	10.4	7.7	8.3	22.2	16.7	11.4	8.3	9.5	18.8	7.1

交通事故以外の不慮の事故死亡数・百分率 －平成７～20年－

and percentage by sex, age (five-year age group) and site of injury occurrence, 1995-2008

平成19年
2007

25～29	30～34	35～39	40～44	45～49	50～54	55～59	60～64	65～69	70～74	75～79	80～84	85～89	90～94	95～99	100～	不詳 Not stated
265	335	434	478	598	788	1 467	1 600	2 076	3 020	4 183	4 967	4 267	3 121	1 129	181	34
109	147	175	208	261	257	528	652	986	1 442	2 015	2 265	1 641	987	306	41	5
8	4	7	6	9	7	17	29	34	77	150	275	355	291	119	25	－
6	12	15	25	25	48	110	106	126	157	215	224	174	113	40	4	－
4	5	－	1	1	7	5	4	2	1	3	2	2	－	－	－	－
5	16	11	15	22	42	54	63	61	89	83	89	62	36	7	－	4
15	22	21	23	33	41	67	69	87	111	95	83	26	17	1	－	1
30	29	57	39	42	64	122	106	76	45	18	4	4	－	－	－	－
－	1	5	4	5	7	14	13	26	55	56	44	30	9	2	1	1
61	74	92	105	129	194	317	286	280	311	338	264	184	59	13	1	21
27	25	51	52	71	121	233	272	398	732	1 210	1 717	1 789	1 609	641	109	2
180	240	312	362	455	597	1 126	1 192	1 469	2 003	2 595	2 717	1 825	1 147	311	40	28
49	82	98	131	173	165	351	431	658	862	1 130	1 155	704	392	96	13	5
7	3	6	4	3	6	15	20	21	52	83	142	126	79	19	5	－
3	12	12	18	21	35	77	71	82	111	147	131	84	45	17	－	－
2	5	－	1	1	7	5	4	2	－	3	2	1	－	－	－	－
5	12	8	11	20	36	45	55	52	75	63	56	48	21	5	－	4
11	16	18	21	30	34	57	62	72	88	73	61	18	12	－	－	1
30	29	54	37	42	61	121	103	69	45	16	3	3	－	－	－	－
－	1	5	3	4	7	13	11	20	44	40	30	19	3	1	1	1
55	62	78	92	104	162	259	231	216	229	240	156	77	23	6	－	15
18	18	33	44	57	84	183	204	277	497	800	981	745	572	167	21	2
85	95	122	116	143	191	341	408	607	1 017	1 588	2 250	2 442	1 974	818	141	6
60	65	77	77	88	92	177	221	328	580	885	1 110	937	595	210	28	－
1	1	1	2	6	1	2	9	13	25	67	133	229	212	100	20	－
3	－	3	7	4	13	33	35	44	46	68	93	90	68	23	4	－
2	－	－	－	－	－	－	－	－	1	－	－	1	－	－	－	－
－	4	3	4	2	6	9	8	9	14	20	33	14	15	2	－	－
4	6	3	2	3	7	10	7	15	23	22	22	8	5	1	－	－
－	－	3	2	－	3	1	3	7	－	2	1	1	－	－	－	－
－	－	－	1	1	－	1	2	6	11	16	14	11	6	1	－	－
6	12	14	13	25	32	58	55	64	82	98	108	107	36	7	1	6
9	7	18	8	14	37	50	68	121	235	410	736	1 044	1 037	474	88	－

平成19年
2007

25～29	30～34	35～39	40～44	45～49	50～54	55～59	60～64	65～69	70～74	75～79	80～84	85～89	90～94	95～99	100～	不詳 Not stated
100.0	100.0	100.0	100.0	100.0	100.0	100.0	100.0	100.0	100.0	100.0	100.0	100.0	100.0	100.0	100.0	100.0
41.1	43.9	40.3	43.5	43.6	32.6	36.0	40.8	47.5	47.7	48.2	45.6	38.5	31.6	27.1	22.7	14.7
3.0	1.2	1.6	1.3	1.5	0.9	1.2	1.8	1.6	2.5	3.6	5.5	8.3	9.3	10.5	13.8	－
2.3	3.6	3.5	5.2	4.2	6.1	7.5	6.6	6.1	5.2	5.1	4.5	4.1	3.6	3.5	2.2	－
1.5	1.5	－	0.2	0.2	0.9	0.3	0.3	0.1	0.0	0.1	0.0	0.0	－	－	－	－
1.9	4.8	2.5	3.1	3.7	5.3	3.7	3.9	2.9	2.9	2.0	1.8	1.5	1.2	0.6	－	11.8
5.7	6.6	4.8	4.8	5.5	5.2	4.6	4.3	4.2	3.7	2.3	1.7	0.6	0.5	0.1	－	2.9
11.3	8.7	13.1	8.2	7.0	8.1	8.3	6.6	3.7	1.5	0.4	0.1	0.1	－	－	－	－
－	0.3	1.2	0.8	0.8	0.9	1.0	0.8	1.3	1.8	1.3	0.9	0.7	0.3	0.2	0.6	2.9
23.0	22.1	21.2	22.0	21.6	24.6	21.6	17.9	13.5	10.3	8.1	5.3	4.3	1.9	1.2	0.6	61.8
10.2	7.5	11.8	10.9	11.9	15.4	15.9	17.0	19.2	24.2	28.9	34.6	41.9	51.6	56.8	60.2	5.9
100.0	100.0	100.0	100.0	100.0	100.0	100.0	100.0	100.0	100.0	100.0	100.0	100.0	100.0	100.0	100.0	100.0
27.2	34.2	31.4	36.2	38.0	27.6	31.2	36.2	44.8	43.0	43.5	42.5	38.6	34.2	30.9	32.5	17.9
3.9	1.3	1.9	1.1	0.7	1.0	1.3	1.7	1.4	2.6	3.2	5.2	6.9	6.9	6.1	12.5	－
1.7	5.0	3.8	5.0	4.6	5.9	6.8	6.0	5.6	5.5	5.7	4.8	4.6	3.9	5.5	－	－
1.1	2.1	－	0.3	0.2	1.2	0.4	0.3	0.1	－	0.1	0.1	0.1	－	－	－	－
2.8	5.0	2.6	3.0	4.4	6.0	4.0	4.6	3.5	3.7	2.4	2.1	2.6	1.8	1.6	－	14.3
6.1	6.7	5.8	5.8	6.6	5.7	5.1	5.2	4.9	4.4	2.8	2.2	1.0	1.0	－	－	3.6
16.7	12.1	17.3	10.2	9.2	10.2	10.7	8.6	4.7	2.2	0.6	0.1	0.2	－	－	－	－
－	0.4	1.6	0.8	0.9	1.2	1.2	0.9	1.4	2.2	1.5	1.1	1.0	0.3	0.3	2.5	3.6
30.6	25.8	25.0	25.4	22.9	27.1	23.0	19.4	14.7	11.4	9.2	5.7	4.2	2.0	1.9	－	53.6
10.0	7.5	10.6	12.2	12.5	14.1	16.3	17.1	18.9	24.8	30.8	36.1	40.8	49.9	53.7	52.5	7.1
100.0	100.0	100.0	100.0	100.0	100.0	100.0	100.0	100.0	100.0	100.0	100.0	100.0	100.0	100.0	100.0	100.0
70.6	68.4	63.1	66.4	61.5	48.2	51.9	54.2	54.0	57.0	55.7	49.3	38.4	30.1	25.7	19.9	－
1.2	1.1	0.8	1.7	4.2	0.5	0.6	2.2	2.1	2.5	4.2	5.9	9.4	10.7	12.2	14.2	－
3.5	－	2.5	6.0	2.8	6.8	9.7	8.6	7.2	4.5	4.3	4.1	3.7	3.4	2.8	2.8	－
2.4	－	－	－	－	－	－	－	－	0.1	－	－	0.0	－	－	－	－
－	4.2	2.5	3.4	1.4	3.1	2.6	2.0	1.5	1.4	1.3	1.5	0.6	0.8	0.2	－	－
4.7	6.3	2.5	1.7	2.1	3.7	2.9	1.7	2.5	2.3	1.4	1.0	0.3	0.3	0.1	－	－
－	－	2.5	1.7	－	1.6	0.3	0.7	1.2	－	0.1	0.0	0.0	－	－	－	－
－	－	－	0.9	0.7	－	0.3	0.5	1.0	1.1	1.0	0.6	0.5	0.3	0.1	－	－
7.1	12.6	11.5	11.2	17.5	16.8	17.0	13.5	10.5	8.1	6.2	4.8	4.4	1.8	0.9	0.7	100.0
10.6	7.4	14.8	6.9	9.8	19.4	14.7	16.7	19.9	23.1	25.8	32.7	42.8	52.5	57.9	62.4	－

第５表　年次・性・年齢階級（５歳階級）・傷害の発生場所別

Table 5. Trends in accidental deaths due to causes other than traffic accidents

死亡数
Deaths

死因基本分類コード Detailed list of ICD-10 code	性・傷害の発生場所 Sex and site of injury occurrence	総数 Total	0歳 Years	1	2	3	4	0〜4	5〜9	10〜14	15〜19	20〜24
	総数 Total											
(W00−X59)	総数	30 654	134	55	25	19	18	251	58	62	125	240
.0	家（庭）	13 240	112	42	15	13	12	194	28	34	52	105
.1	居住施設	1 452	−	−	−	−	−	−	−	−	2	3
.2	学校、施設及び公共の地域	1 295	6	2	1	1	−	10	2	6	7	7
.3	スポーツ施設及び競技施設	43	−	−	−	−	−	−	−	1	1	7
.4	街路及びハイウェイ	687	−	−	−	−	−	−	−	−	1	7
.5	商業及びサービス施設	802	2	1	2	1	1	7	−	−	2	10
.6	工業用地域及び建築現場	668	−	−	−	−	−	−	−	−	6	24
.7	農場	252	−	−	−	−	−	−	1	−	1	2
.8	その他の明示された場所	2 966	2	2	4	2	3	13	27	19	44	45
.9	詳細不明の場所	9 249	12	8	3	2	2	27	−	2	9	30
	男 Male											
(W00−X59)	総数	17 610	75	37	11	13	9	145	41	45	97	172
.0	家（庭）	7 177	63	28	6	9	6	112	17	22	29	63
.1	居住施設	538	−	−	−	−	−	−	−	−	1	3
.2	学校、施設及び公共の地域	822	3	2	1	−	−	6	1	5	6	4
.3	スポーツ施設及び競技施設	33	−	−	−	−	−	−	−	1	1	4
.4	街路及びハイウェイ	542	−	−	−	−	−	−	−	−	1	5
.5	商業及びサービス施設	637	−	−	1	1	−	2	−	−	2	8
.6	工業用地域及び建築現場	652	−	−	−	−	−	−	−	−	6	24
.7	農場	179	−	−	−	−	−	−	1	−	1	2
.8	その他の明示された場所	2 170	2	2	2	1	2	9	22	17	42	37
.9	詳細不明の場所	4 860	7	5	1	2	1	16	−	−	8	22
	女 Female											
(W00−X59)	総数	13 044	59	18	14	6	9	106	17	17	28	68
.0	家（庭）	6 063	49	14	9	4	6	82	11	12	23	42
.1	居住施設	914	−	−	−	−	−	−	−	−	1	−
.2	学校、施設及び公共の地域	473	3	−	−	1	−	4	1	1	1	3
.3	スポーツ施設及び競技施設	10	−	−	−	−	−	−	−	−	−	3
.4	街路及びハイウェイ	145	−	−	−	−	−	−	−	−	−	2
.5	商業及びサービス施設	165	2	1	1	−	1	5	−	−	−	2
.6	工業用地域及び建築現場	16	−	−	−	−	−	−	−	−	−	−
.7	農場	73	−	−	−	−	−	−	−	−	−	−
.8	その他の明示された場所	796	−	−	2	1	1	4	5	2	2	8
.9	詳細不明の場所	4 389	5	3	2	−	1	11	−	2	1	8

百分率
Percentage

死因基本分類コード Detailed list of ICD-10 code	性・傷害の発生場所 Sex and site of injury occurrence	総数 Total	0歳 Years	1	2	3	4	0〜4	5〜9	10〜14	15〜19	20〜24
	総数 Total											
(W00−X59)	総数	100.0	100.0	100.0	100.0	100.0	100.0	100.0	100.0	100.0	100.0	100.0
.0	家（庭）	43.2	83.6	76.4	60.0	68.4	66.7	77.3	48.3	54.8	41.6	43.8
.1	居住施設	4.7	−	−	−	−	−	−	−	−	1.6	1.3
.2	学校、施設及び公共の地域	4.2	4.5	3.6	4.0	5.3	−	4.0	3.4	9.7	5.6	2.9
.3	スポーツ施設及び競技施設	0.1	−	−	−	−	−	−	−	1.6	0.8	2.9
.4	街路及びハイウェイ	2.2	−	−	−	−	−	−	−	−	0.8	2.9
.5	商業及びサービス施設	2.6	1.5	1.8	8.0	5.3	5.6	2.8	−	−	1.6	4.2
.6	工業用地域及び建築現場	2.2	−	−	−	−	−	−	−	−	4.8	10.0
.7	農場	0.8	−	−	−	−	−	−	1.7	−	0.8	0.8
.8	その他の明示された場所	9.7	1.5	3.6	16.0	10.5	16.7	5.2	46.6	30.6	35.2	18.8
.9	詳細不明の場所	30.2	9.0	14.5	12.0	10.5	11.1	10.8	−	3.2	7.2	12.5
	男 Male											
(W00−X59)	総数	100.0	100.0	100.0	100.0	100.0	100.0	100.0	100.0	100.0	100.0	100.0
.0	家（庭）	40.8	84.0	75.7	54.5	69.2	66.7	77.2	41.5	48.9	29.9	36.6
.1	居住施設	3.1	−	−	−	−	−	−	−	−	1.0	1.7
.2	学校、施設及び公共の地域	4.7	4.0	5.4	9.1	−	−	4.1	2.4	11.1	6.2	2.3
.3	スポーツ施設及び競技施設	0.2	−	−	−	−	−	−	−	2.2	1.0	2.3
.4	街路及びハイウェイ	3.1	−	−	−	−	−	−	−	−	1.0	2.9
.5	商業及びサービス施設	3.6	−	−	9.1	7.7	−	1.4	−	−	2.1	4.7
.6	工業用地域及び建築現場	3.7	−	−	−	−	−	−	−	−	6.2	14.0
.7	農場	1.0	−	−	−	−	−	−	2.4	−	1.0	1.2
.8	その他の明示された場所	12.3	2.7	5.4	18.2	7.7	22.2	6.2	53.7	37.8	43.3	21.5
.9	詳細不明の場所	27.6	9.3	13.5	9.1	15.4	11.1	11.0	−	−	8.2	12.8
	女 Female											
(W00−X59)	総数	100.0	100.0	100.0	100.0	100.0	100.0	100.0	100.0	100.0	100.0	100.0
.0	家（庭）	46.5	83.1	77.8	64.3	66.7	66.7	77.4	64.7	70.6	82.1	61.8
.1	居住施設	7.0	−	−	−	−	−	−	−	−	3.6	−
.2	学校、施設及び公共の地域	3.6	5.1	−	−	16.7	−	3.8	5.9	5.9	3.6	4.4
.3	スポーツ施設及び競技施設	0.1	−	−	−	−	−	−	−	−	−	4.4
.4	街路及びハイウェイ	1.1	−	−	−	−	−	−	−	−	−	2.9
.5	商業及びサービス施設	1.3	3.4	5.6	7.1	−	11.1	4.7	−	−	−	2.9
.6	工業用地域及び建築現場	0.1	−	−	−	−	−	−	−	−	−	−
.7	農場	0.6	−	−	−	−	−	−	−	−	−	−
.8	その他の明示された場所	6.1	−	−	14.3	16.7	11.1	3.8	29.4	11.8	7.1	11.8
.9	詳細不明の場所	33.6	8.5	16.7	14.3	−	11.1	10.4	−	11.8	3.6	11.8

交通事故以外の不慮の事故死亡数・百分率　－平成７～20年－
and percentage by sex, age (five-year age group) and site of injury occurrence, 1995-2008

平成20年
2008

25～29	30～34	35～39	40～44	45～49	50～54	55～59	60～64	65～69	70～74	75～79	80～84	85～89	90～94	95～99	100～	不詳 Not stated
278	357	479	428	586	760	1 421	1 666	2 115	3 052	4 374	5 278	4 470	3 172	1 227	219	36
112	136	214	191	250	266	561	647	947	1 460	2 206	2 555	1 855	1 066	325	32	4
4	9	3	9	9	11	26	19	36	80	162	274	338	321	121	25	-
4	13	9	12	29	47	92	97	122	145	187	212	155	91	38	10	-
6	2	-	-	2	4	4	3	6	2	1	4	-	-	-	-	-
13	13	14	16	28	26	54	71	71	95	94	94	54	25	8	1	2
17	22	26	26	30	43	72	78	101	97	103	106	42	14	4	-	2
24	37	57	35	43	57	113	117	82	47	17	6	1	1	-	-	1
-	1	-	2	2	9	8	14	23	40	42	53	41	11	2	-	-
67	92	111	90	122	175	284	331	308	333	359	273	154	86	9	3	21
31	32	45	47	71	122	207	289	419	753	1 203	1 701	1 830	1 557	720	148	6
188	249	346	318	457	592	1 066	1 263	1 507	2 021	2 631	2 958	1 946	1 141	361	39	27
55	72	115	119	166	184	381	449	612	855	1 234	1 347	811	407	111	13	3
3	6	2	7	8	7	17	11	29	45	81	125	94	77	22	-	-
4	11	9	9	24	34	60	69	89	99	123	132	78	44	14	1	-
3	2	-	-	2	4	3	3	5	2	1	2	-	-	-	-	-
12	10	10	15	27	24	43	61	61	85	68	63	33	18	3	1	2
13	19	24	23	23	39	63	66	81	77	76	74	30	11	4	-	2
24	37	56	35	41	56	111	113	80	45	17	6	-	-	-	-	1
-	1	-	1	2	6	6	13	16	31	35	34	23	6	1	-	-
53	68	100	73	107	145	222	272	238	263	223	162	67	33	3	-	14
21	23	30	36	57	93	160	206	296	519	773	1 013	810	545	203	24	5
90	108	133	110	129	168	355	403	608	1 031	1 743	2 320	2 524	2 031	866	180	9
57	64	99	72	84	82	180	198	335	605	972	1 208	1 044	659	214	19	1
1	3	1	2	1	4	9	8	7	35	81	149	244	244	99	25	-
-	2	-	3	5	13	32	28	33	46	64	80	77	47	24	9	-
3	-	-	-	-	-	1	-	1	-	-	2	-	-	-	-	-
1	3	4	1	1	2	11	10	10	10	26	31	21	7	5	-	-
4	3	2	3	7	4	9	12	20	20	27	32	12	3	-	-	-
-	-	1	-	2	1	2	4	2	2	-	-	1	1	-	-	-
-	-	-	1	-	3	2	1	7	9	7	19	18	5	1	-	-
14	24	11	17	15	30	62	59	70	70	136	111	87	53	6	3	7
10	9	15	11	14	29	47	83	123	234	430	688	1 020	1 012	517	124	1

平成20年
2008

25～29	30～34	35～39	40～44	45～49	50～54	55～59	60～64	65～69	70～74	75～79	80～84	85～89	90～94	95～99	100～	不詳 Not stated
100.0	100.0	100.0	100.0	100.0	100.0	100.0	100.0	100.0	100.0	100.0	100.0	100.0	100.0	100.0	100.0	100.0
40.3	38.1	44.7	44.6	42.7	35.0	39.5	38.8	44.8	47.8	50.4	48.4	41.5	33.6	26.5	14.6	11.1
1.4	2.5	0.6	2.1	1.5	1.4	1.8	1.1	1.7	2.6	3.7	5.2	7.6	10.1	9.9	11.4	-
1.4	3.6	1.9	2.8	4.9	6.2	6.5	5.8	5.8	4.8	4.3	4.0	3.5	2.9	3.1	4.6	-
2.2	0.6	-	-	0.3	0.5	0.3	0.2	0.3	0.1	0.0	0.1	-	-	-	-	-
4.7	3.6	2.9	3.7	4.8	3.4	3.8	4.3	3.4	3.1	2.1	1.8	1.2	0.8	0.7	0.5	5.6
6.1	6.2	5.4	6.1	5.1	5.7	5.1	4.7	4.8	3.2	2.4	2.0	0.9	0.4	0.3	-	5.6
8.6	10.4	11.9	8.2	7.3	7.5	8.0	7.0	3.9	1.5	0.4	0.1	0.0	0.0	-	-	2.8
-	0.3	-	0.5	0.3	1.2	0.6	0.8	1.1	1.3	1.0	1.0	0.9	0.3	0.2	-	-
24.1	25.8	23.2	21.0	20.8	23.0	20.0	19.9	14.6	10.9	8.2	5.2	3.4	2.7	0.7	1.4	58.3
11.2	9.0	9.4	11.0	12.1	16.1	14.6	17.3	19.8	24.7	27.5	32.2	40.9	49.1	58.7	67.6	16.7
100.0	100.0	100.0	100.0	100.0	100.0	100.0	100.0	100.0	100.0	100.0	100.0	100.0	100.0	100.0	100.0	100.0
29.3	28.9	33.2	37.4	36.3	31.1	35.7	35.6	40.6	42.3	46.9	45.5	41.7	35.7	30.7	33.3	11.1
1.6	2.4	0.6	2.2	1.8	1.2	1.6	0.9	1.9	2.2	3.1	4.2	4.8	6.7	6.1	-	-
2.1	4.4	2.6	2.8	5.3	5.7	5.6	5.5	5.9	4.9	4.7	4.5	4.0	3.9	3.9	2.6	-
1.6	0.8	-	-	0.4	0.7	0.3	0.2	0.3	0.1	0.0	0.1	-	-	-	-	-
6.4	4.0	2.9	4.7	5.9	4.1	4.0	4.8	4.0	4.2	2.6	2.1	1.7	1.6	0.8	2.6	7.4
6.9	7.6	6.9	7.2	5.0	6.6	5.9	5.2	5.4	3.8	2.9	2.5	1.5	1.0	1.1	-	7.4
12.8	14.9	16.2	11.0	9.0	9.5	10.4	8.9	5.3	2.2	0.6	0.2	-	-	-	-	3.7
-	0.4	-	0.3	0.4	1.0	0.6	1.0	1.1	1.5	1.3	1.1	1.2	0.5	0.3	-	-
28.2	27.3	28.9	23.0	23.4	24.5	20.8	21.5	15.8	13.0	8.5	5.5	3.4	2.9	0.8	-	51.9
11.2	9.2	8.7	11.3	12.5	15.7	15.0	16.3	19.6	25.7	29.4	34.2	41.6	47.8	56.2	61.5	18.5
100.0	100.0	100.0	100.0	100.0	100.0	100.0	100.0	100.0	100.0	100.0	100.0	100.0	100.0	100.0	100.0	100.0
63.3	59.3	74.4	65.5	65.1	48.8	50.7	49.1	55.1	58.7	55.8	52.1	41.4	32.4	24.7	10.6	11.1
1.1	2.8	0.8	1.8	0.8	2.4	2.5	2.0	1.2	3.4	4.6	6.4	9.7	12.0	11.4	13.9	-
-	1.9	-	2.7	3.9	7.7	9.0	6.9	5.4	4.5	3.7	3.4	3.1	2.3	2.8	5.0	-
3.3	-	-	-	-	-	0.3	-	0.2	-	-	0.1	-	-	-	-	-
1.1	2.8	3.0	0.9	0.8	1.2	3.1	2.5	1.6	1.0	1.5	1.3	0.8	0.3	0.6	-	-
4.4	2.8	1.5	2.7	5.4	2.4	2.5	3.0	3.3	1.9	1.5	1.4	0.5	0.1	-	-	-
-	-	0.8	-	1.6	0.6	0.6	1.0	0.3	0.2	-	-	0.0	0.0	-	-	-
-	-	-	0.9	-	1.8	0.6	0.2	1.2	0.9	0.4	0.8	0.7	0.2	0.1	-	-
15.6	22.2	8.3	15.5	11.6	17.9	17.5	14.6	11.5	6.8	7.8	4.8	3.4	2.6	0.7	1.7	77.8
11.1	8.3	11.3	10.0	10.9	17.3	13.2	20.6	20.2	22.7	24.7	29.7	40.4	49.8	59.7	68.9	11.1

第6表　年次・性・年齢階級（5歳階級）・主な不慮の事故の

Table 6. Trends in accidental deaths at home and percentage by sex,

死亡数

Deaths

死因基本分類コード Detailed list of ICD-10 code	死因・性 Causes of death and sex	総数 Total	0歳 Years	1	2	3	4	0～4	5～9	10～14	15～19	20～24
	総数 Total											
(W00-X59)	総数1)	15 461	271	182	61	62	37	613	173	174	218	365
(W00-W17)	転倒・転落	2 115	6	11	6	9	3	35	6	6	26	33
W01	スリップ，つまづき及びよろめきによる同一平面上での転倒	932	3	1	-	2	-	6	1	1	1	1
W10	階段及びステップからの転落及びその上での転倒	439	-	-	-	2	-	2	1	1	-	5
W13	建物又は建造物からの転落	424	-	8	6	5	2	21	3	3	23	25
(W65-W74)	不慮の溺死及び溺水	2 966	22	88	11	9	3	133	12	10	11	11
W65	浴槽内での溺死及び溺水	2 750	14	58	8	5	1	86	8	8	11	11
W66	浴槽への転落による溺死及び溺水	102	7	23	-	-	1	31	1	-	-	-
(W75-W84)	その他の不慮の窒息	3 393	204	38	12	12	5	271	7	13	7	11
W78	胃内容物の誤えん	574	57	9	6	4	2	78	1	5	-	6
W79	気道閉塞を生じた食物の誤えん	2 316	32	17	3	4	1	57	1	4	5	3
W80	気道閉塞を生じたその他の物体の誤えん	197	3	5	-	1	-	9	-	-	-	-
(X00-X09)	煙、火及び火炎への曝露	1 174	5	7	5	11	7	35	28	16	14	32
X00	建物又は建造物内の管理されていない火への曝露	938	5	6	5	10	6	32	24	15	11	24
(X05-X06)	夜着，その他の着衣及び衣服の発火又は溶解への曝露	94	-	-	-	-	1	1	-	-	1	1
(X10-X19)	熱及び高温物質との接触	187	3	5	4	-	1	13	2	-	-	-
X11	蛇口からの熱湯との接触	153	2	5	4	-	1	12	2	-	-	-
(X40-X49)	有害物質による不慮の中毒及び有害物質への曝露	318	1	2	3	1	-	7	3	1	6	18
X47	その他のガス及び蒸気による不慮の中毒及び曝露	84	1	-	3	1	-	5	3	1	3	5
X48	農薬による不慮の中毒及び曝露	93	-	1	-	-	-	1	-	-	-	-
	男 Male											
(W00-X59)	総数1)	7 800	151	110	37	36	17	351	96	91	103	201
(W00-W17)	転倒・転落	1 227	3	4	2	5	2	16	5	4	20	25
W01	スリップ，つまづき及びよろめきによる同一平面上での転倒	434	2	-	-	1	-	3	1	-	1	1
W10	階段及びステップからの転落及びその上での転倒	257	-	-	-	1	-	1	1	1	-	4
W13	建物又は建造物からの転落	314	-	4	2	3	2	11	2	3	17	18
(W65-W74)	不慮の溺死及び溺水	1 303	12	54	6	5	2	79	10	8	4	4
W65	浴槽内での溺死及び溺水	1 210	9	36	5	2	-	52	6	6	4	4
W66	浴槽への転落による溺死及び溺水	41	3	15	-	-	1	19	1	-	-	-
(W75-W84)	その他の不慮の窒息	2 092	114	28	7	5	2	156	5	10	6	7
W78	胃内容物の誤えん	329	27	7	5	2	-	41	-	5	-	4
W79	気道閉塞を生じた食物の誤えん	1 477	23	10	2	3	1	39	1	2	4	1
W80	気道閉塞を生じたその他の物体の誤えん	116	1	5	-	-	-	6	-	-	-	-
(X00-X09)	煙、火及び火炎への曝露	685	-	4	4	8	3	19	15	11	5	20
X00	建物又は建造物内の管理されていない火への曝露	561	-	3	4	8	2	17	13	11	5	13
(X05-X06)	夜着，その他の着衣及び衣服の発火又は溶解への曝露	43	-	-	-	-	1	1	-	-	-	1
(X10-X19)	熱及び高温物質との接触	101	2	4	3	-	-	9	1	-	-	-
X11	蛇口からの熱湯との接触	86	1	4	3	-	-	8	1	-	-	-
(X40-X49)	有害物質による不慮の中毒及び有害物質への曝露	196	1	-	2	1	-	4	2	1	3	11
X47	その他のガス及び蒸気による不慮の中毒及び曝露	57	1	-	2	1	-	4	2	1	2	4
X48	農薬による不慮の中毒及び曝露	55	-	-	-	-	-	-	-	-	-	-
	女 Female											
(W00-X59)	総数1)	7 661	120	72	24	26	20	262	77	83	115	164
(W00-W17)	転倒・転落	888	3	7	4	4	1	19	1	2	6	8
W01	スリップ，つまづき及びよろめきによる同一平面上での転倒	498	1	1	-	1	-	3	-	1	-	-
W10	階段及びステップからの転落及びその上での転倒	182	-	-	-	1	-	1	-	-	-	1
W13	建物又は建造物からの転落	110	-	4	4	2	-	10	1	-	6	7
(W65-W74)	不慮の溺死及び溺水	1 663	10	34	5	4	1	54	2	2	7	7
W65	浴槽内での溺死及び溺水	1 540	5	22	3	3	1	34	2	2	7	7
W66	浴槽への転落による溺死及び溺水	61	4	8	-	-	-	12	-	-	-	-
(W75-W84)	その他の不慮の窒息	1 301	90	10	5	7	3	115	2	3	1	4
W78	胃内容物の誤えん	245	30	2	1	2	2	37	1	-	-	2
W79	気道閉塞を生じた食物の誤えん	839	9	7	1	1	-	18	-	2	1	2
W80	気道閉塞を生じたその他の物体の誤えん	81	2	-	-	1	-	3	-	-	-	-
(X00-X09)	煙、火及び火炎への曝露	489	5	3	1	3	4	16	13	5	9	12
X00	建物又は建造物内の管理されていない火への曝露	377	5	3	1	2	4	15	11	4	6	11
(X05-X06)	夜着，その他の着衣及び衣服の発火又は溶解への曝露	51	-	-	-	-	-	-	-	-	1	-
(X10-X19)	熱及び高温物質との接触	86	1	1	1	-	1	4	1	-	-	-
X11	蛇口からの熱湯との接触	67	1	1	1	-	1	4	1	-	-	-
(X40-X49)	有害物質による不慮の中毒及び有害物質への曝露	122	-	2	1	-	-	3	1	-	3	7
X47	その他のガス及び蒸気による不慮の中毒及び曝露	27	-	-	1	-	-	1	1	-	1	1
X48	農薬による不慮の中毒及び曝露	38	-	1	-	-	-	1	-	-	-	-

注：1）不慮の事故の種類は、主な項目のため、たしあげても総数にはならない。

種類別家庭における不慮の事故死亡数・百分率 －平成７～20年－

age (five-year age group) and type of major accident, 1995-2008

平成７年
1995

25～29	30～34	35～39	40～44	45～49	50～54	55～59	60～64	65～69	70～74	75～79	80～84	85～89	90～94	95～99	100～	不詳 Not stated
256	239	204	346	500	661	839	1 074	1 414	1 715	1 974	2 203	1 630	670	160	16	17
27	25	20	46	66	85	119	154	182	229	230	301	303	153	61	7	1
3	4	2	7	15	20	31	65	59	86	113	177	183	104	49	4	-
1	4	7	14	24	32	35	35	41	47	49	46	68	19	7	1	-
23	15	10	22	22	27	32	28	37	44	34	18	23	11	2	-	1
15	15	16	27	33	50	88	153	255	412	592	575	400	131	27	-	-
14	15	16	27	29	48	80	146	243	392	563	533	375	121	24	-	-
-	-	-	-	1	1	3	1	2	12	11	22	12	4	1	-	-
13	20	20	30	51	60	101	165	289	359	483	647	548	244	49	5	-
8	10	12	13	19	18	25	30	49	46	59	85	74	29	6	1	-
4	9	3	15	22	34	66	114	209	259	364	488	424	197	35	3	-
-	1	1	-	3	2	3	14	17	26	30	42	32	11	6	-	-
24	30	29	30	67	65	90	72	101	120	138	141	94	39	9	-	-
19	28	24	27	57	58	76	63	78	95	101	103	68	31	4	-	-
2	-	2	-	2	1	1	2	9	13	21	16	15	4	3	-	-
1	-	-	-	3	4	8	9	9	28	36	40	22	10	1	1	-
-	-	-	-	2	3	8	9	6	23	29	36	16	6	1	-	-
21	26	16	26	22	27	23	28	24	19	18	19	10	4	-	-	-
3	1	-	4	5	9	4	9	6	7	6	8	3	2	-	-	-
-	3	1	5	6	10	11	10	14	10	5	9	6	2	-	-	-
137	131	118	206	281	359	485	630	786	823	881	1 036	747	268	54	6	10
20	20	12	36	54	68	98	121	133	148	119	141	121	52	13	-	1
1	3	1	6	12	15	23	46	45	45	52	72	67	31	9	-	-
-	2	4	12	18	29	28	26	25	26	23	22	26	6	3	-	-
19	14	6	16	19	21	29	26	29	29	24	9	11	9	1	-	1
7	5	7	16	14	28	52	81	144	161	210	232	182	49	10	-	-
7	5	7	16	11	27	48	78	137	153	197	220	177	47	8	-	-
-	-	-	-	1	1	2	1	1	3	3	6	2	-	1	-	-
5	17	16	19	34	36	64	118	209	243	315	394	298	116	22	2	-
3	9	9	11	14	12	17	22	28	26	33	43	31	17	3	1	-
1	7	2	8	13	20	39	83	162	182	245	313	242	94	18	1	-
-	1	1	-	2	1	3	10	12	18	19	24	15	3	1	-	-
13	19	16	19	49	46	66	53	68	58	69	69	45	20	5	-	-
11	18	14	18	43	40	56	46	52	48	55	50	33	16	2	-	-
-	-	-	-	-	1	1	1	6	6	9	6	8	2	1	-	-
-	-	-	-	1	1	4	8	5	18	14	22	10	6	1	1	-
-	-	-	-	-	1	4	8	3	14	12	22	7	5	1	-	-
15	19	9	20	15	18	13	16	17	8	11	10	4	-	-	-	-
1	1	-	3	5	6	4	6	5	2	5	4	2	-	-	-	-
-	2	-	4	5	6	8	4	11	4	3	6	2	-	-	-	-
119	108	86	140	219	302	354	444	628	892	1 093	1 167	883	402	106	10	7
7	5	8	10	12	17	21	33	49	81	111	160	182	101	48	7	-
2	1	1	1	3	5	8	19	14	41	61	105	116	73	40	4	-
1	2	3	2	6	3	7	9	16	21	26	24	42	13	4	1	-
4	1	4	6	3	6	3	2	8	15	10	9	12	2	1	-	-
8	10	9	11	19	22	36	72	111	251	382	343	218	82	17	-	-
7	10	9	11	18	21	32	68	106	239	366	313	198	74	16	-	-
-	-	-	-	-	-	1	-	1	9	8	16	10	4	-	-	-
8	3	4	11	17	24	37	47	80	116	168	253	250	128	27	3	-
5	1	3	2	5	6	8	8	21	20	26	42	43	12	3	-	-
3	2	1	7	9	14	27	31	47	77	119	175	182	103	17	2	-
-	-	-	-	1	1	-	4	5	8	11	18	17	8	5	-	-
11	11	13	11	18	19	24	19	33	62	69	72	49	19	4	-	-
8	10	10	9	14	18	20	17	26	47	46	53	35	15	2	-	-
2	-	2	-	2	-	-	1	3	7	12	10	7	2	2	-	-
1	-	-	-	2	3	4	1	4	10	22	18	12	4	-	-	-
-	-	-	-	2	2	4	1	3	9	17	14	9	1	-	-	-
6	7	7	6	7	9	10	12	7	11	7	9	6	4	-	-	-
2	-	-	1	-	3	-	3	1	5	1	4	1	2	-	-	-
-	1	1	1	1	4	3	6	3	6	2	3	4	2	-	-	-

Note: 1) All types of accidents are not covered. Thus, the total may not equal to the total number.

第6表　年次・性・年齢階級（5歳階級）・主な不慮の事故の

Table 6. Trends in accidental deaths at home and percentage by sex,

死亡数

Deaths

死因基本分類コード Detailed list of ICD-10 code	死因・性 Causes of death and sex	総数 Total	0歳 Years	1	2	3	4	0～4	5～9	10～14	15～19	20～24
	総数　Total											
(W00-X59)	総数[1]	10 500	209	124	60	35	24	452	48	42	66	109
(W00-W17)	転倒・転落	2 064	16	14	16	5	2	53	6	8	15	32
W01	スリップ，つまづき及びよろめきによる同一平面上での転倒	885	2	1	2	－	－	5	2	1	－	2
W10	階段及びステップからの転落及びその上での転倒	435	2	3	1	1	－	7	1	1	1	1
W13	建物又は建造物からの転落	419	2	6	11	3	2	24	2	4	12	29
(W65-W74)	不慮の溺死及び溺水	2 999	16	61	11	4	6	98	3	6	12	12
W65	浴槽内での溺死及び溺水	2 738	10	33	5	3	3	54	3	6	12	12
W66	浴槽への転落による溺死及び溺水	87	5	21	1	－	1	28	－	－	－	－
(W75-W84)	その他の不慮の窒息	3 257	166	34	16	9	2	227	13	10	6	19
W78	胃内容物の誤えん	477	29	7	4	1	1	42	3	2	1	7
W79	気道閉塞を生じた食物の誤えん	2 243	37	8	3	2	1	51	4	2	－	8
W80	気道閉塞を生じたその他の物体の誤えん	184	6	4	2	1	－	13	－	1	－	2
(X00-X09)	煙、火及び火炎への曝露	1 199	6	8	13	15	13	55	18	15	18	12
X00	建物又は建造物内の管理されていない火への曝露	959	5	8	13	13	13	52	18	14	14	8
(X05-X06)	夜着，その他の着衣及び衣服の発火又は溶解への曝露	104	－	－	－	1	－	1	－	－	1	－
(X10-X19)	熱及び高温物質との接触	183	1	3	2	2	－	8	1	－	1	1
X11	蛇口からの熱湯との接触	151	1	3	2	2	－	8	1	－	1	－
(X40-X49)	有害物質による不慮の中毒及び有害物質への曝露	418	－	－	－	－	－	－	5	1	13	29
X47	その他のガス及び蒸気による不慮の中毒及び曝露	95	－	－	－	－	－	－	5	1	10	10
X48	農薬による不慮の中毒及び曝露	118	－	－	－	－	－	－	－	－	－	3
	男　Male											
(W00-X59)	総数[1]	5 779	120	75	37	24	16	272	35	28	40	70
(W00-W17)	転倒・転落	1 224	11	8	10	4	－	33	3	6	10	20
W01	スリップ，つまづき及びよろめきによる同一平面上での転倒	409	1	－	1	－	－	2	1	1	－	1
W10	階段及びステップからの転落及びその上での転倒	279	1	2	－	－	－	3	1	1	1	1
W13	建物又は建造物からの転落	288	－	3	9	3	－	15	－	2	8	18
(W65-W74)	不慮の溺死及び溺水	1 300	9	36	8	3	5	61	3	2	5	7
W65	浴槽内での溺死及び溺水	1 175	4	19	3	2	2	30	3	2	5	7
W66	浴槽への転落による溺死及び溺水	41	5	12	1	－	1	19	－	－	－	－
(W75-W84)	その他の不慮の窒息	1 925	92	24	8	7	2	133	9	9	5	13
W78	胃内容物の誤えん	254	18	3	1	－	1	23	2	2	1	6
W79	気道閉塞を生じた食物の誤えん	1 346	19	6	2	1	1	29	3	2	－	3
W80	気道閉塞を生じたその他の物体の誤えん	118	4	3	2	1	－	10	－	1	－	2
(X00-X09)	煙、火及び火炎への曝露	714	5	3	10	8	9	35	13	9	8	8
X00	建物又は建造物内の管理されていない火への曝露	587	4	3	10	7	9	33	13	8	7	5
(X05-X06)	夜着，その他の着衣及び衣服の発火又は溶解への曝露	48	－	－	－	－	－	－	－	－	－	－
(X10-X19)	熱及び高温物質との接触	97	－	1	1	2	－	4	1	－	－	1
X11	蛇口からの熱湯との接触	78	－	1	1	2	－	4	1	－	－	－
(X40-X49)	有害物質による不慮の中毒及び有害物質への曝露	252	－	－	－	－	－	－	4	－	11	18
X47	その他のガス及び蒸気による不慮の中毒及び曝露	65	－	－	－	－	－	－	4	－	9	6
X48	農薬による不慮の中毒及び曝露	61	－	－	－	－	－	－	－	－	－	2
	女　Female											
(W00-X59)	総数[1]	4 721	89	49	23	11	8	180	13	14	26	39
(W00-W17)	転倒・転落	840	5	6	6	1	2	20	3	2	5	12
W01	スリップ，つまづき及びよろめきによる同一平面上での転倒	476	1	1	1	－	－	3	1	－	－	1
W10	階段及びステップからの転落及びその上での転倒	156	1	1	1	1	－	4	－	－	－	－
W13	建物又は建造物からの転落	131	2	3	2	－	2	9	2	2	4	11
(W65-W74)	不慮の溺死及び溺水	1 699	7	25	3	1	1	37	－	4	7	5
W65	浴槽内での溺死及び溺水	1 563	6	14	2	1	1	24	－	4	7	5
W66	浴槽への転落による溺死及び溺水	46	－	9	－	－	－	9	－	－	－	－
(W75-W84)	その他の不慮の窒息	1 332	74	10	8	2	－	94	4	1	1	6
W78	胃内容物の誤えん	223	11	4	3	1	－	19	1	－	－	1
W79	気道閉塞を生じた食物の誤えん	897	18	2	1	1	－	22	1	－	－	5
W80	気道閉塞を生じたその他の物体の誤えん	66	2	1	－	－	－	3	－	－	－	－
(X00-X09)	煙、火及び火炎への曝露	485	1	5	3	7	4	20	5	6	10	4
X00	建物又は建造物内の管理されていない火への曝露	372	1	5	3	6	4	19	5	6	7	3
(X05-X06)	夜着，その他の着衣及び衣服の発火又は溶解への曝露	56	－	－	－	1	－	1	－	－	1	－
(X10-X19)	熱及び高温物質との接触	86	1	2	1	－	－	4	－	－	1	－
X11	蛇口からの熱湯との接触	73	1	2	1	－	－	4	－	－	1	－
(X40-X49)	有害物質による不慮の中毒及び有害物質への曝露	166	－	－	－	－	－	－	1	1	2	11
X47	その他のガス及び蒸気による不慮の中毒及び曝露	30	－	－	－	－	－	－	1	1	1	4
X48	農薬による不慮の中毒及び曝露	57	－	－	－	－	－	－	－	－	－	1

注：1）不慮の事故の種類は、主な項目のため、たしあげても総数にはならない。

種類別家庭における不慮の事故死亡数・百分率 －平成７～20年－
age (five-year age group) and type of major accident, 1995-2008

平成８年
1996

25～29	30～34	35～39	40～44	45～49	50～54	55～59	60～64	65～69	70～74	75～79	80～84	85～89	90～94	95～99	100～	不詳 Not stated
113	107	128	177	305	303	407	653	917	1 133	1 546	1 810	1 403	618	140	18	5
36	24	23	40	59	80	84	161	179	226	274	291	277	151	38	5	2
3	4	3	2	10	21	18	49	61	103	128	145	182	111	33	2	－
3	5	6	18	20	30	29	38	38	43	59	66	49	15	3	1	1
29	15	11	18	23	22	29	39	33	32	37	31	17	12	－	－	－
13	12	17	27	44	43	93	156	255	400	591	636	409	145	21	6	－
13	12	15	24	38	39	85	138	234	368	552	595	383	130	19	6	－
－	－	1	－	1	3	2	3	3	12	9	11	10	4	－	－	－
17	9	19	29	59	55	81	177	270	333	463	625	535	242	63	5	－
8	4	5	6	18	11	22	27	33	40	63	86	64	28	7	－	－
2	4	8	17	33	34	48	126	214	251	335	473	398	186	44	5	－
2	－	－	－	4	3	6	11	11	15	35	26	40	10	5	－	－
17	22	32	33	69	70	67	88	113	106	132	156	115	47	11	1	2
11	19	30	30	57	60	54	72	92	81	101	122	82	33	7	－	2
1	－	1	1	6	2	6	4	8	10	17	19	15	8	3	1	－
2	1	－	1	6	4	9	12	21	15	25	35	27	11	2	－	1
2	1	－	1	5	1	8	10	18	13	21	28	22	9	1	－	1
27	29	27	30	32	25	29	25	35	23	30	38	10	9	1	－	－
3	5	3	5	7	4	5	7	9	6	6	5	3	1	－	－	－
1	2	2	3	6	7	13	11	17	11	18	17	3	3	1	－	－
71	73	89	111	204	205	271	435	603	633	796	903	645	226	58	7	4
26	11	18	31	44	61	67	120	131	152	172	149	112	46	9	2	1
3	2	2	2	9	16	11	34	41	60	64	61	64	28	7	－	－
1	3	5	13	13	24	24	25	25	29	40	40	22	5	1	1	1
21	6	8	14	16	15	24	30	25	26	27	17	11	5	－	－	－
5	8	10	14	22	22	56	86	132	158	221	255	167	56	7	3	－
5	8	8	13	20	21	51	76	119	149	203	241	153	51	7	3	－
－	－	1	－	－	－	1	1	1	2	4	6	5	1	－	－	－
13	6	15	17	33	31	46	116	190	222	294	371	275	94	31	2	－
6	3	4	5	13	5	13	15	22	21	30	47	25	9	2	－	－
1	3	6	9	16	20	25	84	151	174	225	282	215	73	23	2	－
1	－	－	－	3	3	4	6	8	11	21	20	20	5	3	－	－
10	15	18	16	47	50	47	63	79	56	69	82	59	20	8	－	2
6	13	17	15	40	43	37	52	64	43	56	67	44	16	6	－	2
－	－	1	－	4	1	4	3	6	6	6	9	5	2	1	－	－
1	1	－	－	4	4	3	6	13	11	11	14	18	4	－	－	1
1	1	－	－	3	1	2	5	11	9	10	12	14	3	－	－	1
15	23	22	18	24	15	16	14	24	10	14	17	5	2	－	－	－
2	4	3	3	6	3	4	4	5	4	4	2	1	1	－	－	－
－	2	1	3	3	3	6	6	11	4	9	9	2	－	－	－	－
42	34	39	66	101	98	136	218	314	500	750	907	758	392	82	11	1
10	13	5	9	15	19	17	41	48	74	102	142	165	105	29	3	1
－	2	1	－	1	5	7	15	20	43	64	84	118	83	26	2	－
2	2	1	5	7	6	5	13	13	14	19	26	27	10	2	－	－
8	9	3	4	7	7	5	9	8	6	10	14	6	7	－	－	－
8	4	7	13	22	21	37	70	123	242	370	381	242	89	14	3	－
8	4	7	11	18	18	34	62	115	219	349	354	230	79	12	3	－
－	－	－	－	1	3	1	2	2	10	5	5	5	3	－	－	－
4	3	4	12	26	24	35	61	80	111	169	254	260	148	32	3	－
2	1	1	1	5	6	9	12	11	19	33	39	39	19	5	－	－
1	1	2	8	17	14	23	42	63	77	110	191	183	113	21	3	－
1	－	－	－	1	－	2	5	3	4	14	6	20	5	2	－	－
7	7	14	17	22	20	20	25	34	50	63	74	56	27	3	1	－
5	6	13	15	17	17	17	20	28	38	45	55	38	17	1	－	－
1	－	－	1	2	1	2	1	2	4	11	10	10	6	2	1	－
1	－	－	1	2	－	6	6	8	4	14	21	9	7	2	－	－
1	－	－	1	2	－	6	5	7	4	11	16	8	6	1	－	－
12	6	5	12	8	10	13	11	11	13	16	21	5	7	1	－	－
1	1	－	2	1	1	1	3	4	2	2	3	2	－	－	－	－
1	－	1	－	3	4	7	5	6	7	9	8	1	3	1	－	－

Note: 1) All types of accidents are not covered. Thus, the total may not equal to the total number.

第6表　年次・性・年齢階級（5歳階級）・主な不慮の事故の

Table 6. Trends in accidental deaths at home and percentage by sex,

死亡数

Deaths

死因基本分類コード Detailed list of ICD-10 code	死因・性 Causes of death and sex	総数 Total	0歳 Years	1	2	3	4	0～4	5～9	10～14	15～19	20～24
	総数 Total											
(W00-X59)	総数[1]	10 314	212	107	38	34	23	414	54	30	62	96
(W00-W17)	転倒・転落	2 042	12	9	9	7	5	42	7	3	14	34
W01	スリップ，つまづき及びよろめきによる同一平面上での転倒	883	3	1	1	1	2	8	1	-	1	2
W10	階段及びステップからの転落及びその上での転倒	424	-	3	1	-	-	4	-	-	-	4
W13	建物又は建造物からの転落	415	2	5	6	5	2	20	4	3	13	25
(W65-W74)	不慮の溺死及び溺水	2 891	22	64	8	4	4	102	7	8	9	11
W65	浴槽内での溺死及び溺水	2 675	13	48	4	3	2	70	7	8	9	10
W66	浴槽への転落による溺死及び溺水	81	8	8	2	-	2	20	-	-	-	-
(W75-W84)	その他の不慮の窒息	3 271	162	24	8	9	2	205	14	6	9	10
W78	胃内容物の誤えん	547	33	5	3	2	-	43	3	1	3	3
W79	気道閉塞を生じた食物の誤えん	2 153	30	8	2	3	1	44	6	-	2	5
W80	気道閉塞を生じたその他の物体の誤えん	235	2	2	2	1	-	7	1	1	2	-
(X00-X09)	煙、火及び火炎への曝露	1 222	8	5	9	13	9	44	23	12	19	17
X00	建物又は建造物内の管理されていない火への曝露	1 009	8	5	8	13	9	43	23	11	16	15
(X05-X06)	夜着，その他の着衣及び衣服の発火又は溶解への曝露	88	-	-	-	-	-	-	-	1	-	-
(X10-X19)	熱及び高温物質との接触	160	2	2	3	1	-	8	1	-	1	-
X11	蛇口からの熱湯との接触	125	-	2	3	1	-	6	1	-	1	-
(X40-X49)	有害物質による不慮の中毒及び有害物質への曝露	346	-	1	-	-	-	1	-	-	7	19
X47	その他のガス及び蒸気による不慮の中毒及び曝露	77	-	-	-	-	-	-	-	-	-	2
X48	農薬による不慮の中毒及び曝露	107	-	-	-	-	-	-	-	-	-	1
	男 Male											
(W00-X59)	総数[1]	5 700	131	57	22	19	12	241	27	18	36	64
(W00-W17)	転倒・転落	1 254	11	5	6	5	1	28	4	3	8	22
W01	スリップ，つまづき及びよろめきによる同一平面上での転倒	453	3	1	1	1	-	6	-	-	1	1
W10	階段及びステップからの転落及びその上での転倒	257	-	1	-	-	-	1	-	-	-	1
W13	建物又は建造物からの転落	285	1	3	4	3	-	11	2	3	7	17
(W65-W74)	不慮の溺死及び溺水	1 242	14	34	6	3	1	58	2	5	5	6
W65	浴槽内での溺死及び溺水	1 149	7	26	3	2	-	38	2	5	5	5
W66	浴槽への転落による溺死及び溺水	41	6	4	2	-	1	13	-	-	-	-
(W75-W84)	その他の不慮の窒息	1 925	95	13	5	4	1	118	9	5	6	9
W78	胃内容物の誤えん	309	16	4	1	-	-	21	1	1	2	3
W79	気道閉塞を生じた食物の誤えん	1 299	22	5	2	2	-	31	4	-	1	5
W80	気道閉塞を生じたその他の物体の誤えん	131	1	1	1	1	-	4	1	-	2	-
(X00-X09)	煙、火及び火炎への曝露	745	5	4	4	7	9	29	11	5	12	12
X00	建物又は建造物内の管理されていない火への曝露	631	5	4	4	7	9	29	11	4	11	11
(X05-X06)	夜着，その他の着衣及び衣服の発火又は溶解への曝露	41	-	-	-	-	-	-	-	1	-	-
(X10-X19)	熱及び高温物質との接触	88	2	-	1	-	-	3	-	-	1	-
X11	蛇口からの熱湯との接触	64	-	-	1	-	-	1	-	-	1	-
(X40-X49)	有害物質による不慮の中毒及び有害物質への曝露	205	-	-	-	-	-	-	-	-	3	11
X47	その他のガス及び蒸気による不慮の中毒及び曝露	61	-	-	-	-	-	-	-	-	-	2
X48	農薬による不慮の中毒及び曝露	60	-	-	-	-	-	-	-	-	-	1
	女 Female											
(W00-X59)	総数[1]	4 614	81	50	16	15	11	173	27	12	26	32
(W00-W17)	転倒・転落	788	1	4	3	2	4	14	3	-	6	12
W01	スリップ，つまづき及びよろめきによる同一平面上での転倒	430	-	-	-	-	2	2	1	-	-	1
W10	階段及びステップからの転落及びその上での転倒	167	-	2	1	-	-	3	-	-	-	3
W13	建物又は建造物からの転落	130	1	2	2	2	2	9	2	-	6	8
(W65-W74)	不慮の溺死及び溺水	1 649	8	30	2	1	3	44	5	3	4	5
W65	浴槽内での溺死及び溺水	1 526	6	22	1	1	2	32	5	3	4	5
W66	浴槽への転落による溺死及び溺水	40	2	4	-	-	1	7	-	-	-	-
(W75-W84)	その他の不慮の窒息	1 346	67	11	3	5	1	87	5	1	3	1
W78	胃内容物の誤えん	238	17	1	2	2	-	22	2	-	1	-
W79	気道閉塞を生じた食物の誤えん	854	8	3	-	1	1	13	2	-	1	-
W80	気道閉塞を生じたその他の物体の誤えん	104	1	1	1	-	-	3	-	1	-	-
(X00-X09)	煙、火及び火炎への曝露	477	3	1	5	6	-	15	12	7	7	5
X00	建物又は建造物内の管理されていない火への曝露	378	3	1	4	6	-	14	12	7	5	4
(X05-X06)	夜着，その他の着衣及び衣服の発火又は溶解への曝露	47	-	-	-	-	-	-	-	-	-	-
(X10-X19)	熱及び高温物質との接触	72	-	2	2	1	-	5	1	-	-	-
X11	蛇口からの熱湯との接触	61	-	2	2	1	-	5	1	-	-	-
(X40-X49)	有害物質による不慮の中毒及び有害物質への曝露	141	-	1	-	-	-	1	-	-	4	8
X47	その他のガス及び蒸気による不慮の中毒及び曝露	16	-	-	-	-	-	-	-	-	-	-
X48	農薬による不慮の中毒及び曝露	47	-	-	-	-	-	-	-	-	-	-

注：1）不慮の事故の種類は、主な項目のため、たしあげても総数にはならない。

種類別家庭における不慮の事故死亡数・百分率 －平成７～20年－

age (five-year age group) and type of major accident, 1995-2008

平成９年
1997

25～29	30～34	35～39	40～44	45～49	50～54	55～59	60～64	65～69	70～74	75～79	80～84	85～89	90～94	95～99	100～	不詳 Not stated
126	114	122	173	312	309	405	606	894	1 155	1 500	1 753	1 372	615	171	23	8
25	27	28	37	62	68	112	167	204	210	247	292	245	162	45	9	2
3	2	4	7	20	13	20	67	66	85	116	152	158	119	32	7	－
2	5	4	10	16	16	39	53	46	52	53	61	34	19	6	－	－
18	20	20	19	22	32	35	25	36	26	36	27	21	6	5	－	2
16	7	13	21	41	47	78	131	242	411	555	606	414	133	36	3	－
15	6	13	18	41	43	70	124	229	385	517	565	385	124	33	3	－
－	－	－	2	－	4	4	4	8	7	13	11	5	2	1	－	－
23	22	24	34	70	60	79	155	264	343	460	613	543	256	71	9	1
11	10	11	13	26	21	23	28	39	49	66	67	77	42	9	2	－
6	7	10	12	29	30	42	104	188	253	326	459	390	179	53	7	1
2	4	2	2	4	5	6	7	13	16	39	50	54	16	4	－	－
26	32	26	49	70	80	69	78	105	110	141	161	107	34	15	－	4
22	27	19	41	60	74	63	68	83	90	110	124	81	26	9	－	4
1	1	1	2	3	－	1	3	10	10	14	20	15	3	3	－	－
1	1	－	3	5	1	7	7	12	14	28	31	25	11	3	1	－
1	－	－	2	3	1	4	6	11	12	22	25	20	9	－	1	－
26	21	22	18	31	24	24	25	32	28	29	19	15	5	－	－	－
5	1	4	1	7	6	8	11	9	5	8	7	3	－	－	－	－
2	2	2	5	10	5	5	9	10	19	16	9	8	4	－	－	－
80	75	76	113	211	200	292	423	577	665	756	880	639	261	56	4	6
20	16	16	30	50	52	88	121	151	147	153	158	113	59	12	1	2
1	1	1	6	15	11	15	46	39	59	57	79	67	40	7	1	－
2	2	3	9	15	13	31	41	33	28	31	25	16	4	2	－	－
15	13	12	14	16	22	25	20	30	20	28	11	12	2	3	－	2
6	3	8	9	16	24	48	81	118	170	210	240	168	47	17	1	－
5	3	8	8	16	22	42	77	110	161	198	229	153	45	16	1	－
－	－	－	1	－	2	3	2	4	5	3	3	5	－	－	－	－
15	14	14	24	45	31	58	111	179	233	276	368	271	116	20	2	1
7	9	8	12	19	13	20	21	27	28	39	32	26	19	1	－	－
5	2	4	6	17	15	29	74	129	184	205	281	203	84	17	2	1
1	2	2	2	2	2	4	5	8	13	15	32	30	5	1	－	－
17	23	18	29	49	56	54	62	70	67	68	77	56	23	5	－	2
15	20	12	25	41	54	49	55	57	55	50	65	43	18	4	－	2
－	1	1	－	2	－	1	3	5	5	9	5	5	2	1	－	－
－	1	－	1	2	1	5	3	11	6	15	15	16	6	2	－	－
－	－	－	－	2	1	3	2	10	5	10	11	14	4	－	－	－
18	16	14	11	20	16	15	11	24	15	12	7	8	4	－	－	－
4	1	3	1	7	5	7	6	9	4	5	4	3	－	－	－	－
2	1	1	4	6	4	4	3	7	8	7	3	5	4	－	－	－
46	39	46	60	101	109	113	183	317	490	744	873	733	354	115	19	2
5	11	12	7	12	16	24	46	53	63	94	134	132	103	33	8	－
2	1	3	1	5	2	5	21	27	26	59	73	91	79	25	6	－
－	3	1	1	1	3	8	12	13	24	22	36	18	15	4	－	－
3	7	8	5	6	10	10	5	6	6	8	16	9	4	2	－	－
10	4	5	12	25	23	30	50	124	241	345	366	246	86	19	2	－
10	3	5	10	25	21	28	47	119	224	319	336	232	79	17	2	－
－	－	－	1	－	2	1	2	4	2	10	8	－	2	1	－	－
8	8	10	10	25	29	21	44	85	110	184	245	272	140	51	7	－
4	1	3	1	7	8	3	7	12	21	27	35	51	23	8	2	－
1	5	6	6	12	15	13	30	59	69	121	178	187	95	36	5	－
1	2	－	－	2	3	2	2	5	3	24	18	24	11	3	－	－
9	9	8	20	21	24	15	16	35	43	73	84	51	11	10	－	2
7	7	7	16	19	20	14	13	26	35	60	59	38	8	5	－	2
1	－	－	2	1	－	－	－	5	5	5	15	10	1	2	－	－
1	－	－	2	3	－	2	4	1	8	13	16	9	5	1	1	－
1	－	－	2	1	－	1	4	1	7	12	14	6	5	－	1	－
8	5	8	7	11	8	9	14	8	13	17	12	7	1	－	－	－
1	－	1	－	－	1	1	5	－	1	3	3	－	－	－	－	－
－	1	1	1	4	1	1	6	3	11	9	6	3	－	－	－	－

Note: 1) All types of accidents are not covered. Thus, the total may not equal to the total number.

第6表　年次・性・年齢階級（5歳階級）・主な不慮の事故の

Table 6. Trends in accidental deaths at home and percentage by sex,

死亡数

Deaths

死因基本分類コード Detailed list of ICD-10 code	死因・性 Causes of death and sex	総数 Total	0歳 Years	1	2	3	4	0～4	5～9	10～14	15～19	20～24
	総数 Total											
(W00-X59)	総数[1)]	10 675	201	113	38	42	19	413	62	34	67	98
(W00-W17)	転倒・転落	2 180	9	7	11	8	3	38	4	7	26	30
W01	スリップ，つまづき及びよろめきによる同一平面上での転倒	992	3	2	2	－	－	7	1	－	2	1
W10	階段及びステップからの転落及びその上での転倒	435	1	1	－	1	－	3	1	－	2	2
W13	建物又は建造物からの転落	424	1	2	8	7	2	20	2	7	20	27
(W65-W74)	不慮の溺死及び溺水	2 973	16	69	6	4	2	97	12	4	11	10
W65	浴槽内での溺死及び溺水	2 727	10	43	3	4	1	61	11	4	11	10
W66	浴槽への転落による溺死及び溺水	96	6	18	－	－	－	24	－	－	－	－
(W75-W84)	その他の不慮の窒息	3 516	162	25	8	9	4	208	14	12	11	20
W78	胃内容物の誤えん	575	44	9	1	2	2	58	3	2	1	8
W79	気道閉塞を生じた食物の誤えん	2 381	31	2	1	4	1	39	3	3	3	6
W80	気道閉塞を生じたその他の物体の誤えん	231	6	2	－	1	－	9	1	2	2	3
(X00-X09)	煙、火及び火炎への曝露	1 155	4	8	11	17	9	49	26	8	12	13
X00	建物又は建造物内の管理されていない火への曝露	954	4	8	11	15	9	47	25	8	12	13
(X05-X06)	夜着，その他の着衣及び衣服の発火又は溶解への曝露	92	－	－	－	1	－	1	－	－	－	－
(X10-X19)	熱及び高温物質との接触	131	－	－	－	－	－	－	1	－	－	－
X11	蛇口からの熱湯との接触	113	－	－	－	－	－	－	1	－	－	－
(X40-X49)	有害物質による不慮の中毒及び有害物質への曝露	303	－	－	－	1	－	1	－	1	6	19
X47	その他のガス及び蒸気による不慮の中毒及び曝露	69	－	－	－	－	－	－	－	1	5	6
X48	農薬による不慮の中毒及び曝露	91	－	－	－	－	－	－	－	－	－	1
	男 Male											
(W00-X59)	総数[1)]	5 928	113	68	25	24	8	238	42	22	37	67
(W00-W17)	転倒・転落	1 298	5	4	6	3	－	18	3	5	15	21
W01	スリップ，つまづき及びよろめきによる同一平面上での転倒	502	2	2	－	－	－	4	1	－	1	1
W10	階段及びステップからの転落及びその上での転倒	271	1	－	－	－	－	1	1	－	2	－
W13	建物又は建造物からの転落	290	－	1	5	3	－	9	1	5	10	20
(W65-W74)	不慮の溺死及び溺水	1 319	9	41	4	2	－	56	9	1	3	6
W65	浴槽内での溺死及び溺水	1 220	5	24	1	2	－	32	8	1	3	6
W66	浴槽への転落による溺死及び溺水	45	4	13	－	－	－	17	－	－	－	－
(W75-W84)	その他の不慮の窒息	2 067	96	15	6	4	2	123	7	7	8	14
W78	胃内容物の誤えん	320	22	7	－	1	2	32	1	1	－	6
W79	気道閉塞を生じた食物の誤えん	1 429	20	1	1	2	－	24	1	1	2	4
W80	気道閉塞を生じたその他の物体の誤えん	132	4	2	－	1	－	7	－	1	2	2
(X00-X09)	煙、火及び火炎への曝露	711	1	6	8	13	6	34	18	6	7	6
X00	建物又は建造物内の管理されていない火への曝露	600	1	6	8	11	6	32	17	6	7	6
(X05-X06)	夜着，その他の着衣及び衣服の発火又は溶解への曝露	45	－	－	－	1	－	1	－	－	－	－
(X10-X19)	熱及び高温物質との接触	74	－	－	－	－	－	－	－	－	－	－
X11	蛇口からの熱湯との接触	64	－	－	－	－	－	－	－	－	－	－
(X40-X49)	有害物質による不慮の中毒及び有害物質への曝露	188	－	－	－	1	－	1	－	1	4	14
X47	その他のガス及び蒸気による不慮の中毒及び曝露	46	－	－	－	－	－	－	－	1	3	5
X48	農薬による不慮の中毒及び曝露	53	－	－	－	－	－	－	－	－	－	－
	女 Female											
(W00-X59)	総数[1)]	4 747	88	45	13	18	11	175	20	12	30	31
(W00-W17)	転倒・転落	882	4	3	5	5	3	20	1	2	11	9
W01	スリップ，つまづき及びよろめきによる同一平面上での転倒	490	1	－	2	－	－	3	－	－	1	－
W10	階段及びステップからの転落及びその上での転倒	164	－	1	－	1	－	2	－	－	－	2
W13	建物又は建造物からの転落	134	1	1	3	4	2	11	1	2	10	7
(W65-W74)	不慮の溺死及び溺水	1 654	7	28	2	2	2	41	3	3	8	4
W65	浴槽内での溺死及び溺水	1 507	5	19	2	2	1	29	3	3	8	4
W66	浴槽への転落による溺死及び溺水	51	2	5	－	－	－	7	－	－	－	－
(W75-W84)	その他の不慮の窒息	1 449	66	10	2	5	2	85	7	5	3	6
W78	胃内容物の誤えん	255	22	2	1	1	－	26	2	1	1	2
W79	気道閉塞を生じた食物の誤えん	952	11	1	－	2	1	15	2	2	1	2
W80	気道閉塞を生じたその他の物体の誤えん	99	2	－	－	－	－	2	1	1	－	1
(X00-X09)	煙、火及び火炎への曝露	444	3	2	3	4	3	15	8	2	5	7
X00	建物又は建造物内の管理されていない火への曝露	354	3	2	3	4	3	15	8	2	5	7
(X05-X06)	夜着，その他の着衣及び衣服の発火又は溶解への曝露	47	－	－	－	－	－	－	－	－	－	－
(X10-X19)	熱及び高温物質との接触	57	－	－	－	－	－	－	1	－	－	－
X11	蛇口からの熱湯との接触	49	－	－	－	－	－	－	1	－	－	－
(X40-X49)	有害物質による不慮の中毒及び有害物質への曝露	115	－	－	－	－	－	－	－	－	2	5
X47	その他のガス及び蒸気による不慮の中毒及び曝露	23	－	－	－	－	－	－	－	－	2	1
X48	農薬による不慮の中毒及び曝露	38	－	－	－	－	－	－	－	－	－	1

注：1）不慮の事故の種類は、主な項目のため、たしあげても総数にはならない。

種類別家庭における不慮の事故死亡数・百分率　－平成７～20年－

age (five-year age group) and type of major accident, 1995-2008

平成10年
1998

25～29	30～34	35～39	40～44	45～49	50～54	55～59	60～64	65～69	70～74	75～79	80～84	85～89	90～94	95～99	100～	不詳 Not stated
114	117	123	165	282	323	449	621	903	1 230	1 509	1 766	1 463	719	188	23	6
35	24	28	27	77	83	111	155	203	243	253	300	288	185	52	9	2
-	4	4	5	21	24	34	52	68	105	117	174	197	128	40	8	-
4	3	3	6	23	26	38	43	46	63	53	50	40	21	7	1	-
29	17	18	14	23	23	24	39	41	26	30	27	19	14	2	-	2
19	15	10	21	35	47	76	134	251	416	575	638	408	146	46	2	-
19	14	10	19	32	43	68	117	232	383	543	592	384	133	39	2	-
-	-	-	1	-	1	3	3	7	15	13	15	8	6	-	-	-
12	12	28	32	53	76	106	171	271	381	476	624	604	318	77	10	-
6	5	11	15	17	24	25	34	47	53	59	84	76	37	10	-	-
2	3	8	12	28	40	69	116	188	287	367	466	443	235	54	9	-
2	1	2	2	3	4	6	5	18	17	31	41	51	22	9	-	-
19	36	21	45	67	47	84	100	105	117	127	135	101	32	6	1	4
14	35	17	41	55	35	75	83	93	88	100	101	74	28	6	-	4
1	-	1	2	1	6	2	7	7	13	16	17	14	3	-	1	-
-	-	1	1	2	4	9	8	16	15	18	23	19	12	2	-	-
-	-	-	-	1	3	9	7	13	11	15	22	18	11	2	-	-
24	25	24	20	18	29	24	15	21	19	15	19	20	2	1	-	-
4	4	3	4	6	7	3	4	5	3	3	5	5	-	1	-	-
1	1	2	3	4	11	11	8	10	14	9	7	9	-	-	-	-
73	81	73	102	199	214	315	424	589	745	764	889	686	300	58	4	6
19	17	19	18	57	63	87	119	165	167	142	153	125	71	11	1	2
-	3	3	2	16	18	26	40	49	63	55	88	77	45	9	1	-
3	2	3	4	15	22	31	31	38	45	26	19	18	10	-	-	-
16	12	11	10	17	17	16	31	38	20	20	15	13	6	1	-	2
11	9	6	8	19	18	45	81	139	193	223	253	163	55	20	1	-
11	9	6	8	17	18	41	71	128	178	217	238	157	52	18	1	-
-	-	-	-	-	-	2	1	2	10	1	5	5	2	-	-	-
8	9	16	15	36	49	65	113	180	262	296	385	307	143	22	2	-
5	4	5	9	13	18	15	21	31	30	32	47	31	16	3	-	-
-	2	5	5	18	23	42	80	128	205	231	296	239	105	16	2	-
1	1	2	1	2	3	4	3	11	10	20	27	23	10	2	-	-
13	20	10	36	50	32	67	68	65	74	62	73	49	15	2	-	4
9	20	10	34	44	25	62	56	56	55	48	55	39	13	2	-	4
1	-	-	2	1	2	2	4	5	8	8	5	4	2	-	-	-
-	-	1	-	1	3	4	4	7	11	10	8	15	9	1	-	-
-	-	-	-	-	3	4	3	6	8	8	8	15	8	1	-	-
17	21	13	11	13	17	14	11	8	12	5	9	16	1	-	-	-
3	4	2	2	6	5	2	4	1	1	-	3	4	-	-	-	-
1	-	1	3	3	7	7	5	5	9	4	2	6	-	-	-	-
41	36	50	63	83	109	134	197	314	485	745	877	777	419	130	19	-
16	7	9	9	20	20	24	36	38	76	111	147	163	114	41	8	-
-	1	1	3	5	6	8	12	19	42	62	86	120	83	31	7	-
1	1	-	2	8	4	7	12	8	18	27	31	22	11	7	1	-
13	5	7	4	6	6	8	8	3	6	10	12	6	8	1	-	-
8	6	4	13	16	29	31	53	112	223	352	385	245	91	26	1	-
8	5	4	11	15	25	27	46	104	205	326	354	227	81	21	1	-
-	-	-	1	-	1	1	2	5	5	12	10	3	4	-	-	-
4	3	12	17	17	27	41	58	91	119	180	239	297	175	55	8	-
1	1	6	6	4	6	10	13	16	23	27	37	45	21	7	-	-
2	1	3	7	10	17	27	36	60	82	136	170	204	130	38	7	-
1	-	-	1	1	1	2	2	7	7	11	14	28	12	7	-	-
6	16	11	9	17	15	17	32	40	43	65	62	52	17	4	1	-
5	15	7	7	11	10	13	27	37	33	52	46	35	15	4	-	-
-	-	1	-	-	4	-	3	2	5	8	12	10	1	-	1	-
-	-	-	1	1	1	5	4	9	4	8	15	4	3	1	-	-
-	-	-	-	1	-	5	4	7	3	7	14	3	3	1	-	-
7	4	11	9	5	12	10	4	13	7	10	10	4	1	1	-	-
1	-	1	2	-	2	1	-	4	2	3	2	1	-	1	-	-
-	1	1	-	1	4	4	3	5	5	5	5	3	-	-	-	-

Note: 1) All types of accidents are not covered. Thus, the total may not equal to the total number.

第6表　年次・性・年齢階級（5歳階級）・主な不慮の事故の

Table 6. Trends in accidental deaths at home and percentage by sex,

死亡数

Deaths

死因基本分類コード Detailed list of ICD-10 code	死因・性 Causes of death and sex	総数 Total	0歳 Years	1	2	3	4	0～4	5～9	10～14	15～19	20～24
	総数 Total											
(W00-X59)	総数[1)]	11 202	168	88	31	24	23	334	55	55	64	98
(W00-W17)	転倒・転落	2 122	12	9	12	6	6	45	10	7	18	28
W01	スリップ，つまづき及びよろめきによる同一平面上での転倒	941	5	5	2	1	–	13	2	–	–	3
W10	階段及びステップからの転落及びその上での転倒	454	3	–	1	1	1	6	1	–	3	5
W13	建物又は建造物からの転落	385	–	1	4	4	3	12	7	7	13	19
(W65-W74)	不慮の溺死及び溺水	3 205	18	46	4	3	6	77	9	10	11	12
W65	浴槽内での溺死及び溺水	2 972	13	30	2	3	6	54	9	9	10	12
W66	浴槽への転落による溺死及び溺水	86	3	9	1	–	–	13	–	–	1	–
(W75-W84)	その他の不慮の窒息	3 591	127	24	6	5	2	164	15	16	12	15
W78	胃内容物の誤えん	581	40	7	1	2	–	50	6	4	7	7
W79	気道閉塞を生じた食物の誤えん	2 432	24	2	1	1	–	28	2	4	3	5
W80	気道閉塞を生じたその他の物体の誤えん	252	2	5	1	1	–	9	2	2	1	1
(X00-X09)	煙、火及び火炎への曝露	1 282	6	5	5	10	8	34	14	14	14	21
X00	建物又は建造物内の管理されていない火への曝露	1 102	6	5	5	10	7	33	13	14	13	21
(X05-X06)	夜着，その他の着衣及び衣服の発火又は溶解への曝露	80	–	–	–	–	–	–	–	–	–	–
(X10-X19)	熱及び高温物質との接触	152	–	1	1	–	1	3	2	1	–	–
X11	蛇口からの熱湯との接触	132	–	1	1	–	1	3	2	1	–	–
(X40-X49)	有害物質による不慮の中毒及び有害物質への曝露	379	–	1	–	–	–	1	–	2	9	16
X47	その他のガス及び蒸気による不慮の中毒及び曝露	90	–	1	–	–	–	1	–	2	5	2
X48	農薬による不慮の中毒及び曝露	95	–	–	–	–	–	–	–	–	–	–
	男 Male											
(W00-X59)	総数[1)]	6 206	99	50	18	17	15	199	31	33	36	58
(W00-W17)	転倒・転落	1 316	10	7	8	4	3	32	6	4	12	22
W01	スリップ，つまづき及びよろめきによる同一平面上での転倒	493	5	4	2	–	–	11	1	–	–	2
W10	階段及びステップからの転落及びその上での転倒	283	2	–	1	–	1	4	1	–	1	5
W13	建物又は建造物からの転落	289	–	1	3	4	2	10	4	4	10	14
(W65-W74)	不慮の溺死及び溺水	1 443	10	29	1	–	3	43	6	5	3	5
W65	浴槽内での溺死及び溺水	1 347	8	17	–	–	3	28	6	5	2	5
W66	浴槽への転落による溺死及び溺水	41	1	6	–	–	–	7	–	–	1	–
(W75-W84)	その他の不慮の窒息	2 092	74	12	3	4	2	95	5	7	7	8
W78	胃内容物の誤えん	310	24	2	–	1	–	27	2	–	5	3
W79	気道閉塞を生じた食物の誤えん	1 443	18	2	1	1	–	22	1	1	1	2
W80	気道閉塞を生じたその他の物体の誤えん	154	1	2	–	1	–	4	1	1	1	1
(X00-X09)	煙、火及び火炎への曝露	744	2	1	4	9	6	22	9	9	6	12
X00	建物又は建造物内の管理されていない火への曝露	651	2	1	4	9	5	21	9	9	5	12
(X05-X06)	夜着，その他の着衣及び衣服の発火又は溶解への曝露	40	–	–	–	–	–	–	–	–	–	–
(X10-X19)	熱及び高温物質との接触	77	–	–	1	–	1	2	2	1	–	–
X11	蛇口からの熱湯との接触	69	–	–	1	–	1	2	2	1	–	–
(X40-X49)	有害物質による不慮の中毒及び有害物質への曝露	237	–	–	–	–	–	–	–	2	8	9
X47	その他のガス及び蒸気による不慮の中毒及び曝露	68	–	–	–	–	–	–	–	2	5	1
X48	農薬による不慮の中毒及び曝露	61	–	–	–	–	–	–	–	–	–	–
	女 Female											
(W00-X59)	総数[1)]	4 996	69	38	13	7	8	135	24	22	28	40
(W00-W17)	転倒・転落	806	2	2	4	2	3	13	4	3	6	6
W01	スリップ，つまづき及びよろめきによる同一平面上での転倒	448	–	1	–	1	–	2	1	–	–	1
W10	階段及びステップからの転落及びその上での転倒	171	1	–	–	1	–	2	–	–	2	–
W13	建物又は建造物からの転落	96	–	–	1	–	1	2	3	3	3	5
(W65-W74)	不慮の溺死及び溺水	1 762	8	17	3	3	3	34	3	5	8	7
W65	浴槽内での溺死及び溺水	1 625	5	13	2	3	3	26	3	4	8	7
W66	浴槽への転落による溺死及び溺水	45	2	3	1	–	–	6	–	–	–	–
(W75-W84)	その他の不慮の窒息	1 499	53	12	3	1	–	69	10	9	5	7
W78	胃内容物の誤えん	271	16	5	1	1	–	23	4	4	2	4
W79	気道閉塞を生じた食物の誤えん	989	6	–	–	–	–	6	1	3	2	3
W80	気道閉塞を生じたその他の物体の誤えん	98	1	3	1	–	–	5	1	1	–	–
(X00-X09)	煙、火及び火炎への曝露	538	4	4	1	1	2	12	5	5	8	9
X00	建物又は建造物内の管理されていない火への曝露	451	4	4	1	1	2	12	4	5	8	9
(X05-X06)	夜着，その他の着衣及び衣服の発火又は溶解への曝露	40	–	–	–	–	–	–	–	–	–	–
(X10-X19)	熱及び高温物質との接触	75	–	1	–	–	–	1	–	–	–	–
X11	蛇口からの熱湯との接触	63	–	1	–	–	–	1	–	–	–	–
(X40-X49)	有害物質による不慮の中毒及び有害物質への曝露	142	–	1	–	–	–	1	–	–	1	7
X47	その他のガス及び蒸気による不慮の中毒及び曝露	22	–	1	–	–	–	1	–	–	–	1
X48	農薬による不慮の中毒及び曝露	34	–	–	–	–	–	–	–	–	–	–

注：1）不慮の事故の種類は、主な項目のため、たしあげても総数にはならない。

種類別家庭における不慮の事故死亡数・百分率　－平成７～20年－

age (five-year age group) and type of major accident, 1995-2008

平成11年
1999

25～29	30～34	35～39	40～44	45～49	50～54	55～59	60～64	65～69	70～74	75～79	80～84	85～89	90～94	95～99	100～	不詳 Not stated
122	123	132	179	279	383	498	610	964	1 348	1 623	1 836	1 530	749	193	25	2
30	17	25	33	64	77	117	153	212	256	234	300	265	175	46	10	–
–	–	6	10	8	21	40	46	69	99	116	165	176	128	32	7	–
2	–	4	8	28	22	40	45	55	57	48	66	39	21	4	–	–
27	14	13	14	21	32	23	32	40	28	21	30	20	8	4	–	–
9	15	12	25	29	62	84	151	284	439	637	643	479	184	30	3	–
8	13	11	24	27	57	78	140	264	402	595	604	452	175	26	2	–
–	1	–	1	–	2	1	4	11	12	13	13	9	4	1	–	–
24	23	20	41	52	70	120	151	274	401	529	650	591	316	96	11	–
14	7	11	19	18	12	25	30	26	49	75	90	73	46	10	2	–
2	8	9	15	24	45	75	96	214	303	390	473	435	221	73	7	–
1	5	–	5	4	6	8	9	16	26	31	52	39	25	8	2	–
22	25	33	42	75	94	95	77	112	142	141	149	124	44	9	–	1
20	24	30	38	67	85	85	70	96	118	118	119	97	32	8	–	1
–	–	–	1	1	2	3	2	3	13	16	18	15	6	–	–	–
–	1	–	2	2	4	5	8	9	23	22	32	23	10	4	1	–
–	1	–	2	2	4	5	6	3	21	20	30	20	8	4	–	–
28	37	36	24	25	30	32	30	28	30	16	21	10	2	2	–	–
5	5	8	4	5	10	9	9	6	7	3	7	2	–	–	–	–
1	2	3	–	3	6	9	13	11	16	12	12	5	2	–	–	–
60	72	97	110	188	261	338	431	651	815	817	905	723	304	69	6	2
19	9	19	21	53	52	90	123	166	180	138	164	120	67	16	3	–
–	–	6	6	7	13	26	35	43	63	61	82	75	47	13	2	–
–	–	2	5	24	17	30	37	44	34	21	32	16	9	1	–	–
19	7	11	9	17	20	22	26	34	22	17	21	16	6	–	–	–
2	6	5	12	15	38	48	89	176	199	241	251	204	80	14	1	–
1	5	4	12	14	36	47	81	161	182	234	240	194	77	13	–	–
–	1	–	–	–	1	–	3	8	6	4	3	4	2	1	–	–
13	18	17	25	36	48	74	103	187	283	322	379	306	125	32	2	–
5	5	10	13	13	12	16	21	15	31	43	40	31	14	2	2	–
2	7	7	7	13	26	47	61	147	218	239	292	233	91	26	–	–
1	4	–	3	4	6	4	8	14	19	18	29	21	12	3	–	–
9	15	21	27	47	67	69	60	69	80	73	67	59	20	2	–	1
9	15	20	24	42	63	63	54	58	66	62	53	47	16	2	–	1
–	–	–	1	1	2	2	2	1	8	8	9	4	2	–	–	–
–	–	–	1	–	2	3	5	3	13	11	16	10	6	2	–	–
–	–	–	1	–	2	3	4	2	12	10	14	9	5	2	–	–
12	21	29	15	12	20	19	21	16	24	11	12	5	–	1	–	–
3	4	7	2	5	6	9	8	5	7	2	2	–	–	–	–	–
–	2	3	–	1	4	3	10	7	12	8	8	3	–	–	–	–
62	51	35	69	91	122	160	179	313	533	806	931	807	445	124	19	–
11	8	6	12	11	25	27	30	46	76	96	136	145	108	30	7	–
–	–	–	4	1	8	14	11	26	36	55	83	101	81	19	5	–
2	–	2	3	4	5	10	8	11	23	27	34	23	12	3	–	–
8	7	2	5	4	12	1	6	6	6	4	9	4	2	4	–	–
7	9	7	13	14	24	36	62	108	240	396	392	275	104	16	2	–
7	8	7	12	13	21	31	59	103	220	361	364	258	98	13	2	–
–	–	–	1	–	1	1	1	3	6	9	10	5	2	–	–	–
11	5	3	16	16	22	46	48	87	118	207	271	285	191	64	9	–
9	2	1	6	5	–	9	9	11	18	32	50	42	32	8	–	–
–	1	2	8	11	19	28	35	67	85	151	181	202	130	47	7	–
–	1	–	2	–	–	4	1	2	7	13	23	18	13	5	2	–
13	10	12	15	28	27	26	17	43	62	68	82	65	24	7	–	–
11	9	10	14	25	22	22	16	38	52	56	66	50	16	6	–	–
–	–	–	–	–	–	1	–	2	5	8	9	11	4	–	–	–
–	1	–	1	2	2	2	3	6	10	11	16	13	4	2	1	–
–	1	–	1	2	2	2	2	1	9	10	16	11	3	2	–	–
16	16	7	9	13	10	13	9	12	6	5	9	5	2	1	–	–
2	1	1	2	–	4	–	1	1	–	1	5	2	–	–	–	–
1	–	–	–	2	2	6	3	4	4	4	4	2	2	–	–	–

Note: 1) All types of accidents are not covered. Thus, the total may not equal to the total number.

第6表　年次・性・年齢階級（5歳階級）・主な不慮の事故の

Table 6. Trends in accidental deaths at home and percentage by sex,

死亡数

Deaths

死因基本分類コード Detailed list of ICD-10 code	死因・性 Causes of death and sex	総数 Total	0歳 Years	1	2	3	4	0～4	5～9	10～14	15～19	20～24
	総数 Total											
(W00-X59)	総数[1]	11 155	171	72	27	23	17	310	50	38	53	108
(W00-W17)	転倒・転落	2 163	7	11	8	10	4	40	8	5	16	30
W01	スリップ，つまづき及びよろめきによる同一平面上での転倒	998	3	3	2	1	–	9	–	–	–	3
W10	階段及びステップからの転落及びその上での転倒	418	–	1	–	2	–	3	1	–	–	3
W13	建物又は建造物からの転落	401	1	6	4	7	4	22	7	5	15	20
(W65-W74)	不慮の溺死及び溺水	3 293	6	32	1	3	2	44	9	10	10	17
W65	浴槽内での溺死及び溺水	3 039	3	19	1	2	2	27	9	10	9	15
W66	浴槽への転落による溺死及び溺水	87	2	10	–	1	–	13	–	–	1	1
(W75-W84)	その他の不慮の窒息	3 475	144	25	7	4	2	182	7	7	5	16
W78	胃内容物の誤えん	591	34	7	4	1	–	46	–	2	–	8
W79	気道閉塞を生じた食物の誤えん	2 311	24	11	1	1	1	38	4	3	2	3
W80	気道閉塞を生じたその他の物体の誤えん	220	4	1	1	2	–	8	1	–	–	–
(X00-X09)	煙、火及び火炎への曝露	1 236	6	3	10	5	7	31	22	15	10	22
X00	建物又は建造物内の管理されていない火への曝露	1 056	6	3	10	5	7	31	22	13	9	20
(X05-X06)	夜着，その他の着衣及び衣服の発火又は溶解への曝露	88	–	–	–	–	–	–	–	1	–	–
(X10-X19)	熱及び高温物質との接触	150	1	1	–	–	–	2	1	–	–	–
X11	蛇口からの熱湯との接触	132	–	1	–	–	–	1	1	–	–	–
(X40-X49)	有害物質による不慮の中毒及び有害物質への曝露	348	–	–	–	–	–	–	2	–	11	21
X47	その他のガス及び蒸気による不慮の中毒及び曝露	69	–	–	–	–	–	–	2	–	3	5
X48	農薬による不慮の中毒及び曝露	91	–	–	–	–	–	–	–	–	–	1
	男 Male											
(W00-X59)	総数[1]	6 189	110	50	15	19	12	206	33	22	30	70
(W00-W17)	転倒・転落	1 324	4	9	5	10	3	31	7	5	10	23
W01	スリップ，つまづき及びよろめきによる同一平面上での転倒	520	2	2	1	1	–	6	–	–	–	1
W10	階段及びステップからの転落及びその上での転倒	260	–	1	–	2	–	3	1	–	–	2
W13	建物又は建造物からの転落	288	1	5	3	7	3	19	6	5	9	18
(W65-W74)	不慮の溺死及び溺水	1 470	4	20	1	1	1	27	7	7	3	11
W65	浴槽内での溺死及び溺水	1 354	1	12	1	–	1	15	7	7	3	10
W66	浴槽への転落による溺死及び溺水	39	2	6	–	1	–	9	–	–	–	–
(W75-W84)	その他の不慮の窒息	2 024	91	17	2	4	1	115	3	3	5	13
W78	胃内容物の誤えん	336	19	6	1	1	–	27	–	2	–	6
W79	気道閉塞を生じた食物の誤えん	1 350	10	6	–	1	–	17	2	1	2	3
W80	気道閉塞を生じたその他の物体の誤えん	128	3	–	–	2	–	5	1	–	–	–
(X00-X09)	煙、火及び火炎への曝露	750	6	3	7	3	5	24	14	6	3	9
X00	建物又は建造物内の管理されていない火への曝露	643	6	3	7	3	5	24	14	5	3	8
(X05-X06)	夜着，その他の着衣及び衣服の発火又は溶解への曝露	45	–	–	–	–	–	–	–	–	–	–
(X10-X19)	熱及び高温物質との接触	90	–	1	–	–	–	1	–	–	–	–
X11	蛇口からの熱湯との接触	81	–	1	–	–	–	1	–	–	–	–
(X40-X49)	有害物質による不慮の中毒及び有害物質への曝露	201	–	–	–	–	–	–	1	–	8	13
X47	その他のガス及び蒸気による不慮の中毒及び曝露	49	–	–	–	–	–	–	1	–	3	5
X48	農薬による不慮の中毒及び曝露	48	–	–	–	–	–	–	–	–	–	–
	女 Female											
(W00-X59)	総数[1]	4 966	61	22	12	4	5	104	17	16	23	38
(W00-W17)	転倒・転落	839	3	2	3	–	1	9	1	–	6	7
W01	スリップ，つまづき及びよろめきによる同一平面上での転倒	478	1	1	1	–	–	3	–	–	–	2
W10	階段及びステップからの転落及びその上での転倒	158	–	–	–	–	–	–	–	–	–	1
W13	建物又は建造物からの転落	113	–	1	1	–	1	3	1	–	6	2
(W65-W74)	不慮の溺死及び溺水	1 823	2	12	–	2	1	17	2	3	7	6
W65	浴槽内での溺死及び溺水	1 685	2	7	–	2	1	12	2	3	6	5
W66	浴槽への転落による溺死及び溺水	48	–	4	–	–	–	4	–	–	1	1
(W75-W84)	その他の不慮の窒息	1 451	53	8	5	–	1	67	4	4	–	3
W78	胃内容物の誤えん	255	15	1	3	–	–	19	–	–	–	2
W79	気道閉塞を生じた食物の誤えん	961	14	5	1	–	1	21	2	2	–	–
W80	気道閉塞を生じたその他の物体の誤えん	92	1	1	1	–	–	3	–	–	–	–
(X00-X09)	煙、火及び火炎への曝露	486	–	–	3	2	2	7	8	9	7	13
X00	建物又は建造物内の管理されていない火への曝露	413	–	–	3	2	2	7	8	8	6	12
(X05-X06)	夜着，その他の着衣及び衣服の発火又は溶解への曝露	43	–	–	–	–	–	–	–	1	–	–
(X10-X19)	熱及び高温物質との接触	60	1	–	–	–	–	1	1	–	–	–
X11	蛇口からの熱湯との接触	51	–	–	–	–	–	–	1	–	–	–
(X40-X49)	有害物質による不慮の中毒及び有害物質への曝露	147	–	–	–	–	–	–	1	–	3	8
X47	その他のガス及び蒸気による不慮の中毒及び曝露	20	–	–	–	–	–	–	1	–	–	–
X48	農薬による不慮の中毒及び曝露	43	–	–	–	–	–	–	–	–	–	1

注：1）不慮の事故の種類は、主な項目のため、たしあげても総数にはならない。

種類別家庭における不慮の事故死亡数・百分率 －平成７～20年－

age (five-year age group) and type of major accident, 1995-2008

平成12年
2000

25～29	30～34	35～39	40～44	45～49	50～54	55～59	60～64	65～69	70～74	75～79	80～84	85～89	90～94	95～99	100～	不詳 Not stated
86	112	143	169	251	405	443	607	931	1 359	1 650	1 827	1 579	811	199	22	2
20	27	26	36	62	80	97	147	209	269	255	287	299	195	46	8	1
–	4	6	6	15	25	32	40	65	125	126	167	192	144	33	6	–
2	3	3	6	20	27	26	48	65	47	49	49	47	15	4	–	–
18	16	15	18	22	20	26	36	34	36	30	23	21	15	1	–	1
8	9	10	26	37	55	77	153	253	498	668	671	496	207	33	2	–
8	9	9	25	35	46	66	138	240	464	627	622	454	194	30	2	–
–	–	1	1	–	3	3	2	5	13	13	13	11	7	–	–	–
9	24	34	24	55	88	99	148	275	400	483	627	553	333	96	10	–
4	12	17	9	18	21	31	19	35	57	76	102	68	50	14	2	–
3	5	6	11	27	47	51	104	198	289	357	442	406	243	66	6	–
–	5	3	1	4	7	8	11	18	23	22	42	38	25	4	–	–
13	23	35	42	50	96	106	85	108	107	145	137	138	40	8	2	1
13	23	31	38	45	88	94	77	95	85	120	112	102	30	5	2	1
–	–	2	1	2	2	2	2	7	14	16	11	19	8	1	–	–
1	–	1	–	1	2	3	9	9	16	26	28	28	17	6	–	–
1	–	1	–	1	1	3	9	8	15	22	25	27	13	4	–	–
26	23	27	30	23	29	23	24	28	25	22	18	15	1	–	–	–
3	2	4	4	3	11	5	11	5	3	5	1	2	–	–	–	–
–	–	2	2	3	5	7	3	17	16	14	9	11	1	–	–	–
49	75	82	101	174	282	298	427	615	811	847	915	744	334	67	5	2
13	17	16	23	53	66	78	121	157	195	151	147	117	83	8	2	1
–	3	4	2	12	23	27	34	48	87	63	78	69	57	4	2	–
1	2	2	5	19	21	20	35	40	34	25	22	19	8	1	–	–
12	10	9	13	17	14	21	30	27	23	24	13	10	6	1	–	1
3	4	5	8	20	31	43	97	143	221	248	289	208	79	16	–	–
3	4	5	8	20	27	39	86	137	202	230	267	191	77	16	–	–
–	–	–	–	–	1	2	2	2	6	5	3	7	2	–	–	–
7	16	21	15	33	57	56	89	187	272	317	352	290	137	35	1	–
3	10	11	5	13	13	17	12	24	35	45	53	37	18	5	–	–
2	3	5	6	14	30	32	62	133	202	239	253	213	105	25	1	–
–	3	1	1	3	6	3	8	15	17	13	25	19	7	1	–	–
7	13	17	25	34	66	75	68	69	70	77	69	78	21	2	2	1
7	13	15	24	31	60	67	61	59	55	65	53	59	16	1	2	1
–	–	1	1	1	2	2	1	4	8	8	5	9	3	–	–	–
–	–	1	–	–	1	1	6	9	11	15	15	18	8	4	–	–
–	–	1	–	–	–	1	6	8	10	14	13	17	7	3	–	–
15	19	14	21	13	18	15	15	14	16	7	7	5	–	–	–	–
3	2	3	4	3	9	4	5	3	2	2	–	–	–	–	–	–
–	–	1	2	2	3	5	2	8	11	5	4	5	–	–	–	–
37	37	61	68	77	123	145	180	316	548	803	912	835	477	132	17	–
7	10	10	13	9	14	19	26	52	74	104	140	182	112	38	6	–
–	1	2	4	3	2	5	6	17	38	63	89	123	87	29	4	–
1	1	1	1	1	6	6	13	25	13	24	27	28	7	3	–	–
6	6	6	5	5	6	5	6	7	13	6	10	11	9	–	–	–
5	5	5	18	17	24	34	56	110	277	420	382	288	128	17	2	–
5	5	4	17	15	19	27	52	103	262	397	355	263	117	14	2	–
–	–	1	1	–	2	1	–	3	7	8	10	4	5	–	–	–
2	8	13	9	22	31	43	59	88	128	166	275	263	196	61	9	–
1	2	6	4	5	8	14	7	11	22	31	49	31	32	9	2	–
1	2	1	5	13	17	19	42	65	87	118	189	193	138	41	5	–
–	2	2	–	1	1	5	3	3	6	9	17	19	18	3	–	–
6	10	18	17	16	30	31	17	39	37	68	68	60	19	6	–	–
6	10	16	14	14	28	27	16	36	30	55	59	43	14	4	–	–
–	–	1	–	1	–	–	1	3	6	8	6	10	5	1	–	–
1	–	–	–	1	1	2	3	–	5	11	13	10	9	2	–	–
1	–	–	–	1	1	2	3	–	5	8	12	10	6	1	–	–
11	4	13	9	10	11	8	9	14	9	15	11	10	1	–	–	–
–	–	1	–	–	2	1	6	2	1	3	1	2	–	–	–	–
–	–	1	–	1	2	2	1	9	5	9	5	6	1	–	–	–

Note: 1) All types of accidents are not covered. Thus, the total may not equal to the total number.

第6表　年次・性・年齢階級（5歳階級）・主な不慮の事故の

Table 6. Trends in accidental deaths at home and percentage by sex,

死亡数
Deaths

死因基本分類コード Detailed list of ICD-10 code	死因・性 Causes of death and sex	総数 Total	0歳 Years	1	2	3	4	0～4	5～9	10～14	15～19	20～24
	総数 Total											
(W00-X59)	総数[1)]	11 268	155	62	38	29	17	301	42	26	70	104
(W00-W17)	転倒・転落	2 265	12	7	9	4	3	35	2	4	19	28
W01	スリップ，つまづき及びよろめきによる同一平面上での転倒	1 076	5	1	1	1	1	9	－	－	－	2
W10	階段及びステップからの転落及びその上での転倒	429	－	1	1	1	－	3	－	－	2	2
W13	建物又は建造物からの転落	400	2	3	4	2	2	13	2	4	11	23
(W65-W74)	不慮の溺死及び溺水	3 274	9	34	9	1	3	56	11	7	10	15
W65	浴槽内での溺死及び溺水	3 001	7	22	4	－	3	36	11	7	9	14
W66	浴槽への転落による溺死及び溺水	93	2	9	3	－	－	14	－	－	－	－
(W75-W84)	その他の不慮の窒息	3 529	127	15	10	6	5	163	5	4	9	16
W78	胃内容物の誤えん	576	35	4	6	2	1	48	1	－	3	8
W79	気道閉塞を生じた食物の誤えん	2 407	19	5	－	1	1	26	－	1	3	2
W80	気道閉塞を生じたその他の物体の誤えん	230	6	3	－	2	－	11	－	－	2	2
(X00-X09)	煙、火及び火炎への曝露	1 199	3	5	4	13	5	30	24	10	15	16
X00	建物又は建造物内の管理されていない火への曝露	995	3	5	4	13	5	30	24	10	12	14
(X05-X06)	夜着，その他の着衣及び衣服の発火又は溶解への曝露	114	－	－	－	－	－	－	－	－	3	－
(X10-X19)	熱及び高温物質との接触	145	1	－	2	2	－	5	－	－	－	－
X11	蛇口からの熱湯との接触	122	1	－	1	2	－	4	－	－	－	－
(X40-X49)	有害物質による不慮の中毒及び有害物質への曝露	362	－	1	－	－	1	2	－	1	10	23
X47	その他のガス及び蒸気による不慮の中毒及び曝露	77	－	－	－	－	1	1	－	1	5	4
X48	農薬による不慮の中毒及び曝露	66	－	－	－	－	－	－	－	－	－	1
	男 Male											
(W00-X59)	総数[1)]	6 268	85	38	17	18	11	169	26	17	42	62
(W00-W17)	転倒・転落	1 376	9	6	3	2	1	21	2	2	14	19
W01	スリップ，つまづき及びよろめきによる同一平面上での転倒	577	4	1	1	－	1	7	－	－	－	2
W10	階段及びステップからの転落及びその上での転倒	259	－	1	－	－	－	1	－	－	2	2
W13	建物又は建造物からの転落	274	2	2	－	2	－	6	2	2	7	14
(W65-W74)	不慮の溺死及び溺水	1 481	4	18	7	1	2	32	5	5	3	4
W65	浴槽内での溺死及び溺水	1 363	3	13	2	－	2	20	5	5	3	3
W66	浴槽への転落による溺死及び溺水	42	1	4	3	－	－	8	－	－	－	－
(W75-W84)	その他の不慮の窒息	2 059	70	9	3	5	4	91	5	3	8	13
W78	胃内容物の誤えん	301	18	2	2	2	－	24	1	－	3	7
W79	気道閉塞を生じた食物の誤えん	1 440	9	3	－	－	1	13	－	1	3	1
W80	気道閉塞を生じたその他の物体の誤えん	137	4	3	－	2	－	9	－	－	1	2
(X00-X09)	煙、火及び火炎への曝露	727	－	4	1	9	3	17	14	6	7	7
X00	建物又は建造物内の管理されていない火への曝露	613	－	4	1	9	3	17	14	6	5	6
(X05-X06)	夜着，その他の着衣及び衣服の発火又は溶解への曝露	54	－	－	－	－	－	－	－	－	2	－
(X10-X19)	熱及び高温物質との接触	74	1	－	－	－	－	1	－	－	－	－
X11	蛇口からの熱湯との接触	67	1	－	－	－	－	1	－	－	－	－
(X40-X49)	有害物質による不慮の中毒及び有害物質への曝露	225	－	1	－	－	1	2	－	1	5	13
X47	その他のガス及び蒸気による不慮の中毒及び曝露	61	－	－	－	－	1	1	－	1	3	3
X48	農薬による不慮の中毒及び曝露	41	－	－	－	－	－	－	－	－	－	1
	女 Female											
(W00-X59)	総数[1)]	5 000	70	24	21	11	6	132	16	9	28	42
(W00-W17)	転倒・転落	889	3	1	6	2	2	14	－	2	5	9
W01	スリップ，つまづき及びよろめきによる同一平面上での転倒	499	1	－	－	1	－	2	－	－	－	－
W10	階段及びステップからの転落及びその上での転倒	170	－	－	1	1	－	2	－	－	－	－
W13	建物又は建造物からの転落	126	－	1	4	－	2	7	－	2	4	9
(W65-W74)	不慮の溺死及び溺水	1 793	5	16	2	－	1	24	6	2	7	11
W65	浴槽内での溺死及び溺水	1 638	4	9	2	－	1	16	6	2	6	11
W66	浴槽への転落による溺死及び溺水	51	1	5	－	－	－	6	－	－	－	－
(W75-W84)	その他の不慮の窒息	1 470	57	6	7	1	1	72	－	1	1	3
W78	胃内容物の誤えん	275	17	2	4	－	1	24	－	－	－	1
W79	気道閉塞を生じた食物の誤えん	967	10	2	－	1	－	13	－	－	－	1
W80	気道閉塞を生じたその他の物体の誤えん	93	2	－	－	－	－	2	－	－	1	－
(X00-X09)	煙、火及び火炎への曝露	472	3	1	3	4	2	13	10	4	8	9
X00	建物又は建造物内の管理されていない火への曝露	382	3	1	3	4	2	13	10	4	7	8
(X05-X06)	夜着，その他の着衣及び衣服の発火又は溶解への曝露	60	－	－	－	－	－	－	－	－	1	－
(X10-X19)	熱及び高温物質との接触	71	－	－	2	2	－	4	－	－	－	－
X11	蛇口からの熱湯との接触	55	－	－	1	2	－	3	－	－	－	－
(X40-X49)	有害物質による不慮の中毒及び有害物質への曝露	137	－	－	－	－	－	－	－	－	5	10
X47	その他のガス及び蒸気による不慮の中毒及び曝露	16	－	－	－	－	－	－	－	－	2	1
X48	農薬による不慮の中毒及び曝露	25	－	－	－	－	－	－	－	－	－	－

注：1）不慮の事故の種類は、主な項目のため、たしあげても総数にはならない。

種類別家庭における不慮の事故死亡数・百分率 －平成７～20年－

age (five-year age group) and type of major accident, 1995-2008

平成13年
2001

25～29	30～34	35～39	40～44	45～49	50～54	55～59	60～64	65～69	70～74	75～79	80～84	85～89	90～94	95～99	100～	不詳 Not stated
122	157	133	175	235	421	457	595	922	1 387	1 738	1 759	1 604	762	229	24	5
39	28	28	33	57	114	110	141	216	270	324	302	272	174	59	9	1
4	4	7	3	16	34	39	49	82	114	178	178	176	131	43	7	–
2	3	4	5	12	34	26	36	49	67	59	59	39	19	7	1	–
31	18	16	22	19	36	30	24	37	34	26	22	21	6	3	1	1
12	17	19	17	32	43	93	138	270	501	624	659	520	185	41	4	–
12	14	16	13	30	42	85	126	250	460	578	610	479	168	37	4	–
–	2	1	1	2	–	1	3	3	15	17	14	12	7	1	–	–
18	24	24	32	46	103	89	153	252	404	548	585	623	319	104	8	–
7	12	4	10	18	28	15	24	33	53	83	90	71	56	12	–	–
7	4	11	16	18	63	53	111	197	296	393	426	475	221	77	7	–
1	2	4	2	4	7	10	9	10	27	41	31	38	24	5	–	–
20	23	36	41	54	89	87	91	103	122	142	118	119	44	12	1	2
16	19	29	36	47	78	78	80	84	106	114	92	84	30	9	1	2
1	1	1	3	4	4	2	5	11	6	17	22	21	11	2	–	–
–	1	2	–	1	2	5	6	10	20	28	24	25	11	4	1	–
–	1	2	–	1	1	3	6	10	19	23	19	18	10	4	1	–
28	54	17	34	30	29	22	21	22	20	15	12	16	6	–	–	–
4	6	2	4	8	11	5	6	7	6	4	2	1	–	–	–	–
–	–	–	1	3	5	7	9	8	9	8	4	8	3	–	–	–
74	94	85	112	171	282	321	439	623	846	904	861	767	294	68	7	4
25	16	20	20	47	82	79	112	164	188	203	165	115	65	13	3	1
2	3	3	3	13	23	30	38	56	73	105	91	72	44	10	2	–
1	–	3	3	10	25	16	32	39	41	28	25	16	12	3	–	–
21	11	13	12	15	26	20	18	27	27	21	18	10	2	–	1	1
7	10	10	7	21	25	54	89	153	258	245	244	230	62	14	3	–
7	7	8	4	19	25	48	83	143	236	233	228	211	58	14	3	–
–	2	1	1	2	–	1	1	1	4	6	4	8	3	–	–	–
10	14	15	22	31	61	57	103	176	270	331	348	336	131	33	1	–
5	8	3	7	12	18	10	17	22	30	40	46	28	19	1	–	–
2	3	7	11	10	34	35	74	140	205	244	258	269	102	27	1	–
1	1	2	1	4	6	6	4	7	17	25	19	23	8	1	–	–
10	13	23	27	35	59	70	73	71	76	75	56	60	22	4	–	2
6	11	18	24	29	52	65	66	61	67	60	45	42	13	4	–	2
1	–	–	1	4	2	1	2	5	3	8	8	10	7	–	–	–
–	1	–	–	1	–	–	6	7	13	16	11	12	4	2	–	–
–	1	–	–	1	–	–	6	7	13	12	9	11	4	2	–	–
20	31	12	20	24	19	16	19	15	8	7	5	6	2	–	–	–
4	4	2	4	6	11	5	5	6	2	4	–	–	–	–	–	–
–	–	–	1	2	3	4	9	5	6	2	2	4	2	–	–	–
48	63	48	63	64	139	136	156	299	541	834	898	837	468	161	17	1
14	12	8	13	10	32	31	29	52	82	121	137	157	109	46	6	–
2	1	4	–	3	11	9	11	26	41	73	87	104	87	33	5	–
1	3	1	2	2	9	10	4	10	26	31	34	23	7	4	1	–
10	7	3	10	4	10	10	6	10	7	5	4	11	4	3	–	–
5	7	9	10	11	18	39	49	117	243	379	415	290	123	27	1	–
5	7	8	9	11	17	37	43	107	224	345	382	268	110	23	1	–
–	–	–	–	–	–	–	2	2	11	11	10	4	4	1	–	–
8	10	9	10	15	42	32	50	76	134	217	237	287	188	71	7	–
2	4	1	3	6	10	5	7	11	23	43	44	43	37	11	–	–
5	1	4	5	8	29	18	37	57	91	149	168	206	119	50	6	–
–	1	2	1	–	1	4	5	3	10	16	12	15	16	4	–	–
10	10	13	14	19	30	17	18	32	46	67	62	59	22	8	1	–
10	8	11	12	18	26	13	14	23	39	54	47	42	17	5	1	–
–	1	1	2	–	2	1	3	6	3	9	14	11	4	2	–	–
–	–	2	–	–	2	5	–	3	7	12	13	13	7	2	1	–
–	–	2	–	–	1	3	–	3	6	11	10	7	6	2	1	–
8	23	5	14	6	10	6	2	7	12	8	7	10	4	–	–	–
–	2	–	–	2	–	–	1	1	4	–	2	1	–	–	–	–
–	–	–	–	1	2	3	–	3	3	6	2	4	1	–	–	–

Note: 1) All types of accidents are not covered. Thus, the total may not equal to the total number.

第6表　年次・性・年齢階級（5歳階級）・主な不慮の事故の

Table 6. Trends in accidental deaths at home and percentage by sex,

死亡数

Deaths

死因基本分類コード Detailed list of ICD-10 code	死因・性 Causes of death and sex	総数 Total	0歳 Years	1	2	3	4	0～4	5～9	10～14	15～19	20～24
	総数 Total											
(W00-X59)	総数[1]	11 109	134	74	29	24	13	274	54	39	54	86
(W00-W17)	転倒・転落	2 176	9	7	6	10	5	37	7	4	13	18
W01	スリップ，つまづき及びよろめきによる同一平面上での転倒	979	2	－	1	1	－	4	－	－	1	2
W10	階段及びステップからの転落及びその上での転倒	433	1	1	－	－	－	2	－	－	－	－
W13	建物又は建造物からの転落	383	1	3	5	8	4	21	7	4	12	14
(W65-W74)	不慮の溺死及び溺水	3 255	10	44	8	1	3	66	6	7	13	12
W65	浴槽内での溺死及び溺水	2 981	9	25	3	－	3	40	6	7	13	12
W66	浴槽への転落による溺死及び溺水	83	1	10	3	－	－	14	－	－	－	－
(W75-W84)	その他の不慮の窒息	3 555	106	16	10	4	1	137	6	9	12	14
W78	胃内容物の誤えん	618	24	5	1	1	－	31	2	2	4	4
W79	気道閉塞を生じた食物の誤えん	2 382	23	2	4	1	－	30	1	1	4	6
W80	気道閉塞を生じたその他の物体の誤えん	206	3	1	－	1	1	6	－	2	4	－
(X00-X09)	煙、火及び火炎への曝露	1 238	3	5	4	8	4	24	31	17	14	15
X00	建物又は建造物内の管理されていない火への曝露	1 058	3	5	4	8	4	24	31	17	14	12
(X05-X06)	夜着，その他の着衣及び衣服の発火又は溶解への曝露	95	－	－	－	－	－	－	－	－	－	1
(X10-X19)	熱及び高温物質との接触	127	1	1	－	－	－	2	1	－	－	－
X11	蛇口からの熱湯との接触	107	－	－	－	－	－	－	1	－	－	－
(X40-X49)	有害物質による不慮の中毒及び有害物質への曝露	318	－	－	－	－	－	－	2	1	2	24
X47	その他のガス及び蒸気による不慮の中毒及び曝露	75	－	－	－	－	－	－	2	1	－	5
X48	農薬による不慮の中毒及び曝露	60	－	－	－	－	－	－	－	－	－	－
	男 Male											
(W00-X59)	総数[1]	6 167	85	40	24	15	8	172	28	21	33	54
(W00-W17)	転倒・転落	1 362	7	4	5	7	4	27	2	2	9	12
W01	スリップ，つまづき及びよろめきによる同一平面上での転倒	536	2	－	1	1	－	4	－	－	1	1
W10	階段及びステップからの転落及びその上での転倒	254	1	1	－	－	－	2	－	－	－	－
W13	建物又は建造物からの転落	270	1	2	4	6	3	16	2	2	8	10
(W65-W74)	不慮の溺死及び溺水	1 450	7	26	6	1	2	42	1	5	8	7
W65	浴槽内での溺死及び溺水	1 332	6	12	3	－	2	23	1	5	8	7
W66	浴槽への転落による溺死及び溺水	39	1	7	2	－	－	10	－	－	－	－
(W75-W84)	その他の不慮の窒息	2 038	66	6	8	2	1	83	1	6	7	11
W78	胃内容物の誤えん	317	17	2	－	1	－	20	1	1	3	4
W79	気道閉塞を生じた食物の誤えん	1 412	13	2	4	1	－	20	－	1	2	4
W80	気道閉塞を生じたその他の物体の誤えん	124	1	－	－	－	1	2	－	－	2	－
(X00-X09)	煙、火及び火炎への曝露	773	2	3	4	5	1	15	21	8	8	8
X00	建物又は建造物内の管理されていない火への曝露	669	2	3	4	5	1	15	21	8	8	7
(X05-X06)	夜着，その他の着衣及び衣服の発火又は溶解への曝露	49	－	－	－	－	－	－	－	－	－	1
(X10-X19)	熱及び高温物質との接触	80	1	－	－	－	－	1	1	－	－	－
X11	蛇口からの熱湯との接触	68	－	－	－	－	－	－	1	－	－	－
(X40-X49)	有害物質による不慮の中毒及び有害物質への曝露	180	－	－	－	－	－	－	2	－	1	13
X47	その他のガス及び蒸気による不慮の中毒及び曝露	51	－	－	－	－	－	－	2	－	－	5
X48	農薬による不慮の中毒及び曝露	35	－	－	－	－	－	－	－	－	－	－
	女 Female											
(W00-X59)	総数[1]	4 942	49	34	5	9	5	102	26	18	21	32
(W00-W17)	転倒・転落	814	2	3	1	3	1	10	5	2	4	6
W01	スリップ，つまづき及びよろめきによる同一平面上での転倒	443	－	－	－	－	－	－	－	－	－	1
W10	階段及びステップからの転落及びその上での転倒	179	－	－	－	－	－	－	－	－	－	－
W13	建物又は建造物からの転落	113	－	1	1	2	1	5	5	2	4	4
(W65-W74)	不慮の溺死及び溺水	1 805	3	18	2	－	1	24	5	2	5	5
W65	浴槽内での溺死及び溺水	1 649	3	13	－	－	1	17	5	2	5	5
W66	浴槽への転落による溺死及び溺水	44	－	3	1	－	－	4	－	－	－	－
(W75-W84)	その他の不慮の窒息	1 517	40	10	2	2	－	54	5	3	5	3
W78	胃内容物の誤えん	301	7	3	1	－	－	11	1	1	1	－
W79	気道閉塞を生じた食物の誤えん	970	10	－	－	－	－	10	1	－	2	2
W80	気道閉塞を生じたその他の物体の誤えん	82	2	1	－	1	－	4	－	2	2	－
(X00-X09)	煙、火及び火炎への曝露	465	1	2	－	3	3	9	10	9	6	7
X00	建物又は建造物内の管理されていない火への曝露	389	1	2	－	3	3	9	10	9	6	5
(X05-X06)	夜着，その他の着衣及び衣服の発火又は溶解への曝露	46	－	－	－	－	－	－	－	－	－	－
(X10-X19)	熱及び高温物質との接触	47	－	1	－	－	－	1	－	－	－	－
X11	蛇口からの熱湯との接触	39	－	－	－	－	－	－	－	－	－	－
(X40-X49)	有害物質による不慮の中毒及び有害物質への曝露	138	－	－	－	－	－	－	－	1	1	11
X47	その他のガス及び蒸気による不慮の中毒及び曝露	24	－	－	－	－	－	－	－	1	－	－
X48	農薬による不慮の中毒及び曝露	25	－	－	－	－	－	－	－	－	－	－

注：1）不慮の事故の種類は、主な項目のため、たしあげても総数にはならない。

種類別家庭における不慮の事故死亡数・百分率 －平成７～20年－
age (five-year age group) and type of major accident, 1995-2008

平成14年
2002

25～29	30～34	35～39	40～44	45～49	50～54	55～59	60～64	65～69	70～74	75～79	80～84	85～89	90～94	95～99	100～	不詳 Not stated
117	125	131	165	221	411	446	617	908	1 278	1 793	1 763	1 600	822	184	20	1
25	30	26	28	33	86	107	160	202	249	326	296	304	186	34	4	1
1	5	4	5	9	27	25	55	75	108	147	166	196	126	22	1	–
4	4	5	4	13	24	35	47	49	48	65	57	51	20	4	1	–
18	17	14	15	9	21	30	34	33	33	49	22	13	12	4	–	1
13	15	15	29	37	62	85	143	246	444	687	646	513	188	26	2	–
12	14	15	26	35	58	77	126	226	415	637	603	468	168	21	2	–
1	–	–	2	1	1	2	4	6	7	12	12	15	6	–	–	–
17	17	28	28	39	90	93	149	297	399	519	604	609	374	102	12	–
8	8	14	7	13	30	19	31	50	63	72	90	90	62	17	1	–
5	3	10	13	18	50	57	93	209	291	388	425	443	264	62	9	–
–	1	2	1	3	7	8	9	12	22	29	35	35	22	8	–	–
22	26	28	37	58	105	88	101	92	118	164	135	107	40	15	1	–
19	25	20	35	51	94	75	90	78	97	137	108	85	34	12	–	–
1	–	3	1	4	3	5	5	9	9	15	17	16	3	2	1	–
–	–	1	1	–	–	9	2	8	11	24	29	26	11	2	–	–
–	–	1	–	–	–	6	2	8	11	22	25	23	6	2	–	–
35	28	27	28	24	26	19	17	20	16	18	16	9	5	1	–	–
6	7	2	5	9	10	4	4	4	5	4	5	–	2	–	–	–
–	1	–	1	1	5	5	7	9	8	10	7	4	1	1	–	–
69	75	86	107	151	287	323	421	602	765	990	863	711	334	70	4	1
17	18	16	20	25	68	86	121	155	180	213	160	142	74	13	1	1
1	3	3	3	7	21	21	41	54	70	89	78	84	47	8	–	–
4	2	2	4	11	18	25	33	32	32	32	29	21	5	2	–	–
11	11	8	10	5	15	24	26	29	27	39	10	8	8	–	–	1
5	8	10	15	21	40	54	84	144	208	275	239	203	71	8	2	–
4	8	10	13	20	36	50	72	132	194	259	224	191	67	6	2	–
1	–	–	2	–	1	1	3	5	2	5	2	6	1	–	–	–
9	14	19	16	28	65	56	97	186	258	352	351	288	151	39	1	–
5	7	10	3	9	23	12	19	32	34	43	38	23	22	8	–	–
3	2	7	7	13	36	33	59	135	198	266	260	230	109	26	1	–
–	1	1	1	2	5	5	9	7	13	22	24	16	12	2	–	–
15	13	20	24	40	66	72	71	67	82	92	74	46	23	8	–	–
13	13	13	23	39	60	63	65	54	68	77	58	37	21	6	–	–
–	–	2	–	1	1	3	3	8	4	9	10	4	2	1	–	–
–	–	1	1	–	–	6	1	5	5	17	19	15	7	1	–	–
–	–	1	–	–	–	4	1	5	5	16	16	13	5	1	–	–
20	15	14	20	13	17	11	12	14	11	5	6	4	2	–	–	–
4	5	1	5	8	5	3	4	3	3	2	1	–	–	–	–	–
–	1	–	1	1	5	3	4	7	5	2	3	2	1	–	–	–
48	50	45	58	70	124	123	196	306	513	803	900	889	488	114	16	–
8	12	10	8	8	18	21	39	47	69	113	136	162	112	21	3	–
–	2	1	2	2	6	4	14	21	38	58	88	112	79	14	1	–
–	2	3	–	2	6	10	14	17	16	33	28	30	15	2	1	–
7	6	6	5	4	6	6	8	4	6	10	12	5	4	4	–	–
8	7	5	14	16	22	31	59	102	236	412	407	310	117	18	–	–
8	6	5	13	15	22	27	54	94	221	378	379	277	101	15	–	–
–	–	–	–	1	–	1	1	1	5	7	10	9	5	–	–	–
8	3	9	12	11	25	37	52	111	141	167	253	321	223	63	11	–
3	1	4	4	4	7	7	12	18	29	29	52	67	40	9	1	–
2	1	3	6	5	14	24	34	74	93	122	165	213	155	36	8	–
–	–	1	–	1	2	3	–	5	9	7	11	19	10	6	–	–
7	13	8	13	18	39	16	30	25	36	72	61	61	17	7	1	–
6	12	7	12	12	34	12	25	24	29	60	50	48	13	6	–	–
1	–	1	1	3	2	2	2	1	5	6	7	12	1	1	1	–
–	–	–	–	–	–	3	1	3	6	7	10	11	4	1	–	–
–	–	–	–	–	–	2	1	3	6	6	9	10	1	1	–	–
15	13	13	8	11	9	8	5	6	5	13	10	5	3	1	–	–
2	2	1	–	1	5	1	–	1	2	2	4	–	2	–	–	–
–	–	–	–	–	–	2	3	2	3	8	4	2	–	1	–	–

Note: 1) All types of accidents are not covered. Thus, the total may not equal to the total number.

第6表　年次・性・年齢階級（5歳階級）・主な不慮の事故の

Table 6. Trends in accidental deaths at home and percentage by sex,

死亡数
Deaths

死因基本分類コード Detailed list of ICD-10 code	死因・性 Causes of death and sex	総数 Total	0歳 Years	1	2	3	4	0～4	5～9	10～14	15～19	20～24
	総数 Total											
(W00-X59)	総数[1]	11 290	111	46	24	17	15	213	44	31	59	103
(W00-W17)	転倒・転落	2 186	6	7	5	4	2	24	9	5	11	22
W01	スリップ，つまづき及びよろめきによる同一平面上での転倒	969	1	2	－	－	－	3	－	－	1	－
W10	階段及びステップからの転落及びその上での転倒	425	－	1	1	－	－	2	2	－	－	1
W13	建物又は建造物からの転落	415	－	4	3	4	2	13	7	5	10	19
(W65-W74)	不慮の溺死及び溺水	3 230	5	16	2	1	1	25	5	10	11	14
W65	浴槽内での溺死及び溺水	2 936	3	13	1	1	1	19	4	9	10	13
W66	浴槽への転落による溺死及び溺水	66	1	3	－	－	－	4	－	－	1	1
(W75-W84)	その他の不慮の窒息	3 603	92	14	12	4	5	127	12	6	7	10
W78	胃内容物の誤えん	619	24	4	2	1	2	33	3	－	2	7
W79	気道閉塞を生じた食物の誤えん	2 432	14	5	6	2	1	28	2	4	4	3
W80	気道閉塞を生じたその他の物体の誤えん	218	－	1	－	－	1	2	3	1	－	－
(X00-X09)	煙、火及び火炎への曝露	1 283	4	5	4	6	7	26	17	9	18	19
X00	建物又は建造物内の管理されていない火への曝露	1 123	3	5	4	6	7	25	17	9	18	15
(X05-X06)	夜着，その他の着衣及び衣服の発火又は溶解への曝露	73	1	－	－	－	－	1	－	－	－	1
(X10-X19)	熱及び高温物質との接触	124	－	2	1	－	－	3	1	－	－	2
X11	蛇口からの熱湯との接触	91	－	2	1	－	－	3	1	－	－	1
(X40-X49)	有害物質による不慮の中毒及び有害物質への曝露	381	－	－	－	－	－	－	－	－	10	28
X47	その他のガス及び蒸気による不慮の中毒及び曝露	107	－	－	－	－	－	－	－	－	4	3
X48	農薬による不慮の中毒及び曝露	73	－	－	－	－	－	－	－	－	－	－
	男 Male											
(W00-X59)	総数[1]	6 249	60	24	14	12	9	119	23	13	36	59
(W00-W17)	転倒・転落	1 366	4	5	2	3	2	16	4	3	8	13
W01	スリップ，つまづき及びよろめきによる同一平面上での転倒	512	1	－	－	－	－	1	－	－	－	－
W10	階段及びステップからの転落及びその上での転倒	278	－	1	－	－	－	1	－	－	－	1
W13	建物又は建造物からの転落	286	－	4	2	3	2	11	4	3	8	11
(W65-W74)	不慮の溺死及び溺水	1 419	2	8	2	－	－	12	3	2	5	6
W65	浴槽内での溺死及び溺水	1 295	－	5	1	－	－	6	2	2	5	6
W66	浴槽への転落による溺死及び溺水	31	1	3	－	－	－	4	－	－	－	－
(W75-W84)	その他の不慮の窒息	2 052	49	9	8	3	3	72	7	1	6	7
W78	胃内容物の誤えん	325	12	2	－	1	1	16	1	－	2	4
W79	気道閉塞を生じた食物の誤えん	1 398	8	3	6	2	－	19	－	1	3	3
W80	気道閉塞を生じたその他の物体の誤えん	134	－	－	－	－	1	1	3	－	－	－
(X00-X09)	煙、火及び火炎への曝露	806	2	2	2	4	4	14	9	6	10	13
X00	建物又は建造物内の管理されていない火への曝露	702	1	2	2	4	4	13	9	6	10	9
(X05-X06)	夜着，その他の着衣及び衣服の発火又は溶解への曝露	40	1	－	－	－	－	1	－	－	－	1
(X10-X19)	熱及び高温物質との接触	57	－	－	－	－	－	－	－	－	－	－
X11	蛇口からの熱湯との接触	42	－	－	－	－	－	－	－	－	－	－
(X40-X49)	有害物質による不慮の中毒及び有害物質への曝露	221	－	－	－	－	－	－	－	－	5	14
X47	その他のガス及び蒸気による不慮の中毒及び曝露	75	－	－	－	－	－	－	－	－	3	3
X48	農薬による不慮の中毒及び曝露	43	－	－	－	－	－	－	－	－	－	－
	女 Female											
(W00-X59)	総数[1]	5 041	51	22	10	5	6	94	21	18	23	44
(W00-W17)	転倒・転落	820	2	2	3	1	－	8	5	2	3	9
W01	スリップ，つまづき及びよろめきによる同一平面上での転倒	457	－	2	－	－	－	2	－	－	1	－
W10	階段及びステップからの転落及びその上での転倒	147	－	－	1	－	－	1	2	－	－	－
W13	建物又は建造物からの転落	129	－	－	1	1	－	2	3	2	2	8
(W65-W74)	不慮の溺死及び溺水	1 811	3	8	－	1	1	13	2	8	6	8
W65	浴槽内での溺死及び溺水	1 641	3	8	－	1	1	13	2	7	5	7
W66	浴槽への転落による溺死及び溺水	35	－	－	－	－	－	－	－	－	1	1
(W75-W84)	その他の不慮の窒息	1 551	43	5	4	1	2	55	5	5	1	3
W78	胃内容物の誤えん	294	12	2	2	－	1	17	2	－	－	3
W79	気道閉塞を生じた食物の誤えん	1 034	6	2	－	－	1	9	2	3	1	－
W80	気道閉塞を生じたその他の物体の誤えん	84	－	1	－	－	－	1	－	1	－	－
(X00-X09)	煙、火及び火炎への曝露	477	2	3	2	2	3	12	8	3	8	6
X00	建物又は建造物内の管理されていない火への曝露	421	2	3	2	2	3	12	8	3	8	6
(X05-X06)	夜着，その他の着衣及び衣服の発火又は溶解への曝露	33	－	－	－	－	－	－	－	－	－	－
(X10-X19)	熱及び高温物質との接触	67	－	2	1	－	－	3	1	－	－	2
X11	蛇口からの熱湯との接触	49	－	2	1	－	－	3	1	－	－	1
(X40-X49)	有害物質による不慮の中毒及び有害物質への曝露	160	－	－	－	－	－	－	－	－	5	14
X47	その他のガス及び蒸気による不慮の中毒及び曝露	32	－	－	－	－	－	－	－	－	1	－
X48	農薬による不慮の中毒及び曝露	30	－	－	－	－	－	－	－	－	－	－

注：1）不慮の事故の種類は、主な項目のため、たしあげても総数にはならない。

種類別家庭における不慮の事故死亡数・百分率　－平成７～20年－

age (five-year age group) and type of major accident, 1995-2008

平成15年
2003

25～29	30～34	35～39	40～44	45～49	50～54	55～59	60～64	65～69	70～74	75～79	80～84	85～89	90～94	95～99	100～	不詳 Not stated
104	156	142	156	209	402	450	564	899	1 444	1 881	1 821	1 513	842	225	29	3
23	35	33	31	45	74	96	124	207	309	325	318	276	156	56	6	1
2	3	5	9	9	21	26	56	81	108	142	186	173	96	43	5	-
3	2	2	4	11	23	30	34	47	66	69	54	50	20	5	-	-
18	28	20	16	17	23	28	22	32	51	45	27	18	12	3	-	1
8	8	12	17	21	70	81	127	252	514	695	624	478	218	36	3	1
7	8	11	17	18	59	74	112	236	471	633	569	442	190	31	2	1
-	-	1	-	1	2	-	3	4	9	11	14	8	5	1	1	-
15	19	31	31	48	82	103	140	258	408	566	655	573	383	112	17	-
5	6	14	10	12	29	25	33	38	59	63	97	92	69	21	1	-
5	5	8	17	28	40	61	79	180	302	419	482	404	274	76	11	-
1	2	3	1	2	3	11	12	13	18	41	37	38	19	9	2	-
23	30	25	35	50	109	99	86	104	123	182	137	124	50	13	3	1
20	29	23	31	44	95	91	79	93	110	152	115	107	35	11	3	1
-	-	-	1	1	4	3	1	5	5	18	13	12	8	-	-	-
-	1	1	-	3	3	2	10	8	9	28	22	18	10	3	-	-
-	1	1	-	1	1	2	8	6	5	21	18	12	7	3	-	-
31	51	23	27	22	24	26	29	24	28	24	17	12	5	-	-	-
5	8	4	8	6	10	9	10	9	13	8	6	3	1	-	-	-
-	-	-	2	4	1	9	8	7	10	14	7	8	3	-	-	-
70	98	88	105	134	264	312	395	601	911	1 030	885	689	342	65	7	3
16	23	21	20	33	49	73	102	167	236	212	177	117	63	10	2	1
2	3	3	6	4	13	17	44	62	75	80	92	62	39	7	2	-
2	2	2	3	10	18	22	30	38	48	37	29	26	8	1	-	-
12	16	11	10	13	12	22	17	28	39	33	20	9	6	-	-	1
6	2	7	6	11	44	47	76	139	252	293	216	193	86	10	2	1
6	2	6	6	10	36	42	68	127	230	271	201	183	74	9	2	1
-	-	1	-	1	1	-	2	4	6	3	5	2	2	-	-	-
11	12	20	18	30	50	62	86	167	284	361	380	292	152	32	2	-
4	5	10	5	10	18	16	19	22	32	37	47	49	25	2	1	-
4	3	5	10	15	23	33	50	118	215	268	294	203	105	26	-	-
-	2	2	1	1	3	8	8	9	17	30	16	21	9	2	1	-
16	23	16	28	34	72	75	68	78	70	106	73	58	26	9	1	1
13	22	15	25	30	63	67	61	70	65	87	58	50	19	8	1	1
-	-	-	1	-	3	3	1	3	2	11	7	5	2	-	-	-
-	-	-	-	1	3	1	5	3	7	11	9	10	5	2	-	-
-	-	-	-	1	1	1	3	3	4	10	6	7	4	2	-	-
18	29	14	21	11	14	16	19	11	20	11	7	8	3	-	-	-
4	6	4	6	4	8	7	8	4	11	4	3	-	-	-	-	-
-	-	-	2	1	1	7	4	4	7	6	2	7	2	-	-	-
34	58	54	51	75	138	138	169	298	533	851	936	824	500	160	22	-
7	12	12	11	12	25	23	22	40	73	113	141	159	93	46	4	-
-	-	2	3	5	8	9	12	19	33	62	94	111	57	36	3	-
1	-	-	1	1	5	8	4	9	18	32	25	24	12	4	-	-
6	12	9	6	4	11	6	5	4	12	12	7	9	6	3	-	-
2	6	5	11	10	26	34	51	113	262	402	408	285	132	26	1	-
1	6	5	11	8	23	32	44	109	241	362	368	259	116	22	-	-
-	-	-	-	-	1	-	1	-	3	8	9	6	3	1	1	-
4	7	11	13	18	32	41	54	91	124	205	275	281	231	80	15	-
1	1	4	5	2	11	9	14	16	27	26	50	43	44	19	-	-
1	2	3	7	13	17	28	29	62	87	151	188	201	169	50	11	-
1	-	1	-	1	-	3	4	4	1	11	21	17	10	7	1	-
7	7	9	7	16	37	24	18	26	53	76	64	66	24	4	2	-
7	7	8	6	14	32	24	18	23	45	65	57	57	16	3	2	-
-	-	-	-	1	1	-	-	2	3	7	6	7	6	-	-	-
-	1	1	-	2	-	1	5	5	2	17	13	8	5	1	-	-
-	1	1	-	-	-	1	5	3	1	11	12	5	3	1	-	-
13	22	9	6	11	10	10	10	13	8	13	10	4	2	-	-	-
1	2	-	2	2	2	2	2	5	2	4	3	3	1	-	-	-
-	-	-	-	3	-	2	4	3	3	8	5	1	1	-	-	-

Note: 1) All types of accidents are not covered. Thus, the total may not equal to the total number.

第6表　年次・性・年齢階級（5歳階級）・主な不慮の事故の

Table 6. Trends in accidental deaths at home and percentage by sex,

死亡数

Deaths

死因基本分類コード Detailed list of ICD-10 code	死因・性 Causes of death and sex	総数 Total	0歳 Years	1	2	3	4	0〜4	5〜9	10〜14	15〜19	20〜24
	総数 Total											
(W00-X59)	総数[1]	11 205	112	64	29	11	16	232	39	41	44	92
(W00-W17)	転倒・転落	2 201	6	9	5	2	1	23	3	5	8	20
W01	スリップ，つまづき及びよろめきによる同一平面上での転倒	998	3	3	1	−	−	7	−	1	−	2
W10	階段及びステップからの転落及びその上での転倒	429	−	−	−	−	−	−	−	−	−	2
W13	建物又は建造物からの転落	386	−	4	3	2	1	10	3	3	8	16
(W65-W74)	不慮の溺死及び溺水	3 091	16	24	6	1	1	48	3	9	11	16
W65	浴槽内での溺死及び溺水	2 813	13	16	4	−	−	33	2	9	10	14
W66	浴槽への転落による溺死及び溺水	57	3	7	−	−	−	10	−	−	−	1
(W75-W84)	その他の不慮の窒息	3 607	88	24	10	1	3	126	10	8	10	15
W78	胃内容物の誤えん	568	24	2	2	1	−	29	2	4	5	7
W79	気道閉塞を生じた食物の誤えん	2 431	15	10	2	−	1	28	2	1	4	3
W80	気道閉塞を生じたその他の物体の誤えん	239	5	3	1	−	1	10	2	−	1	1
(X00-X09)	煙、火及び火炎への曝露	1 201	−	5	8	7	11	31	22	13	5	9
X00	建物又は建造物内の管理されていない火への曝露	1 064	−	5	8	7	11	31	21	13	5	9
(X05-X06)	夜着，その他の着衣及び衣服の発火又は溶解への曝露	80	−	−	−	−	−	−	−	−	−	−
(X10-X19)	熱及び高温物質との接触	94	−	−	−	−	−	−	1	1	−	−
X11	蛇口からの熱湯との接触	78	−	−	−	−	−	−	1	−	−	−
(X40-X49)	有害物質による不慮の中毒及び有害物質への曝露	397	−	−	−	−	−	−	−	−	8	26
X47	その他のガス及び蒸気による不慮の中毒及び曝露	98	−	−	−	−	−	−	−	−	5	5
X48	農薬による不慮の中毒及び曝露	64	−	−	−	−	−	−	−	−	−	1
	男 Male											
(W00-X59)	総数[1]	6 265	67	38	23	7	10	145	22	21	19	51
(W00-W17)	転倒・転落	1 416	6	7	4	2	1	20	2	2	5	14
W01	スリップ，つまづき及びよろめきによる同一平面上での転倒	569	3	2	1	−	−	6	−	−	−	1
W10	階段及びステップからの転落及びその上での転倒	267	−	−	−	−	−	−	−	−	−	1
W13	建物又は建造物からの転落	292	−	4	2	2	1	9	2	1	5	12
(W65-W74)	不慮の溺死及び溺水	1 403	10	15	5	1	−	31	2	5	3	9
W65	浴槽内での溺死及び溺水	1 277	8	13	3	−	−	24	2	5	2	9
W66	浴槽への転落による溺死及び溺水	24	2	2	−	−	−	4	−	−	−	−
(W75-W84)	その他の不慮の窒息	2 063	50	14	8	1	2	75	6	8	4	9
W78	胃内容物の誤えん	292	15	1	2	1	−	19	2	4	4	4
W79	気道閉塞を生じた食物の誤えん	1 452	11	6	2	−	1	20	1	1	−	1
W80	気道閉塞を生じたその他の物体の誤えん	136	3	1	1	−	1	6	−	−	−	1
(X00-X09)	煙、火及び火炎への曝露	688	−	1	6	3	7	17	12	4	1	2
X00	建物又は建造物内の管理されていない火への曝露	619	−	1	6	3	7	17	11	4	1	2
(X05-X06)	夜着，その他の着衣及び衣服の発火又は溶解への曝露	35	−	−	−	−	−	−	−	−	−	−
(X10-X19)	熱及び高温物質との接触	57	−	−	−	−	−	−	−	−	−	−
X11	蛇口からの熱湯との接触	50	−	−	−	−	−	−	−	−	−	−
(X40-X49)	有害物質による不慮の中毒及び有害物質への曝露	233	−	−	−	−	−	−	−	−	5	12
X47	その他のガス及び蒸気による不慮の中毒及び曝露	71	−	−	−	−	−	−	−	−	2	4
X48	農薬による不慮の中毒及び曝露	39	−	−	−	−	−	−	−	−	−	1
	女 Female											
(W00-X59)	総数[1]	4 940	45	26	6	4	6	87	17	20	25	41
(W00-W17)	転倒・転落	785	−	2	1	−	−	3	1	3	3	6
W01	スリップ，つまづき及びよろめきによる同一平面上での転倒	429	−	1	−	−	−	1	−	1	−	1
W10	階段及びステップからの転落及びその上での転倒	162	−	−	−	−	−	−	−	−	−	1
W13	建物又は建造物からの転落	94	−	−	1	−	−	1	1	2	3	4
(W65-W74)	不慮の溺死及び溺水	1 688	6	9	1	−	1	17	1	4	8	7
W65	浴槽内での溺死及び溺水	1 536	5	3	1	−	−	9	−	4	8	5
W66	浴槽への転落による溺死及び溺水	33	1	5	−	−	−	6	−	−	−	1
(W75-W84)	その他の不慮の窒息	1 544	38	10	2	−	1	51	4	−	6	6
W78	胃内容物の誤えん	276	9	1	−	−	−	10	−	−	1	3
W79	気道閉塞を生じた食物の誤えん	979	4	4	−	−	−	8	1	−	4	2
W80	気道閉塞を生じたその他の物体の誤えん	103	2	2	−	−	−	4	2	−	1	−
(X00-X09)	煙、火及び火炎への曝露	513	−	4	2	4	4	14	10	9	4	7
X00	建物又は建造物内の管理されていない火への曝露	445	−	4	2	4	4	14	10	9	4	7
(X05-X06)	夜着，その他の着衣及び衣服の発火又は溶解への曝露	45	−	−	−	−	−	−	−	−	−	−
(X10-X19)	熱及び高温物質との接触	37	−	−	−	−	−	−	1	1	−	−
X11	蛇口からの熱湯との接触	28	−	−	−	−	−	−	1	−	−	−
(X40-X49)	有害物質による不慮の中毒及び有害物質への曝露	164	−	−	−	−	−	−	−	−	3	14
X47	その他のガス及び蒸気による不慮の中毒及び曝露	27	−	−	−	−	−	−	−	−	3	1
X48	農薬による不慮の中毒及び曝露	25	−	−	−	−	−	−	−	−	−	−

注：1）不慮の事故の種類は、主な項目のため、たしあげても総数にはならない。

種類別家庭における不慮の事故死亡数・百分率 －平成７～20年－

age (five-year age group) and type of major accident, 1995-2008

平成16年
2004

25～29	30～34	35～39	40～44	45～49	50～54	55～59	60～64	65～69	70～74	75～79	80～84	85～89	90～94	95～99	100～	不詳 Not stated
110	152	158	174	223	310	503	628	847	1 360	1 873	1 832	1 463	861	222	33	8
27	30	21	39	40	63	119	150	192	288	357	314	273	172	43	9	5
2	5	3	7	12	19	33	50	73	130	163	171	176	113	25	6	–
6	4	3	5	10	16	43	51	45	46	72	59	30	27	10	–	–
15	19	14	26	15	22	31	25	39	44	36	25	20	6	3	1	5
8	15	11	19	28	47	83	143	248	416	651	663	427	203	37	5	–
8	15	11	18	28	44	79	130	230	376	594	603	392	181	32	4	–
–	–	–	–	–	–	1	4	3	8	13	7	6	2	2	–	–
14	21	29	29	47	66	111	147	239	407	597	610	584	395	123	19	–
4	11	10	17	12	18	24	27	34	44	84	75	86	58	16	1	–
5	5	14	5	27	38	69	101	164	302	426	451	412	270	89	15	–
1	2	2	1	3	5	3	10	20	35	37	37	38	26	4	1	–
21	26	33	35	54	69	79	114	97	137	155	139	111	42	7	–	2
17	25	30	32	49	63	77	100	86	120	133	119	92	34	6	–	2
–	–	–	–	3	2	1	5	7	12	13	15	15	6	1	–	–
–	1	1	1	–	5	3	5	2	12	11	23	14	14	–	–	–
–	1	–	–	–	3	3	5	2	11	9	19	11	13	–	–	–
38	48	47	37	31	23	38	18	17	16	23	14	9	3	1	–	–
8	10	6	8	8	7	9	6	7	4	8	5	2	–	–	–	–
–	1	2	3	4	3	6	4	5	10	13	6	5	1	–	–	–
62	96	94	121	142	220	349	420	560	871	1 093	862	669	356	75	11	6
15	19	16	33	34	47	95	109	148	224	249	175	122	66	14	3	4
–	4	2	5	9	13	22	37	50	99	107	84	77	44	8	1	–
2	4	2	5	10	10	38	31	31	34	44	30	13	9	3	–	–
10	10	11	22	12	18	24	22	36	36	29	17	8	2	1	1	4
4	10	4	11	8	24	46	85	140	210	296	223	194	86	11	1	–
4	10	4	10	8	22	43	76	126	189	270	204	179	79	10	1	–
–	–	–	–	–	–	–	3	3	3	6	3	2	–	–	–	–
10	13	22	18	29	48	69	80	154	274	394	354	280	166	43	7	–
2	6	8	11	6	14	16	17	19	27	48	27	35	15	7	1	–
5	4	9	3	16	25	42	55	112	206	296	287	212	121	30	6	–
–	1	2	–	2	4	3	3	12	29	23	21	13	14	2	–	–
7	18	16	26	32	53	53	84	67	87	90	59	41	15	3	–	1
5	17	14	23	30	49	52	78	58	77	77	54	34	13	2	–	1
–	–	–	–	2	1	–	2	6	5	7	3	6	2	1	–	–
–	1	–	1	–	4	2	5	2	6	5	15	7	9	–	–	–
–	1	–	–	–	3	2	5	2	6	4	14	5	8	–	–	–
25	28	24	19	22	12	25	13	12	10	12	6	6	1	1	–	–
6	6	3	7	7	5	9	6	6	3	4	1	2	–	–	–	–
–	1	–	2	3	2	6	3	3	6	7	2	2	1	–	–	–
48	56	64	53	81	90	154	208	287	489	780	970	794	505	147	22	2
12	11	5	6	6	16	24	41	44	64	108	139	151	106	29	6	1
2	1	1	2	3	6	11	13	23	31	56	87	99	69	17	5	–
4	–	1	–	–	6	5	20	14	12	28	29	17	18	7	–	–
5	9	3	4	3	4	7	3	3	8	7	8	12	4	2	–	1
4	5	7	8	20	23	37	58	108	206	355	440	233	117	26	4	–
4	5	7	8	20	22	36	54	104	187	324	399	213	102	22	3	–
–	–	–	–	–	–	1	1	–	5	7	4	4	2	2	–	–
4	8	7	11	18	18	42	67	85	133	203	256	304	229	80	12	–
2	5	2	6	6	4	8	10	15	17	36	48	51	43	9	–	–
–	1	5	2	11	13	27	46	52	96	130	164	200	149	59	9	–
1	1	–	1	1	1	–	7	8	6	14	16	25	12	2	1	–
14	8	17	9	22	16	26	30	30	50	65	80	70	27	4	–	1
12	8	16	9	19	14	25	22	28	43	56	65	58	21	4	–	1
–	–	–	–	1	1	1	3	1	7	6	12	9	4	–	–	–
–	–	1	–	–	1	1	–	–	6	6	8	7	5	–	–	–
–	–	–	–	–	–	1	–	–	5	5	5	6	5	–	–	–
13	20	23	18	9	11	13	5	5	6	11	8	3	2	–	–	–
2	4	3	1	1	2	–	–	1	1	4	4	–	–	–	–	–
–	–	2	1	1	1	–	1	2	4	6	4	3	–	–	–	–

Note: 1) All types of accidents are not covered. Thus, the total may not equal to the total number.

第6表　年次・性・年齢階級（5歳階級）・主な不慮の事故の

Table 6. Trends in accidental deaths at home and percentage by sex,

死亡数

Deaths

死因基本分類コード Detailed list of ICD-10 code	死因・性 Causes of death and sex	総数 Total	0歳 Years	1	2	3	4	0～4	5～9	10～14	15～19	20～24
	総数 Total											
(W00-X59)	総数[1]	12 781	138	55	23	20	20	256	46	40	60	87
(W00-W17)	転倒・転落	2 425	4	7	6	4	1	22	3	7	13	26
W01	スリップ，つまづき及びよろめきによる同一平面上での転倒	1 137	-	-	1	-	-	1	-	-	1	-
W10	階段及びステップからの転落及びその上での転倒	485	1	-	-	-	-	1	-	1	-	1
W13	建物又は建造物からの転落	406	-	4	2	4	1	11	3	6	12	24
(W65-W74)	不慮の溺死及び溺水	3 691	7	22	1	2	3	35	6	12	12	9
W65	浴槽内での溺死及び溺水	3 281	6	17	1	2	2	28	5	11	11	8
W66	浴槽への転落による溺死及び溺水	56	1	2	-	-	-	3	-	-	-	-
(W75-W84)	その他の不慮の窒息	4 007	119	18	5	5	4	151	11	8	14	9
W78	胃内容物の誤えん	644	29	9	-	1	2	41	3	-	5	5
W79	気道閉塞を生じた食物の誤えん	2 699	21	2	3	1	1	28	2	5	4	3
W80	気道閉塞を生じたその他の物体の誤えん	221	3	1	-	-	1	5	1	-	1	1
(X00-X09)	煙、火及び火炎への曝露	1 397	6	5	11	9	11	42	22	13	12	13
X00	建物又は建造物内の管理されていない火への曝露	1 207	6	5	11	9	11	42	21	13	10	12
(X05-X06)	夜着，その他の着衣及び衣服の発火又は溶解への曝露	97	-	-	-	-	-	-	1	-	-	-
(X10-X19)	熱及び高温物質との接触	141	-	1	-	-	-	1	2	-	-	-
X11	蛇口からの熱湯との接触	120	-	1	-	-	-	1	1	-	-	-
(X40-X49)	有害物質による不慮の中毒及び有害物質への曝露	439	-	-	-	-	-	-	-	-	7	28
X47	その他のガス及び蒸気による不慮の中毒及び曝露	120	-	-	-	-	-	-	-	-	3	5
X48	農薬による不慮の中毒及び曝露	83	-	-	-	-	-	-	-	-	-	-
	男 Male											
(W00-X59)	総数[1]	7 069	77	33	13	13	11	147	30	23	32	50
(W00-W17)	転倒・転落	1 543	2	2	2	2	-	8	3	7	9	19
W01	スリップ，つまづき及びよろめきによる同一平面上での転倒	653	-	-	-	-	-	-	-	-	1	-
W10	階段及びステップからの転落及びその上での転倒	293	1	-	-	-	-	1	-	1	-	1
W13	建物又は建造物からの転落	296	-	1	1	2	-	4	3	6	8	18
(W65-W74)	不慮の溺死及び溺水	1 659	3	18	1	1	1	24	4	5	5	3
W65	浴槽内での溺死及び溺水	1 474	2	14	1	1	1	19	3	4	4	3
W66	浴槽への転落による溺死及び溺水	22	1	1	-	-	-	2	-	-	-	-
(W75-W84)	その他の不慮の窒息	2 280	67	9	3	3	3	85	9	6	9	4
W78	胃内容物の誤えん	349	18	4	-	-	2	24	3	-	3	2
W79	気道閉塞を生じた食物の誤えん	1 559	14	1	2	-	1	18	-	3	4	1
W80	気道閉塞を生じたその他の物体の誤えん	127	2	1	-	-	-	3	1	-	-	1
(X00-X09)	煙、火及び火炎への曝露	820	3	3	7	7	6	26	12	5	5	10
X00	建物又は建造物内の管理されていない火への曝露	714	3	3	7	7	6	26	12	5	4	9
(X05-X06)	夜着，その他の着衣及び衣服の発火又は溶解への曝露	46	-	-	-	-	-	-	-	-	-	-
(X10-X19)	熱及び高温物質との接触	87	-	-	-	-	-	-	1	-	-	-
X11	蛇口からの熱湯との接触	75	-	-	-	-	-	-	1	-	-	-
(X40-X49)	有害物質による不慮の中毒及び有害物質への曝露	251	-	-	-	-	-	-	-	-	3	12
X47	その他のガス及び蒸気による不慮の中毒及び曝露	87	-	-	-	-	-	-	-	-	3	2
X48	農薬による不慮の中毒及び曝露	49	-	-	-	-	-	-	-	-	-	-
	女 Female											
(W00-X59)	総数[1]	5 712	61	22	10	7	9	109	16	17	28	37
(W00-W17)	転倒・転落	882	2	5	4	2	1	14	-	-	4	7
W01	スリップ，つまづき及びよろめきによる同一平面上での転倒	484	-	-	1	-	-	1	-	-	-	-
W10	階段及びステップからの転落及びその上での転倒	192	-	-	-	-	-	-	-	-	-	-
W13	建物又は建造物からの転落	110	-	3	1	2	1	7	-	-	4	6
(W65-W74)	不慮の溺死及び溺水	2 032	4	4	-	1	2	11	2	7	7	6
W65	浴槽内での溺死及び溺水	1 807	4	3	-	1	1	9	2	7	7	5
W66	浴槽への転落による溺死及び溺水	34	-	1	-	-	-	1	-	-	-	-
(W75-W84)	その他の不慮の窒息	1 727	52	9	2	2	1	66	2	2	5	5
W78	胃内容物の誤えん	295	11	5	-	1	-	17	-	-	2	3
W79	気道閉塞を生じた食物の誤えん	1 140	7	1	1	1	-	10	2	2	-	2
W80	気道閉塞を生じたその他の物体の誤えん	94	1	-	-	-	1	2	-	-	1	-
(X00-X09)	煙、火及び火炎への曝露	577	3	2	4	2	5	16	10	8	7	3
X00	建物又は建造物内の管理されていない火への曝露	493	3	2	4	2	5	16	9	8	6	3
(X05-X06)	夜着，その他の着衣及び衣服の発火又は溶解への曝露	51	-	-	-	-	-	-	1	-	-	-
(X10-X19)	熱及び高温物質との接触	54	-	1	-	-	-	1	1	-	-	-
X11	蛇口からの熱湯との接触	45	-	1	-	-	-	1	-	-	-	-
(X40-X49)	有害物質による不慮の中毒及び有害物質への曝露	188	-	-	-	-	-	-	-	-	4	16
X47	その他のガス及び蒸気による不慮の中毒及び曝露	33	-	-	-	-	-	-	-	-	-	3
X48	農薬による不慮の中毒及び曝露	34	-	-	-	-	-	-	-	-	-	-

注：1）不慮の事故の種類は、主な項目のため、たしあげても総数にはならない。

種類別家庭における不慮の事故死亡数・百分率 －平成７～20年－

age (five-year age group) and type of major accident, 1995-2008

平成17年
2005

25～29	30～34	35～39	40～44	45～49	50～54	55～59	60～64	65～69	70～74	75～79	80～84	85～89	90～94	95～99	100～	不詳 Not stated
125	156	161	193	241	375	591	714	927	1 533	2 131	2 104	1 693	999	295	46	8
21	31	23	38	47	82	128	170	208	309	383	351	292	193	71	7	－
1	3	4	7	15	26	49	52	83	133	181	198	197	130	52	4	－
－	5	5	6	8	24	35	55	49	61	78	78	42	26	9	1	－
19	22	12	20	20	24	26	37	39	49	31	17	18	14	1	1	－
11	20	11	21	26	53	98	158	257	552	801	805	512	237	50	5	－
10	18	8	19	22	50	88	137	236	495	709	717	445	213	47	4	－
－	－	1	－	－	1	4	6	3	6	12	9	7	3	－	1	－
21	29	32	41	47	86	124	175	262	418	630	660	654	457	147	31	－
8	10	15	15	8	12	25	23	39	68	71	97	103	66	23	7	－
4	6	10	21	32	57	72	120	186	297	463	477	476	326	94	16	－
2	2	2	2	4	4	7	10	11	16	44	42	31	21	13	2	－
23	25	41	31	71	75	120	107	102	134	180	162	151	51	12	2	8
21	23	38	26	65	66	107	97	89	115	147	133	123	39	10	2	8
2	－	－	3	2	2	5	4	6	8	15	19	22	7	1	－	－
1	－	－	1	2	3	6	3	11	13	21	30	31	13	3	－	－
1	－	－	1	2	2	4	3	10	11	19	25	27	11	2	－	－
43	40	42	41	27	31	41	27	18	27	24	23	9	9	2	－	－
11	10	8	9	8	13	19	7	3	11	6	4	1	1	1	－	－
2	－	2	5	2	4	9	6	7	11	11	14	5	5	－	－	－
67	90	102	125	151	264	412	490	610	947	1 245	992	749	419	105	12	7
15	21	16	28	31	64	92	128	159	239	260	180	146	87	28	3	－
1	3	2	5	10	18	35	40	63	99	108	92	93	60	22	1	－
－	3	4	5	6	22	27	33	33	44	48	37	19	8	1	－	－
13	14	10	13	11	18	16	31	33	41	26	11	11	7	1	1	－
5	8	9	14	12	29	62	102	140	262	363	305	194	86	24	3	－
4	8	6	12	10	28	56	88	133	238	320	270	164	77	24	3	－
－	－	1	－	－	－	3	3	－	4	4	1	4	－	－	－	－
7	17	20	26	27	57	75	110	166	285	434	389	308	199	42	5	－
3	5	8	10	5	10	16	15	24	43	48	53	42	29	6	－	－
－	3	7	14	16	32	43	78	118	206	326	285	234	143	24	4	－
－	1	1	1	4	3	3	7	7	14	31	21	10	12	7	－	－
14	12	24	17	47	53	92	79	70	83	104	66	65	24	5	－	7
13	10	21	14	44	46	82	71	63	72	83	55	55	19	3	－	7
1	－	－	2	1	2	3	3	2	5	8	8	7	3	1	－	－
－	－	－	1	2	1	4	2	9	7	13	17	21	8	1	－	－
－	－	－	1	2	1	3	2	8	5	11	15	18	7	1	－	－
23	24	22	28	15	23	28	15	10	20	14	8	1	4	1	－	－
8	7	5	7	7	10	17	7	2	7	4	－	－	－	1	－	－
2	－	－	4	1	4	4	5	5	8	6	7	1	2	－	－	－
58	66	59	68	90	111	179	224	317	586	886	1 112	944	580	190	34	1
6	10	7	10	16	18	36	42	49	70	123	171	146	106	43	4	－
－	－	2	2	5	8	14	12	20	34	73	106	104	70	30	3	－
－	2	1	1	2	2	8	22	16	17	30	41	23	18	8	1	－
6	8	2	7	9	6	10	6	6	8	5	6	7	7	－	－	－
6	12	2	7	14	24	36	56	117	290	438	500	318	151	26	2	－
6	10	2	7	12	22	32	49	103	257	389	447	281	136	23	1	－
－	－	－	－	－	1	1	3	3	2	8	8	3	3	－	1	－
14	12	12	15	20	29	49	65	96	133	196	271	346	258	105	26	－
5	5	7	5	3	2	9	8	15	25	23	44	61	37	17	7	－
4	3	3	7	16	25	29	42	68	91	137	192	242	183	70	12	－
2	1	1	1	－	1	4	3	4	2	13	21	21	9	6	2	－
9	13	17	14	24	22	28	28	32	51	76	96	86	27	7	2	1
8	13	17	12	21	20	25	26	26	43	64	78	68	20	7	2	1
1	－	－	1	1	－	2	1	4	3	7	11	15	4	－	－	－
1	－	－	－	－	2	2	1	2	6	8	13	10	5	2	－	－
1	－	－	－	－	1	1	1	2	6	8	10	9	4	1	－	－
20	16	20	13	12	8	13	12	8	7	10	15	8	5	1	－	－
3	3	3	2	1	3	2	－	1	4	2	4	1	1	－	－	－
－	－	2	1	1	－	5	1	2	3	5	7	4	3	－	－	－

Note: 1) All types of accidents are not covered. Thus, the total may not equal to the total number.

第6表　年次・性・年齢階級（5歳階級）・主な不慮の事故の

Table 6. Trends in accidental deaths at home and percentage by sex,

死亡数

Deaths

死因基本分類コード Detailed list of ICD-10 code	死因・性 Causes of death and sex	総数 Total	0歳 Years	1	2	3	4	0〜4	5〜9	10〜14	15〜19	20〜24
	総数 Total											
(W00-X59)	総数[1)]	12 152	116	46	26	15	12	215	34	33	47	83
(W00-W17)	転倒・転落	2 260	3	6	4	3	1	17	6	4	17	23
W01	スリップ，つまづき及びよろめきによる同一平面上での転倒	1 036	1	3	1	−	−	5	−	−	−	1
W10	階段及びステップからの転落及びその上での転倒	435	−	2	−	−	−	2	−	−	−	1
W13	建物又は建造物からの転落	412	−	1	2	2	1	6	5	3	15	20
(W65-W74)	不慮の溺死及び溺水	3 632	9	21	2	2	1	35	5	10	10	6
W65	浴槽内での溺死及び溺水	3 316	7	16	2	2	1	28	5	10	10	6
W66	浴槽への転落による溺死及び溺水	54	1	3	−	−	−	4	−	−	−	−
(W75-W84)	その他の不慮の窒息	3 768	97	14	10	3	4	128	4	2	7	14
W78	胃内容物の誤えん	644	20	1	2	1	1	25	1	−	1	7
W79	気道閉塞を生じた食物の誤えん	2 492	13	3	6	1	3	26	−	−	−	2
W80	気道閉塞を生じたその他の物体の誤えん	220	4	3	−	−	−	7	1	−	3	1
(X00-X09)	煙、火及び火炎への曝露	1 319	2	5	6	5	5	23	17	15	6	16
X00	建物又は建造物内の管理されていない火への曝露	1 169	2	5	6	5	5	23	17	14	6	14
(X05-X06)	夜着，その他の着衣及び衣服の発火又は溶解への曝露	61	−	−	−	−	−	−	−	1	−	−
(X10-X19)	熱及び高温物質との接触	128	−	−	1	−	−	1	−	−	−	−
X11	蛇口からの熱湯との接触	112	−	−	1	−	−	1	−	−	−	−
(X40-X49)	有害物質による不慮の中毒及び有害物質への曝露	445	−	−	−	2	−	2	1	2	5	21
X47	その他のガス及び蒸気による不慮の中毒及び曝露	89	−	−	−	1	−	1	−	1	−	3
X48	農薬による不慮の中毒及び曝露	89	−	−	−	−	−	−	−	−	−	−
	男 Male											
(W00-X59)	総数[1)]	6 707	66	27	7	7	6	113	18	17	26	49
(W00-W17)	転倒・転落	1 436	1	3	1	1	−	6	3	2	9	14
W01	スリップ，つまづき及びよろめきによる同一平面上での転倒	573	1	1	1	−	−	3	−	−	−	1
W10	階段及びステップからの転落及びその上での転倒	294	−	2	−	−	−	2	−	−	−	−
W13	建物又は建造物からの転落	278	−	−	−	1	−	1	3	2	9	13
(W65-W74)	不慮の溺死及び溺水	1 606	4	12	1	−	1	18	4	5	6	3
W65	浴槽内での溺死及び溺水	1 474	3	9	1	−	1	14	4	5	6	3
W66	浴槽への転落による溺死及び溺水	21	1	1	−	−	−	2	−	−	−	−
(W75-W84)	その他の不慮の窒息	2 144	55	9	3	2	3	72	2	1	4	9
W78	胃内容物の誤えん	354	14	1	1	1	1	18	1	−	−	5
W79	気道閉塞を生じた食物の誤えん	1 447	7	3	1	−	2	13	−	−	−	1
W80	気道閉塞を生じたその他の物体の誤えん	133	2	1	−	−	−	3	1	−	2	−
(X00-X09)	煙、火及び火炎への曝露	814	2	3	2	3	2	12	9	8	3	11
X00	建物又は建造物内の管理されていない火への曝露	722	2	3	2	3	2	12	9	7	3	9
(X05-X06)	夜着，その他の着衣及び衣服の発火又は溶解への曝露	39	−	−	−	−	−	−	−	1	−	−
(X10-X19)	熱及び高温物質との接触	78	−	−	−	−	−	−	−	−	−	−
X11	蛇口からの熱湯との接触	68	−	−	−	−	−	−	−	−	−	−
(X40-X49)	有害物質による不慮の中毒及び有害物質への曝露	257	−	−	−	1	−	1	−	1	2	10
X47	その他のガス及び蒸気による不慮の中毒及び曝露	65	−	−	−	−	−	−	−	−	−	2
X48	農薬による不慮の中毒及び曝露	48	−	−	−	−	−	−	−	−	−	−
	女 Female											
(W00-X59)	総数[1)]	5 445	50	19	19	8	6	102	16	16	21	34
(W00-W17)	転倒・転落	824	2	3	3	2	1	11	3	2	8	9
W01	スリップ，つまづき及びよろめきによる同一平面上での転倒	463	−	2	−	−	−	2	−	−	−	−
W10	階段及びステップからの転落及びその上での転倒	141	−	−	−	−	−	−	−	−	−	1
W13	建物又は建造物からの転落	134	−	1	2	1	1	5	2	1	6	7
(W65-W74)	不慮の溺死及び溺水	2 026	5	9	1	2	−	17	1	5	4	3
W65	浴槽内での溺死及び溺水	1 842	4	7	1	2	−	14	1	5	4	3
W66	浴槽への転落による溺死及び溺水	33	−	2	−	−	−	2	−	−	−	−
(W75-W84)	その他の不慮の窒息	1 624	42	5	7	1	1	56	2	1	3	5
W78	胃内容物の誤えん	290	6	−	1	−	−	7	−	−	1	2
W79	気道閉塞を生じた食物の誤えん	1 045	6	−	5	1	1	13	−	−	−	1
W80	気道閉塞を生じたその他の物体の誤えん	87	2	2	−	−	−	4	−	−	1	1
(X00-X09)	煙、火及び火炎への曝露	505	−	2	4	2	3	11	8	7	3	5
X00	建物又は建造物内の管理されていない火への曝露	447	−	2	4	2	3	11	8	7	3	5
(X05-X06)	夜着，その他の着衣及び衣服の発火又は溶解への曝露	22	−	−	−	−	−	−	−	−	−	−
(X10-X19)	熱及び高温物質との接触	50	−	−	1	−	−	1	−	−	−	−
X11	蛇口からの熱湯との接触	44	−	−	1	−	−	1	−	−	−	−
(X40-X49)	有害物質による不慮の中毒及び有害物質への曝露	188	−	−	−	1	−	1	1	1	3	11
X47	その他のガス及び蒸気による不慮の中毒及び曝露	24	−	−	−	1	−	1	−	1	−	1
X48	農薬による不慮の中毒及び曝露	41	−	−	−	−	−	−	−	−	−	−

注：1）不慮の事故の種類は、主な項目のため、たしあげても総数にはならない。

種類別家庭における不慮の事故死亡数・百分率 －平成７～20年－

age (five-year age group) and type of major accident, 1995-2008

平成18年
2006

25～29	30～34	35～39	40～44	45～49	50～54	55～59	60～64	65～69	70～74	75～79	80～84	85～89	90～94	95～99	100～	不詳 Not stated
117	131	158	191	207	326	558	629	910	1 430	2 090	2 169	1 570	958	258	36	2
21	19	28	37	46	66	131	139	180	287	363	349	273	182	60	11	1
3	2	4	13	14	21	36	47	68	102	180	191	174	121	44	10	-
1	-	4	5	12	16	31	42	43	75	71	59	39	25	9	-	-
16	16	18	15	17	21	45	26	28	49	38	39	22	10	2	-	1
8	16	10	18	23	38	93	136	273	520	826	792	534	237	41	1	-
7	16	9	17	20	37	87	126	257	463	753	719	492	216	37	1	-
-	-	1	-	-	1	2	2	5	5	14	9	7	3	1	-	-
28	21	30	35	42	63	145	175	243	365	605	703	583	421	131	23	-
20	11	14	10	12	10	33	27	37	65	87	98	95	66	22	3	-
2	4	8	21	20	36	87	119	163	258	431	502	413	300	85	15	-
1	1	1	-	1	5	10	11	13	16	35	46	25	26	13	4	-
23	27	34	42	46	78	95	103	123	138	166	184	105	68	8	1	1
21	19	32	41	45	72	86	98	112	118	143	155	89	57	6	-	1
1	3	1	-	1	1	2	3	4	9	9	11	10	3	2	-	-
1	1	1	1	2	6	3	3	6	21	17	31	18	12	4	-	-
1	1	1	1	2	3	3	2	6	16	13	31	16	11	4	-	-
32	40	42	42	34	34	33	24	33	33	21	23	13	7	3	-	-
4	7	6	5	7	7	12	6	11	9	7	2	-	1	-	-	-
-	1	1	4	4	5	4	9	9	17	5	15	7	5	3	-	-
66	73	95	125	139	218	370	418	563	907	1 202	1 090	707	413	85	11	2
11	8	14	23	35	48	95	116	134	217	252	216	135	75	20	2	1
1	1	3	7	11	13	22	36	49	67	115	102	77	48	15	2	-
1	-	3	4	9	13	22	35	33	58	46	37	16	12	3	-	-
9	7	7	9	12	15	34	22	20	39	29	25	16	4	1	-	1
3	8	5	8	10	22	58	76	139	266	371	308	190	93	13	-	-
3	8	4	7	8	21	56	70	131	236	339	285	174	89	11	-	-
-	-	1	-	-	1	-	1	1	2	8	4	1	-	-	-	-
17	15	16	24	21	40	84	97	134	253	405	403	311	187	41	8	-
13	7	10	8	7	8	23	15	17	37	51	55	50	21	8	-	-
2	3	2	13	8	21	44	67	95	189	302	290	226	139	26	6	-
-	1	-	-	-	3	8	7	8	14	20	30	11	18	5	2	-
17	14	22	31	35	51	65	74	91	96	99	92	45	32	5	1	1
16	8	20	30	35	46	59	70	84	81	83	79	36	30	4	-	1
1	2	1	-	-	1	2	3	3	6	7	7	4	-	1	-	-
-	1	1	1	1	3	1	3	4	16	10	19	8	8	2	-	-
-	1	1	1	1	2	1	2	4	13	7	19	7	7	2	-	-
16	22	28	23	25	18	20	18	21	19	13	12	4	3	1	-	-
3	7	6	5	6	5	10	4	7	5	4	1	-	-	-	-	-
-	-	-	2	3	3	2	6	5	10	2	9	3	2	1	-	-
51	58	63	66	68	108	188	211	347	523	888	1 079	863	545	173	25	-
10	11	14	14	11	18	36	23	46	70	111	133	138	107	40	9	-
2	1	1	6	3	8	14	11	19	35	65	89	97	73	29	8	-
-	-	1	1	3	3	9	7	10	17	25	22	23	13	6	-	-
7	9	11	6	5	6	11	4	8	10	9	14	6	6	1	-	-
5	8	5	10	13	16	35	60	134	254	455	484	344	144	28	1	-
4	8	5	10	12	16	31	56	126	227	414	434	318	127	26	1	-
-	-	-	-	-	-	2	1	4	3	6	5	6	3	1	-	-
11	6	14	11	21	23	61	78	109	112	200	300	272	234	90	15	-
7	4	4	2	5	2	10	12	20	28	36	43	45	45	14	3	-
-	1	6	8	12	15	43	52	68	69	129	212	187	161	59	9	-
1	-	1	-	1	2	2	4	5	2	15	16	14	8	8	2	-
6	13	12	11	11	27	30	29	32	42	67	92	60	36	3	-	-
5	11	12	11	10	26	27	28	28	37	60	76	53	27	2	-	-
-	1	-	-	1	-	-	-	1	3	2	4	6	3	1	-	-
1	-	-	-	1	3	2	-	2	5	7	12	10	4	2	-	-
1	-	-	-	1	1	2	-	2	3	6	12	9	4	2	-	-
16	18	14	19	9	16	13	6	12	14	8	11	9	4	2	-	-
1	-	-	-	1	2	2	2	4	4	3	1	-	1	-	-	-
-	1	1	2	1	2	2	3	4	7	3	6	4	3	2	-	-

Note: 1) All types of accidents are not covered. Thus, the total may not equal to the total number.

第6表　年次・性・年齢階級（5歳階級）・主な不慮の事故の
Table 6. Trends in accidental deaths at home and percentage by sex,

死亡数
Deaths

死因基本分類コード Detailed list of ICD-10 code	死因・性 Causes of death and sex	総数 Total	0歳 Years	1	2	3	4	0～4	5～9	10～14	15～19	20～24
	総数 Total											
(W00-X59)	総数[1)]	12 415	106	29	22	17	12	186	30	37	46	91
(W00-W17)	転倒・転落	2 418	3	1	5	4	4	17	1	9	8	23
W01	スリップ，つまづき及びよろめきによる同一平面上での転倒	1 167	－	－	2	1	－	3	－	－	－	1
W10	階段及びステップからの転落及びその上での転倒	433	1	1	－	－	－	2	1	－	－	1
W13	建物又は建造物からの転落	403	－	－	3	3	4	10	－	9	7	20
(W65-W74)	不慮の溺死及び溺水	3 566	9	13	5	2	1	30	3	3	15	13
W65	浴槽内での溺死及び溺水	3 253	7	9	4	1	1	22	3	3	14	12
W66	浴槽への転落による溺死及び溺水	55	2	2	－	－	－	4	－	－	1	－
(W75-W84)	その他の不慮の窒息	3 762	85	12	7	4	3	111	9	5	4	19
W78	胃内容物の誤えん	589	17	4	1	－	1	23	2	2	3	8
W79	気道閉塞を生じた食物の誤えん	2 518	11	2	6	3	－	22	7	1	－	1
W80	気道閉塞を生じたその他の物体の誤えん	256	4	3	－	1	1	9	－	1	1	3
(X00-X09)	煙、火及び火炎への曝露	1 231	7	1	4	6	4	22	16	18	11	8
X00	建物又は建造物内の管理されていない火への曝露	1 109	7	1	4	5	4	21	15	18	11	8
(X05-X06)	夜着，その他の着衣及び衣服の発火又は溶解への曝露	68	－	－	－	－	－	－	－	－	－	－
(X10-X19)	熱及び高温物質との接触	115	－	－	－	－	－	－	－	－	－	－
X11	蛇口からの熱湯との接触	100	－	－	－	－	－	－	－	－	－	－
(X40-X49)	有害物質による不慮の中毒及び有害物質への曝露	489	－	－	－	－	－	－	1	1	8	20
X47	その他のガス及び蒸気による不慮の中毒及び曝露	101	－	－	－	－	－	－	1	1	3	2
X48	農薬による不慮の中毒及び曝露	89	－	－	－	－	－	－	－	－	－	－
	男 Male											
(W00-X59)	総数[1)]	6 726	63	18	14	11	10	116	15	24	29	47
(W00-W17)	転倒・転落	1 453	3	－	4	3	3	13	－	5	6	14
W01	スリップ，つまづき及びよろめきによる同一平面上での転倒	633	－	－	2	1	－	3	－	－	－	1
W10	階段及びステップからの転落及びその上での転倒	271	1	－	－	－	－	1	－	－	－	－
W13	建物又は建造物からの転落	249	－	－	2	2	3	7	－	5	5	12
(W65-W74)	不慮の溺死及び溺水	1 619	4	8	4	2	－	18	－	－	7	4
W65	浴槽内での溺死及び溺水	1 471	2	6	3	1	－	12	－	－	7	4
W66	浴槽への転落による溺死及び溺水	26	2	1	－	－	－	3	－	－	－	－
(W75-W84)	その他の不慮の窒息	2 082	51	9	4	2	3	69	6	3	3	12
W78	胃内容物の誤えん	306	11	2	1	－	1	15	1	1	2	4
W79	気道閉塞を生じた食物の誤えん	1 412	4	2	3	1	－	10	5	1	－	1
W80	気道閉塞を生じたその他の物体の誤えん	155	2	3	－	1	1	7	－	1	1	3
(X00-X09)	煙、火及び火炎への曝露	753	3	－	2	3	4	12	9	14	7	5
X00	建物又は建造物内の管理されていない火への曝露	677	3	－	2	3	4	12	8	14	7	5
(X05-X06)	夜着，その他の着衣及び衣服の発火又は溶解への曝露	39	－	－	－	－	－	－	－	－	－	－
(X10-X19)	熱及び高温物質との接触	66	－	－	－	－	－	－	－	－	－	－
X11	蛇口からの熱湯との接触	55	－	－	－	－	－	－	－	－	－	－
(X40-X49)	有害物質による不慮の中毒及び有害物質への曝露	292	－	－	－	－	－	－	－	1	6	8
X47	その他のガス及び蒸気による不慮の中毒及び曝露	78	－	－	－	－	－	－	－	1	3	1
X48	農薬による不慮の中毒及び曝露	54	－	－	－	－	－	－	－	－	－	－
	女 Female											
(W00-X59)	総数[1)]	5 689	43	11	8	6	2	70	15	13	17	44
(W00-W17)	転倒・転落	965	－	1	1	1	1	4	1	4	2	9
W01	スリップ，つまづき及びよろめきによる同一平面上での転倒	534	－	－	－	－	－	－	－	－	－	－
W10	階段及びステップからの転落及びその上での転倒	162	－	1	－	－	－	1	1	－	－	1
W13	建物又は建造物からの転落	154	－	－	1	1	1	3	－	4	2	8
(W65-W74)	不慮の溺死及び溺水	1 947	5	5	1	－	1	12	3	3	8	9
W65	浴槽内での溺死及び溺水	1 782	5	3	1	－	1	10	3	3	7	8
W66	浴槽への転落による溺死及び溺水	29	－	1	－	－	－	1	－	－	1	－
(W75-W84)	その他の不慮の窒息	1 680	34	3	3	2	－	42	3	2	1	7
W78	胃内容物の誤えん	283	6	2	－	－	－	8	1	1	1	4
W79	気道閉塞を生じた食物の誤えん	1 106	7	－	3	2	－	12	2	－	－	－
W80	気道閉塞を生じたその他の物体の誤えん	101	2	－	－	－	－	2	－	－	－	－
(X00-X09)	煙、火及び火炎への曝露	478	4	1	2	3	－	10	7	4	4	3
X00	建物又は建造物内の管理されていない火への曝露	432	4	1	2	2	－	9	7	4	4	3
(X05-X06)	夜着，その他の着衣及び衣服の発火又は溶解への曝露	29	－	－	－	－	－	－	－	－	－	－
(X10-X19)	熱及び高温物質との接触	49	－	－	－	－	－	－	－	－	－	－
X11	蛇口からの熱湯との接触	45	－	－	－	－	－	－	－	－	－	－
(X40-X49)	有害物質による不慮の中毒及び有害物質への曝露	197	－	－	－	－	－	－	1	－	2	12
X47	その他のガス及び蒸気による不慮の中毒及び曝露	23	－	－	－	－	－	－	1	－	－	1
X48	農薬による不慮の中毒及び曝露	35	－	－	－	－	－	－	－	－	－	－

注：1）不慮の事故の種類は、主な項目のため、たしあげても総数にはならない。

種類別家庭における不慮の事故死亡数・百分率　－平成７～20年－
age (five-year age group) and type of major accident, 1995-2008

平成19年
2007

25～29	30～34	35～39	40～44	45～49	50～54	55～59	60～64	65～69	70～74	75～79	80～84	85～89	90～94	95～99	100～	不詳 Not stated
109	147	175	208	261	257	528	652	986	1 442	2 015	2 265	1 641	987	306	41	5
19	31	36	48	51	50	114	167	224	280	398	344	320	213	58	7	-
-	2	5	8	14	15	45	71	91	119	195	210	205	135	42	6	-
2	6	6	5	11	10	30	41	53	57	76	48	51	27	5	1	-
16	22	21	30	21	17	21	30	38	29	39	28	25	18	2	-	-
12	10	17	20	30	37	79	135	294	511	761	824	508	222	39	3	-
12	10	13	19	30	34	71	115	267	467	697	762	467	203	29	3	-
-	-	1	-	-	1	3	1	6	6	11	14	4	2	1	-	-
20	33	28	45	45	53	118	154	252	374	528	733	594	440	169	28	-
11	13	8	16	16	16	19	27	24	46	72	91	85	76	25	6	-
3	8	14	18	21	28	68	96	190	279	366	539	418	298	122	19	-
2	4	2	4	1	2	9	11	16	21	40	47	39	34	8	2	-
15	18	28	39	58	59	110	108	97	128	147	175	104	51	12	3	4
13	18	25	37	51	55	101	101	93	113	129	158	87	41	7	3	4
-	-	-	-	3	1	4	4	2	9	10	12	11	7	5	-	-
-	1	-	-	2	-	1	5	12	14	25	21	19	9	6	-	-
-	1	-	-	2	-	1	5	10	12	24	17	18	6	4	-	-
41	46	50	41	48	28	36	26	31	33	32	27	12	8	-	-	-
6	4	4	5	9	6	11	11	7	9	12	6	2	2	-	-	-
1	1	4	2	2	4	6	2	12	16	14	13	9	3	-	-	-
49	82	98	131	173	165	351	431	658	862	1 130	1 155	704	392	96	13	5
9	16	19	26	36	33	77	119	180	197	258	197	146	82	17	3	-
-	2	4	2	9	10	29	46	68	73	121	114	86	50	12	3	-
2	4	4	3	7	8	24	29	42	41	42	24	29	9	2	-	-
7	9	9	18	15	9	12	23	32	23	26	14	15	8	-	-	-
3	5	8	14	16	21	52	85	169	256	334	337	184	86	20	-	-
3	5	7	13	16	21	47	70	157	231	308	311	166	80	13	-	-
-	-	-	-	-	-	1	1	2	4	5	7	2	-	1	-	-
8	18	17	30	24	33	69	84	164	234	359	451	274	172	44	8	-
4	8	4	11	9	10	15	16	18	27	41	55	28	31	6	-	-
1	4	9	10	11	17	32	53	122	179	253	339	211	113	35	6	-
2	3	2	3	1	1	7	7	11	13	31	30	14	15	1	2	-
8	9	18	26	38	37	82	76	64	80	85	86	55	31	5	2	4
6	9	17	26	35	36	75	73	62	69	71	76	45	22	3	2	4
-	-	-	-	1	-	2	2	-	7	6	7	6	6	2	-	-
-	-	-	-	2	-	1	2	10	9	11	10	9	6	6	-	-
-	-	-	-	2	-	1	2	8	7	10	8	8	5	4	-	-
20	28	25	22	36	18	22	21	19	22	18	19	6	1	-	-	-
6	4	3	4	8	4	9	10	6	7	6	5	-	1	-	-	-
1	-	4	2	2	3	3	1	5	11	7	9	6	-	-	-	-
60	65	77	77	88	92	177	221	328	580	885	1 110	937	595	210	28	-
10	15	17	22	15	17	37	48	44	83	140	147	174	131	41	4	-
-	-	1	6	5	5	16	25	23	46	74	96	119	85	30	3	-
-	2	2	2	4	2	6	12	11	16	34	24	22	18	3	1	-
9	13	12	12	6	8	9	7	6	6	13	14	10	10	2	-	-
9	5	9	6	14	16	27	50	125	255	427	487	324	136	19	3	-
9	5	6	6	14	13	24	45	110	236	389	451	301	123	16	3	-
-	-	1	-	-	1	2	-	4	2	6	7	2	2	-	-	-
12	15	11	15	21	20	49	70	88	140	169	282	320	268	125	20	-
7	5	4	5	7	6	4	11	6	19	31	36	57	45	19	6	-
2	4	5	8	10	11	36	43	68	100	113	200	207	185	87	13	-
-	1	-	1	-	1	2	4	5	8	9	17	25	19	7	-	-
7	9	10	13	20	22	28	32	33	48	62	89	49	20	7	1	-
7	9	8	11	16	19	26	28	31	44	58	82	42	19	4	1	-
-	-	-	-	2	1	2	2	2	2	4	5	5	1	3	-	-
-	1	-	-	-	-	-	3	2	5	14	11	10	3	-	-	-
-	1	-	-	-	-	-	3	2	5	14	9	10	1	-	-	-
21	18	25	19	12	10	14	5	12	11	14	8	6	7	-	-	-
-	-	1	1	1	2	2	1	1	2	6	1	2	1	-	-	-
-	1	-	-	-	1	3	1	7	5	7	4	3	3	-	-	-

Note: 1) All types of accidents are not covered. Thus, the total may not equal to the total number.

第6表　年次・性・年齢階級（5歳階級）・主な不慮の事故の

Table 6. Trends in accidental deaths at home and percentage by sex,

死亡数

Deaths

死因基本分類コード Detailed list of ICD-10 code	死因・性 Causes of death and sex	総数 Total	0歳 Years	1	2	3	4	0～4	5～9	10～14	15～19	20～24
	総数 Total											
(W00-X59)	総数[1]	13 240	112	42	15	13	12	194	28	34	52	105
(W00-W17)	転倒・転落	2 560	2	4	3	2	4	15	-	3	9	22
W01	スリップ，つまづき及びよろめきによる同一平面上での転倒	1 279	1	1	-	-	-	2	-	-	-	-
W10	階段及びステップからの転落及びその上での転倒	497	-	-	-	-	2	2	-	-	1	4
W13	建物又は建造物からの転落	387	-	3	2	1	2	8	-	3	8	16
(W65-W74)	不慮の溺死及び溺水	4 079	11	20	3	3	1	38	4	7	11	19
W65	浴槽内での溺死及び溺水	3 717	8	15	3	2	1	29	4	7	11	17
W66	浴槽への転落による溺死及び溺水	61	1	5	-	-	-	6	-	-	-	-
(W75-W84)	その他の不慮の窒息	3 995	93	14	4	5	4	120	4	8	11	14
W78	胃内容物の誤えん	598	25	2	1	2	1	31	1	1	4	6
W79	気道閉塞を生じた食物の誤えん	2 744	17	7	1	1	2	28	-	1	-	2
W80	気道閉塞を生じたその他の物体の誤えん	229	4	1	-	-	-	5	1	3	3	1
(X00-X09)	煙、火及び火炎への曝露	1 238	2	2	3	1	2	10	18	16	10	8
X00	建物又は建造物内の管理されていない火への曝露	1 085	2	2	3	1	2	10	18	16	10	7
(X05-X06)	夜着，その他の着衣及び衣服の発火又は溶解への曝露	81	-	-	-	-	-	-	-	-	-	-
(X10-X19)	熱及び高温物質との接触	112	-	1	1	1	-	3	-	-	-	-
X11	蛇口からの熱湯との接触	98	-	1	1	1	-	3	-	-	-	-
(X40-X49)	有害物質による不慮の中毒及び有害物質への曝露	521	-	-	-	1	-	1	-	-	11	39
X47	その他のガス及び蒸気による不慮の中毒及び曝露	129	-	-	-	-	-	-	-	-	5	12
X48	農薬による不慮の中毒及び曝露	77	-	-	-	-	-	-	-	-	-	-
	男 Male											
(W00-X59)	総数[1]	7 177	63	28	6	9	6	112	17	22	29	63
(W00-W17)	転倒・転落	1 619	1	1	1	1	2	6	-	2	6	17
W01	スリップ，つまづき及びよろめきによる同一平面上での転倒	734	1	-	-	-	-	1	-	-	-	-
W10	階段及びステップからの転落及びその上での転倒	325	-	-	-	-	1	1	-	-	1	3
W13	建物又は建造物からの転落	259	-	1	-	-	1	2	-	2	5	14
(W65-W74)	不慮の溺死及び溺水	1 814	3	15	-	2	1	21	3	5	3	9
W65	浴槽内での溺死及び溺水	1 648	3	10	-	1	1	15	3	5	3	8
W66	浴槽への転落による溺死及び溺水	34	-	5	-	-	-	5	-	-	-	-
(W75-W84)	その他の不慮の窒息	2 217	58	9	2	4	2	75	3	6	8	11
W78	胃内容物の誤えん	317	15	1	1	2	1	20	1	1	3	5
W79	気道閉塞を生じた食物の誤えん	1 539	11	4	-	-	1	16	-	1	-	2
W80	気道閉塞を生じたその他の物体の誤えん	141	3	1	-	-	-	4	1	2	2	-
(X00-X09)	煙、火及び火炎への曝露	723	-	2	2	1	-	5	10	9	5	6
X00	建物又は建造物内の管理されていない火への曝露	643	-	2	2	1	-	5	10	9	5	5
(X05-X06)	夜着，その他の着衣及び衣服の発火又は溶解への曝露	39	-	-	-	-	-	-	-	-	-	-
(X10-X19)	熱及び高温物質との接触	67	-	1	-	1	-	2	-	-	-	-
X11	蛇口からの熱湯との接触	61	-	1	-	1	-	2	-	-	-	-
(X40-X49)	有害物質による不慮の中毒及び有害物質への曝露	301	-	-	-	-	-	-	-	-	7	19
X47	その他のガス及び蒸気による不慮の中毒及び曝露	98	-	-	-	-	-	-	-	-	2	8
X48	農薬による不慮の中毒及び曝露	43	-	-	-	-	-	-	-	-	-	-
	女 Female											
(W00-X59)	総数[1]	6 063	49	14	9	4	6	82	11	12	23	42
(W00-W17)	転倒・転落	941	1	3	2	1	2	9	-	1	3	5
W01	スリップ，つまづき及びよろめきによる同一平面上での転倒	545	-	1	-	-	-	1	-	-	-	-
W10	階段及びステップからの転落及びその上での転倒	172	-	-	-	-	1	1	-	-	-	1
W13	建物又は建造物からの転落	128	-	2	2	1	1	6	-	1	3	2
(W65-W74)	不慮の溺死及び溺水	2 265	8	5	3	1	-	17	1	2	8	10
W65	浴槽内での溺死及び溺水	2 069	5	5	3	1	-	14	1	2	8	9
W66	浴槽への転落による溺死及び溺水	27	1	-	-	-	-	1	-	-	-	-
(W75-W84)	その他の不慮の窒息	1 778	35	5	2	1	2	45	1	2	3	3
W78	胃内容物の誤えん	281	10	1	-	-	-	11	-	-	1	1
W79	気道閉塞を生じた食物の誤えん	1 205	6	3	1	1	1	12	-	-	-	-
W80	気道閉塞を生じたその他の物体の誤えん	88	1	-	-	-	-	1	-	1	1	1
(X00-X09)	煙、火及び火炎への曝露	515	2	-	1	-	2	5	8	7	5	2
X00	建物又は建造物内の管理されていない火への曝露	442	2	-	1	-	2	5	8	7	5	2
(X05-X06)	夜着，その他の着衣及び衣服の発火又は溶解への曝露	42	-	-	-	-	-	-	-	-	-	-
(X10-X19)	熱及び高温物質との接触	45	-	-	1	-	-	1	-	-	-	-
X11	蛇口からの熱湯との接触	37	-	-	1	-	-	1	-	-	-	-
(X40-X49)	有害物質による不慮の中毒及び有害物質への曝露	220	-	-	-	1	-	1	-	-	4	20
X47	その他のガス及び蒸気による不慮の中毒及び曝露	31	-	-	-	-	-	-	-	-	3	4
X48	農薬による不慮の中毒及び曝露	34	-	-	-	-	-	-	-	-	-	-

注：1）不慮の事故の種類は、主な項目のため、たしあげても総数にはならない。

種類別家庭における不慮の事故死亡数・百分率 －平成７～20年－

age (five-year age group) and type of major accident, 1995-2008

平成20年 2008																
25～29	30～34	35～39	40～44	45～49	50～54	55～59	60～64	65～69	70～74	75～79	80～84	85～89	90～94	95～99	100～	不詳 Not stated
112	136	214	191	250	266	561	647	947	1 460	2 206	2 555	1 855	1 066	325	32	4
25	22	44	37	53	57	121	147	218	306	413	447	335	207	74	5	–
5	3	10	7	20	21	41	53	83	123	214	274	226	141	52	4	–
2	1	4	5	13	20	43	46	57	66	68	80	49	31	4	1	–
18	16	28	21	18	12	28	26	35	46	41	27	17	11	8	–	–
15	16	18	13	31	38	94	151	291	533	902	949	633	255	58	3	–
14	16	17	13	26	35	89	136	266	497	829	857	579	227	46	2	–
–	–	1	–	1	1	1	2	7	4	9	14	11	2	1	1	–
15	18	39	45	56	55	139	151	246	381	577	776	681	481	159	19	–
3	4	11	22	15	12	23	15	32	41	80	102	91	73	26	5	–
4	10	11	16	32	30	96	116	174	283	414	581	492	333	111	10	–
1	–	6	2	4	3	4	10	17	22	39	30	36	35	6	1	–
15	22	33	31	50	49	100	100	83	118	166	220	113	55	15	3	3
13	21	30	27	47	44	90	90	72	105	142	183	101	42	12	2	3
1	1	–	1	1	1	4	5	5	9	20	18	3	8	3	1	–
–	2	–	–	1	2	2	4	6	16	21	25	13	10	5	2	–
–	2	–	–	–	1	2	4	5	14	19	23	11	8	4	2	–
39	47	60	53	33	22	43	30	35	24	27	26	20	10	1	–	–
9	10	12	8	11	3	15	13	6	5	7	7	5	1	–	–	–
1	–	1	1	–	1	5	5	15	7	13	12	10	6	–	–	–
55	72	115	119	166	184	381	449	612	855	1 234	1 347	811	407	111	13	3
17	4	23	24	43	38	99	119	164	213	282	281	163	91	22	5	–
4	–	5	5	17	12	33	39	60	78	126	165	106	64	15	4	–
2	–	3	4	11	14	34	38	36	41	47	47	25	15	2	1	–
11	3	15	14	13	9	24	20	27	33	30	23	10	2	2	–	–
6	14	9	8	13	21	60	96	161	250	380	398	245	87	23	2	–
5	14	9	8	10	19	56	86	150	225	352	359	224	77	19	1	–
–	–	–	–	1	1	1	1	3	2	2	11	5	1	–	1	–
6	10	18	32	35	35	74	85	148	246	396	461	326	186	51	5	–
–	2	5	18	9	9	19	7	16	29	49	53	39	23	7	2	–
1	7	5	8	20	18	41	66	107	180	288	365	243	130	39	2	–
1	–	3	2	3	2	4	8	11	16	30	15	18	18	1	–	–
8	14	14	15	33	35	71	77	62	75	96	121	39	20	6	–	2
8	14	13	12	30	31	67	70	52	68	81	102	37	17	5	–	2
–	–	–	1	1	1	–	3	4	5	13	8	–	2	1	–	–
–	1	–	–	–	1	2	3	2	10	15	11	9	7	3	1	–
–	1	–	–	–	–	2	3	2	9	13	11	8	6	3	1	–
17	23	36	30	20	18	31	22	21	14	16	15	9	3	–	–	–
7	9	10	7	10	3	13	10	4	3	6	5	1	–	–	–	–
–	–	1	1	–	1	3	3	9	3	8	7	5	2	–	–	–
57	64	99	72	84	82	180	198	335	605	972	1 208	1 044	659	214	19	1
8	18	21	13	10	19	22	28	54	93	131	166	172	116	52	–	–
1	3	5	2	3	9	8	14	23	45	88	109	120	77	37	–	–
–	1	1	1	2	6	9	8	21	25	21	33	24	16	2	–	–
7	13	13	7	5	3	4	6	8	13	11	4	7	9	6	–	–
9	2	9	5	18	17	34	55	130	283	522	551	388	168	35	1	–
9	2	8	5	16	16	33	50	116	272	477	498	355	150	27	1	–
–	–	1	–	–	–	–	1	4	2	7	3	6	1	1	–	–
9	8	21	13	21	20	65	66	98	135	181	315	355	295	108	14	–
3	2	6	4	6	3	4	8	16	12	31	49	52	50	19	3	–
3	3	6	8	12	12	55	50	67	103	126	216	249	203	72	8	–
–	–	3	–	1	1	–	2	6	6	9	15	18	17	5	1	–
7	8	19	16	17	14	29	23	21	43	70	99	74	35	9	3	1
5	7	17	15	17	13	23	20	20	37	61	81	64	25	7	2	1
1	1	–	–	–	–	4	2	1	4	7	10	3	6	2	1	–
–	1	–	–	1	1	–	1	4	6	6	14	4	3	2	1	–
–	1	–	–	–	1	–	1	3	5	6	12	3	2	1	1	–
22	24	24	23	13	4	12	8	14	10	11	11	11	7	1	–	–
2	1	2	1	1	–	2	3	2	2	1	2	4	1	–	–	–
1	–	–	–	–	–	2	2	6	4	5	5	5	4	–	–	–

Note: 1) All types of accidents are not covered. Thus, the total may not equal to the total number.

第６表　年次・性・年齢階級（５歳階級）・主な不慮の事故の

Table 6. Trends in accidental deaths at home and percentage by sex,

百分率

Percentage

死因基本分類コード Detailed list of ICD-10 code	死因・性 Causes of death and sex	総数 Total	0歳 Years	1	2	3	4	0〜4	5〜9	10〜14	15〜19	20〜24
	総数 Total											
(W00-X59)	総数	100.0	100.0	100.0	100.0	100.0	100.0	100.0	100.0	100.0	100.0	100.0
(W00-W17)	転倒・転落	13.7	2.2	6.0	9.8	14.5	8.1	5.7	3.5	3.4	11.9	9.0
W01	スリップ，つまづき及びよろめきによる同一平面上での転倒	6.0	1.1	0.5	−	3.2	−	1.0	0.6	0.6	0.5	0.3
W10	階段及びステップからの転落及びその上での転倒	2.8	−	−	−	3.2	−	0.3	0.6	0.6	−	1.4
W13	建物又は建造物からの転落	2.7	−	4.4	9.8	8.1	5.4	3.4	1.7	1.7	10.6	6.8
(W65-W74)	不慮の溺死及び溺水	19.2	8.1	48.4	18.0	14.5	8.1	21.7	6.9	5.7	5.0	3.0
W65	浴槽内での溺死及び溺水	17.8	5.2	31.9	13.1	8.1	2.7	14.0	4.6	4.6	5.0	3.0
W66	浴槽への転落による溺死及び溺水	0.7	2.6	12.6	−	−	2.7	5.1	0.6	−	−	−
(W75-W84)	その他の不慮の窒息	21.9	75.3	20.9	19.7	19.4	13.5	44.2	4.0	7.5	3.2	3.0
W78	胃内容物の誤えん	3.7	21.0	4.9	9.8	6.5	5.4	12.7	0.6	2.9	−	1.6
W79	気道閉塞を生じた食物の誤えん	15.0	11.8	9.3	4.9	6.5	2.7	9.3	0.6	2.3	2.3	0.8
W80	気道閉塞を生じたその他の物体の誤えん	1.3	1.1	2.7	−	1.6	−	1.5	−	−	−	−
(X00-X09)	煙、火及び火炎への曝露	7.6	1.8	3.8	8.2	17.7	18.9	5.7	16.2	9.2	6.4	8.8
X00	建物又は建造物内の管理されていない火への曝露	6.1	1.8	3.3	8.2	16.1	16.2	5.2	13.9	8.6	5.0	6.6
(X05-X06)	夜着，その他の着衣及び衣服の発火又は溶解への曝露	0.6	−	−	−	−	2.7	0.2	−	−	0.5	0.3
(X10-X19)	熱及び高温物質との接触	1.2	1.1	2.7	6.6	−	2.7	2.1	1.2	−	−	−
X11	蛇口からの熱湯との接触	1.0	0.7	2.7	6.6	−	2.7	2.0	1.2	−	−	−
(X40-X49)	有害物質による不慮の中毒及び有害物質への曝露	2.1	0.4	1.1	4.9	1.6	−	1.1	1.7	0.6	2.8	4.9
X47	その他のガス及び蒸気による不慮の中毒及び曝露	0.5	0.4	−	4.9	1.6	−	0.8	1.7	0.6	1.4	1.4
X48	農薬による不慮の中毒及び曝露	0.6	−	0.5	−	−	−	0.2	−	−	−	−
	男 Male											
(W00-X59)	総数	100.0	100.0	100.0	100.0	100.0	100.0	100.0	100.0	100.0	100.0	100.0
(W00-W17)	転倒・転落	15.7	2.0	3.6	5.4	13.9	11.8	4.6	5.2	4.4	19.4	12.4
W01	スリップ，つまづき及びよろめきによる同一平面上での転倒	5.6	1.3	−	−	2.8	−	0.9	1.0	−	1.0	0.5
W10	階段及びステップからの転落及びその上での転倒	3.3	−	−	−	2.8	−	0.3	1.0	1.1	−	2.0
W13	建物又は建造物からの転落	4.0	−	3.6	5.4	8.3	11.8	3.1	2.1	3.3	16.5	9.0
(W65-W74)	不慮の溺死及び溺水	16.7	7.9	49.1	16.2	13.9	11.8	22.5	10.4	8.8	3.9	2.0
W65	浴槽内での溺死及び溺水	15.5	6.0	32.7	13.5	5.6	−	14.8	6.3	6.6	3.9	2.0
W66	浴槽への転落による溺死及び溺水	0.5	2.0	13.6	−	−	5.9	5.4	1.0	−	−	−
(W75-W84)	その他の不慮の窒息	26.8	75.5	25.5	18.9	13.9	11.8	44.4	5.2	11.0	5.8	3.5
W78	胃内容物の誤えん	4.2	17.9	6.4	13.5	5.6	−	11.7	−	5.5	−	2.0
W79	気道閉塞を生じた食物の誤えん	18.9	15.2	9.1	5.4	8.3	5.9	11.1	1.0	2.2	3.9	0.5
W80	気道閉塞を生じたその他の物体の誤えん	1.5	0.7	4.5	−	−	−	1.7	−	−	−	−
(X00-X09)	煙、火及び火炎への曝露	8.8	−	3.6	10.8	22.2	17.6	5.4	15.6	12.1	4.9	10.0
X00	建物又は建造物内の管理されていない火への曝露	7.2	−	2.7	10.8	22.2	11.8	4.8	13.5	12.1	4.9	6.5
(X05-X06)	夜着，その他の着衣及び衣服の発火又は溶解への曝露	0.6	−	−	−	−	5.9	0.3	−	−	−	0.5
(X10-X19)	熱及び高温物質との接触	1.3	1.3	3.6	8.1	−	−	2.6	1.0	−	−	−
X11	蛇口からの熱湯との接触	1.1	0.7	3.6	8.1	−	−	2.3	1.0	−	−	−
(X40-X49)	有害物質による不慮の中毒及び有害物質への曝露	2.5	0.7	−	5.4	2.8	−	1.1	2.1	1.1	2.9	5.5
X47	その他のガス及び蒸気による不慮の中毒及び曝露	0.7	0.7	−	5.4	2.8	−	1.1	2.1	1.1	1.9	2.0
X48	農薬による不慮の中毒及び曝露	0.7	−	−	−	−	−	−	−	−	−	−
	女 Female											
(W00-X59)	総数	100.0	100.0	100.0	100.0	100.0	100.0	100.0	100.0	100.0	100.0	100.0
(W00-W17)	転倒・転落	11.6	2.5	9.7	16.7	15.4	5.0	7.3	1.3	2.4	5.2	4.9
W01	スリップ，つまづき及びよろめきによる同一平面上での転倒	6.5	0.8	1.4	−	3.8	−	1.1	−	1.2	−	−
W10	階段及びステップからの転落及びその上での転倒	2.4	−	−	−	3.8	−	0.4	−	−	−	0.6
W13	建物又は建造物からの転落	1.4	−	5.6	16.7	7.7	−	3.8	1.3	−	5.2	4.3
(W65-W74)	不慮の溺死及び溺水	21.7	8.3	47.2	20.8	15.4	5.0	20.6	2.6	2.4	6.1	4.3
W65	浴槽内での溺死及び溺水	20.1	4.2	30.6	12.5	11.5	5.0	13.0	2.6	2.4	6.1	4.3
W66	浴槽への転落による溺死及び溺水	0.8	3.3	11.1	−	−	−	4.6	−	−	−	−
(W75-W84)	その他の不慮の窒息	17.0	75.0	13.9	20.8	26.9	15.0	43.9	2.6	3.6	0.9	2.4
W78	胃内容物の誤えん	3.2	25.0	2.8	4.2	7.7	10.0	14.1	1.3	−	−	1.2
W79	気道閉塞を生じた食物の誤えん	11.0	7.5	9.7	4.2	3.8	−	6.9	−	2.4	0.9	1.2
W80	気道閉塞を生じたその他の物体の誤えん	1.1	1.7	−	−	3.8	−	1.1	−	−	−	−
(X00-X09)	煙、火及び火炎への曝露	6.4	4.2	4.2	4.2	11.5	20.0	6.1	16.9	6.0	7.8	7.3
X00	建物又は建造物内の管理されていない火への曝露	4.9	4.2	4.2	4.2	7.7	20.0	5.7	14.3	4.8	5.2	6.7
(X05-X06)	夜着，その他の着衣及び衣服の発火又は溶解への曝露	0.7	−	−	−	−	−	−	−	−	0.9	−
(X10-X19)	熱及び高温物質との接触	1.1	0.8	1.4	4.2	−	5.0	1.5	1.3	−	−	−
X11	蛇口からの熱湯との接触	0.9	0.8	1.4	4.2	−	5.0	1.5	1.3	−	−	−
(X40-X49)	有害物質による不慮の中毒及び有害物質への曝露	1.6	−	2.8	4.2	−	−	1.1	1.3	−	2.6	4.3
X47	その他のガス及び蒸気による不慮の中毒及び曝露	0.4	−	−	4.2	−	−	0.4	1.3	−	0.9	0.6
X48	農薬による不慮の中毒及び曝露	0.5	−	1.4	−	−	−	0.4	−	−	−	−

種類別家庭における不慮の事故死亡数・百分率 －平成７～20年－

age (five-year age group) and type of major accident, 1995-2008

平成７年
1995

25～29	30～34	35～39	40～44	45～49	50～54	55～59	60～64	65～69	70～74	75～79	80～84	85～89	90～94	95～99	100～	不詳 Not stated
100.0	100.0	100.0	100.0	100.0	100.0	100.0	100.0	100.0	100.0	100.0	100.0	100.0	100.0	100.0	100.0	100.0
10.5	10.5	9.8	13.3	13.2	12.9	14.2	14.3	12.9	13.4	11.7	13.7	18.6	22.8	38.1	43.8	5.9
1.2	1.7	1.0	2.0	3.0	3.0	3.7	6.1	4.2	5.0	5.7	8.0	11.2	15.5	30.6	25.0	-
0.4	1.7	3.4	4.0	4.8	4.8	4.2	3.3	2.9	2.7	2.5	2.1	4.2	2.8	4.4	6.3	-
9.0	6.3	4.9	6.4	4.4	4.1	3.8	2.6	2.6	2.6	1.7	0.8	1.4	1.6	1.3	-	5.9
5.9	6.3	7.8	7.8	6.6	7.6	10.5	14.2	18.0	24.0	30.0	26.1	24.5	19.6	16.9	-	-
5.5	6.3	7.8	7.8	5.8	7.3	9.5	13.6	17.2	22.9	28.5	24.2	23.0	18.1	15.0	-	-
-	-	-	-	0.2	0.2	0.4	0.1	0.1	0.7	0.6	1.0	0.7	0.6	0.6	-	-
5.1	8.4	9.8	8.7	10.2	9.1	12.0	15.4	20.4	20.9	24.5	29.4	33.6	36.4	30.6	31.3	-
3.1	4.2	5.9	3.8	3.8	2.7	3.0	2.8	3.5	2.7	3.0	3.9	4.5	4.3	3.8	6.3	-
1.6	3.8	1.5	4.3	4.4	5.1	7.9	10.6	14.8	15.1	18.4	22.2	26.0	29.4	21.9	18.8	-
-	0.4	0.5	-	0.6	0.3	0.4	1.3	1.2	1.5	1.5	1.9	2.0	1.6	3.8	-	-
9.4	12.6	14.2	8.7	13.4	9.8	10.7	6.7	7.1	7.0	7.0	6.4	5.8	5.8	5.6	-	-
7.4	11.7	11.8	7.8	11.4	8.8	9.1	5.9	5.5	5.5	5.1	4.7	4.2	4.6	2.5	-	-
0.8	-	1.0	-	0.4	0.2	0.1	0.2	0.6	0.8	1.1	0.7	0.9	0.6	1.9	-	-
0.4	-	-	-	0.6	0.6	1.0	0.8	0.6	1.6	1.8	1.8	1.3	1.5	0.6	6.3	-
-	-	-	-	0.4	0.5	1.0	0.8	0.4	1.3	1.5	1.6	1.0	0.9	0.6	-	-
8.2	10.9	7.8	7.5	4.4	4.1	2.7	2.6	1.7	1.1	0.9	0.9	0.6	0.6	-	-	-
1.2	0.4	-	1.2	1.0	1.4	0.5	0.8	0.4	0.4	0.3	0.4	0.2	0.3	-	-	-
-	1.3	0.5	1.4	1.2	1.5	1.3	0.9	1.0	0.6	0.3	0.4	0.4	0.3	-	-	-

25～29	30～34	35～39	40～44	45～49	50～54	55～59	60～64	65～69	70～74	75～79	80～84	85～89	90～94	95～99	100～	不詳 Not stated
100.0	100.0	100.0	100.0	100.0	100.0	100.0	100.0	100.0	100.0	100.0	100.0	100.0	100.0	100.0	100.0	100.0
14.6	15.3	10.2	17.5	19.2	18.9	20.2	19.2	16.9	18.0	13.5	13.6	16.2	19.4	24.1	-	10.0
0.7	2.3	0.8	2.9	4.3	4.2	4.7	7.3	5.7	5.5	5.9	6.9	9.0	11.6	16.7	-	-
-	1.5	3.4	5.8	6.4	8.1	5.8	4.1	3.2	3.2	2.6	2.1	3.5	2.2	5.6	-	-
13.9	10.7	5.1	7.8	6.8	5.8	6.0	4.1	3.7	3.5	2.7	0.9	1.5	3.4	1.9	-	10.0
5.1	3.8	5.9	7.8	5.0	7.8	10.7	12.9	18.3	19.6	23.8	22.4	24.4	18.3	18.5	-	-
5.1	3.8	5.9	7.8	3.9	7.5	9.9	12.4	17.4	18.6	22.4	21.2	23.7	17.5	14.8	-	-
-	-	-	-	0.4	0.3	0.4	0.2	0.1	0.4	0.3	0.6	0.3	-	1.9	-	-
3.6	13.0	13.6	9.2	12.1	10.0	13.2	18.7	26.6	29.5	35.8	38.0	39.9	43.3	40.7	33.3	-
2.2	6.9	7.6	5.3	5.0	3.3	3.5	3.5	3.6	3.2	3.7	4.2	4.1	6.3	5.6	16.7	-
0.7	5.3	1.7	3.9	4.6	5.6	8.0	13.2	20.6	22.1	27.8	30.2	32.4	35.1	33.3	16.7	-
-	0.8	0.8	-	0.7	0.3	0.6	1.6	1.5	2.2	2.2	2.3	2.0	1.1	1.9	-	-
9.5	14.5	13.6	9.2	17.4	12.8	13.6	8.4	8.7	7.0	7.8	6.7	6.0	7.5	9.3	-	-
8.0	13.7	11.9	8.7	15.3	11.1	11.5	7.3	6.6	5.8	6.2	4.8	4.4	6.0	3.7	-	-
-	-	-	-	-	0.3	0.2	0.2	0.8	0.7	1.0	0.6	1.1	0.7	1.9	-	-
-	-	-	-	0.4	0.3	0.8	1.3	0.6	2.2	1.6	2.1	1.3	2.2	1.9	16.7	-
-	-	-	-	-	0.3	0.8	1.3	0.4	1.7	1.4	2.1	0.9	1.9	1.9	-	-
10.9	14.5	7.6	9.7	5.3	5.0	2.7	2.5	2.2	1.0	1.2	1.0	0.5	-	-	-	-
0.7	0.8	-	1.5	1.8	1.7	0.8	1.0	0.6	0.2	0.6	0.4	0.3	-	-	-	-
-	1.5	-	1.9	1.8	1.7	1.6	0.6	1.4	0.5	0.3	0.6	0.3	-	-	-	-

25～29	30～34	35～39	40～44	45～49	50～54	55～59	60～64	65～69	70～74	75～79	80～84	85～89	90～94	95～99	100～	不詳 Not stated
100.0	100.0	100.0	100.0	100.0	100.0	100.0	100.0	100.0	100.0	100.0	100.0	100.0	100.0	100.0	100.0	100.0
5.9	4.6	9.3	7.1	5.5	5.6	5.9	7.4	7.8	9.1	10.2	13.7	20.6	25.1	45.3	70.0	-
1.7	0.9	1.2	0.7	1.4	1.7	2.3	4.3	2.2	4.6	5.6	9.0	13.1	18.2	37.7	40.0	-
0.8	1.9	3.5	1.4	2.7	1.0	2.0	2.0	2.5	2.4	2.4	2.1	4.8	3.2	3.8	10.0	-
3.4	0.9	4.7	4.3	1.4	2.0	0.8	0.5	1.3	1.7	0.9	0.8	1.4	0.5	0.9	-	-
6.7	9.3	10.5	7.9	8.7	7.3	10.2	16.2	17.7	28.1	34.9	29.4	24.7	20.4	16.0	-	-
5.9	9.3	10.5	7.9	8.2	7.0	9.0	15.3	16.9	26.8	33.5	26.8	22.4	18.4	15.1	-	-
-	-	-	-	-	-	0.3	-	0.2	1.0	0.7	1.4	1.1	1.0	-	-	-
6.7	2.8	4.7	7.9	7.8	7.9	10.5	10.6	12.7	13.0	15.4	21.7	28.3	31.8	25.5	30.0	-
4.2	0.9	3.5	1.4	2.3	2.0	2.3	1.8	3.3	2.2	2.4	3.6	4.9	3.0	2.8	-	-
2.5	1.9	1.2	5.0	4.1	4.6	7.6	7.0	7.5	8.6	10.9	15.0	20.6	25.6	16.0	20.0	-
-	-	-	-	0.5	0.3	-	0.9	0.8	0.9	1.0	1.5	1.9	2.0	4.7	-	-
9.2	10.2	15.1	7.9	8.2	6.3	6.8	4.3	5.3	7.0	6.3	6.2	5.5	4.7	3.8	-	-
6.7	9.3	11.6	6.4	6.4	6.0	5.6	3.8	4.1	5.3	4.2	4.5	4.0	3.7	1.9	-	-
1.7	-	2.3	-	0.9	-	-	0.2	0.5	0.8	1.1	0.9	0.8	0.5	1.9	-	-
0.8	-	-	-	0.9	1.0	1.1	0.2	0.6	1.1	2.0	1.5	1.4	1.0	-	-	-
-	-	-	-	0.9	0.7	1.1	0.2	0.5	1.0	1.6	1.2	1.0	0.2	-	-	-
5.0	6.5	8.1	4.3	3.2	3.0	2.8	2.7	1.1	1.2	0.6	0.8	0.7	1.0	-	-	-
1.7	-	-	0.7	-	1.0	-	0.7	0.2	0.6	0.1	0.3	0.1	0.5	-	-	-
-	0.9	1.2	0.7	0.5	1.3	0.8	1.4	0.5	0.7	0.2	0.3	0.5	0.5	-	-	-

第6表　年次・性・年齢階級（5歳階級）・主な不慮の事故の

Table 6. Trends in accidental deaths at home and percentage by sex,

百分率

Percentage

死因基本分類コード Detailed list of ICD-10 code	死因・性 Causes of death and sex	総数 Total	0歳 Years	1	2	3	4	0～4	5～9	10～14	15～19	20～24
	総数 Total											
(W00-X59)	総数	100.0	100.0	100.0	100.0	100.0	100.0	100.0	100.0	100.0	100.0	100.0
(W00-W17)	転倒・転落	19.7	7.7	11.3	26.7	14.3	8.3	11.7	12.5	19.0	22.7	29.4
W01	スリップ，つまづき及びよろめきによる同一平面上での転倒	8.4	1.0	0.8	3.3	－	－	1.1	4.2	2.4	－	1.8
W10	階段及びステップからの転落及びその上での転倒	4.1	1.0	2.4	1.7	2.9	－	1.5	2.1	2.4	1.5	0.9
W13	建物又は建造物からの転落	4.0	1.0	4.8	18.3	8.6	8.3	5.3	4.2	9.5	18.2	26.6
(W65-W74)	不慮の溺死及び溺水	28.6	7.7	49.2	18.3	11.4	25.0	21.7	6.3	14.3	18.2	11.0
W65	浴槽内での溺死及び溺水	26.1	4.8	26.6	8.3	8.6	12.5	11.9	6.3	14.3	18.2	11.0
W66	浴槽への転落による溺死及び溺水	0.8	2.4	16.9	1.7	－	4.2	6.2	－	－	－	－
(W75-W84)	その他の不慮の窒息	31.0	79.4	27.4	26.7	25.7	8.3	50.2	27.1	23.8	9.1	17.4
W78	胃内容物の誤えん	4.5	13.9	5.6	6.7	2.9	4.2	9.3	6.3	4.8	1.5	6.4
W79	気道閉塞を生じた食物の誤えん	21.4	17.7	6.5	5.0	5.7	4.2	11.3	8.3	4.8	－	7.3
W80	気道閉塞を生じたその他の物体の誤えん	1.8	2.9	3.2	3.3	2.9	－	2.9	－	2.4	－	1.8
(X00-X09)	煙、火及び火炎への曝露	11.4	2.9	6.5	21.7	42.9	54.2	12.2	37.5	35.7	27.3	11.0
X00	建物又は建造物内の管理されていない火への曝露	9.1	2.4	6.5	21.7	37.1	54.2	11.5	37.5	33.3	21.2	7.3
(X05-X06)	夜着，その他の着衣及び衣服の発火又は溶解への曝露	1.0	－	－	－	2.9	－	0.2	－	－	1.5	－
(X10-X19)	熱及び高温物質との接触	1.7	0.5	2.4	3.3	5.7	－	1.8	2.1	－	1.5	0.9
X11	蛇口からの熱湯との接触	1.4	0.5	2.4	3.3	5.7	－	1.8	2.1	－	1.5	－
(X40-X49)	有害物質による不慮の中毒及び有害物質への曝露	4.0	－	－	－	－	－	－	10.4	2.4	19.7	26.6
X47	その他のガス及び蒸気による不慮の中毒及び曝露	0.9	－	－	－	－	－	－	10.4	2.4	15.2	9.2
X48	農薬による不慮の中毒及び曝露	1.1	－	－	－	－	－	－	－	－	－	2.8
	男 Male											
(W00-X59)	総数	100.0	100.0	100.0	100.0	100.0	100.0	100.0	100.0	100.0	100.0	100.0
(W00-W17)	転倒・転落	21.2	9.2	10.7	27.0	16.7	－	12.1	8.6	21.4	25.0	28.6
W01	スリップ，つまづき及びよろめきによる同一平面上での転倒	7.1	0.8	－	2.7	－	－	0.7	2.9	3.6	－	1.4
W10	階段及びステップからの転落及びその上での転倒	4.8	0.8	2.7	－	－	－	1.1	2.9	3.6	2.5	1.4
W13	建物又は建造物からの転落	5.0	－	4.0	24.3	12.5	－	5.5	－	7.1	20.0	25.7
(W65-W74)	不慮の溺死及び溺水	22.5	7.5	48.0	21.6	12.5	31.3	22.4	8.6	7.1	12.5	10.0
W65	浴槽内での溺死及び溺水	20.3	3.3	25.3	8.1	8.3	12.5	11.0	8.6	7.1	12.5	10.0
W66	浴槽への転落による溺死及び溺水	0.7	4.2	16.0	2.7	－	6.3	7.0	－	－	－	－
(W75-W84)	その他の不慮の窒息	33.3	76.7	32.0	21.6	29.2	12.5	48.9	25.7	32.1	12.5	18.6
W78	胃内容物の誤えん	4.4	15.0	4.0	2.7	－	6.3	8.5	5.7	7.1	2.5	8.6
W79	気道閉塞を生じた食物の誤えん	23.3	15.8	8.0	5.4	4.2	6.3	10.7	8.6	7.1	－	4.3
W80	気道閉塞を生じたその他の物体の誤えん	2.0	3.3	4.0	5.4	4.2	－	3.7	－	3.6	－	2.9
(X00-X09)	煙、火及び火炎への曝露	12.4	4.2	4.0	27.0	33.3	56.3	12.9	37.1	32.1	20.0	11.4
X00	建物又は建造物内の管理されていない火への曝露	10.2	3.3	4.0	27.0	29.2	56.3	12.1	37.1	28.6	17.5	7.1
(X05-X06)	夜着，その他の着衣及び衣服の発火又は溶解への曝露	0.8	－	－	－	－	－	－	－	－	－	－
(X10-X19)	熱及び高温物質との接触	1.7	－	1.3	2.7	8.3	－	1.5	2.9	－	－	1.4
X11	蛇口からの熱湯との接触	1.3	－	1.3	2.7	8.3	－	1.5	2.9	－	－	－
(X40-X49)	有害物質による不慮の中毒及び有害物質への曝露	4.4	－	－	－	－	－	－	11.4	－	27.5	25.7
X47	その他のガス及び蒸気による不慮の中毒及び曝露	1.1	－	－	－	－	－	－	11.4	－	22.5	8.6
X48	農薬による不慮の中毒及び曝露	1.1	－	－	－	－	－	－	－	－	－	2.9
	女 Female											
(W00-X59)	総数	100.0	100.0	100.0	100.0	100.0	100.0	100.0	100.0	100.0	100.0	100.0
(W00-W17)	転倒・転落	17.8	5.6	12.2	26.1	9.1	25.0	11.1	23.1	14.3	19.2	30.8
W01	スリップ，つまづき及びよろめきによる同一平面上での転倒	10.1	1.1	2.0	4.3	－	－	1.7	7.7	－	－	2.6
W10	階段及びステップからの転落及びその上での転倒	3.3	1.1	2.0	4.3	9.1	－	2.2	－	－	－	－
W13	建物又は建造物からの転落	2.8	2.2	6.1	8.7	－	25.0	5.0	15.4	14.3	15.4	28.2
(W65-W74)	不慮の溺死及び溺水	36.0	7.9	51.0	13.0	9.1	12.5	20.6	－	28.6	26.9	12.8
W65	浴槽内での溺死及び溺水	33.1	6.7	28.6	8.7	9.1	12.5	13.3	－	28.6	26.9	12.8
W66	浴槽への転落による溺死及び溺水	1.0	－	18.4	－	－	－	5.0	－	－	－	－
(W75-W84)	その他の不慮の窒息	28.2	83.1	20.4	34.8	18.2	－	52.2	30.8	7.1	3.8	15.4
W78	胃内容物の誤えん	4.7	12.4	8.2	13.0	9.1	－	10.6	7.7	－	－	2.6
W79	気道閉塞を生じた食物の誤えん	19.0	20.2	4.1	4.3	9.1	－	12.2	7.7	－	－	12.8
W80	気道閉塞を生じたその他の物体の誤えん	1.4	2.2	2.0	－	－	－	1.7	－	－	－	－
(X00-X09)	煙、火及び火炎への曝露	10.3	1.1	10.2	13.0	63.6	50.0	11.1	38.5	42.9	38.5	10.3
X00	建物又は建造物内の管理されていない火への曝露	7.9	1.1	10.2	13.0	54.5	50.0	10.6	38.5	42.9	26.9	7.7
(X05-X06)	夜着，その他の着衣及び衣服の発火又は溶解への曝露	1.2	－	－	－	9.1	－	0.6	－	－	3.8	－
(X10-X19)	熱及び高温物質との接触	1.8	1.1	4.1	4.3	－	－	2.2	－	－	3.8	－
X11	蛇口からの熱湯との接触	1.5	1.1	4.1	4.3	－	－	2.2	－	－	3.8	－
(X40-X49)	有害物質による不慮の中毒及び有害物質への曝露	3.5	－	－	－	－	－	－	7.7	7.1	7.7	28.2
X47	その他のガス及び蒸気による不慮の中毒及び曝露	0.6	－	－	－	－	－	－	7.7	7.1	3.8	10.3
X48	農薬による不慮の中毒及び曝露	1.2	－	－	－	－	－	－	－	－	－	2.6

種類別家庭における不慮の事故死亡数・百分率　－平成７～20年－
age (five-year age group) and type of major accident, 1995-2008

平成８年
1996

25～29	30～34	35～39	40～44	45～49	50～54	55～59	60～64	65～69	70～74	75～79	80～84	85～89	90～94	95～99	100～	不詳 Not stated
100.0	100.0	100.0	100.0	100.0	100.0	100.0	100.0	100.0	100.0	100.0	100.0	100.0	100.0	100.0	100.0	100.0
31.9	22.4	18.0	22.6	19.3	26.4	20.6	24.7	19.5	19.9	17.7	16.1	19.7	24.4	27.1	27.8	40.0
2.7	3.7	2.3	1.1	3.3	6.9	4.4	7.5	6.7	9.1	8.3	8.0	13.0	18.0	23.6	11.1	-
2.7	4.7	4.7	10.2	6.6	9.9	7.1	5.8	4.1	3.8	3.8	3.6	3.5	2.4	2.1	5.6	20.0
25.7	14.0	8.6	10.2	7.5	7.3	7.1	6.0	3.6	2.8	2.4	1.7	1.2	1.9	-	-	-
11.5	11.2	13.3	15.3	14.4	14.2	22.9	23.9	27.8	35.3	38.2	35.1	29.2	23.5	15.0	33.3	-
11.5	11.2	11.7	13.6	12.5	12.9	20.9	21.1	25.5	32.5	35.7	32.9	27.3	21.0	13.6	33.3	-
-	-	0.8	-	0.3	1.0	0.5	0.5	0.3	1.1	0.6	0.6	0.7	0.6	-	-	-
15.0	8.4	14.8	16.4	19.3	18.2	19.9	27.1	29.4	29.4	29.9	34.5	38.1	39.2	45.0	27.8	-
7.1	3.7	3.9	3.4	5.9	3.6	5.4	4.1	3.6	3.5	4.1	4.8	4.6	4.5	5.0	-	-
1.8	3.7	6.3	9.6	10.8	11.2	11.8	19.3	23.3	22.2	21.7	26.1	28.4	30.1	31.4	27.8	-
1.8	-	-	-	1.3	1.0	1.5	1.7	1.2	1.3	2.3	1.4	2.9	1.6	3.6	-	-
15.0	20.6	25.0	18.6	22.6	23.1	16.5	13.5	12.3	9.4	8.5	8.6	8.2	7.6	7.9	5.6	40.0
9.7	17.8	23.4	16.9	18.7	19.8	13.3	11.0	10.0	7.1	6.5	6.7	5.8	5.3	5.0	-	40.0
0.9	-	0.8	0.6	2.0	0.7	1.5	0.6	0.9	0.9	1.1	1.0	1.1	1.3	2.1	5.6	-
1.8	0.9	-	0.6	2.0	1.3	2.2	1.8	2.3	1.3	1.6	1.9	1.9	1.8	1.4	-	20.0
1.8	0.9	-	0.6	1.6	0.3	2.0	1.5	2.0	1.1	1.4	1.5	1.6	1.5	0.7	-	20.0
23.9	27.1	21.1	16.9	10.5	8.3	7.1	3.8	3.8	2.0	1.9	2.1	0.7	1.5	0.7	-	-
2.7	4.7	2.3	2.8	2.3	1.3	1.2	1.1	1.0	0.5	0.4	0.3	0.2	0.2	-	-	-
0.9	1.9	1.6	1.7	2.0	2.3	3.2	1.7	1.9	1.0	1.2	0.9	0.2	0.5	0.7	-	-
100.0	100.0	100.0	100.0	100.0	100.0	100.0	100.0	100.0	100.0	100.0	100.0	100.0	100.0	100.0	100.0	100.0
36.6	15.1	20.2	27.9	21.6	29.8	24.7	27.6	21.7	24.0	21.6	16.5	17.4	20.4	15.5	28.6	25.0
4.2	2.7	2.2	1.8	4.4	7.8	4.1	7.8	6.8	9.5	8.0	6.8	9.9	12.4	12.1	-	-
1.4	4.1	5.6	11.7	6.4	11.7	8.9	5.7	4.1	4.6	5.0	4.4	3.4	2.2	1.7	14.3	25.0
29.6	8.2	9.0	12.6	7.8	7.3	8.9	6.9	4.1	4.1	3.4	1.9	1.7	2.2	-	-	-
7.0	11.0	11.2	12.6	10.8	10.7	20.7	19.8	21.9	25.0	27.8	28.2	25.9	24.8	12.1	42.9	-
7.0	11.0	9.0	11.7	9.8	10.2	18.8	17.5	19.7	23.5	25.5	26.7	23.7	22.6	12.1	42.9	-
-	-	1.1	-	-	-	0.4	0.2	0.2	0.3	0.5	0.7	0.8	0.4	-	-	-
18.3	8.2	16.9	15.3	16.2	15.1	17.0	26.7	31.5	35.1	36.9	41.1	42.6	41.6	53.4	28.6	-
8.5	4.1	4.5	4.5	6.4	2.4	4.8	3.4	3.6	3.3	3.8	5.2	3.9	4.0	3.4	-	-
1.4	4.1	6.7	8.1	7.8	9.8	9.2	19.3	25.0	27.5	28.3	31.2	33.3	32.3	39.7	28.6	-
1.4	-	-	-	1.5	1.5	1.5	1.4	1.3	1.7	2.6	2.2	3.1	2.2	5.2	-	-
14.1	20.5	20.2	14.4	23.0	24.4	17.3	14.5	13.1	8.8	8.7	9.1	9.1	8.8	13.8	-	50.0
8.5	17.8	19.1	13.5	19.6	21.0	13.7	12.0	10.6	6.8	7.0	7.4	6.8	7.1	10.3	-	50.0
-	-	1.1	-	2.0	0.5	1.5	0.7	1.0	0.9	0.8	1.0	0.8	0.9	1.7	-	-
1.4	1.4	-	-	2.0	2.0	1.1	1.4	2.2	1.7	1.4	1.6	2.8	1.8	-	-	25.0
1.4	1.4	-	-	1.5	0.5	0.7	1.1	1.8	1.4	1.3	1.3	2.2	1.3	-	-	25.0
21.1	31.5	24.7	16.2	11.8	7.3	5.9	3.2	4.0	1.6	1.8	1.9	0.8	0.9	-	-	-
2.8	5.5	3.4	2.7	2.9	1.5	1.5	0.9	0.8	0.6	0.5	0.2	0.2	0.4	-	-	-
-	2.7	1.1	2.7	1.5	1.5	2.2	1.4	1.8	0.6	1.1	1.0	0.3	-	-	-	-
100.0	100.0	100.0	100.0	100.0	100.0	100.0	100.0	100.0	100.0	100.0	100.0	100.0	100.0	100.0	100.0	100.0
23.8	38.2	12.8	13.6	14.9	19.4	12.5	18.8	15.3	14.8	13.6	15.7	21.8	26.8	35.4	27.3	100.0
-	5.9	2.6	-	1.0	5.1	5.1	6.9	6.4	8.6	8.5	9.3	15.6	21.2	31.7	18.2	-
4.8	5.9	2.6	7.6	6.9	6.1	3.7	6.0	4.1	2.8	2.5	2.9	3.6	2.6	2.4	-	-
19.0	26.5	7.7	6.1	6.9	7.1	3.7	4.1	2.5	1.2	1.3	1.5	0.8	1.8	-	-	-
19.0	11.8	17.9	19.7	21.8	21.4	27.2	32.1	39.2	48.4	49.3	42.0	31.9	22.7	17.1	27.3	-
19.0	11.8	17.9	16.7	17.8	18.4	25.0	28.4	36.6	43.8	46.5	39.0	30.3	20.2	14.6	27.3	-
-	-	-	-	1.0	3.1	0.7	0.9	0.6	2.0	0.7	0.6	0.7	0.8	-	-	-
9.5	8.8	10.3	18.2	25.7	24.5	25.7	28.0	25.5	22.2	22.5	28.0	34.3	37.8	39.0	27.3	-
4.8	2.9	2.6	1.5	5.0	6.1	6.6	5.5	3.5	3.8	4.4	4.3	5.1	4.8	6.1	-	-
2.4	2.9	5.1	12.1	16.8	14.3	16.9	19.3	20.1	15.4	14.7	21.1	24.1	28.8	25.6	27.3	-
2.4	-	-	-	1.0	-	1.5	2.3	1.0	0.8	1.9	0.7	2.6	1.3	2.4	-	-
16.7	20.6	35.9	25.8	21.8	20.4	14.7	11.5	10.8	10.0	8.4	8.2	7.4	6.9	3.7	9.1	-
11.9	17.6	33.3	22.7	16.8	17.3	12.5	9.2	8.9	7.6	6.0	6.1	5.0	4.3	1.2	-	-
2.4	-	-	1.5	2.0	1.0	1.5	0.5	0.6	0.8	1.5	1.1	1.3	1.5	2.4	9.1	-
2.4	-	-	1.5	2.0	-	4.4	2.8	2.5	0.8	1.9	2.3	1.2	1.8	2.4	-	-
2.4	-	-	1.5	2.0	-	4.4	2.3	2.2	0.8	1.5	1.8	1.1	1.5	1.2	-	-
28.6	17.6	12.8	18.2	7.9	10.2	9.6	5.0	3.5	2.6	2.1	2.3	0.7	1.8	1.2	-	-
2.4	2.9	-	3.0	1.0	1.0	0.7	1.4	1.3	0.4	0.3	0.3	0.3	-	-	-	-
2.4	-	2.6	-	3.0	4.1	5.1	2.3	1.9	1.4	1.2	0.9	0.1	0.8	1.2	-	-

第６表　年次・性・年齢階級（５歳階級）・主な不慮の事故の

Table 6. Trends in accidental deaths at home and percentage by sex,

百分率

Percentage

死因基本分類コード Detailed list of ICD-10 code	死因・性 Causes of death and sex	総数 Total	0歳 Years	1	2	3	4	0～4	5～9	10～14	15～19	20～24
	総数 Total											
(W00-X59)	総数	100.0	100.0	100.0	100.0	100.0	100.0	100.0	100.0	100.0	100.0	100.0
(W00-W17)	転倒・転落	19.8	5.7	8.4	23.7	20.6	21.7	10.1	13.0	10.0	22.6	35.4
W01	スリップ，つまづき及びよろめきによる同一平面上での転倒	8.6	1.4	0.9	2.6	2.9	8.7	1.9	1.9	-	1.6	2.1
W10	階段及びステップからの転落及びその上での転倒	4.1	-	2.8	2.6	-	-	1.0	-	-	-	4.2
W13	建物又は建造物からの転落	4.0	0.9	4.7	15.8	14.7	8.7	4.8	7.4	10.0	21.0	26.0
(W65-W74)	不慮の溺死及び溺水	28.0	10.4	59.8	21.1	11.8	17.4	24.6	13.0	26.7	14.5	11.5
W65	浴槽内での溺死及び溺水	25.9	6.1	44.9	10.5	8.8	8.7	16.9	13.0	26.7	14.5	10.4
W66	浴槽への転落による溺死及び溺水	0.8	3.8	7.5	5.3	-	8.7	4.8	-	-	-	-
(W75-W84)	その他の不慮の窒息	31.7	76.4	22.4	21.1	26.5	8.7	49.5	25.9	20.0	14.5	10.4
W78	胃内容物の誤えん	5.3	15.6	4.7	7.9	5.9	-	10.4	5.6	3.3	4.8	3.1
W79	気道閉塞を生じた食物の誤えん	20.9	14.2	7.5	5.3	8.8	4.3	10.6	11.1	-	3.2	5.2
W80	気道閉塞を生じたその他の物体の誤えん	2.3	0.9	1.9	5.3	2.9	-	1.7	1.9	3.3	3.2	-
(X00-X09)	煙、火及び火炎への曝露	11.8	3.8	4.7	23.7	38.2	39.1	10.6	42.6	40.0	30.6	17.7
X00	建物又は建造物内の管理されていない火への曝露	9.8	3.8	4.7	21.1	38.2	39.1	10.4	42.6	36.7	25.8	15.6
(X05-X06)	夜着，その他の着衣及び衣服の発火又は溶解への曝露	0.9	-	-	-	-	-	-	-	3.3	-	-
(X10-X19)	熱及び高温物質との接触	1.6	0.9	1.9	7.9	2.9	-	1.9	1.9	-	1.6	-
X11	蛇口からの熱湯との接触	1.2	-	1.9	7.9	2.9	-	1.4	1.9	-	1.6	-
(X40-X49)	有害物質による不慮の中毒及び有害物質への曝露	3.4	-	0.9	-	-	-	0.2	-	-	11.3	19.8
X47	その他のガス及び蒸気による不慮の中毒及び曝露	0.7	-	-	-	-	-	-	-	-	-	2.1
X48	農薬による不慮の中毒及び曝露	1.0	-	-	-	-	-	-	-	-	-	1.0
	男 Male											
(W00-X59)	総数	100.0	100.0	100.0	100.0	100.0	100.0	100.0	100.0	100.0	100.0	100.0
(W00-W17)	転倒・転落	22.0	8.4	8.8	27.3	26.3	8.3	11.6	14.8	16.7	22.2	34.4
W01	スリップ，つまづき及びよろめきによる同一平面上での転倒	7.9	2.3	1.8	4.5	5.3	-	2.5	-	-	2.8	1.6
W10	階段及びステップからの転落及びその上での転倒	4.5	-	1.8	-	-	-	0.4	-	-	-	1.6
W13	建物又は建造物からの転落	5.0	0.8	5.3	18.2	15.8	-	4.6	7.4	16.7	19.4	26.6
(W65-W74)	不慮の溺死及び溺水	21.8	10.7	59.6	27.3	15.8	8.3	24.1	7.4	27.8	13.9	9.4
W65	浴槽内での溺死及び溺水	20.2	5.3	45.6	13.6	10.5	-	15.8	7.4	27.8	13.9	7.8
W66	浴槽への転落による溺死及び溺水	0.7	4.6	7.0	9.1	-	8.3	5.4	-	-	-	-
(W75-W84)	その他の不慮の窒息	33.8	72.5	22.8	22.7	21.1	8.3	49.0	33.3	27.8	16.7	14.1
W78	胃内容物の誤えん	5.4	12.2	7.0	4.5	-	-	8.7	3.7	5.6	5.6	4.7
W79	気道閉塞を生じた食物の誤えん	22.8	16.8	8.8	9.1	10.5	-	12.9	14.8	-	2.8	7.8
W80	気道閉塞を生じたその他の物体の誤えん	2.3	0.8	1.8	4.5	5.3	-	1.7	3.7	-	5.6	-
(X00-X09)	煙、火及び火炎への曝露	13.1	3.8	7.0	18.2	36.8	75.0	12.0	40.7	27.8	33.3	18.8
X00	建物又は建造物内の管理されていない火への曝露	11.1	3.8	7.0	18.2	36.8	75.0	12.0	40.7	22.2	30.6	17.2
(X05-X06)	夜着，その他の着衣及び衣服の発火又は溶解への曝露	0.7	-	-	-	-	-	-	-	5.6	-	-
(X10-X19)	熱及び高温物質との接触	1.5	1.5	-	4.5	-	-	1.2	-	-	2.8	-
X11	蛇口からの熱湯との接触	1.1	-	-	4.5	-	-	0.4	-	-	2.8	-
(X40-X49)	有害物質による不慮の中毒及び有害物質への曝露	3.6	-	-	-	-	-	-	-	-	8.3	17.2
X47	その他のガス及び蒸気による不慮の中毒及び曝露	1.1	-	-	-	-	-	-	-	-	-	3.1
X48	農薬による不慮の中毒及び曝露	1.1	-	-	-	-	-	-	-	-	-	1.6
	女 Female											
(W00-X59)	総数	100.0	100.0	100.0	100.0	100.0	100.0	100.0	100.0	100.0	100.0	100.0
(W00-W17)	転倒・転落	17.1	1.2	8.0	18.8	13.3	36.4	8.1	11.1	-	23.1	37.5
W01	スリップ，つまづき及びよろめきによる同一平面上での転倒	9.3	-	-	-	-	18.2	1.2	3.7	-	-	3.1
W10	階段及びステップからの転落及びその上での転倒	3.6	-	4.0	6.3	-	-	1.7	-	-	-	9.4
W13	建物又は建造物からの転落	2.8	1.2	4.0	12.5	13.3	18.2	5.2	7.4	-	23.1	25.0
(W65-W74)	不慮の溺死及び溺水	35.7	9.9	60.0	12.5	6.7	27.3	25.4	18.5	25.0	15.4	15.6
W65	浴槽内での溺死及び溺水	33.1	7.4	44.0	6.3	6.7	18.2	18.5	18.5	25.0	15.4	15.6
W66	浴槽への転落による溺死及び溺水	0.9	2.5	8.0	-	-	9.1	4.0	-	-	-	-
(W75-W84)	その他の不慮の窒息	29.2	82.7	22.0	18.8	33.3	9.1	50.3	18.5	8.3	11.5	3.1
W78	胃内容物の誤えん	5.2	21.0	2.0	12.5	13.3	-	12.7	7.4	-	3.8	-
W79	気道閉塞を生じた食物の誤えん	18.5	9.9	6.0	-	6.7	9.1	7.5	7.4	-	3.8	-
W80	気道閉塞を生じたその他の物体の誤えん	2.3	1.2	2.0	6.3	-	-	1.7	-	8.3	-	-
(X00-X09)	煙、火及び火炎への曝露	10.3	3.7	2.0	31.3	40.0	-	8.7	44.4	58.3	26.9	15.6
X00	建物又は建造物内の管理されていない火への曝露	8.2	3.7	2.0	25.0	40.0	-	8.1	44.4	58.3	19.2	12.5
(X05-X06)	夜着，その他の着衣及び衣服の発火又は溶解への曝露	1.0	-	-	-	-	-	-	-	-	-	-
(X10-X19)	熱及び高温物質との接触	1.6	-	4.0	12.5	6.7	-	2.9	3.7	-	-	-
X11	蛇口からの熱湯との接触	1.3	-	4.0	12.5	6.7	-	2.9	3.7	-	-	-
(X40-X49)	有害物質による不慮の中毒及び有害物質への曝露	3.1	-	2.0	-	-	-	0.6	-	-	15.4	25.0
X47	その他のガス及び蒸気による不慮の中毒及び曝露	0.3	-	-	-	-	-	-	-	-	-	-
X48	農薬による不慮の中毒及び曝露	1.0	-	-	-	-	-	-	-	-	-	-

種類別家庭における不慮の事故死亡数・百分率　－平成７～20年－
age (five-year age group) and type of major accident, 1995-2008

平成９年
1997

25～29	30～34	35～39	40～44	45～49	50～54	55～59	60～64	65～69	70～74	75～79	80～84	85～89	90～94	95～99	100～	不詳 Not stated
100.0	100.0	100.0	100.0	100.0	100.0	100.0	100.0	100.0	100.0	100.0	100.0	100.0	100.0	100.0	100.0	100.0
19.8	23.7	23.0	21.4	19.9	22.0	27.7	27.6	22.8	18.2	16.5	16.7	17.9	26.3	26.3	39.1	25.0
2.4	1.8	3.3	4.0	6.4	4.2	4.9	11.1	7.4	7.4	7.7	8.7	11.5	19.3	18.7	30.4	-
1.6	4.4	3.3	5.8	5.1	5.2	9.6	8.7	5.1	4.5	3.5	3.5	2.5	3.1	3.5	-	-
14.3	17.5	16.4	11.0	7.1	10.4	8.6	4.1	4.0	2.3	2.4	1.5	1.5	1.0	2.9	-	25.0
12.7	6.1	10.7	12.1	13.1	15.2	19.3	21.6	27.1	35.6	37.0	34.6	30.2	21.6	21.1	13.0	-
11.9	5.3	10.7	10.4	13.1	13.9	17.3	20.5	25.6	33.3	34.5	32.2	28.1	20.2	19.3	13.0	-
-	-	-	1.2	-	1.3	1.0	0.7	0.9	0.6	0.9	0.6	0.4	0.3	0.6	-	-
18.3	19.3	19.7	19.7	22.4	19.4	19.5	25.6	29.5	29.7	30.7	35.0	39.6	41.6	41.5	39.1	12.5
8.7	8.8	9.0	7.5	8.3	6.8	5.7	4.6	4.4	4.2	4.4	3.8	5.6	6.8	5.3	8.7	-
4.8	6.1	8.2	6.9	9.3	9.7	10.4	17.2	21.0	21.9	21.7	26.2	28.4	29.1	31.0	30.4	12.5
1.6	3.5	1.6	1.2	1.3	1.6	1.5	1.2	1.5	1.4	2.6	2.9	3.9	2.6	2.3	-	-
20.6	28.1	21.3	28.3	22.4	25.9	17.0	12.9	11.7	9.5	9.4	9.2	7.8	5.5	8.8	-	50.0
17.5	23.7	15.6	23.7	19.2	23.9	15.6	11.2	9.3	7.8	7.3	7.1	5.9	4.2	5.3	-	50.0
0.8	0.9	0.8	1.2	1.0	-	0.2	0.5	1.1	0.9	0.9	1.1	1.1	0.5	1.8	-	-
0.8	0.9	-	1.7	1.6	0.3	1.7	1.2	1.3	1.2	1.9	1.8	1.8	1.8	1.8	4.3	-
0.8	-	-	1.2	1.0	0.3	1.0	1.0	1.2	1.0	1.5	1.4	1.5	1.5	-	4.3	-
20.6	18.4	18.0	10.4	9.9	7.8	5.9	4.1	3.6	2.4	1.9	1.1	1.1	0.8	-	-	-
4.0	0.9	3.3	0.6	2.2	1.9	2.0	1.8	1.0	0.4	0.5	0.4	0.2	-	-	-	-
1.6	1.8	1.6	2.9	3.2	1.6	1.2	1.5	1.1	1.6	1.1	0.5	0.6	0.7	-	-	-
100.0	100.0	100.0	100.0	100.0	100.0	100.0	100.0	100.0	100.0	100.0	100.0	100.0	100.0	100.0	100.0	100.0
25.0	21.3	21.1	26.5	23.7	26.0	30.1	28.6	26.2	22.1	20.2	18.0	17.7	22.6	21.4	25.0	33.3
1.3	1.3	1.3	5.3	7.1	5.5	5.1	10.9	6.8	8.9	7.5	9.0	10.5	15.3	12.5	25.0	-
2.5	2.7	3.9	8.0	7.1	6.5	10.6	9.7	5.7	4.2	4.1	2.8	2.5	1.5	3.6	-	-
18.8	17.3	15.8	12.4	7.6	11.0	8.6	4.7	5.2	3.0	3.7	1.3	1.9	0.8	5.4	-	33.3
7.5	4.0	10.5	8.0	7.6	12.0	16.4	19.1	20.5	25.6	27.8	27.3	26.3	18.0	30.4	25.0	-
6.3	4.0	10.5	7.1	7.6	11.0	14.4	18.2	19.1	24.2	26.2	26.0	23.9	17.2	28.6	25.0	-
-	-	-	0.9	-	1.0	1.0	0.5	0.7	0.8	0.4	0.3	0.8	-	-	-	-
18.8	18.7	18.4	21.2	21.3	15.5	19.9	26.2	31.0	35.0	36.5	41.8	42.4	44.4	35.7	50.0	16.7
8.8	12.0	10.5	10.6	9.0	6.5	6.8	5.0	4.7	4.2	5.2	3.6	4.1	7.3	1.8	-	-
6.3	2.7	5.3	5.3	8.1	7.5	9.9	17.5	22.4	27.7	27.1	31.9	31.8	32.2	30.4	50.0	16.7
1.3	2.7	2.6	1.8	0.9	1.0	1.4	1.2	1.4	2.0	2.0	3.6	4.7	1.9	1.8	-	-
21.3	30.7	23.7	25.7	23.2	28.0	18.5	14.7	12.1	10.1	9.0	8.8	8.8	8.8	8.9	-	33.3
18.8	26.7	15.8	22.1	19.4	27.0	16.8	13.0	9.9	8.3	6.6	7.4	6.7	6.9	7.1	-	33.3
-	1.3	1.3	-	0.9	-	0.3	0.7	0.9	0.8	1.2	0.6	0.8	0.8	1.8	-	-
-	1.3	-	0.9	0.9	0.5	1.7	0.7	1.9	0.9	2.0	1.7	2.5	2.3	3.6	-	-
-	-	-	-	0.9	0.5	1.0	0.5	1.7	0.8	1.3	1.3	2.2	1.5	-	-	-
22.5	21.3	18.4	9.7	9.5	8.0	5.1	2.6	4.2	2.3	1.6	0.8	1.3	1.5	-	-	-
5.0	1.3	3.9	0.9	3.3	2.5	2.4	1.4	1.6	0.6	0.7	0.5	0.5	-	-	-	-
2.5	1.3	1.3	3.5	2.8	2.0	1.4	0.7	1.2	1.2	0.9	0.3	0.8	1.5	-	-	-
100.0	100.0	100.0	100.0	100.0	100.0	100.0	100.0	100.0	100.0	100.0	100.0	100.0	100.0	100.0	100.0	100.0
10.9	28.2	26.1	11.7	11.9	14.7	21.2	25.1	16.7	12.9	12.6	15.3	18.0	29.1	28.7	42.1	-
4.3	2.6	6.5	1.7	5.0	1.8	4.4	11.5	8.5	5.3	7.9	8.4	12.4	22.3	21.7	31.6	-
-	7.7	2.2	1.7	1.0	2.8	7.1	6.6	4.1	4.9	3.0	4.1	2.5	4.2	3.5	-	-
6.5	17.9	17.4	8.3	5.9	9.2	8.8	2.7	1.9	1.2	1.1	1.8	1.2	1.1	1.7	-	-
21.7	10.3	10.9	20.0	24.8	21.1	26.5	27.3	39.1	49.2	46.4	41.9	33.6	24.3	16.5	10.5	-
21.7	7.7	10.9	16.7	24.8	19.3	24.8	25.7	37.5	45.7	42.9	38.5	31.7	22.3	14.8	10.5	-
-	-	-	1.7	-	1.8	0.9	1.1	1.3	0.4	1.3	0.9	-	0.6	0.9	-	-
17.4	20.5	21.7	16.7	24.8	26.6	18.6	24.0	26.8	22.4	24.7	28.1	37.1	39.5	44.3	36.8	-
8.7	2.6	6.5	1.7	6.9	7.3	2.7	3.8	3.8	4.3	3.6	4.0	7.0	6.5	7.0	10.5	-
2.2	12.8	13.0	10.0	11.9	13.8	11.5	16.4	18.6	14.1	16.3	20.4	25.5	26.8	31.3	26.3	-
2.2	5.1	-	-	2.0	2.8	1.8	1.1	1.6	0.6	3.2	2.1	3.3	3.1	2.6	-	-
19.6	23.1	17.4	33.3	20.8	22.0	13.3	8.7	11.0	8.8	9.8	9.6	7.0	3.1	8.7	-	100.0
15.2	17.9	15.2	26.7	18.8	18.3	12.4	7.1	8.2	7.1	8.1	6.8	5.2	2.3	4.3	-	100.0
2.2	-	-	3.3	1.0	-	-	-	1.6	1.0	0.7	1.7	1.4	0.3	1.7	-	-
2.2	-	-	3.3	3.0	-	1.8	2.2	0.3	1.6	1.7	1.8	1.2	1.4	0.9	5.3	-
2.2	-	-	3.3	1.0	-	0.9	2.2	0.3	1.4	1.6	1.6	0.8	1.4	-	5.3	-
17.4	12.8	17.4	11.7	10.9	7.3	8.0	7.7	2.5	2.7	2.3	1.4	1.0	0.3	-	-	-
2.2	-	2.2	-	-	0.9	0.9	2.7	-	0.2	0.4	0.3	-	-	-	-	-
-	2.6	2.2	1.7	4.0	0.9	0.9	3.3	0.9	2.2	1.2	0.7	0.4	-	-	-	-

第6表　年次・性・年齢階級（5歳階級）・主な不慮の事故の

Table 6. Trends in accidental deaths at home and percentage by sex,

百分率

Percentage

死因基本分類コード Detailed list of ICD-10 code	死因・性 Causes of death and sex	総数 Total	0歳 Years	1	2	3	4	0〜4	5〜9	10〜14	15〜19	20〜24
	総数 Total											
(W00-X59)	総数	100.0	100.0	100.0	100.0	100.0	100.0	100.0	100.0	100.0	100.0	100.0
(W00-W17)	転倒・転落	20.4	4.5	6.2	28.9	19.0	15.8	9.2	6.5	20.6	38.8	30.6
W01	スリップ，つまづき及びよろめきによる同一平面上での転倒	9.3	1.5	1.8	5.3	−	−	1.7	1.6	−	3.0	1.0
W10	階段及びステップからの転落及びその上での転倒	4.1	0.5	0.9	−	2.4	−	0.7	1.6	−	3.0	2.0
W13	建物又は建造物からの転落	4.0	0.5	1.8	21.1	16.7	10.5	4.8	3.2	20.6	29.9	27.6
(W65-W74)	不慮の溺死及び溺水	27.9	8.0	61.1	15.8	9.5	10.5	23.5	19.4	11.8	16.4	10.2
W65	浴槽内での溺死及び溺水	25.5	5.0	38.1	7.9	9.5	5.3	14.8	17.7	11.8	16.4	10.2
W66	浴槽への転落による溺死及び溺水	0.9	3.0	15.9	−	−	−	5.8	−	−	−	−
(W75-W84)	その他の不慮の窒息	32.9	80.6	22.1	21.1	21.4	21.1	50.4	22.6	35.3	16.4	20.4
W78	胃内容物の誤えん	5.4	21.9	8.0	2.6	4.8	10.5	14.0	4.8	5.9	1.5	8.2
W79	気道閉塞を生じた食物の誤えん	22.3	15.4	1.8	2.6	9.5	5.3	9.4	4.8	8.8	4.5	6.1
W80	気道閉塞を生じたその他の物体の誤えん	2.2	3.0	1.8	−	2.4	−	2.2	1.6	5.9	3.0	3.1
(X00-X09)	煙、火及び火炎への曝露	10.8	2.0	7.1	28.9	40.5	47.4	11.9	41.9	23.5	17.9	13.3
X00	建物又は建造物内の管理されていない火への曝露	8.9	2.0	7.1	28.9	35.7	47.4	11.4	40.3	23.5	17.9	13.3
(X05-X06)	夜着，その他の着衣及び衣服の発火又は溶解への曝露	0.9	−	−	−	2.4	−	0.2	−	−	−	−
(X10-X19)	熱及び高温物質との接触	1.2	−	−	−	−	−	−	1.6	−	−	−
X11	蛇口からの熱湯との接触	1.1	−	−	−	−	−	−	1.6	−	−	−
(X40-X49)	有害物質による不慮の中毒及び有害物質への曝露	2.8	−	−	−	2.4	−	0.2	−	2.9	9.0	19.4
X47	その他のガス及び蒸気による不慮の中毒及び曝露	0.6	−	−	−	−	−	−	−	2.9	7.5	6.1
X48	農薬による不慮の中毒及び曝露	0.9	−	−	−	−	−	−	−	−	−	1.0
	男 Male											
(W00-X59)	総数	100.0	100.0	100.0	100.0	100.0	100.0	100.0	100.0	100.0	100.0	100.0
(W00-W17)	転倒・転落	21.9	4.4	5.9	24.0	12.5	−	7.6	7.1	22.7	40.5	31.3
W01	スリップ，つまづき及びよろめきによる同一平面上での転倒	8.5	1.8	2.9	−	−	−	1.7	2.4	−	2.7	1.5
W10	階段及びステップからの転落及びその上での転倒	4.6	0.9	−	−	−	−	0.4	2.4	−	5.4	−
W13	建物又は建造物からの転落	4.9	−	1.5	20.0	12.5	−	3.8	2.4	22.7	27.0	29.9
(W65-W74)	不慮の溺死及び溺水	22.3	8.0	60.3	16.0	8.3	−	23.5	21.4	4.5	8.1	9.0
W65	浴槽内での溺死及び溺水	20.6	4.4	35.3	4.0	8.3	−	13.4	19.0	4.5	8.1	9.0
W66	浴槽への転落による溺死及び溺水	0.8	3.5	19.1	−	−	−	7.1	−	−	−	−
(W75-W84)	その他の不慮の窒息	34.9	85.0	22.1	24.0	16.7	25.0	51.7	16.7	31.8	21.6	20.9
W78	胃内容物の誤えん	5.4	19.5	10.3	−	4.2	25.0	13.4	2.4	4.5	−	9.0
W79	気道閉塞を生じた食物の誤えん	24.1	17.7	1.5	4.0	8.3	−	10.1	2.4	4.5	5.4	6.0
W80	気道閉塞を生じたその他の物体の誤えん	2.2	3.5	2.9	−	4.2	−	2.9	−	4.5	5.4	3.0
(X00-X09)	煙、火及び火炎への曝露	12.0	0.9	8.8	32.0	54.2	75.0	14.3	42.9	27.3	18.9	9.0
X00	建物又は建造物内の管理されていない火への曝露	10.1	0.9	8.8	32.0	45.8	75.0	13.4	40.5	27.3	18.9	9.0
(X05-X06)	夜着，その他の着衣及び衣服の発火又は溶解への曝露	0.8	−	−	−	4.2	−	0.4	−	−	−	−
(X10-X19)	熱及び高温物質との接触	1.2	−	−	−	−	−	−	−	−	−	−
X11	蛇口からの熱湯との接触	1.1	−	−	−	−	−	−	−	−	−	−
(X40-X49)	有害物質による不慮の中毒及び有害物質への曝露	3.2	−	−	−	4.2	−	0.4	−	4.5	10.8	20.9
X47	その他のガス及び蒸気による不慮の中毒及び曝露	0.8	−	−	−	−	−	−	−	4.5	8.1	7.5
X48	農薬による不慮の中毒及び曝露	0.9	−	−	−	−	−	−	−	−	−	−
	女 Female											
(W00-X59)	総数	100.0	100.0	100.0	100.0	100.0	100.0	100.0	100.0	100.0	100.0	100.0
(W00-W17)	転倒・転落	18.6	4.5	6.7	38.5	27.8	27.3	11.4	5.0	16.7	36.7	29.0
W01	スリップ，つまづき及びよろめきによる同一平面上での転倒	10.3	1.1	−	15.4	−	−	1.7	−	−	3.3	−
W10	階段及びステップからの転落及びその上での転倒	3.5	−	2.2	−	5.6	−	1.1	−	−	−	6.5
W13	建物又は建造物からの転落	2.8	1.1	2.2	23.1	22.2	18.2	6.3	5.0	16.7	33.3	22.6
(W65-W74)	不慮の溺死及び溺水	34.8	8.0	62.2	15.4	11.1	18.2	23.4	15.0	25.0	26.7	12.9
W65	浴槽内での溺死及び溺水	31.7	5.7	42.2	15.4	11.1	9.1	16.6	15.0	25.0	26.7	12.9
W66	浴槽への転落による溺死及び溺水	1.1	2.3	11.1	−	−	−	4.0	−	−	−	−
(W75-W84)	その他の不慮の窒息	30.5	75.0	22.2	15.4	27.8	18.2	48.6	35.0	41.7	10.0	19.4
W78	胃内容物の誤えん	5.4	25.0	4.4	7.7	5.6	−	14.9	10.0	8.3	3.3	6.5
W79	気道閉塞を生じた食物の誤えん	20.1	12.5	2.2	−	11.1	9.1	8.6	10.0	16.7	3.3	6.5
W80	気道閉塞を生じたその他の物体の誤えん	2.1	2.3	−	−	−	−	1.1	5.0	8.3	−	3.2
(X00-X09)	煙、火及び火炎への曝露	9.4	3.4	4.4	23.1	22.2	27.3	8.6	40.0	16.7	16.7	22.6
X00	建物又は建造物内の管理されていない火への曝露	7.5	3.4	4.4	23.1	22.2	27.3	8.6	40.0	16.7	16.7	22.6
(X05-X06)	夜着，その他の着衣及び衣服の発火又は溶解への曝露	1.0	−	−	−	−	−	−	−	−	−	−
(X10-X19)	熱及び高温物質との接触	1.2	−	−	−	−	−	−	5.0	−	−	−
X11	蛇口からの熱湯との接触	1.0	−	−	−	−	−	−	5.0	−	−	−
(X40-X49)	有害物質による不慮の中毒及び有害物質への曝露	2.4	−	−	−	−	−	−	−	−	6.7	16.1
X47	その他のガス及び蒸気による不慮の中毒及び曝露	0.5	−	−	−	−	−	−	−	−	6.7	3.2
X48	農薬による不慮の中毒及び曝露	0.8	−	−	−	−	−	−	−	−	−	3.2

種類別家庭における不慮の事故死亡数・百分率 －平成７～20年－
age (five-year age group) and type of major accident, 1995-2008

平成10年
1998

25～29	30～34	35～39	40～44	45～49	50～54	55～59	60～64	65～69	70～74	75～79	80～84	85～89	90～94	95～99	100～	不詳 Not stated
100.0	100.0	100.0	100.0	100.0	100.0	100.0	100.0	100.0	100.0	100.0	100.0	100.0	100.0	100.0	100.0	100.0
30.7	20.5	22.8	16.4	27.3	25.7	24.7	25.0	22.5	19.8	16.8	17.0	19.7	25.7	27.7	39.1	33.3
-	3.4	3.3	3.0	7.4	7.4	7.6	8.4	7.5	8.5	7.8	9.9	13.5	17.8	21.3	34.8	-
3.5	2.6	2.4	3.6	8.2	8.0	8.5	6.9	5.1	5.1	3.5	2.8	2.7	2.9	3.7	4.3	-
25.4	14.5	14.6	8.5	8.2	7.1	5.3	6.3	4.5	2.1	2.0	1.5	1.3	1.9	1.1	-	33.3
16.7	12.8	8.1	12.7	12.4	14.6	16.9	21.6	27.8	33.8	38.1	36.1	27.9	20.3	24.5	8.7	-
16.7	12.0	8.1	11.5	11.3	13.3	15.1	18.8	25.7	31.1	36.0	33.5	26.2	18.5	20.7	8.7	-
-	-	-	0.6	-	0.3	0.7	0.5	0.8	1.2	0.9	0.8	0.5	0.8	-	-	-
10.5	10.3	22.8	19.4	18.8	23.5	23.6	27.5	30.0	31.0	31.5	35.3	41.3	44.2	41.0	43.5	-
5.3	4.3	8.9	9.1	6.0	7.4	5.6	5.5	5.2	4.3	3.9	4.8	5.2	5.1	5.3	-	-
1.8	2.6	6.5	7.3	9.9	12.4	15.4	18.7	20.8	23.3	24.3	26.4	30.3	32.7	28.7	39.1	-
1.8	0.9	1.6	1.2	1.1	1.2	1.3	0.8	2.0	1.4	2.1	2.3	3.5	3.1	4.8	-	-
16.7	30.8	17.1	27.3	23.8	14.6	18.7	16.1	11.6	9.5	8.4	7.6	6.9	4.5	3.2	4.3	66.7
12.3	29.9	13.8	24.8	19.5	10.8	16.7	13.4	10.3	7.2	6.6	5.7	5.1	3.9	3.2	-	66.7
0.9	-	0.8	1.2	0.4	1.9	0.4	1.1	0.8	1.1	1.1	1.0	1.0	0.4	-	4.3	-
-	-	0.8	0.6	0.7	1.2	2.0	1.3	1.8	1.2	1.2	1.3	1.3	1.7	1.1	-	-
-	-	-	-	0.4	0.9	2.0	1.1	1.4	0.9	1.0	1.2	1.2	1.5	1.1	-	-
21.1	21.4	19.5	12.1	6.4	9.0	5.3	2.4	2.3	1.5	1.0	1.1	1.4	0.3	0.5	-	-
3.5	3.4	2.4	2.4	2.1	2.2	0.7	0.6	0.6	0.2	0.2	0.3	0.3	-	0.5	-	-
0.9	0.9	1.6	1.8	1.4	3.4	2.4	1.3	1.1	1.1	0.6	0.4	0.6	-	-	-	-
100.0	100.0	100.0	100.0	100.0	100.0	100.0	100.0	100.0	100.0	100.0	100.0	100.0	100.0	100.0	100.0	100.0
26.0	21.0	26.0	17.6	28.6	29.4	27.6	28.1	28.0	22.4	18.6	17.2	18.2	23.7	19.0	25.0	33.3
-	3.7	4.1	2.0	8.0	8.4	8.3	9.4	8.3	8.5	7.2	9.9	11.2	15.0	15.5	25.0	-
4.1	2.5	4.1	3.9	7.5	10.3	9.8	7.3	6.5	6.0	3.4	2.1	2.6	3.3	-	-	-
21.9	14.8	15.1	9.8	8.5	7.9	5.1	7.3	6.5	2.7	2.6	1.7	1.9	2.0	1.7	-	33.3
15.1	11.1	8.2	7.8	9.5	8.4	14.3	19.1	23.6	25.9	29.2	28.5	23.8	18.3	34.5	25.0	-
15.1	11.1	8.2	7.8	8.5	8.4	13.0	16.7	21.7	23.9	28.4	26.8	22.9	17.3	31.0	25.0	-
-	-	-	-	-	-	0.6	0.2	0.3	1.3	0.1	0.6	0.7	0.7	-	-	-
11.0	11.1	21.9	14.7	18.1	22.9	20.6	26.7	30.6	35.2	38.7	43.3	44.8	47.7	37.9	50.0	-
6.8	4.9	6.8	8.8	6.5	8.4	4.8	5.0	5.3	4.0	4.2	5.3	4.5	5.3	5.2	-	-
-	2.5	6.8	4.9	9.0	10.7	13.3	18.9	21.7	27.5	30.2	33.3	34.8	35.0	27.6	50.0	-
1.4	1.2	2.7	1.0	1.0	1.4	1.3	0.7	1.9	1.3	2.6	3.0	3.4	3.3	3.4	-	-
17.8	24.7	13.7	35.3	25.1	15.0	21.3	16.0	11.0	9.9	8.1	8.2	7.1	5.0	3.4	-	66.7
12.3	24.7	13.7	33.3	22.1	11.7	19.7	13.2	9.5	7.4	6.3	6.2	5.7	4.3	3.4	-	66.7
1.4	-	-	2.0	0.5	0.9	0.6	0.9	0.8	1.1	1.0	0.6	0.6	0.7	-	-	-
-	-	1.4	-	0.5	1.4	1.3	0.9	1.2	1.5	1.3	0.9	2.2	3.0	1.7	-	-
-	-	-	-	-	1.4	1.3	0.7	1.0	1.1	1.0	0.9	2.2	2.7	1.7	-	-
23.3	25.9	17.8	10.8	6.5	7.9	4.4	2.6	1.4	1.6	0.7	1.0	2.3	0.3	-	-	-
4.1	4.9	2.7	2.0	3.0	2.3	0.6	0.9	0.2	0.1	-	0.3	0.6	-	-	-	-
1.4	-	1.4	2.9	1.5	3.3	2.2	1.2	0.8	1.2	0.5	0.2	0.9	-	-	-	-
100.0	100.0	100.0	100.0	100.0	100.0	100.0	100.0	100.0	100.0	100.0	100.0	100.0	100.0	100.0	100.0	-
39.0	19.4	18.0	14.3	24.1	18.3	17.9	18.3	12.1	15.7	14.9	16.8	21.0	27.2	31.5	42.1	-
-	2.8	2.0	4.8	6.0	5.5	6.0	6.1	6.1	8.7	8.3	9.8	15.4	19.8	23.8	36.8	-
2.4	2.8	-	3.2	9.6	3.7	5.2	6.1	2.5	3.7	3.6	3.5	2.8	2.6	5.4	5.3	-
31.7	13.9	14.0	6.3	7.2	5.5	6.0	4.1	1.0	1.2	1.3	1.4	0.8	1.9	0.8	-	-
19.5	16.7	8.0	20.6	19.3	26.6	23.1	26.9	35.7	46.0	47.2	43.9	31.5	21.7	20.0	5.3	-
19.5	13.9	8.0	17.5	18.1	22.9	20.1	23.4	33.1	42.3	43.8	40.4	29.2	19.3	16.2	5.3	-
-	-	-	1.6	-	0.9	0.7	1.0	1.6	1.0	1.6	1.1	0.4	1.0	-	-	-
9.8	8.3	24.0	27.0	20.5	24.8	30.6	29.4	29.0	24.5	24.2	27.3	38.2	41.8	42.3	42.1	-
2.4	2.8	12.0	9.5	4.8	5.5	7.5	6.6	5.1	4.7	3.6	4.2	5.8	5.0	5.4	-	-
4.9	2.8	6.0	11.1	12.0	15.6	20.1	18.3	19.1	16.9	18.3	19.4	26.3	31.0	29.2	36.8	-
2.4	-	-	1.6	1.2	0.9	1.5	1.0	2.2	1.4	1.5	1.6	3.6	2.9	5.4	-	-
14.6	44.4	22.0	14.3	20.5	13.8	12.7	16.2	12.7	8.9	8.7	7.1	6.7	4.1	3.1	5.3	-
12.2	41.7	14.0	11.1	13.3	9.2	9.7	13.7	11.8	6.8	7.0	5.2	4.5	3.6	3.1	-	-
-	-	2.0	-	-	3.7	-	1.5	0.6	1.0	1.1	1.4	1.3	0.2	-	5.3	-
-	-	-	1.6	1.2	0.9	3.7	2.0	2.9	0.8	1.1	1.7	0.5	0.7	0.8	-	-
-	-	-	-	1.2	-	3.7	2.0	2.2	0.6	0.9	1.6	0.4	0.7	0.8	-	-
17.1	11.1	22.0	14.3	6.0	11.0	7.5	2.0	4.1	1.4	1.3	1.1	0.5	0.2	0.8	-	-
2.4	-	2.0	3.2	-	1.8	0.7	-	1.3	0.4	0.4	0.2	0.1	-	0.8	-	-
-	2.8	2.0	-	1.2	3.7	3.0	1.5	1.6	1.0	0.7	0.6	0.4	-	-	-	-

第６表　年次・性・年齢階級（５歳階級）・主な不慮の事故の

Table 6. Trends in accidental deaths at home and percentage by sex,

百分率

Percentage

死因基本分類コード Detailed list of ICD-10 code	死因・性 Causes of death and sex	総数 Total	0歳 Years	1	2	3	4	0〜4	5〜9	10〜14	15〜19	20〜24
	総数 Total											
(W00-X59)	総数	100.0	100.0	100.0	100.0	100.0	100.0	100.0	100.0	100.0	100.0	100.0
(W00-W17)	転倒・転落	18.9	7.1	10.2	38.7	25.0	26.1	13.5	18.2	12.7	28.1	28.6
W01	スリップ，つまづき及びよろめきによる同一平面上での転倒	8.4	3.0	5.7	6.5	4.2	−	3.9	3.6	−	−	3.1
W10	階段及びステップからの転落及びその上での転倒	4.1	1.8	−	3.2	4.2	4.3	1.8	1.8	−	4.7	5.1
W13	建物又は建造物からの転落	3.4	−	1.1	12.9	16.7	13.0	3.6	12.7	12.7	20.3	19.4
(W65-W74)	不慮の溺死及び溺水	28.6	10.7	52.3	12.9	12.5	26.1	23.1	16.4	18.2	17.2	12.2
W65	浴槽内での溺死及び溺水	26.5	7.7	34.1	6.5	12.5	26.1	16.2	16.4	16.4	15.6	12.2
W66	浴槽への転落による溺死及び溺水	0.8	1.8	10.2	3.2	−	−	3.9	−	−	1.6	−
(W75-W84)	その他の不慮の窒息	32.1	75.6	27.3	19.4	20.8	8.7	49.1	27.3	29.1	18.8	15.3
W78	胃内容物の誤えん	5.2	23.8	8.0	3.2	8.3	−	15.0	10.9	7.3	10.9	7.1
W79	気道閉塞を生じた食物の誤えん	21.7	14.3	2.3	3.2	4.2	−	8.4	3.6	7.3	4.7	5.1
W80	気道閉塞を生じたその他の物体の誤えん	2.2	1.2	5.7	3.2	4.2	−	2.7	3.6	3.6	1.6	1.0
(X00-X09)	煙、火及び火炎への曝露	11.4	3.6	5.7	16.1	41.7	34.8	10.2	25.5	25.5	21.9	21.4
X00	建物又は建造物内の管理されていない火への曝露	9.8	3.6	5.7	16.1	41.7	30.4	9.9	23.6	25.5	20.3	21.4
(X05-X06)	夜着，その他の着衣及び衣服の発火又は溶解への曝露	0.7	−	−	−	−	−	−	−	−	−	−
(X10-X19)	熱及び高温物質との接触	1.4	−	1.1	3.2	−	4.3	0.9	3.6	1.8	−	−
X11	蛇口からの熱湯との接触	1.2	−	1.1	3.2	−	4.3	0.9	3.6	1.8	−	−
(X40-X49)	有害物質による不慮の中毒及び有害物質への曝露	3.4	−	1.1	−	−	−	0.3	−	3.6	14.1	16.3
X47	その他のガス及び蒸気による不慮の中毒及び曝露	0.8	−	1.1	−	−	−	0.3	−	3.6	7.8	2.0
X48	農薬による不慮の中毒及び曝露	0.8	−	−	−	−	−	−	−	−	−	−
	男 Male											
(W00-X59)	総数	100.0	100.0	100.0	100.0	100.0	100.0	100.0	100.0	100.0	100.0	100.0
(W00-W17)	転倒・転落	21.2	10.1	14.0	44.4	23.5	20.0	16.1	19.4	12.1	33.3	37.9
W01	スリップ，つまづき及びよろめきによる同一平面上での転倒	7.9	5.1	8.0	11.1	−	−	5.5	3.2	−	−	3.4
W10	階段及びステップからの転落及びその上での転倒	4.6	2.0	−	5.6	−	6.7	2.0	3.2	−	2.8	8.6
W13	建物又は建造物からの転落	4.7	−	2.0	16.7	23.5	13.3	5.0	12.9	12.1	27.8	24.1
(W65-W74)	不慮の溺死及び溺水	23.3	10.1	58.0	5.6	−	20.0	21.6	19.4	15.2	8.3	8.6
W65	浴槽内での溺死及び溺水	21.7	8.1	34.0	−	−	20.0	14.1	19.4	15.2	5.6	8.6
W66	浴槽への転落による溺死及び溺水	0.7	1.0	12.0	−	−	−	3.5	−	−	2.8	−
(W75-W84)	その他の不慮の窒息	33.7	74.7	24.0	16.7	23.5	13.3	47.7	16.1	21.2	19.4	13.8
W78	胃内容物の誤えん	5.0	24.2	4.0	−	5.9	−	13.6	6.5	−	13.9	5.2
W79	気道閉塞を生じた食物の誤えん	23.3	18.2	4.0	5.6	5.9	−	11.1	3.2	3.0	2.8	3.4
W80	気道閉塞を生じたその他の物体の誤えん	2.5	1.0	4.0	−	5.9	−	2.0	3.2	3.0	2.8	1.7
(X00-X09)	煙、火及び火炎への曝露	12.0	2.0	2.0	22.2	52.9	40.0	11.1	29.0	27.3	16.7	20.7
X00	建物又は建造物内の管理されていない火への曝露	10.5	2.0	2.0	22.2	52.9	33.3	10.6	29.0	27.3	13.9	20.7
(X05-X06)	夜着，その他の着衣及び衣服の発火又は溶解への曝露	0.6	−	−	−	−	−	−	−	−	−	−
(X10-X19)	熱及び高温物質との接触	1.2	−	−	5.6	−	6.7	1.0	6.5	3.0	−	−
X11	蛇口からの熱湯との接触	1.1	−	−	5.6	−	6.7	1.0	6.5	3.0	−	−
(X40-X49)	有害物質による不慮の中毒及び有害物質への曝露	3.8	−	−	−	−	−	−	−	6.1	22.2	15.5
X47	その他のガス及び蒸気による不慮の中毒及び曝露	1.1	−	−	−	−	−	−	−	6.1	13.9	1.7
X48	農薬による不慮の中毒及び曝露	1.0	−	−	−	−	−	−	−	−	−	−
	女 Female											
(W00-X59)	総数	100.0	100.0	100.0	100.0	100.0	100.0	100.0	100.0	100.0	100.0	100.0
(W00-W17)	転倒・転落	16.1	2.9	5.3	30.8	28.6	37.5	9.6	16.7	13.6	21.4	15.0
W01	スリップ，つまづき及びよろめきによる同一平面上での転倒	9.0	−	2.6	−	14.3	−	1.5	4.2	−	−	2.5
W10	階段及びステップからの転落及びその上での転倒	3.4	1.4	−	−	14.3	−	1.5	−	−	7.1	−
W13	建物又は建造物からの転落	1.9	−	−	7.7	−	12.5	1.5	12.5	13.6	10.7	12.5
(W65-W74)	不慮の溺死及び溺水	35.3	11.6	44.7	23.1	42.9	37.5	25.2	12.5	22.7	28.6	17.5
W65	浴槽内での溺死及び溺水	32.5	7.2	34.2	15.4	42.9	37.5	19.3	12.5	18.2	28.6	17.5
W66	浴槽への転落による溺死及び溺水	0.9	2.9	7.9	7.7	−	−	4.4	−	−	−	−
(W75-W84)	その他の不慮の窒息	30.0	76.8	31.6	23.1	14.3	−	51.1	41.7	40.9	17.9	17.5
W78	胃内容物の誤えん	5.4	23.2	13.2	7.7	14.3	−	17.0	16.7	18.2	7.1	10.0
W79	気道閉塞を生じた食物の誤えん	19.8	8.7	−	−	−	−	4.4	4.2	13.6	7.1	7.5
W80	気道閉塞を生じたその他の物体の誤えん	2.0	1.4	7.9	7.7	−	−	3.7	4.2	4.5	−	−
(X00-X09)	煙、火及び火炎への曝露	10.8	5.8	10.5	7.7	14.3	25.0	8.9	20.8	22.7	28.6	22.5
X00	建物又は建造物内の管理されていない火への曝露	9.0	5.8	10.5	7.7	14.3	25.0	8.9	16.7	22.7	28.6	22.5
(X05-X06)	夜着，その他の着衣及び衣服の発火又は溶解への曝露	0.8	−	−	−	−	−	−	−	−	−	−
(X10-X19)	熱及び高温物質との接触	1.5	−	2.6	−	−	−	0.7	−	−	−	−
X11	蛇口からの熱湯との接触	1.3	−	2.6	−	−	−	0.7	−	−	−	−
(X40-X49)	有害物質による不慮の中毒及び有害物質への曝露	2.8	−	2.6	−	−	−	0.7	−	−	3.6	17.5
X47	その他のガス及び蒸気による不慮の中毒及び曝露	0.4	−	2.6	−	−	−	0.7	−	−	−	2.5
X48	農薬による不慮の中毒及び曝露	0.7	−	−	−	−	−	−	−	−	−	−

種類別家庭における不慮の事故死亡数・百分率　－平成７～20年－

age (five-year age group) and type of major accident, 1995-2008

平成11年
1999

25～29	30～34	35～39	40～44	45～49	50～54	55～59	60～64	65～69	70～74	75～79	80～84	85～89	90～94	95～99	100～	不詳 Not stated
100.0	100.0	100.0	100.0	100.0	100.0	100.0	100.0	100.0	100.0	100.0	100.0	100.0	100.0	100.0	100.0	100.0
24.6	13.8	18.9	18.4	22.9	20.1	23.5	25.1	22.0	19.0	14.4	16.3	17.3	23.4	23.8	40.0	-
-	-	4.5	5.6	2.9	5.5	8.0	7.5	7.2	7.3	7.1	9.0	11.5	17.1	16.6	28.0	-
1.6	-	3.0	4.5	10.0	5.7	8.0	7.4	5.7	4.2	3.0	3.6	2.5	2.8	2.1	-	-
22.1	11.4	9.8	7.8	7.5	8.4	4.6	5.2	4.1	2.1	1.3	1.6	1.3	1.1	2.1	-	-
7.4	12.2	9.1	14.0	10.4	16.2	16.9	24.8	29.5	32.6	39.2	35.0	31.3	24.6	15.5	12.0	-
6.6	10.6	8.3	13.4	9.7	14.9	15.7	23.0	27.4	29.8	36.7	32.9	29.5	23.4	13.5	8.0	-
-	0.8	-	0.6	-	0.5	0.2	0.7	1.1	0.9	0.8	0.7	0.6	0.5	0.5	-	-
19.7	18.7	15.2	22.9	18.6	18.3	24.1	24.8	28.4	29.7	32.6	35.4	38.6	42.2	49.7	44.0	-
11.5	5.7	8.3	10.6	6.5	3.1	5.0	4.9	2.7	3.6	4.6	4.9	4.8	6.1	5.2	8.0	-
1.6	6.5	6.8	8.4	8.6	11.7	15.1	15.7	22.2	22.5	24.0	25.8	28.4	29.5	37.8	28.0	-
0.8	4.1	-	2.8	1.4	1.6	1.6	1.5	1.7	1.9	1.9	2.8	2.5	3.3	4.1	8.0	-
18.0	20.3	25.0	23.5	26.9	24.5	19.1	12.6	11.6	10.5	8.7	8.1	8.1	5.9	4.7	-	50.0
16.4	19.5	22.7	21.2	24.0	22.2	17.1	11.5	10.0	8.8	7.3	6.5	6.3	4.3	4.1	-	50.0
-	-	-	0.6	0.4	0.5	0.6	0.3	0.3	1.0	1.0	1.0	1.0	0.8	-	-	-
-	0.8	-	1.1	0.7	1.0	1.0	1.3	0.9	1.7	1.4	1.7	1.5	1.3	2.1	4.0	-
-	0.8	-	1.1	0.7	1.0	1.0	1.0	0.3	1.6	1.2	1.6	1.3	1.1	2.1	-	-
23.0	30.1	27.3	13.4	9.0	7.8	6.4	4.9	2.9	2.2	1.0	1.1	0.7	0.3	1.0	-	-
4.1	4.1	6.1	2.2	1.8	2.6	1.8	1.5	0.6	0.5	0.2	0.4	0.1	-	-	-	-
0.8	1.6	2.3	-	1.1	1.6	1.8	2.1	1.1	1.2	0.7	0.7	0.3	0.3	-	-	-
100.0	100.0	100.0	100.0	100.0	100.0	100.0	100.0	100.0	100.0	100.0	100.0	100.0	100.0	100.0	100.0	100.0
31.7	12.5	19.6	19.1	28.2	19.9	26.6	28.5	25.5	22.1	16.9	18.1	16.6	22.0	23.2	50.0	-
-	-	6.2	5.5	3.7	5.0	7.7	8.1	6.6	7.7	7.5	9.1	10.4	15.5	18.8	33.3	-
-	-	2.1	4.5	12.8	6.5	8.9	8.6	6.8	4.2	2.6	3.5	2.2	3.0	1.4	-	-
31.7	9.7	11.3	8.2	9.0	7.7	6.5	6.0	5.2	2.7	2.1	2.3	2.2	2.0	-	-	-
3.3	8.3	5.2	10.9	8.0	14.6	14.2	20.6	27.0	24.4	29.5	27.7	28.2	26.3	20.3	16.7	-
1.7	6.9	4.1	10.9	7.4	13.8	13.9	18.8	24.7	22.3	28.6	26.5	26.8	25.3	18.8	-	-
-	1.4	-	-	-	0.4	-	0.7	1.2	0.7	0.5	0.3	0.6	0.7	1.4	-	-
21.7	25.0	17.5	22.7	19.1	18.4	21.9	23.9	28.7	34.7	39.4	41.9	42.3	41.1	46.4	33.3	-
8.3	6.9	10.3	11.8	6.9	4.6	4.7	4.9	2.3	3.8	5.3	4.4	4.3	4.6	2.9	33.3	-
3.3	9.7	7.2	6.4	6.9	10.0	13.9	14.2	22.6	26.7	29.3	32.3	32.2	29.9	37.7	-	-
1.7	5.6	-	2.7	2.1	2.3	1.2	1.9	2.2	2.3	2.2	3.2	2.9	3.9	4.3	-	-
15.0	20.8	21.6	24.5	25.0	25.7	20.4	13.9	10.6	9.8	8.9	7.4	8.2	6.6	2.9	-	50.0
15.0	20.8	20.6	21.8	22.3	24.1	18.6	12.5	8.9	8.1	7.6	5.9	6.5	5.3	2.9	-	50.0
-	-	-	0.9	0.5	0.8	0.6	0.5	0.2	1.0	1.0	1.0	0.6	0.7	-	-	-
-	-	-	0.9	-	0.8	0.9	1.2	0.5	1.6	1.3	1.8	1.4	2.0	2.9	-	-
-	-	-	0.9	-	0.8	0.9	0.9	0.3	1.5	1.2	1.5	1.2	1.6	2.9	-	-
20.0	29.2	29.9	13.6	6.4	7.7	5.6	4.9	2.5	2.9	1.3	1.3	0.7	-	1.4	-	-
5.0	5.6	7.2	1.8	2.7	2.3	2.7	1.9	0.8	0.9	0.2	0.2	-	-	-	-	-
-	2.8	3.1	-	0.5	1.5	0.9	2.3	1.1	1.5	1.0	0.9	0.4	-	-	-	-
100.0	100.0	100.0	100.0	100.0	100.0	100.0	100.0	100.0	100.0	100.0	100.0	100.0	100.0	100.0	100.0	-
17.7	15.7	17.1	17.4	12.1	20.5	16.9	16.8	14.7	14.3	11.9	14.6	18.0	24.3	24.2	36.8	-
-	-	-	5.8	1.1	6.6	8.8	6.1	8.3	6.8	6.8	8.9	12.5	18.2	15.3	26.3	-
3.2	-	5.7	4.3	4.4	4.1	6.3	4.5	3.5	4.3	3.3	3.7	2.9	2.7	2.4	-	-
12.9	13.7	5.7	7.2	4.4	9.8	0.6	3.4	1.9	1.1	0.5	1.0	0.5	0.4	3.2	-	-
11.3	17.6	20.0	18.8	15.4	19.7	22.5	34.6	34.5	45.0	49.1	42.1	34.1	23.4	12.9	10.5	-
11.3	15.7	20.0	17.4	14.3	17.2	19.4	33.0	32.9	41.3	44.8	39.1	32.0	22.0	10.5	10.5	-
-	-	-	1.4	-	0.8	0.6	0.6	1.0	1.1	1.1	1.1	0.6	0.4	-	-	-
17.7	9.8	8.6	23.2	17.6	18.0	28.8	26.8	27.8	22.1	25.7	29.1	35.3	42.9	51.6	47.4	-
14.5	3.9	2.9	8.7	5.5	-	5.6	5.0	3.5	3.4	4.0	5.4	5.2	7.2	6.5	-	-
-	2.0	5.7	11.6	12.1	15.6	17.5	19.6	21.4	15.9	18.7	19.4	25.0	29.2	37.9	36.8	-
-	2.0	-	2.9	-	-	2.5	0.6	0.6	1.3	1.6	2.5	2.2	2.9	4.0	10.5	-
21.0	19.6	34.3	21.7	30.8	22.1	16.3	9.5	13.7	11.6	8.4	8.8	8.1	5.4	5.6	-	-
17.7	17.6	28.6	20.3	27.5	18.0	13.8	8.9	12.1	9.8	6.9	7.1	6.2	3.6	4.8	-	-
-	-	-	-	-	-	0.6	-	0.6	0.9	1.0	1.0	1.4	0.9	-	-	-
-	2.0	-	1.4	2.2	1.6	1.3	1.7	1.9	1.9	1.4	1.7	1.6	0.9	1.6	5.3	-
-	2.0	-	1.4	2.2	1.6	1.3	1.1	0.3	1.7	1.2	1.7	1.4	0.7	1.6	-	-
25.8	31.4	20.0	13.0	14.3	8.2	8.1	5.0	3.8	1.1	0.6	1.0	0.6	0.4	0.8	-	-
3.2	2.0	2.9	2.9	-	3.3	-	0.6	0.3	-	0.1	0.5	0.2	-	-	-	-
1.6	-	-	-	2.2	1.6	3.8	1.7	1.3	0.8	0.5	0.4	0.2	0.4	-	-	-

第6表　年次・性・年齢階級（5歳階級）・主な不慮の事故の

Table 6. Trends in accidental deaths at home and percentage by sex,

百分率

Percentage

死因基本分類コード Detailed list of ICD-10 code	死因・性 Causes of death and sex	総数 Total	0歳 Years	1	2	3	4	0～4	5～9	10～14	15～19	20～24
	総数 Total											
(W00-X59)	総数	100.0	100.0	100.0	100.0	100.0	100.0	100.0	100.0	100.0	100.0	100.0
(W00-W17)	転倒・転落	19.4	4.1	15.3	29.6	43.5	23.5	12.9	16.0	13.2	30.2	27.8
W01	スリップ，つまづき及びよろめきによる同一平面上での転倒	8.9	1.8	4.2	7.4	4.3	-	2.9	-	-	-	2.8
W10	階段及びステップからの転落及びその上での転倒	3.7	-	1.4	-	8.7	-	1.0	2.0	-	-	2.8
W13	建物又は建造物からの転落	3.6	0.6	8.3	14.8	30.4	23.5	7.1	14.0	13.2	28.3	18.5
(W65-W74)	不慮の溺死及び溺水	29.5	3.5	44.4	3.7	13.0	11.8	14.2	18.0	26.3	18.9	15.7
W65	浴槽内での溺死及び溺水	27.2	1.8	26.4	3.7	8.7	11.8	8.7	18.0	26.3	17.0	13.9
W66	浴槽への転落による溺死及び溺水	0.8	1.2	13.9	-	4.3	-	4.2	-	-	1.9	0.9
(W75-W84)	その他の不慮の窒息	31.2	84.2	34.7	25.9	17.4	11.8	58.7	14.0	18.4	9.4	14.8
W78	胃内容物の誤えん	5.3	19.9	9.7	14.8	4.3	-	14.8	-	5.3	-	7.4
W79	気道閉塞を生じた食物の誤えん	20.7	14.0	15.3	3.7	4.3	5.9	12.3	8.0	7.9	3.8	2.8
W80	気道閉塞を生じたその他の物体の誤えん	2.0	2.3	1.4	3.7	8.7	-	2.6	2.0	-	-	-
(X00-X09)	煙、火及び火炎への曝露	11.1	3.5	4.2	37.0	21.7	41.2	10.0	44.0	39.5	18.9	20.4
X00	建物又は建造物内の管理されていない火への曝露	9.5	3.5	4.2	37.0	21.7	41.2	10.0	44.0	34.2	17.0	18.5
(X05-X06)	夜着，その他の着衣及び衣服の発火又は溶解への曝露	0.8	-	-	-	-	-	-	-	2.6	-	-
(X10-X19)	熱及び高温物質との接触	1.3	0.6	1.4	-	-	-	0.6	2.0	-	-	-
X11	蛇口からの熱湯との接触	1.2	-	1.4	-	-	-	0.3	2.0	-	-	-
(X40-X49)	有害物質による不慮の中毒及び有害物質への曝露	3.1	-	-	-	-	-	-	4.0	-	20.8	19.4
X47	その他のガス及び蒸気による不慮の中毒及び曝露	0.6	-	-	-	-	-	-	4.0	-	5.7	4.6
X48	農薬による不慮の中毒及び曝露	0.8	-	-	-	-	-	-	-	-	-	0.9
	男 Male											
(W00-X59)	総数	100.0	100.0	100.0	100.0	100.0	100.0	100.0	100.0	100.0	100.0	100.0
(W00-W17)	転倒・転落	21.4	3.6	18.0	33.3	52.6	25.0	15.0	21.2	22.7	33.3	32.9
W01	スリップ，つまづき及びよろめきによる同一平面上での転倒	8.4	1.8	4.0	6.7	5.3	-	2.9	-	-	-	1.4
W10	階段及びステップからの転落及びその上での転倒	4.2	-	2.0	-	10.5	-	1.5	3.0	-	-	2.9
W13	建物又は建造物からの転落	4.7	0.9	10.0	20.0	36.8	25.0	9.2	18.2	22.7	30.0	25.7
(W65-W74)	不慮の溺死及び溺水	23.8	3.6	40.0	6.7	5.3	8.3	13.1	21.2	31.8	10.0	15.7
W65	浴槽内での溺死及び溺水	21.9	0.9	24.0	6.7	-	8.3	7.3	21.2	31.8	10.0	14.3
W66	浴槽への転落による溺死及び溺水	0.6	1.8	12.0	-	5.3	-	4.4	-	-	-	-
(W75-W84)	その他の不慮の窒息	32.7	82.7	34.0	13.3	21.1	8.3	55.8	9.1	13.6	16.7	18.6
W78	胃内容物の誤えん	5.4	17.3	12.0	6.7	5.3	-	13.1	-	9.1	-	8.6
W79	気道閉塞を生じた食物の誤えん	21.8	9.1	12.0	-	5.3	-	8.3	6.1	4.5	6.7	4.3
W80	気道閉塞を生じたその他の物体の誤えん	2.1	2.7	-	-	10.5	-	2.4	3.0	-	-	-
(X00-X09)	煙、火及び火炎への曝露	12.1	5.5	6.0	46.7	15.8	41.7	11.7	42.4	27.3	10.0	12.9
X00	建物又は建造物内の管理されていない火への曝露	10.4	5.5	6.0	46.7	15.8	41.7	11.7	42.4	22.7	10.0	11.4
(X05-X06)	夜着，その他の着衣及び衣服の発火又は溶解への曝露	0.7	-	-	-	-	-	-	-	-	-	-
(X10-X19)	熱及び高温物質との接触	1.5	-	2.0	-	-	-	0.5	-	-	-	-
X11	蛇口からの熱湯との接触	1.3	-	2.0	-	-	-	0.5	-	-	-	-
(X40-X49)	有害物質による不慮の中毒及び有害物質への曝露	3.2	-	-	-	-	-	-	3.0	-	26.7	18.6
X47	その他のガス及び蒸気による不慮の中毒及び曝露	0.8	-	-	-	-	-	-	3.0	-	10.0	7.1
X48	農薬による不慮の中毒及び曝露	0.8	-	-	-	-	-	-	-	-	-	-
	女 Female											
(W00-X59)	総数	100.0	100.0	100.0	100.0	100.0	100.0	100.0	100.0	100.0	100.0	100.0
(W00-W17)	転倒・転落	16.9	4.9	9.1	25.0	-	20.0	8.7	5.9	-	26.1	18.4
W01	スリップ，つまづき及びよろめきによる同一平面上での転倒	9.6	1.6	4.5	8.3	-	-	2.9	-	-	-	5.3
W10	階段及びステップからの転落及びその上での転倒	3.2	-	-	-	-	-	-	-	-	-	2.6
W13	建物又は建造物からの転落	2.3	-	4.5	8.3	-	20.0	2.9	5.9	-	26.1	5.3
(W65-W74)	不慮の溺死及び溺水	36.7	3.3	54.5	-	50.0	20.0	16.3	11.8	18.8	30.4	15.8
W65	浴槽内での溺死及び溺水	33.9	3.3	31.8	-	50.0	20.0	11.5	11.8	18.8	26.1	13.2
W66	浴槽への転落による溺死及び溺水	1.0	-	18.2	-	-	-	3.8	-	-	4.3	2.6
(W75-W84)	その他の不慮の窒息	29.2	86.9	36.4	41.7	-	20.0	64.4	23.5	25.0	-	7.9
W78	胃内容物の誤えん	5.1	24.6	4.5	25.0	-	-	18.3	-	-	-	5.3
W79	気道閉塞を生じた食物の誤えん	19.4	23.0	22.7	8.3	-	20.0	20.2	11.8	12.5	-	-
W80	気道閉塞を生じたその他の物体の誤えん	1.9	1.6	4.5	8.3	-	-	2.9	-	-	-	-
(X00-X09)	煙、火及び火炎への曝露	9.8	-	-	25.0	50.0	40.0	6.7	47.1	56.3	30.4	34.2
X00	建物又は建造物内の管理されていない火への曝露	8.3	-	-	25.0	50.0	40.0	6.7	47.1	50.0	26.1	31.6
(X05-X06)	夜着，その他の着衣及び衣服の発火又は溶解への曝露	0.9	-	-	-	-	-	-	-	6.3	-	-
(X10-X19)	熱及び高温物質との接触	1.2	1.6	-	-	-	-	1.0	5.9	-	-	-
X11	蛇口からの熱湯との接触	1.0	-	-	-	-	-	-	5.9	-	-	-
(X40-X49)	有害物質による不慮の中毒及び有害物質への曝露	3.0	-	-	-	-	-	-	5.9	-	13.0	21.1
X47	その他のガス及び蒸気による不慮の中毒及び曝露	0.4	-	-	-	-	-	-	5.9	-	-	-
X48	農薬による不慮の中毒及び曝露	0.9	-	-	-	-	-	-	-	-	-	2.6

種類別家庭における不慮の事故死亡数・百分率　－平成７～20年－
age (five-year age group) and type of major accident, 1995-2008

平成12年
2000

25～29	30～34	35～39	40～44	45～49	50～54	55～59	60～64	65～69	70～74	75～79	80～84	85～89	90～94	95～99	100～	不詳 Not stated
100. 0	100. 0	100. 0	100. 0	100. 0	100. 0	100. 0	100. 0	100. 0	100. 0	100. 0	100. 0	100. 0	100. 0	100. 0	100. 0	100. 0
23. 3	24. 1	18. 2	21. 3	24. 7	19. 8	21. 9	24. 2	22. 4	19. 8	15. 5	15. 7	18. 9	24. 0	23. 1	36. 4	50. 0
-	3. 6	4. 2	3. 6	6. 0	6. 2	7. 2	6. 6	7. 0	9. 2	7. 6	9. 1	12. 2	17. 8	16. 6	27. 3	-
2. 3	2. 7	2. 1	3. 6	8. 0	6. 7	5. 9	7. 9	7. 0	3. 5	3. 0	2. 7	3. 0	1. 8	2. 0	-	-
20. 9	14. 3	10. 5	10. 7	8. 8	4. 9	5. 9	5. 9	3. 7	2. 6	1. 8	1. 3	1. 3	1. 8	0. 5	-	50. 0
9. 3	8. 0	7. 0	15. 4	14. 7	13. 6	17. 4	25. 2	27. 2	36. 6	40. 5	36. 7	31. 4	25. 5	16. 6	9. 1	-
9. 3	8. 0	6. 3	14. 8	13. 9	11. 4	14. 9	22. 7	25. 8	34. 1	38. 0	34. 0	28. 8	23. 9	15. 1	9. 1	-
-	-	0. 7	0. 6	-	0. 7	0. 7	0. 3	0. 5	1. 0	0. 8	0. 7	0. 7	0. 9	-	-	-
10. 5	21. 4	23. 8	14. 2	21. 9	21. 7	22. 3	24. 4	29. 5	29. 4	29. 3	34. 3	35. 0	41. 1	48. 2	45. 5	-
4. 7	10. 7	11. 9	5. 3	7. 2	5. 2	7. 0	3. 1	3. 8	4. 2	4. 6	5. 6	4. 3	6. 2	7. 0	9. 1	-
3. 5	4. 5	4. 2	6. 5	10. 8	11. 6	11. 5	17. 1	21. 3	21. 3	21. 6	24. 2	25. 7	30. 0	33. 2	27. 3	-
-	4. 5	2. 1	0. 6	1. 6	1. 7	1. 8	1. 8	1. 9	1. 7	1. 3	2. 3	2. 4	3. 1	2. 0	-	-
15. 1	20. 5	24. 5	24. 9	19. 9	23. 7	23. 9	14. 0	11. 6	7. 9	8. 8	7. 5	8. 7	4. 9	4. 0	9. 1	50. 0
15. 1	20. 5	21. 7	22. 5	17. 9	21. 7	21. 2	12. 7	10. 2	6. 3	7. 3	6. 1	6. 5	3. 7	2. 5	9. 1	50. 0
-	-	1. 4	0. 6	0. 8	0. 5	0. 5	0. 3	0. 8	1. 0	1. 0	0. 6	1. 2	1. 0	0. 5	-	-
1. 2	-	0. 7	-	0. 4	0. 5	0. 7	1. 5	1. 0	1. 2	1. 6	1. 5	1. 8	2. 1	3. 0	-	-
1. 2	-	0. 7	-	0. 4	0. 2	0. 7	1. 5	0. 9	1. 1	1. 3	1. 4	1. 7	1. 6	2. 0	-	-
30. 2	20. 5	18. 9	17. 8	9. 2	7. 2	5. 2	4. 0	3. 0	1. 8	1. 3	1. 0	0. 9	0. 1	-	-	-
3. 5	1. 8	2. 8	2. 4	1. 2	2. 7	1. 1	1. 8	0. 5	0. 2	0. 3	0. 1	0. 1	-	-	-	-
-	-	1. 4	1. 2	1. 2	1. 2	1. 6	0. 5	1. 8	1. 2	0. 8	0. 5	0. 7	0. 1	-	-	-
100. 0	100. 0	100. 0	100. 0	100. 0	100. 0	100. 0	100. 0	100. 0	100. 0	100. 0	100. 0	100. 0	100. 0	100. 0	100. 0	100. 0
26. 5	22. 7	19. 5	22. 8	30. 5	23. 4	26. 2	28. 3	25. 5	24. 0	17. 8	16. 1	15. 7	24. 9	11. 9	40. 0	50. 0
-	4. 0	4. 9	2. 0	6. 9	8. 2	9. 1	8. 0	7. 8	10. 7	7. 4	8. 5	9. 3	17. 1	6. 0	40. 0	-
2. 0	2. 7	2. 4	5. 0	10. 9	7. 4	6. 7	8. 2	6. 5	4. 2	3. 0	2. 4	2. 6	2. 4	1. 5	-	-
24. 5	13. 3	11. 0	12. 9	9. 8	5. 0	7. 0	7. 0	4. 4	2. 8	2. 8	1. 4	1. 3	1. 8	1. 5	-	50. 0
6. 1	5. 3	6. 1	7. 9	11. 5	11. 0	14. 4	22. 7	23. 3	27. 3	29. 3	31. 6	28. 0	23. 7	23. 9	-	-
6. 1	5. 3	6. 1	7. 9	11. 5	9. 6	13. 1	20. 1	22. 3	24. 9	27. 2	29. 2	25. 7	23. 1	23. 9	-	-
-	-	-	-	-	0. 4	0. 7	0. 5	0. 3	0. 7	0. 6	0. 3	0. 9	0. 6	-	-	-
14. 3	21. 3	25. 6	14. 9	19. 0	20. 2	18. 8	20. 8	30. 4	33. 5	37. 4	38. 5	39. 0	41. 0	52. 2	20. 0	-
6. 1	13. 3	13. 4	5. 0	7. 5	4. 6	5. 7	2. 8	3. 9	4. 3	5. 3	5. 8	5. 0	5. 4	7. 5	-	-
4. 1	4. 0	6. 1	5. 9	8. 0	10. 6	10. 7	14. 5	21. 6	24. 9	28. 2	27. 7	28. 6	31. 4	37. 3	20. 0	-
-	4. 0	1. 2	1. 0	1. 7	2. 1	1. 0	1. 9	2. 4	2. 1	1. 5	2. 7	2. 6	2. 1	1. 5	-	-
14. 3	17. 3	20. 7	24. 8	19. 5	23. 4	25. 2	15. 9	11. 2	8. 6	9. 1	7. 5	10. 5	6. 3	3. 0	40. 0	50. 0
14. 3	17. 3	18. 3	23. 8	17. 8	21. 3	22. 5	14. 3	9. 6	6. 8	7. 7	5. 8	7. 9	4. 8	1. 5	40. 0	50. 0
-	-	1. 2	1. 0	0. 6	0. 7	0. 7	0. 2	0. 7	1. 0	0. 9	0. 5	1. 2	0. 9	-	-	-
-	-	1. 2	-	-	0. 4	0. 3	1. 4	1. 5	1. 4	1. 8	1. 6	2. 4	2. 4	6. 0	-	-
-	-	1. 2	-	-	-	0. 3	1. 4	1. 3	1. 2	1. 7	1. 4	2. 3	2. 1	4. 5	-	-
30. 6	25. 3	17. 1	20. 8	7. 5	6. 4	5. 0	3. 5	2. 3	2. 0	0. 8	0. 8	0. 7	-	-	-	-
6. 1	2. 7	3. 7	4. 0	1. 7	3. 2	1. 3	1. 2	0. 5	0. 2	0. 2	-	-	-	-	-	-
-	-	1. 2	2. 0	1. 1	1. 1	1. 7	0. 5	1. 3	1. 4	0. 6	0. 4	0. 7	-	-	-	-
100. 0	100. 0	100. 0	100. 0	100. 0	100. 0	100. 0	100. 0	100. 0	100. 0	100. 0	100. 0	100. 0	100. 0	100. 0	100. 0	-
18. 9	27. 0	16. 4	19. 1	11. 7	11. 4	13. 1	14. 4	16. 5	13. 5	13. 0	15. 4	21. 8	23. 5	28. 8	35. 3	-
-	2. 7	3. 3	5. 9	3. 9	1. 6	3. 4	3. 3	5. 4	6. 9	7. 8	9. 8	14. 7	18. 2	22. 0	23. 5	-
2. 7	2. 7	1. 6	1. 5	1. 3	4. 9	4. 1	7. 2	7. 9	2. 4	3. 0	3. 0	3. 4	1. 5	2. 3	-	-
16. 2	16. 2	9. 8	7. 4	6. 5	4. 9	3. 4	3. 3	2. 2	2. 4	0. 7	1. 1	1. 3	1. 9	-	-	-
13. 5	13. 5	8. 2	26. 5	22. 1	19. 5	23. 4	31. 1	34. 8	50. 5	52. 3	41. 9	34. 5	26. 8	12. 9	11. 8	-
13. 5	13. 5	6. 6	25. 0	19. 5	15. 4	18. 6	28. 9	32. 6	47. 8	49. 4	38. 9	31. 5	24. 5	10. 6	11. 8	-
-	-	1. 6	1. 5	-	1. 6	0. 7	-	0. 9	1. 3	1. 0	1. 1	0. 5	1. 0	-	-	-
5. 4	21. 6	21. 3	13. 2	28. 6	25. 2	29. 7	32. 8	27. 8	23. 4	20. 7	30. 2	31. 5	41. 1	46. 2	52. 9	-
2. 7	5. 4	9. 8	5. 9	6. 5	6. 5	9. 7	3. 9	3. 5	4. 0	3. 9	5. 4	3. 7	6. 7	6. 8	11. 8	-
2. 7	5. 4	1. 6	7. 4	16. 9	13. 8	13. 1	23. 3	20. 6	15. 9	14. 7	20. 7	23. 1	28. 9	31. 1	29. 4	-
-	5. 4	3. 3	-	1. 3	0. 8	3. 4	1. 7	0. 9	1. 1	1. 1	1. 9	2. 3	3. 8	2. 3	-	-
16. 2	27. 0	29. 5	25. 0	20. 8	24. 4	21. 4	9. 4	12. 3	6. 8	8. 5	7. 5	7. 2	4. 0	4. 5	-	-
16. 2	27. 0	26. 2	20. 6	18. 2	22. 8	18. 6	8. 9	11. 4	5. 5	6. 8	6. 5	5. 1	2. 9	3. 0	-	-
-	-	1. 6	-	1. 3	-	-	0. 6	0. 9	1. 1	1. 0	0. 7	1. 2	1. 0	0. 8	-	-
2. 7	-	-	-	1. 3	0. 8	1. 4	1. 7	-	0. 9	1. 4	1. 4	1. 2	1. 9	1. 5	-	-
2. 7	-	-	-	1. 3	0. 8	1. 4	1. 7	-	0. 9	1. 0	1. 3	1. 2	1. 3	0. 8	-	-
29. 7	10. 8	21. 3	13. 2	13. 0	8. 9	5. 5	5. 0	4. 4	1. 6	1. 9	1. 2	1. 2	0. 2	-	-	-
-	-	1. 6	-	-	1. 6	0. 7	3. 3	0. 6	0. 2	0. 4	0. 1	0. 2	-	-	-	-
-	-	1. 6	-	1. 3	1. 6	1. 4	0. 6	2. 8	0. 9	1. 1	0. 5	0. 7	0. 2	-	-	-

第６表　年次・性・年齢階級（５歳階級）・主な不慮の事故の

Table 6. Trends in accidental deaths at home and percentage by sex,

百分率

Percentage

死因基本分類コード Detailed list of ICD-10 code	死因・性 Causes of death and sex	総数 Total	0歳 Years	1	2	3	4	0～4	5～9	10～14	15～19	20～24
	総数 Total											
(W00-X59)	総数	100.0	100.0	100.0	100.0	100.0	100.0	100.0	100.0	100.0	100.0	100.0
(W00-W17)	転倒・転落	20.1	7.7	11.3	23.7	13.8	17.6	11.6	4.8	15.4	27.1	26.9
W01	スリップ，つまづき及びよろめきによる同一平面上での転倒	9.5	3.2	1.6	2.6	3.4	5.9	3.0	－	－	－	1.9
W10	階段及びステップからの転落及びその上での転倒	3.8	－	1.6	2.6	3.4	－	1.0	－	－	2.9	1.9
W13	建物又は建造物からの転落	3.5	1.3	4.8	10.5	6.9	11.8	4.3	4.8	15.4	15.7	22.1
(W65-W74)	不慮の溺死及び溺水	29.1	5.8	54.8	23.7	3.4	17.6	18.6	26.2	26.9	14.3	14.4
W65	浴槽内での溺死及び溺水	26.6	4.5	35.5	10.5	－	17.6	12.0	26.2	26.9	12.9	13.5
W66	浴槽への転落による溺死及び溺水	0.8	1.3	14.5	7.9	－	－	4.7	－	－	－	－
(W75-W84)	その他の不慮の窒息	31.3	81.9	24.2	26.3	20.7	29.4	54.2	11.9	15.4	12.9	15.4
W78	胃内容物の誤えん	5.1	22.6	6.5	15.8	6.9	5.9	15.9	2.4	－	4.3	7.7
W79	気道閉塞を生じた食物の誤えん	21.4	12.3	8.1	－	3.4	5.9	8.6	－	3.8	4.3	1.9
W80	気道閉塞を生じたその他の物体の誤えん	2.0	3.9	4.8	－	6.9	－	3.7	－	－	2.9	1.9
(X00-X09)	煙、火及び火炎への曝露	10.6	1.9	8.1	10.5	44.8	29.4	10.0	57.1	38.5	21.4	15.4
X00	建物又は建造物内の管理されていない火への曝露	8.8	1.9	8.1	10.5	44.8	29.4	10.0	57.1	38.5	17.1	13.5
(X05-X06)	夜着，その他の着衣及び衣服の発火又は溶解への曝露	1.0	－	－	－	－	－	－	－	－	4.3	－
(X10-X19)	熱及び高温物質との接触	1.3	0.6	－	5.3	6.9	－	1.7	－	－	－	－
X11	蛇口からの熱湯との接触	1.1	0.6	－	2.6	6.9	－	1.3	－	－	－	－
(X40-X49)	有害物質による不慮の中毒及び有害物質への曝露	3.2	－	1.6	－	－	5.9	0.7	－	3.8	14.3	22.1
X47	その他のガス及び蒸気による不慮の中毒及び曝露	0.7	－	－	－	－	5.9	0.3	－	3.8	7.1	3.8
X48	農薬による不慮の中毒及び曝露	0.6	－	－	－	－	－	－	－	－	－	1.0
	男 Male											
(W00-X59)	総数	100.0	100.0	100.0	100.0	100.0	100.0	100.0	100.0	100.0	100.0	100.0
(W00-W17)	転倒・転落	22.0	10.6	15.8	17.6	11.1	9.1	12.4	7.7	11.8	33.3	30.6
W01	スリップ，つまづき及びよろめきによる同一平面上での転倒	9.2	4.7	2.6	5.9	－	9.1	4.1	－	－	－	3.2
W10	階段及びステップからの転落及びその上での転倒	4.1	－	2.6	－	－	－	0.6	－	－	4.8	3.2
W13	建物又は建造物からの転落	4.4	2.4	5.3	－	11.1	－	3.6	7.7	11.8	16.7	22.6
(W65-W74)	不慮の溺死及び溺水	23.6	4.7	47.4	41.2	5.6	18.2	18.9	19.2	29.4	7.1	6.5
W65	浴槽内での溺死及び溺水	21.7	3.5	34.2	11.8	－	18.2	11.8	19.2	29.4	7.1	4.8
W66	浴槽への転落による溺死及び溺水	0.7	1.2	10.5	17.6	－	－	4.7	－	－	－	－
(W75-W84)	その他の不慮の窒息	32.8	82.4	23.7	17.6	27.8	36.4	53.8	19.2	17.6	19.0	21.0
W78	胃内容物の誤えん	4.8	21.2	5.3	11.8	11.1	－	14.2	3.8	－	7.1	11.3
W79	気道閉塞を生じた食物の誤えん	23.0	10.6	7.9	－	－	9.1	7.7	－	5.9	7.1	1.6
W80	気道閉塞を生じたその他の物体の誤えん	2.2	4.7	7.9	－	11.1	－	5.3	－	－	2.4	3.2
(X00-X09)	煙、火及び火炎への曝露	11.6	－	10.5	5.9	50.0	27.3	10.1	53.8	35.3	16.7	11.3
X00	建物又は建造物内の管理されていない火への曝露	9.8	－	10.5	5.9	50.0	27.3	10.1	53.8	35.3	11.9	9.7
(X05-X06)	夜着，その他の着衣及び衣服の発火又は溶解への曝露	0.9	－	－	－	－	－	－	－	－	4.8	－
(X10-X19)	熱及び高温物質との接触	1.2	1.2	－	－	－	－	0.6	－	－	－	－
X11	蛇口からの熱湯との接触	1.1	1.2	－	－	－	－	0.6	－	－	－	－
(X40-X49)	有害物質による不慮の中毒及び有害物質への曝露	3.6	－	2.6	－	－	9.1	1.2	－	5.9	11.9	21.0
X47	その他のガス及び蒸気による不慮の中毒及び曝露	1.0	－	－	－	－	9.1	0.6	－	5.9	7.1	4.8
X48	農薬による不慮の中毒及び曝露	0.7	－	－	－	－	－	－	－	－	－	1.6
	女 Female											
(W00-X59)	総数	100.0	100.0	100.0	100.0	100.0	100.0	100.0	100.0	100.0	100.0	100.0
(W00-W17)	転倒・転落	17.8	4.3	4.2	28.6	18.2	33.3	10.6	－	22.2	17.9	21.4
W01	スリップ，つまづき及びよろめきによる同一平面上での転倒	10.0	1.4	－	－	9.1	－	1.5	－	－	－	－
W10	階段及びステップからの転落及びその上での転倒	3.4	－	－	4.8	9.1	－	1.5	－	－	－	－
W13	建物又は建造物からの転落	2.5	－	4.2	19.0	－	33.3	5.3	－	22.2	14.3	21.4
(W65-W74)	不慮の溺死及び溺水	35.9	7.1	66.7	9.5	－	16.7	18.2	37.5	22.2	25.0	26.2
W65	浴槽内での溺死及び溺水	32.8	5.7	37.5	9.5	－	16.7	12.1	37.5	22.2	21.4	26.2
W66	浴槽への転落による溺死及び溺水	1.0	1.4	20.8	－	－	－	4.5	－	－	－	－
(W75-W84)	その他の不慮の窒息	29.4	81.4	25.0	33.3	9.1	16.7	54.5	－	11.1	3.6	7.1
W78	胃内容物の誤えん	5.5	24.3	8.3	19.0	－	16.7	18.2	－	－	－	2.4
W79	気道閉塞を生じた食物の誤えん	19.3	14.3	8.3	－	9.1	－	9.8	－	－	－	2.4
W80	気道閉塞を生じたその他の物体の誤えん	1.9	2.9	－	－	－	－	1.5	－	－	3.6	－
(X00-X09)	煙、火及び火炎への曝露	9.4	4.3	4.2	14.3	36.4	33.3	9.8	62.5	44.4	28.6	21.4
X00	建物又は建造物内の管理されていない火への曝露	7.6	4.3	4.2	14.3	36.4	33.3	9.8	62.5	44.4	25.0	19.0
(X05-X06)	夜着，その他の着衣及び衣服の発火又は溶解への曝露	1.2	－	－	－	－	－	－	－	－	3.6	－
(X10-X19)	熱及び高温物質との接触	1.4	－	－	9.5	18.2	－	3.0	－	－	－	－
X11	蛇口からの熱湯との接触	1.1	－	－	4.8	18.2	－	2.3	－	－	－	－
(X40-X49)	有害物質による不慮の中毒及び有害物質への曝露	2.7	－	－	－	－	－	－	－	－	17.9	23.8
X47	その他のガス及び蒸気による不慮の中毒及び曝露	0.3	－	－	－	－	－	－	－	－	7.1	2.4
X48	農薬による不慮の中毒及び曝露	0.5	－	－	－	－	－	－	－	－	－	－

種類別家庭における不慮の事故死亡数・百分率　－平成７～20年－
age (five-year age group) and type of major accident, 1995-2008

平成13年 2001																
25～29	30～34	35～39	40～44	45～49	50～54	55～59	60～64	65～69	70～74	75～79	80～84	85～89	90～94	95～99	100～	不詳 Not stated
100.0	100.0	100.0	100.0	100.0	100.0	100.0	100.0	100.0	100.0	100.0	100.0	100.0	100.0	100.0	100.0	100.0
32.0	17.8	21.1	18.9	24.3	27.1	24.1	23.7	23.4	19.5	18.6	17.2	17.0	22.8	25.8	37.5	20.0
3.3	2.5	5.3	1.7	6.8	8.1	8.5	8.2	8.9	8.2	10.2	10.1	11.0	17.2	18.8	29.2	–
1.6	1.9	3.0	2.9	5.1	8.1	5.7	6.1	5.3	4.8	3.4	3.4	2.4	2.5	3.1	4.2	–
25.4	11.5	12.0	12.6	8.1	8.6	6.6	4.0	4.0	2.5	1.5	1.3	1.3	0.8	1.3	4.2	20.0
9.8	10.8	14.3	9.7	13.6	10.2	20.4	23.2	29.3	36.1	35.9	37.5	32.4	24.3	17.9	16.7	–
9.8	8.9	12.0	7.4	12.8	10.0	18.6	21.2	27.1	33.2	33.3	34.7	29.9	22.0	16.2	16.7	–
–	1.3	0.8	0.6	0.9	–	0.2	0.5	0.3	1.1	1.0	0.8	0.7	0.9	0.4	–	–
14.8	15.3	18.0	18.3	19.6	24.5	19.5	25.7	27.3	29.1	31.5	33.3	38.8	41.9	45.4	33.3	–
5.7	7.6	3.0	5.7	7.7	6.7	3.3	4.0	3.6	3.8	4.8	5.1	4.4	7.3	5.2	–	–
5.7	2.5	8.3	9.1	7.7	15.0	11.6	18.7	21.4	21.3	22.6	24.2	29.6	29.0	33.6	29.2	–
0.8	1.3	3.0	1.1	1.7	1.7	2.2	1.5	1.1	1.9	2.4	1.8	2.4	3.1	2.2	–	–
16.4	14.6	27.1	23.4	23.0	21.1	19.0	15.3	11.2	8.8	8.2	6.7	7.4	5.8	5.2	4.2	40.0
13.1	12.1	21.8	20.6	20.0	18.5	17.1	13.4	9.1	7.6	6.6	5.2	5.2	3.9	3.9	4.2	40.0
0.8	0.6	0.8	1.7	1.7	1.0	0.4	0.8	1.2	0.4	1.0	1.3	1.3	1.4	0.9	–	–
–	0.6	1.5	–	0.4	0.5	1.1	1.0	1.1	1.4	1.6	1.4	1.6	1.4	1.7	4.2	–
–	0.6	1.5	–	0.4	0.2	0.7	1.0	1.1	1.4	1.3	1.1	1.1	1.3	1.7	4.2	–
23.0	34.4	12.8	19.4	12.8	6.9	4.8	3.5	2.4	1.4	0.9	0.7	1.0	0.8	–	–	–
3.3	3.8	1.5	2.3	3.4	2.6	1.1	1.0	0.8	0.4	0.2	0.1	0.1	–	–	–	–
–	–	–	0.6	1.3	1.2	1.5	1.5	0.9	0.6	0.5	0.2	0.5	0.4	–	–	–
100.0	100.0	100.0	100.0	100.0	100.0	100.0	100.0	100.0	100.0	100.0	100.0	100.0	100.0	100.0	100.0	100.0
33.8	17.0	23.5	17.9	27.5	29.1	24.6	25.5	26.3	22.2	22.5	19.2	15.0	22.1	19.1	42.9	25.0
2.7	3.2	3.5	2.7	7.6	8.2	9.3	8.7	9.0	8.6	11.6	10.6	9.4	15.0	14.7	28.6	–
1.4	–	3.5	2.7	5.8	8.9	5.0	7.3	6.3	4.8	3.1	2.9	2.1	4.1	4.4	–	–
28.4	11.7	15.3	10.7	8.8	9.2	6.2	4.1	4.3	3.2	2.3	2.1	1.3	0.7	–	14.3	25.0
9.5	10.6	11.8	6.3	12.3	8.9	16.8	20.3	24.6	30.5	27.1	28.3	30.0	21.1	20.6	42.9	–
9.5	7.4	9.4	3.6	11.1	8.9	15.0	18.9	23.0	27.9	25.8	26.5	27.5	19.7	20.6	42.9	–
–	2.1	1.2	0.9	1.2	–	0.3	0.2	0.2	0.5	0.7	0.5	1.0	1.0	–	–	–
13.5	14.9	17.6	19.6	18.1	21.6	17.8	23.5	28.3	31.9	36.6	40.4	43.8	44.6	48.5	14.3	–
6.8	8.5	3.5	6.3	7.0	6.4	3.1	3.9	3.5	3.5	4.4	5.3	3.7	6.5	1.5	–	–
2.7	3.2	8.2	9.8	5.8	12.1	10.9	16.9	22.5	24.2	27.0	30.0	35.1	34.7	39.7	14.3	–
1.4	1.1	2.4	0.9	2.3	2.1	1.9	0.9	1.1	2.0	2.8	2.2	3.0	2.7	1.5	–	–
13.5	13.8	27.1	24.1	20.5	20.9	21.8	16.6	11.4	9.0	8.3	6.5	7.8	7.5	5.9	–	50.0
8.1	11.7	21.2	21.4	17.0	18.4	20.2	15.0	9.8	7.9	6.6	5.2	5.5	4.4	5.9	–	50.0
1.4	–	–	0.9	2.3	0.7	0.3	0.5	0.8	0.4	0.9	0.9	1.3	2.4	–	–	–
–	1.1	–	–	0.6	–	–	1.4	1.1	1.5	1.8	1.3	1.6	1.4	2.9	–	–
–	1.1	–	–	0.6	–	–	1.4	1.1	1.5	1.3	1.0	1.4	1.4	2.9	–	–
27.0	33.0	14.1	17.9	14.0	6.7	5.0	4.3	2.4	0.9	0.8	0.6	0.8	0.7	–	–	–
5.4	4.3	2.4	3.6	3.5	3.9	1.6	1.1	1.0	0.2	0.4	–	–	–	–	–	–
–	–	–	0.9	1.2	1.1	1.2	2.1	0.8	0.7	0.2	0.2	0.5	0.7	–	–	–
100.0	100.0	100.0	100.0	100.0	100.0	100.0	100.0	100.0	100.0	100.0	100.0	100.0	100.0	100.0	100.0	100.0
29.2	19.0	16.7	20.6	15.6	23.0	22.8	18.6	17.4	15.2	14.5	15.3	18.8	23.3	28.6	35.3	–
4.2	1.6	8.3	–	4.7	7.9	6.6	7.1	8.7	7.6	8.8	9.7	12.4	18.6	20.5	29.4	–
2.1	4.8	2.1	3.2	3.1	6.5	7.4	2.6	3.3	4.8	3.7	3.8	2.7	1.5	2.5	5.9	–
20.8	11.1	6.3	15.9	6.3	7.2	7.4	3.8	3.3	1.3	0.6	0.4	1.3	0.9	1.9	–	–
10.4	11.1	18.8	15.9	17.2	12.9	28.7	31.4	39.1	44.9	45.4	46.2	34.6	26.3	16.8	5.9	–
10.4	11.1	16.7	14.3	17.2	12.2	27.2	27.6	35.8	41.4	41.4	42.5	32.0	23.5	14.3	5.9	–
–	–	–	–	–	–	–	1.3	0.7	2.0	1.3	1.1	0.5	0.9	0.6	–	–
16.7	15.9	18.8	15.9	23.4	30.2	23.5	32.1	25.4	24.8	26.0	26.4	34.3	40.2	44.1	41.2	–
4.2	6.3	2.1	4.8	9.4	7.2	3.7	4.5	3.7	4.3	5.2	4.9	5.1	7.9	6.8	–	–
10.4	1.6	8.3	7.9	12.5	20.9	13.2	23.7	19.1	16.8	17.9	18.7	24.6	25.4	31.1	35.3	–
–	1.6	4.2	1.6	–	0.7	2.9	3.2	1.0	1.8	1.9	1.3	1.8	3.4	2.5	–	–
20.8	15.9	27.1	22.2	29.7	21.6	12.5	11.5	10.7	8.5	8.0	6.9	7.0	4.7	5.0	5.9	–
20.8	12.7	22.9	19.0	28.1	18.7	9.6	9.0	7.7	7.2	6.5	5.2	5.0	3.6	3.1	5.9	–
–	1.6	2.1	3.2	–	1.4	0.7	1.9	2.0	0.6	1.1	1.6	1.3	0.9	1.2	–	–
–	–	4.2	–	–	1.4	3.7	–	1.0	1.3	1.4	1.4	1.6	1.5	1.2	5.9	–
–	–	4.2	–	–	0.7	2.2	–	1.0	1.1	1.3	1.1	0.8	1.3	1.2	5.9	–
16.7	36.5	10.4	22.2	9.4	7.2	4.4	1.3	2.3	2.2	1.0	0.8	1.2	0.9	–	–	–
–	3.2	–	–	3.1	–	–	0.6	0.3	0.7	–	0.2	0.1	–	–	–	–
–	–	–	–	1.6	1.4	2.2	–	1.0	0.6	0.7	0.2	0.5	0.2	–	–	–

第６表　年次・性・年齢階級（５歳階級）・主な不慮の事故の

Table 6. Trends in accidental deaths at home and percentage by sex,

百分率

Percentage

死因基本分類コード Detailed list of ICD-10 code	死因・性 Causes of death and sex	総数 Total	0歳 Years	1	2	3	4	0～4	5～9	10～14	15～19	20～24
	総数 Total											
(W00-X59)	総数	100.0	100.0	100.0	100.0	100.0	100.0	100.0	100.0	100.0	100.0	100.0
(W00-W17)	転倒・転落	19.6	6.7	9.5	20.7	41.7	38.5	13.5	13.0	10.3	24.1	20.9
W01	スリップ，つまづき及びよろめきによる同一平面上での転倒	8.8	1.5	-	3.4	4.2	-	1.5	-	-	1.9	2.3
W10	階段及びステップからの転落及びその上での転倒	3.9	0.7	1.4	-	-	-	0.7	-	-	-	-
W13	建物又は建造物からの転落	3.4	0.7	4.1	17.2	33.3	30.8	7.7	13.0	10.3	22.2	16.3
(W65-W74)	不慮の溺死及び溺水	29.3	7.5	59.5	27.6	4.2	23.1	24.1	11.1	17.9	24.1	14.0
W65	浴槽内での溺死及び溺水	26.8	6.7	33.8	10.3	-	23.1	14.6	11.1	17.9	24.1	14.0
W66	浴槽への転落による溺死及び溺水	0.7	0.7	13.5	10.3	-	-	5.1	-	-	-	-
(W75-W84)	その他の不慮の窒息	32.0	79.1	21.6	34.5	16.7	7.7	50.0	11.1	23.1	22.2	16.3
W78	胃内容物の誤えん	5.6	17.9	6.8	3.4	4.2	-	11.3	3.7	5.1	7.4	4.7
W79	気道閉塞を生じた食物の誤えん	21.4	17.2	2.7	13.8	4.2	-	10.9	1.9	2.6	7.4	7.0
W80	気道閉塞を生じたその他の物体の誤えん	1.9	2.2	1.4	-	4.2	7.7	2.2	-	5.1	7.4	-
(X00-X09)	煙、火及び火炎への曝露	11.1	2.2	6.8	13.8	33.3	30.8	8.8	57.4	43.6	25.9	17.4
X00	建物又は建造物内の管理されていない火への曝露	9.5	2.2	6.8	13.8	33.3	30.8	8.8	57.4	43.6	25.9	14.0
(X05-X06)	夜着，その他の着衣及び衣服の発火又は溶解への曝露	0.9	-	-	-	-	-	-	-	-	-	1.2
(X10-X19)	熱及び高温物質との接触	1.1	0.7	1.4	-	-	-	0.7	1.9	-	-	-
X11	蛇口からの熱湯との接触	1.0	-	-	-	-	-	-	1.9	-	-	-
(X40-X49)	有害物質による不慮の中毒及び有害物質への曝露	2.9	-	-	-	-	-	-	3.7	2.6	3.7	27.9
X47	その他のガス及び蒸気による不慮の中毒及び曝露	0.7	-	-	-	-	-	-	3.7	2.6	-	5.8
X48	農薬による不慮の中毒及び曝露	0.5	-	-	-	-	-	-	-	-	-	-
	男 Male											
(W00-X59)	総数	100.0	100.0	100.0	100.0	100.0	100.0	100.0	100.0	100.0	100.0	100.0
(W00-W17)	転倒・転落	22.1	8.2	10.0	20.8	46.7	50.0	15.7	7.1	9.5	27.3	22.2
W01	スリップ，つまづき及びよろめきによる同一平面上での転倒	8.7	2.4	-	4.2	6.7	-	2.3	-	-	3.0	1.9
W10	階段及びステップからの転落及びその上での転倒	4.1	1.2	2.5	-	-	-	1.2	-	-	-	-
W13	建物又は建造物からの転落	4.4	1.2	5.0	16.7	40.0	37.5	9.3	7.1	9.5	24.2	18.5
(W65-W74)	不慮の溺死及び溺水	23.5	8.2	65.0	25.0	6.7	25.0	24.4	3.6	23.8	24.2	13.0
W65	浴槽内での溺死及び溺水	21.6	7.1	30.0	12.5	-	25.0	13.4	3.6	23.8	24.2	13.0
W66	浴槽への転落による溺死及び溺水	0.6	1.2	17.5	8.3	-	-	5.8	-	-	-	-
(W75-W84)	その他の不慮の窒息	33.0	77.6	15.0	33.3	13.3	12.5	48.3	3.6	28.6	21.2	20.4
W78	胃内容物の誤えん	5.1	20.0	5.0	-	6.7	-	11.6	3.6	4.8	9.1	7.4
W79	気道閉塞を生じた食物の誤えん	22.9	15.3	5.0	16.7	6.7	-	11.6	-	4.8	6.1	7.4
W80	気道閉塞を生じたその他の物体の誤えん	2.0	1.2	-	-	-	12.5	1.2	-	-	6.1	-
(X00-X09)	煙、火及び火炎への曝露	12.5	2.4	7.5	16.7	33.3	12.5	8.7	75.0	38.1	24.2	14.8
X00	建物又は建造物内の管理されていない火への曝露	10.8	2.4	7.5	16.7	33.3	12.5	8.7	75.0	38.1	24.2	13.0
(X05-X06)	夜着，その他の着衣及び衣服の発火又は溶解への曝露	0.8	-	-	-	-	-	-	-	-	-	1.9
(X10-X19)	熱及び高温物質との接触	1.3	1.2	-	-	-	-	0.6	3.6	-	-	-
X11	蛇口からの熱湯との接触	1.1	-	-	-	-	-	-	3.6	-	-	-
(X40-X49)	有害物質による不慮の中毒及び有害物質への曝露	2.9	-	-	-	-	-	-	7.1	-	3.0	24.1
X47	その他のガス及び蒸気による不慮の中毒及び曝露	0.8	-	-	-	-	-	-	7.1	-	-	9.3
X48	農薬による不慮の中毒及び曝露	0.6	-	-	-	-	-	-	-	-	-	-
	女 Female											
(W00-X59)	総数	100.0	100.0	100.0	100.0	100.0	100.0	100.0	100.0	100.0	100.0	100.0
(W00-W17)	転倒・転落	16.5	4.1	8.8	20.0	33.3	20.0	9.8	19.2	11.1	19.0	18.8
W01	スリップ，つまづき及びよろめきによる同一平面上での転倒	9.0	-	-	-	-	-	-	-	-	-	3.1
W10	階段及びステップからの転落及びその上での転倒	3.6	-	-	-	-	-	-	-	-	-	-
W13	建物又は建造物からの転落	2.3	-	2.9	20.0	22.2	20.0	4.9	19.2	11.1	19.0	12.5
(W65-W74)	不慮の溺死及び溺水	36.5	6.1	52.9	40.0	-	20.0	23.5	19.2	11.1	23.8	15.6
W65	浴槽内での溺死及び溺水	33.4	6.1	38.2	-	-	20.0	16.7	19.2	11.1	23.8	15.6
W66	浴槽への転落による溺死及び溺水	0.9	-	8.8	20.0	-	-	3.9	-	-	-	-
(W75-W84)	その他の不慮の窒息	30.7	81.6	29.4	40.0	22.2	-	52.9	19.2	16.7	23.8	9.4
W78	胃内容物の誤えん	6.1	14.3	8.8	20.0	-	-	10.8	3.8	5.6	4.8	-
W79	気道閉塞を生じた食物の誤えん	19.6	20.4	-	-	-	-	9.8	3.8	-	9.5	6.3
W80	気道閉塞を生じたその他の物体の誤えん	1.7	4.1	2.9	-	11.1	-	3.9	-	11.1	9.5	-
(X00-X09)	煙、火及び火炎への曝露	9.4	2.0	5.9	-	33.3	60.0	8.8	38.5	50.0	28.6	21.9
X00	建物又は建造物内の管理されていない火への曝露	7.9	2.0	5.9	-	33.3	60.0	8.8	38.5	50.0	28.6	15.6
(X05-X06)	夜着，その他の着衣及び衣服の発火又は溶解への曝露	0.9	-	-	-	-	-	-	-	-	-	-
(X10-X19)	熱及び高温物質との接触	1.0	-	2.9	-	-	-	1.0	-	-	-	-
X11	蛇口からの熱湯との接触	0.8	-	-	-	-	-	-	-	-	-	-
(X40-X49)	有害物質による不慮の中毒及び有害物質への曝露	2.8	-	-	-	-	-	-	-	5.6	4.8	34.4
X47	その他のガス及び蒸気による不慮の中毒及び曝露	0.5	-	-	-	-	-	-	-	5.6	-	-
X48	農薬による不慮の中毒及び曝露	0.5	-	-	-	-	-	-	-	-	-	-

種類別家庭における不慮の事故死亡数・百分率　－平成７～20年－
age (five-year age group) and type of major accident, 1995-2008

平成14年
2002

25～29	30～34	35～39	40～44	45～49	50～54	55～59	60～64	65～69	70～74	75～79	80～84	85～89	90～94	95～99	100～	不詳 Not stated
100.0	100.0	100.0	100.0	100.0	100.0	100.0	100.0	100.0	100.0	100.0	100.0	100.0	100.0	100.0	100.0	100.0
21.4	24.0	19.8	17.0	14.9	20.9	24.0	25.9	22.2	19.5	18.2	16.8	19.0	22.6	18.5	20.0	100.0
0.9	4.0	3.1	3.0	4.1	6.6	5.6	8.9	8.3	8.5	8.2	9.4	12.3	15.3	12.0	5.0	–
3.4	3.2	3.8	2.4	5.9	5.8	7.8	7.6	5.4	3.8	3.6	3.2	3.2	2.4	2.2	5.0	–
15.4	13.6	10.7	9.1	4.1	5.1	6.7	5.5	3.6	2.6	2.7	1.2	0.8	1.5	2.2	–	100.0
11.1	12.0	11.5	17.6	16.7	15.1	19.1	23.2	27.1	34.7	38.3	36.6	32.1	22.9	14.1	10.0	–
10.3	11.2	11.5	15.8	15.8	14.1	17.3	20.4	24.9	32.5	35.5	34.2	29.3	20.4	11.4	10.0	–
0.9	–	–	1.2	0.5	0.2	0.4	0.6	0.7	0.5	0.7	0.7	0.9	0.7	–	–	–
14.5	13.6	21.4	17.0	17.6	21.9	20.9	24.1	32.7	31.2	28.9	34.3	38.1	45.5	55.4	60.0	–
6.8	6.4	10.7	4.2	5.9	7.3	4.3	5.0	5.5	4.9	4.0	5.1	5.6	7.5	9.2	5.0	–
4.3	2.4	7.6	7.9	8.1	12.2	12.8	15.1	23.0	22.8	21.6	24.1	27.7	32.1	33.7	45.0	–
–	0.8	1.5	0.6	1.4	1.7	1.8	1.5	1.3	1.7	1.6	2.0	2.2	2.7	4.3	–	–
18.8	20.8	21.4	22.4	26.2	25.5	19.7	16.4	10.1	9.2	9.1	7.7	6.7	4.9	8.2	5.0	–
16.2	20.0	15.3	21.2	23.1	22.9	16.8	14.6	8.6	7.6	7.6	6.1	5.3	4.1	6.5	–	–
0.9	–	2.3	0.6	1.8	0.7	1.1	0.8	1.0	0.7	0.8	1.0	1.0	0.4	1.1	5.0	–
–	–	0.8	0.6	–	–	2.0	0.3	0.9	0.9	1.3	1.6	1.6	1.3	1.1	–	–
–	–	0.8	–	–	–	1.3	0.3	0.9	0.9	1.2	1.4	1.4	0.7	1.1	–	–
29.9	22.4	20.6	17.0	10.9	6.3	4.3	2.8	2.2	1.3	1.0	0.9	0.6	0.6	0.5	–	–
5.1	5.6	1.5	3.0	4.1	2.4	0.9	0.6	0.4	0.4	0.2	0.3	–	0.2	–	–	–
–	0.8	–	0.6	0.5	1.2	1.1	1.1	1.0	0.6	0.6	0.4	0.3	0.1	0.5	–	–
100.0	100.0	100.0	100.0	100.0	100.0	100.0	100.0	100.0	100.0	100.0	100.0	100.0	100.0	100.0	100.0	100.0
24.6	24.0	18.6	18.7	16.6	23.7	26.6	28.7	25.7	23.5	21.5	18.5	20.0	22.2	18.6	25.0	100.0
1.4	4.0	3.5	2.8	4.6	7.3	6.5	9.7	9.0	9.2	9.0	9.0	11.8	14.1	11.4	–	–
5.8	2.7	2.3	3.7	7.3	6.3	7.7	7.8	5.3	4.2	3.2	3.4	3.0	1.5	2.9	–	–
15.9	14.7	9.3	9.3	3.3	5.2	7.4	6.2	4.8	3.5	3.9	1.2	1.1	2.4	–	–	100.0
7.2	10.7	11.6	14.0	13.9	13.9	16.7	20.0	23.9	27.2	27.8	27.7	28.6	21.3	11.4	50.0	–
5.8	10.7	11.6	12.1	13.2	12.5	15.5	17.1	21.9	25.4	26.2	26.0	26.9	20.1	8.6	50.0	–
1.4	–	–	1.9	–	0.3	0.3	0.7	0.8	0.3	0.5	0.2	0.8	0.3	–	–	–
13.0	18.7	22.1	15.0	18.5	22.6	17.3	23.0	30.9	33.7	35.6	40.7	40.5	45.2	55.7	25.0	–
7.2	9.3	11.6	2.8	6.0	8.0	3.7	4.5	5.3	4.4	4.3	4.4	3.2	6.6	11.4	–	–
4.3	2.7	8.1	6.5	8.6	12.5	10.2	14.0	22.4	25.9	26.9	30.1	32.3	32.6	37.1	25.0	–
–	1.3	1.2	0.9	1.3	1.7	1.5	2.1	1.2	1.7	2.2	2.8	2.3	3.6	2.9	–	–
21.7	17.3	23.3	22.4	26.5	23.0	22.3	16.9	11.1	10.7	9.3	8.6	6.5	6.9	11.4	–	–
18.8	17.3	15.1	21.5	25.8	20.9	19.5	15.4	9.0	8.9	7.8	6.7	5.2	6.3	8.6	–	–
–	–	2.3	–	0.7	0.3	0.9	0.7	1.3	0.5	0.9	1.2	0.6	0.6	1.4	–	–
–	–	1.2	0.9	–	–	1.9	0.2	0.8	0.7	1.7	2.2	2.1	2.1	1.4	–	–
–	–	1.2	–	–	–	1.2	0.2	0.8	0.7	1.6	1.9	1.8	1.5	1.4	–	–
29.0	20.0	16.3	18.7	8.6	5.9	3.4	2.9	2.3	1.4	0.5	0.7	0.6	0.6	–	–	–
5.8	6.7	1.2	4.7	5.3	1.7	0.9	1.0	0.5	0.4	0.2	0.1	–	–	–	–	–
–	1.3	–	0.9	0.7	1.7	0.9	1.0	1.2	0.7	0.2	0.3	0.3	0.3	–	–	–
100.0	100.0	100.0	100.0	100.0	100.0	100.0	100.0	100.0	100.0	100.0	100.0	100.0	100.0	100.0	100.0	–
16.7	24.0	22.2	13.8	11.4	14.5	17.1	19.9	15.4	13.5	14.1	15.1	18.2	23.0	18.4	18.8	–
–	4.0	2.2	3.4	2.9	4.8	3.3	7.1	6.9	7.4	7.2	9.8	12.6	16.2	12.3	6.3	–
–	4.0	6.7	–	2.9	4.8	8.1	7.1	5.6	3.1	4.1	3.1	3.4	3.1	1.8	6.3	–
14.6	12.0	13.3	8.6	5.7	4.8	4.9	4.1	1.3	1.2	1.2	1.3	0.6	0.8	3.5	–	–
16.7	14.0	11.1	24.1	22.9	17.7	25.2	30.1	33.3	46.0	51.3	45.2	34.9	24.0	15.8	–	–
16.7	12.0	11.1	22.4	21.4	17.7	22.0	27.6	30.7	43.1	47.1	42.1	31.2	20.7	13.2	–	–
–	–	–	–	1.4	–	0.8	0.5	0.3	1.0	0.9	1.1	1.0	1.0	–	–	–
16.7	6.0	20.0	20.7	15.7	20.2	30.1	26.5	36.3	27.5	20.8	28.1	36.1	45.7	55.3	68.8	–
6.3	2.0	8.9	6.9	5.7	5.6	5.7	6.1	5.9	5.7	3.6	5.8	7.5	8.2	7.9	6.3	–
4.2	2.0	6.7	10.3	7.1	11.3	19.5	17.3	24.2	18.1	15.2	18.3	24.0	31.8	31.6	50.0	–
–	–	2.2	–	1.4	1.6	2.4	–	1.6	1.8	0.9	1.2	2.1	2.0	5.3	–	–
14.6	26.0	17.8	22.4	25.7	31.5	13.0	15.3	8.2	7.0	9.0	6.8	6.9	3.5	6.1	6.3	–
12.5	24.0	15.6	20.7	17.1	27.4	9.8	12.8	7.8	5.7	7.5	5.6	5.4	2.7	5.3	–	–
2.1	–	2.2	1.7	4.3	1.6	1.6	1.0	0.3	1.0	0.7	0.8	1.3	0.2	0.9	6.3	–
–	–	–	–	–	–	2.4	0.5	1.0	1.2	0.9	1.1	1.2	0.8	0.9	–	–
–	–	–	–	–	–	1.6	0.5	1.0	1.2	0.7	1.0	1.1	0.2	0.9	–	–
31.3	26.0	28.9	13.8	15.7	7.3	6.5	2.6	2.0	1.0	1.6	1.1	0.6	0.6	0.9	–	–
4.2	4.0	2.2	–	1.4	4.0	0.8	–	0.3	0.4	0.2	0.4	–	0.4	–	–	–
–	–	–	–	–	–	1.6	1.5	0.7	0.6	1.0	0.4	0.2	–	0.9	–	–

第6表　年次・性・年齢階級（5歳階級）・主な不慮の事故の

Table 6. Trends in accidental deaths at home and percentage by sex,

百分率

Percentage

死因基本分類コード Detailed list of ICD-10 code	死因・性 Causes of death and sex	総数 Total	0歳 Years	1	2	3	4	0～4	5～9	10～14	15～19	20～24
	総数 Total											
(W00-X59)	総数	100.0	100.0	100.0	100.0	100.0	100.0	100.0	100.0	100.0	100.0	100.0
(W00-W17)	転倒・転落	19.4	5.4	15.2	20.8	23.5	13.3	11.3	20.5	16.1	18.6	21.4
W01	スリップ，つまづき及びよろめきによる同一平面上での転倒	8.6	0.9	4.3	-	-	-	1.4	-	-	1.7	-
W10	階段及びステップからの転落及びその上での転倒	3.8	-	2.2	4.2	-	-	0.9	4.5	-	-	1.0
W13	建物又は建造物からの転落	3.7	-	8.7	12.5	23.5	13.3	6.1	15.9	16.1	16.9	18.4
(W65-W74)	不慮の溺死及び溺水	28.6	4.5	34.8	8.3	5.9	6.7	11.7	11.4	32.3	18.6	13.6
W65	浴槽内での溺死及び溺水	26.0	2.7	28.3	4.2	5.9	6.7	8.9	9.1	29.0	16.9	12.6
W66	浴槽への転落による溺死及び溺水	0.6	0.9	6.5	-	-	-	1.9	-	-	1.7	1.0
(W75-W84)	その他の不慮の窒息	31.9	82.9	30.4	50.0	23.5	33.3	59.6	27.3	19.4	11.9	9.7
W78	胃内容物の誤えん	5.5	21.6	8.7	8.3	5.9	13.3	15.5	6.8	-	3.4	6.8
W79	気道閉塞を生じた食物の誤えん	21.5	12.6	10.9	25.0	11.8	6.7	13.1	4.5	12.9	6.8	2.9
W80	気道閉塞を生じたその他の物体の誤えん	1.9	-	2.2	-	-	6.7	0.9	6.8	3.2	-	-
(X00-X09)	煙、火及び火炎への曝露	11.4	3.6	10.9	16.7	35.3	46.7	12.2	38.6	29.0	30.5	18.4
X00	建物又は建造物内の管理されていない火への曝露	9.9	2.7	10.9	16.7	35.3	46.7	11.7	38.6	29.0	30.5	14.6
(X05-X06)	夜着，その他の着衣及び衣服の発火又は溶解への曝露	0.6	0.9	-	-	-	-	0.5	-	-	-	1.0
(X10-X19)	熱及び高温物質との接触	1.1	-	4.3	4.2	-	-	1.4	2.3	-	-	1.9
X11	蛇口からの熱湯との接触	0.8	-	4.3	4.2	-	-	1.4	2.3	-	-	1.0
(X40-X49)	有害物質による不慮の中毒及び有害物質への曝露	3.4	-	-	-	-	-	-	-	-	16.9	27.2
X47	その他のガス及び蒸気による不慮の中毒及び曝露	0.9	-	-	-	-	-	-	-	-	6.8	2.9
X48	農薬による不慮の中毒及び曝露	0.6	-	-	-	-	-	-	-	-	-	-
	男 Male											
(W00-X59)	総数	100.0	100.0	100.0	100.0	100.0	100.0	100.0	100.0	100.0	100.0	100.0
(W00-W17)	転倒・転落	21.9	6.7	20.8	14.3	25.0	22.2	13.4	17.4	23.1	22.2	22.0
W01	スリップ，つまづき及びよろめきによる同一平面上での転倒	8.2	1.7	-	-	-	-	0.8	-	-	-	-
W10	階段及びステップからの転落及びその上での転倒	4.4	-	4.2	-	-	-	0.8	-	-	-	1.7
W13	建物又は建造物からの転落	4.6	-	16.7	14.3	25.0	22.2	9.2	17.4	23.1	22.2	18.6
(W65-W74)	不慮の溺死及び溺水	22.7	3.3	33.3	14.3	-	-	10.1	13.0	15.4	13.9	10.2
W65	浴槽内での溺死及び溺水	20.7	-	20.8	7.1	-	-	5.0	8.7	15.4	13.9	10.2
W66	浴槽への転落による溺死及び溺水	0.5	1.7	12.5	-	-	-	3.4	-	-	-	-
(W75-W84)	その他の不慮の窒息	32.8	81.7	37.5	57.1	25.0	33.3	60.5	30.4	7.7	16.7	11.9
W78	胃内容物の誤えん	5.2	20.0	8.3	-	8.3	11.1	13.4	4.3	-	5.6	6.8
W79	気道閉塞を生じた食物の誤えん	22.4	13.3	12.5	42.9	16.7	-	16.0	-	7.7	8.3	5.1
W80	気道閉塞を生じたその他の物体の誤えん	2.1	-	-	-	-	11.1	0.8	13.0	-	-	-
(X00-X09)	煙、火及び火炎への曝露	12.9	3.3	8.3	14.3	33.3	44.4	11.8	39.1	46.2	27.8	22.0
X00	建物又は建造物内の管理されていない火への曝露	11.2	1.7	8.3	14.3	33.3	44.4	10.9	39.1	46.2	27.8	15.3
(X05-X06)	夜着，その他の着衣及び衣服の発火又は溶解への曝露	0.6	1.7	-	-	-	-	0.8	-	-	-	1.7
(X10-X19)	熱及び高温物質との接触	0.9	-	-	-	-	-	-	-	-	-	-
X11	蛇口からの熱湯との接触	0.7	-	-	-	-	-	-	-	-	-	-
(X40-X49)	有害物質による不慮の中毒及び有害物質への曝露	3.5	-	-	-	-	-	-	-	-	13.9	23.7
X47	その他のガス及び蒸気による不慮の中毒及び曝露	1.2	-	-	-	-	-	-	-	-	8.3	5.1
X48	農薬による不慮の中毒及び曝露	0.7	-	-	-	-	-	-	-	-	-	-
	女 Female											
(W00-X59)	総数	100.0	100.0	100.0	100.0	100.0	100.0	100.0	100.0	100.0	100.0	100.0
(W00-W17)	転倒・転落	16.3	3.9	9.1	30.0	20.0	-	8.5	23.8	11.1	13.0	20.5
W01	スリップ，つまづき及びよろめきによる同一平面上での転倒	9.1	-	9.1	-	-	-	2.1	-	-	4.3	-
W10	階段及びステップからの転落及びその上での転倒	2.9	-	-	10.0	-	-	1.1	9.5	-	-	-
W13	建物又は建造物からの転落	2.6	-	-	10.0	20.0	-	2.1	14.3	11.1	8.7	18.2
(W65-W74)	不慮の溺死及び溺水	35.9	5.9	36.4	-	20.0	16.7	13.8	9.5	44.4	26.1	18.2
W65	浴槽内での溺死及び溺水	32.6	5.9	36.4	-	20.0	16.7	13.8	9.5	38.9	21.7	15.9
W66	浴槽への転落による溺死及び溺水	0.7	-	-	-	-	-	-	-	-	4.3	2.3
(W75-W84)	その他の不慮の窒息	30.8	84.3	22.7	40.0	20.0	33.3	58.5	23.8	27.8	4.3	6.8
W78	胃内容物の誤えん	5.8	23.5	9.1	20.0	-	16.7	18.1	9.5	-	-	6.8
W79	気道閉塞を生じた食物の誤えん	20.5	11.8	9.1	-	-	16.7	9.6	9.5	16.7	4.3	-
W80	気道閉塞を生じたその他の物体の誤えん	1.7	-	4.5	-	-	-	1.1	-	5.6	-	-
(X00-X09)	煙、火及び火炎への曝露	9.5	3.9	13.6	20.0	40.0	50.0	12.8	38.1	16.7	34.8	13.6
X00	建物又は建造物内の管理されていない火への曝露	8.4	3.9	13.6	20.0	40.0	50.0	12.8	38.1	16.7	34.8	13.6
(X05-X06)	夜着，その他の着衣及び衣服の発火又は溶解への曝露	0.7	-	-	-	-	-	-	-	-	-	-
(X10-X19)	熱及び高温物質との接触	1.3	-	9.1	10.0	-	-	3.2	4.8	-	-	4.5
X11	蛇口からの熱湯との接触	1.0	-	9.1	10.0	-	-	3.2	4.8	-	-	2.3
(X40-X49)	有害物質による不慮の中毒及び有害物質への曝露	3.2	-	-	-	-	-	-	-	-	21.7	31.8
X47	その他のガス及び蒸気による不慮の中毒及び曝露	0.6	-	-	-	-	-	-	-	-	4.3	-
X48	農薬による不慮の中毒及び曝露	0.6	-	-	-	-	-	-	-	-	-	-

種類別家庭における不慮の事故死亡数・百分率　－平成７～20年－
age (five-year age group) and type of major accident, 1995-2008

平成15年
2003

25～29	30～34	35～39	40～44	45～49	50～54	55～59	60～64	65～69	70～74	75～79	80～84	85～89	90～94	95～99	100～	不詳 Not stated
100.0	100.0	100.0	100.0	100.0	100.0	100.0	100.0	100.0	100.0	100.0	100.0	100.0	100.0	100.0	100.0	100.0
22.1	22.4	23.2	19.9	21.5	18.4	21.3	22.0	23.0	21.4	17.3	17.5	18.2	18.5	24.9	20.7	33.3
1.9	1.9	3.5	5.8	4.3	5.2	5.8	9.9	9.0	7.5	7.5	10.2	11.4	11.4	19.1	17.2	-
2.9	1.3	1.4	2.6	5.3	5.7	6.7	6.0	5.2	4.6	3.7	3.0	3.3	2.4	2.2	-	-
17.3	17.9	14.1	10.3	8.1	5.7	6.2	3.9	3.6	3.5	2.4	1.5	1.2	1.4	1.3	-	33.3
7.7	5.1	8.5	10.9	10.0	17.4	18.0	22.5	28.0	35.6	36.9	34.3	31.6	25.9	16.0	10.3	33.3
6.7	5.1	7.7	10.9	8.6	14.7	16.4	19.9	26.3	32.6	33.7	31.2	29.2	22.6	13.8	6.9	33.3
-	-	0.7	-	0.5	0.5	-	0.5	0.4	0.6	0.6	0.8	0.5	0.6	0.4	3.4	-
14.4	12.2	21.8	19.9	23.0	20.4	22.9	24.8	28.7	28.3	30.1	36.0	37.9	45.5	49.8	58.6	-
4.8	3.8	9.9	6.4	5.7	7.2	5.6	5.9	4.2	4.1	3.3	5.3	6.1	8.2	9.3	3.4	-
4.8	3.2	5.6	10.9	13.4	10.0	13.6	14.0	20.0	20.9	22.3	26.5	26.7	32.5	33.8	37.9	-
1.0	1.3	2.1	0.6	1.0	0.7	2.4	2.1	1.4	1.2	2.2	2.0	2.5	2.3	4.0	6.9	-
22.1	19.2	17.6	22.4	23.9	27.1	22.0	15.2	11.6	8.5	9.7	7.5	8.2	5.9	5.8	10.3	33.3
19.2	18.6	16.2	19.9	21.1	23.6	20.2	14.0	10.3	7.6	8.1	6.3	7.1	4.2	4.9	10.3	33.3
-	-	-	0.6	0.5	1.0	0.7	0.2	0.6	0.3	1.0	0.7	0.8	1.0	-	-	-
-	0.6	0.7	-	1.4	0.7	0.4	1.8	0.9	0.6	1.5	1.2	1.2	1.2	1.3	-	-
-	0.6	0.7	-	0.5	0.2	0.4	1.4	0.7	0.3	1.1	1.0	0.8	0.8	1.3	-	-
29.8	32.7	16.2	17.3	10.5	6.0	5.8	5.1	2.7	1.9	1.3	0.9	0.8	0.6	-	-	-
4.8	5.1	2.8	5.1	2.9	2.5	2.0	1.8	1.0	0.9	0.4	0.3	0.2	0.1	-	-	-
-	-	-	1.3	1.9	0.2	2.0	1.4	0.8	0.7	0.7	0.4	0.5	0.4	-	-	-
100.0	100.0	100.0	100.0	100.0	100.0	100.0	100.0	100.0	100.0	100.0	100.0	100.0	100.0	100.0	100.0	100.0
22.9	23.5	23.9	19.0	24.6	18.6	23.4	25.8	27.8	25.9	20.6	20.0	17.0	18.4	15.4	28.6	33.3
2.9	3.1	3.4	5.7	3.0	4.9	5.4	11.1	10.3	8.2	7.8	10.4	9.0	11.4	10.8	28.6	-
2.9	2.0	2.3	2.9	7.5	6.8	7.1	7.6	6.3	5.3	3.6	3.3	3.8	2.3	1.5	-	-
17.1	16.3	12.5	9.5	9.7	4.5	7.1	4.3	4.7	4.3	3.2	2.3	1.3	1.8	-	-	33.3
8.6	2.0	8.0	5.7	8.2	16.7	15.1	19.2	23.1	27.7	28.4	24.4	28.0	25.1	15.4	28.6	33.3
8.6	2.0	6.8	5.7	7.5	13.6	13.5	17.2	21.1	25.2	26.3	22.7	26.6	21.6	13.8	28.6	33.3
-	-	1.1	-	0.7	0.4	-	0.5	0.7	0.7	0.3	0.6	0.3	0.6	-	-	-
15.7	12.2	22.7	17.1	22.4	18.9	19.9	21.8	27.8	31.2	35.0	42.9	42.4	44.4	49.2	28.6	-
5.7	5.1	11.4	4.8	7.5	6.8	5.1	4.8	3.7	3.5	3.6	5.3	7.1	7.3	3.1	14.3	-
5.7	3.1	5.7	9.5	11.2	8.7	10.6	12.7	19.6	23.6	26.0	33.2	29.5	30.7	40.0	-	-
-	2.0	2.3	1.0	0.7	1.1	2.6	2.0	1.5	1.9	2.9	1.8	3.0	2.6	3.1	14.3	-
22.9	23.5	18.2	26.7	25.4	27.3	24.0	17.2	13.0	7.7	10.3	8.2	8.4	7.6	13.8	14.3	33.3
18.6	22.4	17.0	23.8	22.4	23.9	21.5	15.4	11.6	7.1	8.4	6.6	7.3	5.6	12.3	14.3	33.3
-	-	-	1.0	-	1.1	1.0	0.3	0.5	0.2	1.1	0.8	0.7	0.6	-	-	-
-	-	-	-	0.7	1.1	0.3	1.3	0.5	0.8	1.1	1.0	1.5	1.5	3.1	-	-
-	-	-	-	0.7	0.4	0.3	0.8	0.5	0.4	1.0	0.7	1.0	1.2	3.1	-	-
25.7	29.6	15.9	20.0	8.2	5.3	5.1	4.8	1.8	2.2	1.1	0.8	1.2	0.9	-	-	-
5.7	6.1	4.5	5.7	3.0	3.0	2.2	2.0	0.7	1.2	0.4	0.3	-	-	-	-	-
-	-	-	1.9	0.7	0.4	2.2	1.0	0.7	0.8	0.6	0.2	1.0	0.6	-	-	-
100.0	100.0	100.0	100.0	100.0	100.0	100.0	100.0	100.0	100.0	100.0	100.0	100.0	100.0	100.0	100.0	-
20.6	20.7	22.2	21.6	16.0	18.1	16.7	13.0	13.4	13.7	13.3	15.1	19.3	18.6	28.8	18.2	-
-	-	3.7	5.9	6.7	5.8	6.5	7.1	6.4	6.2	7.3	10.0	13.5	11.4	22.5	13.6	-
2.9	-	-	2.0	1.3	3.6	5.8	2.4	3.0	3.4	3.8	2.7	2.9	2.4	2.5	-	-
17.6	20.7	16.7	11.8	5.3	8.0	4.3	3.0	1.3	2.3	1.4	0.7	1.1	1.2	1.9	-	-
5.9	10.3	9.3	21.6	13.3	18.8	24.6	30.2	37.9	49.2	47.2	43.6	34.6	26.4	16.3	4.5	-
2.9	10.3	9.3	21.6	10.7	16.7	23.2	26.0	36.6	45.2	42.5	39.3	31.4	23.2	13.8	-	-
-	-	-	-	-	0.7	-	0.6	-	0.6	0.9	1.0	0.7	0.6	0.6	4.5	-
11.8	12.1	20.4	25.5	24.0	23.2	29.7	32.0	30.5	23.3	24.1	29.4	34.1	46.2	50.0	68.2	-
2.9	1.7	7.4	9.8	2.7	8.0	6.5	8.3	5.4	5.1	3.1	5.3	5.2	8.8	11.9	-	-
2.9	3.4	5.6	13.7	17.3	12.3	20.3	17.2	20.8	16.3	17.7	20.1	24.4	33.8	31.3	50.0	-
2.9	-	1.9	-	1.3	-	2.2	2.4	1.3	0.2	1.3	2.2	2.1	2.0	4.4	4.5	-
20.6	12.1	16.7	13.7	21.3	26.8	17.4	10.7	8.7	9.9	8.9	6.8	8.0	4.8	2.5	9.1	-
20.6	12.1	14.8	11.8	18.7	23.2	17.4	10.7	7.7	8.4	7.6	6.1	6.9	3.2	1.9	9.1	-
-	-	-	-	1.3	0.7	-	-	0.7	0.6	0.8	0.6	0.8	1.2	-	-	-
-	1.7	1.9	-	2.7	-	0.7	3.0	1.7	0.4	2.0	1.4	1.0	1.0	0.6	-	-
-	1.7	1.9	-	-	-	0.7	3.0	1.0	0.2	1.3	1.3	0.6	0.6	0.6	-	-
38.2	37.9	16.7	11.8	14.7	7.2	7.2	5.9	4.4	1.5	1.5	1.1	0.5	0.4	-	-	-
2.9	3.4	-	3.9	2.7	1.4	1.4	1.2	1.7	0.4	0.5	0.3	0.4	0.2	-	-	-
-	-	-	-	4.0	-	1.4	2.4	1.0	0.6	0.9	0.5	0.1	0.2	-	-	-

第６表　年次・性・年齢階級（５歳階級）・主な不慮の事故の

Table 6. Trends in accidental deaths at home and percentage by sex,

百分率

Percentage

死因基本分類コード Detailed list of ICD-10 code	死因・性 Causes of death and sex	総数 Total	0歳 Years	1	2	3	4	0～4	5～9	10～14	15～19	20～24
	総数 Total											
(W00-X59)	総数	100.0	100.0	100.0	100.0	100.0	100.0	100.0	100.0	100.0	100.0	100.0
(W00-W17)	転倒・転落	19.6	5.4	14.1	17.2	18.2	6.3	9.9	7.7	12.2	18.2	21.7
W01	スリップ，つまづき及びよろめきによる同一平面上での転倒	8.9	2.7	4.7	3.4	－	－	3.0	－	2.4	－	2.2
W10	階段及びステップからの転落及びその上での転倒	3.8	－	－	－	－	－	－	－	－	－	2.2
W13	建物又は建造物からの転落	3.4	－	6.3	10.3	18.2	6.3	4.3	7.7	7.3	18.2	17.4
(W65-W74)	不慮の溺死及び溺水	27.6	14.3	37.5	20.7	9.1	6.3	20.7	7.7	22.0	25.0	17.4
W65	浴槽内での溺死及び溺水	25.1	11.6	25.0	13.8	－	－	14.2	5.1	22.0	22.7	15.2
W66	浴槽への転落による溺死及び溺水	0.5	2.7	10.9	－	－	－	4.3	－	－	－	1.1
(W75-W84)	その他の不慮の窒息	32.2	78.6	37.5	34.5	9.1	18.8	54.3	25.6	19.5	22.7	16.3
W78	胃内容物の誤えん	5.1	21.4	3.1	6.9	9.1	－	12.5	5.1	9.8	11.4	7.6
W79	気道閉塞を生じた食物の誤えん	21.7	13.4	15.6	6.9	－	6.3	12.1	5.1	2.4	9.1	3.3
W80	気道閉塞を生じたその他の物体の誤えん	2.1	4.5	4.7	3.4	－	6.3	4.3	5.1	－	2.3	1.1
(X00-X09)	煙、火及び火炎への曝露	10.7	－	7.8	27.6	63.6	68.8	13.4	56.4	31.7	11.4	9.8
X00	建物又は建造物内の管理されていない火への曝露	9.5	－	7.8	27.6	63.6	68.8	13.4	53.8	31.7	11.4	9.8
(X05-X06)	夜着，その他の着衣及び衣服の発火又は溶解への曝露	0.7	－	－	－	－	－	－	－	－	－	－
(X10-X19)	熱及び高温物質との接触	0.8	－	－	－	－	－	－	2.6	2.4	－	－
X11	蛇口からの熱湯との接触	0.7	－	－	－	－	－	－	2.6	－	－	－
(X40-X49)	有害物質による不慮の中毒及び有害物質への曝露	3.5	－	－	－	－	－	－	－	－	18.2	28.3
X47	その他のガス及び蒸気による不慮の中毒及び曝露	0.9	－	－	－	－	－	－	－	－	11.4	5.4
X48	農薬による不慮の中毒及び曝露	0.6	－	－	－	－	－	－	－	－	－	1.1
	男 Male											
(W00-X59)	総数	100.0	100.0	100.0	100.0	100.0	100.0	100.0	100.0	100.0	100.0	100.0
(W00-W17)	転倒・転落	22.6	9.0	18.4	17.4	28.6	10.0	13.8	9.1	9.5	26.3	27.5
W01	スリップ，つまづき及びよろめきによる同一平面上での転倒	9.1	4.5	5.3	4.3	－	－	4.1	－	－	－	2.0
W10	階段及びステップからの転落及びその上での転倒	4.3	－	－	－	－	－	－	－	－	－	2.0
W13	建物又は建造物からの転落	4.7	－	10.5	8.7	28.6	10.0	6.2	9.1	4.8	26.3	23.5
(W65-W74)	不慮の溺死及び溺水	22.4	14.9	39.5	21.7	14.3	－	21.4	9.1	23.8	15.8	17.6
W65	浴槽内での溺死及び溺水	20.4	11.9	34.2	13.0	－	－	16.6	9.1	23.8	10.5	17.6
W66	浴槽への転落による溺死及び溺水	0.4	3.0	5.3	－	－	－	2.8	－	－	－	－
(W75-W84)	その他の不慮の窒息	32.9	74.6	36.8	34.8	14.3	20.0	51.7	27.3	38.1	21.1	17.6
W78	胃内容物の誤えん	4.7	22.4	2.6	8.7	14.3	－	13.1	9.1	19.0	21.1	7.8
W79	気道閉塞を生じた食物の誤えん	23.2	16.4	15.8	8.7	－	10.0	13.8	4.5	4.8	－	2.0
W80	気道閉塞を生じたその他の物体の誤えん	2.2	4.5	2.6	4.3	－	10.0	4.1	－	－	－	2.0
(X00-X09)	煙、火及び火炎への曝露	11.0	－	2.6	26.1	42.9	70.0	11.7	54.5	19.0	5.3	3.9
X00	建物又は建造物内の管理されていない火への曝露	9.9	－	2.6	26.1	42.9	70.0	11.7	50.0	19.0	5.3	3.9
(X05-X06)	夜着，その他の着衣及び衣服の発火又は溶解への曝露	0.6	－	－	－	－	－	－	－	－	－	－
(X10-X19)	熱及び高温物質との接触	0.9	－	－	－	－	－	－	－	－	－	－
X11	蛇口からの熱湯との接触	0.8	－	－	－	－	－	－	－	－	－	－
(X40-X49)	有害物質による不慮の中毒及び有害物質への曝露	3.7	－	－	－	－	－	－	－	－	26.3	23.5
X47	その他のガス及び蒸気による不慮の中毒及び曝露	1.1	－	－	－	－	－	－	－	－	10.5	7.8
X48	農薬による不慮の中毒及び曝露	0.6	－	－	－	－	－	－	－	－	－	2.0
	女 Female											
(W00-X59)	総数	100.0	100.0	100.0	100.0	100.0	100.0	100.0	100.0	100.0	100.0	100.0
(W00-W17)	転倒・転落	15.9	－	7.7	16.7	－	－	3.4	5.9	15.0	12.0	14.6
W01	スリップ，つまづき及びよろめきによる同一平面上での転倒	8.7	－	3.8	－	－	－	1.1	－	5.0	－	2.4
W10	階段及びステップからの転落及びその上での転倒	3.3	－	－	－	－	－	－	－	－	－	2.4
W13	建物又は建造物からの転落	1.9	－	－	16.7	－	－	1.1	5.9	10.0	12.0	9.8
(W65-W74)	不慮の溺死及び溺水	34.2	13.3	34.6	16.7	－	16.7	19.5	5.9	20.0	32.0	17.1
W65	浴槽内での溺死及び溺水	31.1	11.1	11.5	16.7	－	－	10.3	－	20.0	32.0	12.2
W66	浴槽への転落による溺死及び溺水	0.7	2.2	19.2	－	－	－	6.9	－	－	－	2.4
(W75-W84)	その他の不慮の窒息	31.3	84.4	38.5	33.3	－	16.7	58.6	23.5	－	24.0	14.6
W78	胃内容物の誤えん	5.6	20.0	3.8	－	－	－	11.5	－	－	4.0	7.3
W79	気道閉塞を生じた食物の誤えん	19.8	8.9	15.4	－	－	－	9.2	5.9	－	16.0	4.9
W80	気道閉塞を生じたその他の物体の誤えん	2.1	4.4	7.7	－	－	－	4.6	11.8	－	4.0	－
(X00-X09)	煙、火及び火炎への曝露	10.4	－	15.4	33.3	100.0	66.7	16.1	58.8	45.0	16.0	17.1
X00	建物又は建造物内の管理されていない火への曝露	9.0	－	15.4	33.3	100.0	66.7	16.1	58.8	45.0	16.0	17.1
(X05-X06)	夜着，その他の着衣及び衣服の発火又は溶解への曝露	0.9	－	－	－	－	－	－	－	－	－	－
(X10-X19)	熱及び高温物質との接触	0.7	－	－	－	－	－	－	5.9	5.0	－	－
X11	蛇口からの熱湯との接触	0.6	－	－	－	－	－	－	5.9	－	－	－
(X40-X49)	有害物質による不慮の中毒及び有害物質への曝露	3.3	－	－	－	－	－	－	－	－	12.0	34.1
X47	その他のガス及び蒸気による不慮の中毒及び曝露	0.5	－	－	－	－	－	－	－	－	12.0	2.4
X48	農薬による不慮の中毒及び曝露	0.5	－	－	－	－	－	－	－	－	－	－

種類別家庭における不慮の事故死亡数・百分率　－平成７～20年－
age (five-year age group) and type of major accident, 1995-2008

平成16年
2004

25～29	30～34	35～39	40～44	45～49	50～54	55～59	60～64	65～69	70～74	75～79	80～84	85～89	90～94	95～99	100～	不詳 Not stated
100.0	100.0	100.0	100.0	100.0	100.0	100.0	100.0	100.0	100.0	100.0	100.0	100.0	100.0	100.0	100.0	100.0
24.5	19.7	13.3	22.4	17.9	20.3	23.7	23.9	22.7	21.2	19.1	17.1	18.7	20.0	19.4	27.3	62.5
1.8	3.3	1.9	4.0	5.4	6.1	6.6	8.0	8.6	9.6	8.7	9.3	12.0	13.1	11.3	18.2	–
5.5	2.6	1.9	2.9	4.5	5.2	8.5	8.1	5.3	3.4	3.8	3.2	2.1	3.1	4.5	–	–
13.6	12.5	8.9	14.9	6.7	7.1	6.2	4.0	4.6	3.2	1.9	1.4	1.4	0.7	1.4	3.0	62.5
7.3	9.9	7.0	10.9	12.6	15.2	16.5	22.8	29.3	30.6	34.8	36.2	29.2	23.6	16.7	15.2	–
7.3	9.9	7.0	10.3	12.6	14.2	15.7	20.7	27.2	27.6	31.7	32.9	26.8	21.0	14.4	12.1	–
–	–	–	–	–	–	0.2	0.6	0.4	0.6	0.7	0.4	0.4	0.2	0.9	–	–
12.7	13.8	18.4	16.7	21.1	21.3	22.1	23.4	28.2	29.9	31.9	33.3	39.9	45.9	55.4	57.6	–
3.6	7.2	6.3	9.8	5.4	5.8	4.8	4.3	4.0	3.2	4.5	4.1	5.9	6.7	7.2	3.0	–
4.5	3.3	8.9	2.9	12.1	12.3	13.7	16.1	19.4	22.2	22.7	24.6	28.2	31.4	40.1	45.5	–
0.9	1.3	1.3	0.6	1.3	1.6	0.6	1.6	2.4	2.6	2.0	2.0	2.6	3.0	1.8	3.0	–
19.1	17.1	20.9	20.1	24.2	22.3	15.7	18.2	11.5	10.1	8.3	7.6	7.6	4.9	3.2	–	25.0
15.5	16.4	19.0	18.4	22.0	20.3	15.3	15.9	10.2	8.8	7.1	6.5	6.3	3.9	2.7	–	25.0
–	–	–	–	1.3	0.6	0.2	0.8	0.8	0.9	0.7	0.8	1.0	0.7	0.5	–	–
–	0.7	0.6	0.6	–	1.6	0.6	0.8	0.2	0.9	0.6	1.3	1.0	1.6	–	–	–
–	0.7	–	–	–	1.0	0.6	0.8	0.2	0.8	0.5	1.0	0.8	1.5	–	–	–
34.5	31.6	29.7	21.3	13.9	7.4	7.6	2.9	2.0	1.2	1.2	0.8	0.6	0.3	0.5	–	–
7.3	6.6	3.8	4.6	3.6	2.3	1.8	1.0	0.8	0.3	0.4	0.3	0.1	–	–	–	–
–	0.7	1.3	1.7	1.8	1.0	1.2	0.6	0.6	0.7	0.7	0.3	0.3	0.1	–	–	–
100.0	100.0	100.0	100.0	100.0	100.0	100.0	100.0	100.0	100.0	100.0	100.0	100.0	100.0	100.0	100.0	100.0
24.2	19.8	17.0	27.3	23.9	21.4	27.2	26.0	26.4	25.7	22.8	20.3	18.2	18.5	18.7	27.3	66.7
–	4.2	2.1	4.1	6.3	5.9	6.3	8.8	8.9	11.4	9.8	9.7	11.5	12.4	10.7	9.1	–
3.2	4.2	2.1	4.1	7.0	4.5	10.9	7.4	5.5	3.9	4.0	3.5	1.9	2.5	4.0	–	–
16.1	10.4	11.7	18.2	8.5	8.2	6.9	5.2	6.4	4.1	2.7	2.0	1.2	0.6	1.3	9.1	66.7
6.5	10.4	4.3	9.1	5.6	10.9	13.2	20.2	25.0	24.1	27.1	25.9	29.0	24.2	14.7	9.1	–
6.5	10.4	4.3	8.3	5.6	10.0	12.3	18.1	22.5	21.7	24.7	23.7	26.8	22.2	13.3	9.1	–
–	–	–	–	–	–	–	0.7	0.5	0.3	0.5	0.3	0.3	–	–	–	–
16.1	13.5	23.4	14.9	20.4	21.8	19.8	19.0	27.5	31.5	36.0	41.1	41.9	46.6	57.3	63.6	–
3.2	6.3	8.5	9.1	4.2	6.4	4.6	4.0	3.4	3.1	4.4	3.1	5.2	4.2	9.3	9.1	–
8.1	4.2	9.6	2.5	11.3	11.4	12.0	13.1	20.0	23.7	27.1	33.3	31.7	34.0	40.0	54.5	–
–	1.0	2.1	–	1.4	1.8	0.9	0.7	2.1	3.3	2.1	2.4	1.9	3.9	2.7	–	–
11.3	18.8	17.0	21.5	22.5	24.1	15.2	20.0	12.0	10.0	8.2	6.8	6.1	4.2	4.0	–	16.7
8.1	17.7	14.9	19.0	21.1	22.3	14.9	18.6	10.4	8.8	7.0	6.3	5.1	3.7	2.7	–	16.7
–	–	–	–	1.4	0.5	–	0.5	1.1	0.6	0.6	0.3	0.9	0.6	1.3	–	–
–	1.0	–	0.8	–	1.8	0.6	1.2	0.4	0.7	0.5	1.7	1.0	2.5	–	–	–
–	1.0	–	–	–	1.4	0.6	1.2	0.4	0.7	0.4	1.6	0.7	2.2	–	–	–
40.3	29.2	25.5	15.7	15.5	5.5	7.2	3.1	2.1	1.1	1.1	0.7	0.9	0.3	1.3	–	–
9.7	6.3	3.2	5.8	4.9	2.3	2.6	1.4	1.1	0.3	0.4	0.1	0.3	–	–	–	–
–	1.0	–	1.7	2.1	0.9	1.7	0.7	0.5	0.7	0.6	0.2	0.3	0.3	–	–	–
100.0	100.0	100.0	100.0	100.0	100.0	100.0	100.0	100.0	100.0	100.0	100.0	100.0	100.0	100.0	100.0	100.0
25.0	19.6	7.8	11.3	7.4	17.8	15.6	19.7	15.3	13.1	13.8	14.3	19.0	21.0	19.7	27.3	50.0
4.2	1.8	1.6	3.8	3.7	6.7	7.1	6.3	8.0	6.3	7.2	9.0	12.5	13.7	11.6	22.7	–
8.3	–	1.6	–	–	6.7	3.2	9.6	4.9	2.5	3.6	3.0	2.1	3.6	4.8	–	–
10.4	16.1	4.7	7.5	3.7	4.4	4.5	1.4	1.0	1.6	0.9	0.8	1.5	0.8	1.4	–	50.0
8.3	8.9	10.9	15.1	24.7	25.6	24.0	27.9	37.6	42.1	45.5	45.4	29.3	23.2	17.7	18.2	–
8.3	8.9	10.9	15.1	24.7	24.4	23.4	26.0	36.2	38.2	41.5	41.1	26.8	20.2	15.0	13.6	–
–	–	–	–	–	–	0.6	0.5	–	1.0	0.9	0.4	0.5	0.4	1.4	–	–
8.3	14.3	10.9	20.8	22.2	20.0	27.3	32.2	29.6	27.2	26.0	26.4	38.3	45.3	54.4	54.5	–
4.2	8.9	3.1	11.3	7.4	4.4	5.2	4.8	5.2	3.5	4.6	4.9	6.4	8.5	6.1	–	–
–	1.8	7.8	3.8	13.6	14.4	17.5	22.1	18.1	19.6	16.7	16.9	25.2	29.5	40.1	40.9	–
2.1	1.8	–	1.9	1.2	1.1	–	3.4	2.8	1.2	1.8	1.6	3.1	2.4	1.4	4.5	–
29.2	14.3	26.6	17.0	27.2	17.8	16.9	14.4	10.5	10.2	8.3	8.2	8.8	5.3	2.7	–	50.0
25.0	14.3	25.0	17.0	23.5	15.6	16.2	10.6	9.8	8.8	7.2	6.7	7.3	4.2	2.7	–	50.0
–	–	–	–	1.2	1.1	0.6	1.4	0.3	1.4	0.8	1.2	1.1	0.8	–	–	–
–	–	1.6	–	–	1.1	0.6	–	–	1.2	0.8	0.8	0.9	1.0	–	–	–
–	–	–	–	–	–	0.6	–	–	1.0	0.6	0.5	0.8	1.0	–	–	–
27.1	35.7	35.9	34.0	11.1	12.2	8.4	2.4	1.7	1.2	1.4	0.8	0.4	0.4	–	–	–
4.2	7.1	4.7	1.9	1.2	2.2	–	–	0.3	0.2	0.5	0.4	–	–	–	–	–
–	–	3.1	1.9	1.2	1.1	–	0.5	0.7	0.8	0.8	0.4	0.4	–	–	–	–

第6表　年次・性・年齢階級（5歳階級）・主な不慮の事故の

Table 6. Trends in accidental deaths at home and percentage by sex,

百分率

Percentage

死因基本分類コード Detailed list of ICD-10 code	死因・性 Causes of death and sex	総数 Total	0歳 Years	1	2	3	4	0～4	5～9	10～14	15～19	20～24
	総数 Total											
(W00-X59)	総数	100.0	100.0	100.0	100.0	100.0	100.0	100.0	100.0	100.0	100.0	100.0
(W00-W17)	転倒・転落	19.0	2.9	12.7	26.1	20.0	5.0	8.6	6.5	17.5	21.7	29.9
W01	スリップ，つまづき及びよろめきによる同一平面上での転倒	8.9	−	−	4.3	−	−	0.4	−	−	1.7	−
W10	階段及びステップからの転落及びその上での転倒	3.8	0.7	−	−	−	−	0.4	−	2.5	−	1.1
W13	建物又は建造物からの転落	3.2	−	7.3	8.7	20.0	5.0	4.3	6.5	15.0	20.0	27.6
(W65-W74)	不慮の溺死及び溺水	28.9	5.1	40.0	4.3	10.0	15.0	13.7	13.0	30.0	20.0	10.3
W65	浴槽内での溺死及び溺水	25.7	4.3	30.9	4.3	10.0	10.0	10.9	10.9	27.5	18.3	9.2
W66	浴槽への転落による溺死及び溺水	0.4	0.7	3.6	−	−	−	1.2	−	−	−	−
(W75-W84)	その他の不慮の窒息	31.4	86.2	32.7	21.7	25.0	20.0	59.0	23.9	20.0	23.3	10.3
W78	胃内容物の誤えん	5.0	21.0	16.4	−	5.0	10.0	16.0	6.5	−	8.3	5.7
W79	気道閉塞を生じた食物の誤えん	21.1	15.2	3.6	13.0	5.0	5.0	10.9	4.3	12.5	6.7	3.4
W80	気道閉塞を生じたその他の物体の誤えん	1.7	2.2	1.8	−	−	5.0	2.0	2.2	−	1.7	1.1
(X00-X09)	煙、火及び火炎への曝露	10.9	4.3	9.1	47.8	45.0	55.0	16.4	47.8	32.5	20.0	14.9
X00	建物又は建造物内の管理されていない火への曝露	9.4	4.3	9.1	47.8	45.0	55.0	16.4	45.7	32.5	16.7	13.8
(X05-X06)	夜着，その他の着衣及び衣服の発火又は溶解への曝露	0.8	−	−	−	−	−	−	2.2	−	−	−
(X10-X19)	熱及び高温物質との接触	1.1	−	1.8	−	−	−	0.4	4.3	−	−	−
X11	蛇口からの熱湯との接触	0.9	−	1.8	−	−	−	0.4	2.2	−	−	−
(X40-X49)	有害物質による不慮の中毒及び有害物質への曝露	3.4	−	−	−	−	−	−	−	−	11.7	32.2
X47	その他のガス及び蒸気による不慮の中毒及び曝露	0.9	−	−	−	−	−	−	−	−	5.0	5.7
X48	農薬による不慮の中毒及び曝露	0.6	−	−	−	−	−	−	−	−	−	−
	男 Male											
(W00-X59)	総数	100.0	100.0	100.0	100.0	100.0	100.0	100.0	100.0	100.0	100.0	100.0
(W00-W17)	転倒・転落	21.8	2.6	6.1	15.4	15.4	−	5.4	10.0	30.4	28.1	38.0
W01	スリップ，つまづき及びよろめきによる同一平面上での転倒	9.2	−	−	−	−	−	−	−	−	3.1	−
W10	階段及びステップからの転落及びその上での転倒	4.1	1.3	−	−	−	−	0.7	−	4.3	−	2.0
W13	建物又は建造物からの転落	4.2	−	3.0	7.7	15.4	−	2.7	10.0	26.1	25.0	36.0
(W65-W74)	不慮の溺死及び溺水	23.5	3.9	54.5	7.7	7.7	9.1	16.3	13.3	21.7	15.6	6.0
W65	浴槽内での溺死及び溺水	20.9	2.6	42.4	7.7	7.7	9.1	12.9	10.0	17.4	12.5	6.0
W66	浴槽への転落による溺死及び溺水	0.3	1.3	3.0	−	−	−	1.4	−	−	−	−
(W75-W84)	その他の不慮の窒息	32.3	87.0	27.3	23.1	23.1	27.3	57.8	30.0	26.1	28.1	8.0
W78	胃内容物の誤えん	4.9	23.4	12.1	−	−	18.2	16.3	10.0	−	9.4	4.0
W79	気道閉塞を生じた食物の誤えん	22.1	18.2	3.0	15.4	−	9.1	12.2	−	13.0	12.5	2.0
W80	気道閉塞を生じたその他の物体の誤えん	1.8	2.6	3.0	−	−	−	2.0	3.3	−	−	2.0
(X00-X09)	煙、火及び火炎への曝露	11.6	3.9	9.1	53.8	53.8	54.5	17.7	40.0	21.7	15.6	20.0
X00	建物又は建造物内の管理されていない火への曝露	10.1	3.9	9.1	53.8	53.8	54.5	17.7	40.0	21.7	12.5	18.0
(X05-X06)	夜着，その他の着衣及び衣服の発火又は溶解への曝露	0.7	−	−	−	−	−	−	−	−	−	−
(X10-X19)	熱及び高温物質との接触	1.2	−	−	−	−	−	−	3.3	−	−	−
X11	蛇口からの熱湯との接触	1.1	−	−	−	−	−	−	3.3	−	−	−
(X40-X49)	有害物質による不慮の中毒及び有害物質への曝露	3.6	−	−	−	−	−	−	−	−	9.4	24.0
X47	その他のガス及び蒸気による不慮の中毒及び曝露	1.2	−	−	−	−	−	−	−	−	9.4	4.0
X48	農薬による不慮の中毒及び曝露	0.7	−	−	−	−	−	−	−	−	−	−
	女 Female											
(W00-X59)	総数	100.0	100.0	100.0	100.0	100.0	100.0	100.0	100.0	100.0	100.0	100.0
(W00-W17)	転倒・転落	15.4	3.3	22.7	40.0	28.6	11.1	12.8	−	−	14.3	18.9
W01	スリップ，つまづき及びよろめきによる同一平面上での転倒	8.5	−	−	10.0	−	−	0.9	−	−	−	−
W10	階段及びステップからの転落及びその上での転倒	3.4	−	−	−	−	−	−	−	−	−	−
W13	建物又は建造物からの転落	1.9	−	13.6	10.0	28.6	11.1	6.4	−	−	14.3	16.2
(W65-W74)	不慮の溺死及び溺水	35.6	6.6	18.2	−	14.3	22.2	10.1	12.5	41.2	25.0	16.2
W65	浴槽内での溺死及び溺水	31.6	6.6	13.6	−	14.3	11.1	8.3	12.5	41.2	25.0	13.5
W66	浴槽への転落による溺死及び溺水	0.6	−	4.5	−	−	−	0.9	−	−	−	−
(W75-W84)	その他の不慮の窒息	30.2	85.2	40.9	20.0	28.6	11.1	60.6	12.5	11.8	17.9	13.5
W78	胃内容物の誤えん	5.2	18.0	22.7	−	14.3	−	15.6	−	−	7.1	8.1
W79	気道閉塞を生じた食物の誤えん	20.0	11.5	4.5	10.0	14.3	−	9.2	12.5	11.8	−	5.4
W80	気道閉塞を生じたその他の物体の誤えん	1.6	1.6	−	−	−	11.1	1.8	−	−	3.6	−
(X00-X09)	煙、火及び火炎への曝露	10.1	4.9	9.1	40.0	28.6	55.6	14.7	62.5	47.1	25.0	8.1
X00	建物又は建造物内の管理されていない火への曝露	8.6	4.9	9.1	40.0	28.6	55.6	14.7	56.3	47.1	21.4	8.1
(X05-X06)	夜着，その他の着衣及び衣服の発火又は溶解への曝露	0.9	−	−	−	−	−	−	6.3	−	−	−
(X10-X19)	熱及び高温物質との接触	0.9	−	4.5	−	−	−	0.9	6.3	−	−	−
X11	蛇口からの熱湯との接触	0.8	−	4.5	−	−	−	0.9	−	−	−	−
(X40-X49)	有害物質による不慮の中毒及び有害物質への曝露	3.3	−	−	−	−	−	−	−	−	14.3	43.2
X47	その他のガス及び蒸気による不慮の中毒及び曝露	0.6	−	−	−	−	−	−	−	−	−	8.1
X48	農薬による不慮の中毒及び曝露	0.6	−	−	−	−	−	−	−	−	−	−

種類別家庭における不慮の事故死亡数・百分率　－平成７～20年－

age (five-year age group) and type of major accident, 1995-2008

平成17年
2005

25～29	30～34	35～39	40～44	45～49	50～54	55～59	60～64	65～69	70～74	75～79	80～84	85～89	90～94	95～99	100～	不詳 Not stated
100.0	100.0	100.0	100.0	100.0	100.0	100.0	100.0	100.0	100.0	100.0	100.0	100.0	100.0	100.0	100.0	100.0
16.8	19.9	14.3	19.7	19.5	21.9	21.7	23.8	22.4	20.2	18.0	16.7	17.2	19.3	24.1	15.2	－
0.8	1.9	2.5	3.6	6.2	6.9	8.3	7.3	9.0	8.7	8.5	9.4	11.6	13.0	17.6	8.7	－
－	3.2	3.1	3.1	3.3	6.4	5.9	7.7	5.3	4.0	3.7	3.7	2.5	2.6	3.1	2.2	－
15.2	14.1	7.5	10.4	8.3	6.4	4.4	5.2	4.2	3.2	1.5	0.8	1.1	1.4	0.3	2.2	－
8.8	12.8	6.8	10.9	10.8	14.1	16.6	22.1	27.7	36.0	37.6	38.3	30.2	23.7	16.9	10.9	－
8.0	11.5	5.0	9.8	9.1	13.3	14.9	19.2	25.5	32.3	33.3	34.1	26.3	21.3	15.9	8.7	－
－	－	0.6	－	－	0.3	0.7	0.8	0.3	0.4	0.6	0.4	0.4	0.3	－	2.2	－
16.8	18.6	19.9	21.2	19.5	22.9	21.0	24.5	28.3	27.3	29.6	31.4	38.6	45.7	49.8	67.4	－
6.4	6.4	9.3	7.8	3.3	3.2	4.2	3.2	4.2	4.4	3.3	4.6	6.1	6.6	7.8	15.2	－
3.2	3.8	6.2	10.9	13.3	15.2	12.2	16.8	20.1	19.4	21.7	22.7	28.1	32.6	31.9	34.8	－
1.6	1.3	1.2	1.0	1.7	1.1	1.2	1.4	1.2	1.0	2.1	2.0	1.8	2.1	4.4	4.3	－
18.4	16.0	25.5	16.1	29.5	20.0	20.3	15.0	11.0	8.7	8.4	7.7	8.9	5.1	4.1	4.3	100.0
16.8	14.7	23.6	13.5	27.0	17.6	18.1	13.6	9.6	7.5	6.9	6.3	7.3	3.9	3.4	4.3	100.0
1.6	－	－	1.6	0.8	0.5	0.8	0.6	0.6	0.5	0.7	0.9	1.3	0.7	0.3	－	－
0.8	－	－	0.5	0.8	0.8	1.0	0.4	1.2	0.8	1.0	1.4	1.8	1.3	1.0	－	－
0.8	－	－	0.5	0.8	0.5	0.7	0.4	1.1	0.7	0.9	1.2	1.6	1.1	0.7	－	－
34.4	25.6	26.1	21.2	11.2	8.3	6.9	3.8	1.9	1.8	1.1	1.1	0.5	0.9	0.7	－	－
8.8	6.4	5.0	4.7	3.3	3.5	3.2	1.0	0.3	0.7	0.3	0.2	0.1	0.1	0.3	－	－
1.6	－	1.2	2.6	0.8	1.1	1.5	0.8	0.8	0.7	0.5	0.7	0.3	0.5	－	－	－
100.0	100.0	100.0	100.0	100.0	100.0	100.0	100.0	100.0	100.0	100.0	100.0	100.0	100.0	100.0	100.0	100.0
22.4	23.3	15.7	22.4	20.5	24.2	22.3	26.1	26.1	25.2	20.9	18.1	19.5	20.8	26.7	25.0	－
1.5	3.3	2.0	4.0	6.6	6.8	8.5	8.2	10.3	10.5	8.7	9.3	12.4	14.3	21.0	8.3	－
－	3.3	3.9	4.0	4.0	8.3	6.6	6.7	5.4	4.6	3.9	3.7	2.5	1.9	1.0	－	－
19.4	15.6	9.8	10.4	7.3	6.8	3.9	6.3	5.4	4.3	2.1	1.1	1.5	1.7	1.0	8.3	－
7.5	8.9	8.8	11.2	7.9	11.0	15.0	20.8	23.0	27.7	29.2	30.7	25.9	20.5	22.9	25.0	－
6.0	8.9	5.9	9.6	6.6	10.6	13.6	18.0	21.8	25.1	25.7	27.2	21.9	18.4	22.9	25.0	－
－	－	1.0	－	－	－	0.7	0.6	－	0.4	0.3	0.1	0.5	－	－	－	－
10.4	18.9	19.6	20.8	17.9	21.6	18.2	22.4	27.2	30.1	34.9	39.2	41.1	47.5	40.0	41.7	－
4.5	5.6	7.8	8.0	3.3	3.8	3.9	3.1	3.9	4.5	3.9	5.3	5.6	6.9	5.7	－	－
－	3.3	6.9	11.2	10.6	12.1	10.4	15.9	19.3	21.8	26.2	28.7	31.2	34.1	22.9	33.3	－
－	1.1	1.0	0.8	2.6	1.1	0.7	1.4	1.1	1.5	2.5	2.1	1.3	2.9	6.7	－	－
20.9	13.3	23.5	13.6	31.1	20.1	22.3	16.1	11.5	8.8	8.4	6.7	8.7	5.7	4.8	－	100.0
19.4	11.1	20.6	11.2	29.1	17.4	19.9	14.5	10.3	7.6	6.7	5.5	7.3	4.5	2.9	－	100.0
1.5	－	－	1.6	0.7	0.8	0.7	0.6	0.3	0.5	0.6	0.8	0.9	0.7	1.0	－	－
－	－	－	0.8	1.3	0.4	1.0	0.4	1.5	0.7	1.0	1.7	2.8	1.9	1.0	－	－
－	－	－	0.8	1.3	0.4	0.7	0.4	1.3	0.5	0.9	1.5	2.4	1.7	1.0	－	－
34.3	26.7	21.6	22.4	9.9	8.7	6.8	3.1	1.6	2.1	1.1	0.8	0.1	1.0	1.0	－	－
11.9	7.8	4.9	5.6	4.6	3.8	4.1	1.4	0.3	0.7	0.3	－	－	－	1.0	－	－
3.0	－	－	3.2	0.7	1.5	1.0	1.0	0.8	0.8	0.5	0.7	0.1	0.5	－	－	－
100.0	100.0	100.0	100.0	100.0	100.0	100.0	100.0	100.0	100.0	100.0	100.0	100.0	100.0	100.0	100.0	100.0
10.3	15.2	11.9	14.7	17.8	16.2	20.1	18.8	15.5	11.9	13.9	15.4	15.5	18.3	22.6	11.8	－
－	－	3.4	2.9	5.6	7.2	7.8	5.4	6.3	5.8	8.2	9.5	11.0	12.1	15.8	8.8	－
－	3.0	1.7	1.5	2.2	1.8	4.5	9.8	5.0	2.9	3.4	3.7	2.4	3.1	4.2	2.9	－
10.3	12.1	3.4	10.3	10.0	5.4	5.6	2.7	1.9	1.4	0.6	0.5	0.7	1.2	－	－	－
10.3	18.2	3.4	10.3	15.6	21.6	20.1	25.0	36.9	49.5	49.4	45.0	33.7	26.0	13.7	5.9	－
10.3	15.2	3.4	10.3	13.3	19.8	17.9	21.9	32.5	43.9	43.9	40.2	29.8	23.4	12.1	2.9	－
－	－	－	－	－	0.9	0.6	1.3	0.9	0.3	0.9	0.7	0.3	0.5	－	2.9	－
24.1	18.2	20.3	22.1	22.2	26.1	27.4	29.0	30.3	22.7	22.1	24.4	36.7	44.5	55.3	76.5	－
8.6	7.6	11.9	7.4	3.3	1.8	5.0	3.6	4.7	4.3	2.6	4.0	6.5	6.4	8.9	20.6	－
6.9	4.5	5.1	10.3	17.8	22.5	16.2	18.8	21.5	15.5	15.5	17.3	25.6	31.6	36.8	35.3	－
3.4	1.5	1.7	1.5	－	0.9	2.2	1.3	1.3	0.3	1.5	1.9	2.2	1.6	3.2	5.9	－
15.5	19.7	28.8	20.6	26.7	19.8	15.6	12.5	10.1	8.7	8.6	8.6	9.1	4.7	3.7	5.9	100.0
13.8	19.7	28.8	17.6	23.3	18.0	14.0	11.6	8.2	7.3	7.2	7.0	7.2	3.4	3.7	5.9	100.0
1.7	－	－	1.5	1.1	－	1.1	0.4	1.3	0.5	0.8	1.0	1.6	0.7	－	－	－
1.7	－	－	－	－	1.8	1.1	0.4	0.6	1.0	0.9	1.2	1.1	0.9	1.1	－	－
1.7	－	－	－	－	0.9	0.6	0.4	0.6	1.0	0.9	0.9	1.0	0.7	0.5	－	－
34.5	24.2	33.9	19.1	13.3	7.2	7.3	5.4	2.5	1.2	1.1	1.3	0.8	0.9	0.5	－	－
5.2	4.5	5.1	2.9	1.1	2.7	1.1	－	0.3	0.7	0.2	0.4	0.1	0.2	－	－	－
－	－	3.4	1.5	1.1	－	2.8	0.4	0.6	0.5	0.6	0.6	0.4	0.5	－	－	－

第６表　年次・性・年齢階級（５歳階級）・主な不慮の事故の

Table 6. Trends in accidental deaths at home and percentage by sex,

百分率

Percentage

死因基本分類コード Detailed list of ICD-10 code	死因・性 Causes of death and sex	総数 Total	0歳 Years	1	2	3	4	0～4	5～9	10～14	15～19	20～24
	総数 Total											
(W00-X59)	総数	100.0	100.0	100.0	100.0	100.0	100.0	100.0	100.0	100.0	100.0	100.0
(W00-W17)	転倒・転落	18.6	2.6	13.0	15.4	20.0	8.3	7.9	17.6	12.1	36.2	27.7
W01	スリップ，つまづき及びよろめきによる同一平面上での転倒	8.5	0.9	6.5	3.8	－	－	2.3	－	－	－	1.2
W10	階段及びステップからの転落及びその上での転倒	3.6	－	4.3	－	－	－	0.9	－	－	－	1.2
W13	建物又は建造物からの転落	3.4	－	2.2	7.7	13.3	8.3	2.8	14.7	9.1	31.9	24.1
(W65-W74)	不慮の溺死及び溺水	29.9	7.8	45.7	7.7	13.3	8.3	16.3	14.7	30.3	21.3	7.2
W65	浴槽内での溺死及び溺水	27.3	6.0	34.8	7.7	13.3	8.3	13.0	14.7	30.3	21.3	7.2
W66	浴槽への転落による溺死及び溺水	0.4	0.9	6.5	－	－	－	1.9	－	－	－	－
(W75-W84)	その他の不慮の窒息	31.0	83.6	30.4	38.5	20.0	33.3	59.5	11.8	6.1	14.9	16.9
W78	胃内容物の誤えん	5.3	17.2	2.2	7.7	6.7	8.3	11.6	2.9	－	2.1	8.4
W79	気道閉塞を生じた食物の誤えん	20.5	11.2	6.5	23.1	6.7	25.0	12.1	－	－	－	2.4
W80	気道閉塞を生じたその他の物体の誤えん	1.8	3.4	6.5	－	－	－	3.3	2.9	－	6.4	1.2
(X00-X09)	煙、火及び火炎への曝露	10.9	1.7	10.9	23.1	33.3	41.7	10.7	50.0	45.5	12.8	19.3
X00	建物又は建造物内の管理されていない火への曝露	9.6	1.7	10.9	23.1	33.3	41.7	10.7	50.0	42.4	12.8	16.9
(X05-X06)	夜着，その他の着衣及び衣服の発火又は溶解への曝露	0.5	－	－	－	－	－	－	－	3.0	－	－
(X10-X19)	熱及び高温物質との接触	1.1	－	－	3.8	－	－	0.5	－	－	－	－
X11	蛇口からの熱湯との接触	0.9	－	－	3.8	－	－	0.5	－	－	－	－
(X40-X49)	有害物質による不慮の中毒及び有害物質への曝露	3.7	－	－	－	13.3	－	0.9	2.9	6.1	10.6	25.3
X47	その他のガス及び蒸気による不慮の中毒及び曝露	0.7	－	－	－	6.7	－	0.5	－	3.0	－	3.6
X48	農薬による不慮の中毒及び曝露	0.7	－	－	－	－	－	－	－	－	－	－
	男 Male											
(W00-X59)	総数	100.0	100.0	100.0	100.0	100.0	100.0	100.0	100.0	100.0	100.0	100.0
(W00-W17)	転倒・転落	21.4	1.5	11.1	14.3	14.3	－	5.3	16.7	11.8	34.6	28.6
W01	スリップ，つまづき及びよろめきによる同一平面上での転倒	8.5	1.5	3.7	14.3	－	－	2.7	－	－	－	2.0
W10	階段及びステップからの転落及びその上での転倒	4.4	－	7.4	－	－	－	1.8	－	－	－	－
W13	建物又は建造物からの転落	4.1	－	－	－	14.3	－	0.9	16.7	11.8	34.6	26.5
(W65-W74)	不慮の溺死及び溺水	23.9	6.1	44.4	14.3	－	16.7	15.9	22.2	29.4	23.1	6.1
W65	浴槽内での溺死及び溺水	22.0	4.5	33.3	14.3	－	16.7	12.4	22.2	29.4	23.1	6.1
W66	浴槽への転落による溺死及び溺水	0.3	1.5	3.7	－	－	－	1.8	－	－	－	－
(W75-W84)	その他の不慮の窒息	32.0	83.3	33.3	42.9	28.6	50.0	63.7	11.1	5.9	15.4	18.4
W78	胃内容物の誤えん	5.3	21.2	3.7	14.3	14.3	16.7	15.9	5.6	－	－	10.2
W79	気道閉塞を生じた食物の誤えん	21.6	10.6	11.1	14.3	－	33.3	11.5	－	－	－	2.0
W80	気道閉塞を生じたその他の物体の誤えん	2.0	3.0	3.7	－	－	－	2.7	5.6	－	7.7	－
(X00-X09)	煙、火及び火炎への曝露	12.1	3.0	11.1	28.6	42.9	33.3	10.6	50.0	47.1	11.5	22.4
X00	建物又は建造物内の管理されていない火への曝露	10.8	3.0	11.1	28.6	42.9	33.3	10.6	50.0	41.2	11.5	18.4
(X05-X06)	夜着，その他の着衣及び衣服の発火又は溶解への曝露	0.6	－	－	－	－	－	－	－	5.9	－	－
(X10-X19)	熱及び高温物質との接触	1.2	－	－	－	－	－	－	－	－	－	－
X11	蛇口からの熱湯との接触	1.0	－	－	－	－	－	－	－	－	－	－
(X40-X49)	有害物質による不慮の中毒及び有害物質への曝露	3.8	－	－	－	14.3	－	0.9	－	5.9	7.7	20.4
X47	その他のガス及び蒸気による不慮の中毒及び曝露	1.0	－	－	－	－	－	－	－	－	－	4.1
X48	農薬による不慮の中毒及び曝露	0.7	－	－	－	－	－	－	－	－	－	－
	女 Female											
(W00-X59)	総数	100.0	100.0	100.0	100.0	100.0	100.0	100.0	100.0	100.0	100.0	100.0
(W00-W17)	転倒・転落	15.1	4.0	15.8	15.8	25.0	16.7	10.8	18.8	12.5	38.1	26.5
W01	スリップ，つまづき及びよろめきによる同一平面上での転倒	8.5	－	10.5	－	－	－	2.0	－	－	－	－
W10	階段及びステップからの転落及びその上での転倒	2.6	－	－	－	－	－	－	－	－	－	2.9
W13	建物又は建造物からの転落	2.5	－	5.3	10.5	12.5	16.7	4.9	12.5	6.3	28.6	20.6
(W65-W74)	不慮の溺死及び溺水	37.2	10.0	47.4	5.3	25.0	－	16.7	6.3	31.3	19.0	8.8
W65	浴槽内での溺死及び溺水	33.8	8.0	36.8	5.3	25.0	－	13.7	6.3	31.3	19.0	8.8
W66	浴槽への転落による溺死及び溺水	0.6	－	10.5	－	－	－	2.0	－	－	－	－
(W75-W84)	その他の不慮の窒息	29.8	84.0	26.3	36.8	12.5	16.7	54.9	12.5	6.3	14.3	14.7
W78	胃内容物の誤えん	5.3	12.0	－	5.3	－	－	6.9	－	－	4.8	5.9
W79	気道閉塞を生じた食物の誤えん	19.2	12.0	－	26.3	12.5	16.7	12.7	－	－	－	2.9
W80	気道閉塞を生じたその他の物体の誤えん	1.6	4.0	10.5	－	－	－	3.9	－	－	4.8	2.9
(X00-X09)	煙、火及び火炎への曝露	9.3	－	10.5	21.1	25.0	50.0	10.8	50.0	43.8	14.3	14.7
X00	建物又は建造物内の管理されていない火への曝露	8.2	－	10.5	21.1	25.0	50.0	10.8	50.0	43.8	14.3	14.7
(X05-X06)	夜着，その他の着衣及び衣服の発火又は溶解への曝露	0.4	－	－	－	－	－	－	－	－	－	－
(X10-X19)	熱及び高温物質との接触	0.9	－	－	5.3	－	－	1.0	－	－	－	－
X11	蛇口からの熱湯との接触	0.8	－	－	5.3	－	－	1.0	－	－	－	－
(X40-X49)	有害物質による不慮の中毒及び有害物質への曝露	3.5	－	－	－	12.5	－	1.0	6.3	6.3	14.3	32.4
X47	その他のガス及び蒸気による不慮の中毒及び曝露	0.4	－	－	－	12.5	－	1.0	－	6.3	－	2.9
X48	農薬による不慮の中毒及び曝露	0.8	－	－	－	－	－	－	－	－	－	－

種類別家庭における不慮の事故死亡数・百分率 －平成７～20年－
age (five-year age group) and type of major accident, 1995-2008

平成18年 2006 25～29	30～34	35～39	40～44	45～49	50～54	55～59	60～64	65～69	70～74	75～79	80～84	85～89	90～94	95～99	100～	不詳 Not stated
100.0	100.0	100.0	100.0	100.0	100.0	100.0	100.0	100.0	100.0	100.0	100.0	100.0	100.0	100.0	100.0	100.0
17.9	14.5	17.7	19.4	22.2	20.2	23.5	22.1	19.8	20.1	17.4	16.1	17.4	19.0	23.3	30.6	50.0
2.6	1.5	2.5	6.8	6.8	6.4	6.5	7.5	7.5	7.1	8.6	8.8	11.1	12.6	17.1	27.8	-
0.9	-	2.5	2.6	5.8	4.9	5.6	6.7	4.7	5.2	3.4	2.7	2.5	2.6	3.5	-	-
13.7	12.2	11.4	7.9	8.2	6.4	8.1	4.1	3.1	3.4	1.8	1.8	1.4	1.0	0.8	-	50.0
6.8	12.2	6.3	9.4	11.1	11.7	16.7	21.6	30.0	36.4	39.5	36.5	34.0	24.7	15.9	2.8	-
6.0	12.2	5.7	8.9	9.7	11.3	15.6	20.0	28.2	32.4	36.0	33.1	31.3	22.5	14.3	2.8	-
-	-	0.6	-	-	0.3	0.4	0.3	0.5	0.3	0.7	0.4	0.4	0.3	0.4	-	-
23.9	16.0	19.0	18.3	20.3	19.3	26.0	27.8	26.7	25.5	28.9	32.4	37.1	43.9	50.8	33.9	-
17.1	8.4	8.9	5.2	5.8	3.1	5.9	4.3	4.1	4.5	4.2	4.5	6.1	6.9	8.5	8.3	-
1.7	3.1	5.1	11.0	9.7	11.0	15.6	18.9	17.9	18.0	20.6	23.1	26.3	31.3	32.9	41.7	-
0.9	0.8	0.6	-	0.5	1.5	1.8	1.7	1.4	1.1	1.7	2.1	1.6	2.7	5.0	11.1	-
19.7	20.6	21.5	22.0	22.2	23.9	17.0	16.4	13.5	9.7	7.9	8.5	6.7	7.1	3.1	2.8	50.0
17.9	14.5	20.3	21.5	21.7	22.1	15.4	15.6	12.3	8.3	6.8	7.1	5.7	5.9	2.3	-	50.0
0.9	2.3	0.6	-	0.5	0.3	0.4	0.5	0.4	0.6	0.4	0.5	0.6	0.3	0.8	-	-
0.9	0.8	0.6	0.5	1.0	1.8	0.5	0.5	0.7	1.5	0.8	1.4	1.1	1.3	1.6	-	-
0.9	0.8	0.6	0.5	1.0	0.9	0.5	0.3	0.7	1.1	0.6	1.4	1.0	1.1	1.6	-	-
27.4	30.5	26.6	22.0	16.4	10.4	5.9	3.8	3.6	2.3	1.0	1.1	0.8	0.7	1.2	-	-
3.4	5.3	3.8	2.6	3.4	2.1	2.2	1.0	1.2	0.6	0.3	0.1	-	0.1	-	-	-
-	0.8	0.6	2.1	1.9	1.5	0.7	1.4	1.0	1.2	0.2	0.7	0.4	0.5	1.2	-	-
100.0	100.0	100.0	100.0	100.0	100.0	100.0	100.0	100.0	100.0	100.0	100.0	100.0	100.0	100.0	100.0	100.0
16.7	11.0	14.7	18.4	25.2	22.0	25.7	27.8	23.8	23.9	21.0	19.8	19.1	18.2	23.5	18.2	50.0
1.5	1.4	3.2	5.6	7.9	6.0	5.9	8.6	8.7	7.4	9.6	9.4	10.9	11.6	17.6	18.2	-
1.5	-	3.2	3.2	6.5	6.0	5.9	8.4	5.9	6.4	3.8	3.4	2.3	2.9	3.5	-	-
13.6	9.6	7.4	7.2	8.6	6.9	9.2	5.3	3.6	4.3	2.4	2.3	2.3	1.0	1.2	-	50.0
4.5	11.0	5.3	6.4	7.2	10.1	15.7	18.2	24.7	29.3	30.9	28.3	26.9	22.5	15.3	-	-
4.5	11.0	4.2	5.6	5.8	9.6	15.1	16.7	23.3	26.0	28.2	26.1	24.6	21.5	12.9	-	-
-	-	1.1	-	-	0.5	-	0.2	0.2	0.2	0.7	0.4	0.1	-	-	-	-
25.8	20.5	16.8	19.2	15.1	18.3	22.7	23.2	23.8	27.9	33.7	37.0	44.0	45.3	48.2	72.7	-
19.7	9.6	10.5	6.4	5.0	3.7	6.2	3.6	3.0	4.1	4.2	5.0	7.1	5.1	9.4	-	-
3.0	4.1	2.1	10.4	5.8	9.6	11.9	16.0	16.9	20.8	25.1	26.6	32.0	33.7	30.6	54.5	-
-	1.4	-	-	-	1.4	2.2	1.7	1.4	1.5	1.7	2.8	1.6	4.4	5.9	18.2	-
25.8	19.2	23.2	24.8	25.2	23.4	17.6	17.7	16.2	10.6	8.2	8.4	6.4	7.7	5.9	9.1	50.0
24.2	11.0	21.1	24.0	25.2	21.1	15.9	16.7	14.9	8.9	6.9	7.2	5.1	7.3	4.7	-	50.0
1.5	2.7	1.1	-	-	0.5	0.5	0.7	0.5	0.7	0.6	0.6	0.6	-	1.2	-	-
-	1.4	1.1	0.8	0.7	1.4	0.3	0.7	0.7	1.8	0.8	1.7	1.1	1.9	2.4	-	-
-	1.4	1.1	0.8	0.7	0.9	0.3	0.5	0.7	1.4	0.6	1.7	1.0	1.7	2.4	-	-
24.2	30.1	29.5	18.4	18.0	8.3	5.4	4.3	3.7	2.1	1.1	1.1	0.6	0.7	1.2	-	-
4.5	9.6	6.3	4.0	4.3	2.3	2.7	1.0	1.2	0.6	0.3	0.1	-	-	-	-	-
-	-	-	1.6	2.2	1.4	0.5	1.4	0.9	1.1	0.2	0.8	0.4	0.5	1.2	-	-
100.0	100.0	100.0	100.0	100.0	100.0	100.0	100.0	100.0	100.0	100.0	100.0	100.0	100.0	100.0	100.0	-
19.6	19.0	22.2	21.2	16.2	16.7	19.1	10.9	13.3	13.4	12.5	12.3	16.0	19.6	23.1	36.0	-
3.9	1.7	1.6	9.1	4.4	7.4	7.4	5.2	5.5	6.7	7.3	8.2	11.2	13.4	16.8	32.0	-
-	-	1.6	1.5	4.4	2.8	4.8	3.3	2.9	3.3	2.8	2.0	2.7	2.4	3.5	-	-
13.7	15.5	17.5	9.1	7.4	5.6	5.9	1.9	2.3	1.9	1.0	1.3	0.7	1.1	0.6	-	-
9.8	13.8	7.9	15.2	19.1	14.8	18.6	28.4	38.6	48.6	51.2	44.9	39.9	26.4	16.2	4.0	-
7.8	13.8	7.9	15.2	17.6	14.8	16.5	26.5	36.3	43.4	46.6	40.2	36.8	23.3	15.0	4.0	-
-	-	-	-	-	-	1.1	0.5	1.2	0.6	0.7	0.5	0.7	0.6	0.6	-	-
21.6	10.3	22.2	16.7	30.9	21.3	32.4	37.0	31.4	21.4	22.5	27.8	31.5	42.9	52.0	60.0	-
13.7	6.9	6.3	3.0	7.4	1.9	5.3	5.7	5.8	5.4	4.1	4.0	5.2	8.3	8.1	12.0	-
-	1.7	9.5	12.1	17.6	13.9	22.9	24.6	19.6	13.2	14.5	19.6	21.7	29.5	34.1	36.0	-
2.0	-	1.6	-	1.5	1.9	1.1	1.9	1.4	0.4	1.7	1.5	1.6	1.5	4.6	8.0	-
11.8	22.4	19.0	16.7	16.2	25.0	16.0	13.7	9.2	8.0	7.5	8.5	7.0	6.6	1.7	-	-
9.8	19.0	19.0	16.7	14.7	24.1	14.4	13.3	8.1	7.1	6.8	7.0	6.1	5.0	1.2	-	-
-	1.7	-	-	1.5	-	-	-	0.3	0.6	0.2	0.4	0.7	0.6	0.6	-	-
2.0	-	-	-	1.5	2.8	1.1	-	0.6	1.0	0.8	1.1	1.2	0.7	1.2	-	-
2.0	-	-	-	1.5	0.9	1.1	-	0.6	0.6	0.7	1.1	1.0	0.7	1.2	-	-
31.4	31.0	22.2	28.8	13.2	14.8	6.9	2.8	3.5	2.7	0.9	1.0	1.0	0.7	1.2	-	-
2.0	-	-	-	1.5	1.9	1.1	0.9	1.2	0.8	0.3	0.1	-	0.2	-	-	-
-	1.7	1.6	3.0	1.5	1.9	1.1	1.4	1.2	1.3	0.3	0.6	0.5	0.6	1.2	-	-

第6表　年次・性・年齢階級（5歳階級）・主な不慮の事故の

Table 6. Trends in accidental deaths at home and percentage by sex,

百分率

Percentage

死因基本分類コード Detailed list of ICD-10 code	死因・性 Causes of death and sex	総数 Total	0歳 Years	1	2	3	4	0～4	5～9	10～14	15～19	20～24
	総数 Total											
(W00-X59)	総数	100.0	100.0	100.0	100.0	100.0	100.0	100.0	100.0	100.0	100.0	100.0
(W00-W17)	転倒・転落	19.5	2.8	3.4	22.7	23.5	33.3	9.1	3.3	24.3	17.4	25.3
W01	スリップ，つまづき及びよろめきによる同一平面上での転倒	9.4	-	-	9.1	5.9	-	1.6	-	-	-	1.1
W10	階段及びステップからの転落及びその上での転倒	3.5	0.9	3.4	-	-	-	1.1	3.3	-	-	1.1
W13	建物又は建造物からの転落	3.2	-	-	13.6	17.6	33.3	5.4	-	24.3	15.2	22.0
(W65-W74)	不慮の溺死及び溺水	28.7	8.5	44.8	22.7	11.8	8.3	16.1	10.0	8.1	32.6	14.3
W65	浴槽内での溺死及び溺水	26.2	6.6	31.0	18.2	5.9	8.3	11.8	10.0	8.1	30.4	13.2
W66	浴槽への転落による溺死及び溺水	0.4	1.9	6.9	-	-	-	2.2	-	-	2.2	-
(W75-W84)	その他の不慮の窒息	30.3	80.2	41.4	31.8	23.5	25.0	59.7	30.0	13.5	8.7	20.9
W78	胃内容物の誤えん	4.7	16.0	13.8	4.5	-	8.3	12.4	6.7	5.4	6.5	8.8
W79	気道閉塞を生じた食物の誤えん	20.3	10.4	6.9	27.3	17.6	-	11.8	23.3	2.7	-	1.1
W80	気道閉塞を生じたその他の物体の誤えん	2.1	3.8	10.3	-	5.9	8.3	4.8	-	2.7	2.2	3.3
(X00-X09)	煙、火及び火炎への曝露	9.9	6.6	3.4	18.2	35.3	33.3	11.8	53.3	48.6	23.9	8.8
X00	建物又は建造物内の管理されていない火への曝露	8.9	6.6	3.4	18.2	29.4	33.3	11.3	50.0	48.6	23.9	8.8
(X05-X06)	夜着，その他の着衣及び衣服の発火又は溶解への曝露	0.5	-	-	-	-	-	-	-	-	-	-
(X10-X19)	熱及び高温物質との接触	0.9	-	-	-	-	-	-	-	-	-	-
X11	蛇口からの熱湯との接触	0.8	-	-	-	-	-	-	-	-	-	-
(X40-X49)	有害物質による不慮の中毒及び有害物質への曝露	3.9	-	-	-	-	-	-	3.3	2.7	17.4	22.0
X47	その他のガス及び蒸気による不慮の中毒及び曝露	0.8	-	-	-	-	-	-	3.3	2.7	6.5	2.2
X48	農薬による不慮の中毒及び曝露	0.7	-	-	-	-	-	-	-	-	-	-
	男 Male											
(W00-X59)	総数	100.0	100.0	100.0	100.0	100.0	100.0	100.0	100.0	100.0	100.0	100.0
(W00-W17)	転倒・転落	21.6	4.8	-	28.6	27.3	30.0	11.2	-	20.8	20.7	29.8
W01	スリップ，つまづき及びよろめきによる同一平面上での転倒	9.4	-	-	14.3	9.1	-	2.6	-	-	-	2.1
W10	階段及びステップからの転落及びその上での転倒	4.0	1.6	-	-	-	-	0.9	-	-	-	-
W13	建物又は建造物からの転落	3.7	-	-	14.3	18.2	30.0	6.0	-	20.8	17.2	25.5
(W65-W74)	不慮の溺死及び溺水	24.1	6.3	44.4	28.6	18.2	-	15.5	-	-	24.1	8.5
W65	浴槽内での溺死及び溺水	21.9	3.2	33.3	21.4	9.1	-	10.3	-	-	24.1	8.5
W66	浴槽への転落による溺死及び溺水	0.4	3.2	5.6	-	-	-	2.6	-	-	-	-
(W75-W84)	その他の不慮の窒息	31.0	81.0	50.0	28.6	18.2	30.0	59.5	40.0	12.5	10.3	25.5
W78	胃内容物の誤えん	4.5	17.5	11.1	7.1	-	10.0	12.9	6.7	4.2	6.9	8.5
W79	気道閉塞を生じた食物の誤えん	21.0	6.3	11.1	21.4	9.1	-	8.6	33.3	4.2	-	2.1
W80	気道閉塞を生じたその他の物体の誤えん	2.3	3.2	16.7	-	9.1	10.0	6.0	-	4.2	3.4	6.4
(X00-X09)	煙、火及び火炎への曝露	11.2	4.8	-	14.3	27.3	40.0	10.3	60.0	58.3	24.1	10.6
X00	建物又は建造物内の管理されていない火への曝露	10.1	4.8	-	14.3	27.3	40.0	10.3	53.3	58.3	24.1	10.6
(X05-X06)	夜着，その他の着衣及び衣服の発火又は溶解への曝露	0.6	-	-	-	-	-	-	-	-	-	-
(X10-X19)	熱及び高温物質との接触	1.0	-	-	-	-	-	-	-	-	-	-
X11	蛇口からの熱湯との接触	0.8	-	-	-	-	-	-	-	-	-	-
(X40-X49)	有害物質による不慮の中毒及び有害物質への曝露	4.3	-	-	-	-	-	-	-	4.2	20.7	17.0
X47	その他のガス及び蒸気による不慮の中毒及び曝露	1.2	-	-	-	-	-	-	-	4.2	10.3	2.1
X48	農薬による不慮の中毒及び曝露	0.8	-	-	-	-	-	-	-	-	-	-
	女 Female											
(W00-X59)	総数	100.0	100.0	100.0	100.0	100.0	100.0	100.0	100.0	100.0	100.0	100.0
(W00-W17)	転倒・転落	17.0	-	9.1	12.5	16.7	50.0	5.7	6.7	30.8	11.8	20.5
W01	スリップ，つまづき及びよろめきによる同一平面上での転倒	9.4	-	-	-	-	-	-	-	-	-	-
W10	階段及びステップからの転落及びその上での転倒	2.8	-	9.1	-	-	-	1.4	6.7	-	-	2.3
W13	建物又は建造物からの転落	2.7	-	-	12.5	16.7	50.0	4.3	-	30.8	11.8	18.2
(W65-W74)	不慮の溺死及び溺水	34.2	11.6	45.5	12.5	-	50.0	17.1	20.0	23.1	47.1	20.5
W65	浴槽内での溺死及び溺水	31.3	11.6	27.3	12.5	-	50.0	14.3	20.0	23.1	41.2	18.2
W66	浴槽への転落による溺死及び溺水	0.5	-	9.1	-	-	-	1.4	-	-	5.9	-
(W75-W84)	その他の不慮の窒息	29.5	79.1	27.3	37.5	33.3	-	60.0	20.0	15.4	5.9	15.9
W78	胃内容物の誤えん	5.0	14.0	18.2	-	-	-	11.4	6.7	7.7	5.9	9.1
W79	気道閉塞を生じた食物の誤えん	19.4	16.3	-	37.5	33.3	-	17.1	13.3	-	-	-
W80	気道閉塞を生じたその他の物体の誤えん	1.8	4.7	-	-	-	-	2.9	-	-	-	-
(X00-X09)	煙、火及び火炎への曝露	8.4	9.3	9.1	25.0	50.0	-	14.3	46.7	30.8	23.5	6.8
X00	建物又は建造物内の管理されていない火への曝露	7.6	9.3	9.1	25.0	33.3	-	12.9	46.7	30.8	23.5	6.8
(X05-X06)	夜着，その他の着衣及び衣服の発火又は溶解への曝露	0.5	-	-	-	-	-	-	-	-	-	-
(X10-X19)	熱及び高温物質との接触	0.9	-	-	-	-	-	-	-	-	-	-
X11	蛇口からの熱湯との接触	0.8	-	-	-	-	-	-	-	-	-	-
(X40-X49)	有害物質による不慮の中毒及び有害物質への曝露	3.5	-	-	-	-	-	-	6.7	-	11.8	27.3
X47	その他のガス及び蒸気による不慮の中毒及び曝露	0.4	-	-	-	-	-	-	6.7	-	-	2.3
X48	農薬による不慮の中毒及び曝露	0.6	-	-	-	-	-	-	-	-	-	-

種類別家庭における不慮の事故死亡数・百分率　－平成７～20年－
age (five-year age group) and type of major accident, 1995-2008

平成19年
2007

25～29	30～34	35～39	40～44	45～49	50～54	55～59	60～64	65～69	70～74	75～79	80～84	85～89	90～94	95～99	100～	不詳 Not stated
100.0	100.0	100.0	100.0	100.0	100.0	100.0	100.0	100.0	100.0	100.0	100.0	100.0	100.0	100.0	100.0	100.0
17.4	21.1	20.6	23.1	19.5	19.5	21.6	25.6	22.7	19.4	19.8	15.2	19.5	21.6	19.0	17.1	-
-	1.4	2.9	3.8	5.4	5.8	8.5	10.9	9.2	8.3	9.7	9.3	12.5	13.7	13.7	14.6	-
1.8	4.1	3.4	2.4	4.2	3.9	5.7	6.3	5.4	4.0	3.8	2.1	3.1	2.7	1.6	2.4	-
14.7	15.0	12.0	14.4	8.0	6.6	4.0	4.6	3.9	2.0	1.9	1.2	1.5	1.8	0.7	-	-
11.0	6.8	9.7	9.6	11.5	14.4	15.0	20.7	29.8	35.4	37.8	36.4	31.0	22.5	12.7	7.3	-
11.0	6.8	7.4	9.1	11.5	13.2	13.4	17.6	27.1	32.4	34.6	33.6	28.5	20.6	9.5	7.3	-
-	-	0.6	-	-	0.4	0.6	0.2	0.6	0.4	0.5	0.6	0.2	0.2	0.3	-	-
18.3	22.4	16.0	21.6	17.2	20.6	22.3	23.6	25.6	25.9	26.2	32.4	36.2	44.6	55.2	68.3	-
10.1	8.8	4.6	7.7	6.1	6.2	3.6	4.1	2.4	3.2	3.6	4.0	5.2	7.7	8.2	14.6	-
2.8	5.4	8.0	8.7	8.0	10.9	12.9	14.7	19.3	19.3	18.2	23.8	25.5	30.2	39.9	46.3	-
1.8	2.7	1.1	1.9	0.4	0.8	1.7	1.7	1.6	1.5	2.0	2.1	2.4	3.4	2.6	4.9	-
13.8	12.2	16.0	18.8	22.2	23.0	20.8	16.6	9.8	8.9	7.3	7.7	6.3	5.2	3.9	7.3	80.0
11.9	12.2	14.3	17.8	19.5	21.4	19.1	15.5	9.4	7.8	6.4	7.0	5.3	4.2	2.3	7.3	80.0
-	-	-	-	1.1	0.4	0.8	0.6	0.2	0.6	0.5	0.5	0.7	0.7	1.6	-	-
-	0.7	-	-	0.8	-	0.2	0.8	1.2	1.0	1.2	0.9	1.2	0.9	2.0	-	-
-	0.7	-	-	0.8	-	0.2	0.8	1.0	0.8	1.2	0.8	1.1	0.6	1.3	-	-
37.6	31.3	28.6	19.7	18.4	10.9	6.8	4.0	3.1	2.3	1.6	1.2	0.7	0.8	-	-	-
5.5	2.7	2.3	2.4	3.4	2.3	2.1	1.7	0.7	0.6	0.6	0.3	0.1	0.2	-	-	-
0.9	0.7	2.3	1.0	0.8	1.6	1.1	0.3	1.2	1.1	0.7	0.6	0.5	0.3	-	-	-
100.0	100.0	100.0	100.0	100.0	100.0	100.0	100.0	100.0	100.0	100.0	100.0	100.0	100.0	100.0	100.0	100.0
18.4	19.5	19.4	19.8	20.8	20.0	21.9	27.6	27.4	22.9	22.8	17.1	20.7	20.9	17.7	23.1	-
-	2.4	4.1	1.5	5.2	6.1	8.3	10.7	10.3	8.5	10.7	9.9	12.2	12.8	12.5	23.1	-
4.1	4.9	4.1	2.3	4.0	4.8	6.8	6.7	6.4	4.8	3.7	2.1	4.1	2.3	2.1	-	-
14.3	11.0	9.2	13.7	8.7	5.5	3.4	5.3	4.9	2.7	2.3	1.2	2.1	2.0	-	-	-
6.1	6.1	8.2	10.7	9.2	12.7	14.8	19.7	25.7	29.7	29.6	29.2	26.1	21.9	20.8	-	-
6.1	6.1	7.1	9.9	9.2	12.7	13.4	16.2	23.9	26.8	27.3	26.9	23.6	20.4	13.5	-	-
-	-	-	-	-	-	0.3	0.2	0.3	0.5	0.4	0.6	0.3	-	1.0	-	-
16.3	22.0	17.3	22.9	13.9	20.0	19.7	19.5	24.9	27.1	31.8	39.0	38.9	43.9	45.8	61.5	-
8.2	9.8	4.1	8.4	5.2	6.1	4.3	3.7	2.7	3.1	3.6	4.8	4.0	7.9	6.3	-	-
2.0	4.9	9.2	7.6	6.4	10.3	9.1	12.3	18.5	20.8	22.4	29.4	30.0	28.8	36.5	46.2	-
4.1	3.7	2.0	2.3	0.6	0.6	2.0	1.6	1.7	1.5	2.7	2.6	2.0	3.8	1.0	15.4	-
16.3	11.0	18.4	19.8	22.0	22.4	23.4	17.6	9.7	9.3	7.5	7.4	7.8	7.9	5.2	15.4	80.0
12.2	11.0	17.3	19.8	20.2	21.8	21.4	16.9	9.4	8.0	6.3	6.6	6.4	5.6	3.1	15.4	80.0
-	-	-	-	0.6	-	0.6	0.5	-	0.8	0.5	0.6	0.9	1.5	2.1	-	-
-	-	-	-	1.2	-	0.3	0.5	1.5	1.0	1.0	0.9	1.3	1.5	6.3	-	-
-	-	-	-	1.2	-	0.3	0.5	1.2	0.8	0.9	0.7	1.1	1.3	4.2	-	-
40.8	34.1	25.5	16.8	20.8	10.9	6.3	4.9	2.9	2.6	1.6	1.6	0.9	0.3	-	-	-
12.2	4.9	3.1	3.1	4.6	2.4	2.6	2.3	0.9	0.8	0.5	0.4	-	0.3	-	-	-
2.0	-	4.1	1.5	1.2	1.8	0.9	0.2	0.8	1.3	0.6	0.8	0.9	-	-	-	-
100.0	100.0	100.0	100.0	100.0	100.0	100.0	100.0	100.0	100.0	100.0	100.0	100.0	100.0	100.0	100.0	-
16.7	23.1	22.1	28.6	17.0	18.5	20.9	21.7	13.4	14.3	15.8	13.2	18.6	22.0	19.5	14.3	-
-	-	1.3	7.8	5.7	5.4	9.0	11.3	7.0	7.9	8.4	8.6	12.7	14.3	14.3	10.7	-
-	3.1	2.6	2.6	4.5	2.2	3.4	5.4	3.4	2.8	3.8	2.2	2.3	3.0	1.4	3.6	-
15.0	20.0	15.6	15.6	6.8	8.7	5.1	3.2	1.8	1.0	1.5	1.3	1.1	1.7	1.0	-	-
15.0	7.7	11.7	7.8	15.9	17.4	15.3	22.6	38.1	44.0	48.2	43.9	34.6	22.9	9.0	10.7	-
15.0	7.7	7.8	7.8	15.9	14.1	13.6	20.4	33.5	40.7	44.0	40.6	32.1	20.7	7.6	10.7	-
-	-	1.3	-	-	1.1	1.1	-	1.2	0.3	0.7	0.6	0.2	0.3	-	-	-
20.0	23.1	14.3	19.5	23.9	21.7	27.7	31.7	26.8	24.1	19.1	25.4	34.2	45.0	59.5	71.4	-
11.7	7.7	5.2	6.5	8.0	6.5	2.3	5.0	1.8	3.3	3.5	3.2	6.1	7.6	9.0	21.4	-
3.3	6.2	6.5	10.4	11.4	12.0	20.3	19.5	20.7	17.2	12.8	18.0	22.1	31.1	41.4	46.4	-
-	1.5	-	1.3	-	1.1	1.1	1.8	1.5	1.4	1.0	1.5	2.7	3.2	3.3	-	-
11.7	13.8	13.0	16.9	22.7	23.9	15.8	14.5	10.1	8.3	7.0	8.0	5.2	3.4	3.3	3.6	-
11.7	13.8	10.4	14.3	18.2	20.7	14.7	12.7	9.5	7.6	6.6	7.4	4.5	3.2	1.9	3.6	-
-	-	-	-	2.3	1.1	1.1	0.9	0.6	0.3	0.5	0.5	0.5	0.2	1.4	-	-
-	1.5	-	-	-	-	-	1.4	0.6	0.9	1.6	1.0	1.1	0.5	-	-	-
-	1.5	-	-	-	-	-	1.4	0.6	0.9	1.6	0.8	1.1	0.2	-	-	-
35.0	27.7	32.5	24.7	13.6	10.9	7.9	2.3	3.7	1.9	1.6	0.7	0.6	1.2	-	-	-
-	-	1.3	1.3	1.1	2.2	1.1	0.5	0.3	0.3	0.7	0.1	0.2	0.2	-	-	-
-	1.5	-	-	-	1.1	1.7	0.5	2.1	0.9	0.8	0.4	0.3	0.5	-	-	-

第6表　年次・性・年齢階級（5歳階級）・主な不慮の事故の

Table 6. Trends in accidental deaths at home and percentage by sex,

百分率

Percentage

死因基本分類コード Detailed list of ICD-10 code	死因・性 Causes of death and sex	総数 Total	0歳 Years	1	2	3	4	0～4	5～9	10～14	15～19	20～24
	総数 Total											
(W00-X59)	総数	100.0	100.0	100.0	100.0	100.0	100.0	100.0	100.0	100.0	100.0	100.0
(W00-W17)	転倒・転落	19.3	1.8	9.5	20.0	15.4	33.3	7.7	−	8.8	17.3	21.0
W01	スリップ，つまづき及びよろめきによる同一平面上での転倒	9.7	0.9	2.4	−	−	−	1.0	−	−	−	−
W10	階段及びステップからの転落及びその上での転倒	3.8	−	−	−	−	16.7	1.0	−	−	1.9	3.8
W13	建物又は建造物からの転落	2.9	−	7.1	13.3	7.7	16.7	4.1	−	8.8	15.4	15.2
(W65-W74)	不慮の溺死及び溺水	30.8	9.8	47.6	20.0	23.1	8.3	19.6	14.3	20.6	21.2	18.1
W65	浴槽内での溺死及び溺水	28.1	7.1	35.7	20.0	15.4	8.3	14.9	14.3	20.6	21.2	16.2
W66	浴槽への転落による溺死及び溺水	0.5	0.9	11.9	−	−	−	3.1	−	−	−	−
(W75-W84)	その他の不慮の窒息	30.2	83.0	33.3	26.7	38.5	33.3	61.9	14.3	23.5	21.2	13.3
W78	胃内容物の誤えん	4.5	22.3	4.8	6.7	15.4	8.3	16.0	3.6	2.9	7.7	5.7
W79	気道閉塞を生じた食物の誤えん	20.7	15.2	16.7	6.7	7.7	16.7	14.4	−	2.9	−	1.9
W80	気道閉塞を生じたその他の物体の誤えん	1.7	3.6	2.4	−	−	−	2.6	3.6	8.8	5.8	1.0
(X00-X09)	煙、火及び火炎への曝露	9.4	1.8	4.8	20.0	7.7	16.7	5.2	64.3	47.1	19.2	7.6
X00	建物又は建造物内の管理されていない火への曝露	8.2	1.8	4.8	20.0	7.7	16.7	5.2	64.3	47.1	19.2	6.7
(X05-X06)	夜着，その他の着衣及び衣服の発火又は溶解への曝露	0.6	−	−	−	−	−	−	−	−	−	−
(X10-X19)	熱及び高温物質との接触	0.8	−	2.4	6.7	7.7	−	1.5	−	−	−	−
X11	蛇口からの熱湯との接触	0.7	−	2.4	6.7	7.7	−	1.5	−	−	−	−
(X40-X49)	有害物質による不慮の中毒及び有害物質への曝露	3.9	−	−	−	7.7	−	0.5	−	−	21.2	37.1
X47	その他のガス及び蒸気による不慮の中毒及び曝露	1.0	−	−	−	−	−	−	−	−	9.6	11.4
X48	農薬による不慮の中毒及び曝露	0.6	−	−	−	−	−	−	−	−	−	−
	男 Male											
(W00-X59)	総数	100.0	100.0	100.0	100.0	100.0	100.0	100.0	100.0	100.0	100.0	100.0
(W00-W17)	転倒・転落	22.6	1.6	3.6	16.7	11.1	33.3	5.4	−	9.1	20.7	27.0
W01	スリップ，つまづき及びよろめきによる同一平面上での転倒	10.2	1.6	−	−	−	−	0.9	−	−	−	−
W10	階段及びステップからの転落及びその上での転倒	4.5	−	−	−	−	16.7	0.9	−	−	3.4	4.8
W13	建物又は建造物からの転落	3.6	−	3.6	−	−	16.7	1.8	−	9.1	17.2	22.2
(W65-W74)	不慮の溺死及び溺水	25.3	4.8	53.6	−	22.2	16.7	18.8	17.6	22.7	10.3	14.3
W65	浴槽内での溺死及び溺水	23.0	4.8	35.7	−	11.1	16.7	13.4	17.6	22.7	10.3	12.7
W66	浴槽への転落による溺死及び溺水	0.5	−	17.9	−	−	−	4.5	−	−	−	−
(W75-W84)	その他の不慮の窒息	30.9	92.1	32.1	33.3	44.4	33.3	67.0	17.6	27.3	27.6	17.5
W78	胃内容物の誤えん	4.4	23.8	3.6	16.7	22.2	16.7	17.9	5.9	4.5	10.3	7.9
W79	気道閉塞を生じた食物の誤えん	21.4	17.5	14.3	−	−	16.7	14.3	−	4.5	−	3.2
W80	気道閉塞を生じたその他の物体の誤えん	2.0	4.8	3.6	−	−	−	3.6	5.9	9.1	6.9	−
(X00-X09)	煙、火及び火炎への曝露	10.1	−	7.1	33.3	11.1	−	4.5	58.8	40.9	17.2	9.5
X00	建物又は建造物内の管理されていない火への曝露	9.0	−	7.1	33.3	11.1	−	4.5	58.8	40.9	17.2	7.9
(X05-X06)	夜着，その他の着衣及び衣服の発火又は溶解への曝露	0.5	−	−	−	−	−	−	−	−	−	−
(X10-X19)	熱及び高温物質との接触	0.9	−	3.6	−	11.1	−	1.8	−	−	−	−
X11	蛇口からの熱湯との接触	0.8	−	3.6	−	11.1	−	1.8	−	−	−	−
(X40-X49)	有害物質による不慮の中毒及び有害物質への曝露	4.2	−	−	−	−	−	−	−	−	24.1	30.2
X47	その他のガス及び蒸気による不慮の中毒及び曝露	1.4	−	−	−	−	−	−	−	−	6.9	12.7
X48	農薬による不慮の中毒及び曝露	0.6	−	−	−	−	−	−	−	−	−	−
	女 Female											
(W00-X59)	総数	100.0	100.0	100.0	100.0	100.0	100.0	100.0	100.0	100.0	100.0	100.0
(W00-W17)	転倒・転落	15.5	2.0	21.4	22.2	25.0	33.3	11.0	−	8.3	13.0	11.9
W01	スリップ，つまづき及びよろめきによる同一平面上での転倒	9.0	−	7.1	−	−	−	1.2	−	−	−	−
W10	階段及びステップからの転落及びその上での転倒	2.8	−	−	−	−	16.7	1.2	−	−	−	2.4
W13	建物又は建造物からの転落	2.1	−	14.3	22.2	25.0	16.7	7.3	−	8.3	13.0	4.8
(W65-W74)	不慮の溺死及び溺水	37.4	16.3	35.7	33.3	25.0	−	20.7	9.1	16.7	34.8	23.8
W65	浴槽内での溺死及び溺水	34.1	10.2	35.7	33.3	25.0	−	17.1	9.1	16.7	34.8	21.4
W66	浴槽への転落による溺死及び溺水	0.4	2.0	−	−	−	−	1.2	−	−	−	−
(W75-W84)	その他の不慮の窒息	29.3	71.4	35.7	22.2	25.0	33.3	54.9	9.1	16.7	13.0	7.1
W78	胃内容物の誤えん	4.6	20.4	7.1	−	−	−	13.4	−	−	4.3	2.4
W79	気道閉塞を生じた食物の誤えん	19.9	12.2	21.4	11.1	25.0	16.7	14.6	−	−	−	−
W80	気道閉塞を生じたその他の物体の誤えん	1.5	2.0	−	−	−	−	1.2	−	8.3	4.3	2.4
(X00-X09)	煙、火及び火炎への曝露	8.5	4.1	−	11.1	−	33.3	6.1	72.7	58.3	21.7	4.8
X00	建物又は建造物内の管理されていない火への曝露	7.3	4.1	−	11.1	−	33.3	6.1	72.7	58.3	21.7	4.8
(X05-X06)	夜着，その他の着衣及び衣服の発火又は溶解への曝露	0.7	−	−	−	−	−	−	−	−	−	−
(X10-X19)	熱及び高温物質との接触	0.7	−	−	11.1	−	−	1.2	−	−	−	−
X11	蛇口からの熱湯との接触	0.6	−	−	11.1	−	−	1.2	−	−	−	−
(X40-X49)	有害物質による不慮の中毒及び有害物質への曝露	3.6	−	−	−	25.0	−	1.2	−	−	17.4	47.6
X47	その他のガス及び蒸気による不慮の中毒及び曝露	0.5	−	−	−	−	−	−	−	−	13.0	9.5
X48	農薬による不慮の中毒及び曝露	0.6	−	−	−	−	−	−	−	−	−	−

種類別家庭における不慮の事故死亡数・百分率 －平成７～20年－
age (five-year age group) and type of major accident, 1995-2008

平成20年
2008

25～29	30～34	35～39	40～44	45～49	50～54	55～59	60～64	65～69	70～74	75～79	80～84	85～89	90～94	95～99	100～	不詳 Not stated
100.0	100.0	100.0	100.0	100.0	100.0	100.0	100.0	100.0	100.0	100.0	100.0	100.0	100.0	100.0	100.0	100.0
22.3	16.2	20.6	19.4	21.2	21.4	21.6	22.7	23.0	21.0	18.7	17.5	18.1	19.4	22.8	15.6	–
4.5	2.2	4.7	3.7	8.0	7.9	7.3	8.2	8.8	8.4	9.7	10.7	12.2	13.2	16.0	12.5	–
1.8	0.7	1.9	2.6	5.2	7.5	7.7	7.1	6.0	4.5	3.1	3.1	2.6	2.9	1.2	3.1	–
16.1	11.8	13.1	11.0	7.2	4.5	5.0	4.0	3.7	3.2	1.9	1.1	0.9	1.0	2.5	–	–
13.4	11.8	8.4	6.8	12.4	14.3	16.8	23.3	30.7	36.5	40.9	37.1	34.1	23.9	17.8	9.4	–
12.5	11.8	7.9	6.8	10.4	13.2	15.9	21.0	28.1	34.0	37.6	33.5	31.2	21.3	14.2	6.3	–
–	–	0.5	–	0.4	0.4	0.2	0.3	0.7	0.3	0.4	0.5	0.6	0.2	0.3	3.1	–
13.4	13.2	18.2	23.6	22.4	20.7	24.8	23.3	26.0	26.1	26.2	30.4	36.7	45.1	48.9	59.4	–
2.7	2.9	5.1	11.5	6.0	4.5	4.1	2.3	3.4	2.8	3.6	4.0	4.9	6.8	8.0	15.6	–
3.6	7.4	5.1	8.4	12.8	11.3	17.1	17.9	18.4	19.4	18.8	22.7	26.5	31.2	34.2	31.3	–
0.9	–	2.8	1.0	1.6	1.1	0.7	1.5	1.8	1.5	1.8	1.2	1.9	3.3	1.8	3.1	–
13.4	16.2	15.4	16.2	20.0	18.4	17.8	15.5	8.8	8.1	7.5	8.6	6.1	5.2	4.6	9.4	75.0
11.6	15.4	14.0	14.1	18.8	16.5	16.0	13.9	7.6	7.2	6.4	7.2	5.4	3.9	3.7	6.3	75.0
0.9	0.7	–	0.5	0.4	0.4	0.7	0.8	0.5	0.6	0.9	0.7	0.2	0.8	0.9	3.1	–
–	1.5	–	–	0.4	0.8	0.4	0.6	0.6	1.1	1.0	1.0	0.7	0.9	1.5	6.3	–
–	1.5	–	–	–	0.4	0.4	0.6	0.5	1.0	0.9	0.9	0.6	0.8	1.2	6.3	–
34.8	34.6	28.0	27.7	13.2	8.3	7.7	4.6	3.7	1.6	1.2	1.0	1.1	0.9	0.3	–	–
8.0	7.4	5.6	4.2	4.4	1.1	2.7	2.0	0.6	0.3	0.3	0.3	0.3	0.1	–	–	–
0.9	–	0.5	0.5	–	0.4	0.9	0.8	1.6	0.5	0.6	0.5	0.5	0.6	–	–	–
100.0	100.0	100.0	100.0	100.0	100.0	100.0	100.0	100.0	100.0	100.0	100.0	100.0	100.0	100.0	100.0	100.0
30.9	5.6	20.0	20.2	25.9	20.7	26.0	26.5	26.8	24.9	22.9	20.9	20.1	22.4	19.8	38.5	–
7.3	–	4.3	4.2	10.2	6.5	8.7	8.7	9.8	9.1	10.2	12.2	13.1	15.7	13.5	30.8	–
3.6	–	2.6	3.4	6.6	7.6	8.9	8.5	5.9	4.8	3.8	3.5	3.1	3.7	1.8	7.7	–
20.0	4.2	13.0	11.8	7.8	4.9	6.3	4.5	4.4	3.9	2.4	1.7	1.2	0.5	1.8	–	–
10.9	19.4	7.8	6.7	7.8	11.4	15.7	21.4	26.3	29.2	30.8	29.5	30.2	21.4	20.7	15.4	–
9.1	19.4	7.8	6.7	6.0	10.3	14.7	19.2	24.5	26.3	28.5	26.7	27.6	18.9	17.1	7.7	–
–	–	–	–	0.6	0.5	0.3	0.2	0.5	0.2	0.2	0.8	0.6	0.2	–	7.7	–
10.9	13.9	15.7	26.9	21.1	19.0	19.4	18.9	24.2	28.8	32.1	34.2	40.2	45.7	45.9	38.5	–
–	2.8	4.3	15.1	5.4	4.9	5.0	1.6	2.6	3.4	4.0	3.9	4.8	5.7	6.3	15.4	–
1.8	9.7	4.3	6.7	12.0	9.8	10.8	14.7	17.5	21.1	23.3	27.1	30.0	31.9	35.1	15.4	–
1.8	–	2.6	1.7	1.8	1.1	1.0	1.8	1.8	1.9	2.4	1.1	2.2	4.4	0.9	–	–
14.5	19.4	12.2	12.6	19.9	19.0	18.6	17.1	10.1	8.8	7.8	9.0	4.8	4.9	5.4	–	66.7
14.5	19.4	11.3	10.1	18.1	16.8	17.6	15.6	8.5	8.0	6.6	7.6	4.6	4.2	4.5	–	66.7
–	–	–	0.8	0.6	0.5	–	0.7	0.7	0.6	1.1	0.6	–	0.5	0.9	–	–
–	1.4	–	–	–	0.5	0.5	0.7	0.3	1.2	1.2	0.8	1.1	1.7	2.7	7.7	–
–	1.4	–	–	–	–	0.5	0.7	0.3	1.1	1.1	0.8	1.0	1.5	2.7	7.7	–
30.9	31.9	31.3	25.2	12.0	9.8	8.1	4.9	3.4	1.6	1.3	1.1	1.1	0.7	–	–	–
12.7	12.5	8.7	5.9	6.0	1.6	3.4	2.2	0.7	0.4	0.5	0.4	0.1	–	–	–	–
–	–	0.9	0.8	–	0.5	0.8	0.7	1.5	0.4	0.6	0.5	0.6	0.5	–	–	–
100.0	100.0	100.0	100.0	100.0	100.0	100.0	100.0	100.0	100.0	100.0	100.0	100.0	100.0	100.0	100.0	100.0
14.0	28.1	21.2	18.1	11.9	23.2	12.2	14.1	16.1	15.4	13.5	13.7	16.5	17.6	24.3	–	–
1.8	4.7	5.1	2.8	3.6	11.0	4.4	7.1	6.9	7.4	9.1	9.0	11.5	11.7	17.3	–	–
–	1.6	1.0	1.4	2.4	7.3	5.0	4.0	6.3	4.1	2.2	2.7	2.3	2.4	0.9	–	–
12.3	20.3	13.1	9.7	6.0	3.7	2.2	3.0	2.4	2.1	1.1	0.3	0.7	1.4	2.8	–	–
15.8	3.1	9.1	6.9	21.4	20.7	18.9	27.8	38.8	46.8	53.7	45.6	37.2	25.5	16.4	5.3	–
15.8	3.1	8.1	6.9	19.0	19.5	18.3	25.3	34.6	45.0	49.1	41.2	34.0	22.8	12.6	5.3	–
–	–	1.0	–	–	–	–	0.5	1.2	0.3	0.7	0.2	0.6	0.2	0.5	–	–
15.8	12.5	21.2	18.1	25.0	24.4	36.1	33.3	29.3	22.3	18.6	26.1	34.0	44.8	50.5	73.7	–
5.3	3.1	6.1	5.6	7.1	3.7	2.2	4.0	4.8	2.0	3.2	4.1	5.0	7.6	8.9	15.8	–
5.3	4.7	6.1	11.1	14.3	14.6	30.6	25.3	20.0	17.0	13.0	17.9	23.9	30.8	33.6	42.1	–
–	–	3.0	–	1.2	1.2	–	1.0	1.8	1.0	0.9	1.2	1.7	2.6	2.3	5.3	–
12.3	12.5	19.2	22.2	20.2	17.1	16.1	11.6	6.3	7.1	7.2	8.2	7.1	5.3	4.2	15.8	100.0
8.8	10.9	17.2	20.8	20.2	15.9	12.8	10.1	6.0	6.1	6.3	6.7	6.1	3.8	3.3	10.5	100.0
1.8	1.6	–	–	–	–	2.2	1.0	0.3	0.7	0.7	0.8	0.3	0.9	0.9	5.3	–
–	1.6	–	–	1.2	1.2	–	0.5	1.2	1.0	0.6	1.2	0.4	0.5	0.9	5.3	–
–	1.6	–	–	–	1.2	–	0.5	0.9	0.8	0.6	1.0	0.3	0.3	0.5	5.3	–
38.6	37.5	24.2	31.9	15.5	4.9	6.7	4.0	4.2	1.7	1.1	0.9	1.1	1.1	0.5	–	–
3.5	1.6	2.0	1.4	1.2	–	1.1	1.5	0.6	0.3	0.1	0.2	0.4	0.2	–	–	–
1.8	–	–	–	–	–	1.1	1.0	1.8	0.7	0.5	0.4	0.5	0.6	–	–	–

第７表　不慮の事故の種類・月別不慮の事故死亡数　－平成20年－

Table 7. Accidental deaths by month and type of accident, 2008

死亡月 Month of death	総　数 Total	交通事故 Traffic accident	転倒・転落 Fall	溺死 Drowning	窒息 Suffocation	火災 Fire	中毒 Poisoning	その他 Others
総　数 Total	38 153	7 499	7 170	6 464	9 419	1 452	895	5 254
１月 Jan.	4 341	583	663	907	1 288	213	90	597
２月 Feb.	3 748	549	629	842	914	201	112	501
３月 Mar.	3 442	570	598	685	862	180	97	450
４月 Apr.	2 940	595	546	528	740	141	74	316
５月 May	2 777	578	579	412	666	104	79	359
６月 Jun.	2 434	548	513	352	564	76	59	322
７月 Jul.	2 883	627	549	336	617	84	59	611
８月 Aug.	2 775	663	566	333	604	56	39	514
９月 Sep.	2 423	597	555	235	589	53	56	338
10月 Oct.	3 000	713	646	399	742	82	69	349
11月 Nov.	3 326	699	650	607	797	98	82	393
12月 Dec.	4 064	777	676	828	1 036	164	79	504

８表

第８表　曜日・家庭における主な不慮の事故の種類別不慮の事故死亡数　－平成20年－

Table 8. Trends in accidental deaths at home by day of the week and type of major accident, 2008

死因基本分類コード Detailed list of ICD-10 code	不慮の事故の種類 Type of accident	総　数 Total	月曜日 Mon.	火曜日 Tue.	水曜日 Wed.	木曜日 Thu.	金曜日 Fri.	土曜日 Sat.	日曜日 Sun.	(別掲) 祝日・年末年始 (Special count) Holidays including new year holidays
(W00-X59)	**総数** Total	13 240	1 569	1 659	1 705	1 688	1 819	1 832	1 883	1 085
(W00-W17)	転倒・転落	2 560	304	337	355	357	355	341	358	153
W01	スリップ，つまづき及びよろめきによる同一平面上での転倒	1 279	162	164	188	160	175	179	181	70
W10	階段及びステップからの転落及びその上での転倒	497	48	64	58	73	75	69	78	32
W13	建物又は建造物からの転落	387	50	52	57	59	55	44	44	26
(W65-W74)	不慮の溺死及び溺水	4 079	471	500	535	500	537	581	615	340
W65	浴槽内での溺死及び溺水	3 717	421	454	483	460	496	531	565	307
W66	浴槽への転落による溺死及び溺水	61	9	8	7	6	7	7	9	8
(W75-W84)	その他の不慮の窒息	3 995	460	490	490	498	550	535	560	412
W78	胃内容物の誤えん	598	68	64	74	80	90	76	97	49
W79	気道閉塞を生じた食物の誤えん	2 744	309	345	349	337	355	370	374	305
W80	気道閉塞を生じたその他の物体の誤えん	229	30	26	22	26	33	35	37	20
(X00-X09)	煙、火及び火炎への曝露	1 238	143	153	156	147	180	191	172	96
X00	建物又は建造物内の管理されていない火への曝露	1 085	130	127	136	130	162	158	154	88
(X05-X06)	夜着，その他の着衣及び衣服の発火又は溶解への曝露	81	8	13	10	7	7	21	12	3
(X10-X19)	熱及び高温物質との接触	112	15	13	16	16	14	14	16	8
X11	蛇口からの熱湯との接触	98	13	12	12	16	12	13	14	6
(X40-X49)	有害物質による不慮の中毒及び有害物質への曝露	521	75	66	71	65	76	78	57	33
X47	その他のガス及び蒸気による不慮の中毒および曝露	129	19	14	19	16	17	22	9	13
X48	農薬による不慮の中毒及び曝露	77	15	6	7	8	14	15	10	2

注：1）不慮の事故の種類は、主な項目のため、たしあげても総数にはならない。
Note: 1) All types of accidents are not covered.Thus, the total may not equal to the total number.

第９表　曜日・傷害の発生場所別交通事故以外の不慮の事故死亡数　－平成20年－

Table 9. Accidental deaths due to causes other than traffic accidents by day of the week and site of injury occurrence, 2008

総　数
Total

死因基本分類コード Detailed list of ICD-10 code	傷害の発生場所 Site of injury occurrence	総　数 Total	月曜日 Mon.	火曜日 Tue.	水曜日 Wed.	木曜日 Thu.	金曜日 Fri.	土曜日 Sat.	日曜日 Sun.	(別掲) 祝日・年末年始 (Special count) Holidays including new year holidays
W00-X59	**総　数** Total	30 654	3 658	3 919	4 079	3 938	4 303	4 242	4 269	2 246
.0	家（庭）	13 240	1 569	1 659	1 705	1 688	1 819	1 832	1 883	1 085
.1	居住施設	1 452	162	186	209	188	201	196	211	99
.2	学校、施設及び公共の地域	1 295	141	164	155	181	186	177	205	86
.3	スポーツ施設及び競技施設	43	6	5	3	7	7	4	8	3
.4	街路及びハイウェイ	687	84	96	103	90	101	97	72	44
.5	商業及びサービス施設	802	96	89	114	103	109	112	117	62
.6	工場用地域及び建築現場	668	86	88	100	92	115	105	53	29
.7	農場	252	29	32	34	27	38	43	37	12
.8	その他の明示された場所	2 966	348	380	358	355	425	455	439	206
.9	詳細不明の場所	9 249	1 137	1 220	1 298	1 207	1 302	1 221	1 244	620

転倒・転落
Fall

死因基本分類コード Detailed list of ICD-10 code	傷害の発生場所 Site of injury occurrence	総　数 Total	月曜日 Mon.	火曜日 Tue.	水曜日 Wed.	木曜日 Thu.	金曜日 Fri.	土曜日 Sat.	日曜日 Sun.	(別掲) 祝日・年末年始 (Special count) Holidays including new year holidays
W00-X59	**総　数** Total	7 170	874	935	1 026	962	1 005	969	971	428
.0	家（庭）	2 560	304	337	355	357	355	341	358	153
.1	居住施設	226	24	31	32	34	36	26	31	12
.2	学校、施設及び公共の地域	482	59	52	60	78	65	59	78	31
.3	スポーツ施設及び競技施設	20	2	5	2	2	4	2	2	1
.4	街路及びハイウェイ	468	53	71	76	62	68	61	49	28
.5	商業及びサービス施設	273	36	27	39	34	39	38	42	18
.6	工場用地域及び建築現場	247	36	27	49	30	32	37	25	11
.7	農場	63	8	10	10	4	9	12	8	2
.8	その他の明示された場所	595	66	79	78	67	75	99	90	41
.9	詳細不明の場所	2 236	286	296	325	294	322	294	288	131

不慮の溺死及び溺水
Accidental drowning

死因基本分類コード Detailed list of ICD-10 code	傷害の発生場所 Site of injury occurrence	総　数 Total	月曜日 Mon.	火曜日 Tue.	水曜日 Wed.	木曜日 Thu.	金曜日 Fri.	土曜日 Sat.	日曜日 Sun.	(別掲) 祝日・年末年始 (Special count) Holidays including new year holidays
W00-X59	**総　数** Total	6 464	755	810	825	783	853	945	982	511
.0	家（庭）	4 079	471	500	535	500	537	581	615	340
.1	居住施設	40	3	4	6	3	7	12	4	1
.2	学校、施設及び公共の地域	21	-	6	2	3	5	2	2	1
.3	スポーツ施設及び競技施設	8	1	-	-	1	2	1	1	2
.4	街路及びハイウェイ	-	-	-	-	-	-	-	-	-
.5	商業及びサービス施設	271	33	34	33	32	42	34	49	14
.6	工場用地域及び建築現場	7	-	1	1	-	1	2	1	1
.7	農場	18	1	3	1	2	2	5	3	1
.8	その他の明示された場所	1 566	187	207	177	191	216	237	250	101
.9	詳細不明の場所	454	59	55	70	51	41	71	57	50

不慮の窒息
Accidental suffocation

死因基本分類コード Detailed list of ICD-10 code	傷害の発生場所 Site of injury occurrence	総　数 Total	月曜日 Mon.	火曜日 Tue.	水曜日 Wed.	木曜日 Thu.	金曜日 Fri.	土曜日 Sat.	日曜日 Sun.	(別掲) 祝日・年末年始 (Special count) Holidays including new year holidays
W00-X59	**総　数** Total	9 419	1 102	1 187	1 201	1 211	1 316	1 264	1 338	800
.0	家（庭）	3 995	460	490	490	498	550	535	560	412
.1	居住施設	1 165	133	151	170	147	153	151	174	86
.2	学校、施設及び公共の地域	755	78	99	85	96	113	110	123	51
.3	スポーツ施設及び競技施設	2	-	-	-	1	-	-	1	-
.4	街路及びハイウェイ	52	6	10	6	7	8	7	3	5
.5	商業及びサービス施設	147	13	16	17	19	18	25	17	22
.6	工場用地域及び建築現場	41	3	8	1	6	11	6	6	-
.7	農場	16	3	2	1	5	1	2	1	1
.8	その他の明示された場所	86	12	5	13	8	19	15	7	7
.9	詳細不明の場所	3 160	394	406	418	424	443	413	446	216

第9表　曜日・傷害の発生場所別交通事故以外の不慮の事故死亡数　－平成20年－

Table 9. Accidental deaths due to causes other than traffic accidents by day of the week and site of injury occurrence, 2008

煙、火および火炎への曝露

Exposure to smoke, fire and flame

死因基本分類コード Detailed list of ICD-10 code	傷害の発生場所 Site of injury occurrence	総数 Total	月曜日 Mon.	火曜日 Tue.	水曜日 Wed.	木曜日 Thu.	金曜日 Fri.	土曜日 Sat.	日曜日 Sun.	(別掲) 祝日・年末年始 (Special count) Holidays including new year holidays
W00-X59	総数 Total	1 452	175	177	196	168	212	217	201	106
.0	家（庭）	1 238	143	153	156	147	180	191	172	96
.1	居住施設	4	-	-	-	-	4	-	-	-
.2	学校、施設及び公共の地域	9	1	-	4	1	-	2	-	1
.3	スポーツ施設及び競技施設	2	-	-	-	1	-	-	1	-
.4	街路及びハイウェイ	17	3	3	1	3	-	2	4	1
.5	商業及びサービス施設	33	8	2	15	2	3	1	1	1
.6	工場用地域及び建築現場	18	1	1	1	1	4	4	4	2
.7	農場	34	2	6	4	3	5	5	6	3
.8	その他の明示された場所	50	7	5	8	8	7	5	9	1
.9	詳細不明の場所	47	10	7	7	2	9	7	4	1

有害物質による不慮の中毒及び有害物質への曝露

Accidental poisoning by hazardous substance and exposre to such substance

死因基本分類コード Detailed list of ICD-10 code	傷害の発生場所 Site of injury occurrence	総数 Total	月曜日 Mon.	火曜日 Tue.	水曜日 Wed.	木曜日 Thu.	金曜日 Fri.	土曜日 Sat.	日曜日 Sun.	(別掲) 祝日・年末年始 (Special count) Holidays including new year holidays
W00-X59	総数 Total	895	112	118	119	117	138	128	104	59
.0	家（庭）	521	75	66	71	65	76	78	57	33
.1	居住施設	3	1	-	-	1	-	-	1	-
.2	学校、施設及び公共の地域	7	-	4	-	1	-	2	-	-
.3	スポーツ施設及び競技施設	1	-	-	1	-	-	-	-	-
.4	街路及びハイウェイ	39	4	5	5	4	7	5	5	4
.5	商業及びサービス施設	29	1	6	6	6	2	1	4	3
.6	工場用地域及び建築現場	16	3	1	3	1	2	3	3	-
.7	農場	9	1	2	-	2	2	1	-	1
.8	その他の明示された場所	114	9	10	20	15	23	18	9	10
.9	詳細不明の場所	156	18	24	13	22	26	20	25	8

その他の不慮の事故

Other accidents

死因基本分類コード Detailed list of ICD-10 code	傷害の発生場所 Site of injury occurrence	総数 Total	月曜日 Mon.	火曜日 Tue.	水曜日 Wed.	木曜日 Thu.	金曜日 Fri.	土曜日 Sat.	日曜日 Sun.	(別掲) 祝日・年末年始 (Special count) Holidays including new year holidays
W00-X59	総数 Total	5 254	640	692	712	697	779	719	673	342
.0	家（庭）	847	116	113	98	121	121	106	121	51
.1	居住施設	14	1	-	1	3	1	7	1	-
.2	学校、施設及び公共の地域	21	3	3	4	2	3	2	2	2
.3	スポーツ施設及び競技施設	10	3	-	-	2	1	1	3	-
.4	街路及びハイウェイ	111	18	7	15	14	18	22	11	6
.5	商業及びサービス施設	49	5	4	4	10	5	13	4	4
.6	工場用地域及び建築現場	339	43	50	45	54	65	53	14	15
.7	農場	112	14	9	18	11	19	18	19	4
.8	その他の明示された場所	555	67	74	62	66	85	81	74	46
.9	詳細不明の場所	3 196	370	432	465	414	461	416	424	214

第10表　不慮の事故の種類・死亡した時間別不慮の事故死亡数　－平成20年－

Table 10. Trends in accidental deaths by time of death and type of accident, 2008

死亡した時間 Time of death	総　数 Total	交通事故 Traffic accident	転倒・転落 Fall	溺死 Drowning	窒息 Suffocation	火災 Fire	中毒 Poisoning	その他 Others
総　数 Total	38 153	7 499	7 170	6 464	9 419	1 452	895	5 254
0時台 0 am-	1 500	265	284	381	273	76	28	193
1時台 1 am-	1 343	309	262	235	266	78	29	164
2時台 2 am-	1 172	264	260	165	237	59	27	160
3時台 3 am-	1 126	232	236	127	217	81	29	204
4時台 4 am-	1 024	222	243	105	214	55	29	156
5時台 5 am-	1 092	232	265	120	202	63	35	175
6時台 6 am-	1 211	276	262	116	263	60	35	199
7時台 7 am-	1 167	218	253	129	309	67	26	165
8時台 8 am-	1 439	301	279	115	460	36	29	219
9時台 9 am-	1 552	326	296	108	539	46	26	211
10時台 10 am-	1 509	314	324	151	397	52	23	248
11時台 11 am-	1 403	298	321	151	326	47	21	239
12時台 12 am-	1 515	300	326	150	462	39	26	212
13時台 1 pm-	1 577	297	324	136	579	36	18	187
14時台 2 pm-	1 569	313	313	163	460	49	26	245
15時台 3 pm-	1 566	323	324	196	397	50	34	242
16時台 4 pm-	1 529	313	307	222	367	54	40	226
17時台 5 pm-	1 573	340	326	273	355	65	26	188
18時台 6 pm-	1 903	373	315	333	599	52	20	211
19時台 7 pm-	2 067	424	301	353	730	57	26	176
20時台 8 pm-	1 951	371	310	445	550	56	25	194
21時台 9 pm-	1 861	364	287	511	460	54	26	159
22時台 10 pm-	1 733	393	245	497	339	60	34	165
23時台 11 pm-	1 556	311	263	437	293	46	38	168
不　詳 Not stated	2 215	120	244	845	125	114	219	548

第11表　死亡した時間・年齢階級（５歳階級）別家庭における不慮の事故死亡数　－平成20年－

Table 11. Accidental deaths at home by time of death and age (five-year age group), 2008

年齢階級 Age group	総数 Total	0時台 0 am-	1時台 1 am-	2時台 2 am-	3時台 3 am-	4時台 4 am-	5時台 5 am-	6時台 6 am-	7時台 7 am-	8時台 8 am-	9時台 9 am-	10時台 10 am-	11時台 11 am-
総数 Total	13 240	613	466	395	349	302	351	332	384	382	460	432	402
0 ～ 4 歳	194	10	10	9	13	8	7	8	7	9	8	3	7
5 ～ 9Years	28	1	－	2	－	1	1	4	－	1	－	－	3
10 ～ 14	34	4	2	1	2	1	1	－	2	1	1	1	1
15 ～ 19	52	3	5	－	3	2	1	5	1	1	3	1	－
20 ～ 24	105	5	4	3	1	2	5	4	2	2	6	6	3
25 ～ 29	112	7	3	6	4	7	6	1	4	1	3	2	2
30 ～ 34	136	2	5	6	3	4	5	7	7	5	5	5	4
35 ～ 39	214	10	5	7	9	7	8	8	5	3	13	7	3
40 ～ 44	191	8	3	3	6	2	8	13	11	3	4	7	4
45 ～ 49	250	18	9	8	4	8	9	9	11	11	11	8	8
50 ～ 54	266	16	9	11	8	8	10	6	7	9	7	8	17
55 ～ 59	561	25	17	21	15	8	16	17	24	17	13	20	21
60 ～ 64	647	32	26	21	19	14	22	22	28	24	19	21	17
65 ～ 69	947	39	44	29	29	25	27	23	27	30	21	36	35
70 ～ 74	1 460	81	60	49	50	41	33	34	38	34	56	45	39
75 ～ 79	2 206	105	86	64	61	52	60	49	53	58	69	65	53
80 ～ 84	2 555	118	85	68	63	48	60	48	66	73	87	89	83
85 ～	3 278	128	93	86	59	64	72	73	91	100	134	108	102
不詳 Not stated	4	1	－	1	－	－	－	1	－	－	－	－	－

年齢階級 Age group	12時台 12 am-	13時台 1 pm-	14時台 2 pm-	15時台 3 pm-	16時台 4 pm-	17時台 5 pm-	18時台 6 pm-	19時台 7 pm-	20時台 8 pm-	21時台 9 pm-	22時台 10 pm-	23時台 11 pm-	不詳 Not stated
総数 Total	432	446	446	447	486	535	674	728	822	840	754	657	1 105
0 ～ 4 歳	6	9	6	11	8	2	7	6	8	7	9	10	6
5 ～ 9Years	1	1	－	－	2	－	1	－	1	2	2	1	4
10 ～ 14	1	2	2	1	－	1	3	1	1	1	2	1	1
15 ～ 19	－	2	4	－	3	1	1	1	2	2	－	4	7
20 ～ 24	4	3	3	5	4	2	2	4	4	3	6	2	20
25 ～ 29	3	4	5	1	3	4	6	3	2	6	5	5	19
30 ～ 34	3	6	5	5	6	5	2	3	5	5	7	4	22
35 ～ 39	7	9	9	8	6	11	10	3	9	6	6	7	38
40 ～ 44	5	7	12	8	10	4	5	8	4	5	11	9	31
45 ～ 49	8	7	5	5	11	12	11	9	11	8	7	10	32
50 ～ 54	8	5	9	11	9	6	9	9	10	10	13	12	39
55 ～ 59	24	14	9	18	24	19	23	23	20	23	22	28	100
60 ～ 64	17	19	14	16	29	29	29	22	29	34	25	23	96
65 ～ 69	33	31	30	29	37	42	44	48	47	53	57	48	83
70 ～ 74	40	41	46	51	56	68	73	70	86	105	80	69	115
75 ～ 79	57	53	67	85	86	87	124	124	171	156	137	115	169
80 ～ 84	85	95	73	81	74	91	138	163	181	178	164	160	184
85 ～	130	138	147	112	118	151	186	231	230	236	201	149	139
不詳 Not stated	－	－	－	－	－	－	－	－	1	－	－	－	－

第12表　不慮の事故の種類・死亡した場所別不慮の事故死亡数・百分率　－平成20年－

Table 12. Trends in accidental deaths and percentage by place of death and type of accident, 2008

死亡した場所 Place of death	総　数 Total	交通事故 Traffic accident	転倒・転落 Fall	溺死 Drowning	窒息 Suffocation	火災 Fire	中毒 Poisoning	その他 Others
				死亡数 Deaths				
総　　数 Total	38 153	7 499	7 170	6 464	9 419	1 452	895	5 254
病　院 Hospital	26 754	5 960	5 866	2 700	7 808	398	357	3 665
診　療　所 Clinic	445	39	141	31	143	4	4	83
介護老人保健施設 Health services facilities for the elderly	190	1	39	1	126	−	−	23
助　産　所 Maternity home	−	−	−	−	−	−	−	−
老人ホーム Home for the elderly	378	−	72	14	254	−	1	37
自　宅 Home	5 738	37	491	2 403	931	895	326	655
その他 Others	4 648	1 462	561	1 315	157	155	207	791
				百分率（%） Percentage (%)				
総　　数 Total	100.0	100.0	100.0	100.0	100.0	100.0	100.0	100.0
病　院 Hospital	70.1	79.5	81.8	41.8	82.9	27.4	39.9	69.8
診　療　所 Clinic	1.2	0.5	2.0	0.5	1.5	0.3	0.4	1.6
介護老人保健施設 Health services facilities for the elderly	0.5	0.0	0.5	0.0	1.3	−	−	0.4
助　産　所 Maternity home	−	−	−	−	−	−	−	−
老人ホーム Home for the elderly	1.0	−	1.0	0.2	2.7	−	0.1	0.7
自　宅 Home	15.0	0.5	6.8	37.2	9.9	61.6	36.4	12.5
その他 Others	12.2	19.5	7.8	20.3	1.7	10.7	23.1	15.1

第13表　不慮の事故の種類・傷害の発生場所別不慮の事故死亡数・百分率　－平成20年－

Table 13. Trends in accidental deaths and percentage due to causes other than traffic accidents by site of injury occurrence and type of accident, 2008

死因基本分類コード Detailed list of ICD-10 code	傷害の発生場所 Site of injury occurrence	総　数 Total	転倒・転落 Fall	溺死 Drowning	窒息 Suffocation	火災 Fire	中毒 Poisoning	その他 Others
				死亡数 Deaths				
W00-X59	**総　数**　Total	30 654	7 170	6 464	9 419	1 452	895	5 254
.0	家庭	13 240	2 560	4 079	3 995	1 238	521	847
.1	居住施設	1 452	226	40	1 165	4	3	14
.2	公共の地域	1 295	482	21	755	9	7	21
.3	スポーツ施設	43	20	8	2	2	1	10
.4	街路	687	468	−	52	17	39	111
.5	商業等施設	802	273	271	147	33	29	49
.6	工業用地域	668	247	7	41	18	16	339
.7	農場	252	63	18	16	34	9	112
.8	その他	2 966	595	1 566	86	50	114	555
.9	詳細不明	9 249	2 236	454	3 160	47	156	3 196
				百分率（%） Percentage (%)				
W00-X59	**総　数**　Total	100.0	23.4	21.1	30.7	4.7	2.9	17.1
.0	家庭	100.0	19.3	30.8	30.2	9.4	3.9	6.4
.1	居住施設	100.0	15.6	2.8	80.2	0.3	0.2	1.0
.2	公共の地域	100.0	37.2	1.6	58.3	0.7	0.5	1.6
.3	スポーツ施設	100.0	46.5	18.6	4.7	4.7	2.3	23.3
.4	街路	100.0	68.1	−	7.6	2.5	5.7	16.2
.5	商業等施設	100.0	34.0	33.8	18.3	4.1	3.6	6.1
.6	工業用地域	100.0	37.0	1.0	6.1	2.7	2.4	50.7
.7	農場	100.0	25.0	7.1	6.3	13.5	3.6	44.4
.8	その他	100.0	20.1	52.8	2.9	1.7	3.8	18.7
.9	詳細不明	100.0	24.2	4.9	34.2	0.5	1.7	34.6

第14表　年次・性・都道府県別不慮の事故（再掲　交通事故）

Table 14. Trends in accidental deaths and death rates (regrouped, traffic accidents) (per

不慮の事故

Accidents

都道府県 Prefecture	昭和25年 1950			昭和30年 1955			昭和35年 1960			昭和40年 1965		
	総数 Total	男 Male	女 Female	総数 Total	男 Male	女 Female	総数 Total	男 Male	女 Female	総数 Total	男 Male	女 Female
総数 Total	32 850	23 783	9 067	33 265	24 908	8 357	38 964	29 787	9 177	40 188	30 674	9 514
01 北海道	2 328	1 801	527	2 400	1 903	497	2 588	2 047	541	2 577	2 038	539
02 青　森	498	353	145	532	392	140	625	465	160	601	477	124
03 岩　手	617	411	206	617	440	177	677	504	173	615	482	133
04 宮　城	681	488	193	636	476	160	673	492	181	659	527	132
05 秋　田	507	359	148	535	407	128	499	389	110	483	384	99
06 山　形	560	377	183	521	380	141	510	393	117	473	366	107
07 福　島	900	616	284	898	649	249	809	609	200	838	646	192
08 茨　城	644	459	185	579	442	137	724	566	158	790	623	167
09 栃　木	511	351	160	481	351	130	618	465	153	655	500	155
10 群　馬	595	427	168	505	383	122	612	485	127	674	529	145
11 埼　玉	690	500	190	703	515	188	970	768	202	1 207	930	277
12 千　葉	696	497	199	660	511	149	802	622	180	1 035	832	203
13 東　京	1 854	1 444	410	2 105	1 630	475	2 977	2 340	637	2 694	2 081	613
14 神奈川	968	787	181	1 043	770	273	1 501	1 207	294	1 548	1 222	326
15 新　潟	1 052	717	335	919	679	240	831	619	212	944	698	246
16 富　山	491	307	184	443	314	129	486	357	129	479	349	130
17 石　川	380	270	110	338	257	81	393	292	101	474	355	119
18 福　井	293	204	89	317	199	118	325	232	93	390	270	120
19 山　梨	306	236	70	277	209	68	337	269	68	362	283	79
20 長　野	752	521	231	609	463	146	700	521	179	764	582	182
21 岐　阜	561	416	145	505	371	134	649	512	137	698	541	157
22 静　岡	853	646	207	868	688	180	1 328	1 032	296	1 278	1 025	253
23 愛　知	1 109	782	327	1 184	883	301	1 853	1 397	456	1 773	1 337	436
24 三　重	439	320	119	537	375	162	640	480	160	667	483	184
25 滋　賀	303	209	94	291	213	78	361	254	107	410	321	89
26 京　都	574	423	151	550	413	137	725	525	200	750	526	224
27 大　阪	1 477	1 046	431	1 408	1 079	329	2 076	1 604	472	2 205	1 648	557
28 兵　庫	1 417	1 061	356	1 300	985	315	1 726	1 319	407	1 894	1 409	485
29 奈　良	219	152	67	262	204	58	306	235	71	344	249	95
30 和歌山	369	260	109	351	274	77	434	350	84	521	377	144
31 鳥　取	228	156	72	215	156	59	271	208	63	313	234	79
32 島　根	359	241	118	450	318	132	388	285	103	432	331	101
33 岡　山	701	502	199	652	464	188	714	503	211	846	615	231
34 広　島	947	685	262	943	701	242	1 089	790	299	1 109	805	304
35 山　口	808	592	216	858	647	211	890	680	210	826	622	204
36 徳　島	376	260	116	426	303	123	439	329	110	399	296	103
37 香　川	386	261	125	443	296	147	407	286	121	491	344	147
38 愛　媛	606	438	168	660	473	187	662	503	159	635	460	175
39 高　知	402	287	115	503	360	143	456	335	121	489	383	106
40 福　岡	1 651	1 248	403	1 792	1 420	372	1 997	1 547	450	2 054	1 637	417
41 佐　賀	432	309	123	474	337	137	452	331	121	453	336	117
42 長　崎	687	515	172	801	578	223	728	558	170	661	500	161
43 熊　本	631	440	191	659	482	177	696	518	178	670	496	174
44 大　分	496	325	171	495	379	116	533	398	135	551	415	136
45 宮　崎	455	320	135	475	348	127	470	360	110	430	330	100
46 鹿児島	616	436	180	692	507	185	669	494	175	720	503	217
47 沖　縄	…	…	…	…	…	…	…	…	…	…	…	…
外国 Foreign countries[1]	…	…	…	…	…	…	…	…	…	…	…	…
不詳 Not stated	425	328	97	353	284	69	348	312	36	307	277	30

注：1）平成２年以前は外国は不詳に計上している。

死亡数・率（人口10万対） －昭和25・30・35・40・45・50・55・60・平成２年－
100,000 population) by sex and prefecture, 1950, 1955, 1960, 1965, 1970, 1975, 1980, 1985 and 1990

昭和45年 1970			昭和50年 1975			昭和55年 1980			昭和60年 1985			平成２年 1990		
総数 Total	男 Male	女 Female	総数 Total	男 Male	女 Female	総数 Total	男 Male	女 Female	総数 Total	男 Male	女 Female	総数 Total	男 Male	女 Female
43 802	33 112	10 690	33 710	24 865	8 845	29 217	21 153	8 064	29 597	21 318	8 279	32 122	22 199	9 923
2 602	2 036	566	1 741	1 372	369	1 472	1 131	341	1 562	1 166	396	1 563	1 144	419
668	510	158	597	457	140	525	396	129	426	331	95	445	310	135
638	488	150	513	391	122	515	380	135	391	278	113	444	324	120
756	591	165	613	474	139	504	380	124	459	340	119	517	368	149
562	446	116	400	284	116	374	289	85	377	275	102	385	260	125
481	363	118	415	317	98	352	260	92	346	246	100	375	251	124
892	667	225	721	516	205	584	402	182	621	447	174	647	466	181
1 112	871	241	936	723	213	827	632	195	862	648	214	915	642	273
853	661	192	642	493	149	546	390	156	516	387	129	577	407	170
796	620	176	609	454	155	462	317	145	495	361	134	555	382	173
1 599	1 243	356	1 201	916	285	1 018	754	264	1 085	806	279	1 262	904	358
1 465	1 136	329	1 149	891	258	1 106	836	270	1 179	888	291	1 232	906	326
2 795	2 140	655	1 845	1 376	469	1 690	1 177	513	1 918	1 409	509	1 976	1 378	598
1 840	1 449	391	1 334	1 026	308	1 142	854	288	1 372	1 054	318	1 566	1 152	414
1 077	801	276	916	678	238	747	544	203	783	556	227	794	532	262
525	371	154	390	265	125	368	259	109	375	253	122	414	269	145
423	322	101	420	294	126	325	226	99	328	238	90	365	242	123
386	267	119	301	217	84	275	190	85	275	191	84	319	204	115
400	304	96	309	218	91	252	183	69	279	207	72	297	203	94
737	535	202	613	446	167	498	364	134	560	393	167	608	416	192
768	579	189	629	460	169	549	388	161	540	357	183	637	413	224
1 389	1 051	338	1 028	736	292	916	678	238	828	604	224	964	641	323
2 014	1 516	498	1 439	1 057	382	1 330	942	388	1 381	985	396	1 541	1 043	498
744	533	211	591	445	146	532	383	149	582	422	160	643	460	183
382	280	102	303	221	82	311	220	91	308	207	101	319	221	98
796	597	199	629	441	188	506	335	171	549	370	179	623	403	220
2 372	1 795	577	1 619	1 197	422	1 433	1 048	385	1 638	1 169	469	1 774	1 212	562
1 906	1 414	492	1 440	1 038	402	1 335	956	379	1 340	936	404	1 429	969	460
339	243	96	309	230	79	291	203	88	315	217	98	326	232	94
557	398	159	401	295	106	306	214	92	308	222	86	336	210	126
346	246	100	273	191	82	209	154	55	209	149	60	212	134	78
342	245	97	304	229	75	291	202	89	261	184	77	267	174	93
876	643	233	778	561	217	564	407	157	579	407	172	699	457	242
1 322	983	339	969	693	276	792	542	250	751	519	232	825	569	256
845	620	225	600	439	161	543	388	155	523	382	141	571	382	189
458	360	98	336	229	107	314	227	87	273	193	80	296	194	102
571	422	149	400	270	130	343	227	116	313	211	102	416	270	146
792	597	195	678	472	206	522	355	167	478	330	148	560	367	193
577	462	115	500	364	136	348	252	96	335	227	108	310	220	90
1 805	1 352	453	1 332	999	333	1 196	880	316	1 144	800	344	1 239	841	398
446	321	125	336	220	116	272	179	93	268	192	76	334	223	111
668	508	160	482	320	162	421	304	117	414	295	119	432	304	128
706	509	197	553	391	162	550	389	161	500	345	155	481	324	157
609	431	178	508	371	137	426	307	119	366	243	123	382	267	115
548	417	131	398	286	112	393	305	88	321	242	79	339	233	106
763	541	222	686	473	213	561	384	177	527	359	168	501	337	164
…	…	…	330	247	83	251	195	56	219	165	54	266	202	64
…	…	…	…	…	…	…	…	…	…	…	…	…	…	…
254	228	26	194	182	12	130	125	5	118	112	6	144	137	7

Note: 1) Deaths in foreign countries in and before 1990 are included in "Not stated".

第14表　年次・性・都道府県別不慮の事故（再掲　交通事故）
Table 14. Trends in accidental deaths and death rates (regrouped, traffic accidents) (per

交通事故（再掲）
Traffic accidents (regrouped)

都道府県 Prefecture	昭和25年 1950			昭和30年 1955			昭和35年 1960			昭和40年 1965		
	総数 Total	男 Male	女 Female	総数 Total	男 Male	女 Female	総数 Total	男 Male	女 Female	総数 Total	男 Male	女 Female
総数 Total	7 542	5 795	1 747	10 500	8 244	2 256	17 757	14 170	3 587	19 516	15 499	4 017
01 北海道	578	474	104	688	565	123	1 040	818	222	1 088	860	228
02 青　森	119	93	26	142	106	36	249	199	50	273	225	48
03 岩　手	117	85	32	164	121	43	204	171	33	245	198	47
04 宮　城	151	122	29	168	140	28	242	204	38	311	261	50
05 秋　田	92	74	18	122	100	22	148	116	32	191	158	33
06 山　形	97	77	20	93	70	23	152	125	27	191	156	35
07 福　島	156	116	40	192	147	45	294	235	59	366	295	71
08 茨　城	157	127	30	170	140	30	335	274	61	409	334	75
09 栃　木	96	76	20	134	106	28	329	267	62	378	307	71
10 群　馬	93	70	23	159	129	30	300	246	54	394	319	75
11 埼　玉	207	152	55	293	217	76	578	473	105	766	606	160
12 千　葉	178	133	45	244	206	38	408	335	73	602	502	100
13 東　京	650	512	138	989	790	199	1 629	1 314	315	1 319	1 032	287
14 神奈川	386	317	69	417	347	70	837	697	140	814	652	162
15 新　潟	151	118	33	204	165	39	263	208	55	386	300	86
16 富　山	66	47	19	106	82	24	153	109	44	183	134	49
17 石　川	68	56	12	87	70	17	151	117	34	238	188	50
18 福　井	45	29	16	75	55	20	120	89	31	174	120	54
19 山　梨	59	44	15	101	88	13	152	130	22	202	168	34
20 長　野	118	88	30	150	119	31	284	223	61	336	272	64
21 岐　阜	111	81	30	141	107	34	316	259	57	375	302	73
22 静　岡	240	200	40	329	273	56	752	606	146	786	662	124
23 愛　知	261	176	85	497	385	112	1 142	902	240	1 045	799	246
24 三　重	108	84	24	166	136	30	336	274	62	394	299	95
25 滋　賀	65	51	14	100	87	13	181	136	45	239	200	39
26 京　都	150	111	39	213	161	52	377	295	82	400	297	103
27 大　阪	397	311	86	627	477	150	1 179	919	260	1 090	848	242
28 兵　庫	379	290	89	479	383	96	873	673	200	916	717	199
29 奈　良	60	44	16	87	68	19	155	121	34	175	140	35
30 和歌山	107	79	28	128	102	26	211	174	37	285	220	65
31 鳥　取	31	24	7	62	47	15	85	66	19	132	110	22
32 島　根	62	45	17	120	76	44	129	107	22	162	136	26
33 岡　山	138	106	32	164	127	37	287	217	70	379	303	76
34 広　島	209	150	59	326	252	74	447	341	106	528	413	115
35 山　口	222	180	42	308	246	62	439	361	78	414	322	92
36 徳　島	59	46	13	106	77	29	172	132	40	175	136	39
37 香　川	72	54	18	137	90	47	196	140	56	266	195	71
38 愛　媛	112	88	24	179	120	59	244	201	43	259	206	53
39 高　知	108	80	28	155	103	52	192	142	50	222	187	35
40 福　岡	369	267	102	512	395	117	873	700	173	939	743	196
41 佐　賀	60	42	18	110	84	26	159	126	33	232	187	45
42 長　崎	133	100	33	174	143	31	210	171	39	222	175	47
43 熊　本	130	97	33	190	150	40	240	189	51	260	206	54
44 大　分	124	74	50	123	97	26	192	142	50	239	192	47
45 宮　崎	75	58	17	112	81	31	148	122	26	164	137	27
46 鹿児島	83	69	14	163	131	32	212	174	38	258	199	59
47 沖　縄	…	…	…	…	…	…	…	…	…	…	…	…
外国 Foreign countries[1)]	…	…	…	…	…	…	…	…	…	…	…	…
不詳 Not stated	93	78	15	94	83	11	142	130	12	94	81	13

注：1）平成２年以前は外国は不詳に計上している。

死亡数・率（人口10万対） －昭和25・30・35・40・45・50・55・60・平成２年－

100,000 population) by sex and prefecture, 1950, 1955, 1960, 1965, 1970, 1975, 1980, 1985 and 1990

昭和45年 1970			昭和50年 1975			昭和55年 1980			昭和60年 1985			平成２年 1990		
総数 Total	男 Male	女 Female	総数 Total	男 Male	女 Female	総数 Total	男 Male	女 Female	総数 Total	男 Male	女 Female	総数 Total	男 Male	女 Female
24 096	18 629	5 467	16 191	12 466	3 725	13 302	10 111	3 191	14 401	10 832	3 569	15 828	11 481	4 347
1 271	982	289	704	560	144	715	550	165	779	562	217	910	655	255
378	284	94	294	227	67	241	181	60	192	153	39	220	159	61
318	245	73	245	194	51	206	155	51	160	117	43	209	152	57
406	330	76	315	255	60	222	177	45	185	147	38	235	174	61
296	241	55	168	121	47	139	109	30	152	110	42	159	113	46
246	175	71	183	151	32	126	92	34	133	102	31	140	96	44
464	366	98	329	259	70	243	173	70	257	190	67	302	222	80
724	569	155	602	482	120	486	383	103	521	397	124	576	419	157
551	435	116	378	306	72	302	228	74	302	232	70	343	250	93
491	393	98	351	273	78	232	166	66	259	200	59	286	199	87
1 070	855	215	675	538	137	530	420	110	631	487	144	735	542	193
939	751	188	654	533	121	620	484	136	659	515	144	692	539	153
1 438	1 131	307	751	584	167	661	499	162	892	679	213	867	652	215
1 106	879	227	635	513	122	521	399	122	716	584	132	744	579	165
548	410	138	435	331	104	298	230	68	276	213	63	348	242	106
296	211	85	167	118	49	142	109	33	136	93	43	176	115	61
224	172	52	197	146	51	138	99	39	148	117	31	172	123	49
207	141	66	136	106	30	121	88	33	126	90	36	152	104	48
242	191	51	158	115	43	130	96	34	140	106	34	142	110	32
374	283	91	285	211	74	208	160	48	226	166	60	277	193	84
405	312	93	290	222	68	254	184	70	256	176	80	294	194	100
878	672	206	491	362	129	470	351	119	452	341	111	487	329	158
1 215	917	298	709	535	174	696	517	179	777	574	203	814	582	232
433	323	110	315	243	72	251	191	60	313	232	81	353	268	85
234	185	49	161	120	41	164	123	41	179	130	49	154	112	42
466	359	107	320	240	80	251	174	77	287	204	83	328	235	93
1 230	956	274	776	596	180	620	493	127	873	656	217	878	650	228
1 034	795	239	735	558	177	635	493	142	720	535	185	677	501	176
187	141	46	161	131	30	138	107	31	157	110	47	181	134	47
307	229	78	202	164	38	143	110	33	146	114	32	152	107	45
173	133	40	124	94	30	85	67	18	91	70	21	95	56	39
157	118	39	102	81	21	110	85	25	113	86	27	108	72	36
469	343	126	373	283	90	245	191	54	264	197	67	328	223	105
701	529	172	455	342	113	320	238	82	349	259	90	410	300	110
471	360	111	297	220	77	224	167	57	238	188	50	276	198	78
227	194	33	145	107	38	133	99	34	137	90	47	130	88	42
336	251	85	224	159	65	171	118	53	150	104	46	225	151	74
399	308	91	302	224	78	219	152	67	208	148	60	235	165	70
296	253	43	196	156	40	142	108	34	130	86	44	139	104	35
1 038	786	252	667	513	154	559	427	132	572	424	148	642	449	193
245	183	62	158	114	44	104	75	29	113	90	23	161	112	49
286	229	57	216	149	67	164	120	44	144	107	37	164	125	39
332	254	78	238	176	62	232	180	52	217	162	55	215	151	64
275	202	73	212	152	60	180	142	38	166	123	43	168	127	41
272	210	62	177	133	44	149	115	34	141	110	31	160	114	46
336	248	88	284	211	73	206	152	54	191	147	44	186	138	48
…	…	…	140	102	38	112	92	20	81	66	15	139	117	22
…	…	…	…	…	…	…	…	…	…	…	…	…	…	…
105	95	10	59	56	3	44	42	2	46	43	3	44	41	3

Note: 1) Deaths in foreign countries in and before 1990 are included in "Not stated".

第14表　年次・性・都道府県別不慮の事故（再掲　交通事故）

Table 14. Trends in accidental deaths and death rates (regrouped, traffic accidents) (per

不慮の事故

Accidents

都道府県 Prefecture	昭和25年 1950			昭和30年 1955			昭和35年 1960			昭和40年 1965		
	総数 Total	男 Male	女 Female	総数 Total	男 Male	女 Female	総数 Total	男 Male	女 Female	総数 Total	男 Male	女 Female
総数 Total	39.5	58.3	21.4	37.3	56.8	18.4	41.7	64.9	19.3	40.9	63.6	19.0
01 北海道	54.2	83.0	24.8	50.3	78.4	21.2	51.4	80.4	21.7	49.8	78.9	20.8
02 青　森	38.8	55.5	22.4	38.5	57.7	19.9	43.8	67.0	21.8	42.4	69.8	16.9
03 岩　手	45.8	61.9	30.2	43.2	63.0	24.3	46.7	71.7	23.2	43.6	70.9	18.2
04 宮　城	40.9	58.9	23.1	36.8	56.2	18.2	38.6	58.0	20.2	37.6	61.7	14.7
05 秋　田	38.7	55.5	22.3	39.7	61.7	18.6	37.4	60.3	15.9	37.7	62.5	14.9
06 山　形	41.3	57.1	26.3	38.5	58.3	20.1	38.6	62.3	17.0	37.4	60.5	16.3
07 福　島	43.6	61.2	26.9	42.9	63.8	23.1	39.4	61.7	18.8	42.2	67.6	18.7
08 茨　城	31.6	46.2	17.7	28.1	43.9	12.9	35.4	56.6	15.1	38.4	61.8	15.9
09 栃　木	33.0	46.7	20.0	31.1	46.8	16.3	40.8	63.7	19.5	43.0	68.0	19.7
10 群　馬	37.2	54.8	20.4	31.3	49.0	14.7	38.8	63.8	15.5	42.0	67.9	17.5
11 埼　玉	32.1	47.6	17.3	31.1	46.4	16.3	39.9	64.0	16.4	40.0	61.5	18.4
12 千　葉	32.5	47.9	18.1	29.9	47.6	13.2	34.8	55.1	15.3	38.3	61.9	14.9
13 東　京	29.5	45.6	13.2	26.2	39.6	12.1	30.7	46.8	13.6	24.8	37.4	11.6
14 神奈川	38.9	63.1	14.6	35.7	52.4	18.8	43.6	69.1	17.3	34.9	53.6	15.2
15 新　潟	42.7	60.0	26.5	37.2	56.8	18.8	34.0	52.6	16.8	39.4	60.2	19.9
16 富　山	48.7	62.8	35.4	43.4	63.5	24.5	47.1	71.3	24.2	46.7	71.0	24.4
17 石　川	39.7	58.6	22.2	35.0	55.5	16.1	40.4	62.8	19.9	48.3	75.8	23.2
18 福　井	38.9	56.0	22.9	42.0	54.7	30.2	43.2	64.4	23.7	52.0	75.1	30.7
19 山　梨	37.7	60.0	16.8	34.3	53.6	16.3	43.1	71.0	16.9	47.4	77.0	20.0
20 長　野	36.5	52.0	21.8	30.1	47.3	14.0	35.3	54.6	17.4	39.0	62.1	17.8
21 岐　阜	36.3	54.6	18.5	31.9	47.9	16.6	39.6	64.3	16.3	41.1	65.9	17.9
22 静　岡	34.5	53.5	16.4	32.7	52.9	13.3	48.2	76.3	21.1	43.9	71.7	17.1
23 愛　知	32.7	47.4	18.8	31.4	48.3	15.5	44.1	67.7	21.3	36.9	56.1	18.0
24 三　重	30.0	45.4	15.7	36.1	52.2	21.1	43.1	67.0	20.8	44.0	66.4	23.4
25 滋　賀	35.2	50.6	21.0	34.1	52.0	17.6	42.8	63.0	24.4	48.0	78.4	20.1
26 京　都	31.3	47.4	16.0	28.4	43.7	13.8	36.4	54.0	19.6	35.7	51.2	20.8
27 大　阪	38.3	55.1	22.0	30.5	47.1	14.1	37.7	58.0	17.2	33.1	49.1	16.9
28 兵　庫	42.8	65.4	21.1	35.9	55.5	17.1	44.2	68.8	20.5	43.9	66.4	22.2
29 奈　良	28.7	41.2	17.0	33.7	54.0	14.5	39.2	61.4	17.8	41.6	62.2	22.3
30 和歌山	37.6	54.7	21.5	34.9	55.9	14.9	43.3	72.2	16.2	50.7	75.8	27.2
31 鳥　取	38.0	53.8	23.2	35.0	52.5	18.6	45.2	72.5	20.2	54.0	84.9	26.0
32 島　根	39.3	54.2	25.2	48.4	69.6	27.9	43.7	65.9	22.6	52.6	84.1	23.6
33 岡　山	42.2	62.4	23.2	38.6	56.9	21.5	42.7	63.1	24.2	51.4	78.7	26.7
34 広　島	45.5	67.4	24.6	43.9	66.9	22.0	49.9	74.6	26.6	48.6	72.7	25.9
35 山　口	52.4	77.9	27.7	53.3	81.6	25.8	55.5	87.1	25.6	53.5	83.9	25.4
36 徳　島	42.8	60.8	25.7	48.5	70.9	27.3	51.8	80.6	25.1	49.0	75.9	24.2
37 香　川	40.8	57.0	25.6	46.9	64.8	30.2	44.3	65.2	25.2	54.5	80.6	31.0
38 愛　媛	39.8	59.0	21.5	42.8	63.1	23.6	44.1	69.7	20.4	43.9	66.9	23.1
39 高　知	46.0	67.4	25.7	57.0	83.9	31.5	53.4	81.5	27.3	60.2	99.0	24.9
40 福　岡	46.8	71.5	22.6	46.4	74.9	18.9	49.8	79.1	21.9	51.8	85.6	20.3
41 佐　賀	45.7	67.8	25.1	48.7	71.6	27.2	47.9	73.8	24.5	52.0	81.8	25.4
42 長　崎	41.8	63.4	20.6	45.8	67.2	25.1	41.4	64.8	18.9	40.3	63.4	18.9
43 熊　本	34.5	49.9	20.2	34.8	52.6	18.1	37.5	58.4	18.4	37.8	59.1	18.7
44 大　分	39.6	53.7	26.4	38.8	61.5	17.6	43.0	67.3	20.8	46.4	74.2	21.7
45 宮　崎	41.7	59.8	24.3	41.7	62.2	21.9	41.4	65.2	18.9	39.8	63.8	17.7
46 鹿児島	34.1	50.2	19.2	33.9	51.4	17.5	34.1	52.8	17.0	38.8	57.6	22.1
47 沖　縄	…	…	…	…	…	…	…	…	…	…	…	…

注：1）総数には、外国及び不詳を含む。

死亡数・率（人口10万対）　－昭和25・30・35・40・45・50・55・60・平成２年－

100,000 population) by sex and prefecture, 1950, 1955, 1960, 1965, 1970, 1975, 1980, 1985 and 1990

昭和45年 1970			昭和50年 1975			昭和55年 1980			昭和60年 1985			平成２年 1990		
総数 Total	男 Male	女 Female	総数 Total	男 Male	女 Female	総数 Total	男 Male	女 Female	総数 Total	男 Male	女 Female	総数 Total	男 Male	女 Female
42.5	65.4	20.4	30.3	45.4	15.6	25.1	37.0	13.6	24.6	36.1	13.5	26.2	36.8	15.9
50.3	79.9	21.5	32.7	52.4	13.6	26.4	41.4	12.0	27.5	42.1	13.6	27.7	42.1	14.4
46.9	74.5	21.3	40.7	64.7	18.4	34.5	53.9	16.4	28.0	45.7	11.9	30.0	44.0	17.4
46.6	74.2	21.1	37.1	58.6	17.0	36.3	55.3	18.4	26.9	39.8	15.0	31.4	47.7	16.3
41.6	66.6	17.8	31.4	49.5	14.0	24.3	37.2	11.8	21.2	32.1	10.7	23.0	33.4	13.1
45.3	75.3	17.9	32.5	48.1	18.1	29.8	47.9	13.0	30.1	45.8	15.6	31.4	44.5	19.5
39.3	61.8	18.5	34.0	54.1	15.5	28.1	43.0	14.2	27.7	40.8	15.4	29.8	41.4	19.1
45.9	71.3	22.3	36.6	54.2	20.2	28.7	40.6	17.4	30.2	44.9	16.4	30.8	45.6	16.8
52.0	82.8	22.2	40.0	62.5	18.0	32.4	49.8	15.2	31.7	47.6	15.8	32.3	45.4	19.2
54.1	86.0	23.7	37.9	59.1	17.3	30.5	44.1	17.2	27.4	42.0	13.4	30.0	42.5	17.6
48.1	76.9	20.7	34.7	52.9	17.3	25.0	34.9	15.5	25.9	38.4	13.8	28.4	39.6	17.5
41.4	63.8	18.6	25.0	37.7	12.0	18.8	27.6	9.9	18.5	27.3	9.6	19.8	28.0	11.4
43.6	67.2	19.7	27.8	42.7	12.6	23.4	35.2	11.5	22.8	34.3	11.3	22.3	32.5	11.9
24.7	37.2	11.8	15.9	23.5	8.2	14.7	20.3	9.0	16.3	23.7	8.7	16.9	23.4	10.3
33.8	51.7	14.8	21.0	31.4	10.0	16.6	24.3	8.5	18.6	27.9	8.8	19.8	28.3	10.7
45.7	70.3	22.6	38.3	58.5	19.4	30.5	45.6	16.2	32.0	46.6	18.1	32.1	44.4	20.6
51.1	75.5	28.7	36.5	51.6	22.5	33.4	48.7	19.1	33.3	46.4	21.0	37.0	50.0	25.0
42.3	67.2	19.4	39.4	56.9	22.9	29.1	41.8	17.2	28.3	43.0	14.9	31.4	43.1	20.5
52.2	75.3	30.9	39.1	58.5	21.1	34.8	49.8	20.8	33.5	48.5	19.6	39.0	51.3	27.4
52.6	83.1	24.3	39.5	57.6	22.6	31.4	46.8	16.8	33.9	51.5	17.1	34.9	48.6	21.7
37.7	57.3	19.8	30.5	46.0	16.0	24.0	36.2	12.5	25.8	37.6	14.8	28.3	39.8	17.4
43.9	68.6	20.9	33.9	51.0	17.7	28.2	40.9	16.1	26.5	36.0	17.5	31.0	41.4	21.2
45.1	69.5	21.5	31.1	45.3	17.4	26.6	40.1	13.6	23.1	34.1	12.4	26.4	35.6	17.4
37.7	56.8	18.7	24.5	35.9	13.0	21.6	30.5	12.6	21.3	30.5	12.2	23.3	31.4	15.1
48.4	72.2	26.5	36.5	56.8	17.5	31.7	47.1	17.2	33.5	50.2	17.8	36.1	53.2	19.9
43.2	65.6	22.3	31.0	46.2	16.4	29.0	41.9	16.6	26.4	36.0	17.1	26.3	37.0	15.9
36.0	55.2	17.6	26.4	37.7	15.5	20.4	27.6	13.5	21.4	29.4	13.7	24.4	32.4	16.8
31.8	48.0	15.5	20.0	29.6	10.4	17.3	25.5	9.2	18.9	27.4	10.7	20.7	28.7	13.0
41.4	62.4	21.1	29.3	43.0	16.1	26.4	38.7	14.6	25.4	36.3	15.0	26.8	37.6	16.8
36.6	54.2	20.1	28.8	44.2	14.3	24.2	34.8	14.2	24.2	34.2	14.6	23.8	35.1	13.3
53.6	79.5	29.6	37.6	57.2	19.2	28.3	41.1	16.4	28.3	43.0	15.1	31.4	41.3	22.5
61.0	91.5	33.5	47.1	69.1	27.0	34.7	53.3	17.6	33.7	50.2	18.5	34.5	45.6	24.4
44.3	66.8	23.9	39.6	62.5	18.7	37.2	53.6	21.9	32.7	48.3	18.5	34.3	46.7	22.9
51.5	78.8	26.4	43.1	64.2	23.3	30.3	45.2	16.3	30.2	44.0	17.4	36.5	49.5	24.3
54.6	83.2	27.3	36.8	53.8	20.6	29.1	40.8	17.9	26.6	37.7	16.1	29.1	41.3	17.6
56.4	87.1	28.6	38.9	59.6	20.0	34.5	51.6	18.9	32.9	50.4	17.0	36.6	51.7	23.0
57.9	95.6	23.7	41.8	59.5	25.5	38.1	57.4	20.3	32.8	48.2	18.6	35.6	49.0	23.4
63.0	98.1	31.3	41.7	58.6	26.0	34.4	47.3	22.4	30.3	42.2	19.1	40.7	55.0	27.5
55.9	89.1	26.1	46.3	67.7	26.9	34.7	49.5	21.2	31.2	45.3	18.4	37.0	51.3	24.2
73.4	124.4	27.7	62.0	95.1	32.1	41.9	63.7	22.1	39.7	57.1	24.2	37.6	56.6	20.7
45.1	70.4	21.7	31.2	48.6	15.1	26.4	40.3	13.5	24.1	34.9	14.0	25.9	36.7	16.0
53.3	81.7	28.1	40.2	55.8	26.2	31.5	43.6	20.5	30.1	45.2	16.3	38.1	53.9	24.0
42.6	68.1	19.5	30.7	42.8	19.8	26.5	40.2	14.1	25.9	38.7	14.2	27.7	41.4	15.5
41.6	63.9	21.9	32.3	48.3	17.9	30.8	45.8	17.2	27.2	39.7	16.0	26.2	37.3	16.2
52.8	80.0	29.0	42.8	66.2	21.8	34.8	52.8	18.5	29.4	41.3	18.7	31.0	45.8	17.7
52.2	83.8	23.7	36.7	55.6	19.7	34.2	55.5	14.6	27.1	43.4	12.6	29.0	42.3	17.2
44.2	67.3	24.0	39.8	58.9	23.2	31.5	45.8	18.7	28.7	41.8	17.2	27.9	40.0	17.2
…	…	…	31.8	48.7	15.7	22.8	36.1	10.0	18.6	28.3	9.1	21.8	33.9	10.3

Note: 1) Total includes foreigners and "Not stated".

第14表　年次・性・都道府県別不慮の事故（再掲　交通事故）

Table 14. Trends in accidental deaths and death rates (regrouped, traffic accidents) (per

交通事故（再掲）

Traffic accidents (regrouped)

都道府県 Prefecture	昭和25年 1950			昭和30年 1955			昭和35年 1960			昭和40年 1965		
	総数 Total	男 Male	女 Female	総数 Total	男 Male	女 Female	総数 Total	男 Male	女 Female	総数 Total	男 Male	女 Female
総数 Total	9.1	14.2	4.1	11.8	18.8	5.0	19.0	30.9	7.5	19.9	32.1	8.0
01 北海道	13.5	21.8	4.9	14.4	23.3	5.2	20.6	32.1	8.9	21.0	33.3	8.8
02 青森	9.3	14.6	4.0	10.3	15.6	5.1	17.5	28.7	6.8	19.3	32.9	6.5
03 岩手	8.7	12.8	4.7	11.5	17.3	5.9	14.1	24.3	4.4	17.4	29.1	6.4
04 宮城	9.1	14.7	3.5	9.7	16.5	3.2	13.9	24.0	4.2	17.7	30.6	5.6
05 秋田	7.0	11.4	2.7	9.0	15.2	3.2	11.1	18.0	4.6	14.9	25.7	5.0
06 山形	7.1	11.7	2.9	6.9	10.7	3.3	11.5	19.8	3.9	15.1	25.8	5.3
07 福島	7.6	11.5	3.8	9.2	14.5	4.2	14.3	23.8	5.5	18.4	30.9	6.9
08 茨城	7.7	12.8	2.9	8.2	13.9	2.8	16.4	27.4	5.8	19.9	33.1	7.2
09 栃木	6.2	10.1	2.5	8.7	14.1	3.5	21.7	36.6	7.9	24.8	41.7	9.0
10 群馬	5.8	9.0	2.8	9.9	16.5	3.6	19.0	32.4	6.6	24.5	41.0	9.1
11 埼玉	9.6	14.5	5.0	12.9	19.5	6.6	23.8	39.4	8.5	25.4	40.1	10.6
12 千葉	8.3	12.8	4.1	11.1	19.2	3.4	17.7	29.7	6.2	22.3	37.4	7.4
13 東京	10.4	16.2	4.4	12.3	19.2	5.1	16.8	26.3	6.7	12.1	18.5	5.4
14 神奈川	15.5	25.4	5.6	14.3	23.6	4.8	24.3	39.9	8.3	18.4	28.6	7.5
15 新潟	6.1	9.9	2.6	8.2	13.8	3.1	10.8	17.7	4.4	16.1	25.9	6.9
16 富山	6.5	9.6	3.7	10.4	16.6	4.6	14.8	21.8	8.3	17.8	27.3	9.2
17 石川	7.1	12.2	2.4	9.0	15.1	3.4	15.5	25.2	6.7	24.3	40.1	9.8
18 福井	6.0	8.0	4.1	9.9	15.1	5.1	15.9	24.7	7.9	23.2	33.4	13.8
19 山梨	7.3	11.2	3.6	12.5	22.6	3.1	19.4	34.3	5.5	26.5	45.7	8.6
20 長野	5.7	8.8	2.8	7.4	12.2	3.0	14.3	23.4	5.9	17.2	29.0	6.3
21 岐阜	7.2	10.6	3.8	8.9	13.8	4.2	19.3	32.5	6.8	22.1	36.8	8.3
22 静岡	9.7	16.6	3.2	12.4	21.0	4.2	27.3	44.8	10.4	27.0	46.3	8.4
23 愛知	7.7	10.7	4.9	13.2	21.0	5.8	27.1	43.7	11.2	21.8	33.5	10.2
24 三重	7.4	11.9	3.2	11.2	18.9	3.9	22.6	38.2	8.1	26.0	41.1	12.1
25 滋賀	7.5	12.3	3.1	11.7	21.2	2.9	21.5	33.7	10.2	28.0	48.8	8.8
26 京都	8.2	12.4	4.1	11.0	17.1	5.2	18.9	30.3	8.0	19.0	28.9	9.6
27 大阪	10.3	16.4	4.4	13.6	20.8	6.4	21.4	33.2	9.5	16.4	25.3	7.3
28 兵庫	11.5	17.9	5.3	13.2	21.6	5.2	22.3	35.1	10.1	21.3	33.8	9.1
29 奈良	7.9	11.9	4.1	11.2	18.0	4.8	19.8	31.6	8.5	21.2	35.0	8.2
30 和歌山	10.9	16.6	5.5	12.7	20.8	5.0	21.1	35.9	7.2	27.8	44.2	12.3
31 鳥取	5.2	8.3	2.3	10.1	15.8	4.7	14.2	23.0	6.1	22.8	39.9	7.2
32 島根	6.8	10.1	3.6	12.9	16.6	9.3	14.5	24.7	4.8	19.7	34.5	6.1
33 岡山	8.3	13.2	3.7	9.7	15.6	4.2	17.2	27.2	8.0	23.0	38.8	8.8
34 広島	10.0	14.8	5.5	15.2	24.1	6.7	20.5	32.2	9.4	23.1	37.3	9.8
35 山口	14.4	23.7	5.4	19.1	31.0	7.6	27.4	46.3	9.5	26.8	43.5	11.5
36 徳島	6.7	10.8	2.9	12.1	18.0	6.4	20.3	32.3	9.1	21.5	34.9	9.2
37 香川	7.6	11.8	3.7	14.5	19.7	9.6	21.3	31.9	11.7	29.5	45.7	15.0
38 愛媛	7.4	11.9	3.1	11.6	16.0	7.5	16.3	27.9	5.5	17.9	29.9	7.0
39 高知	12.4	18.8	6.3	17.6	24.0	11.5	22.5	34.5	11.3	27.3	48.4	8.2
40 福岡	10.5	15.3	5.7	13.3	20.8	6.0	21.8	35.8	8.4	23.7	38.9	9.5
41 佐賀	6.3	9.2	3.7	11.3	17.9	5.2	16.9	28.1	6.7	26.6	45.5	9.8
42 長崎	8.1	12.3	4.0	10.0	16.6	3.5	11.9	19.9	4.3	13.5	22.2	5.5
43 熊本	7.1	11.0	3.5	10.0	16.4	4.1	12.9	21.3	5.3	14.7	24.6	5.8
44 大分	9.9	12.2	7.7	9.6	15.7	3.9	15.5	24.0	7.7	20.1	34.3	7.5
45 宮崎	6.9	10.8	3.1	9.8	14.5	5.3	13.0	22.1	4.5	15.2	26.5	4.8
46 鹿児島	4.6	7.9	1.5	8.0	13.3	3.0	10.8	18.6	3.7	13.9	22.8	6.0
47 沖縄	…	…	…	…	…	…	…	…	…	…	…	…

注：1）総数には、外国及び不詳を含む。

死亡数・率（人口10万対） －昭和25・30・35・40・45・50・55・60・平成２年－

100,000 population) by sex and prefecture, 1950, 1955, 1960, 1965, 1970, 1975, 1980, 1985 and 1990

昭和45年 1970			昭和50年 1975			昭和55年 1980			昭和60年 1985			平成２年 1990		
総数 Total	男 Male	女 Female	総数 Total	男 Male	女 Female	総数 Total	男 Male	女 Female	総数 Total	男 Male	女 Female	総数 Total	男 Male	女 Female
23.4	36.8	10.4	14.6	22.8	6.6	11.4	17.7	5.4	12.0	18.3	5.8	12.9	19.1	7.0
24.5	38.5	11.0	13.2	21.4	5.3	12.8	20.1	5.8	13.7	20.3	7.4	16.1	24.1	8.7
26.5	41.5	12.7	20.0	32.1	8.8	15.8	24.6	7.6	12.6	21.1	4.9	14.9	22.6	7.8
23.2	37.3	10.2	17.7	29.1	7.1	14.5	22.5	7.0	11.0	16.7	5.7	14.8	22.4	7.7
22.4	37.2	8.2	16.1	26.6	6.0	10.7	17.3	4.3	8.5	13.9	3.4	10.5	15.8	5.3
23.9	40.7	8.5	13.6	20.5	7.3	11.1	18.1	4.6	12.1	18.3	6.4	13.0	19.3	7.2
20.1	29.8	11.1	15.0	25.7	5.1	10.1	15.2	5.3	10.6	16.9	4.8	11.1	15.8	6.8
23.9	39.1	9.7	16.7	27.2	6.9	12.0	17.5	6.7	12.5	19.1	6.3	14.4	21.7	7.4
33.8	54.1	14.2	25.7	41.6	10.2	19.0	30.2	8.0	19.2	29.2	9.1	20.3	29.6	11.1
34.9	56.6	14.3	22.3	36.7	8.4	16.9	25.8	8.2	16.0	25.2	7.3	17.8	26.1	9.6
29.6	48.7	11.5	20.0	31.8	8.7	12.6	18.3	7.0	13.5	21.3	6.1	14.6	20.6	8.8
27.7	43.9	11.2	14.0	22.1	5.8	9.8	15.4	4.1	10.8	16.5	5.0	11.5	16.8	6.1
28.0	44.4	11.3	15.8	25.5	5.9	13.1	20.4	5.8	12.8	19.9	5.6	12.5	19.3	5.6
12.7	19.6	5.5	6.5	10.0	2.9	5.7	8.6	2.8	7.6	11.4	3.7	7.4	11.1	3.7
20.3	31.3	8.6	10.0	15.7	3.9	7.6	11.4	3.6	9.7	15.5	3.7	9.4	14.2	4.3
23.2	36.0	11.3	18.2	28.6	8.5	12.2	19.3	5.4	11.3	17.9	5.0	14.1	20.2	8.3
28.8	42.9	15.8	15.6	23.0	8.8	12.9	20.5	5.8	12.1	17.0	7.4	15.7	21.4	10.5
22.4	35.9	10.0	18.5	28.2	9.3	12.4	18.3	6.8	12.8	21.1	5.1	14.8	21.9	8.2
28.0	39.8	17.1	17.7	28.6	7.5	15.3	23.1	8.1	15.3	22.9	8.4	18.6	26.1	11.4
31.8	52.2	12.9	20.2	30.4	10.7	16.2	24.6	8.3	17.0	26.4	8.1	16.7	26.4	7.4
19.2	30.3	8.9	14.2	21.8	7.1	10.0	15.9	4.5	10.4	15.9	5.3	12.9	18.5	7.6
23.1	37.0	10.3	15.6	24.6	7.1	13.0	19.4	7.0	12.6	17.7	7.6	14.3	19.4	9.5
28.5	44.4	13.1	14.9	22.3	7.7	13.7	20.8	6.8	12.6	19.3	6.1	13.3	18.3	8.5
22.8	34.3	11.2	12.1	18.2	5.9	11.3	16.8	5.8	12.0	17.8	6.3	12.3	17.5	7.0
28.2	43.7	13.8	19.5	31.0	8.6	15.0	23.5	6.9	18.0	27.6	9.0	19.8	31.0	9.3
26.5	43.4	10.7	16.5	25.1	8.2	15.3	23.4	7.5	15.4	22.6	8.3	12.7	18.8	6.8
21.1	33.2	9.5	13.4	20.5	6.6	10.1	14.3	6.1	11.2	16.2	6.4	12.8	18.9	7.1
16.5	25.5	7.4	9.6	14.7	4.4	7.5	12.0	3.0	10.1	15.4	5.0	10.3	15.4	5.3
22.5	35.1	10.2	14.9	23.1	7.1	12.5	20.0	5.5	13.6	20.8	6.9	12.7	19.4	6.4
20.2	31.5	9.6	15.0	25.2	5.4	11.5	18.3	5.0	12.0	17.4	7.0	13.2	20.3	6.6
29.6	45.7	14.5	18.9	31.8	6.9	13.2	21.1	5.9	13.4	22.1	5.6	14.2	21.0	8.0
30.5	49.5	13.4	21.4	34.0	9.9	14.1	23.2	5.7	14.7	23.6	6.5	15.5	19.0	12.2
20.3	32.2	9.6	13.3	22.1	5.2	14.0	22.6	6.2	14.2	22.6	6.5	13.9	19.3	8.9
27.6	42.0	14.2	20.6	32.4	9.7	13.2	21.2	5.6	13.8	21.3	6.8	17.1	24.2	10.6
28.9	44.8	13.9	17.3	26.5	8.4	11.8	17.9	5.9	12.4	18.8	6.2	14.5	21.8	7.6
31.4	50.6	14.1	19.3	29.9	9.6	14.2	22.2	6.9	15.0	24.8	6.0	17.7	26.8	9.5
28.7	51.5	8.0	18.0	27.8	9.0	16.1	25.0	7.9	16.5	22.5	10.9	15.6	22.2	9.6
37.0	58.3	17.8	23.3	34.5	13.0	17.1	24.6	10.2	14.5	20.8	8.6	22.0	30.8	13.9
28.2	46.0	12.2	20.6	32.2	10.2	14.6	21.2	8.5	13.6	20.3	7.4	15.5	23.0	8.8
37.7	68.1	10.4	24.3	40.8	9.4	17.1	27.3	7.8	15.4	21.6	9.9	16.9	26.8	8.0
25.9	40.9	12.1	15.6	25.0	7.0	12.4	19.5	5.6	12.0	18.5	6.0	13.4	19.6	7.7
29.3	46.6	14.0	18.9	28.9	9.9	12.0	18.3	6.4	12.7	21.2	4.9	18.4	27.1	10.6
18.3	30.7	6.9	13.8	19.9	8.2	10.3	15.9	5.3	9.0	14.0	4.4	10.5	17.0	4.7
19.6	31.9	8.7	13.9	21.8	6.9	13.0	21.2	5.5	11.8	18.7	5.7	11.7	17.4	6.6
23.9	37.5	11.9	17.9	27.1	9.6	14.7	24.4	5.9	13.3	20.9	6.5	13.6	21.8	6.3
25.9	42.2	11.2	16.3	25.8	7.7	13.0	20.9	5.7	11.9	19.7	5.0	13.7	20.7	7.5
19.4	30.9	9.5	16.5	26.3	7.9	11.6	18.1	5.7	10.4	17.1	4.5	10.4	16.4	5.0
…	…	…	13.5	20.1	7.2	10.2	17.0	3.6	6.9	11.3	2.5	11.4	19.6	3.5

Note: 1) Total includes foreigners and "Not stated".

第15表　年次・都道府県（18大都市再掲）・不慮の事故の
Table 15. Trends in accidental deaths and death rates (per 100,000 population)

死亡数
Deaths

都道府県 Prefecture	20100 不慮の事故 Accident			20101 交通事故 Traffic accident			20102 転倒・転落 Fall			20103 不慮の溺死及び溺水 Accidental drowning		
	総数 Total	男 Male	女 Female	総数 Total	男 Male	女 Female	総数 Total	男 Male	女 Female	総数 Total	男 Male	女 Female
全国 Total	45 323	28 229	17 094	15 147	10 772	4 375	5 911	3 663	2 248	5 588	3 170	2 418
01 北海道	1 766	1 230	536	832	586	246	207	138	69	167	116	51
02 青森	568	392	176	230	173	57	60	39	21	79	57	22
03 岩手	517	335	182	182	126	56	65	39	26	64	34	30
04 宮城	675	447	228	258	192	66	84	49	35	97	64	33
05 秋田	511	340	171	176	128	48	48	33	15	81	45	36
06 山形	460	294	166	149	101	48	57	34	23	70	40	30
07 福島	774	487	287	307	208	99	86	56	30	106	58	48
08 茨城	1 166	805	361	548	399	149	121	79	42	122	75	47
09 栃木	626	439	187	309	221	88	70	47	23	63	43	20
10 群馬	674	414	260	297	188	109	98	57	41	59	29	30
11 埼玉	1 575	1 074	501	683	498	185	238	158	80	129	74	55
12 千葉	1 511	1 048	463	660	503	157	226	147	79	177	109	68
13 東京	2 334	1 549	785	719	519	200	444	310	134	323	182	141
14 神奈川	1 985	1 298	687	642	487	155	287	176	111	447	240	207
15 新潟	1 070	681	389	380	270	110	139	89	50	243	131	112
16 富山	504	325	179	140	93	47	64	43	21	95	57	38
17 石川	455	280	175	157	97	60	56	33	23	74	44	30
18 福井	362	232	130	136	97	39	51	28	23	54	30	24
19 山梨	333	212	121	113	79	34	50	28	22	48	32	16
20 長野	745	473	272	262	190	72	115	69	46	104	60	44
21 岐阜	789	470	319	309	195	114	135	80	55	107	54	53
22 静岡	1 183	776	407	451	320	131	185	108	77	134	76	58
23 愛知	1 997	1 272	725	794	566	228	279	161	118	246	130	116
24 三重	785	504	281	326	229	97	106	61	45	112	59	53
25 滋賀	436	262	174	191	124	67	51	29	22	54	26	28
26 京都	786	510	276	298	207	91	116	76	40	72	45	27
27 大阪	2 367	1 489	878	812	595	217	415	257	158	352	185	167
28 兵庫	7 020	3 224	3 796	650	458	192	307	185	122	260	141	119
29 奈良	428	261	167	168	120	48	62	43	19	47	17	30
30 和歌山	447	278	169	158	110	48	67	36	31	79	39	40
31 鳥取	283	175	108	94	66	28	40	25	15	49	31	18
32 島根	373	250	123	103	75	28	50	35	15	68	42	26
33 岡山	870	531	339	323	220	103	134	78	56	122	58	64
34 広島	1 071	695	376	415	310	105	166	100	66	139	71	68
35 山口	677	446	231	262	190	72	106	58	48	104	62	42
36 徳島	360	234	126	148	99	49	57	38	19	48	26	22
37 香川	490	304	186	205	138	67	70	37	33	57	25	32
38 愛媛	665	419	246	227	149	78	108	61	47	89	53	36
39 高知	437	287	150	140	100	40	76	46	30	48	31	17
40 福岡	1 630	1 044	586	584	400	184	248	145	103	296	168	128
41 佐賀	347	214	133	167	113	54	48	32	16	47	25	22
42 長崎	506	332	174	157	114	43	108	62	46	82	54	28
43 熊本	650	432	218	240	177	63	107	64	43	84	46	38
44 大分	390	260	130	150	102	48	69	42	27	52	32	20
45 宮崎	427	275	152	162	110	52	63	40	23	43	22	21
46 鹿児島	682	446	236	233	159	74	89	56	33	103	61	42
47 沖縄	328	229	99	140	114	26	49	26	23	31	24	7
外国 Foreign countries	6	3	3	－	－	－	2	－	2	1	1	－
不詳 Not stated	282	252	30	60	57	3	32	30	2	60	46	14
18大都市（再掲） 18 major cities (Regrouped)												
東京区部	1 635	1 077	558	475	354	121	312	218	94	253	136	117
札幌市	377	268	109	171	126	45	69	50	19	27	19	8
仙台市	200	136	64	82	59	23	25	17	8	29	18	11
さいたま市	…	…	…	…	…	…	…	…	…	…	…	…
千葉市	203	138	65	85	59	26	36	25	11	20	9	11
横浜市	827	537	290	241	186	55	133	74	59	201	112	89
川崎市	269	179	90	83	62	21	33	23	10	69	36	33
新潟市	…	…	…	…	…	…	…	…	…	…	…	…
静岡市	…	…	…	…	…	…	…	…	…	…	…	…
浜松市	…	…	…	…	…	…	…	…	…	…	…	…
名古屋市	518	329	189	167	119	48	100	60	40	64	31	33
京都市	391	243	148	137	90	47	60	36	24	42	27	15
大阪市	806	482	324	250	180	70	145	85	60	130	68	62
堺市	…	…	…	…	…	…	…	…	…	…	…	…
神戸市	4 100	1 762	2 338	136	106	30	107	65	42	63	40	23
広島市	299	200	99	124	94	30	40	24	16	46	27	19
北九州市	318	195	123	100	68	32	47	25	22	67	38	29
福岡市	306	199	107	101	69	32	53	35	18	55	32	23

注：1）さいたま市、新潟市、静岡市、浜松市及び堺市は政令指定都市となった年については、各年４月から政令指定都市となったが、１月よりの数値を計上している。

種類・性別不慮の事故死亡数・率（人口10万対） －平成７～20年－

by prefecture (regrouped 18 major cities), type of accident and sex, 1995-2008

平成７年
1995

20104 不慮の窒息 Accidental suffocation			20105 煙、火及び火炎への曝露 Exposure to smoke, fire and flame			20106 有害物質による不慮の中毒及び有害物質への曝露 Poisoning by hazardous substance and exposure to such substance			20107 その他の不慮の事故 Other accidents		
総数 Total	男 Male	女 Female	総数 Total	男 Male	女 Female	総数 Total	男 Male	女 Female	総数 Total	男 Male	女 Female
7 104	4 198	2 906	1 383	849	534	568	396	172	9 622	5 181	4 441
274	182	92	66	46	20	29	17	12	191	145	46
94	54	40	26	16	10	22	15	7	57	38	19
139	89	50	17	9	8	3	3	-	47	35	12
124	73	51	23	12	11	22	14	8	67	43	24
120	72	48	26	17	9	6	6	-	54	39	15
106	65	41	12	8	4	6	4	2	60	42	18
139	82	57	27	14	13	14	7	7	95	62	33
196	136	60	34	18	16	14	10	4	131	88	43
90	63	27	21	17	4	5	3	2	68	45	23
114	63	51	23	17	6	6	4	2	77	56	21
256	155	101	54	31	23	30	23	7	185	135	50
237	141	96	60	37	23	27	20	7	124	91	33
392	226	166	115	73	42	49	36	13	292	203	89
321	192	129	64	44	20	17	11	6	207	148	59
190	113	77	28	17	11	9	8	1	81	53	28
124	74	50	17	10	7	5	3	2	59	45	14
103	60	43	12	9	3	2	-	2	51	37	14
63	41	22	12	7	5	2	-	2	44	29	15
71	41	30	10	7	3	6	4	2	35	21	14
149	81	68	29	16	13	6	5	1	80	52	28
128	65	63	31	21	10	6	4	2	73	51	22
241	145	96	38	26	12	13	10	3	121	91	30
384	229	155	64	34	30	25	17	8	205	135	70
132	83	49	23	16	7	9	5	4	77	51	26
83	44	39	15	8	7	4	4	-	38	27	11
162	96	66	29	12	17	8	6	2	101	68	33
368	194	174	68	33	35	32	21	11	320	204	116
315	169	146	57	30	27	25	13	12	5 406	2 228	3 178
65	28	37	28	14	14	10	6	4	48	33	15
84	54	30	14	10	4	4	3	1	41	26	15
62	35	27	11	6	5	3	3	-	24	9	15
81	49	32	11	4	7	2	1	1	58	44	14
151	81	70	27	17	10	14	7	7	99	70	29
193	104	89	32	17	15	13	11	2	113	82	31
107	68	39	19	11	8	6	4	2	73	53	20
59	37	22	10	8	2	3	3	-	35	23	12
78	43	35	18	14	4	5	2	3	57	45	12
129	77	52	27	18	9	5	5	-	80	56	24
100	64	36	13	8	5	6	4	2	54	34	20
287	176	111	52	34	18	21	18	3	142	103	39
48	21	27	9	6	3	3	3	-	25	14	11
104	57	47	22	15	7	6	5	1	27	25	2
112	71	41	19	11	8	16	13	3	72	50	22
51	34	17	11	7	4	6	5	1	51	38	13
76	47	29	16	13	3	14	9	5	53	34	19
137	88	49	28	19	9	13	7	6	79	56	23
50	23	27	9	7	2	14	12	2	35	23	12
-	-	-	-	-	-	-	-	-	3	2	1
15	13	2	6	5	1	2	2	-	107	99	8
262	151	111	93	58	35	42	32	10	198	128	70
51	32	19	10	8	2	7	3	4	42	30	12
41	27	14	2	1	1	6	5	1	15	9	6
…	…	…	…	…	…	…	…	…	…	…	…
32	20	12	10	7	3	4	3	1	16	15	1
127	76	51	27	17	10	9	5	4	89	67	22
42	25	17	14	11	3	2	2	-	26	20	6
…	…	…	…	…	…	…	…	…	…	…	…
…	…	…	…	…	…	…	…	…	…	…	…
…	…	…	…	…	…	…	…	…	…	…	…
97	62	35	19	11	8	11	8	3	60	38	22
79	48	31	16	6	10	6	5	1	51	31	20
110	53	57	30	15	15	14	8	6	127	73	54
…	…	…	…	…	…	…	…	…	…	…	…
102	59	43	12	6	6	5	2	3	3 675	1 484	2 191
48	24	24	4	3	1	6	5	1	31	23	8
61	37	24	10	4	6	3	2	1	30	21	9
54	33	21	14	10	4	2	2	-	27	18	9

Note: 1) Data for the cities of Saitama, Niigata, Shizuoka, Hamamatsu and Sakai include January-March data in the year when they became ordinance-designated cities although they officially became ones in April.

第15表　年次・都道府県（18大都市再掲）・不慮の事故の

Table 15. Trends in accidental deaths and death rates (per 100,000 population)

死亡数
Deaths

都道府県 Prefecture	20100 不慮の事故 Accident			20101 交通事故 Traffic accident			20102 転倒・転落 Fall			20103 不慮の溺死及び溺水 Accidental drowning		
	総数 Total	男 Male	女 Female	総数 Total	男 Male	女 Female	総数 Total	男 Male	女 Female	総数 Total	男 Male	女 Female
全国 Total	39 184	25 485	13 699	14 343	10 170	4 173	5 918	3 768	2 150	5 648	3 162	2 486
01 北海道	1 766	1 224	542	806	591	215	206	138	68	168	106	62
02 青森	568	393	175	219	164	55	57	34	23	81	57	24
03 岩手	559	367	192	188	132	56	51	31	20	78	45	33
04 宮城	657	431	226	248	182	66	93	62	31	97	45	52
05 秋田	488	335	153	146	106	40	53	40	13	77	46	31
06 山形	519	324	195	167	113	54	52	31	21	96	49	47
07 福島	783	496	287	300	190	110	113	86	27	91	45	46
08 茨城	1 089	735	354	484	357	127	140	93	47	125	70	55
09 栃木	699	466	233	341	244	97	91	58	33	53	26	27
10 群馬	685	437	248	265	172	93	104	70	34	75	48	27
11 埼玉	1 536	991	545	623	448	175	276	176	100	138	71	67
12 千葉	1 497	1 028	469	674	512	162	209	123	86	161	103	58
13 東京	2 233	1 508	725	633	468	165	462	311	151	287	161	126
14 神奈川	1 916	1 261	655	543	412	131	316	219	97	471	244	227
15 新潟	1 121	724	397	366	253	113	145	95	50	221	124	97
16 富山	482	312	170	138	99	39	72	38	34	96	54	42
17 石川	449	257	192	153	91	62	58	34	24	77	36	41
18 福井	328	202	126	125	87	38	42	22	20	68	31	37
19 山梨	332	203	129	116	76	40	47	22	25	47	30	17
20 長野	741	481	260	239	171	68	107	69	38	118	69	49
21 岐阜	743	478	265	282	195	87	118	74	44	102	49	53
22 静岡	1 252	788	464	484	326	158	181	111	70	122	66	56
23 愛知	1 948	1 193	755	736	495	241	255	148	107	245	134	111
24 三重	711	453	258	255	173	82	98	63	35	105	63	42
25 滋賀	421	285	136	189	141	48	53	34	19	63	33	30
26 京都	757	469	288	304	217	87	112	70	42	81	34	47
27 大阪	2 195	1 428	767	745	551	194	369	235	134	330	194	136
28 兵庫	1 836	1 163	673	689	468	221	278	179	99	289	145	144
29 奈良	470	288	182	166	114	52	74	42	32	75	36	39
30 和歌山	398	272	126	129	96	33	74	45	29	71	43	28
31 鳥取	269	169	100	100	68	32	33	18	15	42	25	17
32 島根	344	214	130	114	75	39	53	33	20	53	31	22
33 岡山	780	506	274	305	213	92	118	75	43	104	53	51
34 広島	1 012	659	353	366	258	108	170	109	61	115	66	49
35 山口	586	379	207	232	161	71	90	61	29	81	41	40
36 徳島	354	228	126	126	86	40	65	44	21	52	32	20
37 香川	461	287	174	200	138	62	76	43	33	71	35	36
38 愛媛	634	418	216	246	171	75	96	63	33	89	52	37
39 高知	404	257	147	119	85	34	69	37	32	67	39	28
40 福岡	1 596	1 005	591	571	422	149	251	154	97	322	165	157
41 佐賀	384	236	148	142	99	43	66	33	33	57	30	27
42 長崎	509	326	183	167	120	47	101	64	37	83	50	33
43 熊本	605	384	221	227	148	79	95	53	42	81	56	25
44 大分	452	290	162	162	99	63	82	59	23	61	37	24
45 宮崎	405	263	142	157	107	50	58	41	17	40	24	16
46 鹿児島	690	469	221	215	161	54	118	76	42	110	72	38
47 沖縄	279	182	97	95	72	23	44	26	18	38	34	4
外国 Foreign countries	1	1	–	–	–	–	–	–	–	–	–	–
不詳 Not stated	240	220	20	46	43	3	27	26	1	74	63	11
18大都市（再掲） 18 major cities (Regrouped)												
東京区部	1 603	1 070	533	440	315	125	343	231	112	237	128	109
札幌市	356	261	95	156	126	30	58	44	14	40	27	13
仙台市	203	128	75	77	55	22	25	17	8	37	15	22
さいたま市	…	…	…	…	…	…	…	…	…	…	…	…
千葉市	163	124	39	66	53	13	24	17	7	23	17	6
横浜市	778	497	281	193	143	50	148	108	40	214	104	110
川崎市	294	204	90	73	57	16	44	33	11	83	50	33
新潟市	…	…	…	…	…	…	…	…	…	…	…	…
静岡市	…	…	…	…	…	…	…	…	…	…	…	…
浜松市	…	…	…	…	…	…	…	…	…	…	…	…
名古屋市	580	375	205	191	139	52	103	67	36	73	41	32
京都市	371	219	152	125	85	40	63	43	20	48	20	28
大阪市	737	488	249	231	171	60	126	89	37	123	73	50
堺市	…	…	…	…	…	…	…	…	…	…	…	…
神戸市	419	272	147	145	101	44	76	46	30	66	36	30
広島市	278	189	89	109	77	32	45	32	13	25	17	8
北九州市	315	187	128	96	66	30	71	41	30	55	27	28
福岡市	309	203	106	125	101	24	33	19	14	61	35	26

注：1）さいたま市、新潟市、静岡市、浜松市及び堺市は政令指定都市となった年については、各年４月から政令指定都市となったが、１月よりの数値を計上している。

種類・性別不慮の事故死亡数・率（人口10万対） －平成７～20年－

by prefecture (regrouped 18 major cities), type of accident and sex, 1995-2008

平成８年
1996

20104 不慮の窒息 Accidental suffocation			20105 煙、火及び火炎への曝露 Exposure to smoke, fire and flame			20106 有害物質による不慮の中毒及び有害物質への曝露 Poisoning by hazardous substance and exposure to such substance			20107 その他の不慮の事故 Other accidents		
総数 Total	男 Male	女 Female	総数 Total	男 Male	女 Female	総数 Total	男 Male	女 Female	総数 Total	男 Male	女 Female
6 921	4 015	2 906	1 420	878	542	699	459	240	4 235	3 033	1 202
271	162	109	65	44	21	38	25	13	212	158	54
109	64	45	29	20	9	7	3	4	66	51	15
141	90	51	24	12	12	14	11	3	63	46	17
113	71	42	24	17	7	10	5	5	72	49	23
117	72	45	23	18	5	10	5	5	62	48	14
134	80	54	8	6	2	2	-	2	60	45	15
151	87	64	26	15	11	15	6	9	87	67	20
179	110	69	25	16	9	27	14	13	109	75	34
103	63	40	26	16	10	17	13	4	68	46	22
125	76	49	32	15	17	18	13	5	66	43	23
245	132	113	49	25	24	37	25	12	168	114	54
226	131	95	58	36	22	25	18	7	144	105	39
402	246	156	107	67	40	61	42	19	281	213	68
280	169	111	65	44	21	26	23	3	215	150	65
219	122	97	51	31	20	13	10	3	106	89	17
101	64	37	20	17	3	5	4	1	50	36	14
99	59	40	16	9	7	3	2	1	43	26	17
47	29	18	9	6	3	4	2	2	33	25	8
55	32	23	10	7	3	10	5	5	47	31	16
128	67	61	35	22	13	17	10	7	97	73	24
130	88	42	23	16	7	10	6	4	78	50	28
277	154	123	34	30	4	25	16	9	129	85	44
432	237	195	64	34	30	30	20	10	186	125	61
130	68	62	23	14	9	17	10	7	83	62	21
70	45	25	12	9	3	4	2	2	30	21	9
144	77	67	26	12	14	10	6	4	80	53	27
367	187	180	81	51	30	32	21	11	271	189	82
289	173	116	64	40	24	29	18	11	198	140	58
75	44	31	20	7	13	7	6	1	53	39	14
63	40	23	10	9	1	8	5	3	43	34	9
43	26	17	8	6	2	6	3	3	37	23	14
70	38	32	11	7	4	10	8	2	33	22	11
124	69	55	34	22	12	13	9	4	82	65	17
190	110	80	37	20	17	15	8	7	119	88	31
101	58	43	16	10	6	6	3	3	60	45	15
59	32	27	12	6	6	2	2	-	38	26	12
60	34	26	19	10	9	3	2	1	32	25	7
113	70	43	22	15	7	11	7	4	57	40	17
87	53	34	16	8	8	9	6	3	37	29	8
252	136	116	49	28	21	25	20	5	126	80	46
67	42	25	13	5	8	3	3	-	36	24	12
88	45	43	19	13	6	5	3	2	46	31	15
97	60	37	24	14	10	9	6	3	72	47	25
66	42	24	21	13	8	6	5	1	54	35	19
88	51	37	11	7	4	8	5	3	43	28	15
118	75	43	34	19	15	21	12	9	74	54	20
66	27	39	9	5	4	14	9	5	13	9	4
-	-	-	-	-	-	-	-	-	1	1	-
10	8	2	6	5	1	2	2	-	75	73	2
268	167	101	78	50	28	44	31	13	193	148	45
40	24	16	13	5	8	13	7	6	36	28	8
37	24	13	7	4	3	4	3	1	16	10	6
…	…	…	…	…	…	…	…	…	…	…	…
25	17	8	5	5	-	5	4	1	15	11	4
112	67	45	25	14	11	4	4	-	82	57	25
39	25	14	12	8	4	7	6	1	36	25	11
…	…	…	…	…	…	…	…	…	…	…	…
…	…	…	…	…	…	…	…	…	…	…	…
…	…	…	…	…	…	…	…	…	…	…	…
114	63	51	22	11	11	12	8	4	65	46	19
68	31	37	15	6	9	6	4	2	46	30	16
118	58	60	24	14	10	13	9	4	102	74	28
…	…	…	…	…	…	…	…	…	…	…	…
59	38	21	14	10	4	6	3	3	53	38	15
49	28	21	7	5	2	5	4	1	38	26	12
45	22	23	11	7	4	2	2	-	35	22	13
42	20	22	13	6	7	6	4	2	29	18	11

Note: 1) Data for the cities of Saitama, Niigata, Shizuoka, Hamamatsu and Sakai include January-March data in the year when they became ordinance-designated cities although they officially became ones in April.

第15表　年次・都道府県（18大都市再掲）・不慮の事故の
Table 15. Trends in accidental deaths and death rates (per 100,000 population)

死亡数
Deaths

都道府県 Prefecture	20100 不慮の事故 Accident			20101 交通事故 Traffic accident			20102 転倒・転落 Fall			20103 不慮の溺死及び溺水 Accidental drowning		
	総数 Total	男 Male	女 Female	総数 Total	男 Male	女 Female	総数 Total	男 Male	女 Female	総数 Total	男 Male	女 Female
全国 Total	38 886	25 157	13 729	13 981	9 824	4 157	5 872	3 761	2 111	5 659	3 218	2 441
01 北海道	1 725	1 188	537	797	585	212	193	126	67	163	97	66
02 青森	509	343	166	193	139	54	50	30	20	78	56	22
03 岩手	535	350	185	179	135	44	51	36	15	81	45	36
04 宮城	732	471	261	247	164	83	77	56	21	131	82	49
05 秋田	533	351	182	143	95	48	62	47	15	105	69	36
06 山形	493	309	184	161	112	49	49	31	18	98	57	41
07 福島	727	464	263	264	184	80	96	57	39	72	40	32
08 茨城	1 122	756	366	512	386	126	124	81	43	129	70	59
09 栃木	591	394	197	279	199	80	80	52	28	46	29	17
10 群馬	623	411	212	245	168	77	115	80	35	45	23	22
11 埼玉	1 446	963	483	565	409	156	243	154	89	134	76	58
12 千葉	1 555	1 029	526	677	482	195	244	157	87	174	103	71
13 東京	2 325	1 504	821	656	482	174	482	298	184	327	197	130
14 神奈川	1 919	1 243	676	571	435	136	284	185	99	476	236	240
15 新潟	1 082	674	408	336	218	118	137	87	50	237	135	102
16 富山	483	310	173	147	98	49	59	43	16	95	53	42
17 石川	387	249	138	159	104	55	51	37	14	59	33	26
18 福井	333	209	124	138	82	56	54	38	16	61	31	30
19 山梨	314	216	98	114	89	25	51	34	17	45	27	18
20 長野	819	547	272	268	190	78	110	76	34	137	77	60
21 岐阜	801	505	296	324	223	101	121	72	49	93	50	43
22 静岡	1 202	758	444	442	287	155	186	119	67	128	67	61
23 愛知	2 020	1 285	735	719	476	243	303	208	95	280	153	127
24 三重	734	432	302	273	188	85	97	59	38	102	51	51
25 滋賀	441	283	158	185	123	62	51	35	16	53	34	19
26 京都	756	466	290	269	186	83	112	63	49	89	52	37
27 大阪	2 214	1 425	789	674	487	187	387	236	151	373	199	174
28 兵庫	1 669	1 053	616	560	385	175	282	173	109	239	136	103
29 奈良	410	260	150	153	111	42	66	40	26	55	26	29
30 和歌山	400	268	132	149	107	42	52	32	20	79	46	33
31 鳥取	270	173	97	91	64	27	32	22	10	44	31	13
32 島根	335	220	115	117	83	34	46	34	12	48	32	16
33 岡山	785	500	285	308	210	98	106	71	35	109	62	47
34 広島	1 026	659	367	367	260	107	161	97	64	159	87	72
35 山口	572	384	188	232	150	82	89	66	23	61	38	23
36 徳島	351	228	123	139	96	43	58	33	25	58	35	23
37 香川	431	263	168	184	120	64	63	37	26	56	27	29
38 愛媛	606	378	228	211	135	76	112	64	48	85	58	27
39 高知	429	280	149	127	87	40	84	52	32	55	33	22
40 福岡	1 652	1 019	633	569	401	168	247	148	99	340	167	173
41 佐賀	334	204	130	140	86	54	62	37	25	41	24	17
42 長崎	478	320	158	150	111	39	87	55	32	82	53	29
43 熊本	628	385	243	221	149	72	110	65	45	78	47	31
44 大分	414	275	139	161	124	37	86	55	31	44	22	22
45 宮崎	444	283	161	187	115	72	82	63	19	37	20	17
46 鹿児島	674	424	250	217	160	57	108	65	43	70	44	26
47 沖縄	316	233	83	117	105	12	41	30	11	41	34	7
外国 Foreign countires	5	1	4	3	1	2	－	－	－	1	－	1
不詳 Not stated	236	212	24	41	38	3	29	25	4	66	54	12
18大都市（再掲） 18 major cities (Regrouped)												
東京区部	1 634	1 069	565	452	347	105	348	215	133	253	142	111
札幌市	370	260	110	172	130	42	43	29	14	36	21	15
仙台市	208	139	69	72	51	21	30	22	8	38	24	14
さいたま市	…	…	…	…	…	…	…	…	…	…	…	…
千葉市	178	117	61	74	50	24	36	25	11	16	8	8
横浜市	792	498	294	204	151	53	132	83	49	218	102	116
川崎市	296	193	103	79	62	17	39	31	8	77	36	41
新潟市	…	…	…	…	…	…	…	…	…	…	…	…
静岡市	…	…	…	…	…	…	…	…	…	…	…	…
浜松市	…	…	…	…	…	…	…	…	…	…	…	…
名古屋市	558	355	203	155	111	44	108	74	34	95	54	41
京都市	382	240	142	130	96	34	56	31	25	49	29	20
大阪市	762	500	262	221	166	55	157	94	63	121	67	54
堺市	…	…	…	…	…	…	…	…	…	…	…	…
神戸市	378	234	144	96	66	30	66	42	24	57	36	21
広島市	304	199	105	110	76	34	51	36	15	48	29	19
北九州市	357	213	144	96	70	26	57	32	25	76	37	39
福岡市	326	213	113	124	93	31	51	30	21	58	27	31

注：1）さいたま市、新潟市、静岡市、浜松市及び堺市は政令指定都市となった年については、各年４月から政令指定都市となったが、１月よりの数値を計上している。

種類・性別不慮の事故死亡数・率（人口10万対） －平成７～20年－

by prefecture (regrouped 18 major cities), type of accident and sex, 1995-2008

平成９年
1997

20104 不慮の窒息 Accidental suffocation			20105 煙、火及び火炎への曝露 Exposure to smoke, fire and flame			20106 有害物質による不慮の中毒及び有害物質への曝露 Poisoning by hazardous substance and exposure to such substance			20107 その他の不慮の事故 Other accidents		
総数 Total	男 Male	女 Female	総数 Total	男 Male	女 Female	総数 Total	男 Male	女 Female	総数 Total	男 Male	女 Female
7 179	4 065	3 114	1 444	914	530	608	389	219	4 143	2 986	1 157
266	154	112	89	63	26	35	27	8	182	136	46
98	51	47	23	17	6	10	7	3	57	43	14
123	68	55	22	12	10	11	7	4	68	47	21
147	81	66	35	18	17	14	8	6	81	62	19
118	71	47	29	16	13	5	3	2	71	50	21
115	69	46	19	8	11	6	3	3	45	29	16
144	92	52	41	23	18	10	6	4	100	62	38
173	95	78	54	33	21	18	14	4	112	77	35
91	48	43	14	7	7	10	6	4	71	53	18
106	64	42	36	25	11	10	5	5	66	46	20
248	143	105	48	29	19	34	20	14	174	132	42
228	126	102	65	46	19	12	8	4	155	107	48
433	227	206	102	66	36	51	27	24	274	207	67
285	160	125	64	40	24	19	16	3	220	171	49
233	145	88	37	22	15	11	8	3	91	59	32
122	79	43	16	10	6	3	1	2	41	26	15
84	56	28	4	2	2	5	2	3	25	15	10
43	30	13	4	2	2	2	2	–	31	24	7
51	32	19	9	6	3	8	5	3	36	23	13
161	100	61	28	22	6	18	14	4	97	68	29
141	77	64	26	15	11	17	9	8	79	59	20
256	154	102	33	19	14	19	11	8	138	101	37
424	239	185	80	54	26	28	18	10	186	137	49
182	81	101	15	7	8	5	4	1	60	42	18
91	54	37	20	11	9	5	2	3	36	24	12
180	94	86	21	11	10	9	6	3	76	54	22
385	217	168	76	55	21	35	20	15	284	211	73
318	177	141	45	28	17	32	21	11	193	133	60
71	41	30	16	10	6	6	2	4	43	30	13
60	36	24	10	7	3	3	1	2	47	39	8
64	36	28	8	4	4	5	2	3	26	14	12
73	38	35	9	3	6	7	5	2	35	25	10
131	62	69	30	20	10	15	13	2	86	62	24
200	116	84	37	22	15	8	7	1	94	70	24
109	69	40	15	10	5	7	3	4	59	48	11
44	27	17	14	11	3	5	2	3	33	24	9
72	39	33	18	12	6	7	7	–	31	21	10
115	64	51	22	16	6	8	5	3	53	36	17
87	55	32	22	16	6	7	6	1	47	31	16
285	160	125	43	29	14	32	19	13	136	95	41
47	28	19	11	6	5	4	2	2	29	21	8
86	51	35	15	9	6	9	7	2	49	34	15
132	66	66	20	10	10	7	4	3	60	44	16
55	29	26	18	11	7	7	5	2	43	29	14
82	51	31	9	4	5	6	4	2	41	26	15
141	71	70	43	22	21	12	8	4	83	54	29
70	36	34	10	7	3	7	3	4	30	18	12
–	–	–	–	–	–	–	–	–	1	–	1
9	6	3	19	18	1	4	4	–	68	67	1
278	155	123	73	43	30	39	22	17	191	145	46
51	30	21	22	16	6	8	5	3	38	29	9
39	21	18	6	2	4	3	3	–	20	16	4
…	…	…	…	…	…	…	…	…	…	…	…
25	15	10	10	9	1	–	–	–	17	10	7
117	69	48	26	16	10	9	6	3	86	71	15
43	22	21	15	10	5	3	3	–	40	29	11
…	…	…	…	…	…	…	…	…	…	…	…
…	…	…	…	…	…	…	…	…	…	…	…
…	…	…	…	…	…	…	…	…	…	…	…
105	49	56	22	14	8	8	5	3	65	48	17
94	49	45	11	4	7	3	2	1	39	29	10
124	70	54	22	15	7	10	5	5	107	83	24
…	…	…	…	…	…	…	…	…	…	…	…
104	54	50	13	10	3	7	5	2	35	21	14
48	26	22	14	8	6	2	1	1	31	23	8
66	34	32	11	8	3	8	4	4	43	28	15
55	33	22	13	9	4	5	5	–	20	16	4

Note: 1) Data for the cities of Saitama, Niigata, Shizuoka, Hamamatsu and Sakai include January-March data in the year when they became ordinance-designated cities although they officially became ones in April.

第15表　年次・都道府県（18大都市再掲）・不慮の事故の

Table 15. Trends in accidental deaths and death rates (per 100,000 population)

死亡数
Deaths

都道府県 Prefecture	20100 不慮の事故 Accident			20101 交通事故 Traffic accident			20102 転倒・転落 Fall			20103 不慮の溺死及び溺水 Accidental drowning		
	総数 Total	男 Male	女 Female	総数 Total	男 Male	女 Female	総数 Total	男 Male	女 Female	総数 Total	男 Male	女 Female
全国 Total	38 925	24 984	13 941	13 464	9 552	3 912	6 143	3 776	2 367	5 607	3 172	2 435
01 北海道	1 770	1 209	561	727	547	180	218	141	77	200	118	82
02 青森	558	379	179	197	153	44	61	40	21	77	50	27
03 岩手	540	362	178	191	134	57	57	40	17	77	48	29
04 宮城	750	494	256	255	191	64	87	52	35	113	54	59
05 秋田	462	291	171	121	83	38	54	35	19	92	50	42
06 山形	472	273	199	145	100	45	68	39	29	85	34	51
07 福島	780	506	274	260	175	85	95	68	27	78	44	34
08 茨城	1 034	672	362	440	305	135	146	87	59	112	73	39
09 栃木	586	384	202	250	174	76	87	47	40	52	32	20
10 群馬	692	450	242	264	181	83	110	70	40	71	44	27
11 埼玉	1 428	921	507	554	400	154	238	149	89	132	73	59
12 千葉	1 481	952	529	576	415	161	271	157	114	157	79	78
13 東京	2 317	1 579	738	636	487	149	526	342	184	314	196	118
14 神奈川	1 871	1 174	697	560	418	142	253	148	105	461	236	225
15 新潟	1 038	656	382	343	241	102	125	78	47	220	119	101
16 富山	479	285	194	135	79	56	58	33	25	90	55	35
17 石川	413	256	157	147	99	48	64	35	29	55	28	27
18 福井	367	256	111	112	89	23	53	38	15	76	48	28
19 山梨	316	208	108	108	80	28	53	27	26	41	26	15
20 長野	822	502	320	245	166	79	111	67	44	143	81	62
21 岐阜	767	485	282	306	207	99	116	73	43	101	58	43
22 静岡	1 218	770	448	406	274	132	206	136	70	126	67	59
23 愛知	2 114	1 319	795	729	496	233	321	201	120	318	172	146
24 三重	761	471	290	292	207	85	108	72	36	109	53	56
25 滋賀	438	280	158	170	121	49	55	35	20	56	28	28
26 京都	722	459	263	284	194	90	124	70	54	64	43	21
27 大阪	2 106	1 342	764	653	457	196	368	243	125	330	174	156
28 兵庫	1 814	1 131	683	563	406	157	339	197	142	288	147	141
29 奈良	395	238	157	129	97	32	56	25	31	56	29	27
30 和歌山	437	269	168	157	113	44	94	52	42	62	32	30
31 鳥取	248	163	85	84	59	25	36	21	15	44	27	17
32 島根	351	206	145	108	73	35	64	37	27	47	28	19
33 岡山	800	490	310	300	197	103	114	63	51	109	60	49
34 広島	952	611	341	336	247	89	183	109	74	123	71	52
35 山口	576	382	194	224	157	67	92	60	32	66	38	28
36 徳島	366	243	123	150	107	43	65	43	22	39	24	15
37 香川	469	296	173	208	139	69	63	43	20	61	30	31
38 愛媛	622	383	239	215	139	76	97	61	36	83	47	36
39 高知	439	268	171	127	87	40	78	49	29	59	38	21
40 福岡	1 670	1 066	604	554	385	169	257	150	107	330	191	139
41 佐賀	347	233	114	152	108	44	52	31	21	42	26	16
42 長崎	512	324	188	162	119	43	80	49	31	74	42	32
43 熊本	624	417	207	253	185	68	118	68	50	70	44	26
44 大分	400	256	144	128	95	33	92	59	33	52	33	19
45 宮崎	395	244	151	138	104	34	54	29	25	55	31	24
46 鹿児島	665	404	261	214	140	74	108	55	53	74	49	25
47 沖縄	306	215	91	120	87	33	44	32	12	51	44	7
外国 Foreign countires	3	1	2	1	1	－	1	－	1	－	－	－
不詳 Not stated	232	209	23	35	34	1	23	20	3	72	58	14
18大都市（再掲） 18 major cities (Regrouped)												
東京区部	1 665	1 120	545	432	322	110	397	260	137	252	150	102
札幌市	322	216	106	111	78	33	53	31	22	31	18	13
仙台市	216	134	82	75	53	22	32	16	16	32	12	20
さいたま市	…	…	…	…	…	…	…	…	…	…	…	…
千葉市	192	119	73	60	39	21	55	36	19	24	11	13
横浜市	745	448	297	201	148	53	106	62	44	211	104	107
川崎市	282	180	102	87	63	24	31	21	10	71	38	33
新潟市	…	…	…	…	…	…	…	…	…	…	…	…
静岡市	…	…	…	…	…	…	…	…	…	…	…	…
浜松市	…	…	…	…	…	…	…	…	…	…	…	…
名古屋市	618	390	228	192	122	70	111	74	37	93	58	35
京都市	365	220	145	128	84	44	69	36	33	27	17	10
大阪市	724	476	248	200	153	47	136	87	49	112	66	46
堺市	…	…	…	…	…	…	…	…	…	…	…	…
神戸市	432	264	168	110	77	33	84	56	28	85	44	41
広島市	278	186	92	108	86	22	61	39	22	32	15	17
北九州市	354	221	133	103	70	33	61	35	26	79	45	34
福岡市	348	225	123	108	74	34	57	35	22	73	47	26

注：1）さいたま市、新潟市、静岡市、浜松市及び堺市は政令指定都市となった年については、各年４月から政令指定都市となったが、１月よりの数値を計上している。

種類・性別不慮の事故死亡数・率（人口10万対） －平成７～20年－

by prefecture (regrouped 18 major cities), type of accident and sex, 1995-2008

平成10年
1998

20104 不慮の窒息 Accidental suffocation			20105 煙、火及び火炎への曝露 Exposure to smoke, fire and flame			20106 有害物質による不慮の中毒及び有害物質への曝露 Poisoning by hazardous substance and exposure to such substance			20107 その他の不慮の事故 Other accidents		
総数 Total	男 Male	女 Female	総数 Total	男 Male	女 Female	総数 Total	男 Male	女 Female	総数 Total	男 Male	女 Female
7 557	4 280	3 277	1 339	854	485	559	378	181	4 256	2 972	1 284
310	180	130	93	61	32	43	37	6	179	125	54
126	71	55	22	12	10	11	7	4	64	46	18
141	86	55	12	8	4	12	8	4	50	38	12
167	106	61	38	24	14	14	10	4	76	57	19
122	72	50	17	13	4	3	3	-	53	35	18
113	67	46	13	7	6	5	2	3	43	24	19
199	121	78	33	27	6	17	14	3	98	57	41
193	106	87	29	22	7	18	12	6	96	67	29
96	60	36	24	16	8	10	8	2	67	47	20
118	68	50	26	16	10	21	13	8	82	58	24
253	133	120	53	33	20	33	23	10	165	110	55
237	122	115	40	30	10	30	22	8	170	127	43
387	228	159	109	75	34	42	33	9	303	218	85
320	178	142	58	38	20	11	8	3	208	148	60
214	125	89	33	24	9	12	6	6	91	63	28
120	71	49	16	9	7	7	4	3	53	34	19
95	57	38	18	12	6	3	3	-	31	22	9
65	40	25	11	6	5	2	1	1	48	34	14
57	36	21	14	10	4	5	3	2	38	26	12
190	105	85	40	23	17	6	2	4	87	58	29
138	81	57	21	10	11	9	4	5	76	52	24
299	164	135	39	27	12	13	8	5	129	94	35
434	245	189	63	35	28	27	16	11	222	154	68
169	83	86	18	15	3	8	3	5	57	38	19
95	52	43	7	3	4	5	4	1	50	37	13
152	85	67	20	14	6	7	4	3	71	49	22
428	228	200	55	41	14	28	17	11	244	182	62
349	204	145	53	31	22	20	12	8	202	134	68
81	46	35	16	7	9	7	4	3	50	30	20
69	38	31	13	6	7	4	3	1	38	25	13
45	27	18	7	4	3	1	-	1	31	25	6
81	37	44	9	5	4	-	-	-	42	26	16
155	81	74	33	21	12	10	9	1	79	59	20
188	105	83	25	13	12	10	8	2	87	58	29
112	70	42	11	8	3	5	3	2	66	46	20
56	34	22	13	7	6	5	3	2	38	25	13
62	35	27	22	13	9	5	4	1	48	32	16
137	70	67	21	17	4	3	2	1	66	47	19
96	47	49	18	10	8	10	5	5	51	32	19
295	184	111	60	39	21	21	17	4	153	100	53
61	35	26	3	1	2	5	5	-	32	27	5
88	49	39	23	9	14	11	9	2	74	47	27
106	67	39	19	13	6	5	4	1	53	36	17
67	33	34	15	9	6	4	-	4	42	27	15
73	34	39	13	5	8	12	7	5	50	34	16
142	85	57	29	13	16	10	3	7	88	59	29
49	24	25	5	3	2	9	5	4	28	20	8
-	-	-	-	-	-	-	-	-	1	-	1
7	5	2	9	9	-	-	-	-	86	83	3
254	150	104	90	62	28	30	23	7	210	153	57
58	38	20	20	15	5	14	10	4	35	26	9
51	33	18	8	4	4	4	4	-	14	12	2
…	…	…	…	…	…	…	…	…	…	…	…
33	17	16	7	5	2	2	2	-	11	9	2
122	62	60	14	7	7	3	1	2	88	64	24
55	31	24	14	11	3	-	-	-	24	16	8
…	…	…	…	…	…	…	…	…	…	…	…
…	…	…	…	…	…	…	…	…	…	…	…
…	…	…	…	…	…	…	…	…	…	…	…
120	64	56	22	15	7	8	5	3	72	52	20
88	49	39	14	9	5	5	4	1	34	21	13
156	80	76	16	12	4	7	3	4	97	75	22
…	…	…	…	…	…	…	…	…	…	…	…
88	48	40	10	7	3	7	4	3	48	28	20
50	30	20	4	2	2	4	3	1	19	11	8
61	43	18	10	4	6	4	4	-	36	20	16
58	31	27	17	12	5	4	3	1	31	23	8

Note: 1) Data for the cities of Saitama, Niigata, Shizuoka, Hamamatsu and Sakai include January-March data in the year when they became ordinance-designated cities although they officially became ones in April.

第15表　年次・都道府県（18大都市再掲）・不慮の事故の
Table 15. Trends in accidental deaths and death rates (per 100,000 population)

死亡数
Deaths

都道府県 Prefecture	20100 不慮の事故 Accident			20101 交通事故 Traffic accident			20102 転倒・転落 Fall			20103 不慮の溺死及び溺水 Accidental drowning		
	総数 Total	男 Male	女 Female	総数 Total	男 Male	女 Female	総数 Total	男 Male	女 Female	総数 Total	男 Male	女 Female
全国 Total	40 079	25 551	14 528	13 111	9 189	3 922	6 318	3 914	2 404	5 943	3 362	2 581
01 北海道	1 753	1 177	576	715	507	208	210	144	66	203	131	72
02 青森	569	364	205	185	121	64	63	36	27	73	48	25
03 岩手	549	362	187	190	133	57	67	45	22	68	42	26
04 宮城	738	490	248	265	196	69	76	53	23	131	81	50
05 秋田	539	347	192	139	96	43	71	48	23	101	62	39
06 山形	506	299	207	150	96	54	73	44	29	100	60	40
07 福島	743	479	264	224	152	72	77	48	29	105	71	34
08 茨城	1 121	764	357	475	342	133	151	99	52	130	80	50
09 栃木	618	416	202	257	182	75	97	67	30	41	21	20
10 群馬	701	437	264	222	143	79	112	76	36	100	49	51
11 埼玉	1 526	1 027	499	596	424	172	270	176	94	137	90	47
12 千葉	1 561	1 032	529	611	463	148	270	161	109	179	102	77
13 東京	2 512	1 554	958	650	453	197	506	315	191	408	210	198
14 神奈川	1 910	1 229	681	499	366	133	292	190	102	442	252	190
15 新潟	1 107	671	436	317	206	111	158	105	53	223	120	103
16 富山	500	325	175	150	96	54	74	55	19	105	63	42
17 石川	462	282	180	140	91	49	62	38	24	76	48	28
18 福井	375	231	144	138	85	53	53	30	23	74	43	31
19 山梨	297	186	111	102	71	31	44	25	19	39	22	17
20 長野	851	524	327	252	166	86	104	58	46	134	70	64
21 岐阜	767	457	310	248	160	88	129	83	46	123	61	62
22 静岡	1 260	785	475	434	295	139	179	108	71	147	73	74
23 愛知	2 007	1 259	748	691	488	203	293	172	121	280	148	132
24 三重	806	494	312	273	178	95	108	68	40	143	80	63
25 滋賀	451	291	160	170	121	49	50	29	21	66	35	31
26 京都	700	429	271	226	165	61	131	72	59	59	27	32
27 大阪	2 195	1 353	842	637	460	177	398	227	171	337	181	156
28 兵庫	1 739	1 072	667	500	357	143	329	200	129	283	147	136
29 奈良	437	298	139	149	108	41	83	55	28	51	25	26
30 和歌山	438	259	179	124	86	38	82	46	36	70	37	33
31 鳥取	247	145	102	83	48	35	29	15	14	48	30	18
32 島根	347	218	129	97	64	33	49	28	21	55	37	18
33 岡山	767	511	256	286	203	83	130	83	47	89	49	40
34 広島	981	619	362	320	225	95	183	108	75	128	69	59
35 山口	644	412	232	238	165	73	96	53	43	79	51	28
36 徳島	360	237	123	119	85	34	64	44	20	43	26	17
37 香川	477	289	188	192	125	67	79	47	32	66	29	37
38 愛媛	680	408	272	237	154	83	106	56	50	89	53	36
39 高知	436	259	177	131	85	46	93	56	37	48	32	16
40 福岡	1 702	1 083	619	520	388	132	261	171	90	364	180	184
41 佐賀	370	236	134	155	104	51	54	29	25	43	23	20
42 長崎	502	321	181	128	96	32	85	49	36	101	65	36
43 熊本	704	443	261	219	153	66	130	80	50	77	38	39
44 大分	441	290	151	151	108	43	91	56	35	50	31	19
45 宮崎	411	269	142	156	108	48	50	28	22	47	31	16
46 鹿児島	661	420	241	191	134	57	122	68	54	80	54	26
47 沖縄	329	237	92	104	83	21	51	38	13	37	28	9
外国 Foreign countries	4	3	1	－	－	－	2	2	－	1	－	1
不詳 Not stated	278	258	20	55	54	1	31	30	1	70	57	13
18大都市（再掲） 18 major cities (Regrouped)												
東京区部	1 782	1 075	707	453	313	140	350	216	134	333	171	162
札幌市	360	244	116	134	90	44	61	47	14	27	18	9
仙台市	217	143	74	76	57	19	24	15	9	38	25	13
さいたま市	…	…	…	…	…	…	…	…	…	…	…	…
千葉市	165	105	60	61	44	17	31	16	15	16	8	8
横浜市	777	484	293	176	125	51	128	85	43	211	123	88
川崎市	299	202	97	79	60	19	39	28	11	76	41	35
新潟市	…	…	…	…	…	…	…	…	…	…	…	…
静岡市	…	…	…	…	…	…	…	…	…	…	…	…
浜松市	…	…	…	…	…	…	…	…	…	…	…	…
名古屋市	563	348	215	168	129	39	88	44	44	94	49	45
京都市	364	212	152	110	74	36	67	36	31	31	16	15
大阪市	782	488	294	195	131	64	151	95	56	134	79	55
堺市	…	…	…	…	…	…	…	…	…	…	…	…
神戸市	420	254	166	92	71	21	91	53	38	82	42	40
広島市	272	174	98	91	64	27	56	29	27	22	14	8
北九州市	357	227	130	96	73	23	70	49	21	78	38	40
福岡市	327	219	108	92	71	21	55	40	15	72	39	33

注：1）さいたま市、新潟市、静岡市、浜松市及び堺市は政令指定都市となった年については、各年４月から政令指定都市となったが、１月よりの数値を計上している。

種類・性別不慮の事故死亡数・率（人口10万対） －平成７～20年－

by prefecture (regrouped 18 major cities), type of accident and sex, 1995-2008

平成11年
1999

20104 不慮の窒息 Accidental suffocation			20105 煙、火及び火炎への曝露 Exposure to smoke, fire and flame			20106 有害物質による不慮の中毒及び有害物質への曝露 Poisoning by hazardous substance and exposure to such substance			20107 その他の不慮の事故 Other accidents		
総数 Total	男 Male	女 Female	総数 Total	男 Male	女 Female	総数 Total	男 Male	女 Female	総数 Total	男 Male	女 Female
7 919	4 473	3 446	1 463	880	583	707	499	208	4 618	3 234	1 384
285	164	121	73	46	27	42	29	13	225	156	69
139	85	54	33	22	11	15	11	4	61	41	20
125	74	51	20	11	9	12	8	4	67	49	18
154	84	70	26	18	8	8	7	1	78	51	27
128	68	60	19	12	7	5	5	-	76	56	20
99	49	50	18	10	8	5	3	2	61	37	24
186	109	77	31	17	14	16	10	6	104	72	32
180	116	64	42	24	18	24	17	7	119	86	33
111	69	42	26	14	12	12	11	1	74	52	22
127	77	50	37	21	16	10	7	3	93	64	29
266	156	110	57	39	18	44	32	12	156	110	46
268	145	123	63	42	21	25	20	5	145	99	46
450	242	208	89	56	33	49	33	16	360	245	115
322	176	146	67	40	27	26	21	5	262	184	78
246	145	101	32	14	18	14	10	4	117	71	46
106	67	39	12	9	3	5	5	-	48	30	18
120	65	55	10	8	2	8	5	3	46	27	19
62	40	22	12	7	5	4	4	-	32	22	10
51	27	24	8	4	4	10	7	3	43	30	13
198	119	79	35	18	17	14	13	1	114	80	34
140	73	67	21	10	11	8	3	5	98	67	31
321	180	141	45	29	16	18	14	4	116	86	30
467	260	207	78	50	28	28	17	11	170	124	46
183	100	83	23	12	11	8	8	-	68	48	20
94	57	37	14	10	4	6	5	1	51	34	17
153	84	69	28	17	11	19	11	8	84	53	31
416	224	192	86	48	38	33	16	17	288	197	91
367	191	176	48	21	27	32	22	10	180	134	46
75	50	25	12	8	4	8	6	2	59	46	13
94	45	49	16	12	4	5	3	2	47	30	17
49	26	23	10	7	3	2	2	-	26	17	9
82	47	35	15	7	8	5	3	2	44	32	12
133	81	52	35	23	12	10	9	1	84	63	21
162	87	75	37	23	14	23	19	4	128	88	40
133	75	58	16	10	6	4	2	2	78	56	22
69	39	30	16	9	7	6	4	2	43	30	13
74	45	29	21	13	8	6	4	2	39	26	13
143	79	64	25	16	9	7	5	2	73	45	28
101	47	54	13	4	9	5	2	3	45	33	12
322	181	141	55	32	23	33	22	11	147	109	38
73	47	26	14	10	4	7	6	1	24	17	7
112	61	51	22	8	14	9	8	1	45	34	11
139	77	62	18	13	5	18	10	8	103	72	31
73	41	32	10	8	2	14	10	4	52	36	16
79	50	29	19	9	10	11	8	3	49	35	14
154	92	62	32	19	13	15	8	7	67	45	22
75	45	30	14	10	4	13	8	5	35	25	10
-	-	-	-	-	-	-	-	-	1	1	-
13	12	1	10	10	-	6	6	-	93	89	4
302	149	153	62	38	24	34	24	10	248	164	84
62	34	28	13	10	3	17	12	5	46	33	13
50	27	23	5	3	2	3	2	1	21	14	7
…	…	…	…	…	…	…	…	…	…	…	…
29	14	15	7	6	1	3	3	-	18	14	4
124	53	71	28	18	10	8	7	1	102	73	29
47	30	17	9	6	3	6	3	3	43	34	9
…	…	…	…	…	…	…	…	…	…	…	…
…	…	…	…	…	…	…	…	…	…	…	…
…	…	…	…	…	…	…	…	…	…	…	…
136	66	70	16	14	2	12	9	3	49	37	12
83	41	42	16	10	6	11	6	5	46	29	17
140	80	60	36	18	18	12	4	8	114	81	33
…	…	…	…	…	…	…	…	…	…	…	…
95	50	45	9	2	7	10	6	4	41	30	11
45	26	19	12	10	2	5	4	1	41	27	14
66	41	25	13	7	6	5	2	3	29	17	12
55	27	28	14	11	3	4	3	1	35	28	7

Note: 1) Data for the cities of Saitama, Niigata, Shizuoka, Hamamatsu and Sakai include January-March data in the year when they became ordinance-designated cities although they officially became ones in April.

第15表　年次・都道府県（18大都市再掲）・不慮の事故の

Table 15. Trends in accidental deaths and death rates (per 100,000 population)

死亡数
Deaths

都道府県 Prefecture	20100 不慮の事故 Accident			20101 交通事故 Traffic accident			20102 転倒・転落 Fall			20103 不慮の溺死及び溺水 Accidental drowning		
	総数 Total	男 Male	女 Female	総数 Total	男 Male	女 Female	総数 Total	男 Male	女 Female	総数 Total	男 Male	女 Female
全国 Total	39 484	25 162	14 322	12 857	9 072	3 785	6 245	3 798	2 447	5 978	3 332	2 646
01 北海道	1 688	1 165	523	712	532	180	209	136	73	166	112	54
02 青森	580	382	198	177	131	46	68	43	25	86	51	35
03 岩手	531	337	194	172	120	52	58	34	24	69	41	28
04 宮城	788	528	260	267	223	44	98	60	38	140	75	65
05 秋田	474	311	163	130	96	34	62	38	24	88	49	39
06 山形	452	286	166	120	74	46	74	55	19	77	48	29
07 福島	785	496	289	242	172	70	112	64	48	87	40	47
08 茨城	1 076	717	359	441	323	118	156	96	60	133	69	64
09 栃木	636	432	204	265	199	66	87	55	32	63	40	23
10 群馬	677	434	243	262	188	74	120	67	53	91	44	47
11 埼玉	1 405	925	480	541	370	171	266	176	90	102	62	40
12 千葉	1 485	1 009	476	575	442	133	256	164	92	160	97	63
13 東京	2 540	1 649	891	654	488	166	494	307	187	452	252	200
14 神奈川	1 904	1 206	698	508	376	132	290	182	108	484	251	233
15 新潟	1 034	661	373	289	193	96	148	99	49	222	125	97
16 富山	482	307	175	136	94	42	67	43	24	102	56	46
17 石川	442	271	171	130	84	46	77	51	26	84	53	31
18 福井	326	209	117	116	78	38	51	28	23	60	33	27
19 山梨	341	201	140	99	64	35	62	37	25	48	24	24
20 長野	796	516	280	226	160	66	116	70	46	123	67	56
21 岐阜	731	404	327	251	142	109	103	56	47	104	50	54
22 静岡	1 283	802	481	408	282	126	197	133	64	163	88	75
23 愛知	2 184	1 357	827	741	509	232	323	191	132	286	165	121
24 三重	749	457	292	262	182	80	105	65	40	109	54	55
25 滋賀	467	286	181	151	111	40	58	30	28	59	25	34
26 京都	727	466	261	263	185	78	121	70	51	50	31	19
27 大阪	2 139	1 375	764	623	468	155	382	226	156	320	171	149
28 兵庫	1 747	1 064	683	550	371	179	319	186	133	254	132	122
29 奈良	429	263	166	131	99	32	74	52	22	76	37	39
30 和歌山	437	278	159	133	91	42	73	44	29	84	43	41
31 鳥取	275	170	105	77	52	25	43	27	16	49	28	21
32 島根	320	202	118	108	68	40	50	25	25	49	27	22
33 岡山	815	503	312	278	189	89	122	73	49	126	59	67
34 広島	995	612	383	318	219	99	179	97	82	160	97	63
35 山口	558	374	184	204	150	54	79	46	33	71	44	27
36 徳島	348	200	148	114	70	44	73	37	36	50	24	26
37 香川	476	282	194	186	109	77	83	49	34	62	32	30
38 愛媛	680	421	259	233	158	75	115	55	60	97	56	41
39 高知	422	257	165	127	80	47	71	44	27	54	37	17
40 福岡	1 687	1 009	678	470	304	166	237	145	92	389	200	189
41 佐賀	347	221	126	126	86	40	51	29	22	54	38	16
42 長崎	517	313	204	138	100	38	83	48	35	101	60	41
43 熊本	697	422	275	255	170	85	112	62	50	83	42	41
44 大分	432	273	159	149	97	52	82	55	27	41	20	21
45 宮崎	421	296	125	167	118	49	67	47	20	44	32	12
46 鹿児島	633	397	236	187	125	62	114	63	51	103	69	34
47 沖縄	290	207	83	100	88	12	45	25	20	33	28	5
外国 Foreign countries	3	3	－	1	1	－	－	－	－	2	2	－
不詳 Not stated	233	206	27	44	41	3	13	13	－	68	52	16
18大都市（再掲） 18 major cities (Regrouped)												
東京区部	1 842	1 184	658	463	349	114	353	215	138	373	202	171
札幌市	355	244	111	130	96	34	64	43	21	29	19	10
仙台市	202	135	67	64	55	9	26	16	10	36	18	18
さいたま市	…	…	…	…	…	…	…	…	…	…	…	…
千葉市	182	130	52	57	45	12	47	32	15	16	12	4
横浜市	778	488	290	185	141	44	120	81	39	221	107	114
川崎市	277	195	82	77	58	19	43	28	15	74	50	24
新潟市	…	…	…	…	…	…	…	…	…	…	…	…
静岡市	…	…	…	…	…	…	…	…	…	…	…	…
浜松市	…	…	…	…	…	…	…	…	…	…	…	…
名古屋市	581	371	210	141	102	39	117	72	45	76	47	29
京都市	379	249	130	124	94	30	69	40	29	28	17	11
大阪市	702	464	238	168	129	39	152	91	61	97	60	37
堺市	…	…	…	…	…	…	…	…	…	…	…	…
神戸市	398	244	154	111	79	32	86	54	32	65	36	29
広島市	273	174	99	80	58	22	56	33	23	49	34	15
北九州市	351	204	147	85	52	33	63	33	30	82	48	34
福岡市	344	205	139	88	53	35	45	28	17	93	50	43

注：1）さいたま市、新潟市、静岡市、浜松市及び堺市は政令指定都市となった年については、各年４月から政令指定都市となったが、１月よりの数値を計上している。

種類・性別不慮の事故死亡数・率（人口10万対） －平成７～20年－
by prefecture (regrouped 18 major cities), type of accident and sex, 1995-2008

平成12年
2000

20104 不慮の窒息 Accidental suffocation			20105 煙、火及び火炎への曝露 Exposure to smoke, fire and flame			20106 有害物質による不慮の中毒及び有害物質への曝露 Poisoning by hazardous substance and exposure to such substance			20107 その他の不慮の事故 Other accidents		
総数 Total	男 Male	女 Female	総数 Total	男 Male	女 Female	総数 Total	男 Male	女 Female	総数 Total	男 Male	女 Female
7 794	4 375	3 419	1 416	883	533	605	415	190	4 589	3 287	1 302
280	166	114	66	38	28	41	29	12	214	152	62
126	78	48	51	35	16	8	4	4	64	40	24
132	78	54	25	10	15	9	5	4	66	49	17
173	89	84	32	19	13	5	5	–	73	57	16
108	64	44	13	7	6	4	3	1	69	54	15
105	57	48	14	9	5	5	2	3	57	41	16
179	105	74	58	38	20	19	10	9	88	67	21
165	108	57	39	24	15	11	7	4	131	90	41
97	51	46	25	16	9	11	5	6	88	66	22
107	61	46	15	10	5	15	10	5	67	54	13
238	131	107	54	37	17	37	25	12	167	124	43
254	138	116	69	45	24	23	16	7	148	107	41
461	262	199	99	59	40	59	49	10	321	232	89
323	186	137	59	38	21	21	18	3	219	155	64
223	129	94	48	34	14	7	7	–	97	74	23
109	73	36	9	6	3	1	1	–	58	34	24
92	50	42	9	3	6	8	4	4	42	26	16
51	36	15	9	4	5	4	2	2	35	28	7
62	30	32	19	11	8	6	4	2	45	31	14
165	97	68	34	22	12	16	12	4	116	88	28
171	86	85	16	11	5	7	3	4	79	56	23
309	168	141	45	25	20	12	6	6	149	100	49
515	272	243	82	49	33	33	26	7	204	145	59
166	89	77	28	19	9	8	3	5	71	45	26
119	66	53	19	13	6	10	4	6	51	37	14
170	93	77	23	16	7	7	6	1	93	65	28
412	229	183	69	41	28	24	19	5	309	221	88
344	183	161	36	22	14	27	17	10	217	153	64
80	40	40	9	3	6	8	2	6	51	30	21
89	59	30	19	13	6	4	1	3	35	27	8
64	40	24	10	3	7	4	4	–	28	16	12
75	49	26	11	8	3	1	1	–	26	24	2
153	89	64	33	19	14	11	8	3	92	66	26
204	101	103	27	20	7	17	10	7	90	68	22
113	63	50	9	7	2	4	4	–	78	60	18
63	35	28	3	2	1	4	3	1	41	29	12
61	41	20	15	12	3	7	4	3	62	35	27
143	87	56	18	14	4	6	5	1	68	46	22
105	45	60	17	13	4	3	3	–	45	35	10
321	181	140	63	37	26	38	24	14	169	118	51
71	38	33	10	6	4	3	2	1	32	22	10
107	54	53	27	13	14	6	5	1	55	33	22
139	73	66	18	10	8	7	4	3	83	61	22
80	42	38	8	4	4	8	5	3	64	50	14
71	48	23	14	9	5	11	9	2	47	33	14
120	68	52	21	13	8	11	8	3	77	51	26
70	38	32	11	8	3	10	7	3	21	13	8
–	–	–	–	–	–	–	–	–	–	–	–
9	9	–	8	8	–	4	4	–	87	79	8
307	176	131	69	40	29	44	35	9	233	167	66
60	33	27	15	10	5	8	6	2	49	37	12
45	26	19	10	5	5	1	1	–	20	14	6
…	…	…	…	…	…	…	…	…	…	…	…
35	23	12	10	5	5	2	2	–	15	11	4
132	75	57	25	14	11	11	11	–	84	59	25
41	27	14	9	6	3	4	3	1	29	23	6
…	…	…	…	…	…	…	…	…	…	…	…
…	…	…	…	…	…	…	…	…	…	…	…
…	…	…	…	…	…	…	…	…	…	…	…
150	88	62	34	19	15	10	10	–	53	33	20
88	49	39	16	11	5	6	5	1	48	33	15
138	81	57	26	17	9	5	4	1	116	82	34
…	…	…	…	…	…	…	…	…	…	…	…
65	35	30	6	3	3	6	3	3	59	34	25
54	27	27	9	6	3	4	2	2	21	14	7
69	34	35	13	7	6	10	8	2	29	22	7
61	37	24	19	11	8	7	4	3	31	22	9

Note: 1) Data for the cities of Saitama, Niigata, Shizuoka, Hamamatsu and Sakai include January-March data in the year when they became ordinance-designated cities although they officially became ones in April.

第15表　年次・都道府県（18大都市再掲）・不慮の事故の

Table 15. Trends in accidental deaths and death rates (per 100,000 population)

死亡数
Deaths

都道府県 Prefecture	20100 不慮の事故 Accident			20101 交通事故 Traffic accident			20102 転倒・転落 Fall			20103 不慮の溺死及び溺水 Accidental drowning		
	総数 Total	男 Male	女 Female	総数 Total	男 Male	女 Female	総数 Total	男 Male	女 Female	総数 Total	男 Male	女 Female
全国 Total	39 496	24 993	14 503	12 378	8 698	3 680	6 409	3 848	2 561	5 802	3 265	2 537
01 北海道	1 719	1 156	563	669	471	198	232	148	84	179	115	64
02 青森	548	343	205	175	114	61	79	53	26	81	46	35
03 岩手	532	359	173	192	134	58	76	48	28	60	36	24
04 宮城	734	478	256	216	170	46	101	68	33	135	69	66
05 秋田	491	309	182	111	82	29	56	35	21	100	55	45
06 山形	497	310	187	131	83	48	60	45	15	92	49	43
07 福島	731	460	271	256	178	78	111	64	47	73	42	31
08 茨城	1 065	706	359	433	310	123	151	90	61	121	66	55
09 栃木	630	417	213	233	171	62	89	56	33	56	31	25
10 群馬	677	423	254	221	145	76	101	62	39	78	43	35
11 埼玉	1 570	1 027	543	568	397	171	259	163	96	120	65	55
12 千葉	1 480	995	485	533	389	144	262	157	105	159	108	51
13 東京	2 506	1 580	926	594	447	147	498	307	191	402	227	175
14 神奈川	1 940	1 264	676	488	370	118	332	203	129	478	289	189
15 新潟	1 028	642	386	293	209	84	166	110	56	193	91	102
16 富山	485	282	203	130	82	48	63	45	18	111	59	52
17 石川	426	272	154	140	93	47	59	38	21	56	35	21
18 福井	317	196	121	87	53	34	36	23	13	74	42	32
19 山梨	319	194	125	110	74	36	43	25	18	50	28	22
20 長野	834	494	340	234	144	90	120	77	43	151	73	78
21 岐阜	805	509	296	275	192	83	104	68	36	111	54	57
22 静岡	1 310	808	502	385	250	135	246	139	107	180	105	75
23 愛知	2 104	1 310	794	674	466	208	333	198	135	286	170	116
24 三重	763	455	308	290	201	89	111	62	49	107	48	59
25 滋賀	458	280	178	166	112	54	46	24	22	68	38	30
26 京都	749	474	275	245	174	71	118	66	52	80	56	24
27 大阪	2 140	1 347	793	562	417	145	424	233	191	303	149	154
28 兵庫	1 806	1 089	717	497	336	161	317	187	130	304	151	153
29 奈良	425	273	152	142	105	37	56	36	20	56	35	21
30 和歌山	450	278	172	148	102	46	68	42	26	73	39	34
31 鳥取	267	147	120	77	47	30	43	21	22	37	21	16
32 島根	329	196	133	96	65	31	48	29	19	49	20	29
33 岡山	796	529	267	270	194	76	141	86	55	97	60	37
34 広島	999	636	363	328	211	117	160	105	55	157	97	60
35 山口	578	353	225	207	141	66	112	65	47	64	31	33
36 徳島	317	201	116	114	76	38	51	35	16	41	23	18
37 香川	443	287	156	191	133	58	63	36	27	55	31	24
38 愛媛	653	409	244	228	157	71	105	58	47	81	46	35
39 高知	438	276	162	108	82	26	83	46	37	60	37	23
40 福岡	1 656	998	658	486	349	137	283	158	125	359	187	172
41 佐賀	340	199	141	124	91	33	58	28	30	35	15	20
42 長崎	499	313	186	133	97	36	78	52	26	96	61	35
43 熊本	652	412	240	203	140	63	120	65	55	70	54	16
44 大分	436	280	156	137	95	42	90	55	35	45	25	20
45 宮崎	407	259	148	141	93	48	66	36	30	36	26	10
46 鹿児島	669	411	258	181	129	52	127	61	66	98	62	36
47 沖縄	301	205	96	114	88	26	49	27	22	33	20	13
外国 Foreign countires	1	－	1	1	－	1	－	－	－	－	－	－
不詳 Not stated	176	152	24	41	39	2	15	13	2	52	35	17
18大都市（再掲） 18 major cities (Regrouped)												
東京区部	1 812	1 134	678	405	301	104	364	227	137	343	189	154
札幌市	375	245	130	143	101	42	63	42	21	29	14	15
仙台市	190	116	74	56	41	15	34	20	14	24	10	14
さいたま市	…	…	…	…	…	…	…	…	…	…	…	…
千葉市	174	108	66	62	41	21	37	19	18	19	9	10
横浜市	804	517	287	195	151	44	134	82	52	216	127	89
川崎市	295	210	85	79	61	18	44	35	9	73	43	30
新潟市	…	…	…	…	…	…	…	…	…	…	…	…
静岡市	…	…	…	…	…	…	…	…	…	…	…	…
浜松市	…	…	…	…	…	…	…	…	…	…	…	…
名古屋市	562	350	212	158	109	49	99	58	41	84	52	32
京都市	362	225	137	100	73	27	73	43	30	45	31	14
大阪市	786	509	277	181	128	53	181	109	72	111	58	53
堺市	…	…	…	…	…	…	…	…	…	…	…	…
神戸市	429	247	182	105	76	29	57	34	23	84	38	46
広島市	275	189	86	87	64	23	50	32	18	39	27	12
北九州市	331	193	138	80	55	25	69	36	33	73	34	39
福岡市	313	182	131	87	57	30	54	29	25	70	39	31

注：1）さいたま市、新潟市、静岡市、浜松市及び堺市は政令指定都市となった年については、各年４月から政令指定都市となったが、１月よりの数値を計上している。

種類・性別不慮の事故死亡数・率（人口10万対） －平成7～20年－

by prefecture (regrouped 18 major cities), type of accident and sex, 1995-2008

平成13年
2001

20104 不慮の窒息 Accidental suffocation			20105 煙、火及び火炎への曝露 Exposure to smoke, fire and flame			20106 有害物質による不慮の中毒及び有害物質への曝露 Poisoning by hazardous substance and exposure to such substance			20107 その他の不慮の事故 Other accidents		
総数 Total	男 Male	女 Female	総数 Total	男 Male	女 Female	総数 Total	男 Male	女 Female	総数 Total	男 Male	女 Female
8 164	4 501	3 663	1 495	959	536	647	461	186	4 601	3 261	1 340
303	177	126	63	37	26	45	40	5	228	168	60
93	52	41	42	26	16	19	13	6	59	39	20
108	77	31	21	12	9	9	8	1	66	44	22
157	87	70	29	19	10	15	12	3	81	53	28
142	77	65	12	7	5	8	7	1	62	46	16
130	76	54	20	13	7	7	5	2	57	39	18
162	95	67	27	13	14	19	13	6	83	55	28
173	98	75	53	38	15	12	12	–	122	92	30
113	58	55	35	24	11	12	10	2	92	67	25
120	66	54	31	22	9	14	11	3	112	74	38
320	182	138	71	52	19	33	24	9	199	144	55
240	135	105	62	45	17	34	22	12	190	139	51
510	255	255	121	74	47	34	26	8	347	244	103
328	169	159	74	56	18	21	18	3	219	159	60
251	140	111	34	22	12	18	11	7	73	59	14
119	61	58	16	9	7	3	1	2	43	25	18
101	61	40	10	7	3	10	5	5	50	33	17
73	43	30	7	5	2	4	3	1	36	27	9
64	30	34	9	6	3	9	7	2	34	24	10
169	99	70	37	16	21	14	9	5	109	76	33
180	98	82	39	27	12	11	9	2	85	61	24
338	200	138	31	17	14	15	12	3	115	85	30
518	288	230	83	49	34	20	12	8	190	127	63
156	84	72	22	17	5	9	6	3	68	37	31
116	61	55	14	7	7	6	3	3	42	35	7
168	87	81	35	20	15	14	7	7	89	64	25
421	235	186	83	53	30	42	28	14	305	232	73
388	198	190	38	31	7	30	17	13	232	169	63
89	48	41	12	8	4	8	6	2	62	35	27
91	46	45	15	10	5	6	2	4	49	37	12
58	25	33	8	4	4	10	7	3	34	22	12
81	45	36	8	6	2	2	2	–	45	29	16
147	91	56	43	21	22	11	10	1	87	67	20
202	123	79	36	23	13	9	5	4	107	72	35
102	58	44	19	12	7	4	3	1	70	43	27
59	33	26	13	7	6	4	3	1	35	24	11
72	44	28	16	11	5	7	4	3	39	28	11
138	71	67	17	13	4	5	4	1	79	60	19
123	66	57	18	15	3	3	2	1	43	28	15
309	160	149	55	29	26	20	11	9	144	104	40
76	38	38	10	5	5	4	3	1	33	19	14
114	52	62	15	10	5	7	4	3	56	37	19
156	83	73	18	9	9	15	11	4	70	50	20
85	47	38	24	16	8	12	9	3	43	33	10
89	50	39	13	10	3	10	7	3	52	37	15
144	89	55	21	11	10	13	9	4	85	50	35
63	38	25	7	7	–	9	7	2	26	18	8
–	–	–	–	–	–	–	–	–	–	–	–
5	5	–	8	8	–	1	1	–	54	51	3
346	172	174	90	55	35	26	21	5	238	169	69
62	33	29	9	3	6	14	14	–	55	38	17
39	19	20	9	4	5	7	6	1	21	16	5
…	…	…	…	…	…	…	…	…	…	…	…
25	16	9	9	7	2	7	6	1	15	10	5
141	70	71	27	19	8	6	6	–	85	62	23
51	31	20	10	9	1	1	1	–	37	30	7
…	…	…	…	…	…	…	…	…	…	…	…
…	…	…	…	…	…	…	…	…	…	…	…
…	…	…	…	…	…	…	…	…	…	…	…
131	72	59	23	16	7	4	2	2	63	41	22
82	41	41	15	7	8	9	4	5	38	26	12
137	81	56	33	20	13	12	8	4	131	105	26
…	…	…	…	…	…	…	…	…	…	…	…
102	49	53	6	4	2	14	6	8	61	40	21
56	38	18	9	5	4	4	1	3	30	22	8
63	34	29	16	13	3	4	1	3	26	20	6
59	29	30	15	5	10	2	2	–	26	21	5

Note: 1) Data for the cities of Saitama, Niigata, Shizuoka, Hamamatsu and Sakai include January-March data in the year when they became ordinance-designated cities although they officially became ones in April.

第15表　年次・都道府県（18大都市再掲）・不慮の事故の
Table 15. Trends in accidental deaths and death rates (per 100,000 population)

死亡数
Deaths

都道府県 Prefecture	20100 不慮の事故 Accident			20101 交通事故 Traffic accident			20102 転倒・転落 Fall			20103 不慮の溺死及び溺水 Accidental drowning		
	総数 Total	男 Male	女 Female	総数 Total	男 Male	女 Female	総数 Total	男 Male	女 Female	総数 Total	男 Male	女 Female
全国 Total	38 643	24 283	14 360	11 743	8 171	3 572	6 328	3 885	2 443	5 736	3 197	2 539
01 北海道	1 661	1 120	541	633	451	182	198	125	73	187	115	72
02 青森	506	359	147	163	125	38	60	40	20	73	56	17
03 岩手	542	358	184	172	118	54	63	46	17	68	38	30
04 宮城	777	498	279	245	181	64	99	60	39	132	68	64
05 秋田	553	335	218	139	83	56	69	48	21	94	53	41
06 山形	516	322	194	124	88	36	54	37	17	90	45	45
07 福島	772	487	285	251	172	79	112	67	45	79	39	40
08 茨城	1 099	738	361	420	313	107	171	110	61	129	78	51
09 栃木	606	395	211	240	164	76	99	64	35	51	26	25
10 群馬	717	433	284	235	138	97	118	75	43	83	46	37
11 埼玉	1 442	938	504	491	357	134	262	165	97	122	74	48
12 千葉	1 488	989	499	543	373	170	284	166	118	147	100	47
13 東京	2 406	1 487	919	556	392	164	538	316	222	363	196	167
14 神奈川	1 880	1 181	699	493	365	128	304	189	115	446	251	195
15 新潟	1 046	637	409	294	203	91	148	96	52	204	102	102
16 富山	535	327	208	107	63	44	71	48	23	152	89	63
17 石川	419	276	143	115	86	29	57	38	19	69	42	27
18 福井	323	204	119	93	68	25	40	28	12	72	41	31
19 山梨	329	212	117	90	59	31	61	40	21	48	26	22
20 長野	847	515	332	220	156	64	126	75	51	169	87	82
21 岐阜	798	504	294	267	183	84	134	80	54	85	49	36
22 静岡	1 278	821	457	378	259	119	226	150	76	151	91	60
23 愛知	2 085	1 236	849	645	423	222	319	182	137	304	151	153
24 三重	828	506	322	271	204	67	111	65	46	125	57	68
25 滋賀	411	245	166	130	90	40	51	31	20	50	25	25
26 京都	650	396	254	225	155	70	111	61	50	47	33	14
27 大阪	2 106	1 276	830	568	383	185	384	229	155	317	172	145
28 兵庫	1 684	1 023	661	466	331	135	287	156	131	301	154	147
29 奈良	420	253	167	124	80	44	68	37	31	61	34	27
30 和歌山	413	245	168	123	80	43	66	38	28	69	39	30
31 鳥取	276	173	103	85	59	26	48	29	19	44	26	18
32 島根	314	207	107	95	71	24	39	25	14	44	26	18
33 岡山	763	479	284	243	167	76	136	91	45	98	50	48
34 広島	925	586	339	291	209	82	174	104	70	127	71	56
35 山口	542	336	206	188	132	56	88	54	34	68	42	26
36 徳島	328	198	130	94	58	36	72	49	23	38	23	15
37 香川	404	239	165	143	97	46	56	35	21	47	22	25
38 愛媛	613	392	221	198	136	62	119	74	45	64	37	27
39 高知	382	230	152	102	74	28	76	50	26	59	30	29
40 福岡	1 649	1 008	641	468	316	152	248	151	97	379	205	174
41 佐賀	322	192	130	118	77	41	44	24	20	52	27	25
42 長崎	486	294	192	124	87	37	98	60	38	78	44	34
43 熊本	660	395	265	224	147	77	126	73	53	75	39	36
44 大分	374	247	127	118	85	33	80	50	30	49	36	13
45 宮崎	379	244	135	130	86	44	70	45	25	44	27	17
46 鹿児島	650	410	240	188	134	54	96	59	37	91	48	43
47 沖縄	251	170	81	80	60	20	47	32	15	29	20	9
外国 Foreign countires	5	4	1	-	-	-	1	-	1	1	1	-
不詳 Not stated	183	163	20	33	33	-	19	18	1	61	46	15
18大都市（再掲） 18 major cities (Regrouped)												
東京区部	1 728	1 057	671	386	279	107	374	215	159	297	158	139
札幌市	363	252	111	133	99	34	56	40	16	38	24	14
仙台市	250	162	88	74	57	17	33	16	17	39	22	17
さいたま市	…	…	…	…	…	…	…	…	…	…	…	…
千葉市	168	113	55	59	38	21	35	20	15	13	9	4
横浜市	776	494	282	191	141	50	123	83	40	199	114	85
川崎市	255	154	101	64	47	17	41	22	19	75	40	35
新潟市	…	…	…	…	…	…	…	…	…	…	…	…
静岡市	…	…	…	…	…	…	…	…	…	…	…	…
浜松市	…	…	…	…	…	…	…	…	…	…	…	…
名古屋市	629	361	268	173	109	64	106	53	53	101	52	49
京都市	324	182	142	103	68	35	62	33	29	23	14	9
大阪市	725	443	282	162	101	61	139	87	52	117	63	54
堺市	…	…	…	…	…	…	…	…	…	…	…	…
神戸市	441	259	182	88	55	33	80	46	34	96	53	43
広島市	244	165	79	88	67	21	54	34	20	33	20	13
北九州市	338	215	123	82	58	24	59	39	20	80	46	34
福岡市	326	196	130	80	59	21	57	33	24	70	36	34

注：1）さいたま市、新潟市、静岡市、浜松市及び堺市は政令指定都市となった年については、各年４月から政令指定都市となったが、１月よりの数値を計上している。

種類・性別不慮の事故死亡数・率（人口10万対） －平成７～20年－
by prefecture (regrouped 18 major cities), type of accident and sex, 1995-2008

平成14年
2002

20104 不慮の窒息 Accidental suffocation			20105 煙、火及び火炎への曝露 Exposure to smoke, fire and flame			20106 有害物質による不慮の中毒及び有害物質への曝露 Poisoning by hazardous substance and exposure to such substance			20107 その他の不慮の事故 Other accidents		
総数 Total	男 Male	女 Female	総数 Total	男 Male	女 Female	総数 Total	男 Male	女 Female	総数 Total	男 Male	女 Female
8 313	4 567	3 746	1 438	928	510	617	406	211	4 468	3 129	1 339
337	218	119	75	46	29	40	34	6	191	131	60
108	62	46	29	23	6	13	9	4	60	44	16
156	96	60	21	18	3	7	7	-	55	35	20
174	97	77	34	21	13	13	12	1	80	59	21
150	81	69	21	14	7	8	4	4	72	52	20
158	93	65	16	10	6	9	7	2	65	42	23
183	102	81	43	30	13	9	9	-	95	68	27
196	105	91	38	26	12	17	10	7	128	96	32
116	67	49	23	19	4	11	8	3	66	47	19
144	82	62	27	16	11	10	6	4	100	70	30
305	161	144	61	41	20	33	22	11	168	118	50
256	160	96	65	43	22	26	18	8	167	129	38
460	250	210	100	67	33	53	34	19	336	232	104
354	184	170	57	37	20	13	8	5	213	147	66
238	137	101	39	25	14	11	6	5	112	68	44
122	71	51	11	9	2	7	3	4	65	44	21
106	61	45	15	9	6	6	4	2	51	36	15
61	29	32	9	5	4	3	2	1	45	31	14
61	36	25	14	9	5	7	6	1	48	36	12
196	104	92	34	18	16	9	5	4	93	70	23
192	109	83	42	24	18	10	6	4	68	53	15
330	182	148	40	22	18	26	19	7	127	98	29
503	269	234	78	51	27	38	26	12	198	134	64
204	103	101	19	12	7	15	10	5	83	55	28
104	53	51	19	11	8	7	3	4	50	32	18
158	73	85	27	22	5	4	3	1	78	49	29
450	222	228	60	37	23	32	20	12	295	213	82
385	212	173	43	29	14	22	14	8	180	127	53
107	60	47	11	7	4	7	5	2	42	30	12
83	45	38	22	15	7	8	2	6	42	26	16
57	37	20	6	4	2	5	2	3	31	16	15
76	45	31	11	8	3	8	3	5	41	29	12
167	88	79	31	19	12	6	5	1	82	59	23
195	110	85	35	21	14	15	10	5	88	61	27
93	46	47	27	18	9	4	1	3	74	43	31
72	33	39	13	6	7	7	3	4	32	26	6
87	51	36	14	8	6	4	3	1	53	23	30
121	64	57	26	19	7	3	2	1	82	60	22
88	41	47	12	6	6	4	2	2	41	27	14
331	176	155	39	28	11	30	20	10	154	112	42
68	39	29	7	4	3	2	1	1	31	20	11
109	58	51	19	10	9	9	7	2	49	28	21
118	64	54	28	16	12	10	5	5	79	51	28
65	36	29	11	6	5	3	2	1	48	32	16
75	39	36	11	9	2	5	1	4	44	37	7
132	77	55	40	21	19	22	15	7	81	56	25
53	30	23	10	5	5	5	1	4	27	22	5
-	-	-	-	-	-	-	-	-	3	3	-
9	9	-	5	4	1	1	1	-	55	52	3
317	161	156	82	53	29	38	25	13	234	166	68
74	49	25	19	12	7	6	5	1	37	23	14
62	35	27	7	4	3	5	4	1	30	24	6
…	…	…	…	…	…	…	…	…	…	…	…
36	28	8	6	5	1	3	2	1	16	11	5
140	72	68	25	15	10	8	5	3	90	64	26
43	25	18	9	5	4	3	1	2	20	14	6
…	…	…	…	…	…	…	…	…	…	…	…
…	…	…	…	…	…	…	…	…	…	…	…
152	81	71	27	16	11	10	8	2	60	42	18
83	31	52	14	11	3	3	2	1	36	23	13
160	81	79	23	17	6	7	5	2	117	89	28
…	…	…	…	…	…	…	…	…	…	…	…
112	64	48	9	5	4	8	5	3	48	31	17
33	18	15	8	6	2	3	2	1	25	18	7
63	32	31	12	10	2	6	4	2	36	26	10
77	39	38	6	5	1	4	-	4	32	24	8

Note: 1) Data for the cities of Saitama, Niigata, Shizuoka, Hamamatsu and Sakai include January-March data in the year when they became ordinance-designated cities although they officially became ones in April.

第15表　年次・都道府県（18大都市再掲）・不慮の事故の

Table 15. Trends in accidental deaths and death rates (per 100,000 population)

死亡数
Deaths

都道府県 Prefecture	20100 不慮の事故 Accident			20101 交通事故 Traffic accident			20102 転倒・転落 Fall			20103 不慮の溺死及び溺水 Accidental drowning		
	総数 Total	男 Male	女 Female	総数 Total	男 Male	女 Female	総数 Total	男 Male	女 Female	総数 Total	男 Male	女 Female
全国 Total	38 714	23 969	14 745	10 913	7 565	3 348	6 722	4 019	2 703	5 716	3 104	2 612
01 北海道	1 699	1 156	543	545	401	144	237	148	89	196	121	75
02 青森	510	329	181	149	102	47	58	38	20	68	37	31
03 岩手	532	348	184	150	114	36	74	49	25	89	44	45
04 宮城	674	423	251	198	144	54	110	65	45	113	59	54
05 秋田	508	305	203	129	86	43	66	45	21	79	35	44
06 山形	462	279	183	101	69	32	66	44	22	98	50	48
07 福島	725	460	265	197	136	61	89	54	35	91	62	29
08 茨城	1 067	679	388	361	260	101	161	97	64	115	62	53
09 栃木	595	393	202	240	168	72	93	59	34	40	20	20
10 群馬	626	382	244	205	134	71	115	63	52	78	46	32
11 埼玉	1 548	977	571	538	375	163	296	170	126	145	79	66
12 千葉	1 413	945	468	507	374	133	260	160	100	149	85	64
13 東京	2 543	1 535	1 008	510	382	128	559	329	230	469	245	224
14 神奈川	1 865	1 148	717	469	348	121	352	206	146	372	207	165
15 新潟	1 028	628	400	240	157	83	158	95	63	189	95	94
16 富山	509	304	205	112	57	55	85	57	28	115	67	48
17 石川	460	268	192	125	78	47	68	45	23	70	34	36
18 福井	362	215	147	105	68	37	48	32	16	74	41	33
19 山梨	318	203	115	96	66	30	45	27	18	44	27	17
20 長野	851	508	343	194	131	63	161	76	85	136	78	58
21 岐阜	742	446	296	235	156	79	127	76	51	89	39	50
22 静岡	1 258	743	515	376	233	143	229	133	96	160	73	87
23 愛知	2 103	1 241	862	583	370	213	377	220	157	328	172	156
24 三重	733	449	284	247	163	84	106	65	41	108	61	47
25 滋賀	422	253	169	116	80	36	70	44	26	58	28	30
26 京都	601	367	234	176	127	49	116	64	52	39	29	10
27 大阪	2 018	1 244	774	467	345	122	402	233	169	293	162	131
28 兵庫	1 731	1 030	701	423	296	127	298	157	141	285	143	142
29 奈良	401	242	159	99	66	33	82	51	31	73	46	27
30 和歌山	361	219	142	99	71	28	51	28	23	66	30	36
31 鳥取	271	160	111	84	57	27	50	33	17	37	20	17
32 島根	315	201	114	101	75	26	45	28	17	47	28	19
33 岡山	829	516	313	252	168	84	146	93	53	121	64	57
34 広島	926	559	367	264	178	86	190	112	78	119	70	49
35 山口	520	303	217	170	112	58	87	46	41	58	34	24
36 徳島	340	225	115	111	85	26	72	46	26	43	21	22
37 香川	454	292	162	163	114	49	65	40	25	53	27	26
38 愛媛	685	423	262	197	130	67	129	86	43	84	41	43
39 高知	374	228	146	100	72	28	69	40	29	53	32	21
40 福岡	1 774	1 051	723	455	305	150	279	168	111	423	214	209
41 佐賀	333	202	131	120	78	42	49	29	20	50	26	24
42 長崎	491	299	192	144	102	42	101	67	34	64	32	32
43 熊本	625	375	250	184	125	59	105	68	37	59	32	27
44 大分	453	285	168	134	84	50	102	64	38	47	38	9
45 宮崎	425	294	131	135	100	35	74	53	21	54	29	25
46 鹿児島	711	431	280	176	121	55	139	68	71	89	53	36
47 沖縄	321	230	91	100	76	24	40	29	11	29	20	9
外国 Foreign countries	4	2	2	1	–	1	1	–	1	–	–	–
不詳 Not stated	198	174	24	30	26	4	20	19	1	57	46	11
18大都市（再掲） 18 major cities (Regrouped)												
東京区部	1 876	1 119	757	352	264	88	400	233	167	400	206	194
札幌市	390	286	104	116	90	26	64	45	19	58	37	21
仙台市	208	122	86	57	36	21	35	23	12	37	17	20
さいたま市	210	124	86	67	49	18	43	20	23	20	11	9
千葉市	180	121	59	46	34	12	40	27	13	16	7	9
横浜市	742	454	288	179	145	34	133	76	57	170	95	75
川崎市	262	166	96	60	46	14	44	24	20	56	34	22
新潟市	…	…	…	…	…	…	…	…	…	…	…	…
静岡市	…	…	…	…	…	…	…	…	…	…	…	…
浜松市	…	…	…	…	…	…	…	…	…	…	…	…
名古屋市	583	351	232	128	81	47	119	73	46	97	49	48
京都市	292	172	120	74	51	23	61	35	26	19	14	5
大阪市	745	458	287	136	102	34	153	88	65	124	71	53
堺市	…	…	…	…	…	…	…	…	…	…	…	…
神戸市	428	249	179	80	63	17	80	44	36	87	40	47
広島市	241	150	91	70	51	19	49	29	20	30	22	8
北九州市	352	223	129	80	55	25	58	38	20	97	56	41
福岡市	356	194	162	76	45	31	57	32	25	96	47	49

注：1）さいたま市、新潟市、静岡市、浜松市及び堺市は政令指定都市となった年については、各年４月から政令指定都市となったが、１月よりの数値を計上している。

種類・性別不慮の事故死亡数・率（人口10万対） －平成７～20年－

by prefecture (regrouped 18 major cities), type of accident and sex, 1995-2008

平成15年
2003

20104 不慮の窒息 Accidental suffocation			20105 煙、火及び火炎への曝露 Exposure to smoke, fire and flame			20106 有害物質による不慮の中毒及び有害物質への曝露 Poisoning by hazardous substance and exposure to such substance			20107 その他の不慮の事故 Other accidents		
総数 Total	男 Male	女 Female	総数 Total	男 Male	女 Female	総数 Total	男 Male	女 Female	総数 Total	男 Male	女 Female
8 570	4 634	3 936	1 498	973	525	814	562	252	4 481	3 112	1 369
353	205	148	95	65	30	88	75	13	185	141	44
116	68	48	38	25	13	17	15	2	64	44	20
132	76	56	17	11	6	10	7	3	60	47	13
140	72	68	29	19	10	18	17	1	66	47	19
140	75	65	22	15	7	14	11	3	58	38	20
122	75	47	20	12	8	6	2	4	49	27	22
177	97	80	41	28	13	26	17	9	104	66	38
230	127	103	42	29	13	22	14	8	136	90	46
118	70	48	23	18	5	11	9	2	70	49	21
134	79	55	9	6	3	9	6	3	76	48	28
299	168	131	63	38	25	34	20	14	173	127	46
256	143	113	54	42	12	30	21	9	157	120	37
518	260	258	128	85	43	61	35	26	298	199	99
392	198	194	64	37	27	25	17	8	191	135	56
266	147	119	41	28	13	12	10	2	122	96	26
121	71	50	16	11	5	7	3	4	53	38	15
125	65	60	14	11	3	10	7	3	48	28	20
83	46	37	6	2	4	8	7	1	38	19	19
70	40	30	15	10	5	8	7	1	40	26	14
206	120	86	29	20	9	18	14	4	107	69	38
172	97	75	25	17	8	13	10	3	81	51	30
294	167	127	39	23	16	24	20	4	136	94	42
504	252	252	94	68	26	26	21	5	191	138	53
161	88	73	21	9	12	16	7	9	74	56	18
107	53	54	14	10	4	13	10	3	44	28	16
151	73	78	28	14	14	9	5	4	82	55	27
460	233	227	76	49	27	36	21	15	284	201	83
422	220	202	61	42	19	35	20	15	207	152	55
80	34	46	12	6	6	11	7	4	44	32	12
88	50	38	10	7	3	8	3	5	39	30	9
59	26	33	14	7	7	4	3	1	23	14	9
66	25	41	10	7	3	13	12	1	33	26	7
167	99	68	31	21	10	10	5	5	102	66	36
197	97	100	33	17	16	18	10	8	105	75	30
116	60	56	13	9	4	8	6	2	68	36	32
66	41	25	12	10	2	8	6	2	28	16	12
109	69	40	18	10	8	8	6	2	38	26	12
151	87	64	26	13	13	16	11	5	82	55	27
95	46	49	13	10	3	7	6	1	37	22	15
341	191	150	53	33	20	36	22	14	187	118	69
67	36	31	14	9	5	3	3	–	30	21	9
106	53	53	14	8	6	15	5	10	47	32	15
155	77	78	26	11	15	5	2	3	91	60	31
95	42	53	15	13	2	9	5	4	51	39	12
94	57	37	16	12	4	5	5	–	47	38	9
149	92	57	29	14	15	15	8	7	114	75	39
90	59	31	8	5	3	7	7	–	47	34	13
–	–	–	–	–	–	1	1	–	1	1	–
10	8	2	7	7	–	1	1	–	73	67	6
372	181	191	87	56	31	47	26	21	218	153	65
70	46	24	25	18	7	26	23	3	31	27	4
45	21	24	7	5	2	7	7	–	20	13	7
49	25	24	10	4	6	2	–	2	19	15	4
44	27	17	6	5	1	6	4	2	22	17	5
155	74	81	24	15	9	8	5	3	73	44	29
55	29	26	8	6	2	4	3	1	35	24	11
…	…	…	…	…	…	…	…	…	…	…	…
…	…	…	…	…	…	…	…	…	…	…	…
…	…	…	…	…	…	…	…	…	…	…	…
148	76	72	29	24	5	7	7	–	55	41	14
81	36	45	15	7	8	3	1	2	39	28	11
159	82	77	35	21	14	12	6	6	126	88	38
…	…	…	…	…	…	…	…	…	…	…	…
98	53	45	16	8	8	9	4	5	58	37	21
53	24	29	6	4	2	8	3	5	25	17	8
61	39	22	11	8	3	7	5	2	38	22	16
70	38	32	13	7	6	7	4	3	37	21	16

Note: 1) Data for the cities of Saitama, Niigata, Shizuoka, Hamamatsu and Sakai include January-March data in the year when they became ordinance-designated cities although they officially became ones in April.

第15表　年次・都道府県（18大都市再掲）・不慮の事故の

Table 15. Trends in accidental deaths and death rates (per 100,000 population)

死亡数
Deaths

都道府県 Prefecture	20100 不慮の事故 Accident			20101 交通事故 Traffic accident			20102 転倒・転落 Fall			20103 不慮の溺死及び溺水 Accidental drowning		
	総数 Total	男 Male	女 Female	総数 Total	男 Male	女 Female	総数 Total	男 Male	女 Female	総数 Total	男 Male	女 Female
全国 Total	38 193	23 667	14 526	10 551	7 355	3 196	6 412	3 854	2 558	5 584	3 102	2 482
01 北海道	1 733	1 156	577	526	370	156	230	143	87	220	143	77
02 青森	542	344	198	159	103	56	51	31	20	62	42	20
03 岩手	591	367	224	167	112	55	81	52	29	65	33	32
04 宮城	692	443	249	208	152	56	78	51	27	103	66	37
05 秋田	536	318	218	112	71	41	70	43	27	107	50	57
06 山形	506	305	201	114	81	33	64	44	20	86	48	38
07 福島	775	499	276	218	164	54	126	72	54	85	53	32
08 茨城	987	612	375	323	224	99	131	80	51	121	67	54
09 栃木	598	380	218	217	151	66	100	62	38	63	33	30
10 群馬	634	390	244	174	123	51	120	83	37	98	54	44
11 埼玉	1 385	870	515	421	297	124	273	157	116	121	69	52
12 千葉	1 469	954	515	458	350	108	263	141	122	139	82	57
13 東京	2 432	1 480	952	489	360	129	532	310	222	421	221	200
14 神奈川	1 749	1 141	608	429	312	117	305	201	104	358	215	143
15 新潟	1 095	648	447	279	177	102	137	84	53	184	100	84
16 富山	497	298	199	122	78	44	74	44	30	121	67	54
17 石川	375	254	121	93	64	29	52	29	23	57	41	16
18 福井	364	221	143	100	61	39	53	34	19	77	40	37
19 山梨	314	207	107	90	69	21	69	40	29	38	17	21
20 長野	795	490	305	214	144	70	121	60	61	144	86	58
21 岐阜	778	495	283	248	168	80	126	85	41	83	46	37
22 静岡	1 175	697	478	330	210	120	197	123	74	156	73	83
23 愛知	1 993	1 196	797	597	406	191	339	201	138	270	140	130
24 三重	797	482	315	270	197	73	118	58	60	77	42	35
25 滋賀	389	231	158	114	78	36	55	30	25	45	29	16
26 京都	598	332	266	191	128	63	119	62	57	44	24	20
27 大阪	2 091	1 268	823	525	375	150	388	221	167	311	156	155
28 兵庫	1 729	1 059	670	441	323	118	274	162	112	297	150	147
29 奈良	398	225	173	95	68	27	80	50	30	68	32	36
30 和歌山	408	247	161	105	72	33	59	35	24	67	34	33
31 鳥取	233	132	101	61	38	23	34	19	15	36	18	18
32 島根	294	192	102	70	53	17	51	34	17	44	26	18
33 岡山	760	463	297	237	159	78	141	89	52	118	66	52
34 広島	937	565	372	269	168	101	178	108	70	128	75	53
35 山口	499	329	170	154	105	49	100	63	37	40	26	14
36 徳島	345	213	132	95	63	32	72	45	27	37	21	16
37 香川	445	261	184	152	103	49	65	40	25	56	27	29
38 愛媛	668	419	249	177	128	49	119	63	56	74	48	26
39 高知	462	285	177	120	84	36	87	53	34	66	41	25
40 福岡	1 768	1 058	710	427	303	124	272	168	104	407	212	195
41 佐賀	312	173	139	96	61	35	43	21	22	58	29	29
42 長崎	461	294	167	97	65	32	87	64	23	85	52	33
43 熊本	593	374	219	180	124	56	114	71	43	73	41	32
44 大分	454	270	184	133	84	49	108	60	48	57	34	23
45 宮崎	387	246	141	130	82	48	66	48	18	50	28	22
46 鹿児島	687	427	260	203	145	58	124	72	52	85	46	39
47 沖縄	301	222	79	87	71	16	47	31	16	37	31	6
外国 Foreign countires	3	3	－	2	2	－	－	－	－	1	1	－
不詳 Not stated	159	132	27	32	29	3	19	17	2	44	27	17
18大都市（再掲） 18 major cities (Regrouped)												
東京区部	1 754	1 071	683	324	248	76	395	237	158	352	181	171
札幌市	399	273	126	105	80	25	64	43	21	44	28	16
仙台市	213	131	82	62	42	20	30	19	11	33	17	16
さいたま市	174	99	75	42	27	15	33	21	12	18	9	9
千葉市	193	128	65	59	40	19	33	19	14	20	14	6
横浜市	626	435	191	163	117	46	98	72	26	141	92	49
川崎市	269	170	99	60	47	13	42	30	12	65	33	32
新潟市	…	…	…	…	…	…	…	…	…	…	…	…
静岡市	…	…	…	…	…	…	…	…	…	…	…	…
浜松市	…	…	…	…	…	…	…	…	…	…	…	…
名古屋市	564	339	225	136	94	42	113	66	47	78	40	38
京都市	289	154	135	82	52	30	67	33	34	19	10	9
大阪市	738	442	296	156	108	48	161	90	71	108	55	53
堺市	…	…	…	…	…	…	…	…	…	…	…	…
神戸市	431	253	178	88	61	27	75	47	28	96	51	45
広島市	257	164	93	70	48	22	58	34	24	35	25	10
北九州市	335	211	124	84	61	23	60	37	23	64	37	27
福岡市	363	212	151	85	61	24	60	31	29	91	49	42

注：1）さいたま市、新潟市、静岡市、浜松市及び堺市は政令指定都市となった年については、各年４月から政令指定都市となったが、１月よりの数値を計上している。

種類・性別不慮の事故死亡数・率（人口10万対） －平成７～20年－

by prefecture (regrouped 18 major cities), type of accident and sex, 1995-2008

平成16年
2004

20104 不慮の窒息 Accidental suffocation			20105 煙、火及び火炎への曝露 Exposure to smoke, fire and flame			20106 有害物質による不慮の中毒及び有害物質への曝露 Poisoning by hazardous substance and exposure to such substance			20107 その他の不慮の事故 Other accidents		
総数 Total	男 Male	女 Female	総数 Total	男 Male	女 Female	総数 Total	男 Male	女 Female	総数 Total	男 Male	女 Female
8 645	4 631	4 014	1 396	842	554	759	521	238	4 846	3 362	1 484
353	193	160	92	66	26	67	51	16	245	190	55
127	78	49	41	28	13	16	10	6	86	52	34
169	96	73	30	19	11	9	8	1	70	47	23
180	96	84	30	12	18	19	15	4	74	51	23
149	91	58	19	15	4	6	4	2	73	44	29
164	89	75	15	6	9	5	5	-	58	32	26
188	102	86	41	23	18	13	8	5	104	77	27
203	94	109	35	24	11	40	25	15	134	98	36
113	63	50	27	17	10	9	6	3	69	48	21
121	59	62	14	7	7	8	5	3	99	59	40
299	162	137	55	39	16	32	16	16	184	130	54
284	150	134	63	41	22	47	29	18	215	161	54
504	257	247	89	54	35	49	35	14	348	243	105
366	207	159	60	39	21	11	6	5	220	161	59
294	167	127	33	20	13	23	18	5	145	82	63
112	66	46	15	9	6	5	4	1	48	30	18
87	49	38	9	7	2	8	8	-	69	56	13
78	47	31	12	6	6	2	2	-	42	31	11
66	46	20	13	10	3	3	2	1	35	23	12
179	101	78	32	23	9	17	11	6	88	65	23
176	93	83	33	18	15	23	18	5	89	67	22
316	170	146	30	20	10	18	12	6	128	89	39
475	246	229	71	46	25	35	21	14	206	136	70
214	113	101	27	15	12	17	12	5	74	45	29
118	49	69	9	6	3	4	4	-	44	35	9
127	55	72	18	10	8	7	5	2	92	48	44
427	230	197	81	44	37	58	34	24	301	208	93
417	219	198	49	27	22	17	11	6	234	167	67
93	37	56	6	5	1	7	6	1	49	27	22
120	65	55	10	5	5	13	6	7	34	30	4
48	22	26	5	4	1	10	6	4	39	25	14
67	42	25	10	4	6	9	7	2	43	26	17
163	86	77	19	11	8	7	2	5	75	50	25
202	100	102	24	14	10	15	11	4	121	89	32
120	77	43	18	12	6	5	2	3	62	44	18
72	35	37	13	6	7	7	6	1	49	37	12
76	36	40	21	9	12	11	8	3	64	38	26
163	101	62	26	12	14	16	13	3	93	54	39
103	52	51	19	9	10	7	7	-	60	39	21
389	199	190	56	29	27	25	18	7	192	129	63
76	34	42	6	4	2	2	2	-	31	22	9
107	55	52	24	12	12	12	11	1	49	35	14
122	68	54	20	9	11	13	10	3	71	51	20
92	49	43	15	8	7	8	5	3	41	30	11
83	46	37	16	9	7	5	3	2	37	30	7
151	80	71	30	17	13	15	10	5	79	57	22
86	53	33	9	6	3	4	3	1	31	27	4
-	-	-	-	-	-	-	-	-	-	-	-
6	6	-	6	6	-	-	-	-	52	47	5
339	168	171	64	39	25	39	27	12	241	171	70
83	41	42	24	16	8	26	21	5	53	44	9
59	31	28	5	2	3	5	5	-	19	15	4
48	21	27	11	6	5	3	2	1	19	13	6
39	24	15	12	10	2	3	2	1	27	19	8
132	82	50	15	13	2	3	2	1	74	57	17
55	30	25	13	6	7	1	-	1	33	24	9
…	…	…	…	…	…	…	…	…	…	…	…
…	…	…	…	…	…	…	…	…	…	…	…
…	…	…	…	…	…	…	…	…	…	…	…
138	74	64	27	14	13	12	8	4	60	43	17
67	31	36	8	3	5	3	2	1	43	23	20
147	83	64	42	21	21	20	13	7	104	72	32
…	…	…	…	…	…	…	…	…	…	…	…
106	51	55	15	10	5	4	2	2	47	31	16
55	27	28	5	4	1	7	5	2	27	21	6
62	30	32	13	7	6	4	4	-	48	35	13
81	40	41	13	5	8	5	5	-	28	21	7

Note: 1) Data for the cities of Saitama, Niigata, Shizuoka, Hamamatsu and Sakai include January-March data in the year when they became ordinance-designated cities although they officially became ones in April.

第15表　年次・都道府県（18大都市再掲）・不慮の事故の
Table 15. Trends in accidental deaths and death rates (per 100,000 population)

死亡数
Deaths

都道府県 Prefecture	20100 不慮の事故 Accident			20101 交通事故 Traffic accident			20102 転倒・転落 Fall			20103 不慮の溺死及び溺水 Accidental drowning		
	総数 Total	男 Male	女 Female	総数 Total	男 Male	女 Female	総数 Total	男 Male	女 Female	総数 Total	男 Male	女 Female
全国 Total	39 863	24 591	15 272	10 028	7 015	3 013	6 702	3 989	2 713	6 222	3 404	2 818
01 北海道	1 637	1 110	527	462	342	120	231	145	86	197	126	71
02 青森	524	345	179	122	84	38	70	47	23	71	42	29
03 岩手	542	353	189	143	105	38	66	45	21	60	32	28
04 宮城	794	500	294	193	146	47	102	56	46	137	71	66
05 秋田	530	326	204	120	86	34	59	43	16	113	58	55
06 山形	512	310	202	104	67	37	67	40	27	110	61	49
07 福島	795	482	313	195	131	64	129	74	55	95	51	44
08 茨城	1 091	702	389	331	234	97	141	90	51	134	69	65
09 栃木	685	446	239	228	169	59	124	86	38	62	35	27
10 群馬	651	385	266	196	130	66	104	55	49	95	45	50
11 埼玉	1 577	983	594	472	331	141	270	146	124	153	93	60
12 千葉	1 549	988	561	423	312	111	271	170	101	177	100	77
13 東京	2 601	1 562	1 039	472	337	135	567	332	235	446	243	203
14 神奈川	1 919	1 221	698	394	301	93	354	226	128	401	231	170
15 新潟	1 081	627	454	245	159	86	168	93	75	216	122	94
16 富山	493	311	182	106	68	38	73	46	27	109	69	40
17 石川	399	253	146	98	68	30	44	32	12	74	41	33
18 福井	369	218	151	86	57	29	56	33	23	86	48	38
19 山梨	265	164	101	68	49	19	46	27	19	34	17	17
20 長野	878	521	357	198	136	62	137	90	47	153	81	72
21 岐阜	760	477	283	202	147	55	130	88	42	96	52	44
22 静岡	1 260	756	504	337	227	110	224	127	97	187	107	80
23 愛知	2 064	1 219	845	553	358	195	314	170	144	294	145	149
24 三重	750	454	296	229	156	73	110	55	55	113	54	59
25 滋賀	460	277	183	131	92	39	70	49	21	77	31	46
26 京都	652	386	266	192	127	65	140	75	65	55	33	22
27 大阪	2 144	1 333	811	445	330	115	426	262	164	360	186	174
28 兵庫	1 899	1 111	788	517	354	163	282	163	119	301	141	160
29 奈良	384	219	165	99	69	30	69	38	31	45	23	22
30 和歌山	434	244	190	97	64	33	72	41	31	75	32	43
31 鳥取	271	168	103	66	47	19	38	24	14	58	30	28
32 島根	311	197	114	81	58	23	54	30	24	56	31	25
33 岡山	862	522	340	213	155	58	154	83	71	131	65	66
34 広島	979	607	372	275	191	84	156	79	77	169	93	76
35 山口	502	315	187	156	112	44	105	68	37	41	21	20
36 徳島	367	226	141	121	87	34	60	34	26	55	29	26
37 香川	433	276	157	120	82	38	69	40	29	56	35	21
38 愛媛	623	382	241	188	118	70	121	74	47	64	35	29
39 高知	385	260	125	77	49	28	80	55	25	51	37	14
40 福岡	1 784	1 073	711	369	258	111	293	176	117	495	259	236
41 佐賀	348	208	140	99	66	33	52	26	26	53	26	27
42 長崎	508	317	191	103	77	26	106	63	43	94	60	34
43 熊本	683	422	261	166	117	49	139	87	52	108	63	45
44 大分	461	286	175	129	82	47	97	55	42	54	40	14
45 宮崎	438	271	167	110	75	35	72	43	29	52	31	21
46 鹿児島	734	422	312	180	110	70	119	61	58	90	57	33
47 沖縄	283	185	98	74	55	19	54	33	21	26	17	9
外国 Foreign countries	11	9	2	7	5	2	1	1	–	–	–	–
不詳 Not stated	181	162	19	36	35	1	16	13	3	43	36	7
18大都市（再掲） 18 major cities (Regrouped)												
東京区部	1 883	1 110	773	308	211	97	410	236	174	382	203	179
札幌市	346	233	113	86	66	20	66	43	23	29	18	11
仙台市	238	152	86	56	41	15	38	22	16	33	15	18
さいたま市	204	129	75	58	44	14	34	20	14	27	15	12
千葉市	194	129	65	47	42	5	44	27	17	19	12	7
横浜市	780	479	301	147	111	36	129	88	41	184	103	81
川崎市	275	176	99	58	44	14	46	33	13	68	38	30
新潟市	…	…	…	…	…	…	…	…	…	…	…	…
静岡市	228	141	87	60	44	16	39	23	16	29	19	10
浜松市	…	…	…	…	…	…	…	…	…	…	…	…
名古屋市	597	358	239	129	87	42	102	60	42	101	44	57
京都市	347	197	150	92	59	33	76	33	43	28	16	12
大阪市	756	472	284	131	96	35	158	102	56	143	81	62
堺市	…	…	…	…	…	…	…	…	…	…	…	…
神戸市	448	265	183	79	51	28	85	52	33	95	46	49
広島市	290	176	114	72	47	25	60	27	33	50	30	20
北九州市	367	228	139	69	55	14	73	43	30	96	54	42
福岡市	343	204	139	66	45	21	54	33	21	109	57	52

注：1）さいたま市、新潟市、静岡市、浜松市及び堺市は政令指定都市となった年については、各年４月から政令指定都市となったが、１月よりの数値を計上している。

種類・性別不慮の事故死亡数・率（人口10万対） －平成７～20年－
by prefecture (regrouped 18 major cities), type of accident and sex, 1995-2008

平成17年
2005

20104 不慮の窒息 Accidental suffocation			20105 煙、火及び火炎への曝露 Exposure to smoke, fire and flame			20106 有害物質による不慮の中毒及び有害物質への曝露 Poisoning by hazardous substance and exposure to such substance			20107 その他の不慮の事故 Other accidents		
総数 Total	男 Male	女 Female	総数 Total	男 Male	女 Female	総数 Total	男 Male	女 Female	総数 Total	男 Male	女 Female
9 319	5 058	4 261	1 593	972	621	891	609	282	5 108	3 544	1 564
371	210	161	73	48	25	86	67	19	217	172	45
125	78	47	32	22	10	24	17	7	80	55	25
164	93	71	22	14	8	11	7	4	76	57	19
220	124	96	33	21	12	19	16	3	90	66	24
141	76	65	24	12	12	9	7	2	64	44	20
132	83	49	18	8	10	11	6	5	70	45	25
197	108	89	45	33	12	17	9	8	117	76	41
265	159	106	53	31	22	19	15	4	148	104	44
128	63	65	41	27	14	14	8	6	88	58	30
147	81	66	13	9	4	7	5	2	89	60	29
346	182	164	72	42	30	47	33	14	217	156	61
322	177	145	82	53	29	58	40	18	216	136	80
571	282	289	121	77	44	64	35	29	360	256	104
425	236	189	65	36	29	16	12	4	264	179	85
299	153	146	25	15	10	16	12	4	112	73	39
113	63	50	13	12	1	12	6	6	67	47	20
121	67	54	10	6	4	4	3	1	48	36	12
85	44	41	6	5	1	7	4	3	43	27	16
66	37	29	13	9	4	2	2	-	36	23	13
215	107	108	37	16	21	23	13	10	115	78	37
202	104	98	26	15	11	15	9	6	89	62	27
321	166	155	37	25	12	28	15	13	126	89	37
574	314	260	65	40	25	47	34	13	217	158	59
177	101	76	20	15	5	17	11	6	84	62	22
116	64	52	10	6	4	5	3	2	51	32	19
154	82	72	27	14	13	13	7	6	71	48	23
473	254	219	75	43	32	51	34	17	314	224	90
452	227	225	68	42	26	43	27	16	236	157	79
87	44	43	22	9	13	8	3	5	54	33	21
108	57	51	19	8	11	12	9	3	51	33	18
58	31	27	14	9	5	4	4	-	33	23	10
64	37	27	8	6	2	7	4	3	41	31	10
198	104	94	38	25	13	15	10	5	113	80	33
196	117	79	40	27	13	15	11	4	128	89	39
108	58	50	16	6	10	1	1	-	75	49	26
65	33	32	17	10	7	5	3	2	44	30	14
99	58	41	19	12	7	7	6	1	63	43	20
122	69	53	28	20	8	16	14	2	84	52	32
105	66	39	22	16	6	7	7	-	43	30	13
370	209	161	55	32	23	25	16	9	177	123	54
91	53	38	13	8	5	2	2	-	38	27	11
122	60	62	22	15	7	14	11	3	47	31	16
145	78	67	27	9	18	17	15	2	81	53	28
98	56	42	19	11	8	6	2	4	58	40	18
103	52	51	16	10	6	11	7	4	74	53	21
181	101	80	46	22	24	24	18	6	94	53	41
71	36	35	10	7	3	6	6	-	42	31	11
-	-	-	-	-	-	-	-	-	3	3	-
6	4	2	16	14	2	4	3	1	60	57	3
399	202	197	94	61	33	48	26	22	242	171	71
74	43	31	18	7	11	27	21	6	46	35	11
65	37	28	11	9	2	2	2	-	33	26	7
42	20	22	8	4	4	5	5	-	30	21	9
49	25	24	10	6	4	5	5	-	20	12	8
175	93	82	20	9	11	4	3	1	121	72	49
59	34	25	11	7	4	6	4	2	27	16	11
…	…	…	…	…	…	…	…	…	…	…	…
62	31	31	7	3	4	4	1	3	27	20	7
…	…	…	…	…	…	…	…	…	…	…	…
179	103	76	18	12	6	8	6	2	60	46	14
92	52	40	10	8	2	10	6	4	39	23	16
151	79	72	30	17	13	11	7	4	132	90	42
…	…	…	…	…	…	…	…	…	…	…	…
101	59	42	14	8	6	11	7	4	63	42	21
50	28	22	14	12	2	6	4	2	38	28	10
73	38	35	6	2	4	10	7	3	40	29	11
79	45	34	5	4	1	6	4	2	24	16	8

Note: 1) Data for the cities of Saitama, Niigata, Shizuoka, Hamamatsu and Sakai include January-March data in the year when they became ordinance-designated cities although they officially became ones in April.

第15表　年次・都道府県（18大都市再掲）・不慮の事故の

Table 15. Trends in accidental deaths and death rates (per 100,000 population)

死亡数
Deaths

都道府県 Prefecture	20100 不慮の事故 Accident			20101 交通事故 Traffic accident			20102 転倒・転落 Fall			20103 不慮の溺死及び溺水 Accidental drowning		
	総数 Total	男 Male	女 Female	総数 Total	男 Male	女 Female	総数 Total	男 Male	女 Female	総数 Total	男 Male	女 Female
全　国　Total	38 270	23 329	14 941	9 048	6 258	2 790	6 601	3 931	2 670	6 038	3 226	2 812
01 北海道	1 601	1 037	564	399	285	114	230	134	96	225	145	80
02 青森	488	316	172	128	86	42	73	43	30	62	35	27
03 岩手	567	342	225	124	83	41	76	38	38	78	45	33
04 宮城	719	461	258	174	125	49	100	59	41	113	69	44
05 秋田	534	316	218	96	75	21	76	50	26	107	44	63
06 山形	495	306	189	94	66	28	54	32	22	111	57	54
07 福島	682	417	265	192	133	59	103	60	43	65	29	36
08 茨城	1 013	629	384	302	225	77	156	85	71	124	69	55
09 栃木	623	401	222	225	161	64	104	60	44	70	39	31
10 群馬	672	404	268	200	136	64	107	65	42	109	55	54
11 埼玉	1 475	910	565	412	284	128	280	171	109	121	64	57
12 千葉	1 511	938	573	404	291	113	316	175	141	168	101	67
13 東京	2 461	1 502	959	396	297	99	547	328	219	414	216	198
14 神奈川	1 989	1 227	762	350	253	97	327	203	124	592	323	269
15 新潟	992	570	422	203	134	69	167	98	69	207	105	102
16 富山	506	287	219	105	57	48	71	46	25	117	58	59
17 石川	412	245	167	90	46	44	56	37	19	63	35	28
18 福井	342	200	142	75	50	25	45	28	17	72	42	30
19 山梨	309	193	116	73	55	18	55	32	23	35	20	15
20 長野	817	506	311	147	99	48	121	75	46	155	80	75
21 岐阜	748	459	289	178	122	56	128	80	48	87	44	43
22 静岡	1 178	679	499	299	187	112	234	142	92	161	77	84
23 愛知	2 027	1 188	839	525	343	182	347	210	137	305	152	153
24 三重	745	414	331	213	140	73	110	58	52	130	54	76
25 滋賀	414	243	171	113	72	41	49	29	20	61	31	30
26 京都	622	383	239	165	110	55	136	79	57	28	17	11
27 大阪	2 096	1 266	830	392	272	120	404	217	187	361	182	179
28 兵庫	1 738	1 043	695	374	278	96	318	181	137	284	143	141
29 奈良	394	257	137	111	82	29	55	41	14	45	22	23
30 和歌山	422	241	181	100	69	31	71	35	36	65	34	31
31 鳥取	256	155	101	60	44	16	44	19	25	42	23	19
32 島根	271	158	113	64	42	22	40	29	11	38	21	17
33 岡山	757	468	289	191	130	61	123	79	44	123	67	56
34 広島	903	570	333	222	158	64	152	93	59	143	75	68
35 山口	492	284	208	149	99	50	102	59	43	53	31	22
36 徳島	342	215	127	91	60	31	69	41	28	53	30	23
37 香川	435	258	177	164	112	52	74	41	33	39	18	21
38 愛媛	593	356	237	146	92	54	106	64	42	72	40	32
39 高知	393	256	137	87	63	24	75	48	27	49	29	20
40 福岡	1 699	1 001	698	349	238	111	255	155	100	411	214	197
41 佐賀	329	194	135	101	65	36	60	33	27	42	19	23
42 長崎	507	300	207	96	70	26	117	80	37	71	40	31
43 熊本	654	412	242	160	113	47	136	86	50	84	52	32
44 大分	434	265	169	95	68	27	88	54	34	54	30	24
45 宮崎	457	281	176	144	101	43	56	30	26	63	30	33
46 鹿児島	675	426	249	161	105	56	116	77	39	80	54	26
47 沖縄	314	209	105	75	52	23	58	38	20	30	26	4
外国　Foreign countires	9	6	3	5	3	2	-	-	-	2	1	1
不詳　Not stated	158	135	23	29	27	2	14	14	-	54	39	15
18大都市（再掲） 18 major cities (Regrouped)												
東京区部	1 762	1 069	693	274	202	72	417	247	170	321	166	155
札幌市	415	264	151	91	67	24	84	55	29	52	28	24
仙台市	203	112	91	41	24	17	37	20	17	31	12	19
さいたま市	219	133	86	64	45	19	39	24	15	15	7	8
千葉市	182	107	75	51	36	15	40	19	21	18	11	7
横浜市	825	497	328	133	97	36	124	75	49	282	146	136
川崎市	285	186	99	52	39	13	44	30	14	89	54	35
新潟市	…	…	…	…	…	…	…	…	…	…	…	…
静岡市	216	127	89	56	32	24	48	34	14	35	15	20
浜松市	…	…	…	…	…	…	…	…	…	…	…	…
名古屋市	598	349	249	105	69	36	124	73	51	84	43	41
京都市	298	184	114	65	42	23	70	41	29	13	7	6
大阪市	757	471	286	119	84	35	147	87	60	151	83	68
堺市	190	108	82	48	32	16	32	16	16	19	11	8
神戸市	483	279	204	75	60	15	101	59	42	89	40	49
広島市	245	159	86	62	44	18	47	28	19	33	18	15
北九州市	346	208	138	66	45	21	61	43	18	75	38	37
福岡市	347	188	159	69	42	27	60	31	29	85	44	41

注：1）さいたま市、新潟市、静岡市、浜松市及び堺市は政令指定都市となった年については、各年４月から政令指定都市となったが、１月よりの数値を計上している。

種類・性別不慮の事故死亡数・率（人口10万対）　－平成７～20年－
by prefecture (regrouped 18 major cities), type of accident and sex, 1995-2008

平成18年
2006

20104 不慮の窒息 Accidental suffocation			20105 煙、火及び火炎への曝露 Exposure to smoke, fire and flame			20106 有害物質による不慮の中毒及び有害物質への曝露 Poisoning by hazardous substance and exposure to such substance			20107 その他の不慮の事故 Other accidents		
総数 Total	男 Male	女 Female	総数 Total	男 Male	女 Female	総数 Total	男 Male	女 Female	総数 Total	男 Male	女 Female
9 187	4 887	4 300	1 509	959	550	873	596	277	5 014	3 472	1 542
382	219	163	73	51	22	67	48	19	225	155	70
105	66	39	25	14	11	16	12	4	79	60	19
182	106	76	22	12	10	11	7	4	74	51	23
185	109	76	39	23	16	27	20	7	81	56	25
139	74	65	32	20	12	8	5	3	76	48	28
143	86	57	15	10	5	12	10	2	66	45	21
162	88	74	39	25	14	20	13	7	101	69	32
228	111	117	49	34	15	36	22	14	118	83	35
109	57	52	25	15	10	17	14	3	73	55	18
155	81	74	15	10	5	11	9	2	75	48	27
314	157	157	67	45	22	53	31	22	228	158	70
336	181	155	60	36	24	44	31	13	183	123	60
561	282	279	104	65	39	63	40	23	376	274	102
425	235	190	52	33	19	22	14	8	221	166	55
248	118	130	36	26	10	20	14	6	111	75	36
125	68	57	13	10	3	1	1	-	74	47	27
130	75	55	22	15	7	7	6	1	44	31	13
87	41	46	6	3	3	3	2	1	54	34	20
83	43	40	7	3	4	9	5	4	47	35	12
215	131	84	34	20	14	19	13	6	126	88	38
211	120	91	41	26	15	15	7	8	88	60	28
286	147	139	29	16	13	31	18	13	138	92	46
528	262	266	81	47	34	29	20	9	212	154	58
183	88	95	24	15	9	13	11	2	72	48	24
129	64	65	8	5	3	4	4	-	50	38	12
152	82	70	32	21	11	11	7	4	98	67	31
472	272	200	71	47	24	53	36	17	343	240	103
414	209	205	70	50	20	48	33	15	230	149	81
97	51	46	16	11	5	8	6	2	62	44	18
101	48	53	13	9	4	11	8	3	61	38	23
67	37	30	10	7	3	2	2	-	31	23	8
78	35	43	5	4	1	7	5	2	39	22	17
178	96	82	47	30	17	8	4	4	87	62	25
199	111	88	38	27	11	21	15	6	128	91	37
118	58	60	14	8	6	4	3	1	52	26	26
77	45	32	7	5	2	-	-	-	45	34	11
93	46	47	14	8	6	5	4	1	46	29	17
139	69	70	25	18	7	15	12	3	90	61	29
120	68	52	13	10	3	9	7	2	40	31	9
401	201	200	63	40	23	26	19	7	194	134	60
70	38	32	8	5	3	7	4	3	41	30	11
129	61	68	26	12	14	7	3	4	61	34	27
151	87	64	23	13	10	20	13	7	80	48	32
110	59	51	19	10	9	13	10	3	55	34	21
102	55	47	13	9	4	11	9	2	68	47	21
179	102	77	37	18	19	16	8	8	86	62	24
81	41	40	20	12	8	12	10	2	38	30	8
-	-	-	-	-	-	-	-	-	2	2	-
8	7	1	7	6	1	1	1	-	45	41	4
369	191	178	78	51	27	45	28	17	258	184	74
81	46	35	20	12	8	29	22	7	58	34	24
56	35	21	10	4	6	5	2	3	23	15	8
45	22	23	7	4	3	11	7	4	38	24	14
40	21	19	5	4	1	2	1	1	26	15	11
175	99	76	18	11	7	6	4	2	87	65	22
51	31	20	11	7	4	4	2	2	34	23	11
…	…	…	…	…	…	…	…	…	…	…	…
51	28	23	6	3	3	4	4	-	16	11	5
…	…	…	…	…	…	…	…	…	…	…	…
154	75	79	40	25	15	10	5	5	81	59	22
83	45	38	14	10	4	4	3	1	49	36	13
155	94	61	33	20	13	15	10	5	137	93	44
45	24	21	1	1	-	7	2	5	38	22	16
119	62	57	15	12	3	15	9	6	69	37	32
41	25	16	14	10	4	11	7	4	37	27	10
82	45	37	16	7	9	3	2	1	43	28	15
81	32	49	16	11	5	3	1	2	33	27	6

Note: 1) Data for the cities of Saitama, Niigata, Shizuoka, Hamamatsu and Sakai include January-March data in the year when they became ordinance-designated cities although they officially became ones in April.

第15表　年次・都道府県（18大都市再掲）・不慮の事故の

Table 15. Trends in accidental deaths and death rates (per 100,000 population)

死亡数
Deaths

都道府県 Prefecture	20100 不慮の事故 Accident			20101 交通事故 Traffic accident			20102 転倒・転落 Fall			20103 不慮の溺死及び溺水 Accidental drowning		
	総数 Total	男 Male	女 Female	総数 Total	男 Male	女 Female	総数 Total	男 Male	女 Female	総数 Total	男 Male	女 Female
全国 Total	37 966	22 666	15 300	8 268	5 559	2 709	6 951	4 041	2 910	5 966	3 251	2 715
01 北海道	1 568	1 008	560	406	271	135	226	144	82	206	124	82
02 青森	491	322	169	135	97	38	57	28	29	73	52	21
03 岩手	560	361	199	135	86	49	80	48	32	79	49	30
04 宮城	729	429	300	154	97	57	101	54	47	117	67	50
05 秋田	545	323	222	96	68	28	70	48	22	98	50	48
06 山形	475	271	204	89	49	40	66	40	26	90	51	39
07 福島	708	429	279	162	105	57	117	71	46	87	54	33
08 茨城	938	573	365	246	170	76	142	90	52	122	62	60
09 栃木	593	362	231	175	124	51	108	60	48	62	34	28
10 群馬	644	388	256	155	99	56	110	75	35	107	51	56
11 埼玉	1 460	912	548	354	248	106	288	178	110	135	93	42
12 千葉	1 460	895	565	376	253	123	280	169	111	140	88	52
13 東京	2 551	1 507	1 044	377	266	111	600	328	272	392	226	166
14 神奈川	2 079	1 211	868	334	248	86	405	225	180	585	301	284
15 新潟	1 041	618	423	208	135	73	140	91	49	213	119	94
16 富山	452	262	190	77	45	32	68	38	30	110	59	51
17 石川	401	239	162	83	54	29	55	33	22	75	45	30
18 福井	363	200	163	93	55	38	54	35	19	73	38	35
19 山梨	282	166	116	68	45	23	60	34	26	33	15	18
20 長野	827	506	321	149	99	50	145	94	51	147	73	74
21 岐阜	771	433	338	220	139	81	138	90	48	81	41	40
22 静岡	1 177	734	443	257	193	64	235	133	102	160	89	71
23 愛知	1 991	1 165	826	438	288	150	412	235	177	304	156	148
24 三重	704	411	293	159	106	53	134	83	51	100	45	55
25 滋賀	398	229	169	109	76	33	58	33	25	58	28	30
26 京都	573	336	237	145	90	55	127	68	59	38	22	16
27 大阪	2 116	1 223	893	410	291	119	445	236	209	341	180	161
28 兵庫	1 733	1 005	728	344	228	116	326	191	135	314	160	154
29 奈良	400	226	174	90	54	36	77	46	31	46	21	25
30 和歌山	424	247	177	93	62	31	77	42	35	66	29	37
31 鳥取	253	135	118	57	34	23	33	15	18	41	23	18
32 島根	280	182	98	60	36	24	50	33	17	42	30	12
33 岡山	745	445	300	165	118	47	123	74	49	125	65	60
34 広島	938	567	371	201	134	67	188	109	79	136	77	59
35 山口	519	296	223	136	83	53	115	60	55	50	28	22
36 徳島	315	206	109	83	60	23	66	44	22	52	29	23
37 香川	411	243	168	118	83	35	76	36	40	46	27	19
38 愛媛	565	343	222	147	102	45	114	58	56	62	35	27
39 高知	400	230	170	90	62	28	81	50	31	62	32	30
40 福岡	1 644	880	764	309	196	113	289	151	138	394	176	218
41 佐賀	325	186	139	89	56	33	45	31	14	56	27	29
42 長崎	475	290	185	84	61	23	78	47	31	86	54	32
43 熊本	596	366	230	137	91	46	122	72	50	71	38	33
44 大分	438	253	185	92	56	36	94	52	42	53	33	20
45 宮崎	466	305	161	122	85	37	82	51	31	77	44	33
46 鹿児島	707	420	287	152	92	60	133	73	60	92	59	33
47 沖縄	318	222	96	68	50	18	53	37	16	38	30	8
外国 Foreign countries	11	10	1	4	3	1	1	1	－	3	3	－
不詳 Not stated	106	96	10	17	16	1	7	7	－	28	19	9
18大都市（再掲） 18 major cities (Regrouped)												
東京区部	1 854	1 081	773	257	180	77	442	243	199	328	181	147
札幌市	372	247	125	84	63	21	81	54	27	48	34	14
仙台市	228	134	94	40	25	15	35	16	19	42	26	16
さいたま市	204	120	84	40	29	11	38	26	12	19	14	5
千葉市	174	107	67	35	19	16	38	23	15	20	12	8
横浜市	826	474	352	125	96	29	161	89	72	244	120	124
川崎市	300	169	131	43	32	11	57	26	31	83	45	38
新潟市	233	145	88	41	27	14	22	15	7	61	39	22
静岡市	233	144	89	45	35	10	53	30	23	26	9	17
浜松市	220	125	95	46	31	15	44	23	21	36	21	15
名古屋市	625	379	246	103	71	32	139	79	60	98	53	45
京都市	311	172	139	70	42	28	66	36	30	20	12	8
大阪市	739	445	294	133	96	37	157	85	72	125	78	47
堺市	200	119	81	44	33	11	49	28	21	32	20	12
神戸市	477	286	191	62	45	17	91	56	35	120	70	50
広島市	282	166	116	51	35	16	65	38	27	34	19	15
北九州市	330	172	158	59	35	24	64	30	34	73	40	33
福岡市	338	179	159	51	32	19	79	51	28	82	32	50

注：1）さいたま市、新潟市、静岡市、浜松市及び堺市は政令指定都市となった年については、各年４月から政令指定都市となったが、１月よりの数値を計上している。

種類・性別不慮の事故死亡数・率（人口10万対） －平成７～20年－

by prefecture (regrouped 18 major cities), type of accident and sex, 1995-2008

平成19年
2007

20104 不慮の窒息 Accidental suffocation			20105 煙、火及び火炎への曝露 Exposure to smoke, fire and flame			20106 有害物質による不慮の中毒及び有害物質への曝露 Poisoning by hazardous substance and exposure to such substance			20107 その他の不慮の事故 Other accidents		
総数 Total	男 Male	女 Female	総数 Total	男 Male	女 Female	総数 Total	男 Male	女 Female	総数 Total	男 Male	女 Female
9 142	4 762	4 380	1 455	922	533	855	584	271	5 329	3 547	1 782
358	203	155	79	58	21	70	57	13	223	151	72
99	56	43	34	24	10	14	11	3	79	54	25
151	99	52	38	22	16	9	8	1	68	49	19
214	115	99	31	19	12	15	13	2	97	64	33
162	84	78	29	16	13	10	5	5	80	52	28
140	71	69	27	16	11	9	7	2	54	37	17
179	92	87	31	23	8	19	10	9	113	74	39
223	125	98	35	24	11	21	14	7	149	88	61
131	70	61	22	14	8	15	12	3	80	48	32
146	78	68	11	8	3	16	14	2	99	63	36
302	155	147	73	49	24	47	32	15	261	157	104
332	173	159	57	38	19	41	30	11	234	144	90
539	282	257	102	60	42	77	48	29	464	297	167
428	217	211	50	36	14	20	10	10	257	174	83
304	157	147	30	19	11	20	12	8	126	85	41
121	69	52	10	6	4	10	6	4	56	39	17
113	61	52	17	11	6	6	2	4	52	33	19
89	42	47	16	10	6	3	1	2	35	19	16
63	36	27	10	7	3	7	4	3	41	25	16
227	131	96	30	17	13	17	12	5	112	80	32
204	86	118	23	13	10	11	6	5	94	58	36
308	172	136	39	25	14	26	14	12	152	108	44
483	249	234	80	48	32	36	25	11	238	164	74
180	90	90	28	15	13	8	5	3	95	67	28
117	56	61	9	5	4	3	2	1	44	29	15
133	77	56	23	10	13	12	4	8	95	65	30
474	218	256	74	52	22	43	25	18	329	221	108
407	214	193	51	25	26	43	29	14	248	158	90
96	51	45	13	4	9	7	6	1	71	44	27
112	60	52	8	5	3	10	8	2	58	41	17
66	31	35	9	4	5	12	7	5	35	21	14
77	45	32	5	4	1	6	6	-	40	28	12
185	87	98	43	24	19	10	8	2	94	69	25
227	116	111	41	29	12	16	9	7	129	93	36
123	59	64	17	8	9	6	5	1	72	53	19
63	32	31	10	7	3	7	6	1	34	28	6
92	49	43	13	8	5	7	5	2	59	35	24
137	71	66	30	22	8	13	10	3	62	45	17
96	39	57	16	12	4	3	2	1	52	33	19
405	196	209	59	36	23	29	16	13	159	109	50
85	41	44	12	7	5	13	11	2	25	13	12
126	60	66	22	13	9	16	11	5	63	44	19
142	79	63	27	20	7	15	11	4	82	55	27
111	54	57	19	14	5	7	7	-	62	37	25
100	60	40	15	9	6	8	6	2	62	50	12
171	91	80	24	14	10	23	20	3	112	71	41
95	57	38	4	3	1	17	10	7	43	35	8
-	-	-	1	1	-	-	-	-	2	2	-
6	6	-	8	8	-	2	2	-	38	38	-
351	182	169	76	46	30	59	33	26	341	216	125
67	33	34	15	10	5	22	19	3	55	34	21
63	36	27	10	8	2	5	4	1	33	19	14
42	19	23	9	3	6	4	2	2	52	27	25
45	31	14	7	3	4	11	9	2	18	10	8
175	80	95	25	20	5	4	2	2	92	67	25
63	28	35	6	5	1	7	3	4	41	30	11
77	41	36	4	2	2	4	3	1	24	18	6
65	35	30	8	7	1	3	1	2	33	27	6
57	29	28	7	4	3	6	2	4	24	15	9
159	88	71	27	20	7	10	7	3	89	61	28
73	39	34	18	7	11	10	2	8	54	34	20
149	71	78	25	19	6	21	12	9	129	84	45
42	15	27	2	2	-	5	4	1	26	17	9
107	55	52	9	5	4	10	8	2	78	47	31
67	26	41	11	9	2	8	3	5	46	36	10
69	28	41	17	9	8	5	2	3	43	28	15
91	45	46	7	1	6	6	4	2	22	14	8

Note: 1) Data for the cities of Saitama, Niigata, Shizuoka, Hamamatsu and Sakai include January-March data in the year when they became ordinance-designated cities although they officially became ones in April.

第15表　年次・都道府県（18大都市再掲）・不慮の事故の

Table 15. Trends in accidental deaths and death rates (per 100,000 population)

死亡数
Deaths

都道府県 Prefecture	20100 不慮の事故 Accident			20101 交通事故 Traffic accident			20102 転倒・転落 Fall			20103 不慮の溺死及び溺水 Accidental drowning		
	総数 Total	男 Male	女 Female	総数 Total	男 Male	女 Female	総数 Total	男 Male	女 Female	総数 Total	男 Male	女 Female
全国 Total	38 153	22 801	15 352	7 499	5 191	2 308	7 170	4 230	2 940	6 464	3 431	3 033
01 北海道	1 574	970	604	321	209	112	256	163	93	211	112	99
02 青森	464	308	156	104	81	23	79	43	36	54	38	16
03 岩手	514	327	187	99	68	31	77	48	29	74	49	25
04 宮城	675	396	279	135	96	39	88	56	32	125	68	57
05 秋田	528	310	218	89	57	32	78	47	31	100	48	52
06 山形	498	302	196	78	61	17	65	35	30	95	59	36
07 福島	740	447	293	165	122	43	109	67	42	74	36	38
08 茨城	1 047	660	387	262	186	76	169	104	65	134	77	57
09 栃木	582	372	210	160	103	57	96	67	29	73	44	29
10 群馬	633	374	259	143	96	47	133	72	61	114	55	59
11 埼玉	1 413	867	546	342	254	88	307	196	111	142	79	63
12 千葉	1 417	866	551	332	241	91	312	192	120	151	91	60
13 東京	2 571	1 515	1 056	337	234	103	599	341	258	421	235	186
14 神奈川	2 167	1 264	903	302	230	72	408	249	159	685	341	344
15 新潟	925	488	437	166	98	68	148	76	72	193	94	99
16 富山	510	300	210	85	56	29	70	45	25	128	66	62
17 石川	464	279	185	86	54	32	66	41	25	104	59	45
18 福井	333	185	148	72	46	26	60	32	28	68	33	35
19 山梨	326	203	123	58	40	18	64	38	26	56	33	23
20 長野	832	481	351	156	117	39	153	80	73	140	69	71
21 岐阜	757	461	296	176	119	57	131	75	56	104	54	50
22 静岡	1 228	743	485	274	189	85	239	142	97	187	107	80
23 愛知	1 987	1 155	832	424	287	137	391	218	173	330	182	148
24 三重	669	408	261	141	103	38	124	69	55	107	59	48
25 滋賀	446	252	194	100	71	29	61	34	27	76	37	39
26 京都	625	370	255	158	113	45	135	79	56	47	27	20
27 大阪	2 061	1 226	835	338	234	104	415	234	181	348	173	175
28 兵庫	1 801	1 053	748	289	202	87	349	207	142	356	168	188
29 奈良	370	233	137	72	55	17	72	50	22	58	29	29
30 和歌山	406	257	149	94	63	31	62	42	20	67	38	29
31 鳥取	233	138	95	39	27	12	33	16	17	41	23	18
32 島根	297	185	112	53	36	17	55	33	22	49	26	23
33 岡山	801	461	340	159	102	57	151	92	59	148	69	79
34 広島	961	564	397	186	126	60	223	127	96	144	67	77
35 山口	479	280	199	119	71	48	103	59	44	40	27	13
36 徳島	325	201	124	69	49	20	69	38	31	48	30	18
37 香川	427	245	182	102	56	46	79	50	29	46	26	20
38 愛媛	595	350	245	141	97	44	120	70	50	71	40	31
39 高知	411	238	173	88	57	31	83	40	43	63	32	31
40 福岡	1 701	979	722	285	197	88	284	175	109	474	228	246
41 佐賀	330	200	130	83	52	31	56	37	19	49	23	26
42 長崎	518	336	182	72	52	20	116	76	40	104	63	41
43 熊本	645	391	254	163	114	49	126	77	49	96	52	44
44 大分	449	263	186	101	69	32	84	40	44	68	38	30
45 宮崎	398	235	163	69	43	26	72	42	30	67	43	24
46 鹿児島	635	383	252	132	91	41	138	77	61	87	44	43
47 沖縄	269	177	92	62	49	13	51	31	20	20	19	1
外国 Foreign countries	15	13	2	2	2	-	5	3	2	3	3	-
不詳 Not stated	101	90	11	16	16	-	6	5	1	24	18	6
18大都市（再掲） 18 major cities (Regrouped)												
東京区部	1 861	1 113	748	222	160	62	435	257	178	324	180	144
札幌市	367	239	128	64	42	22	79	56	23	54	35	19
仙台市	199	127	72	34	27	7	34	22	12	40	26	14
さいたま市	199	133	66	35	26	9	52	36	16	17	10	7
千葉市	173	111	62	39	32	7	46	31	15	18	14	4
横浜市	917	544	373	108	86	22	165	104	61	346	172	174
川崎市	308	195	113	46	36	10	50	31	19	89	51	38
新潟市	227	116	111	39	26	13	34	16	18	47	24	23
静岡市	243	140	103	56	34	22	52	29	23	32	19	13
浜松市	236	154	82	54	40	14	49	33	16	35	16	19
名古屋市	573	327	246	109	74	35	128	70	58	93	57	36
京都市	317	190	127	63	45	18	75	47	28	25	15	10
大阪市	721	439	282	95	65	30	149	91	58	131	64	67
堺市	191	107	84	37	29	8	34	14	20	32	15	17
神戸市	487	273	214	58	48	10	98	53	45	127	59	68
広島市	270	139	131	51	35	16	65	34	31	47	17	30
北九州市	341	185	156	50	27	23	68	38	30	91	40	51
福岡市	347	182	165	47	35	12	55	31	24	110	52	58

注：1）さいたま市、新潟市、静岡市、浜松市及び堺市は政令指定都市となった年については、各年４月から政令指定都市となったが、１月よりの数値を計上している。

種類・性別不慮の事故死亡数・率（人口10万対） －平成７～20年－
by prefecture (regrouped 18 major cities), type of accident and sex, 1995-2008

平成20年
2008

20104 不慮の窒息 Accidental suffocation			20105 煙、火及び火炎への曝露 Exposure to smoke, fire and flame			20106 有害物質による不慮の中毒及び有害物質への曝露 Poisoning by hazardous substance and exposure to such substance			20107 その他の不慮の事故 Other accidents		
総数 Total	男 Male	女 Female	総数 Total	男 Male	女 Female	総数 Total	男 Male	女 Female	総数 Total	男 Male	女 Female
9 419	4 889	4 530	1 452	894	558	895	591	304	5 254	3 575	1 679
390	215	175	92	50	42	80	66	14	224	155	69
113	65	48	24	14	10	17	11	6	73	56	17
148	80	68	25	17	8	12	8	4	79	57	22
199	100	99	26	10	16	13	8	5	89	58	31
152	85	67	34	21	13	16	13	3	59	39	20
168	82	86	22	11	11	7	5	2	63	49	14
219	111	108	29	14	15	16	10	6	128	87	41
256	127	129	59	41	18	25	21	4	142	104	38
135	79	56	30	20	10	6	4	2	82	55	27
140	74	66	14	8	6	12	10	2	77	59	18
354	166	188	70	46	24	32	21	11	166	105	61
302	148	154	75	42	33	47	21	26	198	131	67
593	303	290	106	64	42	110	68	42	405	270	135
442	224	218	57	35	22	29	13	16	244	172	72
276	132	144	33	22	11	15	7	8	94	59	35
136	73	63	19	13	6	9	5	4	63	42	21
124	73	51	18	14	4	13	9	4	53	29	24
81	34	47	4	4	-	5	3	2	43	33	10
80	45	35	24	16	8	9	7	2	35	24	11
225	114	111	22	12	10	17	12	5	119	77	42
188	106	82	25	14	11	18	13	5	115	80	35
315	163	152	29	18	11	25	16	9	159	108	51
499	241	258	67	39	28	29	19	10	247	169	78
172	91	81	18	11	7	16	11	5	91	64	27
122	62	60	18	10	8	9	6	3	60	32	28
143	70	73	27	16	11	17	7	10	98	58	40
476	258	218	80	57	23	55	31	24	349	239	110
453	235	218	55	30	25	42	26	16	257	185	72
91	44	47	8	7	1	9	7	2	60	41	19
109	63	46	14	9	5	12	7	5	48	35	13
79	41	38	7	5	2	2	2	-	32	24	8
91	51	40	11	6	5	1	1	-	37	32	5
173	86	87	40	27	13	15	13	2	115	72	43
209	105	104	36	24	12	5	4	1	158	111	47
129	71	58	7	5	2	4	3	1	77	44	33
84	46	38	9	6	3	3	2	1	43	30	13
106	49	57	15	10	5	10	7	3	69	47	22
148	70	78	28	11	17	14	8	6	73	54	19
106	59	47	18	14	4	7	5	2	46	31	15
361	181	180	45	28	17	34	25	9	218	145	73
81	49	32	9	7	2	12	7	5	40	25	15
148	90	58	17	13	4	9	6	3	52	36	16
146	75	71	24	17	7	15	11	4	75	45	30
110	61	49	18	10	8	5	3	2	63	42	21
103	55	48	10	3	7	11	8	3	66	41	25
157	93	64	25	16	9	17	15	2	79	47	32
83	40	43	4	3	1	9	6	3	40	29	11
1	1	-	-	-	-	-	-	-	4	4	-
3	3	-	5	4	1	-	-	-	47	44	3
402	210	192	90	52	38	98	59	39	290	195	95
76	39	37	14	10	4	29	25	4	51	32	19
59	32	27	10	5	5	2	2	-	20	13	7
55	31	24	11	8	3	2	2	-	27	20	7
43	17	26	3	2	1	5	3	2	19	12	7
177	94	83	21	13	8	11	4	7	89	71	18
69	40	29	12	8	4	9	4	5	33	25	8
78	32	46	5	4	1	2	-	2	22	14	8
64	31	33	4	-	4	3	3	-	32	24	8
57	36	21	9	8	1	5	4	1	27	17	10
134	55	79	21	13	8	8	8	-	80	50	30
84	44	40	12	7	5	9	3	6	49	29	20
135	86	49	31	23	8	29	13	16	151	97	54
45	21	24	12	9	3	2	1	1	29	18	11
102	47	55	10	7	3	10	6	4	82	53	29
51	20	31	11	6	5	1	-	1	44	27	17
75	40	35	8	6	2	7	5	2	42	29	13
76	31	45	10	4	6	6	3	3	43	26	17

Note: 1) Data for the cities of Saitama, Niigata, Shizuoka, Hamamatsu and Sakai include January-March data in the year when they became ordinance-designated cities although they officially became ones in April.

第15表　年次・都道府県（18大都市再掲）・不慮の事故の
Table 15. Trends in accidental deaths and death rates (per 100,000 population)

死亡率
Death rate

都道府県 Prefecture	20100 不慮の事故 Accident			20101 交通事故 Traffic accident			20102 転倒・転落 Fall			20103 不慮の溺死及び溺水 Accidental drowning		
	総数 Total	男 Male	女 Female	総数 Total	男 Male	女 Female	総数 Total	男 Male	女 Female	総数 Total	男 Male	女 Female
全国 Total	36.5	46.3	27.0	12.2	17.7	6.9	4.8	6.0	3.5	4.5	5.2	3.8
01 北海道	31.1	45.1	18.2	14.7	21.5	8.3	3.6	5.1	2.3	2.9	4.3	1.7
02 青森	38.4	55.8	22.7	15.6	24.6	7.3	4.1	5.6	2.7	5.3	8.1	2.8
03 岩手	36.5	49.2	24.7	12.8	18.5	7.6	4.6	5.7	3.5	4.5	5.0	4.1
04 宮城	29.1	39.2	19.3	11.1	16.8	5.6	3.6	4.3	3.0	4.2	5.6	2.8
05 秋田	42.2	59.0	26.9	14.5	22.2	7.6	4.0	5.7	2.4	6.7	7.8	5.7
06 山形	36.7	48.5	25.6	11.9	16.7	7.4	4.5	5.6	3.6	5.6	6.6	4.6
07 福島	36.4	46.9	26.4	14.4	20.0	9.1	4.0	5.4	2.8	5.0	5.6	4.4
08 茨城	39.8	55.0	24.6	18.7	27.3	10.2	4.1	5.4	2.9	4.2	5.1	3.2
09 栃木	31.9	44.9	18.9	15.7	22.6	8.9	3.6	4.8	2.3	3.2	4.4	2.0
10 群馬	34.0	42.3	25.9	15.0	19.2	10.9	4.9	5.8	4.1	3.0	3.0	3.0
11 埼玉	23.5	31.7	15.1	10.2	14.7	5.6	3.6	4.7	2.4	1.9	2.2	1.7
12 千葉	26.3	36.2	16.3	11.5	17.4	5.5	3.9	5.1	2.8	3.1	3.8	2.4
13 東京	20.2	26.8	13.6	6.2	9.0	3.5	3.8	5.4	2.3	2.8	3.2	2.4
14 神奈川	24.3	31.2	17.2	7.9	11.7	3.9	3.5	4.2	2.8	5.5	5.8	5.2
15 新潟	43.1	56.5	30.5	15.3	22.4	8.6	5.6	7.4	3.9	9.8	10.9	8.8
16 富山	45.1	60.4	30.9	12.5	17.3	8.1	5.7	8.0	3.6	8.5	10.6	6.6
17 石川	38.7	49.3	28.8	13.4	17.1	9.9	4.8	5.8	3.8	6.3	7.7	4.9
18 福井	44.2	58.3	30.9	16.6	24.4	9.3	6.2	7.0	5.5	6.6	7.5	5.7
19 山梨	38.1	49.2	27.3	12.9	18.3	7.7	5.7	6.5	5.0	5.5	7.4	3.6
20 長野	34.3	44.6	24.4	12.1	17.9	6.5	5.3	6.5	4.1	4.8	5.7	4.0
21 岐阜	37.9	46.5	29.8	14.8	19.3	10.6	6.5	7.9	5.1	5.1	5.3	4.9
22 静岡	32.0	42.6	21.7	12.2	17.6	7.0	5.0	5.9	4.1	3.6	4.2	3.1
23 愛知	29.5	37.6	21.4	11.7	16.7	6.7	4.1	4.8	3.5	3.6	3.8	3.4
24 三重	43.0	56.9	29.9	17.9	25.9	10.3	5.8	6.9	4.8	6.1	6.7	5.6
25 滋賀	34.3	41.8	26.9	15.0	19.8	10.4	4.0	4.6	3.4	4.2	4.1	4.3
26 京都	30.6	40.9	20.8	11.6	16.6	6.9	4.5	6.1	3.0	2.8	3.6	2.0
27 大阪	27.5	35.2	20.1	9.4	14.1	5.0	4.8	6.1	3.6	4.1	4.4	3.8
28 兵庫	132.0	125.4	138.1	12.2	17.8	7.0	5.8	7.2	4.4	4.9	5.5	4.3
29 奈良	30.1	38.2	22.6	11.8	17.5	6.5	4.4	6.3	2.6	3.3	2.5	4.1
30 和歌山	41.6	54.4	29.9	14.7	21.5	8.5	6.2	7.0	5.5	7.3	7.6	7.1
31 鳥取	46.2	59.7	33.8	15.3	22.5	8.8	6.5	8.5	4.7	8.0	10.6	5.6
32 島根	48.5	68.0	30.7	13.4	20.4	7.0	6.5	9.5	3.7	8.8	11.4	6.5
33 岡山	44.9	57.0	33.7	16.7	23.6	10.2	6.9	8.4	5.6	6.3	6.2	6.4
34 広島	37.5	50.1	25.6	14.5	22.3	7.1	5.8	7.2	4.5	4.9	5.1	4.6
35 山口	43.9	61.1	28.4	17.0	26.0	8.9	6.9	7.9	5.9	6.7	8.5	5.2
36 徳島	43.3	59.3	28.9	17.8	25.1	11.2	6.9	9.6	4.4	5.8	6.6	5.0
37 香川	47.9	61.8	35.0	20.0	28.0	12.6	6.8	7.5	6.2	5.6	5.1	6.0
38 愛媛	44.2	58.9	31.0	15.1	21.0	9.8	7.2	8.6	5.9	5.9	7.5	4.5
39 高知	53.7	74.9	34.8	17.2	26.1	9.3	9.3	12.0	7.0	5.9	8.1	3.9
40 福岡	33.3	44.6	22.9	11.9	17.1	7.2	5.1	6.2	4.0	6.0	7.2	5.0
41 佐賀	39.3	51.2	28.6	18.9	27.1	11.6	5.4	7.7	3.4	5.3	6.0	4.7
42 長崎	32.8	45.8	21.3	10.2	15.7	5.3	7.0	8.6	5.6	5.3	7.5	3.4
43 熊本	35.0	49.2	22.3	12.9	20.2	6.4	5.8	7.3	4.4	4.5	5.2	3.9
44 大分	31.8	44.8	20.1	12.2	17.6	7.4	5.6	7.2	4.2	4.2	5.5	3.1
45 宮崎	36.4	49.5	24.6	13.8	19.8	8.4	5.4	7.2	3.7	3.7	4.0	3.4
46 鹿児島	38.1	53.1	24.8	13.0	18.9	7.8	5.0	6.7	3.5	5.7	7.3	4.4
47 沖縄	25.9	36.9	15.3	11.1	18.4	4.0	3.9	4.2	3.6	2.4	3.9	1.1
18大都市（再掲） 18 major cities (Regrouped)												
東京区部	21.0	27.9	14.2	6.1	9.2	3.1	4.0	5.6	2.4	3.3	3.5	3.0
札幌市	21.6	32.0	12.0	9.8	15.0	4.9	3.9	6.0	2.1	1.5	2.3	0.9
仙台市	20.7	28.5	13.1	8.5	12.4	4.7	2.6	3.6	1.6	3.0	3.8	2.3
さいたま市	…	…	…	…	…	…	…	…	…	…	…	…
千葉市	23.9	32.1	15.5	10.0	13.7	6.2	4.2	5.8	2.6	2.4	2.1	2.6
横浜市	25.3	32.3	18.1	7.4	11.2	3.4	4.1	4.4	3.7	6.2	6.7	5.6
川崎市	22.7	28.8	15.9	7.0	10.0	3.7	2.8	3.7	1.8	5.8	5.8	5.8
新潟市	…	…	…	…	…	…	…	…	…	…	…	…
静岡市	…	…	…	…	…	…	…	…	…	…	…	…
浜松市	…	…	…	…	…	…	…	…	…	…	…	…
名古屋市	24.6	31.3	17.9	7.9	11.3	4.5	4.7	5.7	3.8	3.0	2.9	3.1
京都市	27.6	35.6	20.1	9.7	13.2	6.4	4.2	5.3	3.3	3.0	4.0	2.0
大阪市	32.3	39.3	25.5	10.0	14.7	5.5	5.8	6.9	4.7	5.2	5.5	4.9
堺市	…	…	…	…	…	…	…	…	…	…	…	…
神戸市	295.2	264.6	323.4	9.8	15.9	4.1	7.7	9.8	5.8	4.5	6.0	3.2
広島市	27.3	37.4	17.7	11.3	17.6	5.4	3.7	4.5	2.9	4.2	5.0	3.4
北九州市	31.5	40.7	23.2	9.9	14.2	6.0	4.7	5.2	4.1	6.6	7.9	5.5
福岡市	24.1	32.3	16.4	8.0	11.2	4.9	4.2	5.7	2.8	4.3	5.2	3.5

注：1）全国には不詳及び外国を含む。

種類・性別不慮の事故死亡数・率（人口10万対） －平成７～20年－

by prefecture (regrouped 18 major cities), type of accident and sex, 1995-2008

平成７年
1995

20104 不慮の窒息 Accidental suffocation			20105 煙、火及び火炎への曝露 Exposure to smoke, fire and flame			20106 有害物質による不慮の中毒及び有害物質への曝露 Poisoning by hazardous substance and exposure to such substance			20107 その他の不慮の事故 Other accidents		
総数 Total	男 Male	女 Female	総数 Total	男 Male	女 Female	総数 Total	男 Male	女 Female	総数 Total	男 Male	女 Female
5.7	6.9	4.6	1.1	1.4	0.8	0.5	0.7	0.3	7.7	8.5	7.0
4.8	6.7	3.1	1.2	1.7	0.7	0.5	0.6	0.4	3.4	5.3	1.6
6.4	7.7	5.2	1.8	2.3	1.3	1.5	2.1	0.9	3.9	5.4	2.4
9.8	13.1	6.8	1.2	1.3	1.1	0.2	0.4	-	3.3	5.1	1.6
5.3	6.4	4.3	1.0	1.1	0.9	0.9	1.2	0.7	2.9	3.8	2.0
9.9	12.5	7.6	2.1	2.9	1.4	0.5	1.0	-	4.5	6.8	2.4
8.5	10.7	6.3	1.0	1.3	0.6	0.5	0.7	0.3	4.8	6.9	2.8
6.5	7.9	5.2	1.3	1.3	1.2	0.7	0.7	0.6	4.5	6.0	3.0
6.7	9.3	4.1	1.2	1.2	1.1	0.5	0.7	0.3	4.5	6.0	2.9
4.6	6.4	2.7	1.1	1.7	0.4	0.3	0.3	0.2	3.5	4.6	2.3
5.8	6.4	5.1	1.2	1.7	0.6	0.3	0.4	0.2	3.9	5.7	2.1
3.8	4.6	3.1	0.8	0.9	0.7	0.4	0.7	0.2	2.8	4.0	1.5
4.1	4.9	3.4	1.0	1.3	0.8	0.5	0.7	0.2	2.2	3.1	1.2
3.4	3.9	2.9	1.0	1.3	0.7	0.4	0.6	0.2	2.5	3.5	1.5
3.9	4.6	3.2	0.8	1.1	0.5	0.2	0.3	0.2	2.5	3.6	1.5
7.7	9.4	6.0	1.1	1.4	0.9	0.4	0.7	0.1	3.3	4.4	2.2
11.1	13.7	8.6	1.5	1.9	1.2	0.4	0.6	0.3	5.3	8.4	2.4
8.8	10.6	7.1	1.0	1.6	0.5	0.2	-	0.3	4.3	6.5	2.3
7.7	10.3	5.2	1.5	1.8	1.2	0.2	-	0.5	5.4	7.3	3.6
8.1	9.5	6.8	1.1	1.6	0.7	0.7	0.9	0.5	4.0	4.9	3.2
6.9	7.6	6.1	1.3	1.5	1.2	0.3	0.5	0.1	3.7	4.9	2.5
6.2	6.4	5.9	1.5	2.1	0.9	0.3	0.4	0.2	3.5	5.1	2.1
6.5	8.0	5.1	1.0	1.4	0.6	0.4	0.5	0.2	3.3	5.0	1.6
5.7	6.8	4.6	0.9	1.0	0.9	0.4	0.5	0.2	3.0	4.0	2.1
7.2	9.4	5.2	1.3	1.8	0.7	0.5	0.6	0.4	4.2	5.8	2.8
6.5	7.0	6.0	1.2	1.3	1.1	0.3	0.6	-	3.0	4.3	1.7
6.3	7.7	5.0	1.1	1.0	1.3	0.3	0.5	0.2	3.9	5.4	2.5
4.3	4.6	4.0	0.8	0.8	0.8	0.4	0.5	0.3	3.7	4.8	2.6
5.9	6.6	5.3	1.1	1.2	1.0	0.5	0.5	0.4	101.6	86.7	115.6
4.6	4.1	5.0	2.0	2.0	1.9	0.7	0.9	0.5	3.4	4.8	2.0
7.8	10.6	5.3	1.3	2.0	0.7	0.4	0.6	0.2	3.8	5.1	2.7
10.1	11.9	8.5	1.8	2.0	1.6	0.5	1.0	-	3.9	3.1	4.7
10.5	13.3	8.0	1.4	1.1	1.7	0.3	0.3	0.2	7.5	12.0	3.5
7.8	8.7	7.0	1.4	1.8	1.0	0.7	0.8	0.7	5.1	7.5	2.9
6.8	7.5	6.1	1.1	1.2	1.0	0.5	0.8	0.1	4.0	5.9	2.1
6.9	9.3	4.8	1.2	1.5	1.0	0.4	0.5	0.2	4.7	7.3	2.5
7.1	9.4	5.0	1.2	2.0	0.5	0.4	0.8	-	4.2	5.8	2.8
7.6	8.7	6.6	1.8	2.8	0.8	0.5	0.4	0.6	5.6	9.1	2.3
8.6	10.8	6.6	1.8	2.5	1.1	0.3	0.7	-	5.3	7.9	3.0
12.3	16.7	8.4	1.6	2.1	1.2	0.7	1.0	0.5	6.6	8.9	4.6
5.9	7.5	4.3	1.1	1.5	0.7	0.4	0.8	0.1	2.9	4.4	1.5
5.4	5.0	5.8	1.0	1.4	0.6	0.3	0.7	-	2.8	3.4	2.4
6.8	7.9	5.8	1.4	2.1	0.9	0.4	0.7	0.1	1.8	3.5	0.2
6.0	8.1	4.2	1.0	1.3	0.8	0.9	1.5	0.3	3.9	5.7	2.3
4.2	5.9	2.6	0.9	1.2	0.6	0.5	0.9	0.2	4.2	6.6	2.0
6.5	8.5	4.7	1.4	2.3	0.5	1.2	1.6	0.8	4.5	6.1	3.1
7.6	10.5	5.1	1.6	2.3	0.9	0.7	0.8	0.6	4.4	6.7	2.4
4.0	3.7	4.2	0.7	1.1	0.3	1.1	1.9	0.3	2.8	3.7	1.9
3.4	3.9	2.8	1.2	1.5	0.9	0.5	0.8	0.3	2.5	3.3	1.8
2.9	3.8	2.1	0.6	1.0	0.2	0.4	0.4	0.4	2.4	3.6	1.3
4.2	5.7	2.9	0.2	0.2	0.2	0.6	1.0	0.2	1.6	1.9	1.2
…	…	…	…	…	…	…	…	…	…	…	…
3.8	4.7	2.9	1.2	1.6	0.7	0.5	0.7	0.2	1.9	3.5	0.2
3.9	4.6	3.2	0.8	1.0	0.6	0.3	0.3	0.2	2.7	4.0	1.4
3.5	4.0	3.0	1.2	1.8	0.5	0.2	0.3	-	2.2	3.2	1.1
…	…	…	…	…	…	…	…	…	…	…	…
…	…	…	…	…	…	…	…	…	…	…	…
…	…	…	…	…	…	…	…	…	…	…	…
4.6	5.9	3.3	0.9	1.0	0.8	0.5	0.8	0.3	2.8	3.6	2.1
5.6	7.0	4.2	1.1	0.9	1.4	0.4	0.7	0.1	3.6	4.5	2.7
4.4	4.3	4.5	1.2	1.2	1.2	0.6	0.7	0.5	5.1	6.0	4.3
…	…	…	…	…	…	…	…	…	…	…	…
7.3	8.9	5.9	0.9	0.9	0.8	0.4	0.3	0.4	264.6	222.9	303.0
4.4	4.5	4.3	0.4	0.6	0.2	0.5	0.9	0.2	2.8	4.3	1.4
6.0	7.7	4.5	1.0	0.8	1.1	0.3	0.4	0.2	3.0	4.4	1.7
4.3	5.4	3.2	1.1	1.6	0.6	0.2	0.3	-	2.1	2.9	1.4

Note: 1) "Total" includes data for foreign countries and "Not stated"

第15表　年次・都道府県（18大都市再掲）・不慮の事故の

Table 15. Trends in accidental deaths and death rates (per 100,000 population)

死亡率

Death rate

都道府県 Prefecture	20100 不慮の事故 Accident			20101 交通事故 Traffic accident			20102 転倒・転落 Fall			20103 不慮の溺死及び溺水 Accidental drowning		
	総数 Total	男 Male	女 Female	総数 Total	男 Male	女 Female	総数 Total	男 Male	女 Female	総数 Total	男 Male	女 Female
全　国　Total	31.4	41.7	21.5	11.5	16.6	6.6	4.7	6.2	3.4	4.5	5.2	3.9
01 北海道	31.0	44.8	18.3	14.2	21.6	7.3	3.6	5.0	2.3	3.0	3.9	2.1
02 青森	38.4	55.8	22.5	14.8	23.3	7.1	3.9	4.8	3.0	5.5	8.1	3.1
03 岩手	39.4	53.9	26.1	13.3	19.4	7.6	3.6	4.6	2.7	5.5	6.6	4.5
04 宮城	28.2	37.7	19.1	10.6	15.9	5.6	4.0	5.4	2.6	4.2	3.9	4.4
05 秋田	40.4	58.3	24.2	12.1	18.4	6.3	4.4	7.0	2.1	6.4	8.0	4.9
06 山形	41.4	53.5	30.1	13.3	18.6	8.3	4.2	5.1	3.2	7.7	8.1	7.3
07 福島	36.8	47.6	26.4	14.1	18.3	10.1	5.3	8.3	2.5	4.3	4.3	4.2
08 茨城	37.0	50.0	24.0	16.5	24.3	8.6	4.8	6.3	3.2	4.2	4.8	3.7
09 栃木	35.4	47.5	23.5	17.3	24.8	9.8	4.6	5.9	3.3	2.7	2.6	2.7
10 群馬	34.5	44.6	24.7	13.3	17.6	9.2	5.2	7.1	3.4	3.8	4.9	2.7
11 埼玉	22.7	29.0	16.3	9.2	13.1	5.2	4.1	5.2	3.0	2.0	2.1	2.0
12 千葉	25.9	35.3	16.4	11.7	17.6	5.7	3.6	4.2	3.0	2.8	3.5	2.0
13 東京	19.3	26.0	12.5	5.5	8.1	2.8	4.0	5.4	2.6	2.5	2.8	2.2
14 神奈川	23.4	30.2	16.3	6.6	9.9	3.3	3.9	5.2	2.4	5.7	5.8	5.6
15 新潟	45.1	59.9	31.1	14.7	20.9	8.9	5.8	7.9	3.9	8.9	10.3	7.6
16 富山	43.1	57.9	29.3	12.3	18.4	6.7	6.4	7.1	5.9	8.6	10.0	7.2
17 石川	38.1	45.2	31.6	13.0	16.0	10.2	4.9	6.0	3.9	6.5	6.3	6.7
18 福井	40.0	50.8	29.9	15.2	21.9	9.0	5.1	5.5	4.7	8.3	7.8	8.8
19 山梨	37.9	47.0	29.0	13.2	17.6	9.0	5.4	5.1	5.6	5.4	6.9	3.8
20 長野	34.0	45.2	23.3	11.0	16.1	6.1	4.9	6.5	3.4	5.4	6.5	4.4
21 岐阜	35.6	47.2	24.7	13.5	19.3	8.1	5.7	7.3	4.1	4.9	4.8	4.9
22 静岡	33.8	43.2	24.7	13.1	17.9	8.4	4.9	6.1	3.7	3.3	3.6	3.0
23 愛知	28.6	35.0	22.2	10.8	14.5	7.1	3.7	4.3	3.1	3.6	3.9	3.3
24 三重	38.8	51.0	27.4	13.9	19.5	8.7	5.4	7.1	3.7	5.7	7.1	4.5
25 滋賀	32.8	45.1	20.9	14.7	22.3	7.4	4.1	5.4	2.9	4.9	5.2	4.6
26 京都	29.3	37.4	21.6	11.8	17.3	6.5	4.3	5.6	3.2	3.1	2.7	3.5
27 大阪	25.4	33.7	17.5	8.6	13.0	4.4	4.3	5.5	3.1	3.8	4.6	3.1
28 兵庫	34.4	45.1	24.4	12.9	18.2	8.0	5.2	6.9	3.6	5.4	5.6	5.2
29 奈良	32.8	41.9	24.5	11.6	16.6	7.0	5.2	6.1	4.3	5.2	5.2	5.3
30 和歌山	37.0	53.2	22.3	12.0	18.8	5.8	6.9	8.8	5.1	6.6	8.4	5.0
31 鳥取	43.9	57.7	31.3	16.3	23.2	10.0	5.4	6.1	4.7	6.9	8.5	5.3
32 島根	44.9	58.3	32.5	14.9	20.4	9.8	6.9	9.0	5.0	6.9	8.4	5.5
33 岡山	40.2	54.2	27.2	15.7	22.8	9.1	6.1	8.0	4.3	5.4	5.7	5.1
34 広島	35.3	47.4	23.9	12.8	18.6	7.3	5.9	7.8	4.1	4.0	4.8	3.3
35 山口	38.1	52.0	25.5	15.1	22.1	8.8	5.8	8.4	3.6	5.3	5.6	4.9
36 徳島	42.6	57.7	28.9	15.2	21.8	9.2	7.8	11.1	4.8	6.3	8.1	4.6
37 香川	45.0	58.2	32.7	19.5	28.0	11.7	7.4	8.7	6.2	6.9	7.1	6.8
38 愛媛	42.2	58.9	27.3	16.4	24.1	9.5	6.4	8.9	4.2	5.9	7.3	4.7
39 高知	49.7	67.3	34.1	14.6	22.3	7.9	8.5	9.7	7.4	8.2	10.2	6.5
40 福岡	32.4	42.7	23.0	11.6	17.9	5.8	5.1	6.5	3.8	6.5	7.0	6.1
41 佐賀	43.4	56.3	31.8	16.1	23.6	9.2	7.5	7.9	7.1	6.4	7.2	5.8
42 長崎	33.1	45.1	22.5	10.9	16.6	5.8	6.6	8.9	4.5	5.4	6.9	4.0
43 熊本	32.5	43.6	22.6	12.2	16.8	8.1	5.1	6.0	4.3	4.4	6.4	2.6
44 大分	36.8	50.0	25.0	13.2	17.1	9.7	6.7	10.2	3.6	5.0	6.4	3.7
45 宮崎	34.4	47.3	22.9	13.4	19.2	8.1	4.9	7.4	2.7	3.4	4.3	2.6
46 鹿児島	38.5	55.9	23.2	12.0	19.2	5.7	6.6	9.1	4.4	6.1	8.6	4.0
47 沖縄	21.8	29.1	14.9	7.4	11.5	3.5	3.4	4.2	2.8	3.0	5.4	0.6
18大都市（再掲） 18 major cities (Regrouped)												
東京区部	20.1	27.1	13.3	5.5	8.0	3.1	4.3	5.8	2.8	3.0	3.2	2.7
札幌市	20.1	30.7	10.3	8.8	14.8	3.2	3.3	5.2	1.5	2.3	3.2	1.4
仙台市	20.7	26.4	15.1	7.8	11.3	4.4	2.5	3.5	1.6	3.8	3.1	4.4
さいたま市	…	…	…	…	…	…	…	…	…	…	…	…
千葉市	19.0	28.5	9.2	7.7	12.2	3.1	2.8	3.9	1.6	2.7	3.9	1.4
横浜市	23.4	29.4	17.2	5.8	8.5	3.1	4.5	6.4	2.5	6.4	6.2	6.7
川崎市	24.3	32.3	15.6	6.0	9.0	2.8	3.6	5.2	1.9	6.9	7.9	5.7
新潟市	…	…	…	…	…	…	…	…	…	…	…	…
静岡市	…	…	…	…	…	…	…	…	…	…	…	…
浜松市	…	…	…	…	…	…	…	…	…	…	…	…
名古屋市	27.0	34.9	19.0	8.9	13.0	4.8	4.8	6.2	3.3	3.4	3.8	3.0
京都市	25.3	31.0	20.1	8.5	12.0	5.3	4.3	6.1	2.6	3.3	2.8	3.7
大阪市	28.3	38.2	18.8	8.9	13.4	4.5	4.8	7.0	2.8	4.7	5.7	3.8
堺市	…	…	…	…	…	…	…	…	…	…	…	…
神戸市	29.5	39.9	19.9	10.2	14.8	6.0	5.4	6.7	4.1	4.6	5.3	4.1
広島市	24.9	34.7	15.6	9.8	14.1	5.6	4.0	5.9	2.3	2.2	3.1	1.4
北九州市	30.9	38.7	23.9	9.4	13.7	5.6	7.0	8.5	5.6	5.4	5.6	5.2
福岡市	23.8	32.2	15.9	9.6	16.0	3.6	2.5	3.0	2.1	4.7	5.6	3.9

注：1）全国には不詳及び外国を含む。

種類・性別不慮の事故死亡数・率（人口10万対） －平成７～20年－

by prefecture (regrouped 18 major cities), type of accident and sex, 1995-2008

平成８年
1996

20104 不慮の窒息 Accidental suffocation			20105 煙、火及び火炎への曝露 Exposure to smoke, fire and flame			20106 有害物質による不慮の中毒及び有害物質への曝露 Poisoning by hazardous substance and exposure to such substance			20107 その他の不慮の事故 Other accidents		
総数 Total	男 Male	女 Female	総数 Total	男 Male	女 Female	総数 Total	男 Male	女 Female	総数 Total	男 Male	女 Female
5.5	6.6	4.6	1.1	1.4	0.9	0.6	0.8	0.4	3.4	5.0	1.9
4.8	5.9	3.7	1.1	1.6	0.7	0.7	0.9	0.4	3.7	5.8	1.8
7.4	9.1	5.8	2.0	2.8	1.2	0.5	0.4	0.5	4.5	7.2	1.9
10.0	13.2	6.9	1.7	1.8	1.6	1.0	1.6	0.4	4.4	6.8	2.3
4.8	6.2	3.5	1.0	1.5	0.6	0.4	0.4	0.4	3.1	4.3	1.9
9.7	12.5	7.1	1.9	3.1	0.8	0.8	0.9	0.8	5.1	8.3	2.2
10.7	13.2	8.3	0.6	1.0	0.3	0.2	-	0.3	4.8	7.4	2.3
7.1	8.4	5.9	1.2	1.4	1.0	0.7	0.6	0.8	4.1	6.4	1.8
6.1	7.5	4.7	0.8	1.1	0.6	0.9	1.0	0.9	3.7	5.1	2.3
5.2	6.4	4.0	1.3	1.6	1.0	0.9	1.3	0.4	3.4	4.7	2.2
6.3	7.8	4.9	1.6	1.5	1.7	0.9	1.3	0.5	3.3	4.4	2.3
3.6	3.9	3.4	0.7	0.7	0.7	0.5	0.7	0.4	2.5	3.3	1.6
3.9	4.5	3.3	1.0	1.2	0.8	0.4	0.6	0.2	2.5	3.6	1.4
3.5	4.2	2.7	0.9	1.2	0.7	0.5	0.7	0.3	2.4	3.7	1.2
3.4	4.0	2.8	0.8	1.1	0.5	0.3	0.6	0.1	2.6	3.6	1.6
8.8	10.1	7.6	2.1	2.6	1.6	0.5	0.8	0.2	4.3	7.4	1.3
9.0	11.9	6.4	1.8	3.2	0.5	0.4	0.7	0.2	4.5	6.7	2.4
8.4	10.4	6.6	1.4	1.6	1.2	0.3	0.4	0.2	3.7	4.6	2.8
5.7	7.3	4.3	1.1	1.5	0.7	0.5	0.5	0.5	4.0	6.3	1.9
6.3	7.4	5.2	1.1	1.6	0.7	1.1	1.2	1.1	5.4	7.2	3.6
5.9	6.3	5.5	1.6	2.1	1.2	0.8	0.9	0.6	4.5	6.9	2.2
6.2	8.7	3.9	1.1	1.6	0.7	0.5	0.6	0.4	3.7	4.9	2.6
7.5	8.4	6.5	0.9	1.6	0.2	0.7	0.9	0.5	3.5	4.7	2.3
6.3	7.0	5.7	0.9	1.0	0.9	0.4	0.6	0.3	2.7	3.7	1.8
7.1	7.7	6.6	1.3	1.6	1.0	0.9	1.1	0.7	4.5	7.0	2.2
5.5	7.1	3.8	0.9	1.4	0.5	0.3	0.3	0.3	2.3	3.3	1.4
5.6	6.1	5.0	1.0	1.0	1.1	0.4	0.5	0.3	3.1	4.2	2.0
4.3	4.4	4.1	0.9	1.2	0.7	0.4	0.5	0.3	3.1	4.5	1.9
5.4	6.7	4.2	1.2	1.6	0.9	0.5	0.7	0.4	3.7	5.4	2.1
5.2	6.4	4.2	1.4	1.0	1.8	0.5	0.9	0.1	3.7	5.7	1.9
5.9	7.8	4.1	0.9	1.8	0.2	0.7	1.0	0.5	4.0	6.7	1.6
7.0	8.9	5.3	1.3	2.0	0.6	1.0	1.0	0.9	6.0	7.8	4.4
9.1	10.4	8.0	1.4	1.9	1.0	1.3	2.2	0.5	4.3	6.0	2.8
6.4	7.4	5.5	1.8	2.4	1.2	0.7	1.0	0.4	4.2	7.0	1.7
6.6	7.9	5.4	1.3	1.4	1.2	0.5	0.6	0.5	4.2	6.3	2.1
6.6	8.0	5.3	1.0	1.4	0.7	0.4	0.4	0.4	3.9	6.2	1.8
7.1	8.1	6.2	1.4	1.5	1.4	0.2	0.5	-	4.6	6.6	2.8
5.9	6.9	4.9	1.9	2.0	1.7	0.3	0.4	0.2	3.1	5.1	1.3
7.5	9.9	5.4	1.5	2.1	0.9	0.7	1.0	0.5	3.8	5.6	2.1
10.7	13.9	7.9	2.0	2.1	1.9	1.1	1.6	0.7	4.6	7.6	1.9
5.1	5.8	4.5	1.0	1.2	0.8	0.5	0.9	0.2	2.6	3.4	1.8
7.6	10.0	5.4	1.5	1.2	1.7	0.3	0.7	-	4.1	5.7	2.6
5.7	6.2	5.3	1.2	1.8	0.7	0.3	0.4	0.2	3.0	4.3	1.8
5.2	6.8	3.8	1.3	1.6	1.0	0.5	0.7	0.3	3.9	5.3	2.6
5.4	7.2	3.7	1.7	2.2	1.2	0.5	0.9	0.2	4.4	6.0	2.9
7.5	9.2	6.0	0.9	1.3	0.6	0.7	0.9	0.5	3.7	5.0	2.4
6.6	8.9	4.5	1.9	2.3	1.6	1.2	1.4	0.9	4.1	6.4	2.1
5.2	4.3	6.0	0.7	0.8	0.6	1.1	1.4	0.8	1.0	1.4	0.6
3.4	4.2	2.5	1.0	1.3	0.7	0.6	0.8	0.3	2.4	3.7	1.1
2.3	2.8	1.7	0.7	0.6	0.9	0.7	0.8	0.6	2.0	3.3	0.9
3.8	4.9	2.6	0.7	0.8	0.6	0.4	0.6	0.2	1.6	2.1	1.2
…	…	…	…	…	…	…	…	…	…	…	…
2.9	3.9	1.9	0.6	1.1	-	0.6	0.9	0.2	1.7	2.5	0.9
3.4	4.0	2.8	0.8	0.8	0.7	0.1	0.2	-	2.5	3.4	1.5
3.2	4.0	2.4	1.0	1.3	0.7	0.6	0.9	0.2	3.0	4.0	1.9
…	…	…	…	…	…	…	…	…	…	…	…
…	…	…	…	…	…	…	…	…	…	…	…
…	…	…	…	…	…	…	…	…	…	…	…
5.3	5.9	4.7	1.0	1.0	1.0	0.6	0.7	0.4	3.0	4.3	1.8
4.6	4.4	4.9	1.0	0.8	1.2	0.4	0.6	0.3	3.1	4.2	2.1
4.5	4.5	4.5	0.9	1.1	0.8	0.5	0.7	0.3	3.9	5.8	2.1
…	…	…	…	…	…	…	…	…	…	…	…
4.2	5.6	2.8	1.0	1.5	0.5	0.4	0.4	0.4	3.7	5.6	2.0
4.4	5.1	3.7	0.6	0.9	0.4	0.4	0.7	0.2	3.4	4.8	2.1
4.4	4.6	4.3	1.1	1.4	0.7	0.2	0.4	-	3.4	4.6	2.4
3.2	3.2	3.3	1.0	1.0	1.1	0.5	0.6	0.3	2.2	2.9	1.7

Note: 1) "Total" includes data for foreign countries and "Not stated"

第15表　年次・都道府県（18大都市再掲）・不慮の事故の

Table 15. Trends in accidental deaths and death rates (per 100,000 population)

死亡率

Death rate

都道府県 Prefecture	20100 不慮の事故 Accident			20101 交通事故 Traffic accident			20102 転倒・転落 Fall			20103 不慮の溺死及び溺水 Accidental drowning		
	総数 Total	男 Male	女 Female	総数 Total	男 Male	女 Female	総数 Total	男 Male	女 Female	総数 Total	男 Male	女 Female
全　国 Total	31.1	41.1	21.5	11.2	16.0	6.5	4.7	6.1	3.3	4.5	5.3	3.8
01 北海道	30.3	43.5	18.1	14.0	21.4	7.2	3.4	4.6	2.3	2.9	3.6	2.2
02 青森	34.4	48.9	21.4	13.1	19.8	7.0	3.4	4.3	2.6	5.3	8.0	2.8
03 岩手	37.8	51.5	25.2	12.7	19.9	6.0	3.6	5.3	2.0	5.7	6.6	4.9
04 宮城	31.3	41.0	21.9	10.6	14.3	7.0	3.3	4.9	1.8	5.6	7.1	4.1
05 秋田	44.3	61.4	28.8	11.9	16.6	7.6	5.1	8.2	2.4	8.7	12.1	5.7
06 山形	39.4	51.1	28.5	12.9	18.5	7.6	3.9	5.1	2.8	7.8	9.4	6.3
07 福島	34.1	44.6	24.2	12.4	17.7	7.3	4.5	5.5	3.6	3.4	3.8	2.9
08 茨城	38.0	51.3	24.8	17.4	26.2	8.5	4.2	5.5	2.9	4.4	4.8	4.0
09 栃木	29.8	40.0	19.8	14.1	20.2	8.0	4.0	5.3	2.8	2.3	2.9	1.7
10 群馬	31.3	41.9	21.0	12.3	17.1	7.6	5.8	8.1	3.5	2.3	2.3	2.2
11 埼玉	21.3	28.0	14.4	8.3	11.9	4.6	3.6	4.5	2.6	2.0	2.2	1.7
12 千葉	26.8	35.2	18.3	11.7	16.5	6.8	4.2	5.4	3.0	3.0	3.5	2.5
13 東京	20.0	25.9	14.1	5.6	8.3	3.0	4.1	5.1	3.2	2.8	3.4	2.2
14 神奈川	23.3	29.7	16.7	6.9	10.4	3.4	3.4	4.4	2.4	5.8	5.6	5.9
15 新潟	43.5	55.8	32.0	13.5	18.0	9.2	5.5	7.2	3.9	9.5	11.2	8.0
16 富山	43.2	57.5	29.8	13.1	18.2	8.4	5.3	8.0	2.8	8.5	9.8	7.2
17 石川	32.9	43.8	22.7	13.5	18.3	9.0	4.3	6.5	2.3	5.0	5.8	4.3
18 福井	40.6	52.4	29.4	16.8	20.6	13.3	6.6	9.5	3.8	7.4	7.8	7.1
19 山梨	35.7	49.9	22.0	13.0	20.6	5.6	5.8	7.9	3.8	5.1	6.2	4.0
20 長野	37.5	51.3	24.4	12.3	17.8	7.0	5.0	7.1	3.0	6.3	7.2	5.4
21 岐阜	38.4	49.9	27.6	15.5	22.0	9.4	5.8	7.1	4.6	4.5	4.9	4.0
22 静岡	32.4	41.5	23.6	11.9	15.7	8.2	5.0	6.5	3.6	3.4	3.7	3.2
23 愛知	29.6	37.6	21.5	10.5	13.9	7.1	4.4	6.1	2.8	4.1	4.5	3.7
24 三重	40.0	48.5	32.0	14.9	21.1	9.0	5.3	6.6	4.0	5.6	5.7	5.4
25 滋賀	34.1	44.4	24.1	14.3	19.3	9.5	3.9	5.5	2.4	4.1	5.3	2.9
26 京都	29.2	37.2	21.8	10.4	14.8	6.2	4.3	5.0	3.7	3.4	4.1	2.8
27 大阪	25.6	33.6	17.9	7.8	11.5	4.3	4.5	5.6	3.4	4.3	4.7	4.0
28 兵庫	31.2	40.7	22.2	10.5	14.9	6.3	5.3	6.7	3.9	4.5	5.3	3.7
29 奈良	28.6	37.7	20.1	10.7	16.1	5.6	4.6	5.8	3.5	3.8	3.8	3.9
30 和歌山	37.2	52.5	23.4	13.9	21.0	7.4	4.8	6.3	3.5	7.4	9.0	5.9
31 鳥取	44.1	59.0	30.4	14.9	21.8	8.5	5.2	7.5	3.1	7.2	10.6	4.1
32 島根	43.8	60.1	28.8	15.3	22.7	8.5	6.0	9.3	3.0	6.3	8.7	4.0
33 岡山	40.4	53.5	28.2	15.8	22.5	9.7	5.5	7.6	3.5	5.6	6.6	4.7
34 広島	35.8	47.5	24.9	12.8	18.7	7.3	5.6	7.0	4.3	5.6	6.3	4.9
35 山口	37.2	52.9	23.2	15.1	20.7	10.1	5.8	9.1	2.8	4.0	5.2	2.8
36 徳島	42.3	57.9	28.3	16.7	24.4	9.9	7.0	8.4	5.7	7.0	8.9	5.3
37 香川	42.0	53.3	31.6	18.0	24.3	12.0	6.1	7.5	4.9	5.5	5.5	5.5
38 愛媛	40.4	53.3	28.8	14.1	19.0	9.6	7.5	9.0	6.1	5.7	8.2	3.4
39 高知	52.8	73.5	34.7	15.6	22.8	9.3	10.3	13.6	7.4	6.8	8.7	5.1
40 福岡	33.4	43.2	24.5	11.5	17.0	6.5	5.0	6.3	3.8	6.9	7.1	6.7
41 佐賀	37.8	48.8	28.0	15.9	20.6	11.6	7.0	8.9	5.4	4.6	5.7	3.7
42 長崎	31.2	44.4	19.5	9.8	15.4	4.8	5.7	7.6	3.9	5.4	7.4	3.6
43 熊本	33.7	43.8	24.8	11.9	16.9	7.3	5.9	7.4	4.6	4.2	5.3	3.2
44 大分	33.8	47.5	21.5	13.1	21.4	5.7	7.0	9.5	4.8	3.6	3.8	3.4
45 宮崎	37.8	51.0	26.0	15.9	20.7	11.6	7.0	11.4	3.1	3.1	3.6	2.7
46 鹿児島	37.7	50.5	26.3	12.1	19.1	6.0	6.0	7.7	4.5	3.9	5.2	2.7
47 沖縄	24.6	37.0	12.7	9.1	16.7	1.8	3.2	4.8	1.7	3.2	5.4	1.1
18大都市（再掲） 18 major cities (Regrouped)												
東京区部	20.8	27.4	14.3	5.7	8.9	2.6	4.4	5.5	3.4	3.2	3.6	2.8
札幌市	20.7	30.2	11.9	9.6	15.1	4.5	2.4	3.4	1.5	2.0	2.4	1.6
仙台市	21.5	29.1	14.1	7.4	10.7	4.3	3.1	4.6	1.6	3.9	5.0	2.9
さいたま市	…	…	…	…	…	…	…	…	…	…	…	…
千葉市	20.9	27.2	14.5	8.7	11.6	5.7	4.2	5.8	2.6	1.9	1.9	1.9
横浜市	24.0	29.6	18.1	6.2	9.0	3.3	4.0	4.9	3.0	6.6	6.1	7.2
川崎市	24.7	30.9	18.0	6.6	9.9	3.0	3.3	5.0	1.4	6.4	5.8	7.2
新潟市	…	…	…	…	…	…	…	…	…	…	…	…
静岡市	…	…	…	…	…	…	…	…	…	…	…	…
浜松市	…	…	…	…	…	…	…	…	…	…	…	…
名古屋市	26.6	34.0	19.3	7.4	10.6	4.2	5.2	7.1	3.2	4.5	5.2	3.9
京都市	27.3	35.7	19.6	9.3	14.3	4.7	4.0	4.6	3.5	3.5	4.3	2.8
大阪市	30.7	40.7	20.9	8.9	13.5	4.4	6.3	7.7	5.0	4.9	5.5	4.3
堺市	…	…	…	…	…	…	…	…	…	…	…	…
神戸市	26.1	33.4	19.2	6.6	9.4	4.0	4.6	6.0	3.2	3.9	5.1	2.8
広島市	27.6	37.0	18.7	10.0	14.1	6.0	4.6	6.7	2.7	4.4	5.4	3.4
北九州市	35.4	44.7	27.2	9.5	14.7	4.9	5.7	6.7	4.7	7.5	7.8	7.4
福岡市	25.8	35.0	17.3	9.8	15.3	4.7	4.0	4.9	3.2	4.6	4.4	4.7

注：1）全国には不詳及び外国を含む。

種類・性別不慮の事故死亡数・率（人口10万対） －平成７～20年－
by prefecture (regrouped 18 major cities), type of accident and sex, 1995-2008

平成９年
1997

20104 不慮の窒息 Accidental suffocation			20105 煙、火及び火炎への曝露 Exposure to smoke, fire and flame			20106 有害物質による不慮の中毒及び有害物質への曝露 Poisoning by hazardous substance and exposure to such substance			20107 その他の不慮の事故 Other accidents		
総数 Total	男 Male	女 Female	総数 Total	男 Male	女 Female	総数 Total	男 Male	女 Female	総数 Total	男 Male	女 Female
5.7	6.6	4.9	1.2	1.5	0.8	0.5	0.6	0.3	3.3	4.9	1.8
4.7	5.6	3.8	1.6	2.3	0.9	0.6	1.0	0.3	3.2	5.0	1.6
6.6	7.3	6.1	1.6	2.4	0.8	0.7	1.0	0.4	3.9	6.1	1.8
8.7	10.0	7.5	1.6	1.8	1.4	0.8	1.0	0.5	4.8	6.9	2.9
6.3	7.1	5.5	1.5	1.6	1.4	0.6	0.7	0.5	3.5	5.4	1.6
9.8	12.4	7.4	2.4	2.8	2.1	0.4	0.5	0.3	5.9	8.7	3.3
9.2	11.4	7.1	1.5	1.3	1.7	0.5	0.5	0.5	3.6	4.8	2.5
6.8	8.8	4.8	1.9	2.2	1.7	0.5	0.6	0.4	4.7	6.0	3.5
5.9	6.4	5.3	1.8	2.2	1.4	0.6	1.0	0.3	3.8	5.2	2.4
4.6	4.9	4.3	0.7	0.7	0.7	0.5	0.6	0.4	3.6	5.4	1.8
5.3	6.5	4.2	1.8	2.5	1.1	0.5	0.5	0.5	3.3	4.7	2.0
3.7	4.2	3.1	0.7	0.8	0.6	0.5	0.6	0.4	2.6	3.8	1.3
3.9	4.3	3.5	1.1	1.6	0.7	0.2	0.3	0.1	2.7	3.7	1.7
3.7	3.9	3.5	0.9	1.1	0.6	0.4	0.5	0.4	2.4	3.6	1.2
3.5	3.8	3.1	0.8	1.0	0.6	0.2	0.4	0.1	2.7	4.1	1.2
9.4	12.0	6.9	1.5	1.8	1.2	0.4	0.7	0.2	3.7	4.9	2.5
10.9	14.7	7.4	1.4	1.9	1.0	0.3	0.2	0.3	3.7	4.8	2.6
7.1	9.8	4.6	0.3	0.4	0.3	0.4	0.4	0.5	2.1	2.6	1.6
5.2	7.5	3.1	0.5	0.5	0.5	0.2	0.5	-	3.8	6.0	1.7
5.8	7.4	4.3	1.0	1.4	0.7	0.9	1.2	0.7	4.1	5.3	2.9
7.4	9.4	5.5	1.3	2.1	0.5	0.8	1.3	0.4	4.4	6.4	2.6
6.8	7.6	6.0	1.2	1.5	1.0	0.8	0.9	0.7	3.8	5.8	1.9
6.9	8.4	5.4	0.9	1.0	0.7	0.5	0.6	0.4	3.7	5.5	2.0
6.2	7.0	5.4	1.2	1.6	0.8	0.4	0.5	0.3	2.7	4.0	1.4
9.9	9.1	10.7	0.8	0.8	0.8	0.3	0.4	0.1	3.3	4.7	1.9
7.0	8.5	5.6	1.5	1.7	1.4	0.4	0.3	0.5	2.8	3.8	1.8
7.0	7.5	6.5	0.8	0.9	0.8	0.3	0.5	0.2	2.9	4.3	1.7
4.5	5.1	3.8	0.9	1.3	0.5	0.4	0.5	0.3	3.3	5.0	1.7
5.9	6.8	5.1	0.8	1.1	0.6	0.6	0.8	0.4	3.6	5.1	2.2
4.9	5.9	4.0	1.1	1.4	0.8	0.4	0.3	0.5	3.0	4.3	1.7
5.6	7.1	4.3	0.9	1.4	0.5	0.3	0.2	0.4	4.4	7.6	1.4
10.5	12.3	8.8	1.3	1.4	1.3	0.8	0.7	0.9	4.2	4.8	3.8
9.5	10.4	8.8	1.2	0.8	1.5	0.9	1.4	0.5	4.6	6.8	2.5
6.7	6.6	6.8	1.5	2.1	1.0	0.8	1.4	0.2	4.4	6.6	2.4
7.0	8.4	5.7	1.3	1.6	1.0	0.3	0.5	0.1	3.3	5.0	1.6
7.1	9.5	4.9	1.0	1.4	0.6	0.5	0.4	0.5	3.8	6.6	1.4
5.3	6.9	3.9	1.7	2.8	0.7	0.6	0.5	0.7	4.0	6.1	2.1
7.0	7.9	6.2	1.8	2.4	1.1	0.7	1.4	-	3.0	4.3	1.9
7.7	9.0	6.4	1.5	2.3	0.8	0.5	0.7	0.4	3.5	5.1	2.1
10.7	14.4	7.4	2.7	4.2	1.4	0.9	1.6	0.2	5.8	8.1	3.7
5.8	6.8	4.8	0.9	1.2	0.5	0.6	0.8	0.5	2.8	4.0	1.6
5.3	6.7	4.1	1.2	1.4	1.1	0.5	0.5	0.4	3.3	5.0	1.7
5.6	7.1	4.3	1.0	1.3	0.7	0.6	1.0	0.2	3.2	4.7	1.8
7.1	7.5	6.7	1.1	1.1	1.0	0.4	0.5	0.3	3.2	5.0	1.6
4.5	5.0	4.0	1.5	1.9	1.1	0.6	0.9	0.3	3.5	5.0	2.2
7.0	9.2	5.0	0.8	0.7	0.8	0.5	0.7	0.3	3.5	4.7	2.4
7.9	8.5	7.4	2.4	2.6	2.2	0.7	1.0	0.4	4.6	6.4	3.0
5.4	5.7	5.2	0.8	1.1	0.5	0.5	0.5	0.6	2.3	2.9	1.8
3.5	4.0	3.1	0.9	1.1	0.8	0.5	0.6	0.4	2.4	3.7	1.2
2.9	3.5	2.3	1.2	1.9	0.6	0.4	0.6	0.3	2.1	3.4	1.0
4.0	4.4	3.7	0.6	0.4	0.8	0.3	0.6	-	2.1	3.3	0.8
…	…	…	…	…	…	…	…	…	…	…	…
2.9	3.5	2.4	1.2	2.1	0.2	-	-	-	2.0	2.3	1.7
3.5	4.1	3.0	0.8	1.0	0.6	0.3	0.4	0.2	2.6	4.2	0.9
3.6	3.5	3.7	1.3	1.6	0.9	0.3	0.5	-	3.3	4.6	1.9
…	…	…	…	…	…	…	…	…	…	…	…
…	…	…	…	…	…	…	…	…	…	…	…
5.0	4.7	5.3	1.1	1.3	0.8	0.4	0.5	0.3	3.1	4.6	1.6
6.7	7.3	6.2	0.8	0.6	1.0	0.2	0.3	0.1	2.8	4.3	1.4
5.0	5.7	4.3	0.9	1.2	0.6	0.4	0.4	0.4	4.3	6.8	1.9
…	…	…	…	…	…	…	…	…	…	…	…
7.2	7.7	6.7	0.9	1.4	0.4	0.5	0.7	0.3	2.4	3.0	1.9
4.4	4.8	3.9	1.3	1.5	1.1	0.2	0.2	0.2	2.8	4.3	1.4
6.5	7.1	6.0	1.1	1.7	0.6	0.8	0.8	0.8	4.3	5.9	2.8
4.4	5.4	3.4	1.0	1.5	0.6	0.4	0.8	-	1.6	2.6	0.6

Note: 1) "Total" includes data for foreign countries and "Not stated"

第15表　年次・都道府県（18大都市再掲）・不慮の事故の

Table 15. Trends in accidental deaths and death rates (per 100,000 population)

死亡率

Death rate

都道府県 Prefecture	20100 不慮の事故 Accident			20101 交通事故 Traffic accident			20102 転倒・転落 Fall			20103 不慮の溺死及び溺水 Accidental drowning		
	総数 Total	男 Male	女 Female	総数 Total	男 Male	女 Female	総数 Total	男 Male	女 Female	総数 Total	男 Male	女 Female
全　国 Total	31.1	40.7	21.8	10.7	15.6	6.1	4.9	6.2	3.7	4.5	5.2	3.8
01 北海道	31.1	44.3	18.9	12.8	20.1	6.1	3.8	5.2	2.6	3.5	4.3	2.8
02 青森	37.8	54.1	23.1	13.4	21.9	5.7	4.1	5.7	2.7	5.2	7.1	3.5
03 岩手	38.2	53.3	24.2	13.5	19.7	7.8	4.0	5.9	2.3	5.4	7.1	3.9
04 宮城	32.0	43.0	21.4	10.9	16.6	5.4	3.7	4.5	2.9	4.8	4.7	4.9
05 秋田	38.5	51.1	27.1	10.1	14.6	6.0	4.5	6.2	3.0	7.7	8.8	6.7
06 山形	37.8	45.1	30.9	11.6	16.5	7.0	5.4	6.4	4.5	6.8	5.6	7.9
07 福島	36.6	48.7	25.2	12.2	16.8	7.8	4.5	6.5	2.5	3.7	4.2	3.1
08 茨城	34.9	45.5	24.4	14.9	20.6	9.1	4.9	5.9	4.0	3.8	4.9	2.6
09 栃木	29.5	38.9	20.2	12.6	17.6	7.6	4.4	4.8	4.0	2.6	3.2	2.0
10 群馬	34.7	45.7	23.9	13.2	18.4	8.2	5.5	7.1	4.0	3.6	4.5	2.7
11 埼玉	20.9	26.7	15.0	8.1	11.6	4.6	3.5	4.3	2.6	1.9	2.1	1.7
12 千葉	25.4	32.4	18.3	9.9	14.1	5.6	4.6	5.3	3.9	2.7	2.7	2.7
13 東京	19.9	27.2	12.6	5.5	8.4	2.5	4.5	5.9	3.1	2.7	3.4	2.0
14 神奈川	22.5	27.8	17.1	6.7	9.9	3.5	3.0	3.5	2.6	5.6	5.6	5.5
15 新潟	41.8	54.3	29.9	13.8	20.0	8.0	5.0	6.5	3.7	8.9	9.9	7.9
16 富山	42.8	52.9	33.4	12.1	14.7	9.7	5.2	6.1	4.3	8.0	10.2	6.0
17 石川	35.0	44.9	25.8	12.5	17.4	7.9	5.4	6.1	4.8	4.7	4.9	4.4
18 福井	44.7	64.2	26.3	13.6	22.3	5.5	6.5	9.5	3.6	9.3	12.0	6.6
19 山梨	35.9	47.9	24.2	12.3	18.4	6.3	6.0	6.2	5.8	4.7	6.0	3.4
20 長野	37.6	47.0	28.6	11.2	15.6	7.1	5.1	6.3	3.9	6.5	7.6	5.5
21 岐阜	36.7	47.8	26.2	14.6	20.4	9.2	5.6	7.2	4.0	4.8	5.7	4.0
22 静岡	32.8	42.1	23.7	10.9	15.0	7.0	5.5	7.4	3.7	3.4	3.7	3.1
23 愛知	30.8	38.4	23.2	10.6	14.4	6.8	4.7	5.8	3.5	4.6	5.0	4.3
24 三重	41.4	52.9	30.7	15.9	23.2	9.0	5.9	8.1	3.8	5.9	5.9	5.9
25 滋賀	33.6	43.5	23.9	13.0	18.8	7.4	4.2	5.4	3.0	4.3	4.3	4.2
26 京都	27.9	36.6	19.7	11.0	15.5	6.7	4.8	5.6	4.0	2.5	3.4	1.6
27 大阪	24.4	31.7	17.3	7.6	10.8	4.4	4.3	5.7	2.8	3.8	4.1	3.5
28 兵庫	33.7	43.5	24.5	10.5	15.6	5.6	6.3	7.6	5.1	5.4	5.7	5.1
29 奈良	27.4	34.4	21.0	9.0	14.0	4.3	3.9	3.6	4.1	3.9	4.2	3.6
30 和歌山	40.8	53.0	29.8	14.6	22.2	7.8	8.8	10.2	7.4	5.8	6.3	5.3
31 鳥取	40.5	55.6	26.6	13.7	20.1	7.8	5.9	7.2	4.7	7.2	9.2	5.3
32 島根	46.1	56.6	36.4	14.2	20.1	8.8	8.4	10.2	6.8	6.2	7.7	4.8
33 岡山	41.1	52.4	30.7	15.4	21.1	10.2	5.9	6.7	5.0	5.6	6.4	4.8
34 広島	33.2	44.0	23.1	11.7	17.8	6.0	6.4	7.8	5.0	4.3	5.1	3.5
35 山口	37.6	52.8	24.0	14.6	21.7	8.3	6.0	8.3	4.0	4.3	5.2	3.5
36 徳島	44.1	61.7	28.3	18.1	27.2	9.9	7.8	10.9	5.1	4.7	6.1	3.4
37 香川	45.8	60.0	32.5	20.3	28.2	12.9	6.1	8.7	3.8	6.0	6.1	5.8
38 愛媛	41.5	54.1	30.3	14.4	19.6	9.6	6.5	8.6	4.6	5.5	6.6	4.6
39 高知	54.2	70.5	39.8	15.7	22.9	9.3	9.6	12.9	6.7	7.3	10.0	4.9
40 福岡	33.6	45.1	23.3	11.2	16.3	6.5	5.2	6.3	4.1	6.6	8.1	5.4
41 佐賀	39.3	55.9	24.5	17.2	25.9	9.5	5.9	7.4	4.5	4.8	6.2	3.4
42 長崎	33.6	45.2	23.2	10.6	16.6	5.3	5.2	6.8	3.8	4.8	5.9	4.0
43 熊本	33.5	47.3	21.1	13.6	21.0	6.9	6.3	7.7	5.1	3.8	5.0	2.7
44 大分	32.7	44.3	22.3	10.5	16.4	5.1	7.5	10.2	5.1	4.2	5.7	2.9
45 宮崎	33.6	44.0	24.4	11.8	18.7	5.5	4.6	5.2	4.0	4.7	5.6	3.9
46 鹿児島	37.2	48.2	27.5	12.0	16.7	7.8	6.0	6.6	5.6	4.1	5.8	2.6
47 沖縄	23.6	33.9	13.8	9.3	13.7	5.0	3.4	5.0	1.8	3.9	6.9	1.1
18大都市（再掲） 18 major cities (Regrouped)												
東京区部	20.8	28.2	13.5	5.4	8.1	2.7	5.0	6.5	3.4	3.1	3.8	2.5
札幌市	17.9	25.1	11.3	6.2	9.0	3.5	2.9	3.6	2.3	1.7	2.1	1.4
仙台市	21.7	27.2	16.2	7.5	10.8	4.4	3.2	3.3	3.2	3.2	2.4	4.0
さいたま市	…	…	…	…	…	…	…	…	…	…	…	…
千葉市	22.0	27.0	16.9	6.9	8.9	4.9	6.3	8.2	4.4	2.8	2.5	3.0
横浜市	22.1	26.2	17.9	6.0	8.7	3.2	3.1	3.6	2.7	6.3	6.1	6.4
川崎市	22.9	28.0	17.3	7.1	9.8	4.1	2.5	3.3	1.7	5.8	5.9	5.6
新潟市	…	…	…	…	…	…	…	…	…	…	…	…
静岡市	…	…	…	…	…	…	…	…	…	…	…	…
浜松市	…	…	…	…	…	…	…	…	…	…	…	…
名古屋市	28.6	36.2	21.0	8.9	11.3	6.5	5.1	6.9	3.4	4.3	5.4	3.2
京都市	25.0	31.3	19.1	8.8	11.9	5.8	4.7	5.1	4.4	1.8	2.4	1.3
大阪市	27.9	37.4	18.8	7.7	12.0	3.6	5.2	6.8	3.7	4.3	5.2	3.5
堺市	…	…	…	…	…	…	…	…	…	…	…	…
神戸市	30.2	38.5	22.6	7.7	11.2	4.4	5.9	8.2	3.8	5.9	6.4	5.5
広島市	24.7	33.9	16.0	9.6	15.7	3.8	5.4	7.1	3.8	2.8	2.7	3.0
北九州市	34.9	46.0	24.9	10.1	14.6	6.2	6.0	7.3	4.9	7.8	9.4	6.4
福岡市	26.4	35.2	18.1	8.2	11.6	5.0	4.3	5.5	3.2	5.5	7.3	3.8

注：1）全国には不詳及び外国を含む。

種類・性別不慮の事故死亡数・率（人口10万対） －平成７～20年－
by prefecture (regrouped 18 major cities), type of accident and sex, 1995-2008

平成10年
1998

20104 不慮の窒息 Accidental suffocation			20105 煙、火及び火炎への曝露 Exposure to smoke, fire and flame			20106 有害物質による不慮の中毒及び有害物質への曝露 Poisoning by hazardous substance and exposure to such substance			20107 その他の不慮の事故 Other accidents		
総数 Total	男 Male	女 Female	総数 Total	男 Male	女 Female	総数 Total	男 Male	女 Female	総数 Total	男 Male	女 Female
6.0	7.0	5.1	1.1	1.4	0.8	0.4	0.6	0.3	3.4	4.8	2.0
5.4	6.6	4.4	1.6	2.2	1.1	0.8	1.4	0.2	3.1	4.6	1.8
8.5	10.1	7.1	1.5	1.7	1.3	0.7	1.0	0.5	4.3	6.6	2.3
10.0	12.7	7.5	0.8	1.2	0.5	0.8	1.2	0.5	3.5	5.6	1.6
7.1	9.2	5.1	1.6	2.1	1.2	0.6	0.9	0.3	3.2	5.0	1.6
10.2	12.7	7.9	1.4	2.3	0.6	0.3	0.5	-	4.4	6.2	2.9
9.0	11.1	7.1	1.0	1.2	0.9	0.4	0.3	0.5	3.4	4.0	2.9
9.3	11.6	7.2	1.6	2.6	0.6	0.8	1.3	0.3	4.6	5.5	3.8
6.5	7.2	5.9	1.0	1.5	0.5	0.6	0.8	0.4	3.2	4.5	2.0
4.8	6.1	3.6	1.2	1.6	0.8	0.5	0.8	0.2	3.4	4.8	2.0
5.9	6.9	4.9	1.3	1.6	1.0	1.1	1.3	0.8	4.1	5.9	2.4
3.7	3.9	3.6	0.8	1.0	0.6	0.5	0.7	0.3	2.4	3.2	1.6
4.1	4.2	4.0	0.7	1.0	0.3	0.5	0.7	0.3	2.9	4.3	1.5
3.3	3.9	2.7	0.9	1.3	0.6	0.4	0.6	0.2	2.6	3.8	1.5
3.9	4.2	3.5	0.7	0.9	0.5	0.1	0.2	0.1	2.5	3.5	1.5
8.6	10.3	7.0	1.3	2.0	0.7	0.5	0.5	0.5	3.7	5.2	2.2
10.7	13.2	8.4	1.4	1.7	1.2	0.6	0.7	0.5	4.7	6.3	3.3
8.1	10.0	6.2	1.5	2.1	1.0	0.3	0.5	-	2.6	3.9	1.5
7.9	10.0	5.9	1.3	1.5	1.2	0.2	0.3	0.2	5.8	8.5	3.3
6.5	8.3	4.7	1.6	2.3	0.9	0.6	0.7	0.4	4.3	6.0	2.7
8.7	9.8	7.6	1.8	2.2	1.5	0.3	0.2	0.4	4.0	5.4	2.6
6.6	8.0	5.3	1.0	1.0	1.0	0.4	0.4	0.5	3.6	5.1	2.2
8.0	9.0	7.2	1.0	1.5	0.6	0.3	0.4	0.3	3.5	5.1	1.9
6.3	7.1	5.5	0.9	1.0	0.8	0.4	0.5	0.3	3.2	4.5	2.0
9.2	9.3	9.1	1.0	1.7	0.3	0.4	0.3	0.5	3.1	4.3	2.0
7.3	8.1	6.5	0.5	0.5	0.6	0.4	0.6	0.2	3.8	5.7	2.0
5.9	6.8	5.0	0.8	1.1	0.4	0.3	0.3	0.2	2.7	3.9	1.6
5.0	5.4	4.5	0.6	1.0	0.3	0.3	0.4	0.2	2.8	4.3	1.4
6.5	7.9	5.2	1.0	1.2	0.8	0.4	0.5	0.3	3.8	5.2	2.4
5.6	6.7	4.7	1.1	1.0	1.2	0.5	0.6	0.4	3.5	4.3	2.7
6.4	7.5	5.5	1.2	1.2	1.2	0.4	0.6	0.2	3.5	4.9	2.3
7.4	9.2	5.6	1.1	1.4	0.9	0.2	-	0.3	5.1	8.5	1.9
10.6	10.2	11.1	1.2	1.4	1.0	-	-	-	5.5	7.1	4.0
8.0	8.7	7.3	1.7	2.2	1.2	0.5	1.0	0.1	4.1	6.3	2.0
6.6	7.6	5.6	0.9	0.9	0.8	0.3	0.6	0.1	3.0	4.2	2.0
7.3	9.7	5.2	0.7	1.1	0.4	0.3	0.4	0.2	4.3	6.4	2.5
6.8	8.6	5.1	1.6	1.8	1.4	0.6	0.8	0.5	4.6	6.3	3.0
6.0	7.1	5.1	2.1	2.6	1.7	0.5	0.8	0.2	4.7	6.5	3.0
9.1	9.9	8.5	1.4	2.4	0.5	0.2	0.3	0.1	4.4	6.6	2.4
11.9	12.4	11.4	2.2	2.6	1.9	1.2	1.3	1.2	6.3	8.4	4.4
5.9	7.8	4.3	1.2	1.6	0.8	0.4	0.7	0.2	3.1	4.2	2.0
6.9	8.4	5.6	0.3	0.2	0.4	0.6	1.2	-	3.6	6.5	1.1
5.8	6.8	4.8	1.5	1.3	1.7	0.7	1.3	0.2	4.8	6.6	3.3
5.7	7.6	4.0	1.0	1.5	0.6	0.3	0.5	0.1	2.8	4.1	1.7
5.5	5.7	5.3	1.2	1.6	0.9	0.3	-	0.6	3.4	4.7	2.3
6.2	6.1	6.3	1.1	0.9	1.3	1.0	1.3	0.8	4.3	6.1	2.6
7.9	10.1	6.0	1.6	1.6	1.7	0.6	0.4	0.7	4.9	7.0	3.1
3.8	3.8	3.8	0.4	0.5	0.3	0.7	0.8	0.6	2.2	3.1	1.2
3.2	3.8	2.6	1.1	1.6	0.7	0.4	0.6	0.2	2.6	3.8	1.4
3.2	4.4	2.1	1.1	1.7	0.5	0.8	1.2	0.4	1.9	3.0	1.0
5.1	6.7	3.6	0.8	0.8	0.8	0.4	0.8	-	1.4	2.4	0.4
…	…	…	…	…	…	…	…	…	…	…	…
3.8	3.9	3.7	0.8	1.1	0.5	0.2	0.5	-	1.3	2.0	0.5
3.6	3.6	3.6	0.4	0.4	0.4	0.1	0.1	0.1	2.6	3.7	1.4
4.5	4.8	4.1	1.1	1.7	0.5	-	-	-	2.0	2.5	1.4
…	…	…	…	…	…	…	…	…	…	…	…
…	…	…	…	…	…	…	…	…	…	…	…
…	…	…	…	…	…	…	…	…	…	…	…
5.6	5.9	5.2	1.0	1.4	0.6	0.4	0.5	0.3	3.3	4.8	1.8
6.0	7.0	5.1	1.0	1.3	0.7	0.3	0.6	0.1	2.3	3.0	1.7
6.0	6.3	5.7	0.6	0.9	0.3	0.3	0.2	0.3	3.7	5.9	1.7
…	…	…	…	…	…	…	…	…	…	…	…
6.1	7.0	5.4	0.7	1.0	0.4	0.5	0.6	0.4	3.4	4.1	2.7
4.4	5.5	3.5	0.4	0.4	0.3	0.4	0.5	0.2	1.7	2.0	1.4
6.0	9.0	3.4	1.0	0.8	1.1	0.4	0.8	-	3.5	4.2	3.0
4.4	4.8	4.0	1.3	1.9	0.7	0.3	0.5	0.1	2.3	3.6	1.2

Note: 1) "Total" includes data for foreign countries and "Not stated"

第15表　年次・都道府県（18大都市再掲）・不慮の事故の

Table 15. Trends in accidental deaths and death rates (per 100,000 population)

死亡率

Death rate

都道府県 Prefecture	20100 不慮の事故 Accident			20101 交通事故 Traffic accident			20102 転倒・転落 Fall			20103 不慮の溺死及び溺水 Accidental drowning		
	総数 Total	男 Male	女 Female	総数 Total	男 Male	女 Female	総数 Total	男 Male	女 Female	総数 Total	男 Male	女 Female
全国 Total	32.0	41.6	22.7	10.5	15.0	6.1	5.0	6.4	3.8	4.7	5.5	4.0
01 北海道	30.8	43.2	19.4	12.6	18.6	7.0	3.7	5.3	2.2	3.6	4.8	2.4
02 青森	38.6	52.1	26.5	12.6	17.3	8.3	4.3	5.1	3.5	4.9	6.9	3.2
03 岩手	38.9	53.5	25.5	13.5	19.6	7.8	4.7	6.6	3.0	4.8	6.2	3.5
04 宮城	31.4	42.6	20.7	11.3	17.0	5.8	3.2	4.6	1.9	5.6	7.0	4.2
05 秋田	45.1	61.2	30.6	11.6	16.9	6.9	5.9	8.4	3.7	8.5	10.9	6.2
06 山形	40.6	49.6	32.2	12.0	15.9	8.4	5.9	7.3	4.5	8.0	9.9	6.2
07 福島	34.9	46.1	24.3	10.5	14.6	6.6	3.6	4.6	2.7	4.9	6.8	3.1
08 茨城	37.8	51.6	24.0	16.0	23.1	8.9	5.1	6.7	3.5	4.4	5.4	3.4
09 栃木	31.1	42.1	20.2	12.9	18.4	7.5	4.9	6.8	3.0	2.1	2.1	2.0
10 群馬	35.1	44.3	26.1	11.1	14.5	7.8	5.6	7.7	3.6	5.0	5.0	5.0
11 埼玉	22.2	29.6	14.7	8.7	12.2	5.1	3.9	5.1	2.8	2.0	2.6	1.4
12 千葉	26.6	35.0	18.2	10.4	15.7	5.1	4.6	5.5	3.8	3.1	3.5	2.7
13 東京	21.6	26.9	16.3	5.6	7.8	3.4	4.3	5.4	3.3	3.5	3.6	3.4
14 神奈川	22.9	29.0	16.6	6.0	8.6	3.2	3.5	4.5	2.5	5.3	6.0	4.7
15 新潟	44.6	55.7	34.2	12.8	17.1	8.7	6.4	8.7	4.2	9.0	9.9	8.1
16 富山	44.7	60.3	30.2	13.4	17.8	9.3	6.6	10.2	3.3	9.4	11.7	7.2
17 石川	39.2	49.5	29.6	11.9	16.0	8.0	5.3	6.7	3.9	6.4	8.4	4.6
18 福井	45.7	57.9	34.1	16.8	21.3	12.6	6.5	7.5	5.5	9.0	10.8	7.3
19 山梨	33.7	42.8	24.8	11.6	16.3	6.9	5.0	5.8	4.3	4.4	5.1	3.8
20 長野	38.9	49.0	29.2	11.5	15.5	7.7	4.8	5.4	4.1	6.1	6.6	5.7
21 岐阜	36.7	45.1	28.8	11.9	15.8	8.2	6.2	8.2	4.3	5.9	6.0	5.8
22 静岡	33.8	42.8	25.1	11.7	16.1	7.4	4.8	5.9	3.8	3.9	4.0	3.9
23 愛知	29.1	36.5	21.7	10.0	14.1	5.9	4.3	5.0	3.5	4.1	4.3	3.8
24 三重	43.8	55.4	32.9	14.8	20.0	10.0	5.9	7.6	4.2	7.8	9.0	6.7
25 滋賀	34.3	44.9	24.0	12.9	18.7	7.4	3.8	4.5	3.2	5.0	5.4	4.7
26 京都	27.0	34.2	20.3	8.7	13.2	4.6	5.1	5.7	4.4	2.3	2.2	2.4
27 大阪	25.4	32.0	19.1	7.4	10.9	4.0	4.6	5.4	3.9	3.9	4.3	3.5
28 兵庫	32.2	41.1	23.8	9.2	13.7	5.1	6.1	7.7	4.6	5.2	5.7	4.9
29 奈良	30.3	43.1	18.5	10.3	15.6	5.5	5.8	8.0	3.7	3.5	3.6	3.5
30 和歌山	40.9	51.1	31.8	11.6	17.0	6.7	7.7	9.1	6.4	6.5	7.3	5.9
31 鳥取	40.4	49.5	32.0	13.6	16.4	11.0	4.7	5.1	4.4	7.8	10.2	5.6
32 島根	45.7	60.1	32.5	12.8	17.6	8.3	6.4	7.7	5.3	7.2	10.2	4.5
33 岡山	39.4	54.6	25.3	14.7	21.7	8.2	6.7	8.9	4.6	4.6	5.2	4.0
34 広島	34.3	44.6	24.5	11.2	16.2	6.4	6.4	7.8	5.1	4.5	5.0	4.0
35 山口	42.1	57.1	28.8	15.6	22.9	9.1	6.3	7.3	5.3	5.2	7.0	3.5
36 徳島	43.5	60.3	28.3	14.4	21.6	7.8	7.7	11.2	4.6	5.2	6.6	3.9
37 香川	46.5	58.6	35.3	18.7	25.4	12.6	7.7	9.5	6.0	6.4	5.9	6.9
38 愛媛	45.5	57.8	34.5	15.9	21.8	10.5	7.1	7.9	6.3	6.0	7.5	4.6
39 高知	54.0	68.2	41.4	16.2	22.4	10.7	11.5	14.7	8.6	5.9	8.4	3.7
40 福岡	34.2	45.7	23.8	10.5	16.4	5.1	5.2	7.2	3.5	7.3	7.6	7.1
41 佐賀	42.0	56.6	28.9	17.6	24.9	11.0	6.1	7.0	5.4	4.9	5.5	4.3
42 長崎	33.0	45.0	22.4	8.4	13.4	4.0	5.6	6.8	4.4	6.6	9.1	4.4
43 熊本	37.8	50.3	26.6	11.8	17.4	6.7	7.0	9.1	5.1	4.1	4.3	4.0
44 大分	36.1	50.3	23.4	12.4	18.7	6.7	7.4	9.7	5.4	4.1	5.4	2.9
45 宮崎	35.0	48.6	22.9	13.3	19.5	7.8	4.3	5.0	3.6	4.0	5.6	2.6
46 鹿児島	37.0	50.2	25.4	10.7	16.0	6.0	6.8	8.1	5.7	4.5	6.4	2.7
47 沖縄	25.2	37.0	13.8	8.0	12.9	3.2	3.9	6.0	2.0	2.8	4.4	1.4
18大都市（再掲） 18 major cities (Regrouped)												
東京区部	22.1	26.9	17.4	5.6	7.8	3.4	4.3	5.4	3.3	4.1	4.3	4.0
札幌市	19.9	28.2	12.2	7.4	10.4	4.6	3.4	5.4	1.5	1.5	2.1	0.9
仙台市	21.7	28.9	14.6	7.6	11.5	3.7	2.4	3.0	1.8	3.8	5.1	2.6
さいたま市	…	…	…	…	…	…	…	…	…	…	…	…
千葉市	18.8	23.6	13.8	6.9	9.9	3.9	3.5	3.6	3.4	1.8	1.8	1.8
横浜市	22.9	28.1	17.5	5.2	7.3	3.0	3.8	4.9	2.6	6.2	7.2	5.3
川崎市	24.1	31.3	16.3	6.4	9.3	3.2	3.1	4.3	1.9	6.1	6.3	5.9
新潟市	…	…	…	…	…	…	…	…	…	…	…	…
静岡市	…	…	…	…	…	…	…	…	…	…	…	…
浜松市	…	…	…	…	…	…	…	…	…	…	…	…
名古屋市	26.0	32.2	19.8	7.8	11.9	3.6	4.1	4.1	4.0	4.3	4.5	4.1
京都市	24.9	30.2	20.1	7.5	10.5	4.8	4.6	5.1	4.1	2.1	2.3	2.0
大阪市	30.1	38.4	22.2	7.5	10.3	4.8	5.8	7.5	4.2	5.2	6.2	4.2
堺市	…	…	…	…	…	…	…	…	…	…	…	…
神戸市	29.2	36.9	22.1	6.4	10.3	2.8	6.3	7.7	5.1	5.7	6.1	5.3
広島市	24.1	31.7	17.0	8.1	11.7	4.7	5.0	5.3	4.7	2.0	2.6	1.4
北九州市	35.3	47.4	24.4	9.5	15.2	4.3	6.9	10.2	3.9	7.7	7.9	7.5
福岡市	24.6	34.1	15.7	6.9	11.0	3.1	4.1	6.2	2.2	5.4	6.1	4.8

注：1）全国には不詳及び外国を含む。

種類・性別不慮の事故死亡数・率（人口10万対） －平成７～20年－

by prefecture (regrouped 18 major cities), type of accident and sex, 1995-2008

平成11年
1999

20104 不慮の窒息 Accidental suffocation			20105 煙、火及び火炎への曝露 Exposure to smoke, fire and flame			20106 有害物質による不慮の中毒及び有害物質への曝露 Poisoning by hazardous substance and exposure to such substance			20107 その他の不慮の事故 Other accidents		
総数 Total	男 Male	女 Female	総数 Total	男 Male	女 Female	総数 Total	男 Male	女 Female	総数 Total	男 Male	女 Female
6.3	7.3	5.4	1.2	1.4	0.9	0.6	0.8	0.3	3.7	5.3	2.2
5.0	6.0	4.1	1.3	1.7	0.9	0.7	1.1	0.4	4.0	5.7	2.3
9.4	12.1	7.0	2.2	3.1	1.4	1.0	1.6	0.5	4.1	5.9	2.6
8.9	10.9	6.9	1.4	1.6	1.2	0.9	1.2	0.5	4.7	7.2	2.4
6.6	7.3	5.9	1.1	1.6	0.7	0.3	0.6	0.1	3.3	4.4	2.3
10.7	12.0	9.5	1.6	2.1	1.1	0.4	0.9	-	6.4	9.8	3.2
7.9	8.1	7.8	1.4	1.7	1.2	0.4	0.5	0.3	4.9	6.1	3.7
8.7	10.5	7.1	1.5	1.6	1.3	0.8	1.0	0.6	4.9	6.9	2.9
6.1	7.8	4.3	1.4	1.6	1.2	0.8	1.2	0.5	4.0	5.8	2.2
5.6	7.0	4.2	1.3	1.4	1.2	0.6	1.1	0.1	3.7	5.3	2.2
6.4	7.8	4.9	1.9	2.1	1.6	0.5	0.7	0.3	4.7	6.5	2.9
3.9	4.5	3.3	0.8	1.1	0.5	0.6	0.9	0.4	2.3	3.2	1.4
4.6	4.9	4.2	1.1	1.4	0.7	0.4	0.7	0.2	2.5	3.4	1.6
3.9	4.2	3.6	0.8	1.0	0.6	0.4	0.6	0.3	3.1	4.2	2.0
3.9	4.2	3.6	0.8	0.9	0.7	0.3	0.5	0.1	3.2	4.4	1.9
9.9	12.0	7.9	1.3	1.2	1.4	0.6	0.8	0.3	4.7	5.9	3.6
9.5	12.4	6.7	1.1	1.7	0.5	0.4	0.9	-	4.3	5.6	3.1
10.2	11.4	9.0	0.8	1.4	0.3	0.7	0.9	0.5	3.9	4.7	3.1
7.6	10.0	5.2	1.5	1.8	1.2	0.5	1.0	-	3.9	5.5	2.4
5.8	6.2	5.4	0.9	0.9	0.9	1.1	1.6	0.7	4.9	6.9	2.9
9.1	11.2	7.1	1.6	1.7	1.5	0.6	1.2	0.1	5.2	7.5	3.0
6.7	7.2	6.2	1.0	1.0	1.0	0.4	0.3	0.5	4.7	6.6	2.9
8.6	9.8	7.5	1.2	1.6	0.8	0.5	0.8	0.2	3.1	4.7	1.6
6.8	7.6	6.0	1.1	1.5	0.8	0.4	0.5	0.3	2.5	3.6	1.3
10.0	11.2	8.8	1.3	1.3	1.2	0.4	0.9	-	3.7	5.4	2.1
7.1	8.9	5.6	1.1	1.6	0.6	0.5	0.8	0.2	3.9	5.3	2.6
5.9	6.7	5.2	1.1	1.4	0.8	0.7	0.9	0.6	3.2	4.2	2.3
4.8	5.3	4.4	1.0	1.1	0.9	0.4	0.4	0.4	3.3	4.7	2.1
6.8	7.4	6.3	0.9	0.8	1.0	0.6	0.8	0.4	3.3	5.2	1.7
5.2	7.2	3.3	0.8	1.2	0.5	0.6	0.9	0.3	4.1	6.7	1.7
8.8	8.9	8.7	1.5	2.4	0.7	0.5	0.6	0.4	4.4	5.9	3.0
8.0	8.9	7.2	1.6	2.4	0.9	0.3	0.7	-	4.2	5.8	2.8
10.8	12.9	8.8	2.0	1.9	2.0	0.7	0.8	0.5	5.8	8.8	3.0
6.8	8.7	5.1	1.8	2.5	1.2	0.5	1.0	0.1	4.3	6.7	2.1
5.7	6.3	5.1	1.3	1.7	0.9	0.8	1.4	0.3	4.5	6.3	2.7
8.7	10.4	7.2	1.0	1.4	0.7	0.3	0.3	0.2	5.1	7.7	2.7
8.3	9.9	6.9	1.9	2.3	1.6	0.7	1.0	0.5	5.2	7.6	3.0
7.2	9.1	5.4	2.0	2.6	1.5	0.6	0.8	0.4	3.8	5.3	2.4
9.6	11.2	8.1	1.7	2.3	1.1	0.5	0.7	0.3	4.9	6.4	3.5
12.5	12.4	12.6	1.6	1.1	2.1	0.6	0.5	0.7	5.6	8.7	2.8
6.5	7.7	5.4	1.1	1.4	0.9	0.7	0.9	0.4	3.0	4.6	1.5
8.3	11.3	5.6	1.6	2.4	0.9	0.8	1.4	0.2	2.7	4.1	1.5
7.4	8.5	6.3	1.4	1.1	1.7	0.6	1.1	0.1	3.0	4.7	1.4
7.5	8.7	6.3	1.0	1.5	0.5	1.0	1.1	0.8	5.5	8.2	3.2
6.0	7.1	5.0	0.8	1.4	0.3	1.1	1.7	0.6	4.3	6.2	2.5
6.7	9.0	4.7	1.6	1.6	1.6	0.9	1.4	0.5	4.2	6.3	2.3
8.6	11.0	6.5	1.8	2.3	1.4	0.8	1.0	0.7	3.8	5.4	2.3
5.7	7.1	4.5	1.1	1.6	0.6	1.0	1.3	0.8	2.7	3.9	1.5
3.8	3.7	3.8	0.8	1.0	0.6	0.4	0.6	0.2	3.1	4.1	2.1
3.4	3.9	3.0	0.7	1.2	0.3	0.9	1.4	0.5	2.5	3.8	1.4
5.0	5.5	4.5	0.5	0.6	0.4	0.3	0.4	0.2	2.1	2.8	1.4
…	…	…	…	…	…	…	…	…	…	…	…
3.3	3.2	3.4	0.8	1.4	0.2	0.3	0.7	-	2.0	3.2	0.9
3.7	3.1	4.2	0.8	1.0	0.6	0.2	0.4	0.1	3.0	4.2	1.7
3.8	4.6	2.9	0.7	0.9	0.5	0.5	0.5	0.5	3.5	5.3	1.5
…	…	…	…	…	…	…	…	…	…	…	…
…	…	…	…	…	…	…	…	…	…	…	…
…	…	…	…	…	…	…	…	…	…	…	…
6.3	6.1	6.4	0.7	1.3	0.2	0.6	0.8	0.3	2.3	3.4	1.1
5.7	5.8	5.5	1.1	1.4	0.8	0.8	0.9	0.7	3.2	4.1	2.2
5.4	6.3	4.5	1.4	1.4	1.4	0.5	0.3	0.6	4.4	6.4	2.5
…	…	…	…	…	…	…	…	…	…	…	…
6.6	7.3	6.0	0.6	0.3	0.9	0.7	0.9	0.5	2.9	4.4	1.5
4.0	4.7	3.3	1.1	1.8	0.3	0.4	0.7	0.2	3.6	4.9	2.4
6.5	8.6	4.7	1.3	1.5	1.1	0.5	0.4	0.6	2.9	3.5	2.3
4.1	4.2	4.1	1.1	1.7	0.4	0.3	0.5	0.1	2.6	4.4	1.0

Note: 1) "Total" includes data for foreign countries and "Not stated"

第15表　年次・都道府県（18大都市再掲）・不慮の事故の

Table 15. Trends in accidental deaths and death rates (per 100,000 population)

死亡率

Death rate

都道府県 Prefecture	20100 不慮の事故 Accident			20101 交通事故 Traffic accident			20102 転倒・転落 Fall			20103 不慮の溺死及び溺水 Accidental drowning		
	総数 Total	男 Male	女 Female	総数 Total	男 Male	女 Female	総数 Total	男 Male	女 Female	総数 Total	男 Male	女 Female
全国 Total	31.4	40.9	22.3	10.2	14.8	5.9	5.0	6.2	3.8	4.8	5.4	4.1
01 北海道	29.8	42.9	17.7	12.6	19.6	6.1	3.7	5.0	2.5	2.9	4.1	1.8
02 青森	39.4	54.5	25.7	12.0	18.7	6.0	4.6	6.1	3.2	5.8	7.3	4.5
03 岩手	37.6	49.6	26.5	12.2	17.7	7.1	4.1	5.0	3.3	4.9	6.0	3.8
04 宮城	33.5	45.7	21.7	11.3	19.3	3.7	4.2	5.2	3.2	5.9	6.5	5.4
05 秋田	40.0	55.2	26.2	11.0	17.0	5.5	5.2	6.7	3.9	7.4	8.7	6.3
06 山形	36.5	47.7	26.0	9.7	12.3	7.2	6.0	9.2	3.0	6.2	8.0	4.5
07 福島	37.1	47.9	26.7	11.4	16.6	6.5	5.3	6.2	4.4	4.1	3.9	4.3
08 茨城	36.4	48.7	24.2	14.9	21.9	8.0	5.3	6.5	4.1	4.5	4.7	4.3
09 栃木	32.1	43.8	20.4	13.4	20.2	6.6	4.4	5.6	3.2	3.2	4.1	2.3
10 群馬	33.9	44.1	24.0	13.1	19.1	7.3	6.0	6.8	5.2	4.6	4.5	4.6
11 埼玉	20.4	26.6	14.1	7.9	10.7	5.0	3.9	5.1	2.6	1.5	1.8	1.2
12 千葉	25.3	34.2	16.3	9.8	15.0	4.6	4.4	5.6	3.2	2.7	3.3	2.2
13 東京	21.4	27.8	15.0	5.5	8.2	2.8	4.2	5.2	3.2	3.8	4.3	3.4
14 神奈川	22.7	28.3	16.9	6.1	8.8	3.2	3.5	4.3	2.6	5.8	5.9	5.6
15 新潟	41.9	55.2	29.4	11.7	16.1	7.6	6.0	8.3	3.9	9.0	10.4	7.6
16 富山	43.3	57.2	30.3	12.2	17.5	7.3	6.0	8.0	4.2	9.2	10.4	8.0
17 石川	37.6	47.6	28.2	11.1	14.8	7.6	6.6	9.0	4.3	7.2	9.3	5.1
18 福井	39.8	52.5	27.8	14.2	19.6	9.0	6.2	7.0	5.5	7.3	8.3	6.4
19 山梨	38.9	46.6	31.4	11.3	14.8	7.9	7.1	8.6	5.6	5.5	5.6	5.4
20 長野	36.5	48.4	25.1	10.4	15.0	5.9	5.3	6.6	4.1	5.6	6.3	5.0
21 岐阜	35.1	40.0	30.5	12.1	14.1	10.2	4.9	5.5	4.4	5.0	5.0	5.0
22 静岡	34.5	43.8	25.5	11.0	15.4	6.7	5.3	7.3	3.4	4.4	4.8	4.0
23 愛知	31.5	39.1	23.9	10.7	14.7	6.7	4.7	5.5	3.8	4.1	4.8	3.5
24 三重	40.9	51.4	30.9	14.3	20.5	8.5	5.7	7.3	4.2	5.9	6.1	5.8
25 滋賀	35.3	43.8	27.0	11.4	17.0	6.0	4.4	4.6	4.2	4.5	3.8	5.1
26 京都	28.0	37.1	19.4	10.1	14.7	5.8	4.7	5.6	3.8	1.9	2.5	1.4
27 大阪	24.8	32.6	17.3	7.2	11.1	3.5	4.4	5.4	3.5	3.7	4.0	3.4
28 兵庫	32.0	40.4	24.1	10.1	14.1	6.3	5.8	7.1	4.7	4.6	5.0	4.3
29 奈良	29.9	38.3	22.2	9.1	14.4	4.3	5.2	7.6	2.9	5.3	5.4	5.2
30 和歌山	41.0	55.1	28.4	12.5	18.0	7.5	6.9	8.7	5.2	7.9	8.5	7.3
31 鳥取	45.1	58.2	33.0	12.6	17.8	7.9	7.0	9.2	5.0	8.0	9.6	6.6
32 島根	42.3	55.8	29.9	14.3	18.8	10.1	6.6	6.9	6.3	6.5	7.5	5.6
33 岡山	42.0	54.1	31.0	14.3	20.3	8.8	6.3	7.8	4.9	6.5	6.3	6.6
34 広島	34.8	44.3	26.0	11.1	15.8	6.7	6.3	7.0	5.6	5.6	7.0	4.3
35 山口	36.8	52.2	23.0	13.5	20.9	6.8	5.2	6.4	4.1	4.7	6.1	3.4
36 徳島	42.4	51.2	34.4	13.9	17.9	10.2	8.9	9.5	8.4	6.1	6.1	6.0
37 香川	46.8	57.6	36.7	18.3	22.3	14.6	8.2	10.0	6.4	6.1	6.5	5.7
38 愛媛	45.7	59.9	33.0	15.7	22.5	9.5	7.7	7.8	7.6	6.5	8.0	5.2
39 高知	52.0	67.1	38.5	15.6	20.9	11.0	8.7	11.5	6.3	6.7	9.7	4.0
40 福岡	33.8	42.5	26.0	9.4	12.8	6.4	4.8	6.1	3.5	7.8	8.4	7.2
41 佐賀	39.7	53.5	27.3	14.4	20.8	8.7	5.8	7.0	4.8	6.2	9.2	3.5
42 長崎	34.2	44.1	25.4	9.1	14.1	4.7	5.5	6.8	4.4	6.7	8.4	5.1
43 熊本	37.6	48.1	28.1	13.7	19.4	8.7	6.0	7.1	5.1	4.5	4.8	4.2
44 大分	35.5	47.6	24.7	12.2	16.9	8.1	6.7	9.6	4.2	3.4	3.5	3.3
45 宮崎	36.1	53.7	20.3	14.3	21.4	7.9	5.7	8.5	3.2	3.8	5.8	1.9
46 鹿児島	35.5	47.4	25.0	10.5	14.9	6.6	6.4	7.5	5.4	5.8	8.2	3.6
47 沖縄	22.1	32.1	12.4	7.6	13.7	1.8	3.4	3.9	3.0	2.5	4.3	0.7
18大都市（再掲） 18 major cities (Regrouped)												
東京区部	23.1	29.9	16.4	5.8	8.8	2.8	4.4	5.4	3.4	4.7	5.1	4.3
札幌市	19.5	28.2	11.7	7.2	11.1	3.6	3.5	5.0	2.2	1.6	2.2	1.1
仙台市	20.2	27.4	13.2	6.4	11.2	1.8	2.6	3.2	2.0	3.6	3.7	3.5
さいたま市	…	…	…	…	…	…	…	…	…	…	…	…
千葉市	20.8	29.3	12.0	6.5	10.2	2.8	5.4	7.2	3.5	1.8	2.7	0.9
横浜市	23.0	28.5	17.4	5.5	8.2	2.6	3.5	4.7	2.3	6.5	6.2	6.8
川崎市	22.5	30.4	13.9	6.2	9.0	3.2	3.5	4.4	2.5	6.0	7.8	4.1
新潟市	…	…	…	…	…	…	…	…	…	…	…	…
静岡市	…	…	…	…	…	…	…	…	…	…	…	…
浜松市	…	…	…	…	…	…	…	…	…	…	…	…
名古屋市	27.2	34.9	19.6	6.6	9.6	3.6	5.5	6.8	4.2	3.6	4.4	2.7
京都市	26.5	36.2	17.4	8.7	13.7	4.0	4.8	5.8	3.9	2.0	2.5	1.5
大阪市	28.1	37.8	18.7	6.7	10.5	3.1	6.1	7.4	4.8	3.9	4.9	2.9
堺市	…	…	…	…	…	…	…	…	…	…	…	…
神戸市	27.3	35.0	20.2	7.6	11.3	4.2	5.9	7.8	4.2	4.5	5.2	3.8
広島市	24.5	32.1	17.3	7.2	10.7	3.8	5.0	6.1	4.0	4.4	6.3	2.6
北九州市	35.0	43.0	27.8	8.5	11.0	6.2	6.3	7.0	5.7	8.2	10.1	6.4
福岡市	25.9	31.9	20.2	6.6	8.3	5.1	3.4	4.4	2.5	7.0	7.8	6.3

注：1）全国には不詳及び外国を含む。

種類・性別不慮の事故死亡数・率（人口10万対） －平成７～20年－
by prefecture (regrouped 18 major cities), type of accident and sex, 1995-2008

平成12年
2000

20104 不慮の窒息 Accidental suffocation			20105 煙、火及び火炎への曝露 Exposure to smoke, fire and flame			20106 有害物質による不慮の中毒及び有害物質への曝露 Poisoning by hazardous substance and exposure to such substance			20107 その他の不慮の事故 Other accidents		
総数 Total	男 Male	女 Female	総数 Total	男 Male	女 Female	総数 Total	男 Male	女 Female	総数 Total	男 Male	女 Female
6.2	7.1	5.3	1.1	1.4	0.8	0.5	0.7	0.3	3.7	5.3	2.0
4.9	6.1	3.9	1.2	1.4	0.9	0.7	1.1	0.4	3.8	5.6	2.1
8.6	11.1	6.2	3.5	5.0	2.1	0.5	0.6	0.5	4.3	5.7	3.1
9.3	11.5	7.4	1.8	1.5	2.0	0.6	0.7	0.5	4.7	7.2	2.3
7.3	7.7	7.0	1.4	1.6	1.1	0.2	0.4	-	3.1	4.9	1.3
9.1	11.4	7.1	1.1	1.2	1.0	0.3	0.5	0.2	5.8	9.6	2.4
8.5	9.5	7.5	1.1	1.5	0.8	0.4	0.3	0.5	4.6	6.8	2.5
8.5	10.2	6.8	2.7	3.7	1.8	0.9	1.0	0.8	4.2	6.5	1.9
5.6	7.3	3.8	1.3	1.6	1.0	0.4	0.5	0.3	4.4	6.1	2.8
4.9	5.2	4.6	1.3	1.6	0.9	0.6	0.5	0.6	4.4	6.7	2.2
5.4	6.2	4.5	0.8	1.0	0.5	0.8	1.0	0.5	3.4	5.5	1.3
3.5	3.8	3.1	0.8	1.1	0.5	0.5	0.7	0.4	2.4	3.6	1.3
4.3	4.7	4.0	1.2	1.5	0.8	0.4	0.5	0.2	2.5	3.6	1.4
3.9	4.4	3.4	0.8	1.0	0.7	0.5	0.8	0.2	2.7	3.9	1.5
3.8	4.4	3.3	0.7	0.9	0.5	0.3	0.4	0.1	2.6	3.6	1.5
9.0	10.8	7.4	1.9	2.8	1.1	0.3	0.6	-	3.9	6.2	1.8
9.8	13.6	6.2	0.8	1.1	0.5	0.1	0.2	-	5.2	6.3	4.2
7.8	8.8	6.9	0.8	0.5	1.0	0.7	0.7	0.7	3.6	4.6	2.6
6.2	9.0	3.6	1.1	1.0	1.2	0.5	0.5	0.5	4.3	7.0	1.7
7.1	7.0	7.2	2.2	2.5	1.8	0.7	0.9	0.4	5.1	7.2	3.1
7.6	9.1	6.1	1.6	2.1	1.1	0.7	1.1	0.4	5.3	8.3	2.5
8.2	8.5	7.9	0.8	1.1	0.5	0.3	0.3	0.4	3.8	5.5	2.1
8.3	9.2	7.5	1.2	1.4	1.1	0.3	0.3	0.3	4.0	5.5	2.6
7.4	7.8	7.0	1.2	1.4	1.0	0.5	0.7	0.2	2.9	4.2	1.7
9.1	10.0	8.2	1.5	2.1	1.0	0.4	0.3	0.5	3.9	5.1	2.8
9.0	10.1	7.9	1.4	2.0	0.9	0.8	0.6	0.9	3.9	5.7	2.1
6.5	7.4	5.7	0.9	1.3	0.5	0.3	0.5	0.1	3.6	5.2	2.1
4.8	5.4	4.1	0.8	1.0	0.6	0.3	0.4	0.1	3.6	5.2	2.0
6.3	6.9	5.7	0.7	0.8	0.5	0.5	0.6	0.4	4.0	5.8	2.3
5.6	5.8	5.4	0.6	0.4	0.8	0.6	0.3	0.8	3.6	4.4	2.8
8.4	11.7	5.4	1.8	2.6	1.1	0.4	0.2	0.5	3.3	5.3	1.4
10.5	13.7	7.5	1.6	1.0	2.2	0.7	1.4	-	4.6	5.5	3.8
9.9	13.5	6.6	1.5	2.2	0.8	0.1	0.3	-	3.4	6.6	0.5
7.9	9.6	6.3	1.7	2.0	1.4	0.6	0.9	0.3	4.7	7.1	2.6
7.1	7.3	7.0	0.9	1.4	0.5	0.6	0.7	0.5	3.2	4.9	1.5
7.5	8.8	6.3	0.6	1.0	0.3	0.3	0.6	-	5.1	8.4	2.3
7.7	9.0	6.5	0.4	0.5	0.2	0.5	0.8	0.2	5.0	7.4	2.8
6.0	8.4	3.8	1.5	2.5	0.6	0.7	0.8	0.6	6.1	7.1	5.1
9.6	12.4	7.1	1.2	2.0	0.5	0.4	0.7	0.1	4.6	6.5	2.8
12.9	11.8	14.0	2.1	3.4	0.9	0.4	0.8	-	5.5	9.1	2.3
6.4	7.6	5.4	1.3	1.6	1.0	0.8	1.0	0.5	3.4	5.0	2.0
8.1	9.2	7.2	1.1	1.5	0.9	0.3	0.5	0.2	3.7	5.3	2.2
7.1	7.6	6.6	1.8	1.8	1.7	0.4	0.7	0.1	3.6	4.6	2.7
7.5	8.3	6.7	1.0	1.1	0.8	0.4	0.5	0.3	4.5	7.0	2.2
6.6	7.3	5.9	0.7	0.7	0.6	0.7	0.9	0.5	5.3	8.7	2.2
6.1	8.7	3.7	1.2	1.6	0.8	0.9	1.6	0.3	4.0	6.0	2.3
6.7	8.1	5.5	1.2	1.6	0.8	0.6	1.0	0.3	4.3	6.1	2.7
5.3	5.9	4.8	0.8	1.2	0.4	0.8	1.1	0.4	1.6	2.0	1.2
3.9	4.4	3.3	0.9	1.0	0.7	0.6	0.9	0.2	2.9	4.2	1.6
3.3	3.8	2.8	0.8	1.2	0.5	0.4	0.7	0.2	2.7	4.3	1.3
4.5	5.3	3.7	1.0	1.0	1.0	0.1	0.2	-	2.0	2.8	1.2
…	…	…	…	…	…	…	…	…	…	…	…
4.0	5.2	2.8	1.1	1.1	1.2	0.2	0.5	-	1.7	2.5	0.9
3.9	4.4	3.4	0.7	0.8	0.7	0.3	0.6	-	2.5	3.4	1.5
3.3	4.2	2.4	0.7	0.9	0.5	0.3	0.5	0.2	2.4	3.6	1.0
…	…	…	…	…	…	…	…	…	…	…	…
…	…	…	…	…	…	…	…	…	…	…	…
…	…	…	…	…	…	…	…	…	…	…	…
7.0	8.3	5.8	1.6	1.8	1.4	0.5	0.9	-	2.5	3.1	1.9
6.1	7.1	5.2	1.1	1.6	0.7	0.4	0.7	0.1	3.4	4.8	2.0
5.5	6.6	4.5	1.0	1.4	0.7	0.2	0.3	0.1	4.6	6.7	2.7
…	…	…	…	…	…	…	…	…	…	…	…
4.5	5.0	3.9	0.4	0.4	0.4	0.4	0.4	0.4	4.0	4.9	3.3
4.8	5.0	4.7	0.8	1.1	0.5	0.4	0.4	0.3	1.9	2.6	1.2
6.9	7.2	6.6	1.3	1.5	1.1	1.0	1.7	0.4	2.9	4.6	1.3
4.6	5.8	3.5	1.4	1.7	1.2	0.5	0.6	0.4	2.3	3.4	1.3

Note: 1) "Total" includes data for foreign countries and "Not stated"

第15表　年次・都道府県（18大都市再掲）・不慮の事故の
Table 15. Trends in accidental deaths and death rates (per 100,000 population)

死亡率
Death rate

都道府県 Prefecture	20100 不慮の事故 Accident			20101 交通事故 Traffic accident			20102 転倒・転落 Fall			20103 不慮の溺死及び溺水 Accidental drowning		
	総数 Total	男 Male	女 Female	総数 Total	男 Male	女 Female	総数 Total	男 Male	女 Female	総数 Total	男 Male	女 Female
全国 Total	31.4	40.6	22.6	9.8	14.1	5.7	5.1	6.2	4.0	4.6	5.3	3.9
01 北海道	30.3	42.7	19.0	11.8	17.4	6.7	4.1	5.5	2.8	3.2	4.2	2.2
02 青森	37.3	49.0	26.6	11.9	16.3	7.9	5.4	7.6	3.4	5.5	6.6	4.5
03 岩手	37.8	52.9	23.7	13.6	19.8	7.9	5.4	7.1	3.8	4.3	5.3	3.3
04 宮城	31.1	41.4	21.3	9.2	14.7	3.8	4.3	5.9	2.7	5.7	6.0	5.5
05 秋田	41.6	55.1	29.4	9.4	14.6	4.7	4.7	6.2	3.4	8.5	9.8	7.3
06 山形	40.2	51.8	29.4	10.6	13.9	7.5	4.9	7.5	2.4	7.4	8.2	6.8
07 福島	34.6	44.5	25.0	12.1	17.2	7.2	5.2	6.2	4.3	3.5	4.1	2.9
08 茨城	36.0	47.9	24.2	14.6	21.0	8.3	5.1	6.1	4.1	4.1	4.5	3.7
09 栃木	31.7	42.2	21.3	11.7	17.3	6.2	4.5	5.7	3.3	2.8	3.1	2.5
10 群馬	33.9	42.9	25.1	11.1	14.7	7.5	5.1	6.3	3.8	3.9	4.4	3.5
11 埼玉	22.7	29.4	15.9	8.2	11.4	5.0	3.7	4.7	2.8	1.7	1.9	1.6
12 千葉	25.1	33.5	16.5	9.0	13.1	4.9	4.4	5.3	3.6	2.7	3.6	1.7
13 東京	21.0	26.6	15.5	5.0	7.5	2.5	4.2	5.2	3.2	3.4	3.8	2.9
14 神奈川	22.9	29.4	16.2	5.8	8.6	2.8	3.9	4.7	3.1	5.6	6.7	4.5
15 新潟	41.8	53.7	30.5	11.9	17.5	6.6	6.7	9.2	4.4	7.8	7.6	8.1
16 富山	43.6	52.5	35.2	11.7	15.3	8.3	5.7	8.4	3.1	10.0	11.0	9.0
17 石川	36.3	47.8	25.4	11.9	16.3	7.8	5.0	6.7	3.5	4.8	6.2	3.5
18 福井	38.7	49.2	28.7	10.6	13.3	8.1	4.4	5.8	3.1	9.0	10.6	7.6
19 山梨	36.4	44.9	28.0	12.5	17.1	8.1	4.9	5.8	4.0	5.7	6.5	4.9
20 長野	38.2	46.3	30.4	10.7	13.5	8.1	5.5	7.2	3.8	6.9	6.8	7.0
21 岐阜	38.7	50.4	27.6	13.2	19.0	7.7	5.0	6.7	3.4	5.3	5.3	5.3
22 静岡	35.2	44.1	26.6	10.3	13.6	7.2	6.6	7.6	5.7	4.8	5.7	4.0
23 愛知	30.2	37.5	22.8	9.7	13.4	6.0	4.8	5.7	3.9	4.1	4.9	3.3
24 三重	41.6	51.1	32.6	15.8	22.6	9.4	6.0	7.0	5.2	5.8	5.4	6.2
25 滋賀	34.4	42.6	26.4	12.5	17.0	8.0	3.5	3.6	3.3	5.1	5.8	4.4
26 京都	28.8	37.7	20.4	9.4	13.9	5.3	4.5	5.3	3.9	3.1	4.5	1.8
27 大阪	24.7	31.9	17.9	6.5	9.9	3.3	4.9	5.5	4.3	3.5	3.5	3.5
28 兵庫	32.9	41.2	25.2	9.1	12.7	5.7	5.8	7.1	4.6	5.5	5.7	5.4
29 奈良	29.6	39.8	20.3	9.9	15.3	4.9	3.9	5.2	2.7	3.9	5.1	2.8
30 和歌山	42.4	55.3	30.8	13.9	20.3	8.2	6.4	8.3	4.7	6.9	7.8	6.1
31 鳥取	43.8	50.3	37.7	12.6	16.1	9.4	7.0	7.2	6.9	6.1	7.2	5.0
32 島根	43.5	54.1	33.8	12.7	18.0	7.9	6.3	8.0	4.8	6.5	5.5	7.4
33 岡山	41.0	56.8	26.5	13.9	20.8	7.5	7.3	9.2	5.5	5.0	6.4	3.7
34 広島	35.0	46.0	24.6	11.5	15.3	7.9	5.6	7.6	3.7	5.5	7.0	4.1
35 山口	38.3	49.4	28.3	13.7	19.7	8.3	7.4	9.1	5.9	4.2	4.3	4.1
36 徳島	38.7	51.5	27.0	13.9	19.5	8.9	6.2	9.0	3.7	5.0	5.9	4.2
37 香川	43.6	58.7	29.5	18.8	27.2	11.0	6.2	7.4	5.1	5.4	6.3	4.5
38 愛媛	43.9	58.3	31.1	15.3	22.4	9.0	7.1	8.3	6.0	5.5	6.6	4.5
39 高知	54.1	72.3	37.9	13.3	21.5	6.1	10.2	12.0	8.6	7.4	9.7	5.4
40 福岡	33.1	41.9	25.1	9.7	14.7	5.2	5.7	6.6	4.8	7.2	7.9	6.6
41 佐賀	38.9	48.2	30.7	14.2	22.0	7.2	6.6	6.8	6.5	4.0	3.6	4.3
42 長崎	33.1	44.1	23.3	8.8	13.7	4.5	5.2	7.3	3.3	6.4	8.6	4.4
43 熊本	35.1	47.0	24.5	10.9	16.0	6.4	6.5	7.4	5.6	3.8	6.2	1.6
44 大分	35.9	48.9	24.3	11.3	16.6	6.5	7.4	9.6	5.5	3.7	4.4	3.1
45 宮崎	34.9	47.1	24.0	12.1	16.9	7.8	5.7	6.5	4.9	3.1	4.7	1.6
46 鹿児島	37.6	49.2	27.3	10.2	15.4	5.5	7.1	7.3	7.0	5.5	7.4	3.8
47 沖縄	22.8	31.6	14.3	8.6	13.6	3.9	3.7	4.2	3.3	2.5	3.1	1.9
18大都市（再掲） 18 major cities (Regrouped)												
東京区部	22.1	27.8	16.4	4.9	7.4	2.5	4.4	5.6	3.3	4.2	4.6	3.7
札幌市	20.4	28.1	13.5	7.8	11.6	4.4	3.4	4.8	2.2	1.6	1.6	1.6
仙台市	18.7	23.3	14.3	5.5	8.2	2.9	3.4	4.0	2.7	2.4	2.0	2.7
さいたま市	…	…	…	…	…	…	…	…	…	…	…	…
千葉市	19.4	23.9	14.9	6.9	9.1	4.7	4.1	4.2	4.1	2.1	2.0	2.3
横浜市	23.2	29.5	16.8	5.6	8.6	2.6	3.9	4.7	3.0	6.2	7.2	5.2
川崎市	23.3	31.9	14.0	6.2	9.3	3.0	3.5	5.3	1.5	5.8	6.5	4.9
新潟市	…	…	…	…	…	…	…	…	…	…	…	…
静岡市	…	…	…	…	…	…	…	…	…	…	…	…
浜松市	…	…	…	…	…	…	…	…	…	…	…	…
名古屋市	25.8	32.3	19.4	7.3	10.1	4.5	4.5	5.4	3.7	3.9	4.8	2.9
京都市	24.7	32.0	17.9	6.8	10.4	3.5	5.0	6.1	3.9	3.1	4.4	1.8
大阪市	30.1	39.9	20.8	6.9	10.0	4.0	6.9	8.5	5.4	4.3	4.5	4.0
堺市	…	…	…	…	…	…	…	…	…	…	…	…
神戸市	28.5	34.4	23.2	7.0	10.6	3.7	3.8	4.7	2.9	5.6	5.3	5.9
広島市	24.3	34.4	14.8	7.7	11.7	4.0	4.4	5.8	3.1	3.5	4.9	2.1
北九州市	32.8	40.5	25.9	7.9	11.5	4.7	6.8	7.5	6.2	7.2	7.1	7.3
福岡市	23.1	27.9	18.7	6.4	8.7	4.3	4.0	4.4	3.6	5.2	6.0	4.4

注：1）全国には不詳及び外国を含む。

種類・性別不慮の事故死亡数・率（人口10万対）　－平成７～20年－
by prefecture (regrouped 18 major cities), type of accident and sex, 1995-2008

平成13年
2001

20104 不慮の窒息 Accidental suffocation			20105 煙、火及び火炎への曝露 Exposure to smoke, fire and flame			20106 有害物質による不慮の中毒及び有害物質への曝露 Poisoning by hazardous substance and exposure to such substance			20107 その他の不慮の事故 Other accidents		
総数 Total	男 Male	女 Female	総数 Total	男 Male	女 Female	総数 Total	男 Male	女 Female	総数 Total	男 Male	女 Female
6.5	7.3	5.7	1.2	1.6	0.8	0.5	0.7	0.3	3.7	5.3	2.1
5.3	6.5	4.3	1.1	1.4	0.9	0.8	1.5	0.2	4.0	6.2	2.0
6.3	7.4	5.3	2.9	3.7	2.1	1.3	1.9	0.8	4.0	5.6	2.6
7.7	11.4	4.2	1.5	1.8	1.2	0.6	1.2	0.1	4.7	6.5	3.0
6.7	7.5	5.8	1.2	1.6	0.8	0.6	1.0	0.2	3.4	4.6	2.3
12.0	13.7	10.5	1.0	1.2	0.8	0.7	1.2	0.2	5.3	8.2	2.6
10.5	12.7	8.5	1.6	2.2	1.1	0.6	0.8	0.3	4.6	6.5	2.8
7.7	9.2	6.2	1.3	1.3	1.3	0.9	1.3	0.6	3.9	5.3	2.6
5.9	6.6	5.1	1.8	2.6	1.0	0.4	0.8	-	4.1	6.2	2.0
5.7	5.9	5.5	1.8	2.4	1.1	0.6	1.0	0.2	4.6	6.8	2.5
6.0	6.7	5.3	1.6	2.2	0.9	0.7	1.1	0.3	5.6	7.5	3.8
4.6	5.2	4.0	1.0	1.5	0.6	0.5	0.7	0.3	2.9	4.1	1.6
4.1	4.5	3.6	1.0	1.5	0.6	0.6	0.7	0.4	3.2	4.7	1.7
4.3	4.3	4.3	1.0	1.2	0.8	0.3	0.4	0.1	2.9	4.1	1.7
3.9	3.9	3.8	0.9	1.3	0.4	0.2	0.4	0.1	2.6	3.7	1.4
10.2	11.7	8.8	1.4	1.8	0.9	0.7	0.9	0.6	3.0	4.9	1.1
10.7	11.4	10.1	1.4	1.7	1.2	0.3	0.2	0.3	3.9	4.7	3.1
8.6	10.7	6.6	0.9	1.2	0.5	0.9	0.9	0.8	4.3	5.8	2.8
8.9	10.8	7.1	0.9	1.3	0.5	0.5	0.8	0.2	4.4	6.8	2.1
7.3	6.9	7.6	1.0	1.4	0.7	1.0	1.6	0.4	3.9	5.6	2.2
7.7	9.3	6.3	1.7	1.5	1.9	0.6	0.8	0.4	5.0	7.1	3.0
8.6	9.7	7.7	1.9	2.7	1.1	0.5	0.9	0.2	4.1	6.0	2.2
9.1	10.9	7.3	0.8	0.9	0.7	0.4	0.7	0.2	3.1	4.6	1.6
7.4	8.3	6.6	1.2	1.4	1.0	0.3	0.3	0.2	2.7	3.6	1.8
8.5	9.4	7.6	1.2	1.9	0.5	0.5	0.7	0.3	3.7	4.2	3.3
8.7	9.3	8.1	1.1	1.1	1.0	0.5	0.5	0.4	3.2	5.3	1.0
6.5	6.9	6.0	1.3	1.6	1.1	0.5	0.6	0.5	3.4	5.1	1.9
4.9	5.6	4.2	1.0	1.3	0.7	0.5	0.7	0.3	3.5	5.5	1.6
7.1	7.5	6.7	0.7	1.2	0.2	0.5	0.6	0.5	4.2	6.4	2.2
6.2	7.0	5.5	0.8	1.2	0.5	0.6	0.9	0.3	4.3	5.1	3.6
8.6	9.1	8.1	1.4	2.0	0.9	0.6	0.4	0.7	4.6	7.4	2.1
9.5	8.6	10.4	1.3	1.4	1.3	1.6	2.4	0.9	5.6	7.5	3.8
10.7	12.4	9.1	1.1	1.7	0.5	0.3	0.6	-	6.0	8.0	4.1
7.6	9.8	5.6	2.2	2.3	2.2	0.6	1.1	0.1	4.5	7.2	2.0
7.1	8.9	5.4	1.3	1.7	0.9	0.3	0.4	0.3	3.7	5.2	2.4
6.8	8.1	5.5	1.3	1.7	0.9	0.3	0.4	0.1	4.6	6.0	3.4
7.2	8.5	6.1	1.6	1.8	1.4	0.5	0.8	0.2	4.3	6.2	2.6
7.1	9.0	5.3	1.6	2.2	0.9	0.7	0.8	0.6	3.8	5.7	2.1
9.3	10.1	8.5	1.1	1.9	0.5	0.3	0.6	0.1	5.3	8.6	2.4
15.2	17.3	13.3	2.2	3.9	0.7	0.4	0.5	0.2	5.3	7.3	3.5
6.2	6.7	5.7	1.1	1.2	1.0	0.4	0.5	0.3	2.9	4.4	1.5
8.7	9.2	8.3	1.1	1.2	1.1	0.5	0.7	0.2	3.8	4.6	3.0
7.6	7.3	7.8	1.0	1.4	0.6	0.5	0.6	0.4	3.7	5.2	2.4
8.4	9.5	7.5	1.0	1.0	0.9	0.8	1.3	0.4	3.8	5.7	2.0
7.0	8.2	5.9	2.0	2.8	1.2	1.0	1.6	0.5	3.5	5.8	1.6
7.6	9.1	6.3	1.1	1.8	0.5	0.9	1.3	0.5	4.5	6.7	2.4
8.1	10.7	5.8	1.2	1.3	1.1	0.7	1.1	0.4	4.8	6.0	3.7
4.8	5.9	3.7	0.5	1.1	-	0.7	1.1	0.3	2.0	2.8	1.2
4.2	4.2	4.2	1.1	1.3	0.8	0.3	0.5	0.1	2.9	4.1	1.7
3.4	3.8	3.0	0.5	0.3	0.6	0.8	1.6	-	3.0	4.4	1.8
3.8	3.8	3.9	0.9	0.8	1.0	0.7	1.2	0.2	2.1	3.2	1.0
…	…	…	…	…	…	…	…	…	…	…	…
2.8	3.5	2.0	1.0	1.6	0.5	0.8	1.3	0.2	1.7	2.2	1.1
4.1	4.0	4.2	0.8	1.1	0.5	0.2	0.3	-	2.5	3.5	1.3
4.0	4.7	3.3	0.8	1.4	0.2	0.1	0.2	-	2.9	4.6	1.1
…	…	…	…	…	…	…	…	…	…	…	…
…	…	…	…	…	…	…	…	…	…	…	…
…	…	…	…	…	…	…	…	…	…	…	…
6.0	6.6	5.4	1.1	1.5	0.6	0.2	0.2	0.2	2.9	3.8	2.0
5.6	5.8	5.4	1.0	1.0	1.0	0.6	0.6	0.7	2.6	3.7	1.6
5.3	6.3	4.2	1.3	1.6	1.0	0.5	0.6	0.3	5.0	8.2	2.0
…	…	…	…	…	…	…	…	…	…	…	…
6.8	6.8	6.7	0.4	0.6	0.3	0.9	0.8	1.0	4.1	5.6	2.7
5.0	6.9	3.1	0.8	0.9	0.7	0.4	0.2	0.5	2.7	4.0	1.4
6.2	7.1	5.5	1.6	2.7	0.6	0.4	0.2	0.6	2.6	4.2	1.1
4.4	4.4	4.3	1.1	0.8	1.4	0.1	0.3	-	1.9	3.2	0.7

Note: 1) "Total" includes data for foreign countries and "Not stated"

第15表　年次・都道府県（18大都市再掲）・不慮の事故の

Table 15. Trends in accidental deaths and death rates (per 100,000 population)

死亡率

Death rate

都道府県 Prefecture	20100 不慮の事故 Accident			20101 交通事故 Traffic accident			20102 転倒・転落 Fall			20103 不慮の溺死及び溺水 Accidental drowning		
	総数 Total	男 Male	女 Female	総数 Total	男 Male	女 Female	総数 Total	男 Male	女 Female	総数 Total	男 Male	女 Female
全国 Total	30.7	39.4	22.3	9.3	13.3	5.5	5.0	6.3	3.8	4.6	5.2	3.9
01 北海道	29.3	41.5	18.3	11.2	16.7	6.2	3.5	4.6	2.5	3.3	4.3	2.4
02 青森	34.4	51.5	19.1	11.1	17.9	4.9	4.1	5.7	2.6	5.0	8.0	2.2
03 岩手	38.5	53.1	25.2	12.2	17.5	7.4	4.5	6.8	2.3	4.8	5.6	4.1
04 宮城	32.9	43.2	23.1	10.4	15.7	5.3	4.2	5.2	3.2	5.6	5.9	5.3
05 秋田	47.1	60.1	35.4	11.8	14.9	9.1	5.9	8.6	3.4	8.0	9.5	6.7
06 山形	42.0	54.1	30.6	10.1	14.8	5.7	4.4	6.2	2.7	7.3	7.6	7.1
07 福島	36.6	47.3	26.4	11.9	16.7	7.3	5.3	6.5	4.2	3.7	3.8	3.7
08 茨城	37.2	50.2	24.3	14.2	21.3	7.2	5.8	7.5	4.1	4.4	5.3	3.4
09 栃木	30.5	40.1	21.1	12.1	16.6	7.6	5.0	6.5	3.5	2.6	2.6	2.5
10 群馬	35.9	44.0	28.0	11.8	14.0	9.6	5.9	7.6	4.2	4.2	4.7	3.6
11 埼玉	20.8	26.8	14.7	7.1	10.2	3.9	3.8	4.7	2.8	1.8	2.1	1.4
12 千葉	25.1	33.2	16.9	9.2	12.5	5.8	4.8	5.6	4.0	2.5	3.4	1.6
13 東京	20.1	24.9	15.3	4.6	6.6	2.7	4.5	5.3	3.7	3.0	3.3	2.8
14 神奈川	22.1	27.4	16.6	5.8	8.5	3.0	3.6	4.4	2.7	5.2	5.8	4.6
15 新潟	42.6	53.5	32.4	12.0	17.0	7.2	6.0	8.1	4.1	8.3	8.6	8.1
16 富山	48.2	61.0	36.1	9.6	11.8	7.6	6.4	9.0	4.0	13.7	16.6	10.9
17 石川	35.7	48.6	23.6	9.8	15.1	4.8	4.9	6.7	3.1	5.9	7.4	4.5
18 福井	39.5	51.4	28.3	11.4	17.1	5.9	4.9	7.1	2.9	8.8	10.3	7.4
19 山梨	37.6	49.3	26.2	10.3	13.7	7.0	7.0	9.3	4.7	5.5	6.0	4.9
20 長野	38.8	48.4	29.7	10.1	14.6	5.7	5.8	7.0	4.6	7.7	8.2	7.3
21 岐阜	38.4	50.0	27.5	12.8	18.1	7.9	6.4	7.9	5.0	4.1	4.9	3.4
22 静岡	34.3	44.8	24.2	10.2	14.1	6.3	6.1	8.2	4.0	4.1	5.0	3.2
23 愛知	29.8	35.3	24.3	9.2	12.1	6.3	4.6	5.2	3.9	4.3	4.3	4.4
24 三重	45.2	56.9	34.1	14.8	22.9	7.1	6.1	7.3	4.9	6.8	6.4	7.2
25 滋賀	30.7	37.1	24.4	9.7	13.6	5.9	3.8	4.7	2.9	3.7	3.8	3.7
26 京都	25.0	31.6	18.9	8.7	12.4	5.2	4.3	4.9	3.7	1.8	2.6	1.0
27 大阪	24.3	30.3	18.7	6.6	9.1	4.2	4.4	5.4	3.5	3.7	4.1	3.3
28 兵庫	30.6	38.7	23.2	8.5	12.5	4.7	5.2	5.9	4.6	5.5	5.8	5.1
29 奈良	29.4	37.0	22.4	8.7	11.7	5.9	4.8	5.4	4.2	4.3	5.0	3.6
30 和歌山	39.1	49.0	30.2	11.6	16.0	7.7	6.3	7.6	5.0	6.5	7.8	5.4
31 鳥取	45.3	59.2	32.5	14.0	20.2	8.2	7.9	9.9	6.0	7.2	8.9	5.7
32 島根	41.8	57.5	27.2	12.6	19.7	6.1	5.2	6.9	3.6	5.9	7.2	4.6
33 岡山	39.4	51.5	28.1	12.5	18.0	7.5	7.0	9.8	4.5	5.1	5.4	4.8
34 広島	32.4	42.5	23.0	10.2	15.2	5.6	6.1	7.5	4.7	4.4	5.1	3.8
35 山口	36.0	47.2	25.9	12.5	18.5	7.1	5.8	7.6	4.3	4.5	5.9	3.3
36 徳島	40.1	51.0	30.4	11.5	14.9	8.4	8.8	12.6	5.4	4.7	5.9	3.5
37 香川	39.8	49.0	31.3	14.1	19.9	8.7	5.5	7.2	4.0	4.6	4.5	4.7
38 愛媛	41.4	56.1	28.3	13.3	19.5	7.9	8.0	10.6	5.8	4.3	5.3	3.5
39 高知	47.3	60.4	35.6	12.6	19.4	6.6	9.4	13.1	6.1	7.3	7.9	6.8
40 福岡	32.9	42.3	24.4	9.3	13.3	5.8	4.9	6.3	3.7	7.6	8.6	6.6
41 佐賀	37.0	46.6	28.3	13.5	18.7	8.9	5.1	5.8	4.4	6.0	6.6	5.4
42 長崎	32.4	41.7	24.1	8.3	12.3	4.6	6.5	8.5	4.8	5.2	6.2	4.3
43 熊本	35.6	45.1	27.1	12.1	16.8	7.9	6.8	8.3	5.4	4.0	4.5	3.7
44 大分	30.8	43.2	19.8	9.7	14.9	5.1	6.6	8.7	4.7	4.0	6.3	2.0
45 宮崎	32.6	44.4	22.0	11.2	15.7	7.2	6.0	8.2	4.1	3.8	4.9	2.8
46 鹿児島	36.6	49.2	25.5	10.6	16.1	5.7	5.4	7.1	3.9	5.1	5.8	4.6
47 沖縄	18.8	26.0	11.9	6.0	9.2	2.9	3.5	4.9	2.2	2.2	3.1	1.3
18大都市（再掲） 18 major cities (Regrouped)												
東京区部	20.9	25.7	16.1	4.7	6.8	2.6	4.5	5.2	3.8	3.6	3.8	3.3
札幌市	19.7	28.7	11.5	7.2	11.3	3.5	3.0	4.6	1.7	2.1	2.7	1.4
仙台市	24.5	32.4	16.9	7.3	11.4	3.3	3.2	3.2	3.3	3.8	4.4	3.3
さいたま市	…	…	…	…	…	…	…	…	…	…	…	…
千葉市	18.6	24.8	12.2	6.5	8.4	4.7	3.9	4.4	3.3	1.4	2.0	0.9
横浜市	22.2	28.0	16.3	5.5	8.0	2.9	3.5	4.7	2.3	5.7	6.5	4.9
川崎市	19.9	23.2	16.4	5.0	7.1	2.8	3.2	3.3	3.1	5.9	6.0	5.7
新潟市	…	…	…	…	…	…	…	…	…	…	…	…
静岡市	…	…	…	…	…	…	…	…	…	…	…	…
浜松市	…	…	…	…	…	…	…	…	…	…	…	…
名古屋市	28.8	33.2	24.4	7.9	10.0	5.8	4.8	4.9	4.8	4.6	4.8	4.5
京都市	22.1	25.9	18.6	7.0	9.7	4.6	4.2	4.7	3.8	1.6	2.0	1.2
大阪市	27.7	34.6	21.1	6.2	7.9	4.6	5.3	6.8	3.9	4.5	4.9	4.0
堺市	…	…	…	…	…	…	…	…	…	…	…	…
神戸市	29.2	36.0	23.0	5.8	7.6	4.2	5.3	6.4	4.3	6.4	7.4	5.4
広島市	21.5	29.9	13.5	7.8	12.2	3.6	4.8	6.2	3.4	2.9	3.6	2.2
北九州市	33.6	45.3	23.2	8.2	12.2	4.5	5.9	8.2	3.8	8.0	9.7	6.4
福岡市	23.8	29.7	18.3	5.8	9.0	3.0	4.2	5.0	3.4	5.1	5.5	4.8

注：1）全国には不詳及び外国を含む。

種類・性別不慮の事故死亡数・率（人口10万対）　－平成７～20年－

by prefecture (regrouped 18 major cities), type of accident and sex, 1995-2008

平成14年
2002

20104 不慮の窒息 Accidental suffocation			20105 煙、火及び火炎への曝露 Exposure to smoke, fire and flame			20106 有害物質による不慮の中毒及び有害物質への曝露 Poisoning by hazardous substance and exposure to such substance			20107 その他の不慮の事故 Other accidents		
総数 Total	男 Male	女 Female	総数 Total	男 Male	女 Female	総数 Total	男 Male	女 Female	総数 Total	男 Male	女 Female
6.6	7.4	5.8	1.1	1.5	0.8	0.5	0.7	0.3	3.5	5.1	2.1
6.0	8.1	4.0	1.3	1.7	1.0	0.7	1.3	0.2	3.4	4.9	2.0
7.4	8.9	6.0	2.0	3.3	0.8	0.9	1.3	0.5	4.1	6.3	2.1
11.1	14.2	8.2	1.5	2.7	0.4	0.5	1.0	-	3.9	5.2	2.7
7.4	8.4	6.4	1.4	1.8	1.1	0.6	1.0	0.1	3.4	5.1	1.7
12.8	14.5	11.2	1.8	2.5	1.1	0.7	0.7	0.6	6.1	9.3	3.2
12.8	15.6	10.2	1.3	1.7	0.9	0.7	1.2	0.3	5.3	7.1	3.6
8.7	9.9	7.5	2.0	2.9	1.2	0.4	0.9	-	4.5	6.6	2.5
6.6	7.1	6.1	1.3	1.8	0.8	0.6	0.7	0.5	4.3	6.5	2.2
5.8	6.8	4.9	1.2	1.9	0.4	0.6	0.8	0.3	3.3	4.8	1.9
7.2	8.3	6.1	1.4	1.6	1.1	0.5	0.6	0.4	5.0	7.1	3.0
4.4	4.6	4.2	0.9	1.2	0.6	0.5	0.6	0.3	2.4	3.4	1.5
4.3	5.4	3.3	1.1	1.4	0.7	0.4	0.6	0.3	2.8	4.3	1.3
3.8	4.2	3.5	0.8	1.1	0.5	0.4	0.6	0.3	2.8	3.9	1.7
4.2	4.3	4.0	0.7	0.9	0.5	0.2	0.2	0.1	2.5	3.4	1.6
9.7	11.5	8.0	1.6	2.1	1.1	0.4	0.5	0.4	4.6	5.7	3.5
11.0	13.2	8.9	1.0	1.7	0.3	0.6	0.6	0.7	5.9	8.2	3.6
9.0	10.7	7.4	1.3	1.6	1.0	0.5	0.7	0.3	4.3	6.3	2.5
7.5	7.3	7.6	1.1	1.3	1.0	0.4	0.5	0.2	5.5	7.8	3.3
7.0	8.4	5.6	1.6	2.1	1.1	0.8	1.4	0.2	5.5	8.4	2.7
9.0	9.8	8.2	1.6	1.7	1.4	0.4	0.5	0.4	4.3	6.6	2.1
9.2	10.8	7.8	2.0	2.4	1.7	0.5	0.6	0.4	3.3	5.3	1.4
8.9	9.9	7.8	1.1	1.2	1.0	0.7	1.0	0.4	3.4	5.3	1.5
7.2	7.7	6.7	1.1	1.5	0.8	0.5	0.7	0.3	2.8	3.8	1.8
11.1	11.6	10.7	1.0	1.3	0.7	0.8	1.1	0.5	4.5	6.2	3.0
7.8	8.0	7.5	1.4	1.7	1.2	0.5	0.5	0.6	3.7	4.8	2.7
6.1	5.8	6.3	1.0	1.8	0.4	0.2	0.2	0.1	3.0	3.9	2.2
5.2	5.3	5.1	0.7	0.9	0.5	0.4	0.5	0.3	3.4	5.0	1.9
7.0	8.0	6.1	0.8	1.1	0.5	0.4	0.5	0.3	3.3	4.8	1.9
7.5	8.8	6.3	0.8	1.0	0.5	0.5	0.7	0.3	2.9	4.4	1.6
7.9	9.0	6.8	2.1	3.0	1.3	0.8	0.4	1.1	4.0	5.2	2.9
9.4	12.7	6.3	1.0	1.4	0.6	0.8	0.7	0.9	5.1	5.5	4.7
10.1	12.5	7.9	1.5	2.2	0.8	1.1	0.8	1.3	5.5	8.1	3.1
8.6	9.5	7.8	1.6	2.0	1.2	0.3	0.5	0.1	4.2	6.3	2.3
6.8	8.0	5.8	1.2	1.5	0.9	0.5	0.7	0.3	3.1	4.4	1.8
6.2	6.5	5.9	1.8	2.5	1.1	0.3	0.1	0.4	4.9	6.0	3.9
8.8	8.5	9.1	1.6	1.5	1.6	0.9	0.8	0.9	3.9	6.7	1.4
8.6	10.5	6.8	1.4	1.6	1.1	0.4	0.6	0.2	5.2	4.7	5.7
8.2	9.2	7.3	1.8	2.7	0.9	0.2	0.3	0.1	5.5	8.6	2.8
10.9	10.8	11.0	1.5	1.6	1.4	0.5	0.5	0.5	5.1	7.1	3.3
6.6	7.4	5.9	0.8	1.2	0.4	0.6	0.8	0.4	3.1	4.7	1.6
7.8	9.5	6.3	0.8	1.0	0.7	0.2	0.2	0.2	3.6	4.9	2.4
7.3	8.2	6.4	1.3	1.4	1.1	0.6	1.0	0.3	3.3	4.0	2.6
5.4	7.3	5.5	1.5	1.8	1.2	0.5	0.6	0.5	4.3	5.8	2.9
5.3	6.3	4.5	0.9	1.0	0.8	0.2	0.3	0.2	4.0	5.6	2.5
6.4	7.1	5.9	0.9	1.6	0.3	0.4	0.2	0.7	3.8	6.7	1.1
7.4	9.2	5.8	2.3	2.5	2.0	1.2	1.8	0.7	4.6	6.7	2.7
4.0	4.6	3.4	0.8	0.8	0.7	0.4	0.2	0.6	2.0	3.4	0.7
3.8	3.9	3.7	1.0	1.3	0.7	0.5	0.6	0.3	2.8	4.0	1.6
4.0	5.6	2.6	1.0	1.4	0.7	0.3	0.6	0.1	2.0	2.6	1.4
6.1	7.0	5.2	0.7	0.8	0.6	0.5	0.8	0.2	2.9	4.8	1.2
…	…	…	…	…	…	…	…	…	…	…	…
4.0	6.2	1.8	0.7	1.1	0.2	0.3	0.4	0.2	1.8	2.4	1.1
4.0	4.1	3.9	0.7	0.8	0.6	0.2	0.3	0.2	2.6	3.6	1.5
3.4	3.8	2.9	0.7	0.8	0.6	0.2	0.2	0.3	1.6	2.1	1.0
…	…	…	…	…	…	…	…	…	…	…	…
…	…	…	…	…	…	…	…	…	…	…	…
…	…	…	…	…	…	…	…	…	…	…	…
7.0	7.5	6.5	1.2	1.5	1.0	0.5	0.7	0.2	2.7	3.9	1.6
5.7	4.4	6.8	1.0	1.6	0.4	0.2	0.3	0.1	2.5	3.3	1.7
6.1	6.3	5.9	0.9	1.3	0.4	0.3	0.4	0.1	4.5	6.9	2.1
…	…	…	…	…	…	…	…	…	…	…	…
7.4	8.9	6.1	0.6	0.7	0.5	0.5	0.7	0.4	3.2	4.3	2.1
2.9	3.3	2.6	0.7	1.1	0.3	0.3	0.4	0.2	2.2	3.3	1.2
6.3	6.7	5.8	1.2	2.1	0.4	0.6	0.8	0.4	3.6	5.5	1.9
5.6	5.9	5.4	0.4	0.8	0.1	0.3	-	0.6	2.3	3.6	1.1

Note: 1) "Total" includes data for foreign countries and "Not stated"

第15表　年次・都道府県（18大都市再掲）・不慮の事故の

Table 15. Trends in accidental deaths and death rates (per 100,000 population)

死亡率
Death rate

都道府県 Prefecture	20100 不慮の事故 Accident			20101 交通事故 Traffic accident			20102 転倒・転落 Fall			20103 不慮の溺死及び溺水 Accidental drowning		
	総数 Total	男 Male	女 Female	総数 Total	男 Male	女 Female	総数 Total	男 Male	女 Female	総数 Total	男 Male	女 Female
全　国 Total	30.7	38.9	22.9	8.7	12.3	5.2	5.3	6.5	4.2	4.5	5.0	4.0
01 北海道	30.1	42.9	18.4	9.7	14.9	4.9	4.2	5.5	3.0	3.5	4.5	2.5
02 青森	35.0	47.5	23.7	10.2	14.7	6.1	4.0	5.5	2.6	4.7	5.3	4.1
03 岩手	38.1	51.9	25.3	10.7	17.0	5.0	5.3	7.3	3.4	6.4	6.6	6.2
04 宮城	28.6	36.7	20.8	8.4	12.5	4.5	4.7	5.6	3.7	4.8	5.1	4.5
05 秋田	43.6	55.3	33.2	11.1	15.6	7.0	5.7	8.2	3.4	6.8	6.3	7.2
06 山形	37.7	47.1	29.0	8.3	11.7	5.1	5.4	7.4	3.5	8.0	8.4	7.6
07 福島	34.5	44.8	24.6	9.4	13.3	5.7	4.2	5.3	3.2	4.3	6.0	2.7
08 茨城	36.1	46.2	26.2	12.2	17.7	6.8	5.5	6.6	4.3	3.9	4.2	3.6
09 栃木	30.0	39.9	20.2	12.1	17.0	7.2	4.7	6.0	3.4	2.0	2.0	2.0
10 群馬	31.3	38.8	24.1	10.3	13.6	7.0	5.8	6.4	5.1	3.9	4.7	3.2
11 埼玉	22.3	27.9	16.6	7.7	10.7	4.7	4.3	4.8	3.7	2.1	2.3	1.9
12 千葉	23.7	31.6	15.8	8.5	12.5	4.5	4.4	5.4	3.4	2.5	2.8	2.2
13 東京	21.1	25.6	16.6	4.2	6.4	2.1	4.6	5.5	3.8	3.9	4.1	3.7
14 神奈川	21.8	26.5	16.9	5.5	8.0	2.9	4.1	4.8	3.4	4.3	4.8	3.9
15 新潟	42.0	52.9	31.7	9.8	13.2	6.6	6.5	8.0	5.0	7.7	8.0	7.5
16 富山	45.9	56.9	35.7	10.1	10.7	9.6	7.7	10.7	4.9	10.4	12.5	8.3
17 石川	39.2	47.2	31.7	10.7	13.7	7.8	5.8	7.9	3.8	6.0	6.0	5.9
18 福井	44.3	54.2	35.0	12.9	17.1	8.8	5.9	8.1	3.8	9.1	10.3	7.9
19 山梨	36.4	47.3	25.8	11.0	15.4	6.7	5.2	6.3	4.0	5.0	6.3	3.8
20 長野	39.1	47.8	30.8	8.9	12.3	5.7	7.4	7.1	7.6	6.2	7.3	5.2
21 岐阜	35.7	44.2	27.7	11.3	15.5	7.4	6.1	7.5	4.8	4.3	3.9	4.7
22 静岡	33.8	40.5	27.2	10.1	12.7	7.6	6.1	7.2	5.1	4.3	4.0	4.6
23 愛知	29.9	35.3	24.5	8.3	10.5	6.1	5.4	6.3	4.5	4.7	4.9	4.4
24 三重	40.0	50.6	30.1	13.5	18.4	8.9	5.8	7.3	4.3	5.9	6.9	5.0
25 滋賀	31.4	38.2	24.8	8.6	12.1	5.3	5.2	6.6	3.8	4.3	4.2	4.4
26 京都	23.1	29.3	17.4	6.8	10.2	3.6	4.5	5.1	3.9	1.5	2.3	0.7
27 大阪	23.3	29.5	17.4	5.4	8.2	2.7	4.6	5.5	3.8	3.4	3.8	3.0
28 兵庫	31.4	39.0	24.5	7.7	11.2	4.4	5.4	5.9	4.9	5.2	5.4	5.0
29 奈良	28.1	35.5	21.3	6.9	9.7	4.4	5.7	7.5	4.2	5.1	6.7	3.6
30 和歌山	34.3	44.1	25.6	9.4	14.3	5.1	4.9	5.6	4.2	6.3	6.0	6.5
31 鳥取	44.6	55.0	35.1	13.8	19.6	8.5	8.2	11.3	5.4	6.1	6.9	5.4
32 島根	42.1	56.1	29.2	13.5	20.9	6.6	6.0	7.8	4.3	6.3	7.8	4.9
33 岡山	42.7	55.5	31.0	13.0	18.1	8.3	7.5	10.0	5.3	6.2	6.9	5.6
34 広島	32.4	40.5	24.9	9.3	12.9	5.8	6.7	8.1	5.3	4.2	5.1	3.3
35 山口	34.7	42.7	27.4	11.3	15.8	7.3	5.8	6.5	5.2	3.9	4.8	3.0
36 徳島	41.8	58.1	26.9	13.7	22.0	6.1	8.9	11.9	6.1	5.3	5.4	5.2
37 香川	44.8	60.0	30.7	16.1	23.4	9.3	6.4	8.2	4.7	5.2	5.5	4.9
38 愛媛	46.4	60.7	33.6	13.3	18.7	8.6	8.7	12.3	5.5	5.7	5.9	5.5
39 高知	46.5	60.2	34.4	12.4	19.0	6.6	8.6	10.6	6.8	6.6	8.4	4.9
40 福岡	35.4	44.1	27.5	9.1	12.8	5.7	5.6	7.0	4.2	8.4	9.0	7.9
41 佐賀	38.3	49.1	28.5	13.8	19.0	9.2	5.6	7.1	4.4	5.8	6.3	5.2
42 長崎	32.8	42.6	24.2	9.6	14.5	5.3	6.8	9.5	4.3	4.3	4.6	4.0
43 熊本	33.8	43.0	25.6	10.0	14.3	6.0	5.7	7.8	3.8	3.2	3.7	2.8
44 大分	37.4	49.9	26.3	11.1	14.7	7.8	8.4	11.2	5.9	3.9	6.7	1.4
45 宮崎	36.6	53.7	21.3	11.6	18.3	5.7	6.4	9.7	3.4	4.7	5.3	4.1
46 鹿児島	40.2	51.9	29.8	9.9	14.6	5.9	7.9	8.2	7.6	5.0	6.4	3.8
47 沖縄	23.9	34.9	13.3	7.5	11.5	3.5	3.0	4.4	1.6	2.2	3.0	1.3
18大都市（再掲） 18 major cities (Regrouped)												
東京区部	22.5	27.0	18.0	4.2	6.4	2.1	4.8	5.6	4.0	4.8	5.0	4.6
札幌市	21.0	32.4	10.7	6.2	10.2	2.7	3.4	5.1	1.9	3.1	4.2	2.2
仙台市	20.3	24.4	16.4	5.6	7.2	4.0	3.4	4.6	2.3	3.6	3.4	3.8
さいたま市	19.9	23.3	16.4	6.3	9.2	3.4	4.1	3.8	4.4	1.9	2.1	1.7
千葉市	19.7	26.4	13.0	5.0	7.4	2.6	4.4	5.9	2.9	1.8	1.5	2.0
横浜市	21.0	25.5	16.5	5.1	8.1	1.9	3.8	4.3	3.3	4.8	5.3	4.3
川崎市	20.2	24.8	15.4	4.6	6.9	2.2	3.4	3.6	3.2	4.3	5.1	3.5
新潟市	…	…	…	…	…	…	…	…	…	…	…	…
静岡市	…	…	…	…	…	…	…	…	…	…	…	…
浜松市	…	…	…	…	…	…	…	…	…	…	…	…
名古屋市	26.6	32.2	21.0	5.8	7.4	4.3	5.4	6.7	4.2	4.4	4.5	4.3
京都市	19.9	24.5	15.7	5.0	7.3	3.0	4.2	5.0	3.4	1.3	2.0	0.7
大阪市	28.4	35.7	21.4	5.2	7.9	2.5	5.8	6.9	4.8	4.7	5.5	3.9
堺市	…	…	…	…	…	…	…	…	…	…	…	…
神戸市	28.2	34.5	22.5	5.3	8.7	2.1	5.3	6.1	4.5	5.7	5.5	5.9
広島市	21.2	27.2	15.5	6.2	9.2	3.2	4.3	5.3	3.4	2.6	4.0	1.4
北九州市	35.1	47.0	24.3	8.0	11.6	4.7	5.8	8.0	3.8	9.7	11.8	7.7
福岡市	25.8	29.2	22.6	5.5	6.8	4.3	4.1	4.8	3.5	7.0	7.1	6.8

注：1）全国には不詳及び外国を含む。

種類・性別不慮の事故死亡数・率（人口10万対） －平成７～20年－

by prefecture (regrouped 18 major cities), type of accident and sex, 1995-2008

平成15年
2003

20104 不慮の窒息 Accidental suffocation			20105 煙、火及び火炎への曝露 Exposure to smoke, fire and flame			20106 有害物質による不慮の中毒及び有害物質への曝露 Poisoning by hazardous substance and exposure to such substance			20107 その他の不慮の事故 Other accidents		
総数 Total	男 Male	女 Female	総数 Total	男 Male	女 Female	総数 Total	男 Male	女 Female	総数 Total	男 Male	女 Female
6.8	7.5	6.1	1.2	1.6	0.8	0.6	0.9	0.4	3.6	5.1	2.1
6.3	7.6	5.0	1.7	2.4	1.0	1.6	2.8	0.4	3.3	5.2	1.5
8.0	9.8	6.3	2.6	3.6	1.7	1.2	2.2	0.3	4.4	6.3	2.6
9.5	11.3	7.7	1.2	1.6	0.8	0.7	1.0	0.4	4.3	7.0	1.8
5.9	6.3	5.6	1.2	1.6	0.8	0.8	1.5	0.1	2.8	4.1	1.6
12.0	13.6	10.6	1.9	2.7	1.1	1.2	2.0	0.5	5.0	6.9	3.3
10.0	12.7	7.4	1.6	2.0	1.3	0.5	0.3	0.6	4.0	4.6	3.5
8.4	9.5	7.4	1.9	2.7	1.2	1.2	1.7	0.8	4.9	6.4	3.5
7.8	8.6	6.9	1.4	2.0	0.9	0.7	1.0	0.5	4.6	6.1	3.1
5.9	7.1	4.8	1.2	1.8	0.5	0.6	0.9	0.2	3.5	5.0	2.1
6.7	8.0	5.4	0.5	0.6	0.3	0.5	0.6	0.3	3.8	4.9	2.8
4.3	4.8	3.8	0.9	1.1	0.7	0.5	0.6	0.4	2.5	3.6	1.3
4.3	4.8	3.8	0.9	1.4	0.4	0.5	0.7	0.3	2.6	4.0	1.2
4.3	4.3	4.3	1.1	1.4	0.7	0.5	0.6	0.4	2.5	3.3	1.6
4.6	4.6	4.6	0.7	0.9	0.6	0.3	0.4	0.2	2.2	3.1	1.3
10.9	12.4	9.4	1.7	2.4	1.0	0.5	0.8	0.2	5.0	8.1	2.1
10.9	13.3	8.7	1.4	2.1	0.9	0.6	0.6	0.7	4.8	7.1	2.6
10.7	11.4	9.9	1.2	1.9	0.5	0.9	1.2	0.5	4.1	4.9	3.3
10.2	11.6	8.8	0.7	0.5	1.0	1.0	1.8	0.2	4.7	4.8	4.5
8.0	9.3	6.7	1.7	2.3	1.1	0.9	1.6	0.2	4.6	6.1	3.1
9.5	11.3	7.7	1.3	1.9	0.8	0.8	1.3	0.4	4.9	6.5	3.4
8.3	9.6	7.0	1.2	1.7	0.7	0.6	1.0	0.3	3.9	5.1	2.8
7.9	9.1	6.7	1.0	1.3	0.8	0.6	1.1	0.2	3.7	5.1	2.2
7.2	7.2	7.2	1.3	1.9	0.7	0.4	0.6	0.1	2.7	3.9	1.5
8.8	9.9	7.7	1.1	1.0	1.3	0.9	0.8	1.0	4.0	6.3	1.9
8.0	8.0	7.9	1.0	1.5	0.6	1.0	1.5	0.4	3.3	4.2	2.3
5.8	5.8	5.8	1.1	1.1	1.0	0.3	0.4	0.3	3.2	4.4	2.0
5.3	5.5	5.1	0.9	1.2	0.6	0.4	0.5	0.3	3.3	4.8	1.9
7.7	8.3	7.1	1.1	1.6	0.7	0.6	0.8	0.5	3.8	5.8	1.9
5.6	5.0	6.2	0.8	0.9	0.8	0.8	1.0	0.5	3.1	4.7	1.6
8.4	10.1	6.9	1.0	1.4	0.5	0.8	0.6	0.9	3.7	6.0	1.6
9.7	8.9	10.4	2.3	2.4	2.2	0.7	1.0	0.3	3.8	4.8	2.8
8.8	7.0	10.5	1.3	2.0	0.8	1.7	3.4	0.3	4.4	7.3	1.8
8.6	10.6	6.7	1.6	2.3	1.0	0.5	0.5	0.5	5.3	7.1	3.6
6.9	7.0	6.8	1.2	1.2	1.1	0.6	0.7	0.5	3.7	5.4	2.0
7.7	8.5	7.1	0.9	1.3	0.5	0.5	0.8	0.3	4.5	5.1	4.0
8.1	10.6	5.9	1.5	2.6	0.5	1.0	1.6	0.5	3.4	4.1	2.8
10.7	14.2	7.6	1.8	2.1	1.5	0.8	1.2	0.4	3.7	5.3	2.3
10.2	12.5	8.2	1.8	1.9	1.7	1.1	1.6	0.6	5.6	7.9	3.5
11.8	12.1	11.5	1.6	2.6	0.7	0.9	1.6	0.2	4.6	5.8	3.5
6.8	8.0	5.7	1.1	1.4	0.8	0.7	0.9	0.5	3.7	4.9	2.6
7.7	8.8	6.8	1.6	2.2	1.1	0.3	0.7	-	3.5	5.1	2.0
7.1	7.5	6.7	0.9	1.1	0.8	1.0	0.7	1.3	3.1	4.6	1.9
8.4	8.8	8.0	1.4	1.3	1.5	0.3	0.2	0.3	4.9	6.9	3.2
7.8	7.4	8.3	1.2	2.3	0.3	0.7	0.9	0.6	4.2	6.8	1.9
8.1	10.4	6.0	1.4	2.2	0.7	0.4	0.9	-	4.0	6.9	1.5
8.4	11.1	6.1	1.6	1.7	1.6	0.8	1.0	0.7	6.4	9.0	4.1
6.7	9.0	4.5	0.6	0.8	0.4	0.5	1.1	-	3.5	5.2	1.9
4.5	4.4	4.5	1.0	1.4	0.7	0.6	0.6	0.5	2.6	3.7	1.5
3.8	5.2	2.5	1.3	2.0	0.7	1.4	2.6	0.3	1.7	3.1	0.4
4.4	4.2	4.6	0.7	1.0	0.4	0.7	1.4	-	2.0	2.6	1.3
4.6	4.7	4.6	0.9	0.8	1.1	0.2	-	0.4	1.8	2.8	0.8
4.8	5.9	3.7	0.7	1.1	0.2	0.7	0.9	0.4	2.4	3.7	1.1
4.4	4.2	4.6	0.7	0.8	0.5	0.2	0.3	0.2	2.1	2.5	1.7
4.3	4.3	4.2	0.6	0.9	0.3	0.3	0.4	0.2	2.7	3.6	1.8
…	…	…	…	…	…	…	…	…	…	…	…
…	…	…	…	…	…	…	…	…	…	…	…
…	…	…	…	…	…	…	…	…	…	…	…
6.7	7.0	6.5	1.3	2.2	0.5	0.3	0.6	-	2.5	3.8	1.3
5.5	5.1	5.9	1.0	1.0	1.0	0.2	0.1	0.3	2.7	4.0	1.4
6.1	6.4	5.7	1.3	1.6	1.0	0.5	0.5	0.4	4.8	6.9	2.8
…	…	…	…	…	…	…	…	…	…	…	…
6.5	7.4	5.7	1.1	1.1	1.0	0.6	0.6	0.6	3.8	5.1	2.6
4.7	4.3	4.9	0.5	0.7	0.3	0.7	0.5	0.9	2.2	3.1	1.4
6.1	8.2	4.2	1.1	1.7	0.6	0.7	1.1	0.4	3.8	4.6	3.0
5.1	5.7	4.5	0.9	1.1	0.8	0.5	0.6	0.4	2.7	3.2	2.2

Note: 1) "Total" includes data for foreign countries and "Not stated"

第15表　年次・都道府県（18大都市再掲）・不慮の事故の
Table 15. Trends in accidental deaths and death rates (per 100,000 population)

死亡率
Death rate

都道府県 Prefecture	20100 不慮の事故 Accident			20101 交通事故 Traffic accident			20102 転倒・転落 Fall			20103 不慮の溺死及び溺水 Accidental drowning		
	総数 Total	男 Male	女 Female	総数 Total	男 Male	女 Female	総数 Total	男 Male	女 Female	総数 Total	男 Male	女 Female
全国 Total	30.3	38.4	22.5	8.4	11.9	4.9	5.1	6.3	4.0	4.4	5.0	3.8
01 北海道	30.8	43.1	19.6	9.3	13.8	5.3	4.1	5.3	3.0	3.9	5.3	2.6
02 青森	37.4	50.1	26.0	11.0	15.0	7.4	3.5	4.5	2.6	4.3	6.1	2.6
03 岩手	42.5	55.0	31.0	12.0	16.8	7.6	5.8	7.8	4.0	4.7	4.9	4.4
04 宮城	29.3	38.5	20.6	8.8	13.2	4.6	3.3	4.4	2.2	4.4	5.7	3.1
05 秋田	46.4	58.1	35.9	9.7	13.0	6.7	6.1	7.9	4.4	9.3	9.1	9.4
06 山形	41.5	51.9	31.9	9.4	13.8	5.2	5.3	7.5	3.2	7.1	8.2	6.0
07 福島	37.0	48.8	25.7	10.4	16.0	5.0	6.0	7.0	5.0	4.1	5.2	3.0
08 茨城	33.5	41.7	25.3	10.9	15.3	6.7	4.4	5.4	3.4	4.1	4.6	3.6
09 栃木	30.1	38.5	21.8	10.9	15.3	6.6	5.0	6.3	3.8	3.2	3.3	3.0
10 群馬	31.7	39.6	24.1	8.7	12.5	5.0	6.0	8.4	3.7	4.9	5.5	4.3
11 埼玉	19.9	24.8	14.9	6.0	8.5	3.6	3.9	4.5	3.4	1.7	2.0	1.5
12 千葉	24.6	31.9	17.3	7.7	11.7	3.6	4.4	4.7	4.1	2.3	2.7	1.9
13 東京	20.1	24.6	15.6	4.0	6.0	2.1	4.4	5.1	3.6	3.5	3.7	3.3
14 神奈川	20.3	26.2	14.3	5.0	7.2	2.7	3.5	4.6	2.4	4.2	4.9	3.4
15 新潟	44.9	54.7	35.6	11.4	14.9	8.1	5.6	7.1	4.2	7.5	8.4	6.7
16 富山	44.9	55.9	34.7	11.0	14.6	7.7	6.7	8.3	5.2	10.9	12.6	9.4
17 石川	32.0	44.8	20.0	7.9	11.3	4.8	4.4	5.1	3.8	4.9	7.2	2.6
18 福井	44.7	55.9	34.1	12.3	15.4	9.3	6.5	8.6	4.5	9.5	10.1	8.8
19 山梨	36.1	48.5	24.1	10.3	16.2	4.7	7.9	9.4	6.5	4.4	4.0	4.7
20 長野	36.6	46.2	27.4	9.8	13.6	6.3	5.6	5.7	5.5	6.6	8.1	5.2
21 岐阜	37.5	49.2	26.5	12.0	16.7	7.5	6.1	8.4	3.8	4.0	4.6	3.5
22 静岡	31.5	38.0	25.3	8.9	11.4	6.3	5.3	6.7	3.9	4.2	4.0	4.4
23 愛知	28.2	33.9	22.6	8.5	11.5	5.4	4.8	5.7	3.9	3.8	4.0	3.7
24 三重	43.5	54.3	33.4	14.7	22.2	7.7	6.4	6.5	6.4	4.2	4.7	3.7
25 滋賀	28.8	34.7	23.1	8.4	11.7	5.3	4.1	4.5	3.6	3.3	4.4	2.3
26 京都	23.0	26.6	19.7	7.4	10.2	4.7	4.6	5.0	4.2	1.7	1.9	1.5
27 大阪	24.2	30.1	18.5	6.1	8.9	3.4	4.5	5.3	3.8	3.6	3.7	3.5
28 兵庫	31.4	40.1	23.4	8.0	12.2	4.1	5.0	6.1	3.9	5.4	5.7	5.1
29 奈良	28.0	33.1	23.3	6.7	10.0	3.6	5.6	7.4	4.0	4.8	4.7	4.8
30 和歌山	39.0	50.0	29.2	10.0	14.6	6.0	5.6	7.1	4.4	6.4	6.9	6.0
31 鳥取	38.4	45.5	32.1	10.1	13.1	7.3	5.6	6.6	4.8	5.9	6.2	5.7
32 島根	39.5	53.9	26.2	9.4	14.9	4.4	6.9	9.6	4.4	5.9	7.3	4.6
33 岡山	39.2	49.8	29.4	12.2	17.1	7.7	7.3	9.6	5.2	6.1	7.1	5.2
34 広島	32.9	41.0	25.2	9.4	12.2	6.9	6.2	7.8	4.7	4.5	5.4	3.6
35 山口	33.4	46.6	21.6	10.3	14.9	6.2	6.7	8.9	4.7	2.7	3.7	1.8
36 徳島	42.6	55.5	31.1	11.7	16.4	7.5	8.9	11.7	6.4	4.6	5.5	3.8
37 香川	44.0	53.7	35.0	15.0	21.2	9.3	6.4	8.2	4.8	5.5	5.6	5.5
38 愛媛	45.4	60.4	32.0	12.0	18.4	6.3	8.1	9.1	7.2	5.0	6.9	3.3
39 高知	57.8	75.6	41.8	15.0	22.3	8.5	10.9	14.1	8.0	8.3	10.9	5.9
40 福岡	35.2	44.3	26.9	8.5	12.7	4.7	5.4	7.0	3.9	8.1	8.9	7.4
41 佐賀	36.0	42.3	30.4	11.1	14.9	7.7	5.0	5.1	4.8	6.7	7.1	6.3
42 長崎	31.0	42.1	21.1	6.5	9.3	4.1	5.8	9.2	2.9	5.7	7.4	4.2
43 熊本	32.1	42.9	22.5	9.8	14.2	5.7	6.2	8.2	4.4	4.0	4.7	3.3
44 大分	37.6	47.4	28.8	11.0	14.7	7.7	8.9	10.5	7.5	4.7	6.0	3.6
45 宮崎	33.4	45.1	23.0	11.2	15.0	7.8	5.7	8.8	2.9	4.3	5.1	3.6
46 鹿児島	38.9	51.6	27.7	11.5	17.5	6.2	7.0	8.7	5.5	4.8	5.6	4.2
47 沖縄	22.3	33.5	11.5	6.4	10.7	2.3	3.5	4.7	2.3	2.7	4.7	0.9
18大都市（再掲） 18 major cities (Regrouped)												
東京区部	20.9	25.7	16.2	3.9	6.0	1.8	4.7	5.7	3.7	4.2	4.3	4.0
札幌市	21.4	30.8	12.8	5.6	9.0	2.5	3.4	4.9	2.1	2.4	3.2	1.6
仙台市	20.8	26.1	15.6	6.0	8.4	3.8	2.9	3.8	2.1	3.2	3.4	3.0
さいたま市	16.3	18.5	14.2	3.9	5.0	2.8	3.1	3.9	2.3	1.7	1.7	1.7
千葉市	21.0	27.8	14.2	6.4	8.7	4.2	3.6	4.1	3.1	2.2	3.0	1.3
横浜市	17.6	24.3	10.8	4.6	6.5	2.6	2.8	4.0	1.5	4.0	5.1	2.8
川崎市	20.6	25.1	15.7	4.6	7.0	2.1	3.2	4.4	1.9	5.0	4.9	5.1
新潟市	…	…	…	…	…	…	…	…	…	…	…	…
静岡市	…	…	…	…	…	…	…	…	…	…	…	…
浜松市	…	…	…	…	…	…	…	…	…	…	…	…
名古屋市	25.6	31.0	20.3	6.2	8.6	3.8	5.1	6.0	4.2	3.5	3.7	3.4
京都市	19.7	22.0	17.6	5.6	7.4	3.9	4.6	4.7	4.4	1.3	1.4	1.2
大阪市	28.0	34.4	22.0	5.9	8.4	3.6	6.1	7.0	5.3	4.1	4.3	3.9
堺市	…	…	…	…	…	…	…	…	…	…	…	…
神戸市	28.4	35.0	22.3	5.8	8.4	3.4	4.9	6.5	3.5	6.3	7.1	5.6
広島市	22.5	29.5	15.8	6.1	8.6	3.7	5.1	6.1	4.1	3.1	4.5	1.7
北九州市	33.5	44.7	23.5	8.4	12.9	4.4	6.0	7.8	4.4	6.4	7.8	5.1
福岡市	26.1	31.7	20.9	6.1	9.1	3.3	4.3	4.6	4.0	6.5	7.3	5.8

注：1）全国には不詳及び外国を含む。

種類・性別不慮の事故死亡数・率（人口10万対） －平成７～20年－

by prefecture (regrouped 18 major cities), type of accident and sex, 1995-2008

平成16年
2004

20104 不慮の窒息 Accidental suffocation			20105 煙、火及び火炎への曝露 Exposure to smoke, fire and flame			20106 有害物質による不慮の中毒及び有害物質への曝露 Poisoning by hazardous substance and exposure to such substance			20107 その他の不慮の事故 Other accidents		
総数 Total	男 Male	女 Female	総数 Total	男 Male	女 Female	総数 Total	男 Male	女 Female	総数 Total	男 Male	女 Female
6.9	7.5	6.2	1.1	1.4	0.9	0.6	0.8	0.4	3.8	5.5	2.3
6.3	7.2	5.4	1.6	2.5	0.9	1.2	1.9	0.5	4.4	7.1	1.9
8.8	11.4	6.4	2.8	4.1	1.7	1.1	1.5	0.8	5.9	7.6	4.5
12.2	14.4	10.1	2.2	2.8	1.5	0.6	1.2	0.1	5.0	7.0	3.2
7.6	8.3	7.0	1.3	1.0	1.5	0.8	1.3	0.3	3.1	4.4	1.9
12.9	16.6	9.5	1.6	2.7	0.7	0.5	0.7	0.3	6.3	8.0	4.8
13.5	15.1	11.9	1.2	1.0	1.4	0.4	0.9	-	4.8	5.4	4.1
9.0	10.0	8.0	2.0	2.3	1.7	0.6	0.8	0.5	5.0	7.5	2.5
6.9	6.4	7.4	1.2	1.6	0.7	1.4	1.7	1.0	4.5	6.7	2.4
5.7	6.4	5.0	1.4	1.7	1.0	0.5	0.6	0.3	3.5	4.9	2.1
6.1	6.0	6.1	0.7	0.7	0.7	0.4	0.5	0.3	5.0	6.0	3.9
4.3	4.6	4.0	0.8	1.1	0.5	0.5	0.5	0.5	2.6	3.7	1.6
4.8	5.0	4.5	1.1	1.4	0.7	0.8	1.0	0.6	3.6	5.4	1.8
4.2	4.3	4.1	0.7	0.9	0.6	0.4	0.6	0.2	2.9	4.0	1.7
4.2	4.8	3.7	0.7	0.9	0.5	0.1	0.1	0.1	2.6	3.7	1.4
12.0	14.1	10.1	1.4	1.7	1.0	0.9	1.5	0.4	5.9	6.9	5.0
10.1	12.4	8.0	1.4	1.7	1.0	0.5	0.8	0.2	4.3	5.6	3.1
7.4	8.6	6.3	0.8	1.2	0.3	0.7	1.4	-	5.9	9.9	2.1
9.6	11.9	7.4	1.5	1.5	1.4	0.2	0.5	-	5.2	7.8	2.6
7.6	10.8	4.5	1.5	2.3	0.7	0.3	0.5	0.2	4.0	5.4	2.7
8.2	9.5	7.0	1.5	2.2	0.8	0.8	1.0	0.5	4.0	6.1	2.1
8.5	9.2	7.8	1.6	1.8	1.4	1.1	1.8	0.5	4.3	6.7	2.1
8.5	9.3	7.7	0.8	1.1	0.5	0.5	0.7	0.3	3.4	4.9	2.1
6.7	7.0	6.5	1.0	1.3	0.7	0.5	0.6	0.4	2.9	3.9	2.0
11.7	12.7	10.7	1.5	1.7	1.3	0.9	1.4	0.5	4.0	5.1	3.1
8.7	7.4	10.1	0.7	0.9	0.4	0.3	0.6	-	3.3	5.3	1.3
4.9	4.4	5.3	0.7	0.8	0.6	0.3	0.4	0.1	3.5	3.8	3.3
4.9	5.5	4.4	0.9	1.0	0.8	0.7	0.8	0.5	3.5	4.9	2.1
7.6	8.3	6.9	0.9	1.0	0.8	0.3	0.4	0.2	4.2	6.3	2.3
6.5	5.4	7.5	0.4	0.7	0.1	0.5	0.9	0.1	3.4	4.0	3.0
11.5	13.2	10.0	1.0	1.0	0.9	1.2	1.2	1.3	3.3	6.1	0.7
7.9	7.6	8.3	0.8	1.4	0.3	1.7	2.1	1.3	6.4	8.6	4.4
9.0	11.8	6.4	1.3	1.1	1.5	1.2	2.0	0.5	5.8	7.3	4.4
8.4	9.2	7.6	1.0	1.2	0.8	0.4	0.2	0.5	3.9	5.4	2.5
7.1	7.3	6.9	0.8	1.0	0.7	0.5	0.8	0.3	4.2	6.5	2.2
8.0	10.9	5.5	1.2	1.7	0.8	0.3	0.3	0.4	4.2	6.2	2.3
8.9	9.1	8.7	1.6	1.6	1.6	0.9	1.6	0.2	6.1	9.6	2.8
7.5	7.4	7.6	2.1	1.9	2.3	1.1	1.6	0.6	6.3	7.8	5.0
11.1	14.6	8.0	1.8	1.7	1.8	1.1	1.9	0.4	6.3	7.8	5.0
12.9	13.8	12.1	2.4	2.4	2.4	0.9	1.9	-	7.5	10.3	5.0
7.7	8.3	7.2	1.1	1.2	1.0	0.5	0.8	0.3	3.8	5.4	2.4
8.8	8.3	9.2	0.7	1.0	0.4	0.2	0.5	-	3.6	5.4	2.0
7.2	7.9	6.6	1.6	1.7	1.5	0.8	1.6	0.1	3.3	5.0	1.8
6.6	7.8	5.5	1.1	1.0	1.1	0.7	1.1	0.3	3.8	5.9	2.1
7.6	8.6	6.7	1.2	1.4	1.1	0.7	0.9	0.5	3.4	5.3	1.7
7.2	8.4	6.0	1.4	1.7	1.1	0.4	0.6	0.3	3.2	5.5	1.1
8.6	9.7	7.6	1.7	2.1	1.4	0.9	1.2	0.5	4.5	6.9	2.3
6.4	8.0	4.8	0.7	0.9	0.4	0.3	0.5	0.1	2.3	4.1	0.6
4.0	4.0	4.0	0.8	0.9	0.6	0.5	0.6	0.3	2.9	4.1	1.7
4.4	4.6	4.3	1.3	1.8	0.8	1.4	2.4	0.5	2.8	5.0	0.9
5.8	6.2	5.3	0.5	0.4	0.6	0.5	1.0	-	1.9	3.0	0.8
4.5	3.9	5.1	1.0	1.1	0.9	0.3	0.4	0.2	1.8	2.4	1.1
4.2	5.2	3.3	1.3	2.2	0.4	0.3	0.4	0.2	2.9	4.1	1.8
3.7	4.6	2.8	0.4	0.7	0.1	0.1	0.1	0.1	2.1	3.2	1.0
4.2	4.4	4.0	1.0	0.9	1.1	0.1	-	0.2	2.5	3.6	1.4
…	…	…	…	…	…	…	…	…	…	…	…
…	…	…	…	…	…	…	…	…	…	…	…
…	…	…	…	…	…	…	…	…	…	…	…
6.3	6.8	5.8	1.2	1.3	1.2	0.5	0.7	0.4	2.7	3.9	1.5
4.6	4.4	4.7	0.5	0.4	0.7	0.2	0.3	0.1	2.9	3.3	2.6
5.6	6.5	4.7	1.6	1.6	1.6	0.8	1.0	0.5	3.9	5.6	2.4
…	…	…	…	…	…	…	…	…	…	…	…
7.0	7.1	6.9	1.0	1.4	0.6	0.3	0.3	0.3	3.1	4.3	2.0
4.8	4.9	4.7	0.4	0.7	0.2	0.6	0.9	0.3	2.4	3.8	1.0
6.2	6.4	6.1	1.3	1.5	1.1	0.4	0.8	-	4.8	7.4	2.5
5.8	6.0	5.7	0.9	0.7	1.1	0.4	0.7	-	2.0	3.1	1.0

Note: 1) "Total" includes data for foreign countries and "Not stated"

第15表　年次・都道府県（18大都市再掲）・不慮の事故の

Table 15. Trends in accidental deaths and death rates (per 100,000 population)

死亡率

Death rate

都道府県 Prefecture	20100 不慮の事故 Accident			20101 交通事故 Traffic accident			20102 転倒・転落 Fall			20103 不慮の溺死及び溺水 Accidental drowning		
	総数 Total	男 Male	女 Female	総数 Total	男 Male	女 Female	総数 Total	男 Male	女 Female	総数 Total	男 Male	女 Female
全国 Total	31.6	39.9	23.6	7.9	11.4	4.7	5.3	6.5	4.2	4.9	5.5	4.4
01 北海道	29.2	41.6	17.9	8.2	12.8	4.1	4.1	5.4	2.9	3.5	4.7	2.4
02 青森	36.6	50.9	23.7	8.5	12.4	5.0	4.9	6.9	3.0	5.0	6.2	3.8
03 岩手	39.3	53.3	26.3	10.4	15.9	5.3	4.8	6.8	2.9	4.3	4.8	3.9
04 宮城	33.8	43.7	24.4	8.2	12.8	3.9	4.3	4.9	3.8	5.8	6.2	5.5
05 秋田	46.4	60.4	33.9	10.5	15.9	5.6	5.2	8.0	2.7	9.9	10.7	9.1
06 山形	42.3	53.1	32.3	8.6	11.5	5.9	5.5	6.9	4.3	9.1	10.5	7.8
07 福島	38.2	47.6	29.3	9.4	12.9	6.0	6.2	7.3	5.2	4.6	5.0	4.1
08 茨城	37.1	48.0	26.4	11.3	16.0	6.6	4.8	6.2	3.5	4.6	4.7	4.4
09 栃木	34.4	45.1	23.9	11.5	17.1	5.9	6.2	8.7	3.8	3.1	3.5	2.7
10 群馬	32.7	39.3	26.3	9.9	13.3	6.5	5.2	5.6	4.9	4.8	4.6	4.9
11 埼玉	22.6	27.9	17.2	6.8	9.4	4.1	3.9	4.2	3.6	2.2	2.6	1.7
12 千葉	25.9	33.0	18.8	7.1	10.4	3.7	4.5	5.7	3.4	3.0	3.3	2.6
13 東京	21.1	25.4	16.8	3.8	5.5	2.2	4.6	5.4	3.8	3.6	4.0	3.3
14 神奈川	22.1	27.8	16.3	4.5	6.9	2.2	4.1	5.1	3.0	4.6	5.3	4.0
15 新潟	44.7	53.5	36.4	10.1	13.6	6.9	6.9	7.9	6.0	8.9	10.4	7.5
16 富山	44.8	58.6	31.9	9.6	12.8	6.7	6.6	8.7	4.7	9.9	13.0	7.0
17 石川	34.2	44.9	24.2	8.4	12.1	5.0	3.8	5.7	2.0	6.3	7.3	5.5
18 福井	45.5	55.5	36.1	10.6	14.5	6.9	6.9	8.4	5.5	10.6	12.2	9.1
19 山梨	30.4	38.4	22.8	7.8	11.5	4.3	5.3	6.3	4.3	3.9	4.0	3.8
20 長野	40.6	49.5	32.2	9.2	12.9	5.6	6.3	8.5	4.2	7.1	7.7	6.5
21 岐阜	36.7	47.5	26.5	9.8	14.6	5.2	6.3	8.8	3.9	4.6	5.2	4.1
22 静岡	33.9	41.3	26.7	9.1	12.4	5.8	6.0	6.9	5.1	5.0	5.8	4.2
23 愛知	29.1	34.2	23.9	7.8	10.0	5.5	4.4	4.8	4.1	4.1	4.1	4.2
24 三重	40.9	51.0	31.4	12.5	17.5	7.7	6.0	6.2	5.8	6.2	6.1	6.3
25 滋賀	33.9	41.3	26.6	9.6	13.7	5.7	5.2	7.3	3.1	5.7	4.6	6.7
26 京都	25.1	30.9	19.7	7.4	10.2	4.8	5.4	6.0	4.8	2.1	2.6	1.6
27 大阪	24.8	31.8	18.2	5.2	7.9	2.6	4.9	6.2	3.7	4.2	4.4	3.9
28 兵庫	34.5	42.1	27.5	9.4	13.4	5.7	5.1	6.2	4.2	5.5	5.3	5.6
29 奈良	27.2	32.6	22.3	7.0	10.3	4.1	4.9	5.7	4.2	3.2	3.4	3.0
30 和歌山	42.1	50.2	34.9	9.4	13.2	6.1	7.0	8.4	5.7	7.3	6.6	7.9
31 鳥取	44.9	58.1	32.8	10.9	16.3	6.0	6.3	8.3	4.5	9.6	10.4	8.9
32 島根	42.2	55.9	29.6	11.0	16.5	6.0	7.3	8.5	6.2	7.6	8.8	6.5
33 岡山	44.4	56.0	33.7	11.0	16.6	5.7	7.9	8.9	7.0	6.7	7.0	6.5
34 広島	34.4	44.1	25.3	9.7	13.9	5.7	5.5	5.7	5.2	5.9	6.8	5.2
35 山口	33.9	45.1	23.9	10.5	16.0	5.6	7.1	9.7	4.7	2.8	3.0	2.6
36 徳島	45.5	58.9	33.4	15.0	22.7	8.1	7.4	8.9	6.2	6.8	7.6	6.2
37 香川	43.0	57.1	30.0	11.9	17.0	7.3	6.9	8.3	5.5	5.6	7.2	4.0
38 愛媛	42.6	55.4	31.2	12.9	17.1	9.1	8.3	10.7	6.1	4.4	5.1	3.8
39 高知	48.5	69.7	29.8	9.7	13.1	6.7	10.1	14.7	6.0	6.4	9.9	3.3
40 福岡	35.6	45.2	27.0	7.4	10.9	4.2	5.8	7.4	4.4	9.9	10.9	9.0
41 佐賀	40.3	51.1	30.7	11.5	16.2	7.2	6.0	6.4	5.7	6.1	6.4	5.9
42 長崎	34.5	46.0	24.4	7.0	11.2	3.3	7.2	9.1	5.5	6.4	8.7	4.3
43 熊本	37.2	48.8	26.9	9.0	13.5	5.0	7.6	10.1	5.4	5.9	7.3	4.6
44 大分	38.3	50.4	27.5	10.7	14.5	7.4	8.1	9.7	6.6	4.5	7.1	2.2
45 宮崎	38.1	50.1	27.4	9.6	13.9	5.7	6.3	8.0	4.8	4.5	5.7	3.4
46 鹿児島	42.0	51.6	33.6	10.3	13.4	7.5	6.8	7.5	6.2	5.1	7.0	3.5
47 沖縄	20.9	27.8	14.2	5.5	8.3	2.8	4.0	5.0	3.0	1.9	2.6	1.3
18大都市（再掲） 18 major cities (Regrouped)												
東京区部	22.7	27.0	18.5	3.7	5.1	2.3	4.9	5.7	4.2	4.6	4.9	4.3
札幌市	18.5	26.3	11.4	4.6	7.5	2.0	3.5	4.9	2.3	1.5	2.0	1.1
仙台市	23.4	30.6	16.5	5.5	8.2	2.9	3.7	4.4	3.1	3.2	3.0	3.5
さいたま市	17.5	22.0	13.0	5.0	7.5	2.4	2.9	3.4	2.4	2.3	2.6	2.1
千葉市	21.3	28.2	14.3	5.2	9.2	1.1	4.8	5.9	3.7	2.1	2.6	1.5
横浜市	22.1	26.9	17.2	4.2	6.2	2.1	3.7	4.9	2.3	5.2	5.8	4.6
川崎市	21.0	26.0	15.7	4.4	6.5	2.2	3.5	4.9	2.1	5.2	5.6	4.8
新潟市	…	…	…	…	…	…	…	…	…	…	…	…
静岡市	32.8	41.7	24.4	8.6	13.0	4.5	5.6	6.8	4.5	4.2	5.6	2.8
浜松市	…	…	…	…	…	…	…	…	…	…	…	…
名古屋市	27.5	33.2	21.9	6.0	8.1	3.8	4.7	5.6	3.8	4.7	4.1	5.2
京都市	24.1	28.7	19.9	6.4	8.6	4.4	5.3	4.8	5.7	1.9	2.3	1.6
大阪市	29.9	38.3	21.9	5.2	7.8	2.7	6.3	8.3	4.3	5.7	6.6	4.8
堺市	…	…	…	…	…	…	…	…	…	…	…	…
神戸市	30.1	37.5	23.4	5.3	7.2	3.6	5.7	7.4	4.2	6.4	6.5	6.3
広島市	25.4	31.8	19.4	6.3	8.5	4.2	5.3	4.9	5.6	4.4	5.4	3.4
北九州市	37.3	49.4	26.6	7.0	11.9	2.7	7.4	9.3	5.7	9.8	11.7	8.0
福岡市	24.8	30.7	19.3	4.8	6.8	2.9	3.9	5.0	2.9	7.9	8.6	7.2

注：1）全国には不詳及び外国を含む。

種類・性別不慮の事故死亡数・率（人口10万対） －平成７～20年－

by prefecture (regrouped 18 major cities), type of accident and sex, 1995-2008

平成17年
2005

20104 不慮の窒息 Accidental suffocation			20105 煙、火及び火炎への曝露 Exposure to smoke, fire and flame			20106 有害物質による不慮の中毒及び有害物質への曝露 Poisoning by hazardous substance and exposure to such substance			20107 その他の不慮の事故 Other accidents		
総数 Total	男 Male	女 Female	総数 Total	男 Male	女 Female	総数 Total	男 Male	女 Female	総数 Total	男 Male	女 Female
7.4	8.2	6.6	1.3	1.6	1.0	0.7	1.0	0.4	4.0	5.8	2.4
6.6	7.9	5.5	1.3	1.8	0.8	1.5	2.5	0.6	3.9	6.4	1.5
8.7	11.5	6.2	2.2	3.2	1.3	1.7	2.5	0.9	5.6	8.1	3.3
11.9	14.0	9.9	1.6	2.1	1.1	0.8	1.1	0.6	5.5	8.6	2.6
9.4	10.8	8.0	1.4	1.8	1.0	0.8	1.4	0.2	3.8	5.8	2.0
12.3	14.1	10.8	2.1	2.2	2.0	0.8	1.3	0.3	5.6	8.2	3.3
10.9	14.2	7.8	1.5	1.4	1.6	0.9	1.0	0.8	5.8	7.7	4.0
9.5	10.7	8.3	2.2	3.3	1.1	0.8	0.9	0.7	5.6	7.5	3.8
9.0	10.9	7.2	1.8	2.1	1.5	0.6	1.0	0.3	5.0	7.1	3.0
6.4	6.4	6.5	2.1	2.7	1.4	0.7	0.8	0.6	4.4	5.9	3.0
7.4	8.3	6.5	0.7	0.9	0.4	0.4	0.5	0.2	4.5	6.1	2.9
5.0	5.2	4.7	1.0	1.2	0.9	0.7	0.9	0.4	3.1	4.4	1.8
5.4	5.9	4.9	1.4	1.8	1.0	1.0	1.3	0.6	3.6	4.5	2.7
4.6	4.6	4.7	1.0	1.3	0.7	0.5	0.6	0.5	2.9	4.2	1.7
4.9	5.4	4.4	0.7	0.8	0.7	0.2	0.3	0.1	3.0	4.1	2.0
12.4	13.0	11.7	1.0	1.3	0.8	0.7	1.0	0.3	4.6	6.2	3.1
10.3	11.9	8.8	1.2	2.3	0.2	1.1	1.1	1.1	6.1	8.9	3.5
10.4	11.9	9.0	0.9	1.1	0.7	0.3	0.5	0.2	4.1	6.4	2.0
10.5	11.2	9.8	0.7	1.3	0.2	0.9	1.0	0.7	5.3	6.9	3.8
7.6	8.7	6.5	1.5	2.1	0.9	0.2	0.5	-	4.1	5.4	2.9
9.9	10.2	9.7	1.7	1.5	1.9	1.1	1.2	0.9	5.3	7.4	3.3
9.8	10.4	9.2	1.3	1.5	1.0	0.7	0.9	0.6	4.3	6.2	2.5
8.6	9.1	8.2	1.0	1.4	0.6	0.8	0.8	0.7	3.4	4.9	2.0
8.1	8.8	7.3	0.9	1.1	0.7	0.7	1.0	0.4	3.1	4.4	1.7
9.7	11.3	8.1	1.1	1.7	0.5	0.9	1.2	0.6	4.6	7.0	2.3
8.5	9.6	7.6	0.7	0.9	0.6	0.4	0.4	0.3	3.8	4.8	2.8
5.9	6.6	5.3	1.0	1.1	1.0	0.5	0.6	0.4	2.7	3.8	1.7
5.5	6.1	4.9	0.9	1.0	0.7	0.6	0.8	0.4	3.6	5.3	2.0
8.2	8.6	7.9	1.2	1.6	0.9	0.8	1.0	0.6	4.3	5.9	2.8
6.2	6.5	5.8	1.6	1.3	1.8	0.6	0.4	0.7	3.8	4.9	2.8
10.5	11.7	9.4	1.8	1.6	2.0	1.2	1.9	0.6	4.9	6.8	3.3
9.6	10.7	8.6	2.3	3.1	1.6	0.7	1.4	-	5.5	8.0	3.2
8.7	10.5	7.0	1.1	1.7	0.5	0.9	1.1	0.8	5.6	8.8	2.6
10.2	11.2	9.3	2.0	2.7	1.3	0.8	1.1	0.5	5.8	8.6	3.3
6.9	8.5	5.4	1.4	2.0	0.9	0.5	0.8	0.3	4.5	6.5	2.6
7.3	8.3	6.4	1.1	0.9	1.3	0.1	0.1	-	5.1	7.0	3.3
8.1	8.6	7.6	2.1	2.6	1.7	0.6	0.8	0.5	5.5	7.8	3.3
9.8	12.0	7.8	1.9	2.5	1.3	0.7	1.2	0.2	6.3	8.9	3.8
8.4	10.0	6.9	1.9	2.9	1.0	1.1	2.0	0.3	5.7	7.5	4.1
13.2	17.7	9.3	2.8	4.3	1.4	0.9	1.9	-	5.4	8.0	3.1
7.4	8.8	6.1	1.1	1.3	0.9	0.5	0.7	0.3	3.5	5.2	2.0
10.5	13.0	8.3	1.5	2.0	1.1	0.2	0.5	-	4.4	6.6	2.4
8.3	8.7	7.9	1.5	2.2	0.9	1.0	1.6	0.4	3.2	4.5	2.0
7.9	9.0	6.9	1.5	1.0	1.9	0.9	1.7	0.2	4.4	6.1	2.9
8.1	9.9	6.6	1.6	1.9	1.3	0.5	0.4	0.6	4.8	7.1	2.8
9.0	9.6	8.4	1.4	1.8	1.0	1.0	1.3	0.7	6.4	9.8	3.4
10.4	12.3	8.6	2.6	2.7	2.6	1.4	2.2	0.6	5.4	6.5	4.4
5.2	5.4	5.1	0.7	1.1	0.4	0.4	0.9	-	3.1	4.7	1.6
4.8	4.9	4.7	1.1	1.5	0.8	0.6	0.6	0.5	2.9	4.2	1.7
3.9	4.9	3.1	1.0	0.8	1.1	1.4	2.4	0.6	2.5	4.0	1.1
6.4	7.4	5.4	1.1	1.8	0.4	0.2	0.4	-	3.2	5.2	1.3
3.6	3.4	3.8	0.7	0.7	0.7	0.4	0.9	-	2.6	3.6	1.6
5.4	5.5	5.3	1.1	1.3	0.9	0.5	1.1	-	2.2	2.6	1.8
5.0	5.2	4.7	0.6	0.5	0.6	0.1	0.2	0.1	3.4	4.0	2.8
4.5	5.0	4.0	0.8	1.0	0.6	0.5	0.6	0.3	2.1	2.4	1.7
…	…	…	…	…	…	…	…	…	…	…	…
8.9	9.2	8.7	1.0	0.9	1.1	0.6	0.3	0.8	3.9	5.9	2.0
…	…	…	…	…	…	…	…	…	…	…	…
8.3	9.6	7.0	0.8	1.1	0.5	0.4	0.6	0.2	2.8	4.3	1.3
6.4	7.6	5.3	0.7	1.2	0.3	0.7	0.9	0.5	2.7	3.4	2.1
6.0	6.4	5.6	1.2	1.4	1.0	0.4	0.6	0.3	5.2	7.3	3.2
…	…	…	…	…	…	…	…	…	…	…	…
6.8	8.4	5.4	0.9	1.1	0.8	0.7	1.0	0.5	4.2	5.9	2.7
4.4	5.1	3.7	1.2	2.2	0.3	0.5	0.7	0.3	3.3	5.1	1.7
7.4	8.2	6.7	0.6	0.4	0.8	1.0	1.5	0.6	4.1	6.3	2.1
5.7	6.8	4.7	0.4	0.6	0.1	0.4	0.6	0.3	1.7	2.4	1.1

Note: 1) "Total" includes data for foreign countries and "Not stated"

第15表　年次・都道府県（18大都市再掲）・不慮の事故の

Table 15. Trends in accidental deaths and death rates (per 100,000 population)

死亡率

Death rate

都道府県 Prefecture	20100　不慮の事故 Accident			20101　交通事故 Traffic accident			20102　転倒・転落 Fall			20103　不慮の溺死及び溺水 Accidental drowning		
	総数 Total	男 Male	女 Female	総数 Total	男 Male	女 Female	総数 Total	男 Male	女 Female	総数 Total	男 Male	女 Female
全　国　Total	30.3	37.9	23.1	7.2	10.2	4.3	5.2	6.4	4.1	4.8	5.2	4.4
01 北海道	28.7	39.1	19.2	7.1	10.8	3.9	4.1	5.1	3.3	4.0	5.5	2.7
02 青森	34.4	47.2	23.0	9.0	12.8	5.6	5.1	6.4	4.0	4.4	5.2	3.6
03 岩手	41.4	52.1	31.6	9.1	12.7	5.8	5.5	5.8	5.3	5.7	6.9	4.6
04 宮城	30.7	40.4	21.4	7.4	11.0	4.1	4.3	5.2	3.4	4.8	6.1	3.7
05 秋田	47.3	59.2	36.5	8.5	14.0	3.5	6.7	9.4	4.4	9.5	8.2	10.6
06 山形	41.2	52.8	30.4	7.8	11.4	4.5	4.5	5.5	3.5	9.2	9.8	8.7
07 福島	32.9	41.4	24.9	9.3	13.2	5.6	5.0	6.0	4.0	3.1	2.9	3.4
08 茨城	34.5	43.1	26.1	10.3	15.4	5.2	5.3	5.8	4.8	4.2	4.7	3.7
09 栃木	31.3	40.5	22.2	11.3	16.3	6.4	5.2	6.1	4.4	3.5	3.9	3.1
10 群馬	33.9	41.4	26.6	10.1	13.9	6.3	5.4	6.7	4.2	5.5	5.6	5.4
11 埼玉	21.1	25.8	16.3	5.9	8.1	3.7	4.0	4.9	3.1	1.7	1.8	1.6
12 千葉	25.2	31.2	19.1	6.7	9.7	3.8	5.3	5.8	4.7	2.8	3.4	2.2
13 東京	19.8	24.3	15.4	3.2	4.8	1.6	4.4	5.3	3.5	3.3	3.5	3.2
14 神奈川	22.8	27.9	17.7	4.0	5.7	2.3	3.8	4.6	2.9	6.8	7.3	6.2
15 新潟	41.2	48.9	34.0	8.4	11.5	5.6	6.9	8.4	5.6	8.6	9.0	8.2
16 富山	46.1	54.3	38.6	9.6	10.8	8.5	6.5	8.7	4.4	10.7	11.0	10.4
17 石川	35.4	43.6	27.7	7.7	8.2	7.3	4.8	6.6	3.2	5.4	6.2	4.7
18 福井	42.3	51.2	34.1	9.3	12.8	6.0	5.6	7.2	4.1	8.9	10.7	7.2
19 山梨	35.6	45.4	26.2	8.4	12.9	4.1	6.3	7.5	5.2	4.0	4.7	3.4
20 長野	37.9	48.2	28.1	6.8	9.4	4.3	5.6	7.1	4.2	7.2	7.6	6.8
21 岐阜	36.2	45.9	27.2	8.6	12.2	5.3	6.2	8.0	4.5	4.2	4.4	4.0
22 静岡	31.7	37.1	26.4	8.0	10.2	5.9	6.3	7.8	4.9	4.3	4.2	4.5
23 愛知	28.4	33.2	23.6	7.4	9.6	5.1	4.9	5.9	3.9	4.3	4.2	4.3
24 三重	40.7	46.5	35.2	11.6	15.7	7.8	6.0	6.5	5.5	7.1	6.1	8.1
25 滋賀	30.4	36.1	24.8	8.3	10.7	5.9	3.6	4.3	2.9	4.5	4.6	4.3
26 京都	23.9	30.7	17.7	6.4	8.8	4.1	5.2	6.3	4.2	1.1	1.4	0.8
27 大阪	24.3	30.2	18.7	4.5	6.5	2.7	4.7	5.2	4.2	4.2	4.3	4.0
28 兵庫	31.6	39.5	24.2	6.8	10.5	3.3	5.8	6.9	4.8	5.2	5.4	4.9
29 奈良	28.0	38.4	18.6	7.9	12.3	3.9	3.9	6.1	1.9	3.2	3.3	3.1
30 和歌山	41.3	50.0	33.5	9.8	14.3	5.7	6.9	7.3	6.7	6.4	7.1	5.7
31 鳥取	42.7	54.0	32.3	10.0	15.3	5.1	7.3	6.6	8.0	7.0	8.0	6.1
32 島根	37.0	45.3	29.5	8.7	12.0	5.7	5.5	8.3	2.9	5.2	6.0	4.4
33 岡山	39.1	50.3	28.7	9.9	14.0	6.1	6.3	8.5	4.4	6.3	7.2	5.6
34 広島	31.7	41.4	22.7	7.8	11.5	4.4	5.3	6.8	4.0	5.0	5.5	4.6
35 山口	33.4	40.9	26.7	10.1	14.3	6.4	6.9	8.5	5.5	3.6	4.5	2.8
36 徳島	42.7	56.4	30.2	11.4	15.7	7.4	8.6	10.8	6.7	6.6	7.9	5.5
37 香川	43.4	53.5	34.0	16.4	23.2	10.0	7.4	8.5	6.3	3.9	3.7	4.0
38 愛媛	40.8	52.0	30.9	10.0	13.4	7.0	7.3	9.3	5.5	5.0	5.8	4.2
39 高知	49.9	69.2	32.9	11.1	17.0	5.8	9.5	13.0	6.5	6.2	7.8	4.8
40 福岡	33.9	42.1	26.4	7.0	10.0	4.2	5.1	6.5	3.8	8.2	9.0	7.5
41 佐賀	38.3	47.9	29.7	11.8	16.0	7.9	7.0	8.1	5.9	4.9	4.7	5.1
42 長崎	34.7	44.0	26.6	6.6	10.3	3.3	8.0	11.7	4.8	4.9	5.9	4.0
43 熊本	35.8	47.9	25.0	8.7	13.1	4.9	7.4	10.0	5.2	4.6	6.0	3.3
44 大分	36.2	46.9	26.7	7.9	12.0	4.3	7.3	9.6	5.4	4.5	5.3	3.8
45 宮崎	39.9	52.2	29.0	12.6	18.8	7.1	4.9	5.6	4.3	5.5	5.6	5.4
46 鹿児島	38.8	52.4	26.9	9.3	12.9	6.1	6.7	9.5	4.2	4.6	6.6	2.8
47 沖縄	23.1	31.3	15.1	5.5	7.8	3.3	4.3	5.7	2.9	2.2	3.9	0.6
18大都市（再掲） 18 major cities (Regrouped)												
東京区部	20.6	25.2	16.0	3.2	4.8	1.7	4.9	5.8	3.9	3.7	3.9	3.6
札幌市	22.0	29.6	15.1	4.8	7.5	2.4	4.4	6.2	2.9	2.8	3.1	2.4
仙台市	19.8	22.4	17.3	4.0	4.8	3.2	3.6	4.0	3.2	3.0	2.4	3.6
さいたま市	18.5	22.4	14.6	5.4	7.6	3.2	3.3	4.0	2.5	1.3	1.2	1.4
千葉市	19.6	23.0	16.1	5.5	7.7	3.2	4.3	4.1	4.5	1.9	2.4	1.5
横浜市	22.9	27.4	18.3	3.7	5.4	2.0	3.4	4.1	2.7	7.8	8.1	7.6
川崎市	21.2	26.8	15.3	3.9	5.6	2.0	3.3	4.3	2.2	6.6	7.8	5.4
新潟市	…	…	…	…	…	…	…	…	…	…	…	…
静岡市	30.3	36.6	24.3	7.9	9.2	6.6	6.7	9.8	3.8	4.9	4.3	5.5
浜松市	…	…	…	…	…	…	…	…	…	…	…	…
名古屋市	26.9	31.6	22.3	4.7	6.3	3.2	5.6	6.6	4.6	3.8	3.9	3.7
京都市	20.2	26.2	14.8	4.4	6.0	3.0	4.8	5.8	3.8	0.9	1.0	0.8
大阪市	28.7	36.7	21.1	4.5	6.6	2.6	5.6	6.8	4.4	5.7	6.5	5.0
堺市	22.8	26.9	19.0	5.8	8.0	3.7	3.8	4.0	3.7	2.3	2.7	1.9
神戸市	31.6	38.5	25.4	4.9	8.3	1.9	6.6	8.1	5.2	5.8	5.5	6.1
広島市	21.2	28.3	14.4	5.4	7.8	3.0	4.1	5.0	3.2	2.8	3.2	2.5
北九州市	34.9	44.7	26.3	6.7	9.7	4.0	6.2	9.2	3.4	7.6	8.2	7.0
福岡市	24.5	27.7	21.6	4.9	6.2	3.7	4.2	4.6	3.9	6.0	6.5	5.6

注：1）全国には不詳及び外国を含む。

種類・性別不慮の事故死亡数・率（人口10万対） －平成７～20年－

by prefecture (regrouped 18 major cities), type of accident and sex, 1995-2008

平成18年
2006

20104 不慮の窒息 Accidental suffocation			20105 煙、火及び火炎への曝露 Exposure to smoke, fire and flame			20106 有害物質による不慮の中毒及び有害物質への曝露 Poisoning by hazardous substance and exposure to such substance			20107 その他の不慮の事故 Other accidents		
総数 Total	男 Male	女 Female	総数 Total	男 Male	女 Female	総数 Total	男 Male	女 Female	総数 Total	男 Male	女 Female
7. 3	7. 9	6. 7	1. 2	1. 6	0. 9	0. 7	1. 0	0. 4	4. 0	5. 6	2. 4
6. 8	8. 3	5. 6	1. 3	1. 9	0. 7	1. 2	1. 8	0. 6	4. 0	5. 8	2. 4
7. 4	9. 9	5. 2	1. 8	2. 1	1. 5	1. 1	1. 8	0. 5	5. 6	9. 0	2. 5
13. 3	16. 2	10. 7	1. 6	1. 8	1. 4	0. 8	1. 1	0. 6	5. 4	7. 8	3. 2
7. 9	9. 6	6. 3	1. 7	2. 0	1. 3	1. 2	1. 8	0. 6	3. 5	4. 9	2. 1
12. 3	13. 9	10. 9	2. 8	3. 7	2. 0	0. 7	0. 9	0. 5	6. 7	9. 0	4. 7
11. 9	14. 9	9. 2	1. 2	1. 7	0. 8	1. 0	1. 7	0. 3	5. 5	7. 8	3. 4
7. 8	8. 7	7. 0	1. 9	2. 5	1. 3	1. 0	1. 3	0. 7	4. 9	6. 9	3. 0
7. 8	7. 6	7. 9	1. 7	2. 3	1. 0	1. 2	1. 5	1. 0	4. 0	5. 7	2. 4
5. 5	5. 8	5. 2	1. 3	1. 5	1. 0	0. 9	1. 4	0. 3	3. 7	5. 6	1. 8
7. 8	8. 3	7. 3	0. 8	1. 0	0. 5	0. 6	0. 9	0. 2	3. 8	4. 9	2. 7
4. 5	4. 5	4. 5	1. 0	1. 3	0. 6	0. 8	0. 9	0. 6	3. 3	4. 5	2. 0
5. 6	6. 0	5. 2	1. 0	1. 2	0. 8	0. 7	1. 0	0. 4	3. 1	4. 1	2. 0
4. 5	4. 6	4. 5	0. 8	1. 1	0. 6	0. 5	0. 6	0. 4	3. 0	4. 4	1. 6
4. 9	5. 3	4. 4	0. 6	0. 7	0. 4	0. 3	0. 3	0. 2	2. 5	3. 8	1. 3
10. 3	10. 1	10. 5	1. 5	2. 2	0. 8	0. 8	1. 2	0. 5	4. 6	6. 4	2. 9
11. 4	12. 9	10. 0	1. 2	1. 9	0. 5	0. 1	0. 2	−	6. 7	8. 9	4. 8
11. 2	13. 3	9. 1	1. 9	2. 7	1. 2	0. 6	1. 1	0. 2	3. 8	5. 5	2. 2
10. 8	10. 5	11. 1	0. 7	0. 8	0. 7	0. 4	0. 5	0. 2	6. 7	8. 7	4. 8
9. 6	10. 1	9. 0	0. 8	0. 7	0. 9	1. 0	1. 2	0. 9	5. 4	8. 2	2. 7
10. 0	12. 5	7. 6	1. 6	1. 9	1. 3	0. 9	1. 2	0. 5	5. 8	8. 4	3. 4
10. 2	12. 0	8. 6	2. 0	2. 6	1. 4	0. 7	0. 7	0. 8	4. 3	6. 0	2. 6
7. 7	8. 0	7. 4	0. 8	0. 9	0. 7	0. 8	1. 0	0. 7	3. 7	5. 0	2. 4
7. 4	7. 3	7. 5	1. 1	1. 3	1. 0	0. 4	0. 6	0. 3	3. 0	4. 3	1. 6
10. 0	9. 9	10. 1	1. 3	1. 7	1. 0	0. 7	1. 2	0. 2	3. 9	5. 4	2. 6
9. 5	9. 5	9. 4	0. 6	0. 7	0. 4	0. 3	0. 6	−	3. 7	5. 6	1. 7
5. 9	6. 6	5. 2	1. 2	1. 7	0. 8	0. 4	0. 6	0. 3	3. 8	5. 4	2. 3
5. 5	6. 5	4. 5	0. 8	1. 1	0. 5	0. 6	0. 9	0. 4	4. 0	5. 7	2. 3
7. 5	7. 9	7. 1	1. 3	1. 9	0. 7	0. 9	1. 3	0. 5	4. 2	5. 6	2. 8
6. 9	7. 6	6. 2	1. 1	1. 6	0. 7	0. 6	0. 9	0. 3	4. 4	6. 6	2. 4
9. 9	10. 0	9. 8	1. 3	1. 9	0. 7	1. 1	1. 7	0. 6	6. 0	7. 9	4. 3
11. 2	12. 9	9. 6	1. 7	2. 4	1. 0	0. 3	0. 7	−	5. 2	8. 0	2. 6
10. 7	10. 0	11. 2	0. 7	1. 1	0. 3	1. 0	1. 4	0. 5	5. 3	6. 3	4. 4
9. 2	10. 3	8. 1	2. 4	3. 2	1. 7	0. 4	0. 4	0. 4	4. 5	6. 7	2. 5
7. 0	8. 1	6. 0	1. 3	2. 0	0. 7	0. 7	1. 1	0. 4	4. 5	6. 6	2. 5
8. 0	8. 4	7. 7	1. 0	1. 2	0. 8	0. 3	0. 4	0. 1	3. 5	3. 7	3. 3
9. 6	11. 8	7. 6	0. 9	1. 3	0. 5	−	−	−	5. 6	8. 9	2. 6
9. 3	9. 5	9. 0	1. 4	1. 7	1. 2	0. 5	0. 8	0. 2	4. 6	6. 0	3. 3
9. 6	10. 1	9. 1	1. 7	2. 6	0. 9	1. 0	1. 8	0. 4	6. 2	8. 9	3. 8
15. 2	18. 4	12. 5	1. 7	2. 7	0. 7	1. 1	1. 9	0. 5	5. 1	8. 4	2. 2
8. 0	8. 5	7. 6	1. 3	1. 7	0. 9	0. 5	0. 8	0. 3	3. 9	5. 6	2. 3
8. 1	9. 4	7. 0	0. 9	1. 2	0. 7	0. 8	1. 0	0. 7	4. 8	7. 4	2. 4
8. 8	8. 9	8. 7	1. 8	1. 8	1. 8	0. 5	0. 4	0. 5	4. 2	5. 0	3. 5
8. 3	10. 1	6. 6	1. 3	1. 5	1. 0	1. 1	1. 5	0. 7	4. 4	5. 6	3. 3
9. 2	10. 4	8. 0	1. 6	1. 8	1. 4	1. 1	1. 8	0. 5	4. 6	6. 0	3. 3
8. 9	10. 2	7. 7	1. 1	1. 7	0. 7	1. 0	1. 7	0. 3	5. 9	8. 7	3. 5
10. 3	12. 5	8. 3	2. 1	2. 2	2. 1	0. 9	1. 0	0. 9	4. 9	7. 6	2. 6
6. 0	6. 1	5. 8	1. 5	1. 8	1. 2	0. 9	1. 5	0. 3	2. 8	4. 5	1. 2
4. 3	4. 5	4. 1	0. 9	1. 2	0. 6	0. 5	0. 7	0. 4	3. 0	4. 3	1. 7
4. 3	5. 2	3. 5	1. 1	1. 3	0. 8	1. 5	2. 5	0. 7	3. 1	3. 8	2. 4
5. 5	7. 0	4. 0	1. 0	0. 8	1. 1	0. 5	0. 4	0. 6	2. 2	3. 0	1. 5
3. 8	3. 7	3. 9	0. 6	0. 7	0. 5	0. 9	1. 2	0. 7	3. 2	4. 0	2. 4
4. 3	4. 5	4. 1	0. 5	0. 9	0. 2	0. 2	0. 2	0. 2	2. 8	3. 2	2. 4
4. 9	5. 5	4. 2	0. 5	0. 6	0. 4	0. 2	0. 2	0. 1	2. 4	3. 6	1. 2
3. 8	4. 5	3. 1	0. 8	1. 0	0. 6	0. 3	0. 3	0. 3	2. 5	3. 3	1. 7
…	…	…	…	…	…	…	…	…	…	…	…
7. 2	8. 1	6. 3	0. 8	0. 9	0. 8	0. 6	1. 2	−	2. 2	3. 2	1. 4
…	…	…	…	…	…	…	…	…	…	…	…
6. 9	6. 8	7. 1	1. 8	2. 3	1. 3	0. 4	0. 5	0. 4	3. 6	5. 3	2. 0
5. 6	6. 4	4. 9	1. 0	1. 4	0. 5	0. 3	0. 4	0. 1	3. 3	5. 1	1. 7
5. 9	7. 3	4. 5	1. 3	1. 6	1. 0	0. 6	0. 8	0. 4	5. 2	7. 3	3. 3
5. 4	6. 0	4. 9	0. 1	0. 2	−	0. 8	0. 5	1. 2	4. 6	5. 5	3. 7
7. 8	8. 6	7. 1	1. 0	1. 7	0. 4	1. 0	1. 2	0. 7	4. 5	5. 1	4. 0
3. 5	4. 5	2. 7	1. 2	1. 8	0. 7	0. 9	1. 2	0. 7	3. 2	4. 8	1. 7
8. 3	9. 7	7. 0	1. 6	1. 5	1. 7	0. 3	0. 4	0. 2	4. 3	6. 0	2. 9
5. 7	4. 7	6. 7	1. 1	1. 6	0. 7	0. 2	0. 1	0. 3	2. 3	4. 0	0. 8

Note: 1) "Total" includes data for foreign countries and "Not stated"

第15表　年次・都道府県（18大都市再掲）・不慮の事故の
Table 15. Trends in accidental deaths and death rates (per 100,000 population)

死亡率
Death rate

都道府県 Prefecture	20100 不慮の事故 Accident			20101 交通事故 Traffic accident			20102 転倒・転落 Fall			20103 不慮の溺死及び溺水 Accidental drowning		
	総数 Total	男 Male	女 Female	総数 Total	男 Male	女 Female	総数 Total	男 Male	女 Female	総数 Total	男 Male	女 Female
全国 Total	30.1	36.8	23.7	6.6	9.0	4.2	5.5	6.6	4.5	4.7	5.3	4.2
01 北海道	28.2	38.3	19.2	7.3	10.3	4.6	4.1	5.5	2.8	3.7	4.7	2.8
02 青森	35.0	48.7	22.8	9.6	14.7	5.1	4.1	4.2	3.9	5.2	7.9	2.8
03 岩手	41.2	55.5	28.1	9.9	13.2	6.9	5.9	7.4	4.5	5.8	7.5	4.2
04 宮城	31.2	37.8	25.0	6.6	8.5	4.7	4.3	4.8	3.9	5.0	5.9	4.2
05 秋田	48.8	61.3	37.6	8.6	12.9	4.7	6.3	9.1	3.7	8.8	9.5	8.1
06 山形	39.8	47.2	33.0	7.5	8.5	6.5	5.5	7.0	4.2	7.6	8.9	6.3
07 福島	34.4	42.9	26.4	7.9	10.5	5.4	5.7	7.1	4.4	4.2	5.4	3.1
08 茨城	32.0	39.3	24.8	8.4	11.7	5.2	4.8	6.2	3.5	4.2	4.3	4.1
09 栃木	29.9	36.6	23.1	8.8	12.6	5.1	5.4	6.1	4.8	3.1	3.4	2.8
10 群馬	32.5	39.8	25.4	7.8	10.2	5.6	5.6	7.7	3.5	5.4	5.2	5.6
11 埼玉	20.8	25.8	15.8	5.1	7.0	3.1	4.1	5.0	3.2	1.9	2.6	1.2
12 千葉	24.3	29.7	18.8	6.2	8.4	4.1	4.7	5.6	3.7	2.3	2.9	1.7
13 東京	20.4	24.2	16.7	3.0	4.3	1.8	4.8	5.3	4.3	3.1	3.6	2.6
14 神奈川	23.7	27.4	20.0	3.8	5.6	2.0	4.6	5.1	4.2	6.7	6.8	6.6
15 新潟	43.5	53.3	34.3	8.7	11.6	5.9	5.8	7.9	4.0	8.9	10.3	7.6
16 富山	41.4	49.7	33.6	7.0	8.5	5.7	6.2	7.2	5.3	10.1	11.2	9.0
17 石川	34.5	42.7	27.0	7.1	9.6	4.8	4.7	5.9	3.7	6.5	8.0	5.0
18 福井	45.1	51.3	39.3	11.6	14.1	9.2	6.7	9.0	4.6	9.1	9.7	8.4
19 山梨	32.7	39.2	26.4	7.9	10.6	5.2	7.0	8.0	5.9	3.8	3.5	4.1
20 長野	38.6	48.4	29.2	6.9	9.5	4.5	6.8	9.0	4.6	6.9	7.0	6.7
21 岐阜	37.4	43.4	31.9	10.7	13.9	7.6	6.7	9.0	4.5	3.9	4.1	3.8
22 静岡	31.7	40.1	23.5	6.9	10.5	3.4	6.3	7.3	5.4	4.3	4.9	3.8
23 愛知	27.8	32.3	23.1	6.1	8.0	4.2	5.7	6.5	5.0	4.2	4.3	4.1
24 三重	38.4	46.1	31.2	8.7	11.9	5.6	7.3	9.3	5.4	5.5	5.1	5.9
25 滋賀	29.1	33.8	24.4	8.0	11.2	4.8	4.2	4.9	3.6	4.2	4.1	4.3
26 京都	22.1	27.0	17.6	5.6	7.2	4.1	4.9	5.5	4.4	1.5	1.8	1.2
27 大阪	24.5	29.2	20.0	4.7	7.0	2.7	5.1	5.6	4.7	3.9	4.3	3.6
28 兵庫	31.5	38.1	25.4	6.2	8.6	4.0	5.9	7.2	4.7	5.7	6.1	5.4
29 奈良	28.6	34.0	23.6	6.4	8.1	4.9	5.5	6.9	4.2	3.3	3.2	3.4
30 和歌山	41.8	51.8	33.0	9.2	13.0	5.8	7.6	8.8	6.5	6.5	6.1	6.9
31 鳥取	42.4	47.4	37.9	9.6	11.9	7.4	5.5	5.3	5.8	6.9	8.1	5.8
32 島根	38.6	52.6	25.8	8.3	10.4	6.3	6.9	9.5	4.5	5.8	8.7	3.2
33 岡山	38.5	47.9	29.8	8.5	12.7	4.7	6.4	8.0	4.9	6.5	7.0	6.0
34 広島	33.0	41.3	25.3	7.1	9.8	4.6	6.6	7.9	5.4	4.8	5.6	4.0
35 山口	35.5	43.0	28.8	9.3	12.0	6.9	7.9	8.7	7.1	3.4	4.1	2.8
36 徳島	39.6	54.4	26.1	10.4	15.8	5.5	8.3	11.6	5.3	6.5	7.7	5.5
37 香川	41.1	50.6	32.3	11.8	17.3	6.7	7.6	7.5	7.7	4.6	5.6	3.7
38 愛媛	39.1	50.4	29.0	10.2	15.0	5.9	7.9	8.5	7.3	4.3	5.1	3.5
39 高知	51.3	63.0	41.1	11.6	17.0	6.8	10.4	13.7	7.5	8.0	8.8	7.2
40 福岡	32.8	37.1	28.9	6.2	8.3	4.3	5.8	6.4	5.2	7.9	7.4	8.3
41 佐賀	38.0	46.2	30.7	10.4	13.9	7.3	5.3	7.7	3.1	6.5	6.7	6.4
42 長崎	32.8	42.9	24.0	5.8	9.0	3.0	5.4	7.0	4.0	5.9	8.0	4.1
43 熊本	32.7	42.7	23.9	7.5	10.6	4.8	6.7	8.4	5.2	3.9	4.4	3.4
44 大分	36.6	44.9	29.3	7.7	9.9	5.7	7.9	9.2	6.6	4.4	5.9	3.2
45 宮崎	40.9	57.0	26.7	10.7	15.9	6.1	7.2	9.5	5.1	6.8	8.2	5.5
46 鹿児島	41.0	52.1	31.2	8.8	11.4	6.5	7.7	9.1	6.5	5.3	7.3	3.6
47 沖縄	23.3	33.2	13.8	5.0	7.5	2.6	3.9	5.5	2.3	2.8	4.5	1.1
18大都市（再掲） 18 major cities (Regrouped)												
東京区部	21.4	25.2	17.7	3.0	4.2	1.8	5.1	5.7	4.6	3.8	4.2	3.4
札幌市	19.6	27.7	12.5	4.4	7.1	2.1	4.3	6.1	2.7	2.5	3.8	1.4
仙台市	22.2	26.7	17.8	3.9	5.0	2.8	3.4	3.2	3.6	4.1	5.2	3.0
さいたま市	17.1	20.1	14.2	3.4	4.9	1.9	3.2	4.4	2.0	1.6	2.3	0.8
千葉市	18.6	22.9	14.3	3.7	4.1	3.4	4.1	4.9	3.2	2.1	2.6	1.7
横浜市	22.8	26.0	19.5	3.4	5.3	1.6	4.4	4.9	4.0	6.7	6.6	6.9
川崎市	21.9	23.9	19.8	3.1	4.5	1.7	4.2	3.7	4.7	6.1	6.4	5.7
新潟市	28.7	37.0	20.9	5.0	6.9	3.3	2.7	3.8	1.7	7.5	9.9	5.2
静岡市	32.8	41.6	24.4	6.3	10.1	2.7	7.5	8.7	6.3	3.7	2.6	4.7
浜松市	27.1	30.9	23.3	5.7	7.7	3.7	5.4	5.7	5.2	4.4	5.2	3.7
名古屋市	27.9	34.1	21.9	4.6	6.4	2.8	6.2	7.1	5.3	4.4	4.8	4.0
京都市	21.2	24.6	18.1	4.8	6.0	3.6	4.5	5.2	3.9	1.4	1.7	1.0
大阪市	28.0	34.5	21.7	5.0	7.5	2.7	5.9	6.6	5.3	4.7	6.1	3.5
堺市	24.0	29.6	18.7	5.3	8.2	2.5	5.9	7.0	4.8	3.8	5.0	2.8
神戸市	30.8	38.6	23.6	4.0	6.1	2.1	5.9	7.6	4.3	7.8	9.5	6.2
広島市	24.3	29.5	19.4	4.4	6.2	2.7	5.6	6.7	4.5	2.9	3.4	2.5
北九州市	33.4	37.1	30.2	6.0	7.5	4.6	6.5	6.5	6.5	7.4	8.6	6.3
福岡市	23.7	26.2	21.4	3.6	4.7	2.6	5.5	7.5	3.8	5.7	4.7	6.7

注：1）全国には不詳及び外国を含む。

種類・性別不慮の事故死亡数・率（人口10万対） －平成７～20年－
by prefecture (regrouped 18 major cities), type of accident and sex, 1995-2008

平成19年
2007

20104 不慮の窒息 Accidental suffocation			20105 煙、火及び火炎への曝露 Exposure to smoke, fire and flame			20106 有害物質による不慮の中毒及び有害物質への曝露 Poisoning by hazardous substance and exposure to such substance			20107 その他の不慮の事故 Other accidents		
総数 Total	男 Male	女 Female	総数 Total	男 Male	女 Female	総数 Total	男 Male	女 Female	総数 Total	男 Male	女 Female
7.3	7.7	6.8	1.2	1.5	0.8	0.7	0.9	0.4	4.2	5.8	2.8
6.4	7.7	5.3	1.4	2.2	0.7	1.3	2.2	0.4	4.0	5.7	2.5
7.1	8.5	5.8	2.4	3.6	1.3	1.0	1.7	0.4	5.6	8.2	3.4
11.1	15.2	7.3	2.8	3.4	2.3	0.7	1.2	0.1	5.0	7.5	2.7
9.2	10.1	8.2	1.3	1.7	1.0	0.6	1.1	0.2	4.2	5.6	2.7
14.5	15.9	13.2	2.6	3.0	2.2	0.9	0.9	0.8	7.2	9.9	4.7
11.7	12.4	11.2	2.3	2.8	1.8	0.8	1.2	0.3	4.5	6.4	2.8
8.7	9.2	8.2	1.5	2.3	0.8	0.9	1.0	0.9	5.5	7.4	3.7
7.6	8.6	6.7	1.2	1.6	0.7	0.7	1.0	0.5	5.1	6.0	4.1
6.6	7.1	6.1	1.1	1.4	0.8	0.8	1.2	0.3	4.0	4.9	3.2
7.4	8.0	6.8	0.6	0.8	0.3	0.8	1.4	0.2	5.0	6.5	3.6
4.3	4.4	4.2	1.0	1.4	0.7	0.7	0.9	0.4	3.7	4.4	3.0
5.5	5.7	5.3	0.9	1.3	0.6	0.7	1.0	0.4	3.9	4.8	3.0
4.3	4.5	4.1	0.8	1.0	0.7	0.6	0.8	0.5	3.7	4.8	2.7
4.9	4.9	4.9	0.6	0.8	0.3	0.2	0.2	0.2	2.9	3.9	1.9
12.7	13.5	11.9	1.3	1.6	0.9	0.8	1.0	0.6	5.3	7.3	3.3
11.1	13.1	9.2	0.9	1.1	0.7	0.9	1.1	0.7	5.1	7.4	3.0
9.7	10.9	8.7	1.5	2.0	1.0	0.5	0.4	0.7	4.5	5.9	3.2
11.1	10.8	11.3	2.0	2.6	1.4	0.4	0.3	0.5	4.4	4.9	3.9
7.3	8.5	6.1	1.2	1.7	0.7	0.8	0.9	0.7	4.8	5.9	3.6
10.6	12.5	8.7	1.4	1.6	1.2	0.8	1.1	0.5	5.2	7.7	2.9
9.9	8.6	11.1	1.1	1.3	0.9	0.5	0.6	0.5	4.6	5.8	3.4
8.3	9.4	7.2	1.0	1.4	0.7	0.7	0.8	0.6	4.1	5.9	2.3
6.7	6.9	6.6	1.1	1.3	0.9	0.5	0.7	0.3	3.3	4.6	2.1
9.8	10.1	9.6	1.5	1.7	1.4	0.4	0.6	0.3	5.2	7.5	3.0
8.5	8.3	8.8	0.7	0.7	0.6	0.2	0.3	0.1	3.2	4.3	2.2
5.1	6.2	4.2	0.9	0.8	1.0	0.5	0.3	0.6	3.7	5.2	2.2
5.5	5.2	5.7	0.9	1.2	0.5	0.5	0.6	0.4	3.8	5.3	2.4
7.4	8.1	6.7	0.9	0.9	0.9	0.8	1.1	0.5	4.5	6.0	3.1
6.9	7.7	6.1	0.9	0.6	1.2	0.5	0.9	0.1	5.1	6.6	3.7
11.0	12.6	9.7	0.8	1.0	0.6	1.0	1.7	0.4	5.7	8.6	3.2
11.1	10.9	11.3	1.5	1.4	1.6	2.0	2.5	1.6	5.9	7.4	4.5
10.6	13.0	8.4	0.7	1.2	0.3	0.8	1.7	-	5.5	8.1	3.2
9.6	9.4	9.7	2.2	2.6	1.9	0.5	0.9	0.2	4.9	7.4	2.5
8.0	8.4	7.6	1.4	2.1	0.8	0.6	0.7	0.5	4.5	6.8	2.5
8.4	8.6	8.3	1.2	1.2	1.2	0.4	0.7	0.1	4.9	7.7	2.5
7.9	8.4	7.4	1.3	1.8	0.7	0.9	1.6	0.2	4.3	7.4	1.4
9.2	10.2	8.3	1.3	1.7	1.0	0.7	1.0	0.4	5.9	7.3	4.6
9.5	10.4	8.6	2.1	3.2	1.0	0.9	1.5	0.4	4.3	6.6	2.2
12.3	10.7	13.8	2.1	3.3	1.0	0.4	0.5	0.2	6.7	9.0	4.6
8.1	8.3	7.9	1.2	1.5	0.9	0.6	0.7	0.5	3.2	4.6	1.9
9.9	10.2	9.7	1.4	1.7	1.1	1.5	2.7	0.4	2.9	3.2	2.6
8.7	8.9	8.5	1.5	1.9	1.2	1.1	1.6	0.6	4.4	6.5	2.5
7.8	9.2	6.5	1.5	2.3	0.7	0.8	1.3	0.4	4.5	6.4	2.8
9.3	9.6	9.0	1.6	2.5	0.8	0.6	1.2	-	5.2	6.6	4.0
8.8	11.2	6.6	1.3	1.7	1.0	0.7	1.1	0.3	5.4	9.3	2.0
9.9	11.3	8.7	1.4	1.7	1.1	1.3	2.5	0.3	6.5	8.8	4.5
7.0	8.5	5.5	0.3	0.4	0.1	1.2	1.5	1.0	3.1	5.2	1.1
4.1	4.2	3.9	0.9	1.1	0.7	0.7	0.8	0.6	3.9	5.0	2.9
3.5	3.7	3.4	0.8	1.1	0.5	1.2	2.1	0.3	2.9	3.8	2.1
6.1	7.2	5.1	1.0	1.6	0.4	0.5	0.8	0.2	3.2	3.8	2.7
3.5	3.2	3.9	0.8	0.5	1.0	0.3	0.3	0.3	4.4	4.5	4.2
4.8	6.6	3.0	0.7	0.6	0.9	1.2	1.9	0.4	1.9	2.1	1.7
4.8	4.4	5.3	0.7	1.1	0.3	0.1	0.1	0.1	2.5	3.7	1.4
4.6	4.0	5.3	0.4	0.7	0.2	0.5	0.4	0.6	3.0	4.2	1.7
9.5	10.5	8.6	0.5	0.5	0.5	0.5	0.8	0.2	3.0	4.6	1.4
9.1	10.1	8.2	1.1	2.0	0.3	0.4	0.3	0.5	4.6	7.8	1.6
7.0	7.2	6.9	0.9	1.0	0.7	0.7	0.5	1.0	3.0	3.7	2.2
7.1	7.9	6.3	1.2	1.8	0.6	0.4	0.6	0.3	4.0	5.5	2.5
5.0	5.6	4.4	1.2	1.0	1.4	0.7	0.3	1.0	3.7	4.9	2.6
5.6	5.5	5.8	0.9	1.5	0.4	0.8	0.9	0.7	4.9	6.5	3.3
5.0	3.7	6.2	0.2	0.5	-	0.6	1.0	0.2	3.1	4.2	2.1
6.9	7.4	6.4	0.6	0.7	0.5	0.6	1.1	0.2	5.0	6.4	3.8
5.8	4.6	6.8	0.9	1.6	0.3	0.7	0.5	0.8	4.0	6.4	1.7
7.0	6.0	7.8	1.7	1.9	1.5	0.5	0.4	0.6	4.4	6.0	2.9
6.4	6.6	6.2	0.5	0.1	0.8	0.4	0.6	0.3	1.5	2.0	1.1

Note: 1) "Total" includes data for foreign countries and "Not stated"

第15表　年次・都道府県（18大都市再掲）・不慮の事故の
Table 15. Trends in accidental deaths and death rates (per 100,000 population)

死亡率
Death rate

都道府県 Prefecture	20100 不慮の事故 Accident			20101 交通事故 Traffic accident			20102 転倒・転落 Fall			20103 不慮の溺死及び溺水 Accidental drowning		
	総数 Total	男 Male	女 Female	総数 Total	男 Male	女 Female	総数 Total	男 Male	女 Female	総数 Total	男 Male	女 Female
全国 Total	30.3	37.1	23.8	6.0	8.5	3.6	5.7	6.9	4.6	5.1	5.6	4.7
01 北海道	28.5	37.2	20.8	5.8	8.0	3.9	4.6	6.2	3.2	3.8	4.3	3.4
02 青森	33.4	47.2	21.2	7.5	12.4	3.1	5.7	6.6	4.9	3.9	5.8	2.2
03 岩手	38.2	50.8	26.6	7.3	10.6	4.4	5.7	7.5	4.1	5.5	7.6	3.6
04 宮城	29.0	35.0	23.3	5.8	8.5	3.3	3.8	5.0	2.7	5.4	6.0	4.8
05 秋田	47.8	59.6	37.3	8.1	11.0	5.5	7.1	9.0	5.3	9.0	9.2	8.9
06 山形	42.1	53.1	32.0	6.6	10.7	2.8	5.5	6.2	4.9	8.0	10.4	5.9
07 福島	36.2	45.0	27.9	8.1	12.3	4.1	5.3	6.7	4.0	3.6	3.6	3.6
08 茨城	35.8	45.4	26.4	9.0	12.8	5.2	5.8	7.1	4.4	4.6	5.3	3.9
09 栃木	29.4	37.7	21.1	8.1	10.4	5.7	4.8	6.8	2.9	3.7	4.5	2.9
10 群馬	32.1	38.5	25.8	7.2	9.9	4.7	6.7	7.4	6.1	5.8	5.7	5.9
11 埼玉	20.1	24.5	15.7	4.9	7.2	2.5	4.4	5.5	3.2	2.0	2.2	1.8
12 千葉	23.5	28.7	18.3	5.5	8.0	3.0	5.2	6.4	4.0	2.5	3.0	2.0
13 東京	20.5	24.2	16.8	2.7	3.7	1.6	4.8	5.5	4.1	3.4	3.8	3.0
14 神奈川	24.7	28.5	20.8	3.4	5.2	1.7	4.6	5.6	3.7	7.8	7.7	7.9
15 新潟	38.9	42.4	35.6	7.0	8.5	5.5	6.2	6.6	5.9	8.1	8.2	8.1
16 富山	46.9	57.3	37.3	7.8	10.7	5.2	6.4	8.6	4.4	11.8	12.6	11.0
17 石川	40.1	49.9	30.9	7.4	9.7	5.3	5.7	7.3	4.2	9.0	10.6	7.5
18 福井	41.6	47.7	35.8	9.0	11.9	6.3	7.5	8.2	6.8	8.5	8.5	8.5
19 山梨	38.0	48.3	28.1	6.8	9.5	4.1	7.5	9.0	5.9	6.5	7.9	5.3
20 長野	39.0	46.3	32.1	7.3	11.3	3.6	7.2	7.7	6.7	6.6	6.6	6.5
21 岐阜	36.9	46.3	28.0	8.6	12.0	5.4	6.4	7.5	5.3	5.1	5.4	4.7
22 静岡	33.1	40.6	25.8	7.4	10.3	4.5	6.4	7.8	5.2	5.0	5.9	4.2
23 愛知	27.6	31.9	23.2	5.9	7.9	3.8	5.4	6.0	4.8	4.6	5.0	4.1
24 三重	36.6	45.8	27.8	7.7	11.6	4.1	6.8	7.8	5.9	5.9	6.6	5.1
25 滋賀	32.4	37.1	27.9	7.3	10.4	4.2	4.4	5.0	3.9	5.5	5.4	5.6
26 京都	24.2	29.8	19.0	6.1	9.1	3.3	5.2	6.4	4.2	1.8	2.2	1.5
27 大阪	23.9	29.3	18.7	3.9	5.6	2.3	4.8	5.6	4.1	4.0	4.1	3.9
28 兵庫	32.7	40.0	26.1	5.3	7.7	3.0	6.3	7.9	4.9	6.5	6.4	6.6
29 奈良	26.5	35.2	18.7	5.2	8.3	2.3	5.2	7.6	3.0	4.2	4.4	4.0
30 和歌山	40.3	54.2	27.9	9.3	13.3	5.8	6.2	8.9	3.7	6.7	8.0	5.4
31 鳥取	39.4	48.8	30.7	6.6	9.5	3.9	5.6	5.7	5.5	6.9	8.1	5.8
32 島根	41.3	53.9	29.7	7.4	10.5	4.5	7.6	9.6	5.8	6.8	7.6	6.1
33 岡山	41.5	49.7	33.9	8.2	11.0	5.7	7.8	9.9	5.9	7.7	7.4	7.9
34 広島	33.9	41.2	27.1	6.6	9.2	4.1	7.9	9.3	6.6	5.1	4.9	5.3
35 山口	33.0	40.9	25.9	8.2	10.4	6.3	7.1	8.6	5.7	2.8	3.9	1.7
36 徳島	41.1	53.5	29.9	8.7	13.0	4.8	8.7	10.1	7.5	6.1	8.0	4.3
37 香川	42.9	51.3	35.1	10.2	11.7	8.9	7.9	10.5	5.6	4.6	5.4	3.9
38 愛媛	41.4	51.8	32.2	9.8	14.3	5.8	8.4	10.4	6.6	4.9	5.9	4.1
39 高知	53.3	65.9	42.2	11.4	15.8	7.6	10.8	11.1	10.5	8.2	8.9	7.6
40 福岡	33.9	41.3	27.3	5.7	8.3	3.3	5.7	7.4	4.1	9.5	9.6	9.3
41 佐賀	38.7	49.9	28.8	9.7	13.0	6.9	6.6	9.2	4.2	5.8	5.7	5.8
42 長崎	36.1	50.3	23.8	5.0	7.8	2.6	8.1	11.4	5.2	7.3	9.4	5.4
43 熊本	35.6	45.8	26.5	9.0	13.4	5.1	6.9	9.0	5.1	5.3	6.1	4.6
44 大分	37.7	46.8	29.5	8.5	12.3	5.1	7.0	7.1	7.0	5.7	6.8	4.8
45 宮崎	35.1	44.2	27.1	6.1	8.1	4.3	6.4	7.9	5.0	5.9	8.1	4.0
46 鹿児島	37.1	47.9	27.6	7.7	11.4	4.5	8.1	9.6	6.7	5.1	5.5	4.7
47 沖縄	19.6	26.4	13.2	4.5	7.3	1.9	3.7	4.6	2.9	1.5	2.8	0.1
18大都市（再掲） 18 major cities (Regrouped)												
東京区部	21.3	25.7	17.0	2.5	3.7	1.4	5.0	5.9	4.0	3.7	4.2	3.3
札幌市	19.3	26.8	12.7	3.4	4.7	2.2	4.2	6.3	2.3	2.8	3.9	1.9
仙台市	19.3	25.3	13.6	3.3	5.4	1.3	3.3	4.4	2.3	3.9	5.2	2.6
さいたま市	16.6	22.1	11.0	2.9	4.3	1.5	4.3	6.0	2.7	1.4	1.7	1.2
千葉市	18.3	23.5	13.1	4.1	6.8	1.5	4.9	6.6	3.2	1.9	3.0	0.8
横浜市	25.1	29.6	20.5	3.0	4.7	1.2	4.5	5.7	3.4	9.5	9.4	9.6
川崎市	22.2	27.2	16.8	3.3	5.0	1.5	3.6	4.3	2.8	6.4	7.1	5.7
新潟市	28.0	29.7	26.4	4.8	6.6	3.1	4.2	4.1	4.3	5.8	6.1	5.5
静岡市	34.2	40.6	28.2	7.9	9.9	6.0	7.3	8.4	6.3	4.5	5.5	3.6
浜松市	29.0	38.0	20.1	6.6	9.9	3.4	6.0	8.1	3.9	4.3	4.0	4.7
名古屋市	25.5	29.3	21.8	4.8	6.6	3.1	5.7	6.3	5.1	4.1	5.1	3.2
京都市	21.6	27.2	16.5	4.3	6.4	2.3	5.1	6.7	3.6	1.7	2.1	1.3
大阪市	27.2	34.0	20.7	3.6	5.0	2.2	5.6	7.0	4.3	4.9	5.0	4.9
堺市	22.8	26.6	19.4	4.4	7.2	1.8	4.1	3.5	4.6	3.8	3.7	3.9
神戸市	31.8	37.6	26.5	3.8	6.6	1.2	6.4	7.3	5.6	8.3	8.1	8.4
広島市	23.1	24.6	21.8	4.4	6.2	2.7	5.6	6.0	5.1	4.0	3.0	5.0
北九州市	34.6	40.0	29.8	5.1	5.8	4.4	6.9	8.2	5.7	9.2	8.7	9.8
福岡市	24.1	26.5	22.0	3.3	5.1	1.6	3.8	4.5	3.2	7.6	7.6	7.7

注：1）全国には不詳及び外国を含む。

種類・性別不慮の事故死亡数・率（人口10万対） －平成７～20年－

by prefecture (regrouped 18 major cities), type of accident and sex, 1995-2008

平成20年
2008

20104 不慮の窒息 Accidental suffocation			20105 煙、火及び火炎への曝露 Exposure to smoke, fire and flame			20106 有害物質による不慮の中毒及び有害物質への曝露 Poisoning by hazardous substance and exposure to such substance			20107 その他の不慮の事故 Other accidents		
総数 Total	男 Male	女 Female	総数 Total	男 Male	女 Female	総数 Total	男 Male	女 Female	総数 Total	男 Male	女 Female
7.5	8.0	7.0	1.2	1.5	0.9	0.7	1.0	0.5	4.2	5.8	2.6
7.1	8.2	6.0	1.7	1.9	1.4	1.5	2.5	0.5	4.1	5.9	2.4
8.1	10.0	6.5	1.7	2.1	1.4	1.2	1.7	0.8	5.3	8.6	2.3
11.0	12.4	9.7	1.9	2.6	1.1	0.9	1.2	0.6	5.9	8.9	3.1
8.5	8.8	8.3	1.1	0.9	1.3	0.6	0.7	0.4	3.8	5.1	2.6
13.8	16.3	11.5	3.1	4.0	2.2	1.4	2.5	0.5	5.3	7.5	3.4
14.2	14.4	14.0	1.9	1.9	1.8	0.6	0.9	0.3	5.3	8.6	2.3
10.7	11.2	10.3	1.4	1.4	1.4	0.8	1.0	0.6	6.3	8.8	3.9
8.8	8.7	8.8	2.0	2.8	1.2	0.9	1.4	0.3	4.9	7.1	2.6
6.8	8.0	5.6	1.5	2.0	1.0	0.3	0.4	0.2	4.1	5.6	2.7
7.1	7.6	6.6	0.7	0.8	0.6	0.6	1.0	0.2	3.9	6.1	1.8
5.0	4.7	5.4	1.0	1.3	0.7	0.5	0.6	0.3	2.4	3.0	1.8
5.0	4.9	5.1	1.2	1.4	1.1	0.8	0.7	0.9	3.3	4.3	2.2
4.7	4.8	4.6	0.8	1.0	0.7	0.9	1.1	0.7	3.2	4.3	2.1
5.0	5.1	5.0	0.6	0.8	0.5	0.3	0.3	0.4	2.8	3.9	1.7
11.6	11.5	11.7	1.4	1.9	0.9	0.6	0.6	0.7	3.9	5.1	2.9
12.5	13.9	11.2	1.7	2.5	1.1	0.8	1.0	0.7	5.8	8.0	3.7
10.7	13.1	8.5	1.6	2.5	0.7	1.1	1.6	0.7	4.6	5.2	4.0
10.1	8.8	11.4	0.5	1.0	–	0.6	0.8	0.5	5.4	8.5	2.4
9.3	10.7	8.0	2.8	3.8	1.8	1.1	1.7	0.5	4.1	5.7	2.5
10.5	11.0	10.1	1.0	1.2	0.9	0.8	1.2	0.5	5.6	7.4	3.8
9.2	10.7	7.8	1.2	1.4	1.0	0.9	1.3	0.5	5.6	8.0	3.3
8.5	8.9	8.1	0.8	1.0	0.6	0.7	0.9	0.5	4.3	5.9	2.7
6.9	6.7	7.2	0.9	1.1	0.8	0.4	0.5	0.3	3.4	4.7	2.2
9.4	10.2	8.6	1.0	1.2	0.7	0.9	1.2	0.5	5.0	7.2	2.9
8.9	9.1	8.6	1.3	1.5	1.2	0.7	0.9	0.4	4.4	4.7	4.0
5.5	5.6	5.4	1.0	1.3	0.8	0.7	0.6	0.7	3.8	4.7	3.0
5.5	6.2	4.9	0.9	1.4	0.5	0.6	0.7	0.5	4.0	5.7	2.5
8.2	8.9	7.6	1.0	1.1	0.9	0.8	1.0	0.6	4.7	7.0	2.5
6.5	6.6	6.4	0.6	1.1	0.1	0.6	1.1	0.3	4.3	6.2	2.6
10.8	13.3	8.6	1.4	1.9	0.9	1.2	1.5	0.9	4.8	7.4	2.4
13.4	14.5	12.3	1.2	1.8	0.6	0.3	0.7	–	5.4	8.5	2.6
12.6	14.9	10.6	1.5	1.7	1.3	0.1	0.3	–	5.1	9.3	1.3
9.0	9.3	8.7	2.1	2.9	1.3	0.8	1.4	0.2	6.0	7.8	4.3
7.4	7.7	7.1	1.3	1.8	0.8	0.2	0.3	0.1	5.6	8.1	3.2
8.9	10.4	7.6	0.5	0.7	0.3	0.3	0.4	0.1	5.3	6.4	4.3
10.6	12.2	9.2	1.1	1.6	0.7	0.4	0.5	0.2	5.4	8.0	3.1
10.6	10.3	11.0	1.5	2.1	1.0	1.0	1.5	0.6	6.9	9.8	4.2
10.3	10.4	10.2	1.9	1.6	2.2	1.0	1.2	0.8	5.1	8.0	2.5
13.7	16.3	11.5	2.3	3.9	1.0	0.9	1.4	0.5	6.0	8.6	3.7
7.2	7.6	6.8	0.9	1.2	0.6	0.7	1.1	0.3	4.3	6.1	2.8
9.5	12.2	7.1	1.1	1.7	0.4	1.4	1.7	1.1	4.7	6.2	3.3
10.3	13.5	7.6	1.2	1.9	0.5	0.6	0.9	0.4	3.6	5.4	2.1
8.1	8.8	7.4	1.3	2.0	0.7	0.8	1.3	0.4	4.1	5.3	3.1
9.2	10.9	7.8	1.5	1.8	1.3	0.4	0.5	0.3	5.3	7.5	3.3
9.1	10.3	8.0	0.9	0.6	1.2	1.0	1.5	0.5	5.8	7.7	4.2
9.2	11.6	7.0	1.5	2.0	1.0	1.0	1.9	0.2	4.6	5.9	3.5
6.1	6.0	6.2	0.3	0.4	0.1	0.7	0.9	0.4	2.9	4.3	1.6
4.6	4.8	4.4	1.0	1.2	0.9	1.1	1.4	0.9	3.3	4.5	2.2
4.0	4.4	3.7	0.7	1.1	0.4	1.5	2.8	0.4	2.7	3.6	1.9
5.7	6.4	5.1	1.0	1.0	0.9	0.2	0.4	–	1.9	2.6	1.3
4.6	5.1	4.0	0.9	1.3	0.5	0.2	0.3	–	2.2	3.3	1.2
4.5	3.6	5.5	0.3	0.4	0.2	0.5	0.6	0.4	2.0	2.5	1.5
4.8	5.1	4.6	0.6	0.7	0.4	0.3	0.2	0.4	2.4	3.9	1.0
5.0	5.6	4.3	0.9	1.1	0.6	0.6	0.6	0.7	2.4	3.5	1.2
9.6	8.2	10.9	0.6	1.0	0.2	0.2	–	0.5	2.7	3.6	1.9
9.0	9.0	9.0	0.6	–	1.1	0.4	0.9	–	4.5	7.0	2.2
7.0	8.9	5.1	1.1	2.0	0.2	0.6	1.0	0.2	3.3	4.2	2.5
6.0	4.9	7.0	0.9	1.2	0.7	0.4	0.7	–	3.6	4.5	2.7
5.7	6.3	5.2	0.8	1.0	0.6	0.6	0.4	0.8	3.3	4.2	2.6
5.1	6.7	3.6	1.2	1.8	0.6	1.1	1.0	1.2	5.7	7.5	4.0
5.4	5.2	5.5	1.4	2.2	0.7	0.2	0.2	0.2	3.5	4.5	2.5
6.7	6.5	6.8	0.7	1.0	0.4	0.7	0.8	0.5	5.3	7.3	3.6
4.4	3.5	5.1	0.9	1.1	0.8	0.1	–	0.2	3.8	4.8	2.8
7.6	8.7	6.7	0.8	1.3	0.4	0.7	1.1	0.4	4.3	6.3	2.5
5.3	4.5	6.0	0.7	0.6	0.8	0.4	0.4	0.4	3.0	3.8	2.3

Note: 1) "Total" includes data for foreign countries and "Not stated"

第16表　年次・年齢階級（５歳階級）・不慮の事故の
Table 16. Trends in accidental deaths by age (five-year age group)

基本分類コード Simple classification code for cause of death	死因（ICD-9） Causes of death	昭和25年 1950								
		総数[1] Total	0歳 Years	1～4	5～9	10～14	15～29	30～44	45～64	65～
E800～E949	不慮の事故及び有害作用	32 850	2 189	7 415	3 321	1 176	6 356	4 543	4 952	2 833
E800～E848	交通事故	7 542	49	958	608	287	2 003	1 418	1 559	636
E810～E825	自動車事故	3 046	24	554	365	156	727	487	535	198
E800～E807, E826～E848	自動車事故以外の交通事故	4 496	25	404	243	131	1 276	931	1 024	438
E800～E807	鉄道事故	2 778	13	221	142	71	759	553	661	344
E826	自転車事故	…	…	…	…	…	…	…	…	…
E830～E838	水上交通機関事故	824	2	24	27	15	359	218	155	16
E846～E848	他に分類されない交通機関事故	…	…	…	…	…	…	…	…	…
E850～E869	不慮の中毒	1 427	90	106	45	27	435	311	304	106
E850～E858	医薬品及び生物科学製剤による不慮の中毒	337	4	13	5	6	187	71	33	16
E860～E866	その他の固体及び液体による不慮の中毒	763	11	80	26	13	171	176	215	70
E867～E869	ガス及び蒸気による不慮の中毒	327	75	13	14	8	77	64	56	20
E867	配管ガスによる不慮の中毒	…	…	…	…	…	…	…	…	…
E868	その他の実用ガス及びその他の一酸化炭素による不慮の中毒	…	…	…	…	…	…	…	…	…
E868.0	ボンベ入り液化石油ガスによる不慮の中毒	…	…	…	…	…	…	…	…	…
E868.2	自動車排気ガスによる不慮の中毒	1	−	−	−	−	−	1	−	−
E868.3	その他の家庭用燃料の不完全燃焼による一酸化炭素による不慮の中毒	…	…	…	…	…	…	…	…	…
E880～E888	不慮の墜落	3 132	49	206	172	106	589	571	856	579
E870～E879, E890～E949	その他の不慮の事故及び有害作用	20 749	2 001	6 145	2 496	756	3 329	2 243	2 233	1 512
E890～E899	火災及び火焔による不慮の事故	…	…	…	…	…	…	…	…	…
E890～E892	火災による不慮の事故	…	…	…	…	…	…	…	…	…
E893～E899	火焔による不慮の事故	…	…	…	…	…	…	…	…	…
E908, E909A, E909B	天災	517	19	65	41	17	113	117	94	47
E910	不慮の溺死及び溺水	9 713	105	4 587	2 001	492	997	485	556	472
E911～913	不慮の機械的窒息（食物及びその他の物体を含む）	2 023	1 384	190	35	11	87	65	80	170
E911, E912	食物及びその他の物体の吸入又は嚥下による気道閉塞又は窒息	585	180	146	22	3	14	18	49	135
E913	不慮の機械的窒息	1 438	1 204	44	13	8	73	47	31	17
E916～E921, E923～E927	工業性の不慮の事故	…	…	…	…	…	…	…	…	…
E916	落下物による不慮の打撲	2 141	16	91	75	31	726	614	503	85
E917	物体又は人との不慮の衝突又は打撲	…	…	…	…	…	…	…	…	…
E919	機械による不慮の事故	402	−	20	15	12	155	113	79	8
E923	爆発物による不慮の事故	…	…	…	…	…	…	…	…	…
E924	高熱物、腐食性物質及びスチーム蒸気による不慮の事故	1 223	155	687	62	12	67	48	61	130
E925	電流による不慮の事故	871	−	17	48	40	420	202	124	19

注：1）　総数には年齢不詳を含む。

種類別不慮の事故死亡数 －昭和25・30・35・40～平成６年－

and type of accident in 1950, 1955, 1960 and 1965-1994

基本分類コード Simple classification code for cause of death	死因（ICD-9） Causes of death	昭和30年 1955								
		総数[1] Total	0歳 Years	1～4	5～9	10～14	15～29	30～44	45～64	65～
E800～E949	不慮の事故及び有害作用	33 265	1 739	5 734	3 395	1 347	6 888	4 716	5 817	3 624
E800～E848	交通事故	10 500	37	1 071	751	429	2 818	1 914	2 361	1 118
E810～E825	自動車事故	5 973	18	752	540	206	1 482	1 098	1 302	575
E800～E807, E826～E848	自動車事故以外の交通事故	4 527	19	319	211	223	1 336	816	1 059	543
E800～E807	鉄道事故	2 588	8	178	125	81	803	413	595	385
E826	自転車事故	…	…	…	…	…	…	…	…	…
E830～E838	水上交通機関事故	1 042	4	61	45	103	387	219	187	35
E846～E848	他に分類されない交通機関事故	…	…	…	…	…	…	…	…	…
E850～E869	不慮の中毒	1 238	101	98	30	13	382	249	279	85
E850～E858	医薬品及び生物科学製剤による不慮の中毒	271	－	5	5	－	150	57	42	12
E860～E866	その他の固体及び液体による不慮の中毒	660	65	72	14	9	137	132	181	49
E867～E869	ガス及び蒸気による不慮の中毒	307	36	21	11	4	95	60	56	24
E867	配管ガスによる不慮の中毒	…	…	…	…	…	…	…	…	…
E868	その他の実用ガス及びその他の一酸化炭素による不慮の中毒	…	…	…	…	…	…	…	…	…
E868.0	ボンベ入り液化石油ガスによる不慮の中毒	…	…	…	…	…	…	…	…	…
E868.2	自動車排気ガスによる不慮の中毒	3	－	1	－	－	2	－	－	－
E868.3	その他の家庭用燃料の不完全燃焼による一酸化炭素による不慮の中毒	…	…	…	…	…	…	…	…	…
E880～E888	不慮の墜落	3 441	33	167	149	78	697	542	983	792
E870～E879, E890～E949	その他の不慮の事故及び有害作用	18 086	1 568	4 398	2 465	827	2 991	2 011	2 194	1 629
E890～E899	火災及び火焔による不慮の事故	…	…	…	…	…	…	…	…	…
E890～E892	火災による不慮の事故	…	…	…	…	…	…	…	…	…
E893～E899	火焔による不慮の事故	…	…	…	…	…	…	…	…	…
E908, E909A, E909B	天災	167	2	28	22	16	36	30	26	7
E910	不慮の溺死及び溺水	8 485	70	3 423	2 065	627	827	401	553	519
E911～E913	不慮の機械的窒息（食物及びその他の物体を含む）	2 090	1 215	181	44	19	143	126	147	215
E911, E912	食物及びその他の物体の吸入又は嚥下による気道閉塞又は窒息	690	213	142	27	8	17	16	68	199
E913	不慮の機械的窒息	1 400	1 002	39	17	11	126	110	79	16
E916～E921, E923～E927	工業性の不慮の事故	…	…	…	…	…	…	…	…	…
E916	落下物による不慮の打撲	2 191	13	64	73	36	735	605	581	84
E917	物体又は人との不慮の衝突又は打撲	…	…	…	…	…	…	…	…	…
E919	機械による不慮の事故	394	1	14	20	6	157	111	78	7
E923	爆発物による不慮の事故	…	…	…	…	…	…	…	…	…
E924	高熱物、腐食性物質及びスチーム蒸気による不慮の事故	589	44	314	47	6	41	24	48	65
E925	電流による不慮の事故	547	1	6	12	17	291	144	70	6

Note: 1) Total includes persons of unknown age.

第16表　年次・年齢階級（５歳階級）・不慮の事故の
Table 16. Trends in accidental deaths by age (five-year age group)

基本分類コード Simple classification code for cause of death	死因（ICD-9） Causes of death	昭和35年 1960 総数[1] Total	0歳 Years	1～4	5～9	10～14	15～29	30～44	45～64	65～
E800～E949	不慮の事故及び有害作用	38 964	1 315	4 332	2 695	1 430	9 481	6 461	7 500	5 747
E800～E848	交通事故	17 757	47	1 219	1 025	526	5 261	3 378	4 083	2 218
E810～E825	自動車事故	13 429	34	989	793	364	4 087	2 580	3 026	1 556
E800～E807, E826～E848	自動車事故以外の交通事故	4 328	13	230	232	162	1 174	798	1 057	662
E800～E807	鉄道事故	2 658	4	152	139	92	740	457	595	479
E826	自転車事故	…	…	…	…	…	…	…	…	…
E830～E838	水上交通機関事故	838	6	44	45	22	320	195	170	36
E846～E848	他に分類されない交通機関事故	…	…	…	…	…	…	…	…	…
E850～E869	不慮の中毒	1 380	38	81	35	13	514	305	278	116
E850～E858	医薬品及び生物科学製剤による不慮の中毒	460	-	8	2	-	257	112	59	22
E860～E866	その他の固体及び液体による不慮の中毒	391	3	39	7	6	91	73	130	42
E867～E869	ガス及び蒸気による不慮の中毒	529	35	34	26	7	166	120	89	52
E867	配管ガスによる不慮の中毒	…	…	…	…	…	…	…	…	…
E868	その他の実用ガス及びその他の一酸化炭素による不慮の中毒	…	…	…	…	…	…	…	…	…
E868. 0	ボンベ入り液化石油ガスによる不慮の中毒	…	…	…	…	…	…	…	…	…
E868. 2	自動車排気ガスによる不慮の中毒	2	-	-	-	-	1	1	-	-
E868. 3	その他の家庭用燃料の不完全燃焼による一酸化炭素による不慮の中毒	…	…	…	…	…	…	…	…	…
E880～E888	不慮の墜落	4 116	24	153	106	83	803	658	964	1 325
E870～E879, E890～E949	その他の不慮の事故及び有害作用	15 711	1 206	2 879	1 529	808	2 903	2 120	2 175	2 088
E890～E899	火災及び火焔による不慮の事故	…	…	…	…	…	…	…	…	…
E890～E892	火災による不慮の事故	…	…	…	…	…	…	…	…	…
E893～E899	火焔による不慮の事故	…	…	…	…	…	…	…	…	…
E908, E909A, E909B	天災	239	2	22	22	14	49	48	47	35
E910	不慮の溺死及び溺水	6 467	40	2 267	1 239	630	877	368	484	559
E911～E913	不慮の機械的窒息（食物及びその他の物体を含む）	1 920	964	166	27	24	103	122	167	347
E911, E912	食物及びその他の物体の吸入又は嚥下による気道閉塞又は窒息	833	275	83	14	6	11	33	93	318
E913	不慮の機械的窒息	1 087	689	83	13	18	92	89	74	29
E916～E921, E923～E927	工業性の不慮の事故	…	…	…	…	…	…	…	…	…
E916	落下物による不慮の打撲	2 104	5	36	64	28	622	675	571	103
E917	物体又は人との不慮の衝突又は打撲	…	…	…	…	…	…	…	…	…
E919	機械による不慮の事故	507	-	12	10	8	201	155	113	8
E923	爆発物による不慮の事故	…	…	…	…	…	…	…	…	…
E924	高熱物、腐食性物質及びスチーム蒸気による不慮の事故	396	39	170	22	5	45	29	32	54
E925	電流による不慮の事故	530	1	5	6	12	319	134	47	6

注：1）総数には年齢不詳を含む。

種類別不慮の事故死亡数 −昭和25・30・35・40〜平成6年−

and type of accident in 1950, 1955, 1960 and 1965-1994

基本分類コード Simple classification code for cause of death	死因（ICD-9） Causes of death	昭和40年 1965								
		総数[1)] Total	0歳 Years	1〜4	5〜9	10〜14	15〜29	30〜44	45〜64	65〜
E800〜E949	不慮の事故及び有害作用	40 188	1 130	3 479	1 913	1 036	8 840	7 814	8 812	7 160
E800〜E848	交通事故	19 516	51	1 088	847	421	5 385	4 323	4 700	2 700
E810〜E825	自動車事故	16 257	42	904	685	297	4 706	3 605	3 899	2 119
E800〜E807, E826〜E848	自動車事故以外の交通事故	3 259	9	184	162	124	679	718	801	581
E800〜E807	鉄道事故	1 858	6	136	110	70	414	340	373	409
E826	自転車事故	…	…	…	…	…	…	…	…	…
E830〜E838	水上交通機関事故	748	1	34	24	28	204	252	166	38
E846〜E848	他に分類されない交通機関事故	…	…	…	…	…	…	…	…	…
E850〜E869	不慮の中毒	1 255	28	82	32	16	319	282	315	181
E850〜E858	医薬品及び生物科学製剤による不慮の中毒	307	1	17	1	−	113	88	65	22
E860〜E866	その他の固体及び液体による不慮の中毒	309	1	30	2	3	44	68	111	50
E867〜E869	ガス及び蒸気による不慮の中毒	639	26	35	29	13	162	126	139	109
E867	配管ガスによる不慮の中毒	…	…	…	…	…	…	…	…	…
E868	その他の実用ガス及びその他の一酸化炭素による不慮の中毒	…	…	…	…	…	…	…	…	…
E868.0	ボンベ入り液化石油ガスによる不慮の中毒	…	…	…	…	…	…	…	…	…
E868.2	自動車排気ガスによる不慮の中毒	17	−	−	−	−	8	7	2	−
E868.3	その他の家庭用燃料の不完全燃焼による一酸化炭素による不慮の中毒	…	…	…	…	…	…	…	…	…
E880〜E888	不慮の墜落	4 383	43	117	71	55	615	790	1 112	1 580
E870〜E879, E890〜E949	その他の不慮の事故及び有害作用	15 034	1 008	2 192	963	544	2 521	2 419	2 685	2 699
E890〜E899	火災及び火焔による不慮の事故	…	…	…	…	…	…	…	…	…
E890〜E892	火災による不慮の事故	…	…	…	…	…	…	…	…	…
E893〜E899	火焔による不慮の事故	…	…	…	…	…	…	…	…	…
E908, E909A, E909B	天災	197	4	10	11	11	29	46	47	39
E910	不慮の溺死及び溺水	5 561	35	1 634	751	387	889	491	602	771
E911〜E913	不慮の機械的窒息（食物及びその他の物体を含む）	1 861	807	142	24	21	88	127	228	424
E911, E912	食物及びその他の物体の吸入又は嚥下による気道閉塞又は窒息	953	277	65	10	6	25	34	155	381
E913	不慮の機械的窒息	908	530	77	14	15	63	93	73	43
E916〜E921, E923〜E927	工業性の不慮の事故	…	…	…	…	…	…	…	…	…
E916	落下物による不慮の打撲	1 582	3	41	31	19	301	555	539	93
E917	物体又は人との不慮の衝突又は打撲	…	…	…	…	…	…	…	…	…
E919	機械による不慮の事故	822	1	14	10	4	296	283	182	32
E923	爆発物による不慮の事故	…	…	…	…	…	…	…	…	…
E924	高熱物、腐食性物質及びスチーム蒸気による不慮の事故	404	38	197	24	2	25	33	23	62
E925	電流による不慮の事故	490	−	−	4	13	278	151	38	6

Note: 1) Total includes persons of unknown age.

第16表　年次・年齢階級（５歳階級）・不慮の事故の
Table 16. Trends in accidental deaths by age (five-year age group)

基本分類コード Simple classification code for cause of death	死因（ICD-9） Causes of death	昭和41年 1966								
		総数[1] Total	0歳 Years	1～4	5～9	10～14	15～29	30～44	45～64	65～
E800～E949	不慮の事故及び有害作用	42 547	1 013	3 576	1 969	1 038	9 535	8 370	9 236	7 804
E800～E848	交通事故	21 385	37	1 172	876	433	5 833	4 787	5 172	3 072
E810～E825	自動車事故	17 979	35	1 001	718	321	5 082	4 028	4 272	2 522
E800～E807, E826～E848	自動車事故以外の交通事故	3 406	2	171	158	112	751	759	900	550
E800～E807	鉄道事故	1 805	1	132	111	60	387	319	405	388
E826	自転車事故	…	…	…	…	…	…	…	…	…
E830～E838	水上交通機関事故	836	－	33	23	26	246	263	207	37
E846～E848	他に分類されない交通機関事故	…	…	…	…	…	…	…	…	…
E850～E869	不慮の中毒	1 314	28	75	35	18	342	298	328	190
E850～E858	医薬品及び生物科学製剤による不慮の中毒	269	1	9	－	－	113	68	49	29
E860～E866	その他の固体及び液体による不慮の中毒	315	1	28	1	3	45	76	113	48
E867～E869	ガス及び蒸気による不慮の中毒	730	26	38	34	15	184	154	166	113
E867	配管ガスによる不慮の中毒	…	…	…	…	…	…	…	…	…
E868	その他の実用ガス及びその他の一酸化炭素による不慮の中毒	…	…	…	…	…	…	…	…	…
E868. 0	ボンベ入り液化石油ガスによる不慮の中毒	…	…	…	…	…	…	…	…	…
E868. 2	自動車排気ガスによる不慮の中毒	9	－	－	－	－	5	4	－	－
E868. 3	その他の家庭用燃料の不完全燃焼による一酸化炭素による不慮の中毒	…	…	…	…	…	…	…	…	…
E880～E888	不慮の墜落	4 643	36	119	79	42	677	815	1 151	1 724
E870～E879, E890～E949	その他の不慮の事故及び有害作用	15 205	912	2 210	979	545	2 683	2 470	2 585	2 818
E890～E899	火災及び火焔による不慮の事故	…	…	…	…	…	…	…	…	…
E890～E892	火災による不慮の事故	…	…	…	…	…	…	…	…	…
E893～E899	火焔による不慮の事故	…	…	…	…	…	…	…	…	…
E908, E909A, E909B	天災	366	6	26	39	43	52	67	73	60
E910	不慮の溺死及び溺水	5 906	36	1 664	745	361	1 051	550	652	844
E911～E913	不慮の機械的窒息（食物及びその他の物体を含む）	1 876	726	170	32	23	108	123	235	459
E911, E912	食物及びその他の物体の吸入又は嚥下による気道閉塞又は窒息	992	264	90	8	4	23	36	151	416
E913	不慮の機械的窒息	884	462	80	24	19	85	87	84	43
E916～E921, E923～E927	工業性の不慮の事故	…	…	…	…	…	…	…	…	…
E916	落下物による不慮の打撲	1 562	－	35	34	18	317	578	480	100
E917	物体又は人との不慮の衝突又は打撲	…	…	…	…	…	…	…	…	…
E919	機械による不慮の事故	925	－	23	9	5	309	331	221	27
E923	爆発物による不慮の事故	…	…	…	…	…	…	…	…	…
E924	高熱物、腐食性物質及びスチーム蒸気による不慮の事故	363	34	150	21	4	26	26	30	72
E925	電流による不慮の事故	515	1	4	2	7	286	168	44	3

注：1）総数には年齢不詳を含む。

種類別不慮の事故死亡数 －昭和25・30・35・40～平成6年－

and type of accident in 1950, 1955, 1960 and 1965-1994

基本分類コード Simple classification code for cause of death	死因（ICD-9） Causes of death	昭和42年 1967 総数[1] Total	0歳 Years	1～4	5～9	10～14	15～29	30～44	45～64	65～
E800～E949	不慮の事故及び有害作用	41 769	1 159	3 174	1 727	947	9 257	8 251	9 106	8 140
E800～E848	交通事故	20 535	50	1 072	750	367	5 519	4 563	5 028	3 186
E810～E825	自動車事故	17 492	48	908	603	291	4 893	3 873	4 216	2 660
E800～E807, E826～E848	自動車事故以外の交通事故	3 043	2	164	147	76	626	690	812	526
E800～E807	鉄道事故	1 696	2	140	97	42	345	318	418	334
E826	自転車事故	…	…	…	…	…	…	…	…	…
E830～E838	水上交通機関事故	750	-	20	26	13	217	250	186	38
E846～E848	他に分類されない交通機関事故	…	…	…	…	…	…	…	…	…
E850～E869	不慮の中毒	1 358	29	69	44	34	383	287	293	218
E850～E858	医薬品及び生物科学製剤による不慮の中毒	242	-	2	-	1	100	69	43	26
E860～E866	その他の固体及び液体による不慮の中毒	317	1	19	2	8	53	67	107	60
E867～E869	ガス及び蒸気による不慮の中毒	799	28	48	42	25	230	151	143	132
E867	配管ガスによる不慮の中毒	…	…	…	…	…	…	…	…	…
E868	その他の実用ガス及びその他の一酸化炭素による不慮の中毒	…	…	…	…	…	…	…	…	…
E868. 0	ボンベ入り液化石油ガスによる不慮の中毒	…	…	…	…	…	…	…	…	…
E868. 2	自動車排気ガスによる不慮の中毒	16	-	-	-	-	12	2	2	-
E868. 3	その他の家庭用燃料の不完全燃焼による一酸化炭素による不慮の中毒	…	…	…	…	…	…	…	…	…
E880～E888	不慮の墜落	4 711	48	104	58	47	627	881	1 143	1 802
E870～E879, E890～E949	その他の不慮の事故及び有害作用	15 165	1 032	1 929	875	499	2 728	2 520	2 642	2 934
E890～E899	火災及び火焔による不慮の事故	…	…	…	…	…	…	…	…	…
E890～E892	火災による不慮の事故	…	…	…	…	…	…	…	…	…
E893～E899	火焔による不慮の事故	…	…	…	…	…	…	…	…	…
E908, E909A, E909B	天災	486	7	26	44	27	80	108	129	65
E910	不慮の溺死及び溺水	5 454	35	1 402	627	340	1 057	526	658	803
E911～E913	不慮の機械的窒息（食物及びその他の物体を含む）	1 873	859	131	24	22	83	117	202	435
E911, E912	食物及びその他の物体の吸入又は嚥下による気道閉塞又は窒息	979	298	64	7	7	19	43	138	403
E913	不慮の機械的窒息	894	561	67	17	15	64	74	64	32
E916～E921, E923～E927	工業性の不慮の事故	…	…	…	…	…	…	…	…	…
E916	落下物による不慮の打撲	1 551	4	56	38	20	315	583	429	106
E917	物体又は人との不慮の衝突又は打撲	…	…	…	…	…	…	…	…	…
E919	機械による不慮の事故	1 031	-	9	9	4	344	370	264	31
E923	爆発物による不慮の事故	…	…	…	…	…	…	…	…	…
E924	高熱物、腐食性物質及びスチーム蒸気による不慮の事故	385	27	160	25	1	33	32	34	73
E925	電流による不慮の事故	489	-	-	3	8	268	168	39	3

Note: 1) Total includes persons of unknown age.

第16表　年次・年齢階級（5歳階級）・不慮の事故の
Table 16. Trends in accidental deaths by age (five-year age group)

基本分類コード Simple classification code for cause of death	死因（ICD-9） Causes of death	昭和43年 1968 総数[1] Total	0歳 Years	1～4	5～9	10～14	15～29	30～44	45～64	65～
E800～E949	不慮の事故及び有害作用	40 564	1 155	3 111	1 658	725	8 835	7 951	9 011	8 054
E800～E848	交通事故	21 193	66	1 057	899	338	5 593	4 500	5 179	3 536
E810～E825	自動車事故	18 454	62	911	761	256	5 043	3 893	4 487	3 023
E800～E807, E826～E848	自動車事故以外の交通事故	2 739	4	146	138	82	550	607	692	513
E800～E807	鉄道事故	1 530	2	122	104	49	298	281	310	358
E826	自転車事故	434	-	8	20	19	41	69	184	93
E830～E838	水上交通機関事故	710	2	15	14	14	199	231	184	51
E846～E848	他に分類されない交通機関事故	65	-	1	-	-	12	26	14	11
E850～E869	不慮の中毒	1 216	22	56	31	32	352	245	268	209
E850～E858	医薬品及び生物科学製剤による不慮の中毒	173	-	8	1	1	58	54	32	19
E860～E866	その他の固体及び液体による不慮の中毒	238	-	8	1	4	40	45	90	49
E867～E869	ガス及び蒸気による不慮の中毒	805	22	40	29	27	254	146	146	141
E867	配管ガスによる不慮の中毒	236	4	7	5	13	91	48	38	30
E868	その他の実用ガス及びその他の一酸化炭素による不慮の中毒	463	18	31	24	8	98	82	93	109
E868. 0	ボンベ入り液化石油ガスによる不慮の中毒	44	1	4	4	-	18	10	6	1
E868. 2	自動車排気ガスによる不慮の中毒	12	-	-	-	-	4	5	3	-
E868. 3	その他の家庭用燃料の不完全燃焼による一酸化炭素による不慮の中毒	377	17	26	20	8	71	57	76	102
E880～E888	不慮の墜落	4 530	34	127	61	43	638	888	1 146	1 586
E870～E879, E890～E949	その他の不慮の事故及び有害作用	13 625	1 033	1 871	667	312	2 252	2 318	2 418	2 723
E890～E899	火災及び火焔による不慮の事故	1 800	65	100	63	34	184	178	314	857
E890～E892	火災による不慮の事故	880	17	61	46	31	131	123	166	300
E893～E899	火焔による不慮の事故	920	48	39	17	3	53	55	148	557
E908, E909A, E909B	天災	90	3	5	3	10	16	22	17	14
E910	不慮の溺死及び溺水	4 708	38	1 369	472	202	783	446	577	808
E911～E913	不慮の機械的窒息（食物及びその他の物体を含む）	1 910	846	134	38	21	73	122	220	455
E911, E912	食物及びその他の物体の吸入又は嚥下による気道閉塞又は窒息	1 047	307	65	13	8	29	47	150	427
E913	不慮の機械的窒息	863	539	69	25	13	44	75	70	28
E916～E921, E923～E927	工業性の不慮の事故	3 814	53	241	80	33	973	1 290	923	217
E916	落下物による不慮の打撲	1 436	4	33	32	10	271	568	430	86
E917	物体又は人との不慮の衝突又は打撲	153	4	10	3	3	23	58	41	11
E919	機械による不慮の事故	833	-	12	5	3	294	286	209	24
E923	爆発物による不慮の事故	152	1	5	1	-	37	61	40	7
E924	高熱物、腐食性物質及びスチーム蒸気による不慮の事故	395	44	175	33	3	21	23	35	61
E925	電流による不慮の事故	430	-	-	-	7	218	150	50	5

注：1）総数には年齢不詳を含む。

種類別不慮の事故死亡数 —昭和25・30・35・40～平成6年—

and type of accident in 1950, 1955, 1960 and 1965-1994

基本分類コード Simple classification code for cause of death	死因（ICD-9） Causes of death	昭和44年 1969								
		総数[1)] Total	0歳 Years	1～4	5～9	10～14	15～29	30～44	45～64	65～
E800～E949	不慮の事故及び有害作用	43 011	1 143	3 104	1 809	783	9 567	8 299	9 419	8 826
E800～E848	交通事故	23 336	61	1 078	924	400	6 371	4 888	5 624	3 958
E810～E825	自動車事故	20 624	60	958	788	333	5 817	4 260	4 931	3 460
E800～E807, E826～E848	自動車事故以外の交通事故	2 712	1	120	136	67	554	628	693	498
E800～E807	鉄道事故	1 437	－	99	84	29	276	280	318	338
E826	自転車事故	446	－	3	36	23	37	63	167	116
E830～E838	水上交通機関事故	772	1	16	14	15	231	270	193	31
E846～E848	他に分類されない交通機関事故	57	－	2	2	－	10	15	15	13
E850～E869	不慮の中毒	1 275	25	65	37	26	409	255	258	198
E850～E858	医薬品及び生物科学製剤による不慮の中毒	158	－	6	1	2	53	55	29	11
E860～E866	その他の固体及び液体による不慮の中毒	218	2	15	3	－	37	55	60	46
E867～E869	ガス及び蒸気による不慮の中毒	899	23	44	33	24	319	145	169	141
E867	配管ガスによる不慮の中毒	273	6	15	7	9	105	45	55	31
E868	その他の実用ガス及びその他の一酸化炭素による不慮の中毒	485	17	29	25	10	127	77	94	106
E868. 0	ボンベ入り液化石油ガスによる不慮の中毒	46	2	1	1	2	23	7	6	4
E868. 2	自動車排気ガスによる不慮の中毒	28	－	－	－	－	13	11	3	1
E868. 3	その他の家庭用燃料の不完全燃焼による一酸化炭素による不慮の中毒	396	15	28	24	8	87	53	80	101
E880～E888	不慮の墜落	4 772	53	129	56	43	660	900	1 119	1 804
E870～E879, E890～E949	その他の不慮の事故及び有害作用	13 628	1 004	1 832	792	314	2 127	2 256	2 418	2 866
E890～E899	火災及び火焔による不慮の事故	1 854	62	119	64	32	191	168	307	908
E890～E892	火災による不慮の事故	914	27	90	53	29	128	117	164	304
E893～E899	火焔による不慮の事故	940	35	29	11	3	63	51	143	604
E908, E909A, E909B	天災	114	－	2	7	10	16	29	32	18
E910	不慮の溺死及び溺水	4 627	51	1 298	605	195	726	381	533	828
E911～E913	不慮の機械的窒息（食物及びその他の物体を含む）	1 910	828	163	22	22	61	132	213	467
E911, E912	食物及びその他の物体の吸入又は嚥下による気道閉塞又は窒息	1 079	331	91	10	2	18	38	151	438
E913	不慮の機械的窒息	831	497	72	12	20	43	94	62	29
E916～E921, E923～E927	工業性の不慮の事故	3 790	37	217	76	41	942	1 289	945	242
E916	落下物による不慮の打撲	1 403	1	33	35	17	271	535	414	96
E917	物体又は人との不慮の衝突又は打撲	252	3	7	7	4	37	85	75	34
E919	機械による不慮の事故	672	－	10	9	3	222	239	172	17
E923	爆発物による不慮の事故	154	2	2	2	1	44	56	40	7
E924	高熱物、腐食性物質及びスチーム蒸気による不慮の事故	349	27	150	18	3	29	37	33	52
E925	電流による不慮の事故	438	－	1	－	8	208	165	52	4

Note: 1) Total includes persons of unknown age.

第16表　年次・年齢階級（５歳階級）・不慮の事故の

Table 16. Trends in accidental deaths by age (five-year age group)

基本分類コード Simple classification code for cause of death	死因（ICD-9） Causes of death	昭和45年 1970								
		総数[1] Total	0歳 Years	1～4	5～9	10～14	15～29	30～44	45～64	65～
E800～E949	不慮の事故及び有害作用	43 802	1 142	3 145	1 738	777	9 801	8 271	9 553	9 320
E800～E848	交通事故	24 096	68	1 122	981	397	6 663	4 777	5 748	4 316
E810～E825	自動車事故	21 535	63	976	866	332	6 165	4 188	5 091	3 841
E800～E807, E826～E848	自動車事故以外の交通事故	2 561	5	146	115	65	498	589	657	475
E800～E807	鉄道事故	1 303	4	121	73	35	225	226	297	315
E826	自転車事故	418	1	3	31	20	31	72	150	109
E830～E838	水上交通機関事故	789	－	21	11	9	225	278	201	41
E846～E848	他に分類されない交通機関事故	51	－	1	－	1	17	13	9	10
E850～E869	不慮の中毒	1 258	24	63	29	30	389	261	265	197
E850～E858	医薬品及び生物科学製剤による不慮の中毒	154	1	7	1	2	57	47	22	17
E860～E866	その他の固体及び液体による不慮の中毒	195	3	14	2	1	29	34	66	46
E867～E869	ガス及び蒸気による不慮の中毒	909	20	42	26	27	303	180	177	134
E867	配管ガスによる不慮の中毒	325	5	9	6	12	127	80	52	34
E868	その他の実用ガス及びその他の一酸化炭素による不慮の中毒	469	15	33	19	11	102	78	117	94
E868. 0	ボンベ入り液化石油ガスによる不慮の中毒	45	－	5	1	2	20	9	4	4
E868. 2	自動車排気ガスによる不慮の中毒	37	－	1	－	－	24	7	4	1
E868. 3	その他の家庭用燃料の不完全燃焼による一酸化炭素による不慮の中毒	369	15	27	18	9	51	55	106	88
E880～E888	不慮の墜落	4 911	46	125	53	42	652	956	1 212	1 814
E870～E879, E890～E949	その他の不慮の事故及び有害作用	13 537	1 004	1 835	675	308	2 097	2 277	2 328	2 993
E890～E899	火災及び火焔による不慮の事故	1 973	59	99	49	29	177	184	340	1 034
E890～E892	火災による不慮の事故	1 002	29	80	39	26	132	133	181	381
E893～E899	火焔による不慮の事故	971	30	19	10	3	45	51	159	653
E908, E909A, E909B	天災	51	－	2	2	2	7	6	16	16
E910	不慮の溺死及び溺水	4 342	60	1 301	474	204	638	431	446	779
E911～E913	不慮の機械的窒息（食物及びその他の物体を含む）	1 909	811	172	38	21	72	116	200	479
E911, E912	食物及びその他の物体の吸入又は嚥下による気道閉塞又は窒息	1 050	307	74	14	4	24	38	143	446
E913	不慮の機械的窒息	859	504	98	24	17	48	78	57	33
E916～E921, E923～E927	工業性の不慮の事故	3 924	39	247	95	40	1 008	1 287	940	266
E916	落下物による不慮の打撲	1 314	1	22	34	8	256	488	418	87
E917	物体又は人との不慮の衝突又は打撲	303	1	8	9	3	56	98	100	27
E919	機械による不慮の事故	451	－	6	5	1	157	168	93	21
E923	爆発物による不慮の事故	265	－	3	5	10	81	91	54	21
E924	高熱物、腐食性物質及びスチーム蒸気による不慮の事故	419	37	184	28	4	36	35	30	65
E925	電流による不慮の事故	436	－	2	3	8	219	151	43	10

注：1）総数には年齢不詳を含む。

種類別不慮の事故死亡数　－昭和25・30・35・40～平成６年－
and type of accident in 1950, 1955, 1960 and 1965-1994

基本分類コード Simple classification code for cause of death	死因（ICD-9） Causes of death	昭和46年 1971								
		総数[1)] Total	0歳 Years	1～4	5～9	10～14	15～29	30～44	45～64	65～
E800～E949	不慮の事故及び有害作用	42 433	1 051	3 100	1 624	650	9 517	7 713	9 548	9 189
E800～E848	交通事故	23 763	75	1 190	876	328	6 524	4 579	5 825	4 349
E810～E825	自動車事故	21 101	70	1 044	762	262	6 092	3 969	5 080	3 812
E800～E807, E826～E848	自動車事故以外の交通事故	2 662	5	146	114	66	432	610	745	537
E800～E807	鉄道事故	1 249	3	128	72	36	191	233	265	316
E826	自転車事故	465	－	9	27	25	32	69	182	121
E830～E838	水上交通機関事故	668	1	9	10	3	165	259	173	46
E846～E848	他に分類されない交通機関事故	280	1	－	5	2	44	49	125	54
E850～E869	不慮の中毒	1 104	19	43	26	13	349	239	227	188
E850～E858	医薬品及び生物科学製剤による不慮の中毒	166	－	8	1	－	63	41	33	20
E860～E866	その他の固体及び液体による不慮の中毒	174	1	6	1	1	28	37	58	42
E867～E869	ガス及び蒸気による不慮の中毒	764	18	29	24	12	258	161	136	126
E867	配管ガスによる不慮の中毒	263	4	11	9	3	106	56	39	35
E868	その他の実用ガス及びその他の一酸化炭素による不慮の中毒	361	14	18	15	3	83	65	73	90
E868.0	ボンベ入り液化石油ガスによる不慮の中毒	29	－	1	3	2	12	6	5	－
E868.2	自動車排気ガスによる不慮の中毒	28	－	1	－	－	16	11	－	－
E868.3	その他の家庭用燃料の不完全燃焼による一酸化炭素による不慮の中毒	287	13	16	12	1	51	45	61	88
E880～E888	不慮の墜落	4 692	35	121	61	32	624	856	1 187	1 767
E870～E879, E890～E949	その他の不慮の事故及び有害作用	12 874	922	1 746	661	277	2 020	2 039	2 309	2 885
E890～E899	火災及び火焔による不慮の事故	1 809	44	88	71	46	177	170	307	905
E890～E892	火災による不慮の事故	965	20	70	63	43	127	115	167	359
E893～E899	火焔による不慮の事故	844	24	18	8	3	50	55	140	546
E908, E909A, E909B	天災	257	5	22	26	22	41	48	60	33
E910	不慮の溺死及び溺水	4 284	71	1 224	438	149	718	404	464	811
E911～E913	不慮の機械的窒息（食物及びその他の物体を含む）	1 840	741	151	29	21	70	114	217	496
E911, E912	食物及びその他の物体の吸入又は嚥下による気道閉塞又は窒息	1 070	267	82	11	6	27	54	154	469
E913	不慮の機械的窒息	770	474	69	18	15	43	60	63	27
E916～E921, E923～E927	工業性の不慮の事故	3 455	41	241	88	29	825	1 079	904	247
E916	落下物による不慮の打撲	1 192	6	28	28	11	221	446	371	81
E917	物体又は人との不慮の衝突又は打撲	330	5	10	7	4	61	104	108	31
E919	機械による不慮の事故	306	－	2	2	1	121	107	64	8
E923	爆発物による不慮の事故	135	1	4	2	－	38	48	31	11
E924	高熱物、腐食性物質及びスチーム蒸気による不慮の事故	398	25	185	34	4	18	27	44	61
E925	電流による不慮の事故	331	－	2	3	4	160	114	45	3

Note: 1) Total includes persons of unknown age.

第16表　年次・年齢階級（５歳階級）・不慮の事故の
Table 16. Trends in accidental deaths by age (five-year age group)

基本分類コード Simple classification code for cause of death	死因（ICD-9） Causes of death	昭和47年 1972 総数[1) Total	0歳 Years	1～4	5～9	10～14	15～29	30～44	45～64	65～
E800～E949	不慮の事故及び有害作用	42 431	1 089	3 305	1 761	733	8 878	7 741	9 707	9 174
E800～E848	交通事故	22 975	73	1 268	930	348	6 013	4 419	5 781	4 119
E810～E825	自動車事故	20 494	71	1 102	799	288	5 571	3 865	5 125	3 655
E800～E807，E826～E848	自動車事故以外の交通事故	2 481	2	166	131	60	442	554	656	464
E800～E807	鉄道事故	1 210	2	151	94	37	166	185	267	302
E826	自転車事故	436	－	4	22	19	28	65	176	122
E830～E838	水上交通機関事故	772	－	9	15	4	224	283	203	34
E846～E848	他に分類されない交通機関事故	63	－	2	－	－	24	21	10	6
E850～E869	不慮の中毒	1 044	14	36	32	15	308	222	226	191
E850～E858	医薬品及び生物科学製剤による不慮の中毒	167	－	6	3	2	52	36	43	25
E860～E866	その他の固体及び液体による不慮の中毒	185	1	5	2	－	24	46	55	52
E867～E869	ガス及び蒸気による不慮の中毒	692	13	25	27	13	232	140	128	114
E867	配管ガスによる不慮の中毒	257	4	10	6	6	95	51	46	39
E868	その他の実用ガス及びその他の一酸化炭素による不慮の中毒	325	9	15	21	4	78	62	67	69
E868.0	ボンベ入り液化石油ガスによる不慮の中毒	28	1	－	1	1	12	6	4	3
E868.2	自動車排気ガスによる不慮の中毒	37	－	－	－	－	19	10	8	－
E868.3	その他の家庭用燃料の不完全燃焼による一酸化炭素による不慮の中毒	245	8	15	20	2	42	43	51	64
E880～E888	不慮の墜落	4 810	58	149	42	40	523	846	1 181	1 964
E870～E879，E890～E949	その他の不慮の事故及び有害作用	13 602	944	1 852	757	330	2 034	2 254	2 519	2 900
E890～E899	火災及び火焔による不慮の事故	1 731	41	110	54	37	187	201	292	809
E890～E892	火災による不慮の事故	1 013	29	90	46	30	144	158	182	334
E893～E899	火焔による不慮の事故	718	12	20	8	7	43	43	110	475
E908，E909A，E909B	天災	444	4	27	19	17	47	98	132	100
E910	不慮の溺死及び溺水	4 776	78	1 305	540	209	814	442	558	824
E911～E913	不慮の機械的窒息（食物及びその他の物体を含む）	1 881	762	163	26	26	73	99	220	512
E911，E912	食物及びその他の物体の吸入又は嚥下による気道閉塞又は窒息	1 046	263	74	9	3	33	39	150	475
E913	不慮の機械的窒息	835	499	89	17	23	40	60	70	37
E916～E921，E923～E927	工業性の不慮の事故	3 498	43	229	99	27	729	1 183	950	236
E916	落下物による不慮の打撲	1 191	2	26	36	6	179	474	396	72
E917	物体又は人との不慮の衝突又は打撲	380	6	11	11	7	54	117	137	37
E919	機械による不慮の事故	305	－	－	－	1	118	116	61	9
E923	爆発物による不慮の事故	210	1	5	3	1	47	70	70	13
E924	高熱物、腐食性物質及びスチーム蒸気による不慮の事故	384	31	164	33	4	20	28	38	66
E925	電流による不慮の事故	293	－	－	3	2	135	111	37	4

注：1）総数には年齢不詳を含む。

種類別不慮の事故死亡数 －昭和25・30・35・40～平成６年－
and type of accident in 1950, 1955, 1960 and 1965-1994

基本分類コード Simple classification code for cause of death	死因（ICD-9） Causes of death	昭和48年 1973								
		総数[1] Total	0歳 Years	1～4	5～9	10～14	15～29	30～44	45～64	65～
E800～E949	不慮の事故及び有害作用	40 244	1 080	3 197	1 730	612	8 003	7 003	9 150	9 416
E800～E848	交通事故	21 283	66	1 215	962	304	5 391	3 915	5 270	4 135
E810～E825	自動車事故	19 068	58	1 060	822	250	5 042	3 463	4 682	3 674
E800～E807, E826～E848	自動車事故以外の交通事故	2 215	8	155	140	54	349	452	588	461
E800～E807	鉄道事故	1 151	2	138	90	29	179	199	232	276
E826	自転車事故	444	3	6	35	17	19	62	160	142
E830～E838	水上交通機関事故	574	3	11	15	7	134	176	185	41
E846～E848	他に分類されない交通機関事故	46	－	－	－	1	17	15	11	2
E850～E869	不慮の中毒	1 022	13	37	29	17	310	213	222	179
E850～E858	医薬品及び生物科学製剤による不慮の中毒	113	－	1	－	－	35	41	20	15
E860～E866	その他の固体及び液体による不慮の中毒	206	－	7	2	－	35	46	65	51
E867～E869	ガス及び蒸気による不慮の中毒	703	13	29	27	17	240	126	137	113
E867	配管ガスによる不慮の中毒	262	2	15	6	5	112	56	31	34
E868	その他の実用ガス及びその他の一酸化炭素による不慮の中毒	341	11	14	21	10	66	54	87	78
E868.0	ボンベ入り液化石油ガスによる不慮の中毒	31	1	－	1	－	14	7	7	1
E868.2	自動車排気ガスによる不慮の中毒	22	－	－	－	－	12	7	2	1
E868.3	その他の家庭用燃料の不完全燃焼による一酸化炭素による不慮の中毒	274	10	14	20	10	38	33	75	74
E880～E888	不慮の墜落	4 983	51	148	62	44	548	895	1 157	2 073
E870～E879, E890～E949	その他の不慮の事故及び有害作用	12 956	950	1 797	677	247	1 754	1 980	2 501	3 029
E890～E899	火災及び火焔による不慮の事故	1 927	58	142	71	35	211	209	300	899
E890～E892	火災による不慮の事故	1 214	37	121	68	33	178	173	205	397
E893～E899	火焔による不慮の事故	713	21	21	3	2	33	36	95	502
E908, E909A, E909B	天災	55	－	3	5	4	7	13	17	6
E910	不慮の溺死及び溺水	4 201	98	1 217	464	140	599	341	485	849
E911～E913	不慮の機械的窒息（食物及びその他の物体を含む）	1 945	740	150	29	29	78	100	250	569
E911, E912	食物及びその他の物体の吸入又は嚥下による気道閉塞又は窒息	1 152	269	68	12	9	31	41	179	543
E913	不慮の機械的窒息	793	471	82	17	20	47	59	71	26
E916～E921, E923～E927	工業性の不慮の事故	3 451	30	250	94	26	705	1 081	1 015	250
E916	落下物による不慮の打撲	1 084	2	31	31	11	156	387	405	61
E917	物体又は人との不慮の衝突又は打撲	392	3	17	9	4	65	115	135	44
E919	機械による不慮の事故	364	－	3	2	2	131	136	80	10
E923	爆発物による不慮の事故	189	1	4	2	1	63	54	51	13
E924	高熱物、腐食性物質及びスチーム蒸気による不慮の事故	377	23	167	33	4	13	33	32	72
E925	電流による不慮の事故	276	－	－	3	2	126	108	35	2

Note: 1) Total includes persons of unknown age.

第16表　年次・年齢階級（５歳階級）・不慮の事故の
Table 16. Trends in accidental deaths by age (five-year age group)

基本分類コード Simple classification code for cause of death	死因（ICD-9） Causes of death	昭和49年 1974								
		総数[1] Total	0歳 Years	1～4	5～9	10～14	15～29	30～44	45～64	65～
E800～E949	不慮の事故及び有害作用	36 085	1 083	2 860	1 428	567	6 648	6 191	8 483	8 794
E800～E848	交通事故	17 576	42	979	716	257	4 360	3 244	4 556	3 407
E810～E825	自動車事故	15 448	41	815	612	210	4 064	2 807	3 953	2 936
E800～E807，E826～E848	自動車事故以外の交通事故	2 128	1	164	104	47	296	437	603	471
E800～E807	鉄道事故	1 072	-	145	71	27	129	168	245	283
E826	自転車事故	450	1	12	23	12	32	55	165	150
E830～E838	水上交通機関事故	575	-	7	10	7	123	208	187	32
E846～E848	他に分類されない交通機関事故	31	-	-	-	1	12	6	6	6
E850～E869	不慮の中毒	981	9	50	33	17	252	223	227	170
E850～E858	医薬品及び生物科学製剤による不慮の中毒	110	1	4	1	-	22	37	30	15
E860～E866	その他の固体及び液体による不慮の中毒	204	1	7	-	-	28	47	72	49
E867～E869	ガス及び蒸気による不慮の中毒	667	7	39	32	17	202	139	125	106
E867	配管ガスによる不慮の中毒	236	2	8	9	11	96	47	34	29
E868	その他の実用ガス及びその他の一酸化炭素による不慮の中毒	341	5	30	23	5	53	69	80	76
E868.0	ボンベ入り液化石油ガスによる不慮の中毒	43	1	6	3	-	7	13	8	5
E868.2	自動車排気ガスによる不慮の中毒	29	-	-	-	-	11	10	8	-
E868.3	その他の家庭用燃料の不完全燃焼による一酸化炭素による不慮の中毒	256	4	24	19	5	31	42	62	69
E880～E888	不慮の墜落	4 919	48	129	57	37	478	764	1 225	2 175
E870～E879，E890～E949	その他の不慮の事故及び有害作用	12 609	984	1 702	622	256	1 558	1 960	2 475	3 042
E890～E899	火災及び火焔による不慮の事故	1 677	40	111	48	35	142	164	277	859
E890～E892	火災による不慮の事故	952	27	100	42	33	109	109	176	355
E893～E899	火焔による不慮の事故	725	13	11	6	2	33	55	101	504
E908，E909A，E909B	天災	163	3	4	5	5	24	28	62	32
E910	不慮の溺死及び溺水	4 229	76	1 197	417	162	576	450	537	811
E911～E913	不慮の機械的窒息（食物及びその他の物体を含む）	2 070	810	144	34	17	56	105	283	620
E911，E912	食物及びその他の物体の吸入又は嚥下による気道閉塞又は窒息	1 262	303	78	14	5	31	57	189	584
E913	不慮の機械的窒息	808	507	66	20	12	25	48	94	36
E916～E921，E923～E927	工業性の不慮の事故	3 059	33	219	100	25	602	943	868	269
E916	落下物による不慮の打撲	885	2	20	41	7	140	291	311	73
E917	物体又は人との不慮の衝突又は打撲	355	7	9	8	8	55	103	128	37
E919	機械による不慮の事故	323	-	-	1	2	97	128	82	13
E923	爆発物による不慮の事故	159	3	7	1	-	44	56	35	13
E924	高熱物、腐食性物質及びスチーム蒸気による不慮の事故	393	16	166	36	4	18	25	42	86
E925	電流による不慮の事故	248	2	-	1	1	102	98	42	2

注：1）　総数には年齢不詳を含む。

種類別不慮の事故死亡数 －昭和25・30・35・40～平成6年－
and type of accident in 1950, 1955, 1960 and 1965-1994

基本分類コード Simple classification code for cause of death	死因（ICD-9） Causes of death	昭和50年 1975								
		総数[1] Total	0歳 Years	1～4	5～9	10～14	15～29	30～44	45～64	65～
E800～E949	不慮の事故及び有害作用	33 710	919	2 761	1 426	530	6 190	5 458	7 719	8 662
E800～E848	交通事故	16 191	43	953	744	252	4 111	2 916	4 031	3 126
E810～E825	自動車事故	14 206	40	826	651	204	3 834	2 489	3 509	2 643
E800～E807, E826～E848	自動車事故以外の交通事故	1 985	3	127	93	48	277	427	522	483
E800～E807	鉄道事故	944	2	106	68	24	146	165	186	244
E826	自転車事故	512	1	14	20	18	32	63	175	189
E830～E838	水上交通機関事故	508	-	7	5	6	95	193	154	46
E846～E848	他に分類されない交通機関事故	21	-	-	-	-	4	6	7	4
E850～E869	不慮の中毒	878	8	31	19	21	228	177	191	203
E850～E858	医薬品及び生物科学製剤による不慮の中毒	97	-	2	1	-	24	30	23	17
E860～E866	その他の固体及び液体による不慮の中毒	210	1	11	-	2	25	49	58	64
E867～E869	ガス及び蒸気による不慮の中毒	571	7	18	18	19	179	98	110	122
E867	配管ガスによる不慮の中毒	236	4	7	3	9	84	46	39	44
E868	その他の実用ガス及びその他の一酸化炭素による不慮の中毒	234	2	11	13	4	37	37	54	76
E868. 0	ボンベ入り液化石油ガスによる不慮の中毒	15	1	-	1	-	5	3	5	-
E868. 2	自動車排気ガスによる不慮の中毒	13	-	-	-	-	7	4	1	1
E868. 3	その他の家庭用燃料の不完全燃焼による一酸化炭素による不慮の中毒	191	1	11	12	4	24	25	44	70
E880～E888	不慮の墜落	4 735	56	126	73	39	388	688	1 120	2 236
E870～E879, E890～E949	その他の不慮の事故及び有害作用	11 906	812	1 651	590	218	1 463	1 677	2 377	3 097
E890～E899	火災及び火焔による不慮の事故	1 610	33	111	51	30	132	158	250	841
E890～E892	火災による不慮の事故	947	27	95	49	27	107	115	165	360
E893～E899	火焔による不慮の事故	663	6	16	2	3	25	43	85	481
E908, E909A, E909B	天災	149	2	5	10	12	24	22	45	29
E910	不慮の溺死及び溺水	4 155	80	1 171	416	120	607	359	564	830
E911～E913	不慮の機械的窒息（食物及びその他の物体を含む）	1 927	654	140	33	16	63	96	252	673
E911, E912	食物及びその他の物体の吸入又は嚥下による気道閉塞又は窒息	1 251	257	77	13	3	39	55	177	630
E913	不慮の機械的窒息	676	397	63	20	13	24	41	75	43
E916～E921, E923～E927	工業性の不慮の事故	2 664	27	196	66	30	489	781	834	241
E916	落下物による不慮の打撲	745	2	25	21	10	108	227	292	60
E917	物体又は人との不慮の衝突又は打撲	326	4	10	8	4	41	97	119	43
E919	機械による不慮の事故	252	-	4	-	-	65	86	85	12
E923	爆発物による不慮の事故	205	3	4	4	3	59	72	45	15
E924	高熱物、腐食性物質及びスチーム蒸気による不慮の事故	331	14	139	22	5	17	23	47	64
E925	電流による不慮の事故	214	-	2	3	3	96	69	36	5

Note: 1) Total includes persons of unknown age.

第16表　年次・年齢階級（５歳階級）・不慮の事故の

Table 16. Trends in accidental deaths by age (five-year age group)

基本分類コード Simple classification code for cause of death	死因（ICD-9） Causes of death	昭和51年 1976								
		総数[1] Total	0歳 Years	1～4	5～9	10～14	15～29	30～44	45～64	65～
E800～E949	不慮の事故及び有害作用	31 489	861	2 438	1 263	445	5 683	4 989	7 412	8 367
E800～E848	交通事故	14 787	54	796	636	215	3 789	2 603	3 746	2 942
E810～E825	自動車事故	13 006	52	701	557	170	3 528	2 241	3 243	2 514
E800～E807，E826～E848	自動車事故以外の交通事故	1 781	2	95	79	45	261	362	503	428
E800～E807	鉄道事故	777	1	77	54	18	109	117	167	229
E826	自転車事故	445	1	11	17	20	19	59	169	149
E830～E838	水上交通機関事故	532	－	7	8	6	117	180	164	49
E846～E848	他に分類されない交通機関事故	27	－	－	－	1	16	6	3	1
E850～E869	不慮の中毒	833	9	34	17	17	229	159	200	168
E850～E858	医薬品及び生物科学製剤による不慮の中毒	114	－	4	－	－	36	36	23	15
E860～E866	その他の固体及び液体による不慮の中毒	198	1	3	1	2	31	34	62	64
E867～E869	ガス及び蒸気による不慮の中毒	521	8	27	16	15	162	89	115	89
E867	配管ガスによる不慮の中毒	169	3	11	5	3	52	22	41	32
E868	その他の実用ガス及びその他の一酸化炭素による不慮の中毒	256	5	16	11	8	41	52	66	57
E868.0	ボンベ入り液化石油ガスによる不慮の中毒	21	－	3	1	3	6	7	1	－
E868.2	自動車排気ガスによる不慮の中毒	31	－	1	1	－	13	14	2	－
E868.3	その他の家庭用燃料の不完全燃焼による一酸化炭素による不慮の中毒	184	5	12	9	5	19	27	52	55
E880～E888	不慮の墜落	4 651	44	116	59	27	375	658	1 153	2 213
E870～E879，E890～E949	その他の不慮の事故及び有害作用	11 218	754	1 492	551	186	1 290	1 569	2 313	3 044
E890～E899	火災及び火焔による不慮の事故	1 545	38	124	48	25	150	149	257	749
E890～E892	火災による不慮の事故	931	27	112	44	24	128	116	155	320
E893～E899	火焔による不慮の事故	614	11	12	4	1	22	33	102	429
E908，E909A，E909B	天災	180	2	7	7	8	29	25	61	41
E910	不慮の溺死及び溺水	3 930	71	1 041	393	103	546	411	509	847
E911～E913	不慮の機械的窒息（食物及びその他の物体を含む）	1 933	614	145	26	20	43	99	263	723
E911，E912	食物及びその他の物体の吸入又は嚥下による気道閉塞又は窒息	1 292	239	68	9	5	25	52	204	690
E913	不慮の機械的窒息	641	375	77	17	15	18	47	59	33
E916～E921，E923～E927	工業性の不慮の事故	2 348	14	159	59	24	388	666	809	228
E916	落下物による不慮の打撲	721	3	10	26	6	96	219	307	53
E917	物体又は人との不慮の衝突又は打撲	285	－	7	8	5	38	80	117	30
E919	機械による不慮の事故	215	－	1	－	－	46	88	74	6
E923	爆発物による不慮の事故	122	－	1	－	3	29	42	38	9
E924	高熱物、腐食性物質及びスチーム蒸気による不慮の事故	289	9	121	8	6	10	17	32	86
E925	電流による不慮の事故	171	－	－	1	2	74	61	28	5

注：1）総数には年齢不詳を含む。

種類別不慮の事故死亡数 －昭和25・30・35・40～平成６年－
and type of accident in 1950, 1955, 1960 and 1965-1994

基本分類コード Simple classification code for cause of death	死因（ICD-9） Causes of death	昭和52年 1977								
		総数[1] Total	0歳 Years	1～4	5～9	10～14	15～29	30～44	45～64	65～
E800～E949	不慮の事故及び有害作用	30 352	755	2 378	1 338	428	5 273	4 775	7 207	8 178
E800～E848	交通事故	13 859	28	804	642	204	3 557	2 399	3 489	2 729
E810～E825	自動車事故	12 095	26	689	572	172	3 325	2 008	2 991	2 308
E800～E807, E826～E848	自動車事故以外の交通事故	1 764	2	115	70	32	232	391	498	421
E800～E807	鉄道事故	777	1	100	40	18	99	135	162	220
E826	自転車事故	412	1	11	20	11	28	60	129	152
E830～E838	水上交通機関事故	539	-	2	10	3	96	183	199	45
E846～E848	他に分類されない交通機関事故	36	-	2	-	-	9	13	8	4
E850～E869	不慮の中毒	864	6	27	20	16	201	201	202	191
E850～E858	医薬品及び生物科学製剤による不慮の中毒	114	-	3	1	-	31	33	23	23
E860～E866	その他の固体及び液体による不慮の中毒	253	-	9	-	-	35	62	82	65
E867～E869	ガス及び蒸気による不慮の中毒	497	6	15	19	16	135	106	97	103
E867	配管ガスによる不慮の中毒	175	1	7	3	8	51	50	29	26
E868	その他の実用ガス及びその他の一酸化炭素による不慮の中毒	239	5	8	16	4	39	33	59	75
E868.0	ボンベ入り液化石油ガスによる不慮の中毒	23	-	-	1	1	6	5	6	4
E868.2	自動車排気ガスによる不慮の中毒	33	-	-	-	-	18	11	3	1
E868.3	その他の家庭用燃料の不完全燃焼による一酸化炭素による不慮の中毒	170	5	8	15	3	10	15	46	68
E880～E888	不慮の墜落	4 380	39	109	48	19	341	635	1 151	2 036
E870～E879, E890～E949	その他の不慮の事故及び有害作用	11 249	682	1 438	628	189	1 174	1 540	2 365	3 222
E890～E899	火災及び火焔による不慮の事故	1 637	40	118	81	25	132	151	284	806
E890～E892	火災による不慮の事故	1 026	33	105	74	25	95	122	197	375
E893～E899	火焔による不慮の事故	611	7	13	7	-	37	29	87	431
E908, E909A, E909B	天災	27	1	1	-	-	3	7	6	9
E910	不慮の溺死及び溺水	3 868	52	1 015	416	116	473	416	563	813
E911～E913	不慮の機械的窒息（食物及びその他の物体を含む）	1 871	555	136	38	16	40	86	246	752
E911, E912	食物及びその他の物体の吸入又は嚥下による気道閉塞又は窒息	1 278	196	84	13	5	24	48	197	709
E913	不慮の機械的窒息	593	359	52	25	11	16	38	49	43
E916～E921, E923～E927	工業性の不慮の事故	2 333	15	143	83	27	378	644	786	256
E916	落下物による不慮の打撲	714	3	14	28	8	90	207	292	72
E917	物体又は人との不慮の衝突又は打撲	294	-	9	12	4	37	84	110	38
E919	機械による不慮の事故	215	-	-	1	1	39	77	81	16
E923	爆発物による不慮の事故	150	-	4	5	4	43	42	43	9
E924	高熱物、腐食性物質及びスチーム蒸気による不慮の事故	251	10	98	17	2	6	20	25	72
E925	電流による不慮の事故	178	-	1	4	3	88	54	26	2

Note: 1) Total includes persons of unknown age.

第16表　年次・年齢階級（5歳階級）・不慮の事故の

Table 16. Trends in accidental deaths by age (five-year age group)

基本分類コード Simple classification code for cause of death	死因（ICD-9） Causes of death	昭和53年 1978								
		総数[1] Total	0歳 Years	1～4	5～9	10～14	15～29	30～44	45～64	65～
E800～E949	不慮の事故及び有害作用	30 017	714	2 115	1 332	474	5 215	4 492	7 240	8 400
E800～E848	交通事故	13 686	29	704	667	226	3 532	2 220	3 472	2 827
E810～E825	自動車事故	12 030	29	620	591	190	3 293	1 887	2 988	2 426
E800～E807，E826～E848	自動車事故以外の交通事故	1 656	－	84	76	36	239	333	484	401
E800～E807	鉄道事故	664	－	74	48	19	88	97	144	191
E826	自転車事故	434	－	9	22	16	19	60	144	164
E830～E838	水上交通機関事故	511	－	1	6	1	115	159	188	41
E846～E848	他に分類されない交通機関事故	47	－	－	－	－	17	17	8	5
E850～E869	不慮の中毒	754	6	18	21	11	170	164	204	160
E850～E858	医薬品及び生物科学製剤による不慮の中毒	92	－	3	－	2	24	30	22	11
E860～E866	その他の固体及び液体による不慮の中毒	210	－	3	－	1	22	47	75	62
E867～E869	ガス及び蒸気による不慮の中毒	452	6	12	21	8	124	87	107	87
E867	配管ガスによる不慮の中毒	155	2	2	6	2	42	41	34	26
E868	その他の実用ガス及びその他の一酸化炭素による不慮の中毒	205	4	9	15	2	25	36	55	59
E868.0	ボンベ入り液化石油ガスによる不慮の中毒	27	2	－	2	1	5	7	3	7
E868.2	自動車排気ガスによる不慮の中毒	28	－	－	1	－	9	9	8	1
E868.3	その他の家庭用燃料の不完全燃焼による一酸化炭素による不慮の中毒	146	2	9	12	1	10	20	43	49
E880～E888	不慮の墜落	4 427	36	110	60	27	343	612	1 137	2 095
E870～E879，E890～E949	その他の不慮の事故及び有害作用	11 150	643	1 283	584	210	1 170	1 496	2 427	3 318
E890～E899	火災及び火焔による不慮の事故	1 564	30	100	69	30	148	155	288	744
E890～E892	火災による不慮の事故	1 048	21	93	65	29	123	123	213	381
E893～E899	火焔による不慮の事故	516	9	7	4	1	25	32	75	363
E908，E909A，E909B	天災	67	1	4	9	2	6	10	17	18
E910	不慮の溺死及び溺水	3 803	51	956	396	118	503	390	537	844
E911～E913	不慮の機械的窒息（食物及びその他の物体を含む）	1 841	528	105	37	23	42	61	252	793
E911，E912	食物及びその他の物体の吸入又は嚥下による気道閉塞又は窒息	1 302	190	49	15	11	24	45	206	762
E913	不慮の機械的窒息	539	338	56	22	12	18	16	46	31
E916～E921，E923～E927	工業性の不慮の事故	2 338	16	103	55	26	346	667	851	274
E916	落下物による不慮の打撲	655	－	19	18	8	81	203	273	53
E917	物体又は人との不慮の衝突又は打撲	292	3	6	8	4	31	71	128	41
E919	機械による不慮の事故	263	－	1	－	2	50	92	99	19
E923	爆発物による不慮の事故	132	1	4	3	1	27	41	44	11
E924	高熱物、腐食性物質及びスチーム蒸気による不慮の事故	257	9	60	17	2	14	25	37	93
E925	電流による不慮の事故	172	－	－	2	1	61	66	41	1

注：1）総数には年齢不詳を含む。

種類別不慮の事故死亡数 －昭和25・30・35・40～平成6年－

and type of accident in 1950, 1955, 1960 and 1965-1994

基本分類コード Simple classification code for cause of death	死因（ICD-9） Causes of death	昭和54年 1979								
		総数[1] Total	0歳 Years	1～4	5～9	10～14	15～29	30～44	45～64	65～
E800～E949	不慮の事故及び有害作用	29 227	710	1 848	1 203	409	4 712	4 313	7 295	8 717
E800～E848	交通事故	13 362	31	637	610	189	3 278	2 134	3 566	2 910
E810～E825	自動車事故	11 778	31	560	533	151	3 098	1 843	3 040	2 515
E800～E807，E826～E848	自動車事故以外の交通事故	1 584	－	77	77	38	180	291	526	395
E800～E807	鉄道事故	558	－	65	43	18	69	82	118	163
E826	自転車事故	496	－	9	22	19	24	52	181	189
E830～E838	水上交通機関事故	487	－	3	11	1	73	150	207	42
E846～E848	他に分類されない交通機関事故	43	－	－	1	－	14	7	20	1
E850～E869	不慮の中毒	743	4	19	12	8	171	170	191	168
E850～E858	医薬品及び生物科学製剤による不慮の中毒	103	－	3	－	－	28	31	34	7
E860～E866	その他の固体及び液体による不慮の中毒	270	－	5	－	1	67	57	69	71
E867～E869	ガス及び蒸気による不慮の中毒	370	4	11	12	7	76	82	88	90
E867	配管ガスによる不慮の中毒	130	1	6	4	5	37	25	23	29
E868	その他の実用ガス及びその他の一酸化炭素による不慮の中毒	202	1	5	8	1	27	46	58	56
E868. 0	ボンベ入り液化石油ガスによる不慮の中毒	17	－	1	－	－	3	6	5	2
E868. 2	自動車排気ガスによる不慮の中毒	27	－	－	－	－	7	11	8	1
E868. 3	その他の家庭用燃料の不完全燃焼による一酸化炭素による不慮の中毒	133	1	4	8	1	11	23	38	47
E880～E888	不慮の墜落	4 569	45	83	51	22	297	592	1 191	2 285
E870～E879，E890～E949	その他の不慮の事故及び有害作用	10 553	630	1 109	530	190	966	1 417	2 347	3 354
E890～E899	火災及び火焔による不慮の事故	1 493	40	89	50	29	123	162	279	720
E890～E892	火災による不慮の事故	1 010	32	79	47	28	97	124	206	396
E893～E899	火焔による不慮の事故	483	8	10	3	1	26	38	73	324
E908，E909A，E909B	天災	35	1	2	2	1	7	7	11	4
E910	不慮の溺死及び溺水	3 616	75	780	374	116	424	373	575	897
E911～E913	不慮の機械的窒息（食物及びその他の物体を含む）	2 004	488	127	26	13	44	93	290	923
E911，E912	食物及びその他の物体の吸入又は嚥下による気道閉塞又は窒息	1 497	175	75	12	5	30	59	247	894
E913	不慮の機械的窒息	507	313	52	14	8	14	34	43	29
E916～E921，E923～E927	工業性の不慮の事故	2 135	18	92	68	21	285	587	808	255
E916	落下物による不慮の打撲	539	2	12	15	7	61	147	236	59
E917	物体又は人との不慮の衝突又は打撲	134	4	1	8	3	14	25	54	25
E919	機械による不慮の事故	800	－	15	11	2	106	237	363	66
E923	爆発物による不慮の事故	143	－	7	1	1	30	51	36	17
E924	高熱物、腐食性物質及びスチーム蒸気による不慮の事故	227	9	52	24	2	12	24	35	69
E925	電流による不慮の事故	137	－	－	3	2	39	56	32	5

Note: 1) Total includes persons of unknown age.

第16表　年次・年齢階級（５歳階級）・不慮の事故の

Table 16. Trends in accidental deaths by age (five-year age group)

基本分類コード Simple classification code for cause of death	死因（ICD-9） Causes of death	昭和55年 1980								
		総数[1] Total	0歳 Years	1～4	5～9	10～14	15～29	30～44	45～64	65～
E800～E949	不慮の事故及び有害作用	29 217	659	1 686	1 138	370	4 689	4 285	7 212	9 152
E800～E848	交通事故	13 302	20	545	556	185	3 378	2 235	3 461	2 916
E810～E825	自動車事故	11 752	20	472	482	147	3 202	1 948	2 952	2 524
E800～E807，E826～E848	自動車事故以外の交通事故	1 550	-	73	74	38	176	287	509	392
E800～E807	鉄道事故	570	-	61	47	15	76	98	121	151
E826	自転車事故	449	-	11	18	13	20	36	156	195
E830～E838	水上交通機関事故	479	-	1	9	9	72	131	214	43
E846～E848	他に分類されない交通機関事故	52	-	-	-	1	8	22	18	3
E850～E869	不慮の中毒	776	1	26	13	7	166	144	212	207
E850～E858	医薬品及び生物科学製剤による不慮の中毒	97	-	2	-	-	18	32	26	19
E860～E866	その他の固体及び液体による不慮の中毒	294	-	8	1	1	67	49	83	85
E867～E869	ガス及び蒸気による不慮の中毒	385	1	16	12	6	81	63	103	103
E867	配管ガスによる不慮の中毒	117	1	-	6	1	32	20	23	34
E868	その他の実用ガス及びその他の一酸化炭素による不慮の中毒	242	-	16	6	5	37	37	72	69
E868.0	ボンベ入り液化石油ガスによる不慮の中毒	12	-	-	-	1	8	1	1	1
E868.2	自動車排気ガスによる不慮の中毒	22	-	-	-	-	6	9	7	-
E868.3	その他の家庭用燃料の不完全燃焼による一酸化炭素による不慮の中毒	191	-	15	6	4	20	23	58	65
E880～E888	不慮の墜落	4 420	36	78	47	19	256	526	1 157	2 295
E870～E879，E890～E949	その他の不慮の事故及び有害作用	10 719	602	1 037	522	159	889	1 380	2 382	3 734
E890～E899	火災及び火焔による不慮の事故	1 464	25	82	58	28	117	155	246	749
E890～E892	火災による不慮の事故	984	17	76	57	27	96	121	173	413
E893～E899	火焔による不慮の事故	480	8	6	1	1	21	34	73	336
E908，E909A，E909B	天災	21	-	1	1	-	2	1	10	6
E910	不慮の溺死及び溺水	3 437	64	730	359	84	339	367	513	976
E911～E913	不慮の機械的窒息（食物及びその他の物体を含む）	2 177	484	125	31	18	46	101	322	1 050
E911，E912	食物及びその他の物体の吸入又は嚥下による気道閉塞又は窒息	1 684	199	77	16	12	28	65	279	1 008
E913	不慮の機械的窒息	493	285	48	15	6	18	36	43	42
E916～E921，E923～E927	工業性の不慮の事故	2 176	15	85	60	23	292	570	835	296
E916	落下物による不慮の打撲	573	-	11	19	11	62	151	264	55
E917	物体又は人との不慮の衝突又は打撲	140	7	6	4	5	19	25	51	23
E919	機械による不慮の事故	851	-	16	9	3	117	258	369	78
E923	爆発物による不慮の事故	117	-	2	5	-	23	32	39	16
E924	高熱物、腐食性物質及びスチーム蒸気による不慮の事故	246	6	49	14	2	8	18	45	104
E925	電流による不慮の事故	111	-	-	1	1	38	48	20	3

注：1）総数には年齢不詳を含む。

種類別不慮の事故死亡数 －昭和25・30・35・40～平成6年－

and type of accident in 1950, 1955, 1960 and 1965-1994

基本分類コード Simple classification code for cause of death	死因（ICD-9） Causes of death	昭和56年 1981								
		総数[1] Total	0歳 Years	1～4	5～9	10～14	15～29	30～44	45～64	65～
E800～E949	不慮の事故及び有害作用	29 089	588	1 450	1 047	436	4 816	4 300	7 379	9 050
E800～E848	交通事故	13 416	20	462	518	200	3 539	2 206	3 583	2 880
E810～E825	自動車事故	11 874	19	395	454	172	3 371	1 886	3 057	2 515
E800～E807, E826～E848	自動車事故以外の交通事故	1 542	1	67	64	28	168	320	526	365
E800～E807	鉄道事故	511	1	54	41	14	66	71	113	148
E826	自転車事故	416	–	8	15	8	14	44	147	180
E830～E838	水上交通機関事故	549	–	5	8	6	75	174	246	35
E846～E848	他に分類されない交通機関事故	66	–	–	–	–	13	31	20	2
E850～E869	不慮の中毒	705	3	11	18	7	157	148	210	151
E850～E858	医薬品及び生物科学製剤による不慮の中毒	90	–	2	–	–	17	36	24	11
E860～E866	その他の固体及び液体による不慮の中毒	297	1	2	–	2	81	52	92	67
E867～E869	ガス及び蒸気による不慮の中毒	318	2	7	18	5	59	60	94	73
E867	配管ガスによる不慮の中毒	95	1	3	6	1	32	16	22	14
E868	その他の実用ガス及びその他の一酸化炭素による不慮の中毒	196	1	4	11	4	23	39	58	56
E868. 0	ボンベ入り液化石油ガスによる不慮の中毒	6	–	–	–	–	2	3	1	–
E868. 2	自動車排気ガスによる不慮の中毒	24	–	–	–	1	8	6	8	1
E868. 3	その他の家庭用燃料の不完全燃焼による一酸化炭素による不慮の中毒	146	1	4	10	3	11	26	39	52
E880～E888	不慮の墜落	4 257	25	83	38	29	213	492	1 130	2 243
E870～E879, E890～E949	その他の不慮の事故及び有害作用	10 711	540	894	473	200	907	1 454	2 456	3 776
E890～E899	火災及び火焔による不慮の事故	1 384	24	73	53	28	100	176	251	679
E890～E892	火災による不慮の事故	922	21	63	49	28	87	142	189	343
E893～E899	火焔による不慮の事故	462	3	10	4	–	13	34	62	336
E908, E909A, E909B	天災	38	–	–	–	1	7	8	12	10
E910	不慮の溺死及び溺水	3 514	51	634	326	128	407	406	605	955
E911～E913	不慮の機械的窒息（食物及びその他の物体を含む）	2 255	433	116	28	11	45	111	347	1 162
E911, E912	食物及びその他の物体の吸入又は嚥下による気道閉塞又は窒息	1 813	210	78	15	6	27	71	281	1 124
E913	不慮の機械的窒息	442	223	38	13	5	18	40	66	38
E916～E921, E923～E927	工業性の不慮の事故	2 071	12	56	51	22	259	564	826	281
E916	落下物による不慮の打撲	445	–	7	13	4	36	113	214	58
E917	物体又は人との不慮の衝突又は打撲	145	3	3	5	1	27	28	54	24
E919	機械による不慮の事故	847	1	13	12	5	108	254	383	71
E923	爆発物による不慮の事故	189	2	1	3	2	29	73	72	7
E924	高熱物、腐食性物質及びスチーム蒸気による不慮の事故	194	5	28	13	4	5	17	30	92
E925	電流による不慮の事故	102	–	–	–	2	34	41	24	1

Note: 1) Total includes persons of unknown age.

第16表　年次・年齢階級（５歳階級）・不慮の事故の
Table 16. Trends in accidental deaths by age (five-year age group)

基本分類コード Simple classification code for cause of death	死因（ICD-9） Causes of death	昭和57年 1982 総数[1)] Total	0歳 Years	1～4	5～9	10～14	15～29	30～44	45～64	65～
E800～E949	不慮の事故及び有害作用	29 197	525	1 370	954	447	4 864	4 059	7 532	9 429
E800～E848	交通事故	13 749	31	473	449	218	3 686	2 131	3 626	3 127
E810～E825	自動車事故	12 377	30	423	410	184	3 532	1 881	3 125	2 787
E800～E807, E826～E848	自動車事故以外の交通事故	1 372	1	50	39	34	154	250	501	340
E800～E807	鉄道事故	477	1	40	31	20	63	63	122	134
E826	自転車事故	397	-	8	6	8	22	38	150	165
E830～E838	水上交通機関事故	431	-	2	2	5	55	127	203	37
E846～E848	他に分類されない交通機関事故	67	-	-	-	1	14	22	26	4
E850～E869	不慮の中毒	764	2	17	7	11	110	186	253	178
E850～E858	医薬品及び生物科学製剤による不慮の中毒	101	-	3	-	-	18	31	33	16
E860～E866	その他の固体及び液体による不慮の中毒	351	-	4	-	3	48	73	134	89
E867～E869	ガス及び蒸気による不慮の中毒	312	2	10	7	8	44	82	86	73
E867	配管ガスによる不慮の中毒	94	-	5	5	3	16	25	20	20
E868	その他の実用ガス及びその他の一酸化炭素による不慮の中毒	198	2	5	2	5	25	47	60	52
E868. 0	ボンベ入り液化石油ガスによる不慮の中毒	18	1	-	-	2	4	6	4	1
E868. 2	自動車排気ガスによる不慮の中毒	14	-	1	-	-	5	5	3	-
E868. 3	その他の家庭用燃料の不完全燃焼による一酸化炭素による不慮の中毒	144	1	4	2	3	13	28	49	44
E880～E888	不慮の墜落	4 127	29	73	28	21	202	411	1 133	2 228
E870～E879, E890～E949	その他の不慮の事故及び有害作用	10 557	463	807	470	197	866	1 331	2 520	3 896
E890～E899	火災及び火焔による不慮の事故	1 221	13	47	41	29	90	158	229	614
E890～E892	火災による不慮の事故	813	13	40	38	29	82	128	178	305
E893～E899	火焔による不慮の事故	408	-	7	3	-	8	30	51	309
E908, E909A, E909B	天災	452	6	23	26	15	77	78	146	81
E910	不慮の溺死及び溺水	3 293	46	564	320	113	337	352	551	1 008
E911～E913	不慮の機械的窒息（食物及びその他の物体を含む）	2 274	376	100	23	16	34	120	354	1 251
E911, E912	食物及びその他の物体の吸入又は嚥下による気道閉塞又は窒息	1 930	186	70	14	13	25	91	309	1 222
E913	不慮の機械的窒息	344	190	30	9	3	9	29	45	29
E916～E921, E923～E927	工業性の不慮の事故	1 907	9	62	45	18	219	478	815	260
E916	落下物による不慮の打撲	443	-	12	15	1	46	97	222	49
E917	物体又は人との不慮の衝突又は打撲	135	2	4	5	4	24	20	55	21
E919	機械による不慮の事故	810	-	12	9	3	87	242	382	75
E923	爆発物による不慮の事故	100	-	2	2	1	18	38	29	10
E924	高熱物、腐食性物質及びスチーム蒸気による不慮の事故	180	6	29	9	4	2	13	36	81
E925	電流による不慮の事故	109	1	-	-	2	30	41	31	4

注：1)　総数には年齢不詳を含む。

種類別不慮の事故死亡数　－昭和25・30・35・40～平成６年－
and type of accident in 1950, 1955, 1960 and 1965-1994

基本分類コード Simple classification code for cause of death	死因（ICD-9） Causes of death	昭和58年 1983								
		総数[1] Total	0歳 Years	1～4	5～9	10～14	15～29	30～44	45～64	65～
E800～E949	不慮の事故及び有害作用	29 668	585	1 152	868	440	4 875	4 243	7 582	9 894
E800～E848	交通事故	14 253	20	380	436	220	3 803	2 354	3 763	3 267
E810～E825	自動車事故	12 919	20	332	384	190	3 651	2 113	3 285	2 917
E800～E807, E826～E848	自動車事故以外の交通事故	1 334	–	28	52	30	152	241	478	350
E800～E807	鉄道事故	444	–	22	29	20	54	66	101	150
E826	自転車事故	410	–	4	9	5	19	40	159	174
E830～E838	水上交通機関事故	401	–	2	12	4	52	109	200	21
E846～E848	他に分類されない交通機関事故	79	–	–	2	1	27	26	18	5
E850～E869	不慮の中毒	796	2	8	6	3	129	185	260	202
E850～E858	医薬品及び生物科学製剤による不慮の中毒	117	–	–	–	–	16	34	40	27
E860～E866	その他の固体及び液体による不慮の中毒	397	1	2	–	1	76	80	139	98
E867～E869	ガス及び蒸気による不慮の中毒	282	1	6	6	2	37	71	81	77
E867	配管ガスによる不慮の中毒	79	–	2	2	1	18	21	17	18
E868	その他の実用ガス及びその他の一酸化炭素による不慮の中毒	189	1	4	4	1	18	43	59	58
E868.0	ボンベ入り液化石油ガスによる不慮の中毒	9	–	–	–	1	3	2	1	2
E868.2	自動車排気ガスによる不慮の中毒	12	–	–	–	–	6	2	4	–
E868.3	その他の家庭用燃料の不完全燃焼による一酸化炭素による不慮の中毒	145	1	3	4	–	7	33	47	49
E880～E888	不慮の墜落	4 069	31	52	24	22	175	429	1 057	2 278
E870～E879, E890～E949	その他の不慮の事故及び有害作用	10 550	532	712	402	195	768	1 275	2 502	4 147
E890～E899	火災及び火焔による不慮の事故	1 259	17	61	46	30	97	125	227	654
E890～E892	火災による不慮の事故	854	14	57	44	30	82	100	174	351
E893～E899	火焔による不慮の事故	405	3	4	2	–	15	25	53	303
E908, E909A, E909B	天災	242	2	7	15	10	26	38	89	55
E910	不慮の溺死及び溺水	3 188	45	463	281	115	334	345	565	1 034
E911～E913	不慮の機械的窒息（食物及びその他の物体を含む）	2 398	432	110	23	12	31	119	372	1 299
E911, E912	食物及びその他の物体の吸入又は嚥下による気道閉塞又は窒息	2 022	214	75	15	5	27	88	323	1 275
E913	不慮の機械的窒息	376	218	35	8	7	4	31	49	24
E916～E921, E923～E927	工業性の不慮の事故	1 834	12	56	26	21	189	463	783	283
E916	落下物による不慮の打撲	398	1	9	9	7	25	92	211	43
E917	物体又は人との不慮の衝突又は打撲	113	7	–	1	7	14	15	43	26
E919	機械による不慮の事故	839	–	14	11	5	89	248	379	93
E923	爆発物による不慮の事故	89	1	1	–	–	16	31	27	13
E924	高熱物、腐食性物質及びスチーム蒸気による不慮の事故	186	2	28	3	–	7	16	47	83
E925	電流による不慮の事故	86	–	–	1	–	23	38	22	2

Note: 1) Total includes persons of unknown age.

第16表　年次・年齢階級（５歳階級）・不慮の事故の

Table 16. Trends in accidental deaths by age (five-year age group)

基本分類コード Simple classification code for cause of death	死因（ICD-9） Causes of death	昭和59年 1984									
		総数[1] Total	0歳 Years	1～4	5～9	10～14	15～29	30～44	45～64	65～	不詳 Not stated
E800～E949	不慮の事故及び有害作用	29 344	500	1 079	702	405	4 843	4 125	7 750	9 905	35
E800～E848	交通事故	13 622	33	356	343	192	3 788	2 146	3 688	3 066	10
E810～E825	自動車事故	12 432	33	316	315	165	3 662	1 928	3 262	2 741	10
E800～E807, E826～E848	自動車事故以外の交通事故	1 190	-	40	28	27	126	218	426	325	-
E800～E807	鉄道事故	364	-	31	17	16	42	65	84	109	-
E826	自転車事故	418	-	6	7	7	21	40	156	181	-
E830～E838	水上交通機関事故	357	-	3	4	4	46	100	169	31	-
E846～E848	他に分類されない交通機関事故	16	-	-	-	-	2	3	11	-	-
E850～E869	不慮の中毒	820	2	5	9	10	123	186	279	205	1
E850～E858	医薬品及び生物科学製剤による不慮の中毒	81	-	-	-	-	16	25	20	20	-
E860～E866	その他の固体及び液体による不慮の中毒	389	1	1	-	-	55	83	153	96	-
E867～E869	ガス及び蒸気による不慮の中毒	350	1	4	9	10	52	78	106	89	1
E867	配管ガスによる不慮の中毒	86	1	-	3	4	18	23	12	25	-
E868	その他の実用ガス及びその他の一酸化炭素による不慮の中毒	246	-	4	6	6	31	48	87	63	1
E868. 0	ボンベ入り液化石油ガスによる不慮の中毒	6	-	1	-	-	5	-	-	-	-
E868. 2	自動車排気ガスによる不慮の中毒	28	-	-	-	-	4	11	13	-	-
E868. 3	その他の家庭用燃料の不完全燃焼による一酸化炭素による不慮の中毒	183	-	2	5	5	19	31	66	54	1
E880～E888	不慮の墜落	4 196	28	59	30	24	157	480	1 096	2 319	3
E870～E879, E890～E949	その他の不慮の事故及び有害作用	10 706	437	659	320	179	775	1 313	2 687	4 315	21
E890～E899	火災及び火焔による不慮の事故	1 481	18	78	48	29	106	194	296	710	2
E890～E892	火災による不慮の事故	1 055	17	72	45	26	100	162	230	401	2
E893～E899	火焔による不慮の事故	426	1	6	3	3	6	32	66	309	-
E908, E909A, E909B	天災	47	1	-	1	1	8	17	14	5	-
E910	不慮の溺死及び溺水	3 158	30	420	206	101	354	345	584	1 109	9
E911～E913	不慮の機械的窒息（食物及びその他の物体を含む）	2 457	368	85	29	18	47	102	409	1 399	-
E911, E912	食物及びその他の物体の吸入又は嚥下による気道閉塞又は窒息	2 106	189	67	21	7	37	77	355	1 353	-
E913	不慮の機械的窒息	351	179	18	8	11	10	25	54	46	-
E916～E921, E923～E927	工業性の不慮の事故	1 852	4	57	26	16	175	455	851	267	1
E916	落下物による不慮の打撲	419	-	6	5	4	22	99	227	55	1
E917	物体又は人との不慮の衝突又は打撲	140	2	4	1	4	19	25	59	26	-
E919	機械による不慮の事故	829	-	14	6	3	87	202	445	72	-
E923	爆発物による不慮の事故	73	-	3	3	-	9	24	24	10	-
E924	高熱物、腐食性物質及びスチーム蒸気による不慮の事故	161	1	26	6	-	2	15	21	90	-
E925	電流による不慮の事故	93	-	-	1	2	23	38	29	-	-

注：1） 総数には年齢不詳を含む。

種類別不慮の事故死亡数　－昭和25・30・35・40～平成６年－

and type of accident in 1950, 1955, 1960 and 1965-1994

基本分類コード Simple classification code for cause of death	死因（ICD-9） Causes of death	昭和60年 1985									
		総数[1] Total	0歳 Years	1～4	5～9	10～14	15～29	30～44	45～64	65～	不詳 Not stated
E800～E949	不慮の事故及び有害作用	29 597	451	1 002	728	407	5 034	3 997	7 854	10 097	27
E800～E848	交通事故	14 401	20	312	362	231	4 008	2 245	3 904	3 309	10
E810～E825	自動車事故	12 660	18	262	300	174	3 775	1 866	3 307	2 951	7
E800～E807, E826～E848	自動車事故以外の交通事故	1 741	2	50	62	57	233	379	597	358	3
E800～E807	鉄道事故	382	-	28	20	24	41	57	87	123	2
E826	自転車事故	408	-	3	6	8	12	33	160	186	-
E830～E838	水上交通機関事故	428	-	4	6	5	56	111	205	40	1
E846～E848	他に分類されない交通機関事故	10	-	-	-	-	1	3	5	1	-
E850～E869	不慮の中毒	830	3	11	6	10	114	186	294	206	-
E850～E858	医薬品及び生物科学製剤による不慮の中毒	98	-	-	-	-	15	37	28	18	-
E860～E866	その他の固体及び液体による不慮の中毒	454	-	5	-	3	55	99	173	119	-
E867～E869	ガス及び蒸気による不慮の中毒	278	3	6	6	7	44	50	93	69	-
E867	配管ガスによる不慮の中毒	48	-	-	-	-	12	8	10	18	-
E868	その他の実用ガス及びその他の一酸化炭素による不慮の中毒	210	3	6	6	7	29	35	75	49	-
E868. 0	ボンベ入り液化石油ガスによる不慮の中毒	14	-	1	1	2	3	2	5	-	-
E868. 2	自動車排気ガスによる不慮の中毒	24	-	1	-	-	7	8	8	-	-
E868. 3	その他の家庭用燃料の不完全燃焼による一酸化炭素による不慮の中毒	135	3	3	4	5	12	21	47	40	-
E880～E888	不慮の墜落	4 006	14	49	17	19	168	369	1 107	2 259	4
E870～E879, E890～E949	その他の不慮の事故及び有害作用	10 360	414	630	343	147	744	1 197	2 549	4 323	13
E890～E899	火災及び火焔による不慮の事故	1 191	9	58	38	20	74	145	246	600	1
E890～E892	火災による不慮の事故	839	8	53	36	18	55	116	184	369	-
E893～E899	火焔による不慮の事故	352	1	5	2	2	19	29	62	231	1
E908, E909A, E909B	天災	36	-	-	-	-	5	10	19	2	-
E910	不慮の溺死及び溺水	3 196	35	414	242	95	354	349	540	1 164	3
E911～E913	不慮の機械的窒息（食物及びその他の物体を含む）	2 597	347	84	18	9	46	110	425	1 557	1
E911, E912	食物及びその他の物体の吸入又は嚥下による気道閉塞又は窒息	2 273	182	60	12	5	37	87	373	1 516	1
E913	不慮の機械的窒息	324	165	24	6	4	9	23	52	41	-
E916～E921, E923～E927	工業性の不慮の事故	1 835	5	58	34	13	189	412	856	266	2
E916	落下物による不慮の打撲	397	-	10	10	3	29	86	218	41	-
E917	物体又は人との不慮の衝突又は打撲	116	3	6	4	2	21	18	43	19	-
E919	機械による不慮の事故	830	-	10	9	2	76	216	438	78	1
E923	爆発物による不慮の事故	130	-	-	-	1	21	43	59	6	-
E924	高熱物、腐食性物質及びスチーム蒸気による不慮の事故	179	1	31	10	2	1	6	28	100	-
E925	電流による不慮の事故	65	-	-	-	2	26	18	17	2	-

Note: 1) Total includes persons of unknown age.

第16表　年次・年齢階級（５歳階級）・不慮の事故の

Table 16. Trends in accidental deaths by age (five-year age group)

基本分類コード Simple classification code for cause of death	死因（ICD-9） Causes of death	昭和61年 1986									
		総数[1] Total	0歳 Years	1～4	5～9	10～14	15～29	30～44	45～64	65～	不詳 Not stated
E800～E949	不慮の事故及び有害作用	28 610	454	918	602	340	4 686	3 665	7 400	10 496	49
E800～E848	交通事故	13 588	20	286	321	165	3 788	1 997	3 588	3 405	18
E810～E825	自動車事故	12 458	20	258	285	139	3 686	1 807	3 172	3 076	15
E800～E807, E826～E848	自動車事故以外の交通事故	1 130	−	28	36	26	102	190	416	329	3
E800～E807	鉄道事故	365	−	21	25	16	40	51	92	118	2
E826	自転車事故	380	−	5	6	6	13	31	138	181	−
E830～E838	水上交通機関事故	334	−	2	4	2	39	86	172	28	1
E846～E848	他に分類されない交通機関事故	16	−	−	−	−	4	3	8	1	−
E850～E869	不慮の中毒	787	4	6	7	5	107	169	295	193	1
E850～E858	医薬品及び生物科学製剤による不慮の中毒	89	1	2	−	−	10	29	31	16	−
E860～E866	その他の固体及び液体による不慮の中毒	435	1	1	−	2	57	71	184	119	−
E867～E869	ガス及び蒸気による不慮の中毒	263	2	3	7	3	40	69	80	58	1
E867	配管ガスによる不慮の中毒	52	−	−	2	2	12	19	9	8	−
E868	その他の実用ガス及びその他の一酸化炭素による不慮の中毒	190	2	3	5	1	24	44	61	49	1
E868. 0	ボンベ入り液化石油ガスによる不慮の中毒	20	−	2	2	1	4	6	3	2	−
E868. 2	自動車排気ガスによる不慮の中毒	18	−	−	−	−	6	5	7	−	−
E868. 3	その他の家庭用燃料の不完全燃焼による一酸化炭素による不慮の中毒	132	2	−	3	−	10	27	47	42	1
E880～E888	不慮の墜落	3 951	9	59	14	10	140	387	1 070	2 254	8
E870～E879, E890～E949	その他の不慮の事故及び有害作用	10 284	421	567	260	160	651	1 112	2 447	4 644	22
E890～E899	火災及び火焔による不慮の事故	1 327	14	68	31	33	87	150	250	689	5
E890～E892	火災による不慮の事故	949	12	65	29	32	72	119	203	412	5
E893～E899	火焔による不慮の事故	378	2	3	2	1	15	31	47	277	−
E908, E909A, E909B	天災	32	1	2	2	−	2	5	11	9	−
E910	不慮の溺死及び溺水	3 001	38	363	172	92	292	334	515	1 190	5
E911～E913	不慮の機械的窒息（食物及びその他の物体を含む）	2 795	350	81	25	9	53	106	454	1 714	3
E911, E912	食物及びその他の物体の吸入又は嚥下による気道閉塞又は窒息	2 469	166	62	17	6	36	83	413	1 683	3
E913	不慮の機械的窒息	326	184	19	8	3	17	23	41	31	−
E916～E921, E923～E927	工業性の不慮の事故	1 628	7	41	23	19	130	364	762	282	−
E916	落下物による不慮の打撲	336	2	3	1	3	13	70	212	32	−
E917	物体又は人との不慮の衝突又は打撲	115	3	9	3	9	21	12	30	28	−
E919	機械による不慮の事故	790	−	7	8	2	59	206	417	91	−
E923	爆発物による不慮の事故	52	−	2	−	−	9	14	20	7	−
E924	高熱物、腐食性物質及びスチーム蒸気による不慮の事故	173	2	16	8	1	5	5	30	106	−
E925	電流による不慮の事故	61	−	−	1	−	15	32	12	1	−

注：1）　総数には年齢不詳を含む。

種類別不慮の事故死亡数 －昭和25・30・35・40～平成６年－

and type of accident in 1950, 1955, 1960 and 1965-1994

基本分類コード Simple classification code for cause of death	死因（ICD-9） Causes of death	昭和62年 1987									
		総数[1] Total	0歳 Years	1～4	5～9	10～14	15～29	30～44	45～64	65～	不詳 Not stated
E800～E949	不慮の事故及び有害作用	28 255	406	863	578	287	4 847	3 420	7 497	10 314	43
E800～E848	交通事故	13 762	21	309	318	160	4 043	1 848	3 626	3 419	18
E810～E825	自動車事故	12 544	20	271	290	133	3 928	1 632	3 167	3 086	17
E800～E807, E826～E848	自動車事故以外の交通事故	1 218	1	38	28	27	115	216	459	333	1
E800～E807	鉄道事故	364	－	33	20	13	47	42	98	111	－
E826	自転車事故	427	－	2	6	7	12	50	164	186	－
E830～E838	水上交通機関事故	370	1	3	2	7	32	100	188	36	1
E846～E848	他に分類されない交通機関事故	6	－	－	－	－	4	2	－	－	－
E850～E869	不慮の中毒	754	2	8	8	2	103	167	285	178	1
E850～E858	医薬品及び生物科学製剤による不慮の中毒	104	－	3	1	1	19	32	25	23	－
E860～E866	その他の固体及び液体による不慮の中毒	392	－	－	1	－	42	79	171	99	－
E867～E869	ガス及び蒸気による不慮の中毒	258	2	5	6	1	42	56	89	56	1
E867	配管ガスによる不慮の中毒	57	－	1	－	1	12	13	14	16	－
E868	その他の実用ガス及びその他の一酸化炭素による不慮の中毒	176	2	4	5	－	23	37	66	38	1
E868.0	ボンベ入り液化石油ガスによる不慮の中毒	5	－	－	－	－	2	1	2	－	－
E868.2	自動車排気ガスによる不慮の中毒	23	－	－	－	－	9	6	8	－	－
E868.3	その他の家庭用燃料の不完全燃焼による一酸化炭素による不慮の中毒	125	2	3	4	－	9	27	49	30	1
E880～E888	不慮の墜落	3 836	12	39	20	9	132	355	1 072	2 190	7
E870～E879, E890～E949	その他の不慮の事故及び有害作用	9 903	371	507	232	116	569	1 050	2 514	4 527	17
E890～E899	火災及び火焔による不慮の事故	1 081	8	51	38	22	57	117	236	548	4
E890～E892	火災による不慮の事故	765	8	49	38	20	46	89	174	338	3
E893～E899	火焔による不慮の事故	316	－	2	－	2	11	28	62	210	1
E908, E909A, E909B	天災	13	－	－	－	1	3	1	4	4	－
E910	不慮の溺死及び溺水	2 864	27	335	142	55	241	285	592	1 186	1
E911～E913	不慮の機械的窒息（食物及びその他の物体を含む）	2 751	320	76	20	15	39	93	435	1 752	1
E911, E912	食物及びその他の物体の吸入又は嚥下による気道閉塞又は窒息	2 452	156	54	13	10	32	76	386	1 724	1
E913	不慮の機械的窒息	299	164	22	7	5	7	17	49	28	－
E916～E921, E923～E927	工業性の不慮の事故	1 646	6	31	26	13	144	384	737	303	2
E916	落下物による不慮の打撲	371	2	3	6	3	21	87	198	51	－
E917	物体又は人との不慮の衝突又は打撲	102	1	3	5	3	14	14	41	21	－
E919	機械による不慮の事故	786	－	10	2	3	76	199	390	104	2
E923	爆発物による不慮の事故	43	－	－	－	－	5	10	21	7	－
E924	高熱物、腐食性物質及びスチーム蒸気による不慮の事故	158	3	11	4	1	3	10	35	91	－
E925	電流による不慮の事故	86	－	1	2	2	20	40	19	2	－

Note: 1) Total includes persons of unknown age.

第16表　年次・年齢階級（５歳階級）・不慮の事故の

Table 16. Trends in accidental deaths by age (five-year age group)

基本分類コード Simple classification code for cause of death	死因（ICD-9） Causes of death	昭和63年 1988									
		総数[1] Total	0歳 Years	1～4	5～9	10～14	15～29	30～44	45～64	65～	不詳 Not stated
E800～E949	不慮の事故及び有害作用	30 212	436	805	565	307	5 312	3 355	7 975	11 418	39
E800～E848	交通事故	14 758	26	257	297	167	4 436	1 872	3 847	3 843	13
E810～E825	自動車事故	13 617	26	230	257	139	4 328	1 695	3 442	3 489	11
E800～E807，E826～E848	自動車事故以外の交通事故	1 141	-	27	40	28	108	177	405	354	2
E800～E807	鉄道事故	427	-	25	25	17	48	50	114	148	-
E826	自転車事故	359	-	2	6	8	18	39	121	164	1
E830～E838	水上交通機関事故	325	-	-	7	3	37	76	163	38	1
E846～E848	他に分類されない交通機関事故	5	-	-	-	-	-	1	3	1	-
E850～E869	不慮の中毒	622	2	9	6	-	99	112	236	158	-
E850～E858	医薬品及び生物科学製剤による不慮の中毒	84	1	-	1	-	14	25	23	20	-
E860～E866	その他の固体及び液体による不慮の中毒	296	-	2	-	-	43	46	112	93	-
E867～E869	ガス及び蒸気による不慮の中毒	242	1	7	5	-	42	41	101	45	-
E867	配管ガスによる不慮の中毒	46	-	3	2	-	12	8	12	9	-
E868	その他の実用ガス及びその他の一酸化炭素による不慮の中毒	177	1	4	3	-	26	26	82	35	-
E868.0	ボンベ入り液化石油ガスによる不慮の中毒	8	-	-	-	-	1	1	5	1	-
E868.2	自動車排気ガスによる不慮の中毒	25	-	-	-	-	11	3	11	-	-
E868.3	その他の家庭用燃料の不完全燃焼による一酸化炭素による不慮の中毒	108	-	4	2	-	6	15	53	28	-
E880～E888	不慮の墜落	4 047	24	40	21	19	160	320	1 123	2 329	11
E870～E879，E890～E949	その他の不慮の事故及び有害作用	10 785	384	499	241	121	617	1 051	2 769	5 088	15
E890～E899	火災及び火焔による不慮の事故	1 183	12	58	32	23	77	128	281	570	2
E890～E892	火災による不慮の事故	842	11	58	29	21	60	102	210	349	2
E893～E899	火焔による不慮の事故	341	1	-	3	2	17	26	71	221	-
E908，E909A，E909B	天災	29	-	1	1	4	-	2	14	7	-
E910	不慮の溺死及び溺水	3 021	36	335	161	56	224	279	641	1 286	3
E911～E913	不慮の機械的窒息（食物及びその他の物体を含む）	3 206	314	67	19	17	59	123	519	2 087	1
E911，E912	食物及びその他の物体の吸入又は嚥下による気道閉塞又は窒息	2 902	154	49	16	14	52	99	471	2 046	1
E913	不慮の機械的窒息	304	160	18	3	3	7	24	48	41	-
E916～E921，E923～E927	工業性の不慮の事故	1 759	7	31	23	8	181	371	823	315	-
E916	落下物による不慮の打撲	391	-	2	14	2	24	79	232	38	-
E917	物体又は人との不慮の衝突又は打撲	119	4	3	1	2	25	8	49	27	-
E919	機械による不慮の事故	832	-	8	1	-	84	207	422	110	-
E923	爆発物による不慮の事故	37	-	-	1	1	6	10	15	4	-
E924	高熱物、腐食性物質及びスチーム蒸気による不慮の事故	188	3	16	4	-	3	13	39	110	-
E925	電流による不慮の事故	76	-	1	-	-	25	24	22	4	-

注：1）　総数には年齢不詳を含む。

種類別不慮の事故死亡数 －昭和25・30・35・40～平成6年－
and type of accident in 1950, 1955, 1960 and 1965-1994

基本分類コード Simple classification code for cause of death	死因（ICD-9） Causes of death	平成元年 1989									
		総数[1] Total	0歳 Years	1～4	5～9	10～14	15～29	30～44	45～64	65～	不詳 Not stated
E800～E949	不慮の事故及び有害作用	31 049	396	798	570	320	5 509	3 435	8 197	11 789	35
E800～E848	交通事故	15 629	31	287	304	181	4 693	2 012	4 106	4 004	11
E810～E825	自動車事故	14 512	30	248	285	156	4 587	1 856	3 668	3 675	7
E800～E807, E826～E848	自動車事故以外の交通事故	1 117	1	39	19	25	106	156	438	329	4
E800～E807	鉄道事故	382	1	34	14	18	38	59	95	122	1
E826	自転車事故	382	-	3	4	5	23	27	144	176	-
E830～E838	水上交通機関事故	324	-	2	1	2	40	56	190	30	3
E846～E848	他に分類されない交通機関事故	6	-	-	-	-	2	1	3	-	-
E850～E869	不慮の中毒	562	-	7	9	5	88	110	188	155	-
E850～E858	医薬品及び生物科学製剤による不慮の中毒	86	-	-	-	-	17	22	29	18	-
E860～E866	その他の固体及び液体による不慮の中毒	257	-	-	-	2	32	48	84	91	-
E867～E869	ガス及び蒸気による不慮の中毒	219	-	7	9	3	39	40	75	46	-
E867	配管ガスによる不慮の中毒	64	-	5	3	2	15	12	16	11	-
E868	その他の実用ガス及びその他の一酸化炭素による不慮の中毒	141	-	2	6	1	20	25	55	32	-
E868. 0	ボンベ入り液化石油ガスによる不慮の中毒	8	-	-	-	-	3	1	4	-	-
E868. 2	自動車排気ガスによる不慮の中毒	24	-	-	-	-	9	8	7	-	-
E868. 3	その他の家庭用燃料の不完全燃焼による一酸化炭素による不慮の中毒	89	-	2	5	1	4	14	36	27	-
E880～E888	不慮の墜落	4 137	14	44	22	20	129	347	1 223	2 331	7
E870～E879, E890～E949	その他の不慮の事故及び有害作用	10 721	351	460	235	114	599	966	2 680	5 299	17
E890～E899	火災及び火焔による不慮の事故	1 092	5	32	31	22	60	101	276	564	1
E890～E892	火災による不慮の事故	811	5	30	31	20	47	79	216	382	1
E893～E899	火焔による不慮の事故	281	-	2	-	2	13	22	60	182	-
E908, E909A, E909B	天災	44	-	2	1	2	8	10	15	6	-
E910	不慮の溺死及び溺水	3 019	20	305	150	55	239	294	608	1 345	3
E911～E913	不慮の機械的窒息（食物及びその他の物体を含む）	3 327	312	73	19	13	42	131	513	2 222	2
E911, E912	食物及びその他の物体の吸入又は嚥下による気道閉塞又は窒息	3 049	164	53	13	13	35	112	471	2 186	2
E913	不慮の機械的窒息	278	148	20	6	-	7	19	42	36	-
E916～E921, E923～E927	工業性の不慮の事故	1 610	5	30	27	13	175	280	759	320	1
E916	落下物による不慮の打撲	327	-	2	3	4	31	52	188	47	-
E917	物体又は人との不慮の衝突又は打撲	104	2	6	2	1	15	11	41	26	-
E919	機械による不慮の事故	800	-	10	9	5	84	151	413	128	-
E923	爆発物による不慮の事故	53	-	-	-	-	10	12	24	7	-
E924	高熱物、腐食性物質及びスチーム蒸気による不慮の事故	158	3	10	8	1	6	8	27	95	-
E925	電流による不慮の事故	57	-	-	-	-	15	22	17	2	1

Note: 1) Total includes persons of unknown age.

第16表　年次・年齢階級（５歳階級）・不慮の事故の
Table 16. Trends in accidental deaths by age (five-year age group)

基本分類コード Simple classification code for cause of death	死因（ICD-9） Causes of death	平成２年 1990									
		総数[1] Total	0歳 Years	1～4	5～9	10～14	15～29	30～44	45～64	65～	不詳 Not stated
E800～E949	不慮の事故及び有害作用	32 122	346	725	523	320	5 665	3 524	8 215	12 759	45
E800～E848	交通事故	15 828	28	265	274	183	4 792	2 051	4 025	4 194	16
E810～E825	自動車事故	14 631	28	236	259	153	4 666	1 857	3 622	3 798	12
E800～E807, E826～E848	自動車事故以外の交通事故	1 197	-	29	15	30	126	194	403	396	4
E800～E807	鉄道事故	398	-	24	8	16	58	59	89	143	1
E826	自転車事故	398	-	3	5	8	16	33	128	203	2
E830～E838	水上交通機関事故	333	-	2	2	5	37	77	163	46	1
E846～E848	他に分類されない交通機関事故	2	-	-	-	-	1	-	1	-	-
E850～E869	不慮の中毒	561	1	3	4	2	115	110	166	160	-
E850～E858	医薬品及び生物科学製剤による不慮の中毒	106	1	2	-	-	26	29	31	17	-
E860～E866	その他の固体及び液体による不慮の中毒	248	-	-	-	1	39	40	77	91	-
E867～E869	ガス及び蒸気による不慮の中毒	207	-	1	4	1	50	41	58	52	-
E867	配管ガスによる不慮の中毒	35	-	-	1	-	12	6	7	9	-
E868	その他の実用ガス及びその他の一酸化炭素による不慮の中毒	154	-	1	2	1	35	31	42	42	-
E868.0	ボンベ入り液化石油ガスによる不慮の中毒	16	-	1	1	1	5	2	4	2	-
E868.2	自動車排気ガスによる不慮の中毒	34	-	-	-	-	15	8	8	3	-
E868.3	その他の家庭用燃料の不完全燃焼による一酸化炭素による不慮の中毒	80	-	-	1	-	11	15	21	32	-
E880～E888	不慮の墜落	4 243	12	45	13	25	164	324	1 199	2 456	5
E870～E879, E890～E949	その他の不慮の事故及び有害作用	11 490	305	412	232	110	594	1 039	2 825	5 949	24
E890～E899	火災及び火焔による不慮の事故	1 208	14	50	33	16	75	153	271	595	1
E890～E892	火災による不慮の事故	900	13	50	31	16	64	126	220	380	-
E893～E899	火焔による不慮の事故	308	1	-	2	-	11	27	51	215	1
E908, E909A, E909B	天災	75	-	1	2	2	9	12	24	25	-
E910	不慮の溺死及び溺水	3 146	27	262	150	55	207	291	618	1 531	5
E911～E913	不慮の機械的窒息（食物及びその他の物体を含む）	3 460	247	64	20	12	43	114	555	2 402	3
E911, E912	食物及びその他の物体の吸入又は嚥下による気道閉塞又は窒息	3 187	112	46	11	7	32	102	507	2 367	3
E913	不慮の機械的窒息	273	135	18	9	5	11	12	48	35	-
E916～E921, E923～E927	工業性の不慮の事故	1 719	6	25	22	11	176	308	791	380	-
E916	落下物による不慮の打撲	387	1	3	6	1	34	73	199	70	-
E917	物体又は人との不慮の衝突又は打撲	128	1	1	2	4	26	25	37	32	-
E919	機械による不慮の事故	785	-	8	6	1	75	144	418	133	-
E923	爆発物による不慮の事故	46	-	-	-	1	8	10	21	6	-
E924	高熱物、腐食性物質及びスチーム蒸気による不慮の事故	191	4	10	5	2	6	7	46	111	-
E925	電流による不慮の事故	61	-	-	-	-	16	24	18	3	-

注：1)　総数には年齢不詳を含む。

種類別不慮の事故死亡数　－昭和25・30・35・40～平成６年－

and type of accident in 1950, 1955, 1960 and 1965-1994

基本分類コード Simple classification code for cause of death	死因（ICD-9） Causes of death	平成３年 1991									
		総数[1] Total	0歳 Years	1～4	5～9	10～14	15～29	30～44	45～64	65～	不詳 Not stated
E800～E949	不慮の事故及び有害作用	33 155	330	689	509	246	5 429	3 509	8 406	13 994	43
E800～E848	交通事故	15 754	18	227	282	148	4 544	2 066	4 027	4 431	11
E810～E825	自動車事故	14 558	18	199	263	135	4 414	1 885	3 618	4 016	10
E800～E807, E826～E848	自動車事故以外の交通事故	1 196	-	28	19	13	130	181	409	415	1
E800～E807	鉄道事故	438	-	23	13	9	61	53	103	176	-
E826	自転車事故	375	-	4	4	2	13	27	138	186	1
E830～E838	水上交通機関事故	338	-	1	2	2	44	85	154	50	-
E846～E848	他に分類されない交通機関事故	5	-	-	-	-	1	2	2	-	-
E850～E869	不慮の中毒	493	1	5	3	1	82	102	159	140	-
E850～E858	医薬品及び生物科学製剤による不慮の中毒	108	-	-	-	-	21	31	31	25	-
E860～E866	その他の固体及び液体による不慮の中毒	220	-	-	-	-	27	38	75	80	-
E867～E869	ガス及び蒸気による不慮の中毒	165	1	5	3	1	34	33	53	35	-
E867	配管ガスによる不慮の中毒	26	-	3	-	-	6	2	9	6	-
E868	その他の実用ガス及びその他の一酸化炭素による不慮の中毒	114	1	2	3	1	22	24	34	27	-
E868.0	ボンベ入り液化石油ガスによる不慮の中毒	4	-	-	-	-	-	2	2	-	-
E868.2	自動車排気ガスによる不慮の中毒	16	-	-	-	-	7	2	6	1	-
E868.3	その他の家庭用燃料の不完全燃焼による一酸化炭素による不慮の中毒	64	1	1	2	-	7	12	19	22	-
E880～E888	不慮の墜落	4 530	16	34	16	12	158	329	1 300	2 659	6
E870～E879, E890～E949	その他の不慮の事故及び有害作用	12 378	295	423	208	85	645	1 012	2 920	6 764	26
E890～E899	火災及び火焔による不慮の事故	1 190	8	48	23	18	63	120	264	643	3
E890～E892	火災による不慮の事故	871	8	42	22	18	52	94	208	426	1
E893～E899	火焔による不慮の事故	319	-	6	1	-	11	26	56	217	2
E908, E909A, E909B	天災	132	-	-	-	1	19	40	45	27	-
E910	不慮の溺死及び溺水	3 310	27	244	132	38	242	260	604	1 753	10
E911～E913	不慮の機械的窒息（食物及びその他の物体を含む）	3 896	246	83	25	5	56	129	613	2 737	2
E911, E912	食物及びその他の物体の吸入又は嚥下による気道閉塞又は窒息	3 660	140	65	16	4	49	115	574	2 695	2
E913	不慮の機械的窒息	236	106	18	9	1	7	14	39	42	-
E916～E921, E923～E927	工業性の不慮の事故	1 614	1	20	15	11	163	278	771	354	1
E916	落下物による不慮の打撲	389	1	3	5	2	24	71	218	65	-
E917	物体又は人との不慮の衝突又は打撲	86	-	1	1	3	21	10	33	17	-
E919	機械による不慮の事故	781	-	6	6	-	75	147	403	144	-
E923	爆発物による不慮の事故	34	-	-	-	2	10	5	12	5	-
E924	高熱物、腐食性物質及びスチーム蒸気による不慮の事故	157	-	8	1	1	7	4	34	101	1
E925	電流による不慮の事故	57	-	-	1	1	14	20	19	2	-

Note: 1) Total includes persons of unknown age.

第16表　年次・年齢階級（５歳階級）・不慮の事故の

Table 16. Trends in accidental deaths by age (five-year age group)

基本分類コード Simple classification code for cause of death	死因（ICD-9） Causes of death	平成４年 1992									
		総数[1] Total	0歳 Years	1～4	5～9	10～14	15～29	30～44	45～64	65～	不詳 Not stated
E800～E949	不慮の事故及び有害作用	34 677	331	627	461	274	5 403	3 286	8 747	15 493	55
E800～E848	交通事故	15 828	22	219	256	156	4 552	1 905	4 103	4 596	19
E810～E825	自動車事故	14 735	21	198	239	145	4 447	1 749	3 722	4 200	14
E800～E807, E826～E848	自動車事故以外の交通事故	1 093	1	21	17	11	105	156	381	396	5
E800～E807	鉄道事故	366	-	20	13	7	48	53	98	122	5
E826	自転車事故	372	1	-	2	4	10	23	119	213	-
E830～E838	水上交通機関事故	323	-	1	2	-	39	69	154	58	-
E846～E848	他に分類されない交通機関事故	6	-	-	-	-	-	2	3	1	-
E850～E869	不慮の中毒	526	-	6	6	2	87	106	176	143	-
E850～E858	医薬品及び生物科学製剤による不慮の中毒	137	-	-	1	-	29	41	42	24	-
E860～E866	その他の固体及び液体による不慮の中毒	205	-	-	-	-	25	34	65	81	-
E867～E869	ガス及び蒸気による不慮の中毒	184	-	6	5	2	33	31	69	38	-
E867	配管ガスによる不慮の中毒	60	-	3	5	2	12	13	17	8	-
E868	その他の実用ガス及びその他の一酸化炭素による不慮の中毒	114	-	3	-	-	17	17	47	30	-
E868.0	ボンベ入り液化石油ガスによる不慮の中毒	6	-	-	-	-	3	1	2	-	-
E868.2	自動車排気ガスによる不慮の中毒	11	-	-	-	-	2	2	7	-	-
E868.3	その他の家庭用燃料の不完全燃焼による一酸化炭素による不慮の中毒	73	-	2	-	-	6	10	29	26	-
E880～E888	不慮の墜落	4 598	12	43	7	12	148	293	1 222	2 854	7
E870～E879, E890～E949	その他の不慮の事故及び有害作用	13 725	297	359	192	104	616	982	3 246	7 900	29
E890～E899	火災及び火焔による不慮の事故	1 287	8	51	31	24	61	124	328	657	3
E890～E892	火災による不慮の事故	977	5	50	31	23	53	103	261	448	3
E893～E899	火焔による不慮の事故	310	3	1	-	1	8	21	67	209	-
E908, E909A, E909B	天災	15	-	1	4	-	2	2	3	3	-
E910	不慮の溺死及び溺水	3 269	30	210	108	44	210	233	703	1 725	6
E911～E913	不慮の機械的窒息（食物及びその他の物体を含む）	4 197	240	59	18	13	71	125	619	3 049	3
E911, E912	食物及びその他の物体の吸入又は嚥下による気道閉塞又は窒息	3 957	121	43	15	12	59	109	584	3 011	3
E913	不慮の機械的窒息	240	119	16	3	1	12	16	35	38	-
E916～E921, E923～E927	工業性の不慮の事故	1 658	4	22	19	12	169	277	733	422	-
E916	落下物による不慮の打撲	387	1	2	7	-	29	65	210	73	-
E917	物体又は人との不慮の衝突又は打撲	86	1	2	1	7	18	7	28	22	-
E919	機械による不慮の事故	820	-	8	8	4	84	161	386	169	-
E923	爆発物による不慮の事故	49	-	-	1	-	4	12	26	6	-
E924	高熱物、腐食性物質及びスチーム蒸気による不慮の事故	190	1	8	2	-	8	7	31	133	-
E925	電流による不慮の事故	53	-	-	-	-	22	8	19	4	-

注：1）総数には年齢不詳を含む。

種類別不慮の事故死亡数 －昭和25・30・35・40～平成6年－

and type of accident in 1950, 1955, 1960 and 1965-1994

基本分類コード Simple classification code for cause of death	死因（ICD-9） Causes of death	平成5年 1993									
		総数[1] Total	0歳 Years	1～4	5～9	10～14	15～29	30～44	45～64	65～	不詳 Not stated
E800～E949	不慮の事故及び有害作用	34 717	282	555	412	237	4 877	3 098	8 805	16 401	50
E800～E848	交通事故	15 193	24	188	231	131	4 055	1 804	4 138	4 609	13
E810～E825	自動車事故	14 168	24	179	208	110	3 957	1 680	3 769	4 232	9
E800～E807, E826～E848	自動車事故以外の交通事故	1 025	-	9	23	21	98	124	369	377	4
E800～E807	鉄道事故	372	-	8	14	15	44	44	97	146	4
E826	自転車事故	333	-	1	4	4	14	9	119	182	-
E830～E838	水上交通機関事故	296	-	-	5	2	37	59	146	47	-
E846～E848	他に分類されない交通機関事故	4	-	-	-	-	-	1	2	1	-
E850～E869	不慮の中毒	514	1	-	2	2	78	93	176	162	-
E850～E858	医薬品及び生物科学製剤による不慮の中毒	126	-	-	-	-	18	32	47	29	-
E860～E866	その他の固体及び液体による不慮の中毒	204	-	-	-	-	25	24	70	85	-
E867～E869	ガス及び蒸気による不慮の中毒	184	1	-	2	2	35	37	59	48	-
E867	配管ガスによる不慮の中毒	30	-	-	1	1	7	9	5	7	-
E868	その他の実用ガス及びその他の一酸化炭素による不慮の中毒	138	1	-	1	1	26	23	46	40	-
E868. 0	ボンベ入り液化石油ガスによる不慮の中毒	1	-	-	-	-	-	-	1	-	-
E868. 2	自動車排気ガスによる不慮の中毒	23	-	-	-	-	12	6	5	-	-
E868. 3	その他の家庭用燃料の不完全燃焼による一酸化炭素による不慮の中毒	76	-	-	-	-	5	11	25	35	-
E880～E888	不慮の墜落	4 642	12	44	13	9	144	258	1 197	2 961	4
E870～E879, E890～E949	その他の不慮の事故及び有害作用	14 368	245	323	166	95	600	943	3 294	8 669	33
E890～E899	火災及び火焔による不慮の事故	1 226	9	32	26	17	80	131	292	636	3
E890～E892	火災による不慮の事故	929	8	28	26	16	64	114	232	439	2
E893～E899	火焔による不慮の事故	297	1	4	-	1	16	17	60	197	1
E908, E909A, E909B	天災	357	1	5	10	12	14	39	134	142	-
E910	不慮の溺死及び溺水	3 659	19	181	97	38	204	208	689	2 216	7
E911～E913	不慮の機械的窒息（食物及びその他の物体を含む）	4 405	203	61	14	15	53	144	682	3 232	1
E911, E912	食物及びその他の物体の吸入又は嚥下による気道閉塞又は窒息	4 175	112	46	12	12	46	126	630	3 190	1
E913	不慮の機械的窒息	230	91	15	2	3	7	18	52	42	-
E916～E921, E923～E927	工業性の不慮の事故	1 505	3	19	10	4	146	240	676	405	2
E916	落下物による不慮の打撲	368	-	1	4	1	26	58	194	84	-
E917	物体又は人との不慮の衝突又は打撲	72	1	1	-	3	21	8	20	18	-
E919	機械による不慮の事故	722	-	4	3	-	75	126	365	148	1
E923	爆発物による不慮の事故	20	-	-	-	-	3	7	10	-	-
E924	高熱物、腐食性物質及びスチーム蒸気による不慮の事故	189	2	9	2	-	2	9	31	134	-
E925	電流による不慮の事故	33	-	-	-	-	9	11	9	3	1

Note: 1) Total includes persons of unknown age.

第16表　年次・年齢階級（５歳階級）・不慮の事故の種類別不慮の事故死亡数

－昭和25・30・35・40～平成６年－

Table 16. Trends in accidental deaths by age (five-year age group) and type of accident in 1950, 1955, 1960 and 1965-1994

基本分類コード Simple classification code for cause of death	死因（ICD-9） Causes of death	平成６年 1994 総数[1] Total	0歳 Years	1～4	5～9	10～14	15～29	30～44	45～64	65～	不詳 Not stated
E800～E949	不慮の事故及び有害作用	36 115	320	561	432	253	4 722	2 964	8 931	17 890	42
E800～E848	交通事故	14 869	23	195	225	139	3 907	1 600	4 038	4 731	11
E810～E825	自動車事故	13 712	23	180	210	124	3 803	1 465	3 603	4 296	8
E800～E807，E826～E848	自動車事故以外の交通事故	1 157	-	15	15	15	104	135	435	435	3
E800～E807	鉄道事故	364	-	13	9	10	48	33	106	142	3
E826	自転車事故	352	-	1	5	2	14	17	108	205	-
E830～E838	水上交通機関事故	254	-	-	1	3	21	38	129	62	-
E846～E848	他に分類されない交通機関事故	-	-	-	-	-	-	-	-	-	-
E850～E869	不慮の中毒	497	1	4	5	2	72	100	150	163	-
E850～E858	医薬品及び生物科学製剤による不慮の中毒	126	-	2	-	-	24	45	35	20	-
E860～E866	その他の固体及び液体による不慮の中毒	208	-	-	-	-	26	27	51	104	-
E867～E869	ガス及び蒸気による不慮の中毒	163	1	2	5	2	22	28	64	39	-
E867	配管ガスによる不慮の中毒	20	-	-	2	-	2	7	7	2	-
E868	その他の実用ガス及びその他の一酸化炭素による不慮の中毒	129	1	2	3	2	15	20	50	36	-
E868.0	ボンベ入り液化石油ガスによる不慮の中毒	6	-	-	-	1	2	1	2	-	-
E868.2	自動車排気ガスによる不慮の中毒	25	-	-	-	-	10	6	9	-	-
E868.3	その他の家庭用燃料の不完全燃焼による一酸化炭素による不慮の中毒	62	1	-	3	1	-	10	24	23	-
E880～E888	不慮の墜落	4 690	9	38	12	5	152	242	1 181	3 046	5
E870～E879，E890～E949	その他の不慮の事故及び有害作用	16 059	287	324	190	107	591	1 022	3 562	9 950	26
E890～E899	火災及び火焔による不慮の事故	1 348	11	48	29	27	76	137	334	686	-
E890～E892	火災による不慮の事故	997	11	48	28	24	62	114	255	455	-
E893～E899	火焔による不慮の事故	351	-	-	1	3	14	23	79	231	-
E908，E909A，E909B	天災	5	-	-	-	-	-	1	2	2	-
E910	不慮の溺死及び溺水	3 868	31	178	122	52	207	251	737	2 288	2
E911～E913	不慮の機械的窒息（食物及びその他の物体を含む）	5 149	224	52	13	8	49	135	755	3 912	1
E911，E912	食物及びその他の物体の吸入又は嚥下による気道閉塞又は窒息	4 906	120	39	7	6	41	118	707	3 868	-
E913	不慮の機械的窒息	243	104	13	6	2	8	17	48	44	1
E916～E921，E923～E927	工業性の不慮の事故	1 611	6	16	13	11	146	257	698	464	-
E916	落下物による不慮の打撲	373	2	1	4	3	26	55	181	101	-
E917	物体又は人との不慮の衝突又は打撲	85	2	-	3	5	16	13	24	22	-
E919	機械による不慮の事故	798	-	8	3	-	68	142	386	191	-
E923	爆発物による不慮の事故	28	-	-	-	-	4	9	11	4	-
E924	高熱物、腐食性物質及びスチーム蒸気による不慮の事故	168	1	6	3	1	5	6	24	122	-
E925	電流による不慮の事故	52	-	-	-	-	17	18	15	2	-

注：1)　総数には年齢不詳を含む。
Note: 1) Total includes persons of unknown age.

第17表　性別諸外国の不慮の事故
Table 17. Accidental deaths and death rates

死因基本分類コード Detailed list of ICD-10 code	死因・性 Causes of death and sex		日本 Japan 2008		カナダ Canada 2004		アメリカ合衆国 United States of America 2005		タイ Thailand 2002	
			死亡数 Deaths	死亡率 Death rates	死亡数 Deaths	死亡率 Death rates	死亡数 Deaths	死亡率 Death rates	死亡数 Deaths	死亡率 Death rates
V01-X59	不慮の事故	男 M.	22 801	37.1	5 416	34.2	76 375	52.3	19 028	61.4
		女 F.	15 352	23.8	3 570	22.1	41 434	27.5	5 059	16.1
V02-V04; V09; V12-V14; V19-V79; V86-V89	モータ車両による交通事故	男 M.	4 400	7.2	1 849	11.7	30 332	20.8	8 769	28.3
		女 F.	2 184	3.4	788	4.9	13 389	8.9	2 007	6.4
V01; V05-V06; V10; V11; V15-V18; V80-V85; V90-V99	モータ車両以外による交通事故	男 M.	791	1.3	347	2.2	3 214	2.2	2 068	6.7
		女 F.	124	0.2	56	0.3	782	0.5	594	1.9
W00-W19	転倒・転落	男 M.	4 230	6.9	1 080	6.8	10 154	7.0	643	2.1
		女 F.	2 940	4.6	1 149	7.1	9 502	6.3	206	0.7
W24-W31	機械又は鋭いガラス、刃物等との接触	男 M.	262	0.4	58	0.4	793	0.5	33	0.1
		女 F.	25	-	7	-	47	-	6	-
W32-W34	銃器の発射	男 M.	5	-	21	0.1	683	0.5	76	0.2
		女 F.	-	-	2	-	106	0.1	7	-
W65-W74	不慮の溺死及び溺水	男 M.	3 431	5.6	201	1.3	2 818	1.9	3 136	10.1
		女 F.	3 033	4.7	50	0.3	764	0.5	1 082	3.4
X00-X09	煙，火及び火災への曝露	男 M.	894	1.5	139	0.9	1 886	1.3	143	0.5
		女 F.	558	0.9	96	0.6	1 311	0.9	77	0.2
X40-X49	有害物質による不慮の中毒及び有害物質への曝露	男 M.	591	1.0	681	4.3	15 884	10.9	69	0.2
		女 F.	304	0.5	273	1.7	7 734	5.1	43	0.1
W20-W23; W35-W64; W75-W99; X10-X39; X50-X59; Y85; Y86	その他の不慮の事故	男 M.	9 116	14.8	1 040	6.6	10 611	7.3	4 091	13.2
		女 F.	6 973	10.8	1 149	7.1	7 799	5.2	1 037	3.3

資料：WHO Mortality Database
日本は厚生労働省「人口動態統計」による。

死亡数・率（人口10万対） －最新年次－

(per 100,000 population) by sex and nation, the latest year

オーストリア Austria 2006		フランス France 2005		ドイツ Germany 2006		オランダ Nether lands 2006		イタリア Italy 2003	
死亡数 Deaths	死亡率 Death rates	死亡数 Deaths	死亡率 Death rates	死亡数 Deaths	死亡率 Death rates	死亡数 Deaths	死亡率 Death rates	死亡数 Deaths	死亡率 Death rates
1 548	38. 4	13 535	45. 7	10 667	26. 4	1 835	22. 7	11 746	42. 0
978	23. 0	11 251	35. 9	8 088	19. 2	1 753	21. 2	8 683	29. 2
289	7. 2	3 806	12. 8	2 996	7. 4	477	5. 9	4 864	17. 4
108	2. 5	1 310	4. 2	1 114	2. 6	198	2. 4	1 305	4. 4
245	6. 1	210	0. 7	950	2. 4	80	1. 0	516	1. 8
84	2. 0	51	0. 2	299	0. 7	34	0. 4	125	0. 4
507	12. 6	2 579	8. 7	3 803	9. 4	572	7. 1	1 561	5. 6
447	10. 5	2 754	8. 8	4 578	10. 8	692	8. 4	1 219	4. 1
2	–	110	0. 4	57	0. 1	10	0. 1	190	0. 7
–	–	1	–	3	–	–	–	15	0. 1
1	–	35	0. 1	13	–	–	–	52	0. 2
–	–	1	–	1	–	–	–	5	–
45	1. 1	662	2. 2	298	0. 7	67	0. 8	322	1. 2
24	0. 6	271	0. 9	120	0. 3	21	0. 3	75	0. 3
14	0. 3	333	1. 1	242	0. 6	34	0. 4	124	0. 4
16	0. 4	195	0. 6	164	0. 4	28	0. 3	93	0. 3
20	0. 5	559	1. 9	570	1. 4	84	1. 0	148	0. 5
18	0. 4	457	1. 5	188	0. 4	30	0. 4	96	0. 3
425	10. 5	5 241	17. 7	1 738	4. 3	511	6. 3	3 969	14. 2
281	6. 6	6 211	19. 8	1 621	3. 8	750	9. 1	5 750	19. 4

Source : WHO Mortality Database
Data for Japan is from Vital Statistics compiled by the Ministry of Health, Labour and Welfare.

第17表　性別諸外国の不慮の事故
Table 17. Accidental deaths and death rates

死因基本分類コード Detailed list of ICD-10 code	死因・性 Causes of death and sex		チェコ Czech Republic 2005		ハンガリー Hungary 2005		デンマーク Denmark 2001		フィンランド Finland 2006	
			死亡数 Deaths	死亡率 Death rates	死亡数 Deaths	死亡率 Death rates	死亡数 Deaths	死亡率 Death rates	死亡数 Deaths	死亡率 Death rates
V01-X59	不慮の事故	男 M.	2 691	53.9	3 230	67.4	1 153	43.5	2 068	80.3
		女 F.	1 579	30.1	1 831	34.5	965	35.7	1 014	37.7
V02-V04; V09; V12-V14; V19-V79; V86-V89	モータ車両による交通事故	男 M.	403	8.1	989	20.7	276	10.4	207	8.0
		女 F.	155	3.0	329	6.2	111	4.1	86	3.2
V01; V05-V06; V10; V11; V15-V18; V80-V85; V90-V99	モータ車両以外による交通事故	男 M.	546	10.9	194	4.1	68	2.6	134	5.2
		女 F.	157	3.0	51	1.0	13	0.5	16	0.6
W00-W19	転倒・転落	男 M.	644	12.9	1 035	21.6	169	6.4	642	24.9
		女 F.	830	15.8	1 067	20.1	150	5.5	536	19.9
W24-W31	機械又は鋭いガラス、刃物等との接触	男 M.	7	0.1	24	0.5	6	0.2	15	0.6
		女 F.	2	−	−	−	−	−	−	−
W32-W34	銃器の発射	男 M.	9	0.2	4	0.1	−	−	4	0.2
		女 F.	1	−	1	−	−	−	−	−
W65-W74	不慮の溺死及び溺水	男 M.	151	3.0	157	3.3	42	1.6	105	4.1
		女 F.	51	1.0	35	0.7	7	0.3	30	1.1
X00-X09	煙，火及び火災への曝露	男 M.	38	0.8	109	2.3	34	1.3	83	3.2
		女 F.	24	0.5	66	1.2	31	1.1	26	1.0
X40-X49	有害物質による不慮の中毒及び有害物質への曝露	男 M.	221	4.4	106	2.2	142	5.4	644	25.0
		女 F.	93	1.8	48	0.9	52	1.9	217	8.1
W20-W23; W35-W64; W75-W99; X10-X39; X50-X59; Y85; Y86	その他の不慮の事故	男 M.	672	13.5	612	12.8	416	15.7	234	9.1
		女 F.	266	5.1	234	4.4	601	22.2	103	3.8

資料：WHO　Mortality　Database
日本は厚生労働省「人口動態統計」による。

死亡数・率（人口10万対） －最新年次－
(per 100,000 population) by sex and nation, the latest year

ノルウェー Norway 2005		スウェーデン Sweden 2005		イギリス United Kingdom 2006		オーストラリア Australia 2003		ニュージーランド New Zealand 2004	
死亡数 Deaths	死亡率 Death rates	死亡数 Deaths	死亡率 Death rates	死亡数 Deaths	死亡率 Death rates	死亡数 Deaths	死亡率 Death rates	死亡数 Deaths	死亡率 Death rates
1 048	45. 7	1 753	39. 1	7 771	26. 2	3 136	31. 8	701	35. 0
787	33. 8	1 308	28. 7	6 045	19. 6	1 820	18. 2	437	21. 0
159	6. 9	297	6. 6	2 452	8. 3	1 101	11. 2	296	14. 8
74	3. 2	109	2. 4	797	2. 6	426	4. 3	141	6. 8
49	2. 1	69	1. 5	226	0. 8	194	2. 0	72	3. 6
5	0. 2	17	0. 4	47	0. 2	47	0. 5	13	0. 6
181	7. 9	407	9. 1	1 918	6. 5	386	3. 9	168	8. 4
172	7. 4	381	8. 4	2 067	6. 7	331	3. 3	187	9. 0
6	0. 3	6	0. 1	36	0. 1	28	0. 3	10	0. 5
-	-	3	0. 1	6	-	1	-	1	-
2	0. 1	5	0. 1	5	-	41	0. 4	2	0. 1
-	-	-	-	-	-	2	-	-	-
69	3. 0	82	1. 8	154	0. 5	144	1. 5	44	2. 2
13	0. 6	17	0. 4	60	0. 2	48	0. 5	13	0. 6
37	1. 6	48	1. 1	222	0. 7	63	0. 6	11	0. 5
24	1. 0	21	0. 5	145	0. 5	31	0. 3	11	0. 5
230	10. 0	231	5. 2	902	3. 0	452	4. 6	31	1. 5
86	3. 7	64	1. 4	379	1. 2	216	2. 2	17	0. 8
315	13. 7	608	13. 6	1 856	6. 3	727	7. 4	67	3. 3
413	17. 7	696	15. 3	2 544	8. 2	718	7. 2	54	2. 6

Source : WHO Mortality Database
Data for Japan is from Vital Statistics compiled by the Ministry of Health, Labour and Welfare.

Ⅲ 参　　考

◎用語の説明

・略称

【死因名】

死因簡単分類コード	分類名	略称
20100	不慮の事故	
20101	交通事故	交通事故
20102	転倒・転落	転倒・転落
20103	不慮の溺死及び溺水	溺死
20104	不慮の窒息	窒息
20105	煙、火及び火炎への曝露	火災
20106	有害物質による不慮の中毒及び有害物質への曝露	中毒
20107	その他の不慮の事故	その他

【発生場所】

発生場所	略称	具体例
家（庭）	家庭	住宅、農家、アパート、私有地、車庫　等
居住施設	居住施設	乳児院、老人ホーム、刑務所、寄宿舎　等
学校、施設及び公共の地域	公共の地域	学校、公民館、幼稚園、保育園、郵便局、病院、映画館　等
スポーツ施設及び競技施設	スポーツ施設	ゴルフコース、スケートリンク、テニスコート、体育館、野球場　等
街路及びハイウェイ	街路	道路、歩道、高速自動車道路、無料高速道路　等
商業及びサービス施設	商業等施設	小売店、デパート、商店街、ガソリンスタンド、銀行、ホテル、旅館　等
工業用地域及び建築現場	工業用地域	工場の敷地・建物、作業場、鉱山、発電所　等
農場	農場	牧場、農場　等
その他の明示された場所	その他	海、森林、川、草原、遊園地、動物園、駐車場、公園　等
詳細不明の場所	詳細不明	

Part Ⅲ　References

◉ Explanation of terms

• Short title

[Cause of death]

Simple classification code for cause of death	Classification	Short title
20100	Accidental death	
20101	Traffic accident	Traffic accident
20102	Fall	Fall
20103	Accidental drowning or near drowing	Drowning
20104	Accidental suffocation	Suffocation
20105	Exposure to smoke, fire and flame	Fire
20106	Accidental poisoning by hazardous substance and exposure to such substance	Poisoning
20107	Other accidents	Others

[Site of occurrence]

Occurrence site	Short title	Examples
Home (garden)	Home	House, Farmhouse, Apartment house, Private land, Garage, etc.
Housing facilities	Housing facilities	Infant home, Nursing home for the aged, Prison, Boarding house, etc.
Schools, facilities, and public areas	Public areas	School, Community center, Kindergarten, Nursery school, Post office, Hospital, Movie theater, etc.
Sports and atheletic facilities	Sport facilities	Golf course, Skating rink, Tennis court, Gym, Baseball field, etc.
Streets and highways	Streets	Road, sidewalk, Expressway, Freeway, etc.
Commercial and service	Commercial facilities	Retail shop, Department store, Shopping street, Gas station, Bank, Hotel, Inn, etc.
Industrial areas and building sites	Industrial areas	Factory site and building, Workplace, Mine, Power plant, etc.
Farms	Farms	Stock farm, Farm, etc.
Other specified places	Others	Sea, Forest, River, Grassland, Amusement park, Zoo, Parking lot, Park, etc.
Uncertain places	Uncertain	

付　　　録

Appendix

第１表　年次・性・年齢階級別人口（５歳階級）
Table 1. Trends in population by sex and age (five-year age group),

総数　Total

年齢 Age	1935 ＊昭和10年	1950 ＊25年	1955 ＊30年	1960 ＊35年	1965 ＊40年	1970 ＊45年	1975 ＊50年	1980 ＊55年	1985 ＊60年	1990 ＊平成2年	1995 ＊7年	1996 8年
総 数 Total	69 254 148	83 199 637	89 275 529	93 418 501	98 274 961	103 119 447	111 251 507	116 320 358	120 265 700	122 721 397	124 298 947	124 709 000
0歳 Years	2 035 909	2 315 990	1 709 339	1 576 913	1 742 531	1 865 005	1 901 354	1 575 479	1 440 749	1 209 432	1 182 029	1 184 000
1	1 846 556	2 522 681	1 710 091	1 594 841	1 658 677	1 850 084	2 015 702	1 625 202	1 487 509	1 255 866	1 191 561	1 175 000
2	1 845 254	2 479 988	1 817 775	1 549 114	1 613 816	1 805 949	2 050 225	1 694 611	1 502 212	1 296 804	1 176 303	1 191 000
3	1 818 641	2 346 977	1 939 180	1 513 111	1 567 441	1 810 654	2 007 135	1 737 550	1 504 975	1 338 803	1 199 265	1 176 000
4	1 782 141	1 539 821	2 071 356	1 610 454	1 551 018	1 414 397	1 960 329	1 825 238	1 520 961	1 368 885	1 200 465	1 200 000
0～4	9 328 501	11 205 457	9 247 741	7 844 433	8 133 483	8 746 089	9 934 745	8 458 080	7 456 400	6 469 790	5 949 623	5 925 000
5～9	8 531 419	9 522 665	11 042 592	9 204 635	7 849 292	8 100 003	8 877 006	9 966 787	8 492 500	7 436 656	6 493 110	6 330 000
10～14	7 685 247	8 699 917	9 507 817	11 017 538	9 183 407	7 799 284	8 223 394	8 900 365	9 972 000	8 495 909	7 424 703	7 285 000
15～19	6 640 917	8 567 668	8 625 519	9 308 538	10 851 888	8 998 395	7 891 996	8 215 420	8 917 600	9 967 712	8 491 929	8 181 000
20～24	6 071 071	7 725 542	8 403 243	8 318 450	9 068 689	10 594 925	9 007 448	7 783 812	8 177 400	8 721 441	9 765 295	9 691 000
25～29	5 240 083	6 185 120	7 604 328	8 209 360	8 363 829	9 037 118	10 730 221	8 976 957	7 753 200	7 976 511	8 614 403	9 135 000
30～34	4 632 637	5 202 237	6 116 932	7 517 805	8 257 330	8 327 691	9 193 706	10 708 629	9 034 200	7 713 009	7 968 686	7 845 000
35～39	4 045 846	5 048 073	5 115 126	6 038 030	7 498 539	8 170 903	8 378 792	9 151 151	10 676 700	8 945 897	7 709 028	7 650 000
40～44	3 406 011	4 482 980	4 945 330	5 019 130	5 961 402	7 305 820	8 189 237	8 296 039	9 047 700	10 617 643	8 916 937	8 506 000
45～49	3 112 834	4 004 549	4 367 173	4 816 559	4 921 811	5 839 717	7 329 028	8 057 805	8 193 300	8 989 654	10 544 944	11 115 000
50～54	2 832 875	3 388 668	3 849 490	4 201 390	4 657 998	4 776 975	5 747 161	7 170 337	7 869 200	8 068 623	8 867 530	8 434 000
55～59	2 571 137	2 749 029	3 205 514	3 641 207	4 002 009	4 401 704	4 648 187	5 582 330	6 965 100	7 713 773	7 912 482	8 074 000
60～64	1 930 611	2 303 895	2 496 593	2 931 617	3 344 459	3 709 919	4 263 359	4 442 551	5 359 200	6 735 670	7 445 934	7 586 000
65～69	1 387 092	1 770 715	1 967 019	2 160 402	2 562 311	2 973 692	3 435 492	3 947 606	4 165 300	5 090 871	6 373 007	6 532 000
70～74	913 423	1 281 608	1 392 662	1 563 804	1 744 561	2 127 751	2 567 573	3 012 121	3 532 300	3 809 840	4 674 557	4 973 000
75～79	561 804	685 653	875 701	954 678	1 095 914	1 265 890	1 636 768	2 030 820	2 434 500	3 014 473	3 276 736	3 370 000
80～84	263 979	275 783	377 787	482 925	528 116	648 477	807 299	1 091 136	1 446 900	1 831 720	2 293 864	2 373 000
85～89	82 255	79 053	111 355	155 813	199 158	229 325	308 519	409 300	586 400	832 886	1 134 102	1 228 000
90～94	16 406	16 355	22 767	32 187	50 765	65 769	81 576	119 112	185 600	289 319	442 077	473 000
95～99	…	…	…	…	…	…	…	…	…	…	…	…
100～	…	…	…	…	…	…	…	…	…	…	…	…
65～(再掲) (Regrouped)	3 224 959	4 109 167	4 747 291	5 349 809	6 180 825	7 310 904	8 837 227	10 610 095	12 350 900	14 869 109	18 194 343	18 950 000
80～	362 640	371 191	511 909	670 925	778 039	943 571	1 197 394	1 619 548	2 218 900	2 953 925	3 870 043	4 074 000
85～	98 661	95 408	134 122	188 000	249 923	295 094	390 095	528 412	772 000	1 122 205	1 576 179	1 701 000

注：１）各年次の人口は10月１日現在。＊は国勢調査人口である。
　　２）昭和45年、50年、55年、平成２年（按分済み人口）、７年、12年（按分済み人口）、17年（按分済み人口）については、国勢調査確定数。
　　３）昭和60年は「昭和60年国勢調査抽出速報集計結果」による。
　　４）昭和25年は4,670（男2,280・女2,390）、昭和30年は840（男420・女420）の年齢不詳を含む。
　　５）平成16年までの90～94歳は、90歳以上の数値である。

昭和10・25・30・35・40・45・50・55・60・平成2・7～20年
1935, 1950, 1955,1960, 1965, 1970, 1975, 1980, 1985, 1990 and 1995-2008

1997 9年	1998 10年	1999 11年	2000 ＊12年	2001 13年	2002 14年	2003 15年	2004 16年	2005 ＊17年	2006 18年	2007 19年	2008 20年
124 963 000	125 252 000	125 432 000	125 612 633	125 908 000	126 008 000	126 139 000	126 176 000	126 204 902	126 154 000	126 085 000	125 947 000
1 189 000	1 195 000	1 178 000	1 162 866	1 165 000	1 157 000	1 121 000	1 107 000	1 050 771	1 073 000	1 082 000	1 088 000
1 176 000	1 182 000	1 187 000	1 157 204	1 157 000	1 159 000	1 149 000	1 112 000	1 085 168	1 044 000	1 065 000	1 075 000
1 174 000	1 175 000	1 180 000	1 182 975	1 157 000	1 157 000	1 158 000	1 147 000	1 109 516	1 083 000	1 041 000	1 063 000
1 189 000	1 173 000	1 174 000	1 180 526	1 184 000	1 159 000	1 156 000	1 157 000	1 143 356	1 109 000	1 082 000	1 040 000
1 175 000	1 188 000	1 172 000	1 176 402	1 181 000	1 187 000	1 160 000	1 156 000	1 158 584	1 143 000	1 108 000	1 081 000
5 903 000	5 913 000	5 891 000	5 859 973	5 844 000	5 818 000	5 744 000	5 679 000	5 547 395	5 451 000	5 379 000	5 347 000
6 187 000	6 059 000	5 986 000	5 984 829	5 952 000	5 934 000	5 936 000	5 889 000	5 899 562	5 872 000	5 823 000	5 736 000
7 125 000	6 933 000	6 713 000	6 507 152	6 332 000	6 196 000	6 073 000	6 015 000	5 990 607	5 961 000	5 936 000	5 935 000
7 941 000	7 743 000	7 591 000	7 433 115	7 276 000	7 118 000	6 919 000	6 686 000	6 523 659	6 348 000	6 202 000	6 074 000
9 459 000	9 138 000	8 768 000	8 300 297	8 040 000	7 829 000	7 653 000	7 506 000	7 192 988	7 115 000	7 024 000	6 870 000
9 312 000	9 543 000	9 708 000	9 626 221	9 512 000	9 237 000	8 906 000	8 547 000	8 097 834	7 791 000	7 555 000	7 379 000
8 093 000	8 296 000	8 492 000	8 608 881	9 131 000	9 293 000	9 502 000	9 626 000	9 592 355	9 440 000	9 157 000	8 788 000
7 683 000	7 729 000	7 768 000	7 978 061	7 852 000	8 100 000	8 302 000	8 493 000	8 592 843	9 087 000	9 236 000	9 419 000
8 121 000	7 883 000	7 794 000	7 706 162	7 643 000	7 679 000	7 731 000	7 775 000	7 968 660	7 833 000	8 066 000	8 248 000
10 711 000	10 104 000	9 364 000	8 845 461	8 437 000	8 060 000	7 835 000	7 758 000	7 650 199	7 586 000	7 619 000	7 660 000
8 788 000	9 308 000	9 794 000	10 391 001	10 946 000	10 535 000	9 938 000	9 224 000	8 743 818	8 333 000	7 962 000	7 731 000
8 283 000	8 488 000	8 852 000	8 698 453	8 275 000	8 604 000	9 114 000	9 582 000	10 223 859	10 752 000	10 359 000	9 764 000
7 667 000	7 679 000	7 597 000	7 711 606	7 879 000	8 061 000	8 262 000	8 609 000	8 526 772	8 092 000	8 419 000	8 902 000
6 689 000	6 834 000	6 928 000	7 091 585	7 249 000	7 345 000	7 374 000	7 312 000	7 422 967	7 585 000	7 797 000	7 999 000
5 242 000	5 497 000	5 718 000	5 889 998	6 040 000	6 191 000	6 338 000	6 444 000	6 634 850	6 786 000	6 893 000	6 927 000
3 507 000	3 676 000	3 911 000	4 139 567	4 414 000	4 656 000	4 881 000	5 082 000	5 261 100	5 393 000	5 545 000	5 685 000
2 418 000	2 462 000	2 460 000	2 609 499	2 711 000	2 845 000	3 009 000	3 222 000	3 409 137	3 644 000	3 851 000	4 044 000
1 308 000	1 388 000	1 462 000	1 530 334	1 602 000	1 654 000	1 694 000	1 713 000	1 848 497	1 933 000	2 043 000	2 165 000
525 000	582 000	637 000	700 438	772 000	854 000	929 000	1 013 000	841 086	888 000	924 000	951 000
…	…	…	…	…	…	…	…	211 356	235 000	260 000	285 000
…	…	…	…	…	…	…	…	25 358	29 000	35 000	41 000
19 690 000	20 438 000	21 115 000	21 961 421	22 788 000	23 544 000	24 224 000	24 788 000	25 654 351	26 492 000	27 347 000	28 096 000
4 252 000	4 431 000	4 559 000	4 840 271	5 085 000	5 353 000	5 631 000	5 949 000	6 335 434	6 728 000	7 112 000	7 486 000
1 833 000	1 969 000	2 099 000	2 230 772	2 374 000	2 508 000	2 622 000	2 727 000	2 926 297	3 084 000	3 262 000	3 441 000

Notes: 1) Population for each year is as of October 1. Figures with * indicate Census population.
2) Figures for 1970, 1975, 1980 and 1990 (allocated population), 1995, 2000 (allocated population), and 2005 (allocated population) are confirmed by Census.
3) Figures for 1985 are based on "Sampling Report of Census 1985".
4) Figures include age unknown for 1950: 4,670 (male: 2,280 and female: 2,390), and for 1955: 840 (male: 420 and female: 420).
5) Figures for "90 - 94 years old" up to 2004 are for 90 years old or older.

第１表　年次・性・年齢階級別人口（５歳階級）
Table 1. Trends in population by sex and age (five-year age group),

男　Male

年齢 Age	1935 ＊昭和10年	1950 ＊25年	1955 ＊30年	1960 ＊35年	1965 ＊40年	1970 ＊45年	1975 ＊50年	1980 ＊55年	1985 ＊60年	1990 ＊平成2年	1995 ＊7年	1996 8年
総 数 Total	34 734 133	40 811 760	43 860 718	45 877 602	48 244 445	50 600 539	54 724 867	57 201 287	59 044 000	60 248 969	60 919 153	61 115 000
0歳 Years	1 031 081	1 182 171	875 952	807 846	889 632	957 461	974 414	808 148	735 048	619 479	604 314	608 000
1	933 210	1 286 543	874 643	816 090	846 307	948 418	1 034 450	834 136	758 706	643 662	610 178	601 000
2	931 018	1 264 541	927 800	791 599	822 780	925 700	1 049 878	867 993	766 449	665 455	602 272	610 000
3	918 975	1 198 969	989 687	773 432	799 563	927 176	1 029 702	890 554	768 066	686 158	614 948	602 000
4	899 717	786 266	1 058 248	823 596	791 299	723 750	1 005 209	936 007	776 930	702 613	614 947	615 000
0～4	4 714 001	5 718 490	4 726 330	4 012 563	4 149 581	4 482 505	5 093 653	4 336 838	3 805 200	3 317 367	3 046 659	3 036 000
5～9	4 303 263	4 825 426	5 636 491	4 702 331	3 995 011	4 140 644	4 552 267	5 109 227	4 337 800	3 810 008	3 325 548	3 242 000
10～14	3 876 774	4 400 387	4 815 800	5 620 477	4 670 170	3 976 006	4 207 013	4 564 462	5 085 500	4 358 230	3 799 992	3 730 000
15～19	3 350 713	4 317 567	4 341 369	4 677 763	5 478 341	4 538 341	4 011 716	4 194 921	4 556 700	5 107 977	4 352 058	4 195 000
20～24	3 036 783	3 835 815	4 196 415	4 125 266	4 496 297	5 279 558	4 531 815	3 932 017	4 171 800	4 437 613	4 979 898	4 952 000
25～29	2 670 248	2 821 898	3 775 382	4 094 656	4 157 028	4 490 569	5 392 687	4 513 252	3 924 500	4 035 709	4 369 726	4 637 000
30～34	2 379 492	2 360 240	2 797 239	3 746 898	4 147 254	4 158 837	4 597 513	5 388 380	4 541 300	3 891 907	4 034 652	3 973 000
35～39	2 093 446	2 376 105	2 319 498	2 763 208	3 747 509	4 102 995	4 190 146	4 568 728	5 388 600	4 499 773	3 889 083	3 862 000
40～44	1 767 627	2 198 955	2 324 750	2 274 344	2 729 666	3 647 406	4 107 047	4 137 879	4 493 600	5 333 198	4 482 072	4 277 000
45～49	1 591 179	2 018 848	2 135 515	2 256 804	2 224 594	2 656 868	3 638 962	4 016 696	4 052 900	4 471 972	5 289 590	5 575 000
50～54	1 404 376	1 719 275	1 929 249	2 040 674	2 172 903	2 139 891	2 597 119	3 531 231	3 898 200	3 990 975	4 393 729	4 182 000
55～59	1 255 092	1 378 661	1 607 703	1 802 182	1 930 469	2 028 700	2 057 581	2 494 018	3 391 200	3 781 532	3 885 871	3 968 000
60～64	916 820	1 109 567	1 226 793	1 437 574	1 625 089	1 746 039	1 924 318	1 932 902	2 348 700	3 234 444	3 597 767	3 668 000
65～69	630 008	795 919	919 056	1 026 993	1 218 867	1 393 260	1 563 671	1 734 457	1 770 900	2 189 318	2 987 287	3 075 000
70～74	394 223	540 291	593 776	693 566	788 994	958 330	1 143 548	1 312 106	1 486 100	1 556 586	1 931 305	2 109 000
75～79	224 829	267 690	342 059	376 706	451 871	530 763	686 223	845 842	996 700	1 196 534	1 254 390	1 276 000
80～84	95 043	95 589	133 192	169 144	186 946	240 917	307 179	416 672	547 500	678 463	821 596	848 000
85～89	25 930	24 507	33 852	48 193	60 127	71 438	100 742	138 497	191 600	275 903	361 022	386 000
90～94	4 286	4 250	5 829	8 260	13 728	17 472	21 667	33 162	55 200	81 460	116 908	123 000
95～99	…	…	…	…	…	…	…	…	…	…	…	…
100～	…	…	…	…	…	…	…	…	…	…	…	…
65～(再掲) (Regrouped)	1 374 319	1 728 246	2 027 764	2 322 862	2 720 533	3 212 180	3 823 030	4 480 736	5 048 100	5 978 264	7 472 508	7 816 000
80～	125 259	124 346	172 873	225 597	260 801	329 827	429 588	588 331	794 300	1 035 826	1 299 526	1 357 000
85～	30 216	28 757	39 681	56 453	73 855	88 910	122 409	171 659	246 800	357 363	477 930	509 000

注：１）各年次の人口は10月１日現在。＊は国勢調査人口である。
２）昭和45年、50年、55年、平成２年（按分済み人口）、７年、12年（按分済み人口）、17年（按分済み人口）については、国勢調査確定数。
３）昭和60年は「昭和60年国勢調査抽出速報集計結果」による。
４）昭和25年は4, 670（男2, 280・女2, 390）、昭和30年は840（男420・女420）の年齢不詳を含む。
５）平成16年までの90～94歳は、90歳以上の数値である。

昭和10・25・30・35・40・45・50・55・60・平成2・7～20年

1935, 1950, 1955,1960, 1965, 1970, 1975, 1980, 1985, 1990 and 1995-2008

1997 9年	1998 10年	1999 11年	2000 ＊12年	2001 13年	2002 14年	2003 15年	2004 16年	2005 ＊17年	2006 18年	2007 19年	2008 20年
61 210 000	61 311 000	61 358 000	61 488 005	61 595 000	61 591 000	61 620 000	61 597 000	61 617 893	61 568 000	61 511 000	61 424 000
609 000	613 000	604 000	596 408	599 000	594 000	575 000	567 000	537 066	550 000	555 000	558 000
604 000	606 000	609 000	592 634	593 000	595 000	590 000	571 000	555 088	533 000	547 000	551 000
600 000	604 000	605 000	605 988	593 000	594 000	595 000	589 000	568 711	554 000	532 000	545 000
609 000	600 000	603 000	603 757	606 000	594 000	593 000	594 000	586 089	568 000	554 000	532 000
602 000	609 000	599 000	602 842	604 000	608 000	594 000	593 000	594 211	586 000	568 000	553 000
3 024 000	3 031 000	3 020 000	3 001 629	2 995 000	2 984 000	2 947 000	2 914 000	2 841 165	2 792 000	2 755 000	2 740 000
3 170 000	3 104 000	3 066 000	3 066 297	3 050 000	3 039 000	3 039 000	3 015 000	3 024 316	3 011 000	2 986 000	2 942 000
3 648 000	3 551 000	3 439 000	3 334 963	3 245 000	3 176 000	3 112 000	3 082 000	3 071 059	3 055 000	3 041 000	3 040 000
4 072 000	3 969 000	3 889 000	3 808 608	3 730 000	3 650 000	3 551 000	3 431 000	3 354 802	3 260 000	3 182 000	3 114 000
4 839 000	4 680 000	4 494 000	4 254 807	4 126 000	4 021 000	3 932 000	3 858 000	3 688 907	3 656 000	3 613 000	3 536 000
4 731 000	4 851 000	4 944 000	4 894 452	4 836 000	4 699 000	4 539 000	4 366 000	4 118 834	3 966 000	3 850 000	3 767 000
4 099 000	4 200 000	4 298 000	4 365 637	4 630 000	4 707 000	4 810 000	4 875 000	4 866 021	4 792 000	4 651 000	4 467 000
3 880 000	3 904 000	3 922 000	4 035 168	3 970 000	4 090 000	4 190 000	4 284 000	4 346 968	4 600 000	4 680 000	4 775 000
4 085 000	3 964 000	3 918 000	3 882 767	3 852 000	3 866 000	3 893 000	3 914 000	4 020 793	3 953 000	4 074 000	4 167 000
5 367 000	5 059 000	4 685 000	4 436 003	4 233 000	4 043 000	3 932 000	3 891 000	3 837 649	3 808 000	3 827 000	3 853 000
4 366 000	4 630 000	4 878 000	5 186 499	5 461 000	5 250 000	4 951 000	4 596 000	4 361 543	4 158 000	3 976 000	3 862 000
4 071 000	4 171 000	4 346 000	4 274 659	4 066 000	4 236 000	4 495 000	4 733 000	5 064 582	5 323 000	5 124 000	4 828 000
3 708 000	3 713 000	3 674 000	3 739 992	3 821 000	3 911 000	4 009 000	4 172 000	4 148 525	3 935 000	4 102 000	4 345 000
3 154 000	3 221 000	3 266 000	3 352 690	3 432 000	3 480 000	3 496 000	3 470 000	3 543 105	3 625 000	3 727 000	3 825 000
2 279 000	2 441 000	2 565 000	2 666 691	2 745 000	2 819 000	2 889 000	2 941 000	3 040 918	3 119 000	3 177 000	3 199 000
1 315 000	1 376 000	1 484 000	1 621 115	1 776 000	1 921 000	2 054 000	2 161 000	2 256 826	2 324 000	2 398 000	2 464 000
860 000	870 000	862 000	913 181	939 000	978 000	1 034 000	1 125 000	1 221 288	1 343 000	1 457 000	1 562 000
408 000	430 000	451 000	476 535	498 000	512 000	521 000	524 000	554 715	575 000	605 000	643 000
134 000	147 000	157 000	176 312	191 000	210 000	226 000	246 000	210 661	221 000	229 000	235 000
…	…	…	…	…	…	…	…	41 455	45 000	50 000	55 000
…	…	…	…	…	…	…	…	3 761	4 000	5 000	6 000
8 150 000	8 485 000	8 784 000	9 206 524	9 581 000	9 920 000	10 220 000	10 467 000	10 872 729	11 257 000	11 649 000	11 988 000
1 402 000	1 447 000	1 470 000	1 566 028	1 628 000	1 700 000	1 780 000	1 894 000	2 031 880	2 189 000	2 347 000	2 500 000
542 000	577 000	608 000	652 847	689 000	722 000	747 000	769 000	810 592	846 000	890 000	938 000

Notes: 1) Population for each year is as of October 1. Figures with * indicate Census population.
2) Figures for 1970, 1975, 1980 and 1990 (allocated population), 1995, 2000 (allocated population), and 2005 (allocated population) are confirmed by Census.
3) Figures for 1985 are based on "Sampling Report of Census 1985".
4) Figures include age unknown for 1950: 4,670 (male: 2,280 and female: 2,390), and for 1955: 840 (male: 420 and female: 420).
5) Figures for "90 - 94 years old" up to 2004 are for 90 years old or older.

第１表　年次・性・年齢階級別人口（５歳階級）
Table 1. Trends in population by sex and age (five-year age group),

女　Female

年齢 Age	1935 ＊昭和10年	1950 ＊25年	1955 ＊30年	1960 ＊35年	1965 ＊40年	1970 ＊45年	1975 ＊50年	1980 ＊55年	1985 ＊60年	1990 ＊平成2年	1995 ＊7年	1996 8年
総数 Total	34 520 015	42 387 877	45 414 811	47 540 899	50 030 516	52 518 908	56 526 640	59 119 071	61 221 700	62 472 428	63 379 794	63 594 000
0歳 Years	1 004 828	1 133 819	833 387	769 067	852 899	907 544	926 940	767 331	705 701	589 953	577 715	576 000
1	913 346	1 236 138	835 448	778 751	812 370	901 666	981 252	791 066	728 803	612 204	581 383	574 000
2	914 236	1 215 447	889 975	757 515	791 036	880 249	1 000 347	826 618	735 763	631 349	574 031	581 000
3	899 666	1 148 008	949 493	739 679	767 878	883 478	977 433	846 996	736 908	652 645	584 317	574 000
4	882 424	753 555	1 013 108	786 858	759 719	690 647	955 120	889 231	744 031	666 272	585 518	584 000
0～4	4 614 500	5 486 967	4 521 411	3 831 870	3 983 902	4 263 584	4 841 092	4 121 242	3 651 200	3 152 423	2 902 964	2 889 000
5～9	4 228 156	4 697 239	5 406 101	4 502 304	3 854 281	3 959 359	4 324 739	4 857 560	4 154 700	3 626 648	3 167 562	3 088 000
10～14	3 808 473	4 299 530	4 692 017	5 397 061	4 513 237	3 823 278	4 016 381	4 335 903	4 886 500	4 137 679	3 624 711	3 555 000
15～19	3 290 204	4 250 101	4 284 150	4 630 775	5 373 547	4 460 054	3 880 280	4 020 499	4 360 900	4 859 735	4 139 871	3 986 000
20～24	3 034 288	3 889 727	4 206 828	4 193 184	4 572 392	5 315 367	4 475 633	3 851 795	4 005 700	4 283 828	4 785 397	4 739 000
25～29	2 569 835	3 363 222	3 828 946	4 114 704	4 206 801	4 546 549	5 337 534	4 463 705	3 828 700	3 940 802	4 244 677	4 498 000
30～34	2 253 145	2 841 997	3 319 693	3 770 907	4 110 076	4 168 854	4 596 193	5 320 249	4 492 900	3 821 102	3 934 034	3 872 000
35～39	1 952 400	2 671 968	2 795 628	3 274 822	3 751 030	4 067 908	4 188 646	4 582 423	5 288 100	4 446 124	3 819 945	3 788 000
40～44	1 638 384	2 284 025	2 620 580	2 744 786	3 231 736	3 658 414	4 082 190	4 158 160	4 554 200	5 284 445	4 434 865	4 229 000
45～49	1 521 655	1 985 701	2 231 658	2 559 755	2 697 217	3 182 849	3 690 066	4 041 109	4 140 400	4 517 682	5 255 354	5 541 000
50～54	1 428 499	1 669 393	1 920 241	2 160 716	2 485 095	2 637 084	3 150 042	3 639 106	3 971 000	4 077 648	4 473 801	4 252 000
55～59	1 316 045	1 370 368	1 597 811	1 839 025	2 071 540	2 373 004	2 590 606	3 088 312	3 573 900	3 932 241	4 026 611	4 107 000
60～64	1 013 791	1 194 328	1 269 800	1 494 043	1 719 370	1 963 880	2 339 041	2 509 649	3 010 500	3 501 226	3 848 167	3 918 000
65～69	757 084	974 796	1 047 963	1 133 409	1 343 444	1 580 432	1 871 821	2 213 149	2 394 300	2 901 553	3 385 720	3 458 000
70～74	519 200	741 317	798 886	870 238	955 567	1 169 421	1 424 025	1 700 015	2 046 200	2 253 254	2 743 252	2 864 000
75～79	336 975	417 963	533 642	577 972	644 043	735 127	950 545	1 184 978	1 437 700	1 817 939	2 022 346	2 095 000
80～84	168 936	180 194	244 595	313 781	341 170	407 560	500 120	674 464	899 400	1 153 257	1 472 268	1 526 000
85～89	56 325	54 546	77 503	107 620	139 031	157 887	207 777	270 803	394 900	556 983	773 080	841 000
90～94	12 120	12 105	16 938	23 927	37 037	48 297	59 909	85 950	130 400	207 859	325 169	350 000
95～99	…	…	…	…	…	…	…	…	…	…	…	…
100～	…	…	…	…	…	…	…	…	…	…	…	…
65～(再掲) (Regrouped)	1 850 640	2 380 921	2 719 527	3 026 947	3 460 292	4 098 724	5 014 197	6 129 359	7 302 800	8 890 845	10 721 835	11 134 000
80～	237 381	246 845	339 036	445 328	517 238	613 744	767 806	1 031 217	1 424 700	1 918 099	2 570 517	2 717 000
85～	68 445	66 651	94 441	131 547	176 068	206 184	267 686	356 753	525 300	764 842	1 098 249	1 192 000

注：１）各年次の人口は10月１日現在。＊は国勢調査人口である。
２）昭和45年、50年、55年、平成２年（按分済み人口）、７年、12年（按分済み人口）、17年（按分済み人口）については、国勢調査確定数。
３）昭和60年は「昭和60年国勢調査抽出速報集計結果」による。
４）昭和25年は4,670（男2,280・女2,390）、昭和30年は840（男420・女420）の年齢不詳を含む。
５）平成16年までの90～94歳は、90歳以上の数値である。

昭和10・25・30・35・40・45・50・55・60・平成2・7～20年
1935, 1950, 1955,1960, 1965, 1970, 1975, 1980, 1985, 1990 and 1995-2008

1997 9年	1998 10年	1999 11年	2000 ＊12年	2001 13年	2002 14年	2003 15年	2004 16年	2005 ＊17年	2006 18年	2007 19年	2008 20年
63 753 000	63 941 000	64 074 000	64 124 628	64 313 000	64 417 000	64 520 000	64 579 000	64 587 009	64 586 000	64 574 000	64 523 000
580 000	582 000	574 000	566 458	567 000	563 000	545 000	540 000	513 705	522 000	527 000	530 000
572 000	576 000	578 000	564 570	563 000	563 000	559 000	541 000	530 080	510 000	519 000	523 000
574 000	572 000	576 000	576 987	565 000	563 000	563 000	559 000	540 805	529 000	509 000	518 000
580 000	573 000	571 000	576 769	577 000	566 000	563 000	563 000	557 267	540 000	529 000	509 000
573 000	580 000	573 000	573 560	577 000	579 000	566 000	563 000	564 373	557 000	540 000	528 000
2 879 000	2 883 000	2 871 000	2 858 344	2 849 000	2 834 000	2 797 000	2 765 000	2 706 230	2 659 000	2 624 000	2 608 000
3 017 000	2 955 000	2 919 000	2 918 532	2 902 000	2 896 000	2 897 000	2 874 000	2 875 246	2 861 000	2 837 000	2 794 000
3 477 000	3 382 000	3 274 000	3 172 189	3 088 000	3 021 000	2 961 000	2 933 000	2 919 548	2 906 000	2 895 000	2 895 000
3 869 000	3 774 000	3 701 000	3 624 507	3 546 000	3 467 000	3 368 000	3 256 000	3 168 857	3 089 000	3 019 000	2 959 000
4 620 000	4 457 000	4 273 000	4 045 490	3 914 000	3 807 000	3 721 000	3 649 000	3 504 081	3 459 000	3 411 000	3 334 000
4 581 000	4 692 000	4 765 000	4 731 769	4 676 000	4 538 000	4 367 000	4 181 000	3 979 000	3 825 000	3 705 000	3 612 000
3 994 000	4 095 000	4 194 000	4 243 244	4 502 000	4 586 000	4 692 000	4 751 000	4 726 334	4 648 000	4 507 000	4 321 000
3 803 000	3 825 000	3 845 000	3 942 893	3 882 000	4 010 000	4 111 000	4 208 000	4 245 875	4 487 000	4 556 000	4 644 000
4 036 000	3 918 000	3 876 000	3 823 395	3 791 000	3 813 000	3 838 000	3 861 000	3 947 867	3 881 000	3 992 000	4 080 000
5 344 000	5 046 000	4 680 000	4 409 458	4 205 000	4 017 000	3 903 000	3 867 000	3 812 550	3 777 000	3 791 000	3 807 000
4 422 000	4 678 000	4 915 000	5 204 502	5 485 000	5 285 000	4 988 000	4 628 000	4 382 275	4 175 000	3 986 000	3 869 000
4 212 000	4 317 000	4 506 000	4 423 794	4 210 000	4 368 000	4 619 000	4 849 000	5 159 277	5 429 000	5 235 000	4 936 000
3 960 000	3 965 000	3 923 000	3 971 614	4 058 000	4 150 000	4 254 000	4 437 000	4 378 247	4 156 000	4 317 000	4 557 000
3 536 000	3 612 000	3 662 000	3 738 895	3 817 000	3 865 000	3 878 000	3 842 000	3 879 862	3 961 000	4 070 000	4 174 000
2 962 000	3 056 000	3 153 000	3 223 307	3 294 000	3 371 000	3 449 000	3 503 000	3 593 932	3 667 000	3 716 000	3 728 000
2 192 000	2 300 000	2 427 000	2 518 452	2 638 000	2 735 000	2 826 000	2 921 000	3 004 274	3 069 000	3 147 000	3 221 000
1 558 000	1 592 000	1 598 000	1 696 318	1 772 000	1 867 000	1 975 000	2 098 000	2 187 849	2 300 000	2 394 000	2 482 000
900 000	958 000	1 011 000	1 053 799	1 104 000	1 142 000	1 173 000	1 190 000	1 293 782	1 358 000	1 438 000	1 522 000
391 000	435 000	480 000	524 126	581 000	643 000	702 000	768 000	630 425	667 000	694 000	716 000
…	…	…	…	…	…	…	…	169 901	190 000	210 000	231 000
…	…	…	…	…	…	…	…	21 597	24 000	30 000	35 000
11 540 000	11 953 000	12 331 000	12 754 897	13 206 000	13 625 000	14 004 000	14 321 000	14 781 622	15 235 000	15 699 000	16 108 000
2 850 000	2 985 000	3 089 000	3 274 243	3 457 000	3 653 000	3 851 000	4 055 000	4 303 554	4 539 000	4 765 000	4 985 000
1 291 000	1 393 000	1 490 000	1 577 925	1 685 000	1 786 000	1 875 000	1 957 000	2 115 705	2 238 000	2 372 000	2 503 000

Notes: 1) Population for each year is as of October 1. Figures with * indicate Census population.
2) Figures for 1970, 1975, 1980 and 1990 (allocated population), 1995, 2000 (allocated population), and 2005 (allocated population) are confirmed by Census.
3) Figures for 1985 are based on "Sampling Report of Census 1985".
4) Figures include age unknown for 1950: 4,670 (male: 2,280 and female: 2,390), and for 1955: 840 (male: 420 and female: 420).
5) Figures for "90 - 94 years old" up to 2004 are for 90 years old or older.

第２表　年次・都道府県・性別人口

Table 2. Trends in population by prefecture and sex, 1935, 1950,

総数

Total

都道府県 Prefecture	1935 ＊昭和10年	1950 ＊25年	1955 ＊30年	1960 ＊35年	1965 ＊40年	1970 ＊45年	1975 ＊50年	1980 ＊55年	1985 ＊60年	1990 ＊平成2年	1995 ＊7年	1996 8年
全国 Total	69 254 148	83 199 637	89 275 529	93 418 501	98 274 961	103 119 447	111 251 507	116 320 358	120 265 700	122 721 397	124 298 947	124 709 000
01 北海道	3 068 282	4 295 567	4 773 087	5 039 206	5 171 800	5 177 286	5 330 284	5 566 372	5 688 500	5 635 049	5 675 838	5 689 000
02 青森	967 129	1 282 867	1 382 523	1 426 606	1 416 591	1 425 702	1 466 742	1 521 778	1 521 200	1 480 947	1 478 123	1 480 000
03 岩手	1 046 111	1 346 728	1 427 097	1 448 517	1 411 118	1 369 948	1 383 931	1 420 078	1 454 600	1 415 036	1 416 864	1 417 000
04 宮城	1 234 801	1 663 442	1 727 065	1 743 195	1 753 126	1 815 282	1 950 790	2 076 657	2 167 900	2 243 117	2 319 433	2 330 000
05 秋田	1 037 744	1 309 031	1 348 871	1 335 580	1 279 835	1 240 345	1 231 389	1 255 499	1 252 900	1 226 062	1 211 616	1 208 000
06 山形	1 116 822	1 357 347	1 353 649	1 320 664	1 263 103	1 224 918	1 219 429	1 250 989	1 251 200	1 256 930	1 253 941	1 253 000
07 福島	1 581 563	2 062 394	2 095 237	2 051 137	1 983 754	1 943 989	1 968 270	2 032 547	2 054 200	2 100 255	2 127 214	2 130 000
08 茨城	1 548 991	2 039 418	2 064 037	2 047 024	2 056 154	2 140 122	2 338 151	2 552 775	2 717 500	2 834 279	2 929 220	2 942 000
09 栃木	1 195 057	1 550 462	1 547 580	1 513 624	1 521 656	1 578 146	1 695 848	1 789 218	1 883 800	1 925 886	1 965 431	1 974 000
10 群馬	1 242 453	1 601 380	1 613 549	1 578 476	1 605 584	1 656 209	1 753 436	1 845 138	1 913 200	1 955 819	1 981 799	1 986 000
11 埼玉	1 528 854	2 146 445	2 262 623	2 430 871	3 014 983	3 858 607	4 809 517	5 405 466	5 854 900	6 374 361	6 696 390	6 753 000
12 千葉	1 546 394	2 139 037	2 205 060	2 306 010	2 701 770	3 358 440	4 136 216	4 719 383	5 168 100	5 527 777	5 744 010	5 775 000
13 東京	6 369 919	6 277 500	8 037 084	9 683 802	10 869 244	11 324 994	11 568 852	11 506 944	11 780 500	11 695 218	11 543 005	11 587 000
14 神奈川	1 840 005	2 487 665	2 919 497	3 443 176	4 430 743	5 439 126	6 359 334	6 883 647	7 380 200	7 918 632	8 152 458	8 194 000
15 新潟	1 995 777	2 460 997	2 473 492	2 442 037	2 398 931	2 358 323	2 388 992	2 448 056	2 448 900	2 470 352	2 480 287	2 484 000
16 富山	798 890	1 008 790	1 021 121	1 032 614	1 025 465	1 027 956	1 068 930	1 101 485	1 125 400	1 117 550	1 117 592	1 119 000
17 石川	768 416	957 279	966 187	973 418	980 499	999 535	1 066 669	1 115 559	1 157 700	1 160 786	1 175 042	1 177 000
18 福井	646 659	752 374	754 055	752 696	750 557	740 024	768 867	789 497	822 000	818 325	819 320	820 000
19 山梨	646 727	811 369	807 044	782 062	763 194	760 492	781 360	802 490	823 100	850 075	873 970	877 000
20 長野	1 714 000	2 060 831	2 021 292	1 981 433	1 958 007	1 952 346	2 012 816	2 078 832	2 170 400	2 148 242	2 173 400	2 178 000
21 岐阜	1 225 799	1 544 538	1 583 605	1 638 399	1 700 365	1 749 524	1 858 066	1 949 993	2 038 300	2 055 219	2 081 104	2 085 000
22 静岡	1 939 860	2 471 472	2 650 435	2 756 271	2 912 521	3 082 792	3 300 856	3 438 445	3 582 000	3 650 475	3 699 146	3 706 000
23 愛知	2 862 701	3 390 585	3 769 209	4 206 313	4 798 653	5 340 594	5 873 395	6 167 929	6 477 200	6 625 160	6 769 815	6 806 000
24 三重	1 174 595	1 461 197	1 485 582	1 485 054	1 514 467	1 535 937	1 618 449	1 678 831	1 738 300	1 782 332	1 824 717	1 831 000
25 滋賀	711 436	861 180	853 734	842 695	853 385	883 837	978 639	1 072 440	1 165 900	1 213 357	1 272 620	1 283 000
26 京都	1 702 508	1 832 934	1 935 161	1 993 403	2 102 808	2 210 609	2 381 360	2 483 007	2 565 400	2 556 321	2 572 600	2 585 000
27 大阪	4 297 174	3 857 047	4 618 308	5 504 746	6 657 189	7 464 961	8 108 360	8 295 801	8 653 300	8 557 249	8 603 130	8 630 000
28 兵庫	2 923 249	3 309 935	3 620 947	3 906 487	4 309 944	4 599 673	4 918 041	5 063 478	5 275 600	5 326 121	5 318 913	5 333 000
29 奈良	620 471	763 883	776 861	781 058	825 965	925 403	1 071 894	1 202 655	1 303 900	1 368 434	1 421 770	1 431 000
30 和歌山	864 087	982 113	1 006 819	1 002 191	1 026 975	1 038 348	1 067 419	1 081 999	1 086 600	1 069 930	1 075 666	1 075 000
31 鳥取	490 461	600 177	614 259	599 135	579 853	567 405	579 779	602 335	620 200	613 792	612 602	613 000
32 島根	747 119	912 551	929 066	888 886	821 620	772 000	767 357	783 143	797 500	779 317	768 865	767 000
33 岡山	1 332 647	1 661 099	1 689 800	1 670 454	1 645 135	1 700 064	1 806 484	1 862 741	1 914 100	1 917 173	1 937 865	1 941 000
34 広島	1 804 916	2 081 967	2 149 044	2 184 043	2 281 146	2 422 069	2 630 578	2 722 521	2 820 200	2 832 764	2 858 462	2 863 000
35 山口	1 190 542	1 540 882	1 609 839	1 602 207	1 543 573	1 497 703	1 541 072	1 572 752	1 588 500	1 559 181	1 542 204	1 539 000
36 徳島	728 748	878 511	878 109	847 274	815 115	790 845	804 784	824 433	831 400	830 753	830 479	831 000
37 香川	748 656	946 022	943 823	918 867	900 845	906 951	960 233	998 442	1 034 000	1 021 571	1 023 865	1 025 000
38 愛媛	1 164 898	1 521 878	1 540 628	1 500 687	1 446 384	1 416 299	1 463 158	1 504 298	1 533 600	1 512 674	1 503 411	1 502 000
39 高知	714 980	873 874	882 683	854 595	812 714	786 058	807 035	829 609	843 400	823 853	814 302	813 000
40 福岡	2 755 804	3 530 169	3 859 764	4 006 679	3 964 611	4 004 275	4 266 394	4 523 770	4 753 200	4 784 331	4 896 451	4 926 000
41 佐賀	686 117	945 082	973 749	942 874	871 885	837 063	836 326	864 052	890 700	876 300	882 320	884 000
42 長崎	1 296 883	1 645 492	1 747 596	1 760 421	1 641 245	1 566 634	1 568 429	1 586 916	1 599 500	1 558 502	1 540 498	1 538 000
43 熊本	1 387 054	1 827 582	1 895 663	1 856 192	1 770 736	1 697 991	1 713 300	1 788 076	1 836 200	1 837 612	1 855 087	1 859 000
44 大分	980 458	1 252 999	1 277 199	1 239 655	1 187 480	1 152 520	1 187 299	1 225 548	1 246 300	1 233 612	1 227 269	1 227 000
45 宮崎	824 431	1 091 427	1 139 384	1 134 590	1 080 692	1 050 027	1 083 957	1 150 321	1 183 500	1 167 286	1 173 631	1 176 000
46 鹿児島	1 591 466	1 804 118	2 044 112	1 963 104	1 853 541	1 728 075	1 722 732	1 783 351	1 833 600	1 795 908	1 791 419	1 791 000
47 沖縄	592 494	…	…	…	…	…	1 036 288	1 101 062	1 177 000	1 217 472	1 265 783	1 277 000

注：１）各年次の人口は10月１日現在。＊は国勢調査人口である。
　　２）昭和45年、50年、55年、平成２年（按分済み人口）、７年、12年（按分済み人口）、17年（按分済み人口）については、国勢調査確定数。
　　３）昭和60年は「昭和60年国勢調査抽出速報集計結果」による。

昭和10・25・30・35・40・45・50・55・60・平成2・7～20年

1955, 1960, 1965, 1970, 1975, 1980, 1985, 1990 and 1995-2008

1997 9年	1998 10年	1999 11年	2000 ＊12年	2001 13年	2002 14年	2003 15年	2004 16年	2005 ＊17年	2006 18年	2007 19年	2008 20年
124 963 000	125 252 000	125 432 000	125 612 633	125 908 000	126 008 000	126 139 000	126 176 000	126 204 902	126 154 000	126 085 000	125 947 000
5 691 000	5 689 000	5 684 000	5 670 558	5 666 000	5 656 000	5 645 000	5 630 000	5 612 068	5 585 000	5 553 000	5 517 000
1 478 000	1 475 000	1 473 000	1 472 690	1 471 000	1 465 000	1 458 000	1 448 000	1 432 727	1 419 000	1 403 000	1 388 000
1 415 000	1 414 000	1 411 000	1 412 338	1 409 000	1 403 000	1 396 000	1 389 000	1 379 659	1 370 000	1 359 000	1 347 000
2 339 000	2 346 000	2 350 000	2 354 916	2 359 000	2 359 000	2 360 000	2 358 000	2 348 339	2 343 000	2 336 000	2 329 000
1 204 000	1 199 000	1 194 000	1 186 209	1 180 000	1 173 000	1 164 000	1 155 000	1 141 865	1 130 000	1 117 000	1 105 000
1 252 000	1 250 000	1 246 000	1 239 132	1 235 000	1 230 000	1 224 000	1 218 000	1 209 795	1 201 000	1 192 000	1 182 000
2 130 000	2 129 000	2 128 000	2 118 100	2 115 000	2 110 000	2 103 000	2 095 000	2 081 248	2 070 000	2 057 000	2 043 000
2 951 000	2 961 000	2 967 000	2 954 817	2 957 000	2 954 000	2 953 000	2 950 000	2 937 843	2 934 000	2 929 000	2 923 000
1 980 000	1 985 000	1 989 000	1 983 723	1 987 000	1 986 000	1 986 000	1 987 000	1 990 257	1 988 000	1 985 000	1 981 000
1 990 000	1 995 000	1 999 000	1 996 251	1 999 000	1 999 000	2 000 000	1 997 000	1 989 184	1 985 000	1 980 000	1 975 000
6 794 000	6 833 000	6 866 000	6 875 484	6 909 000	6 928 000	6 952 000	6 967 000	6 974 003	6 989 000	7 003 000	7 019 000
5 800 000	5 832 000	5 862 000	5 868 599	5 907 000	5 929 000	5 955 000	5 967 000	5 983 085	5 999 000	6 019 000	6 039 000
11 619 000	11 639 000	11 641 000	11 850 305	11 912 000	11 980 000	12 059 000	12 123 000	12 325 038	12 405 000	12 488 000	12 552 000
8 235 000	8 298 000	8 349 000	8 390 552	8 466 000	8 516 000	8 570 000	8 613 000	8 675 683	8 710 000	8 754 000	8 784 000
2 485 000	2 484 000	2 480 000	2 466 374	2 462 000	2 455 000	2 448 000	2 440 000	2 420 575	2 408 000	2 394 000	2 380 000
1 119 000	1 119 000	1 118 000	1 113 787	1 113 000	1 111 000	1 109 000	1 107 000	1 101 133	1 098 000	1 093 000	1 088 000
1 178 000	1 179 000	1 180 000	1 174 630	1 175 000	1 174 000	1 173 000	1 172 000	1 166 366	1 163 000	1 161 000	1 158 000
820 000	821 000	821 000	819 080	819 000	818 000	817 000	814 000	810 772	808 000	804 000	801 000
879 000	881 000	882 000	877 168	877 000	876 000	873 000	871 000	870 939	867 000	863 000	857 000
2 182 000	2 185 000	2 187 000	2 181 873	2 186 000	2 182 000	2 179 000	2 175 000	2 161 328	2 154 000	2 145 000	2 135 000
2 087 000	2 089 000	2 091 000	2 081 092	2 081 000	2 079 000	2 078 000	2 074 000	2 070 404	2 064 000	2 059 000	2 053 000
3 711 000	3 718 000	3 723 000	3 714 992	3 722 000	3 724 000	3 726 000	3 725 000	3 721 561	3 719 000	3 717 000	3 712 000
6 832 000	6 870 000	6 903 000	6 932 577	6 970 000	7 000 000	7 028 000	7 056 000	7 103 849	7 136 000	7 173 000	7 203 000
1 833 000	1 837 000	1 839 000	1 833 408	1 835 000	1 833 000	1 833 000	1 833 000	1 832 672	1 832 000	1 831 000	1 828 000
1 293 000	1 305 000	1 315 000	1 324 040	1 333 000	1 339 000	1 345 000	1 351 000	1 357 591	1 363 000	1 369 000	1 375 000
2 587 000	2 590 000	2 590 000	2 599 052	2 601 000	2 598 000	2 597 000	2 596 000	2 601 322	2 598 000	2 591 000	2 587 000
8 633 000	8 639 000	8 641 000	8 633 901	8 649 000	8 649 000	8 652 000	8 653 000	8 640 236	8 642 000	8 641 000	8 639 000
5 355 000	5 383 000	5 407 000	5 467 653	5 489 000	5 496 000	5 504 000	5 508 000	5 504 338	5 506 000	5 505 000	5 504 000
1 436 000	1 439 000	1 441 000	1 434 340	1 434 000	1 430 000	1 428 000	1 423 000	1 412 450	1 407 000	1 401 000	1 395 000
1 074 000	1 072 000	1 070 000	1 065 104	1 061 000	1 056 000	1 051 000	1 045 000	1 030 942	1 023 000	1 015 000	1 007 000
612 000	612 000	612 000	610 224	610 000	609 000	607 000	606 000	603 156	600 000	596 000	591 000
765 000	762 000	760 000	757 072	756 000	752 000	749 000	744 000	737 753	732 000	726 000	720 000
1 944 000	1 946 000	1 947 000	1 938 268	1 940 000	1 939 000	1 940 000	1 938 000	1 942 414	1 938 000	1 935 000	1 930 000
2 863 000	2 865 000	2 863 000	2 855 782	2 856 000	2 854 000	2 854 000	2 852 000	2 849 333	2 846 000	2 842 000	2 836 000
1 536 000	1 532 000	1 528 000	1 515 291	1 511 000	1 506 000	1 500 000	1 493 000	1 480 129	1 471 000	1 462 000	1 452 000
830 000	829 000	827 000	821 369	819 000	817 000	813 000	809 000	805 743	801 000	796 000	790 000
1 025 000	1 025 000	1 025 000	1 017 973	1 017 000	1 015 000	1 014 000	1 012 000	1 006 383	1 003 000	999 000	996 000
1 500 000	1 498 000	1 493 000	1 488 550	1 486 000	1 481 000	1 477 000	1 471 000	1 461 038	1 453 000	1 445 000	1 436 000
812 000	810 000	808 000	811 516	810 000	808 000	804 000	800 000	793 365	787 000	779 000	771 000
4 944 000	4 963 000	4 974 000	4 984 938	5 001 000	5 011 000	5 018 000	5 025 000	5 011 273	5 015 000	5 016 000	5 013 000
883 000	882 000	881 000	874 068	873 000	871 000	869 000	866 000	863 046	859 000	856 000	852 000
1 532 000	1 526 000	1 521 000	1 511 864	1 508 000	1 502 000	1 496 000	1 489 000	1 472 955	1 461 000	1 447 000	1 434 000
1 861 000	1 862 000	1 862 000	1 854 933	1 856 000	1 853 000	1 849 000	1 846 000	1 835 575	1 829 000	1 820 000	1 813 000
1 225 000	1 224 000	1 222 000	1 216 436	1 215 000	1 214 000	1 211 000	1 208 000	1 202 682	1 199 000	1 196 000	1 192 000
1 175 000	1 174 000	1 174 000	1 167 555	1 166 000	1 164 000	1 161 000	1 158 000	1 149 818	1 145 000	1 139 000	1 133 000
1 790 000	1 788 000	1 786 000	1 782 567	1 779 000	1 775 000	1 770 000	1 764 000	1 748 272	1 738 000	1 726 000	1 713 000
1 285 000	1 295 000	1 306 000	1 311 482	1 322 000	1 332 000	1 342 000	1 352 000	1 354 695	1 361 000	1 366 000	1 369 000

Notes: 1) Population for each year is as of October 1. Figures with * indicate Census population.
2) Figures for 1970, 1975, 1980 and 1990 (allocated population), 1995, 2000 (allocated population), and 2005 (allocated population) are confirmed by Census.
3) Figures for 1985 are based on "Sampling Report of Census 1985".

第２表　年次・都道府県・性別人口

Table 2. Trends in population by prefecture and sex, 1935, 1950,

男

Male

都道府県 Prefecture	1935 ＊昭和10年	1950 ＊25年	1955 ＊30年	1960 ＊35年	1965 ＊40年	1970 ＊45年	1975 ＊50年	1980 ＊55年	1985 ＊60年	1990 ＊平成2年	1995 ＊7年	1996 8年
全　国 Total	34 734 133	40 811 760	43 860 718	45 877 602	48 244 445	50 600 539	54 724 867	57 201 287	59 044 000	60 248 969	60 919 153	61 115 000
01 北海道	1 593 845	2 169 393	2 428 833	2 544 753	2 583 159	2 548 598	2 616 571	2 731 359	2 767 200	2 718 461	2 727 566	2 733 000
02 青　森	484 277	635 547	678 837	694 037	682 972	684 479	706 182	734 299	724 800	703 845	702 351	704 000
03 岩　手	519 485	664 000	698 563	702 697	679 497	657 610	667 243	687 401	699 200	679 290	680 790	681 000
04 宮　城	622 973	828 879	846 404	848 579	854 043	886 902	957 778	1 022 732	1 058 500	1 102 361	1 140 128	1 144 000
05 秋　田	519 249	646 445	660 066	644 671	614 429	592 663	589 854	602 721	600 900	584 003	576 603	575 000
06 山　形	549 060	660 555	651 737	630 997	605 185	587 084	586 417	604 902	602 300	606 405	606 138	606 000
07 福　島	778 732	1 006 823	1 016 756	986 836	954 988	935 003	952 109	989 087	996 000	1 022 530	1 039 147	1 041 000
08 茨　城	766 423	993 694	1 006 093	1 000 184	1 007 852	1 052 159	1 157 536	1 269 694	1 361 600	1 413 482	1 462 678	1 469 000
09 栃　木	588 545	752 266	749 636	729 692	735 781	768 506	833 590	883 968	921 800	957 324	977 371	982 000
10 群　馬	606 779	778 910	781 607	759 639	778 916	806 727	857 665	907 057	939 500	965 827	977 895	980 000
11 埼　玉	753 802	1 049 695	1 110 083	1 200 573	1 511 947	1 946 868	2 430 387	2 730 531	2 954 700	3 229 425	3 384 961	3 415 000
12 千　葉	764 751	1 036 932	1 074 181	1 128 734	1 343 167	1 690 355	2 088 099	2 374 182	2 590 700	2 789 174	2 896 807	2 912 000
13 東　京	3 325 696	3 169 389	4 115 823	4 997 023	5 564 583	5 755 815	5 854 673	5 793 927	5 945 100	5 887 794	5 770 200	5 792 000
14 神奈川	951 348	1 247 934	1 470 415	1 746 926	2 280 926	2 804 223	3 265 877	3 513 491	3 774 600	4 064 653	4 159 965	4 176 000
15 新　潟	982 497	1 194 929	1 195 872	1 177 923	1 160 283	1 138 673	1 159 256	1 191 870	1 192 100	1 198 492	1 205 815	1 208 000
16 富　山	388 771	488 850	494 109	500 545	491 662	491 595	514 033	531 716	545 600	537 465	538 200	539 000
17 石　川	370 907	460 859	463 477	464 889	468 518	478 877	516 918	540 721	553 900	560 881	568 409	569 000
18 福　井	316 424	364 343	363 770	360 288	359 649	354 393	370 912	381 729	393 700	397 865	398 115	398 000
19 山　梨	319 924	393 550	390 205	379 057	367 739	366 039	378 293	390 658	401 700	417 320	430 744	432 000
20 長　野	840 103	1 001 192	979 004	954 673	937 219	933 811	969 893	1 006 218	1 044 600	1 044 399	1 060 695	1 063 000
21 岐　阜	612 366	762 295	774 062	796 825	821 444	843 723	902 131	948 710	992 500	998 010	1 009 799	1 012 000
22 静　岡	966 250	1 206 651	1 301 198	1 353 122	1 428 930	1 512 812	1 623 594	1 691 415	1 770 500	1 798 240	1 822 004	1 825 000
23 愛　知	1 418 218	1 649 189	1 829 729	2 064 726	2 382 085	2 671 221	2 940 320	3 084 462	3 232 000	3 321 224	3 386 955	3 406 000
24 三　重	572 356	704 805	717 819	716 715	727 802	738 723	783 379	813 477	840 100	864 385	885 246	888 000
25 滋　賀	345 185	413 110	409 813	403 281	409 502	426 755	478 099	525 393	575 400	596 507	626 896	632 000
26 京　都	862 998	891 616	944 278	973 040	1 028 073	1 081 579	1 168 506	1 215 942	1 258 500	1 244 673	1 247 727	1 255 000
27 大　阪	2 241 666	1 899 745	2 290 170	2 766 229	3 355 699	3 743 356	4 044 552	4 112 507	4 271 500	4 221 800	4 224 473	4 239 000
28 兵　庫	1 466 284	1 622 755	1 773 488	1 917 887	2 120 749	2 264 578	2 414 982	2 470 060	2 577 200	2 580 404	2 570 836	2 577 000
29 奈　良	306 011	368 863	377 961	382 494	400 353	448 164	520 767	583 613	633 700	660 251	684 140	688 000
30 和歌山	428 638	475 324	490 533	484 994	497 256	500 878	515 419	520 882	515 800	508 727	511 271	511 000
31 鳥　取	239 301	289 787	297 015	286 716	275 572	268 801	276 348	288 956	296 700	294 002	293 313	293 000
32 島　根	373 292	444 355	456 730	432 481	393 670	366 834	366 270	376 649	381 000	372 822	367 610	367 000
33 岡　山	658 773	804 357	815 837	797 748	781 418	815 827	874 082	901 314	925 000	922 486	932 037	933 000
34 広　島	914 185	1 015 955	1 047 184	1 058 829	1 107 878	1 180 978	1 288 509	1 328 238	1 377 500	1 377 077	1 387 437	1 389 000
35 山　口	598 434	760 220	792 546	780 439	740 934	712 163	736 647	752 050	757 900	738 350	730 108	729 000
36 徳　島	362 042	427 684	427 204	408 300	389 795	376 572	384 586	395 535	400 700	395 518	394 725	395 000
37 香　川	373 522	457 980	456 711	438 924	427 058	430 238	460 798	480 327	499 900	490 719	492 103	493 000
38 愛　媛	575 627	742 092	749 342	721 311	688 063	670 030	696 694	717 259	727 700	715 877	710 949	710 000
39 高　知	355 225	425 968	429 175	411 162	386 725	371 509	382 731	395 459	397 600	388 464	383 195	382 000
40 福　岡	1 392 799	1 745 606	1 895 365	1 954 636	1 911 317	1 919 831	2 056 064	2 184 606	2 295 400	2 290 227	2 338 280	2 352 000
41 佐　賀	332 764	455 824	470 437	448 797	410 937	392 862	393 915	410 096	425 000	413 885	417 710	419 000
42 長　崎	662 174	812 079	859 689	860 623	788 667	746 074	748 487	756 376	763 200	734 372	724 562	723 000
43 熊　本	680 409	882 420	917 171	887 038	838 584	796 918	808 860	849 621	868 200	868 233	877 530	880 000
44 大　分	481 549	604 825	616 402	590 963	559 433	538 950	560 205	581 308	588 100	583 066	579 968	580 000
45 宮　崎	416 082	535 107	559 771	552 285	517 235	497 425	514 614	549 538	558 000	550 803	555 207	556 000
46 鹿児島	773 126	868 963	985 617	935 282	872 751	803 358	803 680	838 693	858 900	841 735	839 862	839 000
47 沖　縄	281 266	…	…	…	…	…	507 342	540 538	583 900	596 116	620 632	626 000

注：１）各年次の人口は10月１日現在。＊は国勢調査人口である。

２）昭和45年、50年、55年、平成２年（按分済み人口）、７年、12年（按分済み人口）、17年（按分済み人口）については、国勢調査確定数。

３）昭和60年は「昭和60年国勢調査抽出速報集計結果」による。

昭和10・25・30・35・40・45・50・55・60・平成２・７～20年

1955, 1960, 1965, 1970, 1975, 1980, 1985, 1990 and 1995-2008

1997 9年	1998 10年	1999 11年	2000 ＊12年	2001 13年	2002 14年	2003 15年	2004 16年	2005 ＊17年	2006 18年	2007 19年	2008 20年
61 210 000	61 311 000	61 358 000	61 488 005	61 595 000	61 591 000	61 620 000	61 597 000	61 617 893	61 568 000	61 511 000	61 424 000
2 732 000	2 728 000	2 722 000	2 713 299	2 708 000	2 701 000	2 693 000	2 683 000	2 668 263	2 651 000	2 630 000	2 609 000
702 000	700 000	698 000	701 308	700 000	697 000	693 000	687 000	677 747	670 000	661 000	653 000
680 000	679 000	677 000	679 886	678 000	674 000	670 000	667 000	662 028	656 000	650 000	644 000
1 148 000	1 150 000	1 151 000	1 154 105	1 155 000	1 153 000	1 152 000	1 150 000	1 144 539	1 140 000	1 135 000	1 130 000
572 000	569 000	567 000	563 704	561 000	557 000	552 000	547 000	539 747	534 000	527 000	520 000
605 000	605 000	603 000	600 034	598 000	595 000	592 000	588 000	583 661	579 000	574 000	569 000
1 041 000	1 040 000	1 040 000	1 034 435	1 033 000	1 030 000	1 026 000	1 022 000	1 013 460	1 007 000	1 001 000	993 000
1 473 000	1 478 000	1 480 000	1 473 555	1 474 000	1 471 000	1 470 000	1 468 000	1 462 446	1 461 000	1 458 000	1 455 000
984 000	987 000	989 000	985 746	988 000	986 000	986 000	987 000	989 721	989 000	988 000	986 000
982 000	984 000	986 000	984 816	986 000	985 000	985 000	984 000	979 013	977 000	974 000	971 000
3 434 000	3 453 000	3 468 000	3 471 147	3 488 000	3 494 000	3 506 000	3 511 000	3 517 257	3 523 000	3 530 000	3 537 000
2 923 000	2 937 000	2 951 000	2 951 889	2 969 000	2 978 000	2 988 000	2 991 000	2 996 890	3 003 000	3 012 000	3 021 000
5 802 000	5 795 000	5 774 000	5 925 437	5 941 000	5 967 000	6 000 000	6 026 000	6 143 520	6 182 000	6 222 000	6 254 000
4 191 000	4 219 000	4 241 000	4 259 603	4 294 000	4 312 000	4 335 000	4 350 000	4 388 419	4 402 000	4 423 000	4 435 000
1 208 000	1 208 000	1 205 000	1 198 125	1 196 000	1 191 000	1 188 000	1 184 000	1 172 715	1 166 000	1 159 000	1 152 000
539 000	539 000	539 000	537 037	537 000	536 000	534 000	533 000	530 906	529 000	527 000	524 000
569 000	570 000	570 000	568 938	569 000	568 000	568 000	567 000	563 361	562 000	560 000	559 000
399 000	399 000	399 000	397 912	398 000	397 000	397 000	395 000	393 053	391 000	390 000	388 000
433 000	434 000	435 000	431 577	432 000	430 000	429 000	427 000	427 411	425 000	423 000	420 000
1 066 000	1 067 000	1 069 000	1 065 513	1 068 000	1 065 000	1 063 000	1 061 000	1 053 088	1 050 000	1 045 000	1 040 000
1 013 000	1 014 000	1 014 000	1 009 870	1 010 000	1 009 000	1 008 000	1 006 000	1 004 099	1 001 000	998 000	995 000
1 827 000	1 830 000	1 833 000	1 830 059	1 834 000	1 834 000	1 835 000	1 835 000	1 832 485	1 831 000	1 831 000	1 829 000
3 419 000	3 438 000	3 454 000	3 470 932	3 489 000	3 502 000	3 515 000	3 530 000	3 563 275	3 583 000	3 604 000	3 621 000
890 000	891 000	892 000	888 976	891 000	889 000	888 000	888 000	890 383	891 000	891 000	890 000
637 000	644 000	648 000	653 699	658 000	661 000	663 000	665 000	670 027	674 000	677 000	680 000
1 254 000	1 255 000	1 254 000	1 256 444	1 256 000	1 253 000	1 251 000	1 250 000	1 250 756	1 248 000	1 245 000	1 242 000
4 236 000	4 234 000	4 231 000	4 223 003	4 225 000	4 218 000	4 214 000	4 209 000	4 195 935	4 192 000	4 187 000	4 183 000
2 585 000	2 598 000	2 607 000	2 634 709	2 641 000	2 641 000	2 642 000	2 641 000	2 638 876	2 638 000	2 636 000	2 635 000
690 000	691 000	692 000	687 190	686 000	683 000	682 000	679 000	672 420	669 000	665 000	662 000
510 000	508 000	507 000	504 942	503 000	500 000	497 000	494 000	486 215	482 000	477 000	474 000
293 000	293 000	293 000	292 242	292 000	292 000	291 000	290 000	289 002	287 000	285 000	283 000
366 000	364 000	363 000	362 141	362 000	360 000	358 000	356 000	352 260	349 000	346 000	343 000
934 000	935 000	936 000	930 372	931 000	930 000	930 000	930 000	932 326	931 000	929 000	927 000
1 388 000	1 389 000	1 388 000	1 381 971	1 382 000	1 379 000	1 379 000	1 378 000	1 377 500	1 376 000	1 374 000	1 370 000
726 000	724 000	722 000	716 958	715 000	712 000	709 000	706 000	698 239	694 000	689 000	684 000
394 000	394 000	393 000	390 813	390 000	388 000	387 000	384 000	383 441	381 000	379 000	376 000
493 000	493 000	493 000	489 661	489 000	488 000	487 000	486 000	483 506	482 000	480 000	478 000
709 000	708 000	706 000	702 537	701 000	699 000	697 000	694 000	689 062	685 000	680 000	676 000
381 000	380 000	380 000	382 780	382 000	381 000	379 000	377 000	373 201	370 000	365 000	361 000
2 359 000	2 366 000	2 371 000	2 374 505	2 380 000	2 383 000	2 385 000	2 386 000	2 375 589	2 376 000	2 374 000	2 371 000
418 000	417 000	417 000	413 363	413 000	412 000	411 000	409 000	407 111	405 000	403 000	401 000
720 000	717 000	714 000	710 224	709 000	705 000	702 000	699 000	688 996	682 000	676 000	668 000
880 000	881 000	880 000	876 472	877 000	875 000	873 000	871 000	864 737	861 000	857 000	853 000
579 000	578 000	577 000	573 998	573 000	572 000	571 000	570 000	567 061	565 000	564 000	562 000
555 000	555 000	554 000	551 060	550 000	549 000	547 000	545 000	540 834	538 000	535 000	532 000
839 000	838 000	837 000	836 688	835 000	833 000	830 000	828 000	818 319	813 000	806 000	799 000
630 000	635 000	641 000	644 330	649 000	654 000	659 000	663 000	664 993	668 000	669 000	670 000

Notes: 1) Population for each year is as of October 1. Figures with * indicate Census population.
2) Figures for 1970, 1975, 1980 and 1990 (allocated population), 1995, 2000 (allocated population), and 2005 (allocated population) are confirmed by Census.
3) Figures for 1985 are based on "Sampling Report of Census 1985".

第2表　年次・都道府県・性別人口
Table 2. Trends in population by prefecture and sex, 1935, 1950,

女
Female

都道府県 Prefecture	1935 ＊昭和10年	1950 ＊25年	1955 ＊30年	1960 ＊35年	1965 ＊40年	1970 ＊45年	1975 ＊50年	1980 ＊55年	1985 ＊60年	1990 ＊平成2年	1995 ＊7年	1996 8年
全国 Total	34 520 015	42 387 877	45 414 811	47 540 899	50 030 516	52 518 908	56 526 640	59 119 071	61 221 700	62 472 428	63 379 794	63 594 000
01 北海道	1 474 437	2 126 174	2 344 254	2 494 453	2 588 641	2 628 688	2 713 713	2 835 013	2 921 200	2 916 588	2 948 272	2 956 000
02 青森	482 852	647 320	703 686	732 569	733 619	741 223	760 560	787 479	796 400	777 102	775 772	777 000
03 岩手	526 626	682 728	728 534	745 820	731 621	712 338	716 688	732 677	755 400	735 746	736 074	736 000
04 宮城	611 828	834 563	880 661	894 616	899 083	928 380	993 012	1 053 925	1 109 400	1 140 756	1 179 305	1 186 000
05 秋田	518 495	662 586	688 805	690 909	665 406	647 682	641 535	652 778	652 000	642 059	635 013	633 000
06 山形	567 762	696 792	701 912	689 667	657 918	637 834	633 012	646 087	649 000	650 525	647 803	647 000
07 福島	802 831	1 055 571	1 078 481	1 064 301	1 028 766	1 008 986	1 016 161	1 043 460	1 058 100	1 077 725	1 088 067	1 089 000
08 茨城	782 568	1 045 724	1 057 944	1 046 840	1 048 302	1 087 963	1 180 615	1 283 081	1 355 900	1 420 797	1 466 542	1 473 000
09 栃木	606 512	798 196	797 944	783 932	785 875	809 640	862 258	905 250	962 000	968 562	988 060	992 000
10 群馬	635 674	822 470	831 942	818 837	826 668	849 482	895 771	938 081	973 700	989 992	1 003 904	1 006 000
11 埼玉	775 052	1 096 750	1 152 540	1 230 298	1 503 036	1 911 739	2 379 130	2 674 935	2 900 200	3 144 936	3 311 429	3 339 000
12 千葉	781 643	1 102 105	1 130 879	1 177 276	1 358 603	1 668 085	2 048 117	2 345 201	2 577 400	2 738 603	2 847 203	2 863 000
13 東京	3 044 223	3 108 111	3 921 261	4 686 779	5 304 661	5 569 179	5 714 179	5 713 017	5 835 400	5 807 424	5 772 805	5 795 000
14 神奈川	888 657	1 239 731	1 449 082	1 696 250	2 149 817	2 634 903	3 093 457	3 370 156	3 605 600	3 853 979	3 992 493	4 018 000
15 新潟	1 013 280	1 266 068	1 277 620	1 264 114	1 238 648	1 219 650	1 229 736	1 256 186	1 256 800	1 271 860	1 274 472	1 276 000
16 富山	410 119	519 940	527 012	532 069	533 803	536 361	554 897	569 769	579 800	580 085	579 392	580 000
17 石川	397 509	496 420	502 710	508 529	511 981	520 658	549 751	574 838	603 900	599 905	606 633	608 000
18 福井	330 235	388 031	390 285	392 408	390 908	385 631	397 955	407 768	428 400	420 460	421 205	422 000
19 山梨	326 803	417 819	416 839	403 005	395 455	394 453	403 067	411 832	421 500	432 755	443 226	445 000
20 長野	873 897	1 059 639	1 042 288	1 026 760	1 020 788	1 018 535	1 042 923	1 072 614	1 125 800	1 103 843	1 112 705	1 115 000
21 岐阜	613 433	782 243	809 543	841 574	878 921	905 801	955 935	1 001 283	1 045 800	1 057 209	1 071 305	1 074 000
22 静岡	973 610	1 264 821	1 349 237	1 403 149	1 483 591	1 569 980	1 677 262	1 747 030	1 811 500	1 852 235	1 877 142	1 882 000
23 愛知	1 444 483	1 741 396	1 939 480	2 141 587	2 416 568	2 669 373	2 933 075	3 083 467	3 245 100	3 303 936	3 382 860	3 400 000
24 三重	602 239	756 392	767 763	768 339	786 665	797 214	835 070	865 354	898 200	917 947	939 471	942 000
25 滋賀	366 251	448 070	443 921	439 414	443 883	457 082	500 540	547 047	590 400	616 850	645 724	650 000
26 京都	839 510	941 318	990 883	1 020 363	1 074 735	1 129 030	1 212 854	1 267 065	1 307 000	1 311 648	1 324 873	1 331 000
27 大阪	2 055 508	1 957 302	2 328 138	2 738 517	3 301 490	3 721 605	4 063 808	4 183 294	4 381 800	4 335 449	4 378 657	4 391 000
28 兵庫	1 456 965	1 687 180	1 847 459	1 988 600	2 189 195	2 335 095	2 503 059	2 593 418	2 698 500	2 745 717	2 748 077	2 756 000
29 奈良	314 460	395 020	398 900	398 564	425 612	477 239	551 127	619 042	670 200	708 183	737 630	742 000
30 和歌山	435 449	506 789	516 286	517 197	529 719	537 470	552 000	561 117	570 800	561 203	564 395	565 000
31 鳥取	251 160	310 390	317 244	312 419	304 281	298 604	303 431	313 379	323 500	319 790	319 289	319 000
32 島根	373 827	468 196	472 336	456 405	427 950	405 166	401 087	406 494	416 500	406 495	401 255	400 000
33 岡山	673 874	856 742	873 963	872 706	863 717	884 237	932 402	961 427	989 100	994 687	1 005 828	1 008 000
34 広島	890 731	1 066 012	1 101 860	1 125 214	1 173 268	1 241 091	1 342 069	1 394 283	1 442 700	1 455 687	1 471 025	1 474 000
35 山口	592 108	780 662	817 293	821 768	802 639	785 540	804 425	820 702	830 600	820 831	812 096	811 000
36 徳島	366 706	450 827	450 905	438 974	425 320	414 273	420 198	428 898	430 700	435 235	435 754	436 000
37 香川	375 134	488 042	487 112	479 943	473 787	476 713	499 435	518 115	534 000	530 852	531 762	532 000
38 愛媛	589 271	779 786	791 286	779 376	758 321	746 269	766 464	787 039	805 900	796 797	792 462	792 000
39 高知	359 755	447 906	453 508	443 433	425 989	414 549	424 304	434 150	445 800	435 389	431 107	431 000
40 福岡	1 363 005	1 784 563	1 964 399	2 052 043	2 053 294	2 084 444	2 210 330	2 339 164	2 457 700	2 494 104	2 558 171	2 573 000
41 佐賀	353 353	489 258	503 312	494 077	460 948	444 201	442 411	453 956	465 700	462 415	464 610	465 000
42 長崎	634 709	833 413	887 907	899 798	852 578	820 560	819 942	830 540	836 300	824 130	815 936	815 000
43 熊本	706 645	945 162	978 492	969 154	932 152	901 073	904 440	938 455	968 000	969 379	977 557	980 000
44 大分	498 909	648 174	660 797	648 692	628 047	613 570	627 094	644 240	658 200	650 546	647 301	647 000
45 宮崎	408 349	556 320	579 613	582 305	563 457	552 602	569 343	600 783	625 500	616 483	618 424	619 000
46 鹿児島	818 340	935 155	1 058 495	1 027 822	980 790	924 717	919 052	944 658	974 800	954 173	951 557	952 000
47 沖縄	311 228	…	…	…	…	…	528 946	560 524	593 100	621 356	645 151	651 000

注：1）各年次の人口は10月1日現在。＊は国勢調査人口である。
　　2）昭和45年、50年、55年、平成2年（按分済み人口）、7年、12年（按分済み人口）、17年（按分済み人口）については、国勢調査確定数。
　　3）昭和60年は「昭和60年国勢調査抽出速報集計結果」による。

昭和10・25・30・35・40・45・50・55・60・平成２・７～20年
1955, 1960, 1965, 1970, 1975, 1980, 1985, 1990 and 1995-2008

1997 9年	1998 10年	1999 11年	2000 ＊12年	2001 13年	2002 14年	2003 15年	2004 16年	2005 ＊17年	2006 18年	2007 19年	2008 20年
63 753 000	63 941 000	64 074 000	64 124 628	64 313 000	64 417 000	64 520 000	64 579 000	64 587 009	64 586 000	64 574 000	64 523 000
2 959 000	2 962 000	2 962 000	2 957 259	2 958 000	2 955 000	2 952 000	2 947 000	2 943 805	2 934 000	2 923 000	2 909 000
776 000	776 000	774 000	771 382	771 000	768 000	765 000	761 000	754 980	749 000	742 000	735 000
735 000	735 000	734 000	732 452	731 000	729 000	726 000	723 000	717 631	713 000	709 000	703 000
1 191 000	1 196 000	1 199 000	1 200 811	1 204 000	1 206 000	1 208 000	1 208 000	1 203 800	1 203 000	1 201 000	1 198 000
631 000	630 000	627 000	622 505	620 000	616 000	612 000	608 000	602 118	597 000	591 000	585 000
646 000	645 000	643 000	639 098	637 000	635 000	632 000	630 000	626 134	622 000	618 000	613 000
1 089 000	1 089 000	1 088 000	1 083 665	1 082 000	1 080 000	1 077 000	1 074 000	1 067 788	1 063 000	1 056 000	1 050 000
1 478 000	1 484 000	1 487 000	1 481 262	1 483 000	1 483 000	1 483 000	1 482 000	1 475 397	1 473 000	1 471 000	1 468 000
995 000	998 000	1 000 000	997 977	1 000 000	999 000	1 000 000	1 000 000	1 000 536	999 000	998 000	995 000
1 008 000	1 011 000	1 012 000	1 011 435	1 013 000	1 014 000	1 014 000	1 013 000	1 010 171	1 008 000	1 006 000	1 003 000
3 360 000	3 380 000	3 398 000	3 404 337	3 422 000	3 434 000	3 446 000	3 456 000	3 456 746	3 466 000	3 473 000	3 483 000
2 877 000	2 895 000	2 911 000	2 916 710	2 938 000	2 951 000	2 967 000	2 976 000	2 986 195	2 996 000	3 007 000	3 018 000
5 817 000	5 844 000	5 867 000	5 924 868	5 971 000	6 012 000	6 058 000	6 097 000	6 181 518	6 223 000	6 266 000	6 298 000
4 044 000	4 079 000	4 108 000	4 130 949	4 173 000	4 203 000	4 235 000	4 263 000	4 287 264	4 308 000	4 331 000	4 349 000
1 276 000	1 276 000	1 275 000	1 268 249	1 266 000	1 263 000	1 260 000	1 257 000	1 247 860	1 242 000	1 235 000	1 228 000
580 000	580 000	579 000	576 750	576 000	576 000	575 000	574 000	570 227	568 000	566 000	563 000
609 000	609 000	609 000	605 692	606 000	606 000	606 000	605 000	603 005	602 000	601 000	599 000
422 000	422 000	422 000	421 168	421 000	421 000	420 000	419 000	417 719	416 000	415 000	413 000
446 000	447 000	447 000	445 591	446 000	446 000	445 000	444 000	443 528	442 000	440 000	437 000
1 116 000	1 118 000	1 118 000	1 116 360	1 118 000	1 116 000	1 115 000	1 114 000	1 108 240	1 105 000	1 100 000	1 095 000
1 074 000	1 076 000	1 077 000	1 071 222	1 071 000	1 070 000	1 069 000	1 068 000	1 066 305	1 064 000	1 061 000	1 057 000
1 885 000	1 888 000	1 891 000	1 884 933	1 888 000	1 889 000	1 891 000	1 891 000	1 889 076	1 887 000	1 886 000	1 883 000
3 413 000	3 431 000	3 448 000	3 461 645	3 480 000	3 498 000	3 512 000	3 527 000	3 540 574	3 553 000	3 569 000	3 581 000
944 000	946 000	947 000	944 432	945 000	944 000	945 000	944 000	942 289	941 000	940 000	938 000
656 000	662 000	666 000	670 341	675 000	679 000	682 000	685 000	687 564	690 000	693 000	695 000
1 333 000	1 335 000	1 336 000	1 342 608	1 345 000	1 345 000	1 346 000	1 347 000	1 350 566	1 349 000	1 347 000	1 345 000
4 397 000	4 405 000	4 410 000	4 410 898	4 425 000	4 430 000	4 438 000	4 444 000	4 444 301	4 450 000	4 454 000	4 456 000
2 769 000	2 785 000	2 799 000	2 832 944	2 847 000	2 855 000	2 862 000	2 867 000	2 865 462	2 868 000	2 869 000	2 870 000
746 000	748 000	750 000	747 150	748 000	746 000	746 000	744 000	740 030	738 000	736 000	733 000
564 000	564 000	563 000	560 162	559 000	556 000	554 000	551 000	544 727	541 000	537 000	534 000
319 000	319 000	319 000	317 982	318 000	317 000	316 000	315 000	314 154	313 000	311 000	309 000
399 000	398 000	397 000	394 931	394 000	393 000	391 000	389 000	385 493	383 000	380 000	377 000
1 010 000	1 011 000	1 012 000	1 007 896	1 009 000	1 009 000	1 009 000	1 009 000	1 010 088	1 008 000	1 006 000	1 003 000
1 475 000	1 476 000	1 476 000	1 473 811	1 474 000	1 474 000	1 475 000	1 474 000	1 471 833	1 470 000	1 468 000	1 465 000
809 000	807 000	805 000	798 333	796 000	794 000	791 000	787 000	781 890	778 000	773 000	768 000
435 000	435 000	434 000	430 556	429 000	428 000	427 000	425 000	422 302	420 000	418 000	415 000
532 000	533 000	533 000	528 312	528 000	527 000	527 000	525 000	522 877	521 000	520 000	518 000
791 000	790 000	788 000	786 013	785 000	782 000	780 000	777 000	771 976	768 000	765 000	761 000
430 000	430 000	428 000	428 736	428 000	427 000	425 000	423 000	420 164	417 000	414 000	410 000
2 585 000	2 596 000	2 603 000	2 610 433	2 620 000	2 628 000	2 633 000	2 639 000	2 635 684	2 639 000	2 642 000	2 642 000
465 000	465 000	464 000	460 705	460 000	459 000	459 000	457 000	455 935	454 000	453 000	451 000
812 000	809 000	807 000	801 640	800 000	797 000	793 000	790 000	783 959	778 000	772 000	766 000
980 000	981 000	982 000	978 461	979 000	978 000	977 000	975 000	970 838	968 000	964 000	960 000
647 000	646 000	646 000	642 438	642 000	641 000	640 000	639 000	635 621	634 000	632 000	630 000
619 000	619 000	619 000	616 495	616 000	615 000	614 000	613 000	608 984	607 000	604 000	601 000
951 000	950 000	949 000	945 879	944 000	942 000	940 000	937 000	929 953	925 000	920 000	914 000
655 000	660 000	665 000	667 152	673 000	678 000	683 000	688 000	689 702	694 000	697 000	699 000

Notes: 1) Population for each year is as of October 1. Figures with * indicate Census population.
2) Figures for 1970, 1975, 1980 and 1990 (allocated population), 1995, 2000 (allocated population), and 2005 (allocated population) are confirmed by Census.
3) Figures for 1985 are based on "Sampling Report of Census 1985".

平成22年７月22日　　発行

定価は表紙に表示してあります

平成21年度

不慮の事故死亡統計

人口動態統計特殊報告

編　　集　　厚生労働省大臣官房統計情報部

発　　行　　財団法人　厚　生　統　計　協　会
郵便番号　106-0032
東京都港区六本木５丁目13番14号
電　話　03－3586－3361～3

印　　刷　　統計印刷工業株式会社